Helmut Schmalen

Grundlagen und Probleme der Betriebswirtschaft

12., überarbeitete Auflage 2002

2002
Schäffer-Poeschel Verlag Stuttgart

Autor
Prof. Dr. Dr. h.c. Helmut Schmalen, Lehrstuhl für Betriebswirtschaftslehre
mit Schwerpunkt Absatzwirtschaft und Handel, Universität Passau

Die Deutsche Bibliothek – CIP-Einheitsaufnahme

Schmalen, Helmut:
Grundlagen und Probleme der Betriebswirtschaft / Helmut Schmalen. –
12., überarb. Aufl. – Stuttgart : Schäffer-Poeschel, 2002
ISBN 3–7910–2027-7

Gedruckt auf chlorfrei gebleichtem, säurefreiem und alterungsbeständigem Papier

ISBN 3–7910–2027–7

© 2002 Schäffer-Poeschel Verlag für Wirtschaft · Steuern · Recht GmbH & Co. KG
www.schaeffer-poeschel.de
info@schaeffer-poeschel.de

Einbandgestaltung: Willy Löffelhardt
Satz: Dörr + Schiller GmbH, Stuttgart
Druck und Bindung: Ebner & Spiegel GmbH, Ulm

Printed in Germany
Oktober/2002

Schäffer-Poeschel Verlag Stuttgart
Ein Tochterunternehmen der Verlagsgruppe Handelsblatt

Vorwort zur 12. Auflage

Die Umwälzungen in den ehemals sozialistischen Ländern belegen eindrucksvoll, dass der Art und Weise, wie »das Wirtschaften« organisiert wird, eine entscheidende Bedeutung im Hinblick auf den Wohlstand und sozialen Frieden zukommt. Offenbar besser bewährt als die Zentralverwaltungswirtschaft hat sich die marktwirtschaftliche Wirtschaftsordnung, in deren Mittelpunkt die Preisbildung als Ergebnis des Zusammentreffens von Angebot und Nachfrage steht.

Diese geraten freilich zunehmend unter den Druck der Globalisierung, die die Welt zum Dorfplatz macht: Wirtschaftspolitische und unternehmerische Fehlentscheidungen werden schneller und heftiger sanktioniert als früher. Umso wichtiger ist ein nicht nur unter den Akteuren, sondern auch bei den Betroffenen breit verankertes Wissen über die wirtschaftlichen Zusammenhänge, stößt doch die stürmische Entwicklung bei vielen Zeitgenossen auf Unverständnis und Ablehnung.

Beispiele für die ungebrochene Dynamik der Märkte sind die Liberalisierung der Telekommunikations- und Energiemärkte, die weltweiten »Mergers & Acquisitions«, Werbung und Verkauf im Internet, Shareholder-Value-Denken und Stock-Options-Entlohnung, der EURO (1 € = 1,95583 DM) und die Bilanzierung nach IAS und vieles mehr.

Leserin und Leser sollen – ohne besondere Vorkenntnisse und bei überschaubarem Zeitaufwand – einen Überblick über wesentliche Fragestellungen gewinnen, mit denen sich die Wissenschaft vom Wirtschaften der Betriebe befasst. Damit weder der Anspruch auf wissenschaftliche Exaktheit noch der Bezug zur Wirklichkeit verloren gehen, werden die theoretischen Darstellungen mit Fallbeispielen illustriert und untermauert. In der Rubrik »Unter der Lupe« werden zudem ausgewählte Sachverhalte für besonders interessierte Leser vertiefend erörtert – ohne dass freilich der Rahmen eines einführenden Lehrbuches gesprengt und das Verständnis des »laufenden Textes« berührt wird.

Dass das Buch in der 12. Auflage erscheint und mittlerweile ins Russische, Bulgarische und Ungarische übersetzt wurde, freut mich besonders. Ich hoffe, dass auch die neue, gründlich überarbeitete Auflage, die zahlreiche aktuelle Diskussionsgegenstände und Entwicklungen (z. B. neue Regelungen zur Arbeitswelt, steuerliche Änderungen, die Schuldrechtsreform, Übernahmegesetz) aufgreift und manches präzisiert oder ergänzt, anderes aber verwirft, eine gute Aufnahme findet. Kritik, Hinweise und Anregungen sind auch in Zukunft willkommen.

Mein besonderer Dank gilt meinen Mitarbeiterinnen und Mitarbeitern für ihre Unterstützung, vor allem aber Frau Angelika Wacker für die umsichtige Anfertigung des Manuskripts.

Passau, im August 2002

Inhalt

1. Kapitel:
Betriebswirtschaftliche Grundbegriffe und Grundtatbestände

2. Kapitel:
Die Wahl des betrieblichen Standorts

3. Kapitel:
Gründung und Rechtsform eines Unternehmens

7. Kapitel:
Das Arbeitsentgelt und die Mitarbeiterbeteiligung

8. Kapitel:
Lernen im Betrieb und betriebliche Arbeitsbedingungen

9. Kapitel:
Die Mitbestimmung

10. Kapitel:
Die Menschenführung im Betrieb

13. Kapitel:
Die Produktionsplanung

14. Kapitel:
Die Grundlagen der Absatzplanung

15. Kapitel:
Die Preispolitik

23. Kapitel:
Bewertung und Bilanzkritik

Abkürzungsverzeichnis

AktG	Aktiengesetz
BetrVG	Betriebsverfassungsgesetz
BGB	Bürgerliches Gesetzbuch
BGH	Bundesgerichtshof
BVG	Bundesverfassungsgericht
DMG	Deutsches Markengesetz
EGKS	Europäische Gemeinschaft für Kohle und Stahl
EstDV	Einkommensteuer-Durchführungsverordnung
EStG	Einkommensteuergesetz
EStR	Einkommensteuerrichtlinie
EU	Europäische Union
FKVO	(Europäische) Fusionskontrollverordnung
GenG	Genossenschaftsgesetz
GewO	Gewerbeordnung
GewStG	Gewerbesteuergesetz
GG	Grundgesetz
GmbHG	Gesetz betreffend die Gesellschaften mit beschränkter Haftung
GVO	Gruppenfreistellungs-Verordnung
GWB	Gesetz gegen Wettbewerbsbeschränkungen (Kartellgesetz)
HGB	Handelsgesetzbuch
HwO	Handwerksordnung
KStG	Körperschaftsteuergesetz
InsO	Insolvenzordnung
LMBG	Lebensmittel- und Bedarfsgegenständegesetz
MitbestG	Mitbestimmungsgesetz
PublG	Gesetz über die Rechnungslegung von bestimmten Unternehmen und Konzernen (Publizitätsgesetz)
UAG	Umwelt-Audit-Gesetz
UStG	Umsatzsteuergesetz
UWG	Gesetz gegen unlauteren Wettbewerb
ZugabeVO	Zugabeverordnung

1. Kapitel:
Betriebswirtschaftliche Grundbegriffe und Grundtatbestände

Lernziele

Leitfrage:
Womit befasst sich die Betriebswirtschaftslehre?

- Warum wirtschaften wir?
- Inwieweit unterscheiden sich die Untersuchungsgegenstände von Volks- und Betriebswirtschaftslehre?
- Weshalb sind betriebswirtschaftliche Entscheidungsmodelle weder »graue Theorie« noch »Intelligenzersatz«?

Leitfrage:
Wie funktioniert Marktwirtschaft?

- Inwiefern gleicht der Markt Interessengegensätze aus?
- Wodurch unterscheidet sich unsere »soziale« Marktwirtschaft von einer »freien« Marktwirtschaft?
- Wie lässt sich eine »ökologisch-soziale« Marktwirtschaft gestalten?
- Warum braucht eine Marktwirtschaft Aufsicht?

Leitfrage:
Welches sind die grundlegenden Spielregeln des betrieblichen Geschehens?

- Brauchen die Betriebe in der Marktwirtschaft das Privateigentum an den Produktionsmitteln?
- Was steckt man in den Betriebsprozess hinein, und was kommt dabei heraus?
- Welches sind die »lebensnotwendigen« Eckwerte eines Betriebes?
- Aus welchen Teilaufgaben setzt sich das betriebliche Geschehen zusammen?

1   Einführung

1.1 Erfahrungs- und Erkenntnisobjekt betriebswirtschaftlicher Forschung

Umfangreichen Bedürf-
nissen stehen begrenzte
Mittel gegenüber.

Menschliches Leben ist – in der Regel – wesentlich geprägt durch ein **elementares Spannungsverhältnis** (Abb. 1.1): Unseren vielfältigen und **umfangreichen Bedürfnissen** (z.B. nach Ernährung, Kleidung, Unterkunft und »Lebensgestaltung«) stehen in nur (sehr) **begrenztem Umfang Mittel** gegenüber, die zur Befriedigung dieser Bedürfnisse **unmittelbar** verfügbar sind.

Eine Minderung des Spannungsverhältnisses ist auf zwei Wegen möglich: **Nicht alle Bedürfnisse** werden **befriedigt** und die verfügbaren **Mittel vermehrt**. Entscheidungen, die festlegen, welche Bedürfnisse in welchem Umfang befriedigt und welche Mittel in welchem Umfang vermehrt werden sollen, nennt man **wirtschaftliche Entscheidungen** oder kurz: **Wirtschaften**.

> Wirtschaften heißt entscheiden, welchen Bedürfnissen welche Mittel zugewiesen werden.

Unter der Lupe

Zur Unbegrenztheit der Bedürfnisse
Angesichts »offensichtlicher« **Sättigungserscheinungen** wird die These von der Unbegrenztheit menschlicher Bedürfnisse immer wieder infrage gestellt: Man könne nicht fortwährend z.B. Autos, Waschmaschinen und Wohnungen bauen und kaufen; in den hoch entwickelten Industrieländern komme vielmehr in nicht allzu ferner Zukunft der Tag, an dem (fast) alle (fast) alles hätten, wobei freilich noch zu klären wäre, bei wie vielen Autos, Fernsehern, Radios usw. in einem Haushalt eine Sättigung eintritt. So verfügt jeder Deutsche im Durchschnitt über 37,6 Quadratmeter Wohnfläche, womit er weit hinter (vor) einem Dänen (Tokioer) mit 48,6 (7,5) Quadratmetern rangiert. Das 1. Gossen'sche Gesetz besagt, dass mit zunehmender Verfügbarkeit eines Produkts (z.B. Anzahl Quadratmeter Wohnfläche) der Nutzen daraus für ein Individuum unterproportional wächst und sich – langsam – einer Sättigungsgrenze nähert.

Für die generelle Gültigkeit der **Stagnationshypothese** gibt es bislang keinen empirischen Beleg. Zwar leben einige Märkte mittlerweile vor allem vom **Ersatzbedarf**: Trotz steigender Einkommen und/oder sinkender Preise nimmt dort der Konsum nicht mehr zu. Andererseits sorgt aber der technologische Fortschritt – und auch ökologische Einsicht – mit unverminderter Dynamik dafür, dass »gesättigte« Märkte neue Impulse erhalten und völlig neue Märkte entstehen. Auch der – dem menschlichen Wunsch nach Abwechslung entgegenkommende – **Modewechsel** bewirkt, dass ständig »Neu-

→

es« gekauft wird, obwohl man »schon alles hat«. Ferner schaffen gesellschaftliche Strömungen, wie z. B. die Veränderung der Einkommensverteilung zugunsten der Bezieher niedriger Einkommen oder der Trend zum »Single-Haushalt«, neue Nachfrageimpulse; in ähnliche Richtung wirkt die Tendenz zur Steigerung des Anspruchsniveaus (z. B. in der Gastronomie), was dann nicht zu einem Mengen-, sondern zu einem Wertwachstum führt.

Damit scheint sich das **Say'sche Theorem** (Jean Baptiste Say, französischer Nationalökonom, 1767–1832) zu bewahrheiten, wonach jede neue Produktion ihren Absatz selbst schafft: Die Jahr für Jahr gemeldeten Umsatzrekorde im Weihnachtsgeschäft liefern hierzu ein beredtes Beispiel.

Ein ernst zu nehmender Einwand gegen das »Ausleben« unbegrenzter Bedürfnisse und das damit verbundene »ewige Wachstum« betrifft die **Umwelt- und Ressourcenbelastung**. Allerdings zeigt die Erfahrung, dass der rasante technologische Fortschritt zunehmend Innovationen hervorbringt, die sowohl die Umwelt- als auch die Ressourcenbelastung mindern (z. B. Ersatz von Kupfer durch Glasfaser). Aufgabe des Staates sollte es freilich sein, durch gezielte Einwirkungen auf die Preise Umweltbelastungen sichtbar und Anpassungsprozesse noch lohnender und schneller zu machen.

Insgesamt besteht sicherlich kein Anlass, dem Votum des britischen Unterhausabgeordneten zu folgen, der im Jahre 1900 die Schließung des Patentamtes anregte, da alle wesentlichen Erfindungen bereits gemacht seien.

Beispiel

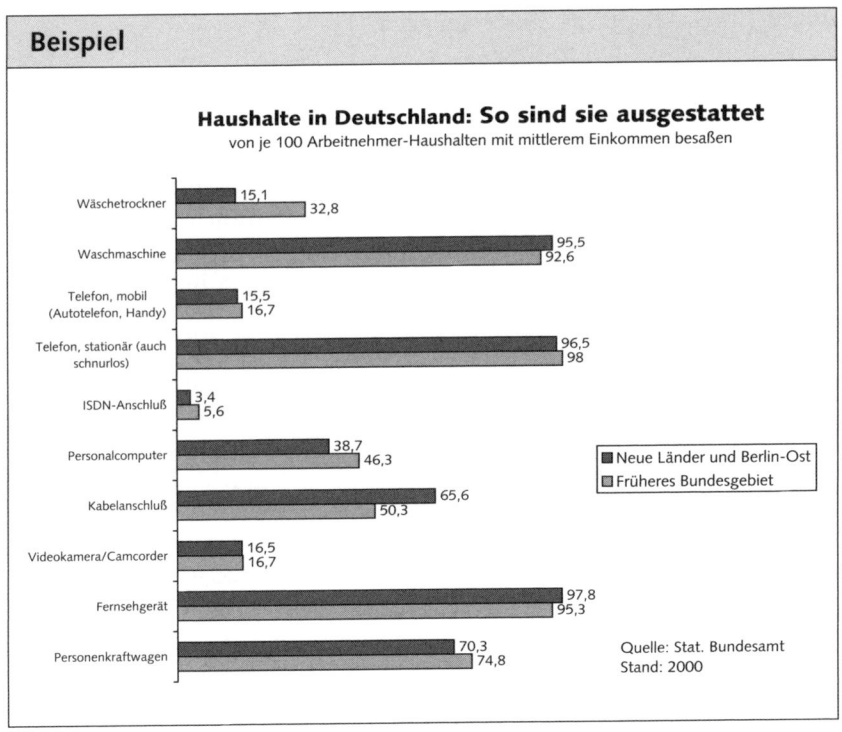

Haushalte in Deutschland: So sind sie ausgestattet
von je 100 Arbeitnehmer-Haushalten mit mittlerem Einkommen besaßen

	Neue Länder und Berlin-Ost	Früheres Bundesgebiet
Wäschetrockner	15,1	32,8
Waschmaschine	95,5	92,6
Telefon, mobil (Autotelefon, Handy)	15,5	16,7
Telefon, stationär (auch schnurlos)	96,5	98
ISDN-Anschluß	3,4	5,6
Personalcomputer	38,7	46,3
Kabelanschluß	65,6	50,3
Videokamera/Camcorder	16,5	16,7
Fernsehgerät	97,8	95,3
Personenkraftwagen	70,3	74,8

Quelle: Stat. Bundesamt
Stand: 2000

Wirtschaften vollzieht sich in Haushalten und Betrieben.

Das **Ergebnis des Wirtschaftens** lässt sich in **Haushalten** und **Betrieben** beobachten: Der **Konsum** der Haushalte zeigt, welche der Bedürfnisse befriedigt wurden, und die **Produktion** der Betriebe macht sichtbar, welche Mittel vermehrt wurden. Inwieweit Haushalte und Betriebe darüber hinaus auch die – zu Konsum und Produktion führenden – **wirtschaftlichen Entscheidungen** selbständig fällen, hängt von dem jeweiligen **Wirtschaftssystem** ab, in das sie eingebunden sind: In marktwirtschaftlichen Wirtschaftsordnungen ist dies – mit gewissen Einschränkungen – der Fall.

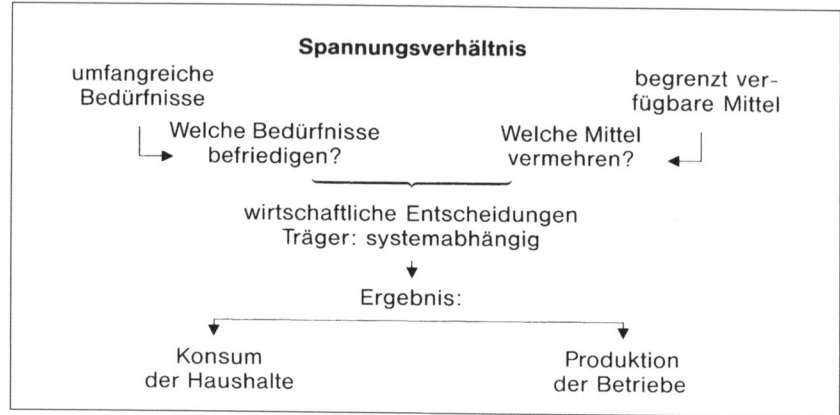

Abb. 1.1: Wirtschaftliche Entscheidungen

Die Wirtschaftswissenschaften befassen sich mit dieser – nur oberflächlich skizzierten – **wirtschaftlichen Wirklichkeit**, was insofern eine bedeutende Konsequenz hat, als die Aussagen von Volkswirtschaftslehre und Betriebswirtschaftslehre nicht nur **logisch,** also auf Widersprüche, sondern auch **empirisch** überprüfbar sein müssen. Haben somit Volkswirtschafts- und Betriebswirtschaftslehre dasselbe **Erfahrungsobjekt,** so unterscheidet sich dennoch ihr **Erkenntnisobjekt.**

Die Volkswirtschaftslehre befasst sich mit den gesamtwirtschaftlichen Prozessen.

Erkenntnisobjekt **der Volkswirtschaftslehre** sind die **gesamtwirtschaftlichen Prozesse,** also die Verflechtungen zwischen den (aggregierten) Sektoren »Betriebe«, »Haushalte«, »Staat« und »Ausland«. Diese Prozesse werden analysiert, d. h. es wird versucht, hierüber Gesetzeshypothesen (Ursache-Wirkungs-Zusammenhänge) zu formulieren und durch empirische Tests abzusichern. So könnte eine Gesetzeshypothese lauten: »Wenn der Staat die Verbrauchssteuern erhöht, schränken die Haushalte ihren Konsum ein.« Bestandteil dieser **theoretischen Forschung** ist selbstverständlich auch eine Theorie der Unternehmung, die sich allerdings weniger mit Details als vielmehr mit denjenigen generellen Zusammenhängen befasst, die für die gesamtwirtschaftliche Prozessanalyse erforderlich sind. Neben einer Erklärung und – daraus abgeleitet – Prognose der gesamtwirtschaftlichen Prozesse will die Volkswirtschaftslehre aber auch Möglichkeiten erkunden, diese Prozesse im Hinblick auf bestimmte – vorgegebene – Ziele besser zu gestalten. Aus dem theoretischen Wissen sind deshalb durch **technologische Transformation** Handlungsalternativen (Ziel-Mittel-Zusammenhänge) abzuleiten. So könnte eine Handlungsempfehlung lauten: »Wenn der Staat mehr Geld haben will, dann sollte er die Verbrauchssteuern derjenigen Produkte erhöhen, auf deren Konsum die Haushalte nur ungern verzichten.«

Analoge Verhältnisse gelten für die Betriebswirtschaftslehre: Ihr Erkenntnisobjekt sind alle jene **Prozesse,** die in **Einzelwirtschaften** ablaufen bzw. von diesen ausgehen; gesamtwirtschaftliche Prozesse (z. B. die Steuergesetzgebung) finden nur in ihren Auswirkungen auf die jeweils betrachtete Einzelwirtschaft Berücksichtigung, und zwar als Rahmenbedingungen, die als vorgegeben angesehen werden, gleichwohl aber Reaktionen dieser Einzelwirtschaft auslösen. Dabei befasst sich die Betriebswirtschaftslehre nicht mehr nur mit der Einzelwirtschaft »Betrieb« im traditionellen Sinne, sondern auch mit öffentlichen bzw. nichterwerbswirtschaftlichen Institutionen wie Krankenhäusern und Universitäten. Sie versucht

> Die Betriebswirtschaftslehre befasst sich mit den einzelwirtschaftlichen Prozessen.

- im Rahmen explikativer (theoretischer) Wissenschaftsprogramme über deren Prozesse Gesetzeshypothesen zu formulieren, diese empirisch zu überprüfen und – sofern nicht falsifiziert – in (Ursache-Wirkungs-) **Erklärung**smodellen abzubilden sowie darüber hinaus
- im Rahmen angewandter (praktisch normativer) Wissenschaftsprogramme (Ziel-Mittel-) **Entscheidung**smodelle als Instrumente zur Lösung praktischer Probleme abzuleiten.

Gegenstand eines Erklärungsmodells könnte z. B. die Wirkung von Werbung und Preis auf den Absatz eines Betriebes sein; eine Entscheidungsmodellanalyse liefert darüber hinaus Handlungsempfehlungen, z. B. bezüglich der gewinngünstigsten Kombination von Preis und Werbung.

1.2 Entscheidungsmodelle in der angewandten Betriebswirtschaftslehre

Anliegen der praktisch normativen Betriebswirtschaftslehre ist das Auffinden von Handlungsempfehlungen im Hinblick auf bestimmte – von der Wirtschaftspraxis vorgegebene – Ziele, wobei freilich in der Regel das Gewinnziel im Mittelpunkt steht. Sie stützt sich hierbei auf Optimierungs- und/oder Simulations-Entscheidungsmodelle.

Die klassischen Entscheidungsmodelle sind durchwegs **mathematische Optimierungsmodelle:** Sie sind so ausgelegt, dass ein Optimierungsalgorithmus angewendet und folglich eine optimale Handlungsempfehlung (z. B. das optimale Werbebudget) abgeleitet werden kann. Mit den heute bekannten Rechenverfahren (z. B. Differentialrechnung, Kontrolltheorie, Gradientenverfahren) lassen sich jedoch nur Entscheidungsmodelle bearbeiten, die die realen Zusammenhänge stark vereinfacht wiedergeben. Die daraus abgeleiteten optimalen Handlungsempfehlungen sind deshalb notwendigerweise von **praktisch zweifelhaftem Wert**, was auch erklärt, dass die Wirtschaftspraxis derartigen Modellen als Entscheidungsunterstützung bisher skeptisch gegenübersteht.

Mit der Verbreitung leistungsstarker Rechner hat sich jedoch ein vielversprechender neuer Weg geöffnet: Das Entscheidungsmodell in Form eines **Simulationsmodells.** Simulationsmodelle sind – ebenso wie Optimierungsmodelle – mathematische Modelle. Man verzichtet hier allerdings von vornherein auf die Anwendbarkeit von Optimierungsalgorithmen und legt stattdessen Wert darauf, im Modell die wesentlichen Struktureigenschaften des betrachteten Ausschnitts der Realität möglichst vollständig abzubilden. Sie können dann in Computerprogramme umgesetzt und mit Hilfe des Rechners zu experimentellen Analysen herangezogen werden, die so in der Realität niemals möglich wären. Es lassen sich auf diese Weise die Konsequenzen vielfältiger Modell-Interaktionen verfolgen, wodurch das Verständnis für das vorliegende Realproblem und die Entwicklung alternativer praktischer Vorgehensweisen gefördert wird.

Damit erlauben computergestützte Simulationen das Auffinden **befriedigender** Lösungen für **komplexe** – und damit realitätsnahe – Probleme. Die optimalen Handlungsempfehlungen ließen sich – beweisbar – nur durch die Optimierung der mathematischen Funktionen finden, was jedoch ausgeschlossen ist: Man beschränkt sich vielmehr auf die Analyse bestimmter (»diskreter«) Wertebereiche.

Allerdings: Auch durch Computersimulation können den Entscheidungsträgern der Wirtschaft ihre Entscheidungen nur erleichtert, niemals jedoch abgenommen werden. Da **jedes** Entscheidungsmodell die Realität »verkürzt« abbildet, müssen auch die daraus abgeleiteten Handlungsempfehlungen auf ihre praktische Relevanz hin überprüft werden.

> Entscheidungsmodelle sind stets nur Intelligenzverstärker, niemals jedoch Intelligenzersatz.

1.3 Der Marktmechanismus als »Herzstück« der Marktwirtschaft

Die wirtschaftliche Wirklichkeit ist durch zahlreiche **gegensätzliche Interessen** gekennzeichnet:

- Die **Nachfrager** wollen »preiswerte« Produkte bei umfangreicher Haftung; die **Anbieter** hingegen wünschen sich hohe Preise bei beschränkter Haftung.
- Die **Mitarbeiter** erstreben eine angenehme Arbeit mit hohem Lohn; die **Arbeitgeber** versuchen, eine hohe Produktivität bei niedrigen Löhnen durchzusetzen.
- Die **Kapitalgeber** möchten ihr Geld hochverzinslich anlegen, seine Verwendung kontrollieren und jederzeit »aussteigen« können; die **Kapital-**

Entscheidungsmodelle sollen möglichst günstige Handlungsempfehlungen für vorgegebene Ziele liefern; man unterscheidet Optimierungs- und Simulationsmodelle.

nehmer suchen demgegenüber möglichst »billiges Geld« bei langer Laufzeit und freier Verfügung.

Derartige Interessengegensätze, die – auch – auf unterschiedlichen Informationsniveaus (»Informationsasymmetrie«) beruhen können, werden in einer Marktwirtschaft über Märkte ausgeglichen:

- Nachfrager und Anbieter treffen auf den **Gütermärkten,**
- Arbeitnehmer und Arbeitgeber auf den **Arbeitsmärkten,**
- Kapitalgeber und Kapitalnehmer auf den **Kapitalmärkten**

Aufgabe des Marktes ist der friedliche Ausgleich von Interessengegensätzen.

zusammen. Für die weitere Analyse seien beispielhaft die Gütermärkte herausgegriffen. Dort – wie anderswo auch – macht sich jedes »Wirtschaftssubjekt« seinen eigenen Wirtschaftsplan:

- Die **Anbieter** machen **Verkauf**spläne,
- die **Nachfrager** hingegen **Verbrauch**spläne.

Dabei beabsichtigen die Anbieter, einen möglichst großen **Gewinn** zu erzielen, während die Nachfrager versuchen, ihren **Nutzen** zu maximieren. Angebote und Nachfragen treffen am **Markt** aufeinander. Dort erweist sich dann auch, ob die Pläne in Erfüllung gehen: Findet ein Angebot reichliche Nachfrage, dann erzielt der Anbieter **gute Preise** und einen **Gewinn;** andernfalls **schlechte Preise** und einen **Verlust.** Anbieter, die »richtig liegen«, werden folglich »belohnt«; Anbieter, die »falsch liegen«, hingegen »bestraft«.

Neben dieser **Belohnungs- und Bestrafungsfunktion** hat der Markt jedoch auch eine **Steuerungsfunktion:**

Der Markt hat eine Schiedsrichter- und Steuerungsfunktion.

- Erzielt ein Anbieter einen Verlust, weil er mit seinem Angebot »falsch lag«, dann soll dieser Verlust diesen und andere Anbieter **abschrecken,** um so das falsche Angebot zu verringern.
- Erzielt ein Anbieter einen Gewinn, weil er »richtig lag«, dann soll dieser Gewinn weitere Anbieter **anlocken,** um so das richtige Angebot zu vergrößern.

Über Gewinne und Verluste werden folglich auch die volkswirtschaftlichen Ressourcen gesteuert. Diese **Allokationsfunktion** des Marktmechanismus ist deshalb besonders effizient, weil das Preissystem alle Ziele und Pläne aller Marktteilnehmer zusammenfasst und widerspiegelt, wobei Änderungen der Umstände im Zeitablauf sofort berücksichtigt werden. »Das Preissystem ist der Mechanismus zur Vermittlung solcher Informationen« (Friedrich August von Hayek (1899–1992), Nobelpreisträger).

> Die entscheidende Besonderheit der Marktwirtschaft ist der **Preismechanismus (»Marktmechanismus«):** Preise werden nicht z. B. staatlich fixiert, sie stellen sich vielmehr aufgrund der jeweiligen Marktverhältnisse »von alleine« ein und führen immer wieder zu einer Anpassung von Angebot und Nachfrage. Dieses Grundprinzip hat bereits Adam Smith (schottischer Nationalökonom und Philosoph, 1723–1790) in

> seinem berühmten Werk »An Inquiry into the Nature and Causes of the Wealth of Nations« beschrieben.

Der dezentralen Koordination der individuellen Handlungen über Märkte steht die Unterwerfung unter die Ziele einer Planungsbehörde in der Zentralverwaltungswirtschaft gegenüber. Deren Koordinationsanspruch muss freilich scheitern: Die wirtschaftliche Wirklichkeit ist viel zu komplex und die Ziele der Menschen sind zu heterogen.

1.4 Was heißt »Soziale Marktwirtschaft«?

In der Beschränkung zeigt sich erst der Meister, und das Gesetz nur kann uns Freiheit geben. (Goethe)

Das Marktgeschehen wird nicht nur von Angeboten und Nachfragen, sondern auch durch vielfältige – z.B. historisch, kulturell und gesellschaftlich bedingte und in Institutionen, Gesetzen, Gebräuchen manifestierte – **Rahmenbedingungen** bestimmt. So herrscht z.B. in Frankreich bereits seit der Zeit von Jean-Baptiste Colbert, der im 17. Jahrhundert Finanzminister des Sonnenkönigs Louis XIV. war, eine stärker vom Staatseinfluss (»interventionistisch«) geprägte Wirtschaftsordnung, während mit der Währungsreform am 20. Juni 1948 in der Bundesrepublik Deutschland und Berlin (West) eine marktwirtschaftliche Ordnung mit **sozialer Komponente** eingeführt wurde. Es sollte »die unternehmerische Initiative in die wirtschaftspolitisch und sozial richtigen Bahnen gelenkt werden, ohne die Freiheit der Märkte und damit die Voraussetzung für die Initiative des Einzelnen … zu zerstören« (Ludwig Erhard, 1897–1977).

> Drei herausragende Rahmenbedingungen einer Sozialen Marktwirtschaft sind die Markteingriffe des Staates, Tarifvertragsrecht und soziales Netz sowie die Wettbewerbsaufsicht und -förderung.

1.4.1 Die Markteingriffe des Staates

Einer der Hauptkritikpunkte an der »freien« Marktwirtschaft lautet, dass sich das Warenangebot allein an den »**Profitinteressen**« der Unternehmer orientiere und nicht an den **Bedürfnissen** der arbeitenden Menschen.

Der Substitutionswettbewerb ermöglicht Profit nur über Bedürfnisorientierung.

In dieser pauschalen Form war der Vorwurf möglicherweise auf den monopolistischen Märkten des 19. Jahrhunderts berechtigt, er ist jedoch heutzutage sicherlich nicht mehr haltbar: Immerhin müssen die Unternehmen zahlungswillige Nachfrager finden, was – trotz Werbung – angesichts eines intensiven Wettbewerbs und vielfältigen Warenangebots gar nicht einfach ist. Wer an den individuellen Bedürfnissen (»am Markt«) vorbeiproduziert, wird keine Nachfrage – und damit auch keinen Profit – finden.

Allerdings gibt es einige ernster zu nehmende Argumente zum **Marktversagen;** drei seien herausgriffen.

- Der Markt erzwingt rücksichtslos das Verschwinden **überholter Industrien,** stellt sich aber andererseits auf **zukünftige Entwicklungen** nur insoweit ein, als sich diese schon in absehbaren Nachfrageentwicklungen niederschlagen.
- Der Markt versagt bei der Bereitstellung von Infrastrukturleistungen zur Befriedigung **gesellschaftlicher Bedürfnisse.**
- Der Markt ist nicht in der Lage, **die Umwelt** wirksam zu schützen.

In diesen Bereichen müsse deshalb der Staat planend eingreifen.

In Bezug auf den **industriellen Wandel** geschieht dies vor allem durch die **Subventionspolitik:** Bestimmte Produktionen werden gegen das Gesetz des Marktmechanismus aufrecht erhalten, wobei derartige »interventionistische Marktstörungen« zwar lediglich als **Anpassungssubventionen** geplant, dann aber doch meist als dauerhafte und kostspielige Erhaltungssubventionen weitergeführt werden; die als vorübergehende Erleichterung für die Betroffenen gedachte – und oft begrüßte – Maßnahme (»geordneter Rückzug«) wird zur ständigen Belastung für alle: So hat sich die Subventionierung des deutschen Steinkohlebergbaus von 200 Mio. € pro Jahr in den 60er-Jahren auf sechs Mrd. € pro Jahr in den 90er-Jahren erhöht; bis zum Jahre 2005 soll sie auf 2,6 Mrd. € zurückgefahren werden. Hintergrund dieser Subventionierung sind die hohen Förderkosten: Sie betragen 160 € je Tonne, während der Grenzübergangspreis für Importkohle bei 40 bis 45 € liegt. Auch bei der **Förderung** – vermeintlich – **zukunftsträchtiger Industrien** bedient sich der Staat der Subventionen: Mittels seiner »Zukunftskompetenz« hilft er dem »trägen Markt auf die Sprünge«.

Fraglich ist allerdings,

- inwieweit der Staat berechtigt ist, den vom Markt signalisierten Strukturwandel zu stoppen oder nur zu verlangsamen und
- ob staatliche Stellen eine weitergehende Vorausschau als der Markt haben, oder ob sie nicht doch oft nur aktuellen politischen Moden (oder Zwängen) folgen.

Weitgehend unstrittig sind Subventionen lediglich zur Aufrechterhaltung der »Waffengleichheit«, wenn ausländische Regierungen ihre eigenen Unternehmen stützen oder fremde anlocken. Da dies immer wieder in einen »Subventionswettlauf« mündet, bestimmt Artikel 93 EG-Vertrag, dass die Europäische Kommission über die Subventionsvorhaben der Mitgliedsländer zu entscheiden hat.

Die Förderungswürdigkeit bestimmter Basistechnologien könnte man anhand **einer Technologiefolgenabschätzung** zu überprüfen versuchen: Einer **Analysephase** (Beschreibung der Aufgaben der Technologie) folgt eine **Prognosephase** (über mögliche technische, wirtschaftliche, soziale, ökologische, politische Auswirkungen) sowie eine **Bewertungsphase** (über deren Wünschbarkeit). Probleme liegen vor allem in der Prognose- und Bewer-

> Durch staatliche Subventionen soll die Vergangenheit bewältigt und die Zukunft gestaltet werden.

> Technologiefolgeabschätzungen müssten ergänzt werden durch Technologieunterlassungsabschätzungen.

tungsphase: Angesichts vielfältiger Rückkoppelungen in einer komplexen Welt sind die Auswirkungen kaum zu durchschauen und zu prognostizieren. So hat niemand damit gerechnet, dass sich die Reaktionsbeständigkeit der FCKW – immer als Vorteil gepriesen – langfristig als entscheidender Nachteil erweisen würde. Ferner ist zu befürchten, dass es – je nach Interessenstandpunkt – zu sehr unterschiedlichen Bewertungen kommt, wobei man oft nur die problematischen Folgen des Einsatzes der Technologie im Auge hat, nicht hingegen die – möglicherweise noch viel dramatischeren – Konsequenzen des Unterlassens, insbesondere angesichts der rasch wachsenden Menschheit und ihrer (z. B. Energie-) Probleme. Technologiefolgenabschätzungen neigen deshalb zu einer Überbewertung des Status quo und damit eventuell auch zu einer **Behinderung** zukunftsträchtiger Industrien durch den Staat, z. B. in der Gentechnologie. Dies insbesondere dann, wenn gefordert wird, auf eine Innovation so lange zu verzichten, bis deren völlige Ungefährlichkeit zweifelsfrei bewiesen sei: Ein solcher »Nullbeweis« ist prinzipiell unmöglich.

Eine andere Sache ist es, wenn Unternehmen – nicht zuletzt aufgrund ihrer Produkthaftpflicht – Hypothesen über **bestimmte,** für möglich gehaltene negative Auswirkungen ihrer Erzeugnisse nachgehen, z. B. dem »Elektrosmog« beim Mobiltelefon: Derartige Tests sollten normaler Bestandteil jeder Neuproduktentwicklung sein. Allerdings ist nicht jede vorgebrachte Schadenhypothese – insbesondere als pauschale Behauptung über befürchtete Risiken – auch ohne weiteres testfähig.

> Hypothesen müssen falsifizierbar sein, also an der Wirklichkeit scheitern können (Kritischer Rationalismus, Karl Popper (1902–1994)).

Ein Defizit der Marktwirtschaft bei der **Bereitstellung von Infrastrukturleistungen zur Befriedigung gesellschaftlicher Bedürfnisse** wird gesehen, weil Unternehmen nur profitable Angebote auf den Markt bringen. Der Staat sollte deshalb bei der Versorgung der Bevölkerung ergänzend tätig werden. Dies leuchtet z. B. bei Rechtsprechung, Polizei/Landesverteidigung, Steuerverwaltung und sozialer (Grund-)Sicherung ein; fraglich ist allerdings, ob es auch seine Aufgabe ist, Krankenhäuser, Fernsehsender, Schwimmbäder, Theater, Parkhäuser, Müllabfuhr usw. zu betreiben. Man kann allenthalben beobachten, dass es zu einem **gegenseitigen Aufschaukeln von Forderungen** an den Staat kommt und damit zu einer weiträumigen Sozialisierung der Finanzierung von Gruppeninteressen: »Wenn ihr eure Konzerthalle bekommt, dann wollen wir unsere Eissporthalle.« Nach dem **Subsidiaritätsprinzip** sollte sich der Staat aber auf die – wichtigen – Aufgaben konzentrieren, die nur von ihm erfüllt werden können. Vieles andere lässt sich – auch entgegen dem ersten Anschein – billiger über den Markt bereitstellen. Das Problem mangelnder Profitabilität kann man meist so lösen, dass der private Interessent den Zuschlag erhält, der – für ein genau

Armin Gutowski: »Tyrannei des Status quo«

Das überhand nehmende Maschinenwesen quält und ängstigt mich: es wälzt sich heran wie ein Gewitter. J. W. von Goethe (1775)

Der »Staat als Unternehmer« ist mit dem Subsidiaritätsprinzip nicht vereinbar.

definiertes (eventuell zeitlich begrenztes) Angebot – den geringsten Subventionsbedarf anmeldet; hinzu kommen allerdings noch die »Kontrollkosten«. So müssen nach EU-Recht Verkehrsleistungen im öffentlichen Personennahverkehr – sofern subventioniert – europaweit ausgeschrieben und an den günstigsten Anbieter vergeben werden. Mögliche Varianten der Privatisierung sind das **Betreibermodell**, wonach sich die Anlage und deren Betrieb in Privathand befinden, während bei der **Aufgabenprivatisierung** die Anlage bei der öffentlichen Hand verbleibt; bei Anwendung des Betreibermodells wird in der Regel für den Konkursfall ein Heimfallrecht für die jeweilige Gebietskörperschaft (z. B. Gemeinde) vereinbart.

> Wenn der Staat Infrastrukturangebote für wichtig hält, soll er sie initiieren; umsetzen können sie Private meistens effizienter.

Die Forderung nach **Deregulierung der Märkte** geht sogar noch einen Schritt weiter und verlangt eine Überprüfung aller staatlichen Vorschriften, die wirtschaftliches Handeln beschränken. In Deutschland werden in diesem Zusammenhang z. B. das Ladenschlussgesetz, das Baurecht (Einkaufszentren auf der »grünen Wiese«) und das Berufsrecht (Meisterbrief) diskutiert.

Unter der Lupe

Industriepolitik als Instrument der Zukunftsgestaltung

Die Vertreter der **Industriepolitik** fordern, dass über die grundsätzlichen Techniken und Wachstumsfelder (z. B. Gentechnik, Kernkraft) »wirtschaftsdemokratische Instanzen« zu befinden hätten; sie plädieren folglich für eine politische Steuerung durch Mehrheitsentscheid. »Der Strukturwandel darf nicht dem Selbstlauf der marktwirtschaftlichen Kräfte überlassen werden« (Friedel Hesse, IG-Metall). Gefordert werden z. B. paritätisch mit Arbeitnehmern und Arbeitgebern besetzte branchenspezifische »Strukturräte«, die die Initiative ergreifen und »weit in die Zukunft schauen« sollten (Horst Klaus, IG-Metall). Der Markt hat dann lediglich noch eine »statische Optimierungsfunktion« im Rahmen der mehrheitlich beschlossenen Vorgaben.

»Im Interesse der Zukunft müssen … heute Regeln zur Zähmung des Marktes gefunden und die Institutionen zur politischen Kontrolle des Kapitalismus umgehend gestärkt werden« (Klaus Zwickel, IG-Metall-Vorsitzender, in: Süddeutsche Zeitung vom 28. 5. 1998).

Im Gegensatz hierzu vertritt die **liberale Wirtschaftspolitik** den Standpunkt, der Marktmechanismus sei das geeignete »Entdeckungsverfahren« (F. A. von Hayek, Nobelpreisträger). Sie sehen die Marktwirtschaft selbst als dezentralen und evolutorischen Suchprozess für die Zukunftsgestaltung. Aufgabe des Staates sei es lediglich, durch geeignete Rahmenbedingungen

(z. B. Rückführung der Staatsquote, Flexibilisierung der Märkte) diesen Prozess möglichst effizient zu gestalten.

Bei einer **Abwägung** beider Standpunkte zeigen sich gravierende Schwachstellen der Industriepolitik:

- Kollektive Entscheidung (der» Branchenkonferenzen«) und individuelle Gefahrtragung (der Betriebe) klaffen auseinander.
- Die Gängelung der Betriebe führt dort zu »Anreizproblemen«.
- Die Leistungsfähigkeit politischer Instanzen wird überschätzt (»angemaßtes Wissen«, v. Hayek); außerdem entwickeln Bürokratien Eigeninteressen.
- Da die jeweiligen Marktgegebenheiten unterschiedlich interpretiert werden können, wird es bei individuellen Entscheidungen (im Sinne der liberalen Wirtschaftspolitik) nur zu partiellem Fehlverhalten kommen; bei zentralen Entscheidungen besteht hingegen die Gefahr kollektiver Überreaktionen.
- »Zähmungsversuche« auf nationalen Märkten führen zur Abwanderung in die globalisierte Wirtschaft und damit zur Zementierung einer hohen Arbeitslosigkeit.

»Die freie Gesellschaft lebt davon, dass unterschiedliche Zukunftsentwürfe miteinander konkurrieren ... Nur im Wettbewerb der Meinungen und Werte bleibt eine Gesellschaft davor bewahrt, das Schicksal der Lemminge zu erdulden, deren Herdentrieb sie in den Abgrund stürzen lässt«
(Carl Christian von Weizsäcker, in: Die Zeit vom 6. 5. 1988).

Beispiel

Das japanische Industrieministerium Miti

»Die Zeichen der Aufmüpfigkeit mehren sich. Immer offener wehren japanische High-Tech-Konzerne die Einmischungsversuche der Tokioter Regierungsbürokraten ab ...

Das Zentrum der Staatsmacht, das Industrie- und Handelsministerium Miti, reagiert überraschend kleinlaut ... Die Folge: Die gerühmte und gefürchtete Industriepolitik, mit deren Hilfe die Japaner noch vor wenigen Jahren Markt um Markt zu erobern schienen, ist nur noch ein Schatten ihrer selbst.

In den sechziger und siebziger Jahren war das wesentlich leichter als heute. Nippons Industrieplaner halfen einer am Boden liegenden Wirtschaft, den Vorsprung des Westens aufzuholen. Vor allem die US-Wirtschaft diente als Wegweiser, die Richtung war vorgegeben. In den Sechzigern trieben die Strategen des Wiederaufbaus die Schwerindustrie voran, ein Jahrzehnt später »wissensintensive« Branchen wie die Unterhaltungselektronik ...

Die Industriepolitik ist an ihre Grenzen gestoßen. Der Versuch, der Industrie auf völlig neuem Terrain den Weg zu weisen, geriet denn auch ein um das andere Mal daneben ...«

(Aus: Heuser, U. J.: Versagt das große Vorbild?, in: Die Zeit vom 11. 11. 1994)

Auch im **Erfordernis des Umweltschutzes** sehen manche eine Überforderung der Marktwirtschaft: Die Umwelt sei ein knappes Gut, habe aber wegen fehlender privater Verfügungsrechte (Property Rights) keinen Preis. Tatsächlich muss Umweltschutz durch staatliche Politik geregelt werden, was grundsätzlich auf zwei Wegen möglich ist:

Marktwirtschaft und Umweltschutz sind kein Gegensatz.

- Die **ordnungsrechtliche Lösung** – Stichwort: Polizei – setzt auf Ge- und Verbote.
- Die **marktorientierte Lösung** – Stichwort: Eigennutz – verteuert (entlastet) Umwelt schädigendes (-freundliches) Verhalten.

Abb. 1.2 illustriert diese Zusammenhänge am Beispiel der CO_2-Belastung:

- Bei der ordnungsrechtlichen Lösung (1) wird für jeden Emittenten (z. B. Auto) ein bestimmter zulässiger **Grenzwert** definiert. Emissionen unter- (ober-) halb dieses Wertes sind kostenlos (unendlich teuer, da verboten); Anreize zu einer deutlichen Unterschreitung des Grenzwertes gibt es nicht.
- Bei der marktorientierten Lösung (2) wird ein **Zertifikatspreis** bestimmt, der eine zunehmende Emission progressiv verteuert: Wer die Umwelt geringfügig (beim Grenzwert) belastet, zahlt wenig (viel).

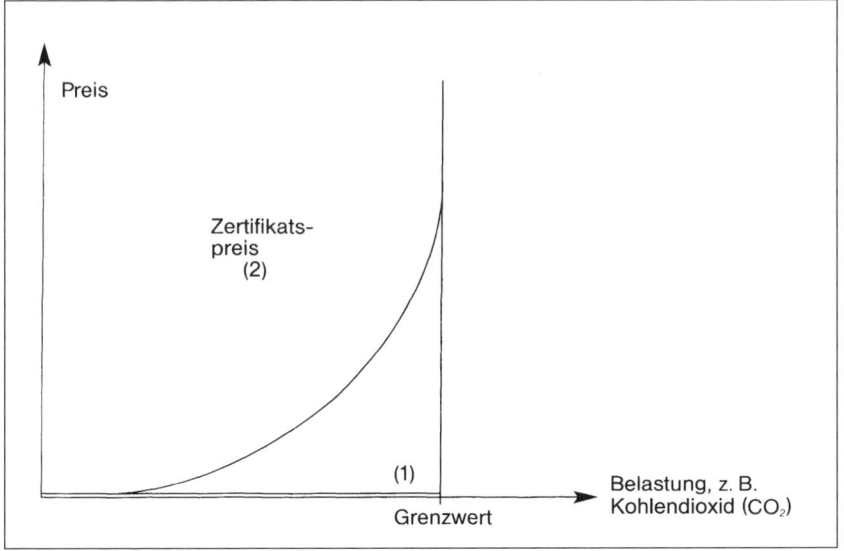

Abb. 1.2: Ökologisch orientiertes Abgaben- bzw. Steuersystem

Der Zertifikatspreis der marktorientierten Lösung kann auf zwei Wegen bestimmt werden;

- Der Staat fixiert für jeden Emittenten den Preis direkt (z. B. CO_2-**Abgabe).**

- Der Staat versteigert – möglicherweise in regional differenziertem Umfang – **Emissionsrechte,** die dann auch weiterveräußert werden können; vorteilhaft hieran ist, dass das Gesamtniveau der Umweltbelastung festgelegt ist und sich der Preis hierfür aus Angebot und Nachfrage ergibt; eine detaillierte Festlegung von Grenzwerten und Standards erübrigt sich.

Der Staat bleibt »im Spiel«: Entweder erlässt er Verbote oder er bestimmt Preise oder Mengen.

Ungelöst ist bislang noch die Frage, wo sich die Prioritäten im Umweltschutz befinden und welche Zertifikatspreise der Staat dort fixieren bzw. welche Zertifikatsmengen er in Umlauf setzen sollte. So liegen die Meinungen weit auseinander, welches die »wirklichen« Umweltkosten, z. B. der Verkehrsleistungen oder der Energieerzeugung sind. Letztlich geht es um das Niveau der Umweltnutzung: höhere Preise und kleinere Mengen schränken sie – ebenso wie knappere Grenzwerte – weiter ein.

Beispiel

Die »wirklichen« Umweltkosten

»Was kostet der elektrische Strom – Nebenwirkungen eingeschlossen? Eine Frage über die, in Diskussionen für oder gegen bestimmte Energiesysteme, immer wieder gestritten wird. Kohlekraftwerke emittieren Kohlendioxid und heizen die Erde auf, Atomkraftwerke setzen radioaktive Strahlung frei und bedrohen die Gesundheit der Bevölkerung.

… Bei der Verstromung von Stein- und Braunkohle liegen die Umwelt- und Gesundheitskosten zwischen zwei und 18 Pfennigen pro Kilowattstunde, rund zehnmal höher als bei der Kernenergie-Nutzung … Moderne Gas-Dampfturbinen können dagegen bei externen Kosten zwischen 0,7 und 4,9 Pfennigen pro Kilowattstunde mit Atomstrom konkurrieren. Eindeutige Sieger der Bilanz sind Windkraftparks. Hier liegen die Nebenkosten deutlich unter einem Pfennig pro Kilowattstunde (0,05–0,3) …

Die Auswirkungen auf das Klima sind allerdings in all den Rechnungen nicht berücksichtigt, obwohl die Forscher sie zu den wichtigsten Schäden zählen, gleich nach der Beeinträchtigung der Gesundheit… Nach den vorsichtigen Schätzungen der Wissenschaftler heute würde der Treibhauseffekt die externen Kosten aller Energiesysteme verdoppeln.

Die Bandbreite der genannten Zahlen zeigt, dass auch sonst noch viel Unsicherheiten in den Rechnungen stecken … .«

(Aus: L. Kins: Was Strom wirklich kostet, in: Süddeutsche Zeitung vom 13. 10. 1998).

Das Anliegen der Zertifikatslösung ist eine **Anpassung** von Forschung und Entwicklung, Produktionsverfahren und Produkten: Indem ein Hersteller die finanziellen Lasten zu reduzieren versucht, leistet er gleichzeitig einen Beitrag zur Verbesserung der Umweltqualität. Freilich sind auch andere »Anpassungsformen« denkbar:

- Besonders stark von Zertifikatskosten betroffene Branchen verlagern ihre Standorte ins – weniger umweltbewusste – Ausland; dies auch dann, wenn die Anpassungen bereits »ausgereizt« sind.
- Denkbar ist auch, dass solche Unternehmen kompensatorische Ausgabenreduzierungen (z. B. im Sozialbereich) vornehmen.
- Können die Kosten (teilweise) auf die Endverbraucherpreise weitergewälzt werden, sind die sozial Schwachen besonders betroffen.

Den finanziellen Belastungen der Unternehmen stehen Einnahmen des Staates gegenüber, die zu »aufkommensneutralen« Entlastungen an anderer Stelle (z. B. bei den Lohnnebenkosten), zu Umweltinvestitionen oder im allgemeinen Staatshaushalt verwendet werden können.

In einer finanziell weniger rigiden Variante der Zertifikatslösung verteilt der Staat auf Basis des Status quo an die Unternehmen kostenlos Emissionsrechte, die dann Jahr für Jahr reduziert werden. Unternehmen, die zügiger ihre Emissionen vermindern, können die überzähligen Rechte über eine Börse an »nachhinkende« Unternehmen verkaufen – mit einem entsprechenden Belohnungs- bzw. Bestrafungseffekt. In der Europäischen Union ist ein derartiger Emissionshandel für CO_2 ab 2005 geplant.

Die **ökologische Steuerreform** in Deutschland hat nur wenig mit der Zertifikatslösung zu tun: Besteuert wird der Energieverbrauch und nicht die hiervon ausgehenden – je nach Energieform unterschiedlichen – Schadstoffströme: So wird die Förderung der mit hohen CO_2-Emissionen belasteten Steinkohle subventioniert und ist zudem von der **Ökosteuer** freigestellt, während die weitgehend CO_2-freie Stromerzeugung aus Kernkraft belastet wird. Außerdem trifft die Ökosteuer private Haushalte und Dienstleistungsunternehmen deutlich stärker als das energieintensive Produzierende Gewerbe sowie Land- und Forstwirtschaft: Über ein kompliziertes Regelwerk von Ausnahmen und Kompensationen versucht man, dort Beschäftigungseinbußen zu verhindern, weil Importe umweltintensiver Produkte die einheimische Produktion verdrängen bzw. ins Ausland zwingen könnten. Der ökologisch erwünschte »stoffliche Strukturwandel« wird so freilich unterlaufen. Die Staatseinnahmen aus der Ökosteuer fließen vorwiegend in die Finanzierung der Rentenversicherung, wovon man sich eine Reduzierung der Lohnnebenkosten und positive Beschäftigungswirkungen verspricht. Diese müssten allerdings größer ausfallen als die ökosteuerbedingten Beschäftigungseinbußen; außerdem werden die Lohnnebenkosten subventioniert statt reformiert. Eine Alternative wären Investitionen in Bus und Bahn; stattdessen hat man die »Pendlerpauschale« für den Weg zur Arbeit erhöht.

Neben der Ökosteuer treffen die Energieverbraucher weitere ökologisch begründete Belastungen:

- Das Gesetz zur Förderung **erneuerbarer Energien** (EEG) bestimmt z. B., dass Fotovoltaik-Strom (Windkraft-Strom) mit 0,50 (0,09) € je Kilowattstunde fünf Jahre lang subventioniert wird.
- Das Gesetz zur Förderung von **Kraft-Wärme-Kopplung** (KWK) gewährt den – vor allem – von Stadtwerken betriebenen Anlagen, die die bei der

Die Umwelt darf es nicht zum Nulltarif geben. Aber: Die Bestimmung des Preises, der »die ökologische Wahrheit« sagt, ist schwierig und seine Wirkung kaum vorherzusehen.

»Doppelte Dividende« der Ökosteuer: Energie wird teurer, Arbeit hingegen billiger.

Stromerzeugung anfallende Wärme zu Heizzwecken nutzen, eine Vergütung von 2,6 Cent je Kilowattstunde.

Aufzubringen sind die Förderungen durch die Stromproduzenten (entsprechend ihren Marktanteilen), die sie dann an die Verbraucher weiterzureichen versuchen.

Ferner hat sich die Stromwirtschaft in einer Vereinbarung zum Klimaschutz gegenüber der Bundesregierung verpflichtet, die Energieerzeugung aus Kraft-Wärme-Kopplung auszubauen; im Gegenzug darf sie einen Bonus von 1,53 Cent je Kilowattstunde auf die Kunden umlegen.

Beispiel

Emissionsrechte oder Ökosteuer?
»… Einen Handel mit Zertifikaten für Schwefeldioxid (SO_2)-Emissionen gibt es in den Vereinigten Staaten bereits seit 1992. Je nach Branche und Gesellschaft wurde den Unternehmen eine bestimmte Anzahl von Emissionsrechten zugeteilt. Da die Zahl der vergebenen Zertifikate jährlich abnimmt, ist ein ständiger Zwang zur Verringerung des ausgestoßenen SO_2 vorhanden. Unternehmen, die die Vorgaben besser als verlangt erfüllen, können ihre überzähligen Emissionsrechte an der Warenterminbörse in Chicago oder direkt an andere Unternehmen, die die Emissionsgrenzen nicht einhalten können, verkaufen.

… Das System funktioniert. Denn schon in diesem Jahr sei das für das Jahr 2005 geplante Niveau an Schadstoffemissionen fast erreicht worden …«

(Aus: o. V.: Bald Handel mit CO_2-Emissionsrechten, in: Frankfurter Allgemeine Zeitung vom 12. 9. 1998).

»… Tatsächlich sollen die als Ökosteuer deklarierten Aufschläge auf Benzin, Heizöl und Erdgas die versprochene Senkung der Lohnnebenkosten finanzieren. Das heißt, die Verbraucher müssen kräftig Auto fahren, heizen und mehr Lampen einschalten, damit genügend Steuergeld in die Staatskasse kommt. Würde die Ökosteuer hingegen ihren eigentlichen Zweck erfüllen, nämlich durch Verteuerung von Energie die Menschen zu weniger Verbrauch anzuhalten, kämen unter dem Strich für den … Finanzminister … womöglich weniger Steuern zusammen als vorher. Dann aber hätte die so genannte Ökosteuer ihr jetzt vorgegebenes Ziel verfehlt …«

(Aus: o. V.: Falscher Aufkleber, in: Süddeutsche Zeitung vom 22. 10. 1998).

»Es ist unsinnig, eine mehrstufige Erhöhung der Mineralölsteuer Ökosteuer zu nennen.« (Helmut Schmidt, Altbundeskanzler)

(Aus: Wirtschaftswoche vom 28. 9. 2000)

Im Übrigen vertieft sich auch das Bewusstsein, dass die bereits bestehenden (gesetzlichen) Vorschriften strikt einzuhalten sind und – darüber hinaus – Maßnahmen ergriffen werden müssen, um noch detaillierteren Vorgaben zuvorzukommen: **Freiwillige Übereinkünfte** sind allemal erstrebenswerter als Druck von Bürgerinitiativen oder staatliche »Gängelei«. So wurde bereits im Jahre 2000 von den meisten neuen Fahrzeugen die ab 2005 in Kraft tretende Abgasvorschrift EURO IV unterboten: »Wer bei geschlossenem Garagentor den Motor laufen lässt, verhungert, bevor er an den Abgasen krepiert« (Axel Friedrich, Umweltbundesamt, in: Die Zeit vom 12. 10. 2000). Nicht übersehen werden sollte zudem, dass vorbildliche Umweltschutzmaßnahmen das Ansehen des Unternehmens in der Gesellschaft stärken und das erworbene Know-how gewinnbringend an andere Unternehmen weitergegeben werden kann.

Mit der Verordnung 1836/93 über die freiwillige Beteiligung gewerblicher Unternehmen an einem Gemeinschaftssystem für das Umweltmanagement und die Umweltbetriebsprüfung hat die Europäische Union die Weichen für mehr Transparenz beim betrieblichen Umweltengagement gestellt; die Umsetzung dieser Verordnung findet sich im deutschen Umwelt-Audit-Gesetz (UAG). Ziel des **EU-Öko-Audit** ist eine Bestandsaufnahme und kontinuierliche Verbesserung der betrieblichen Umweltschutzleistungen auf freiwilliger Basis. Die teilnehmenden Unternehmen müssen sich einem standardisierten ökologischen Managementkonzept unterwerfen, das von – internen oder externen – Umweltbetriebsprüfern für die einzelnen Betriebsstandorte entwickelt und in einer Umwelterklärung veröffentlicht wird; dies allerdings erst, nachdem ein zugelassener Umweltgutachter sie für den Zertifizierungszeitraum von drei Jahren für gültig erklärt hat. Gegenstand der Umwelterklärung sind z. B. eine Energiebilanz, eine Wasser- und Abwasserbilanz, eine Abfallbilanz, eine umweltorientierte Analyse der Produkte und Produktionsverfahren unter Einbeziehung der Zulieferer und Abnehmer sowie Angaben zum geplanten Verbesserungsprozess. Das Umweltzertifikat darf zur Imagewerbung (z. B. auf Rechnungen), nicht jedoch zur Produktwerbung verwendet werden. Die **Norm ISO 14001** ist weltweit bekannter als das EU-Öko-Audit, allerdings nicht so anspruchsvoll und weniger »öffentlich« in der Darlegung. Von den Unternehmen wird sie deshalb bevorzugt, weshalb diese Norm in das EU-Öko-Audit Verfahren integriert werden soll.

Umweltmanagement durch EU-Öko-Audit und Norm ISO 14001

Beispiel

Öko-Audit im Landratsamt

»Wenn der Landrat den Raum verlässt, ist er angehalten, das Licht auszuknipsen. Kaffee wird nicht mehr in der Maschine warm gehalten, sondern in der Thermoskanne, und zum Anforderungsprofil der Mitarbeiter in der Kfz-Zulassung gehört nun auch, die Thermostate an den Heizkörpern zu regeln: als erstes Landratsamt in Bayern hat die Kreisbehörde von Freising ein Öko-Audit abgelegt. Die Umwelterklärung nach den EU-Anforderungen wurde von einem vereidigten Gutachter abgenommen und ist bereits bei der Industrie- und Handelskammer registriert …

Entscheidende Konsequenz des Audit-Verfahrens ist die Installierung eines Managementsystems, das die Zuständigkeiten und Verantwortung für

⟶

die einzelnen Aspekte und Teilschritte exakt zuordnet ... Nach der Zuteilung der Zertifizierung muss der ökologische Prozess nun kontinuierlich weitergeführt werden, in drei Jahren ist die nächste gutachterliche Prüfung.«

(Aus: K. Bachhuber: Vorbild für alle Behörden, in: Süddeutsche Zeitung vom 28. 3. 2000)

1.4.2 Tarifvertragsrecht und soziales Netz

In einer »freien« Marktwirtschaft erhalten die Arbeitnehmer eine Entlohnung, die sich nach ihrer jeweiligen Knappheit am Arbeitsmarkt richtet. Da ferner die **Versorgung** der Arbeitnehmerhaushalte von der Entlohnung ihrer berufstätigen Mitglieder bestimmt wird, ist die Güterverteilung in einer Marktwirtschaft abhängig von der **Lage am Arbeitsmarkt;** Aspekte der Bedarfsgerechtigkeit spielen keine Rolle: Nur derjenige ist gut versorgt, der einen begehrten Beruf ausübt; wer hingegen keine Arbeit findet, erhält auch kein Einkommen und muss verelenden.

Der Arbeitsmarkt ist durch Grundgesetz, Arbeitsrecht, Tarifverträge und Betriebsvereinbarungen reglementiert.

In der sozialen Marktwirtschaft ist deshalb der Arbeitsmarkt dem Preismechanismus durch eine umfangreiche **Arbeitsmarktordnung** weitgehend entzogen: So gewährt der Artikel 9,3 **Grundgesetz** Koalitionsfreiheit und Tarifautonomie. Daneben gibt es noch ein umfangreiches Individual-**Arbeitsrecht**, das zahlreiche Mindestbedingungen setzt, z. B. bei Kündigungsschutz, Arbeitszeit, Jahresurlaub und Lohnfortzahlung im Krankheitsfall; die **tarifvertraglich** oder **betrieblich** vereinbarten Normen sind meist sogar noch günstiger.

Auf der Basis von Koalitionsfreiheit und Tarifautonomie handeln Gewerkschaften und Arbeitgeberverbände ein Entlohnungssystem aus (**Tariflohnsystem**), das eine leistungsorientierte Mindestentlohnung darstellt: Selbst bei noch so reichlichem Arbeitsangebot darf – in der Regel – der jeweils vereinbarte Tariflohn nicht unterschritten werden. Bei knappem Arbeitsangebot steht es jedoch dem Arbeitnehmer frei, eine »**Effektiventlohnung**« durchzusetzen, die über dem Tariflohn liegt. Der Preismechanismus des Arbeitsmarkts funktioniert folglich allein »nach oben« (**Günstigkeitsprinzip**).

In der »Verregelung« des Arbeitsmarktes wird häufig eine Ursache für Arbeitslosigkeit gesehen: Die »Arbeitsplatzbesitzer« werden zwar durch Tariflöhne abgesichert, ihre Unterschreitung könnte aber andererseits Arbeitsplätze schaffen. Ähnlich verhält es sich mit einem ausgeprägten Kündigungsschutz, der insbesondere kleinere Firmen von Einstellungen abhält. Die Gruppe der Arbeitslosen bleibt außen vor und muss vom Staat finanziert werden. Es wird deshalb eine »Generalrevision der deutschen Arbeitsmarktordnung« gefordert (z. B. gesetzliche Öffnungsklauseln für Tarifverträge) – was freilich leichter gesagt als getan ist. Dass trotz hoher Arbeitslosigkeit viele Arbeitsplätze nicht besetzt werden können, liegt – auch – an mangelnder beruflicher und räumlicher Mobilität.

Bei lange anhaltender Arbeitslosigkeit oder sonstwie (Alter, Krankheit usw.) begründetem geringem Einkommen wird allen Bürgern die Versorgung mit den Gütern zugesichert, die in unserer Gesellschaft als lebensnotwendig gelten (»sozialkulturelles Existenzminimum«). Im **Bundessozialhilfegesetz** (1961) heißt es dazu: »Aufgabe der Sozialhilfe ist es …, die Führung eines Lebens zu ermöglichen, das der Würde des Menschen entspricht.«… »Auf Sozialhilfe besteht Rechtsanspruch.« In den Erläuterungen zu diesem Gesetz wird dann ausgeführt: »Ohne nach den Ursachen der Notlage zu forschen, ob widrige Umstände oder gar eigenes Verschulden, die Sozialhilfe hilft auf jeden Fall.«

Sicherlich müssen in Not geratene Personen als Sozialhilfeempfänger eine deutliche Einbuße ihres Lebensstandards hinnehmen; dennoch kann von »Verelendung« keine Rede sein. Es wird im Gegenteil schon der Verdacht geäußert, dass die Sozialhilfe zur einkalkulierbaren Rückversicherung aller Lebensentscheidungen wurde. Folgt man einer Konvention der Europäischen Union, nach der ein Haushalt als »einkommensarm« gilt, wenn sein bedarfsgewichtetes Nettoeinkommen weniger als die Hälfte des entsprechenden Durchschnittseinkommens beträgt, dann liegt die Armutsquote in Deutschland West (Ost) bei etwa 9,5 (4,6) Prozent (1998). Sozialhilfe (genauer: Hilfe zum Lebensunterhalt) erhielten 1999 insgesamt 2,73 Millionen Personen in 1,5 Millionen Haushalten.

Neuere Untersuchungen zur **dynamischen Armutsforschung** belegen ferner, dass die Sozialhilfe oft »lediglich« kritische Lebensphasen überbrücken hilft (z. B. nach Scheidung, Krankheit oder Krise), weshalb die »Armutskarrieren« häufig von kurzer Dauer sind. Dies betrifft auch z. B. viele Rentner und Arbeitslose, bei denen sich die Auszahlung von Altersruhe- oder Arbeitslosengeld verzögert. Nur maximal fünf Prozent der Bevölkerung verharrt dauerhaft in Armut; besonders betroffen ist, wer im Osten lebt, arbeitslos ist, einen ausländischen Pass besitzt, keine Ausbildung hat, seine Kinder alleine erzieht (Armutsbericht 2000).

Zu bedenken ist schließlich, dass eine Erhöhung der Sozialhilfe ohne Anhebung der unteren Lohngruppen zu Motivationsproblemen und »Abwanderungstendenzen« bei Arbeitnehmern führen würde. Andererseits beschleunigen derartige Lohnerhöhungen den Ersatz einfacher Arbeiten durch Maschinen oder deren Verlagerung ins kostengünstigere Ausland bzw. ersatzlose Streichung. Das **Abstandsgebot** zwischen Lohn und Sozialhilfe (das die EU-Kommission angemahnt hat) sowie ein **Arbeitsgebot** für Sozialhilfeempfänger sind deshalb ein häufig diskutierter Meinungsgegenstand: »Nicht nur zur Spargelernte oder Weinlese suchen Bauern händeringend nach Personal. Auch Kneipen, Hotels oder die Post halten verzweifelt nach Mitarbeitern Ausschau. Von Tankstellenpächtern, die ihren Service ausweiten wollen … ganz zu schweigen. Auch für solche Jobs lassen sich Arbeitslose nicht begeistern. (Aus: Süddeutsche Zeitung vom 12./13. 9. 1998.) Als Lösung des Problems wird ein steuerlich subventionierter **Niedriglohnsektor** bei verschärften Zumutbarkeitskriterien für die Arbeitsaufnahme diskutiert. Zwei Varianten ließ die Bundesregierung in einem Modellversuch testen: Der

These der Gewerkschaften folgend, es würde an »Niedriglohnjobs« fehlen, erhielten Arbeitgeber Zuschüsse zu den Sozialbeiträgen (Saar-Modell). Besser angenommen wurde hingegen das Mainzer Modell, bei dem der These gefolgt wurde, es lohne sich für Arbeitslose oft finanziell nicht zu arbeiten, weshalb sie Zuschüsse zu ihren Sozialbeiträgen erhielten (**Kombilohn**).

Die Kosten des sozialen Schutzes (z. B. Renten- und Krankenversicherung, Kindergeld) betrugen 1999 insgesamt 668 Mrd. €. Hiervon entfielen 25,7 Mrd. € auf die Sozialhilfe, deren größte Posten mit zehn (zwölf) Mrd. € die Hilfe zum Lebensunterhalt (in besonderen Lebenslagen) war.

Die Sozialhilfe wird von den einen als »Auffangnetz« gepriesen, von anderen als »Hängematte« verteufelt.

Beispiel

Arbeitskräftemangel in der Gastronomie

»... Freddy Adjan von der Gewerkschaft NGG ... : ›Dass es vielleicht auch etwas damit zu tun haben könnte, dass sich nicht jeder für 2204 Mark brutto bis nachts um eins und am Wochenende in die Küche stellt, selbstverständlich, ohne dafür Zuschläge zu erhalten, kommt niemandem in den Sinn.‹ ...

Italiener, Afghanen, Kroaten, Türken, Griechen: das 45-köpfige Team des Unionsbräu besteht knapp zur Hälfte aus ausländischen Kräften, und das ist kein Zufall. ›Wenn ich beim Arbeitsamt anrufen und eine deutsche Spül- oder Küchenhilfe verlangen würde, gäbe es wahrscheinlich großes Gelächter‹, so Christa Hagn ...

... Koch und Lehrling sind sich einig, dass die Gründe für den Arbeitskräftemangel auch in der schlechten Bezahlung zu suchen sind. »Die Arbeitgeber kann ich allerdings auch verstehen. Die Pacht, die hohen Nebenkosten«, räumt Probstl ein. ›Wenn wir mehr verdienen, würden die Preise auf den Speisekarten steigen und die Gäste das wahrscheinlich nicht mehr akzeptieren ...‹

(Aus: J. Hufnagel: Münchner Wirten geht das Personal aus, in: Süddeutsche Zeitung vom 24. 8. 2000)

Unter der Lupe

Regelungen zum sozialen Netz (Stand 2002)

	Arbeitslosengeld	Arbeitslosenhilfe	Sozialhilfe
Voraussetzungen	mindestens 1 Jahr beitragspflichtige Beschäftigung innerhalb der letzten 3 Jahre	mindestens 5 Monate beitragspflichtige Beschäftigung im letzten Jahr sowie Bedürftigkeit; oder: im Anschluss an Arbeitslosengeld und Bedürftigkeit	jeder, »der sich nicht selbst helfen« und die erforderliche Hilfe nicht von anderen (z. B. Angehörigen) erhalten kann

→

	Arbeitslosengeld	Arbeitslosenhilfe	Sozialhilfe
An-spruchs-länge	abhängig von Alter und der Dauer der Be-schäftigung; mindes-tens sechs Monate bis maximal 32 Monate (bei vollendetem 57. Lebensjahr und min-destens 64-monatiger Beschäftigung)	bis zu 12 Monate	zeitlich unbegrenzt
An-spruchs-höhe	60 % (mit Kind[ern] 67 %) des mittleren Nettogehaltes der letzten 12 Beschäfti-gungsmonate; Sozialversicherungs-beiträge entfallen	53 % (mit Kind[ern] 57 %) des mittleren Nettogehaltes der letzten 12 Beschäfti-gungsmonate; Sozialversicherungs-beiträge entfallen	Hilfe zum Lebens-unterhalt (»klassische Sozialhilfe«) = Regel-satz für Lebenshaltung (Lediger: 278 €; vier-köpfige Familie: 930 € + Mehrbedarfe (z. B. für Anschaffung von Hausrat und Kleidung) + Aufwendungen für Miete und Heizung ab-züglich der eigenen Mittel (sonstige Ein-künfte/Vermögen usw.) Hilfe in besonderen Le-benslagen (Krankenhil-fe, Pflegehilfe, Altenhil-fe, Eingliederungshilfe usw.)

Im Durchschnitt beträgt die Hilfe zum Lebensunterhalt insgesamt

- bei Alleinstehenden   600 €
- bei Alleinerziehenden (ein Kind)   1000 €
- bei Ehepaaren mit zwei Kindern   1480 €

je Monat

1.4.3 Wettbewerbsaufsicht und Wettbewerbsförderung

Bei fehlendem Anbieter-Wettbewerb kann das **Warenangebot künstlich verknappt** und damit in Preis und **Gewinn hoch** gehalten werden. Dem Markt werden günstigere Angebote vorenthalten und folglich die Nachfrage schlechter als möglich bedient.

Eine der wichtigsten Voraussetzungen für eine funktionsfähige Marktwirtschaft ist der Anbieter-Wettbewerb.

In Marktwirtschaften wird oft genug ganz bewusst versucht, den Anbie-ter-Wettbewerb gezielt zu vermindern; häufig verwendete Vorgehensweisen sind **Kartell**absprachen und **Konzern**bildungen. Wie die Erfahrung zeigt, neigt ein sich selbst überlassener Markt tatsächlich zur Aufhebung des Wett-bewerbs durch Kapitalkonzentration.

Hierin sah **Karl Marx** (1818–1883) den entscheidenden Systemwider-spruch im Kapitalismus: Privateigentum und Profitstreben würden zur Konzentration führen, bis alles Privateigentum in den Händen weniger sei. Einer kleinen Schar von Kapitalisten stünde schließlich eine große Mehrheit von besitzlosen Proletariern (einschließlich des ruinierten Mittelstands) gegenüber, die dann in der »**Expropriation der Expropriateure**« den Schritt zur sozialen Revolution vollziehen werde.

Wirksamer Wettbewerb durch eine liberale Wettbewerbsordnung und strenge Wettbewerbsaufsicht

Eine der wichtigsten Voraussetzungen für die Funktionsfähigkeit des Marktmechanismus ist somit die Aufrechterhaltung eines **wirksamen Wettbewerbs:** Wettbewerb führt zu einer ständigen Erosion und Neubildung von – ökonomischer – Macht. **Wettbewerbskontrolle** ist deshalb gleichzeitig auch **Machtkontrolle**. In der Festlegung einer – liberalen – Wettbewerbsordnung und einer strengen Wettbewerbsaufsicht sah Walter Eucken (1891–1950) sogar den einzigen Bereich, in dem staatlicher Eingriff in das Wirtschaftsgeschehen unbedingt gerechtfertigt sei (»Ordoliberalismus«).

Kartellgesetz: Grundgesetz der Wirtschaft (Ludwig Erhard)

Grundlage der staatlichen Wettbewerbsaufsicht in Deutschland ist das **Kartellgesetz (Gesetz gegen Wettbewerbsbeschränkungen)**. Wie schwierig Wettbewerbskontrolle ist, erkennt man an der langjährigen Diskussion um dieses Gesetz: Im Sommer 1957 wurde es verabschiedet und im Jahre 1999 zum sechsten Male novelliert. Wichtige Elemente des Kartellgesetzes sind:

- das grundsätzliche Kartellverbot,
- die Missbrauchsaufsicht über marktbeherrschende Unternehmen und
- die Zusammenschlusskontrolle (Konzern, Fusion).

Neben der deutschen Wettbewerbsaufsicht gibt es eine – die grenzüberschreitenden Fälle beurteilende – Aufsicht durch die EU-Kommission in Brüssel; von großer Bedeutung für eine weltweite Einhaltung der Wettbewerbsregeln ist die – von den Regierungen getragene – »World Trade Organization (WTO)« mit Sitz in Genf.

Neben der Wettbewerbsaufsicht dient eine **liberale Wettbewerbsordnung** dem Wettbewerb. Insbesondere die **Öffnung der Märkte** durch Zusammenführung der Märkte der Europäischen Union sowie die »Globalisierung« haben dazu geführt, dass die Verbraucher aus einer kaum noch überschaubaren Fülle von Angeboten auswählen können. In die gleiche Richtung wirkt die **Durchsetzung neuer Technologien:** Neuheiten weisen immer kürzere »Lebenszyklen« auf, weshalb ihre Anbieter ständig unter der »Bedrohung« durch neue Produktgenerationen leben, während sich für die Verbraucher das Angebotsspektrum zusätzlich erweitert.

> Wirksamer Wettbewerb wird nicht nur durch Aufsicht, sondern auch durch einen scharfen **Substitutionswettbewerb** gesichert, den der Staat durch den Verzicht auf protektionistische Maßnahmen und die Schaffung eines »innovationsfreundlichen Klimas« fördern kann.

Beispiel

Innovationen als Machtkontrolle

»… IBM hatte in den sechziger und siebziger Jahren die Welt mit seinen Computern beliefert und war zum gefürchteten Herrscher der gesamten Branche geworden. IBM-Großrechner standen überall, wo Computer gebraucht wurden. *Big Blue*, so wurde die Firma genannt, setzte den Standard für eine ganze Technologie …

Die erfolgsgewohnten Herren hatten die Entwicklung verschlafen. Sie waren zu stolz zu akzeptieren, dass auch Technologien eine Zukunft haben können, die nicht von IBM stammen. Als Steve Jobs den ersten Apple-Personalcomputer in einer Garage gebastelt hatte, lachten die IBMler zunächst über die vermeintlichen Spielzeuge. Der Großcomputerbauer aber stürzte über die Tisch-Rechner in die größte Krise seiner Geschichte. Das einst ertragreichste Unternehmen machte plötzlich Rekordverluste. Binnen kurzer Zeit verloren 100 000 IBM-Mitarbeiter ihren Job …«

(Aus: K.-H. Büschemann: Keine Angst vor Monopolen, in: Süddeutsche Zeitung vom 09. 11. 1999)

Allerdings versuchen immer wieder Interessengruppen mit dem Hinweis auf ein erkennbares **Marktversagen,** staatliche Sondervorschriften durchzusetzen. Tatsächlich steht dahinter jedoch meist der Versuch, etablierte Anbieter vor missliebiger Konkurrenz zu schützen. Ein Beispiel hierfür ist der von den Einzelhandelsverbänden betriebene »Kampf« gegen die »grüne Wiese« zum Schutz der Innenstadt. Haben sie dann ein »innenstadtrelevantes Warensortiment« durchgesetzt, bleiben die Öffnungszeiten knapp und die Preise üppig. Auch das **Tariftreuegesetz** beschränkt den Wettbewerb: Bei der Vergabe von Bauaufträgen und von Verkehrsleistungen im öffentlichen Personennahverkehr soll der öffentliche Auftraggeber die Auftragnehmer zur Entlohnung nach den Tarifverträgen am Auftragsort verpflichten. Eine weniger rigorose Basis wäre eine Entlohnung nach Mindestlohn. So beträgt im Baugewerbe (West/2001) der Tariflohn (Mindestlohn) über 14 € (knapp 10 €). Letztlich schottet man sich so gegen die Niedriglohn-Konkurrenz (»Lohndumping«) aus anderen EU-Ländern zugunsten deutscher Arbeitsplätze ab, wobei eine Verteuerung der Aufträge (bzw. Verkehrsleistungen) billigend in Kauf genommen wird. Nach einer Entscheidung des Europäischen Gerichtshofs (AZ: C-369/96; 376/96) sind gesetzliche Mindestlöhne erlaubt. Ob es darüber hinaus zulässig ist, eine Entlohnung nach den Tarifverträgen am Herkunftsort zu verbieten und auch von nicht gebundenen Firmen (7. Kapitel) Tariflöhne zu verlangen, ist noch nicht abschließend geklärt.

Der Wettbewerb bringt seine Übel mit sich, er verhindert aber noch größere Übel. (John Stuart Mill, 1806–1873)

Unter der Lupe

Macht Marktwirtschaft glücklich?

»Die rasanten Entwicklungen der letzten Jahrzehnte im Konsumgüterbereich ... haben zu einer blendenden Versorgung der Verbraucher geführt« (Wolfgang Kartte, ehem. Präsident des Bundeskartellamtes).

Allerdings gilt auch hier, dass man Glück nicht kaufen kann: Eine schlechte Versorgung macht zwar unglücklich, eine gute aber nicht unbedingt glücklich.

Dies liegt zunächst einmal daran, dass nicht der Mensch in seiner Vielschichtigkeit, sondern lediglich in seiner Eigenschaft als »Wirtschaftssubjekt« Akteur der Marktwirtschaft ist. »Für ihn offenbart sich in einer Rose nicht der Glanz der Welt. Rosen lassen sich aus seiner Sicht günstig kaufen oder verkaufen.« (Guy Kirsch).

Folglich können die »Segnungen einer Marktwirtschaft« stets nur Segnungen für den Homo oeconomicus sein.

Ferner ist der Preis der guten Versorgung immer auch der Wettbewerb: Konkurrenz beflügelt den Menschen zu Höchstleistungen; sie stellt aber gleichzeitig eine ständige Bedrohung seines individuellen Besitzstandes dar. Vor dem rasanten Strukturwandel ist niemand sicher: Von Unternehmern und Mitarbeitern fordert er eine ständige Anpassungsbereitschaft, insbesondere berufliche und räumliche Mobilität. »Stagnation ist Rückschritt« und »Die Konkurrenz schläft nicht« sind gern gebrauchte Schlagworte in diesem Zusammenhang. Es gibt viele Menschen, die Mühe haben, sich hierbei zu behaupten und deshalb an den Rand der Gesellschaft gedrängt werden. Die Kritiker sprechen dann von Ellenbogengesellschaft und Sozialdarwinismus. Gelegentlich macht sogar das Wort von der »sozialen Kälte« die Runde. In der Tat nimmt die Marktwirtschaft ausdrücklich in Kauf, dass eine »allgemeine« Wohlstandsmehrung im Einzelfall eine – drastische – Wohlstandminderung bedeuten kann; Marktwirtschaft heißt eben nicht »Wohlstand für alle«, sondern nur »Wohlstand für die meisten«. Allerdings: Vor voreiligen Schlüssen sei gewarnt. Wer dem Strukturwandel zum Opfer fällt, fällt nicht ins Bodenlose. Bisher war die Wohlstandsmehrung durch den Strukturwandel immer noch groß genug, um die einhergehenden Friktionen über eine soziale Grundsicherung – einigermaßen – auszugleichen. Andererseits ist »das große Unverständnis breiter Teile der Bevölkerung für die wirklichen Belastungen dieser Benachteiligten ... eine schwere Last nicht allein für die Betroffenen selbst, sondern auch für unser Gemeinwesen« (Aus: Den Sozialstaat fortentwickeln. Erklärung der Kirchen zur Lage in Deutschland, 1994). Die Debatte über die Rechte und Pflichten des Einzelnen im Sozialstaat wird deshalb nicht abreißen: Was können die Gewinner von den Verlierern und die Verlierer von den Gewinnern verlangen?

Eine ausgleichende Sozialpolitik dämpft allerdings die Marktdynamik, weshalb eine Hilfestellung auch eine möglichst schnelle Wiedereingliederung der Menschen in den Arbeitsprozess im Auge behalten sollte. Sozialpolitik heißt nicht nur auffangen, sondern auch dafür sorgen, dass möglichst viele Menschen ihr Glück machen können.

2 Der betriebliche Transformationsprozess und seine Spielregeln

Aufgabe eines Betriebes ist es, **Input** aufzunehmen, diesen **umzuwandeln** und als **Output** abzugeben (Abb. 1.3). Einen derartigen Transformationsprozess bezeichnet man auch als **Produktion.** Ihr Ziel ist es letztlich, Vorhandenes (weiter) zu veredeln, um so den zur Bedürfnisbefriedigung (besser) geeigneten Mittelvorrat zu vergrößern.

Abb. 1.3: Grundstruktur des betrieblichen Transformationsprozesses: Mengengrößen

> Der betriebliche Transformationsprozess besteht darin, Input in Output zu veredeln; dabei muss eine Reihe von Spielregeln beachtet werden.

Unter der Lupe

Markt oder Hierarchie?
Für die Steuerung des Wirtschaftsprozesses gibt es in einer Marktwirtschaft zwei Vorgehensweisen:
- Auf dem **Markt** wirkt der Preismechanismus (Angebot und Nachfrage),
- im **Unternehmen** hingegen die Hierarchie (»Befehl und Gehorsam«).

Der Markt ist nicht alleine zuständig, weil seine Inanspruchnahme **Kosten der Markttransaktion** (Ronald H. Coase, Nobelpreisträger) verursacht; sie ergeben sich aus der Beschaffung von Informationen, der Vorbereitung von Verträgen sowie deren Überwachung und Anpassung. Gelingt es im Unternehmen, mittels hierarchischer Steuerung Transaktionen günstiger zu gestalten, lohnt sich deren Integration. Dies gilt z. B. dann, wenn die Markttransaktion ein hohes Konfliktpotential beinhaltet oder »spezifische Investitionen« (z. B. Preisgabe vertraulicher Daten) getätigt werden müssen.

Mit zunehmender Unternehmensgröße (und damit Kapazitätsvorhaltung) – also zunehmender Zahl interner Transaktionen – erhöhen sich freilich die Kosten der Steuerung und Kontrolle. Diese **Organisationskosten** müssen den Transaktionskosten des Marktes gegenübergestellt werden: Übersteigen z. B. die Kosten einer zusätzlichen Transaktion innerhalb des Unternehmens die Kosten der Markttransaktion, dann lohnt es sich, diese Leistung von außen zu beziehen. Die »optimale Unternehmensgröße« ist folglich das Ergebnis einer Fülle von »Make or buy«-Entscheidungen. In der Regel werden sie darauf hinauslaufen, die – auch zwischen Lieferanten – leicht austauschbaren Standardleistungen über den Markt zu beziehen oder

→

dorthin auszulagern (»Outsourcing«) (z. B. EDV-Leistungen, Fuhrpark, Reinigung, Kantine).

Eine andere Begründung für die Existenz eines Unternehmens bietet der wissensbasierte Ansatz: Anders als der Markt kann es gemeinsame Regeln und ein gemeinsames Know-how heranbilden, was die Effizienz der Koordination und Produktion von neuem Wissen erhöht. Ein besseres Management des Wissens erklärt damit auch Wettbewerbsvorteile gegenüber – sonst gleichen – Konkurrenten.

Beispiel

Make or buy

»Die 54 von dem Handelsunternehmen gekündigten Lkw-Fahrer in Eching (Landkreis Freising) wollen sich nicht mit ihrer Entlassung abfinden. Der Rewe-Konzern hatte den Fahrern zum Jahresende die Kündigungen geschickt, weil der konzerneigene Fuhrpark aufgelöst und von einer … Spedition übernommen wird. Bei der könnten die Fahrer zwar weiter beschäftigt werden, doch würden sie dort nach Ansicht der Gewerkschaft *hbv* Einkommenseinbußen und schlechtere Arbeitsbedingungen erwarten.«

(Aus: Süddeutsche Zeitung vom 8. 1. 2001)

»Das Pharmaunternehmen (Bayer) hat die Ausgliederung seines Rechenzentrums in eine eigenständige Gesellschaft angekündigt. Unter dem Namen ScaleOn GmbH & Co KG soll das Rechenzentrum seine Dienste künftig vermehrt auch externen Kunden anbieten, teilte der Chemie- und Pharmakonzern in Leverkusen mit … In die neue Gesellschaft werden alle 110 Mitarbeiter des Rechenzentrums wechseln.«

(Aus: Süddeutsche Zeitung vom 18. 9. 2000)

2.1 Privateigentum und Autonomie der Betriebe

Die Bestrafungsfunktion des Marktes greift nur bei Privateigentum und Autonomie.

Ökonomisches Fehlverhalten äußert sich am Markt durch **Preissignale:** Es kommt zu Preiseinbrüchen und damit zu Gewinnrückgängen bzw. Verlusten. Die Bestrafungsfunktion des Marktes greift aber nur, wenn dies dem Betroffenen auch »weh tut«: Er wird dann spürbar veranlasst, sein Verhalten zu ändern.

Eine besonders **effiziente Form der Bestrafung** knüpft an den privaten Verfügungsrechten (Property Rights) an. Nur wer Gefahr läuft, diese zu verlieren, handelt umsichtig und reagiert zügig auf die Preissignale des Marktes. Das **Privateigentum** ist demnach eine notwendige Voraussetzung für die Funktionsfähigkeit der Märkte, wobei zum Privateigentum eines Betriebes die dort eingesetzten **Produktionsmittel** sowie die damit erwirtschafteten **Ergebnisse** (Gewinn oder Verlust) gehören. »Private« können sowohl Personen als auch Institutionen – z. B. andere Unternehmen, Gebietskörperschaften (»der Staat als Unternehmer«) – sein. Eigentum an Unternehmen kann man – dem jeweiligen Recht entsprechend – z. B. durch Firmengründung, Kauf oder Erbschaft erwerben.

Allerdings muss das Privateigentum an den Produktionsmitteln und Ergebnissen ergänzt werden durch die **Autonomie der Betriebe:** Die privaten Eigner bzw. die von ihnen beauftragten Manager müssen in der Lage sein, die Produktion nach Art und Menge – gemäß den Preissignalen – selbst festzulegen, entsprechende Verträge abzuschließen und zu haften (z. B. bei Schadenersatzansprüchen).

Es gibt freilich eine Reihe von **Gesetzen und Verordnungen,** die – mit Bezug auf die Sozialverpflichtung des Eigentums (Art 14,2 GG) – die Gestaltungsfreiheit eingrenzen, z. B. aus gesundheits-, umwelt- oder sozialpolitischen Gründen. Diese Bestimmungen stellen jedoch nicht die grundsätzliche Autonomie der Unternehmen in Frage, obwohl es zahlreiche Stimmen gibt, die von einer übertriebenen »Gängelung« der Unternehmen durch den Staat sprechen.

> Die privaten Verfügungsrechte an Ressourcen und Vermögen (»Property Rights«) erlauben eine eindeutige Zurechnung der Ergebnisse des Wirtschaftens und fördern damit die Eigeninitiative.

Unter der Lupe

Prinzipal-Agent-Theorie

Die Eigentümer von Betrieben beauftragen oft Geschäftsführer und Vorstände mit deren Leitung: Ein professionelles und besser informiertes Management ermöglicht ihnen eine effizientere Nutzung der Ressourcen sowie eine Arbeitsentlastung. Die angestellten Manager (Agenten) entscheiden und handeln freilich nicht immer zum ausschließlichen Vorteil ihres Prinzipals: Sie verfolgen vielmehr (auch) eigene Ziele wie Macht und Prestige, was sie zu riskanten Geschäften verleiten könnte; gelegentlich wird auch mangelnder Leistungswille angesichts hoher Einkommen und luxuriöser Ausstattung (Dienstwagen, exquisite Büromöbel) kritisiert.

Ein besonderes Problem liegt dabei in der asymmetrisch zwischen Prinzipal und Agenten verteilten Information z. B. über die Marktlage. Einerseits möchte der Prinzipal den Informationsvorsprung des Agenten nutzen, andererseits ist seine Entscheidungsqualität für den Prinzipal nur schwer zu beurteilen: So könnte ein geringer Erfolg auf widrige Umstände, aber auch auf mangelndes Engagement des Agenten zurückzuführen sein.

Der Steigerung der Erträge aus den privaten Verfügungsrechten stehen somit Kosten der Überwachung und Vertragsgestaltung gegenüber. So ist ein Anreiz- (also Entlohnungs- und Überwachungs-) system zu entwickeln, das den Agenten veranlasst, im Sinne des Prinzipals an der Steigerung des Unternehmenswerts zu arbeiten; dies kann z. B. dadurch geschehen, dass die Führungskräfte am Eigenkapital beteiligt werden (z. B. Aktienoptionen).

2.2 Die Produktionsfaktoren als Input des Betriebsprozesses

Das heute gebräuchliche System der produktiven Faktoren geht zurück auf **Erich Gutenberg** (1897–1984). Er unterscheidet die beiden Gruppen »elementare Produktionsfaktoren« und »dispositive Arbeitsleistungen« (Abb. 1.4).

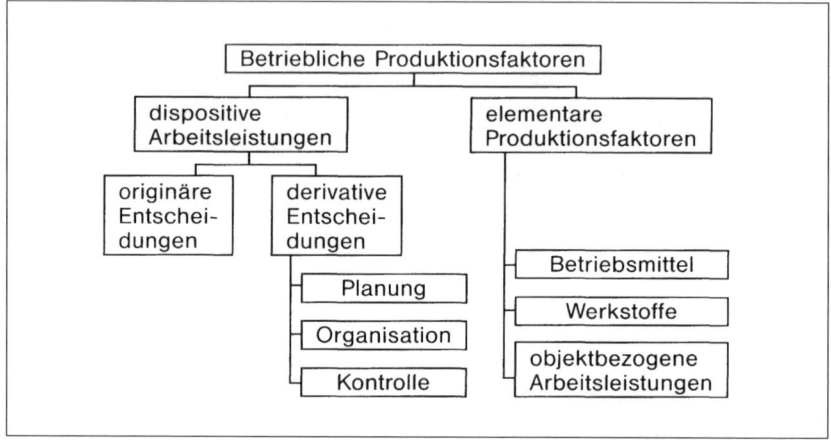

Abb. 1.4: Das System der betrieblichen Produktionsfaktoren

Zu den elementaren Produktionsfaktoren zählt der gesamte **sachliche Input** des Betriebes:

- Betriebsmittel sind alle im Betrieb verwendeten Gegenstände, die **nicht Bestandteil** des Outputs werden; hierzu gehören z. B. Grundstücke, Gebäude, Maschinen und maschinelle Anlagen sowie Werkzeuge und Betriebsstoffe (z. B. Energie- und Brennstoffe).
- Werkstoffe sind alle Roh-, Halb- und Fertigfabrikate, die ganz oder teilweise in den Output eingehen, also **Bestandteil** des Erzeugnisses werden.

Arbeitsleistungen lassen sich nach der Art der Arbeit in **objektbezogene** (ausführende) und **dispositive** (leitende) Arbeitsleistungen gliedern.

- Objektbezogene Arbeitsleistungen befassen sich ausschließlich mit der unmittelbaren **Durchführung** der betrieblichen Vorgänge.
- Dispositive Arbeitsleistungen sind die Tätigkeiten einer Person, die sich mit der **Leitung und Lenkung** der betrieblichen Vorgänge beschäftigen und im Vorbereiten und Treffen von **Entscheidungen** bestehen.

Soweit es sich bei diesen Entscheidungen um zentrale Anliegen der Unternehmenspolitik handelt, spricht man auch von **Führungsentscheidungen**.

■ **Originäre** Führungsentscheidungen sind solche, die den Weitblick und das »Fingerspitzengefühl« eines »**dynamischen Unternehmers**« erfordern. Sie sind nicht delegierbar und im vorhinein auch nicht bewertbar: Der Markt muss erweisen, ob die Entscheidung gut (im Gewinnfall) oder schlecht (im Verlustfall) war. Typische originäre Führungsentscheidungen betreffen die Einführung neuer Produkte oder Produktionsverfahren sowie das Aufspüren neuer Beschaffungs- und Absatzmärkte.

■ **Derivative** Führungsentscheidungen sind solche, die sich aus den originären ableiten (»Derivate«) und an **Spezialisten** delegierbar sind. Es handelt sich hierbei um die Aufgaben
  – der Planung: »Wie kann aus den originären Entscheidungen ein detaillierter Plan für das weitere Vorgehen gemacht werden?«;
  – der Organisation: »Wie kann der Plan in einen betrieblichen Ablauf gebracht (›organisiert‹) werden?«;
  – der Kontrolle: »Wie kann festgestellt werden, ob das, was im Betrieb ist, dem entspricht, was sein sollte und welches – gegebenenfalls – die Abweichungsursachen sind?« Diese Aufgabenstellung wurde zum »Controlling« erweitert.

> Ich bin kein Mann der Routine ... wenn ich in unbekanntes Gebiet vorstoßen kann, sind alle Sinne wach. (Werner Otto)

Man spricht von dispositiven und objektbezogenen Arbeits**leistungen**, weil beide meist **in einer Person** vereinigt sind. So wurden im Zuge der Reorganisation der Produktionsprozesse zahlreiche Steuerungs- und Kontrollaufgaben »an das Band« verlagert. Diesem »**funktionalen** Verständnis« des dispositiven Faktors bei Gutenberg wird ein »**personales**« gegenübergestellt: Diejenigen Mitarbeiter, die die Anpassung des Unternehmens an die sich wandelnden Umweltbedingungen managen, bilden den dispositiven Faktor; ihre Sichtweise ist eher langfristig (Beispiel: Investitionsentscheidungen). Die objektgebundenen Mitarbeiter haben hingegen ihre momentanen Arbeitsbedingungen (einschließlich Entlohnung) und deren Verbesserung im Auge. Konkretisiert man ferner noch den dispositiven Faktor als die »**leitenden Angestellten**«, dann ermöglicht die personale Theorie des dispositiven Faktors die Analyse unternehmensinterner Konflikte, die als »Organisationskosten der hierarchischen Steuerung« wirksam werden.

> Der dynamische Unternehmer braucht Spezialisten – und umgekehrt.

> Die Tätigkeit eines Mitarbeiters besteht in der Regel sowohl im Durchführen von als auch im Entscheiden über betriebliche Vorgänge. Dieser funktionalen Sicht objektbezogener und dispositiver Arbeit wird die personale gegenübergestellt: Der dispositive Faktor sind die leitenden Angestellten.

Es gibt Leute, die halten den Unternehmer für einen räudigen Wolf, den man totschlagen müsse. Andere meinen, der Unternehmer sei eine Kuh, die man ununterbrochen melken könne.
Nur wenige sehen in ihm ein Pferd, das den Karren zieht.
(Winston Churchill)

Unter der Lupe

Der dynamische Unternehmer

Grundsätzlich stehen die Gewinnaussichten kostenlos zur Verfügung: Die Konkurrenz ist niemals allwissend, die Käufer folgen gerne neuen Anregungen, und der technische Fortschritt als Basis der Marktinnovationen weist eine ungebrochene Dynamik auf. Insgesamt bietet sich damit ein weites Feld für den unternehmerischen Entdeckungsgeist, den »Pionierunternehmer«, wie ihn Joseph A. Schumpeter (1883–1950) beschrieben hat.

Die Wirtschaftsgeschichte kennt eine Fülle dynamischer Unternehmerpersönlichkeiten, und mancher Name findet sich noch heute in der Firmenbezeichnung renommierter Anbieter (z. B. Siemens, Daimler-Benz, Porsche).

Dass man dynamisches Unternehmertum »nicht erlernen könne, sondern hat«, ist weithin akzeptiert; über die Persönlichkeitsmerkmale des dynamischen Unternehmers gehen die Ansichten allerdings auseinander. So brachte ihn Max Weber (1864–1920) mit der protestantischen Ethik in Verbindung und ordnete ihm die Merkmale Kalkulation und Askese zu; Werner Sombart (1863–1941) sah hingegen Wagemut und Abenteuerlust als seine herausragenden Charaktereigenschaften an.

Zu den Persönlichkeitsmerkmalen müssen aber in jedem Fall noch günstige gesellschaftliche Rahmenbedingungen und persönliche Leistungsbereitschaft hinzutreten: Die Aussicht auf Gewinne hält die »Unternehmergesellschaft« hellwach und verleiht ihr eine Dynamik und Flexibilität, die keine andere Wirtschaftsform aufzuweisen hat und selbst Schumpeter in dieser Kraft nicht voraussah.

2.3 Der Output des Betriebsprozesses

Der Output des betrieblichen Transformationsprozesses umfasst entweder **Güter** oder **Dienstleistungen**, wobei die Dienstleistungen im Gegensatz zu den Gütern bei ihrer Herstellung keine Werkstoffe erfordern (z. B. Beratungen, Nahverkehr, Handel), meist aber »Begleitgüter« aufweisen, z. B. bei Flugreisen Essen und Trinken, bei Beratungsleistungen ein Gutachten.

2.4 Die Eckwerte der Betriebsführung: Wirtschaftlichkeit, Gewinnerzielung und finanzielles Gleichgewicht

Für einen Betrieb in der Marktwirtschaft (der auch **Unternehmen** genannt wird – im Gegensatz z. B. zu einem »sozialistischen Betrieb«) gibt es bestimmte Tatbestände, deren Verletzung »höchste Gefahr« für seinen Bestand bedeuten.

2.4.1 Das Wirtschaftlichkeitsprinzip

Das Wirtschaftlichkeitsprinzip verlangt, dass entweder

- ein bestimmter Output mit geringstmöglichem Input (**Minimumprinzip**) oder
- mit einem gegebenen Input ein größtmöglicher Output (**Maximumprinzip**)

erzielt wird. Im Grunde erhebt also das Wirtschaftlichkeitsprinzip die eigentlich für alle Betriebe selbstverständliche Forderung, **keine Produktionsfaktoren zu verschwenden**, also »wirtschaftlich« zu arbeiten. Die gelegentlich verwendete Formulierung »geringstmöglicher Input bei größtmöglichem Output« ist nicht praktikabel und bedeutet letztlich soviel wie »mit nichts alles erreichen«. Entweder der Output oder der Input muss als »Orientierungsgröße« vorgegeben sein; auf dieser Basis versucht man dann, mit möglichst wenig Verschwendung zu produzieren.

Wirtschaftlich sein heißt, nichts zu verschwenden.

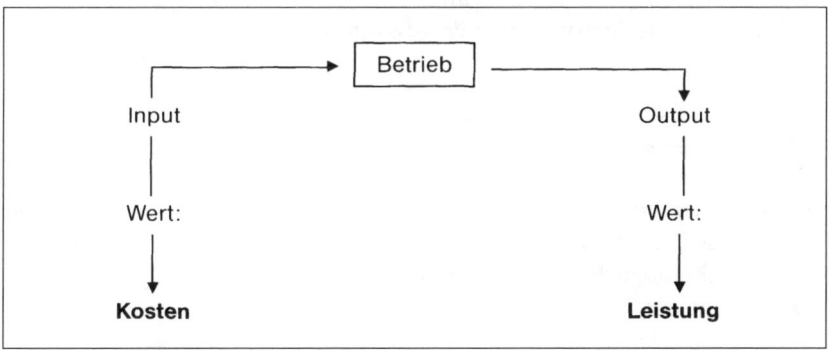

Abb. 1.5: Grundstruktur des betrieblichen Transformationsprozesses: Mengen- und Wertgrößen

Ein Maß für das »Wirtschaftlichkeitsniveau« eines Betriebes lässt sich auf der Basis von **Kosten** und **Leistung** formulieren, wobei – etwas vereinfacht – unter Kosten der in Geld bewertete Input eines Betriebes und unter Leistung der in Geld bewertete Output eines Betriebes verstanden wird (Abb. 1.5); Wirtschaftlichkeit ist dann:

- beim **Minimumprinzip** der Quotient:

$$W = \frac{\text{Soll-Kosten}}{\text{Ist-Kosten}}$$

mit: Soll-Kosten = geringstmögliche Kosten zur Erstellung eines bestimmten Outputs
Ist-Kosten = tatsächlich angefallene Kosten
Soll-Kosten < Ist-Kosten

- beim **Maximumprinzip** der Quotient.

$$W = \frac{\text{Soll-Leistung}}{\text{Ist-Leistung}}$$

mit: Soll-Leistung = bestmögliche Leistung bei Vorhandensein eines
                   bestimmten Inputs

Ist-Leistung = tatsächlich erzielte Leistung

Soll-Leistung > Ist-Leistung

Die Größe des Wirtschaftlichkeitsmaßes (W) liegt zwischen 0 und 1, wobei gilt:

W→O: viel Verschwendung, d. h. geringe Wirtschaftlichkeit

W→1: wenig Verschwendung, d. h. hohe Wirtschaftlichkeit.

Minimumprinzip: Output gegeben
Maximumprinzip: Input gegeben

In der Praxis hat man allerdings oft das Problem, dass weder ein **bestimmter Output** noch ein **gegebener Input** vorliegt. Man sollte dann alternative Input-(Output-)Vorgaben wählen und den jeweils zugehörigen maximalen (minimalen) Output (Input) ermitteln. Es ist dann diejenige Variante zu realisieren, die den gewünschten Prozess optimiert.

2.4.2 Das erwerbswirtschaftliche Prinzip

Erwerbswirtschaftliches Prinzip:
Gewinn oder Rentabilität

Oberstes Ziel unternehmerischer Tätigkeit ist die **Erwirtschaftung von Überschuss:** Die Produktion wird nach Art und Menge so festgelegt, dass entweder ein möglichst großer **Gewinn** oder eine möglichst große **Rentabilität** erreicht wird.

- Der **Gewinn** ist die Differenz zwischen Umsatz und Kosten:
  Gewinn = Umsatz – Kosten
  mit: Umsatz = Verkaufsmenge × Verkaufspreis
- Die **Rentabilität** eines Betriebes gibt an, in welcher Höhe sich das dort eingesetzte Kapital während einer bestimmten Zeitspanne verzinst hat. Man unterscheidet
  – Eigenkapitalrentabilität

  $$r_{EK} = \frac{\text{Gewinn}}{\text{Eigenkapital}} \times 100 \quad \text{und}$$

  – Gesamtkapitalrentabilität

  $$r_{GK} = \frac{\text{Gewinn + Fremdkapitalzinsen}}{\text{Eigen- und Fremdkapital}} \times 100,$$

  wobei das Eigenkapital (Fremdkapital) das von den Eigentümern (Gläubigern) im Betrieb eingesetzte Kapital ist, für das sie als »Entschädigung« Gewinn (Zinsen) beanspruchen.

Häufig wird auch noch die **Umsatzrentabilität**

$$r_U = \frac{\text{Gewinn}}{\text{Umsatz}} \times 100$$

berechnet und in die Rentabilitätsanalyse einbezogen: Selbst dann, wenn der Gewinnanteil am Umsatz gering ist, kann ein Unternehmen eine günstige Eigenkapitalrentabilität erwirtschaften; Voraussetzung ist, dass mit dem Kapitaleinsatz ein hoher Umsatz erwirtschaftet wird:

$$\frac{\text{Gewinn}}{\text{Umsatz}} \times \frac{\text{Umsatz}}{\text{Kapital}} = \frac{\text{Gewinn}}{\text{Kapital}}$$

↓	↓	↓
gering	hoch	günstig

Insbesondere die **SB-Verbrauchermärkte** folgen diesem Erfolgsrezept.

Wird der Gewinn auf das Betriebsergebnis und der Kapitaleinsatz auf das **betriebsnotwendige Vermögen** beschränkt, bezeichnet man diesen Zusammenhang auch als »**Return on Investment**«.

Beispiel

Zum Verhältnis von Wirtschaftlichkeitsprinzip und erwerbswirtschaftlichem Prinzip

Eine Porzellanmanufaktur plant aus Anlass ihres 100-jährigen Bestehens die Auflage eines neuen Kaffeeservices namens »Desiree«.

Zunächst ist für die absehbare Zeit die je Jahr herzustellende Stückzahl festzulegen. Folgende Alternativen werden als realistisch angesehen:

Stückzahl	6000	8000	12000
erforderlicher Kapitaleinsatz (EURO)	1,25 Mio.	1,33 Mio.	2,0 Mio.
Stückkosten (EURO)	610	590	575
Verkaufspreis je Stück (EURO)	650	617,50	600

Hieraus ergeben sich für Gewinn und Rentabilität:

Stückzahl	6000	8000	12000
Gewinn (EURO)	240000	220000	300000
Rentabilität (%)	19,2	16,5	15

Es zeigt sich, dass der Gewinn bei einer Stückzahl von 12 000 am größten wird; andererseits sind bei dieser Stückzahl derart umfangreiche – mit Kapitalbedarf verbundene – Investitionen erforderlich, dass unter Rentabilitätsgesichtspunkten eine Stückzahl von 6000 am günstigsten ist: Ein hoher Gewinn kann also seinen Reiz dann verlieren, wenn seine Realisation einen übermäßig ausgeweiteten Kapitaleinsatz notwendig macht.

Die Porzellanmanufaktur beschließt, eine möglichst große Rentabilität anzustreben und die Produktion auf 6000 Stück je Jahr zu beschränken. Am

→

Ende des ersten Jahres ist das Produktions- und Verkaufsziel erreicht, nicht aber das Kostenziel: Tatsächlich liegen die Ist-Kosten bei 635,– € je Stück. Die Manufaktur hat also mit

$$W = \frac{610}{635} = 0{,}96$$

ihr Wirtschaftlichkeitsziel nicht erreicht. Damit ist aber auch der Gewinn mit 90000 € und die Rentabilität mit 7,2 % hinter den Erwartungen zurückgeblieben.

Daraus folgt:

- In einem Unternehmen wird das Produktionsniveau mit Hilfe des erwerbswirtschaftlichen Prinzips bestimmt; das Wirtschaftlichkeitsprinzip verlangt dann, dieses – nun vorgegebene – Produktionsniveau bei möglichst wenig Verschwendung herzustellen.
- Wird das Wirtschaftlichkeitsziel verfehlt, dann kann auch das Gewinn- bzw. Rentabilitätsziel nicht erreicht werden.

Unter der Lupe

Gewinn- und Rentabilitätsmaximierung in mathematischer Darstellung

Es sei:

G = Gewinn

R = Rentabilität

U = Umsatz

K = Kosten

C = Kapitaleinsatz

x = Absatzmenge

p = Absatzpreis

Es gilt dann:

$$G(x) = U(x) - K(x)$$

$$\frac{dG}{dx} = \frac{dU}{dx} - \frac{dK}{dx} = 0$$

$$\frac{dU}{dx} = \frac{dK}{dx}$$

Im **Gewinnmaximum** sind Grenzumsatz und Grenzkosten gleich.

$$R(x) = \frac{G(x)}{C(x)}$$

$$\frac{dR}{dx} = \frac{\frac{dG}{dx} \cdot C(x) - G(x) \cdot \frac{dC}{dx}}{\left[C(x)\right]^2} = 0$$

$$\frac{dG}{dC} = \frac{G}{C}$$

→

Im **Rentabilitätsmaximum** sind Grenzgewinn und Durchschnittsgewinn in Bezug auf den Kapitaleinsatz gleich.

Hierzu ein Beispiel:

$$U(x) = 13x - \frac{1}{10}x^2$$

$$K(x) = 10 + 2x$$

$$C(x) = 300 + 50x$$

Lösung:

Maximaler Gewinn:	G = 292,5	bei x = 55	
Maximale Rentabilität:	R = 13,11 %	bei x = 22,21	

Die rentabilitätsmaximale Absatzmenge bleibt deutlich unter der gewinnmaximalen.

2.4.3 Das finanzielle Gleichgewicht

Das finanzielle Gleichgewicht ist bei einem Unternehmen gewahrt, wenn es zu **jedem Zeitpunkt** den **dann fälligen** Zahlungsverpflichtungen nachkommen kann. Dabei ist es unerheblich, ob ihm die – wie man auch sagt – Erhaltung der **Liquidität** aus »eigener Kraft«, durch Stundung eines Teils seiner Verbindlichkeiten oder durch Kreditzusagen gelingt.

Bei Verlust des finanziellen Gleichgewichts (»Illiquidität«) erhält ein Unternehmen gelegentlich staatliche **Subventionen**. Solche »Stützungsaktionen« sind zwar für die Betroffenen hilfreich, für die Konkurrenten stellen sie jedoch eine Missachtung ihrer – besseren – Leistung und eine Wettbewerbsverzerrung dar.

Normalerweise greifen bei Zahlungsunfähigkeit die Vorschriften der **Insolvenzordnung** (InsO). Diese ersetzt seit 1999 die bisherigen Vorschriften zu Vergleich (mit dem Ziel der Weiterführung des Unternehmens), Konkurs (Liquidation mangels ausreichender »Masse«) und Gesamtvollstreckung (in den neuen Bundesländern).

Die neue Insolvenzordnung basiert auf dem Gedanken der **Gläubigerautonomie**: Das Insolvenzverfahren wird auf Antrag des Schuldners (eines Gläubigers) bei drohender (eingetretener) Zahlungsunfähigkeit eröffnet; ein weiterer Eröffnungsgrund ist die Überschuldung des Unternehmens: seine Schulden übersteigen sein Vermögen. Innerhalb von drei Monaten entscheiden dann die Gläubiger darüber, wie es mit dem Schuldner-Unternehmen weitergeht – ob es saniert, gesamtveräußert oder in seinen Teilen versteigert und damit liquidiert wird. Bei diesen Überlegungen ist jedoch grundsätzlich davon auszugehen, dass es saniert werden kann, weshalb sein Vermögen zunächst von einem **Insolvenzverwalter** zusammengehalten und über einen **Insolvenzplan** verwaltet wird; hierbei kann er von einem Gläubigerausschuss unterstützt werden. Gegenstand des Insolvenzplans könnte sein, dass Teile des Betriebs verkauft oder geschlossen, neue Partner aufgenommen,

Wer das finanzielle Gleichgewicht verliert, fällt unter die Vorschriften der Insolvenzordnung (InsO).

InsO: Gläubigerautonomie und Restschuldbefreiung

betriebsbedingte Kündigungen ausgesprochen und (mit dem Betriebsrat) längere Arbeitszeiten ohne Lohnausgleich beschlossen werden, gegebenenfalls aber nur im Rahmen des Tarifvertrags. Folgerichtig dürfen bis zur weiteren Klärung **Absonderungsrechte** bestimmter Gläubiger (z. B. Sicherungsübereignung) nicht geltend gemacht werden. **Vorrechte** (z. B. Steuer- und Sozialversicherungsforderungen) wurden im Interesse einer gleichmäßigen Behandlung aller Gläubiger beseitigt. In einer abschließenden **Gläubigerversammlung,** die vom **Insolvenzgericht** (das auch für Streitigkeiten zuständig ist) einberufen wird, entscheiden die Gläubiger mit der Mehrheit der Forderungsbeträge über das weitere Schicksal des Unternehmens; dabei dürfen sich Gläubiger (-gruppen) aber nicht ohne guten Grund querlegen (»Obstruktionsverbot«).

Sollte es im Zuge des Insolvenzverfahrens letztlich doch zur Veräußerung oder Liquidation kommen, dann werden alle Gläubiger, die nicht durch – vorweg bediente – Absonderungsrechte gesichert sind, aus dem Erlös mit einer gleichen Quote befriedigt. Für die haftenden Personen gibt es nach Ablauf von sieben Jahren eine **Restschuldbefreiung,** wenn sie sich – als Betroffene – während des Insolvenzverfahrens korrekt verhalten und anschließend alles pfändbare Einkommen über einen Treuhänder an die Gläubiger weitergegeben haben (Leben auf Sozialhilfeniveau); unentgeltliche Vermögensübertragungen an Dritte im Vorfeld der Insolvenz können – bis zu vier Jahren rückwirkend – rückgängig gemacht werden.

Es leuchtet unmittelbar ein, dass ein Insolvenzverfahren nicht eröffnet wird, wenn mangels Masse nicht einmal die Kosten des Verfahrens gedeckt werden können oder alle Vermögenswerte mit Absonderungsrechten belegt sind und deshalb für eine Sanierung nicht zu Verfügung stehen.

Privaten Schuldnern winkt bereits nach sechs Jahren »Wohlverhalten« am Rande des Existenzminimums Restschuldbefreiung; Voraussetzung für den Antrag beim Amtsgericht ist allerdings, dass sie vorher – mit professioneller Hilfe – versucht haben, mit den Gläubigern einen »Schuldenbereinigungsplan« zu vereinbaren.

Nach dem Sozialgesetzbuch (Teil III) können Arbeitnehmer beim zuständigen Arbeitsamt einen Antrag auf Insolvenzgeld stellen, sofern sie in den letzten Monaten vor dem Insolvenzereignis kein Arbeitsentgelt mehr erhalten haben und auch im Rahmen des Insolvenzverfahrens keine Aussicht darauf besteht. Nettoarbeitsentgelte (einschließlich der Beiträge zur Sozialversicherung) werden jedoch nur für höchstens drei Monate ersetzt; die Mittel für das Insolvenzgeld müssen die Berufsgenossenschaften aufbringen, die sie von allen Arbeitgebern im Umlage-Verfahren erheben.

Beispiel

Borgward-Konkurs (1961)

»... Kein Auto-Hersteller der Welt jagte so von Neuheit zu Neuheit wie Carl Borgward. Modelle, Typen und Marken entstanden und verschwanden, veränderten ihr Aussehen und ihre Ausrüstung. Der Pionier war besessen von der Leidenschaft, immer neue Autos zu entwerfen. Er selbst und kein anderer erdachte alle 63 Kreationen, die zwischen 1923 und 1960 sein Werk verließen ...

Und was er austüftelte, wurde gebaut. Egal, was seine Buchhalter dazu sagten. Borgward: »Wenn ich heute etwas entwerfe, dann sage ich morgen: ›Deutsche Arbeiter, fanget an‹, und niemand kann dazwischenquatschen ...«

Anfang 1961 krachte der Gigant zusammen. Borgward war zahlungsunfähig. ... Aus dem Titanen war über Nacht ein machtloser Wicht geworden und aus 20000 Arbeitern Arbeitslose.

Doch acht Jahre später, nach dem Ende des Konkursverfahrens, stellte sich heraus: Borgward war überhaupt nicht pleite gewesen, alle Gläubiger konnten hundertprozentig befriedigt werden. Borgward war 1961 nur kurzfristig illiquide, weil ein durch Grundstücke abgesicherter Kredit von zehn Millionen Mark gestoppt worden war.

Carl F. W. Borgward erfuhr die Wahrheit über seinen Niedergang nicht mehr. Er war 1963 gestorben, kurz nachdem die ersten von 63 Schiffen den Bremer Freihafen verlassen hatten, um die demontierten Maschinen seiner Werke nach Mexiko zu bringen ...«

(Aus: C. Schnibben: Mythos auf Rädern, in: Die Zeit, Nr. 14/1984.)

2.5 Die Teilaufgaben des betrieblichen Transformationsprozesses

Zwischen der Aufnahme von Input und der Abgabe von Output sowie parallel dazu laufen in einem Betrieb zahlreiche Aktivitäten (»Aufgaben«) ab, die erst in ihrer Gesamtheit den betrieblichen Transformationsprozess vollständig beschreiben (Abb. 1.6). Die detaillierte Behandlung der hier zunächst nur kurz charakterisierten Teilaufgaben des betrieblichen Transformationsprozesses ist Hauptgegenstand der vorliegenden Schrift.

> Der betriebliche Transformationsprozess setzt sich aus den Teilaufgaben Beschaffung, Lagerung, Erzeugung, Absatz, Finanzierung, Personal- und Technologieentwicklung sowie Leitung zusammen.

Zur **Beschaffungsaufgabe** gehören der Ankauf oder die Anmietung (Leasing) von **Betriebsmitteln,** der Einkauf von **Werkstoffen** (bei Sachleistungsbetrieben) und die Anstellung von **Mitarbeitern.**

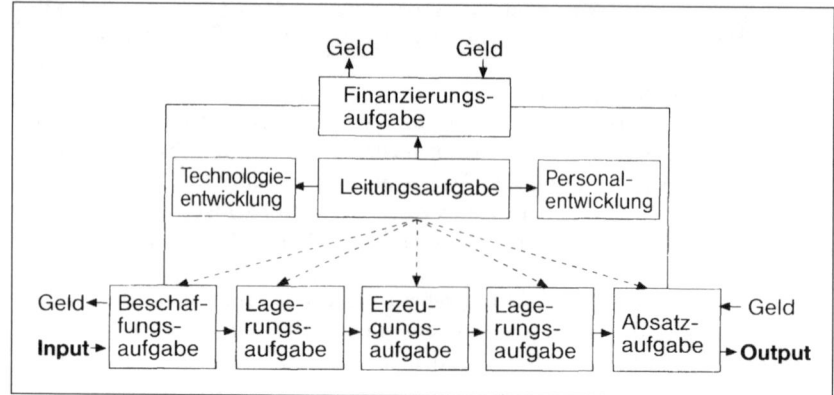

Abb. 1.6: Die Teilaufgaben des betrieblichen Transformationsprozesses

Die **Lagerungsaufgabe** betrifft alle betrieblichen Arbeiten, die vor dem eigentlichen Produktionsprozess mit der Lagerung von **Betriebsmitteln** und **Werkstoffen** und nachher mit der Lagerung der **Fertigfabrikate** anfallen.

Bei der **Erzeugungsaufgabe** geht es um die betrieblichen Arbeiten im Rahmen des eigentlichen Produktionsprozesses. In den Sachleistungsbetrieben sind sie weitgehend **technologisch** bestimmt. Im Einzelnen ist festzulegen, wann welche Produkte in welchen Mengen mit welchen Produktionsfaktoren hergestellt werden sollen (»Produktionsplanung«).

Die **Absatzaufgabe** befasst sich mit der **Erkundung** des Absatzmarktes, seiner **Beeinflussung** (z. B. durch Werbung) und dem **Verkauf** oder der **Vermietung** der betrieblichen Produktion.

Die **Finanzierungsaufgabe** steht zwischen Absatz und Beschaffung: Mit dem Verkauf von Output **verdient** man Geld, und die Beschaffung von Input **kostet** Geld. Nun sind aber häufig Geldzu- und -abflüsse nicht deckungsgleich. So können z. B. größere Investitionen nicht aus den laufenden Verkaufserlösen bestritten werden. Das **Entleihen** vorübergehend fehlender und das **Verleihen** vorübergehend überschüssiger Geldmittel gehört deshalb zu den typischen Finanzierungsaufgaben. Hinzu kommt im Rahmen des **Finanzmanagements** der Erwerb bzw. die Veräußerung von Beteiligungen an anderen Unternehmen über den Kapitalmarkt.

Die **Personal- und Technologieentwicklung** soll sicherstellen, dass die Qualifikation der Mitarbeiter stets auf dem neuesten Stand ist und sie somit in der Lage sind, auch neueste Technologien in allen Bereichen des Unternehmens **einzusetzen** und – insbesondere zugunsten neuer Produkte und Produktionsverfahren – auch zu **entwickeln.**

Die **Leitungsaufgabe** verantwortet das **Vorbereiten** und **Fällen** von Führungsentscheidungen zum Zweck der **Leitung** und **Lenkung** aller anderen betrieblichen Arbeiten. Hierbei kommt dem **betrieblichen Rechnungswesen** und dem Controlling eine besondere Bedeutung zu. Es hat die Aufgabe, alle Daten, die das betriebliche Geschehen beschreiben, fortlaufend und lückenlos zu erfassen und auszuwerten.

Die Teilaufgaben des betrieblichen Transformationsprozesses und ihre Verknüpfung zum Wertschöpfungsprozess kann als »**Wertschöpfungskette**« gesehen werden, die wiederum mit vor- und nachgelagerten Stufen (Lieferanten, Abnehmern) zusammenhängt.

Beispiel

Die Finanzierungsaufgabe und ihre Risiken

» … Im November 1986 war bekanntgeworden, dass VW Verluste von rund 500 Millionen DM im Devisenbereich hinnehmen müsse.

VW betrieb seit 1978 Devisengeschäfte, zeitweise im Volumen von über 100 Milliarden Dollar jährlich. Die Aufdeckung der Unregelmäßigkeiten veranlasste den Vorstand erst 1987, überprüfen zu lassen, wie weit der Devisenhandel des Unternehmens noch mit dessen satzungsmäßigen Aufgaben übereinstimmt. …

… Der VW-Vorstandsvorsitzende Carl H. Hahn hatte schon am 1. April 1982 … erklärt, dass VW in Zukunft keine Devisentermingeschäfte mehr vornehmen werde, die es in Gefahr bringen könnten.

… Aber jahrelang gab es keine Kontrollen. …«

(Aus: o. V.: Scharfe Kritik an Vorstand und Aufsichtsrat von VW, in: Süddeutsche Zeitung vom 6. 2. 1989)

Unter der Lupe

Nahaufnahme der deutschen Wirtschaft

Die größten deutschen Unternehmen sind:

- nach Umsatz (in Mio. EURO)
  1. DaimlerChrysler   162 384
  2. Volkswagen   85 555
  3. Siemens   78 396
  4. Eon   74 048
  5. Metro   46 930
  6. RWE   42 426
  7. Deutsche Telekom   40 939
  8. Thyssen Krupp   37 209
  9. BASF   35 946
  10. BMW   35 356
  11. Rewe   35 260
- nach Gewinn (in Mio. EURO)
  1. DaimlerChrysler   7 906
  2. Siemens   7 901
  3. Deutsche Telekom   6 015
  4. Eon   4 039
  5. Volkswagen   2 062

6.	Bayer	1 842
7.	RWE	1 556
8.	Deutsche Post	1 527
9.	Robert Bosch	1 380
10.	BASF	1 282
11.	BMW	1 026

- nach Beschäftigtenzahl

1.	Siemens	446 800
2.	DaimlerChrysler	416 501
3.	Volkswagen	324 402
4.	Deutsche Post	324 203
5.	Deutsche Bahn	234 507
6.	Metro	234 351
7.	Deutsche Telekom	211 858
8.	Edeka	200 000
9.	Robert Bosch	198 700
10.	Thyssen Krupp	193 316
11.	Tengelmann	187 000

(Stand: 2000)

- Die größten Unternehmen der Welt sind nach Umsatz (in Mio. US-Dollar):

1.	Exxon Mobil	206 083
2.	Wal-Mart Stores	191 329
3.	General Motors	182 911
4.	Ford Motor	170 064
5.	DaimlerChrysler	152 455
6.	Royal Dutch/Shell Group	149 146
7.	BP Amoco	145 881
8.	General Electric	128 543
9.	Mitsui	115 593
10.	Mitsubishi	114 791

(Stand: 2000)

Beispiel

Der ›Marsch in die Dienstleistungsgesellschaft‹ erscheint insofern über-zeichnet, als viele Unternehmen des Verarbeitenden Gewerbes Arbeitsplätze ›outsourcen‹, die sich dann als Dienstleistungsbetriebe in der Statistik wie-der finden. Wurden bislang bevorzugt produktunabhängige Dienste wie Werkschutz, Kantine oder Sozialeinrichtungen an Dritte vergeben, so er-wartet man künftig Auslagerungen in den Bereichen Logistik, Engineering, EDV und Rechnungswesen.

→

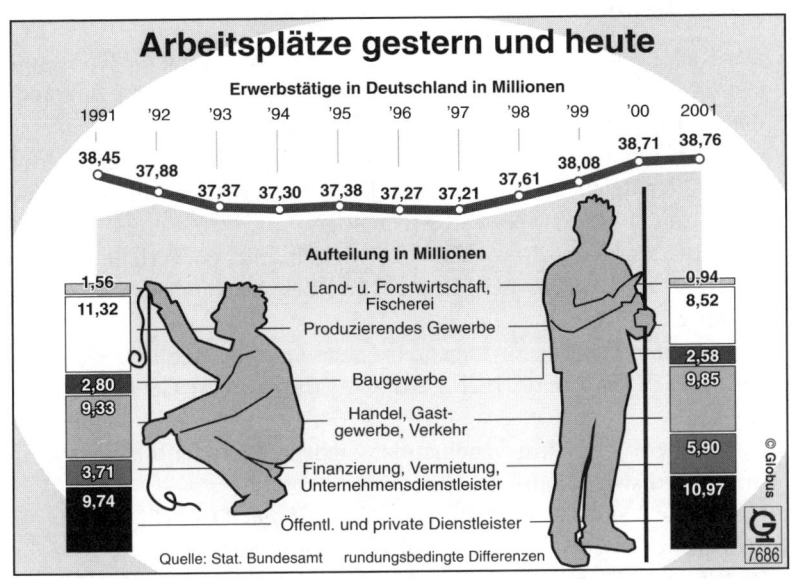

Arbeitsplätze gestern und heute

Erwerbstätige in Deutschland in Millionen

1991	'92	'93	'94	'95	'96	'97	'98	'99	'00	2001
38,45	37,88	37,37	37,30	37,38	37,27	37,21	37,61	38,08	38,71	38,76

Aufteilung in Millionen

1,56	Land- u. Forstwirtschaft, Fischerei	0,94
11,32	Produzierendes Gewerbe	8,52
2,80	Baugewerbe	2,58
9,33	Handel, Gast-gewerbe, Verkehr	9,85
3,71	Finanzierung, Vermietung, Unternehmensdienstleister	5,90
9,74	Öffentl. und private Dienstleister	10,97

© Globus

Quelle: Stat. Bundesamt   rundungsbedingte Differenzen

7686

»… Für viele Branchen kommt die ›fünfte Jahreszeit‹ einem kleinen Konjunkturprogramm gleich. Sie erwirtschaften in der Faschings-/Karnevalszeit einen Großteil ihres Jahresumsatzes. Der Bund Deutscher Karneval beziffert das Marktvolumen für alle Produkte und Dienstleistungen, die an den Trubel gekoppelt sind (Kostüme, Künstler, Technik, Umzüge etc.) auf mindestens 4,5 bis fünf Milliarden DM. Damit sichere das närrische Treiben rund 3000 Vollarbeitsplätze, heißt es.

Die Jecken sind während der tollen Tage nicht knauserig. Rund 200 DM, so meint Reinhold Geiss, geschäftsführender Gesellschafter der zu den führenden Anbietern von Fest- und Karnevalsartikeln gehörenden Deiters GmbH in Köln, gibt jeder seiner Kunden im Durchschnitt allein für Verkleidung und Accessoires wie Schminke oder Schmuck aus. In Köln gibt es Schätzungen, wonach die Karnevalsfreunde rund um den Dom in der Zeit vom 11. November bis Aschermittwoch mehr als 60 Millionen DM für Frisörbesuche und etwa 50 Millionen DM für den Eintritt zu Bällen und Sitzungen bezahlen.

Für die Karnevalsvereine wird die Finanzierung ihrer Veranstaltungen und Umzüge immer mehr zu einem Problem. Allein in Düsseldorf werden in der Session Orden im Wert von 600 000 DM verteilt. Und für die Bestellung der klebrigen und typischen »Kamelle« werden bei großen Karnevalsgesellschaften rasch 30 000 bis 40 000 DM fällig … Die großen Löcher im Etat lassen sich nur mit oft penetranter Werbung und über Fernsehhonorare stopfen. So zahlt der WDR dem Vernehmen nach rund eine Million in die Kasse des Kölner Festkomitees, das die Mittel an die Vereine verteilt …«

(Aus: S. Weber: Närrisches Millionengeschäft, in: Süddeutsche Zeitung vom 26. 2. 2001)

Arbeitsaufgaben

1) Der Kieler Nationalökonom Erich Schneider hat einmal die Notwendigkeit des Wirtschaftens begründet mit »dem kalten Stern der Knappheit, der über uns steht.« Erläutern Sie diese Aussage!

2) »Bei einer marktwirtschaftlichen Wirtschaftsordnung bekommen die Katzen der Reichen, nicht aber die Kinder der Armen Milch.« Ist diese Kritik an der Marktwirtschaft stichhaltig?

3) »Das ist das kleine Einmaleins des wirtschaftlichen Verhaltens: Maximierung des Nutzens bei Minimierung des Aufwandes.« Nehmen Sie Stellung.

4) Nehmen Sie Stellung zu folgendem Satz: »Das betriebliche Geschehen kann durch die Kurzformel: Geld → Ware → mehr Geld beschrieben werden.«

5) In welchem Verhältnis zueinander stehen Wirtschaftlichkeitsprinzip und erwerbswirtschaftliches Prinzip?

6) Vergleichen Sie – möglichst in mathematischer Darstellung – das Begriffspaar: Gewinn- und Rentabilitätsmaximierung!

7) Welche sind die grundlegenden Aspekte der Insolvenzordnung?

8) Das Gesamtkapital einer Unternehmung soll 40 000 €, das Fremdkapital 10 000 € betragen. Ein Gewinn ist in Höhe von 4 000 € erwirtschaftet. Auf das Fremdkapital sind 8 % Zinsen zu entrichten. Ermitteln Sie die Eigen- und die Gesamtkapitalrentabilität!

9) »Die Produktion ist allenfalls eine Nebenerscheinung des Erzielens von Profit« (Josef Schumpeter, 1883–1950). Was bedeutet dies?

10) »Dispositive Arbeitsleistungen sind auf nahezu allen Ebenen der betrieblichen Hierarchie anzutreffen.« Erläutern Sie diese Aussage.

11) »Die Finanzierungsaufgabe eines Betriebes besteht darin, das beim Absatz verdiente Geld für die Beschaffung bereitzustellen.« Nehmen Sie Stellung!

12) Welche Funktion hat der Markt in einer marktwirtschaftlichen Wirtschaftsordnung?

13) Definieren Sie die Begriffe:
    a) Eigenkapitalrentabilität
    b) Gesamtkapitalrentabilität
    c) Umsatzrentabilität!

14) »Nicht von dem Wohlwollen des Fleischers, Brauers oder Bäckers erwarten wir unsere Mahlzeit, sondern von ihrer Bedachtnahme auf ihr eigenes Interesse. Wir wenden uns nicht an ihre Humanität, sondern an ihre Eigenliebe« (Adam Smith). Interpretieren Sie diese Aussage!

15) Wieso sah Karl Marx in der Wettbewerbsproblematik den entscheidenden Systemwiderspruch des Kapitalismus?

16) »Das EU-Öko-Audit stellt die unternehmerische Umweltorientierung auf eine systematische Basis. Nehmen Sie Stellung!

17) »Subventionen sind Gift für die Marktwirtschaft.« Nehmen Sie Stellung zu dieser Aussage!

18) Viele Unternehmen stehen immer wieder vor einer »Make or buy«-Entscheidung. Was sollten sie bedenken?

19) »Das an vielen Stellen weit verstreute Wissen, das der Einzelne weder besitzen noch übersehen kann, wird durch den Marktmechanismus zusammengeführt und damit für die Gesamtheit in optimaler Weise verwendbar gemacht.« (Friedrich August von Hayek, Nobelpreisträger)

20) »Gewinnerzielung sichert die Existenz der Unternehmen und die Effizienz des Wirtschaftsprozesses.« Erläutern Sie diese Aussage!

21) Manches, was wünschenswert ist, rechnet sich nicht. Ist hier der Staat als Unternehmer gefordert?

22) »Privateigentum ist eine notwendige Bedingung für die Funktionsfähigkeit einer Marktwirtschaft.« Nehmen Sie Stellung zu dieser Aussage!

23) Inwiefern ist die Betriebswirtschaftslehre »entscheidungsorientiert« und was versteht man unter »Entscheidungsmodellen«?

24) Was versteht man unter Technologiefolgeabschätzung und worin liegt ihre Problematik?

25) Erörtern Sie Lösungskonzepte einer ökologisch orientierten Marktwirtschaft!

26) Welche Möglichkeiten hat der Staat, den Wettbewerb zu fördern?

27) Übertragen Sie die Prinzipal-Agent-Theorie auf die Situation des Handels!

28) Umwelt darf es nicht zum Nulltarif geben. Wer aber bestimmt ihren Preis?

29) Was beinhaltet und beabsichtigt das EU-Öko-Audit?

30) Sozialhilfe ist sehr hilfreich, manchmal aber auch hinderlich. Nehmen Sie Stellung zu dieser Aussage!

31) Welche Vor- und Nachteile hat es, wenn der Eigentümer eines Unternehmens einen Geschäftsführer einstellt? Auf welcher theoretischen Grundlage basieren Ihre Überlegungen?

32) Eine der wichtigsten Voraussetzungen für die Funktionsfähigkeit einer Marktwirtschaft ist die Aufrechterhaltung eines wirksamen Wettbewerbs. Begründen Sie diese Aussage und zeigen Sie geeignete Instrumente auf!

33) Charakterisieren Sie die Anwendung von Optimierungs- und Simulationsmodellen in der Betriebswirtschaftslehre!

34) Die Rentabilität eines Unternehmens ist definiert als:

$$R(x) = \frac{G(x)}{C(x)}.$$

Ermitteln Sie die notwendige Bedingung für das Rentabilitätsmaximum und interpretieren Sie diese (auch graphisch)!

35) Erläutern Sie das System produktiver Faktoren in der Betriebswirtschaftslehre und begründen Sie seine Sinnhaftigkeit!

36) Ein Unternehmen weise folgende Situation auf:

$$K(x) = 10 + 2x \qquad \text{(Kostenfunktion)}$$

$$U(x) = 13x - \frac{1}{10}x^2 \quad \text{(Umsatzfunktion)}$$

$$C(x) = 300 + 50x \quad \text{(Kapitaleinsatzfunktion)}$$

Ermitteln Sie die gewinnmaximale und die rentabilitätsmaximale Absatzmenge!

Wie hoch sind dort Gewinn bzw. Rentabilität?

Interpretieren Sie das Ergebnis!

Lösungsvorschläge für die Arbeitsaufgaben im »Übungsbuch zu Grundlagen und Probleme der Betriebswirtschaft«.

Weiterführende Literatur

Albach, H.: Allgemeine Betriebswirtschaftslehre, 3. Aufl., Wiesbaden 2001.

Albach, H.: Der dispositive Faktor in Theorie und Praxis, in: Zeitschrift für Betriebswirtschaft, 60. Jg. (5, 6/1990), S. 533–548.

Albach, H; Dyckhoff, H. (Hrsg.): Betriebliches Umweltmanagement, Wiesbaden 1996.

Albach, H. (Hrsg.): Globale Soziale Marktwirtschaft, Wiesbaden 1994.

Alchian, A. A.: Some Economics of Property Rights, in: Il Politico, 30. Jg., (1965), S. 816–829.

Bea, F. X.; Dichtl, E.; Schweitzer, M. (Hrsg.): Allgemeine Betriebswirtschaftslehre, 3 Bände, 8., 8., 7. Aufl., Stuttgart 2000, 2001, 1997.

Berndt, R.; Fantapie Altobelli, C.; Schuster, P. (Hrsg.): Springers Handbuch der Betriebswirtschaftslehre 1 und 2, Heidelberg 1998.

Beschorner, D.; März, Th.; Peemöller, V. H.: Betriebswirtschaftslehre, 2. Aufl., München 1990.

Bitz, M.; Dellmann, K.; Domsch, M.; Egner, H.: Vahlens Kompendium der Betriebswirtschaftslehre, 3 Bände, 4. Aufl., München 1998, 1999, 1999.

Bonus, H.: Umweltökonomie, Wiesbaden 2001.

Brockhoff, K. (Hrsg.): Geschichte der Betriebswirtschaftslehre, 2. Aufl., Wiesbaden 2002.

Bühner, R. (Hrsg.): Management-Lexikon, München 2001.

Chmielewicz, K.: Forschungskonzeptionen der Wirtschaftswissenschaft, 3. Aufl., Stuttgart 1994.

Coase, R. H.: The Problem of Social Cost, in: The Journal of Law and Economics, 3. Jg. (1,1960), S. 1–44.

Coase, R. H.: The Nature of the Firm, in: Williamson, O. E.; Winter S. G. (Hrsg.): The Nature of the Firm, S. 18–33, Oxford 1991.

Corsten, H.; Reiss, M. (Hrsg.): Betriebswirtschaftslehre, 4. Aufl., München 2000.

Corsten, H. (Hrsg.): Lexikon der Betriebswirtschaftslehre, 4. Aufl., München, Wien 2000.

Dichtl, E.; Issing, O.: Vahlens großes Wirtschaftslexikon, 3. Aufl., München 2001.

Domschke, W.; Scholl, A.: Grundlagen der Betriebswirtschaftslehre, Berlin u. a. 2000.

Eichhorn, P. (Hrsg.): Ökosoziale Marktwirtschaft, Wiesbaden 1995.

Eichhorn, P.: Das Prinzip Wirtschaftlichkeit, 2. Aufl., Wiesbaden 2000.

Eisenführ, E.: Einführung in die Betriebswirtschaftslehre, 3. Aufl., Stuttgart 2000.

Erlei, M.; Leschke, M.; Sauerland, D.: Neue Institutionenökonomik, Stuttgart 1999.

Eucken, W.: Grundlagen der Nationalökonomie, Preiser, E. (Hrsg.), 9. Aufl., Berlin et al. 1989.

Eucken, W.: Grundsätze der Wirtschaftspolitik, Eucken, W.; Hensel, K. P. (Hrsg.), 6. Aufl., Tübingen 1990.

Gossen, H. H.: Entwicklung der Gesetze des menschlichen Verkehrs und der daraus fließenden Regeln für menschliches Verhalten, neue Ausg., Berlin 1889.

Grant, R. M.: Toward a Knowledge-based Theory of the Firm, in: Strategic Management Journal, 17. Jg. (1996), S. 109–122.

Gutenberg, E.: Grundlagen der Betriebswirtschaftslehre, 3 Bände, Band l: 24. Aufl. 1983, Band II: 17. Aufl. 1984, Band III: 8. Aufl. 1980, Berlin, Heidelberg, New York.

Hahn, O.: Allgemeine Betriebswirtschaftslehre, 3. Aufl., München, Wien 1997.

Hansmann, K.-W. (Hrsg.): Umweltorientierte Betriebswirtschaftslehre, Wiesbaden 1998.

Hayek, F. A. von: Individualismus und wirtschaftliche Ordnung, 2. Aufl., Salzburg 1976.

Hayek, F. A. von: The Pretence of Knowledge – Nobel Memorial Lecture, Dec. 11, 1974, in: American Economic Review, 79. Jg. (6,1989), S. 3–7.

Hennecke, H.: Friedrich August von Hayek, Stuttgart 2000.

Homburg, Chr.: Quantitative Betriebswirtschaftslehre, 3. Aufl., Wiesbaden 2000.

Hopfenbeck, W.: Allgemeine Betriebswirtschafts- und Managementlehre, 13. Aufl., Landsberg/Lech 2000.

Jensen, M. C.; Meckling, W. H.: Theory of the Firm: Managerial Behavior, Agency Costs and Ownership Structure, in: Journal of Financial Economics, 3. Jg. (1976), S. 305–360.

Kirsch, G.: Neue politische Ökonomie, 4. Aufl., Düsseldorf 1997.

Kistner, K.-P.; Steven, M.: Betriebswirtschaftslehre im Grundstudium, Band I, 3. Aufl., Berlin 1999; Band II, Berlin 1997.

Koch, H. (Hrsg.): Entwicklung und Bedeutung der betriebswirtschaftlichen Theorie, Wiesbaden 1997.

Körndorfer, W.: Allgemeine Betriebswirtschaftslehre, 11. Aufl., Wiesbaden 1996.

Laux, H.: Risiko, Anreiz und Kontrolle, Berlin 1990.

Lechner, K.; Egger, A.; Schauer, R.: Einführung in die Allgemeine Betriebswirtschaftslehre, 19. Aufl., Wien 2001.

Macharzina, K.: Unternehmensführung, 3. Aufl., Wiesbaden 1999.

Mertens, P.; Bodendorf, F.: Programmierte Einführung in die Betriebswirtschaftslehre (Institutionenlehre), 11. Aufl., Wiesbaden 2001.

Popper, K. R.: Logik der Forschung, 10. Aufl., Tübingen 1994.

Ritter, W.: Die Unternehmenssanierung im neuen Insolvenzrecht, Sternenfels 2000.

Schierenbeck, H.: Grundzüge der Betriebswirtschaftslehre, 15. Aufl., München, Wien 2000.

Schneider, D.: Betriebswirtschaftslehre, Bd. 1: 2. Aufl., München, Wien 1995.

Schumpeter, J. A.: Das Wesen und der Hauptinhalt der theoretischen Nationalökonomie, 2. Aufl., Berlin 1970.

Schumpeter, J. A.: Theorie der wirtschaftlichen Entwicklung, 8. Aufl., Berlin 1997.

Sombart, W.: Die deutsche Volkswirtschaft im 19. Jahrhundert und im Anfang des 20. Jahrhunderts: Eine Einführung in die Nationalökonomie, 8. Aufl., Darmstadt 1954.

Specht, G.: Einführung in die Betriebswirtschaftslehre, 3. Aufl., Stuttgart 2001.

Weber, M.: Die protestantische Ethik und der Geist des Kapitalismus, Weinheim 1996.

Weber, W.: Einführung in die Betriebswirtschaftslehre, 4. Aufl., Wiesbaden 2001.

Williamson, O. E.: Markets and Hierarchies, New York 1975.

Wöhe, G.: Einführung in die Allgemeine Betriebswirtschaftslehre, 20. Aufl., München 2000.

Zimmermann, W.: Insolvenzrecht, 4. Aufl., Stuttgart 2001.

2. Kapitel:
Die Wahl des betrieblichen Standorts

Lernziele

Leitfrage:
Inwiefern ist die Standortwahl ein klassisches Beispiel für betriebswirtschaftliche Entscheidungsprobleme unter Unsicherheit?

- Wann sind Betriebe in ihrer Standortwahl frei, wann nicht?
- Wie sollten »freie« Betriebe ihren optimalen Standort bestimmen?
- Was versteht man unter politischer und irrationaler Standortwahl?
- Auf welchen Ebenen kann das Standortwahlproblem betrachtet werden?

Leitfrage:
Was sind Standortfaktoren, und wie wirken sie auf die betriebliche Standortwahl?

- Welchen Einfluss haben Transportkosten?
- Inwieweit beeinflussen die Arbeitskosten die regionale bzw. internationale Standortwahl?
- Wie wirken nationale bzw. internationale Steuerunterschiede auf die Standortwahl?
- Inwiefern können die Absatzleistungen die Standortentscheidung der Zulieferer, Hersteller und Händler beeinflussen?
- Welche Wirkung entfalten die Staatsleistungen?

Leitfrage:
Wie stellt sich der Industriestandort Deutschland dar?

1 Die Standortwahl als Entscheidungsproblem

Als Standort eines Betriebes bezeichnet man den Ort, an dem sich seine Räumlichkeiten (Verwaltungsgebäude, Produktionshallen, Lagerhäuser, Geschäfte, Niederlassungen usw.) befinden. Sind diese auf verschiedene Orte verteilt, dann hat der Betrieb mehrere Standorte. Statt von einem Betrieb spricht man von einem **Unternehmen,** wenn er sich darstellt

- als Einzelwirtschaft in einer Marktwirtschaft, die – anders als ein sozialistischer Betrieb – dem **erwerbswirtschaftlichen Prinzip** folgt (1 Kapitel) und
- als »**übergeordnetes Ganzes**«, das auf verschiedene betriebliche Standorte (»Betriebsstätten«) verteilt sein kann sowie
- als **rechtliche** Einheit.

> Die meisten Betriebe können ihren Standort frei wählen, manche sind jedoch an bestimmte materielle Voraussetzungen gebunden.

Bei einigen Branchen sind die Standorte der Betriebe **nicht frei wählbar,** sondern an bestimmte materielle Voraussetzungen gebunden (z. B. Kohlengruben, Wasserkraftwerke). Alle Betriebe, die derartigen Beschränkungen nicht unterliegen, sind in ihrer Standortwahl frei. Sie können sich den Standort aussuchen, der ihnen **am günstigsten** erscheint. Die Lösung dieses Entscheidungsproblems ist deshalb nicht ganz einfach, weil jeder in Betracht kommende Standort Vor- und Nachteile hat.

Ein Betrieb, der einen (neuen) Standort sucht, sollte deshalb wie folgt vorgehen:

- Es wird festgelegt, welchen **Mindestanforderungen** der Standort auf jeden Fall gerecht werden muss. So definierte BMW für einen neuen Produktionsstandort folgende K.o.-Kriterien: Eine mindestens 200 Hektar große zusammenhängende Fläche, die Anbindung an Schiene, Straße und Flughafen, genügend qualifiziertes oder qualifizierbares Personal, die Zulieferstruktur und die Kostenstruktur am Ort, beispielsweise die Lohnkosten. Auch die politischen Rahmenbedingungen und mögliche Fördermaßnahmen spielten eine Rolle (Süddeutsche Zeitung vom 9. 1. 2001).
- Es werden die Standorte ermittelt, die diese Mindestanforderungen erfüllen **(mögliche Standorte).**
- Für jeden der möglichen Standorte werden die **standortabhängigen** (d. h. die bei verschiedenen Standorten unterschiedlichen) **Kosten** und **Leistungen** ermittelt; übereinstimmende Kosten- und Leistungskomponenten beeinflussen das Entscheidungsproblem nicht.
- Es wird der Standort ausgewählt, der den voraussichtlich **größten standortabhängigen Gewinn** (als Differenz der standortabhängigen Leistungen und standortabhängigen Kosten) aufweist.

> Ein Betrieb sollte den Standort wählen, an dem die standortabhängigen Leistungen die standortabhängigen Kosten am stärksten übersteigen.

Das hauptsächliche Problem bei diesen Überlegungen besteht dann, dass weder die standortabhängigen Kosten noch die standortabhängigen Leistungen mit Sicherheit abzuschätzen sind. In der Zukunft sind vielmehr **Abweichungen** von den erwarteten Werten möglich, weshalb sich der gewählte Standort als nicht optimal erweisen könnte. Daraus folgt aber, dass die Standortwahl ein **Entscheidungsproblem unter Unsicherheit** ist, dem man durch **Alternativrechnungen** mit pessimistischen bzw. optimistischen Schätzwerten zu begegnen versucht. Erweist sich dabei ein Standort selbst dann als recht vorteilhaft, wenn er mit pessimistischen, jeder der konkurrierenden Standorte jedoch mit optimistischen Schätzwerten belegt wird, dann ist auch die Wahrscheinlichkeit hoch, dass er der optimale ist.

Standortwahl: Entscheidungsproblem unter Unsicherheit

Beispiel

Ein Lebensmittelhändler hat die Wahl, entweder
■ den Standort A (städtischer Standort) oder
■ den Standort B (ländlicher Standort) zu besetzen.
Problem: Welches ist der optimale Standort?
Lösung: A und B sind gleich gut: Der Lebensmittelhändler muss weitere Kriterien suchen oder würfeln.

wahrscheinliche standortabhängige					
Kosten pro Periode			Leistungen pro Periode		
	A	B		A	B
Löhne	1 000	700	Umsatz	3 000	2 600
Miete	300	100			
Warenbeschaffung	100	205			
Summe	1 400	1 005	Summe	3 000	2 600

	A	B
erwarteter standortabhängiger Bruttogewinn	1 600	1 595
erwartete Gewerbeertragsteuer	10	5
erwarteter standortabhängiger Nettogewinn	1 590	1 590

Das Problem der Unsicherheit über künftige Entwicklungen kann man auch mittels **computergestützter »Monte-Carlo«-Simulationen** angehen. Jede Kosten- und Leistungskomponente erhält zunächst einen – für wahrscheinlich gehaltenen – Wertebereich (z. B. Löhne Standort A 850 bis 1 300), wobei zusätzlich noch Angaben über den wahrscheinlichsten Wert möglich sind (z. B. Löhne Standort A 1000). Der Computer »zieht« dann für jede Kosten- und Leistungskomponente aus den jeweils vorgegebenen Intervallen nach Maßgabe der »Wahrscheinlichkeitsverteilung« einen Wert und berechnet daraus den standortabhängigen Gewinn. Dieses Verfahren wird für jeden Standort mit immer neuen »Zufallsausprägungen« der Kosten- und Leis-

wird per PC ausgerechnet

Monte-Carlo-Simulation: Unsicheren Annahmen folgen unpräzise Ergebnisse, was realistisch ist.

tungskomponenten häufig wiederholt. Am Ende stehen dann Wahrscheinlichkeitsverteilungen für die standortabhängigen Gewinne aller Standorte. Abb. 2.1 gibt hierzu ein Beispiel: Standort A weist mit knapp 300000 Gewinneinheiten einen deutlich höheren »Gewinnerwartungswert« auf als Standort B mit etwa 150000 Einheiten. Jedoch fällt die Streuung der Gewinnwerte beim Standort A ebenfalls erheblich größer aus, weshalb – mit allerdings geringer Wahrscheinlichkeit – am Standort B ein höherer Gewinn erzielt werden könnte als am Standort A.

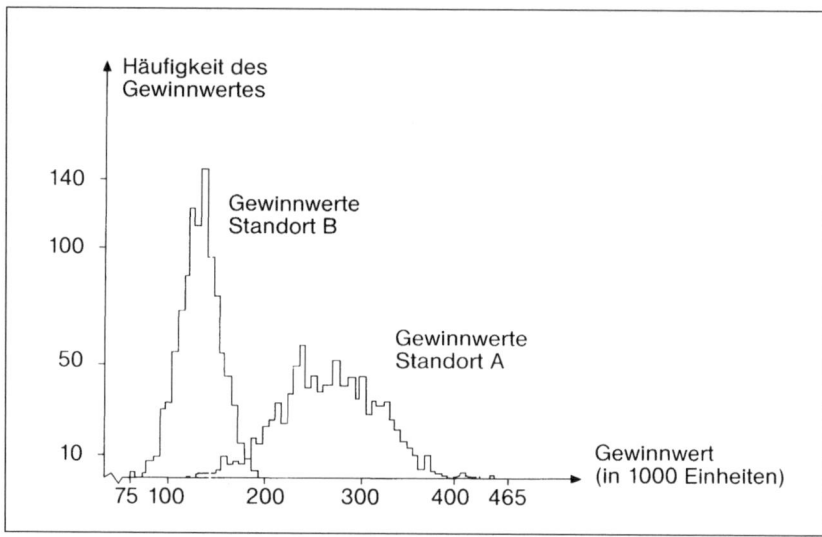

Abb. 2.1: Monte-Carlo-Simulationsanalyse zur Standortwahl

Nun führen aber nicht alle Betriebe, die einen (neuen) Standort suchen und dabei – wegen fehlender technischer Beschränkungen – grundsätzlich frei sind, das oben beschriebene ökonomische Suchverfahren durch. Es gibt vielmehr Fälle, wo ohne Prüfung der ökonomischen Sinnhaftigkeit der Standort aus politischen oder irrationalen Gründen gewählt wird.

- **Politische** Gründe berücksichtigen z. B. militärpolitische (Fabriken im Hinterland) oder sozialpolitische (Fabriken in strukturschwachen Gebieten) Gesichtspunkte.

- **Irrationale** Gründe wären z. B. die Heimatbindung und die »Erfüllung eines Jugendtraums«.

Beihilfe aus öffentl. Mitteln an Privat- unternehmen

Subventionen bringen die Maschinen zu den Menschen; sie können aber auch »Mitnahmeeffekte« auslösen.

Oft werden Betriebe über staatliche **Subventionen** an bestimmte Standorte »gelockt«. Den Staat bewegen dabei politische Gründe, für den Betrieb können aber dennoch ökonomische Aspekte den Ausschlag geben. Die Subventionen erscheinen als standortabhängige Leistungen, die den standortabhängigen Gewinn des subventionierten Standortes über den aller anderen Standorte herausheben. So erhielten DaimlerChrysler und Mitsubishi für die Errichtung eines gemeinsamen Motorenwerkes in Thüringen eine (von der EU Kommission genehmigte) Subvention in Höhe von 56 Mio. €; die Motoren werden auch nach Japan geliefert.

Die möglichen Varianten der Standortwahl sind in Abb. 2.2 zusammengefasst.

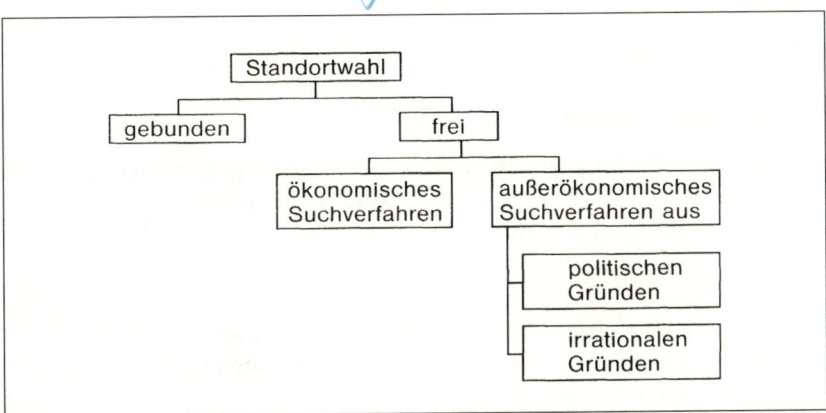

Abb. 2.2: Die Dimension der Standortwahl

2 Die Ebenen des Standortproblems

Die Tragweite des Standortproblems hängt davon ab, von welcher der folgenden Ebenen an es untersucht wird:

- Internationale Standortwahl
  (In welchem Land soll der Standort liegen?)
- Regionale Standortwahl
  (In welcher Region des Landes soll der Standort liegen?)
- Lokale Standortwahl
  (In welchem Ort der Region soll der Standort liegen?)
- Innerörtliche Standortwahl
  (Wo innerhalb des Ortes soll der Standort liegen?)
- Innerbetriebliche Standortwahl
  (Wie werden innerhalb des Betriebes die Abteilungen bzw. innerhalb eines Geschäftes die Regale und ihr Warenbesatz räumlich geordnet?)

3 Die Standortfaktoren

Die Standortfaktoren umfassen alle **standortabhängigen Kosten- und Leistungsarten,** die dann von Bedeutung sind, wenn die betriebliche Standortwahl frei ist. Die wichtigsten werden im Folgenden kurz dargestellt:

3.1 Transportkosten

Transportkosten: Belastung des Betriebes bei Beschaffung und Absatz

Transportkosten entstehen

- bei der **Beschaffung** von Roh-, Hilfs- und Betriebsstoffen sowie beim Bezug der Halb- (in der Industrie) und Fertigfabrikate (im Handel) und
- beim **Absatz** der im Betrieb erzeugten Güter.

Ihre Höhe hängt ab von

- der eventuell erforderlichen Begrenzung der **Transportzeit** (so erfordern z. B. die Erdbeeren aus Israel den raschen, aber teuren Lufttransportweg),
- den jeweiligen **Quantitäten,** Menge
- den jeweiligen **Qualitäten** (so steigt z. B. der Bahntarif mit dem Wert einer Ware – so genannter Werttarif),
- der **Entfernung** des Beschaffungs- bzw. Absatzortes und
- den **Verkehrsmitteln:** Manche Betriebe bevorzugen einen Standort in einer Hafenstadt, um die produzierten Güter gleich – ohne Zwischentransport und Umladen – auf den Seeweg bringen zu können. Andere Betriebe errichten ihren Standort an Kanälen oder Flüssen, da bei Massengütern der Wassertransport billiger als der Landtransport ist. Schließlich empfehlen sich wegen der (auf langen Strecken) kostenmäßigen Überlegenheit der Bahn gegenüber der Straße auch Eisenbahnknotenpunkte als betriebliche Standorte.

Beispiel

Standortfaktoren Arbeits- und Transportkosten

»… Wenn tagtäglich rund 19000 Menschen im BMW-Werk Dingolfing ihrer Arbeit nachgehen und wenn davon rund zwei Drittel Pendler sind – dann ist ein Verkehrschaos mit allen seinen Risiken eigentlich vorprogrammiert …

Deshalb holt BMW seine Mitarbeiter im wahrsten Sinne des Wortes von der Straße. 280 Busse erschließen Tag für Tag nahezu die ganze Region; im Einzugsbereich des Dingolfinger Werkes (und der umfasst immerhin fast ganz Niederbayern) gibt es kaum einen Winkel, und sei er noch so klein, der von den Bussen nicht angefahren wird.

Dabei wird den Mitarbeitern einiges geboten. Die Busse erfüllen allesamt den Standard moderner Reisebusse …

→

... Rund 40 000 Kilometer, so haben Statistiker errechnet, werden tagtäglich gefahren ...

(Aus: Passauer Neue Presse vom 29. 9. 1997)

»... Das Werk ... hat eine direkte Anbindung an Straße und Schiene. Es wird täglich von einem Zug aus der Ingolstädter Zentrale angefahren. So können die Ungarn die Motoren im so genannten Nachtsprung produzieren. In einer Nacht werden die einzelnen Teile in das zwischen Budapest und der Grenze zu Österreich gelegene Györ transportiert, tagsüber werden die Motoren zusammengebaut und in der folgenden Nacht wieder nach Ingolstadt gefahren ...«

(Aus: K. Wittler: Ab 1998 will Audi in Ungarn neben Motoren auch ganze Autos bauen, in: Passauer Neue Presse vom 9. 9. 1997)

»... Die Löhne liegen bei einem Siebtel des deutschen Niveaus ...

Ein Mitarbeiter in der Fertigung verdient monatlich etwa 670 DM und arbeitet dafür circa 1920 (Deutschland 1600) Stunden im Jahr. Allerdings zahlt Audi landesweit mit die höchsten Löhne. Die Audi-Verantwortlichen zeigen sich hochzufrieden. Die Krankheitsquote liege bei nur zwei Prozent, die Fluktuation sei verschwindend gering und die zwei Gewerkschaften in der Fabrik zeigten sich ›sehr kooperativ‹.

Die Kostenvorteile pro Motor gegenüber Ingolstadt gibt Audi-Ungarn-Chef Huebser mit etwa 150 DM an. Bis 1999 soll die Kapazität bei 4000 Vier-, Sechs- und Acht-Zylinder-Motoren pro Tag liegen. Dazu kommt die Montage (die lackierten Karosserieteile kommen aus Ingolstadt) von geplanten 30 000 TT Coupé und Roadster-Modellen ...«

(Aus: G. Blaske: Audi Motoren aus Ungarn für die ganze Welt, in: Süddeutsche Zeitung vom 8. 7. 1997)

3.2 Kosten der Arbeitskräfte

Die Kosten der Arbeitskräfte sind – soweit es sich um **Tariflöhne** handelt – in den Tarifbezirken außerhalb der Ballungsgebiete meist etwas niedriger. Den Betrieben, die ihren Standort in solchen Gegenden wählen, entstehen in der Regel jedoch erhebliche »**Lohnnebenkosten**«:

Kosten der Arbeitskräfte: Lohnkosten sowie oft erhebliche Lohnnebenkosten

- Häufig gibt es direkt am Ort nicht genügend Arbeitskräfte, sodass auf die Bewohner des Umlandes zurückgegriffen werden muss. Da aber ein gut funktionierendes Verkehrswesen in abgelegenen Gegenden meist fehlt, muss der Betrieb die **Personenbeförderung** selbst – und auf eigene Kosten – organisieren.
- Wegen fehlender Lehrstellen im technisch-industriellen Bereich finden die Betriebe auf dem Lande oft nicht die von ihnen benötigte Qualifikationsstruktur. Hier müssen sie – im Interesse der Leistungsfähigkeit ihres Mitarbeiterstammes – mit einem eigenen **Ausbildungswesen** nachhelfen.
- Wegen des geringeren Freizeitwertes der abgelegenen Gebiete (Theater, Konzerte, Kinos, Sport- und Einkaufsmöglichkeiten usw.) gelingt es den

Betrieben nur mittels hoher **Lohnzulagen,** qualifizierte Führungskräfte für sich zu gewinnen. Andererseits müssen sie aber auch in bestimmten Ballungsgebieten – z. B. wegen der dort hohen Wohnungskosten – Lohnzulagen gewähren.

Das Problem der Arbeitskosten stellt sich für viele Unternehmen auch im **internationalen** Vergleich. Unbestritten ist das hohe Niveau der Arbeitskosten in Deutschland, was viele Unternehmen dazu veranlasst, ihre Herstellung in Niedriglohnländer zu verlegen. Andererseits ist aber (zumindest) zweierlei zu bedenken:

- Die **Produktivität** (= Produktionsergebnis je Arbeitsstunde) ist – nicht zuletzt wegen der hervorragenden Ausbildung der Facharbeiter und ständiger Rationalisierungsbemühungen der Unternehmen – in Deutschland ausgesprochen hoch, was (noch) zu insgesamt moderaten **Lohnstückkosten** führt.

  Hierzu ein Beispiel:

	Land	
	A	B
Stundenlohn (in EURO)	30	25
Produktivität	100	70
Lohnstückkosten (in EURO)	0,3	0,36

  »Bei Daimler-Benz in Sindelfingen produzieren heute dreißig Prozent weniger Arbeiter als vor fünf Jahren zwanzig Prozent mehr Autos« (Aus: Süddeutsche Zeitung vom 8./9. 08. 1998).
  Wechselkurseffekte können freilich die Rangfolge der Lohnstückkosten verändern. Wird z. B. der EURO aufgewertet, dann sinken die z. B. amerikanischen Stundenlöhne und damit die dortigen Lohnstückkosten in EURO, was die Exportchancen nach (von) Deutschland verbessert (verschlechtert).
  Außerdem unterscheiden sich die Verhältnisse in West- und Ostdeutschland. Dort betragen die Arbeitskosten zwar nur 77,1 Prozent des Westniveaus, bei einer Arbeitsproduktivität von 69,3 Prozent führt dies aber zu Lohnstückkosten von 111,3 Prozent (Stand 2000).
- Angesichts der **modernen Fertigungstechnologien** haben die Lohnkosten nicht mehr die frühere Bedeutung. So wird von Fällen berichtet, wo die »direkten Lohnaufwendungen« (Einzellöhne) nurmehr acht bis zehn Prozent ausmachen.

Es sind deshalb schon zahlreiche Fälle bekannt geworden, in denen Unternehmen ihre Fertigung aus den asiatischen Niedriglohnländern nach Deutschland zurückgeholt haben und dort von Zulieferern nur noch lohnintensive Komponenten produzieren lassen.

Andererseits stoßen deutsche Unternehmen in Ost-Mitteleuropa auf gut ausgebildete und motivierte Arbeitskräfte. Errichten sie dann noch moderne

Produktionsanlagen auf der »grünen Wiese«, schlägt – bei vergleichbarer Produktivität – der Lohnkostenvorteil voll durch: So hätte BMW bei einer Standortentscheidung für Tschechien 105 Mio. € pro Jahr an Lohnkosten gegenüber Leipzig gespart; letztlich gaben dann aber andere Aspekte den Ausschlag für Leipzig (Süddeutsche Zeitung vom 23. 7. 2001).

Beispiel

Zweitregistergesetz

»Auf deutschen Handelsschiffen können nach einem Urteil des Bundesverfassungsgerichts weiterhin ausländische Seeleute zu Billiglöhnen arbeiten …

… Das Gesetz diene dem Schutz wichtiger Gemeinschaftsgüter wie dem Interesse an einer leistungsfähigen Handelsflotte, an der Sicherheit des Schiffsverkehrs und der Erhaltung besonders qualifizierter Arbeitsplätze für deutsche Seeleute … Die wesentlich niedrigeren Löhne für ausländische Seeleute (›Heimat-Heuer‹) seien wegen der erheblich niedrigeren Lebenshaltungskosten in deren Heimatländern gerechtfertigt.

… Hauptgeschäftsführer Bernd Kröger vom Verband Deutscher Reeder (sagte), der deutsche Sicherheitsstandard werde beibehalten, auf Kapitäns- und Offiziersebene seien Arbeitsplätze für Deutsche gesichert.

Mit dem ›Gesetz zur Einführung eines zusätzlichen Registers für Seeschiffe unter der Bundesflagge im internationalen Verkehr‹ sollte dem Trend zum ›Ausflaggen‹ deutscher Handelsschiffe entgegengewirkt werden. In zwei Wellen war von 1977 bis 1987 die Handelsschifftonnage unter deutscher Flagge … von 9,3 Millionen auf 3,8 Millionen Bruttoregistertonnen geschrumpft …«

(Aus: Süddeutsche Zeitung vom 11. 1. 1995)

»… Auf einem mittelgroßen Containerschiff machen die Personalkosten 60 bis 70 Prozent der Betriebskosten aus. Unter deutscher Flagge entstehen nach Angaben des Verbandes Deutscher Reeder auf so einem Schiff jährlich 3,2 Millionen Mark Personalkosten. Im Zweitregister sind es 1,8 Millionen Mark, unter einer Billigflagge 900 000 Mark …«

(Aus Süddeutsche Zeitung vom 19. 11. 1998)

»Vom 1. April an werden Lufthansa-Fluggäste auf Flügen nach Asien auch von indischen Flugbegleitern bedient werden. Die asiatischen Mitarbeiter werden in Delhi stationiert und zu ortsüblichen Tarifen bezahlt. ›Dies wird natürlich deutlich unter den in der Bundesrepublik geltenden Tarifen liegen‹, räumte ein Lufthansa-Sprecher in Frankfurt ein.

LH-Chef Jürgen Weber hatte die Einstellung billigerer Auslandskräfte wiederholt mit der Notwendigkeit einer ›Internationalisierung der Kosten‹ begründet und dabei auf ausländische Konkurrenten mit geringeren Personalkosten verwiesen …«

(Aus: o. V.: Lufthansa beschäftigt indische Stewardessen in: Süddeutsche Zeitung vom 1. 2. 1996)

3.3 Steuern

Auch die Steuern, die die Betriebe zu zahlen haben, können bei der Standortwahl eine Rolle spielen, sowohl **national** als auch **international**.

3.3.1 Nationale Steuerunterschiede

Nationale Steuerunterschiede finden sich bei der **Gewerbesteuer.** Sie ist eine durch die Gemeinden erhobene und von den jeweils dort beheimateten Industrie- und Dienstleistungsbetrieben (nicht z. B.: Selbständige und Freiberufler) jährlich zu entrichtende Steuer auf den Gewerbeertrag. Dieser setzt sich aus Gewinn (Ertrag der Eigenkapitalgeber) und Zinsen (Ertrag der Fremdkapitalgeber) zusammen. Versteuert werden neben dem Gewinn allerdings nur 50 Prozent der Zinsen auf langfristiges Fremdkapital (»Dauerschulden«). Grundlage der Berechnung ist ein Steuermessbetrag in Höhe von fünf Prozent. Auf diesen Messbetrag wenden die Gemeinden zur Ermittlung der Steuerschuld ihre **jeweiligen Hebesätze** an, die in der Regel zwischen 300 und 500 Prozent liegen. Manche Gemeinden versuchen, ihre Attraktivität für Investoren durch relativ niedrige Hebesätze zu verbessern (Berlin 340 Prozent), während besonders beliebte Städte hohe Hebesätze verlangen können (Frankfurt/M 500 Prozent).

Kleinere **Einzelkaufleute** und **Personengesellschaften** sind wegen eines Freibetrags von der Gewerbesteuerpflicht befreit; die übrigen können ihre Gewerbesteuerschuld auf der Basis eines Hebesatzes von 180 Prozent pauschal mit der Einkommensteuer – soweit sie auf gewerbliche Einkommen entfällt – verrechnen. Generell ist zu beachten, dass die Gewerbesteuer ihre eigene Bemessungsgrundlage mindert (24. Kapitel).

Mit etwa 27 Mrd. € ist die Gewerbesteuer die wichtigste Steuerquelle der Gemeinden; allerdings geht ein Teil des Aufkommens als Gewerbesteuerumlage an Bund und Länder. Kritisch wird gesehen, dass das Steueraufkommen nicht nur konjunktur-, sondern auch »dispositionsanfällig« ist: Globalisierte Unternehmen können ihre Gewinne oder Verluste »hier oder dort« disponieren.

Marginalien:

Nationale Steuerunterschiede: Gewerbesteuer

Gewerbesteuer: konjunktur- und dispositionsanfälliges Lockmittel der Gemeinden

---

Beispiel

Gewerbesteuer und Gemeindefinanzen

»Der Chemie- und Pharmakonzern Bayer reißt massive Steuerlöcher in zahlreiche Kommunalhaushalte. Bayer werde dieses Jahr keine Gewerbesteuer an den deutschen Standorten zahlen, sagte ein Konzernsprecher in Leverkusen …

Allein in Nordrhein-Westfalen sind mindestens sechs Kommunen von Bayer-Steuerausfällen betroffen. Im 63 000 Einwohner zählenden Dorma-

→

gen wurde am Dienstag eine Haushaltssperre verhängt. Der Stadt fehlten nun voraussichtlich Einnahmen in zweistelliger Millionenhöhe, sagte ein Verwaltungssprecher … Die Bayer AG begründete ihren Schritt mit der eingetrübten Konjunktur, die sich gerade bei Polymeren bemerkbar mache. Hinzu kämen die finanziellen Auswirkungen durch den Vermarktungsstopp beim Cholesterin-Senker Lipobay/Baycol.

… Leverkusen muss auf etwa 90 Millionen DM Einnahmen verzichten. Alle Projekte und Ausgaben würden überprüft, sagte ein Sprecher …«

(Aus: Süddeutsche Zeitung vom 30. 8. 2001)

3.3.2 Internationale Steuerunterschiede

Länder, in denen Steuerpflichtige einen geringen Besteuerung unterliegen

Internationale Steuerunterschiede führen zum Entstehen so genannter **Steueroasen.** Unternehmen könnten deren vergleichsweise geringe Besteuerung in der Weise zu nutzen versuchen, dass sie dort abhängige **Basisgesellschaften** gründen, bei denen sie ihre Vorprodukte teuer einkaufen und an die sie ihre Fertigprodukte billig verkaufen. Diese und andere Möglichkeiten der **Gewinnverlagerung ins Ausland** versucht das **Außensteuergesetz** von 1972 einzuschränken, z. B. dadurch, dass im Rahmen der steuerlichen Gewinnermittlung für die internen Lieferungen und Leistungen multinationaler Unternehmen solche **Preise unterstellt** werden, die **unabhängige Dritte** unter Wettbewerbsbedingungen ausgehandelt hätten (»Transferpreise«).

Im Übrigen müssen die Gesellschaften, die ihren Sitz oder ihre Geschäftsleitung im Inland haben, ihr gesamtes Einkommen – also auch das in Steueroasen erzielte und versteuerte – in Deutschland versteuern (Universalprinzip). Dabei wird freilich die im Ausland gezahlte Steuer auf die inländische Steuerschuld (teilweise) **angerechnet.** Dies gilt nicht, wenn mit dem jeweiligen Staat ein **Doppelbesteuerungsabkommen** besteht. Einkünfte aus Gewerbebetrieb werden dann in dem Land besteuert, in dem sie entstanden sind (Territorialprinzip), während im Inland eine **Freistellung** der ausländischen Einkünfte von der Besteuerung erfolgt; allerdings gilt für Personengesellschaften der **Progressionsvorbehalt:** Die inländischen Einkünfte werden mit dem Steuersatz belegt, dem sie bei Einbeziehung der ausländischen Einkünfte unterlegen hätten.

»… Irland, Belgien und die Niederlande locken Firmen mit konkurrenzlos niedrigen Steuersätzen. Der phänomenale Aufschwung der irischen Wirtschaft in den vergangenen Jahren wäre ohne gezielte steuerliche Förderung ausländischer Investoren nicht möglich gewesen …« (Aus Süddeutsche Zeitung vom 20. 6. 2000).

Internationale Steuerunterschiede: Steueroasen, Doppelbesteuerungsabkommen und Außensteuergesetz

3.4 Abschreibungs- und Zinsbelastung

Die Abschreibungs- und Zinsbelastung ist für einen Betrieb an verschiedenen Standorten unterschiedlich hoch, weil die Ausgaben für den **Aufbau des Betriebes** (Grundstücke, Erschließungskosten, Baukosten) regional und international differieren. Oft gewährt der Staat zudem im Rahmen seiner regionalen Standortpolitik gezielt **Abschreibungsvergünstigungen.**

Entsprechendes gilt für die **Mietkosten** bzw. **Leasingraten,** die anstelle der Abschreibungs- und Zinskosten entstehen, wenn der Betrieb Grundstücke, Räumlichkeiten oder Maschinen nicht kaufen will.

3.5 Absatzleistungen

Die Absatzleistungen, die an einem Standort oder in seiner Umgebung erzielt werden können, sind in erster Linie für Einzel- und Großhandelsbetriebe sowie für Hersteller mit regional begrenztem Absatzgebiet (z. B. Metzgereien, Brauereien, Bauunternehmen) von Interesse.

Die Just-in-Time-Steuerung der Hersteller beeinflusst zunehmend die Standortwahl der Zulieferer.

Seit einiger Zeit kommt es jedoch auch in der **industriellen Zulieferindustrie** zu einer Neubewertung des Standortproblems. Die **Just-in-Time-Steuerung** ihrer industriellen Abnehmer verlangt zunehmend eine Teilezulieferung genau zum Einbauzeitpunkt, manchmal sogar stunden- und reihenfolgegenau. Insbesondere bei Teilen, die fortlaufend benötigt werden, sind ständig viele LKW unterwegs, was bei größeren Entfernungen die Termintreue gefährden und Vertragsstrafen nach sich ziehen konnte. Die Zulieferer wählen deshalb Standorte in der Nähe ihrer industriellen Abnehmer. So kann man z. B. eine starke Konzentration der Standorte von Zulieferern im Zentrum der bayerischen Automobilindustrie (BMW, AUDI) erkennen. Sie liegen – meist in der Nähe von Autobahnen – in einem Gebiet, das von den Städten Regensburg, Dingolfing, Landshut, München (alle BMW) und Ingolstadt (AUDI) begrenzt wird. Seit der Grenzöffnung im Osten hat diese Entwicklung insofern eine neue Richtung genommen, als die Zulieferer einen Teil ihrer Produktion in die Länder Ost-Mitteleuropas verlagern, um ihrerseits bei den Automobilherstellern konkurrenz- und damit überlebensfähig zu bleiben. In Polen, Tschechien und Ungarn siedeln sich lohnintensive Zulieferbetriebe an, was angesichts niedriger Löhne und gut ausgebildeter Facharbeiter kein Wunder ist. In Japan gibt es eine ähnliche Entwicklung im Verhältnis zu Korea, China, Taiwan usw. Dies setzt freilich wiederum eine funktionierende Verkehrsinfrastruktur voraus.

Manche Unternehmen sichern ihr Überleben durch (teilweisen) Export ihrer Arbeitsplätze.

Das Standortproblem der **Einzelhandelsunternehmen** wird wesentlich von der Art der jeweils angebotenen Waren bestimmt; man unterscheidet Waren des täglichen Bedarfs, Waren des periodischen Bedarfs und Waren des aperiodischen Bedarfs.

- Waren des **täglichen Bedarfs** (»Convenience Goods«) werden häufig, aber ohne großen »Suchaufwand« gekauft, z.B. Lebensmittel. Die entsprechenden Läden sind über das gesamte Stadtgebiet verteilt, da die Kunden lange Einkaufswege scheuen. Jedes Geschäft hat ein gewisses nicht sehr großes Einzugsgebiet, wobei die Anbieterdichte in einem **Stadtviertel** hauptsächlich von der dort anzutreffenden Bevölkerungsdichte bestimmt wird.
- Waren des **periodischen Bedarfs** (»Shopping Goods«) werden seltener aber regelmäßig gekauft, z.B. Alltagskleidung, Schuhe. Sie unterliegen in besonderem Maße der Mode, weshalb sich die Kunden vor dem Kauf möglichst schnell einen umfassenden Überblick über das Angebot und seine Preise verschaffen wollen. Da jedes Geschäft versucht, sein Angebot individuell zu gestalten, fürchtet man die Konkurrenten nicht sonderlich. Man kommt deshalb dem Wunsch der Kunden nach Vergleichsmöglichkeiten dadurch entgegen, dass man sich in unmittelbarer Nachbarschaft zur Konkurrenz in den Hauptgeschäftsstraßen der **Innenstadt** niederlässt.
- Waren des **aperiodischen Bedarfs** (»Speciality Goods«) sind z.B. Möbel. Auch hier wollen die Kunden vor der Anschaffung einen Überblick über das Angebot bekommen. Da diese Waren aber teuer sind und eine lange Nutzungszeit haben, ist man bereit, zum Zwecke der Markterkundung auch etwas weitere Wege in Kauf zu nehmen. Dies kommt dem Wunsch der Anbieter entgegen, ihre Geschäfte an den **Stadtrand** zu verlagern, weil die oftmals erforderlichen großen Ausstellungsflächen in der City zu hohe Mietkosten (bzw. Abschreibungs- und Zinskosten) verursachen würden.

Eine Besonderheit stellen die **SB-Warenhäuser und Verbrauchermärkte** dar, die ihr Sortiment aus **allen drei Warenarten** rekrutieren und ihre Standorte auf der **grünen Wiese** suchen. Ihr Erfolg ist nicht zuletzt darauf zurückzuführen, dass

- wegen der zunehmenden **Berufstätigkeit der Frauen** und der **restriktiven Ladenöffnungszeiten** nur selten, dann aber rationell (in großen Mengen und in den verschiedensten Warenbereichen) eingekauft wird,
- wegen der hohen **Motorisierung** der Einkauf am Stadtrand problemlos und wegen der dort reichlich vorhandenen Parkplätze sogar angenehmer als in der Innenstadt ist und
- wegen der relativ niedrigen Grundstückspreise und der (mengen-) rabattorientierten Warenbeschaffung für den Anbieter ein **Kostenvorteil** entsteht, der (teilweise) an die Kunden weitergegeben wird (»Discountprinzip«).

Produkte

> Die möglichen Absatzleistungen sind ein Standortfaktor vor allem für Handelsbetriebe; es muss entschieden werden, ob der Standort in der Innenstadt, in einem Wohnviertel oder am Stadtrand liegen soll.

Standorte im Ausland sind kundennah sowie gegen Protektionismus und Währungsrisiken geschützt.

Der erzielbare Absatz spielt auch bei der **internationalen Standortwahl** eine wichtige Rolle. Für eine Direktinvestition im Ausland ist oft entscheidend, dass man »**näher am Kunden** und seinen Ansprüchen« ist; so verlegte der Bayer-Konzern – wegen der starken Bedeutung des nordamerikanischen Marktes – seine Geschäftsbereiche Consumer Care und Diagnostika nach New Jersey und New York. Anderswo dominiert die Furcht vor **protektionistischen Maßnahmen** (z. B. Zölle, Forderungen nach »Local content« der Produkte) sowie der Wunsch, die Auslandsmärkte gegen **Wechselkursschwankungen** abzusichern. Würde z. B. der Kurs des EURO von 0,90 US $ auf 1,10 US $ steigen, dann müsste sich ein zum Preis von 100,– € nach USA exportiertes Produkt dort von $ 90 auf $ 110 verteuern. Für einen Hersteller mit Produktionsanlagen im Ausland bleiben hingegen dortige Importbeschränkungen und Währungsabwertungen unerheblich.

Für den Kauf bereits existierender Firmen anstelle neuer »Transplants« sprechen neben Zeit- auch Kostenvorteile, z. B. bei der Informationsbeschaffung über Besonderheiten der Rechts-, Wirtschafts- und Gesellschaftsordnung, ferner gibt es weniger »Unruhe« bei den dortigen Konkurrenten, und die Kunden können weiterhin ihre – qualitativ verbesserten – Traditionsmarken erwerben.

Beispiel

Direktinvestitionen im Ausland

»… Statt wie viele andere Unternehmen auf der grünen Wiese neue Produktionshallen zu errichten, hat der Knabberartikel-Hersteller Bahlsen bereits 1993 im Großraum Krakau einen polnischen Nahrungsmittelhersteller mit 1200 Mitarbeitern übernommen. Die Produktion wurde modernisiert, das Sortiment auf Gebäck konzentriert, und heute zählt das Engagement in Polen nach Auskunft von Vorstandschef Steffen Jung zu den ertragreichsten Aktivitäten der Gruppe. Dabei erwies es sich als kluger Schachzug, den traditionsreichen Namen des Unternehmens (Lajkonik) nicht untergehen zu lassen. Unter dieser Marke vertreibt die Gruppe ausschließlich in Polen preiswerte, einfache Knabberartikel. Der Name Bahlsen ist reserviert für höherwertige, veredelte Produkte …«

(Aus: S. Weber: Polen: Ein Magnet für Investoren, in: Süddeutsche Zeitung vom 14. 9. 1999)

»… Das Engagement in den USA hat für BMW indes einen positiven Nebeneffekt, der ebenso wichtig ist wie niedrige Löhne und Steuern oder die

⟶

Absicherung gegen Währungsschwankungen: BMW wird von den Amerikanern als einheimischer Hersteller betrachtet.

Ein Image, das sich absatzfördernd auswirkt …«

(Aus: S. Beck: Die Zeit der Pannen in Spartanburg ist vorbei, in: Süddeutsche Zeitung vom 25. 10. 1999)

»… Bevor … ein BMW auf eigenen Rädern vom Band läuft, hat er in 6500 Einzelteile zerlegt schon mehrere Autobahnkilometer und Seemeilen von München über Kiel bis Kaliningrad zurückgelegt … Nur wenige Teile liefert ein lokaler Produzent …

… Beim Import der BMW-Einzelteile fallen zum Beispiel keine Zölle an. »Der Wertschöpfungsanteil muss 30 Prozent betragen, damit wir hier zollfrei produzieren können«, erklärt Lueder Paysen, regionaler Vertriebsmanager. Bis 50 Prozent soll der lokale Anteil steigen …

Die Wagen, die in Kaliningrad gefertigt werden, sind deshalb um 15 bis 20 Prozent billiger als das komplett importierte Pendant …«

(Aus: Süddeutsche Zeitung vom 23./24. 10. 1999)

3.6 Staatsleistungen

Die Staatsleistungen beeinflussen die Standortwahl insofern als hohe Inflationsraten, politische Instabilität, ein unzulängliches Schul- und Gesundheitswesen, fehlende Straßen, Eisenbahnlinien und Häfen, eine mangelhafte Energie- und Wasserversorgung sowie Kommunikationsinfrastruktur (ISDN) und andere Unzulänglichkeiten potentielle Investoren abschrecken können.

Derartige Probleme betreffen vor allem die – auf ausländische Direktinvestitionen besonders angewiesenen – **Entwicklungsländer**. Die dort relativ niedrigen Lohnkosten werden an anderer Stelle durch relative Nachteile (zum Teil) wieder ausgeglichen. Dies gilt umso mehr, als die Lohnkosten nur ein Kostenfaktor neben Rohstoffen, Halberzeugnissen und Verbrauchsmaterial sind. Diese müssen aber oft – in relativ kleinen Losen – teuer aus dem Ausland beschafft werden. Ferner macht das mangelhafte Transportsystem die Vorhaltung größerer Lagerbestände notwendig, was Zins- und Schwundkosten verursacht. Ähnliche Zusammenhänge gelten für die Ersatzteilversorgung. Hinzu kommen vielfältige Probleme von der Stromversorgung über Naturereignisse und klimatische Bedingungen bis hin zu Motivation der Mitarbeiter (mangelhafte Arbeitsproduktivität).

Den Lohnkostenvorteil in Entwicklungsländern stehen Kostennachteile an anderer Stelle und mangelhafte Produktivität gegenüber.

Die Löhne der Entwicklungsländer muss keiner fürchten: Produktivität, Infrastruktur und andere Standortnachteile erlauben eine komfortable Differenz, aber nicht jede.

Die »Standortmobilität« nimmt dem Staat seinen Monopolcharakter.

nur 1 Anbieter

Eine besondere Variante von Staatsleistungen – nicht nur in Entwicklungsländern, sondern auch innerhalb der EU – ist ein Entgegenkommen in der **Umweltschutzfrage:** Bedenkliche Produktionen werden auf Tochterunternehmen in den Ländern verlagert, die vergleichsweise geringe Umweltschutzauflagen erteilen. Der daraus resultierende Wettbewerbsvorteil – auch der ortsansässigen Produzenten – stellt auf dem Absatzmarkt ein »ökologisches Dumping« (Kurt Biedenkopf) dar. Analog könnte man z. B. von einem Steuerdumping sprechen, wenn Regierungen in einen internationalen Wettlauf um Steuersenkungen oder andere Vorteile für Investoren treten.

Beispiel

Staatsleistungen

Landkreis und Bundesstaat empfingen die deutschen Neubürger mit einer Mischung aus Professionalität und südlicher Gastfreundschaft – und mit Koffern voller Geld. Insgesamt investiert Daimler 1,1 Milliarden Dollar, erhält aber auch Zuschüsse und Steuererleichterungen von mehr als 300 Millionen Dollar für die neue Fabrik.

Alabama zahlt nicht nur die Ausbildung der Beschäftigten, sondern wird überdies zwanzig Jahre lang jährlich 5 Millionen Dollar in die neue Mercedes-Lehrwerkstatt in Tuscaloosa stecken. Daneben wird dem deutschen Konzern für zwei Jahrzehnte ein großer Teil seiner normalen Steuern erlassen. Gemeinde und Landkreis finanzierten unterdessen die Erschließung des Fabrikgeländes und überließen den Deutschen das Land fast umsonst.

(Aus: Ch. Tenbrock: Traumfabrik am Mercedes Drive, in: Die Zeit vom 16. 5. 1997)

Unter der Lupe

Industriestandort Deutschland (Presseauswertung)

Pro	Contra
▪ gute Infrastruktur	▪ hohe Arbeitskosten
▪ gut entwickeltes Ausbildungs- system	▪ hohe Sozialabgaben
▪ erfolgreiche Forschung und Entwicklung	▪ kurze Arbeits- und Maschinen- laufzeiten
▪ Wertschätzung von Termintreue und Qualität	▪ langwierige Genehmigungsver- fahren (Bürokratie, »Einspruchs- kultur«)
▪ leistungsfähige Unternehmen	▪ umfangreiche Umweltschutz- auflagen
▪ zentrale Lage	
▪ hohe Arbeitsproduktivität	▪ hohe Energiekosten
▪ hohe Lebensqualität und kulturel- le Vielfalt	▪ umfangreiches Arbeits-, Tarif- und Sozialrecht
▪ liberaler Außenhandel	▪ geringe Mobilität der Arbeit- nehmer
▪ erstklassige Kreditwürdigkeit	

⟶

Pro	Contra
■ sozialer Friede und soziale Sicherheit ■ hohe Kaufkraft ■ Rechtssicherheit ■ innere Stabilität	■ Innovationsskepsis ■ Kündigungsschutz ■ Lohnfindung

»... Die Ebenen von Konflikt und Mitwirkung sind tief gegliedert. In der größeren Regierungspartei fängt die Kontroverse um die Ausgestaltung der Reform an. Während man sich dort zu einer Entscheidung durchringt, muss die Abstimmung mit dem Koalitionspartner gesucht werden. Die mit Brüssel hat hoffentlich schon vorher stattgefunden. Gibt es dann eine Regierungsvorlage, stemmt sich die Opposition im Bundestag dagegen. Eine Entscheidung des Bundestages kann häufig durch den Bundesrat aufgehalten werden. Der Entscheidungsprozess wird überlagert, abgebremst, emotionalisiert durch das Begleitkonzert der Gewerkschaften, Arbeitgeberverbände, Wirtschaftsverbände, Kirchen und der Vertreter sozialer Gruppen. Ist endlich ein Kompromiss gefunden, wird er noch lange nicht umgesetzt. Jetzt reagieren die »betroffenen« Bürger. Sie nehmen Anhörungs- und Einspruchsrechte in Planfeststellungsverfahren wahr (und schlagen bei Ablehnung den Rechtsweg ein). Wer solche Rechte nicht hat, kann immer noch eine Bürgerinitiative gründen, die – wenn sie lautstark genug ist – Gehör findet. Und Umweltschützer und Denkmalpfleger fühlen sich ohnehin meist zum Einspruch aufgerufen. Eines steht fest: Vorschnell werden Entscheidungen für den Standort Deutschland nicht getroffen ...«

(Aus: R. Pohl: Entscheidung vertagt, in: Süddeutsche Zeitung vom 21. 8. 1996)

»... Die bisher landwirtschaftlich genutzte Fläche von 620 Hektar ... liegt unmittelbar an der neu ausgebauten Autobahn A14. Die Ratsversammlung der Stadt Leipzig hat (mit Blick auf BMW) für die Grundstücke bereits kurz vor Weihnachten 2000 die Aufstellung des Bebauungsplans Nr. 750 »Industriepark Leipzig-Nord« beschlossen ...

... Der in den letzten Jahren ehrgeizig mit einer neuen Landebahn und um moderne Sichtweite-Terminals erweiterte Flughafen Leipzig/Halle ist über die Autobahn A14 in etwa einer Viertelstunde zu erreichen, ebenso das Autobahnkreuz Schkeuditz – von hier führt die Autobahn A9 Richtung Süden nach München (von Leipzig 425 Kilometer entfernt), im Norden nach Berlin (185 Kilometer entfernt).

Ebenfalls an der A 14 liegen ein Güterverkehrszentrum und ein Umschlagbahnhof, an dem täglich bis zu 500 Container zwischen Straße und Schiene umgeladen werden können. Leipzig ist damit logistisch das Zentrum Mitteldeutschlands; auch Dresden und Magdeburg sind über neue Autobahnen leicht zu erreichen. Mit der nahe gelegenen Stadt Halle wächst Leipzig ohnehin schon zu einem Wirtschaftsraum zusammen, dementsprechend groß ist das Potential an qualifizierten Arbeitskräften ...

... Zulieferbetriebe (für BMW) gebe es ausreichend, heißt es beim Leipziger Amt für Wirtschaftsförderung. Nicht weit entfernt liegt im Südwesten

→

der Stadt die Region Zwickau/Chemnitz, wo sich um das VW-Werk Mosel ein Netz von Zulieferbetrieben entwickelt hat.

Die durchschnittlichen Lohnkosten für die Industrie in der ostdeutschen Region dürften derzeit noch unter dem liegen, was BMW in den alten Bundesländern zahlt … Leipzig (kann) dem Automobilkonzern die in Ostdeutschland mögliche Höchstförderung gewähren.«

(Aus: J. Schneider: Leipziger Schweigekartell, in: Süddeutsche Zeitung vom 4. 7. 2001)

»… Porsche-Chef Wendelin Wiedeking lässt derzeit in Leipzig ein neues Werk für den Geländewagen Cayenne hochziehen. Seine Begründung: Die Kundschaft für ein derart teures Luxusmobil würde es nicht verstehen, wenn ein Porsche in einem osteuropäischen Billiglohnland gebaut würde …«

(Aus: D. H. Lamparter: Vorteil Standort Deutschland, in: Die Zeit vom 5. 7. 2001)

»… Tatsächlich werden in diesem Porsche-Geschäftsjahr … in der einzigen Pkw-Fabrik Finnlands rund 18 400 Sportwagen des Typs Boxster und Boxster S vom Band rollen. Das sind über 70 Prozent der von Porsche für 2000/01 insgesamt geplanten Boxster …

… Für den begehrten Boxster … reichte im Stammwerk Zuffenhausen die Kapazität nicht mehr. Da Porsche aber keine neue Fabrik bauen konnte und wollte, hatte sich das … Sportwagenunternehmen für eine Fremdfertigung bei Valmet Automotive entschieden …

… Das … 1968 gegründete Unternehmen hatte den Saab 96 und den Saab 900 Cabriolet gebaut, aber auch für Chrysler das Modell Talbot, für Opel den Calibra und für Lada für kurze Zeit den Samara montiert. Zudem konnte Valmet einen Produktionsstart innerhalb weniger Monate und eine Qualität auf Porsche-Niveau zusagen …

… Zweimal in der Woche bringt ein Schiff zwischen 200 und 500 Boxster nach Emden. Den umgekehrten Weg machen gen Norden die Teile aus Zuffenhausen, die für Stammwerk und Uusikaupunki identisch sind. 90 Prozent der Zulieferungen kommen aus Deutschland, nur ein Zulieferer, für den Räderzusammenbau, sitzt in Finnland.

… Trotz des langen Transportwegs der Boxster-Teile und der fertigen Boxster verdient das Unternehmen an einem Fahrzeug »Made in Finnland« mehr als bei den deutschen Wagen.

Valmet Automotive zahlt einem Werker am Band im Durchschnitt 4000 DM brutto. In Zuffenhausen steht diese Zahl bei etwa 5500 DM. Rund 800 … Beschäftigte von Valmet arbeiten am Boxster. Ein Drittel davon sind Frauen; in Zuffenhausen kommen sie nur auf ein paar Prozent … Auch was die Flexibilität betrifft, die Anpassung an Beschäftigungsschwankungen, hat es das finnische Management leichter. Möglich ist sowohl eine Vier-Tage- als auch eine Sechs-Tage-Woche. Und, sagt Vasama: Wir können sehr viel schneller Leute entlassen, als das in Mitteleuropa möglich ist.« …

(Aus: F. Spies: Nur die Fahrgestellnummern sind anders, in: Süddeutsche Zeitung vom 14. 5. 2001)

DaimlerChrysIer wird als Aktiengesellschaft beziehungsweise als Unternehmen deutschen Rechts und dementsprechend mit Sitz in Deutschland er-

→

richtet, weil hier die rechtlichen Rahmenbedingungen eben besser sind als anderswo. Auch steuerlich stellt sich die Situation offenbar recht komfortabel für die Konzerne dar.

(Aus: G Zitzelsberger: Der Charme des Standortes D, in: Süddeutsche Zeitung vom 8. 5. 1998)

Arbeitsaufgaben

1) Was sind Standortfaktoren und welche kennen Sie?
2) Der Standort Deutschland ist besser als sein Ruf. Nehmen Sie Stellung zu dieser Aussage!
3) Die Firma Huber konnte 1998 einen Gewinn von 1 000 000 € erzielen; das Unternehmen hat Dauerschulden in Höhe von 7 500 000 €, auf die ein Zins von 8 Prozent gezahlt wurde. Berechnen Sie die Gewerbesteuerschuld der Firma Huber: Die Steuermesszahl liegt bei 5 Prozent. Der Hebesatz der Gemeinde beträgt 350 Prozent.
4) Welche Überlegungen sind bei der Standortwahl für einen neuen Betrieb anzustellen?
5) Inwiefern ist das Standortwahlproblem ein Entscheidungsproblem unter Unsicherheit?
6) Führen Subventionen zu einer außerökonomischen Standortwahl?
7) Warum werden bei der Standortwahl nur die standortabhängigen Kosten und Leistungen verglichen?
8) Was sind Ihrer Meinung nach die Gründe dafür, dass in Rotterdam der größte Hafen der EU entstanden ist?
9) Erläutern Sie die Bedeutung der Dritten Welt als Industriestandort!
10) Was versteht man unter Waren des täglichen, periodischen und aperiodischen Bedarfs, und wieso beeinflusst der jeweilige Warentyp die Standortwahl?
11) In welcher Weise können Subventionen die Standortwahl beeinflussen?
12) Was bewirken Doppelbesteuerungsabkommen?
13) Warum können bei der internationalen Standortwahl die Arbeitskosten nicht isoliert gesehen werden?
14) Erläutern Sie die Auswirkungen der Just-in-Time-Steuerung auf die Standortwahl!
15) Nennen Sie absatzpolitische Gründe für Direktinvestitionen im Ausland!
16) Was versteht man unter ökologischem Dumping?

Lösungsvorschläge für die Arbeitsaufgaben im »Übungsbuch zu Grundlagen und Probleme der Betriebswirtschaft«.

Weiterführende Literatur

Bienert, M. L.: Standortmanagement, Wiesbaden 1996.

Bühner, R.: Aktionärsbeurteilung grenzüberschreitender Zusammenschlüsse, in: Zeitschrift für betriebswirtschaftliche Forschung, 44. Jg. (5, 1992), S. 445–458.

Dichtl, E: (Hrsg.): Standort Bundesrepublik Deutschland, Frankfurt/M 1994.

Fischer, K.: Standortplanung unter Berücksichtigung verschiedener Marktbedingungen, Heidelberg 1997.

Keim, H.; Steffens, H.: Wirtschaft in Deutschland, Köln 2000.

Schill, C.-O.: Industrielle Standortplanung, Frankfurt/M. 1990.

Wöhe, G.; Bieg, H.: Grundzüge der betriebswirtschaftlichen Steuerlehre, 4. Aufl., München 1995.

3. Kapitel:
Gründung und Rechtsform
eines Unternehmens

Lernziele

Leitfrage:
Was alles ist bei der Gründung eines Unternehmens zu beachten?

- Wo muss man was anmelden, und woher bekommt man Geld?
- Wie wird man Kaufmann?

Leitfrage:
Welches sind die wichtigsten Rechtsformen für Unternehmen in Deutschland?

Leitfrage:
Wodurch unterscheiden sich die verschiedenen Typen von Rechtsformen?

- Worin liegen die Besonderheiten privater, öffentlicher und privatisierter öffentlicher Betriebe?
- In welchem Verhältnis stehen die Genossenschaften zu den erwerbswirtschaftlichen Unternehmen?
- Welches sind die hauptsächlichen Unterschiede zwischen Personen- und Kapitalgesellschaften?

1   Die Gründung eines Unternehmens

1.1 Gründungsmodalitäten

In jedem Jahr werden in Deutschland zahlreiche Gewerbebetriebe liquidiert (1999: 707 000), aber auch viele neue gegründet (1999: 781 000); Quelle: Handelsregister. Sofern die Liquidationen vorwiegend in stagnierenden und die Gründungen vorwiegend in zukunftsträchtigen Branchen vorkommen, trägt dieses Geschehen zu einem insgesamt wünschenswerten **Strukturwandel** in der Wirtschaft und damit zu einer nachhaltigen **Entlastung des Arbeitsmarktes** bei.

Ein neu gegründetes Unternehmen hat vor allem dann eine Chance, die allgemein als kritisch angesehene Sieben-Jahres-Frist zu überstehen, wenn es **echte Neuerungen** (»Innovationen«) auf den Markt bringt oder Bekanntes unter Anwendung **überlegener Herstellungsverfahren** oder **Präsentationsformen** bietet. Der »Weg in die Selbständigkeit« ist darüber hinaus jedoch mit weiteren Fragezeichen gepflastert: So ist z. B. zu klären, ob man sich mit **Partnern** »zusammentut«, wer in welchem Umfang (mit oder ohne Privatvermögen) für die Verbindlichkeiten des Unternehmens **haftet,** welche **Rechtsform** diesem gegeben werden soll und wie **Geschäftsführung und Vertretung** geregelt wird.

Die Gewerbefreiheit endet beim Schutzinteresse der Allgemeinheit.

Nach § 1 GewO (Gewerbeordnung) ist grundsätzlich jedermann berechtigt, ein Unternehmen zu gründen. Neben dieser **Gewerbefreiheit** ist im Art. 12,1 GG noch die **Freiheit der Berufswahl** verankert. Ein Gründungsvorhaben muss man jedoch dem **Gewerbeamt** seiner Gemeinde anzeigen, wo das Gewerbe in das **Gewerberegister** eingetragen wird, sofern keine Tatsachen vorliegen, die die Unzuverlässigkeit des Gewerbetreibenden dartun. In bestimmten Bereichen könnte freilich ein (vermeintliches) **Schutzinteresse der Allgemeinheit** einer Unternehmensgründung im Wege stehen; dies gilt z. B. für die Gründung eines Handwerksbetriebes, einer Bank, eines Beförderungsunternehmens, eines Lebensmittelgeschäftes, einer Gaststätte oder einer Munitionsfabrik. In derartigen Fällen benötigt man zusätzlich noch eine **Genehmigung** durch die Gemeinde oder andere – jeweils speziell zuständige – Institutionen, z. B. das Bundesaufsichtsamt für das Kreditwesen bei der Gründung einer Bank; zum Teil sind auch besondere Zuverlässigkeits-, Sachkunde- oder Befähigungsnachweise erforderlich, z. B. der Meisterbrief sowie der Eintrag in die Handwerksrolle zur Gründung eines Handwerksbetriebes oder die Approbation zur Gründung einer Apotheke. EU-Regelungen modifizieren die Vorschriften teilweise: So kann sich z. B. ein Handwerker aus einem anderen EU-Land auch ohne Meisterprüfung in Deutschland niederlassen, wenn er eine sechsjährige Selbständigkeit oder Betriebsleitung in dem entsprechenden Gewerbe nachweist. Nach einer Entscheidung des Europäischen Gerichtshofs dürfen zudem Handwerksbetriebe aus anderen EU-Ländern »grenzüberschreitend« in Deutschland tätig werden, wenn sie dort schon drei Jahre selbständig waren; Beiträge an eine deutsche Handwerkskammer werden nicht fällig. Die hierin erkennbare »Inländerdiskriminierung« hat man z. B. dadurch zu entschärfen versucht, dass Abschlüsse von Hoch- und Fachhochschulen oder Industriemeister- und Technikerprüfungen dem Meisterbrief gleichgestellt wurden; außerdem wird die Ablegung der Meisterprüfung demjenigen erlassen, der zwanzig Jahre als Geselle herausgehobene Aufgaben in einem Handwerksbetrieb wahrgenommen hat.

Unter der Lupe

Der Meisterbrief als Großer Befähigungsnachweis

Der »Meisterzwang«, der auf die mittelalterliche Zunftordnung mit ihrer ständischen Ideologie zurückgeht, wurde von der Monopolkommission beim Bundeswirtschaftsminister als nicht mehr zeitgemäß kritisiert (Hauptgutachten 1996/97): Er beschränke den Marktzugang, erschwere damit Unternehmensgründungen, führe zu höheren Preisen und damit Schwarzarbeit. Es wird deshalb vorgeschlagen, den Meisterbrief nur als fachliche Voraussetzung für die Lehrlingsausbildung beizubehalten. In »gefahrgeneigten« Handwerken könne es jeweils ergänzende Vorschriften geben; grundsätzlich reichten jedoch Gewerbeaufsicht, Haftungsrecht und Schutzvorschriften als Verbraucherschutz aus. Eine gewisse Modifikation erfuhr die **Handwerksordnung** (HwO) 1998: Die bisher 127 Berufe wurden zu 94 zusammengelegt und manchem Handwerker erlaubt, mehr Leistungen »aus einer Hand« anzubieten (z. B. dürfen Zimmerer jetzt Dächer decken); außerdem überführte man sieben Vollhandwerke in handwerksähnliche Gewerbe ohne Meisterzwang (z. B. Handschuhmacher, Schirmmacher und Gerber).

1913 schaffte Preussen den Meisterzwang ab, seit 1953 gilt er in der Bundesrepublik Deutschland. 1961 hat ihn das Bundesverfassungsgericht als mit dem verfassungsmäßigen Grundsatz der freien Berufswahl vereinbar bestätigt; allerdings betonte das Gericht in einer Entscheidung im Jahre 2000, dass die Handwerksordnung einen empfindlichen Eingriff in die Berufsfreiheit darstelle, weshalb Ausnahmeregelungen großzügig zu gewähren seien. Wer ohne Meisterbrief ein Handwerk auf eigene Rechnung ausübt, wird wegen »Schwarzarbeit« angezeigt, was in der EU einmalig ist.

Letztlich reguliert auch hier der **Markt** das Geschehen: Werkstätten kämpfen mit Problemen der Auslastung, gleichzeitig boomt die Schattenwirtschaft; die industrielle Massenfertigung hat zudem Berufe wie Tischler, Schuhmacher, Schneider und Uhrmacher – fast – verdrängt. Neue »Gefahren« drohen aus der **Globalisierung**: »… Computer speichern Konstruktionspläne in Zahlenreihen, die an jedem Ort der Erde, besonders günstig in Niedriglohnländern, von elektronisch gesteuerten Maschinen in Produkte umgesetzt werden können. Maßschuhe beispielsweise kosten hier fast zweitausend Mark, weil man dafür zuerst einen arbeitsaufwändigen Leisten fertigen muss; dank Digitalisierungstechnik werden sie in Indien ohne Qualitätseinbuße zu Preisen von Massenware hergestellt. Ähnliches gilt für Maßschneiderei. Rechnergesteuerte Kameras vermessen den Körper des Kunden automatisch und speichern dessen Größe sowie anatomische Be-

→

> sonderheiten. Der Computer überträgt die Daten an die Schneiderei in Asien, die danach einen perfekt sitzenden Anzug zum Billigtarif erstellt...«
>
> (Aus: N. Sturm: Der einstige Primus Handwerk fällt zurück, in: Süddeutsche Zeitung vom 10. 3. 1998)

Sobald das Gewerbe endgültig genehmigt ist, muss der Unternehmer Mitglied der **Industrie- und Handelskammer** (bzw. **Handwerkskammer,** wenn es sich um einen Handwerksbetrieb handelt) werden. Diese »Zwangsmitgliedschaft« stellt sicher, dass die Kammern ihre Verwaltungsaufgaben auf wirtschaftlichem Gebiet und die Vertretung der gewerblichen Wirtschaft wahrnehmen können; sie erheben hierfür von ihren Mitgliedern Beiträge. Ferner muss ein Unternehmer das jeweils zuständige **Finanzamt** von seiner Gewerbegründung in Kenntnis setzen, da er nun z.B. der Gewerbesteuerpflicht unterliegt und eine Umsatz-Steuererklärung abzugeben hat. Außerdem muss er sich mit der zuständigen **Berufsgenossenschaft** (wegen der gesetzlichen Unfallversicherung) und der Allgemeinen Orts**krankenkasse** oder einer Ersatzkasse (wegen der Kranken- und Pflegeversicherung) in Verbindung setzen; die Krankenkasse leitet die Meldung an die **Rentenversicherungsanstalt** (wegen der Rentenversicherung) und das **Arbeitsamt** (wegen der Arbeitslosenversicherung) weiter. Schließlich gelten für die verschiedenen Rechtsformen der Unternehmen noch gesonderte **Anmeldevorschriften zum Handelsregister**; diese sind im Handelsgesetzbuch geregelt, aber auch in Spezialgesetzen. An die Eintragung ins Handelsregister ist die Berechtigung zur Führung einer Firma geknüpft (z.B. »Auf geht's Reisen«).

Früher:
Gute Idee sucht Kapital.
Heute:
Kapital sucht gute Idee.

Da ein häufiges Problem bei Existenzgründungen eine zu enge »Kapitaldecke« ist, andererseits aber der Weg in die Selbständigkeit als wichtige Herausforderung unserer Gesellschaftsordnung angesehen wird, gibt es zahlreiche **finanzielle Förderungsprogramme**, z.B. der Industrie, des Bundes und der Länder sowie aus Mitteln des ERP-Sondervermögens; letzteres verwaltet die Mittel, die nach dem 2. Weltkrieg im Rahmen des »Marshall-Plans« (European Recovery Program) zum Wiederaufbau Europas auch der Bundesrepublik Deutschland zur Verfügung gestellt und als Darlehen an Investoren weitergegeben wurden. Ferner kann ein Gründungswilliger **Beratungshilfen** bei Kammern und Verbänden, Steuerberatern, Rechtsanwälten, »Business Angels« (Manager im Ruhestand) und Versicherungsexperten in Anspruch nehmen.

Unter der Lupe

Gründungsfinanzierung

Die **Kapitalbeteiligungsgesellschaften**, die sich meist in der Trägerschaft von Bundesländern und Sparkassen befinden, stellen jungen Unternehmen (»Startups«) zinsgünstige Finanzhilfen zur Verfügung, um deren Eigenkapi-

→

talbasis zu verbreitern. Ihr Mitspracherecht beschränkt sich auf strategische Entscheidungen. Den Gesellschaften stehen in der Regel Mittel z. B. aus Privatisierungserlösen (Bayern) und dem ERP-Fonds zur Verfügung; außerdem wird das Ausfallrisiko von Bund und Ländern mitgetragen, wenn der Beteiligungsnehmer – bei Insolvenz – nicht mehr in der Lage ist, Zins- und Kapitalrückzahlungen zu leisten.

Wagniskapitalgesellschaften (Venture-Capital-Gesellschaften) stellen insofern eine Sonderform dar, als sie für einen begrenzten Zeitraum (drei bis acht Jahre) an einem »technologieorientierten Jungunternehmen« aus dem Mittelstand eine Minderheitsbeteiligung mit intensiver Beratungs- und Managementhilfe übernehmen. Geldgeber sind meist Banken, Versicherungen und Industrieunternehmen, die in einen Fonds einzahlen, der sich dann an verschiedenen Unternehmen beteiligt, was das Risiko der Anleger streut. Ein Gewinn soll sich aus der Wertsteigerung des Unternehmens beim späteren Anteilsverkauf einstellen; denkbar ist ein Rückkauf durch den Unternehmensgründer, eine Übernahme durch andere Investoren (»Trade Sale«) oder die Veräußerung im Zusammenhang mit einem Gang an die Börse. Zunehmend strömt auch Geld über englische und US-amerikanische Pensionsfonds auf den deutschen Venture-Capital-Markt.

In der Praxis gehen beide Varianten freilich oft ineinander über, und bei den Geldgebern wächst der Mut zum Risiko.

Eine neue Variante besteht darin, dass Unternehmen allein **Corporate-Venture-Capital-Gesellschaften** gründen (z. B. DaimlerChrysler Venture GmbH) und sich mit »Smart Money« an aufstrebenden Jungunternehmen für einen begrenzten Zeitraum beteiligen. »Die Investitionen (der Veba Wagnis-Kapital-Gesellschaft) sollen sich an den Aktivitäten des Konzerns im Energie- und Chemiebereich orientieren« (Süddeutsche Zeitung vom 22. 5. 2000). »Die neue Siemens Venture Capital GmbH (SVC) … beteiligt sich an jungen Unternehmen in Bereichen wie Glasfasernetze, Mobilkom-

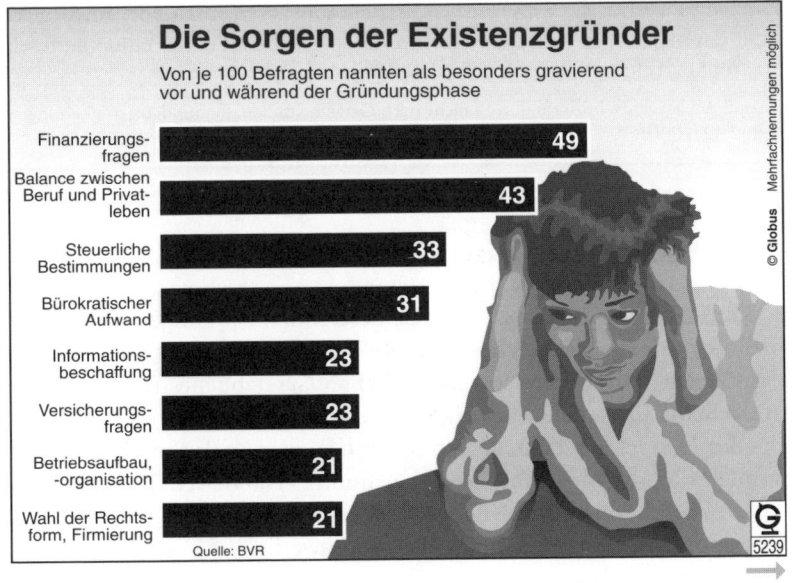

Die Sorgen der Existenzgründer

Von je 100 Befragten nannten als besonders gravierend vor und während der Gründungsphase

© Globus Mehrfachnennungen möglich

Finanzierungs-fragen	49
Balance zwischen Beruf und Privat-leben	43
Steuerliche Bestimmungen	33
Bürokratischer Aufwand	31
Informations-beschaffung	23
Versicherungs-fragen	23
Betriebsaufbau, -organisation	21
Wahl der Rechts-form, Firmierung	21

Quelle: BVR

5239

munikation und Automatisierungssoftware« (Süddeutsche Zeitung vom 6. 9. 2001). Über ihre »Corporate VC-Finanzierung« gewinnen die Unternehmen frühzeitig Einblick in neue Technologieentwicklungen und möglichen Know-how-Transfer.

Beispiel

Arztpraxis und Gewerbebetrieb
»… In … (einem) Hotel-Sanatorium werden Schroth-, Kneipp- und Reiskuren durchgeführt. Jeder Kurgast muss sich vor der Aufnahme von dem Kurarzt untersuchen lassen, ob und in welchem Umfang die jeweilige Therapie für ihn geeignet ist. Der Pachtvertrag verpflichtet den Arzt aber dazu, praktisch immer das volle Programm zu verschreiben. Denn in dem Papier heißt es: »Bei der Verordnung von Leistungen ist dem Gesichtspunkt Rechnung zu tragen, dass der Gast beziehungsweise Patient eine möglichst umfassende Therapie wünscht und die Angebote des Sanatoriums in möglichst großem Umfang in Anspruch nehmen möchte.« Der Pachtvertrag verpflichtet den Arzt außerdem, sich in das Betriebskonzept des Sanatoriums einzuordnen, seine Praxis »kaufmännisch« zu verwalten, und an seinem Umsatz orientierte Pachtzinsen abzuführen.

Schon das Oberlandesgericht München hatte dazu festgestellt, dass diese Bedingungen sittenwidrig gegen das ärztliche Standesrecht verstoßen und der gesamte Pachtvertrag deshalb … nichtig sei. Der 1. Zivilsenat des »Bayerischen Obersten« bekräftige in der Revisionsverhandlung diese Beurteilung und stellte ebenfalls fest, »dass die ärztliche Tätigkeit eigenverantwortlich, unbeeinflusst durch berufsfremde Dritte nach ethischen Grundsätzen und unter Zurückstellung des Gewinnstrebens auszuüben ist«.

… »Das Verbot des *gewerblichen* Betriebs einer Arztpraxis gilt ohne Rücksicht darauf, ob der Arzt den Gewinn für sich selbst oder für einen anderen anstrebt« (Aktenzeichen: IZ RR 612/98).

(Aus. E. Müller-Jentsch: Ärzte dürfen nicht nach Gewinn streben, in: Süddeutsche Zeitung vom 7. 12. 2000)

1.2 Die Kaufmannseigenschaft

HGB: Fundamentalnorm für Kaufleute mit Rechten und Pflichten

Als »**Kaufmann**« wird allein derjenige bezeichnet, der ein gewerbliches Unternehmen (»Handelsgewerbe«) betreibt. Er unterliegt nicht nur – wie jeder Bürger – den Vorschriften des Bürgerlichen Gesetzbuches (BGB), sondern weitergehend auch denen des **Handelsgesetzbuches** (HGB). Das Handelsrecht des Handelsgesetzbuches kodifiziert folglich – als Sonderrecht – ein besonderes Kaufmannsrecht. Die Bezeichnung »Handelsrecht« wirkt jedoch insofern irreführend, als es – neben dem Dienstleistungsgewerbe – auch das Kaufmannsrecht der Industrie, des Handwerks und der Urerzeugung (z. B. Bergbau) umfasst.

Ein **Handelsgewerbe** im Sinne des Handelsgesetzbuches setzt voraus, dass eine auf Gewinnerzielung und planmäßige Wiederholung gerichtete selbständige Tätigkeit vorliegt. Damit sind wissenschaftliche und künstlerische Tätigkeiten ebenso ausgeschlossen wie der **freie Beruf** des Arztes, Steuerberaters oder Anwalts. Ferner unterscheidet das Handelsgesetzbuch zwei »Typen« von Kaufleuten.

1.2.1 Der Kaufmann

Jedermann, der ein Handelsgewerbe (nicht: Land- und Forstwirtschaft) betreibt und hierfür einen **in kaufmännischer Weise eingerichteten Geschäftsbetrieb** benötigt, muss sich als (Einzel-)Kaufmann bzw. Kauffrau in das Handelsregister eintragen lassen (**Istkaufmann**).

Istkaufmann

Ein Kaufmann kann jemand anderem – formlos – eine **Prokura** (ppa) erteilen, die ebenfalls in das Handelsregister eingetragen werden muss. Der Prokurist ist dann Dritten gegenüber umfassend bevollmächtigt; er darf lediglich keine Grundstücke belasten oder veräußern oder Handlungen vornehmen, die – aufgrund gesetzlicher Vorschriften – dem Geschäftsinhaber selbst vorbehalten sind (z. B. Anmeldungen zum Handelsregister). Ferner ist er im »Innenverhältnis« an die Weisungen des Inhabers gebunden; anderenfalls entsteht eine Schadenersatzpflicht.

Jede Aktiengesellschaft (AG), Kommanditgesellschaft auf Aktien (KGaA), Gesellschaft mit beschränkter Haftung (GmbH) und Genossenschaft (eG) besitzt als **Kapitalgesellschaft** – unabhängig vom Gegenstand des Unternehmens – Kaufmannseigenschaft; **Personengesellschaften** (offene Handelsgesellschaft [OHG], Kommanditgesellschaft [KG]) hingegen nur, wenn sie einen **in kaufmännischerweise eingerichteten Geschäftsbetrieb** benötigen. Der Eintrag im Handelsregister ist für alle diese Gesellschaften zwingend (**Formkaufmann**). Diese Pflicht besteht auch für Betriebe der öffentlichen Hand.

Formkaufmann

1.2.2 Der Nichtkaufmann

Benötigt ein Gewerbetreibender **keine** vollkaufmännische Betriebsführung (Kleingewerbetreibender, z. B. Kioskbesitzer) und strebt er auch keine Eintragung in das Handelsregister an, dann unterliegt er als Nichtkaufmann lediglich den Vorschriften des BGB.

Optiert ein Nichtkaufmann hingegen für die Handelsregistereintragung (was keiner Begründung bedarf), dann wird er hierdurch – unabhängig von seinem Geschäftsumfang – Kaufmann, mit allen Rechten und Pflichten aus dem HGB (**Kannkaufmann**). Dies gilt auch für Land- und Forstwirtschaft sowie »kleine« Personengesellschaften.

Kannkaufmann

1.2.3 Die Firma des Kaufmanns

(handwritten margin note: (Personenfirma) deren Name vom Gegenstand des Unternehmens abgeleitet wird)

Alle in das Handelsregister eingetragenen »Handelsgewerbe« können als **Sachfirma** (ohne Personenbezug) auftreten. Einzelkaufleute und Personengesellschaften müssen jedoch den Zusatz »eingetragener Kaufmann« bzw. »eingetragene Kauffrau« oder eine Abkürzung (e. K., e. Kfm., e. Kfr.) aufnehmen. Im Übrigen sind auch werbewirksame Phantasienamen erlaubt, es sei denn, sie wirken irreführend, oder es fehlt ihnen die Unterscheidungskraft zu anderen Firmen. Ausführliche handelsrechtliche Angaben (z. B. Handelsniederlassung, Registergericht, Handelsregisternummer) finden sich auf den Geschäftsbriefen (»Briefkopf«).

> Es gibt drei Kaufmannstypen: Den Ist-, den Form- und den Kannkaufmann. Alle dürfen als Sachfirma auftreten.

Beispiel

Am Anfang ist die Gebühr

Zwei Studenten gründen zum Betreiben einer exklusiven Studentenkneipe (100 m²), in der auch Spielautomaten aufgestellt werden sollen, eine GmbH mit 25 000 € Stammkapital. Zusätzlich soll einer Freundin Prokura erteilt werden.

Gewerbeanmeldung	20 €
Handelsregistereintragung	
■ der Unternehmensgründung	80 €
■ der Prokura	65 €
Notarielle Beglaubigung	
der Gesellschaftsgründung und der Prokura	850 €
Veröffentlichungskosten	
■ Bundesanzeiger	80 €
■ ein weiteres Blatt	100 €
Gaststättenkonzession	900 €
Spielautomatenkonzession	250 €
Anfallende Gebühren	2345 €

2 Die wichtigsten Rechtsformen

Gleich im Zusammenhang mit der Gründung eines Unternehmens ist seine Rechtsform zu bestimmen. Einige bedeutende Fragen, die im Vorfeld beantwortet werden müssen, sind:

- Ist ein **Partner** vorhanden?
- Wer soll »**das Sagen**« im Unternehmen haben?
- Wie gut lässt sich **Eigenkapital** beschaffen?

- Wer **haftet** für die Verbindlichkeiten des Unternehmens?
- Wie soll der **Gewinn** verteilt werden?

Die wichtigsten Rechtsformen für Unternehmen in Deutschland sind in Abb. 3.1 wiedergegeben. Sie zeichnen sich durch die im Folgenden dargestellten Besonderheiten aus:

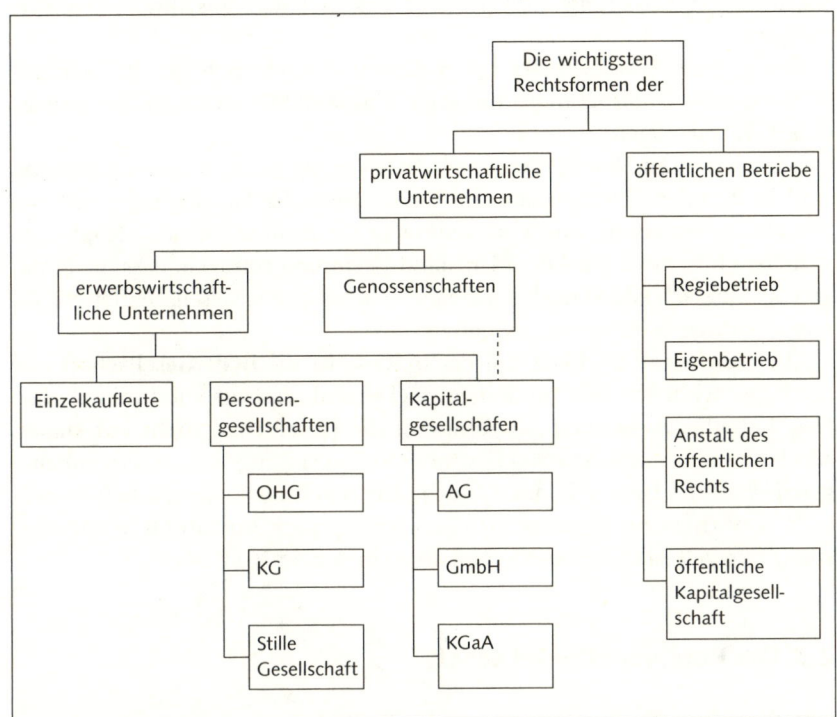

Abb. 3.1: Die Rechtsformen in Deutschland

2.1 Die Einzelkaufleute

Gesellschaftsrechtliche Regelung: Keine.
Geschäftsführung: Der Inhaber.
Eigenkapitalbeschaffung: Einlage des Inhabers aus seinem Privatvermögen.
Haftung: Der Inhaber haftet für die Verbindlichkeiten seines Unternehmens mit seinem **gesamten Vermögen** (einschließlich Privatvermögen).
Gewinnverteilung: Dem Inhaber steht der gesamte Gewinn zu.

Einzelkaufleute: Inhaber haftet mit seinem gesamten Privatvermögen.

2.2 Die offene Handelsgesellschaft

oHG: Alle Gesellschafter haften mit ihrem gesamten Privatvermögen.

Gesellschaftsrechtliche Regelung: §§ 105 ff. HGB.

Gesellschafter: Mindestens zwei Personen.

Geschäftsführung: Alle Gesellschafter, es sei denn, der Gesellschaftsvertrag schließt einzelne Gesellschafter von der Geschäftsführung aus.

Eigenkapitalbeschaffung: Einlagen der Gesellschafter aus ihren Privatvermögen.

Haftung: Jeder Gesellschafter haftet gesamtschuldnerisch für die Verbindlichkeiten des Unternehmens mit seinem **gesamten Vermögen** (einschließlich Privatvermögen).

Gewinnverteilung: Wenn der Gesellschaftsvertrag nichts anderes bestimmt, sind (sofern der Gewinn ausreicht) die Einlagen der Gesellschafter mit vier Prozent zu verzinsen, und ein eventueller Gewinnrest ist nach Köpfen zu verteilen; hierdurch wird dem Umstand Rechnung getragen, dass die Einlagen oft unterschiedlich hoch sind, gleichwohl aber alle Gesellschafter mit ihrem gesamten Privatvermögen haften.

Eine gewisse Ähnlichkeit mit der oHG weist die **BGB-Gesellschaft** auf: Auch hier schließen sich mindestens zwei gleichberechtigte und vollhaftende Gesellschafter zusammen, allerdings ist die Gesellschaft **nicht auf Dauer,** sondern zur Erreichung eines bestimmten Zwecks angelegt (»Gelegenheitsgesellschaft«). Dabei können auch **Unternehmen** Gesellschafter sein (z. B. Baufirmen zur gemeinsamen Errichtung eines Staudamms in Südamerika). Geregelt ist diese Gesellschaftsform in den §§ 705 f. BGB.

2.3 Die Kommanditgesellschaft

persönlich haftender Gesellschafter

↑

KG: Komplementäre haften mit gesamten Privatvermögen – Kommanditisten haften mit ihren Einlagen.

↓

stiller Teilhaber eines Unternehmens

Gesellschaftsrechtliche Regelung: §§ 161 ff. HGB.

Gesellschafter: Mindestens ein **Komplementär** und ein **Kommanditist.**

Geschäftsführung: Alle Komplementäre, es sei denn, der Gesellschaftsvertrag schließt einzelne Komplementäre von der Geschäftsführung aus; die Kommanditisten haben lediglich ein Kontrollrecht.

Eigenkapitalbeschaffung: Einlagen der Komplementäre und Kommanditisten aus ihren Privatvermögen.

Haftung: Jeder **Komplementär** haftet gesamtschuldnerisch für die Verbindlichkeiten des Unternehmens mit seinem **gesamten Vermögen** (einschließlich Privatvermögen); die **Kommanditisten** hingegen haften nur mit ihren **Eigenkapitaleinlagen.**

Gewinnverteilung: Wenn der Gesellschaftsvertrag nichts anderes bestimmt, sind (sofern der Gewinn ausreicht) die Einlagen der Gesellschafter mit vier Prozent zu verzinsen, und ein eventueller Gewinnrest ist »angemessen« zu verteilen; hierbei sollte die unterschiedliche »Haftungsqualität« der Kommanditisten und Komplementäre berücksichtigt werden.

2.4 Die stille Gesellschaft

Gesellschaftsrechtliche Regelung: §§ 230 ff. HGB.

Gesellschafter: Zu einer bereits bestehenden Gesellschaft tritt ein »stiller Gesellschafter« hinzu, wobei seine Einlage in das Vermögen der bisherigen Gesellschaft übergeht.

Geschäftsführung: Der stille Gesellschafter ist von der Geschäftsführung ausgeschlossen; er hat lediglich ein Kontrollrecht.

Haftung: Der stille Gesellschafter kann im Insolvenzfall seine Einlage verlieren, es sei denn, dies wurde vertraglich ganz oder teilweise ausgeschlossen; in diesem Falle kann er bei einer Insolvenz des Unternehmens in Höhe seiner nicht verlustbeteiligten Einlage eine Forderung als **Gläubiger** geltend machen.

Gewinnverteilung: Wenn vertraglich nichts anderes bestimmt ist, dann »gilt ein den Umständen nach angemessener Anteil als bedungen« (§ 231 HGB); ein Ausschluss des stillen Gesellschafters vom Gewinn ist unzulässig. Ist im Vertrag vereinbart, dass der stille Gesellschafter bei seinem Ausscheiden nicht nur seine Einlage zurückerhält, sondern auch am »Substanzzuwachs« des Unternehmens beteiligt wird, dann liegt eine **atypische stille Gesellschaft** vor.

Firma: Kein besonderer Zusatz zur Firma der bestehenden Gesellschaft.

> Die Rechtsform einer Gesellschaft wird durch das Hinzutreten eines stillen Gesellschafters nicht berührt.

2.5 Die Aktiengesellschaft

Gesellschaftsrechtliche Regelung: AktG.

Gesellschafter: Bei Gründung mindestens fünf Aktionäre.

Geschäftsführung: Sie ist auf drei Organe verteilt:

> AG: Gesellschafter haften ausschließlich mit ihren Einlagen.

- **Der Vorstand** führt die **laufenden Geschäfte** der Gesellschaft in eigener Verantwortung. Er besteht in der Regel aus mehreren Personen.
- Der **Aufsichtsrat bestellt** und entlässt den Vorstand (Wahlperiode: 5 Jahre, Wiederbestellung möglich) und **überwacht** und **berät** ihn; ferner wirkt er beim **Jahresabschluss** mit. Der Vorstand muss den Aufsichtsrat ausführlich über die weitere Unternehmensplanung unterrichten. Er besteht – je nach Größe der Gesellschaft – aus 3 bis 21 Personen, die zum Teil Arbeitnehmervertreter sind (9. Kapitel); vier Sitzungen jährlich sind Pflicht für börsennotierte Aktiengesellschaften (sonst: zwei).
- Die **Hauptversammlung** ist die Versammlung der Aktionäre, die im Allgemeinen einmal je Jahr zusammentritt. Der Aufsichtsrat hat der Hauptversammlung über seine Tätigkeit zu berichten. Sie hat in einer Reihe für das Unternehmen **wichtiger Fragen das Entscheidungsrecht** (Wahl von Aufsichtsratsmitgliedern, Entlastung von Vorstand und Aufsichtsrat, Bestellung der Abschlussprüfer, Fusion mit anderen Gesellschaften, Kapitalerhöhung, Verwendung von 50 Prozent des Jahresüberschusses usw.). Das Stimmrecht eines Aktionärs in der Hauptversammlung bemisst sich nach dem relativen Nennwert seines Aktienbesitzes. Es kann durch einen

Bevollmächtigten – z. B. seine »Depotbank« – ausgeübt werden. Beschlüsse der Hauptversammlung bedürfen der Mehrheit, in besonderen Fällen einer Drei-Viertel-Mehrheit des bei der Beschlussfassung vertretenen »Grundkapitals« (weshalb ein Anteil von mehr als 25 Prozent als **Sperrminorität** bezeichnet wird).

Eigenkapitalbeschaffung: Die Gesellschaft bietet **Aktien,** deren Nennwert ein EURO oder ein Vielfaches davon beträgt, zum Kauf an. Die Emission der Aktien darf – gemessen am Nennwert – **nicht unter**pari, wohl aber überpari erfolgen; der Gesamt-Nennwert aller umlaufenden Aktien muss wenigstens ein gezeichnetes Kapital (»Grundkapital«) von 50 000 € ergeben. Im Zuge der EURO-Umstellung gingen viele Unternehmen auf nennwertlose **Stückaktien** (§ 8 AktG) über. Ihr rechnerischer Wert ergibt sich aus dem Jahresabschluss: Gezeichnetes Kapital dividiert durch Anzahl umlaufende Aktien. Der rechnerische Mindestnennwert einer Stückaktie muss ein Euro sein.

Haftung: Für die Verbindlichkeiten haftet nur das **Vermögen der Gesellschaft,** weshalb im Insolvenzfall der Aktionär seinen Anteil verliert.

Gewinnverteilung: Der zur Ausschüttung kommende Teil des Jahresüberschusses einer Gesellschaft wird auf die Aktionäre entsprechend dem relativen Nennwert ihres Aktienbesitzes verteilt; ebenso wird mit einem eventuellen Liquidationsgewinn bei Veräußerung der Gesellschaft verfahren.

Die Aktiengesellschaft ist die profilierteste Form einer **Kapitalgesellschaft.** Ihr besonderer Vorteil liegt in der vergleichsweise **einfachen Möglichkeit, Eigenkapital zu beschaffen:** Durch Verkauf von Aktien, die nie mehr zurückgezahlt, dafür aber – in der Regel – an der Börse gehandelt werden. Einem Anlagewilligen (Person oder Unternehmen) wird so das Engagement leicht gemacht: Möchte er »aussteigen« verkauft er den Aktienbesitz an der Börse zum jeweiligen Tageskurs; dieser kann höher, aber auch niedriger sein als der Kurs, zu dem er »eingestiegen« ist, was einen besonderen **spekulativen Reiz** ausmacht. Das Risiko des Anlegers bemisst sich äußerstenfalls nach dem Wert seines Aktienbesitzes. Diese Haftungsbegrenzung ist auch der Grund dafür, dass die Rechtsstellung der Aktiengesellschaft detailliert im AktG und – bezüglich der Rechnungslegung – im HGB geregelt ist.

Die **Kleine AG** soll die Attraktivität dieser Rechtsform auch für mittelständische Unternehmen unterstreichen: So genügt bereits ein Gesellschafter; zudem gibt es zahlreiche Verwaltungsvereinfachungen, z. B. bei der Einberufung der Hauptversammlung: Wenn die Aktionäre namentlich bekannt sind, reicht ein eingeschriebener Brief anstelle einer öffentlichen Bekanntmachung; ferner entfallen die strengen Publizitätsvorschriften.

Corporate Governance: Wer soll ein Unternehmen wie führen?

Die Unternehmensverfassung (**Corporate Governance**) der AG wird angesichts zahlreicher spektakulärer »Unternehmensschieflagen« intensiv diskutiert. Es geht hierbei vor allem um die rechtliche und tatsächliche Aufgaben- und Machtverteilung zwischen Vorstand, Aufsichtsrat und Eigentümern sowie den Einfluss von Banken, Versicherungen, Lieferanten, Staat und Gewerkschaften. Im Mittelpunkt der Kritik steht die Kontrollfunktion des Aufsichtsrats, mit der es nicht weit her sei (»Wirkliche Aufsichtsratsar-

beit findet praktisch nicht mehr statt«, Herbert Henzler, McKinsey). Folgerichtig soll die Haftung von Vorstands- und Aufsichtsratsmitgliedern bei
grob fahrlässiger Falschinformation ausgeweitet und die Berichterstattung
von börsennotierten Unternehmen erweitert werden (Quartalsberichte).
Auch sollen die Aufsichtsräte von ihrem Recht, Vorstände vorzeitig abzube-
rufen bzw. deren Verträge nicht zu verlängern, stärker Gebrauch machen;
hilfreich wäre in diesem Zusammenhang ein hauptamtlich tätiger Aufsichtsratsvorsitzender ohne weitere Aufsichtsratsmandate. Eine Besonderheit der
deutschen Unternehmensverfassung stellt die Mitbestimmung (9. Kapitel)
dar. Im Gespräch ist ein Ehrenkodex mit z. B. erweiterten Aufgaben des Aufsichtsrats, dem sich die Unternehmen freiwillig unterwerfen; fraglich ist allerdings, ob dies ausreicht (»Wunschzettel«) oder ob nicht doch das Aktiengesetz geändert werden muss.

Als vorbildlich wird immer wieder die angelsächsische **Board-Verfassung**
dargestellt: Im Board of Directors sitzen sowohl die hauptberuflichen Inside
Directors als auch die ehrenamtlichen Outside Directors. Erstere sind für
das »kreative Geschäft« zuständig, mit einem Chief Executive Officer (CEO)
an der Spitze; letztere üben unter einem Chairman of Board die Kontrolle
aus. Als Vorteil des Ein-Kammer-Systems wird die bessere Möglichkeit zur
Beratung und Kontrolle gesehen; hierzu tragen auch bestimmte Unteraus-
schüsse bei, die die Kontrolleure mit Informationen versorgen. Als Nachteil
gilt, dass die Rollen von CEO und Chairman oft in einer Hand liegen.

Beispiel

Struktur des Aktienbesitzes in Prozent

	1960	1970	1980	1990	2000
Private Haushalte	27	28	19	17	16
Unternehmen	44	41	45	42	40
Öffentliche Haushalte	14	11	10	5	6
Ausland	6	8	11	14	20
Kreditinstitute	6	7	9	10	8
Versicherungen/Fonds	3	4	6	12	10
Insgesamt	100	100	100	100	100

Der relativ hohe Anteil ausländischen Aktienbesitzes geht – auch – auf das
Engagement von Pensionsfonds zurück.

Quelle: Deutsche Bundesbank

Unter der Lupe

Going Public

Seit Beginn der 80er-Jahre haben viele – meist mittelständische – Unternehmen zunächst die Rechtsform der Aktiengesellschaft angenommen und dann – unter Anleitung einer Bank – den »Gang zur Börse« gewagt.

Ein zentrales Problem bei Börseneinführungen ist neben der Festlegung des Aktien-Emissionsvolumens (zum Nennwert) die Wahl des – überpari – **Emissionskurses**:

- Steigt der Börsenkurs nach Einführung deutlich über den Emissionskurs, dann wirft das emittierende Unternehmen seiner Emissionsbank vor, den Neu-Aktionären den Einstieg zu billig gemacht zu haben.

- Andererseits argumentiert die Emissionsbank, dass steigende Aktienkurse dem Unternehmen für weitere Kapitalerhöhungen ein gutes »Emissionsstanding« schaffen würden.

In den letzten Jahren scheinen sich allerdings öfters überhöhte Emissionskurse eingebürgert zu haben: Unter den 169 Aktien, die 2000 an die deutschen Börsen gebracht wurden, befanden sich Ende des Jahres immerhin 119 Verlierer (70,4 %). Betroffen von Kurseinbrüchen waren vor allem Emissionen am Neuen Markt (20. Kapitel) aus den Bereichen Internet und Medien, die zunächst als »Wachstumswerte« hochgelobt worden waren, dann aber ihre – von den Banken gestützten – Prognosen nicht realisieren konnten. Da sich jedoch unter den fünfzig Gewinnern die größten Emissionen befanden, schloss die Hälfte des gesamten Emissionswertes mit einem Plus ab.

Die »Treffgenauigkeit« beim Emissionskurs versucht man durch das **Bookbuilding** zu erhöhen: Der Emittent und die begleitenden Banken legen die »Bookbuilding-Spanne« fest, und die potentiellen Käufer können innerhalb einer festgelegten Zeichnungsfrist ihre Kauforders – mit oder ohne Limitierung – abgeben. Bei einer deutlichen »Überzeichnung« wird der Emissionskurs im oberen Bereich der Spanne festgelegt: So startete die 40fach überzeichnete Beate-Uhse-Aktie mit 7,20 €, bei einer Bookbuilding-Spanne zwischen 6,00 und 7,20 €. Ein Gegenbeispiel bietet die Stinnes AG: Der Ausgabepreis wurde unterhalb der Zeichnungsspanne festgelegt und dennoch ein Drittel weniger Aktien platziert als geplant; gegenüber dem Ausgabepreis hat die Aktie aber später stark zugelegt.

Wird eine Emission überzeichnet, steht das Zuteilungsverfahren im Ermessen des Emittenten. Gebräuchlich ist die Quotierung, das Losverfahren oder die First Come, First Serve-Regel. Auch die Aufteilung zwischen institutionellen und Privatanlegern kann das Unternehmen nach eigenem Gutdünken festlegen. Beim Börsengang der Telekom-Tochter T-Online erhielt jeder dritte Privatanleger 25 Aktien.

Der Gang an die Börse auch traditionsreicher Familienunternehmen zeigt, dass sie diese als Quelle von **Liquidität** erkennen, um durch Beteiligungen und Übernahmen ihre Marktposition zu festigen (»Füllen der Akquisitionskasse«). So hat das seit April 1998 börsennotierte Bäckereiunternehmen Kamps AG, Düsseldorf, bereits im ersten Jahr sieben Bäckerei-

→

Filialunternehmen übernommen (Süddeutsche Zeitung vom 16./17. 1. 1999).

Andererseits verlassen neuerdings Unternehmen auch wieder die Börse (**Delisting**): »Fehlende Aufmerksamkeit von Seiten der Investoren, der Aktienkurs dümpelt vor sich hin, die Beschaffung weiterer Mittel über eine Kapitalerhöhung ist damit für viele unmöglich geworden« (Süddeutsche Zeitung vom 26. 8. 2000). Der Rückzug von der Börse beschert freilich dem Aktionär nur noch schwer handelbare Papiere, was die Frage einer Entschädigung aufwirft. Denkbar ist, dass der Hauptaktionär – der über mindestens 95 Prozent der Aktien verfügen muss – den Rest-Aktionären ein von neutraler Seite geprüftes »angemessenes« Barabfindungs-Angebot macht, das sie dann auch annehmen müssen (**Squeeze-out**).

2.6 Die Gesellschaft mit beschränkter Haftung

Gesellschaftsrechtliche Regelung: GmbHG.

Gesellschafter: Bei Gründung mindestens eine Person, die sowohl Geschäftsführer als auch Gesellschafter sein kann (»Geschäftsführender Gesellschafter«).

Geschäftsführung: Sie ist – mit ähnlichen Kompetenzen wie bei der AG – auf drei Organe verteilt: die **Gesellschafterversammlung,** die – von ihr ohne bestimmte Wahlperiode gewählten – **Geschäftsführer** und den – nur bei Gesellschaften mit mehr als 500 Arbeitnehmern zwingend vorgeschrieben – **Aufsichtsrat.**

Eigenkapitalbeschaffung: Die Gesellschaft bietet **Stammeinlagen** (GmbH-Anteile), deren Nennwert 250 € beträgt, mindestens zu pari zum Kauf an; der Gesamt-Nennwert aller ausgegebenen Anteile muss wenigstens ein **Stammkapital** von 25 000 € ergeben. Ein Anteilseigner kann seine Stammeinlage lediglich durch eine **notariell beurkundete Abtretung** übertragen, der Zugang zur Börse ist versperrt.

Haftung: Für die Verbindlichkeiten haftet nur das **Vermögen der Gesellschaft,** weshalb im Insolvenzfall der Gesellschafter seine Stammeinlage verliert. Ist in der Satzung eine **Nachschusspflicht** vorgesehen, dann erweitert sich die Haftung entsprechend; bei einer **unbeschränkten** Nachschusspflicht hat der Gesellschafter ein **Abandonrecht,** d. h. er kann der Gesellschaft bei einer Nachforderung (»Zubuße«) seinen Anteil zur Versteigerung überlassen, wobei der Teil des Versteigerungserlöses, der die Zubuße übersteigt, dem ausscheidenden Gesellschafter zusteht.

Gewinnverteilung: Entspricht der der Aktiengesellschaft.

Eine Sonderform stellt die **GmbH & Co. KG** dar: Hierbei handelt es sich um eine Mischgesellschaft, bestehend aus einer GmbH und einer KG: Zuerst wird die GmbH gegründet, die in einem weiteren Schritt Komplementär einer Kommanditgesellschaft wird. Damit ist die GmbH & Co. KG eine Personengesellschaft, obwohl die Haftung des Komplementärs auf das Gesellschaftsvermögen der GmbH beschränkt ist. Sie kann aber dennoch die

GmbH: Haftung der Gesellschafter kann über Einlagen hinausgehen.

Im Vergleich zur AG gilt die GmbH als »gesellschafterbezogene« Rechtsform.

Die GmbH & Co. KG vermeidet die Nachteile und nutzt die Vorteile der Personengesellschaft.

steuerlichen Regelungen der Personengesellschaft in Anspruch nehmen. Häufig sind die Kommanditisten zugleich Gesellschafter der GmbH. Es ist auch möglich, eine Ein-Mann-GmbH & Co. KG zu gründen.

2.7 Die Kommanditgesellschaft auf Aktien

Bei der Kommanditgesellschaft auf Aktien sind die (haftungsbeschränkten) Kommanditisten Aktionäre

Gesellschaftsrechtliche Regelung: AktG.

Gesellschafter: Bei Gründung mindestens fünf Personen.

Geschäftsführung: Sie ist – mit ähnlichen Kompetenzen wie bei der AG – auf drei Organe verteilt: den **Aufsichtsrat,** die **Hauptversammlung** und den **Vorstand,** der hier ausschließlich von den **Komplementären** der Gesellschaft gebildet wird.

Eigenkapitalbeschaffung: Einlagen der **Komplementäre** sowie Aktienemission, wobei hinsichtlich der »**Kommanditaktionäre**« die Tatbestände der Aktiengesellschaft gelten.

Haftung: Jeder **Komplementär** haftet gesamtschuldnerisch für die Verbindlichkeiten des Unternehmens mit seinem **gesamten Vermögen** (einschließlich Privatvermögen); im Insolvenzfall verlieren die Kommanditaktionäre ihre Anteile.

Gewinnverteilung: Hierzu finden sich keine besonderen Vorschriften.

Oft geht eine KGaA aus einer KG hervor, die sich einen erleichterten Zugang zum Kapitalmarkt verschaffen möchte: Die Kommanditanteile der Kommanditisten werden zunächst in Aktien umgewandelt; anschließend wird – über die Börse – eine weitere Aktienemission durchgeführt.

2.8 Die Genossenschaft

Alle Genossen sind gleichberechtigt und haften mit einer eigens vereinbarten Haftsumme.

Gesellschaftsrechtliche Regelung: GenG.

Gesellschafter: Mindestens sieben Personen.

Geschäftsführung: Sie ist – mit ähnlichen Kompetenzen wie bei der AG – auf drei Organe verteilt: den **Vorstand,** den **Aufsichtsrat** und die **Generalversammlung** (bzw. die von ihr gewählte **Vertreterversammlung**). Besonderheiten bestehen vor allem darin, dass der Vorstand, der sich aus Genossen zusammensetzen muss, ebenso wie der Aufsichtsrat von der Generalversammlung gewählt wird; in dieser hat jeder Genosse – unabhängig von seinem Geschäftsanteil – **eine Stimme.**

Eigenkapitalbeschaffung: Die Gesellschaft bietet Geschäftsanteile an, auf die eine gewisse Mindesteinzahlung zu leisten ist; etwaige Gewinne werden dann so lange diesem **Geschäftsguthaben** gutgeschrieben, bis der gezeichnete **Geschäftsanteil** erreicht ist; tritt ein Genosse aus der Gesellschaft aus, erhält er sein Geschäftsguthaben ausbezahlt, weshalb die Genossenschaft über ein mit der Mitgliederzahl **schwankendes Eigenkapital** verfügt.

Haftung: Jeder Genosse haftet für die Verluste der Gesellschaft mit seiner **Haftsumme,** die mindestens seinem Geschäftsanteil entsprechen muss und in den Statuten festgelegt ist; daneben gibt es aber auch Genossenschaften mit **unbeschränkter Haftung:** Hier haften die Genossen mit ihrem gesamten Privatvermögen.

Gewinnverteilung: Der zur Ausschüttung kommende Teil des Jahresüberschusses einer Genossenschaft wird den Geschäftsguthaben entsprechend ihrem jeweiligen Umfang gutgeschrieben; eine Gewinnentnahme ist den Genossen erst möglich, wenn das Geschäftsguthaben größer als der Geschäftsanteil ist.

> Die Besonderheit der Genossenschaft besteht darin, dass alle Genossen gleichberechtigt sind und ihr Guthaben mitnehmen können, wenn sie die Gesellschaft verlassen; hierin wird aber oft auch die besondere »Schwachstelle« dieser Gesellschaftsform im Wettbewerb gesehen.

Deutsche Unternehmen: Überwiegend Personengesellschaften

Zu den Personengesellschaften zählen Einzelunternehmen, Offene Handelsgesellschaften sowie Kommanditgesellschaften

Rechtsform	Zahl	Umsatz in Milliarden DM
Einzelunternehmen	1.992.356	981
Gesellschaften mit beschränkter Haftung	418.269	2.289
Offene Handelsgesellschaften	243.054	433
Kommanditgesellschaften	93.147	1.577
Erwerbs- und Wirtschaftsgenossenschaften	7.149	108
Betriebe gewerblicher Art von Körperschaften des öffentlichen Rechts	5.878	66
Aktiengesellschaften	2.723	1.490
Sonstige	35.183	171
Insgesamt	**2.797.759**	**7.115**

Offene Handelsgesellschaften: einschließlich Gesellschaften bürgerlichen Rechts; Erwerbs- und Wirtschaftsgenossenschaften: z.B. Kreditgenossenschaften, landwirtschaftliche Nutzungsgenossenschaften; Betriebe gewerblicher Art von Körperschaften des öffentlichen Rechts: z.B. Staatsbanken, Sparkassen oder öffentlich-rechtliche Verkehrs- und Versorgungsbetriebe
Stand: 1997; Umsatz: ohne Umsatzsteuer; Quelle: Statistisches Bundesamt

Institut der deutschen Wirtschaft Köln

© 7/2000 Deutscher Instituts-Verlag

Abb. 3.2: Rechtsformen deutscher Unternehmen

2.9 Der Regiebetrieb

Der Regiebetrieb ist als öffentlicher Betrieb sehr stark an die jeweilige Gebietskörperschaft (Stadt, Kreis, Land, Bund) gebunden. Seine Einnahmen und Ausgaben finden sich als **einzelne Etatansätze im Haushaltsplan** der Gebietskörperschaft und müssen streng beachtet werden. Die Einnahmen werden abgeführt, ein eigenes Vermögen besitzt er nicht. Die Leitung obliegt

Einnahmen und Ausgaben finden sich als einzelne Etatansätze im Haushaltsplan der zuständigen Gebietskörperschaft.

Beamten (»Dezernenten«), was einen **starken öffentlichen Einfluss** sicherstellt. Beispiele für Regiebetriebe sind Theater und Universitäten.

2.10 Der Eigenbetrieb

Der erwartete Saldo aus Einnahmen und Ausgaben findet sich im Haushaltsplan der zuständigen Gebietskörperschaft.

Der Eigenbetrieb ist als öffentlicher Betrieb im Vergleich zum Regiebetrieb wesentlich **selbständiger**. Im Haushaltsplan der jeweiligen Gebietskörperschaft findet sich nur noch der **erwartete Saldo** aus Einnahmen und Ausgaben. Für die laufenden Geschäfte ist die (meist) **kaufmännische Werksführung** zuständig; nur in den zentralen Fragen (Jahresabschluss, Investitionsplan usw.) sollte die Vertretung der jeweiligen Gebietskörperschaft entscheiden. Ein Beispiel sind kommunale Verkehrs- und Versorgungsbetriebe (»Stadtwerke«).

2.11 Die Anstalten des öffentlichen Rechts

Die Anstalten des öffentlichen Rechts sind Körperschaften (Rundfunkanstalten, Sparkassen. Landesbanken usw.), für die jeweils eigene Rechtsformen mit **individuellen Bestimmungen** gelten.

2.12 Die öffentlichen Kapitalgesellschaften

Der Vorstand arbeitet erwerbswirtschaftlich, soweit es »der Staat« als Aufsichtsrat zulässt.

Die öffentlichen Kapitalgesellschaften sind Unternehmen, die Gewinn erzielen wollen, die Rechtsform einer AG oder GmbH haben und Gebietskörperschaften gehören (z. B. die Flughafen München GmbH, die Deutsche Bahn AG, aber auch manche Stadtwerke und Krankenhäuser). Sie unterliegen **nicht dem öffentlichen Haushalts- und Dienstrecht**, was sie im operativen Bereich (z. B. bei Ausschreibungen) selbständig und in der Personalpolitik flexibler macht (z. B. leistungsorientierte Bezahlung). In diese Richtung wirkt auch, dass die öffentlichen Mandatsträger nicht mehr so direkt wie bei den Regie- und Eigenbetrieben »hineinregieren« können; manche bedauern dies im »Gemeinwohlinteresse«, andere sehen gerade hierin die Chance für mehr Effizienz (»Ende der – auch politischen – Interessenverflechtungen«). Über den **Aufsichtsrat** bleibt aber dennoch der Eigentümer letztverantwortlich, z. B. bei der Deutschen Bahn AG der Bund.

Ferner zählen zu den öffentlichen Kapitalgesellschaften die **gemischtwirtschaftlichen Unternehmen,** deren Anteile nur zum Teil Gebietskörperschaften gehören. Ein Beispiel ist die Volkswagenwerk AG, deren Grundkapital zu 18,2 Prozent das Land Niedersachsen und zu 81,8 Prozent private Anleger besitzen, wobei allerdings ein Großaktionär nur maximal 20 Prozent Stimmrecht ausüben darf (»Stimmrechtsbeschränkung«). Bundesbeteiligungen weisen z. B. die Rhein-Main-Donau AG (66,16 Prozent) und die Deutsche Telekom AG (40 Prozent) auf.

3 Die hauptsächlichen Unterschiede zwischen den privatwirtschaftlichen Unternehmen und öffentlichen Betrieben

Öffentliche Betriebe gehören ganz oder teilweise **Gebietskörperschaften,** die sie veranlassen können, statt möglichst großer Gewinne **andere Ziele** zu verfolgen; solche Ziele sind z. B.

■ eine ausreichende Versorgung der Bevölkerung mit lebensnotwendigen Produkten oder Leistungen zu **kostendeckenden Preisen** (z. B. Abfallbeseitigung, Straßenreinigung);

■ eine ausreichende Versorgung der Bevölkerung mit sozialen und kulturellen Einrichtungen bei Inkaufnahme von **Verlusten** (z. B. Theater, Bibliotheken, Schwimmbäder, ÖPNV) und

■ die Verhinderung eines privaten Angebotsmonopols durch Errichtung eines eigenen Angebots bei **begrenztem Gewinnstreben** (z. B. kommunale Strom-, Gas- und Trinkwasserversorgung, Parkhäuser, Schlachthöfe).

Neben diesen Aspekten der **Daseinsvorsorge werden** auch **hoheitliche Aufgaben** zur Rechtfertigung öffentlicher Betriebe angeführt (z. B. Wahrung des Brief- und Fernmeldegeheimnisses), was sie in der Regel von der Umsatz- und Gewerbesteuer befreit.

Bei den privatwirtschaftlichen Unternehmen finden sich weder derartige Zielsetzungen noch Gebietskörperschaften als Teilhaber.

> Privatwirtschaftliche Unternehmen sind meist gewinnorientiert; öffentliche Betriebe verfolgen hingegen häufig soziale Ziele (»Gemeinwohlinteresse«).

Leider wirkt sich die öffentlich geschützte Daseinsvorsorge oft genug kostentreibend aus, was ein verbreitetes Misstrauen gegenüber der Fähigkeit des Staates zu wirtschaftlichem Handeln begründet hat. Hintergrund könnte die spezifische Verteilung der Verfügungsrechte (Property Rights) über öffentliche Betriebe sein: Ihre breite Streuung auf »alle« Bürger bietet diesen kaum Anreize, Druck auf das Management auszuüben, im Sinne der Eigentümer zu handeln und Eigennutz zurückzustellen. Eine **Privatisierung** würde demgegenüber die Verfügungsrechte konzentrieren und den Leistungsdruck verstärken. Daraus wird gefolgert, dass sich der Staat aus möglichst vielen wirtschaftlichen Betätigungen zurückziehen und diese Aufgaben »Privaten« überlassen sollte (durch Aufgabenprivatisierung oder das Betreibermodell; 1. Kapitel). Hierfür spricht auch, dass wirklich hoheitliche Aufgaben in öffentlichen Betrieben meist nicht vorkommen; so wird das Bankgeheimnis schon seit langem privatwirtschaftlich gehütet.

Privatisierung konzentriert die Verfügungsrechte und damit die Verantwortung für den Erfolg.

In den Sog des – europäischen – Wettbewerbs geraten die **Stadtwerke** der Gemeinden, nachdem die EU 1996 den Weg für mehr Wettbewerb bei Stromversorgung und Verkehrsbetrieben (ÖPNV) frei gemacht hat. Zu diesem Zeitpunkt erwirtschafteten die Stadtwerke Passau durch den Verkauf von Strom 4,1 Mio. €; gleichzeitig wurde der ÖPNV mit 3,7 Mio. € subventioniert. Auf Dauer dürften die Stadtwerke kaum noch in der Lage sein, Überschüsse aus dem Stromgeschäft zu erzielen und damit andere kommunale Leistungen (z. B. Schwimmbäder, ÖPNV) quer zu subventionieren. Bei dann steuersubventionierten Verlusten müssen die städtischen Verkehrsbetriebe EU-weit mit privaten Anbietern um die Vergabe von – im Hinblick auf Strecken, Fahrpläne, Tarife, Wartung und Sauberkeit genau definierte – Konzessionen konkurrieren. Insbesondere dies hat eine Welle von Umwandlungen bei den Stadtwerken ausgelöst: vom Eigenbetrieb zur GmbH und AG, weil z. B. »die Personalkosten … bei den öffentlichen Verkehrsunternehmen im Vergleich zu den privaten um 30 bis 50 Prozent höher« liegen (Süddeutsche Zeitung vom 16. 4. 1997) und »die Vergaberichtlinien (bei den Stadtwerken München) für einen jährlichen Verlust von etwa 40 Millionen Mark verantwortlich« sind (Süddeutsche Zeitung vom 26./27. 4. 1997). »… In Hamburg vereinbarte man … einen Stufenplan, der das Jahreseinkommen der Busfahrer schrittweise bis hin zum Lohnniveau privater Busunternehmen reduziert: 3500 Mark weniger im ersten Jahr, 6000 Mark weniger im fünften Jahr. Als Ausgleich wurde der Ausschluss betriebsbedingter Kündigungen festgeschrieben …« (Süddeutsche Zeitung vom 10. 2. 2000).

Die Missbrauchsgefahr privater Monopole kann durch **Wettbewerb** bzw. die **Missbrauchsaufsicht** des Bundeskartellamtes statt durch öffentliche Monopole beseitigt werden. So sind die »Gebietsmonopole« der Stromwirtschaft über die Pflicht zur Durchleitung von Fremdstrom aufgehoben worden. Und die Telekom – die ebenfalls den Netzzugang öffnen musste, was dann zu starken Preissenkungen führte – ist ein Beispiel dafür, dass öffentliche Monopole keinesfalls der Weisheit letzter Schluss sind.

Nicht zuletzt aufgrund der Privatisierungsdiskussion haben 270 der rund 970 deutschen Stadtwerke mittlerweile private Aktionäre; diese halten meist zwischen 25 und 49 Prozent (Süddeutsche Zeitung vom 10. 9. 2001). Es handelt sich hierbei nicht nur um große Stromanbieter, die ihr Geschäftsfeld auf »Utilities« (Strom, Gas, Wasser) ausgedehnt haben: »… Die Bahn hat … (in Göttingen) gemeinsam mit dem Stromriesen E.on AG den Zuschlag für eine 49,9-prozentige Beteiligung an den Stadtwerken erhalten. Während E.on das Strom- und Wassergeschäft steuert, wird die DB den herausgelösten Verkehrsbereich (rund 90 Busse, 260 Mitarbeiter) künftig über ihre Tochter Regionalbus Braunschweig führen … Einen Kaufpreis musste die DB nicht bezahlen. Dafür garantiert die Bahn, dass die Stadt Göttingen als Besteller der Nahverkehrsdienstleistungen jährlich einen einstelligen Millionenbetrag an Subventionen spart. Die Kostensenkungen sind möglich, weil die Bahn mit weniger Busfahrern auskommen will und weil die Busse in Braunschweig und Göttingen künftig nur noch einen Betriebshof haben werden …« (Aus: Süddeutsche Zeitung vom 26. 9. 2001). Problematisch an dieser gemischt-

Öffentliche monopole sind keine Alternative zu privaten Monopolen

wirtschaftlichen Lösung ist, dass sich hier private Eigner gegenüber der Konkurrenz abschotten und die öffentlichen Eigner Dienstrecht, Haushaltsrecht und Einflussnahme absichern könnten. Alternativ hierzu versuchen Stadtwerke über strategische Allianzen (4. Kapitel) mit anderen Stadtwerken ihre Konditionen beim Stromeinkauf zu verbessern.

Der Bund hält noch größere Anteile bei Post, Telekommunikation, Verkehrswesen (z. B. See- und Binnenschifffahrtshäfen, Bahn), Wohnungswirtschaft, Banken (z. B. Kreditanstalt für Wiederaufbau, Deutsche Ausgleichsbank) sowie Forschungs- und Entwicklungseinrichtungen.

Oft als »Privatisierung« bezeichnet wird auch die Überführung von Regie- und Eigenbetrieben in öffentliche Kapitalgesellschaften (GmbH, AG). Dies ist insofern nicht korrekt, als die jeweilige Gebietskörperschaft als alleiniger Eigentümer den **Aufsichtsrat** – und damit das Kontrollorgan – stellt. Erst die (Teil-)Veräußerung der Kapitalanteile an private Investoren führt zu einer »echten« Privatisierung. Der **Weg über die Börse** (bei einer AG) hätte den Vorteil einer breiten Streuung des Eigentums sowie der erleichterten späteren Kapitalbeschaffung.

Gegen jede Art der Privatisierung wird vor allem eingewendet, dass die **Beschäftigten** nicht mehr dem öffentlichen Dienstrecht, die **Beschaffung** nicht mehr dem öffentlichen Haushaltsrecht und die **Geschäftsführung** kaum noch dem öffentlichen Einfluss unterworfen sei. So wehrte sich die Deutsche Postgewerkschaft gegen die Umwandlung der drei Postunternehmen Telekom, Postdienst und Postbank in Aktiengesellschaften: »Es gebe keine Garantien für eine angemessene Berücksichtigung sozialstaatlicher, infrastruktur-, beschäftigungs- und industrie-politischer Zielsetzungen im Kommunikationssektor … Dadurch würden wichtige gesellschaftliche Gestaltungsmöglichkeiten eingebüßt« (Süddeutsche Zeitung vom 19. 11. 1993). Tatsächlich hat jedoch die (teilweise) Privatisierung die **Effizienz** der ehemaligen staatlichen (Monopol-)Betriebe gesteigert und **fit für den globalen Wettbewerb** gemacht: Noch 1990 kostete der »Postdienst« den deutschen Steuerzahler weit mehr als eine viertel Milliarde EURO jährlich.

Spektakuläre echte (Teil-)Privatisierungen hat es – außer bei der Deutschen Telekom (60 %) und der Deutschen Post (29 %) – bei VW, VIAG, VEBA, der Lufthansa und der Tank & Rast AG gegeben; die damit einhergehende Entlastung des Bundeshaushalts wurde von Kritikern als »Verscherbeln des Tafelsilbers« bezeichnet. Von finanziellen Nöten anderer Art geprägt ist die (Teil-)Privatisierung z. B. der Flughäfen: »… die öffentliche Hand ist nicht in der Lage, die auf zwanzig Milliarden DM geschätzten Investitionen aufzubringen, die angesichts des erwarteten starken Wachstums im Luftverkehr für eine Aufrüstung der Flughäfen notwendig sind« (Süddeutsche Zeitung vom 24. 9. 1997).

Angesichts der fälligen Investitionen zum Erhalt des Wasser- und Abwassersystems (in den nächsten 15 bis 20 Jahren 150 bis 250 Mrd. €, Süddeutsche Zeitung vom 20. 11. 2000) gerät auch die **Privatisierung der Trinkwasserversorgung** zunehmend ins Blickfeld. Diese ist in Deutschland zersplittert wie sonst nirgendwo: 6700 Betriebe unterhalten 18000 Wasserwerke

Rechtfertigt das »Gemeinwohlinteresse« Effizienznachteile, und wird es durch Repräsentanten der Gebietskörperschaften wirkungsvoll vertreten?

(2001). Die Preise liegen – ebenso wie die Qualität – international in der Spitzengruppe. Eine Aufgabenprivatisierung unter dem Dach weniger großer Utility-Unternehmen könnte ein großes Potential an Rationalisierung bei der Betriebsführung und damit Kosteneinsparung öffnen. Eine hohe Trinkwasserqualität bei günstigen Preisen ließe sich über flankierende Regulierungen sicherstellen. Allerdings haben sich die Privatisierungsgegner bereits formiert: Wasser sei kein Business, sondern elementare Daseinsvorsorge. Der Einstieg internationaler Großkonzerne müsse mit höheren Wasserpreisen, schlechterem Service und schlechterer Wasserqualität bezahlt werden. Die Bürgermeister wollen deshalb das Wasser im Dorf lassen, und man werde bis zum letzten Wassertropfen für das kommunale Versorgungsmonopol kämpfen. Die Gewerkschaften bangen um die sicheren Jobs bei öffentlichen Betrieben und Umweltschützer fürchten, dass das natürliche Gut Wasser zur üblichen Handelsware verkommt (Süddeutsche Zeitung vom 10. 9. 2001). Für die Unbedenklichkeit einer weiteren Privatisierung spricht, dass RWE (mit seinen Töchtern Thames Water und American Water Works) über 50 Mio. Abnehmer versorgt und damit weltweit auf Rang drei liegt (hinter den französischen Anbietern Vivendi und Suez Lyonnaise mit jeweils etwa 100 Mio. Abnehmern); Marktführer in Deutschland ist die e.on-Tochter Gelsenwasser AG. »Eine stärkere Marktöffnung führt im allgemeinen nicht dazu, dass umwelt-, gesundheits- und verteilungspolitische Ziele notwendig schlechter erfüllt werden, als dies bislang der Fall ist« (Gutachtergruppe beim Bundeswirtschaftsministerium). Unter dem Druck »drohender« Privatisierung schließen sich regionale Wasserwerke zusammen, um so Synergieeffekte zu nutzen, z. B. aquaKomm in Südbayern: »Wenn sich nicht jedes kleinere Wasserversorgungsunternehmen sein eigenes, teures Lecksuchgerät kaufen muss, sondern dies kostengünstig bei der neuen Gesellschaft mieten kann, spart dies erhebliche Kosten« (Süddeutsche Zeitung vom 30. 11. 2001).

Beispiel

Krankenhausprivatisierung (1994–1995)

»… Mit Sorge verfolgt die Gewerkschaft Öffentliche Dienste, Transport und Verkehr (ÖTV) die gegenwärtige Umwandlung kommunaler Krankenhäuser in Kliniken mit der Rechtsform einer privatrechtlichen Gesellschaft mit beschränkter Haftung (GmbH). Am Ende der Umwandlungswelle, so befürchtet die Gewerkschaft, könne es Verhältnisse wie in Amerika geben, wo gut ausgerüsteten Spezialkliniken mit High-Tech-Medizin weniger leistungsfähige Krankenhäuser der Grundversorgung gegenüberstehen.

Als eine der Folgen dieser Entwicklung sieht der stellvertretende ÖTV-Landesbezirksvorsitzende Michael Wendl eine Patientenselektion in ›rentable und unwirtschaftliche‹ Fälle voraus. Patienten, deren Behandlung teuer sei, würden dann an den Klinikpforten einfach abgewiesen. …

→

... Eine weitere Folge einer ›Amerikanisierung‹ ... wäre, ... dass die Patienten für die Behandlung bestimmter Krankheitsfälle Zusatzversicherungen abschließen müssten. Dies könnte sich aber nur noch ein Teil der Bevölkerung leisten.

... Negative Auswirkungen könne die Privatisierung auch für das Pflegepersonal haben. Privatrechtlich organisierte Krankenhäuser können nämlich aus dem kommunalen Arbeitgeberverband austreten ... Für das Personal heiße das in der Regel weniger Geld und schlechtere Arbeitsbedingungen ...«

(Aus: Schneider, Chr.: Die Schwachstellen privater Kliniken, in: Süddeutsche Zeitung vom 27. 1. 1994).

»... Jahrzehntelang rissen die drei defizitären Kreiskrankenhäuser Millionenlöcher in den Haushalt des Landkreises Rottal-Inn. Als erste bayerische Kommune privatisierten die Rottaler deshalb 1993 das Management ihrer Kliniken – und die Entscheidung hat sich ausgezahlt.

Aus 5,8 Millionen Mark Defizit 1993 wurden nach Mitteilung der Betreibergesellschaft ein Jahr später 2,5 Millionen Mark Überschuss ...

›Keine Abstriche an der medizinischen Versorgung der Bevölkerung, kein Personalabbau und keine Klinikschließungen‹, waren die drei Grundvoraussetzungen, unter denen der Pfarrkirchener Kreistag 1993 nicht ohne Widerstand seine Management-Zuständigkeit für die Kreiskrankenhäuser mit ihren zusammen 671 Betten ... an eine private Betreibergesellschaft abgab. ›Sämtliche Rahmenbedingungen wurden eingehalten. Die Patientenversorgung hat sich eher noch verbessert, und die Zufriedenheit des zunächst sehr skeptischen Personals ist deutlich gestiegen‹, zieht Landkreis-Sprecher Helmut Franz Ellinger Bilanz.

›In den meisten Kliniken unter kommunaler Verwaltung sind Personal- und Sachkosten viel zu hoch, selbst bei kleinsten Entscheidungen muss der Krankenhausausschuss gefragt werden‹, urteilt Fritz Finke, Leiter der Nürnberger Managementgesellschaft ...

Eines der Haupthindernisse auf dem Weg zu mehr Selbständigkeit von Krankenhäusern ist in vielen Fällen offensichtlich die Angst der Kreis- und Stadträte vor dem Machtverlust. ›Es ist nicht einfach für einen Kreistag, Kompetenzen aufzugeben‹, meint Ellinger ...«

(Aus: Staedele, K.: Drei Kliniken wurden vom Millionengrab zur blühenden Firma, in: Passauer Neue Presse vom 17. 7. 1995).

4 Die hauptsächlichen Unterschiede zwischen den erwerbswirtschaftlichen Unternehmen und den Genossenschaften

Die hauptsächlichen Unterschiede zwischen erwerbswirtschaftlichen Unternehmen und Genossenschaften bestehen darin, dass die Genossenschaften lediglich indirekt nach Gewinnerzielung streben; sie dienen primär der **wirtschaftlichen Selbsthilfe** der Genossen durch gegenseitige Förderung im gemeinschaftlichen Geschäftsbetrieb. Diese Selbsthilfe beruht darauf, dass die Genossen ihr Angebot (**Verwertungsgenossenschaft**) bzw. ihre Nachfrage (**Bezugsgenossenschaft**) zusammenfassen, um so am Markt eine bessere Verhandlungsposition zu gewinnen.

Am Beginn der Genossenschaftsbewegung in Deutschland standen zwei Persönlichkeiten: Friedrich Wilhelm Raiffeisen (1818–1888) als Begründer der landwirtschaftlichen Genossenschaften und Hermann Schulze-Delitzsch (1808–1883) als Begründer der Handwerker-Einkaufsgenossenschaften sowie der Konsumgenossenschaften. 1862 hatten sich bereits 208 Genossenschaften unter dem Dach des »Zentralkorrespondenzbüros« zusammengeschlossen, 1880 gab es 1895 Kreditgenossenschaften, 645 Konsumvereine, 150 Rohstoffvereine und 131 Produktivgenossenschaften.

> Jede Genossenschaft ist so stark und leistungsfähig, wie ihre Mitglieder es zulassen.

Konsumgenossenschaften entstanden beispielsweise als Selbsthilfe-Organisationen der Konsumenten mit dem Ziel einer wirtschaftlichen Warenversorgung. Hintergrund waren die unbefriedigenden wirtschaftlichen und sozialen Zustände in der Frühzeit des Kapitalismus. Mittlerweile scheint jedoch – zumindest im Einzelhandel – der Genossenschaftsgedanke seine Blütezeit überschritten zu haben. Auf dynamischen und international verknüpften Märkten erwies sich das Konzept vielfach als zu unbeweglich: Schließen sich z.B. Facheinzelhändler zu einer Bezugsgenossenschaft zusammen, dann hat jeder – ob »groß« oder »klein« – ein gleiches Stimmrecht. Ferner hängt die Kapitalausstattung der – z.B. auch für Buchhaltung, Unternehmensberatung und Logistik zuständigen – Zentrale von der »Treue« und Zahlungsbereitschaft ihrer Genossen ab. Diese Sachverhalte »trieben« die Genossenschaften zunehmend in die wesentlich beweglichere Rechtsform der AG: Aus Genossen werden Aktionäre, die Zentrale kann zur Kapitalbeschaffung an die Börse gehen und sich zur Verstärkung der »Nachfragemacht« mit z.B. anderen Kooperationen zusammentun. Nach wie vor genossenschaftlich organisiert sind die Volks- und Raiffeisenbanken, die von 2,5 Mio. Genossen getragen werden. Bekannt ist auch die DATEV als Zusammenschluss von 38 000 Steuerberatern: Sie wollen Kosten sparen und dennoch selbständig bleiben. Dies gilt auch für die Handwerksgenossenschaften der Bäcker, Metzger, Friseure, Schreiner usw.

Rechtlich wird eine Genossenschaft wie eine **Kapitalgesellschaft** behandelt.

> Genossenschaften dienen der wirtschaftlichen Selbsthilfe der Genossen.

5 Die hauptsächlichen Unterschiede zwischen den Personen- und Kapitalgesellschaften

Eine **Kapitalgesellschaft** zeichnet sich hauptsächlich durch folgende Merkmale aus:

- Sie hat eine eigene Rechtspersönlichkeit, d. h. sie ist eine **juristische Person,** die klagen und verklagt werden kann, selbst Steuern auf den Gewinn (»Körperschaftsteuer«) zahlen muss sowie Eigentum (z. B. Grundstücke) erwerben darf.
- Sie kennt keine Gesellschafter, die persönlich mit ihrem Privatvermögen haften (Ausnahme: KGaA).
- Die Geschäftsführer (Vorstandsmitglieder) brauchen keine Kapitalbeteiligung zu haben (Ausnahme: KGaA, eG).
- Die Abstimmungen in der Gesellschafterversammlung erfolgen nach Kapitalanteilen (Ausnahme: eG).
- Es muss ein Mindestkapital aufgebracht, die Geschäftsführung von einem eigens bestellten Gremium beaufsichtigt und ein Statut über die Gesellschaft verabschiedet werden.

Eine **Personengesellschaft** weist demgegenüber vor allem folgende Merkmale auf:

- Sie hat keine eigene Rechtspersönlichkeit, vielmehr muss jeder vollhaftende Gesellschafter **gesamtschuldnerisch** für die Gesellschaft einstehen. Eine wichtige Konsequenz hieraus ist, dass eine Personengesellschaft selbst keine Steuern auf den Gewinn zu zahlen braucht.
- Jede Personengesellschaft hat zumindest einen Gesellschafter, der persönlich mit seinem Privatvermögen haftet (Ausnahme: GmbH & Co. KG).
- In einer Personengesellschaft sind nur vollhaftende Gesellschafter zur Geschäftsführung befugt.
- Abstimmungen in der Versammlung der vollhaftenden Gesellschafter erfolgen nach Köpfen.
- Ein Mindestkapital ist nicht erforderlich, die Geschäftsführung untersteht keinem speziellen Überwachungsorgan und der Gesellschaftsvertrag ist »formlos«.

> Kapitalgesellschaften unterscheiden sich von Personengesellschaften vor allem durch Ihre eigene Rechtspersönlichkeit (mit Steuerzahlungspflicht) und das Fehlen von Vollhaftern.

Die eigene Steuerzahlungspflicht der Kapitalgesellschaft führt dazu, dass grundsätzlich der Gewinn zweimal versteuert wird: Zuerst bei der Gesellschaft und dann bei den Anteilseignern. Die doppelte Besteuerung des Gewinns (mit Körperschaft- und Einkommensteuer) wird jedoch durch das »**Halbeinkünfteverfahren**« relativiert.

Unter der Lupe

Das Halbeinkünfteverfahren bei der Kapitalgesellschaft

Eine Aktiengesellschaft habe einen Gewinn von 200,– € erwirtschaftet; 100,– € sollen als Dividenden an die Aktionäre ausgeschüttet und 100,– € zur Stärkung des Unternehmens einbehalten werden.

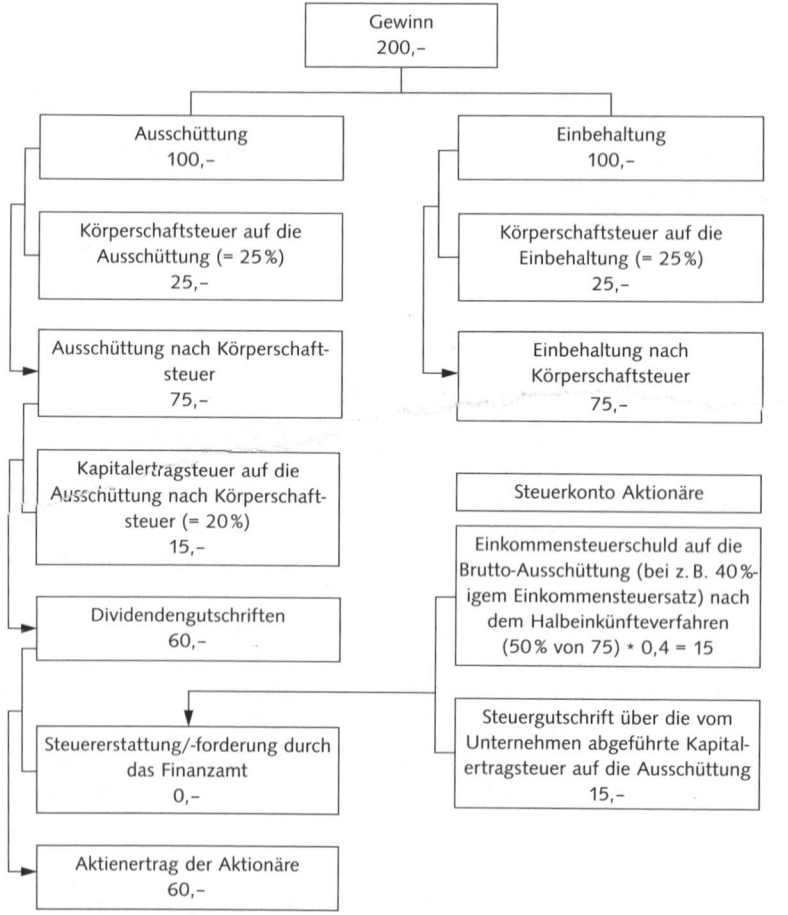

Das Halbeinkünfteverfahren besagt folglich, dass lediglich 50 Prozent der Bruttoausschüttung zu versteuern sind (bei Erstattung der einbehaltenen Kapitalertragsteuer). Dieses Verfahren gilt auch für Ausschüttungen von Unternehmen im Ausland, nicht jedoch für Zinsen auf festverzinsliche Wertpapiere. Hier wird die Zinsabschlagsteuer in Höhe von 30 Prozent fällig.

$\longrightarrow$

Über die Werbungskostenpauschale und den Sparerfreibetrag sind freilich 1 601 € (3 202 €) für Ledige (Verheiratete) »Halbeinkünfte« und Zinsen steuerfrei (bei Erstattung auch der einbehaltenen Zinsabschlagsteuer). Der Solidaritätszuschlag wurde nicht berücksichtigt.

Arbeitsaufgaben

1) Welche Fragen sind im Zusammenhang mit einer Unternehmensgründung zu klären?
2) Welche »Wege« muss man im Rahmen der Gründung gehen?
3) Was unterscheidet einen Kaufmann von einem »normalen« Bürger; welche »Typen« von Kaufleuten gibt es?
4) Erläutern Sie den Unterschied zwischen oHG und BGB-Gesellschaft!
5) Der »Gang an die Börse« ist mit einigen Unwägbarkeiten verbunden. Erläutern Sie diese Aussage und gehen Sie dabei auf das Bookbuilding-Verfahren ein!
6) Vergleichen Sie GmbH und AG!
7) Der Meisterbrief ist Gütesiegel und Hemmschuh zugleich. Auch hier wird der Markt entscheiden. Nehmen Sie Stellung zu dieser Aussage!
8) Warum lässt der Gesetzgeber die Gewinnverteilung bei der KGaA ohne rechtliche Regelung?
9) »Alle öffentlichen Betriebe arbeiten unwirtschaftlich.« Was halten Sie von dieser Meinung?
10) Welches ist das Anliegen einer Bezugsgenossenschaft?
11) Beschreiben Sie die Rechtsform der Gesellschaft Maier & Co. e. K.!
12) Der § 121 HGB bestimmt für die oHG: »(1) Von dem Jahresgewinne gebührt jedem Gesellschafter zunächst ein Anteil in Höhe von vier vom Hundert seines Kapitalanteils ... Derjenige Teil des Jahresgewinnes, welcher die nach... (Abs. 1) ... zu berechnenden Gewinnanteile übersteigt ... wird unter die Gesellschafter nach Köpfen verteilt.« Inwiefern ist diese Regelung sinnvoll?
13) Beschreiben Sie die wesentlichen Unterschiede zwischen Personen- und Kapitalgesellschaften am Beispiel der Gesellschaftsformen oHG und AG!
14) Welches sind die Organe einer AG, und welche Kompetenzen haben sie?
15) Worin sehen Sie die Unterschiede zwischen einer Aktie und einem GmbH-Anteil?
16) Bei welcher Rechtsform gibt es ein Abandonrecht, und wann kommt es dort zum Zuge?
17) Wodurch unterscheiden sich Regie- und Eigenbetrieb?
18) Die Besonderheiten einer Genossenschaft sind zugleich ihre Schwachstellen. Diskutieren Sie diese Aussage!
19) Brauchen wir öffentliche Betriebe?
20) Was bewirkt das Halbeinkünfteverfahren?

21) Auf die Frage, warum die Stadtwerke das neue Schwimmbad errichten sollen, antwortete deren Direktor: »... ein privates Unternehmen will und muss Gewinn machen. Das, was der Investor verdienen kann, können die Stadtwerke aber am Eintrittspreis sparen.« Nehmen Sie Stellung zu dieser Aussage unter dem Gesichtspunkt von Subsidiaritätsprinzip und Property-rights-Ansatz!

22) Erörtern Sie die hauptsächlichen Argumente der Kritiker einer Privatisierung öffentlicher Betriebe!

23) Öffentliche Betriebe in privatwirtschaftlicher Rechtsform sind nur bedingt Privatunternehmen. Erläutern Sie diese Aussage!

24) Öffentliche Betriebe haben eigene Zielsetzungen. Nehmen Sie kritisch Stellung!

Lösungsvorschläge für die Arbeitsaufgaben im »Übungsbuch zu Grundlagen und Probleme der Betriebswirtschaft«.

Weiterführende Literatur

Berens, W.; Hoffjan, A.; Pakulla, R.: Venture-Capital-Finanzierung, in: Wirtschaftswissenschaftliches Studium (WiSt), 29. Jg. (5, 2000), S. 287–291.

Berg, H. (Hrsg.): Deregulierung und Privatisierung, Berlin 2002.

Diekmann, H.: Existenz- und Unternehmensgründungen, Köln 1998.

Dowling, M.; Drumm, H. J. (Hrsg.): Gründungsmanagement, Berlin u. a. 2001.

Egger, K.-P.; Gronemeier, P.: Existenzgründung, 3. Aufl., Wiesbaden 1999.

Eisenhardt, U.: Gesellschaftsrecht, 10. Aufl., München 2002.

Gaugler, E.; Keese, D.; Schawilye, R.: Die Motive der Unternehmen bei der Wahl der »kleinen AG« als Rechtsform, in: Zeitschrift für Betriebswirtschaft (ZfB), 71. Jg. (12, 2001), S. 1431–1444.

Klunzinger, E.: Grundzüge des Handelsrechts, 11. Aufl., München 2000.

Kraft, A.; Kreutz, P.: Gesellschaftsrecht, 11. Aufl., Neuwied 2000.

Kübler, F.: Gesellschaftsrecht, 5. Aufl., Heidelberg 1999.

Monopolkommission: Hauptgutachten 1996/1996. Marktöffnung umfassend verwirklichen, Baden-Baden 1998.

Roth, G. H.: Handels- und Gesellschaftsrecht, 6. Aufl., München 2001.

Scheer, A.-W.: Unternehmen gründen ist nicht schwer ..., Berlin u. a. 2000.

Schmidt, K.: Gesellschaftsrecht, 4. Aufl., Köln – München 2001.

Spelthahn, S.: Privatisierung natürlicher Monopole, Wiesbaden 1994.

4. Kapitel:
Kooperation und Konzentration
von Unternehmen

Lernziele

Leitfrage:
Was versteht man unter horizontalen, vertikalen und konglomeraten Zusammenschlüssen; was sind Mittelstandskooperationen und strategische Allianzen? Welche Rolle spielen die Investment Banks bei »Mergers and Acquisitions«?

Leitfrage:
Welcher organisatorischen Formen bedienen sich die Unternehmen bei Kooperation und Konzentration, und wie sind diese rechtlich zu würdigen?
- Warum sind Kartelle gefährlich?
- Inwiefern bedürfen Konzerne und Fusionen einer staatlichen Aufsicht?

Leitfrage:
Wie funktioniert die Deregulierung staatlich regulierter Märkte, und was ist davon zu erwarten?

Leitfrage:
Worin liegt die Problematik der Unternehmenskonzentration und die Notwendigkeit ihrer – auch europäischen – Überwachung? Brauchen wir ein Welt-Kartellamt?

1 Die Strukturen
von Unternehmenszusammenschlüssen

Die Tendenz der Unternehmen, sich zusammenzuschließen, ist scheinbar nicht mehr aufzuhalten. Eine Ursache hierfür ist sicherlich, dass größere Märkte mit härteren Konkurrenzbedingungen entstanden sind, nicht nur im Zuge der Globalisierung, sondern auch der Deregulierung von Märkten (z. B. Telekommunikation, Energie, Versicherungen, Verkehr). Unternehmen reagieren auf den verschärften Wettbewerb, indem sie versuchen, mit **Mergers & Acquisitions (M & A)** weltweit unter die Spitzenunternehmen zu kommen oder zumindest auf dem eigenen Kontinent in die »Champions-League« vorzustoßen. Jedenfalls liegen Fusionen gegenwärtig im Trend, es zeigt sich sogar »ein gewisser Herdentrieb« (J. Milberg, ehem. BMW-Chef).

Unternehmen können horizontal, vertikal und konglomerat diversifizieren.

Ein **horizontaler** Zusammenschluss von Anbietern der gleichen Produktionsstufe lässt eine kostengünstigere Herstellung durch größere Produktionsserien bzw. Spezialisierung der Teilbetriebe erwarten. Insbesondere bei Dienstleistungsunternehmen (Banken, Versicherungen) stehen hinter dem »Schulterschluss« oft Synergieeffekte im Personalbereich, z. B. bei der Bereinigung des Filialnetzes; so kostete die Übernahme von Bankers Trust durch die Deutsche Bank 5500 Arbeitsplätze in London und New York (Süddeutsche Zeitung vom 1. 12. 1998). Wenn freilich das Unternehmen optimal »aufgestellt« ist, führt die neue Stärke meist auch zu neuen Arbeitsplätzen. Zudem vermeidet ein Zusammenschluss Parallelforschung und verleiht – vor allem im Handel – »Nachfragemacht« zur Durchsetzung günstigerer Konditionen beim Einkauf. Auch Unternehmen aufeinanderfolgender Produktions- und Handelsstufen versuchen durch **vertikalen** Zusammenschluss, ihre Wettbewerbssituation zu verbessern: Die Sicherung der Rohstoff- bzw. Zuliefererbasis (»upstream«) mindert Kostenrisiko und Lieferabhängigkeit; auf der anderen Seite werden (»downstream«) die Absatzwege und die dortige Preisgestaltung kontrollierbar. Selbst **konglomerate** Zusammenschlüsse nicht verwandter Produkt-Markt-Bereiche können Ergebnis des Wettbewerbsdrucks sein, denn eine »Diversifikation« über mehrere Produktarten mindert das Existenzrisiko bei technologischen Umbrüchen oder Änderungen der Kaufgewohnheiten bei den Konsumenten. Allerdings lauern hier auch besondere Risiken, wenn man sich auf Tätigkeitsbereiche einlässt, die man nicht wirklich beherrscht und schließlich den Überblick über den »Tausendfüßler« verliert. Es spricht deshalb manches dafür, sich auf »Kernarbeitsgebiete« zu konzentrieren, hier jedoch zur (Welt-)Elite zu gehören. Randaktivitäten werden deshalb veräußert, was oft auch unternehmensinterne Quersubventionen reduziert. So hat sich die Metro entschlossen, »2000 Filialen mit 34000 Beschäftigten und einem Umsatz von 16 Milliarden DM abzugeben, die entweder nicht den erwarteten Ertrag bringen oder keine Chance haben, in eine führende Position hineinzuwachsen; zugleich hat die Metro ihren SB-Warenhausbereich durch Übernahme von Allkauf und Kriegsbaum maßgeblich verstärkt und ihr Cash-and-Carry-Ge-

Im Zusammenhang mit Akquisitionen führen Unternehmen häufig Restrukturierungen durch: Was für den einen Nieten sind, sind für den anderen Perlen.

schäft aufgestockt« (Süddeutsche Zeitung vom 29. 12. 1998). Käufer von Randaktivitäten sind immer häufiger mittelständisch strukturierte Unternehmen, die hier ihr Kernarbeitsgebiet haben und sich so verstärken, was dann auch zusätzliche Arbeitsplätze schaffen kann.

Eine weitere Ursache der Unternehmenskonzentration liegt im »strukturellen Wettbewerbsnachteil« kleiner und mittlerer Unternehmen. Sie haben am Markt als »Einzelkämpfer« häufig keine Chance gegen die »Großen« der Branche. So sind z. B. Forschung und Entwicklung oftmals so personal- und materialintensiv, dass einzelne mittelständische Unternehmen überfordert wären. Der Gesetzgeber ermöglicht ihnen deshalb gezielt **Mittelstandskooperationen,** die z. B. auch einen gemeinsamen Einkauf, gemeinsame Werbung, eine gemeinsame Verkaufsorganisation, eine Güte- und Warenzeichengemeinschaft zum Gegenstand haben können.

> Mittelstandskooperationen sind ebenso wie strategische Allianzen Ausdruck der (vermeintlichen) Unterlegenheit von Einzelkämpfern.

Offenbar sind jedoch nicht nur kleine und mittlere, sondern auch größte Unternehmen zur Kooperation gezwungen, denn mittlerweise finden sich in **strategischen Allianzen** weltweit operierende Unternehmen (»Global Players«) – vorwiegend aus dem Bereich der »Triade« (Europa, Nordamerika, Japan) – zusammen, um bestimmte Aktivitäten gemeinsam durchzuführen (z. B. »Star Alliance«: Lufthansa, United Airlines, Thai Airways, SAS, Air Canada, Varig, Air New Zealand, AU Nippon Airways, Austrian Airlines Group, Singapore Airlines, Mexikana, British Midland). Generell sollen strategische Allianzen – auf der Basis von Gleichheit und rechtlicher Selbständigkeit – die Position der Beteiligten auf dem immer stärker zusammenwachsenden Weltmarkt verbessern.

Weitere Motive für Unternehmenszusammenschlüsse sind z. B.:

- die Anlage »freier Mittel« in der Absicht, das erworbene Unternehmen später – ganz oder teilweise – mit Gewinn weiterzuverkaufen,
- die Nutzung von technologischen oder marktlichen Ergänzungschancen (»externer Know-how-Erwerb«),
- die Umgehung von Marktzutrittsbarrieren auf ausländischen Märkten,
- die Ausschöpfung von Steuervorteilen durch Übernahme der Verluste und Verrechnung mit eigenen Gewinnen sowie
- die bessere Vermarktung der eigenen Kompetenz durch Erwerb zusätzlicher Kapazitäten (z. B. Deutsche Telekom: von der Fernmeldebehörde zum weltweit agierenden Anbieter).

Allerdings werden Unternehmenszusammenschlüsse auch mit der Absicht betrieben, durch die Ausschaltung von Konkurrenz Marktmacht zu erringen und »Firmenimperien« zu errichten. Und selbst wenn dies nicht beabsichtigt war, so birgt doch mancher Konzentrationsvorgang diese Gefahr in sich. Ein funktionsfähiger Wettbewerb zwischen Unternehmen(sgruppen) ist aber unverzichtbar, damit der technische Fortschritt gefördert und die Fähigkeit der Unternehmen gestärkt wird, sich neuen Marktentwicklungen flexibel anzupassen.

Eine zentrale Rolle bei der seit einiger Zeit zu beobachtenden globalen Fusionswelle (»Mergermania«) spielen – amerikanische – **Investment Banks,** die die Wirtschaft ständig daraufhin »durchkämmen«, welcher Konzern zu welchem passen könnte. Kritisch wird hiergegen eingewendet, dass die Restrukturierungen (Partnersuche und Abwicklung) oft ohne langfristige Perspektive seien und nur die Berater daran verdienten: »Die City hat zuviel Einfluss. Es ist erschreckend, wie kurzfristig der Zeithorizont oft ist« (W. Graf, Commerzbank London). Dabei achten vor allem die großen **Fondsgesellschaften** und **institutionellen Anleger** (z. B. Versicherungen) darauf, dass sich die Zusammenschlüsse auch rechnen: Sie übernehmen Aktien nur dann in ihren Bestand, wenn die Kapitalrendite »stimmt«; dies wiederum beschert Kurssteigerungen und den Unternehmen ein günstiges Klima für Kapitalerhöhungen.

In jeder Fusion ist eine Zeitbombe eingebaut. Man kennt die Stärke, aber oft nicht die Schwäche des Partners (Jürgen Strube, BASF-Chef).

Neben dem Problem, dass das übernommene Unternehmen mit seinen Vermögensgegenständen, seiner Kapitalstruktur sowie seiner Position am Markt überbewertet und deshalb ein überhöhter Kaufpreis vereinbart wurde, ist der Übernahmeprozess selbst anfällig für hohe Reibungsverluste: Als schwierig kann sich die Integration verschiedener Unternehmenskulturen, Unternehmenshierarchien sowie Buchungs-, Planungs- und Kontrollsysteme erweisen; ferner bleiben häufig die erwarteten Synergieeffekte (Economics of Scope: die Kosten der gemeinsamen Produktion sind niedriger als die Summe der Kosten der getrennten Produktion) hinter den Erwartungen zurück.

»… Je größer die Entscheidungen, desto weniger nüchtern werden sie offenbar getroffen. Viele Manager, die eine Fusion im Auge haben, sind offenbar von ihrem Ego getrieben, von Ehrgeiz und Gefühlen. Sie wollen zeigen, dass sie mehr können als andere.

Rolf Ernst Breuer, der Chef der Deutschen Bank, winkt bei dieser Frage scheinbar ab. ›Nicht alle Fusionen sind ein Zeichen von Größenwahn.‹ Doch damit bestätigt der Banker, dass mindestens einige Fusionen in diesem Motiv ihren Grund haben. Oder: Mancher Firmenkauf kommt nur aus der Angst zustande, ein anderer könnte vorher zugreifen. ›Bei vielen Konzernen grenzt der Drang zur Expansion an Panik‹, schrieb kürzlich der *Washington-Post*-Kommentator Robert Samuelson. Da kommt selbst der Deutsche-Bank-Chef ins Grübeln. ›Wenn ich Revue passieren lasse, warum in der Vergangenheit fusioniert worden ist, lässt einen das natürlich an der Weisheit des Managements zweifeln.‹ …« (Aus: K.-H. Büschemann: Es fehlt an nüchternem Kalkül und klarem Kopf: in: Süddeutsche Zeitung vom 28. 12. 2000).

Im Zuge mancher Fusion geben sich die neu entstandenen Unternehmen auch einen neuen Namen: So wurde aus VEBA und VIAG »e.on« und aus Rhône-Poulenc und Hoechst »Aventis«. Hierin liegt insofern ein Risiko, als man etablierte (Welt-) marken aufgibt und noch unbekannte Marken – mit erheblichem Werbeaufwand – in das allgemeine Bewusstsein rücken muss. Dabei erfordert nicht zuletzt das Internet merkfähige und eindeutige Domain-Namen.

Unter der Lupe

Due Diligence

Vor der Übernahme eines Unternehmens sollte mit »gebührender Sorgfalt« geprüft werden, ob der Verkäufer – in der Rolle eines guten Anwalts – nur die Stärken herausstellt, die Schwächen aber verschweigt. Oft will er auch deshalb keine Firmeninterna preisgeben, weil das Ergebnis der Verkaufsverhandlungen noch offen ist. Allerdings tauschen die Verhandlungspartner in der Regel »Vertraulichkeitserklärungen« aus, und der Kreis der Eingeweihten wird – zunächst – klein gehalten. Der Käufer muss sein Engagement umfassend absichern, um nicht einen überhöhten Kaufpreis zu zahlen.

Zu einer sorgfältigen Analyse und Bewertung eines Unternehmenskaufs gehören folgende Aspekte:

- Finanzielle Due Diligence:
  Vermögens-, Finanz- und Ertragslage, Gewinn- und Cash-Flow-Entwicklung der letzten Jahre, Unternehmensvergleiche usw.
- Organisatorische und ökologische Due Diligence:
  Betriebliche Abläufe, Berichtswesen, Controlling, Altlasten usw.
- Wirtschaftliche Due Diligence:
  Konkurrenzsituation, Neuigkeitsgrad der Produkte, Kundenstamm, Marktanteile usw.
- Rechtliche und steuerliche Due Diligence:
  Vertragssituation hinsichtlich Kunden, Banken, Lieferanten, anhängige Prozesse, letzte Betriebsprüfung, Arbeitsverträge, Mietverträge usw.

Eine Management-Präsentation und eine Besichtigung des Betriebsgeländes runden den Prüfprozess ab.

Unternehmenszusammenschlüsse bergen nicht nur Chancen, sondern auch Risiken, weshalb man sie weder grundsätzlich ablehnen noch Ihnen tatenlos zusehen sollte. In Deutschland unterliegen Konzentrationsvorgänge gesetzlichen Vorschriften und staatlicher Aufsicht.

Beispiel

Externer Know-how-Erwerb

»Die HypoVereinsbank setzt ihre Strategie der Bank der Regionen in Europa mit der Bank Austria weiter konsequent um. Damit festigt die HypoVereinsbank ihre Stellung unter den führenden Banken Europas und ist im Wirtschaftsraum Süddeutschland, Österreich sowie in den Zukunftsmärkten Mittel- und Osteuropas nun der führende Finanzdienstleister.«

(Aus: Werbeanzeiger der HypoVereinsbank)

Beispiel

Vermeidung von Parallelforschung

»… Nicht umsonst sorgte gerade die Pharmabranche in den vergangenen Jahren mit Mega-Deals am laufenden Band für Aufmerksamkeit. Unter anderem übernahm Hoechst vor zwei Jahren für 10,5 Milliarden Mark den US-Konkurrenten Marion Merrel Dow, im Mai dieses Jahres ließ sich der Schweizer Pharmariese Roche die Familienfirma Boehringer Mannheim stolze achtzehn Milliarden Mark kosten. In einer Branche, in der die Entdeckung eines neuen Wirkstoffs durchschnittlich über eine halbe Milliarde Mark kostet und der Aufwand für Forschung und Entwicklung fünfzehn Prozent vom Umsatz ausmacht, haben allenfalls noch die weltweit ›Top 15‹ eine Chance, langfristig zu den Global Playern zu gehören …«

(Aus: H. O. Egiau: Reine Gier nach Größe, in: Die Zeit vom 31. 10. 1997)

2 Die hauptsächlichen Formen der Kooperation und Konzentration

Die hauptsächlichen Formen der Kooperation und Konzentration von Unternehmen in Deutschland sind das Kartell, die verbundenen Unternehmen, die Fusion (Trust) und das Konsortium. Sie zeichnen sich durch die im Folgenden dargestellten Besonderheiten aus:

2.1 Das Kartell

Das Kartell ist eine wettbewerbsbeschränkende Absprache zwischen Unternehmen, die **rechtlich** und **wirtschaftlich selbständig** bleiben.

2.1.1 Die hauptsächlichen Kartellarten

Für (fast) jede »Unannehmlichkeit« gibt es eine Kartellvariante.

Die Absprachen können inhaltlich sehr verschieden sein. Ihre »Blütezeit« hatten sie nach dem Ersten Weltkrieg, weshalb die im folgenden dargestellten Kartellarten zum Teil in diese Zeit gehörige »historische Formen« sind, wenngleich nicht ausgeschlossen werden kann, dass hier und da die »gute alte Zeit« auch heute noch Vorbild praktischen Handelns ist.

■ Das **Submissionskartell** bezweckt, dass die in Frage kommenden Unternehmen bei Ausschreibungen der öffentlichen Hand zu **überhöhten** Preisen reihum den Zuschlag erhalten. Dies wird dadurch erreicht, dass bei einer bestimmten Ausschreibung alle Kartellmitglieder – bis auf dasjenige, das zum Zuge kommen soll – im Preis **sehr** stark überhöhte

(»Schutz-«)Angebote abgeben. Oft werden auch **Ausgleichszahlungen** des »Siegers« an die »Unterlegenen« vereinbart.

- Das **Konditionenkartell** legt für alle beteiligten Unternehmen übereinstimmend ihre Geschäfts-, Lieferungs- und Zahlungsbedingungen einschließlich der Skonti fest; Preise müssen allerdings »tabu« bleiben.
- Das **Mindestpreiskartell** bestimmt die Preise, die im Verkauf nicht unterschritten werden dürfen.
- Das **Einheitspreiskartell** legt den für alle Kartellmitglieder gültigen Preis auf dem Absatzmarkt fest. Ein solches Kartell setzt voraus, dass die Produkte aller angeschlossenen Unternehmen sehr ähnliche Qualitäten haben, da sich sonst die Nachfrage auf das Produkt mit der besten Qualität konzentrieren würde. Tatsächlich waren in der Vergangenheit die meisten Einheitspreiskartelle dort anzutreffen, wo die verschiedenen Unternehmen nahezu **homogene Produkte** erzeugten (z. B. Kohle, Stahl, Zement). Häufiger Anlass für die Errichtung eines Preiskartells war ein **Preisverfall,** der auf das Bestehen von **Überkapazitäten** in der Branche zurückging. Das Preiskartell sollte hier verhindern, dass die Unternehmen durch gegenseitiges Preisunterbieten die Nachfrage auf sich zu ziehen versuchten. Es kam zudem oft vor, dass das Einheitspreiskartell durch ein Quotenkartell abgesichert wurde.
- Das **Quotenkartell** teilt jedem Kartellmitglied eine bestimmte Produktionsquote zu, die nicht überschritten werden darf. Hierdurch soll gewährleistet werden, dass nur so viel produziert wird, wie die Nachfrage zum überhöhten Einheitspreis abzunehmen bereit ist. Ferner wird durch das Quotenkartell eine auf alle Unternehmen **gleichmäßig** verteilte **Kapazitäts-Minderauslastung** bewirkt. Überschreitungen der Produktionsquote werden mit einer in der Kartellabsprache festgelegten **Vertragsstrafe** geahndet. Da solche Überschreitungen aber häufig unbemerkt blieben, mündete ein Quotenkartell meist in ein Syndikat.
- Das **Syndikat** ist die straffste Form eines Preis- und Quotenkartells. Es besteht aus einem Verkaufskontor, das **alleine** befugt ist, die Erzeugnisse der angeschlossenen Unternehmen (zum Einheitspreis) zu veräußern. Die Kartellmitglieder müssen folglich ihre gesamte Produktion an das Syndikat liefern, das dadurch die Möglichkeit erhält, die Einhaltung der Produktionsquoten zu kontrollieren: »Schwarzverkäufe« einzelner Mitglieder konnten stets durch Überwachung der Fabriktore ausgeschlossen werden.

Ein Problem für Preis- und Quotenkartelle sind **Außenseiter,** die die Absprachen unterlaufen und damit oft auch sprengen. Beim Öl-Kartell der Opec-Länder z. B. sind die Außenseiter unter anderem in der Nordsee zu finden: »… Einen Tag nach dem Beschluss der Opec, gemeinsam mit den Öl-Ländern außerhalb des Kartells die Produktion … zu kürzen, lehnten einige der nicht zur Opec gehörenden Staaten diesen Plan ab. Analysten erwarten daher keine schnelle Erholung der Preise …« (Aus: Süddeutsche Zeitung vom 16. 11. 2001).

■ Das **Gebietskartell** beinhaltet eine Absprache über die räumliche Aufteilung des Absatzmarktes zwischen den Anbietern, wodurch der einzelne Verkäufer in seinem Gebiet eine **Monopolstellung** erhält.

■ Das **Exportkartell** umfasst Regelungen, die **allein** ausländische Märkte betreffen.

■ Das **Importkartell** bezeichnet eine Absprache inländischer Importeure, die sich gegen ausländische Anbieter richtet.

■ Das **Rationalisierungskartell** soll die Wirtschaftlichkeit in technischer, betriebswirtschaftlicher oder organisatorischer Beziehung heben.

■ Das **Spezialisierungskartell** bezweckt, dass sich jedes Kartellmitglied auf die Produktion bestimmter Produkte oder Produkttypen beschränkt. Die Gegenleistung besteht darin, dass niemand sonst in diesem Produktbereich tätig wird. Mit anderen Worten: Durch die Trennung der Produktionssortimente erhält jeder Hersteller in seinem »Fach« eine **Monopolstellung.**

■ Das **Strukturkrisenkartell** ist eine Absprache, die ein »Gesundschrumpfen« der Herstellerkapazitäten bei nachhaltigem (nicht konjunkturbedingtem) Absatzrückgang erleichtern soll.

■ **Mittelstandskooperationen** dienen der Sicherung der Wettbewerbschancen kleiner und mittlerer Unternehmen.

Beispiel

Strukturkrisenkartell

»Erstmalig hat das Bundeskartellamt … ein Strukturkrisenkartell zugelassen … An dem Kartell sind 28 inländische Hersteller von Betonstahlmatten mit einem Marktanteil von insgesamt 90 Prozent beteiligt … Die Nachfrage … ist in den vergangenen Jahren nachhaltig zurückgegangen. Der Kartellvertrag soll es den beteiligten Firmen ermöglichen, ihre überhöhten Kapazitäten innerhalb von drei Jahren planmäßig auf ein marktgerechtes Niveau abzubauen

(Aus: Strukturkrisenkartell genehmigt, in: Passauer Neue Presse Nr. 128/1983.)

Beispiel

Preiskartell

»… Mit einer Geldbuße von 2800 DM hat das Frankfurter Oberlandesgericht Preisabsprachen unter Fahrlehrern bestraft. Von dem Richterspruch betroffen ist ein 61 Jahre alter Fahrlehrer aus dem mittelhessischen Alsfeld. Nach Angaben des Ersten Kartellsenats hatte er bei einem Treffen mit Kollegen maßgeblich daran mitgewirkt, dass Fahrschulen in Mittelhessen von ihren Schülern bestimmte Mindestpreise verlangten …«

(Aus: Süddeutsche Zeitung vom 20. 6. 1990)

Beispiel

Submissionskartell

»Mit unerlaubten Preisabsprachen haben Straßenbaufirmen in den vergangenen 30 Jahren die Öffentliche Hand vermutlich um Hunderte von Millionen Mark geprellt. Das Bundeskartellamt habe an 25 von 30 Fahrbahnmarkierungsfirmen Bußgeldbescheide geschickt … Neun Beschuldigte aus Firmen und Behörden säßen in Untersuchungshaft … Die Firmen hätten einmal im Jahr festgelegt, wer bei den Straßenbauämtern als preisgünstigstes Unternehmen auftreten solle. Bei Markierungsarbeiten am Berliner Ring 1992 sind nach Aussage eines Zeugen pro Mittelmarkierung 36 Mark berechnet worden; der Marktpreis hätte bei ›relativ hoher Gewinnspanne‹ nur bei 24 Mark gelegen … Während der Ermittlungen seien fast 50 Firmen, Wohnungen und Behörden durchsucht worden.«

(Aus: Süddeutsche Zeitung vom 22. 12. 1995)

»… Die Preisabsprachen seien 1994 bekannt geworden, nachdem ein unzufriedener Mitarbeiter eines Unternehmens bei Ermittlungsbehörden geplaudert hatte … Außenseiter, die nicht dem Kartell angehörten, hätten keine Chance bei der Auftragsvergabe gehabt. So habe ein Mitbewerber, der um die Hälfte billiger als die Kartellunternehmen anbot, keinen Auftrag erhalten. Mit dem Argument, er sei zu billig, sei er von den Straßenbaubehörden nicht berücksichtigt worden …«

(Aus: Süddeutsche Zeitung vom 23./24./25./26. 12. 1995)

»Die Rechnung für einen Kartell- und Korruptionsskandal bekommen nun 27 Fahrbahn-Markierungsunternehmen sowie 21 ihrer Manager präsentiert. ›Wegen kartellrechtswidriger Absprachen bei Ausschreibungen für Straßenmarkierungsarbeiten‹ verhängte das Bundeskartellamt gegen sie Geldbußen in Höhe von 24,4 Millionen DM.

(Aus o. V.: Geldbußen im »Fall Straßenstrich«, in: Süddeutsche Zeitung vom 12. 4. 1996)

Beispiel

Quotenkartell

»… Da hat das Bundeskartellamt gegen zahlreiche Hersteller von Starkstromkabeln eine Rekordbuße von 265 Millionen DM verhängt … Sämtliche deutschen Hersteller von Starkstromkabeln, darunter vor allem die Konzerne Siemens, Alcatel und ABB sowie Feiten & Guilleaume, hatten demnach den hiesigen Markt komplett unter sich aufgeteilt. Ein eigenes Gemeinschaftsunternehmen, die Elektro-Treuhand GmbH in Köln, sorgte für den reibungslosen Ablauf der Absprachen.

In fünf Arbeitskreisen und mehreren Sitzungen pro Woche legten die Firmenmanager die Belieferungen an jeden einzelnen Kunden fest … Die Anfragen der Energieversorgungsunternehmen, der Stadtwerke, Industriekunden und des Großhandels steuerte das Kartell zentral und mit Hilfe einer

→

> umfangreichen Buchhaltung … Es sei zwar durchaus vorgekommen, dass
> ein Kabelproduzent gegen diese Vorgaben verstoßen und auf eigene Kappe
> Aufträge hereingeholt hat. Im Gegenzug habe dieser Betrieb dann aber beim
> nächsten Auftrag büßen und das doppelte Umsatzvolumen abgeben müssen
> …
>
> (Aus: U. Brychcy: Rekordstrafen für Kabelhersteller, in: Süddeutsche Zeitung vom 4. 6. 1997)

2.1.2 Die rechtliche Regelung der Kartelle

Kartelle sind grundsätzlich verboten; Ausnahmen: anmeldepflichtige, genehmigungspflichtige und Ministerkartelle.

Dem »Gesetz gegen Wettbewerbsbeschränkungen (GWB)« (kurz: Kartellgesetz) zufolge sind Kartelle **grundsätzlich verboten** (§ 1 GWB). Dies deshalb, weil ihre Absprachen geeignet sein können, den **Wettbewerb zu beschränken**. So verhindert z. B. ein Einheits- oder Mindestpreiskartell den Preiswettbewerb, und ein Submissions-, Gebiets- oder Spezialisierungskartell schafft dem einzelnen Anbieter eine monopolähnliche Stellung.

Vom allgemeinen Kartellverbot gibt es jedoch eine **Reihe von Ausnahmen**. Man unterscheidet drei Gruppen (§§ 2 ff. GWB):

- Die beim Bundeskartellamt in Bonn **anmeldepflichtigen Kartelle** umfassen: Normen- und Typenkartell, Konditionenkartell sowie Spezialisierungskartell.
- Die **genehmigungspflichtigen Kartelle** sind: Rationalisierungskartell (wobei gemeinsame Beschaffungs- oder Vertriebseinrichtungen mit Preisabsprachen – zur Not – möglich sind), Strukturkrisenkartell und »sonstiges« Kartell (das – unter angemessener Beteiligung der Verbraucher am Gewinn – eine Verbesserung der Entwicklung, Erzeugung, Verteilung, Beschaffung, Rücknahme oder Entsorgung von Waren oder Dienstleistungen bewirken soll). Verweigert das **Kartellamt** die Genehmigung (oder widerspricht es der Anmeldung), z. B. weil es erwartet, dass der Kartellzweck in keinem angemessenen Verhältnis zur Wettbewerbsbeschränkung steht oder es zur Entstehung oder Verstärkung einer marktbeherrschenden Stellung kommt, kann beim **Oberlandesgericht Düsseldorf** Beschwerde eingelegt werden. Wird diese abgewiesen, ist als zweite und letzte Instanz der **Bundesgerichtshof** (BGH) zuständig.
- Jedes nur denkbare Kartell kann der **Bundesminister der Wirtschaft** genehmigen, »wenn ausnahmsweise die Beschränkung des Wettbewerbs aus überwiegenden Gründen der Gesamtwirtschaft und des Gemeinwohls notwendig ist« (§ 8 GWB).

Eine Sonderstellung nehmen **kleine und mittlere Unternehmen** ein, für die gezielt Kooperationserleichterungen geschaffen wurden:

Mittelstandskooperationen: Empfehlungen, Vereinbarungen und Einkaufskartelle

Gemäß § 22 GWB können innerhalb einer Vereinigung kleiner und mittlerer Unternehmen (z. B. Händler einer Fußgängerzone) **Mittelstandsempfehlungen** abgesprochen werden, sofern sie die Leistungsfähigkeit der Beteiligten fördern und für den Einzelnen **unverbindlich** sind. Neben Preis- und

Kalkulationsempfehlungen sind z. B. auch Empfehlungen über gemeinsame Werbeaktionen möglich. Mittelstandsempfehlungen brauchen nicht angemeldet zu werden, bei missbräuchlicher Ausnutzung kann die Kartellbehörde sie jedoch untersagen.

Mittelstandskartelle gemäß § 4,1 GWB beinhalten hingegen weitergehend den Abschluss **bindender** Kooperationsverträge und müssen bei der Kartellbehörde angemeldet werden. Möglich sind z. B. Werbe- und Vertriebsgemeinschaften, bei gleichzeitigem Verzicht auf eigene Aktivitäten der einzelnen Mitglieder. Die Anforderungen an Rationalisierungswirkung und Leistungssteigerung sind allerdings hoch, und der Wettbewerb darf nicht wesentlich beeinträchtigt werden.

Einkaufskartelle gemäß § 4,2 GWB erlauben schließlich kleinen und mittleren Unternehmen den gemeinsamen Einkauf, allerdings ohne Bezugszwang und nur dann, wenn – ohne wesentliche Beeinträchtigung des Wettbewerbs – ihre Wettbewerbsfähigkeit verbessert wird; die Vereinbarung ist anmeldepflichtig. Mit dieser Regelung »legalisiert« der Gesetzgeber die mittelständischen Einkaufskooperationen zur Erlangung von Nachfragemacht – und damit besseren Konditionen – gegenüber den Herstellern.

Eine neue Form von Einkaufsverbund stellen die **Internet-Plattformen** dar. Sie werden sowohl von Herstellern (12. Kapitel) als auch von Händlern betrieben. So haben sich Carrefour, Sears, Sainsbury's und Metro unter dem Namen GlobalNetXchange (GNX) auf einer Plattform von Oracle zusammengeschlossen und damit einen einheitlichen Kommunikationsstandard im E-Commerce errichtet. Mittlerweile gibt es mehr als tausend elektronische Marktplätze. Sie sind kartellrechtlich unbedenklich, wenn der Zugang für alle Marktteilnehmer (z. B. andere Handelsunternehmen) offen ist, die angeschlossenen Unternehmen auch andere Beschaffungswege einschlagen dürfen und keine Bündelung der Nachfrage mit marktbeherrschender Wirkung (z. B. der Größten nach Kaffee) vorgenommen wird. Um den Datenaustausch zwischen den Betreibern (z. B. über Beschaffungspreise) zu erschweren, verlangt das Bundeskartellamt die Errichtung von »Firewalls«. Ein Augenmerk richtet es auch auf mögliche Preis- und Mengenabsprachen zwischen Lieferanten.

> Bei der Nutzung von Internet-Plattformen darf es weder Kollusionen (Absprachen) noch Exklusionen (Ausschlüsse oder Bezugszwänge) geben.

Bei **Verstößen gegen das Kartellgesetz kann das** Kartellamt **Geldbußen** verhängen, und zwar bis zu 0,5 Mio. € oder über diesen Betrag hinaus bis zur dreifachen Höhe des durch die Zuwiderhandlung erzielten Mehrerlöses; die Bußgelder kommen dem Bundeshaushalt zugute.

Unter der Lupe

Strategische Allianzen

Meist gehen die beteiligten Unternehmen so vor, dass sie – zur Erreichung eines bestimmten Zwecks – eine gemeinsame Gesellschaft (»Joint Venture«) gründen oder einen Managementvertrag abschließen. Die Verwandtschaft zu Kartellen und damit auch die Gefahr wettbewerbsbeschränkender Absprachen ist unübersehbar (Wolfgang Kartte, ehem. Präsident des Bundeskartellamtes: »Alter Wein in neuen Schläuchen«). Andererseits – so auch das Bundeskartellamt – ermöglichen strategische Allianzen in schnell wachsenden Technologiemärkten den Unternehmen, für die der Alleingang zu schwierig wäre, das Verbleiben im Wettbewerb (»Arbeitsgemeinschaftsgedanke«): Eine Medikamenten-Generation z. B. verschlingt mittlerweile Beträge in Milliardenhöhe; gleichzeitig werden die »Produktlebenszyklen«- und damit die »Amortisationszeiten« – immer kürzer bei stark fallenden Preisen. Dies hat die Bayer AG und das US-Biotech-Unternehmen CuraGen bei der Entwicklung neuer Arzneimittel zur Behandlung von Fettsucht und Zuckerkrankheit zusammengeführt: Der Forschungs- und Entwicklungsaufwand von 1,3 Mrd. Dollar wird im Verhältnis von 56 zu 44 Prozent geteilt (Süddeutsche Zeitung vom 17. 1. 2001). Oft geht es auch um die gemeinsame Behauptung der Marktstellung angesichts mächtiger Konkurrenz oder die Nutzung von Synergie-Effekten, z. B. dann, wenn komplette Autos gemeinsam entwickelt und produziert, aber getrennt vermarktet werden. »Nur einige Beispiele: Minivans von Ford und VW sowie von Peugeot/Citroën und Fiat/Lancia; Kleinwagen von Ford und Mazda, Sportautos von Chrysler und Mitsubishi, Transporter von Toyota und VW« (Die Zeit vom 3. 3. 1995). Gelegentlich kann man über eine Allianz mit einem einheimischen Unternehmen auch politische Abschottungsmaßnahmen überspringen. Manchmal sind Allianzen auch nur ein Zwischenschritt zur Übernahme: Man erhält so leichter Einblick in die Organisation des Partners und seinen wahren Wert. Allerdings beinhalten strategische Allianzen auch ein hohes Konfliktpotential, wenn die unternehmenspolitischen Vorstellungen auseinander klaffen und neben den kooperativen Unternehmensbereichen stark konkurrierende Geschäftsfelder bestehen. In der Regel achten die Partner genau darauf, nicht ihre »Schlüsselkompetenz« preiszugeben, sondern mehr zu nehmen als zu geben (»Moral Hazard«). So räumte man bei Mercedes ein, dass sich die großen strategischen Ideen, die mit dem Mitsubishi-Kooperationsprojekt zunächst verfolgt worden seien, leider nicht in konkrete Projekte umsetzen lassen, weil man sich bei wirklich wichtigen Dingen eben nicht in die Karten schauen lassen will (Süddeutsche Zeitung vom 27. 10. 1995).

2.2 Die verbundenen Unternehmen (Acquisition)

Verbundene Unternehmen sind – bei Wahrung ihrer **rechtlichen Selbständigkeit** – **wirtschaftlich** untereinander eng **verbunden.** Gemäß §§ 15 ff. AktG kann die wirtschaftliche Verbundenheit eines Unternehmens mit einem anderen wie folgt begründet sein:

- § 16 AktG:
  Ein Unternehmen ist an einem anderen mit **Mehrheit beteiligt.**

- § 17 AktG:
  Ein Unternehmen kann auf ein anderes mittelbar oder unmittelbar einen **herrschenden Einfluss** ausüben (z. B. Mitsprache- und Kontrollmöglichkeiten infolge personeller Verflechtungen oder langfristiger vertraglicher Lieferbindungen). Das Bestehen eines herrschenden Einflusses wird bei einem Unternehmen vermutet, wenn es über eine **Mehrheitsbeteiligung** verfügt (§ 17,2 AktG). Die betroffen Unternehmen können allerdings versuchen, diese Vermutung zu widerlegen; sie tragen jedoch die Beweislast.

- § 18 AktG:
  Beide Unternehmen stehen unter einer **einheitlichen Leitung.** Diesen Fall verbundener Unternehmen bezeichnet man als **Konzern.** Das Vorhandensein einer einheitlichen Leitung ist nicht widerlegbar, wenn zwischen den Unternehmen ein Beherrschungsvertrag besteht oder das eine zu 100 % in das andere eingegliedert ist. Die einheitliche Leitung wird – widerlegbar – vermutet bei einer **Mehrheitsbeteiligung.**

  > Beim Konzern als Spezialfall verbundener Unternehmen stehen die rechtlich selbständigen Betriebe unter einer einheitlichen Leitung.

  Das Aktiengesetz unterscheidet zwei Arten von Konzernen:
  - Ein **Unterordnungskonzern** liegt vor, wenn die einheitliche Leitung aus dem herrschenden Einfluss eines der Unternehmen herrührt. Da – wie erwähnt – bei einer Mehrheitsbeteiligung herrschender Einfluss und einheitliche Leitung vermutet werden, wird dann auch das Vorliegen eines Unterordnungskonzerns vermutet.
  - Ein **Gleichordnungskonzern** liegt vor, wenn es eine einheitliche Leitung gibt, ohne dass eines der Unternehmen einen herrschenden Einfluss ausüben kann.

- § 19 AktG:
  Beide Unternehmen sind **gegenseitig** zu mehr als 25 % – also mit Sperrminorität – **beteiligt.**

- §§ 291, 292 AktG:
  Beide Unternehmen sind **Vertragsteile eines Unternehmensvertrages.** Gegenstand eines solchen Vertrages kann sein,
  - dass eine Gesellschaft ihre Leitung einem anderen Unternehmen unterstellt (Beherrschungsvertrag);
  - dass sich eine Gesellschaft verpflichtet, ihren ganzen Gewinn an ein anderes Unternehmen abzuführen (Gewinnabführungsvertrag);
  - dass sich eine Gesellschaft verpflichtet, ihren Gewinn bzw. Teile davon mit dem Gewinn anderer Unternehmen bzw. Teilen davon zur Aufteilung eines gemeinschaftlichen Gewinns zusammenzulegen (Gewinngemeinschaftsvertrag);
  - dass sich eine Gesellschaft verpflichtet, einen Teil ihres Gewinns an jemand anderen abzuführen (Teilgewinnabführungsvertrag); hierbei sind Verträge mit Einzelpersonen, Gewinnbeteiligungen von Vorstandsmitgliedern und Aufsichtsratsmitgliedern sowie Arbeitnehmern und ähnliches ausgenommen;

– dass eine Gesellschaft den Betrieb ihres Unternehmens jemand anderem verpachtet oder sonstwie überlässt (Betriebspachtvertrag bzw. Betriebsüberlassungsvertrag).

Laut Kartellgesetz liegt ein Zusammenschluss bereits bei 25% Anteil vor.

Ebenso wie Kartelle unterliegen auch Zusammenschlüsse zu verbundenen Unternehmen dem Kartellgesetz. Dabei liegt ein Zusammenschluss bereits dann vor, wenn ein Unternehmen bei einem anderen **25 % des Kapitals** oder der **Stimmrechte** erreicht oder – bei einer **noch geringeren Beteiligung** – einen bestimmenden Einfluss ausüben kann (§ 37 GWB). Gemäß § 35 GWB muss ein solcher Zusammenschluss dem Kartellamt **angezeigt** werden, wenn die beteiligten Unternehmen im Jahr vor dem Zusammenschluss weltweit Umsätze von mehr als einer halben Milliarde EURO und mindestens ein Unternehmen in Deutschland Umsätze von mehr als 25 Millionen € aufweisen; eine erneute Anzeige ist erforderlich, wenn ein Anteil von 50% erreicht wird. Der Zusammenschluss darf erst nach **Genehmigung** durch das Bundeskartellamt vollzogen werden.

Das Kartellamt muss den (25% bzw. 50%) Zusammenschluss **untersagen,** wenn zu erwarten ist, »dass er eine marktbeherrschende Stellung begründet oder verstärkt ... es sei denn, die beteiligten Unternehmen weisen nach, dass durch den Zusammenschluss auch Verbesserungen der Wettbewerbsbedingungen eintreten und dass diese Verbesserungen die Nachteile der Marktbeherrschung überwiegen« (§ 36 GWB).

Gegen ein Zusammenschluss-Verbot kann man **Beschwerde** beim Oberlandesgericht Düsseldorf und – letztinstanzlich – beim Bundesgerichtshof einlegen. Ferner hat der **Bundesminister der Wirtschaft** die Möglichkeit, einen Zusammenschluss zu **erlauben,** wenn »im Einzelfall die Wettbewerbsbeschränkung von gesamtwirtschaftlichen Vorteilen des Zusammenschlusses aufgewogen wird oder der Zusammenschluss durch ein überragendes Interesse der Allgemeinheit gerechtfertigt ist« (§ 42 GWB).

Marktbeherrschung: Ein Unternehmen 33 % drei oder weniger 50 % fünf oder weniger 66 % Marktanteil

Zur Prüfung der Frage, ob »durch einen Zusammenschluss eine marktbeherrschende Stellung entsteht oder verstärkt wird«, gibt das Kartellgesetz eine Reihe von **Leitlinien.** Sie finden sich in § 19 GWB und beinhalten – im Wesentlichen – Folgendes:

■ **Ein Unternehmen** ist marktbeherrschend, wenn es keinem wesentlichen Wettbewerb ausgesetzt ist oder eine überragende Marktstellung besitzt (gemessen an seiner Finanzkraft, seinem Zugang zu den Beschaffungs- und Absatzmärkten, seinen Verflechtungen mit anderen Unternehmen, den Marktzutrittsbarrieren für Wettbewerber, dem tatsächlichen oder potentiellen Wettbewerb inner- und außerhalb Deutschlands, seiner Fähigkeit, Angebot oder Nachfrage auf andere Waren umzustellen, sowie den Möglichkeiten der Marktgegenseite, auf andere Unternehmen auszuweichen). Der Tatbestand der Marktbeherrschung wird – widerlegbar – **vermutet,** wenn es einen Marktanteil von mindestens 33 % aufweist.

■ **Mehrere Unternehmen** sind in ihrer Gesamtheit marktbeherrschend, wenn zwischen ihnen kein wesentlicher Wettbewerb besteht und sie auch keinem wesentlichen Wettbewerb ausgesetzt sind. Der Tatbestand der

Marktbeherrschung wird vermutet, wenn sie es insgesamt auf einen hohen Marktanteil bringen (drei oder weniger Unternehmen auf mindestens 50 %, fünf oder weniger Unternehmen auf mindestens 66 %). Diese »qualifizierte Oligopolvermutung« kann von den zusammenschlusswilligen Unternehmen allerdings widerlegt werden; sie müssen dann nachweisen, dass ein wesentlicher Wettbewerb innerhalb des Oligopols bestehen bleibt oder sie insgesamt keine überragende Marktstellung im Verhältnis zu den übrigen Wettbewerbern haben.

2.3 Die Fusion (Merger)

Als Fusion (Verschmelzung) bezeichnet man einen Zusammenschluss, bei dem mindestens ein Unternehmen neben seiner **wirtschaftlichen** auch seine **rechtliche Selbständigkeit aufgibt.**

Eine Fusion kann z. B. zwischen zwei Aktiengesellschaften (A und B) auf zwei Arten vorgenommen werden (§§ 339 ff. AktG):

- Fusion durch Aufnahme
  A übernimmt das Vermögen und die Schulden von B. Gleichzeitig tauschen die B-Anteilseigner ihre ungültig gewordenen B-Aktien in A-Aktien, die aus einer Kapitalerhöhung stammen können; möglich ist auch der Erwerb von B-Aktien über die Börse, eine »angemessene« Barabfindung oder eine »gemischte Strategie«.
- Fusion durch Neubildung (»Merger of Equals«)
  A und B bringen ihren jeweiligen Vermögens- und Schuldenbestand in eine neue Gesellschaft C ein. Gleichzeitig tauschen die A- und B-Anteilseigner ihre ungültig gewordenen A- und B-Aktien in die neuen C-Aktien.

Ein Hauptproblem bei Fusionen besteht in der Festlegung des **Umtauschverhältnisses der Aktien,** da es die relative **Wertigkeit** der Unternehmen widerspiegeln sollte. Diese ist aber von Unsicherheit geprägt, weil nicht nur der gegenwärtige Status, sondern auch die Potentiale für die **Zukunft** darin einfließen sollten. Bei der Fusion durch Neugründung zwischen Daimler-Benz und Chrysler zu DaimlerChrysler AG lag folgende Ausgangssituation vor (1997):

- Umsatz: 124/110 Mrd. DM
- Betriebsergebnis: 4,3/4,7 Mrd. DM
- Beschäftigte: 300000/121000 (jeweils: Daimler-Benz/Chrysler)

Am neuen Konzern halten die bisherigen Daimler-Benz-Aktionäre mit 57 Prozent die Mehrheit.

Der Aktientausch im Zusammenhang mit einer Fusion zeigt, dass Aktien auch Zahlungsmittel sein können (**Aktie als Akquisitionsmittel**). Kreditfinanzierte Übernahmen über die Börse oder Barabfindungen, wie sie in Deutschland lange Zeit an der Tagesordnung waren (»fusionsbedingte Neuverschuldung«), dürften seltener werden.

Anteilseigner, die im Rahmen einer Aufnahme oder Neubildung nicht zum Aktientausch bereit sind, bleiben freie Minderheitsaktionäre neben einem Großaktionär (A oder C). Sie bekommen besondere Informationsrechte eingeräumt, und ihre Aktien nehmen weiterhin am Börsenhandel teil. »Freie Hand« hat A bzw. C erst dann, wenn jeweils mehr als 75 % der Aktien eingebracht und somit die Sperrminorität überwunden wurde.

Auch die Fusionen unterliegen dem Kartellgesetz. Es gelten die gleichen Vorschriften wie für die verbundenen Unternehmen.

Beispiel

Barabfindung

»Die Mannesmann AG, Düsseldorf, hat in ihrem ersten Jahr als Tochter des britischen Mobilfunk-Konzerns Vodafone Umsatz und Ergebnis im Telekommunikationsgeschäft deutlich gesteigert. Geplant ist ein Beherrschungs- und Gewinnabführungsvertrag zwischen Vodafone Deutschland und Mannesmann.

Im Zusammenhang mit der beabsichtigten noch engeren Bindung zwischen beiden Unternehmen bietet Vodafone Deutschland den verbliebenen etwa 7400 Mannesmann-Aktionären eine Garantiedividende von 11,77 € pro Geschäftsjahr und Aktie sowie eine Barabfindung in Höhe von 206,53 € je Stück. Zu diesem Preis können die Anteilseigner, in deren Besitz jedoch nur noch 0,6 Prozent des gesamten Kapitals ist, ihre Papiere abgeben ...«

(Aus: Süddeutsche Zeitung vom 12. 6. 2001)

Beispiel

Das Umtauschverhältnis bei Fusionen

»... die Vorstände der Unternehmen (haben) ihre Verhandlungen zur Fusion mit der Paraphierung des Verschmelzungsvertrages abgeschlossen und das Umtauschverhältnis der Aktien beider Gesellschaften in Aktien der neuen Thyssen Krupp AG bekanntgegeben. Das zugrunde liegende Bewertungsgutachten hat ergeben, dass Thyssen und Krupp ein Wertverhältnis zueinander von zwei Dritteln zu einem Drittel haben. Entsprechend werden die heutigen Altaktionäre am neuen Unternehmen beteiligt sein.

Wie im Einzelnen mitgeteilt wird, werden die Thyssen-Aktionäre für eine 50-DM-Aktie 10 Stückaktien der neu zu gründenden Gesellschaft erhalten. Die Krupp-Aktionäre werden eine 50-DM-Aktie in 7,88 Stückaktien der Thyssen Krupp AG eintauschen. Jede neue Stückaktie verkörpert einen rechnerischen Anteil von 5 DM (= 2,56 €) am Grundkapital des fusionierten Konzerns. ...

> Die Umtauschverhältnisse wurden auf der Basis einheitlicher Bewertungsmethoden für beide Unternehmen ermittelt. Das gemeinsame Gutachten wurde von den beiden Abschlussprüfern KPMG (Thyssen) und C & L Deutsche Revision (Krupp) erstellt und wird von der als unabhängiger Verschmelzungsprüfer bestellten Treuhand- und Revisions-AG Niederrhein geprüft …
>
> Nach Angaben der beiden Unternehmenssprecher liegen Stellungnahmen, so genannte Fairness Opinions, von J. P. Morgan und Credit Suisse First Boston (für Thyssen) und von Merill Lynch (für Krupp) vor, die dieses Umtauschverhältnis für fair und angemessen halten …«
>
> (Aus: Frankfurter Allgemeine Zeitung vom 12. 9. 1998)

2.4 Das Konsortium

Das Konsortium ist eine vertragliche Verbindung von Unternehmen zur Erfüllung einer **bestimmten Aufgabe.** Ein Beispiel ist die Errichtung eines Bewässerungsprojektes in Afrika durch ein Konsortium von Bauunternehmen.

3 Zur Problematik der Kooperation und Konzentration von Unternehmen und ihrer Überwachung

Hinsichtlich ihrer Auswirkungen auf den Wettbewerb bestehen zwischen den einzelnen Zusammenschlussformen erhebliche Unterschiede: Wie sich zeigen wird, sind Unternehmenszusammenschlüsse nicht nur geeignet, den Wettbewerb zu beschränken, sie können ihn auch fördern. Bei der Beurteilung von Konzentrationsvorgängen muss deshalb genau differenziert werden.

Ein besonders hohes Gefahrenpotential bergen **Kartelle** in sich, weil diese den Wettbewerb ausschalten können, ohne dass den beteiligten Unternehmen wesentliche Beeinträchtigungen oder komplizierte Prozeduren entstehen: Bei Wahrung ihrer Souveränität schließen sie »lediglich« (vertragliche) Übereinkünfte. Es darf deshalb nicht verwundern, dass das Kartellamt ganz entschieden gegen vermutete Kartellabsprachen vorgeht.

Kartelle können ohne großen organisatorischen Aufwand den Wettbewerb ausschalten.

An der rechtlichen Würdigung vorgefundener Absprachen durch das Kartellamt entzündete sich immer wieder ein heftiger Streit: Die Anhänger der **Gegenstandstheorie** betrachteten einen Vertrag zwischen Unternehmen nur dann als verboten, wenn er eine Wettbewerbsbeschränkung zum Gegenstand hatte. Ihnen gegenüber standen die Vertreter der **Folgetheorie.** Sie meinten, Verträge seien auch dann rechtswidrig, wenn sie Wettbewerbsbeschränkungen zwar nicht direkt vorsähen, aber doch praktisch zur Folge hätten. Im Jahre 1975 hat der Bundesgerichtshof (BGH) im Zuge des »Zementfalles« diesen Rechtsstreit in Anlehnung an die Folgetheorie entschieden. Die Zementindustrie hatte ihre im Jahre 1967 verbotenen Syndikate in Zementverkaufsstellen umfunktioniert, denen die Unternehmen ihren Zement nicht mehr – wie zu Kartellzeiten – andienen mussten, sondern nur noch freiwillig zum Verkauf ganz oder teilweise überlassen konnten – je nachdem, welche Liefervereinbarungen zwischen den Verkaufsstellen und den einzelnen Unternehmen geschlossen wurden. Dem BGH-Urteil zufolge ist jedoch die Kooperation in gemeinschaftlichen Vertriebsorganisationen unzulässig, sofern erkennbar ist, dass damit eine Wettbewerbsbeschränkung »ins Auge gefasst« wird.

In jedem Fall wurde allerdings als Voraussetzung für ein Kartellverfahren das tatsächliche **Bestehen eines Vertrages** angesehen: Im »Teerfarbenfall« hat der BHG im Jahre 1971 erklärt, dass es nicht genügt, wenn sich die Firmen einer Branche so verhalten, wie sie es bei Bestehen eines Vertrages auch tun würden. Es muss ihnen vielmehr nachgewiesen werden, dass ein Vertrag nach den Regeln des BGB zustande gekommen ist: durch Angebot zum Vertragsabschluss und ausdrückliche oder (in Ausnahmefällen) stillschweigende Annahme des Vertragsangebots.

Kartellbedingte Wettbewerbsbeschränkungen können Gegenstand oder Folge von Vereinbarungen sein, aber auch in aufeinander abgestimmtem Verhalten zum Ausdruck kommen.

Durch die 2. Kartellrechtsnovelle im Jahre 1973 hat sich jedoch eine wichtige Änderung ergeben. Im § 25,1 GWB wurde der Tatbestand des **aufeinander abgestimmten Verhaltens** eingeführt. Damit entfällt für das Kartellamt die Notwendigkeit, »vertragliche Bindungen« nachweisen zu müssen: Es genügt nun bereits der begründete Verdacht eines aufeinander abgestimmten Verhaltens von Unternehmen zur Eröffnung eines Kartellverfahrens, wobei jedoch das Kartellamt die Beweislast trifft. So hat die deutsche Möbelindustrie beim Bundeskartellamt eine Beschwerde eingereicht, weil die fünf führenden deutschen Spanplattenhersteller zum 20. 11. 1994 und zum 15. 1. 1995 Preiserhöhungen um jeweils zehn Prozent vorgenommen hatten; dies sei ein aufeinander abgestimmtes Verhalten. Man muss allerdings beachten, dass ein beobachtetes **Parallelverhalten** von Unternehmen (z. B. bei einer Preiserhöhung) zwar ein bewusst **abgestimmtes** und damit verbotenes, aber eben auch ein durch die Marktverhältnisse (z. B. Kosten-Steigerungen) **erzwungenes** Verhalten sein kann, das natürlich nicht strafbar ist.

Mit der sechsten Kartellrechtsnovelle (1999) wurden alle Aspekte in § 1 GWB zusammengeführt: »Vereinbarungen zwischen miteinander in Wettbewerb stehenden Unternehmen, Beschlüsse von Unternehmensvereinigungen und aufeinander abgestimmte Verhaltensweisen, die eine Verhinderung, Einschränkung oder Verfälschung des Wettbewerbs bezwecken oder bewirken, sind verboten.«

Damit sind Verträge nicht mehr verlangt (»Vereinbarungen«, »Beschlüsse«), Gegenstands- (»bezwecken«) und Folgetheorie (»bewirken«) wurden berücksichtigt, und der § 25,1 GWB konnte aufgehoben werden.

Bei der Bemessung der Bußgelder steht das Kartellamt oft in einem Zielkonflikt: Orientierung am Gesetz oder an der Belastbarkeit.

Auch die Festlegung der **Bußgelder** bei Verstößen gegen das Kartellverbot erwies sich als recht problematisch. In den ersten acht Jahren (1958 bis 1965) hatte das Kartellamt trotz mehr als 1400 eingeleiteter Verfahren überhaupt nur einen einzigen Bußgeldbescheid erteilt. Dies hat sich seither zwar deutlich geändert, doch scheute das Kartellamt zunächst immer noch davor zurück, den gesetzlichen Rahmen der Bußgeldbemessung voll auszuschöpfen. So konnten im Zuge einer Durchsuchungsaktion im Jahre 1973 insgesamt 350 Bauunternehmen mehrere tausend Preis- und Submissionsabsprachen nachgewiesen werden. Der durch diese Absprachen erzielte Mehrerlös lag bei etwa 80 Millionen €, weshalb die Bußgelder auf rund 240 Millionen € hätten festgelegt werden dürfen. Tatsächlich begnügte sich das Kartellamt mit 18 Millionen €, wobei die höchste Strafe eines einzelnen Unternehmers bei 77 000 € lag. Diese mehr symbolischen Bußgelder wurden damit begründet, dass in der ohnehin im Konjunkturtief stehenden Branche keine Firmenzusammenbrüche mit folgender Massenarbeitslosigkeit provoziert werden sollten; man habe deshalb der Strafbemessung nicht den erzielten **Mehrerlös,** sondern die **Belastbarkeit** der Unternehmen zugrunde gelegt. Mit einem Rekordbußgeld von 185 Millionen € belangte das Bundeskartellamt 2001 insgesamt 69 Unternehmen der Transportbetonbranche, die über ein Quotenkartell die Marktanteile insbesondere im Bauboom des Großraums Berlin festgelegt hatten. »Angesichts der kartellbedingten Mehrerlöse in Höhe von rund zehn Prozent dürften .. insbesondere zahlreiche Regierungsbauten wesentlich teurer geworden sein, als nötig gewesen wäre ...«. (Süddeutsche Zeitung vom 10. 5. 2001). Bei der Festsetzung der Bußgelder war das Bundeskartellamt von einem absprachebedingten Preisaufschlag von fünf € je Kubikmeter ausgegangen, der bis zur doppelten Höhe abgeschöpft wurde. Eine strengere Beachtung des Kartellverbots ließe sich möglicherweise dann durchsetzen, wenn die beteiligten Manager nicht nur – wegen Ordnungswidrigkeit – mit Bußgeldern belegt, sondern statt dessen **strafrechtlich** zur Verantwortung gezogen werden könnten. Nach den Vorschriften des Gesetzes zur Bekämpfung der Korruption müssen Mitglieder von Submissionskartellen künftig mit einer Bestrafung wegen Betrugs rechnen: Wer ein Angebot abgibt, das auf einer (kartell-) rechtswidrigen Absprache beruht, kann mit Geldstrafe oder Freiheitsstrafe von bis zu fünf Jahren bestraft werden. Dies insbesondere dann, wenn illegale Preisaufschläge (z. B. für Ausgleichszahlungen an Wettbewerber) nachgewiesen werden. Die verschärften Vorschriften gelten nicht nur für öffentliche, sondern auch für private Aufträge. Eine Erleichterung der Beweisführung verspricht sich das Bundeskartellamt von der Zusage, dass aussagebereiten Mitgliedern von Preisabsprachen das Bußgeld ganz oder teilweise erlassen wird (**Bonus-Regelung**).

Grundsätzlich ist es möglich, statt der Verhängung von Bußgeldern ein Strafverfahren wegen Betrugs einzuleiten.

Beispiel

Bußgelder und Strafverfahren

»... Verständnislos reagierten (Kartellamtspräsident) Wolf und (Abteilungsleiter) Lübbert auf den ausgerechnet vom Kabel-Fachverband erhobenen Vorwurf, die Millionenstrafen würden Betriebe und Arbeitsplätze gefähr-

→

den. Die Unternehmen hätten vielmehr unter dem Schutz des Kartells Rationalisierungen versäumt, konterte Lübbert: ›Es fehlte die Peitsche des Wettbewerbs‹ …«

(Aus: U. Brychcy: Rekordstrafen für Kabelhersteller, in: Süddeutsche Zeitung vom 4. 6. 1997)

»… Die Karlsruher Richter bestätigten ein Urteil des Landgerichts München I vom Mai vergangenen Jahres, das die neue Rechtsprechungslinie entworfen hatte. Gegen einen Leitenden Angestellten des Bauunternehmens Heilit und Woerner AG hatte es eine Bewährungsstrafe von zwei Jahren sowie eine Geldstrafe … verhängt. Das Unternehmen hatte sich 1989 und 1990 bei Bauaufträgen der landes- und stadteigenen Flughafen München GmbH mit Konkurrenten – darunter der Philip Holzmann AG – darüber abgesprochen, dass es die Rollbahnen erstellen durfte. Zu diesem Zweck stimmten die beteiligten Unternehmen ihre Angebote so aufeinander ab, dass Heilit … den billigsten Preis verlangte und deshalb den Zuschlag erhielt. Zum Ausgleich erhielten die planmäßig nicht zum Zug gekommenen Wettbewerber von dem siegreichen Bieter »Abstandszahlungen« in Millionenhöhe, die verdeckt (»für Freunde und für Freude am Bauen«) in die abgegebene Preiskalkulation einflossen …«
(Aus: Frankfurter Allgemeine Zeitung vom 18. 7. 2001)

Absprachen können freilich auch in der Lage sein, den **Wettbewerb zu fördern:** So haben insbesondere Rationalisierungskartelle (§ 5 GWB), Spezialisierungskartelle (§ 3 GWB) und Mittelstandskooperationen den **kleinen und mittleren Unternehmen** die Möglichkeit eröffnet, durch eine leistungssteigernde Zusammenarbeit Wettbewerbsvorteile von Großunternehmen auszugleichen.

Bei der Überwachung von **Konzernbildungen** und **Fusionen** spielt die Größenordnung eine wichtige Rolle, wobei Welt- und Inlandsumsatz des Vorjahres herangezogen werden (§ 35 GWB): Eine Anmeldung beim Bundeskartellamt ist **nicht** erforderlich, wenn

Weitgehend von der Zusammenschlusskontrolle ausgenommen ist die Übernahme kleiner Firmen.

- die beteiligten Unternehmen insgesamt **weltweit** bis zu **500 Millionen** EURO umsetzen **und** kein Unternehmen in **Deutschland** mehr als **25 Millionen** EURO Umsatz erreicht,
- sich ein – bislang unabhängiges – **Unternehmen** mit **weniger als zehn Millionen** EURO Weltumsatz mit einem anderen Unternehmen zusammenschließt (**de minimis-Klausel**) oder
- ausschließlich ein – seit mindestens fünf Jahren bestehender – **Markt** mit **weniger als 15 Millionen** EURO Gesamtumsatz betroffen ist (**Bagatellmarktklausel**).

Über diese Ausnahmeregelungen sollen kleine Zusammenschlüsse erleichtert und das Kartellamt entlastet werden; andererseits können hierdurch aber auch kleine Unternehmen und Märkte relativ »geräuschlos« verschwinden.

Überdies galt der Erwerb eines Unternehmens lange Zeit nur dann als genehmigungspflichtiger Zusammenschluss, wenn mindestens **25 % des stimmberechtigten Kapitals** übernommen wurden. Kaufte jemand also nur 24,99 % der Anteile eines Unternehmens, dann hatte das Kartellamt selbst dann keine Eingriffsmöglichkeit, wenn durch die Entsendung »eigener« Leute in die Geschäftsführung dieses Unternehmens dort mehr Einfluss gewonnen wurde als dem nominalen Stimmenverhältnis entsprach. Auch dieses Problem war Gegenstand der Kartellnovellen: Ein genehmigungspflichtiger Zusammenschluss liegt nun bereits dann vor, wenn bei einem Anteil von weniger als 25 % ein bestimmender Einfluss (z. B. auf Zusammensetzung, Beratungen und Beschlüsse des Vorstands) ausgeübt werden kann (§ 37 GWB: **Kontrollerwerb**). Damit könnten nun auch Fälle wie der Asko/Massa-Zusammenschluss (1987) erfasst werden: Nach Erwerb von 24,9 % der Massa-Anteile wurde der Asko-Chef Helmut Wagner zum Vorstandsvorsitzenden bei Massa berufen.

Selbst eine Beteiligung von weniger als 25 Prozent kann genehmigungspflichtig sein.

Bei Prüfung der marktbeherrschenden Stellung anhand des erreichten Marktanteils muss zunächst bestimmt werden, was als jeweils **relevanter Markt** anzusehen ist. So wollte die Württembergische Metallwarenfabrik AG (WMF) die Auerhahn Besteckfabrik GmbH erwerben. Das Kartellamt erhob hiergegen Einspruch, da WMF »auf dem deutschen Markt für Edelstahlbestecke höherer und mittlerer Preislage« einen Marktanteil von deutlich über 40 Prozent erreicht hätte. Der WMF-Vorstand wendete hiergegen ein, man müsse den Besteckmarkt als ganzes und nicht in Preislagen und Qualitäten (Edelstahl, Silber) sehen; außerdem seien die Konkurrenzverhältnisse in Europa noch ganz anders. (Süddeutsche Zeitung vom 28. 4. 1997). Beim Zusammenschluss von Tchibo/Eduscho orientierte sich das Bundeskartellamt nicht so eng an den Marktanteilsberechnungen: Zwar erfüllten die Marktführer Tchibo/Eduscho und Kraft/Jacobs/Suchard mit jeweils dreißig Prozent Anteil am Markt für Röstkaffee in Haushaltspackungen die Kriterien, dennoch entstünde keine marktbeherrschende Stellung, da in Gestalt des Discounters Aldi ein wesentlicher Wettbewerb »strukturell« gesichert sei (Süddeutsche Zeitung vom 9. 4. 1997). Dass selbst in einem globalen Duopol intensiver Wettbewerb herrschen kann, belegen Airbus und Boeing.

Je größer der relevante Markt, desto unwahrscheinlicher die Marktbeherrschung

Das Kartellgesetz lässt gemäß § 36 GWB trotz Entstehung oder Verstärkung einer marktbeherrschenden Stellung einen Zusammenschluss dann zu, wenn **Verbesserungen der Wettbewerbsbedingungen** eintreten, die die **Nachteile der Marktbeherrschung überwiegen.** Hierauf gestützt wurde z. B. die Übernahme von Neckermann durch Karstadt (1977) genehmigt: Die mit dem Erwerb des drittgrößten Versandhauses (und seiner 34 Warenhäuser) einhergehende Verschlechterung der Wettbewerbsstruktur im Warenhausbereich würde durch überwiegende Vorteile im Versandhandels- und Touristikbereich ausgeglichen. Tatsächlich wären bei dem sonst unvermeidlichen Konkurs von Neckermann im Versandhandel nur noch Quelle und Otto/Schwab als Großunternehmen übriggeblieben, und im Touristikbereich wäre durch das Verschwinden des zweitgrößten deutschen Reiseunter-

Bei Vorliegen bestimmter Gründe können Zusammenschlüsse selbst dann genehmigt werden, wenn durch sie eine marktbeherrschende Stellung entsteht oder verstärkt wird …

… Verbesserung der Wettbewerbsbedingungen

nehmens »Neckermann und Reisen (NUR)« die überragende Marktstellung der Touristik Union International (TUI) noch verstärkt worden. Eine Bedingung des Kartellamtes war allerdings, dass Karstadt vor der Neckermann-Übernahme seine Beteiligung an der TUI abgab: Eine Verknüpfung von NUR und TUI über Karstadt hätte den Wettbewerb im Touristikbereich erst recht beschränkt. Mittlerweile gibt es einen Zusammenschluss von Karstadt (mit Neckermann) und Quelle zur KarstadtQuelle AG.

... gesamtwirtschaftliche Vorteile oder überragendes Interesse der Allgemeinheit

Wenn ein Zusammenschluss die marktbeherrschende Stellung eines Unternehmens verstärkt, **ohne** dass es gleichzeitig zu einer **Verbesserung** der Wettbewerbsbedingungen kommt, kann eine Genehmigung dennoch erteilt werden – allerdings nicht durch das Kartellamt, sondern durch den **Bundesminister für Wirtschaft** (§ 42 GWB). Auf diesem Wege kam es zur Fusion Veba/Gelsenberg (1974): Die Bundesrepublik, so argumentierte der Wirtschaftsminister, brauche ein leistungsfähiges deutsches Mineralölunternehmen, das auf den internationalen Märkten die deutschen Interessen wirksam zur Geltung bringen könne; daran habe auch die Allgemeinheit ein überragendes Interesse. Bei anderen Fusionsvorhaben wurde ebenfalls versucht, **übergeordnete Gründe** ins Feld zu führen: So argumentierten die Aluminium-Hersteller Kaiser, Preussag und VAW (1974), dass durch die Fusion Arbeitsplätze gesichert würden, woran die Allgemeinheit auch interessiert sein müsse. Derartige »Sanierungsfusionen« wurden jedoch abgelehnt: Das Ziel, Arbeitsplätze zu erhalten, könne nur durch globale wirtschaftspolitische Maßnahmen verfolgt werden, nicht aber durch punktuelle Eingriffe.

Bei der Vorbereitung seiner Entscheidung steht dem Wirtschaftsminister die fünfköpfige **Monopolkommission** (§§ 44 ff. GWB) beratend zur Seite, die ein Sondergutachten erstellt. Die Entscheidungsfrist des Ministers beträgt etwa vier Monate. Die bisherige Entscheidungspraxis stellt sich so dar (Stand 2002): Von den durch das Kartellamt untersagten Zusammenschlüssen kamen dem Wirtschaftsminister sechzehn auf den Tisch, von denen dann sechs (teilweise) genehmigt wurden, wobei Minister und Monopolkommission nicht immer einer Meinung waren.

Zusammenschlussvorhaben finden bei den Beteiligten nicht immer einhellige Zustimmung: So hatte sich der Vorstand der Continental AG, Hannover, 1991 erfolgreich gegen den Übernahmeversuch durch Pirelli SpA, Mailand, zur Wehr gesetzt; den Widerstand aufgeben musste hingegen – nach einer mehrmonatigen »Abwehrschlacht« – der Vorstand von Mannesmann gegenüber Vodafone (1999). Generell spricht man von einem **feindlichen Übernahmeangebot,** wenn

- es für den Vorstand der »Zielgesellschaft« überraschend kommt,
- er es im Hinblick auf das strategische Konzept als unangemessen einstuft und
- er die Übernahme abzuwehren versucht.

Meist treffen feindliche Übernahmen auch bei den Mitarbeitern des »Opfers« auf erbitterten Widerstand. Zur Vermeidung derartiger »Attacken, versuchen die »attraktiven Übernahmekandidaten« befreundete Unternehmen

(**Weiße Ritter**) zum Erwerb von Aktienpaketen zu bewegen, die zumindest die **Sperrminorität** (25 %) sichern. Gelegentlich erwerben Unternehmen sogar wechselseitig die Sperrminorität durch **Aktientausch**, um sich gegenseitig vor feindlichen Übernahmen zu schützen. »Aus Aufsichtsratskreisen ist zu hören, dass es zwischen VW, Thyssen-Krupp und der Deutschen Post … Gespräche über einen Aktientausch gegeben hat.« (Süddeutsche Zeitung vom 11. 9. 2001). Da mit der wechselseitigen Beteiligung aber auch »Blockierungsabsprachen« der Vorstände in allen wichtigen Fragen der Unternehmenspolitik möglich werden, unterliegt sie besonderen gesetzlichen Regelungen im Rahmen der verbundenen Unternehmen (§ 19 AktG). Oft reicht schon ein begrenzter **Rückkauf eigener Aktien** (§ 71 AktG: maximal zehn Prozent des gezeichneten Kapitals), um den Kurs und damit die finanziellen Anforderungen an den Übernehmer in die Höhe zu treiben – und ihn so abzuschrecken. Ein weiteres Instrument – allerdings nur für nicht börsennotierte Aktiengesellschaften – ist die **Stimmrechtsbeschränkung** (§ 134 AktG): In der Satzung kann festgelegt werden, dass ein Aktionär bei Abstimmungen in der Hauptversammlung nur einen bestimmten Prozentsatz seines Stimmrechts einsetzen darf, auch wenn er einen größeren Anteil besitzt; auf diese Weise können Mehrheitsaktionäre »lahm gelegt« werden (»Keine Herrschaft den Paketaktionären«). Lediglich für eine einzige börsennotierte Aktiengesellschaft gibt es eine Ausnahme: Das VW-Gesetz besagt, dass kein Aktionär Stimmrechte für mehr als 20 Prozent des Kapitals ausüben darf; das Land Niedersachsen selbst hält 18,2 Prozent. Von **goldenen Aktien** spricht man, wenn der Staat z. B. mit Hilfe von **Mehrfachstimmrechten** nicht überstimmt werden und so unliebsame Übernahmeversuche abwehren kann. »So muss die französische Regierung zustimmen, wenn sich Käufer an den Mineralölkonzern TotalFinaElf heranpirschen und durch den Kauf von Aktien Stimmenanteile von zehn, 20 oder 33,3 Prozent erreichen« (Süddeutsche Zeitung vom 3. 5. 2001). Derartige Regelungen wurden 1998 in Deutschland mit dem Kontroll- und Transparenzgesetz abgeschafft.

Übernahmeversuche werden zunächst vom Management – und oft auch von der Gewerkschaft – als »feindlich« eingestuft. Entscheidend müsste jedoch die Einschätzung der – freilich nicht durch z. B. goldene Aktien dominierten – Anteilseigner sein, weshalb sich der Vorstand **neutral** verhalten und Abwehrmaßnahmen nur mit Billigung der Hauptversammlung ergreifen sollte. Im Sinne der Prinzipal-Agent-Theorie (1. Kapitel) besteht nämlich der Verdacht, dass die Manager des »Übernahmekandidaten« in der »Schlacht« eigene Ziele (z. B. Sicherung hoher Abfindungssummen: »Goldener Handschlag«) verfolgen und damit gegen die Aktionärsinteressen verstoßen. Dieser – von der EU-Kommission verfolgten – Linie schloss sich das deutsche **Übernahmegesetz** nur teilweise an: Grundsätzlich steht zwar die Hauptversammlung im Mittelpunkt, da sie mit 75 Prozent Mehrheit einer Kapitalerhöhung zum Zweck des Aktientausches mit befreundeten Unternehmen zustimmen muss, wobei allerdings ein – problematischer – Vorratsbeschluss für höchstens 18 Monate möglich ist. Wesentliche Zuständigkeiten gingen zudem an den Aufsichtsrat, z. B. die Erlaubnis an den Vorstand, ei-

Feindliche Übernahmen versucht man durch Sperrminoritäten, Aktienrückkauf und Stimmrechtsbeschränkungen abzuwehren.

nen Weißen Ritter zu suchen. Da die Aufsichtsräte der Mitbestimmung unterliegen (9. Kapitel), gewinnen so die Arbeitnehmervertreter Einfluss mit der Tendenz, Arbeitsplatz-Garantien beim »Angreifer« durchzusetzen. Dies könnte freilich Synergieeffekte zunichte und damit Übernahmen sinnlos machen.

Basis von Übernahmebefürchtungen im Vorstand ist oft eine geringe **Marktkapitalisierung** (Aktienwert nach Börsenkurs). »Die Börse bewertet den (VW-)Konzern, der im Jahr 2000 einen Jahresumsatz von rund 83 Milliarden € präsentierte, gerade einmal mit 21 Milliarden €. Selbst BMW liegt mit 25 Milliarden € darüber … VW wäre ein Schnäppchen« (Süddeutsche Zeitung vom 11. 9. 2001). »Ich (VW-Chef Ferdinand Piëch) sehe es als meine Aufgabe an, dafür zu sorgen, dass niemand den VW-Konzern schlucken kann, ohne daran zu ersticken … Wir machen den Seeigel, der schluckt sich schlecht« (Süddeutsche Zeitung vom 19. 5. 2001).

In der öffentlichen Wahrnehmung gilt oft eine Übernahme dann als feindlich, wenn ein einheimisches Unternehmen von einem ausländischen übernommen wird, nicht jedoch, wenn es ein ausländisches kauft. Die Kategorie des Nationalen verliert freilich in einer globalisierten Welt an Unterscheidungskraft: So hatte die Mannesmann AG zwar ihren Sitz in Düsseldorf, gehörte aber schon vor der Übernahme durch Vodafone mehrheitlich ausländischen Aktionären.

> Keinesfalls sollten (feindliche) Übernahmen generell erschwert werden: Von dynamischen und innovativen »Eroberern« (z. B. aus dem europäischen Binnenmarkt) können neue strategische Impulse ausgehen, von denen dann Aktionäre und Mitarbeiter profitieren.

Unter der Lupe

Minstererlaubnisfälle
(Stand 2002)

Fall	Branche	Entscheidung	
		Monopol-kommission	Minister
VEBA/Gelsenberg (1974)	Mineralöl	Ablehnung	Erlaubnis
VAW/Kaiser Preussag (1975)	Aluminium	Ablehnung	Ablehnung
Babcock/Artos (1976)	Textilmaschinen	Ablehnung	Erlaubnis mit Auflagen
Rheinstahl Thyssen/ Hüller Hille (1977)	automatische Werkzeuge	Teilbefürwortung	Teilerlaubnis

→

Fall	Branche	Entscheidung	
		Monopol-kommission	Minister
Rheinstahl Thyssen/ Hüller Hille (1977)	automatische Werkzeuge	Teilbefürwortung	Teilerlaubnis
Sachs/GKN (1978)	Kfz-Kupplungen	Antrag zurückgenommen	
Veba/BP (1978)	Mineralöl	Ablehnung	Erlaubnis mit Auflagen
IBH/Wilbau (1981)	Baumaschinen	Befürwortung	Erlaubnis
Burda/Springer (1981)	Presse	Ablehnung	Antrag zurück-genommen
Klöckner/SEN (1984)	Flaschenabfüll-maschinen	Ablehnung	Antrag zurück-genommen
VEW/Sidéchar (1985)	Energie	Ablehnung	Ablehnung
Rheinmetall/WMF (1985)	Edelstahl-bestecke	Antrag zurückgenommen	
Daimler-Benz/MBB (1989)	Luft-, Raum-fahrt, Wehr-technik	Befürwortung mit Auflagen	Erlaubnis mit Auflagen
MAN/Sulzer (1989)	Schiffsdiesel-motoren	Ablehnung	Ablehnung
Daimler-Benz/MAN/ Enasa (1990)	Lastkraftwagen	Antrag zurückgenommen	
BayWa/Raiffeisen (1992)	Agrarhandel	Ablehnung	Ablehnung
Kali + Salz/PCS (1997)	Bergbau	Ablehnung	Ablehnung

(Aus: Mitteilung des Bundeswirtschaftsministeriums)

Ein wichtiges Problem, das durch das Kartellgesetz nicht erfasst wird, liegt in den **Industriebeteiligungen der Banken** an produktgleichen und damit konkurrierenden Unternehmen. Hierdurch kann über die zugehörigen Aufsichtsratsmandate (bis zu zehn je Person, Vorsitzmandate zählen doppelt; § 100 AktG) Einblick in die Geschäftsentscheidungen der verschiedenen Unternehmen genommen werden, was Interessenkonflikte begründen könnte. Vorgeschlagene Aufsichtsratsmitglieder müssen deshalb den Aktionären ihre anderen Mandate und den Hauptberuf nennen; ferner müssen alle Aufsichtsratsmandate aller Aufsichtsräte und Vorstände im Geschäftsbericht des Unternehmens veröffentlicht werden. Dies ist auch deshalb sinnvoll, weil die Kreditinstitute nicht nur über die Stimmrechte aus den **eigenen Unternehmensbeteiligungen,** sondern auch über die Stimmrechte der Aktien, die sie für ihre Kunden verwalten, einen beträchtlichen Einfluss auf viele Unterneh-

Die »Macht der Banken« basiert auf Beteiligungsbesitz, Vollmachtsstimmrecht und Kreditvergabe.

men ausüben; dieses **Vollmachts-** (oder: **Depot-)Stimmrecht** darf allerdings bei einer Eigenbeteiligung von mehr als fünf Prozent nur noch auf Einzelweisung des Depotkunden zu Tagesordnungspunkten ausgeübt werden. Dies wird möglicherweise den »Trend zu Aktionärsvereinigungen« – auf deren Existenz die Depotbank hinweisen muss – verstärken. Neben die **Eigentümermacht** der Banken tritt noch deren **Gläubigermacht** als Kreditgeber der Industrie.

Zunehmend an Einfluss gewinnen die **Fondsmanager:** Institutionelle Anleger wie Aktienfonds, Versicherungen und (amerikanische) Pensionsfonds haben sich zu wichtigen Teilnehmern an den Börsen entwickelt. Sie bündeln die Stimmrechte von Millionen privater Anleger und nehmen deren Mitsprecherechte wahr; allerdings darf eine Kapitalanlagegesellschaft nur maximal zehn Prozent der Stimmrechte an einem Unternehmen halten (Gesetz über Kapitalanlagegesellschaften). Aufgabe der Manager dieser Fonds ist es, ein Aktienportfolio mit überdurchschnittlichem Ertrag bei angemessenem Risiko zu verwalten. Wenn sie die Geschäftspolitik eines Unternehmens nicht für »wertorientiert« halten und dessen Aktien (teilweise) verkaufen, können sie zum Verfall des Aktienkurses beitragen und mit diesem »Druckmittel« eine Änderung der Politik durchsetzen. Dies auch deshalb, weil viele Firmenmanager nach der Aktienkursentwicklung bezahlt werden (»Aktienoptionen«, 7. Kapitel). Die Manager großer Fonds werden deshalb bevorzugt mit Unternehmensinformationen versorgt (Investor Relations, 20. Kapitel). Der Einfluss der Fonds wird noch steigen, wenn das Gewicht der privaten Altersvorsorge in Deutschland zunimmt und neben die angelsächsischen auch deutsche Pensionsfonds treten. Ob freilich die »Macht der Banken« durch die »Macht der Fonds« ersetzt wird, hängt davon ab, in welchem Umfang die Banken das Fondsgeschäft selbst betreiben. Im Übrigen kann in der »Machtausübung« ein für die Unternehmen heilsamer Druck liegen, sich in einer globalisierten Welt auf das Kerngeschäft zu konzentrieren und ihre Effizienz durch Restrukturierungen zu erhöhen.

Als **Bereichsausnahmen** – weitgehend – ausgenommen von den Vorschriften des Kartellgesetzes sind Landwirtschaft, Kredit- und Versicherungswirtschaft, Urheberrechtsverwertungsgesellschaften sowie Sport (§§ 28 ff. GWB).

Sportverbände dürfen weiterhin Fernsehrechte zentral vermarkten. So darf der Deutsche Fußballbund (DFB) die Fernsehübertragungen der Bundesliga monopolartig vertreten, wobei die Einnahmen verstärkt dem Amateur- und Jugendsport zugute kommen sollen. Damit gibt es eine Ausnahme in einem Bereich, »wo der Wettbewerb eigentlich ein Lebenselixier ist« (Dieter Wolf, ehem. Präsident des Bundeskartellamtes). Sicherlich hätte es auch ein kartellrechtskonformes Vermarktungsmodell gegeben: einen Fonds aus Vermarktungserlösen der Proficlubs selbst; die Solidarität hätte dann keines Ausnahmetatbestandes bedurft.

Nicht mehr zu den Bereichsausnahmen gehört seit der 6. Kartellrechtsnovelle (1999) z. B. die **Stromwirtschaft:** Konzessionsverträge mit Ausschließlichkeitsbindung (die exklusiv das »Wegerecht« – einschließlich Abgabe –

Liberalisierung der Stromwirtschaft über Verbändevereinbarung zwischen Kommune und »ihrem« Stromversorger regeln) und Demarkationsverträge (die Gebietsabsprachen zwischen den Energieversorgungsunternehmen betreffen) sind seither hinfällig. Nach dem **Energiewirtschaftsgesetz,** das im Gefolge einer EU-Richtlinie novelliert wurde, haben die Energieversorger vielmehr die Pflicht, Strom zu bestimmten Kunden anderer Anbieter durchzuleiten. Allerdings muss der Preis für den Netzzugang mit dem jeweiligen Netzinhaber ausgehandelt werden. Da dieser in der Regel selbst Anbieter ist, wird er von seinem Konkurrenten hohe Durchleitungspreise verlangen, die wiederum das Bundeskartellamt als **Missbrauch einer marktbeherrschenden Stellung** (§ 19,4,4 GWB) untersagen kann. Ein »Sofortvollzug« ist freilich nicht vorgesehen; dem Betroffenen steht vielmehr der Rechtsweg offen, weshalb bis zur **Mehrerlösabschöpfung** durch das Bundeskartellamt (§ 34 GWB) Jahre vergehen dürften. Der Fremdanbieter müsste folglich zunächst einen Wettbewerbsnachteil in Kauf nehmen – mit ungewissem Ausgang. Zur »Entschärfung« dieser Situation haben Versorger und (Groß-)Abnehmer eine **Verbändevereinbarung** über die Kalkulationsgrundsätze von Durchleitungstarifen getroffen. Da diese Vereinbarung ein Verstoß gegen das Empfehlungsverbot (§ 38,1 GWB) ist, bedurfte sie der Genehmigung durch das Bundeskartellamt sowie die EU-Kommission. Damit ist für die Kunden der Weg frei, ihre Lieferanten selbst auszusuchen, was die gewerblichen (**Sondervertrags-**)Kunden bereits nutzen. Sie schließen sich zu Strom-Einkaufskooperationen zusammen oder bündeln ihre eigene Nachfrage: So wird DaimlerChrysler bundesweit nur noch von EnBW und HEW mit Strom beliefert. Im Bereich der Haushaltskunden (**Tarifkunden**) gibt es hingegen bislang wenig Wechselbereitschaft. Dies liegt offenbar daran, dass Stadtwerke und regionale Netzbetreiber mit überhöhten Preisen und bürokratischen Hemmnissen die Durchleitung billigeren Stroms zu den Verbrauchern bremsen. Das Bundeskartellamt hat deshalb eine eigene Beschlussabteilung eingerichtet, um die vertraglichen und administrativen Finessen mancher Stromversorger – vor dem Hintergrund der Verbändevereinbarung – zu überprüfen.

Das **Stromgeschäft** selbst kann mittlerweile nicht nur direkt (»over the counter« OTC), sondern auch über die Strombörse in Leipzig (European Energy Exchange EEX) abgewickelt werden: Am Spot-Markt werden kurzfristige Angebotsüberhänge an Elektrizität verkauft, was den Kraftwerken eine bessere Auslastung sowie Großkunden und Verteilern günstige Kaufgelegenheiten schafft. Am Terminmarkt läuft der Handel mit Strom-Futures. Das sind standardisierte Kontrakte, bei denen sich der Verkäufer verpflichtet, zu einem bestimmten Zeitpunkt eine bestimmte Strommenge an den Käufer zu liefern, wodurch sich auch Spekulationsgewinne erzielen bzw. Preisrisiken reduzieren lassen.

Eine Liberalisierung des **Bahnverkehrs** bis 2008 strebt die EU-Kommission an: Die Eisenbahnunternehmen sollen dann einen vollständigen, freien und gleichen Zugang zu den gesamten Schienennetzen aller EU-Staaten haben.

Liberalisierung der Tele-
kommunikation über
Regulierungsbehörde

Ein anderer Weg wurde bei der Liberalisierung des **Telekommunikations-marktes** eingeschlagen. Die Öffnung des Netzes der Deutschen Telekom AG sowie die Aktivierung weiterer Telefonnetze (z. B. das der Deutschen Bahn AG) wird von einer eigens geschaffenen **Regulierungsbehörde** beim Bundeswirtschaftsminister überwacht, die jedoch die Missbrauchsaufsicht durch das Bundeskartellamt (§ 19,4,4 GWB) nicht ersetzt. Aufgabe der Behörde ist die Regulierung von Telekom-Entgelten, Netzzusammenschaltungen, Frequenzen, Nummerierungen usw., wobei sie stets einen **Sofortvollzug** durchsetzen kann. Erwartungsgemäß erwies sich eine Vorschrift des **Telekommunikationsgesetzes** als besonders konfliktträchtig: der diskriminierungsfreie Zugang zum Festnetz (mit 40 Millionen Anschlüssen) des ehemaligen Monopolisten (»Interconnect-Gebühren«), der dann auch von »Enteignung« sprach. Mittlerweile (weitgehend) beseitigt sind die Markteintrittsbarrieren für Wettbewerber nicht nur im Fern-, sondern auch im Ortsnetzbereich. Den Telekom-Konkurrenten stehen damit sämtliche Zugangswege zu ihren potentiellen Kunden offen.

Liberalisierung des
Gasmarktes über
Verändevereinbarung
mit Schlichtungsstelle

Inzwischen ist auch der **Gasmarkt** dereguliert. Wie beim Strommarkt gibt es hier ebenfalls eine **Verbändevereinbarung** zwischen Versorgern und Abnehmern, in die nach Industriekunden und Kraftwerken nun auch Haushaltskunden einbezogen sind. Es bleibt abzuwarten, inwieweit es der eigens eingerichteten **Schlichtungsstelle** sowie der Missbrauchsaufsicht durch das Bundeskartellamt gelingt, Meinungsverschiedenheiten bei ihrer Auslegung beizulegen und »Tricks« bei ihrer Anwendung zu verhindern.

In der EU ist Deutschland das einzige Mitglied, das den Strom- und Gasmarkt über – freiwillige – **Verbändevereinbarungen** und nicht über **Regulierungsbehörden** liberalisiert. Letztere wurden – mit einer zentralen Regulierungsbehörde in Brüssel – von der EU-Kommission favorisiert, um möglichst schnell die Wettbewerbsbedingungen auf den Energiemärkten der Mitgliedstaaten zu vereinheitlichen. Insbesondere soll durch eine abgestimmte Festsetzung der Durchleitungspreise für Strom und Gas verhindert werden, dass Anbieter bei grenzüberschreitenden Lieferungen durch überhöhte Entgelte diskriminiert werden. Das Bundeskartellamt plädiert hingegen für »wirtschaftliche Selbstregulierung auf Grundlage von Verbändevereinbarungen unter seiner Aufsicht, wobei ein Sofortvollzug wünschenswert wäre« (Ulf Böge, Präsident des Bundeskartellamts). Zudem weist es auf die völlig andere Ausgangssituation im regulierten Telekommunikationsmarkt hin, in dem zunächst nur ein Monopolist tätig war. In den ersten drei Jahren nach der Liberalisierung der Strom- und Gasmärkte wurden die Kunden um etwa 7,7 Mrd. € entlastet (Süddeutsche Zeitung vom 9. 10. 2001).

Das Postgesetz sollte mit Ende 2002 auslaufen. Es wurde jedoch – in Übereinstimmung mit der EU – novelliert, weshalb das **Briefmonopol** ab 2003 auf Briefe bis zu einem Gewicht unter 100 Gramm beschränkt wird (ab 2006: 50 Gramm). Allerdings darf die **Regulierungsbehörde** für Telekommunikation und Post (RegTP) die Kostenstrukturen in der Briefzustellung und damit das Briefporto unter die Lupe nehmen. Hierbei ist freilich zu bedenken, dass die »Deutsche Post World Net« hohe Belastungen aus (alten)

Pensionsansprüchen zu tragen und »Universaldienstleistungen« (z. B. flächendeckenden Post- und Paketdienst) zu erbringen hat.

Beispiel

Ende der Netzmonopole

»... Die Liberalisierung des Marktes hat mit aller Brutalität die Probleme der Versorger aufgedeckt. Sie sitzen auf gewaltigen Überkapazitäten, die sie in der Zeit aufgebaut haben, als es Gebietsmonopole gab und die Strompreise auf der Basis der Produktionskosten errechnet wurden.

Nun drängen ungeheure Strommengen in den Markt. Das Überangebot hat die Preise in den Keller fallen lassen. Industriekunden zahlen um bis zu 50 Prozent weniger als noch vor zwei Jahren. Die Kehrseite des Verfalls der Erlöse ist in den Bilanzen der Stromkonzerne zu besichtigen. Ertragseinbrüche von 30 Prozent und mehr kennzeichnen die Lage in einer Branche, deren Geschäft ehedem der Lizenz zum Gelddrucken ähnelte.

Die Stromwirtschaft hat darauf reagiert. Durch Zusammenschlüsse wurden Kraftwerke und Netze gebündelt, wie in den Fällen PreussenElektra/Bayernwerk, heute E.ON Energie, und RWE/VEW. Energie Baden-Württemberg (EnBW) hat sich mit dem größten Stromerzeuger Europas, der Electricité de France (EdF), verbandelt ...

Nach diesem ersten Akt der Neuformation folgt nun der zweite mit dem Titel »Stilllegung von Kraftwerken«...«

(Aus: H. Maier-Mannhart: Das große Kraftwerkssterben, in: Süddeutsche Zeitung vom 9. 10. 2000).

»... Vom Netz genommen werden vor allem Kapazitäten, die betriebsbereit gehalten werden mussten, als die Stromversorgung in den Monopolgebieten der Elektrizitäts-Konzerne noch als Daseinsvorsorge galt und Stromhandel über die Demarkationsgrenzen hinweg allenfalls für absolute Notfälle in Erwägung gezogen wurde ...«

(Aus: W. Jaspert: Luftsalto am Strommarkt, in: Süddeutsche Zeitung vom 12. 10. 2000).

»Die Post wird vom kommenden Montag an in ihren rund 5500 eigenen Filialen auch den Abschluss von Stromlieferverträgen anbieten ...

... Die fünf Partner der Post werden die Bundesrepublik zwar mit ihren Angeboten komplett abdecken, aber jeweils nur in unterschiedlichen Regionen auftreten. Neben dem Normalstrom-Angebot gibt es in jeder Region auch ein Ökostrom-Angebot ...

Die Post hatte das Projekt im späten Frühjahr mit der Zielrichtung ausgeschrieben, dadurch einerseits niedrigste Stromtarife zugunsten ihrer Kunden zu erzielen, andererseits für die Nutzung ihres Vertriebsapparats die bestmöglichen Provisionen zu vereinnahmen. Die vereinbarten Tarife lägen im Durchschnitt unter denen der regionalen Wettbewerber, und entsprechend günstig sei auch das Öko-Stromangebot, heißt es bei der Post ...

... Während die Stromanbieter hoffen, ... vom soliden Image der Post zu profitieren, erwartet die Post eine erhöhte Wechselbereitschaft der Stromkunden, wenn diesen die Formalitäten des Wechsels abgenommen werden ...«

(Aus: Süddeutsche Zeitung vom 15. 9. 2001).

⟶

»Wie das Bundeskartellamt in Bonn mitteilte, hat es gegen namentlich nicht genannte Stadtwerke, Regionalversorger und Verbundunternehmen Untersuchungen wegen des Verdachts missbräuchlich überhöhter Durchleitungsgebühren eingeleitet ... Für den Transport dieses Strom stellt der Netzeigentümer einen Betrag in Rechnung, der nach Feststellung des Kartellamts bei den angeschriebenen Firmen zwischen zehn und 80 Prozent höher liegt als bei RWE oder EnBW. Deren Preise haben die Wettbewerbshüter als Referenzwerte angenommen ...

Hintergrund der nunmehr flächendeckenden Aktivitäten sind mannigfache Klagen und Behinderungen von Stromverbrauchern, die den Lieferanten wechseln wollen ... In den schon weit gehend liberalisierten Märkten in den skandinavischen Ländern lägen die Netznutzungsentgelte für Strom um bis zu 50 Prozent unter denen in Deutschland ...

... Ferner hat Bundeswirtschaftsminister Werner Müller eine Änderung des Kartellgesetzes angekündigt. Danach sollen Entscheidungen der Kartellbehörden sofort zu vollziehen sein, wogegen sie bisher eine aufschiebende Wirkung haben ...«

(Aus: H. Maier-Mannhart: Kartellamt untersucht 22 Energieversorger, in: Süddeutsche Zeitung vom 28. 9. 2001)

»... Alfred Richmann träumt von englischen Verhältnissen. Auf der Insel profitierten selbst Haushalte vom Wettbewerb auf dem Elektrizitätsmarkt, schwärmt der Energieexperte des Deutschen Industrie- und Handelstages (DIHT). Im Supermarkt gebe es Chipkarten mit einem Strom-Guthaben, die der Kunde zu Hause in den Zähler steckt. Wer zu einem billigeren Anbieter wechseln will, kaufe beim nächsten Mal einfach eine andere Karte ...«

(Aus: A. Hagelüken: Freiburg probt den Aufstand, in: Süddeutsche Zeitung vom 14./15./16. 8. 1998)

»Wer hätte das gedacht: Die sonst so reformträgen Deutschen haben bei der Liberalisierung des Telekommunikationsmarktes (fast) ganze Sache gemacht. Bereits ein Jahr nach der Marktöffnung herrscht auf den Fernstrecken im Telefonverkehr gnadenloser Wettbewerb, 51 Firmen balgen sich um die Anrufer, die Deutsche Telekom hat ein Drittel des Marktes für Ferngespräche eingebüßt und die Preise liegen schon um bis zu 70 Prozent unter denen von Anfang 1998 ...

... Großes Verdienst hat auch die Regulierungsbehörde, die bislang mit Augenmaß in den Konflikten zwischen der Telekom und ihren Konkurrenten entschieden hat ...

Bei aller Freude über die Entwicklung des Telekommunikationsmarktes: Anlass zur Euphorie besteht nicht. Denn bei nüchterner Betrachtung haben sich die neuen Wettbewerber erst sieben Prozent des gesamten Marktes erobert, und bei den für Normalverbraucher besonders wichtigen Ortsgesprächen gibt es fast keinen Wettbewerb ...«

(Aus: A. Bauer: Die Herrin der Netze, in: Süddeutsche Zeitung vom 29. 12. 1998)

»... Privatbahnen sollen für die Bahnstrecken künftig den gleichen Mietpreis bezahlen wie die Unternehmensbereiche Personen- und Güterverkehr der DB ...

→

> Am 1. April wird ein einstufiges Preissystem eingeführt. ... der Preis (richtet sich) danach, wie stark ein Zug das Schienennetz belastet. So will die DB beispielsweise für den ICE mit 6,60 DM pro Kilometer höhere Tarife verlangen als für S-Bahnen (2,90 DM). Außerdem ist für Güterzüge, bei denen der Verschleiß der Gleise und Weichen besonders groß ist, ein Aufschlag von bis zu 2,60 DM pro Kilometer fällig ...«
>
> (Aus: K. Ott: Gleiche Trassenpreise für Bahn-Konkurrenten, in: Süddeutsche Zeitung vom 14. 3. 2001).

Ein Zusammenschluss (Fusion und Kontrollerwerb) unterliegt – nach den Vorschriften der **Fusionskontrollverordnung (FKVO)** – auch der Aufsicht durch die EU-Kommission in Brüssel, sofern er eine über die nationalen Grenzen hinausgehende Bedeutung hat (weniger als zwei Drittel des Umsatzes in einem Mitgliedsland). Insbesondere Zusammenschlüsse mit einem Weltumsatz aller beteiligten Firmen von mehr als fünf Milliarden € (wobei mindestens zwei Kandidaten einen EU-Umsatz von jeweils mehr als 250 Millionen € aufweisen müssen) fallen unter die europäische Wettbewerbskontrolle (Abb. 4.1). Dort wird geprüft, ob durch den Zusammenschluss eine marktbeherrschende Stellung entsteht oder verstärkt wird; ein Indiz hierfür ist das Erreichen eines Marktanteils von 25 % »im Gemeinsamen Markt oder in einem wesentlichen Teil desselben«. Die nationalen Kartellbehörden können jedoch EU-Genehmigungen rückgängig machen, um für den örtlichen Markt »berechtigte Interessen« wahrzunehmen (z. B. Medienvielfalt); allerdings bedarf es hierbei in der Regel der Anerkennung durch die EU-Kommission (Art. 21). Ferner kann die EU-Kommission ihre Zuständigkeit ganz an die jeweilige nationale Behörde rückverweisen, wenn durch den Zusammenschluss der Wettbewerb in einem EU-Land besonders behindert wird (»gesonderter Markt«) (Art. 9). Die FKVO sieht vor, dass eine Zusammenschlussgenehmigung trotz marktbeherrschender Stellung möglich ist, wenn deren Nachteile durch die Entwicklung eines technischen oder wirtschaftlichen Fortschritts zugunsten der Verbraucher ausgeglichen wird (»Fortschrittsgedanke«). Gegen Entscheidungen der EU-Kommission kann beim Europäischen Gerichtshof in Luxemburg Beschwerde eingelegt werden. Die Anzahl der Fusionsanmeldungen bei der EU-Kommission stieg von 58 (1993) auf 345 (2000).

Von den Vorschriften der FKVO unberührt bleiben die **Art. 81 und 82** des **EG-Vertrages:** Art. 81 betrifft die wettbewerbsbeschränkende bzw. -verfälschende Koordination des Wettbewerbsverhaltens **rechtlich und wirtschaftlich selbständiger Unternehmen** z. B. durch Kartelle oder Vertriebsverbindungen; Art. 82 untersagt **marktbeherrschenden Unternehmen** die missbräuchliche Ausnutzung ihrer Wettbewerbsposition. Unternehmen, die gegen diese Vorschriften verstoßen, können mit einem Bußgeld von bis zu zehn Prozent eines Jahresumsatzes belegt werden.

Die Zusammenschlusskontrolle ist – im Bereich großer Unternehmen – weitgehend auf die EU-Kommission übergegangen.

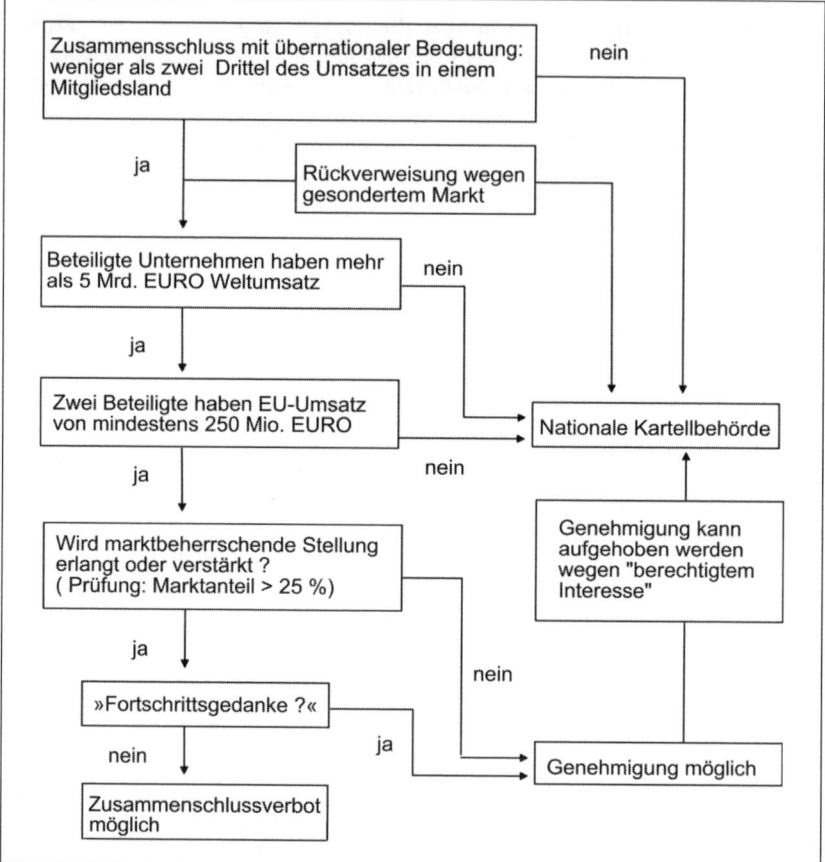

Abb. 4.1: Europäische Wettbewerbskontrolle

Unter der Lupe

Die europäische »Fusionskontrolle« zwischen Wettbewerbs- und Industriepolitik

Gegen die europäische »Fusionskontrolle« wird vor allem eingewendet, dass die EU-Kommission zugleich politische Instanz und Wettbewerbsbehörde sei, weshalb sie möglicherweise auch nach industriepolitischen (z. B. protektionistischen) Erwägungen – mehrheitlich – entscheide. Tatsächlich lässt die FKVO hierfür Raum; es ist jedoch ausdrücklich festgelegt, dass der politisch motivierte »Fortschrittsgedanke« (Entwicklung des technischen und wirtschaftlichen Fortschritts) nur insofern zu berücksichtigen ist, als er den Wettbewerb nicht behindert (Art. 2, 1b). Eine Entscheidung der EU-Kommission kann nur durch einstimmigen Beschluss des Ministerrats aufgehoben werden. Es wird dennoch ein zweistufiges Verfahren gefordert: Zunächst soll ein unabhängiges EU-Kartellamt prüfen, ob durch den

→

jeweiligen Zusammenschluss eine Marktbeherrschung entsteht; anschließend könnte die EU-Kommission »politische Korrekturen« anbringen, die damit offengelegt würden, was die Wahrscheinlichkeit industriepolitischer Einflüsse verringerte.

»Der Präsident des Bundeskartellamts, Dieter Wolf, hat die Einrichtung einer unabhängigen europäischen Wettbewerbsbehörde gefordert … ›Die Kommissare der Europäischen Union sind politisch Handelnde und daher auf Dauer nicht die geeigneten Wettbewerbsrechtsanwender‹, sagte Wolf. Der Entscheidungsprozess in der Kommission begünstige tendenziell Lobbyismus …« (Aus: Süddeutsche Zeitung vom 23. 9. 1994)

Angesichts globaler Zusammenschlüsse (z. B. DaimlerChrysler, Deutsche Bank/Bankers Trust) wird mittlerweile die Forderung erhoben, ein Weltkartellamt einzurichten: Es müsse dafür sorgen, dass es weder internationale Marktbeherrschung noch (z. B. Preis- und Mengen-) Absprachen gebe; möglicherweise könne es bei der World Trade Organization (WTO) angesiedelt werden, die dann auch betroffene Länder ermächtigen könnte, z. B. Strafzölle gegen uneinsichtige Länder zu verhängen. Allerdings gibt es bereits eine gewisse internationale Kontrolle über das »Auswirkungsprinzip«: Wenn sich Unternehmen aus Nicht-EU-Ländern zusammenschließen, prüft die EU-Kommission – unter sinngemäßer Anwendung der FKVO-Kriterien – mögliche negative Folgen für den innereuropäischen Markt. So konnte bei der Fusion Boeing/McDonell Douglas vor allem erreicht werden, dass deren langfristige Lieferverträge mit Luftfahrtgesellschaften – im Interesse von Airbus – storniert und für die Zukunft verboten wurden. Den Auflagen aus Brüssel kann jedoch nur mit innereuropäischen Druckmitteln nachgeholfen werden (z. B. Liefersperren für die europäische Zulieferindustrie). Es wird deshalb versucht, die Zusammenarbeit mit ausländischen Wettbewerbsbehörden zu verstärken; ein Kooperationsabkommen zwischen EU und USA zur Vermeidung von doppelten Untersuchungen und Gerichtsverfahren in der gleichen Angelegenheit gibt es bereits. So verzichtete die EU-Kommission zugunsten der Federal Trade Commission (FTC) in Washington auf eigene kartellrechtliche Ermittlungen gegen Microsoft. Eine »Sollbruchstelle« liegt freilich in den unterschiedlichen Vorstellungen über Wettbewerbspolitik: In Brüssel versucht man – in der Tradition der deutschen Ordnungspolitik – die Entstehung einer marktbeherrschenden Stellung zu verhindern, in USA lediglich ihren tatsächlichen Missbrauch – wie im Falle Microsoft.

Beispiel

Europäische Kontrollpraxis

»Die EU hat fünf Fährgesellschaften wegen verbotener Preisabsprachen im Kanalverkehr Geldbußen … auferlegt. Laut EU-Wettbewerbskommissar Karel van Miert hatten die britische P & O, die schwedische Stena-Sealink, die niederländisch-britische North Sea Ferries sowie die beiden französi-

→

schen Gesellschaften Brittany Feries und Sea France 1992 ein Kartell im Frachtverkehr gebildet.«

(Aus: Süddeutsche Zeitung vom 31. 10./1. 11. 1996)

»Die Europäische Kommission hat sich erdreistet, die knapp 100 Milliarden Mark teure Übernahme des US-Mischkonzerns Honeywell durch den weltweit bekannten US-Multi General Electric (GE) zu verhindern …

Weil der neue Gigant in Teilbereichen eine marktbeherrschende Stellung erlangt hätte, dort also allen Kunden die Geschäftsbedingungen hätte diktieren können, kam eine Fusion nur unter kräftigen Auflagen in Frage. Zu diesen waren die Firmen nicht bereit, also dürfen sie sich nicht zusammenschließen …

Bittere Konsequenz: Zum allerersten Mal haben sich EU- und US- Wettbewerbshüter in der Sache gegeneinander positioniert. Der laufende Prozess immer engerer Abstimmung gerät damit ins Stocken …

(Aus: M. Beise: Recht vor Macht, in: Süddeutsche Zeitung vom 4. 7. 2001).

»Die EU-Kommission hat den Zusammenschluss der beiden US-Fluggesellschaften United Airlines und US Airways mit Auflagen genehmigt. Wie die Kommission in Brüssel am Freitag mitteilte, muss die neue Gesellschaft so genannte Slots auf den Flughäfen in Frankfurt am Main und in München aufgeben, damit der Zugang neuer Wettbewerber zu diesen Strecken erleichtert werde …«

(Aus Süddeutsche Zeitung vom 13./14. 1. 2001

»Nach der Zustimmung der Europäischen Kommission sieht der belgische Bierkonzern Interbrew keine Hindernisse mehr für die Übernahme des Bremer Brauhauses Beck's … Die EU-Kommission hatte Interbrew die Übernahme von Beck's mit dem Hinweis genehmigt, der Kauf beeinträchtige nicht den Wettbewerb in Europa … Auch die Wettbewerbsbehörden der USA und Tschechiens hätten den Kauf zugelassen, ergänzte Interbrew …«

(Aus: Süddeutsche Zeitung vom 27. 10. 2001)

»Die EU-Kommission wird die geplante Fusion der Viag AG, München, und der Veba AG, Düsseldorf, unter Auflagen genehmigen. Die EU-Wettbewerbshüter fordern unter anderem, dass sich Viag und Veba, die zum neuen Versorgungs- und Industriekonzern E.ON fusionieren, von ihren Beteiligungen an den Energieversorgern VEW, VEAG, Bewag und HEW trennen …«

(Aus: A. Oldag und G. Hennemann: Kartellbehörden billigen Großfusionen, in: Süddeutsche Zeitung vom 14. 6. 2000).

»EU-Wettbewerbskommissar Mario Monti demonstriert Härte. Die Ablehnung des Zusammenschlusses der schwedischen Lastwagenhersteller Volvo und Scania musste der Italiener gegen massive Widerstände, auch in der Brüsseler Chefetage, durchsetzen…

In Nordeuropa würden Volvo und Scania … bis zu 90 Prozent des LKW-Marktes beherrschen. In Großbritannien erreichten beide Hersteller im Bus-Segment einen Anteil von rund 60 Prozent. Nur: Skandinavien ist nicht Europa und schon gar nicht die Welt.

Die Kommission beruft sich auf die Fusionskontroll-Verordnung, die klare Fristen und Kriterien setzt ...«

(Aus: A. Oldag: Monti zeigt Härte, in: Süddeutsche Zeitung vom 15. 3. 2000).

»Das Bundeskartellamt hat bei der Überprüfung der Tankstellen-Fusionen in Deutschland freie Hand. Die EU-Kommission überließ der Bonner Behörde am Donnerstag in Brüssel auch die wettbewerbsrechtliche Untersuchung der Fusion von BP und Veba Oel (Aral) im Tankstellengeschäft. Schon im August hatte Brüssel die Überprüfung des Zusammenschlusses von Shell und DEA bei den Tankstellen nach Deutschland zurückgegeben ... Das Bundeskartellamt sei am besten in der Lage, lokale Märkte und Lieferbeziehungen in Deutschland zu untersuchen, teilte die Kommission am Donnerstag weiter mit.«

(Aus: Süddeutsche Zeitung vom 7. 9. 2001).

Arbeitsaufgaben

1) Beschreiben und vergleichen Sie: Kartell – Konzern – Trust!
2) Was verstehen Sie unter einem Submissionskartell?
3) Warum mündet ein Preiskartell häufig in ein Syndikat?
4) »Monopolisierungsabsichten werden oft durch ein Spezialisierungskartell getarnt.« Nehmen Sie Stellung!
5) Warum sind Kartelle grundsätzlich verboten?
6) Worin besteht der Unterschied zwischen einem Gleichordnungs- und einem Unterordnungskonzern?
7) Was bedeuten »Fusion durch Aufnahme« und »Fusion durch Neugründung«?
8) Welche Kompetenzen haben das Bundeskartellamt, der Bundesgerichtshof und der Bundesminister der Wirtschaft bei der Genehmigung eines Strukturkrisenkartells?
9) »Fusionen scheitern manchmal an Bewertungsunterschieden.« Nehmen Sie Stellung!
10) Zwischen den Aktiengesellschaften A, B und C gelten folgende Beteiligungsverhältnisse:

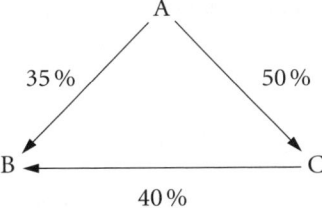

Sind die Gesellschaften A und B im Verhältnis zueinander »verbundene Unternehmen«? Begründen Sie Ihre Antwort!

11) Was sind »feindliche Übernahmen«, und welche Möglichkeiten gibt es, sich dagegen zu wehren?

12) Nennen Sie Gründe für horizontale, vertikale und konglomerate Zusammenschlüsse! Worin liegen insbesondere Risiken konglomerater Zusammenschlüsse?

13) Beschreiben und kritisieren Sie die Merkmale, anhand derer das Kartellamt die Marktstellung eines Unternehmens prüfen kann!

14) Unter welchen Voraussetzungen kann ein Zusammenschluss, der eine marktbeherrschende Stellung verstärkt, zugelassen werden?

15) Worin liegt die Problematik der Industriebeteiligungen von Banken, und durch welche gesetzlichen Regelungen wird sie begrenzt?

16) Stellen Sie die Grundzüge der europäischen Fusionskontrolle dar! In welchem Verhältnis steht sie zu Art. 81 und 82 des EG-Vertrages? Was wird daran vor allem kritisiert?

17) Was versteht man unter qualifizierter Oligopolvermutung?

18) Nennen Sie die Kriterien, nach denen ein Zusammenschlussvorhaben beim Bundeskartellamt angemeldet werden muss!

19) Beziehen Sie Position: Pro und Contra »Strategische Allianzen«.

20) Erläutern Sie die Vorschrift, nach der das Bundeskartellamt trotz Entstehens einer marktbeherrschenden Stellung einen Zusammenschluss genehmigen kann, wenn zugleich Verbesserungen der Wettbewerbsbedingungen eintreten!

21) Was heißt, die Aktie sei auch Akquisitionsmittel?

22) Erläutern Sie Vor- und Nachteil der de minimis- und Bagatellmarktklausel!

23) Erörtern Sie die Tücken des relevanten Marktes!

24) Brauchen wir ein Weltkartellamt? Erläutern Sie in diesem Zusammenhang das Auswirkungsprinzip!

25) Die Börsen-Zeitung fragte angesichts von Großfusionen: »Ist es noch Monopoly oder schon Roulette?« (Die Zeit vom 13. 10. 1997). Nehmen Sie Stellung!

26) Als Alternative zur Regulierungsbehörde wurde die Ausgliederung des Netzes der Deutschen Telekom AG in eine eigenständige Gesellschaft diskutiert. Erörtern Sie Vor- und Nachteile beider Varianten!

27) In der Stromwirtschaft (Telekommunikation) wird die Deregulierung über eine Verbändevereinbarung (Regulierungsbehörde) organisiert. Erläutern Sie die prinzipiellen Vorgehensweisen und zeigen sie Vor- und Nachteile auf!

28) Erläutern Sie aufeinander abgestimmtes Verhalten und bewusstes Parallelverhalten und deren wettbewerbsrechtliche Behandlung!

Lösungsvorschläge für die Arbeitsaufgaben im »Übungsbuch zu Grundlagen und Probleme der Betriebswirtschaft«.

Weiterführende Literatur

Albach, H.: Finanzkraft und Marktbeherrschung, Tübingen 1981.

Backhaus, K.; Piltz, K.: Strategische Allianzen, in: Zeitschrift für betriebswirtschaftliche Forschung, Sonderheft 27 (1990).

Baumbach/Hefermehl, W.: Wettbewerbsrecht, 22. Aufl., München 2001.

Baumeister, A.: Deutsche Strombörse als Ergebnis eines liberalisierten deutschen Strommarktes, in: Wirtschaftswissenschaftliches Studium (WiSt), 29. Jg. (3, 2000), S. 162–166.

Bühner, R.: Grenzüberschreitende Zusammenschlüsse deutscher Unternehmen, Stuttgart 1991.

Bühner, R.: Strategie und Organisation, 2. Aufl., Wiesbaden 1995.

Drukarczyk, J.: Unternehmensbewertung, 3. Aufl., München 2000.

Edling, H.: Europäische Fusionskontrolle als Instrument der Wettbewerbspolitik, in: Wirtschaftswissenschaftliches Studium, 22. Jg. (5,1993), S. 250–252.

Emmerich, V.: Kartellrecht, 9. Aufl., München 2001.

Emmerich, V.; Sonnenschein, J.: Konzernrecht, 7. Aufl., München 2001.

Gassner, U. M.: Grundzüge des Kartellrechts, München 1999.

Langner, S.: Mergers & Acquisitions, Kauf in Bar oder gegen Aktien, in: Wirtschaftswissenschaftliches Studium (WiSt), 28. Jg. (10, 1999), S. 543–546.

Oberender, P. (Hrsg.): Megafusionen, Berlin 2002.

Theisen, M. R.: Der Konzern, 2. Aufl., Stuttgart 2000.

5. Kapitel:
Die Grundlagen unternehmerischer Entscheidungen

Lernziele

Leitfrage:
Wodurch lässt sich eine unternehmerische Entscheidungssituation charakterisieren?

Leitfrage:
Welches sind die für die unternehmerische Entscheidungsfindung notwendigen Entscheidungsbestandteile?

- Inwiefern begrenzen Entscheidungsparameter und Entscheidungsalternativen die unternehmerische Entscheidungsfindung?
- Was sind Unternehmensziele, und welche Rolle spielen sie bei der Entscheidungsfindung?
- Was verändert der Shareholder-Value-Ansatz?
- In welcher Beziehung stehen Unternehmensziele und Unternehmensgrundsätze?
- Wann hilft und wann hindert eine Unternehmenskultur?

Leitfrage:
Was ist ein unternehmerischer Entscheidungsprozess, und welche besonderen Probleme ergeben sich in seinem Verlauf?

- Welchen Einfluss hat die Verfolgung von »Zielbündeln«auf den Entscheidungsprozess?
- Was bedeutet es, »seine Ansprüche anzupassen«?
- Inwiefern wirkt die Ungewissheit über die Zukunft auf den Entscheidungsprozess, und welche Rolle spielt dabei die Risikoeinstellung des Entscheiders?
- Welche Auswirkungen hat der Umstand, dass oftmals mehrere Personen mit einer unterschiedlichen Einschätzung der Entscheidungsalternativen am Entscheidungsprozess mitwirken?

1 Der Charakter einer Entscheidungssituation

Wichtigste Aufgabe der Unternehmensführung ist es, in den **zentralen Fragen** der Unternehmenspolitik Entscheidungen (»Führungsentscheidungen«) zu fällen.

Neue Umstände erfordern Entscheidungen; sie heißen Führungsentscheidungen, wenn sie zentrale Fragen der Unternehmenspolitik betreffen.

Das **Entstehen** einer Entscheidungssituation, d. h. einer Situation, die eine Entscheidung unumgänglich macht, ist stets darauf zurückzuführen, dass **neue** – das Unternehmen wesentlich berührende – »**Umstände**« eingetreten sind.

Die **Entscheidung** selbst besteht dann in der **Festlegung** der weiteren, die neuen Umstände berücksichtigenden Unternehmenspolitik: Dies kann eine Fortführung der alten, aber auch die Aufnahme einer bestimmten neuen Unternehmenspolitik bedeuten.

Ein Beispiel ist das Auftreten weiterer Konkurrenten am Markt (= neuer Umstand), was z. B. eine Überprüfung der bisherigen Preis-, Werbe- und Sortimentspolitik erforderlich macht.

2 Die Bestandteile einer Entscheidungssituation

Bestandteile einer Entscheidungssituation sind die Entscheidungsparameter, die Entscheidungsalternativen und die Zielvorstellung. Alle diese Bestandteile müssen vorhanden sein, damit in einer Entscheidungssituation eine sinnvolle Entscheidung überhaupt möglich ist.

2.1 Die Entscheidungsparameter

Entscheidungsparameter beschreiben die dem Betrieb vorgegebenen Rahmenbedingungen.

Die Entscheidungsparameter sind Rahmenbedingungen, die bei der Entscheidungsfindung unbedingt zu beachten sind. Sie stellen für das Unternehmen – zumindest kurzfristig – nicht zu ändernde **Daten** dar. Man unterteilt die Entscheidungsparameter in exogene und endogene Entscheidungsparameter.

- Als **exogene** Entscheidungsparameter werden die Daten bezeichnet, die vom Unternehmen nicht (wesentlich) zu ändernde **Zustandseigenschaften der unternehmerischen Umwelt** beschreiben. Es sind dies z. B. die rechtliche und soziale Ordnung, das technische Wissen, die Bedürfnisstruktur der Bevölkerung, die Preise der Produktionsfaktoren sowie die Preise und Qualitäten der Konkurrenzprodukte.
- Die **endogenen** Entscheidungsparameter sind Daten, die kurzfristig nicht zu ändernde **Zustandseigenschaften des Unternehmens** selbst kennzeichnen, wie z. B. die Produktionskapazität, die maschinelle Apparatur und die Qualifikation der Arbeitnehmer.

Nach einer anderen Systematik werden die Entscheidungsparameter in deterministische und stochastische unterschieden:

- **Deterministische** Entscheidungsparameter haben stets eine bestimmte Ausprägung, die sich jedoch im Zeitablauf ändern kann. Hierzu gehören z. B. die Steuersätze oder die Liefertermine.
- Über **stochastische** Entscheidungsparameter liegen hingegen nur Schätzwerte vor. So könnte die mögliche Absatzmenge des nächsten Jahres mit 100000 Stück ± 15 % veranschlagt werden.

Die beiden Entscheidungsparameter-Typisierungen sind in Abb. 5.1 miteinander verknüpft.

Entscheidungs-parameter	deterministisch	stochastisch
exogen	Steuersätze	Absatzmenge
endogen	Produktions-kapazität	Ausschussmenge

Abb. 5.1: Beispiele für Entscheidungsparameter

Die Bedeutung der Entscheidungsparameter für eine Entscheidung ergibt sich aus ihrem Zusammenspiel mit den Entscheidungsalternativen.

2.2 Die Entscheidungsalternativen

Die Entscheidungsalternativen bezeichnen die **Möglichkeiten der weiteren Unternehmenspolitik,** aus denen der Entscheidungsträger in einer Entscheidungssituation auswählen kann.

Entscheidungsalternativen stellen die zulässigen Möglichkeiten des weiteren Vorgehens dar.

Beim Auftreten neuer Konkurrenten auf dem Markt z. B. wären Entscheidungsalternativen eine Preissenkung, eine Werbeetatvergrößerung, eine Sortimentserweiterung usw.

Es ist hierbei jedoch zu beachten, dass die **Entscheidungsparameter** das **Alternativenfeld begrenzen.** So ist z. B. eine Preisabsprache mit dem neuen Konkurrenten keine Entscheidungsalternative, weil dies einen Verstoß gegen die Rechtsordnung (Kartellgesetz) beinhalten würde. Mit anderen Worten: Die Entscheidungsparameter reduzieren die Menge der **denkbaren** Entscheidungsalternativen auf die Menge der **zulässigen.**

2.3 Die Zielvorstellung

Auswahl der besten Ent-
scheidungsalternative
nach Zielvorstellungen

Nachdem die Entscheidungsalternativen daraufhin überprüft wurden, ob sie mit den Entscheidungsparametern verträglich sind, bleiben in der Regel noch **mehrere zulässige Entscheidungsalternativen** (einschließlich der Alternative, nichts zu tun) übrig.

Die Zielvorstellung des Entscheidungsträgers bestimmt dann, welche Entscheidungsalternative aus der Gesamtheit aller zulässigen ausgewählt und durchgeführt werden soll: Man wird sich für die Alternative entscheiden, die die **Durchsetzung der Zielvorstellung** am ehesten gewährleistet (»Maßnahme«).

Hat z. B. das Unternehmen beim Auftreten neuer Konkurrenten am Markt das Ziel, nur einen bestimmten Marktanteil zu halten, dann wird es sicherlich die weniger aggressive Alternative »Werbeetatvergrößerung« der Alternative »Preiskampf« vorziehen.

Unter der Lupe

Zusammenstellung wichtiger unternehmerischer Ziele
- branchenüblicher Gewinn
- maximaler Gewinn auf kurze oder lange Sicht
- maximale Rentabilität des Eigenkapitals
- Unternehmenswert (Shareholder Value) steigern
- Verbesserung der Liquidität
- Verbesserung der Eigenkapitalquote
- Verbesserung der Kreditwürdigkeit
- Vergrößerung des Marktanteils
- Erschließung neuer Märkte
- Kapazitätsauslastung
- Verbesserung der Produktivität
- Marktmacht, politischer und/oder gesellschaftlicher Einfluss
- Sicherheit des Unternehmens als Vermögensanlage oder Erwerbsquelle
- Sicherheit der Arbeitsplätze und Pensionen
- Steigerung der Arbeitszufriedenheit
- Wahrung von Unabhängigkeit
- Fortführung einer Tradition
- Versorgung der Bevölkerung zu angemessenen Preisen

Unter der Lupe

Der Shareholder-Value-Ansatz
Auf den Fortgang eines Unternehmens wirken viele Interessengruppen ein, die als Anspruchsgruppen (Stakeholders) bezeichnet werden. Hierzu zählen Kreditgeber, Lieferanten, Kunden, staatliche Stellen, die Arbeitnehmer(ver-

→

treter) mit ihren Gewerkschaften sowie die Kapitalgeber (Shareholder).

Der Shareholder-Value-Ansatz verlangt die alleinige Orientierung an der Steigerung des Aktionärsvermögens: Aufgabe des Managements sei es, Wert zu schaffen, also z. B. für Kursgewinne an der Börse und reichliche Dividendenzahlungen zu sorgen; alle Maßnahmen müssten sich hieran messen lassen, der Kapitalmarkt sei die eigentliche Kontrollinstanz für die Unternehmensleitung. Damit rücken aber auch die mit den Entscheidungen des Managements verbundenen zukünftig zu erwartenden Einzahlungsüberschüsse – oder besser: deren Barwert – in den Mittelpunkt des Interesses. Nach dem Shareholder-value-Konzept ist also eine Investition in das Unternehmen bzw. bestimmte Geschäftsbereiche nur so lange von Vorteil, wie es der Unternehmensleitung gelingt, eine Verzinsung der Anteile zu gewährleisten, die über der erwarteten Mindestrendite der Aktionäre für ihr Eigenkapital liegt.

In den Unternehmen werden deshalb die Quersubventionen zwischen Geschäftsfeldern beendet und unrentable Bereiche verkauft. Die freiwerdenden Finanzmittel sollen die Kernfelder des Unternehmens stärken, z. B. durch den Zukauf gleichartiger Produktionen und Nutzung von Synergieeffekten. Dies verbessert die Position im Globalisierungswettbewerb sowie auf den Kapitalmärkten, wo Versicherungen, Banken oder deren Fondsgesellschaften für ihre Kunden gute Anlagemöglichkeiten suchen. Letztlich sichert dies dann auch die Interessen der anderen Stakeholder.

»Bereits einen Tag vor Veröffentlichung der Ertragszahlen der Rheinmetall AG, Düsseldorf, am gestrigen Freitag hat die Börse die äußerst positive Entwicklung des Elektronik- und Maschinenbau-Konzerns mit einem deutlichen Kurssprung belohnt. Seit November 1996 hat sich damit der Wert der Vorzugs- und Stammaktien etwa verdoppelt…« (Aus: Süddeutsche Zeitung vom 24./25. 5. 1997)

Kritisch wird zum Shareholder-Value-Ansatz bemerkt, dass er das Management dazu verleite, kurzfristige (und manchmal auch destruktive) Ziele zu verfolgen, um den Börsenkurs nach oben zu treiben. Es komme z. B. vor, dass im Interesse eines kurzfristigen Gewinnausweises – mit positiver Börsenreaktion – das Forschungs- und Entwicklungs (F & E)-Budget heruntergefahren werde. Oft habe auch ein zu rigoroser Umgang die Mitarbeiter, Lieferanten und Kunden verärgert, mit unangenehmen – langfristigen – Folgen für die Shareholder: Der massive Preisdruck auf die Lieferanten z. B. habe zu Zusammenschlüssen und zum Aufbau einer »Gegenmacht« geführt.

Man wird freilich nicht das Ende der Shareholder-Value-Bewegung feststellen können. Vielmehr hat ein Umdenken in eine mehr langfristige – »nachhaltige« – Perspektive der Wertsteigerung eingesetzt. Dies führt dann auch zu einem »ausgewogenen« Verhältnis aller Stakeholder, die nur im Zusammenwirken den Unternehmenserfolg sichern könnten.

Häufig stellen Unternehmen Ziele heraus, die lediglich **Unter- oder Zwischenziele** auf dem Weg zum eigentlichen Unternehmensziel sind. So kann es das Unterziel eines Unternehmens sein, gute Produktqualitäten zu erzeugen, um das Zwischenziel eines großen Marktanteils zu erreichen. Dieser wiederum steht dann im Dienste des Oberziels »Gewinnmaximierung«. Das

Unmittelbar angestrebte Ziele sind häufig Mittel zum Zweck der Erreichung höherrangiger Ziele.

Unterziel ist also im Hinblick auf das Zwischenziel und dieses in Bezug auf das Oberziel »**Mittel zum Zweck**«.

In der unternehmerischen Wirklichkeit ist diese **Umwegs-Zielerreichung** der Regelfall: Angesichts vielfältiger Substitutionsmöglichkeiten (z. B. Fernseher statt Ferienreise, ausländischer statt inländischer Fernseher) kommt der Produktqualität als notwendiger Voraussetzung für die Gewinnerzielung eine besonders große Bedeutung zu. Ähnliche Zusammenhänge bestehen in Bezug auf **ökologische Ziele:** Wenn die Käufer eine umweltschonende »Produktwelt« wollen und entsprechend handeln, können sie die – gewinnmaximierenden – Hersteller dazu auch zwingen: Die Verbraucher haben mit ihren Geldscheinen das letzte Wort, weshalb in vielen Fällen schon eine Minderheit durch Kaufverzicht die Produktanpassung herbeiführen kann (Geld als Stimmzettel).

Viele Unternehmen erstreben zudem nicht ein einzelnes Ziel (z. B. Gewinnmaximierung), sondern ein aus mehreren Zielen bestehendes **Zielbündel** (z. B. hohe Rendite bei wenig Risiko und sicheren Arbeitsplätzen). Zur Festlegung eines Zielbündels kann es z. B. dann kommen, wenn mehrere Personen (Gruppen) am Entscheidungsprozess beteiligt sind (z. B. Anteilseigner und Mitarbeiter). Ein besonderes Problem ergibt sich daraus, dass zwischen den verschiedenen Zielen des Zielbündels bestimmte **Wechselwirkungen** bestehen können.

> Verfolgt man statt eines Einzelziels ein Bündel von Zielen, dann kann zwischen einzelnen Zielkomponenten Zielkonkurrenz, Zielkomplementarität oder Zielindifferenz bestehen.

- **Zielkonkurrenz** liegt vor, wenn die Realisierung des einen Ziels nur **auf Kosten** der Realisierung eines anderen Ziels möglich ist (Abb. 5.2). Ein Beispiel hierfür sind die beiden Ziele »größtmöglicher Gewinn« und »größtmögliche Sicherheit« für eine Geldanlage, denn eine hohe Gewinnchance ist stets mit einem hohen Verlustrisiko verknüpft.
- Bei **Zielkomplementarität** wirkt die Realisierung des einen Ziels auf die Realisierung eines anderen Ziels **förderlich** (Abb. 5.3). Ein Beispiel hierfür sind die beiden Ziele »möglichst hohe Wirtschaftlichkeit« und »maximaler Gewinn«.
- **Zielindifferenz** besteht dann, wenn die Realisierung des einen Ziels auf die Realisierung eines anderen **keinen Einfluss** hat (Abb. 5.4), beide also unabhängig voneinander im jeweils erwünschten Umfang verwirklicht werden können. Ein Beispiel hierfür sind die beiden Ziele »Reduzierung der Luftverschmutzung« und »Verbesserung des Kantinenessens«.

Ökologische Produkte lassen sich mit dem Geldschein erzwingen.

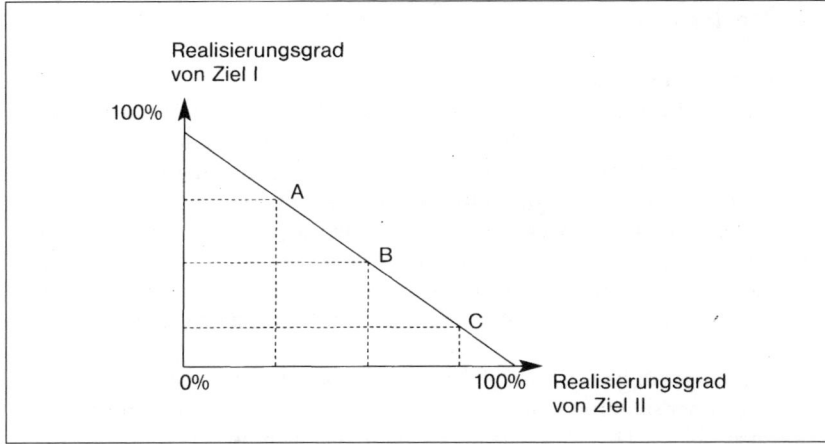

Abb. 5.2: A, B und C als mögliche Zielkombination bei Zielkonkurrenz

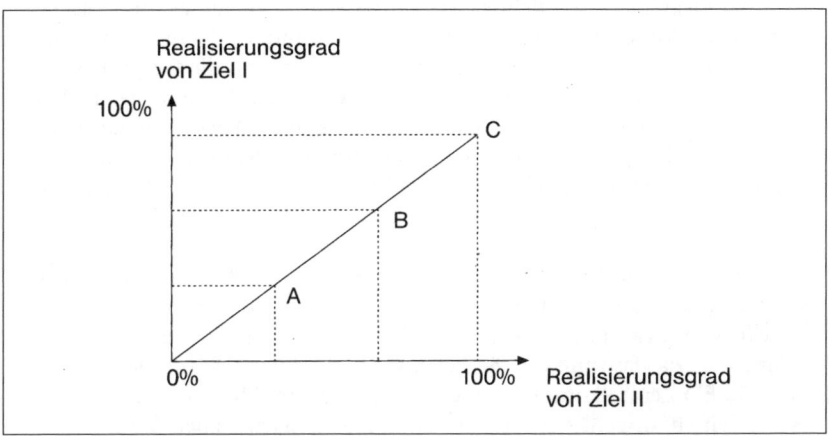

Abb. 5.3: A, B und C als mögliche Zielkombination bei Zielkomplementarität

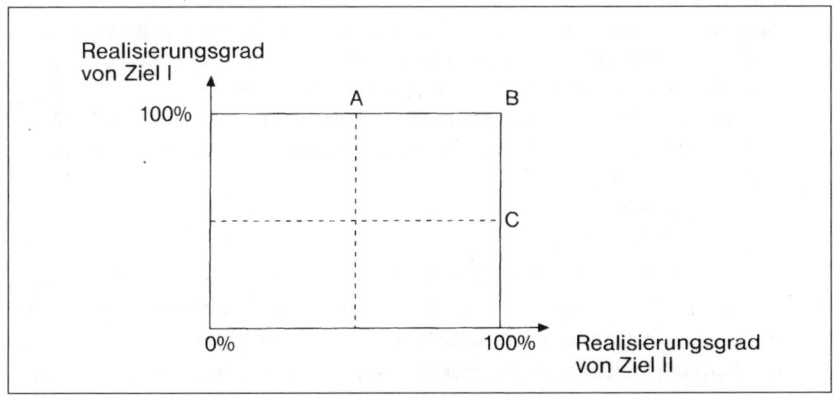

Abb. 5.4: A, B und C als mögliche Zielkombination bei Zielindifferenz

Unter der Lupe

Unternehmenskultur

In jedem Unternehmen – wie in jeder Gesellschaft – entwickeln sich Wertvorstellungen, Denkweisen, Normen und Strukturen, die unter dem Begriff Kultur zusammengefasst werden. »Starke« Unternehmenskulturen sind in der Lage, die Mitarbeiter zu motivieren, weshalb insoweit auf eine »straffe« Führung verzichtet werden kann. Mitarbeiter, die aus einer gemeinsamen Geisteshaltung und damit Grundorientierung heraus eigenverantwortlich handeln, sind aktiver und zufriedener; sie tragen zum innerbetrieblichen Konsens bei und schaffen in der Öffentlichkeit ein positives Unternehmensbild.

Allerdings können sich auf globalisierten Märkten die lange gewachsenen Unternehmenskulturen auch als hinderlich erweisen: »… Siemens hat ein Kulturproblem. Der vielleicht deutscheste aller heimischen Industriekonzerne lebt mit seiner 150-jährigen Geschichte. Die wurde von Technikern bestimmt, die ihre Aufgabe darin sahen, Qualität zu liefern. Der Preis der Produkte war nicht so wichtig, Marketing lange Zeit unbekannt. Machte eine Sparte Verluste, sorgten die Gewinne der anderen Bereiche für Ausgleich. Der Konzern wurde so konservativ geführt, dass die Gewinne praktisch im Unternehmen blieben. Die Aktionäre ließen sich mit mageren Dividenden abspeisen. Auch Belegschaft und Gewerkschaften waren zufrieden. Wer eine Stellung bei Siemens hatte, war praktisch Beamter. Der Konzern verkörperte eine Art Familie. Zum Chef konnte bisher nur aufsteigen, wer seine gesamte Karriere im Hause verbrachte…« (Aus: Süddeutsche Zeitung vom 4. 11. 1998)

Zudem führen transnationale Unternehmenszusammenschlüsse dazu, dass unterschiedliche Unternehmenskulturen aufeinander prallen, was zu erheblichen Reibungsverlusten – und damit Gewinneinbußen – führen kann. »… , das fast militärische Befehlssystem, in dem Detroit den Ton bestimmt. Ein Zentralkomitee ist nichts gegen General Motors‹, sagte Thomas Klebe, ein IG-Metall-Vertreter im Aufsichtsrat nach seiner Berufung erschüttert. ›Die können nicht mehr atmen‹, sagt ein Mitglied des Aufsichtsrates. Von Bunker- und Schützengrabenmentalität ist die Rede…« (Aus: Süddeutsche Zeitung vom 28. 1. 1999.)

Andererseits »wird dieser Tage schon vernehmliches Murren der Bankers-Trust-Leute über den bürokratischen, unbeweglichen Führungsstil der Deutschen Bank gemeldet« (Aus: Die Zeit vom 3. 12. 1998).

»Wenn man versucht, Unternehmen aus zwei völlig verschiedenen Kulturen zu verschmelzen, sind Konflikte programmiert.« (Audi-Chef F.-J. Paefgen über die DaimlerChrysler-Fusion).

Unternehmensgrundsätze konkretisieren Unternehmensziele zu Handlungsrichtlinien für alle Mitarbeiter.

Viele Unternehmen versuchen, ihre Ziele nach innen hin – also den Mitarbeitern gegenüber – durch die Formulierung von **Unternehmens- (oder Führungs-)Grundsätzen** zu verdeutlichen. In derartigen Leitsätzen werden folglich Unternehmensziele zu **praktischen Handlungsrichtlinien** konkretisiert. Mit diesem »Wertesystem« sollen sich alle Beteiligten so identifizieren, dass sie es zur Richtschnur ihres täglichen Handelns machen. Es soll ein

homogenes Erscheinungsbild des Unternehmens nach außen und ein
»**Wir-Gefühl**« der Mitarbeiter nach innen geschaffen werden: Je vorbehalt-
loser sich alle hinter ihr Unternehmen stellen, desto größer ist seine Erfolgs-
chance im Wettbewerb. Voraussetzung für die Erfüllung dieser Erwartungen
ist jedoch, dass die Unternehmensgrundsätze nicht an den Mitarbeitern vorbei aufgestellt und von der Unternehmensleitung auch beherzigt (»vorge-
lebt«) werden. Ferner ist immer wieder zu prüfen, ob die Grundsätze noch
zeitgemäß sind oder neuen Entwicklungen in der Umwelt oder den ange-
strebten Zielen angepasst werden müssen; andernfalls werden sie zum
Hemmschuh.

Beispiel

Unternehmensgrundsätze (Jagenberg AG)

- In unseren Geschäftsfeldern Papier-, Folien-, Verpackungs- und Ferti-
  gungstechnik sind wir engagierter Partner unserer Kunden.
- Kontinuität und Innovation prägen unser Handeln.
- Wir entwickeln leistungsfähige Produkte mit unseren Kunden und Liefe-
  ranten.
- Wir verpflichten uns zu Qualität und Zuverlässigkeit.
- Der Kundennutzen ist die Grundlage für unseren Erfolg.
- Nachhaltige Erträge sichern unsere Arbeitsplätze und die Zukunft unse-
  res Unternehmens.
- Wir sind bereit, zu lernen und zu verändern.
- Wir nutzen Kompetenzen und Freiräume verantwortungsvoll.
- Wir halten Zielvereinbarungen ein.
- Wir motivieren durch Vertrauen und Information.
- Wir lösen Konflikte fair.

Beispiel

Allfinanz: Banken Hand in Hand mit Versicherungen

»Das Thema »Allfinanz« erlebt eine Renaissance. Unter diesem Stichwort
wollen der Versicherer Allianz und die Dresdner Bank an einem Strang ziehen. Sie bieten ihren Kunden künftig praktisch alles, was mit Finanzen zu
tun hat, aus einer Hand an. Dazu gehört das Girokonto, die Scheck-Karte,
der Bausparvertrag, der Aktienkauf und die Altersvorsorge in Form einer
Versicherung oder eines Fonds ...

... Die Crux sind der Vertrieb und das Personal. Die auf Provisionsbasis
arbeitenden Versicherungsleute sind nicht unbedingt auf eine umfassende
Beratung angelegt. Den auf Beratung geschulten Bankbeamten fehlt dagegen die Verkäuferseele. Die unterschiedliche Mentalität ... hat so manche
eingegangene Allfinanz-Ehe scheitern lassen, etwa die damals spektakuläre
Verbindung zwischen der Aachener und Münchener Versicherung und der
Gewerkschaftsbank BfG ...

→

> ... Die Verbindung der Citibank mit dem Versicherungskonzern Travelers gilt allen Finanzhäusern, die »Global Player« sein wollen, als leuchtendes Beispiel; allerdings sollen dort Machtkämpfe zwischen Versicherungszweig und Bankdivision toben ...«
>
> (Aus: H. Einecke: Die Wiedergeburt der Allfinanz, in: Süddeutsche Zeitung vom 2.4.2001).

3 Der Entscheidungsprozess

Als Entscheidungsprozess bezeichnet man das, was sich zwischen dem Entstehen der Entscheidungssituation und dem Fällen der Entscheidung selbst vollzieht. In ihm wirken Entscheidungsalternativen, Entscheidungsparameter und Zielvorstellungen zusammen (Abb. 5.5).

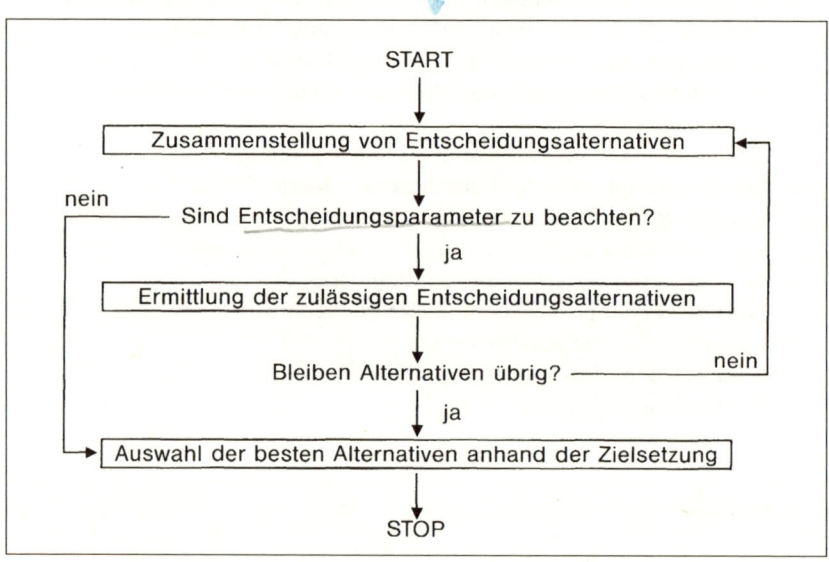

Abb. 5.5: Der Entscheidungsprozess

Erschwert wird der Entscheidungsprozess durch eine Reihe von Tatbeständen, die im Folgenden kurz erörtert werden.

3.1 Alternativenauswahl bei Zielbündeln

> Die Auswahl der günstigsten Alternative ist bei Verfolgung eines Zielbündels häufig erschwert.

Verfolgt ein Unternehmen ein – in sich stimmiges – Zielbündel, dann wird die **Auswahl** der günstigsten **Entscheidungsalternative** wesentlich **erschwert:** Eine Alternative ist nur noch dann einer anderen eindeutig überlegen, wenn sie bei mindestens einer Zielkomponente zu besseren Ergebnissen führt, ohne bei den anderen Zielkomponenten schlechter abzuschneiden. Ist hingegen eine Alternative hinsichtlich eines Ziels einer anderen Alternative **überlegen,** dieser jedoch hinsichtlich eines anderen Ziels **unterlegen,** dann muss zur endgültigen Alternativenauswahl ein bestimmtes Ziel des Zielbündels als besonders erstrebenswert herausgestellt werden.

Zur Illustration sei der Fall betrachtet, wo eine Unternehmensleitung die beiden Ziele »Sicherung der Marktstellung« und »möglichst großes Wachstum« erstrebt, zur Erreichung dieses Zielbündels zwischen den Handlungsalternativen »Preissenkung«, »Werbeetatvergrößerung« und »Sortimentserweiterung« wählen kann und außerdem die in Abb. 5.6 wiedergegebenen Zielbeiträge der einzelnen Alternativen als realistisch einschätzt.

Zielbeitrag von zu	Sicherung der Marktstellung	möglichst großes Wachstum
Preissenkung	gut	schlecht
Werbeetatvergrößerung	mittel	mittel
Sortimentserweiterung	mittel	schlecht

Abb. 5.6: Die Zielbeiträge verschiedener Entscheidungsalternativen

Die Alternative »Sortimentserweiterung« wird nicht weiter betrachtet, weil sie gegenüber einer Werbeetatvergrößerung eindeutig unterlegen ist. Eine Entscheidung zwischen den Alternativen »Preissenkung« und »Werbeetatvergrößerung« ist hingegen nicht möglich; hinsichtlich des Ziels »Sicherung der Marktstellung« ist die Preissenkung, in Bezug auf ein möglichst großes Wachstum ist die Werbeetatvergrößerung überlegen. Stellt nun jedoch die Unternehmensleitung z. B. die Zielkomponente »Sicherung der Marktstellung« als wichtiger heraus, dann gewinnt die Alternative »Preissenkung« eine endgültige Überlegenheit.

3.2 Unvollständige Alternativenübersicht

Häufig hat der Entscheidungsträger keinen vollständigen Überblick über alle realisierbaren Alternativen, da er nach einer gewissen Zeit die Alternativensammlung abbricht. Er folgt dabei – unbewusst – der **Anspruchsanpassungstheorie:** Die Suche wird beendet, wenn man eine Entscheidungsalternative entdeckt hat, deren voraussichtlicher Zielbeitrag das Anspruchsniveau des Suchers befriedigt. Findet man allerdings trotz intensiver Suche keine befriedigende Entscheidungsalternative, dann wird man sein **Anspruchsniveau senken,** die Suche abbrechen und die bisher gefundene beste Alternative realisieren. Stellt sich hingegen unerwartet schnell eine befriedigende Entscheidungsalternative ein, wird man sein **Anspruchsniveau erhöhen** und weitersuchen (Abb. 5.7).

Bei der Suche nach zielgerechten Entscheidungsalternativen neigt man dazu, sein Anspruchsniveau dem Sucherfolg anzupassen.

Das Anspruchsniveau ist ein Kompromiss zwischen dem Streben nach Erfolg und dem Meiden von Misserfolg: Je höher man es festlegt, desto größer wird das Erfolgserlebnis – aber auch die Gefahr des Scheiterns.

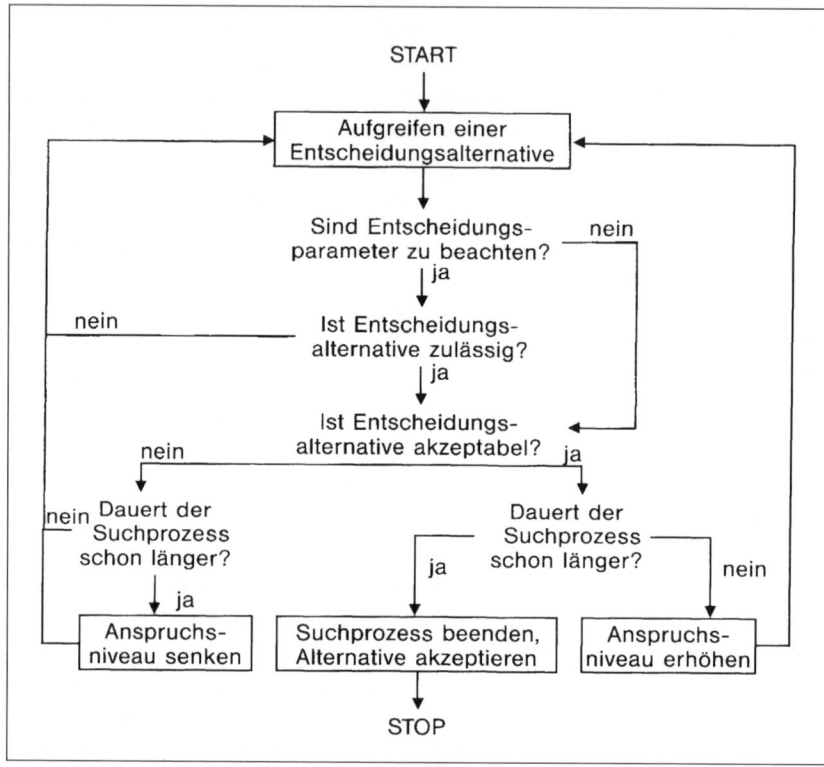

Abb. 5.7: Der Entscheidungsprozess nach der Anspruchsanpassungstheorie

3.3 Unsicherheit zukünftiger Entwicklungen

Die Unsicherheit zukünftiger Entwicklungen macht die Anwendung von Entscheidungsregeln erforderlich.

Der voraussichtliche **Zielbeitrag einer Entscheidungsalternative** ist wegen der unsicheren zukünftigen Entwicklung der Umwelt des Unternehmens nur **schwer abzuschätzen.** Man wird deshalb normalerweise mehrere verschiedene, als möglich angesehene Umweltentwicklungen (»Szenarien«) in die Überlegungen einbeziehen. Dies lässt sich anhand des folgenden Beispiels verdeutlichen:

Um dem Auftreten eines Konkurrenten am Markt zu begegnen, werden als realisierbare **Entscheidungsalternativen** eine Preissenkung, eine Werbeetatvergrößerung und eine Sortimentserweiterung angesehen.

Ferner zieht der Entscheidungsträger drei mögliche **Umweltentwicklungen** in Betracht: normale Entwicklung, Konjunkturverbesserung und Konjunkturverschlechterung.

Je nachdem, welche Entscheidungsalternative auf welche Umweltentwicklung trifft, erwartet der Entscheidungsträger die in Abb. 5.8 wiedergegebenen Gewinne (= **Zielbeiträge**). Das Problem besteht nun darin, die günstigste Entscheidungsalternative auszuwählen.

	normale Entwicklung	Konjunktur-verbesserung	Konjunktur-verschlechterung
Preissenkung	6	9	3
Werbeetat-vergrößerung	7	8	2
Sortiments-erweiterung	5	4	7

Abb. 5.8: Die voraussichtlichen Gewinne verschiedener Alternativen bei unterschiedlichen Umweltentwicklungen (in Mio. EURO)

Eine Hilfe bei diesem Entscheidungsprozess bieten die **Entscheidungsregeln.** Eine von ihnen besagt: »Wähle die Alternative, die in der schlechtesten Situation das relativ beste Ergebnis hervorbringt.« Man geht bei dieser **Minimax-Regel** also davon aus, dass immer die ungünstigste Umweltentwicklung eintritt:

Entscheidungsregeln: Minimax, Laplace, Erwartungswert

- Wählt man die Preissenkung, dann stellt sich eine Konjunkturverschlechterung ein; der Gewinn ist G = 3 Mio. €.
- Wählt man die Werbeetatvergrößerung. dann stellt sich ebenfalls eine Konjunkturverschlechterung ein; der Gewinn ist G = 2 Mio. €.
- Wählt man die Sortimentserweiterung, dann stellt sich hingegen eine Konjunkturverbesserung ein; der Gewinn ist G = 4 Mio. €.

Man entscheidet sich für die Sortimentserweiterung, weil dort der Gewinn mit G = 4 Mio. € am größten ist. Selbstverständlich wird sich die Konjunkturentwicklung nicht danach richten, welche Alternative man ausgewählt hat; die Minimax-Regel stellt lediglich sicher, dass man die Alternative wählt, bei der einem das möglicherweise eintretende Pech am wenigsten anhaben kann: Im Beispiel ist der Gewinn G = 4 die untere Grenze der Gewinnmöglichkeiten, die **auf jeden Fall erreichbar** ist (»maximaler Mindestgewinn«).

Neben dieser Entscheidungsregel gibt es noch eine Reihe weiterer, die allerdings zum Teil zu anderen Ergebnissen führen. So ermittelt die **Laplace-Regel** die Durchschnittsgewinne der Alternativen und wählt diejenige mit dem größten Wert. Im Beispiel der Abb. 5.8 würde hiernach die Preissenkung als günstigste Alternative ausgewählt, denn es gilt:

- Durchschnittsgewinn bei Preissenkung:
  $(6 + 9 + 3) : 3 = 6$
- Durchschnittsgewinn bei Werbebudgeterhöhung:
  $(7 + 8 + 2) : 3 = 5\ 2/3$

- Durchschnittsgewinn bei Sortimentserweiterung:
  $(5 + 4 + 7) : 3 = 5\ 1/3$

Eine Verfeinerung der Laplace-Regel besteht darin, dass man Einschätzungen über die **Eintrittswahrscheinlichkeiten** der verschiedenen Konjunkturentwicklungen vornimmt. So könnte der Entscheidungsträger z. B. zu der Ansicht gelangen, dass eine normale Entwicklung mit 50 %, eine Konjunkturverbesserung mit 30 % und eine Konjunkturverschlechterung mit 20 % zu erwarten ist (Merke: die Summe der Wahrscheinlichkeiten muss immer 100 % ergeben). Auf der Grundlage dieser Einschätzungen werden dann **Gewinn-Erwartungswerte** der verschiedenen Alternativen wie folgt ermittelt:

- Gewinn-Erwartungswert der Preisalternative:
  $6 \times 0{,}5 + 9 \times 0{,}3 + 3 \times 0{,}2 = 6{,}3$
- Gewinn-Erwartungswert der Werbealternative:
  $7 \times 0{,}5 + 8 \times 0{,}3 + 2 \times 0{,}2 = 6{,}3$
- Gewinn-Erwartungswert der Sortimentsalternative:
  $5 \times 0{,}5 + 4 \times 0{,}3 + 7 \times 0{,}2 = 5{,}1$

Die Alternativen Preissenkung und Werbebudgetvergrößerung erscheinen nun gleich günstig.

Dieses **Gewinn-Erwartungswertkriterium** unterstellt allerdings **Risikoneutralität** des Entscheidungsträgers. Ein Gewinn von z. B. 200 mit einer Eintrittswahrscheinlichkeit von 50 % wird von ihm in gleicherweise verrechnet wie ein Gewinn von 100, der mit Sicherheit erzielt wird ($200 \times 0{,}5 = 100 \times 1{,}0$). Würde sich der Entscheider hingegen mit einem Gewinn auf Sicherheitsniveau von weniger als 100 zufriedengeben (z. B. 80), dann wäre er **risikoscheu** (»Der Spatz (80) in der Hand (1,0) ist besser als die Taube (200) auf dem Dach (0,5)«); würde er hingegen einen Gewinn von mehr als 100 verlangen, wäre er **risikofreudig** (seine Gewinnchance gibt er nur ungern preis). In beiden Fällen ließe sich das Gewinn-Erwartungswertkriterium nicht anwenden.

Besonders schwierig gestaltet sich der Entscheidungsprozess, wenn nicht – wie in Abb. 5.8 – **genaue Werte** der Zielrealisierung angegeben werden können, sondern entweder

- nur gewisse **Bereichsaussagen** (wie z. B. »tritt bei einer Preissenkung eine Konjunkturverbesserung ein, dann liegt der Gewinn zwischen 7 und 11 Mio. €«) oder
- nur allgemeine **Umschreibungen** (wie z. B. »eine Preissenkung ist ungünstiger als eine Sortimentserweiterung, wenn eine Konjunkturverschlechterung eintritt«)

möglich sind. Die meisten Entscheidungsregeln können dann nicht mehr angewendet werden.

Entscheidungsträger können risikoscheu, risikoneutral oder risikofreudig sein; risikoneutrale Entscheidungsträger wenden das Gewinn-Erwartungswertkriterium an.

Unter der Lupe

Nutzenfunktion und Risikoeinstellung

Dem risikofreudigen Entscheider verschafft ein wachsender Gewinn einen **überproportional** wachsenden Nutzen.

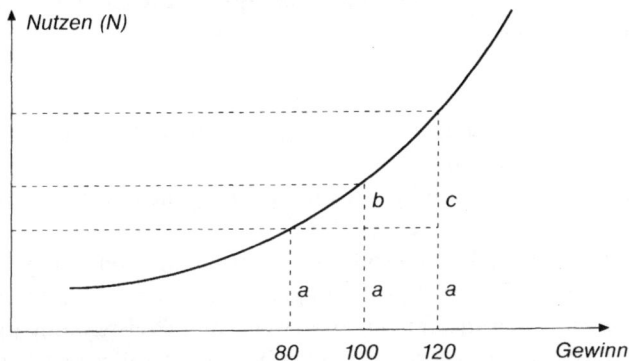

Angenommen, jemand steht vor der Wahl, einen Gewinn in Höhe von 100 mit Sicherheit (Alternative 1) oder einen Gewinn in Höhe von 80 oder 120 mit je 50 % Eintrittswahrscheinlichkeit (Alternative 2) zu beziehen.

Der Nutzen-Erwartungswert des risikofreudigen Entscheiders ist:

- bei der sicheren Alternative (1):
  $N_1 = a + b$ und
- bei der unsicheren Alternative (2):
  $N_2 = a \times 0,5 + (a + c) \times 0,5 = a + 0,5c$.

Da – wegen des Kurvenverlaufs – gilt: $b < 0,5c$, ist auch $N_1 < N_2$.

Der risikofreudige Entscheider zieht somit – wegen des höheren Nutzen-Erwartungswerts – die unsichere Alternative vor und wahrt seine Gewinnchance.

Der risikoneutrale (-scheue) Entscheider orientiert sich an einer linearen (degressiv steigenden) Nutzenfunktion; es gilt dann entsprechend $N_1 = N_2$ ($N_1 > N_2$): er bewertet beide Alternativen gleich (die sichere Alternative höher).

3.4 Mehr-Personen-Entscheidungen

Oftmals besteht der Entscheidungsträger aus mehreren Personen, die – wenn überhaupt – **unterschiedliche Vorstellungen** über

- die möglichen Umweltentwicklungen,
- die anzustrebenden Ziele,
- die realisierbaren Alternativen,
- die möglichen Zielbeiträge der Alternativen und
- die anzuwendende Entscheidungsregel

haben. Es kann deshalb ohne weiteres auch der Fall eintreten, dass verschiedene Personen **verschiedene Entscheidungsalternativen** favorisieren.

Mehr-Personen-Entscheidungen nennt man auch »kollektive« Entscheidungen.

Verschiedene Abstimmungsregeln können zu unterschiedlichen Entscheidungen führen.

Beispielhaft sei angenommen, dass sich drei gleichberechtigte Personen A, B und C mit zum Teil voneinander abweichenden Ansichten auf eine der drei Entscheidungsalternativen Preissenkung, Werbebudgeterhöhung oder Sortimentserweiterung einigen müssen. Je nachdem, wie sie dabei vorgehen, können sich unterschiedliche Ergebnisse einstellen:

- Nennt jede Person nur die in ihren Augen **günstigste** Entscheidungsalternative, dann ergibt sich z. B.
  A: Preissenkung
  B: Preissenkung
  C: Werbebudgetvergrößerung mit dem Ergebnis, dass die Alternative »Preissenkung« realisiert wird.
- Nennt jede Person ihre **Reihenfolge** der Entscheidungsalternativen, dann ergibt sich z. B.
  A: Preissenkung, Werbebudgetvergrößerung, Sortimentserweiterung
  B: Preissenkung, Werbebudgetvergrößerung, Sortimentserweiterung
  C: Werbebudgetvergrößerung, Sortimentserweiterung, Preissenkung mit dem Ergebnis, dass nun die Alternative Werbebudgetvergrößerung ebenso gut ist wie die Alternative Preissenkung, sofern man für eine Erstplatzierung drei, eine Zweitplatzierung zwei und eine Drittplatzierung einen Punkt vergibt.
- Trägt jede Person ihre Vorstellungen vom **Beitrag** der Entscheidungsalternativen zur Zielerreichung in eine Skala ein, dann ergibt sich z. B.:

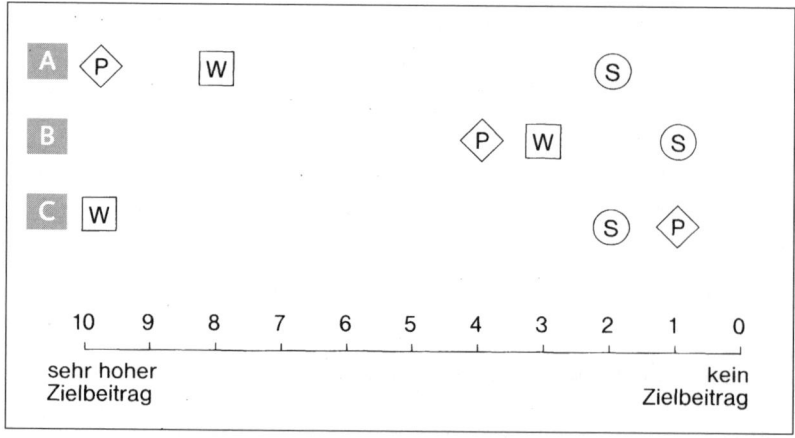

Durch unehrliches Verhalten Einzelner kann das Ergebnis erfolgreich manipuliert werden (Theorem von Gibbard/ Satterthwaite).

mit dem Ergebnis, dass nun die Alternative »Werbebudgetvergrößerung« (W) mit $10 + 8 + 3 = 21$ Zielbeitragspunkten vor den Alternativen »Preissenkung« (P) mit 15 Punkten und »Sortimentserweiterung« (S) mit 5 Punkten rangiert. Damit setzt sich aber die Person C gegen die beiden anderen durch. Um dies zu verhindern, müssten A und B eine **Koalition** bilden und wie folgt vorgehen: A behauptet entgegen seiner Überzeugung, dass W einen nur geringen Zielbeitrag leistet (z. B. 4 statt 8), und B behauptet entgegen seiner Überzeugung, dass mit P ein hoher Zielbeitrag erreicht werden kann (z. B. 8 statt 4). So wird es dann möglich, die von A und B favorisierte Preissenkung durchzusetzen.

Keine Lösung für den Entscheidungsprozess gibt es, wenn – bei gleichberechtigten Personen – folgende Verhältnisse herrschen:

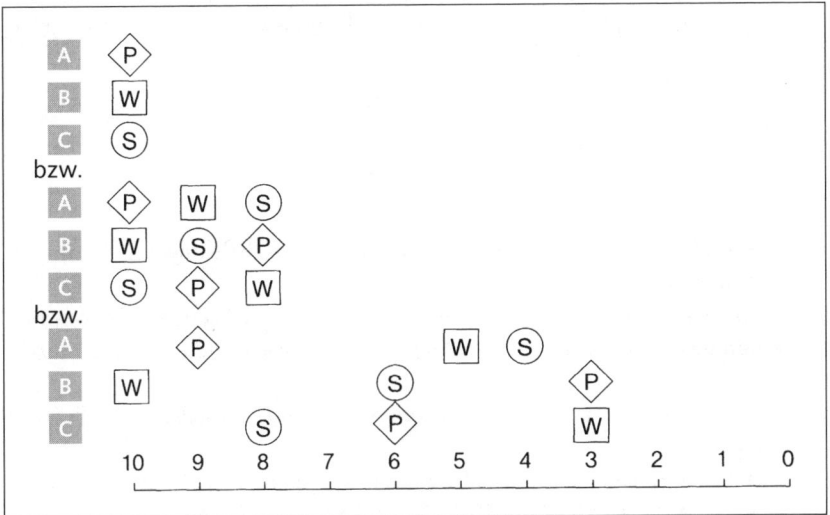

Für derartige Fälle muss als Regelung vorgesehen werden, dass der »**Vorsitzende**« entscheidet.

Ein Mehr-Personen-Entscheidungsgremium ist in vielen Unternehmen typisch im Zusammenhang mit der Beschaffung von Investitionsgütern, z. B. beim Kauf einer EDV-Anlage; man nennt diese Einrichtung, die sich aus Mitarbeitern verschiedener Unternehmensbereiche (z. B. Produktion, Einkauf) und Hierarchieebenen (z. B. Sachbearbeiter, Direktoren) sowie oft auch externen Beratern zusammensetzt, auch »**Buying Center**«.

Arbeitsaufgaben

1) Was sind Führungsentscheidungen? Nennen Sie Beispiele und beschreiben Sie diese!
2) Welches sind die Bestandteile einer Entscheidungssituation?
3) Erläutern Sie anhand von Beispielen, was Sie unter Entscheidungsparametern verstehen!
4) Stellen Sie die Grundzüge der Anspruchsanpassungstheorie dar!
5) Erläutern Sie die Begriffe
   – Zielindifferenz

– Zielkonkurrenz
– Zielkomplementarität!

6) Was ist eine Umwegs-Zielerreichung? Nennen Sie Beispiele!

7) Ist das Ziel »maximale Versorgung der Bevölkerung« ein sinnvolles Ziel für einen öffentlichen Versorgungsbetrieb?

8) Für drei Entscheidungsalternativen (a_1, a_2, a_3) und drei mögliche Umweltentwicklungen (S_1, S_2, S_3) gelten die folgenden Gewinnerwartungen:

	S_1	S_2	S_3
a_1	4	6	5
a_2	3	2	6
a_3	7	6	3

Ermitteln Sie anhand der Ihnen bekannten Entscheidungsregeln die optimale Alternative!

9) Dem risikoscheuen Entscheider verschafft ein wachsendes Einkommen einen unterproportionalen Nutzenzuwachs. Begründen Sie diese Aussage!

10) Worin besteht ein besonderes Problem von Zielbündeln und wie ist es zu lösen?

11) Für die Szenarien der Aufgabe 8) gelten folgende Eintrittswahrscheinlichkeiten: $S_1 = 30\%$, $S_2 = 45\%$, $S_3 = 25\%$.

Ermitteln Sie die günstigste Entscheidung nach dem Erwartungswertkriterium! Was wird bei dieser Entscheidungsregel unterstellt?

12) Was versteht man unter Risikoneutralität, Risikoscheu und Risikofreude?

13) Ein Entscheider verfüge über folgende Nutzenfunktion:

$$N = \frac{1}{10} \cdot G^2$$

mit: N = Nutzen,
      G = Gewinn

Ferner stehe er folgenden Gewinnerwartungen gegenüber:

	S_1 (0,7)	S_2 (0,3)
a_1	45	100
a_2	43	103

mit: S = Umweltentwicklung (mit Eintrittswahrscheinlichkeit),
      a = Entscheidungsalternative

Welche Risikoeinstellung hat der Entscheider, und welche Entscheidung wird er fällen, um einen möglichst großen Nutzen-Erwartungswert zu erreichen? Wie hätte sich ein risikoneutraler Entscheider verhalten?

14) Inwiefern bergen Mehr-Personen-Entscheidungen besondere Probleme? Woraus resultieren sie?

15) Was sind Unternehmensgrundsätze, welche Aufgabe haben sie, und welches sind die Voraussetzungen ihrer Erfolgswirksamkeit?

16) Yamaha-Werbung für Musikinstrumente: »Wir wollen vielen Menschen dabei helfen, ein erfülltes und sinnvolles Leben zu führen.« Beurteilen Sie diese Aussage vor dem Hintergrund der unternehmerischen Zielsetzungen!

17) Was versteht man unter dem Shareholder Value, und wie versuchen Unternehmen ihn zu steigern?

18) Was ist von dem Gegensatz: Stakeholder Value – Shareholder Value zu halten?

19) Eine Unternehmenskultur kann hilfreich, aber auch hinderlich sein. Erläutern Sie diese Aussage!

20) Worin sehen Sie die internen Probleme eines Kooperationsprojekts zwischen einem deutschen und einem japanischen Unternehmen der gleichen Branche?

21) Ein Entscheider steht vor der Wahl, ein Einkommen in Höhe von 100 mit Sicherheit (Alternative 1) oder ein Einkommen in Höhe von 80 oder 120 mit je 50 % Eintrittswahrscheinlichkeit (Alternative 2) zu beziehen. Welche Alternative zieht ein risikoscheuer Entscheider vor? Begründen Sie Ihre Aussage anhand einer Nutzenfunktion!

22) Aufgabe 13) wird wie folgt modifiziert:

$$N = \frac{1}{10} \cdot \sqrt{G}$$

und

	S_1 (0,6)	S_2 (0,4)
a_1	40	200
a_2	30	220

Zu welchen Ergebnissen gelangen Sie jetzt?

23) Hugo hat von Tante Käthe 100 € geschenkt bekommen, die er für ein Jahr investieren will. Er sieht zwei Alternativen:

Alternative 1:

Er kauft eine Aktie der Hallodrie-AG, die derzeit zu einem Börsenkurs von 100 € gehandelt wird. Er erwartet, dass in einem Jahr der Börsenkurs mit 30 % (20 %, 15 %, 35 %) Wahrscheinlichkeit bei 80 € (100 €, 120 €, 150 €) liegen wird.

Alternative 2:

Hugo legt die 100 € bei der Solid-Bank an und erhält mit Sicherheit nach einem Jahr 114,50 € ausbezahlt. Hugo entscheidet sich für den Kauf der Aktie. Welchem Risikotyp ist Hugo zuzuordnen? Begründen Sie Ihre Aussage!

Lösungsvorschläge für die Arbeitsaufgaben im »Übungsbuch zu Grundlagen und Probleme der Betriebswirtschaft«.

Weiterführende Literatur

Albach, H.: Shareholder Value und Unternehmenswert – Theoretische Anmerkungen zu einem aktuellen Thema, in: Zeitschrift für Betriebswirtschaft (ZfB), 71. Jg. (6, 2001), S. 643–674.

Bamberg, G.; Coenenberg, A.-G.: Betriebswirtschaftliche Entscheidungslehre, 10. Aufl., München 2000.

Bühner, R. (Hrsg.): Der Shareholder Value Report, Landsberg/Lech 1994.

Bühner, R.: Kapitalmarktorientierte Unternehmenssteuerung, in: Wirtschaftswissenschaftliches Studium (WiSt), 25. Jg. (8,1996), S. 392–396.

Bühner, R.: Das Management-Wert-Konzept, Strategien zur Schaffung von mehr Wert im Unternehmen, Stuttgart 1990.

Dinkelbach, W.; Kleine, A.: Elemente einer betriebswirtschaftlichen Entscheidungslehre, Heidelberg 1996.

Eisenführ, F.; Weber, M.: Rationales Entscheiden, 3. Aufl., Heidelberg 1999.

Heinen, E.; Fank, M.: Unternehmenskultur, 2. Aufl., München 1997.

Kahle, E.: Betriebliche Entscheidungen, 6. Aufl., München 2001.

Laux, H.: Entscheidungstheorie, 4. Aufl., Heidelberg 1998.

Mag, W.: Grundzüge der Entscheidungstheorie, München 1990.

Pfingsten, A.; Wagener, A.: Gibbard/Satterthwaite-Theorem, Hare-Regel und die Vergabe der olympischen Sommerspiele 1996 an Atlanta, in: Wirtschaftswissenschaftliches Studium (WiSt), 25. Jg. (7/1996), S. 355–357.

Saliger, E.: Betriebswirtschaftliche Entscheidungstheorie, 4. Aufl., München 1998.

Sauermann, H.; Selten, R.: Anspruchsanpassungstheorie der Unternehmung, in: Zeitschrift für die gesamten Staatswissenschaften, 118. Jg. (1962), S. 577–597.

Schmid, St.: Multikulturalität in der internationalen Unternehmung, Wiesbaden 1996.

Sieben, G.; Schildbach, T: Betriebswirtschaftliche Entscheidungstheorie, 4. Aufl., Düsseldorf 1994.

6. Kapitel:
Planungs-, Organisations- und Kontrollentscheidungen

Lernziele

Leitfrage:
Was versteht man unter Planung?
- Macht die Ungewissheit der Zukunft Planung sinnlos?
- Wie wird – bei unterschiedlichen Interessen der Abteilungen – ein koordinierter bzw. optimaler Unternehmensgesamtplan gewonnen?
- Was versteht man unter strategischer Planung, und welche Instrumente stehen hierfür zur Verfügung?
- Welche Aufgaben hat das strategische Management?

Leitfrage:
Was ist Aufgabe der betrieblichen Organisation?
- Worin bestehen die Besonderheiten von flach und schlank aufgebauten Organisationen, und welcher Organisationsformen kann man sich dabei bedienen?
- Welche Probleme müssen bei der Organisation des betrieblichen Ablaufs bedacht werden?
- Warum sollte man den Ablauf wichtiger nehmen als den Aufbau?

Leitfrage:
Worin besteht und welchen Sinn hat betriebliche Kontrolle?
- Wodurch unterscheiden sich Kontrolle und Revision?
- Inwiefern ist Controlling mehr als nur Kontrolle?
- Was sind Früherkennungssysteme?
- Inwiefern bietet das Konzept der Balanced Scorecard mehr als Controlling und Früherkennung?

1 Die Planungsentscheidung

Die Planungsentscheidungen befassen sich mit dem **Entwurf** der **Ordnungen** und **Abläufe**, nach denen sich das weitere betriebliche Geschehen zielgerichtet vollziehen soll.

1.1 Die Flexibilität der Pläne

Ein optimaler **starrer** Plan legt heute bereits bis zum Planungshorizont fest, was wann geschehen soll. Basis dieser Festlegungen könnten z.B. Szenarien mit Eintrittswahrscheinlichkeiten und Bewertungen alternativer Handlungsmöglichkeiten sein, die – für mehrere Jahre im Voraus – jahresweise aufgestellt und z.B. mit Hilfe des Erwartungswertkriteriums »gelöst« werden (5. Kapitel). Bei einer solchen Folge »optimaler« Entscheidungen sind Fehlentscheidungen jedoch nicht ausgeschlossen, da sich – besonders in den späteren Jahren – die Umwelt völlig anders entwickeln kann als prognostiziert.

Die Unsicherheit der Zukunft verlangt flexible Planung.

Man sollte deshalb Maßnahmen nur soweit festlegen, wie dies unumgänglich erscheint und im Übrigen **flexibel** planen: Bei jeder Planung ist – in gewissen Grenzen – die Möglichkeit einer Planrevision offen zu halten, damit neue Informationen und Datenkonstellationen rasch auf den betrieblichen Vollzug einwirken können. Am wirkungsvollsten erreicht man dies dadurch, dass man eine **Abfolge von Alternativplänen** aufstellt, um dann – je nach Fortgang der Entwicklung – zu entscheiden, welche Planvarianten in den einzelnen Perioden realisiert werden sollen.

Unter der Lupe

Flexible Planung durch Entscheidungsbaumanalyse

Ein Anbieter plant, mit einem Produkt auf einen Markt zu kommen, auf dem die Konkurrenz ein vergleichbares Produkt bereits verkauft. Offen ist noch, welche Preisstrategie während der Produkteinführungsphase (= Planungszeitraum) gewählt werden soll (vgl. Abbildung):

Bei einem Konkurrenzpreis von 20,– werden als eigene Preisvarianten 15,– und 20,– ins Auge gefasst.

■ Erscheint man mit 15,– am Markt, dann erwartet man mit einer Eintrittswahrscheinlichkeit von 20 % (80 %), dass der Konkurrent seinen Preis beibehält (auf ebenfalls 15,– senkt).

   – Behält der Konkurrent seinen Preis bei, dann wird man selbst bei einem Preis von 15,– (17,– bzw. 20,–) einen Einführungsgewinn von 120 (130 bzw. 80) realisieren können.

   – Senkt der Konkurrent seinen Preis auf 15,–, dann wird man selbst bei einem Preis von weiterhin ebenfalls 15,– einen Gewinn von 60 realisieren können.

→

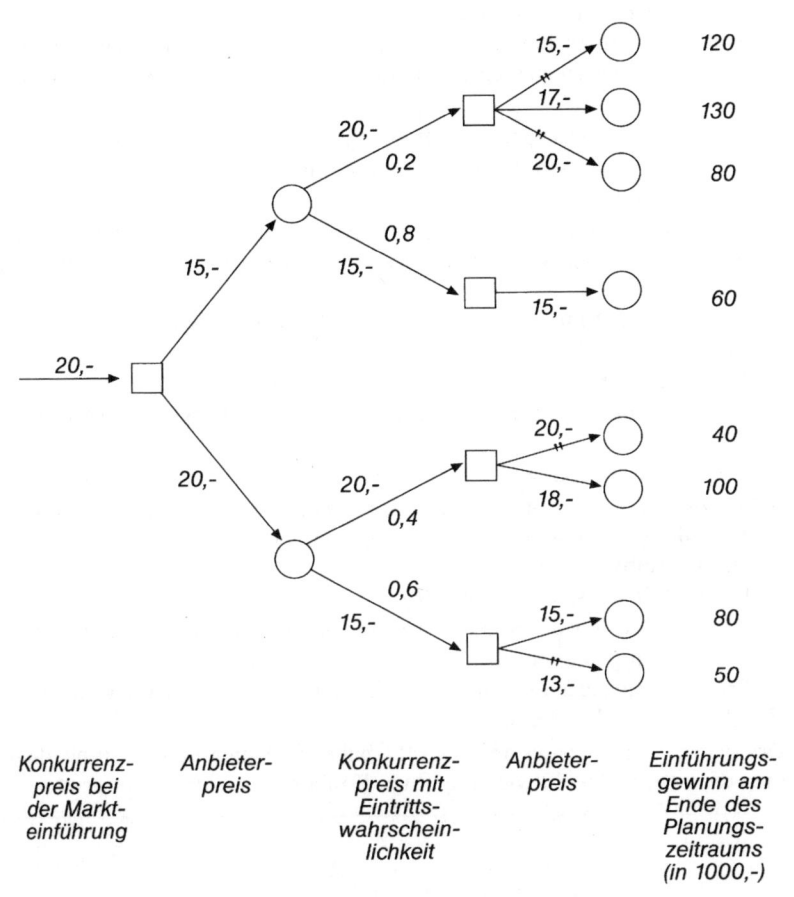

| Konkurrenz-
preis bei
der Markt-
einführung | Anbieter-
preis | Konkurrenz-
preis mit
Eintritts-
wahrschein-
lichkeit | Anbieter-
preis | Einführungs-
gewinn am
Ende des
Planungs-
zeitraums
(in 1000,-) |

- Erscheint man mit 20,– am Markt, dann erwartet man mit einer Eintrittswahrscheinlichkeit von 40 % (60 %), dass der Konkurrent seinen Preis beibehält (auf 15,– senkt).
  - Behält der Konkurrent seinen Preis bei, dann wird man selbst bei einem Preis von 20,– (18,–) einen Einführungsgewinn von 40 (100) realisieren können.
  - Senkt der Konkurrent seinen Preis auf 15,–, dann wird man selbst bei einem Preis von 15,– (13,–) einen Einführungsgewinn von 80 (50) realisieren können.

Welche Preisstrategie sollte man wählen?

Zur Klärung dieser Frage kann man sich des **Rollback-Verfahrens** bedienen:

Zunächst wird eine Reihe ungünstiger Äste abgeschnitten: Behält bei einem Einführungspreis von 15,– die Konkurrenz ihren Preis von 20,– bei, dann sollte man selbst 17,– festsetzen, ihn also weder auf 15,– halten noch auf 20,– erhöhen, da dann der Gewinn gegenüber 130 mit 120 bzw. 80 ungünstiger wäre. Analog werden auch die anderen Alternativen gelichtet (II).

Als Zwischenergebnis zeigt sich dann:

- Wählt man einen Einführungspreis von 15,–, dann sollte man ihn auf 17,– erhöhen (beibehalten), wenn der Konkurrent seinen Preis beibehält (auf 15,– senkt).
- Wählt man hingegen einen Einführungspreis von 20,–, dann sollte er auf 18,– (15,–) gesenkt werden, wenn die Konkurrenz ihren Preis beibehält (auf 15,– senkt).

Es muss nun noch geklärt werden, welchen Einführungspreis man verlangen sollte. Diese Frage wird auf der Basis der Gewinn-Erwartungswerte entschieden:

- Bei einem Einführungspreis von 15,– beträgt der Gewinn-Erwartungswert:

$$130 \times 0{,}2 + 60 \times 0{,}8 = 74$$

- Bei einem Einführungspreis von 20,– beträgt der Gewinn-Erwartungswert:

$$100 \times 0{,}4 + 80 \times 0{,}6 = 88$$

Man sollte folglich einen Einführungspreis von 20,– festsetzen (Voraussetzung: Risikoneutralität des Entscheidungsträgers).

Insgesamt ergibt sich somit:

- Der Einführungspreis beträgt 20,–
- Behält daraufhin die Konkurrenz ihren Preis von 20,– bei, sollte man selbst ihn auf 18,– senken.
- Ermäßigt hingegen die Konkurrenz ihren Preis auf 15,–, dann sollte man selbst auch auf 15,– hinuntergehen.

Das Beispiel zeigt, dass es optimal ist, flexibel zu planen in dem Sinne, dass man die tatsächliche Entwicklung (hier: Konkurrenzreaktion) abwartet.

1.2   Die Koordination der Pläne

1.2.1 Die Kennzeichen der Teilpläne

Wegen des enormen Informationsgewinnungs- und -verarbeitungsumfangs ist es nicht möglich, einen **Unternehmensgesamtplan** von vornherein als solchen zu entwerfen. Er wird vielmehr aus einer Reihe **abteilungsspezifischer Teilpläne** zusammengebaut und ergibt sich somit erst am **Ende** des Planungsprozesses.

Die wichtigsten dieser Teilpläne sind:

- der Beschaffungsplan,
- der Produktionsplan,
- der Investitionsplan,
- der Verkaufsplan,
- der Finanzplan und
- der Entwicklungsplan.

Hinzu kommt, dass diese **Haupt-Teilpläne** häufig noch in **Unter-Teilpläne** aufgegliedert werden. So setzt sich z. B. der Verkaufsplan aus einem Preisplan, einem Werbeplan, einem Sortimentsplan usw. zusammen.

In einem ersten Planungsabschnitt stellt **jede Abteilung** für sich selbst einen Teilplan auf, der **aus ihrer Sicht am günstigsten** ist. Dies führt in der Regel dazu, dass die verschiedenen **Teilpläne nicht zueinander passen**. So wird z. B. die Produktionsabteilung die – kostengünstige – Produktion weniger Modelle in großen Stückzahlen vorschlagen, während sich die Verkaufsabteilung viele verschiedene Modelle in begrenzten Stückzahlen wünscht, da eine starke Berücksichtigung »individueller Verbraucherwünsche« das Geschäft belebt.

1.2.2 Die Methoden der Koordination

Die Abstimmung der betrieblichen Teilpläne verläuft dann noch relativ einfach, wenn sich ein Teilplan bald als »Engpass« erweist, auf den sich – entsprechend dem **Ausgleichsgesetz der Planung** (E. Gutenberg) – alle anderen Teilpläne **einseitig einzustellen** haben. (»Dominanz des Minimumsektors«).

Der Regelfall ist jedoch, dass es kurzfristig mehrere und wechselnde Engpässe geben kann, also nicht von vornherein ein alles dominierender Engpass erkennbar ist. Die verschiedenen Abteilungen müssen dann **gegenseitig koordiniert** werden. Die Methode, die dabei angewendet wird, bezeichnet man als **Sukzessivplanung**: Schritt für Schritt wird versucht, die Interessenunterschiede zwischen den Abteilungen durch Verhandlungen und Kompromisse so auszugleichen, dass sich schließlich alle Teilpläne zu einem **widerspruchslosen Gesamtplan** zusammenfügen lassen. Damit ist das Problem aber noch nicht gelöst: Der Gesamtplan sollte nicht nur »aus einem Guss« sein, sondern auch möglichst günstig im Sinne des Unternehmenszieles, was bedeutet, dass von allen möglichen widerspruchslosen Gesamtplänen derjenige auszuwählen ist, der diesem Ziel am nächsten zu kommen verspricht (**optimaler Gesamtplan**). Der Forderung nach einem optimalen Gesamtplan wird die Sukzessivplanung jedoch in der Regel nicht mehr gerecht: Mit ihrer Hilfe lässt sich lediglich ein koordinierter Gesamtplan mit einem akzeptablen Zielerreichungsgrad (Anspruchsanpassungstheorie, 5. Kapitel) suchen und finden. Der optimale Gesamtplan kann nur auf dem Wege einer **Simultanplanung** sichergestellt werden; die zugehörigen Rechenverfahren sind allerdings (noch) nicht leistungsfähig genug. Am ehesten scheinen sich »Dekompositionsverfahren« bewähren zu können, bei denen das Gesamtplanungsproblem abteilungsweise in Teilplanungsprobleme zerlegt und über Verrechnungspreise eine iterative Abstimmung der Abteilungsoptima im Hinblick auf die unternehmerische Zielfunktion vorgenommen wird. Die Steuerung der internen Leistungsbeziehungen über Verrechnungspreise nennt man auch **pretiale Lenkung** (E. Schmalenbach).

Die betrieblichen Teilpläne werden durch Engpass, sukzessive oder Simultanplanung koordiniert.

Beispiel

Sukzessivplanung eines deutschen Investitionsgüterherstellers

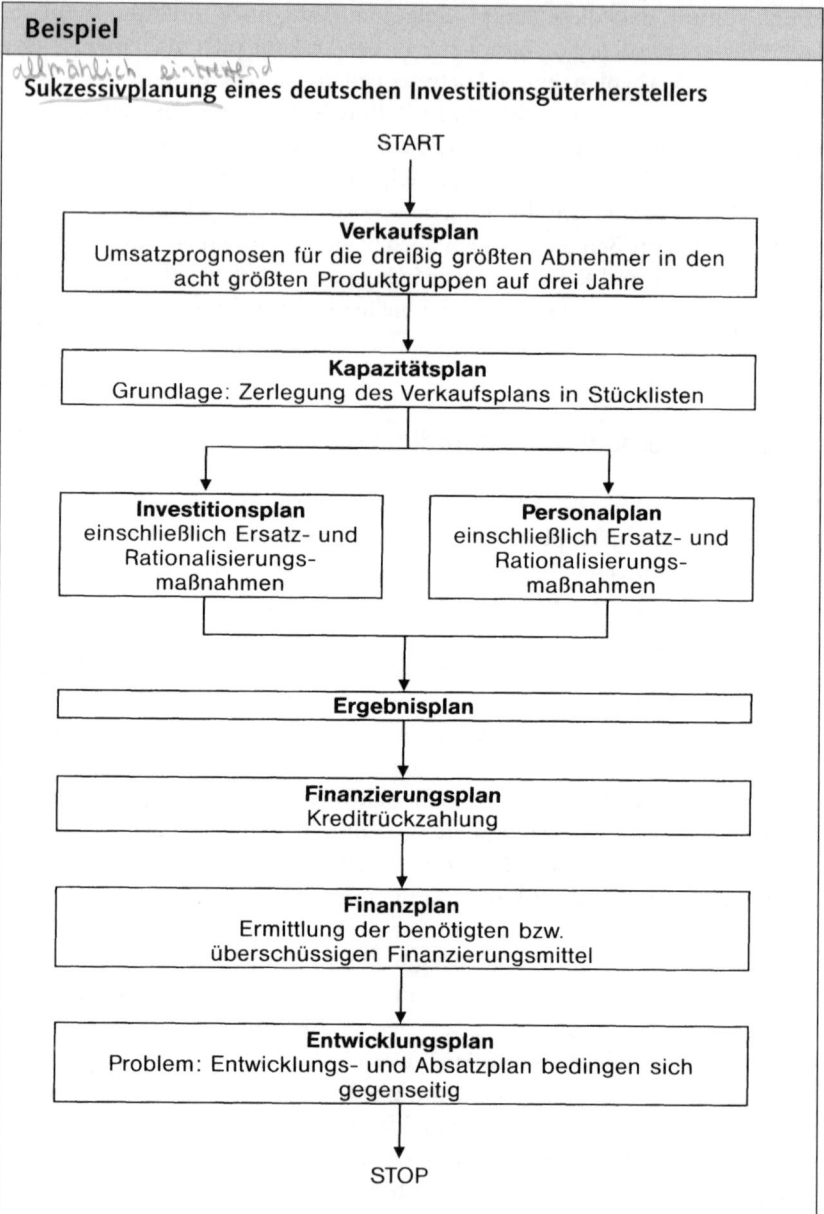

Unter der Lupe

Graphische Lösung eines einfachen simultanen Planungsproblems mit Hilfe der linearen Programmierung (Simplex Kriterium)

Ein Betrieb, der die Produkte (1) und (2) herstellt, besteht aus den beiden Abteilungen (A) und (B).

Die Fertigungsabteilung (A) kann beide Produkte nach Maßgabe der Restriktion

$$x_1 + 2x_2 \leq 1000$$

herstellen, und die Absatzabteilung (B) kann sie nach Maßgabe der Restriktion

$$25x_1 + 10 x_2 \leq 10\,000$$

verkaufen, mit: x_1 = Menge Produkt (1),

x_2 = Menge Produkt (2).

So wäre die Fertigungsabteilung, z. B. in der Lage, von Produkt (1) 500 und von Produkt (2) 200 Stück herzustellen, denn es gilt:

$$500 + 2 \times 200 < 1000.$$

Diese Stückzahlen abzusetzen, schaffte die Absatzabteilung jedoch nicht, weil

$$25 \times 500 + 10 \times 200 > 10\,000$$

ist.

Der Stückgewinn beträgt bei (1) 300 € und bei (2) 200 €, woraus für den Gewinn folgt:

$$G = 300\,x_1 + 200\,x_2$$

Die Produktionsmengen der beiden Produkte sollen nun so festgelegt werden, dass der Gewinn des Betriebes möglichst groß wird; seine Zielfunktion lautet also:

$$G = 300\,x_1, + 200\,x_2 \rightarrow \max.$$

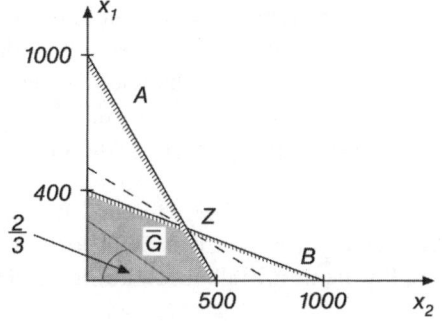

Das gerasterte Viereck bezeichnet die Mengenkombinationen der beiden Produkte, die von beiden Abteilungen gleichermaßen realisiert werden können, die also zu einem abgestimmten, wenn auch nicht unbedingt optimalen Gesamtplan führen: Die Gerade A ist die »Fertigungsgrenze« und die Gerade B die »Absatzgrenze«, jeweils nach Maßgabe der obigen Restriktionen.

Im Bereich dieser möglichen Mengenkombinationen liegt die gewinnmaximale Mengenkombination dort, wo die parallel verschobene Gewinn-

→

funktion G den Möglichkeitsbereich gerade eben noch berührt; dies ist im Punkt Z (mit: $x_1 = 250$, $x_2 = 375$) der Fall. Die Steigung der Gewinnfunktion gibt das Verhältnis der Stückgewinne beider Produkte wieder, der Ordinatenabschnitt das Gewinnniveau.

Lösungshinweis:

Die drei Funktionen lauten:

$$(A)\ x_1 \leq 1000 - 2x_2$$

$$(B)\ x_1 \leq 400 - 0{,}4\,x_2$$

$$(\overline{G})\ x_1 \leq \frac{G}{300} - \frac{2}{3}x_2$$

und stellen einfache Umformungen der Abteilungsrestriktionen sowie der Zielfunktion dar.

1.3   Die Fristigkeit der Pläne

1.3.1 Übersicht

Je nach Fristigkeit unterscheidet man Strategie-, Rahmen- und Detail-Planung; Rahmen und Detailplanung fasst man auch zur operativen Planung zusammen.

Die Fristigkeit der Planungsentscheidung ist von Bedeutung, weil mit der **Länge des Planungszeitraums** (d.h. mit der Distanz des Planungshorizonts) die Unsicherheiten in der Planung größer werden.

Die betriebliche Planung vollzieht sich deshalb auf drei Ebenen:

- Von **Strategieplanung** spricht man, wenn es um die Festlegung einer **langfristigen** Strategie für die Unternehmensentwicklung insgesamt geht, **ohne** dass man sich in **Einzelheiten** verliert.

  Ein strategischer Plan wäre z. B. das Vorhaben eines Automobilherstellers, bis zum Jahre 2010 das Sortiment so zu erweitern, dass 25 % des Umsatzes (Volumenziel) mit Flugzeugmotoren (Produktziel) bei einer Eigenkapitalrendite von 15 Prozent (Renditeziel) erreicht wird.

- In der **Rahmenplanung** wird mit **mittelfristiger** Perspektive die strategische Planung **konkretisiert**.

  Ein Rahmenplan des erwähnten Automobilherstellers könnte z. B. beinhalten, in den nächsten fünf Jahren einen Prototyp zu entwickeln.

- Aufgabe der **Detailplanung** ist es, für die **unmittelbare Zukunft präzise** die weiteren Schritte festzulegen.

  Im Flugzeugfall wäre Gegenstand der Detailplanung z. B. die Frage, wie viele Ingenieure sofort angeworben werden sollen.

Rahmen- und Detailplanung fasst man auch unter dem Oberbegriff **Operative Planung** zusammen, um anzudeuten, dass hier bereits recht konkret und nicht – wie in der Strategieplanung – »global« geplant wird.

1.3.2 Strategische Planung

Wegen ihrer langfristigen und für das Unternehmen »richtungweisenden« Bedeutung nimmt die **strategische Planung** eine herausragende Stellung ein, was auch daran erkennbar ist, dass sie in den Bereich **originärer** Führungsentscheidungen durch das Spitzen-Management fällt, während die operative Planung wesentlich auf derivativen Führungsentscheidungen auch im mittleren Management beruht.

Strategische Planung heißt: Suche nach und Sicherung von langfristigen Erfolgspotentialen.

    Ausgangspunkt strategischer Überlegungen ist eine Bestandsaufnahme der **IST-Situation**, also vor allem

- der Konkurrenzstruktur,
- der Struktur der Absatzmärkte (Bedarf, Zielgruppen)
- der technischen und/oder modischen Trends,
- der Struktur der Beschaffungsmärkte,
- der rechtlichen, sozialen, wirtschaftlichen und politischen Umwelt sowie
- der eigenen Stärken und Schwächen.

Hierauf aufbauend ist zu prüfen, welche **Ziel-(SOLL)-Positionen** langfristig durch das eigene Unternehmen angestrebt und welche Ressourcen hierfür zur Verfügung gestellt werden sollen. Bei der Ermittlung »strategischer Optionen« kann man sich verschiedener Instrumente bedienen.

> Instrumente der strategischen Planung sind Gap-Analysen, Schwächen-Stärken/Chancen-Risiken-Analysen, die Portfolio-Analyse, Checklisten- und Punktbewertungsverfahren sowie das Produktlebenszyklus-Konzept.

Die **Gap-Analyse** vergleicht die – voraussichtlichen – Umsatzentwicklungen zweier extremer Szenarien:

- Welcher Umsatz lässt sich erzielen, wenn auch in Zukunft am bisherigen Verkaufsgeschehen nichts geändert wird (Umsatzentwicklung A)?
- Welcher Umsatz lässt sich erzielen, wenn man unter äußerster Anstrengung versucht, mit den bisherigen Produkten die bisherigen Märkte intensiver zu durchdringen (Umsatzentwicklung B1) und zusätzlich neue Produkte und/oder neue Märkte zu entwickeln (Umsatzentwicklung B2)?

Die Differenz zwischen B1 und A nennt man operative, die zwischen B2 und B1 strategische Lücke.

    Ferner könnte man die **Stärken und Schwächen** des Unternehmens im Vergleich zur Konkurrenz den **Chancen und Risiken** des Marktes gegenüberstellen (SWOT-Analyse: Strengths, Weaknesses, Opportunities, Threats). Besonders günstig wäre es, wenn das Unternehmen dort eine starke Position hat, wo der Markt attraktiv ist; im Übrigen sollte man schwache (starke) Positionen in chancen-(risiko-) reichen Märkten auf-(ab-) bauen.

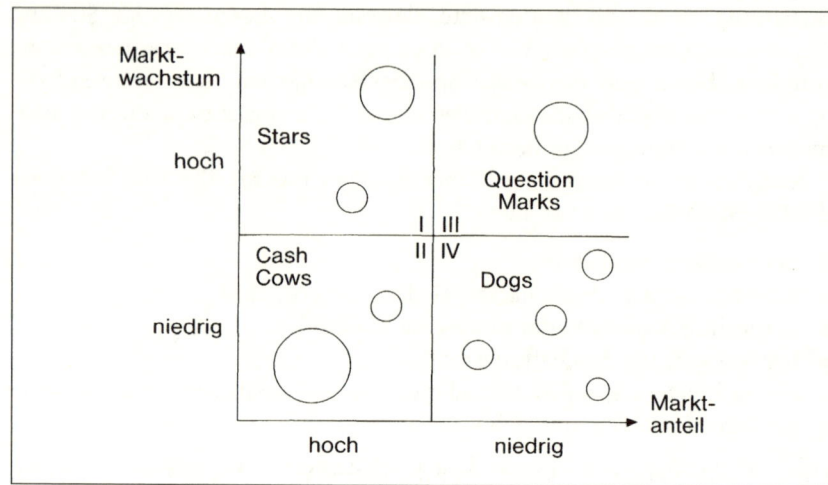

Abb. 6.1: Portfolio-Matrix der Boston Consulting Group

Strategische Geschäftseinheiten sollen intern homogen, extern heterogen und »groß genug« sein.

Vom Prinzip her ähnlich angelegt ist die **Portfolio-Analyse** (Abb. 6.1). Allerdings wird hier keine strategische Planung für das Gesamtunternehmen, sondern für seine **strategischen Geschäftseinheiten** vorgenommen; zu einer solchen Einheit gehören alle »Produkt-Markt-Kombinationen«, die

- verwandt, d.h. auf ein bestimmtes – durch Kunden und Konkurrenten geprägtes – Marktsegment ausgerichtet sind,
- unabhängig von anderen Geschäftseinheiten agieren können und
- insgesamt über ein genügend großes Marktpotential verfügen, damit sich die Erarbeitung einer spezifischen Strategie auch lohnt.

Das Denken in strategischen Geschäftseinheiten resultiert aus der Einsicht, dass ein Unternehmen für die Vielzahl seiner Aktivitäten am Markt keine einheitliche Strategie festlegen, sondern das Geschehen differenziert betrachten sollte. Die Geschäftseinheiten werden – je nach Einschätzung – in ein **Ist-Portfolio** eingetragen, wobei die jeweilige Kreisfläche den Umsatzanteil einer Geschäftseinheit im Unternehmen angibt. Die Positionen in den einzelnen Feldern werden unterschiedlich beurteilt:

- Feld l Geschäftsbereiche: **Stars**
  Hierbei handelt es sich um besonders erfolgreiche Produkte, die jedoch die erzielten Überschüsse – und mehr – zur Finanzierung des eigenen Wachstums benötigen.
- Feld II Geschäftsbereiche: **Cash Cows (»Milchkühe«)**
  Auch diese Produkte sind erfolgreich, jedoch auf reifen und damit stagnierenden Märkten (alternde Stars), weshalb sie mehr verdienen als sie brauchen.

- Feld III Geschäftsbereiche: **Question Marks (»Fragezeichen«)**
  Bei diesen Produkten ist noch unklar, was aus ihnen wird: Die Märkte bieten zwar günstige Entwicklungsmöglichkeiten, sie müssen sich dort aber noch durchsetzen, wozu sie eine starke finanzielle Unterstützung benötigen.
- Feld IV Geschäftsbereiche: **Dogs (»arme Hunde«)**
  Diese Produkte haben ihre besten Zeiten hinter sich und verdienen gerade noch genug, um sich selbst »am Leben« zu erhalten.

In die Portfolio-Matrix werden ferner die **strategischen Zielentscheidungen** über die verschiedenen Geschäftsbereiche eingetragen (**Soll-Portfolio**). Für die tatsächlich besetzten Positionen müssen dann **Strategien** geplant werden, die zu den Zielpositionen führen. Mögliche (Norm-)Strategien sind:

- **Build (»Aufbauen«)**
  Unter Inkaufnahme vorläufiger Verluste sollen Fragezeichen zu Stars gemacht werden.
- **Hold (»Halten«)**
  Milchkühe sollen ihren Marktanteil halten und Überschüsse erzielen, vor allem zur Unterstützung der Stars und Fragezeichen. Oft werden aber nur schönere »Kuhställe« angeschafft.
- **Harvest (»Ernten«)**
  Ohne Rücksicht auf längerfristige Konsequenzen wird kurzfristig abgesahnt. Hierfür kommen schwache Milchkühe, arme Hunde und Fragezeichen in Betracht.
- **Divest (»Liquidieren«)**
  Produkte (insbesondere Hunde und Fragezeichen) werden aus dem Markt genommen, weil sie nichts bringen und auch keine Überschüsse erwarten lassen.

Bei der Festlegung von Zielen und Strategien dorthin bedürfen die strategischen Geschäftseinheiten einer **gegenseitigen Koordinierung**, ohne dass jedoch ihre Eigenständigkeit zu sehr eingeschränkt wird (»kontrollierte dezentrale Führung«). Dies ist Aufgabe der Unternehmensleitung: Sie soll die Einheiten auf attraktive Märkte ausrichten, Synergieeffekte zwischen ihnen erschließen und die (z. B. finanziellen) Ressourcen »optimal« aufteilen: So müsste sie z. B. darauf hinwirken, dass – im Interesse der langfristigen Sicherung des Gesamtunternehmens – die Milchkühe Überschüsse an die Stars abtreten.

Über die Portfolio-Analyse führt die Unternehmensleitung die strategischen Geschäftseinheiten an der langen Leine.

Im Portfolio-Modell der Abb. 6.1 sind die Dimensionen »Marktwachstum« und »Marktanteil« gegenübergestellt. Ein hohes (niedriges) **Wachstum** steht dabei für ein frühes (spätes) Stadium im Produktlebenszyklus, während ein hoher (niedriger) **Marktanteil** eine hohe (niedrige) Verdienstspanne signalisiert: So kann z. B. bei einem hohen Marktanteil von schwachen Wettbewerbern ausgegangen werden; außerdem dürfte der Marktführer – wegen seiner umfangreicheren Produktionstätigkeit – einen Kostenvorsprung haben (»Erfahrungskurveneffekt«). Eine andere – ebenfalls gebräuchliche – Variante der Dimensionierung von Portfolio-Modellen ist die in »Wettbewerbsvorteil« (statt Marktanteil) und »Marktattraktivität« (statt Wachstum); dabei umfasst die Marktattraktivität einer Geschäftseinheit Aspekte wie Kundenpotential, Kaufkraft und Markteintrittsbarrieren, während der Wettbewerbsvorteil im Vergleich zum größten Konkurrenten gemessen wird und sich z.B. auf Kosten-, Image- und Know-how-Vorteile bezieht (McKinsey).

Die Besonderheiten der Portfolio-Analyse sind zugleich ihre Schwachstellen: Abgrenzung der strategischen Geschäftseinheiten, Verfügbarkeit von Informationen zu deren Ist-Positionierung, Konkretisierung und Durchsetzung von Normstrategien, Problematik der Interdependenzen zwischen den Geschäftseinheiten.

Beispiel:

Checkliste

Faktoren \ Produkt	A	B	C
Innovationsgrad	●	○	○
Zahl der möglichen Abnehmer	○	●	○
Kooperationsbereitschaft im Handel	○	●	●
Eintrittsbarrieren für neue Anbieter	●	○	○
Versorgungssicherheit bei Rohstoffen	○	○	●

● gut   ○ mittel   ○ schlecht

Auch das Checklisten- und Punktbewertungsverfahren kann als Instrument der strategischen Planung eingesetzt werden.

Beim – relativ einfachen – **Checklisten-** (Prüflisten-)**Verfahren** werden alternative Zukunftsentwürfe hinsichtlich bestimmter Erfolgsfaktoren »abgeklopft«: Für die Bewertung eines Zukunftsentwurfs (z.B. einer Produkt-Markt-Strategie) anhand der »Erfüllungsgrade« bei den verschiedenen Erfolgsfaktoren bieten sich die Stufen »hoch« (bzw. »gut«), »mittel« und »niedrig« (bzw. »schlecht«) an; weiterhin wäre es möglich, die Faktoren – je nach Bedeutung – in »Muss-«, »Soll-« und »Wunschfaktoren« zu untertei-

Checklisten bzw. Punktbewertungs-Verfahren bewerten Produkt-Markt-Strategien anhand von Erfolgsfaktoren und deren Erfüllungsgraden summarisch bzw. numerisch.

len. Eine Entscheidungsregel könnte dann lauten: »Treibe die Planung für die Produkt-Markt-Strategien voran, die alle Mussfaktoren und mindestens zwei Sollfaktoren ›gut‹ erfüllen.«

Anders als die Checklistenverfahren erlauben **Punktbewertungsverfahren** (»Scoring-Modelle«) eine Verrechnung der Erfüllungsgrade bei den Faktoren zu einem Gesamturteil über jeden Zukunftsentwurf. Voraussetzung ist allerdings, dass man die Erfüllungsgrade nicht »summarisch« (z. B. als gut – mittel – schlecht), sondern numerisch (in Prozent) schätzt. Werden dann noch Bedeutungsgewichte für die Erfolgsfaktoren festgelegt (wobei deren Summe Eins betragen muss), dann lässt sich jedem Zukunftsentwurf ein gewichteter Durchschnittserfüllungsgrad als Gesamturteil zuordnen. Nach Bestimmung eines »Abbruchkriteriums« (z. B. Erfüllungsgrad 50 %) würde die Entscheidungsregel lauten: »Treibe die Planung für die Produkt-Markt-Strategien voran, deren Gesamturteil das Abbruchkriterium überschreitet«.

Beispiel

Punktbewertungsverfahren

Faktoren \ Produkt	A	B
1	50 %	90 %
2	40 %	20 %

Der Faktor 1 wird als doppelt so wichtig wie der Faktor 2 eingeschätzt. Das Abbruchkriterium liegt bei 50 %.
Daraus folgt:
Gesamturteil A: $0{,}66 \cdot 50\,\% + 0{,}33 \cdot 40\,\% = 46{,}2\,\% < 50\,\%$
Gesamturteil B: $0{,}66 \cdot 90\,\% + 0{,}33 \cdot 20\,\% = 66\,\% > 50\,\%$
Ergebnis:
Die Planung für Produkt B wird fortgeführt.

Eine Verknüpfung des Punktbewertungsverfahrens mit der Portfolio-Analyse ist immer dann erforderlich, wenn die Achsenbezeichnungen – wie beim McKinsey-Modell – aus Oberbegriffen bestehen.

Im Zusammenhang mit der strategischen Planung hat sich schließlich auch das **Produktlebenszyklus-Konzept** bewährt; hierauf wird jedoch an anderer Stelle (17. Kapitel) eingegangen.

1.3.3 Strategisches Management

Strategisches
Management:
Planung und
Durchsetzung

Das strategische Management geht einen Schritt über die strategische Planung hinaus: Der Formulierung einer Strategie muss deren **Durchsetzung** (»Implementierung«) folgen. Dabei kann es vorkommen, dass eine falsche Strategie konsequent umgesetzt oder eine richtige Strategie fehlerhaft umgesetzt wird. So war es sicherlich nicht richtig, dass Daimler-Benz in den 80er-Jahren die Strategie eines »integrierten Technologiekonzerns« verfolgte und in Produktbereiche wie Flugzeuge, Hubschrauber, Züge, Elektronik usw. diversifizierte: Die Kernkompetenz als Automobilhersteller konnte nicht auf die anderen Geschäftsfelder übertragen werden. Andererseits wurde die Fusion von Daimler-Benz und Chrysler (1998) als Möglichkeit der regionalen Diversifikation gelobt, bei der Umsetzung hat man aber offensichtlich die Schwierigkeiten der Integration zweier kulturell völlig unterschiedlicher Unternehmen unterschätzt.

Bei der **Unternehmensstrategie** geht es um die »Zusammenstellung« der Geschäftsfelder, in denen das Unternehmen grundsätzlich tätig werden soll. Die **Geschäftsstrategien** richten dann ihr Augenmerk auf die Aktivitäten in den jeweiligen Teilmärkten: Soll z. B. hier eine Technologieführerschaft angestrebt oder dort eine Differenzierungs- oder Kostenführerstrategie (14. Kapitel) umgesetzt werden?

> Die häufigsten Maßnahmen zur Umsetzung einer Unternehmensstrategie sind Akquisition und Restrukturierung.

Bei einer **Akquisition** erwirbt ein Unternehmen die Mehrheit der Eigentumsrechte an einem anderen Unternehmen mit der Absicht, seine Aktivitäten auszuweiten und so einen dauerhaften Wettbewerbsvorteil gegenüber der Konkurrenz zu erlangen (4. Kapitel). Oft im Zusammenhang mit Akquisitionen (aber nicht notwendigerweise) führen Unternehmen **Restrukturierungen** als drastische Veränderungen von Portfolio, Organisation und/oder Kapitalstruktur durch.

- Bei **Portfolio**-Restrukturierungen geht es um Veränderungen in der Beteiligungsstruktur mit einer Tendenz zur »Konzentration auf Kernkompetenzen«.
- **Organisatorische** Restrukturierungen betreffen Veränderungen in der Abgrenzung der Unternehmensbereiche, Hierarchie und Mitarbeiterstruktur, aber auch im Arbeitsprozess (»Business-Reengineering«).
- Eine **finanzielle** Restrukturierung liegt z. B. dann vor, wenn Führungskräfte das Unternehmen als neue Eigentümer übernehmen (Management-Buyout, 20. Kapitel). Hierzu zählen aber auch Kapitalerhöhungen, umfangreiche Fremdkapitalaufnahmen usw.

Bei mancher Restrukturierung dominiert der kurzfristige Aspekt: So sind sie oft mit einem Rückgang der Mitarbeiterzahl verbunden. Den sinkenden Personalaufwendungen können dann aber später bei steigender Produktion Schwierigkeiten bei der Mitarbeitergewinnung gegenüber stehen.

> Strategisches Management beinhaltet ein in sich schlüssiges Verhalten über einen längeren Zeitraum hinweg (z. B. eine Strategie der Technologieführerschaft). Angesichts der Unsicherheit der Zukunft weichen aber oft geplante und realisierte Strategien voneinander ab.

2 Die Organisationsentscheidungen

Die Organisationsentscheidungen befassen sich mit der konkreten **Umsetzung** der Planungsentscheidungen im Unternehmen.

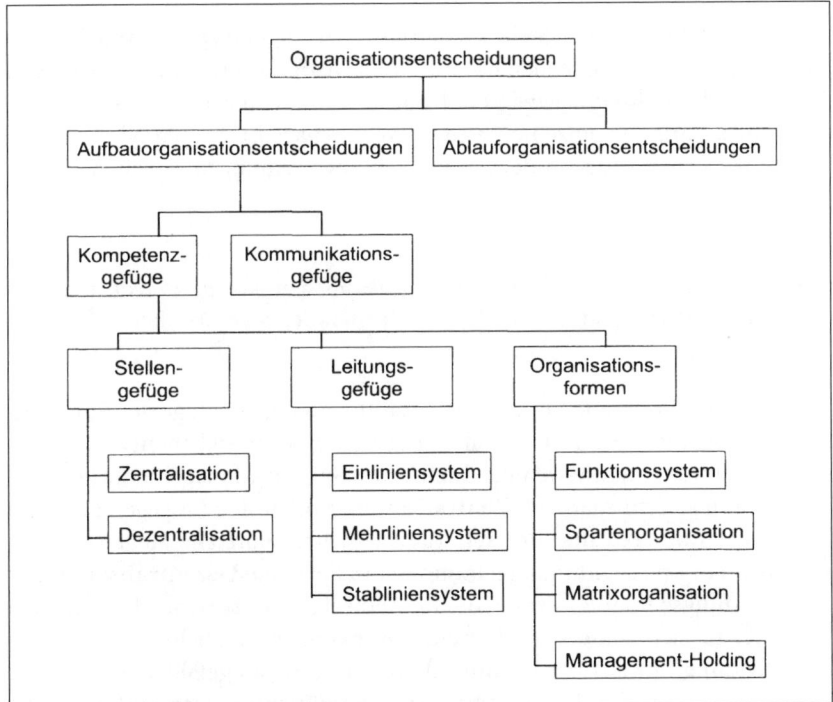

Abb. 6.2: Systematik der Organisationsentscheidungen

Diese Aufgabe hat **zwei Aspekte** (Abb. 6.2): Einmal ist zu entscheiden, wie das Unternehmen organisatorisch aufgebaut werden muss, damit alle Planungsentscheidungen auch an die zuständigen Stellen gelangen (**Aufbau-Organisationsentscheidungen**). Zum anderen ist zu klären, wie der Betriebsablauf selbst plangemäß zu organisieren ist (**Ablauf-Organisations-entscheidungen**).

2.1 Die Aufbau-Organisationsentscheidungen

Das Kompetenzgefüge bestimmt die Zuständigkeit im Betrieb.

Die Aufbau-Organisationsentscheidungen müssen das Kompetenz- und das Kommunikationsgefüge festlegen.

2.1.1 Das Kompetenzgefüge (Aufbau)

Das Kompetenzgefüge bestimmt, wer welche Rechte und Pflichten hat, kurz: **wer wofür zuständig** ist. Beim Aufbau eines Kompetenzgefüges sind deshalb ein Stellengefüge und ein – die Stellen verknüpfendes – Leitungsgefüge zu etablieren, wofür es verschiedene Organisationsformen gibt.

2.1.1.1 Das Stellengefüge (Aufbau)

Bei der Errichtung eines Stellengefüges werden den einzelnen, mit je einer Person zu besetzenden Stellen fest umrissene **Aufgaben** und die zugehörigen **Rechte** und **Pflichten** zugewiesen. Dabei ist darauf zu achten, dass die **Aufgabenbelastung** der einzelnen Stellen »vertretbar« ist. Seinen Niederschlag findet das Stellengefüge in dem mit Stellenbeschreibungen versehenen **Stellenplan**.

> Bei der Aufgabenzuweisung zu Steilen ist auch zu klären, in welchem Umfang Entscheidungskompetenzen dorthin delegiert werden.

Eine wichtige Rolle spielt in diesem Zusammenhang die Frage der **Entscheidungsdelegation:** Sind (fast) alle Aufgaben mit (merklichem) Entscheidungsspielraum auf die wenigen Stellen des Spitzen-Managements konzentriert, dann spricht man von **Zentralisation**; finden sich hingegen auch auf Stellen des mittleren und unteren Managements zahlreiche Stellen mit beträchtlichem Entscheidungsspielraum, dann liegt eine **Dezentralisation** der Entscheidungsbefugnisse vor. Für die Zentralisation spricht, dass sie eine straffere, in sich **widerspruchsfreie Führung** ermöglicht und manche Entscheidung nur aus der **Gesamtschau** des Betriebes gefällt werden kann. Bei einer Dezentralisation wird hingegen die **Führungsspitze entlastet**, die **Arbeitsfreude** der Mitarbeiter – die nicht mehr nur Befehlsempfänger sind – steigt, und zum Teil können **vor Ort** bessere Entscheidungen getroffen werden: In der Regel bringen die Mitarbeiter in beträchtlichem Umfang eigene **Sachkunde** und **Kreativität** in die Entscheidungsprozesse ein; dies gilt um so mehr, als mit zunehmender Komplexität der betrieblichen Prozesse auch die **Qualifikation** – und damit **Kompetenz** – der Mitarbeiter steigt.

Außerdem können Entscheidungen, die **näher an den Kunden** gefällt werden, in der Regel flexibler auf deren Wünsche Rücksicht nehmen.

Als problematisch an der Dezentralisation könnte man ansehen, dass der Unternehmensleitung »Führungs**informationen**« **verloren gehen** und vor Ort **unkoordiniert** entschieden wird. Die damit einhergehenden Effizienzverluste werden jedoch angesichts von »Dezentralisationsgewinnen« meistens in Kauf genommen. Sie lassen sich aber auch dadurch begrenzen, dass die Unternehmensleitung die »Zellen« geschickt **vernetzt** und soweit wie möglich **generelle Regelungen** erlässt, die für jeden Mitarbeiter verbindlich sind und damit seinen Entscheidungsspielraum, d. h. seine Möglichkeiten »fallweiser Regelungen«, einschränken. Nach diesem **Substitutionsprinzip der Organisation** (»ersetze fallweise durch generelle Regelungen«) wird vor allem dort verfahren, wo sich stark **standardisierte Vorgänge** häufig wiederholen. Von Zeit zu Zeit sollten freilich auch die generellen Regelungen daraufhin überprüft werden, ob sie angesichts der sich wandelnden betrieblichen Vorgänge noch »zeitgemäß« sind.

Zahlreiche Untersuchungen zeigen, dass erfolgreiche Unternehmen über **flache Organisationsstrukturen** verfügen: Sie haben in erheblichem Umfang Verantwortung an die »Basis« verlagert, z. B. durch die Einrichtung von (teilautonomen) Arbeitsgruppen in der Produktion oder von – je nach Aufgabe – unterschiedlich zusammengesetzten Projektteams. Management-Aufgaben sind nicht mehr funktional gebündelt, sondern verbleiben unmittelbar im Arbeitsprozess und begleiten ihn (z. B. Produktionsplanung und Qualitätskontrolle). Diese Entwicklung ging zu Lasten der mittleren Hierarchieebenen, die nach und nach stark ausgedünnt wurden: Die in den 80er-Jahren oft noch zehnstufigen Pyramiden wurden durch drei- bis vierstufige Hierarchien ersetzt. Als nachteilig an dieser Entwicklung könnte man ansehen, dass flache Organisationen weniger Aufstiegschancen bieten; so verlieren die hierarchisch abgestuften Statussymbole (Titel, Dienstwagen, Karrierepläne, Vergütungssysteme) an Bedeutung. Andererseits werden aber dispositive und objektbezogene Tätigkeiten wieder stärker zusammengeführt, was dort motivierend wirkt.

> In der flachen Organisation wird die Trennung von Planung und Ausführung möglichst weitgehend aufgehoben.

Beispiel

Flache Organisation

»… Das Ancien regime des Konzerns … stammte noch aus den guten alten Tagen … Unterhalb des Vorstands rangierten in der Hierarchie die Direktoren, dann kamen die Fachbereichsleiter, dann die Hauptabteilungsleiter und, als unterste Ebene der leitenden Konzern-Führungskräfte, die Abteilungsleiter… Die entsprechenden Titel, auf den Visitenkarten und an den Türen, die unterschiedlich großen Dienstwagen waren die ganz wichtigen Insignien dieser Ordnung …«

(Aus: Spies, F.: Ein Kulturschock für die Führungskräfte, in: Süddeutsche Zeitung vom 14. 7. 1994)

$\longrightarrow$

»Die Revolution beginnt an einem Dienstag. Am Morgen des 5. Mai verkünden die beiden Mercedes-Lenker Werner Niefer und Helmut Werner den ins Werk Sindelfingen angereisten Direktoren ihre Vorstellungen von einer ›Weiterentwicklung der Führungsorganisation‹. Hinter dem Titel der Tagungsvorlage verbirgt sich eine Brisanz, die die anwesenden Topmanager erst nach Stunden ganz erfassen. Innerhalb weniger Wochen, so die knappe Vorgabe, müssen die Direktoren dem Vorstand für ihre jeweiligen Bereiche eine komplett neue Aufgabenverteilung präsentieren. Die entscheidende Auflage: Von den derzeit sieben Hierarchieebenen sind zwei ersatzlos zu streichen ...«

(Aus: Wirtschaftswoche vom 19. 6. 1992)

2.1.1.2 Das Leitungsgefüge

Das Leitungsgefüge hat die Aufgabe, die einzelnen organisatorischen Einheiten des Unternehmens unter dem Aspekt der Weisungsbefugnis bzw. Weisungsgebundenheit miteinander zu **verknüpfen**.

Zur Ausformung dieser rangmäßigen Beziehungen stehen folgende Systeme zur Verfügung:

> Das Einlinien-System ist bei langem Dienstweg durch eindeutige Weisungsstruktur gekennzeichnet.

■ Im **Einliniensystem** (Abb. 6.3), das auch als »Prinzip der Einheit der Auftragserteilung« bezeichnet wird, hat jede Organisatonseinheit nur **eine einzige** unmittelbar vorgesetzte Organisationseinheit. Der Vorteil dieses Systems besteht in der **Einfachheit und Übersichtlichkeit** der Beziehungsstrukturen. Sein Nachteil liegt in dem unter Umständen **langen Dienstweg** (z. B. zwischen den Stellen 5 und 8) und der durch den Dienstweg bedingten **starken Belastung** der oberen Stellen. So können Konflikte nicht »quer«, sondern häufig nur autoritär gelöst werden, es sei denn, es gibt **Fayol-Brücken**. Insgesamt erweisen sich Hierarchien eher als hinderlich, wenn schnell etwas Neues geschehen soll (z. B. Umsetzung von Neuproduktideen).

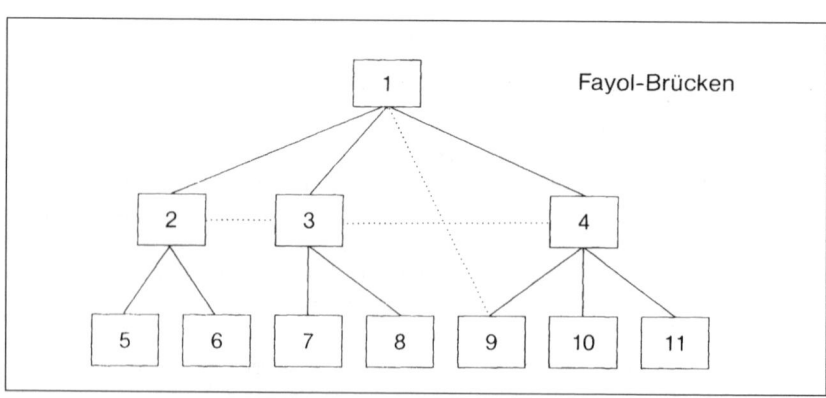

Abb. 6.3: Das Einliniensystem

- Das **Mehrliniensystem** (Abb. 6.4) – auch als »Prinzip des kürzesten Weges« bezeichnet – fordert demgegenüber, dass eine Organisationseinheit **mindestens zwei** übergeordneten Einheiten zu unterstellen ist. Vorteile dieses Systems liegen in den **direkten Weisungswegen**, der Betonung der **Fachautorität** übergeordneter Stellen und der **Spezialisierung** durch Funktionsteilung (z. B. zwischen den Stellen 2 und 3). Probleme bereiten insbesondere die **mangelnde Abgrenzung** von Zuständigkeiten, Weisungen sowie der Verantwortlichkeiten für gute oder schlechte Leistungen.

Das Mehrliniensystem hat einen kurzen Dienstweg, aber eine unübersichtliche Weisungsstruktur.

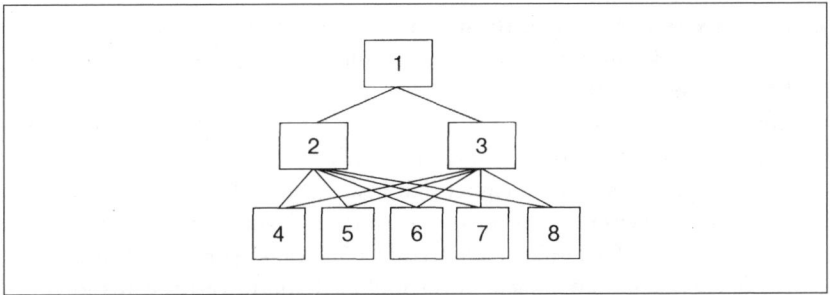

Abb. 6.4: Das Mehrliniensystem

- Das **Stabliniensystem** (Abb. 6.5) unterscheidet sich vom Ein- und Mehrliniensystem lediglich dadurch, dass einzelnen Stellen der »Linie« (1 und 3) **Stabsstellen** (A und B) zugeordnet werden. Aufgabe einer Stabsstelle ist es, die jeweilige weisungsberechtigte Linienstelle durch Entscheidungs**vorbereitung** zu unterstützen; die Stabsstelle selbst hat keine Anordnungs-, sondern nur **Beratungsbefugnis**.

Das Stabliniensystem ist durch Zuordnung von Stabsstellen zu Stellen der »Linie« gekennzeichnet.

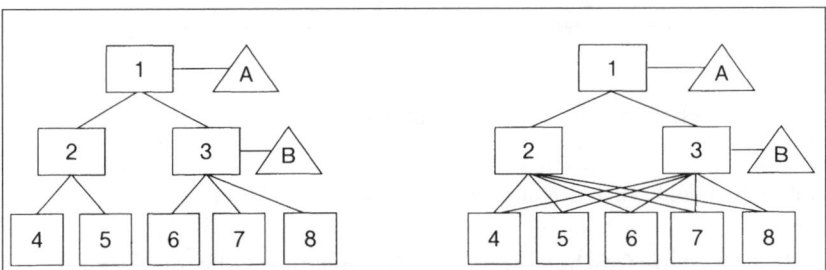

Abb. 6.5: Das Stabliniensystem

Allerdings treffen Stabsstellen »indirekt« Entscheidungen, da sie das Material vorsortieren, das zur Entscheidung verwendet wird; ihre faktische Macht besteht deshalb im **Spezialwissen** und der Möglichkeit zur **Informationsmanipulation**.

Der Vorteil von Stabsstellen liegt in der **Entlastung** der jeweiligen Linienstellen; ein Nachteil kann sein, dass die **Vorbereitung** und das – verantwortliche – **Treffen** der Entscheidungen, also Sach- und Führungskompetenz,

personell getrennt werden. Im Übrigen scheinen immer mehr Unternehmen dazu überzugehen, Stabsstellen aufzulösen und deren Dienstleistungen von **externen Service-Unternehmen** zu beziehen (»Outsourcing«).

2.1.1.3 Mögliche Organisationsformen

Für die konkrete Umsetzung der Organisationsstruktur im Unternehmen werden verschiedene Varianten angeboten:

> Die funktionale Organisation gliedert das betriebliche Geschehen nach gleichartigen Funktionen.

- Die **funktionale Organisation** (Abb. 6.6) ist auf der zweiten Hierarchieebene – direkt unterhalb der Unternehmensleitung – nach **gleichartigen Funktionen** wie Beschaffung, Fertigung, Absatz, Forschung & Entwicklung für alle Produkte **zentralisiert**. Geleitet wird nach dem **Einliniensystem**; Stabstellen sind möglich und üblich.
  Diese Organisationsform eignet sich insbesondere für Unternehmen mit relativ **homogenem Leistungsprogramm** und **stabilen Absatzmärkten**. Die Trennung der Funktionen erlaubt die Realisierung von **Spezialisierungsvorteilen**; andererseits drohen aber Reibungsverluste aus Ressortegoismen. Die Funktionsbereiche sind lediglich **Cost-Centers**.

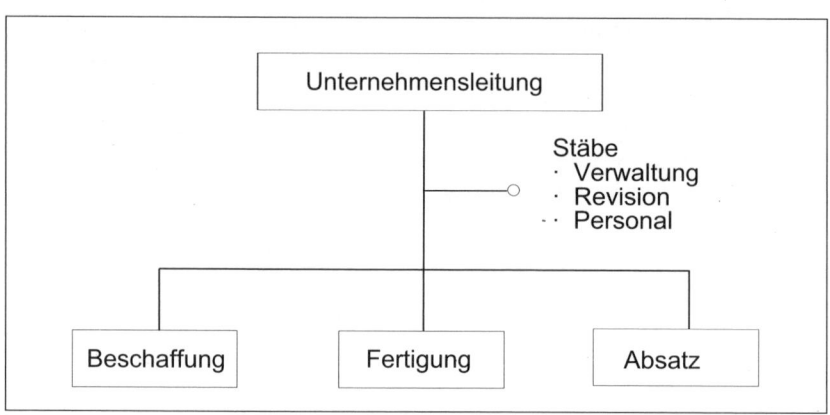

Abb. 6.6: Funktionale Stab-Linien-Organisation

> Die Sparten-Organisation unterteilt den Betrieb in operativ autonome Teilbereiche.

- Die **Sparten-(Geschäftsbereichs-)Organisation** (Abb. 6.7) zentralisiert auf der zweiten Hierarchieebene **Produkte, Kunden** oder **Regionen**. Geleitet wird nachdem **Einliniensystem**; Stabstellen sind möglich und üblich.
  Die Entscheidungsverantwortung für das **operative** Geschäft liegt bei den Spartenleitern; die Sparten handeln somit relativ selbständig, weshalb sie auch als »Unternehmen im Unternehmen« bezeichnet werden. Die Unternehmensleitung ist mit **strategischen** Entscheidungen und der **Koordination** der Sparten befasst; sie wird unterstützt von **Zentralbereichen**, die fachkompetent, aber nicht entscheidungsbefugt sind.

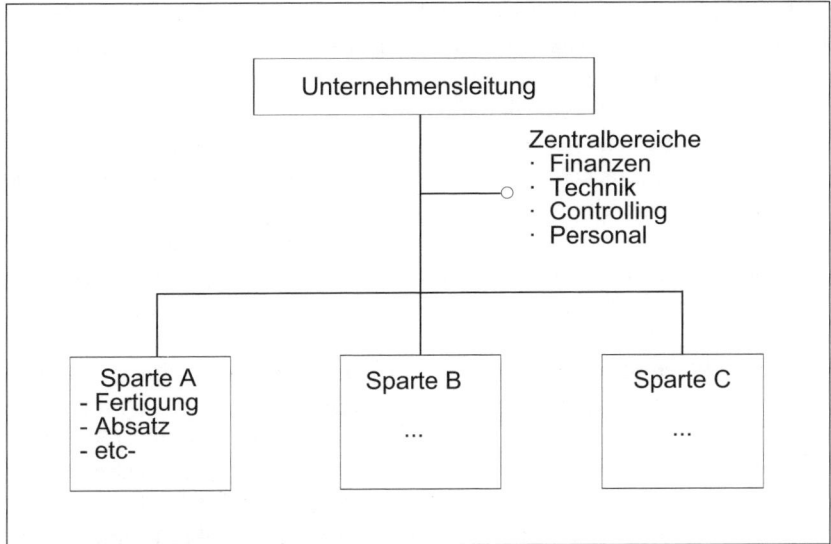

Abb. 6.7: Die Spartenorganisation

Vorteilhaft an der Spartenorganisation ist, dass mit ihrer Hilfe schlecht überschaubare und damit schwer zu leitende Großbetriebe in **übersichtliche** und **leicht zu steuernde Teilbetriebe** aufgelöst werden können, die dann auch eine bessere Anpassungsfähigkeit an wechselnde Umweltbedingungen aufweisen. Ferner kann man den Spartenleitern durch weit reichende Entscheidungsvollmachten die »Gewinnverantwortung« für ihre Sparten übertragen; man bezeichnet dann die Sparten auch als **Profit-Centers**.

Hierin liegt jedoch insofern ein Problem, als die dem Gesamtunternehmen zur Verfügung stehenden (z. B. Investitions-)Mittel begrenzt sind: Jeder Spartenleiter wird versuchen, einen möglichst großen Teil davon zu erlangen, weshalb die Gesamtleitung stets die Förderungswürdigkeit der einzelnen Produkte bzw. Projekte gegeneinander abwägen muss, um dann die Mittel so zu verteilen, dass das **Optimum des Gesamtunternehmens** erreicht wird. Hierbei ist auch zu prüfen, ob verschiedene Sparten auf dem Absatzmarkt miteinander verknüpft sind, so dass Gewinne der einen Sparte zu Gewinnen (bei komplementären Gütern) oder Verlusten (bei substitutiven Gütern) einer anderen Sparte führen.

Zur Nutzung von Synergiepotentialen werden die Sparten nicht völlig überschneidungsfrei konzipiert, weshalb es Lieferbeziehungen zwischen ihnen gibt, die über **Verrechnungspreise** abgewickelt werden. Diese können sich an den Kosten, aber auch an Marktpreisen orientieren. Marktpreise empfehlen sich vor allem dann, wenn man Angebote externer Lieferanten einholen und gegebenenfalls darauf zurückgreifen kann. Möchte jedoch die Unternehmensleitung die Leistungsbeziehungen – z. B. zur Sicherung von Arbeitsplätzen, Infrastruktur oder des technologischen

Know-how – im Unternehmen halten oder würden bei Fremdbezug hohe Stillegungskosten entstehen, sind (interne) kostenorientierte Verrechnungspreise üblich (eventuell mit einem Zuschlag, weil die liefernde Sparte auch Gewinn machen möchte).

Generell unterscheidet man drei Typen von Centern: Ein **Profit-Center** erzielt Erträge aus Leistungen für externe Kunden, die mit den entstandenen Kosten verrechnet werden, ein **Service-Center** »bedient« analog Anforderungen interner Kunden und ein **Cost-Center** erbringt ebenfalls für andere Bereiche interne Leistungen, die allerdings nur schwer gemessen oder zugerechnet werden können, weshalb es keine Verrechnung gibt.

> Die Matrixorganisation trennt Sparten und Funktionsbereiche: Die Sparten übernehmen die Projektkonzeption, die Funktionsbereiche, die Projektabwicklung.

Bei der **Matrixorganisation** (Abb. 6.8) sind die **Sparten** nur noch für die **Projektkonzeption** zuständig; die **Projektabwicklung** wird von – selbständigen – **Funktionsbereichen** durchgeführt. Hierdurch wird vermieden, dass jede Sparte über einen eigenen »Satz« Funktionsbereiche verfügt, die dort möglicherweise weniger leistungsfähig oder nicht ausgelastet sind. Aufgabe eines Spartenleiters ist es, seine Projekte möglichst zügig durch die **für alle Sparten** zuständigen Funktionsbereiche zu schleusen. Dabei ist er jedoch in der Regel den Stellen der Funktionsbereiche gegenüber **nicht weisungsberechtigt**. Um dennoch die Fülle der Einzelaktivitäten auf »seine« Projekte auszurichten, muss er ein hohes Maß an Koordinationsfähigkeit besitzen. Aufgabe der Leiter der Funktionsbereiche ist es demgegenüber, dafür zu sorgen, dass alle Projekte möglichst effizient abgewickelt werden.

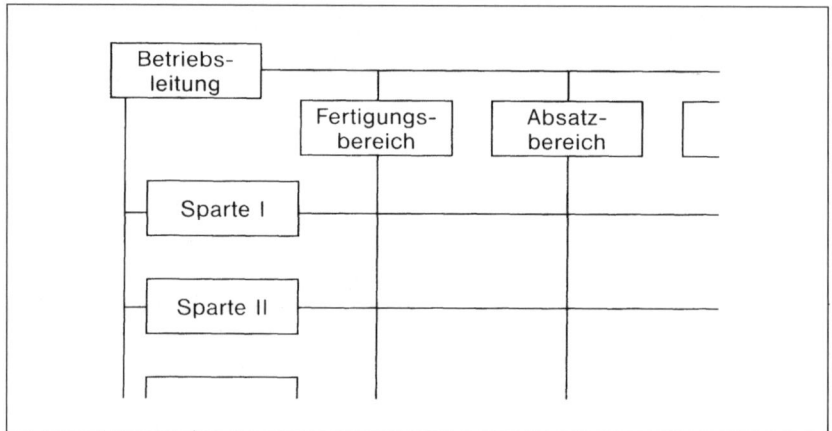

Abb. 6.8: Die Matrixorganisation

Die große **Anpassungsfähigkeit** dieser Organisationsform an neue, komplexe Projekte wird freilich erkauft durch ein beträchtliches **Konfliktpotential** in den Schnittstellen zwischen Sparten und Funktionen. Dieses Mehrliniensystem beeinträchtigt das »Erfolgspotential« dieser Organisationsform stark.

Immer mehr Unternehmen haben sie deshalb beseitigt: »…Restrukturierung ist bei der ABB … eine mit viel Energie betriebene Daueraufgabe. Göran Lindahl … hat … die vorgefundene Matrix-Organisation abgeschafft, nach der jeder Konzernbereich einem Regional-Chef und zugleich einem Produkt-Chef unterstand …« (Aus: Süddeutsche Zeitung vom 25. 7. 2001).

■ Eine Weiterentwicklung der Spartenorganisation findet sich in der **Management-Holding**: Die Geschäftsbereiche (Sparten) werden **rechtlich verselbständigt** und von einer »geschäftsführenden Holding« als Konzernobergesellschaft koordiniert. Die eigentliche Geschäftstätigkeit und operative Verantwortung liegt bei den Vorständen der »Töchter« während die Obergesellschaft folgende – strategischen – **Kernkompetenzen** hat:

- Öffentlichkeitsarbeit,
- Investitions- und Forschungsstrategien,
- Produkt-Markt-Strategien (Mergers & Acquisitionen),
- Finanzstrategie,
- Führungskräfte-Entwicklung und -Planung,
- Koordinierung im Gesamtinteresse,
- Konzerncontrolling.

Es werden also nur wenige Aufgaben zentralisiert, was den Töchtern Spielraum lässt, den Verwaltungsapparat klein und die Kosten der Bürokratie niedrig hält.

Zur Beeinflussung (»Bottom up«) und späteren Durchsetzung (»Top down«) der Holding-Strategie finden sich häufig **Doppelvorstandschaften**: Der Vorstandsvorsitzende der Tochter ist gleichzeitig Mitglied im Vorstand der Obergesellschaft. Hiermit könnte jedoch der Nachteil eines direkten »Hineinregierens in die Töchter« verbunden sein, weshalb sich als Alternative das **Aufsichtsratsprinzip** anbietet: Mitglieder des Aufsichtsrats der Obergesellschaft sitzen auch im Aufsichtsrat der Tochter und umgekehrt.

In gewisser Weise fungiert die Obergesellschaft als »Kleiderständer«, bei dem Tochterunternehmen schnell an- und abgehängt werden können: Neue Technologieträger werden an-, Unternehmen, die nicht mehr in das strategische Konzept passen, werden abgehängt. Die rechtliche Selbständigkeit macht langwierige Ein- und Ausgliederungen überflüssig und steigert somit die **Flexibilität** der Holding – auch im Hinblick auf die Bildung strategischer Allianzen. Ferner erlaubt es die rechtliche Selbständigkeit, Töchter (in der Rechtsform der AG) an die Börse zu führen, was das Gesamtunternehmen finanziell entlastet und einen Teil des Zukunftsrisikos abwälzt. So hat Siemens die Sparte Passive Bauelemente im Herbst 1999 unter dem Namen Epcos an die Börse gebracht; im Frühjahr 2000 folgte mit Infineon der Halbleiterbereich, und als weiterer Börsenaspirant gilt die für das Internetgeschäft zuständige Tochter Unisphere (Süddeutsche Zeitung vom 31. 8. 2000). Jetzt gibt Siemens die Mehrheit an seiner Halbleiter-Tochter Infineon ab und ist damit »den Ärger mit dem

Die Management-Holding steuert rechtlich und operativ selbständige Geschäftsbereiche.

Management-Holding: Trennung von strategischem und operativem Geschäft. Doppelmandate können Trennung erschweren.

schwankungsstarken Geschäft los« (Süddeutsche Zeitung vom 7. 12. 2001). Auf die Platzierung von Töchtern an der Börse wirkt es sich grundsätzlich positiv aus, wenn die Emissionserlöse nicht nur der Mutter zufließen, sondern auch die Töchter attraktiver machen. Konsequenterweise wird (weitgehend) auf die Nutzung von **Synergie-Effekten** zwischen den Geschäftsbereichen verzichtet. Die klare Zurechenbarkeit des operativen Geschäfts auf die einzelnen Töchter macht die Management-Holding zu einer lupenreinen **Profit-Center-Organisation**. Allerdings zeigt Albach, dass die Strategie der »Maximierung der Geschäftsbereichswerte« aus Sicht des Gesamtunternehmens nicht den Shareholder Value maximiert.

Für kleine – weitgehend selbständig operierende – Unternehmenseinheiten, die im Interesse von Flexibilität am Markt und Mitarbeitermotivation bewusst auf Synergie-Effekte verzichten und von der Zentrale lediglich über Unternehmensverträge, Finanzhoheit und Doppelvorstände (bzw. -aufsichtsräte) koordiniert werden, wurde der Begriff »schlanke Organisation« geprägt.

Beispiel

Management-Holding

»Mit einer neuen Organisationsstruktur will der Bayer-Konzern an Schlagkraft gewinnen. Unter dem Dach einer Holding werden die vier Geschäftsfelder Gesundheit, Chemie, Landwirtschaft und Polymere ab 1. 1. 2003 als selbständige Töchter geführt…

… Ein Börsengang oder ein Verkauf der Tochterunternehmen ist nach Auskunft von Manfred Schneider, dem Vorsitzenden des Vorstands, nicht vorgesehen …

Von der neuen Organisation erhofft sich Schneider eine Verbesserung der Wettbewerbsfähigkeit. Zudem sei es künftig leichter, strategische Partnerschaften zu bilden …

Im Rahmen der Umstrukturierung wird sich der Konzern voraussichtlich bereits im nächsten Jahr von drei Beteiligungsgesellschaften, die nicht mehr zum Kerngeschäft gehören, trennen …«

(Aus: Süddeutsche Zeitung vom 7. 12. 2001)

Unter der Lupe

Von der Spartenorganisation zur Management-Holding
Umfangreiche Diversifikationen hatten viele Unternehmen zu kaum mehr steuerbaren »Superstrukturen« aufgebläht. Die Leitungs- und Koordinati-

→

onsprobleme führten zur Entwicklung der Spartenorganisation. Allerdings blieben Aufgaben wie Planung, Verwaltung, Personal, Technik, Einkauf, Recht, Finanzen den »Zentralbereichen« der Gesamtleitung vorbehalten. Hierdurch sollte – trotz Diversifikation – eine einheitliche Führung und die Nutzung von Synergien sichergestellt werden; außerdem sah sich die Gesamtleitung als »Dienstleister« für die Sparten. Tatsächlich regierte sie aber ständig in das operative Geschäft der Sparten hinein, wodurch es zu einer Überlagerung der Verantwortlichkeit kam. Außerdem erwiesen sich viele Diversifikationen als »Flop«.

Im Zuge einer Rückbesinnung auf die eigenen »Kernfähigkeiten« wurden verfehlte Diversifikationen abgestoßen. Außerdem erwies sich eine Entbürokratisierung der Gesamtleitung als überfällig: Die Management-Holding beschränkt sich auf wirklich strategische Aufgaben wie die Verteilung der Finanzmittel und die Technologiekoordination. Auf die Nutzung operativer Synergien wird zugunsten von mehr Flexibilität der Geschäftsbereiche verzichtet (»Entkoppelung« zu einer dezentralen und marktnahen – also schlanken – Geschäftsbereichsorganisation). Ein Abbau von Hierarchiestufen in den Geschäftsbereichen erhöht zudem deren Schnelligkeit (»flache Organisation«). Schließlich macht ihre rechtliche Verselbständigung den Konzern insgesamt beweglicher.

(In Anlehnung an: Rolf Bühner: Strategie und Organisation – Neuere Entwicklungen)

2.1.2 Das Kommunikationsgefüge

Das Kommunikationsgefüge legt fest, in welcher Form die Nachrichten, die **nicht Weisungscharakter** haben, zwischen den Stellen ausgetauscht werden. Es soll sicherstellen, dass jeder Entscheidungsträger alle für ihn wichtigen Informationen erhält. Bei einem **gebundenen** Kommunikationsgefüge wird festgelegt, welche Arten von Nachrichten auf welchen Wegen zu welchen Zeiten über welche Träger weitergeleitet werden. Gibt es keine derartigen Festlegungen, dann spricht man von einem **freien** Kommunikationsgefüge.

Durch die Einführung der **elektronischen Datenverarbeitung** sind die Möglichkeiten, Informationen zu sammeln und für Entscheidungen verfügbar zu machen, in großem Maße erweitert worden. Die zunehmende – durch den Einsatz von Internet-Technologie erleichterte – Vernetzung der Computersysteme aus allen Bereichen eines Unternehmens führt zudem zu einer Beschleunigung und Rationalisierung des Informationsflusses. Eine solche **Computer-Integrierte-Kommunikation** eröffnet die Möglichkeit, alle Informationen in einer zentralen Datenbank zu sammeln, wodurch eine weitgehend einheitliche und von den speziellen Anwendungen unabhängige Datenbasis geschaffen wird, die – je nach Wunsch – die Führungskräfte auf allen Ebenen mit optimal aufbereiteten, aktuellen Informationen versorgt. Durch die zusätzliche Integration von Planungs- und Prognoseverfahren entsteht schließlich ein sehr hilfreiches Werkzeug für die Unterstützung bei Entscheidungsprozessen.

Das Kommunikationsgefüge organisiert den Nachrichtenaustausch.

Die Auswirkungen dieser neuen Technologie der Informationsspeicherung und -Verarbeitung auf das Kommunikationsgefüge lassen sich gegenwärtig erst in Ansätzen erkennen. In Zukunft werden sicherlich immer mehr Unternehmen dazu übergehen, ein systematisches **Management-Informations-System (MIS)** aufzubauen. Die zugrunde liegenden **Data Warehouses** können zwar mittlerweile riesige Mengen an Daten speichern, die Herausfilterung relevanter Information gestaltet sich jedoch weitaus schwieriger. Hier sind nach wie vor logische Regelsysteme – die beachtliche Ausmaße annehmen – aufzustellen, auf Plausibilität zu prüfen und manuell zu programmieren bzw. umzusetzen.

Trotz dieser völlig neuen Kommunikationsmöglichkeiten klagen dennoch viele Unternehmer darüber, dass es in ihrem Unternehmen mit der internen Kommunikation »hapert«. Dies wohl auch deshalb, weil die verschiedenen Ressorts dazu neigen, ihre Kenntnisse vor dem Zugriff anderer zu schützen (»Wissen ist Macht«).

Unter der Lupe

Management-Informations-Systeme
Die Konzeption eines MIS kann durch drei sich überlagernde Ebenen beschrieben werden:

Die Basis bildet die **zentrale Datenbank**, die in strukturierter und möglichst umfassender Form die Unternehmensdaten enthält.

Die zweite Ebene besteht aus **Berichts- und Kontrollsystemen**, die auf die Datenbank zugreifen. Durch geeignete Zusammenfassung und Verknüpfung der hier abgerufenen Daten werden Informationen für die laufende Überwachung und Dokumentation des Unternehmensgeschehens bereitgestellt.

Die dritte Ebene stellen **Planungs- und Entscheidungssysteme** dar. Im Gegensatz zu den vergangenheitsorientierten Berichts- und Kontrollsystemen, die nur auf die »historischen Daten« zugreifen, verknüpfen sie diese und weitere – z. B. geschätzte – Daten mit Daten aus der Unternehmensumwelt, um die Konsequenzen von möglichen Handlungen bzw. Entscheidungen zu prognostizieren.

Beispiel

Persönliche Kommunikation als MIS
»... Die berufliche Botschaft Carrubbas steht ... im Kontrast zu seinem persönlichen Arbeitsstil: Einerseits prophezeit der Computer-Guru eine multimediale Welt und plädiert für die Einrichtung von »Informations-Autobahnen« mit gigantischen Kapazitäten als Grundlage der Kommunikation im 21. Jahrhundert. Andererseits hat der Prophet selbst keinen Computer im

→

Arbeitszimmer stehen. Weiter als bis ins Vorzimmer lässt der EDV-Profi den PC nicht an sich heran.

Für den in einer Arbeiterstadt im US-Bundesstaat Connecticut aufgewachsenen Carrubba geht nichts über die persönliche Kommunikation. Anders als Computer-Größen wie der Apple-Mitbegründer Steven P. Jobs oder Microsoft-Chef William Gates, die täglich Hunderte von elektronischen Mitteilungen auf ihrem PC lesen, hält… (er)… nicht viel vom PC als Management-Instrument und warnt vor elektronischem Overkill in der Chefetage.

Um den persönlichen Gedankenaustausch zu fördern, ließ der Forschungschef in Hewlett-Packards High-Tech-Welt zahlreiche mit bequemen Sesseln und Kaffeemaschinen ausgestattete »Marktplätze« einrichten, auf denen sich die Computerforscher zur zwanglosen Kommunikation oder zum angeregten Brainstorming treffen können… »

(Aus: Christian Deysson: Philips – Bequeme Sessel – Der kranke Elektronese holt den High-Tech-Profi Carrubba nach Eindhoven, in: Wirtschaftswoche vom 27. 9. 1991)

Unter der Lupe

Der Bürokratismus am Beispiel des Bürokratiemodells von Max Weber und der Bürokratismuskritik von C. N. Parkinson

Ausgangspunkt der Überlegungen von Max Weber (Wirtschaft und Gesellschaft: Grundriss der verstehenden Soziologie, 5. Aufl., Tübingen 1990) war die Frage, wie eine **legale** Herrschaft beschaffen sein muss, um die **wirksamste** Herrschaftsausübung zu gewährleisten. Webers Bürokratiemodell beschreibt keine tatsächlich existierenden Bürokratien; es zählt viel mehr Merkmale auf, die seiner Meinung nach eine »**maximal effiziente**« Verwaltung aufweisen müsste. Die hauptsächlichen dieser Merkmale sind:

- Die Amtsgeschäfte werden **kontinuierlich** geführt.
- Jeder Amtsinhaber hat einen genau begrenzten **Kompetenzbereich**. Insbesondere sind seine Aufgaben und Verpflichtungen als Teil einer systematischen Arbeitsteilung genau abgegrenzt; außerdem ist er zur Wahrnehmung seiner Funktion mit der notwendigen Autorität und den erforderlichen Zwangsmitteln (sowie deren genauen Gebrauchsbedingungen) ausgestattet.
- Die **Amtshierarchie** ist so gestaltet, dass jede untere Ebene unter der Kontrolle und Aufsicht einer übergeordneten Ebene steht.
- **Fachautorität** und Amtsautorität sind in der Person des Amtsinhabers stets vereinigt.
- Der Amtsinhaber hat **keine privaten Interessen** in dem Bereich, den er von Amts wegen kontrolliert.
- Alle Vorgänge werden **aktenkundig** gemacht (»Aktenmäßigkeit der Verwaltung«).
- Der Amtsinhaber arbeitet **hauptamtlich**, bezieht ein festes Entgelt und erhält die Möglichkeit, Karriere zu machen.

- Grundlage aller verwaltungstechnischen Entscheidungen ist ein **System** abstrakter **Regelungen** (Gesetze, Erlasse, Verordnungen usw.).
- Alle Entscheidungen werden **ohne Ansehen der Person** getroffen.

Kritik an den **tatsächlich existierenden Bürokratien** äußert vor allem Cyril Northcote Parkinson (Parkinsons neues Gesetz, Düsseldorf 1982). Seiner Ansicht nach sind die Hauptmerkmale einer bürokratischen Verwaltung:

- die hohe **Zentralisierung**,
- dass die ernannten Funktionäre anonym sind,
- die unterschiedliche, mitunter sogar entgegengesetzte Politik der einzelnen Ressorts,
- die Anwendung **starrer Regeln**, die oft im Widerspruch zum gesunden Menschenverstand stehen,
- dass die bürokratischen Verfahrensregeln immer **komplizierter** werden,
- der **Mangel an Tempo** bei der Verwaltung.

Zudem besagt das »**Parkinsonsche Gesetz**«, dass eine Bürokratie die Eigenschaft besitzt, sich ständig neue Inhalte in den Verwaltungsmechanismus einzugliedern und den Apparat so lange zu vergrößern, bis sie sich praktisch nur noch selbst verwaltet. Andere Autoren bringen mit Bürokratismus Begriffe in Zusammenhang wie Entpersönlichung, Überheblichkeit, Untertanengeist, Perfektionismus, Pedanterie und Papierkrieg. Der wachsende Apparat macht den Einzelnen hilflos und gibt ihm das Gefühl, einer unheimlichen Macht ausgesetzt zu sein. Dieses Unbehagen wird noch dadurch gefördert, dass sich der Außenstehende einem Korpsgeist gegenübersteht, der es ihm sehr schwer macht, Zuständigkeiten zu lokalisieren und Beschwerden einzubringen.

Im Übrigen finden sich bürokratische Strukturen nicht nur in der öffentlichen Verwaltung, sondern auch bei Kirchen, Parteien, Gewerkschaften und Unternehmen.

2.2 Die Ablauf-Organisationsentscheidungen

Ablauf-Organisation geht vor Aufbau-Organisation.

Die Ablauf-Organisationsentscheidungen befassen sich mit der unmittelbaren **Gestaltung des Arbeitsablaufes** im Unternehmen. So sind z. B. vor der Errichtung eines »Großprojekts« die folgenden ablauforganisatorischen Fragen zu klären:

- In welche Teilaufgaben (Meilensteine) soll das Projekt zerlegt werden?
- Welche Meilensteine können parallel (simultan) und welche müssen in welcher Reihenfolge nacheinander (sequentiell) abgearbeitet werden?
- Wann soll mit welchen Meilensteinen begonnen werden, und wie lange dürfen die einzelnen Meilensteine dauern?
- Welche Meilensteine sollen an welchen Orten bzw. in welchen Räumen erledigt werden?
- Welche Personen sollen welche Meilensteine verantworten?

Das heutige Denken in Arbeitsabläufen vom Zulieferer bis zum Kunden hat die Bedeutung der Ablauforganisation über die der Aufbauorganisation hinausgehoben: Der flache Aufbau und die Verlagerung von Kompetenzen »an das Band« haben Ressortegoismen vermindert, ein genaueres Eingehen auf Kundenwünsche erlaubt und die Abläufe vereinfacht und beschleunigt (**Prozess-Management**).

Ferner hat man festgestellt, dass häufig in der weiteren Optimierung der bestehenden Abläufe (Business Management) keine bedeutenden Rationalisierungspotentiale mehr stecken. Das **Business-Reengineering** fordert deshalb die »Simulation eines völligen Neuanfangs«: Wie würden die Prozesse im Unternehmen aussehen, wenn – auf der Basis des aktuellen Wissensstandes – ein Neuentwurf »auf der grünen Wiese« möglich wäre; bestehende Strukturen werden dabei nicht beachtet (»Zero-Base-Philosophy«).

Auf die meisten Aspekte dieses Problems wird im Zusammenhang der Produktionsplanung (13. Kapitel) noch zurückgekommen, weshalb sich weitere Erörterungen an dieser Stelle erübrigen.

3 Die Kontrollentscheidungen

Die Kontrollentscheidungen befassen sich mit dem Problem, wann welche Personen welche Bereiche des betrieblichen Geschehens überprüfen sollen. Die Notwendigkeit einer Überprüfung des Betriebsablaufs ergibt sich aus seiner **Unübersichtlichkeit**, die wiederum aus der betrieblichen Arbeitsteilung mit ihren Interessenkonflikten resultiert. Kontrollen sind somit vorrangig als Instrument der **Informationsgewinnung und -auswertung** zu sehen.

In der Praxis wird häufig zwischen Kontrolle und Revision unterschieden.

- Als Besonderheit der **Kontrolle** gilt, dass sie **laufend**, den Betriebsprozess **begleitend**, auftritt (z. B. Materialkontrolle, Qualitätskontrolle, Arbeitszeitkontrolle); sie wird von Personen **innerhalb** der jeweiligen Abteilung durchgeführt.
- Die **Revision** hingegen prüft **sporadisch** und **nachträglich** das betriebliche Geschehen, und zwar sowohl im Hinblick auf seine **Ordnungsmäßigkeit** als auch bezüglich seiner **Zweckmäßigkeit**. Zuständig sind Personen von **außerhalb** der jeweiligen Abteilungen (Revisionsabteilung).

Um die Kosten, die aus Kontrolle und Revision entstehen, gering zu halten, wird nicht jeder betriebliche Teilbereich ständig überprüft. Man bildet vielmehr **Schwerpunkte** insbesondere an solchen Stellen, die für das betriebliche Geschehen wichtig sind. Werden diese Schwerpunkte gelegentlich variiert, erschließt sich dem Unternehmen insgesamt ein breiter Prüfungsumfang. Außerdem finden in den Schwerpunkten nicht vollständige, sondern nur **stichprobenartige Überprüfungen** statt.

Ferner muss auch das Prüfungssystem selbst Gegenstand einer **Systemprüfung** sein. Hierbei geht es um die Frage, ob eine Überprüfung (z. B. Qua-

Kontrolle und Revision dienen der Verbesserung zukünftiger Entscheidungen durch Überprüfung des betrieblichen Geschehens und Analyse von Planungs- und Organisationsfehlern.

litätskontrolle) auch tatsächlich die Fehler findet, die sie finden soll – oder besser noch: beim Auftreten von Fehlern »automatisch« anspringt.

Grundsätzlich versteht man unter einer Kontrolle (und Revision) einen Vergleich zwischen dem, was **ist** und dem, was – laut Plan – sein **soll**, wobei ein Kongruenzprofil (Abb. 6.9) die Differenz gut visualisiert. Abweichungen sind die Regel und müssen auf ihre **Ursachen** hin untersucht werden. Dabei stellt sich meist heraus, dass ein (großer) Teil der Abweichungen auf – von den Mitarbeitern nicht zu vertretenden – **externen** Einflüssen beruht (z. B. Witterungseinflüsse, Konkurrenzaktionen, Gesetzesänderungen). Soweit allerdings Abweichungen auf **interne** Ursachen zurückgehen, muss dem nachgegangen werden: Zielgerichtete **Korrekturentscheidungen** sollen helfen, dass man aus den Fehlern der Vergangenheit lernt und sie in Zukunft nicht wiederholt. Damit »fließen« die Ergebnisse der Abweichungsanalyse wieder in den Betriebsablauf zurück, was sich anhand des **Regelkreismodells** (Abb. 6.10) darstellen lässt.

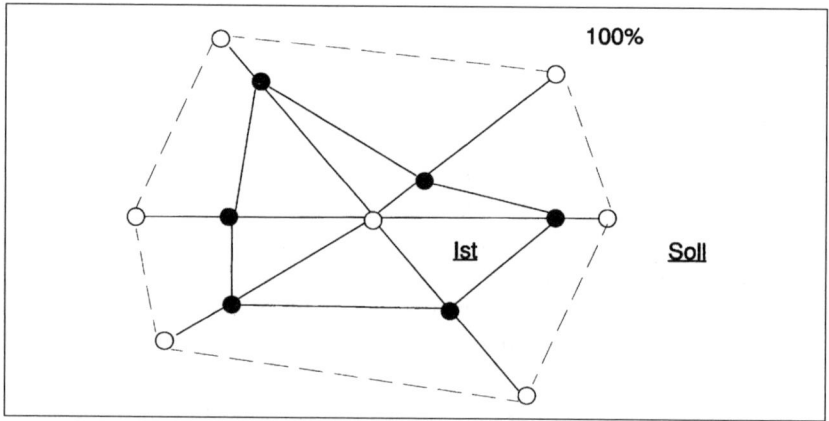

Abb. 6.9: Kongruenzprofil

Übereinstimmung von syntaktisch zusammengehörigen Satzteilen in Zahl

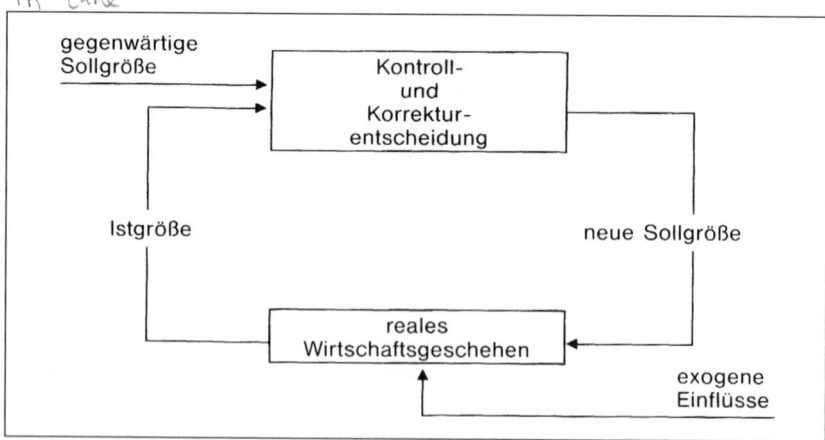

Abb. 6.10: Regelkreismodell der Kontrolle

Neben einem Soll-Ist-Vergleich erschließen sich Kontrollmöglichkeiten auch über einen Zeitvergleich (z. B. Jahresvergleich) und über einen Betriebsvergleich.

Das Aufgabengebiet des **Controlling** (engl.: to control = steuern) umfasst mehr als nur die Kontrolle (und Revision). Es verknüpft die Ergebnisse der Abweichungsanalyse mit **allen Ebenen des Entscheidungsprozesses** (Abb. 6.11).

Controlling heißt Steuerung des gesamten Betriebsprozesses anhand der Abweichungsanalysen.

Controlling heißt, Störfaktoren frühzeitig aufspüren, dem Management bewusst machen und zum Handeln zwingen.

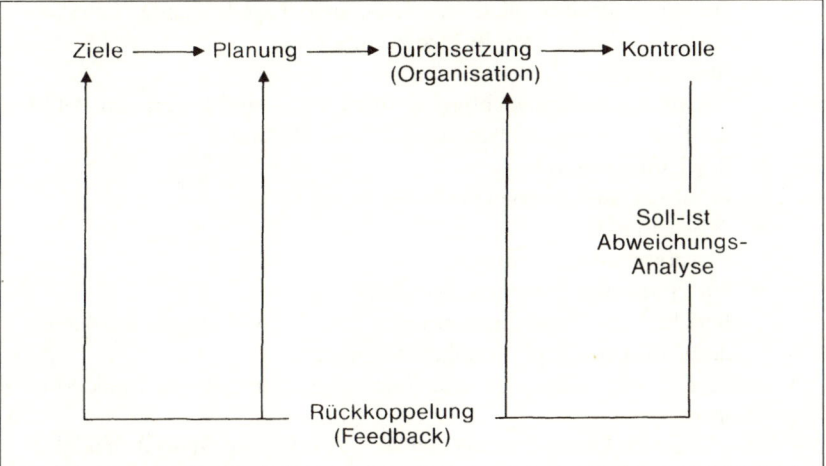

Abb. 6.11: Controlling-Ablauf

Controlling stellt damit eine Synthese aus Kontrolle und (vor allem) Planung dar. Der Controller ist »Begleiter« der Geschäftsleitung, der er die erforderlichen Entscheidungsgrundlagen mit wirtschaftlich vertretbarem Aufwand bereitstellt. So wirkt er bei der Aufstellung und Koordination der Pläne sowie ihrer organisatorischen Durchsetzung mit, überwacht und steuert die betrieblichen Abläufe, koordiniert und verdichtet die Informationsströme und macht – im Lichte der erreichten Ergebnisse – Vorschläge über die anzustrebenden Unternehmensziele. Hierbei bedient er sich z.B. des internen Rechnungswesens, statistischer Kennzahlen, der Wirtschaftlichkeitsberechnungen, des betrieblichen Berichtswesens und natürlich des Soll-Ist-Vergleichs. Allerdings ist die Ausrichtung des Controlling nicht nur vergangenheitsbezogen, man orientiert sich vielmehr – z.B. anhand eines **Früherkennungssystems** – auch in die Zukunft, weil

- die Abweichungsanalyse als Anstoß oft zu spät kommt und
- auch bei übereinstimmenden Soll- und Ist-Werten Planrevisionen erforderlich werden können (z. B. aufgrund von Umweltänderungen).

> Controlling hat folglich neben der »Feedback-« auch eine **Feedforward-Funktion.**

[handschriftlich: Rückkopplung]

Unter der Lupe

Aufbau eines Früherkennungssystems

1. Ermittlung unternehmensinterner und -externer Beobachtungsbereiche, in denen krisenhafte bzw. Chancen reiche Entwicklungen möglich sind.
2. Bestimmung von Früherkennungsindikatoren in diesen Bereichen, z. B.:
   - interne Daten:
     Sortimentsstruktur, Patentanmeldungen, Lagerbestände, Lohnkostenanteil, Krankenstände, Bilanzkennzahlen;
   - Absatzmarkt:
     Nachfragevolumen wichtiger Kunden, Preis- und Programm-Politik der Konkurrenz, Auftragseingang, Geschäftsklima;
   - Beschaffungsmarkt:
     Preise und Konditionen der Lieferanten;
   - Arbeitsmarkt:
     Gewerkschaftsforderungen;
   - Forschung und Entwicklung (F & E):
     Berichte aus Forschungsinstituten über Entwicklungen im Bereich der Verfahrens- und Produkttechnologien.
3. Festlegung von Sollgrößen und Toleranzgrenzen bei den Indikatoren (Normwerte).
4. Erstellung von Überprüfungs- und Weiterleitungsregeln bei Auffälligkeiten in den Indikatoren.

Problematisch an einem Früherkennungssystem ist vor allem, dass Bedrohungen und Chancen aus bisher nicht als relevant angesehenen Bereichen erwachsen können, die folglich auch nicht beobachtet werden. Hier könnte die signalorientierte Umweltanalyse anknüpfen: Ausgangspunkt ist das Scanning, das – einem 360°-Radar ähnlich – ständig nach schwachen Signalen sucht. Wurde ein solches Signal identifiziert, beginnt das Monitoring als vertiefende Beobachtung des Phänomens im Hinblick auf mögliche Auswirkungen auf das Unternehmen. Wichtige Quellen für schwache Signale sind z. B. Tages- und Fachpresse, wissenschaftliche Berichte sowie Bundesbankberichte.

Balanced Scorecard: Unternehmenssteuerung mit erweitertem Kennzahlensystem

Die Perspektive, dass der Unternehmenserfolg nicht nur durch monetäre Kennzahlen gesteuert werden sollte, betont das Konzept der **Balanced Scorecard** (»ausgeglichener Berichtsbogen«): Es wird verlangt, dass es ein ausgewogenes Verhältnis von kurz- und langfristigen Zielen, monetären und nicht-monetären Kennzahlen, Spät- und Frühindikatoren sowie externen und internen Perspektiven gibt. Hintergrund ist der Sachverhalt, dass finanzwirtschaftliche Kenngrößen (z. B. Gewinneinbruch) oft zu spät greifen und die Ursachen der Abweichungen nur ungenügend lokalisierbar sind. Ein weiterer Ansatzpunkt ist, dass immaterielle Investitionen (z. B. in Mitarbeiterqualifikation, Kundenbindung) finanzwirtschaftlich nur in ihren Kosten eindeutig erfasst werden, wohingegen der Nutzen ungewiss und kaum quantifizierbar ist, was dann materielle Investitionen begünstigt. Diese – eigentlich nicht neuen – Aspekte der Unternehmenssteuerung werden nun jedoch systematisch in ein erweitertes Kennzahlensystem integriert: Die klassischen Erfolgskriterien wie Umsatz, Gewinn und Produktivität werden durch weitere Indikatoren ergänzt, z. B.:

- Kundenzufriedenheit:
  Kundenbefragung, Beschwerdenabwicklung, Servicequalität, Marktanteil usw.
- Qualität der Leistungserstellung:
  Pünktlichkeit, prozessbezogenes Know-how, Ausschuss, Forschung und Entwicklung usw.
- Lieferantenbeziehungen:
  Termintreue, Qualitätsniveau, Anbindung usw.
- Engagement der Mitarbeiter:
  Weiterbildungserfolg, Krankenstand, Zielorientierung, Motivation usw.
- Zufriedenheit der regionalen Bevölkerung
  Emissionen, Schwerverkehr, soziales und kulturelles Engagement usw.

Die Balanced Scorecard deckt nicht nur – frühzeitig und zielgenau – Schwachstellen auf. Sie kann auch als Kommunikationsinstrument zugunsten immaterieller Investitionen in Kunden, Mitarbeiter, Lieferanten gegenüber z. B. dem Vorstand/Aufsichtsrat genutzt werden. Darüber hinaus soll sie aber auch ein Steuerungsinstrument für den Unternehmenserfolg sein. Fraglich ist jedoch, welche Aspekte in welcher Gewichtung Wettbewerbsvorteile erzielen können: Gibt es z. B. einen »Trade-off« zwischen Kunden- und Mitarbeiterzufriedenheit? Letztlich muss man es dem Management überlassen, ein »ausgewogenes« Unternehmenscontrolling sowie ein »mehrdimensionales« (also nicht nur finanzwirtschaftliche Aspekte berücksichtigendes) Vergütungssystem einzurichten.

Arbeitsaufgaben

1) Warum ist starre Planung äußerst problematisch, und wie kann sie überwunden werden?

2) Was besagt das »Ausgleichsgesetz der Planung«?

3) Was verstehen Sie unter Sukzessivplanung? Inwiefern ist ihre Leistungsfähigkeit begrenzt?

4) Was versteht man unter:
   – Strategieplanung,
   – Rahmenplanung,
   – Detailplanung?

5) Worin sehen Sie die Vor- und Nachteile der Zentralisation bzw. Dezentralisation von Entscheidungsbefugnissen?

6) Was besagt das Substitutionsprinzip der Organisation?

7) Beschreiben und vergleichen Sie die beiden Leitungsgefüge »Einlinien-« und »Mehrliniensystem«! Gehen Sie dabei auf deren Vor- und Nachteile ein!

8) Womit befasst sich die Arbeitsablauforganisation?

9) Worin sehen Sie den Sinn der Überprüfung betrieblicher Vorgänge, und warum muss auch die Überprüfung überprüft werden?

10) Was ist ein gebundenes Kommunikationsgefüge?

11) Was ist die Besonderheit der Matrixorganisation?

12) Was ist die Aufgabe eines MIS?

13) Charakterisieren Sie die Vorgehensweise der Portfolio-Analyse!

14) »Eine Matrixorganisation bedeutet vorprogrammierte Konflikte mit Endlosdiskussionen.« Nehmen Sie Stellung zu dieser Aussage!

15) Welche sind die Vor- und Nachteile der Profit-Center-Organisation.

16) Erläutern Sie die wesentlichen Inhalte des Bürokratiemodells von Max Weber!

17) »Controlling soll kurzfristig die Reaktionsfähigkeit des Unternehmens erhöhen und langfristig seine Anpassungsfähigkeit sichern.« Erläutern Sie diese Aussage!

18) Zeigen Sie, dass sich die Funktion der Kontrolle als Regelkreis darstellen lässt!

19) Erläutern Sie verschiedene Instrumente der strategischen Planung!

20) Trifft die Aussage »das schwächste Glied bestimmt die Stärke der Kette« auch für die Planung zu? Begründen Sie Ihre Antwort!

21) Erläutern und vergleichen Sie Checklisten- und Punktbewertungsverfahren!

22) Beschreiben Sie die Vor- und Nachteile einer flachen Organisation!

23) Erörtern Sie das Konzept der Management-Holding!

24) Die Portfolio-Analyse ist lediglich ein Visualisierungsinstrument. Nehmen Sie Stellung zu dieser Aussage!

25) Erläutern Sie Funktion, Aufbau und Probleme von Früherkennungssystemen!

26) Welche Fragen sind bei der Konzipierung eines Stellengefüges zu beantworten?

27) Was versteht man unter einer flachen Organisation, worin liegen ihre Stärken und wo sehen manche Nachteile?

28) Die Stellen können in verschiedener Weise zu einem Leitungsgefüge verknüpft werden. Erläutern Sie wichtige Varianten und zeigen Sie deren Vor- und Nachteile auf!

29) Erörtern Sie Vor- und Nachteile von Stabsstellen!

30) Inwiefern ist die Management-Holding eine Weiterentwicklung der Spartenorganisation ?

31) Wozu dienen und wie konzipiert man Verrechnungspreise?

32) Grenzen Sie » Kontrolle« und »Controlling« voneinander ab, und geben Sie typische Aufgabenbereiche beider an!

33) Worin besteht der Unterschied zwischen Kontrolle und Revision?

Lösungsvorschläge für die Arbeitsaufgaben im »Übungsbuch zu Grundlagen und Probleme der Betriebswirtschaft«.

Weiterführende Literatur

Albach, H.: Shareholder Value und Unternehmenswert – Theoretische Anmerkungen zu einem aktuellen Thema, in: Zeitschrift für Betriebswirtschaft (ZfB), 71. Jg. (6, 2001), S. 643–674.

Baum, H. G.; Coenenberg, A. G.; Günther, Th.: Strategisches Controlling, 2. Aufl., Stuttgart 1999.

Bea, F.; Haas, J.: Strategisches Management, 3. Aufl., Stuttgart 2001.

Bühner, R.: Management-Holding: Unternehmensstruktur der Zukunft, 2. Aufl., Landsberg/Lech 1992.

Bühner, R.: Strategie und Organisation, 2. Aufl., Wiesbaden 1993

Bühner, R.: Betriebswirtschaftliche Organisationslehre, 9. Aufl., München, Wien 1999.

Ebers, M.; Gotsch, W.: Institutionen – ökonomische Theorien der Organisation, in: Kieser, A. (Hrsg.): Organisationstheorien, 4. Aufl. Stuttgart, Berlin, Köln 2001, S. 199–251.

Fayol, H.: Allgemeine und industrielle Verwaltung, München, Berlin 1929.

Freidank, C.-C.; Mayer, E. (Hrsg.): Controlling-Konzepte, 5. Aufl., Wiesbaden 2001.

Frese, E.: Grundlagen der Organisation, 8. Aufl., Wiesbaden 2000.

Frese, E.: Profit Center und Verrechnungspreis, in: Zeitschrift für betriebswirtschaftliche Forschung (ZfbF), 47. Jg. (10, 1995), S. 942–954.

Gutenberg, E.: Grundlagen der Betriebswirtschaftslehre, Bd. 1: Die Produktion, 24. Aufl., Berlin, Heidelberg, New York 1983.

Hahn, D.: PuK-Controllingkonzepte, 6. Aufl., Wiesbaden 2001.

Hammer, P. M.: Unternehmungsplanung, 7. Aufl., München 1998.

Hammer, M.; Champy, J.: Business Reengineering, 6. Aufl., Frankfurt, New York 1996.

Hinterhuber, H. H.: Strategische Unternehmensführung 1 – Strategisches Denken: Vision, Unternehmenspolitik, Strategie, 6. Aufl., Berlin, New York 1996.

Hinterhuber, H. H.: Strategische Unternehmensführung II – Strategisches Handeln: Direktiven, Organisation, Umsetzung, Unternehmenskultur, Strategische Führungskompetenz, 6. Aufl., Berlin, New York 1997.

Hitt, M. A.; Ireland, R. D.; Hoskisson, R. E.: Strategic Management-Competitiveness and Globalisation, 4. Aufl., Cincinnati/OH 2001.

Homburg, Chr.: Modellgestützte Unternehmensplanung, 2. Aufl., Wiesbaden 1997.

Horváth, P.: Controlling, 8. Aufl., München 2002.

Hucke, A.: Die Holding aus juristischer und betriebswirtschaftlicher Gesamtsicht, in: Wirtschaftswissenschaftliches Studium (WiSt), 28. Jg. (7, 1999), S. 342–348.

Kaplan, R. S.; Norton, D. P.: Balanced Scorecard: Strategien erfolgreich umsetzen, Stuttgart, 1997.

Kieser, A.: Organisationstheorien, 4. Aufl., Stuttgart 2001.

Kreikebaum, H.: Strategische Unternehmensplanung, 6. erw. Aufl., Stuttgart u. a. 1997.

Kreikebaum, H.: Organisationsmanagement internationaler Unternehmen, Wiesbaden 1998.

Krystek, U.; Muller-Stewens, G.: Frühaufklärung für Unternehmen – Identifikation und Handhabung zukünftiger Chancen und Bedrohungen, Stuttgart 1993.

Küpper, H.-U.: Controlling, 3. Aufl., Stuttgart 2001.

Laux, H.; Liermann, F.: Grundlagen der Organisation, 4. Aufl., Heidelberg 1997.

Macharzina, K.: Unternehmensführung, 3. Aufl., Wiesbaden 1999.

March, J. G.; Simon, H. A.; Organisation und Individuum, Wiesbaden 1976.

Müller, A.: Strategisches Management mit der Balanced-Scorecard, Stuttgart 2000.

Peemöller, V. H.: Controlling: Grundlagen und Einsatzgebiete, 4. Aufl., Herne, Berlin 2002.

Peters, T. J.; Waterman, R. H.: Auf der Suche nach Spitzenleistungen, Landsberg am Lech 1986, S. 358 ff.

Picot, A.: Controlling in dezentralen Unternehmensstrukturen, München 1998.

Picot, A.; Dietl, H.; Franck, E.: Organisation, 2. Aufl., Stuttgart 1999.

Porter, M. E.: Wettbewerbsstrategie (Competitive Strategy) – Methoden zur Analyse von Branchen und Konkurrenten, 10. Aufl., Frankfurt/Main, New York 1999.

Porter, M. E.: Wettbewerbsvorteile: Spitzenleistungen erreichen und behaupten, 6. Aufl., Frankfurt/Main, New York 2000.

Preißler, P.; Ebert, G.; Koinecke, J. (Hrsg.); *Peemöller, H.:* Intensivkurs Controlling, 6. Aufl., Landsberg/Lech 2000.

Reichmann, Th.: Controlling mit Kennzahlen und Managementberichten, 6. Aufl., München 2001.

Schanz, G.: Organisationsgestaltung, 2. Aufl., München 1994.

Schierenbeck, H.; Lister, M.: Value Controlling, München 2001.

Schildbach, Th.: Begriff und Grundprobleme des Controlling aus betriebswirtschaftlicher Sicht, in: Spremann, C.; Aeberhard, K. (Hrsg.): Controlling, Wiesbaden 1992.

Schmalenbach, E.: Über Verrechnungspreise, in: Zeitschrift für handelswissenschaftliche Forschung, 9/1908, S. 165–185.

Schreyögg, G.: Organisation, 3. Aufl., Wiesbaden 2000.

Speckbacher, G.; Bischof, J.: Die Balanced Scorecard als innovatives Managementsystem, in: Die Betriebswirtschaft (DBW), 60. Jg. (4, 2000), S. 795–810.

Staehle, W.: Management, 8. Aufl., München 1999.

Steinmann, H.; Schreyögg, G.: Management, 5. Aufl., Wiesbaden 2002.

Töpfer, A.: Der Einsatz der Balanced Scorecard im Handel, in: Trommsdorf, V. (Hrsg.): Handelsforschung 1999/2000, Wiesbaden 2000, S. 13–33.

Weber, J.: Einführung in das Controlling, 8. Aufl., Stuttgart 1999.

Weber, J.; Schäffer, U.: Balanced Scorecard & Controlling: Implementierung – Nutzen für Manager und Controller-Erfahrungen in deutschen Unternehmen, 3. Aufl., Wiesbaden 2000.

Welge, M. K.; Al-Laham, A.: Strategisches Management, 2. Aufl., Wiesbaden 1999.

Welge, M. K.; Amshoff, B.: Controlling, Wiesbaden 1999.

7. Kapitel:
Das Arbeitsentgelt und die Mitarbeiterbeteiligung

Lernziele

Leitfrage:
Wie muss eine Entlohnung beschaffen sein, damit sie als gerecht empfunden werden kann?

- Was ist Leistungsgerechtigkeit, und wie wird sie bei der Entlohnung berücksichtigt?
- Inwiefern ist die herrschende Entlohnung marktgerecht?
- Wie wird eine Entlohnung bedarfsgerechter?
- Welche »Reichweite« haben Tarifverträge?

Leitfrage:
Welches sind die hauptsächlichen Entlohnungsgrundsätze?

- Was ist das Kennzeichen des Zeitlohns?
- Was versteht man unter Akkordlohn, wie wird er ermittelt, und warum befindet er sich auf dem »Rückzug«?
- Welche Bedeutung hat der Prämienlohn?
- Wie sieht der Prämienlohn für Manager aus?

Leitfrage:
Was versteht man unter Gewinnbeteiligung?

- In welchem Rahmen könnte eine Mitarbeiter-Gewinnbeteiligung sinnvoll sein?
- Welches sind die hauptsächlich praktizierten betrieblichen Gewinnbeteiligungsmodelle?

Leitfrage:
In welchem Umfang belasten Lohnabzüge die Arbeitnehmereinkommen?

- Wie setzen sich die Lohnabzüge zusammen?
- Was hat Schwarzarbeit damit zu tun?
- Was ist vom »Kaufkraftargument« zu halten?

1 Zum Problem der Lohngerechtigkeit

Sein Entgelt für geleistete Arbeit sollte dem Mitarbeiter das Bewusstsein verleihen, dass er **im Vergleich zu anderen** gerecht entlohnt wird (**relative Lohngerechtigkeit**).

> Dabei muss jedoch zwischen Leistungsgerechtigkeit und Bedarfsgerechtigkeit unterschieden und der Einfluss des Marktes auf die Entlohnung berücksichtigt werden.

1.1 Die Leistungsgerechtigkeit

Bei relativer Leistungsgerechtigkeit erhält derjenige Arbeitnehmer einen höheren Lohn, der eine höhere Leistung erbringt.

Eine relative Leistungsgerechtigkeit ist in der Entlohnung dann gegeben, wenn die Höhe des Arbeitsentgelts eines Mitarbeiters ausschließlich von seiner **Leistung** bestimmt wird. Die Ermittlung der Leistung ist freilich ein schwieriges Unterfangen: Viele Arbeitnehmer haben Vorleistungen erbracht, die sie honoriert haben möchten; sicherlich spielen auch die Anforderungen des Arbeitsplatzes eine wichtige Rolle, auf dem man wiederum mehr oder weniger zügig arbeiten kann.

> Die Leistungsgerechtigkeit kann man in die drei Aspekte Qualifikations-, Anforderungs- und Ergebnisgerechtigkeit unterteilen.

Der einfachste Maßstab für die **Qualifikationsgerechtigkeit,** der sich bis in das 19. Jahrhundert zurückverfolgen lässt, ist die Unterscheidung in »ungelernt«, »angelernt« und »abgeschlossene Berufsausbildung«. Heutzutage hat sich das Aus-, Fort- und Weiterbildungsgeschehen (8. Kapitel) sehr stark ausdifferenziert und zu einem (nahezu) unüberschaubaren Fächer an Qualifikationen geführt. Arbeitnehmer erwarten, dass ihre – mühevoll erworbene – Qualifikation in der Entlohnung Berücksichtigung findet; andererseits wird ein Arbeitgeber hierzu nur bereit sein, wenn es sich um eine – auch mit Blick auf die Zukunft – **betriebsrelevante** Qualifikation handelt. Ein qualifikationsgerechtes Entlohnungssystem muss zudem festlegen, ob es sich ohne inhaltliche Prüfung an **formalen** Abschlüssen (z. B. Abitur, Fachhochschul- oder Universitätsabschluss) orientiert, inwieweit **Mehrfach**qualifikationen (z. B. Lehre und Studium) berücksichtigt und wie stark die Entgelte zwischen verschiedenen Qualifikationen **abgestuft** werden.

Eine **anforderungsgerechte** Entlohnung knüpft an den Anforderungen an, die der zu besetzende Arbeitsplatz stellt. Dabei sind in der Regel auch Fachkenntnisse gefragt, weshalb hier die qualifikationsgerechte Entlohnung »durchscheint«. Zur Ermittlung des genauen Anforderungsprofils sind verschiedene Verfahren entwickelt worden: Bei den **summarischen** Verfahren

betrachtet man die Arbeiten als Ganzes und ordnet sie – je nach Schwierigkeitsgrad – in eine **Rangfolge** oder Abfolge von (**Lohn-**) **Gruppen;** die Gruppierung hat den Vorteil, dass die unterschiedlichen Abstände der »Anforde-
rungsbündel« erkennbar sind. Bei den **analytischen** Verfahren liegen der
Bestimmung der Arbeitsschwierigkeit differenzierte Anforderungsarten zugrunde, was am Beispiel des **analytischen Rangreihenverfahrens** illustriert
wird (Abb. 7.1).

Gewichtungs-schema (Σ = 100 %)	10 %	20 %	30 %	40 %	
Anforde-rungs-arten / Arbeitsplätze	Körperli-che Anfor-derungen	Äußere Einflüsse	Geistige Anforde-rungen	Verant-wortung	Arbeits-wert
1	80	70	5	1	23,9
2	20	10	60	20	30,0
3	5	1	90	80	59,7

Abb. 7.1: Arbeitswerte nach dem analytischen Rangreihenverfahren

Zunächst werden die Arbeitsplätze auf ihre **Normalleistung** »justiert«: Sie
betrifft die Leistungsmenge und liegt einer bestimmten Definition zufolge
vor, wenn ein Fußgänger in einer Stunde auf ebener Strecke ohne Gepäck
4,83 km zurücklegt. Es wird nun angenommen, dass die Mitarbeiter an ihren Arbeitsplätzen in diesem Sinne »**normale**« **Leistungsmengen** erbringen
und dann untersucht, wie stark dabei die verschiedenen **Anforderungsarten**
vertreten sind: Je nach Belastung werden Punktzahlen zwischen 0 (keine Belastung) und 100 (maximale Belastung) zugeordnet.

Ferner muss noch ein Gewichtungsschema eingeführt werden, das die **unterschiedliche Bedeutung** der einzelnen Anforderungsarten zum Ausdruck
bringt. Aus Gewichtungsschema und Punktzahlen lässt sich dann für jeden
Arbeitsplatz ein **Arbeitswert** ermitteln, der Auskunft über den **Schwierigkeitsgrad** der Arbeit dieses Arbeitsplatzes bei **Normalleistung** gibt. In
Abb. 7.1 weist der Arbeitsplatz 3 den größten Schwierigkeitsgrad auf; sein
Arbeitswert ergibt sich aus:

$5 \cdot 0{,}1 + 1 \cdot 0{,}2 + 90 \cdot 0{,}3 + 80 \cdot 0{,}4 = 59{,}7.$

Nach Ermittlung ihrer Arbeitswerte werden die Arbeitsplätze den entsprechenden **Lohngruppen** (die jeweils einen bestimmten Arbeitswertbe-
reich umfassen) zugeordnet.

Zu den Verfahren der Arbeitsbewertung ist anzumerken:

■ Die Definition der Normalleistung und ihre Festlegung für bestimmte
  Arbeitsplätze muss tarifvertraglich vereinbart werden.
■ Zur Erfassung aller Aspekte der Arbeitsschwierigkeit sollten möglichst
  viele Anforderungsarten unterschieden werden. Dies ist jedoch aus

Gründen der Wirtschaftlichkeit nicht möglich; außerdem zeigt die praktische Erfahrung, dass hierdurch die Einstufung der Arbeitsplätze nur unwesentlich verändert würde.

- Das Gewichtungsschema spiegelt lediglich die »gesellschaftlich vorherrschende Auffassung« über den Wert der verschiedenen Anforderungen wider; ein Verzicht darauf bedeutete allerdings Gleichgewichtung.
- Durch fortschreitende Automatisierung und Flexibilisierung sind die Arbeitsinhalte einem ständigen Wandel unterworfen: Routinearbeiten verlieren, planende und steuernde Arbeiten gewinnen an Bedeutung.

> Aus diesen Vorbehalten ergibt sich, dass die Arbeitswerte stets einer kritischen Überprüfung zugänglich bleiben müssen.

Unter der Lupe

Das Genfer Schema der Anforderungsarten zur Arbeitsbewertung
1.   Geistige Anforderungen
1.1 Fachkenntnisse
1.2 Nachdenken
2.   Körperliche Anforderungen
2.1 Geschicklichkeit
2.2 Muskelbelastung
2.3 Aufmerksamkeit
3.   Verantwortung für
3.1 Betriebsmittel und Erzeugnisse
3.2 Sicherheit und Gesundheit anderer
3.3 Arbeitsablauf
4.   Arbeitsbedingungen (Umgebungseinflüsse), z. B. Temperatur, Feuchtigkeit, Gase, Dämpfe, Lärm, Erschütterungen, Blendung, Lichtmangel, Erkältungsgefahr, Unfallgefährdung, Verschmutzung

---

Eine **ergebnisgerechte** Entlohnung sollte in Betracht ziehen, ob jemand an seinem Platz tatsächlich mehr oder weniger als die Normalleistung erbracht hat: Faule müssen Lohnabschläge hinnehmen, Fleißige erhalten Lohnzuschläge. Bei der Beurteilung des Arbeitsergebnisses geht es jedoch nicht nur um die erbrachte Leistungs**menge**, sondern auch darum, in welcher **Qualität** sie abgeliefert wurde, weshalb z. B. ein schonender Umgang mit Betriebsmitteln und Werkstoffen in die Bewertung einzubeziehen ist. Im Bereich dispositiver Arbeiten wird allerdings die Ergebnisbewertung schwierig: Hier geht es um Aspekte wie Initiative und Selbständigkeit, Überzeugungskraft und Mitarbeiterführung. Sie sind Gegenstand des **Beurteilungsgesprächs** des Vorgesetzten mit dem Mitarbeiter.

1.2 Die Marktgerechtigkeit

Spitzensportler und bekannte Künstler erhalten viel Geld für ihre Auftritte, und mancher Zeitgenosse bezweifelt, ob sie das auch »verdient« haben. Tatsächlich ist ihre Entlohnung das Ergebnis von **Angebot und Nachfrage,** also »marktgerecht«.

Der weitaus größte Teil der Arbeitsentgelte wird jedoch zunächst durch **Verhandlungen** zwischen Gewerkschaften und Arbeitgeberverbänden festgelegt. Gegenstand der **Lohntarifverhandlungen** ist überwiegend der als **Ecklohn** bezeichnete Lohnsatz einer bestimmten, ausgewählten Lohngruppe. Die Löhne der anderen Lohngruppen stehen zum Ecklohn in einer – ebenfalls ausgehandelten – festen Relation **(Tariflohnstruktur),** die jeweils über eine längere Zeit gültig bleibt.

> Die von den Tarifparteien ausgehandelte Tariflohnstruktur folgt dem Prinzip der Leistungsgerechtigkeit, weil in einer Lohngruppe, die höhere (niedrigere) Arbeitswerte umfasst, auch höhere (niedrigere) Tariflöhne gezahlt werden.

Die Tariflöhne sind allerdings nur **Mindestlöhne,** die überschritten werden können: Ist in einem bestimmten Beruf das Arbeitsangebot im Verhältnis zur Arbeitsnachfrage knapp, dann konkurrieren die Betriebe mit steigenden Lohnangeboten um die betreffenden Arbeitnehmer, bis schließlich ein Lohn erreicht ist, der das Arbeitsangebot so weit vergrößert und die Arbeitsnachfrage so stark beschränkt, dass beide zu einem Ausgleich kommen. Ein **Unterschreiten** der Tariflöhne ist tarifgebundenen Firmen selbst bei noch so reichlichem Arbeitsangebot hingegen grundsätzlich **nicht möglich;** allerdings könnten entsprechende Ausnahmefälle mit Zustimmung der Tarifvertragsparteien vereinbart werden (z. B. zur Abwendung von Firmenzusammenbrüchen).

> Abweichungen vom Tarifvertrag auf betrieblicher Ebene sind nur zulässig, wenn hierdurch Arbeitnehmer günstiger gestellt werden (Günstigkeitsprinzip).

Die Überlagerung der anforderungsgerechten (Tarif-)Entlohnung durch eine marktgerechte – oder besser: **marktkonforme** – (Effektiv-)Entlohnung wird deshalb vor allem in einer Situation knappen Arbeitsangebots sichtbar; in der Rezession wird die übertarifliche Bezahlung hingegen reduziert, meist dadurch, dass man sie auf die neuen Tarife anrechnet.

Aus der Tatsache, dass Betriebe aufgrund bestimmter Knappheitssituationen für **einzelne** Berufssparten **übertarifliche** Marktlöhne zahlen müssen,

In der Regel heißt Marktgerechtigkeit: höhere Löhne für knappe Berufe.

können innerbetriebliche Spannungen herrühren: Die weiterhin nach Tarif entlohnten Arbeitnehmer anderer Berufssparten mit gleichem oder sogar höherem Arbeitswert fühlen sich dann nämlich »ungerecht« bezahlt. Dieses Problem kann man dadurch zu lösen versuchen, dass

- in den Arbeitsverträgen der übertariflich bezahlten Arbeitskräfte ein **Stillschweigen** über das Arbeitsentgelt vereinbart wird,
- die ermittelten Arbeitswerte einer »Überprüfung« mit dem Ziel unterzogen werden, die nun übertariflich bezahlten Mitarbeiter einer **höheren Lohngruppe** zuzuordnen und dort tariflich zu bezahlen, oder
- die Arbeitsentgelte der »**benachbarten**« Arbeitnehmer ebenfalls so weit **erhöht** werden, bis die betriebliche »Lohnhierarchie« wieder »stimmt«.

Alle Lösungen haben ihre Schwachstellen: Eine Geheimhaltung lässt sich längerfristig kaum praktizieren, obwohl der Betriebsrat bei übertariflichen Zulagen kein Informationsrecht hat. Die Umgruppierung würde diesen Wunsch auch bei anderen wecken, außerdem wäre eine Rückgruppierung nach Normalisierung der Marktbedingungen – auch wegen der damit einhergehenden Statusabwertung – nahezu unmöglich, ganz abgesehen davon, dass hier der Betriebsrat ein Vetorecht hat (9. Kapitel). Die dritte Vorgehensweise ist die teuerste, aber auch die dem Betriebsklima dienlichste.

Unter der Lupe

Verbindlichkeit von Tarifverträgen

Die Tarifautonomie ist im **Tarifvertragsgesetz** geregelt. Danach wird ein Tarifvertrag ohne staatliche Mitwirkung branchen- oder unternehmensspezifisch (z. B. VW) von den jeweiligen **Tarifvertragsparteien** ausgehandelt. Tarifvertragsparteien sind Arbeitgeberverbände (z. B. Verband der Bayerischen Metall- und Elektro-Industrie) bzw. einzelne Arbeitgeber und Gewerkschaften (z. B. verdi, IG Metall).

Nur etwa 73 Prozent (West) bzw. 57 Prozent (Ost) aller Arbeitsplätze ist zwingend den Tarifvereinbarungen unterworfen. Voraussetzung hierfür ist nämlich, dass

- der jeweilige Arbeitnehmer Mitglied einer Gewerkschaft und
- sein Arbeitgeber Mitglied in einem Arbeitgeberverband ist.

In der Regel wird jedoch ein Arbeitgeber, der einem Arbeitgeberverband angehört, die Tarifvereinbarungen auch seinen nicht gewerkschaftlich gebundenen Mitarbeitern anbieten; anderenfalls würde er diese »in die Arme der Gewerkschaft treiben«.

Durch seinen Austritt aus dem Arbeitgeberverband kann sich der Arbeitgeber dem Flächentarifvertrag insoweit entziehen, als später vereinbarte Regelungen für ihn nicht mehr gelten; an die zu seiner Zeit gültigen bleibt er jedoch gebunden (Bundesarbeitsgericht: 4 AZR 363/99). Er kann dann Einzelarbeitsverträge oder mit der Gewerkschaft einen »Firmenvergütungsvertrag« abschließen. Überdies hat der Bundesarbeitsminister die Möglichkeit,

→

Tarifvereinbarungen für allgemein verbindlich zu erklären. Voraussetzung ist, dass die reguläre »Reichweite« des Tarifvertrags bereits mindestens 50 Prozent beträgt und die »Ausweitung« im öffentlichen Interesse liegt (Ausnahme: Behebung eines sozialen Notstandes). Insbesondere dann, wenn tariftreue Arbeitgeber durch »Schmutzkonkurrenz« in ihrer Existenz gefährdet werden, wird – auf Antrag – eine Allgemeinverbindlichkeitserklärung ausgesprochen. Hierüber entscheidet zunächst ein Tarifausschuss, der mit je drei Vertretern der Arbeitgeber- und Arbeitnehmerseite besetzt ist. Über dessen Votum kann sich der Arbeitsminister nicht hinwegsetzen. Analoge Regelungen gelten für die Tarifausschüsse der Bundesländer.

Nach einer Allgemeinverbindlichkeitserklärung gelten die Regelungen des jeweiligen Tarifvertrages für alle »einschlägigen« Arbeitgeber und Arbeitnehmer. Von den gegenwärtig gültigen 57 595 Tarifverträgen sind etwas mehr als 530 für allgemein verbindlich erklärt worden, wobei lediglich 53 Lohn- und Gehaltstarife betreffen (insbesondere Baugewerbe, Groß- und Einzelhandel).

Bei den Tarifverträgen unterscheidet man Mantel- und Vergütungstarif-Vertrag: Im **Mantel**tarifvertrag werden – für mehrere Jahre gültig – die Rahmenbedingungen des Vergütungsgeschehens festgeschrieben, wie Vergütungsgruppenabgrenzung nach Arbeitswerten, Wochenarbeitszeit, Flexibilisierung der Arbeitszeit, Regelungen zur Schichtarbeit, Urlaubszeiten. Im **Vergütungs**tarifvertrag wird hingegen – in der Regel jährlich – der für eine bestimmte Branche (z. B. Metallindustrie) im jeweiligen Tarifgebiet (z. B. Bayern) gültige Eckvergütung festgelegt und – nach Maßgabe des Manteltarifvertrags – auf die anderen Vergütungsgruppen umgerechnet.

Gegen Flächentarifvertrag und Allgemeinverbindlichkeitserklärung wird eingewendet, dass sie die – notwendige – Lohnspreizung zwischen Unternehmen, die gut verdienen, und solchen, die Schwierigkeiten haben, Tariflöhne zu bezahlen, verhindern. Hier könnten sich **Öffnungsklauseln** in Tarifverträgen als hilfreich erweisen: Sie erlauben – nach Absprache mit dem Betriebsrat und den Tarifpartnern – Abweichungen vom Tarifvertrag, durch die die Arbeitnehmer nicht »günstiger gestellt« werden. In einigen Tarifverträgen gibt es derartige Regelungen. Eine Alternative hierzu sind Härteklauseln, die es erlauben, bei den Tarifvertragsparteien eine individuelle Härtefallregelung zu beantragen. Diskutiert wird auch die Korridorlösung: Die Tarifvertragsparteien einigen sich statt auf einen einheitlichen Prozentsatz auf eine Bandbreite für Lohnerhöhungen. Je nach wirtschaftlichem Erfolg ihres Betriebes würden die Arbeitnehmer unterschiedliche Zuwächse erhalten, wobei allerdings noch Kriterien für den Unternehmenserfolg festzulegen und mit dem Betriebsrat abzustimmen wären. Dieses zweistufige System wird in allen anderen EU-Ländern (außer Österreich) bereits praktiziert. »(Starre) Flächentarifverträge sind ökonomischer Unfug« (Helmut Schmidt, ehem. Bundeskanzler).

Beispiel

Öffnungsklausel im Flächentarifvertrag

»Es waren nicht von ungefähr die traditionell eher konsensorientierten Tarifpartner der Chemie-Industrie, die als erste ein lange gehegtes Tabu der deutschen Gewerkschaftsbewegung gebrochen haben. Zum erstenmal in der Geschichte der Tarifpolitik schrieben die Unterhändler eine Öffnungsklausel in einen Flächentarifvertrag … Zwar lässt diese Klausel nur eine Abweichung vom Tariflohn um höchstens zehn Prozent nach unten zu und auch nur gegen die verbindliche Zusicherung des Unternehmens, dafür keine Arbeitnehmer zu entlassen …

… diese Tariföffnungsklausel (trägt) für die Chemie-Industrie … der Tatsache Rechnung, dass jedes Unternehmen im schärfer gewordenen Wettbewerb schneller und flexibler auf ständig wechselnde Bedingungen reagieren können muss. Solche Bedingungen nennt der neue Paragraph 10 des Chemie-Entgelttarifvertrages: Zur ‚Sicherung der Beschäftigung und/oder zur Verbesserung der Wettbewerbsfähigkeit am Standort Deutschland‘, worunter zu verstehen wären ›unter anderem beschäftigungserhaltende und beschäftigungsfördernde Investitionen am Standort, die Vermeidung von Entlassungen, die Vermeidung von Verlagerung von Produktion, sonstiger Aktivitäten ins Ausland, die Vermeidung von Ausgliederungen … sowie sonstige Existenz sichernde Maßnahmen für das Unternehmen oder den Betrieb …‹

(Aus: Deckstein, D.: Ein lange gehegtes Tabu gebrochen, in: Süddeutsche Zeitung vom 5.6.1997)

1.3 Die Bedarfsgerechtigkeit

Elemente einer Bedarfsgerechtigkeit: bezahlter Urlaub, Lohnfortzahlung im Krankheitsfall, Einkommensteuertarif

Einer relativen Bedarfsgerechtigkeit folgt eine Entlohnung dann, wenn die Höhe des Arbeitsentgelts eines Mitarbeiters ausschließlich von seinem »objektiv notwendigen« Bedarf (z.B. aufgrund seines Lebensalters, seines Familienstandes, seiner Kinderzahl) bestimmt wird, wobei noch zu klären wäre, **wer diesen Bedarf festlegt.** Elemente einer Bedarfsgerechtigkeit finden sich im deutschen Lohnsystem aufgrund **staatlicher** Steuerungsmaßnahmen (z.B. Grundfreibetrag, Progression und Splitting in der Einkommensteuer, Kindergeld) sowie **gesetzlicher, tarifvertraglicher** und **freiwilliger betrieblicher Sozialleistungen** (z.B. Mehrbedarfszuschläge für Erwerbstätige nach dem Sozialhilfegesetz, betriebliche Altersversorgung, Lohnfortzahlung bei Urlaub, Krankheit und an Feiertagen, Urlaubs- und Weihnachtsgeld).

2 Die Lohngestaltung

Die wichtigsten **Entlohnungsgrundsätze** sind Zeitlohn, Akkordlohn und Prämienlohn. Als eine weitere Art von Arbeitsentgelt wird die Erfolgsbeteiligung der Arbeitnehmer angesehen.

2.1 Der Zeitlohn

Der Zeitlohn bemisst sich allein nach der Dauer der **Arbeitszeit** (z. B. Wochen-, Monatslohn). Der **pro Zeiteinheit** gezahlte Lohn hängt dabei von der **Art** bzw. den **Anforderungen** des Arbeitsplatzes ab, wobei davon ausgegangen wird, dass der Mitarbeiter während der Arbeitszeit durchschnittlich **Normalleistung** erbringt. Der Zeitlohn orientiert sich folglich auch an dem – durch den Arbeitswert repräsentierten oder anderswie ermittelten – Schwierigkeitsgrad der Arbeit.

Höhe des Zeitlohns abhängig von der Arbeitszeit und der Art des Arbeitsplatzes

Das Anwendungsgebiet des Zeitlohns liegt vor allem dort, wo

- die Kosten für die Ermittlung von Leistungsvorgaben und die Erfassung der Leistung relativ hoch sind,
- die Leistung durch den Arbeitsablauf (z. B. Fließbandarbeit) bereits festgelegt ist,
- Leistung nur schwer messbar ist (z. B. dispositive Tätigkeit),
- Qualität wichtiger ist als Quantität
- die Arbeiten gefährlich sind (z. B. Schornsteinfeger),
- der Arbeitsanfall uneinheitlich (z. B. Büroarbeiten) und unregelmäßig (z. B. Verkäuferin) ist.

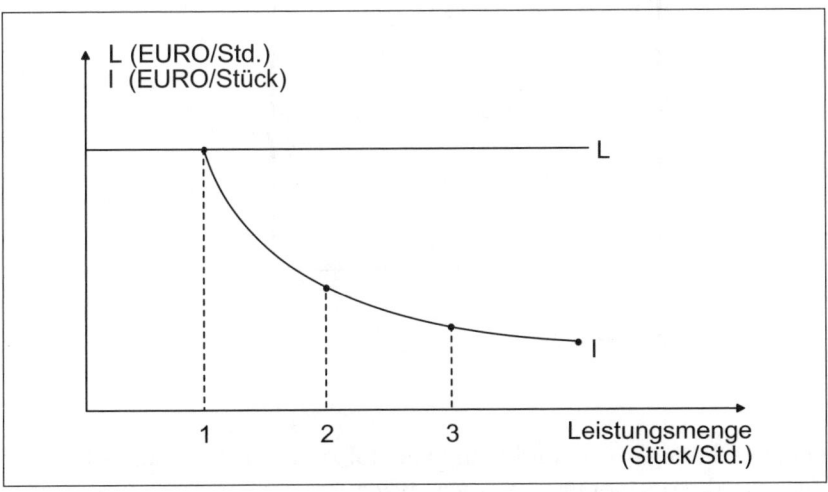

Abb. 7.2: Der Zeitlohn

Eine graphische Darstellung des Zeitlohns findet sich in Abb. 7.2: Die – von der jeweiligen Lohngruppe abhängige – **Höhe** des Lohnes »L« (EURO/Std.) ist **unabhängig** von der tatsächlichen Leistungsmenge (Stück/Std.); die **Lohnkosten je Stück »l«** (EURO/Stück) **fallen** deshalb mit zunehmender Leistungsmenge. Daraus ergibt sich, dass beim Zeitlohn der Betrieb das Kostenrisiko einer geringen Arbeitsleistung trägt.

2.2 Der Akkordlohn

Akkordlohn abhängig von der Mengenleistung und der Art des Arbeitsplatzes

Der Akkordlohn bemisst sich allein nach der **Leistungsmenge.** Der **pro Stück** gezahlte Lohn hängt dabei von der Art bzw. den **Anforderungen** des Arbeitsplatzes ab. Der Akkordlohn orientiert sich folglich auch an dem – durch den Arbeitswert repräsentierten oder anderswie ermittelten – Schwierigkeitsgrad der Arbeit.

Eine graphische Darstellung des Akkordlohns findet sich in Abb. 7.3. Grundlage ist der in der betreffenden Lohngruppe gezahlte **Zeitlohn.** Diesen sowie einen **Akkordzuschlag** von bis zu 20 Prozent erhält der Akkordarbeiter, wenn er die **Normalleistung** (x_{-1} Stück/Std.) erbringt **(Akkordrichtsatz).** An eine größere bzw. kleinere Leistungsmenge (Stück/Std.) passt sich die **Höhe** des Lohnes »L« (EURO/Std.) **proportional** an. Die **Lohnkosten je Stück »l«** (EURO/Stück) sind deshalb **unabhängig** von der Leistungsmenge.

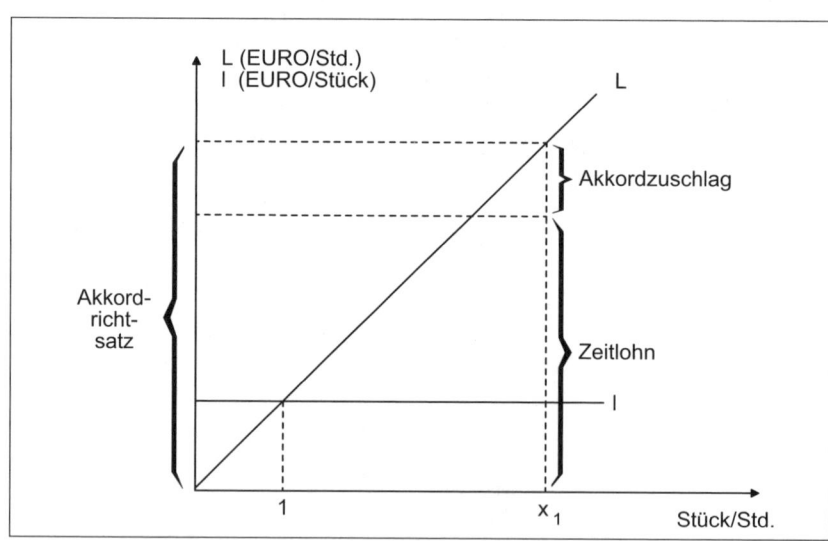

Abb. 7.3: Der Akkordlohn

Die Berechnung des Akkordlohns kann auf zweierlei Weise, als Geld- oder Zeitakkord, vorgenommen werden. Beide Berechnungsarten führen aber zum gleichen Ergebnis.

- Beim **Geldakkord** wird für jede Leistungseinheit (z. B. Stück) ein bestimmter Geldbetrag (z. B. Stücklohn) festgelegt. Der Stundenlohn »L« ergibt sich dann als:
  L = Stückzahl/Std. × Stücklohn
- Beim **Zeitakkord** wird für jede Leistungseinheit (z. B. Stück) eine bestimmte Zeit (Vorgabezeit) festgelegt und die »rechnerische« Arbeitszeit vergütet. Der Stundenlohn »L« ergibt sich folglich als:
  L = Stückzahl/Std. × Vorgabezeit je Stück (in Min.) × Geldfaktor/Min.

Der Geldfaktor errechnet sich aus dem Akkordrichtsatz, der Stücklohn aus Akkordrichtsatz und Normalleistung. Der Zeitakkord hat deshalb gegenüber dem Geldakkord einen Vorteil, weil bei Lohnänderungen die Geldfaktoren einfacher als die Stücklöhne umzurechnen sind.

Beim **Gruppenakkord** wird der Geldfaktor bzw. Stücklohn nicht für einen einzelnen Mitarbeiter, sondern für eine Gruppe von Mitarbeitern festgelegt. Der Gesamtverdienst wird dann nach einem vereinbarten Schlüssel zwischen den Beteiligten aufgeteilt. Voraussetzung für seine Anwendung ist eine genaue Mengenvorgabe und Arbeitsroutine in der Gruppe.

In den Tarifverträgen wird den Akkordarbeitern ein **Mindestlohn** garantiert, der dem Akkordrichtsatz entspricht und auch dann zu zahlen ist, wenn – trotz Leistungswillens – der Arbeitnehmer aus betrieblichen oder persönlichen Gründen vorübergehend weniger als die Normalleistung erbringt. Die Mindestlohnregelung gilt nicht, wenn den Mitarbeiter ein **Verschulden** trifft, wobei allerdings der **Arbeitgeber** die **Beweislast** trägt. Durch diese Regelung wird eine Bedarfskomponente in den Akkordlohn eingefügt.

Bedarfskomponente beim Akkordlohn: Akkordrichtsatz und Beweislastumkehr

Die **Vorteile** des Akkordlohnes liegen
- in der Leistungsgerechtigkeit,
- in seinem Anreiz zur Mehrleistung und
- in seinen einfach abzurechnenden konstanten Lohnkosten pro Stück.

Mögliche **Nachteile** sind
- eine Minderung der Leistungsqualität mit dem Erfordernis zusätzlicher Qualitätskontrollen,
- ein höherer Verschleiß der Betriebsmittel, ein größerer Verbrauch von Werkstoffen sowie ein übersteigerter Kräfteeinsatz bei den Mitarbeitern,
- Unzufriedenheit, wenn die Mitarbeiter die festgesetzten Vorgaben für zu streng halten (»Akkord ist Mord«) und
- gesundheitliche Gefährdungen durch Überschätzung der eigenen Leistungsfähigkeit.

Beispiel

Zeit- und Geldakkord bei Lohnerhöhung

mit: Normalleistung = 10 Stück/Std.
      Istleistung = 15 Stück/Std.

	Akkordrichtsatz 18 €/Std.	Akkordrichtsatz 24 €/Std.
Zeit-akkord	Vorgabezeit 60 Min./Std. : 10 Stück/Std. = 6 Min./Stück	Vorgabezeit: 60 Min./Std. : 10 Stück/Std. = 6 Min./Stück
	vergütete Zeit 15 Stück × 6 Min./Stück = 90 Min.	vergütete Zeit 15 Stück × 6 Min./Stück = 90 Min.
	Geldfaktor 18 €/Std. : 60 Min./Std. = 0,30 €/Min.	Geldfaktor 24 €/Std. : 60 Min./Std. = 0,40 €/Min.
	Stundenlohn 90 Min. × 0,30 €/Min. = 27,00 €	Stundenlohn 90 Min. × 0,40 €/Min. = 36,00 €
Geld-akkord	Stücklohn 18 €/Std. : 10 Stück/Std. = 1,80 €/Stück	Stücklohn 24 €/Std. : 10 Stück/Std. = 2,40 €/Stück
	Stundenlohn 15 Stück × 1,80 €/Min. = 27,00 €	Stundenlohn 15 Stück × 2,40 €/Min. = 36,00 €

Grundlage für die Ermittlung der Vorgaben bei Akkordarbeit sind **Zeitstudien.** Bei den einzelnen Arbeitsplätzen wird der jeweilige Arbeitsgang beobachtet, die benötigte Zeit gemessen und der Leistungsgrad (bezogen auf die Normalleistung) beurteilt. Die **Normalzeit** (NZ) je Arbeitsgang errechnet sich daraus als:

$$NZ = \frac{\text{Zeitbedarf} \times \text{Leistungsgrad}}{100}$$

Zur Normalzeit (Grundzeit) werden **Verteilzeiten** hinzugerechnet, die den Zeitbedarf für persönliche Bedürfnisse, zusätzliche Tätigkeiten und kleine Störungen im Arbeitsablauf berücksichtigen. Bei Arbeitsgängen, die die »Dauerleistungsgrenze« überschreiten, werden außerdem Erholungszeitzuschläge hinzugefügt. Normalzeit und Zeitzuschläge bilden zusammen die **Ausführungszeit,** der dann gegebenenfalls noch »**Rüstzeiten**« (für das Vorbereiten des Arbeitsganges) zugeschlagen werden.

In den meisten Tarifverträgen ist vorgesehen, dass ein Mitarbeiter bei begründeten Einwänden eine Prüfung seiner Normalleistungs-Vorgaben verlangen kann.

Insgesamt befindet sich der Akkordlohn auf dem **Rückzug:** Bei den modernen **Produktionstechnologien** kommt es nicht darauf an, dass ein Mitarbeiter möglichst hohe Stückzahlen herstellt. Seine Aufgabe ist es vielmehr, verschiedene – automatisch ablaufende – Prozesse koordinierend zu steuern, einen hohen Qualitätsstandard zu sichern und bei Störungen schnell und zielsicher einzugreifen.

Beispiel

Vom Akkord- zum Zeitlohn
»… Eine zentrale ›Betriebsvereinbarung über die Gestaltung neuer Leistungs- und Entlohnungsbedingungen für die gewerblichen Mitarbeiter‹ erweitert den Handlungs- und Gestaltungsspielraum von rund 70000 der insgesamt 160000 inländischen Mercedes-Beschäftigten. Diese sind nun mitverantwortlich für den störungsfreien Produktionsablauf, die Optimierung der Arbeitssysteme und die Verbesserung der Arbeitsgestaltung und -Sicherheit. Leistungsziele (wie etwa die Zeit für die Fertigung einer bestimmten Zahl von Teilen) werden künftig nicht mehr einseitig vorgegeben, sondern zwischen Meister und Mitarbeiter vereinbart.

Auf der Basis der vereinbarten Leistung erhalten die Mitarbeiter ein konstantes Monatsentgelt. Der Akkordlohn, den es bei Mercedes im strengen Sinne schon bisher nicht mehr gab, ist damit abgeschafft…«

(Aus: Süddeutsche Zeitung vom 2.3.1994)

2.3 Der Prämienlohn

Der Prämienlohn ist ein Arbeitsentgelt, das aus einem **Zeitlohn** und einer zusätzlich gezahlten **Prämie für besondere Leistungen** besteht. Diese Leistungen können in einer quantitativen oder qualitativen Mehrleistung, einer besonders schonenden Behandlung der Betriebsmittel, einer hohen Materialausbeute, einer geringen Ausschussquote, einer Einhaltung von Terminen usw. bestehen. Der Prämienlohn ist vor allem dort angebracht, wo die bessere Leistung des Mitarbeiters nicht durch einfaches Abzählen (wie beim Akkordlohn) feststellbar ist, also z.B. bei der Steuerung und Wartung moderner Produktionsanlagen.

Eine **Gruppenprämie** wird für besondere Leistungen bei »Teamarbeit« gezahlt (13. Kapitel). Anders als beim Gruppenakkord soll die Gruppe hier – bei einer gewissen Arbeitszeitflexibilität – die von ihr zu bewältigenden Aufgaben selbständig koordinieren, wobei alle Gruppenmitglieder sämtliche Kerntätigkeiten der Gruppenarbeit beherrschen. Die Gruppenprämie kann sich dann nach der gefertigten Stückzahl richten, aber auch nach Maßstäben wie Maschinenauslastung, Termintreue oder Qualität/Materialverbrauch. Vorteilhaft an der Gruppenprämie ist die lediglich »globale« Leistungsvorgabe und -berechnung sowie die Selbststeuerung der Gruppe.

Prämienlohn: Zeitlohn plus zusätzliche Prämie für besondere Leistungen

> Zur modernen Gruppenarbeit passt nicht der Gruppenakkord, sondern die Gruppenprämie.

Stock Options: Verdienen mit steigenden Aktienkursen

Der Prämienlohn für **Führungskräfte** heißt **Bonus oder Tantieme.** Gegenwärtig wird in Deutschland, dem amerikanischen Vorbild folgend, die Führungskräfteentlohnung stärker an Anreizpläne gekoppelt. Eine besondere Beachtung findet hierbei das **Optionsmodell** (Stock Options), das der Zustimmung der Hauptversammlung bedarf (§ 192 AktG): Führungskräfte erhalten das Angebot, innerhalb eines bestimmten Zeitraums (frühestens nach zwei Jahren) Aktien des eigenen Unternehmens zu einem vorab festgelegten Ausübungskurs (Basispreis) aus dessen Bestand (bedingte Kapitalerhöhung) zu erwerben. Steigende Aktienkurse bescheren ihnen dann einen Bonus, wobei manche Unternehmen eine Mindestkurssteigerung verlangen: So können die Mitarbeiter von Siemens ihre Optionen erst dann ausüben, wenn der Aktienkurs den Basispreis einmal um zwanzig Prozent überschritten hat. Kritisch wird gegen die Anreizpläne eingewendet (Bühner, R.: Personalmanagement), dass

- sehr günstige Kursentwicklungen exorbitante Einkommenshöhen bewirken,
- die Manager in den Genuss von Kurssteigerungen kommen können, die nicht in ihrer Leistung, sondern in Übernahmegerüchten, Wechselkursschwankungen oder allgemein im »Börsenfieber« begründet sind (Windfall Profits) und
- die Manager das Unternehmen unter einseitiger Orientierung an der Steigerung des Unternehmenswerts (Sharholder Value) führen, was die Börse honoriert; gerade dies kann freilich unter dem Gesichtspunkt der Principal-Agent-Problematik erwünscht sein.

Neuere Optionsmodelle versuchen, das Problem der Windfall Profits zu begrenzen. Sie legen eine »Messlatte«, z. B. entlang der durchschnittlichen Aktienkursentwicklung der Branche. Die Führungskräfte dürfen dann ihre Option

- nur ausüben, wenn die eigene Kurssteigerung günstiger verläuft (**Ausübungshürde**) oder
- nur in Höhe der Differenz der Kursentwicklungen geltend machen (**bereinigter Ausübungskurs**).

Stock Options flankieren den Shareholder Value.

Der bereinigte Ausübungskurs ließe sich auch bei Kursverlusten verwenden, die ansonsten die Manager – bei nur geringem Fixum hart treffen würden (Windfall Losses). In den Stock Options wird auch ein Instrument der Managerbindung gesehen: Wer das Unternehmen verlässt, kann sie nicht mehr ausüben.

Stark gefallen in ihrer Beliebtheit sind die Aktienoptionen nach den Kursstürzen ab dem Frühjahr 2000: Weil das Recht auf Optionen häufig mit einem teilweisen Verzicht auf fest vereinbarte Gehaltsbestandteile erkauft wurde, sanken die Gehälter einschließlich Optionen unter das marktübliche Niveau. Da eine nennenswerte Erholung der Aktienkurse zunächst nicht erwartet wird, gewinnen die klassischen Bonusmodelle als Mittel der Mitarbeitergewinnung und -bindung wieder an Beliebtheit: Da weiß man, was man hat.

Von den Altaktionären kritisch gegen Optionsmodelle eingewendet wird, dass jede Ausgabe neuer Aktien zu einer **Verwässerung** des Aktienkurses führt und damit ihr Vermögen mindert.

Eine Variante, die nicht der Genehmigung durch die Hauptversammlung bedarf, sind **virtuelle Aktien** (»Stock Appreciation Rights«): Zum Zeitpunkt der Ausübung erhalten die Führungskräfte keine Aktien, sondern eine Prämie, die sich an der Differenz zwischen Ausübungskurs und dem aktuellen Börsenkurs orientiert. Im Ausübungszeitpunkt stellen sie für das Unternehmen einen steuermindernden Personalaufwand dar.

Beispiel

Bonusmodelle zur Führungskräfteentlohnung

»… Um objektiv feststellen zu können, wann und in welcher Höhe die Prämien fällig sind, setzen immer mehr Unternehmen auf individuelle Zielvereinbarungen: Wer die abgesteckten Ziele innerhalb eines vorher definierten Zeitraumes erreicht, hat Anspruch auf das Zubrot…

Meist risikoloser für den Arbeitnehmer sind Nebenleistungen, die nicht unmittelbar an das Gehalt gekoppelt sind. Dazu zählen etwa Dienstreisen in der Business Class, ein Firmenwagen, der auch privat genutzt werden darf, ein Mobiltelefon, die Übernahme von Umzugskosten oder auch Rabatte beim Wareneinkauf in der Firma und betriebliche Sozialleistungen aller Art…

… ›Wir nennen das Cafeteria-System‹, schmunzelt Personalberater Ulf Püschel. Das Prinzip: Jeder bedient sich nach Lust und Laune innerhalb einer Obergrenze – ein bisschen mehr von diesem, ein bisschen weniger von jenem …«

(Aus; Woiff, S.: Risiko belohnen, in: Wirtschaftswoche vom 19. 11. 1998)

»Am 9. Oktober dieses Jahres ist für Ingvar Kamprad, den Gründer des schwedischen Möbelimperiums Ikea, Zahltag. Obwohl an jenem Samstag 40 000 Mitarbeiter in den weltweit 153 Einrichtungshäusern wohl noch fleißiger als sonst ihrer Arbeit nachgehen werden, wird der … Tagesumsatz … nicht auf die Firmenkonten fließen. Vielmehr werden die Mitarbeiter den gesamten weltweit erwirtschafteten Umsatz in die eigenen Taschen stecken. Und das mit freundlicher Genehmigung des Chefs.

Als »Dankeschön für die erfolgreiche Zusammenarbeit in den vergangenen Jahren« möchte Kamprad die ungewöhnliche Prämie … verstanden wissen …«

(Aus: N. Bovensiepen: Unmögliches Möbelhaus ermöglicht Sonderlohn, in: Süddeutsche Zeitung vom 5. 8. 1999)

→

»Hochstimmung bei 40 400 Ikea-Mitarbeitern in aller Welt: Die schwedische Möbelkette erzielte am Samstag Rekordeinnahmen von umgerechnet 143 Millionen DM und dieses Geld wird nun ... komplett unter den Belegschaften aller 152 Einrichtungshäuser aufgeteilt ... Vom Verkäufer bis zum Filialleiter kann damit jeder Mitarbeiter auf einen Scheck von gut 3500 DM hoffen – weit mehr als erwartet worden war ...«

(Aus: Süddeutsche Zeitung vom 12. 10. 1999)

»... Allen 75 000 Mitarbeitern (der Deutschen Bank) sollen Gratisoptionen auf Aktien gewährt werden, mit der Chance, bei der Ausübung der Option nach drei Jahren einen Abschlag von bis zu 66 Prozent auf den gültigen Aktienkurs zu erzielen. Entscheidend dafür ist der Gewinn pro Aktie in den Jahren 1999 bis 2001 im Vergleich zu den letzten drei Jahren – je höher diese Kennziffer, um so niedriger der Basispreis und um so höher der Gewinn für jeden Mitarbeiter ...«

(Aus: H. P. Wickel: Vom Traum einer Teilhaber-Gesellschaft, in: Süddeutsche Zeitung vom 22./23./24. 5. 1999)

3   Die Mitarbeiterbeteiligung

3.1 Grundsätzliche Aspekte

Mitarbeiterbeteiligung am Gewinn durch Ausschüttung oder Anlage

Die Mitarbeiterbeteiligung ist ein Arbeitsentgelt, dessen Höhe je Periode meist von bestimmten **Merkmalen des Arbeitnehmers** (z. B. Betriebszugehörigkeit) und von der **Größe des Erfolgs** (z. B. Gewinn, Umsatz) abhängt, den das Unternehmen in der betreffenden Periode erzielt hat. Wird eine **Gewinn**beteiligung nicht sofort ausgezahlt, sondern mit der Maßgabe gewährt, diese ganz oder teilweise wieder im eigenen Unternehmen anzulegen, dann wird daraus eine **Kapital**beteiligung.

Die deutsche Rechtsordnung weist den Eigentümern der Unternehmen (Gesellschafter) den Erfolg (Gewinn oder Verlust), den Arbeitnehmern hingegen eine feste Entlohnung zu. Plänen zur Erfolgsbeteiligung der Arbeitnehmer stehen nicht nur die Gewerkschaften, sondern auch die Eigentümer oft noch reserviert gegenüber, schmälert eine Gewinnbeteiligung doch ihre **Eigenkapitalrendite.** Hier ist allerdings schon eine Präzisierung erforderlich, denn der in einem Unternehmen erwirtschaftete Gewinn hat – nach Abzug eines eventuellen **Unternehmerlohns** für mitarbeitende Gesellschafter – zwei Funktionen zu erfüllen: Einmal soll er eine **angemessene Verzinsung** der Kapitaleinlagen sicherstellen; darüber hinaus soll aber auch Gewinn im Unternehmen einbehalten werden. Eine solche **Gewinnthesaurierung** ist unverzichtbar, um

- eine reale Erhaltung der betrieblichen Substanz bei Inflation und preissteigerndem technischem Fortschritt sicherzustellen,
- das Konkursrisiko zu mindern und

■ die Finanzierung risikobehafteter Projekte zu ermöglichen,

was auch die Gewerkschaften bei ihren Lohnforderungen und der Staat bei seiner Steuergesetzgebung berücksichtigen (sollten).

> Der in einem Betrieb erwirtschaftete Gewinn dient nicht nur der Eigenkapitalverzinsung (Ausschüttung), sondern auch der Elgenkapitaterweiterung (Einbehaltung).

Dies bedeutet aber, dass der über eine angemessene Verzinsung der Einlage hinausgehende Gewinn auch ohne Arbeitnehmerbeteiligung den Gesellschaftern nicht unmittelbar zur Verfügung steht. Den Gesellschaftern kann allerdings ein beträchtlicher **mittelbarer** Vorteil aus der Gewinnthesaurierung dadurch erwachsen, dass ihr **Produktiv-Vermögensstatus** und – daraus resultierend – ihre **zukünftigen Gewinnerzielungsmöglichkeiten** verbessert werden; beide Vorteile können sie aber bei einer Mitarbeiterbeteiligung nicht mehr voll für sich in Anspruch nehmen. In diesem Zusammenhang stellt sich allerdings die Frage, ob den Kapitaleignern neben dem ausgeschütteten auch der thesaurierte Gewinn – sowie der damit wiederum erwirtschaftete Gewinn – überhaupt alleine zustehen sollte, insbesondere dann, wenn Steuererleichterungen und eine »maßvolle Lohnentwicklung« gefordert werden, um die – betriebswirtschaftlich notwendige – Gewinnthesaurierung zu verbessern.

Trotz aller Vorbehalte praktizieren etwa 2700 Betriebe echte Beteiligungsmodelle, wobei die Mitarbeiter-Einlagen knapp 13 Milliarden € betragen (Stand: 1999). Diese Unternehmen sind größtenteils in der »**Arbeitsgemeinschaft Partnerschaft in der Wirtschaft e.V. (AGP)**« organisiert und beschäftigen über zwei Millionen Mitarbeiter.

Die **Motive** für eine Beteiligung sind vielschichtig: Förderung einer breiten Vermögensbildung, Belohnung für lange Betriebszugehörigkeit, Verbesserung von Arbeitsmotivation, Arbeitsplatzsorgfalt, Präsenz und Betriebstreue der Mitarbeiter sowie Sicherung der geltenden Eigentumsordnung durch Teilhabe. Die Beteiligung ist somit auch ein Instrument **moderner Unternehmensführung.**

> »Für die einen ist Gewinnbeteiligung ein Anreiz zu mehr Leistung ... für andere ist sie ein Ausdruck von mehr Gerechtigkeit. Für uns bei Bertelsmann sind beide Betrachtungsweisen kein Gegensatz.« (Erich Ruppik, Konzernbetriebsratsvorsitzender)

Beispiel

Beteiligungsmotive

»Wer kennt sie nicht, die hehren Beteuerungen: Mitarbeiter sind unser wichtigstes Kapital. Doch dabei bleibt es meist. Siemens lässt den Worten nun Taten folgen. Mit der Ausgabe verbilligter Belegschaftsaktien werden die Beschäftigten erstmals direkt am Geschäftserfolg beteiligt. Der Schritt ist ein Dankeschön an die Siemensianer. Sie haben in den vergangenen Jahren vielerlei Restrukturierungen über sich ergehen lassen müssen, wobei die Zügel immer straffer angezogen wurden. Kein Wunder, dass die Belegschaft nun auch an den Früchten dieser Anstrengungen teilhaben will ...«

(Aus. W. Ludsteck: Siemens sagt danke, in: Süddeutsche Zeitung vom 9. 11. 2000)

Die **Gewerkschaften** sehen in der Erfolgsbeteiligung eine Einmischung in die Tarifautonomie und befürchten, dass sie die Arbeitnehmer entsolidarisiert: innerbetrieblich durch eine stärkere gegenseitige Kontrolle, zwischenbetrieblich durch eine abnehmende Arbeitskampfbereitschaft. Ferner komme zum Arbeitsplatzrisiko das Risiko des Vermögensverlustes.

> Die am häufigsten praktizierten Beteiligungsmodelle sind Mitarbeiterdarlehen (18 Prozent), stille Beteiligung (27 Prozent) und Belegschaftsaktien (17 Prozent).

3.2 Die laboristische Kapitalbeteiligung

Bei der laboristischen Kapitalbeteiligung werden die Arbeitnehmer unmittelbar am einbehaltenen Gewinn beteiligt.

Im Bereich mittlerer und kleiner Unternehmen dominiert die Mitarbeiterbeteiligung auf der Basis von **Mitarbeiterdarlehen** oder einer typischen **stillen Gesellschaft:** Die Mitarbeiter erhalten ihre **Gewinnanteile** gutgeschrieben und stellen sie – um eine **Eigenleistung** erhöht – gegen Zinszahlung ihrem Unternehmen als Darlehen oder stille Beteiligung zur Verfügung.

Eine Beteiligung über Darlehen oder eine typische stille Gesellschaft am **eigenen** Unternehmen ist von dessen Rechtsform unabhängig. Weiter gehend als im Darlehens-Modell haben die Mitarbeiter als stille Gesellschafter begrenzte Kontrollrechte (§ 338,1 HGB); ferner gilt die stille Beteiligung steuerlich als Fremdkapital, betriebswirtschaftlich dagegen als Eigenkapital, was die Kreditwürdigkeit des Unternehmens verbessert. Beide Beteiligungsformen werden nach dem **3. Vermögensbeteiligungsgesetz** gefördert: Der **Gewinnanteil** des Darlehens oder der stillen Beteiligung ist – soweit er 50 Prozent nicht übersteigt – bis maximal 154 € je Jahr lohnsteuer- und sozialversicherungsfrei (§ 19 a EStG); allerdings muss eine Festlegungsfrist von mindestens sechs Jahren eingehalten werden. Auf seine **Eigenleistung** erhält der Arbeitnehmer – bis maximal 408 € je Jahr – eine staatliche Sparzulage von 20 (Ost: 25 bis 2004) Prozent vom Finanzamt ausgezahlt, wenn das zu versteuernde Jahreseinkommen bestimmte Grenzen (ledig: 17 900 €, verheiratet: 35 800 €) nicht überschreitet und auch dieser Betrag mindestens sechs Jahre lang festliegt. Wird die Eigenleistung vom **Arbeitgeber** als **vermögenswirksame Leistung** gewährt, dann ist sie insoweit zu versteuern.

Bietet also ein Unternehmen seinen Mitarbeitern eine Beteiligung über 662 € zum Preis von 508 €, dann ist der Gewinnanteil (154 €) abgabenfrei und die Eigenleistung sparzulagenberechtigt; wäre hingegen eine Beteiligung über 250 € zum Preis von 100 € angeboten worden, dann blieben nur 125 € des Gewinnanteils abgabenfrei.

Die laboristische Kapitalbeteiligung – z.B. als Mitarbeiterdarlehen – hat im Prinzip folgenden Zuschnitt (Abb. 7.4): Aus dem Gewinn (meist gemäß

Das Mitarbeiterdarlehen eignet sich besonders für Klein- und Mittelunternehmen und schöpft alle Steuervorteile aus.

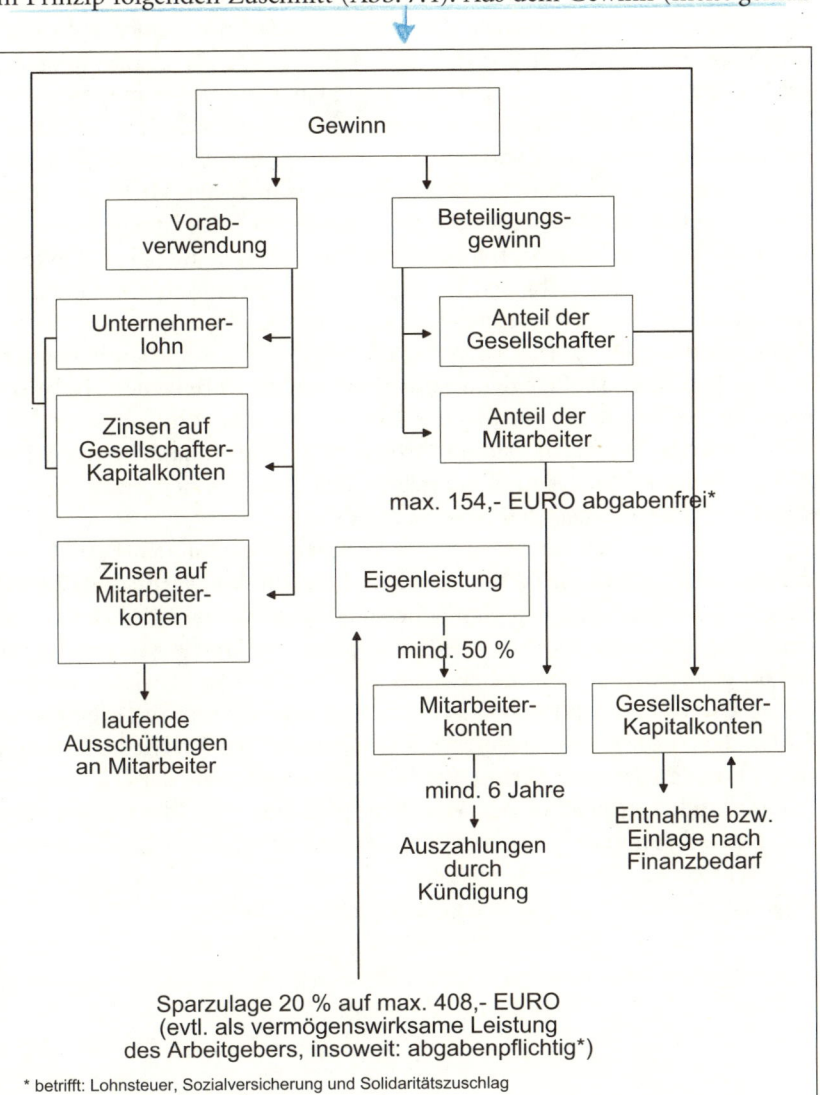

Abb. 7.4: Das Mitarbeiterdarlehen

Steuerbilanz) wird zunächst ein **Unternehmerlohn** für die mitarbeitenden Gesellschafter sowie eine **Verzinsung** der Gesellschafter-Kapitalkonten und der (noch zu erläuternden) Mitarbeiter-Konten abgezweigt und ausgezahlt. Der verbleibende Rest stellt den **Beteiligungsgewinn** dar, der nach einem bestimmten Schlüssel – oft 50:50 – auf Gesellschafter und Mitarbeiter verteilt wird (»paritätische Gewinnverteilung«).

Der den Arbeitnehmern zustehende Anteil am Beteiligungsgewinn wird den einzelnen Mitarbeitern meist in der Weise zugewiesen, dass jeder einen **gleich hohen Sockelbetrag** erhält sowie einen **Zuschlag,** der sich nach dem Anteil seines Gehalts an der gesamten Lohnsumme richtet. Die Gewinnzuweisungen werden **persönlichen Konten** gutgeschrieben, können meist gekündigt werden, sie unterliegen dann aber zunächst noch einer mehrjährigen **Sperrfrist.** Nach Ablauf der Sperrfrist erfolgt die Auszahlung der gekündigten Guthaben in **Raten** über einen längeren Zeitraum verteilt. Solange sich jedoch die Mitarbeiter-Anteile im Betrieb befinden, werden sie verzinst. Eine Kündigung widerspricht allerdings der Absicht der Gewinnbeteiligung: Erstens benötigt der Betrieb die **thesaurierten Mittel** selbst und zweitens sollen die Mitarbeiter aus den zugewiesenen Gewinnen nicht Einkommen, sondern **Vermögen bilden,** um daraus langfristig (Zins-)Einkommen zu erzielen. Die – abgesehen von Notfällen – drastische »Auszahlungssperre« ist also durchaus sinnvoll, ja sogar notwendig und entspricht der Zurückhaltung der Gesellschafter bei Entnahmen aus ihren Kapitalkonten. Im Übrigen kann das Beteiligungsunternehmen die Vorteile der Thesaurierung durch eine gute Verzinsung der Kontenbestände deutlich machen; dies wird dadurch erleichtert, dass die Arbeitnehmer-Gewinnanteile sowie ihre Zinsen steuerrechtlich Betriebsausgaben darstellen, die den durch die Gesellschafter zu versteuernden Gewinn mindern.

Die Frage der Erfolgsbeteiligung im **Verlustfall** wird in den Betriebsvereinbarungen unterschiedlich behandelt. Eine **direkte Verlustbeteiligung** wäre bei der laboristischen Kapitalbeteiligung problematisch, weil sie bei den Mitarbeitern die Tendenz auslösen könnte, ihre Anteile stets gleich nach Ablauf der Sperrfrist zu kündigen, um sie außerhalb des Betriebes »sicher« anzulegen. Es empfiehlt sich deshalb, auftretende Verluste zunächst nur zu Lasten der Gesellschafter zu verrechnen; sobald der Betrieb wieder Gewinne macht, werden dann die Verlustanteile, die – entsprechend dem Gewinnverteilungsmodus – eigentlich den Mitarbeitern hätten angelastet werden müssen, gegen deren neue Gewinnanteile aufgerechnet und den Gesellschaftern gutgeschrieben. Für den »Ernstfall« muss der Arbeitgeber vorsorgen: Er trägt die Kosten der Insolvenzsicherung (§ 19 a, 3 EStG).

Die Darlehensforderung muss durch ein Kreditinstitut verbürgt oder durch eine Versicherung gesichert sein.

Unter der Lupe

Finanzierungswirkung der laboristischen Kapitalbeteiligung
Beteiligungsangebot über 400 € zum Preis von 246 €.
(Der Gewinnanteil ist abgabenfrei, die Eigenleistungsparzulagenberechtigt.)
Mitarbeiterzahl: 1000
Gewinn: 1 Mio. €
Gewinnbesteuerung: 45 %

	ohne Beteiligung	mit Beteiligung
zu versteuernder Gewinn	1 000 000	846 000
Finanzierungsmittel:		
– Gewinn nach Steuern	550 000	465 300
– Gewinnanteil Mitarbeiter		154 000
– Eigenleistung Mitarbeiter*		246 000
* Bei einer Sparzulage von 20 % beträgt die Netto-Eigenleistung 196 800 €.		

Zu beachten ist freilich, dass die Mitarbeiter-Finanzierungsmittel verzinsungspflichtig und »kündigungsgefährdet« sind.
Die tatsächliche tarifliche Belastung des Gewinns mit Gewerbesteuer, Körperschaftsteuer bzw. Einkommensteuer und Solidaritätszuschlag beträgt bei Personengesellschaften (Kapitalgesellschaften) 49,3 (38,6) Prozent (24. Kapitel).

3.3 Das Belegschaftsaktien-Modell

Im Belegschaftsaktien-Modell bietet eine Aktiengesellschaft den Mitarbeitern eigene Aktien zum Kauf an. Der besondere Reiz solcher Belegschaftsaktien liegt für die Mitarbeiter vor allem im **Kursvorteil,** den das Unternehmen gewährt.

Die Belegschaftsaktie findet sich erstmals im Jahre 1922 bei der **Friedrich Krupp AG;** heute hält jeder fünfte Aktionär in Deutschland ausschließlich Belegschaftsaktien (= 1,23 Millionen); 370 000 weitere sowohl Belegschaftsaktien als auch andere (Stand: 1999).

Auch der Erwerb von Belegschaftsaktien wird durch das **3. Vermögensbeteiligungsgesetz** gefördert: Der Kursabschlag ist beim Arbeitnehmer abgabenfrei, soweit er nicht mehr als 50 Prozent des Börsenkurses beträgt, die Summe der Kursvorteile 154 € je Jahr nicht übersteigt und eine Veräußerungssperrfrist von sechs Jahren eingehalten wird; die Eigenleistung ist – bis 408 € – sparzulagenberechtigt und kann als vermögenswirksame Leistungen des Arbeitgebers gewährt werden.

Nachteilig an Belegschaftsaktien ist, dass beim Unternehmen gleich zu Beginn der Leistung ein **Liquiditätsentzug** eintritt. Außerdem sind Belegschaftsaktionäre Anteilseigner, die das **Dividenden- und Kursrisiko** aller Aktionäre tragen.

Beim Belegschaftsaktien-Modell können die Arbeitnehmer verbilligt Aktien des eigenen Unternehmens erwerben; etwa 500 Aktiengesellschaften bieten sie an

Unternehmen, die keine Aktiengesellschaften sind, können statt Belegschaftsaktien Obligationen oder Genussscheine ausgeben

Mitarbeiter werden deshalb häufig über – mit Zuschuss angebotene – Belegschaftsobligationen oder nur innerbetrieblich gültige Genussrechte beteiligt, für die ebenfalls die Vergünstigungen des Vermögensbeteiligungsgesetzes gelten; dieser Weg steht zudem Unternehmen offen, die nicht in der Rechtsform einer Aktiengesellschaft geführt werden. Die **Obligationen** werden fest verzinst und können am Ende der Sperrfrist an der Börse veräußert werden. **Genussscheine** bieten zahlreiche unternehmensspezifische Konstruktionsmöglichkeiten (z. B. neben einem Zinssockel eine gewinnabhängige Zusatzvergütung); nach Ablauf der Sperrfrist können sie zurückgegeben oder – wenn sie unkündbar sind – an einer Mitarbeiterbörse gehandelt werden.

Unter der Lupe

Die Vorteile des Belegschaftsaktien-Modells

Annahme: Ein Mitarbeiter mit einem zu versteuernden Jahreseinkommen von weniger als 17 900,– € (ledig) bzw. 35 800 € (verheiratet) erwirbt 50 Belegschaftsaktien à 15,08 € (Börsenkurs) zum Vorzugskurs von 12,00 € je Stück (Kursabschlag = 20 % bzw. 154 €).

Es gilt für den **Arbeitnehmer:**

Kaufpreis	600,00 €
20 % Arbeitnehmersparzulage vom Staat	120,00 €
Netto-Aufwand	480,00 €
Kursvorteil (unversteuert)	154,00 €
Vermögenszuwachs	754,00 €

Aber: Kursrisiko, da sechs Jahre Sperrfrist;
jedoch: Dividendenbezug

Es gilt für den **Arbeitgeber:**

Steuerfreie Zuwendung	154,00 €
45 % Steuerersparnis	69,30 €
Netto-Aufwand	84,70 €

Unter der Lupe

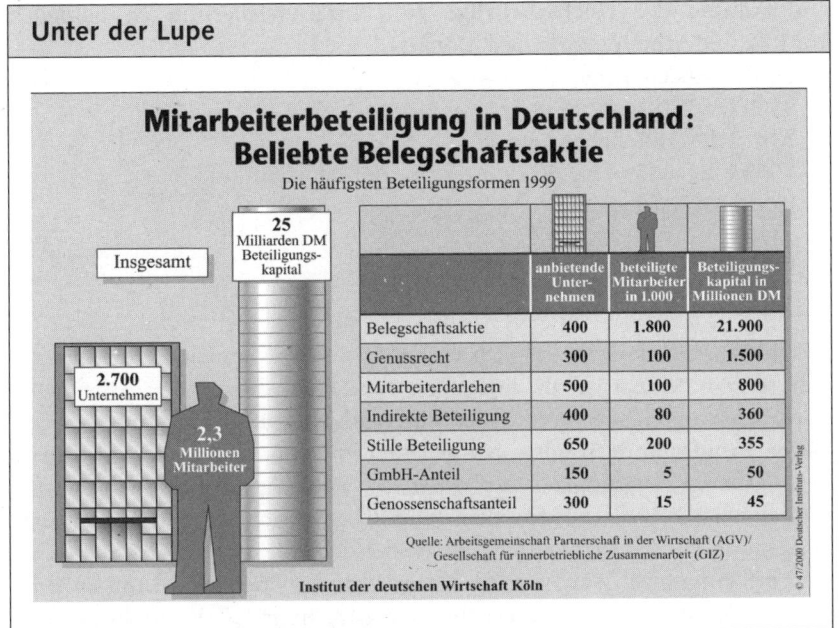

Mitarbeiterbeteiligung in Deutschland:
Beliebte Belegschaftsaktie

Die häufigsten Beteiligungsformen 1999

Insgesamt

25
Milliarden DM
Beteiligungs-
kapital

2.700
Unternehmen

2,3
Millionen
Mitarbeiter

	anbietende Unternehmen	beteiligte Mitarbeiter in 1.000	Beteiligungskapital in Millionen DM
Belegschaftsaktie	400	1.800	21.900
Genussrecht	300	100	1.500
Mitarbeiterdarlehen	500	100	800
Indirekte Beteiligung	400	80	360
Stille Beteiligung	650	200	355
GmbH-Anteil	150	5	50
Genossenschaftsanteil	300	15	45

Quelle: Arbeitsgemeinschaft Partnerschaft in der Wirtschaft (AGV)/
Gesellschaft für innerbetriebliche Zusammenarbeit (GIZ)

© 47/2000 Deutscher Instituts-Verlag

Institut der deutschen Wirtschaft Köln

4 Die Lohnabzüge

Von seinem Lohn bzw. Gehalt werden einem Arbeitnehmer noch Sozialabgaben und Lohnsteuer (sowie evtl. Kirchensteuer) abgezogen.

Die **Sozialabgaben** (West) setzen sich wie folgt zusammen (Stand 2002):

- Der Beitrag zur **Rentenversicherung** beträgt 19,1 Prozent vom Bruttolohn, höchstens jedoch 19,1 Prozent von der Beitragsbemessungsgrenze in Höhe von 4500 €/Monat; er muss je zur Hälfte von Arbeitnehmer und Arbeitgeber aufgebracht werden.

- Der Beitrag zur **Arbeitslosenversicherung** beträgt 6,5 Prozent vom Bruttolohn, höchstens jedoch 6,5 Prozent der Beitragsbemessungsgrenze; er muss ebenfalls je zur Hälfte von Arbeitnehmer und Arbeitgeber aufgebracht werden.

- Der Beitrag zur **Krankenversicherung** wird auch als Prozentsatz des Bruttolohns berechnet, wobei die Sätze der verschiedenen Krankenkassen im Durchschnitt bei etwa 14 Prozent liegen. Die Beitragsbemessungsgrenze beträgt hier 75 Prozent der Beitragsbemessungsgrenze für die Renten- und Arbeitslosenversicherung. Auch der Krankenkassenbeitrag wird je zur Hälfte von Arbeitnehmer und Arbeitgeber aufgebracht.

- Der Beitrag zur **Pflegeversicherung** beträgt 1,7 Prozent vom Bruttolohn, höchstens jedoch 1,7 Prozent der Beitragsbemessungsgrenze bei der Krankenversicherung; er wird in der Regel je zur Hälfte von Arbeitnehmer und Arbeitgeber aufgebracht.

Sozialabgaben: Renten-, Arbeitslosen-, Kranken- und Pflegeversicherung

Die Summe der **Höchstbeiträge** zur Sozialversicherung ist demnach 1681,88 € je Arbeitnehmer und Monat:

- Rentenversicherung:
  4500 € × 0,191 = 859,50 €
- Arbeitslosenversicherung:
  4500 € × 0,065 = 292,50 €
- Krankenversicherung:
  3375 € × 0,14 = 472,50 €
- Pflegeversicherung
  3375 € × 0,017 = 57,40 €

Bis zu 840,95 € können folglich einem (gut verdienenden) Arbeitnehmer von seinem Monatsgehalt abgezogen werden, während der Arbeitgeber nochmals die gleiche Summe als **Lohnnebenkosten** aufbringen muss. In den **neuen Bundesländern** gilt – bei gleichen Prozentsätzen – eine niedrigere Beitragsbemessungsgrenze für Renten- und Arbeitslosenversicherung (Stand 2002: 3750 €). Für Kranken- und Pflegeversicherung ist die Beitragsbemessungsgrenze in Deutschland einheitlich. Sie ist zugleich Versicherungspflichtgrenze: Wer sie mit seinem Verdienst übersteigt, kann zu einer privaten Kranken- und Pflegeversicherung wechseln. Nicht in der gesetzlichen Renten- und Arbeitslosenversicherung Pflichtversicherte sind z. B. Beamte, Richter, Selbständige.

> Die Koppelung der sozialen Sicherung an die Löhne erzeugt einen Teufelskreis: hohe Lohnnebenkosten verteuern die Arbeit, erzeugen Arbeitslosigkeit und diese noch höhere Lohnnebenkosten.

Unter der Lupe

Altersvorsorge-Vertrag (Riester-Rente)

Angesichts der Entwicklung, dass immer weniger Beschäftigte mit ihren Sozialabgaben immer mehr Rentner versorgen müssen, ist ein weiterer Anstieg der Beiträge zur Rentenversicherung oder eine Kürzung des Rentenniveaus unausweichlich. Da beide Wege erhebliche Probleme mit sich brächten, wird den Pflichtversicherten sowie ihren Ehegatten je eine vom Staat geförderte, freiwillige private Altersvorsorge – benannt nach Bundesarbeitsminister Walter Riester – angeboten. Die maximale Förderung erhält, wer von seinem rentenversicherungspflichtigen Vorjahreseinkommen ab 2002 ein (2008 vier) Prozent für seine zusätzliche Eigenvorsorge aufwendet: Die – frei verfügbare – Grundförderung steigt von 38 € (2002) auf 154 € (2008) je Vertrag; hinzu kommen Kinderzulagen je Kind (46 € (2002) bzw. 185 EUR0 (2008)). Außerdem können die Beiträge als Sonderausgaben steuerlich geltend gemacht werden: Der die Grundförderung und Kinderzulagen übersteigende Erstattungsbetrag wird ausbezahlt. Gefördert werden alle Anlagen

→

(z. B. Aktienfonds, Anleihen, Lebensversicherungen), die vom Bundesaufsichtsamt für das Versicherungswesen zertifiziert wurden; Voraussetzung hierfür ist, dass – ergänzend zur gesetzlichen Rente – regelmäßige monatliche Zahlungen bis an das Lebensende garantiert werden und am Beginn der Rentenphase mindestens die eingezahlten Beträge zur Verfügung stehen.

Damit sind aber die Abzüge bzw. Nebenkosten noch nicht vollständig erfasst (im Folgenden: Deutschland West):

- Der **Arbeitgeber** hat noch **weitere Personalzusatzkosten** aufzubringen. Auf 100 € Bruttolohn für tatsächlich geleistete Arbeit (»**Direktentgelt**«) kommen in der Industrie (West) durchschnittlich an Nebenkosten insgesamt hinzu (Stand 2000):
  - gesetzliche
    - Sozialbeiträge: 28,50 €
      (Arbeitgeberanteil)
    - Bezahlte Feiertage: 5,00 €
    - Entgeltfortzahlung im Krankheitsfälle: 3,50 €
    - Insolvenzausfallgeld, Mutterschutz u. a.:   0,40 €
  - tarifliche und betriebliche
    - Urlaub: 18,60 €
    - Gratifikationen, 13. Gehalt: 8,30 €
    - Betriebliche Altersversorgung: 7,70 €
    - Vermögensbildung: 1,10 €
    - Sonstige Kosten: 8,20 €

  Zusätzlich zum Direktentgelt muss der Arbeitgeber also noch einmal 81,3 Prozent Lohnnebenkosten in Rechnung stellen (Ost: 68,2 Prozent). Dies hat dazu geführt, dass die Arbeitskosten (Lohn- und Lohnnebenkosten) je tatsächlich geleistete Arbeiter-Stunde in der Industrie 2000 durchschnittlich 25,81 € betrugen, bei einem Brutto-Stundenlohn von 14,23 € (Ost: 16,43 bzw. 9,85 €); zum Vergleich: USA (21,81/15,57), Frankreich (18,26/9,46), Großbritannien (18,80/13,11), Portugal (6,60/3,71).
  (Aus: Institut der deutschen Wirtschaft (IWD) vom 27.9.2001)

- Der **Arbeitnehmer** hat – neben seinem Sozialabgaben-Anteil – noch **Lohn- und evtl. Kirchensteuer zu** zahlen. Insgesamt ergibt sich folgende Durchschnittsrechnung für einen ledigen Arbeitnehmer (West) (Stand 2001):
  - Personalkosten je Mitarbeiter   3997 €
  - Bruttolohn   3031 €
  - Nettolohn   1689 € je Monat
  (Aus: Institut der deutschen Wirtschaft (IWD) vom 27.9.2001)

Im Lichte dieser Berechnung verliert auch das **Kaufkraftargument** viel von seiner Überzeugungskraft: Man müsse nur die Einkommen kräftig

Hat der Bauer Geld, hat's die ganze Welt (alte Bauernweisheit).

erhöhen, dann springe die Konjunktur schon an. Tatsächlich steigen mit dem Nettolohn die Personalkosten erheblich, was unmittelbar eine Tendenz zu Preissteigerung, Rationalisierung und Produktionsverlagerung auslöst. Andererseits »verschwindet« ein Teil des Nettolohns in Spar- und Importquote (z. B. Kauf italienischer Schuhe, Urlaub auf Mallorca). Der direkte Nachfrageeffekt einer Lohnerhöhung ist folglich wesentlich geringer als der Kosteneffekt für die Arbeitgeber; allerdings fließen auch die Sozialabgaben und ein großer Teil der Steuermehreinnahmen nachfragewirksam in den Wirtschaftskreislauf zurück. Zweifelhaft ist freilich, ob die von den Kostensteigerungen getroffenen Anbieter auch gleichermaßen in den Genuss der zusätzlichen Nachfrage gelangen. Nicht außer Acht gelassen werden darf auch eine inflationsbedingte Verschlechterung der Wettbewerbsposition auf den Exportmärkten. Aus Sicht eines Unternehmens ist die Kostensteigerung sicher, der Nachfragezuwachs hingegen ein Hoffnungswert.

Inflation schafft »Geldillusion«

Betrachtet man schließlich die Lohnentwicklung im Zeitablauf, dann ist noch der **Preisanstieg** herauszurechnen. So nahm das Monatsgehalt eines Industriearbeiters von 1950 bis 1999 von 155 € auf 2446 € zu; inflationsbereinigt gab es allerdings nur einen Anstieg auf 622 € (Statistisches Bundesamt).

Bekämpfung der Schwarzarbeit durch Bürokratie oder Ursachenforschung

Die hohe Belastung der Arbeitnehmer-Einkommen mit Steuern und Sozialabgaben verleitet manchen zur **Schwarzarbeit:** Auftraggeber, die sie »am Finanzamt vorbei« anbieten und (auch illegal in Deutschland lebende) Ar-

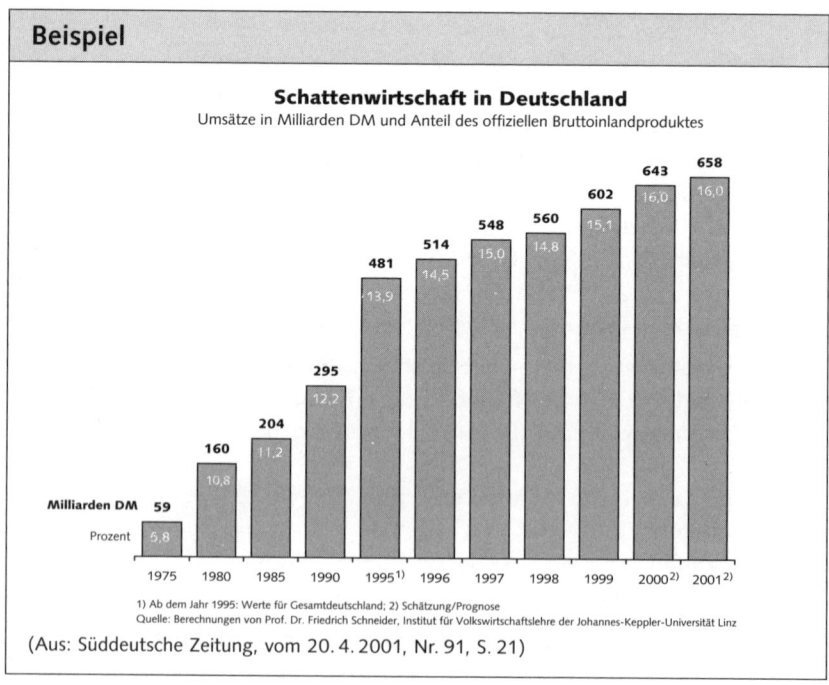

Beispiel

Schattenwirtschaft in Deutschland
Umsätze in Milliarden DM und Anteil des offiziellen Bruttoinlandproduktes

Milliarden DM	59	160	204	295	481	514	548	560	602	643	658
Prozent	5,8	10,8	11,2	12,2	13,9	14,5	15,0	14,8	15,1	16,0	16,0
	1975	1980	1985	1990	1995[1]	1996	1997	1998	1999	2000[2]	2001[2]

1) Ab dem Jahr 1995: Werte für Gesamtdeutschland; 2) Schätzung/Prognose
Quelle: Berechnungen von Prof. Dr. Friedrich Schneider, Institut für Volkswirtschaftslehre der Johannes-Keppler-Universität Linz

(Aus: Süddeutsche Zeitung, vom 20. 4. 2001, Nr. 91, S. 21)

beitnehmer, die sie akzeptieren. Zu ihrer Bekämpfung hat der Gesetzgeber den **Sozialversichungsausweis** eingeführt, der von den Arbeitnehmern z. B. im Baugewerbe, Schaustellergewerbe und Gebäudereinigungsgewerbe auf der Arbeitsstelle mitgeführt werden muss. Bei Verstößen können Geldbußen verhängt werden: Für den Arbeitgeber(-nehmer) bis zu 10 000 € (1 000 €). Ein weiteres Mittel zur »Hebung der Zahlungsmoral« wird in der **Bauabzugsteuer** gesehen: Vermieter von mehr als zwei Objekten müssen bei größeren Bauleistungen (Herstellung, Instandhaltung usw.) 15 Prozent des Rechnungsbetrages direkt an das Finanzamt abführen, es sei denn, der Auftragnehmer legt eine Freistellungsbescheinigung vor; diese erhält er vom Finanzamt, wenn er bisher zuverlässig seine Steuern bezahlt hat. Kommt der Auftraggeber seinen Pflichten nach, darf er die Baukosten in voller Höhe als Betriebsausgaben geltend machen; anderenfalls kann er mit einem Bußgeld belegt werden. Die Bekämpfung der Schwarzarbeit mit bürokratischen Mitteln wird freilich wenig erfolgreich sein. Statt an den »Symptomen zu kurieren« sollten ihre Ursachen entschärft werden: die Abgabenbelastung. Ferner ist zu bedenken, dass ohne Schwarzarbeit mancher Auftrag nicht zustande käme und das dort verdiente Geld meist für Anschaffungen und Investitionen verwendet wird und damit in die »reguläre Wirtschaft« zurückfließt.

Unter der Lupe

Einkommensteuertarif: Ausgewählte Steuersätze nach der Grundtabelle (nicht verheiratet) in EURO

Zu versteuerndes Einkommen	Steuerbetrag	Steuer in Prozent des Einkommens
7 236	10	0,14
10 000	611	6,11
20 000	3 235	16,18
40 000	10 158	25,40
50 000	14 440	28,88
(Stand: 1. 1. 2001)		

Bei zusammen veranlagten Ehegatten gilt die »**Splittingtabelle**«: Hiernach wird auf die Hälfte des Gesamteinkommens zweimal der Steuerbetrag der Grundtabelle angewendet (z. B. ein Ehepartner hat ein Einkommen von 40 000 €, der andere hat kein Einkommen, d. h. Gesamteinkommen: 40 000 €; Steuerbetrag: 6470). Dies führt zu einer deutlichen Steuerminderung (im Beispiel: 3688 €). Der Grund dafür ist die Progression der Steuersätze. Der maximale Splittingvorteil liegt bei 10 403 €: Der allein verdienende Ehepartner erzielt ein zu versteuerndes Einkommen von mehr als 109 928 €. Der Solidaritätszuschlag wurde nicht berücksichtigt.

    Die zwölf Prozent Spitzenverdiener in Deutschland erbringen 50 Prozent des Einkommen- (und Lohn-) steueraufkommens (Süddeutsche Zeitung vom 25./26. 3. 2000).

Arbeitsaufgaben

1) Diskutieren Sie das Problem der leistungsgerechten Entlohnung anhand des »analytischen Rangreihenverfahrens« zur Arbeitsbewertung! Welchen Aspekt der Leistungsgerechtigkeit betrifft es?

2) Erläutern Sie Vor- und Nachteile des Zeitlohnes für Betrieb und Mitarbeiter!

3) Der gerechte Lohn hat mehrere Dimensionen. Erläutern Sie diesen Satz und geben Sie Beispiele für die Umsetzung dieser Dimensionen in Deutschland!

4) Erörtern Sie die Finanzierungswirkungen der laboristischen Kapitalbeteiligung!

5) Wann sollte statt einer Akkord- eine Prämienentlohnung durchgeführt werden?

6) Was sind Akkordzuschlag und Akkordrichtsatz?

7) Worin besteht die soziale Komponente bei der Akkordentlohnung?

8) Wie kommt man mit der Zeitstudie zur Normalleistung, und wozu braucht man diese?

9) Was versteht man unter den Lohnabzügen, und wie setzen sie sich zusammen?

10) In welchen Varianten werden die Arbeitnehmer hauptsächlich am Unternehmenserfolg beteiligt? Stellen Sie kurz die Konstruktionsmerkmale dar!

11) Welche Einwände werden gegen die Gewinnbeteiligung vorgebracht? Diskutieren Sie deren Stichhaltigkeit!

12) Was sind Lohnnebenkosten, und woraus bestehen sie?

13) Erörtern sie das Problem der Verbindlichkeit von Tarifverträgen!

14) Beschreiben Sie die Regelungen des Vermögensbeteiligungsgesetzes.

15) Erläutern Sie die verschiedenen Aspekte der Leistungsgerechtigkeit!

16) Welche Fragen sind im Zusammenhang mit einer qualifikationsgerechten Entlohnung zu klären?

17) Inwiefern findet sich in einer tarifvertraglichen Lohnstruktur der Einfluss des Marktes, und wie kann verhindert werden, dass er als ungerecht empfunden wird?

18) Öffnungsklauseln im Flächentarifvertrag sind unverzichtbar. Wägen Sie ihre Vor- und Nachteile ab!

19) Erörtern Sie Pro und Contra des Optionsmodells zur Führungskräfteentlohnung; gehen Sie dabei auf mögliche Modifikationen des Modells ein!

20) Inwiefern liegen Aktienoptionen für Führungskräfte im Interesse der Aktionäre? Gehen Sie dabei auch auf die Principal-Agent-Problematik ein!

21) Erörtern Sie in seinen Grundzügen das Mitarbeiterdarlehen als Erfolgsbeteiligungsmodell!

22) Zur Stützung der Konjunktur sollte man die Löhne kräftig erhöhen, weil dann auch mehr gekauft wird. Erörtern Sie dieses Argument!

23) Was versteht man unter den Personalzusatzkosten auf das Direktentgelt?

Lösungsvorschläge für die Arbeitsaufgaben Im »Übungsbuch zu Grundlagen und Probleme der Betriebswirtschaft«.

Weiterführende Literatur

Klötzl, G.; Schneider, H.: Mitarbeiter am Erfolg beteiligen, München 1990.

Korn, B.: Vorstandsvergütung mit Aktienoptionen, Sternenfels 2000.

Schanz, G.: Mitarbeiterbeteiligung: Grundlagen – Befunde – Modelle, München 1985.

Schmalen, H.: Erfolgsbeteiligung, in: Görresgesellschaft (Hrsg.): Staatslexikon, 7. Aufl., Band 2, Freiburg, Basel, Wien 1986.

Schmalen, H.: Probleme betrieblicher Gewinnbeteiligung nach dem »Darlehenskonten-Modell«, in: Die Betriebswirtschaft (DBW), 37. Jg. (2, 1977), S. 247–257.

Schneider, H. J.; Zander, E.: Erfolgs- und Kapitalbeteiligung der Mitarbeiter in Klein- und Mittelbetrieben, 4. Aufl., Freiburg im Breisgau 1993.

Tuschke, A.: Steuerungs- und Anreizfunktion von Aktienplänen, Wiesbaden 1999.

Wenger, E.; Knoll, L; Kaserer, Ch.: Stock options, in: Wirtschaftswissenschaftliches Studium, 28. Jg. (1, 1999), S. 35–38.

Willenbacher, K.: Motivationswirkung leistungsbezogener Entgelt-Systeme in Gegenwart und Zukunft, Bergisch Gladbach 1989.

8. Kapitel:
Lernen im Betrieb und betriebliche Arbeitsbedingungen

Lernziele

Leitfrage:
Warum kommt der betrieblichen Ausbildung eine besondere Bedeutung zu?

- Welchen Stellenwert hat sie als Bestimmungsgröße der Leistungsfähigkeit?
- Was ist von der Anweisung zu halten: Der richtige »Mann« an den richtigen Platz?
- Was leisten Assessment-Center, was nicht?
- Was ist Gegenstand der dualen Ausbildung sowie der betrieblichen Fort- und Weiterbildung, und worin besteht ihre besondere Problematik?

Leitfrage:
Worauf zielen Maßnahmen zur Gestaltung von Arbeitsplatz und Arbeitsablauf ab?

- Welches sind die Aufgaben des REFA?
- Welches sind die Methoden, die Arbeit anzureichern, und worin liegen ihre Probleme?

Leitfrage:
Was versteht man unter Arbeitsschutz, und wie ist er geregelt?

- Welche Tatbestände erfasst der technische Schutz?
- Der soziale Schutz: Was ist das rechte Maß?

1 Die Ausbildung im Betrieb

1.1 Der Stellenwert der betrieblichen Ausbildung für die Leistungsfähigkeit eines Mitarbeiters

Die **Leistungsfähigkeit** eines Mitarbeiters wird bestimmt durch eine Reihe von Einflussfaktoren; dies sind vor allem

- seine natürlichen geistigen und/oder körperlichen **Begabungen,**
- sein durch schulische und betriebliche Ausbildung erworbenes **Können,**
- seine bisherige **Berufserfahrung** und
- seine **körperliche Verfassung.**

Dieser Katalog zeigt, dass mit fortschreitendem Lebensalter die Leistungsfähigkeit nicht unbedingt sinkt: Die schlechter werdende körperliche Verfassung z. B. wird möglicherweise durch erhöhte Berufserfahrung kompensiert.

Außerdem ist die betriebliche Ausbildung nur eine Bestimmungsgröße der Leistungsfähigkeit – wenn auch eine wichtige.

1.2 Die Leistungsfähigkeit und der Arbeitsplatz

Adäquanz des Arbeitsplatzes heißt: Übereinstimmung von Leistungsfähigkeit und Anforderungen.

Die **Leistungsfähigkeit** eines Mitarbeiters sollte den **Anforderungen** seines Arbeitsplatzes möglichst genau entsprechen, denn sowohl Über- als auch Unterforderung am Arbeitsplatz führen zu Unzufriedenheit und Leistungsabfall (»Stress«).

Wie das einfache Beispiel der Abb. 8.1 zeigt, ist jedoch die **Adäquanz des Arbeitsplatzes** eine nicht immer erfüllbare Forderung: Die Leistungen der Personen 4 und 5 sind auf dem Posten 2 am größten. Da aber nur eine Person diese Position bekleiden kann, muss die Person 5 auf den Posten 5 ausweichen. Sie leistet dort zwar (wegen Über- oder Unterforderung) weniger, die Gesamtleistung aller Mitarbeiter ist aber bei dieser Regelung am größten (40 Punkte).

Lässt sich schon bei genauer Kenntnis der persönlichen Leistungsfähigkeit (wie im theoretischen Fall der Abb. 8.1) die Forderung nach Adäquanz des Arbeitsplatzes nicht immer erfüllen, so wird die Zuordnung der Mitarbeiter auf die Arbeitsplätze erst recht schwierig, wenn es – wie in der Praxis üblich – nur Vermutungen über ihre Eignung gibt. Dieses Problem versucht man dadurch einzugrenzen, dass man von den Bewerbern **Zeugnisse** verlangt und mit ihnen die verschiedenartigsten Eignungstests durchführt, z. B. in Form von – oft mehrtägigen – **Assessment-Centern.** Man sollte jedoch den Wert von Zeugnissen und Eignungstests nicht überschätzen; andererseits sollten die Bewerber diesen Dingen auch nicht ablehnend gegenüberstehen, denn letztlich nützt es auch ihnen, wenn sie dadurch auf einen ihrer Leistungsfähigkeit (ziemlich) adäquaten – und damit »stressarmen« – Arbeitsplatz gelangen.

Leistungskennziffern
(1 = geringe, 10 = hohe Leistung)

Personen \ Posten	1	2	3	4	5
1	5	2	/7\	4	3
2	7	8	2	/8\	4
3	/9\	8	1	6	5
4	1	/8\	5	7	6
5	4	9	6	6	/8\

Es bedeutet:
∧ = Posten, der dem Mitarbeiter zugeteilt wird,
– = Posten, auf dem der Mitarbeiter am geeignetsten ist

Abb. 8.1: Das Personalzuordnungsproblem

Moderne **Personaleinsatz- und -steuerungssysteme** ermöglichen den Abgleich von Anforderungsprofilen der Arbeitsplätze und Qualifikationsprofilen der Mitarbeiter. Mit Computerunterstützung ist dann eine Zuordnung unter Berücksichtigung von Teambildungen, Zuordnungsverboten, abwesenden Mitarbeitern und der jeweiligen Auftragslage im täglichen Einsatz möglich.

Adäquanz des Arbeitsplatzes bedeutet auch, dass derjenige, der sich einer Ausbildungsmaßnahme unterzogen hat, einen Arbeitsplatz erhält, der seiner neuen Leistungsfähigkeit entspricht. Andernfalls kommt zum »Unterforderungsstress« noch die Frustration, sich vergeblich einer besonderen Anstrengung gestellt zu haben und um eine Zukunftsperspektive betrogen worden zu sein. Bestimmte betriebliche Lernprogramme können in eine derartige Sackgasse führen, wenn sie sehr breit geöffnet werden: Einige Positionen lassen sich anschließend mehrfach, andere hingegen nicht (mehr) adäquat besetzen, was dann ebenfalls zu einem Personalzuordnungsproblem gemäß Abb. 8.1 führt.

Stress hat, wer unter- oder überfordert ist.

Ein genereller Anspruch von Mitarbeitern auf Ausbildung könnte folglich in Maßnahmen münden, deren Ergebnisse der Betrieb nicht verwenden kann bzw. den Mitarbeiter für eine Arbeit in einem anderen Unternehmen qualifiziert: Es kommt auf das richtige »Rüstzeug« an. Der Vorgesetzte sollte deshalb mit jedem seiner Mitarbeiter einmal im Jahr seinen Ausbildungsplan diskutieren, um den Qualifizierungsbedarf festzulegen. Ein solches **Personalentwicklungsgespräch** ist in vielen Tarifverträgen festgeschrieben. Einen ersten verbrieften Anspruch auf Ausbildungsmaßnahmen gibt es seit 2001 für alle Mitarbeiter in der Metallindustrie.

Unter der Lupe

Assessment-Center

Berufsanfänger müssen zunächst ihre fachliche Qualifikation nachweisen. Bei Hochschulabsolventen stehen dabei Aspekte wie Note, Studiendauer, Auslandsstudium usw. im Vordergrund.

Wer diese Vorauswahl erfolgreich überstanden hat, wird in vielen Fällen zu einem Assessment-Center eingeladen, um sich in einer Gruppe von meist sechs Bewerbern zwei bis drei Tage lang in einer seminarähnlichen Veranstaltung auf soziale Kompetenz, Initiative, Kooperationsbereitschaft, Führungsverhalten usw. testen zu lassen. Die Methoden, die dabei zum Einsatz kommen, sind Planspiele, Präsentationsübungen, Gruppendiskussion, Vorträge, Interviews usw. Beobachtet und bewertet wird das Abschneiden eines Bewerbers von (externen) Psychologen und Personalleitern; oft werden auch die Leiter der Abteilungen hinzugezogen, in denen die Bewerber später arbeiten sollen.

Insgesamt verspricht man sich vom Assessment-Center eine genauere Beurteilung der Eignung eines Bewerbers in sozialer und fachlicher Hinsicht und damit eine Absicherung der Auswahlentscheidung. Dies deshalb, weil in den Übungen die unternehmerische Realität mit Entscheidungszwängen, Mitarbeiterkonflikten usw. simuliert wird. Allerdings könnte man hiergegen einwenden, dass sich die Bewerber in einer außergewöhnlichen Stresssituation befinden und die Testsituation zu realitätsfern ist (Spielwiese, Theater).

Generell lässt sich gegen das Assessment-Center – wie gegen alle Instrumente zur Auswahl von Führungsnachwuchskräften – einwenden, dass die »Guten« schlecht und die »Schlechten« gut abschneiden können, was jedoch meist verborgen bleibt, weil man ihnen unterschiedliche Karrieren öffnet: Der Karrierebonus (-malus) wirkt sich seinerseits fördernd (hemmend) aus. Auch sollte die Objektivität dieses Instruments nicht überschätzt werden: In die abschließenden Stärken-Schwächen-Profile der Bewerber fließen – unbewusst – auch immer persönliche Wertungen ein, die dann zu einer einseitigen Auswahl »angepasster« Bewerber führen können.

Zweifel an der »prognostischen Validität« der Assessment-Center sind deshalb durchaus begründet, was insofern belanglos sein mag, als ohnehin nur geeignete Bewerber die Vorauswahl überstehen und eingeladen werden. Dies mindert freilich nicht die Frustration der ungerechtfertigt Abgelehnten.

Beispiel

Bewerberauswahl

»… Um künftigen Bankern (der HypoVereinsbank) einen Blick hinter die Kulissen zu ermöglichen, wurde im Mai 2000 »JobDate« ins Leben gerufen. Dahinter verbirgt sich: Ein Tag im Leben eines Vorstandes oder einer anderen Führungskraft … Die Hochschulabsolventen und Studenten, an die sich das Programm richtet, nehmen am Alltag teil: Verhandlungen, Sitzungen,

→

Post sortieren, alles was dazugehört. Im Internet werden die verschiedenen JobDates ausgeschrieben; wer von den Bewerbern dann eingeladen wird, bestimmen die Führungskräfte selbst.

… JobDate dient nicht nur der Information, sondern auch der Präsentation der Kandidaten – in entspannterer Atmosphäre als beim formalen Vorstellungsgespräch. Wem es gelingt, die Führungskraft zu überzeugen, für den ist der Weg zum Assessment-Center frei …

… Auch bei Führungskräften kommt die Idee an, sich den Nachwuchs selbst mit auszusuchen …«

(Aus: M. Hammer: Alltag statt Kreuzfahrt: in: Süddeutsche Zeitung vom 30. 10. 2001)

1.3 Die Formen betrieblicher Ausbildung

1.3.1 Die Berufsausbildung

In einer Welt sich schnell wandelnder Problemstellungen, wo Erfahrungen von gestern und Ratschläge für heute morgen schon veralten, bietet eine solide – auch theoretische – Ausbildung die beste Gewähr für Sicherheit und Erfolg im Beruf. Gefragt ist nicht nur unmittelbar umsetzbares Wissen, sondern vor allem auch geistige Beweglichkeit, Weitsicht, selbständige Urteilsfähigkeit sowie die Bereitschaft, sein Wissen kritisch zu hinterfragen und lebenslang zu lernen.

In Deutschland werden die vom **Berufsbildungsgesetz** erfassten Jugendlichen (das sind in der Regel diejenigen, die zum 15. Lebensjahr ihre Vollzeitschulpflicht beenden) **dual ausgebildet:** Die berufspraktische Ausbildung findet im **Betrieb** statt, der berufstheoretische und allgemeinbildende Unterricht in der **Berufsschule.** Am Schluss der Berufsausbildung (in der Regel mit 18 Jahren) steht eine **Abschlussprüfung** vor der jeweils zuständigen Handwerks- bzw. Industrie- und Handelskammer, die zur Berufsqualifikation »Facharbeiter«, »Kaufmannsgehilfe« oder »Geselle« führt. Ausbildungsordnungen legen die Einzelheiten der betrieblichen Ausbildung fest. Insgesamt gibt es rund 360 Ausbildungsberufe.

Zur Ausbildung berechtigt sind nur – nach den Kriterien des Berufsbildungsgesetzes bzw. der Handwerksordnung – persönlich und fachlich geeignete Personen in den von der jeweils zuständigen Kammer überwachten Betrieben; nach der Ausbilder-Eignungsverordnung müssen die künftigen Ausbilder einen Lehrgang besuchen und abschließend ihre pädagogische Qualifikation in einer schriftlichen Prüfung nachweisen. Voraussetzung für eine Ausbildung in einem solchermaßen **anerkannten Ausbildungsbetrieb** ist ein schriftlicher **Berufsausbildungsvertrag,** der bei der zuständigen Kammer in ein Verzeichnis aufgenommen wird.

Die **Berufsschule** begleitet die berufliche Ausbildung als Teilzeitschule: Die acht bis zwölf Unterrichtsstunden finden an einem oder zwei Tagen in der Woche statt; alternativ hierzu kann die Teilzeitschule auch als Blockunterricht organisiert sein. Etwa ein Drittel betrifft die **Allgemeinbildung,**

Duales System der Berufsausbildung: Betrieb und Berufsschule

zwei Drittel entfallen auf die **Fachausbildung**; Lehrpersonen sind Berufs-
schullehrer und Handwerksmeister als »technische Lehrer« oder »Lehrer für
Fachpraxis«.

Während seiner Ausbildungszeit erhält der Auszubildende eine von Jahr
zu Jahr steigende **Vergütung,** die meist tarifvertraglich festliegt.

Die duale Ausbildung in Deutschland, die es – nach deutschem Vorbild –
in ähnlicher Form auch in Japan und Irland gibt, hat sich insgesamt hervor-
ragend bewährt und wird von den anderen Industrieländern als der »beste
Qualifizierungsweg in Europa« anerkannt. Ihre Vorzüge traten besonders
deutlich hervor, als es nicht – wie von vielen Experten erwartet – zur »men-
schenleeren Fabrik« kam, sondern sich zeigte, dass die computerintegrierte
Fertigung (CIM) einer Steuerung »vor Ort« bedarf: Dies führte zu wachsenden statt sinkenden Anforderungen an die Mitarbeiter in den Produktionshallen. In die gleiche Richtung wirken die ständig wachsenden Anforderungen an die Qualität der Produkte. Gelegentlich kritisiert wird die nur
schleppende Anpassung der Ausbildungsordnungen an die sich schnell wan-
delnde Arbeitswelt: Am Anfang steht eine Einigung von Gewerkschaften
und Arbeitgebern, am Ende eine Rechtsverordnung des Bundeswirtschafts-
ministers. Immerhin wurden zwischen 1996 und 2001 insgesamt 40 Berufs-
ausbildungen neu eingerichtet (insbesondere im IT-Bereich) und weit mehr
als 100 Ausbildungsordnungen modernisiert.

Ein grundlegendes Problem betrieblicher Ausbildung besteht darin, dass
die Ausbildungsbereitschaft der Betriebe dann gering ist, wenn **die Ausbildungskosten die Ausbildungserträge stark übersteigen,** wobei – wegen der
Möglichkeit des Arbeitsplatzwechsels nach der Ausbildung – nur die Ausbildungserträge während der Ausbildungszeit berücksichtigt werden können.
In der Industrie kostet jeder Auszubildende jährlich netto rund 13 000 €, im
Handel etwa 8000 €. Die hohe Nettokostenbelastung mag dazu beigetragen
haben, dass sich nur knapp ein Drittel der mehr als zwei Millionen Unternehmen in Deutschland in der Ausbildung von qualifiziertem Nachwuchs
engagiert (Institut für Arbeitsmarkt- und Berufsforschung der Bundesan-
stalt für Arbeit, 2001).

Den durch die Ausbil-
dung verursachten Netto-
kosten stehen langfristig
die Vorteile eines qualifizierten Mitarbeiter-
Stamms gegenüber.

Eine am **kurzfristigen Nutzen** orientierte Ausbildungsbereitschaft ist jedoch langfristig **nicht sinnvoll:** Indem man aus Gründen der Kostenersparnis Ausbildungsplätze »wegrationalisiert«, schafft man auf Dauer das Problem, mit einem geringer qualifizierten Mitarbeiterstamm arbeiten zu
müssen. Den Weg, **qualifizierte Arbeitnehmer** von anderen Betrieben **abzuwerben** und damit die Ausbildungskosten auf diese Betriebe abzuwälzen,
kann man nur so lange beschreiten, wie andere Betriebe zu einem Ausbil-
dungsangebot bereit sind, das über den eigenen Nachwuchsbedarf hinausgeht. Die Bereitschaft hierzu wird aber bei steigenden Ausbildungskosten
schnell nachlassen. Ferner ist zu bedenken, dass einem Betrieb, der Nachwuchs von anderen abwirbt, Einarbeitungskosten entstehen; diese können
ein Drittel der Nettokosten der gesamten Lehrzeit erreichen (Institut der
deutschen Wirtschaft, 20/1994).

Der Staat überlässt den Unternehmen die praktische Berufsausbildung; im Gegenzug müssen sie für genug Lehrstellen sorgen (Bundesverfassungsgericht, 1980).

Das **Dilemma,** in dem sich viele Betriebe befinden, erkennt man schon daran, dass sie sich mit Verweis auf die Kosten nicht imstande sehen, eine betriebliche Ausbildung durchzuführen, andererseits aber die geringe Qualifikation arbeitsloser Bewerber auf Stellenausschreibungen beklagen. Probleme der Jugendarbeitslosigkeit rühren im Übrigen auch daher, dass viele Schulabgänger eine Lehre in einem **Modeberuf** anstreben: Einem Ausbildungsstellenmangel in diesen Bereichen stehen schwer zu besetzende Ausbildungsstellen woanders gegenüber. Aufgabe der **Berufsberatung** muss es deshalb sein, die positiven und negativen Vorurteile bezüglich bestimmter Berufe durch sachliche Information über deren tatsächliche Arbeitsinhalte abzubauen. Hierbei sollte dann auch darauf hingewiesen werden, dass nicht nur die – besonders beliebten – Großunternehmen, sondern auch **Kleinbetriebe** gut ausbilden können, insbesondere dann, wenn sie einen **Ausbildungsverbund** mit anderen Kleinbetrieben eingehen.

Letztlich geht es um die grundsätzliche Frage, ob jeder Mensch das Recht haben sollte, den Beruf zu erlernen, den er sich – aus welchen Gründen auch immer – ersehnt, auch wenn er später mit dem Erlernten nur schwer einen Arbeitsplatz finden kann. In Deutschland ist die **Freiheit der Berufswahl** im Grundgesetz (Art. 12,1) festgeschrieben.

Die Freiheit der Berufswahl kann mit den Erfordernissen des Arbeitsmarktes kollidieren.

Dass es immer noch besser ist, einen – möglicherweise zu Unrecht – ungeliebten Beruf zu erlernen als keinen, beweist die Arbeitslosen-Statistik: In Deutschland besitzt fast jeder vierte Arbeitslose keine abgeschlossene Berufsausbildung (Stand: 2001). Das Problem, dass es zu wenig Ausbildungsplätze gibt, entschärft sich zusehends angesichts – demographisch bedingt – rückläufiger Bewerberzahlen: Im Jahr 2000 stand einer Nachfrage nach 647 000 Ausbildungsstellen ein Angebot von 645 000 Stellen gegenüber, wobei es insbesondere in Deutschland (Ost) noch Lücken gab; allerdings traten – trotz Ausbildungsvertrags – 13 000 Bewerber ihre Lehrstelle nicht an (Gründe: Mehrfachbewerbungen, Wehr- oder Zivildienst, Schule/Studium).

1.3.2 Die Fort- und Weiterbildung

Neben den traditionellen Aufgaben der **Personalpolitik:**
- **Personalbeschaffung** (Planung des Mitarbeiterbedarfs sowie Anwerben und Einstellen von Mitarbeitern) und
- **Personalverwaltung** (Einsatz, Betreuung und Entlohnung der Mitarbeiter)

Berufliche Fort- und Weiterbildung wird vor allem durch Betriebe getragen und finanziert.

hat sich als weiteres wichtiges Tätigkeitsfeld die »**Personalentwicklung**« etabliert, bei der es vor allem um die Fort- und Weiterbildung (aber auch z. B. um die Beurteilung) der Mitarbeiter geht.

Die zunehmende Bedeutung betrieblicher Fort- und Weiterbildungsmaßnahmen hat ihre Ursache im **schnellen wissenschaftlich-technischen Fortschritt,** der zu einem scharfen Strukturwandel sowohl bei den Produktionsprozessen als auch im Bereich der Leistungsangebote am Markt führt. Dies erfordert von den Unternehmen und ihren Mitarbeitern eine ständige Anpassungsbereitschaft:

- Das fachliche Wissen eines Mitarbeiters veraltet rasch, wodurch seine berufliche Qualifikation sinkt;
- die Automation übernimmt immer mehr objektbezogene Arbeitsleistungen, weshalb die Bedeutung dispositiver Arbeitsleistungen – auch am Band – wächst, was den Mitarbeitern ein steigendes Maß an funktionsbezogenem Wissen, Selbständigkeit, Kooperationsfähigkeit und Mitverantwortung abverlangt.

Fortbildung im bisherigen, Weiterbildung im neuen Beruf

Von **Fortbildung** spricht man bei Maßnahmen zur Auffrischung und Modernisierung des Wissens und Könnens im bereits ausgeübten Beruf; **Weiterbildung** soll hingegen zu neuen beruflichen Qualifikationen führen, damit eine andersartige oder höherwertige Tätigkeit als bisher ausgeübt werden kann. In der Umgangssprache wird jedoch nicht sauber zwischen den Begriffen getrennt. Insbesondere im Weiterbildungsbereich darf die **Vorbildung des Mitarbeiters** nicht außer acht gelassen werden, da sonst der Lernerfolg gefährdet ist; ferner müssen sich die Bildungsangebote am **Bedarf des Betriebes** orientieren: Mitarbeiter, die – trotz Qualifikation – nicht weiterkommen, sind unzufrieden und »amortisieren« zudem nicht die Kosten ihrer Weiterbildung.

> Die Fortbildung dient der besseren Befähigung im ausgeübten Beruf, die Weiterbildung der Vorbereitung auf einen andersartigen oder höherwertigen Beruf.

Die Ermittlung der benötigten Qualifikationen und der Mitarbeiter, die sie erwerben sollten, liegt vor allem bei den **Vorgesetzten** in Zusammenarbeit mit der **Personalabteilung.** Allerdings kann auch der **Betriebsrat** erreichen, dass von ihm vorgeschlagene Mitarbeiter an Fort- und Weiterbildungsmaßnahmen teilnehmen. **Finanzielle Zuschüsse** können die Mitarbeiter auf persönlichen Antrag hin von ihrem **Arbeitsamt** erhalten: Die Regelungen des **Arbeitsförderungsgesetzes** sehen bei Erfüllung bestimmter Voraussetzungen die Erstattung von Unterkunfts- und Verpflegungskosten, Lehrgangs- und Prüfungsgebühren, Fahrtkosten, Ausgaben für Lernmittel, die Auszahlung von Unterhaltsgeld usw. vor.

Fort- und Weiterbildungsmaßnahmen werden zwar hauptsächlich von den Betrieben angeboten, daneben betätigen sich hier aber auch z. B. Kammern, Arbeitgeberverbände, Gewerkschaften, Volkshochschulen, Rundfunk und Fernsehen sowie Hochschulen. Die Kosten der Fort- und Weiterbildungsmaßnahmen stellen nur eine Seite der Medaille dar; die andere darf nicht übersehen werden: Für das Unternehmen sind Fort- und Weiterbildungsmaßnahmen Investitionen in Humankapital, für den Mitarbeiter selbst Zukunftssicherheit und Karrierechance. Etwa 25 Mrd. € investierten die Arbeitgeber 1998 in die Fort- und Weiterbildung.

Vereinbarungen zur Fort- und Weiterbildung finden sich in zahlreichen **Tarifverträgen**; ihre Schwerpunkte sind:

- Qualifizierung zum Verbleib im Betrieb bei Wegfall oder Änderung des Arbeitsplatzes (**Umschulung**),
- Qualifizierung zur beruflichen Fortentwicklung z. B. in der Bekleidungsindustrie (**Fitnesstraining im Beruf**),
- Qualifizierung spezieller **Beschäftigtengruppen** (z. B. Arbeitnehmerinnen, gering Qualifizierte).

Trotz der vielfältigen Maßnahmen gibt es nach wie vor einen erheblichen Mangel an Fachkräften in vielen Berufen.

Beispiel

Qualifizierung von Arbeitslosen: Das VW-Modell 5000 × 5000

»Nach monatelangen Verhandlungen haben sich Volkswagen und die IG-Metall … auf einen Kompromiss für ein neues Tarifmodell einigen können. VW wird zum 1. Oktober 2002 zunächst im Werk Wolfsburg 3500 neue Mitarbeiter einstellen … Über die geplante spätere Einstellung weiterer 1500 neuer Leute im Werk Hannover wurde noch nicht entschieden.

Beide Seiten haben … Zugeständnisse gemacht. So hat die Gewerkschaft zwar erreicht, dass das Niveau des Flächentarifs der Metallindustrie in Niedersachsen nicht unterschritten wird [wohl aber das des Haustarifvertrags]. Dafür hat sie bei den Arbeitszeiten und bei der Frage der unternehmerischen Verantwortung Zugeständnisse gemacht … Zwar beträgt die durchschnittliche wöchentliche Arbeitszeit 35 Stunden, aber die Beschäftigten können bei Bedarf auch 42 Stunden an den Bändern stehen.

›Bedarf‹ besteht [z. B.] dann, wenn das Produktionsziel, also die Stückzahl oder die Qualität, nicht erreicht wird. Ob diese Mehrarbeit bezahlt oder unbezahlt geleistet werden muss, hängt jeweils davon ab, warum sie nötig wird. Liegen die Gründe bei VW, wird sie bezahlt. Liegen sie bei den Mitarbeitern, wird sie nicht bezahlt …

Volkswagen will bevorzugt Arbeitslose einstellen und bietet ein Qualifizierungsprogramm von drei Stunden wöchentlich. Die Hälfte davon wird jedoch nur bezahlt. Die Beschäftigten erhalten monatlich einen Fixlohn von 4500 DM und einen Mindestbonus von 500 DM im Monat. Jede weitere

→

> Vergütung ist leistungs- und ergebnisabhängig. Nach einer halbjährigen Probezeit werden die Mitarbeiter … übernommen …«
>
> (Aus: M. Thiede: Tarifabschluss bringt 3500 neue Jobs, in: Süddeutsche Zeitung vom 29.8.2001)

2   Die Arbeitsplatz- und Arbeitsablaufgestaltung

2.1 Vorbemerkungen

Gegenstand der Arbeitswissenschaft: effiziente und menschenwürdige Gestaltung von Arbeitsplatz und Arbeitsablauf

Die Entscheidung von Henry Ford l, seine Automobile am Fließband zu produzieren, war außerordentlich weitsichtig: Die Tagesproduktion ließ sich dadurch so erheblich steigern und die Stückkosten so stark senken, dass er den Verkaufspreis seines berühmten Modells T (»Tin Lizzy«) von 850 Dollar auf 260 Dollar reduzieren und zugleich den Tageslohn seiner Arbeiter von 2,40 Dollar auf 5 Dollar erhöhen konnte.

Dieses Beispiel zeigt in besonders eindrucksvoller Weise die Wirkungen von Arbeitsplatz- und Arbeitsablaufgestaltung auf das **Arbeitsergebnis.** Es kann deshalb nicht verwundern, dass die Gestaltung der Arbeit und ihre Auswirkungen auch auf die **arbeitenden Menschen** sehr bald Gegenstand wissenschaftlicher Untersuchungen wurden (**Arbeitswissenschaft**) und es bereits 1924 zur Gründung des Reichsausschusses für Arbeitszeitermittlung (REFA) kam. Heute haben im REFA, der nach Wiedergründung im Jahre 1948 in »REFA-Verband für Arbeitsstudien und Betriebsorganisation e.V.« umbenannt wurde, Arbeitgeberverbände und Gewerkschaften Sitz und Stimme; seine Aufgabe ist es, die Arbeitsplätze und Arbeitsabläufe nicht nur möglichst **effizient,** sondern auch **menschenwürdig** zu gestalten.

2.2   Die Maßnahmen der Arbeitsplatz- und Arbeitsablaufgestaltung

2.2.1 Zur Arbeitsplatzgestaltung

> Ergonomische Arbeitsgestaltung und Arbeitsstrukturierung sind die wesentlichen Elemente der Arbeitsplatzgestaltung.

Arbeitsgestaltung: Optimierung der Rahmenbedingungen der Arbeit

Aufgabe der **ergonomischen Arbeitsgestaltung** ist die Analyse der menschlichen Beanspruchung am Arbeitsplatz und die Entwicklung von Verbesserungen zur Verringerung der muskelmäßigen, geistigen und gesundheitlichen Belastung. Insbesondere geht es um

- die Gestaltung der **technischen Arbeitsmittel** und des **Arbeitsraumes** unter Beachtung der Körpermaße (z. B. optimales Grifffeld: häufig benötigte Dinge sollten sich in Reichweite der Hände befinden; Farbgebung der Räume: rot regt auf, braun schläfert ein),
- die Gestaltung der **Informationstechnik** im Hinblick auf die menschliche Leistungs- und Reaktionsfähigkeit (z. B. Anzeigeinstrumente, akustische Signale),
- die Gestaltung der **Umgebungseinflüsse** zur Verminderung bzw. Beseitigung von Gasen, Staub, Hitze, Lärm und Dämpfen und
- die Gestaltung der **Sicherheitsvorkehrungen,** um Unfallquellen in den Räumen und beim Bedienen der Maschinen auszuschalten.

Bei der **Arbeitsstrukturierung** steht der Arbeitsinhalt selbst zur Disposition. So versucht man, die Arbeit in Teilvorgänge zu zerlegen, die dann von jeweils hochspezialisierten Personen besonders effizient ausgeführt werden. Dieser Tendenz sind jedoch Grenzen gesetzt, weil mit zunehmender Aufgabenspezialisierung die **Taktzeit** eines Arbeitsplatzes (also die Zeit bis zur Wiederholung des – stets gleichbleibenden – Arbeitsvorgangs) so **kurz wird,** dass der dort Beschäftigte unter Monotonie mit herabgesetzter psychischer Aktivität, Müdigkeit und manchmal auch Aggressivität zu leiden beginnt. Die daraus häufig resultierende hohe **Fluktuations- und Krankenstandsrate** sowie **Qualitätsprobleme** machen aber die wirtschaftlichen Vorteile der Arbeitszerlegung wieder zunichte. Aus diesen Gründen und der Einsicht, dass auch die Arbeit einen Beitrag zur **Selbstverwirklichung** des Menschen leisten sollte, wurden in vielen Betrieben Maßnahmen der Aufgabenbereicherung, der Aufgabenerweiterung und des Aufgabenwechsels ergriffen:

Arbeitsstrukturierung: Optimierung der Inhalte der Arbeit

Die Effizienz monotoner Arbeiten kann durch die Belastung des Mitarbeiters zunichte gemacht werden.

- Durch **Aufgabenbereicherung** (»Job Enrichment«) wird der Arbeitsinhalt mit Elementen angereichert, die den Gestaltungsspielraum des Beschäftigten erweitern: selbständige Planung und Verteilung der Arbeit, selbständige Qualitätskontrolle, selbständige Koordination mit anderen Stellen.
- Unter **Aufgabenerweiterung** (»Job Enlargement«) versteht man die Ausdehnung des Arbeitsinhalts in der Weise, dass zusätzliche gleichwertige Arbeitselemente den quantitativen Umfang der Arbeit erweitern.
- Bei einem **Aufgabenwechsel** (»Job Rotation«) tauschen mehrere Mitarbeiter ihre Arbeitsaufgaben in vorgeschriebener oder frei gewählter Zeit- und Reihenfolge.

Bei derartigen Maßnahmen sollte man jedoch nicht übersehen, dass die Arbeit **anspruchsvoller** wird: Vom Einzelnen wird mehr **Übersicht** sowie **Koordinations- und Einteilungsfähigkeit,** kurz: mehr Qualifikation verlangt, die nicht jeder zu erwerben bereit oder in der Lage ist. So gibt es durchaus auch Mitarbeiter, die gleichbleibende Tätigkeiten, die keine hohe Aufmerksamkeitsanspannung erfordern, bevorzugen. Zudem sind dem Wunsch nach **Selbstverwirklichung** am Arbeitsplatz auch wirtschaftliche und technische **Grenzen** gesetzt: Bei einer Rückkehr zu beschaulichen, altväterlich-hand-

Weniger monotone Arbeiten sind in der Regel auch anspruchsvoller hinsichtlich der Mitarbeiter-Qualifikation.

werklichen Produktionsformen kann weder die heutige Güterversorgung noch das Preis- und Einkommensniveau gehalten werden.

2.2.2 Zur Arbeitsablaufgestaltung

Durch Optimierung des Arbeitsablaufs sollen unnötige Bewegungen und Stockungen des Arbeitsflusses aufgedeckt und beseitigt werden. Außerdem spielen hier Fragen der Fließfertigung und Automation eine wichtige Rolle, worauf später im Einzelnen eingegangen wird (13. Kapitel).

3   Der Arbeitsschutz

3.1 Übersicht

Der Schutz der Arbeitnehmer ist in Gesetzen sowie tarifvertraglichen Vereinbarungen verankert.

In der Zeit seit dem Zweiten Weltkrieg wurde der **technische** und **soziale** Schutz der Arbeitnehmer wesentlich erweitert. Einerseits wurden **gesetzliche** Regelungen erlassen; daneben gab es aber auch zahlreiche Neuregelungen aufgrund **tarifvertraglicher** Vereinbarungen zwischen Gewerkschaften und Arbeitgebern, die durchweg für die Arbeitnehmer günstiger ausfallen: So beträgt der gesetzliche Mindesturlaub 24 Werktage, während in den Tarifverträgen meist 30 Werktage (= sechs Wochen) vereinbart sind; ähnlich verhält es sich mit der normalen Wochenarbeitszeit, die statt 40 (EU-Norm: 48) durchschnittlich nur noch 37,4 Stunden (West) bzw. 39,3 Stunden (Ost) beträgt (Stand: Tarif-Verträge 1998). Tarifvertraglich geregelt sind zudem Dinge wie Freistellungen aus familiären und sonstigen Anlässen, bezahlte Pausen, Urlaubsgeld, Sicherung älterer Arbeitnehmer vor Verdiensteinbußen und Kündigung sowie Schutz der Arbeitnehmer vor Rationalisierungsfolgen.

3.2 Einzelaspekte

Da eine vollständige Darstellung aller Regelungen zum Arbeitsschutz zu umfangreich würde, seien folgende **gesetzliche** Regelungen herausgegriffen:

Das **Maschinenschutzgesetz** schreibt die Anbringung bestimmter Sicherheitsvorrichtungen bei technischen Arbeitsmitteln vor.

Arbeitssicherheitsgesetz regelt Einsatz von Betriebsärzten und Sicherheitsingenieuren.

Der Unfallverhütung und dem Arbeitsschutz dient darüber hinaus auch das **Arbeitssicherheitsgesetz,** das die Betriebe je nach Betriebsart und -Organisation, Zahl und Struktur der Arbeitnehmerschaft verpflichtet, Betriebsärzte und Sicherheitsingenieure zu bestellen. Diese können ihre Aufgaben entweder haupt- oder nebenberuflich erfüllen: Die gewerblichen Berufsgenossenschaften der Arbeitgeber – als Träger der **betrieblichen Unfallversicherungen** – verlangen im Rahmen ihrer umfangreichen Unfallverhütungs-

vorschriften im Durchschnitt einen vollzeitig beschäftigten Sicherheitsinge-
nieur (Betriebsarzt) auf jeweils 1125 (4740) Beschäftigte; für bestimmte
Industriezweige (z. B. Bauwirtschaft) gelten niedrigere Werte. Ferner müssen
die Arbeitgeber dort ihre Mitarbeiter gegen die finanziellen Folgen von Un-
fällen, die mit der Arbeit zusammenhängen, versichern; dies gilt auch für
Wegeunfälle zur Arbeit oder nach Hause.

Die Arbeitsstättenverordnung enthält Anforderungen an Betriebshallen,
Werkstätten, Büros, Baustellen, Binnenschiffe, Kaufhäuser und Verkaufs-
stände und stützt sich auf die Arbeitsschutzbestimmungen der Gewerbeordnung. Sie enthält eine Vielzahl von Einzelanforderungen betreffend die
Atemluft, die Raumtemperatur, den Lärm, die Mindestraumhöhe (2,75 m),
den Mindestluftraum je Arbeitnehmer ($12–18 m^3$), die Mindestbewegungs-
fläche je Arbeitsplatz ($1,50 m^2$), die Sitzgelegenheiten am Arbeitsplatz, die
Sanitärräume, den Nichtraucherschutz, die Pausenräume, die Absaugvor-
richtungen bei Gasen, Dämpfen, Nebeln und Stäuben, die Schutzvorkeh-
rungen an Türen usw. Wichtige Funktionen bei der Erfüllung dieser Vorschriften kommen den Sicherheitsingenieuren und Betriebsärzten zu.

> Arbeitsstättenverord-
> nung regelt bauliche
> Bedingungen.

Das **Gesetz zur Verbesserung der betrieblichen Altersversorgung** stellt
sicher, dass zugesagte Betriebsrenten – z. B. als Direktzusage oder als Beiträge zu einer Pensionskasse oder einem Aktienfonds – auch dann gezahlt
werden, wenn das Unternehmen in Insolvenz gerät oder der Mitarbeiter
den Arbeitgeber wechselt. Im Insolvenzfalle zahlt der Pensions-Sicherungs-
Verein VVaG in Köln, der aus Beiträgen aller Unternehmen mit Rentenzu-
sagen finanziert wird, die »ungedeckte« Rente; im Falle eines Wechsels
bleibt – bei bereits langer Betriebszugehörigkeit – der Rentenanspruch bestehen, andernfalls wird er abgefunden oder auf den neuen Arbeitgeber
übertragen.

> Betriebliche Renten-
> zusagen behalten meist
> auch im Konkursfalle ihre
> Gültigkeit.

Unter der Lupe

Pensions-Sicherungs-Verein (PSVaG)
Seit dem 1. Januar 1975 gibt es das »Gesetz zur Verbesserung der betrieblichen Altersversorgung«.

Wichtiger Bestandteil dieses Gesetzes ist der Pensions-Sicherungs-Verein
in Köln, dem die Bundesvereinigung der Deutschen Arbeitgeberverbände,
der Bundesverband der Deutschen Industrie und der Verband der Lebensversicherungen angehören.

Die Finanzierung des Vereins erfolgt durch Umlage bei seinen knapp
40 000 Mitgliedsunternehmen; das sind alle Unternehmen, die eine betriebliche Altersversorgung eingerichtet haben: Wer seinen Mitarbeitern eine
Pensionszusage gibt, muss jährlich etwa zwei Promille dieser Rentenbezüge
abführen (»Rentenwertumlage-Verfahren«). Die genaue Höhe der Umlage
bestimmt sich nach dem jeweiligen Mittelbedarf (2001: 2,5 Promille).

Der Verein erfüllt mit seinen Zuflüssen alle laufenden Pensionen und un-
verfallbaren Anwartschaften aufgrund betrieblicher Zusagen, soweit die Un-

⟶

ternehmen hierzu infolge eines Insolvenzverfahrens nicht mehr in der Lage sind.

Eine unverfallbare Anwartschaft setzt voraus, dass der Arbeitnehmer mindestens 35 Jahre und die Versorgungszusage mindestens zehn Jahre alt ist. Eine mindestens drei Jahre alte Versorgungszusage wird bei einer Betriebszugehörigkeit von mindestens zwölf Jahren akzeptiert. Die Anwartschaft wird beim Pensions-Sicherungs-Verein in einen Teilanspruch umgewandelt: Maßgeblich ist die bisherige Anwartschaftszeit im Verhältnis zu der beim Vertragsabschluss geplanten (»pro rata-Lösung«).

Abgewickelt werden die Insolvenzfälle über ein Konsortium von 64 Lebensversicherungsunternehmen.

Das bisher »teuerste Jahr« war 1982, in dem der AEG-Vergleich mit einer Ausfallquote von 60 Prozent zu bewältigen war. Die Umlage musste hierzu auf sieben Promille (= 624 Mio. €) erhöht werden.

Im Krankheitsfalle zahlt der Arbeitgeber das Arbeitsentgelt weiter.

Das **Entgeltfortzahlungsgesetz** verpflichtet die Arbeitgeber, im Krankheitsfalle bzw. bei einem vom Sozialversicherungsträger gewährten Kuraufenthalt das Arbeitsentgelt (ohne Überstundenverdienste) sechs Wochen lang fortzuzahlen. Dabei ist es unerheblich, welche Ursache der Krankheit zugrunde lag (z. B. Unfall bei der Ausübung einer gefährlichen Sportart). Nachzuweisen ist die Erkrankung durch ein ärztliches Attest; diese Arbeitsunfähigkeitsbescheinigung muss innerhalb von drei Tagen nach Erkrankung beim Arbeitgeber vorliegen. Nach Ablauf der Sechs-Wochen-Frist entrichten die Krankenkassen ein Krankengeld, dessen Höhe sich am bisherigen Lohn orientiert. In den Tarifverträgen sind zum Teil längere Lohnfortzahlungsfristen festgelegt.

Wann Überstunden beginnen und Sonntagsarbeit erlaubt ist, regelt das Arbeitszeitgesetz.

Der Grundsatz des Acht-Stunden-Arbeitstages ist im **Arbeitszeitgesetz** festgeschrieben. Allerdings erlaubt es – bei Zustimmung des Betriebsrates – eine Ausweitung der täglichen Arbeitszeit auf bis zu zehn Stunden, wenn sie innerhalb eines halben Jahres auf durchschnittlich acht Stunden ausgeglichen wird. Diese Regelung ermöglicht eine der Auftragslage besser angepasste Beschäftigung, ohne dass in Spitzenzeiten gleich Überstundenzuschläge fällig sind (»atmende Fabrik«). Ferner werden z. B. die Pausen (nach sechs Stunden dreißig Minuten) und die Sonn- und Feiertagsruhe (mindestens fünfzehn Sonntage im Jahr, wenn ausnahmsweise Sonn- und Feiertagsarbeit zulässig ist) geregelt. Sonntagsarbeit ist aus technischen Gründen erlaubt, aber auch dann, wenn das Überleben des Betriebs im Wettbewerb anders nicht möglich ist; zu beantragen ist die Sonntagsarbeit – auch ohne Zustimmung des Betriebsrates – beim jeweiligen Regierungspräsidenten (§ 13,5). In Tarifverträgen oder Betriebsvereinbarungen dürfen – begrenzte – abweichende Regelungen getroffen werden (z. B. »Arbeitszeitkonten«).

Nach dem **Kündigungsschutzgesetz** ist in Betrieben mit mehr als fünf Arbeitnehmern eine Kündigung nur zulässig bei Verlust bestimmter notwendiger Qualifikationen (z. B. Führerschein eines Fahrers), bei Pflichtverletzung (was im Einzelnen zu belegen ist) und dringenden betrieblichen Erfordernissen (z. B. Absatzschwierigkeiten). Dieser rigorose Kündigungsschutz schafft zwar den Beschäftigten Sicherheit, andererseits halten sich die Arbeitgeber bei Neueinstellungen zurück und schöpfen zunächst andere Möglichkeiten (z. B. Überstunden) aus.

Beispiel für eine eher zu weit gehende Regulierung des Arbeitsmarktes ist das **Teilzeit- und Befristungsgesetz.** In Betrieben mit mehr als 15 Arbeitnehmern (ohne Auszubildende) kann ein Mitarbeiter – ohne Begründung – verlangen, dass seine tägliche Arbeitszeit verkürzt wird, wobei es weder eine Höchst- noch eine Mindestgrenze gibt. Voraussetzung ist lediglich, dass er seit mindestens sechs Monaten im Betrieb beschäftigt ist und seine **Teilzeit** drei Monate im Voraus angekündigt hat. Der Arbeitgeber kann das Verlangen des Mitarbeiters »aus betrieblichen Gründen« ablehnen, was er gegebenenfalls vor dem Arbeitsgericht im Einzelnen begründen muss (z. B. wesentliche Beeinträchtigung von Arbeitsablauf oder Sicherheit im Betrieb, Entstehung unverhältnismäßig hoher Kosten). Die gesetzliche Möglichkeit zur Teilzeitarbeit soll es z. B. Müttern erlauben, morgens zu arbeiten, was ihre Motivation erhöhen und dem Arbeitgeber wertvolle Mitarbeiter erhalten kann. Allerdings dürfte es oft schwer werden, Ersatzlösungen zu finden (z. B. die Nachmittagsstelle qualifiziert zu besetzen). Der Übergang von der freiwilligen zur gesetzlichen Regelung verursacht deshalb erhebliche Planungs- und Rechtsunsicherheit. Zudem müssen alle Arbeitsplätze auch als Teilzeitarbeitsplätze ausgeschrieben werden; andererseits sind Teilzeitbeschäftigte bevorzugt zu behandeln, wenn sie auf eine Vollzeitstelle zurückkehren wollen. »Die Chancen für Frauen am Arbeitsmarkt verschlechtern sich.« (Martin Wansleben, Hauptgeschäftsführer des Deutschen Industrie- und Handelskammertages DIHKT). Der Verweis auf die hohe Teilzeitquote in den Niederlanden sticht nicht: Sie beruht vor allem auf freiwilligen Vereinbarungen sowie Förderungen. Die **Befristung** eines Arbeitsverhältnisses (bis zu zwei Jahren) ist nun – ohne »sachlichen Grund« – nur noch bei einer Neueinstellung möglich. Wenn folglich ein Arbeitgeber einen Werkstudenten befristet eingestellt hat, darf er ihn – Jahre später – als Akademiker nicht erneut ohne sachlichen Grund (z. B. Saisonarbeit, Vertretung eines zeitweise abwesenden Mitarbeiters, Einstellung für ein bestimmtes Projekt) befristet beschäftigen. Ab dem 58. Lebensjahr entfällt allerdings die Beschränkung. Hintergrund der eingeschränkten Befristung ist die – wohl nicht unbegründete – Befürchtung des Gesetzgebers, dass Arbeitgeber im großen Stil reguläre Beschäftigte durch befristete ersetzen, um den Kündigungsschutz zu umgehen. Das Gesetz ist damit ein Beispiel dafür, dass Markteingriffe (Kündigungsschutz) weitere nach sich ziehen.

Das Befristungsgesetz ist logische Folge des Kündigungsschutzgesetzes. Das Teilzeitgesetz könnte sich als Bumerang erweisen.

Unter der Lupe

Arbeitszeitflexibilisierung

Seit Ende der 80er-Jahre sind in vielen Bereichen starre Arbeitszeiten durch flexible ersetzt worden. So gilt in der chemischen Industrie (West) eine Re-

→

gelarbeitszeit von 37,5 Stunden je Woche, die jedoch innerhalb eines Zeitkorridors von 35 bis 40 Stunden variabel ist, wobei ein Ausgleich im Durchschnitt von 12 Monaten erreicht werden muss. Neben solchen Jahresarbeitszeitkonten sind auch Wochenarbeitszeitkonten gebräuchlich. Lebensarbeitszeitkonten werden hingegen noch wenig genutzt; sie würden aber die Möglichkeit eröffnen, zwischendurch ein »Sabbatical« (z. B. für eine Weltreise) zu nehmen oder früher in den Ruhestand zu gehen.

Über die Arbeitszeitkonten können sich Unternehmen flexibel an Beschäftigungsschwankungen anpassen. Bei Beschäftigungsmangel werden die Konten abgebaut, je nach Vereinbarung mit dem Betriebsrat und meist auch den Tarifvertragsparteien sogar bis weit ins Minus. Allerdings sollte für die absehbare Zukunft eine »Überbeschäftigung« erkennbar sein; Überstundenzuschläge werden erst dann fällig, wenn der Zeitkorridor überschritten wird.

Die Mitarbeiter mit Arbeitszeitkonten werden stets nach Regelarbeitszeit entlohnt. In den Beschäftigungssicherungstarifverträgen z. B. der Metallindustrie wird weitergehend ermöglicht, Verkürzungen der vertraglichen Arbeitszeit bei Entgeltreduzierung vorzunehmen, wenn im Gegenzug auf betriebsbedingte Kündigungen verzichtet wird. Arbeitszeitmodelle hierzu wären die (vorübergehende) Einführung einer Vier-Tage-Woche oder die Umwandlung von Weihnachts- und Urlaubsgeld in Freizeit.

Nur noch gelegentlich praktiziert wird die klassische Variante, bei der das Arbeitsamt bei nur vorübergehendem Arbeitsausfall (der weder betriebsüblich noch saisonbedingt ist) Kurzarbeitergeld in Höhe des Arbeitslosengeldes zahlt. Eine Aufstockung durch den Arbeitgeber ist in vielen Tarifverträgen geregelt.

An den mit Lohnzuschlägen versehenen Überstunden oberhalb des Zeitkorridors (2000: 2,092 Mrd. Stunden) entzündet sich immer wieder die Diskussion, ob sie nicht in »Hunderttausende von Arbeitsplätzen« umgewandelt werden könnten. Diese Frage lässt sich nur auf betrieblicher Ebene beantworten, wo es freilich große Widerstände gibt: Überstunden können nicht gegen den Betriebsrat verfügt werden. Dieser erkennt aber meist deren betriebliche Notwendigkeit und möchte der eigenen Belegschaft auch nicht das finanzielle Zubrot verschließen. Aus Sicht des Arbeitgebers stellen Überstunden angesichts des Kündigungsschutzes neu Eingestellter ebenfalls oft die günstigere Lösung dar; allerdings bietet ihm die – begrenzte – Befristung des Arbeitsverhältnisses die Möglichkeit, zunächst die weitere Marktentwicklung zu beobachten. Es ist jedoch fraglich, ob der Arbeitsmarkt überhaupt das gesuchte Profil bietet, da von Überstunden meist Facharbeiter und qualifizierte Angestellte betroffen sind.

Die Arbeitszeitflexibilisierung verbessert schließlich die Möglichkeit, Arbeits- und Betriebszeit zu entkoppeln, was eine effizientere Nutzung teurer Anlagen erlaubt. So werden im Einzelhandel verlängerte Öffnungszeiten über einen »rollierenden« Einsatz des Verkaufspersonals ermöglicht.

Schutz jugendlicher Arbeitnehmer durch Berufsbildungsgesetz und Jugendarbeitsschutzgesetz

Im **Berufsbildungsgesetz** ist z. B. geregelt, dass Auszubildende – im Rahmen des dualen Systems der Berufsausbildung – für den Besuch der Berufsschule freigestellt werden müssen und nur Arbeiten übertragen bekommen dürfen, die dem Ausbildungszweck dienen und ihre körperlichen Kräfte nicht übersteigen.

Ergänzt wird es durch das **Jugendarbeitsschutzgesetz,** das zahlreiche Vorschriften hinsichtlich des Besuchs der Berufsschule, der Teilnahme an Prüfungen, der Arbeitszeit, der Urlaubs- und Pausenregelung und der Verrichtung gefährlicher Arbeiten enthält; so findet sich dort z. B. ein (weitgehendes) Verbot von Nacht- und Akkordarbeit für Jugendliche; ferner gibt es zwischen 30 und 25 (ab 17 Jahre) Urlaubstage und arbeitsfrei an Berufsschultagen mit mindestens fünf Stunden Unterricht.

Der besonderen Sicherung werdender Mütter dient das **Mutterschutzgesetz:** Es untersagt, ihnen schwere körperliche und ungesunde Tätigkeiten zuzuweisen und garantiert eine – vom Arbeitgeber bezahlte – arbeitsfreie Schutzfrist von sechs Wochen vor und acht Wochen nach der Geburt. Nach Ablauf der Schutzfrist besteht Anspruch auf einen – maximal – dreijährigen Erziehungsurlaub. Während dieser Zeit muss der Arbeitgeber eine gleichwertige Stelle freihalten; das Erziehungsgeld (maximal 307 € je Monat) wird aus öffentlichen Mitteln finanziert.

> Unter besonderem gesetzlichem Schutz stehen werdende Mütter und Schwerbehinderte.

Das **Schwerbehindertengesetz** verlangt, dass Betriebe ab 16 Beschäftigten mindestens sechs Prozent der Arbeitsplätze mit Behinderten besetzen oder für jeden unbesetzten Pflichtplatz eine Ausgleichsabgabe von 105 € je Monat zahlen. Behinderte stehen zudem unter einem erweiterten Kündigungsschutz und haben Anspruch auf einen fünftägigen bezahlten Zusatzurlaub.

Besondere Beschäftigungsverhältnisse regeln das Gesetz zur Neuregelung der geringfügigen Beschäftigungsverhältnisse (**325 €-Gesetz**) sowie das **Gesetz zur Vermeidung von Scheinselbständigkeit.** Bei geringfügiger Beschäftigung (bis zu 325 € je Monat) entfällt die Besteuerung; außerdem werden Sozialabgaben zu reduzierten Sätzen fällig (22 statt 41,3 Prozent; 7. Kapitel), die der Arbeitgeber entrichtet. Voraussetzung ist allerdings eine Freistellung vom Finanzamt: Es darf sich bei der Beschäftigung nicht um einen »Mini-Job« neben einem Haupterwerb handeln; ansonsten würden beide zusammen »regulär« bei Steuer- und Sozialversicherung veranlagt. Dies hat Nebenbeschäftigungen in vielen Bereichen unattraktiv gemacht, ganz abgesehen vom bürokratischen Aufwand dieser Regelung, z. B. das komplizierte Meldeverfahren an die Krankenkassen. Ferner erhalten geringfügig Beschäftigte nur dann einen – kaum nennenswerten – Rentenanspruch, wenn sie ihrerseits auch – freiwillig – Beiträge (7,5 Prozent) leisten. Von einem Scheinselbständigen spricht man dann, wenn er den Weisungen nur eines Arbeitgebers folgt und deshalb eigentlich Arbeitnehmer ist. Beide wollen die Sozialbeiträge umgehen, der Arbeitgeber auch Kündigungsschutz, Urlaubsgeld und Lohnfortzahlung, was illegal ist. Andererseits beginnt manche Karriere eines Selbständigen mit Aufträgen eines Auftraggebers und dessen Weiterempfehlung.

> Arbeitsmarkt: Reglementierung oder Flexibilisierung?

Beispiel

Flexibilisierung durch Arbeitszeitkonten

»Die Adam Opel AG und der Betriebsrat des Autoherstellers haben sich auf eine Vereinbarung zur Arbeitszeit-Flexibilisierung … geeinigt… Die für Bochum … gefundene Lösung sieht vor, dass je nach Bedarf die wöchentliche Arbeitszeit zwischen 30 und 40 Stunden schwanken kann. Auf der Basis von 35 Stunden erhalten die Beschäftigten eine konstante Vergütung. Für Mehr- oder Minderarbeit wurde ein Ausgleichszeitraum von 36 Monaten in der Vereinbarung verankert…«

(Aus: Süddeutsche Zeitung vom 30./31. 3. 1996)

»… Einer der Pioniere – und mithin auch ein prominentes Beispiel in der Flexibilitätsdebatte – ist das BMW-Werk Regensburg. Mitte der 80er-Jahre in Betrieb genommen, war es von Anfang an auf neue Arbeitszeitformen ausgelegt. Von Montag bis Freitag werden dort zwei Schichten täglich gefahren, am Samstag nur eine. Die Beschäftigten müssen jeweils für neun Stunden ins Werk und jede dritte Woche auch am Samstag. Dafür arbeiten sie lediglich vier Tage pro Woche, mitunter sogar nur drei. Das Unternehmen hingegen kann die Bänder immerhin 99 Stunden pro Woche laufen lassen.

(Aus: Daniels, A.: Atmende Fabriken – atemlose Belegschaften, in: Die Zeit vom 9. 9. 1996)

»… Der Bewerber Tschechien bot gegenüber Leipzig einen Lohnkostenvorteil von 210 Millionen DM pro Jahr … Die Lösungsformel heißt: Flexibilisierung. In dem neuen Werk nahe dem Leipziger Messegelände sind die Arbeitszeiten von Mensch und Maschine entkoppelt. Die Fabrik, so wurde ausgehandelt, kann pro Woche im Schichtbetrieb zwischen 60 und 140 Stunden laufen – je nach Bedarf und einschließlich der Wochenenden. Notfalls sind auch 168 Stunden möglich. Die Zahl der Arbeitsstunden pro Mitarbeiter schwankt ebenfalls – je nach Konjunktur und Autonachfrage. Bei guten Geschäften müssen die Arbeiter länger am Band stehen, als der Tarifvertrag mit seinem 28-Stunden-Limit für Ostdeutschland pro Woche vorsieht. Was über das Tarifsoll hinausgeht, geht auf ein Arbeitszeitkonto. Ein Überstundenzuschlag wird nicht bezahlt. Sind die Zeiten flauer, geht die Zahl der geleisteten Wochenstunden zurück, das Arbeitszeitkonto schrumpft. Der Lohn des Arbeiters bleibt immer gleich …

›Mit ihren flexiblen Arbeitszeitmodellen kann die BMW Group sehr schnell auf Marktschwankungen reagieren‹, erklärt das Unternehmen, die Wirtschaftlichkeit des Unternehmens werde verbessert, die Arbeitsplätze gesichert. Das bewegliche Modell erlaube eine bessere Nutzung der Anlagen und senke die Investitionskosten. BMW-Betriebsratschef Schoch rechnet vor, dass der Konzern so an den Anlagen 20 Prozent sparen kann. Macht rund 400 Millionen DM. ›Das ist unser Wettbewerbsvorteil‹, schwärmt der Gewerkschafter.

Ein Grund, über flexible Arbeitsmodelle nachzudenken, ist der Zwang zur rentableren Auslastung teurer Anlagen …«

(Aus: K.-H. Büschemann: Die Belegschaft muss sich der Nachfrage anpassen, in: Süddeutsche Zeitung vom 23. 7. 2001)

Arbeitsaufgaben

1) Was bedeutet die Anweisung: »Der richtige Mann auf den richtigen Platz«?
2) Was bestimmt die Leistungsfähigkeit eines Mitarbeiters?
3) Was versteht man unter dualer Ausbildung, und worin liegt ihr besonderer Reiz?
4) Was ist Fort- und was ist Weiterbildung?
5) Je kürzer der Takt, desto höher die Effizienz. Nehmen Sie Stellung!
6) Worin besteht das besondere Problem betrieblicher Ausbildung?
7) Was ist ergonomische Arbeitsplatzgestaltung?
8) Was verstehen Sie unter Aufgabenbereicherung, Aufgabenerweiterung und Aufgabenwechsel; worin bestehen Chancen und Probleme derartiger Maßnahmen?
9) Erläutern Sie kurz die gesetzlichen Regelungen zur Unfallverhütung im Betrieb!
10) Was regeln das Entgeltfortzahlungsgesetz und das Gesetz zur Verbesserung der betrieblichen Altersversorgung? Geben Sie Beispiele!
11) »Ältere Arbeitnehmer sind für den Betrieb nur noch eine Last.« Nehmen Sie Stellung zu dieser Aussage!
12) Was versteht man unter Assessment-Centern, und warum sind sie als »Selektionsinstrument« umstritten?
13) Erörtern Sie Konstruktion und Vorteile von Arbeitszeitkonten!
14) Welche Aufgabe hat der Pensions-Sicherungs-Verein, in welchem Umfang tritt er ein und wie finanziert er sich?

Lösungsvorschläge für die Arbeitsaufgaben im »Übungsbuch zu Grundlagen und Probleme der Betriebswirtschaft«

Weiterführende Literatur

Backes-Gellner, U.; Lazear, E.; Wollf, B.: Personalökonomik, Stuttgart 2001.

Bühner, R.: Personalmanagement, 2. Aufl., Landsberg/Lech 1997.

Drumm, H. J.: Personalwirtschaftslehre, 4. Aufl., Berlin u. a. 2000.

Faulstich, P.: Strategien der betrieblichen Weiterbildung, München 1998.

Gaugler, E. (Hrsg.): Betriebliche Weiterbildung als Führungsaufgabe, Wiesbaden 1987.

Geis, W.: Leitfaden Arbeitsschutzorganisation, Köln 1988.

Heimann, K.; Kuda, E.: Handbuch beruflicher Bildung: Ein praktischer Ratgeber, Köln 1989.

Jäger, W.: Arbeitsschutzlexikon, 18. Aufl., Landsberg/Lech 2001.

Liebel, H. J.; Meyer, H. K.; Schoon, D.: Das Assessment Center bei der Auslese von Führungskräften, in: Die Betriebswirtschaft (DBW), 56. Jg. (6, 1996).

Mag, W.: Einführung in die betriebliche Personalplanung, 2. Aufl., München 1998.

Salewski, F.: Arbeitszeitmodelle, in: Wirtschaftswissenschaftliches Studium (WiSt), 28. Jg. (10, 1999).

Wolff, B.; Lazear, E.: Einführung in die Personalökonomik, Stuttgart 2001.

9. Kapitel:
Die Mitbestimmung

Lernziele

Leitfrage:
Welchen Stellenwert haben Interessenkonflikte im Unternehmen?

Leitfrage:
Aus welchen historischen Wurzeln ist die Mitbestimmung hervorgegangen?

Leitfrage:
Was bedeutet Mitbestimmung in der betrieblichen Praxis?
- Welche Rechte haben Mitarbeiter und Betriebsräte?
- In welchem Umfang gibt es Mitbestimmung in den Aufsichtsräten?
- Wie wird der Arbeitsdirektor gewählt, und welche Kompetenzen hat er?
- Wo hat der Europäische Betriebsrat sein Betätigungsfeld?
- Wie werden die Interessen der »Leitenden« vertreten?

Leitfrage:
Woran entzünden sich die Kontroversen um die Mitbestimmung?
- Wie versucht man, die Mitbestimmung als notwendig zu rechtfertigen?
- Welche Fragen stehen beim Streit um den Umfang der Mitbestimmung im Vordergrund?

1 Interessen von Belegschaft und Betriebsleitung

Für Karl Marx (1818–1883) war die Interessenlage in einer kapitalistischen Wirtschaftsordnung eine klare Angelegenheit: Im Interesse der Kapitaleigner (»Kapitalisten«) werden immer raffiniertere Produktionsmittel geschaffen. Diese führen zwar einerseits zu **wachsender Arbeitsproduktivität,** andererseits aber auch zu **massiver Arbeitslosigkeit** und damit zu **Ausbeutung und Unterdrückung** der – produktionsmittellosen – Arbeiterklasse. Die Warenproduktion orientiert sich zudem allein am Profitinteresse der Kapitalisten und nicht an den Bedürfnissen der Werktätigen. Angesichts ihrer Interessenmissachtung entwickelt die Arbeiterklasse jedoch ein »**proletarisches Klassenbewusstsein«:** Je sinnleerer bei extremer Arbeitsteilung ihre Arbeit und je erdrückender die Macht des Kapitals wird, desto näher rückt der Zeitpunkt der sozialen Revolution, durch die die unterdrückten Massen zur neuen herrschenden Klasse aufsteigen (»Diktatur des Proletariats«).

Sicherlich ist die marxistische Lehre eine scharfsinnige Analyse der damaligen Produktionsverhältnisse; angesichts der heutigen Situation in hoch entwickelten Industriegesellschaften hat sie jedoch ihre Erklärungskraft eingebüßt: Die modernen Fertigungsverfahren setzen hoch qualifizierte Mitarbeiter voraus, deren Aufgabe zunehmend in der **Überwachung und Steuerung automatischer Prozesse** besteht. Insbesondere unter den heutigen Produktionsbedingungen sind deshalb leistungswillige und motivierte Mitarbeiter notwendige Voraussetzung für die Gewinnerzielung. Die Kapitaleigner suchen deshalb den Interessenausgleich mit ihren Arbeitnehmern, denen starke und **unabhängige Gewerkschaften** – als wesentlicher Bestandteil unserer Wirtschaftsordnung – zur Seite stehen, wobei der »Organisationsgrad« allerdings bei nur noch 25 Prozent liegt (= 8,036 Mio. Mitglieder, Stand: 1999).

Die Behauptung der sozialistischen Ideologie hat sich als Trugschluss erwiesen: Die sozialistische Arbeit unterscheide sich ihrem Wesen nach von der Arbeit unter kapitalistischen Bedingungen, da der sozialistische Werktätige nicht nur Produzent, sondern auch gesellschaftlicher Eigentümer der Produktionsmittel sei; es bestehe deshalb kein Konflikt zwischen seinen individuellen und den gesellschaftlichen Interessen, weshalb er am Aufbau des Sozialismus freudig mitwirke. Tatsächlich liegt hierin die Fiktion eines **utopischen Menschenbildes.**

In jedem Unternehmen gibt es zwischen Belegschaft und Betriebsleitung **klare Interessengegensätze:** Der Wunsch nach höherer Entlohnung und kürzerer Arbeitszeit stößt zunächst auf erbitterten Widerstand, bis schließlich ein Kompromiss gefunden oder – durch Streik – erzwungen wird. Ein großes Konfliktpotential tut sich zudem dann auf, wenn Unternehmen aus Gründen der Kostendämpfung und Marktanpassung (Massen-)Entlassungen vornehmen: Arbeitnehmer neigen eher dazu, das kurzfristige Arbeits-

Interessenkonflikte im Betrieb dürfen nicht geleugnet, sondern müssen gelöst werden.

platzinteresse über die Notwendigkeit von Anpassungsmaßnahmen zu stellen, auch wenn sie wissen, dass diese sich auf Dauer nicht umgehen lassen.

Bislang hat es jedoch für die Interessenkonflikte, trotz vielfältiger Drohgebärden, noch stets Verhandlungslösungen gegeben. Die deshalb – weitgehend – ungestörte Wirtschaftsentwicklung hat es dann auch ermöglicht, die Opfer des oft tief greifenden Strukturwandels vor dem Schlimmsten zu bewahren. Eine ganz erhebliche und zunehmend auch im Ausland gewürdigte Rolle bei der Lösung von Interessenkonflikten kommt der **Mitbestimmung** zu: Jenseits aller »Schaukämpfe« auf Verbandsebene bewältigt sie – nahezu geräuschlos – (fast) alle Konflikte in den »Niederungen« des betrieblichen Alltags.

Interessenkonflikte können überbetrieblich (Arbeitgeberverbände – Gewerkschaften) oder innerbetrieblich (Mitbestimmung) gelöst werden.

Kapital und Arbeit sind keine Klassenfeinde, sondern Interessenten am geschäftlichen Erfolg.

Beispiel

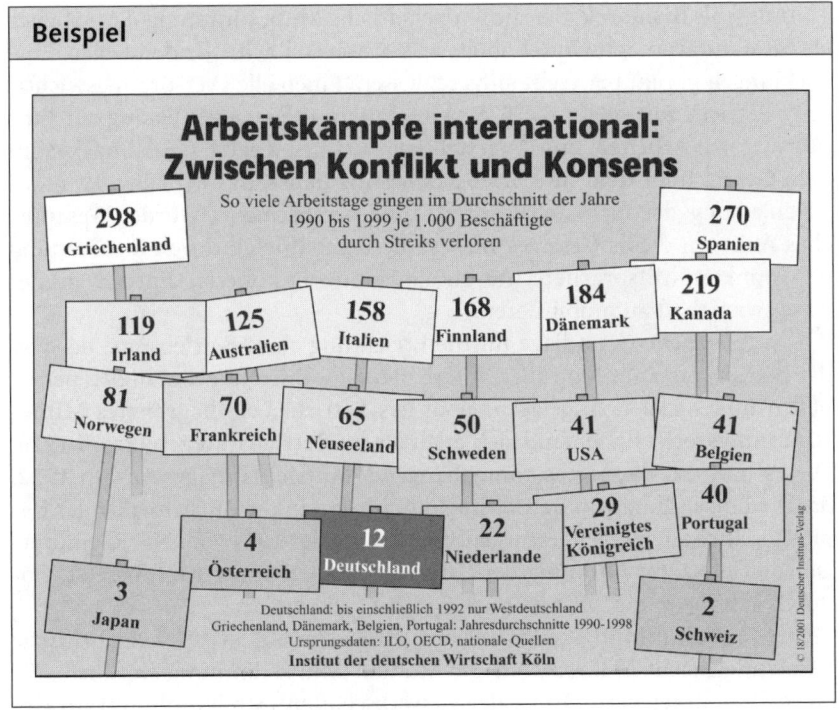

Arbeitskämpfe international: Zwischen Konflikt und Konsens

So viele Arbeitstage gingen im Durchschnitt der Jahre 1990 bis 1999 je 1.000 Beschäftigte durch Streiks verloren

298 Griechenland	270 Spanien

119 Irland · 125 Australien · 158 Italien · 168 Finnland · 184 Dänemark · 219 Kanada

81 Norwegen · 70 Frankreich · 65 Neuseeland · 50 Schweden · 41 USA · 41 Belgien

4 Österreich · 12 Deutschland · 22 Niederlande · 29 Vereinigtes Königreich · 40 Portugal

3 Japan · 2 Schweiz

Deutschland: bis einschließlich 1992 nur Westdeutschland
Griechenland, Dänemark, Belgien, Portugal: Jahresdurchschnitte 1990-1998
Ursprungsdaten: ILO, OECD, nationale Quellen
Institut der deutschen Wirtschaft Köln

© IW 2001 Deutscher Instituts-Verlag

2 Die historischen Wurzeln der geltenden Mitbestimmung

Erste Forderungen zur Errichtung **betrieblicher Arbeiterausschüsse** mit dem Ziel, die patriarchalische Unternehmergewalt zu beschränken, fanden sich bereits zu **Beginn des 19. Jahrhunderts.** Die 1848 in der Frankfurter Paulskirche zusammengetretene Verfassunggebende Nationalversammlung griff diese Vorstellungen auf, ohne jedoch zu einem Ergebnis zu gelangen. Allerdings ließen in der Folgezeit etliche Unternehmer, wie Hutschenreuther in Selb, in ihren Fabriken freiwillig Arbeiterausschüsse mit Mitwirkungsrechten in sozialen Angelegenheiten zu (z.B. Mitwirkung bei Aufstellung und Überwachung einer »Fabrikordnung«, Ausübung des betrieblichen Disziplinarwesens, Übermittlung von Wünschen und Beschwerden an die Betriebsleitung, »sittliche« Überwachung der Arbeiter inner- und außerhalb des Werkes, Regelung von Streitigkeiten und Klagen innerhalb der Arbeiterschaft).

Anders als **Bismarck,** der die wirtschaftliche Mitbestimmung der Arbeiter als **humanitären Schwindel** abtat, war Kaiser Wilhelm II. derartigen Entwicklungen gegenüber recht aufgeschlossen. Einen alle »versorgungswichtigen« Betriebe mit mehr als 50 Arbeitnehmern erfassenden Zwang zur Einführung von Arbeiter- und Angestelltenausschüssen gab es allerdings erst in dem **Gesetz über den Vaterländischen Hilfsdienst,** das im Jahre 1916 auf Veranlassung der Obersten Heeresleitung verabschiedet wurde. Wesentliches Anliegen dieses Gesetzes war es, die Beschäftigten durch Einräumung beschränkter Mitspracherechte zu einem noch höheren Einsatz in der Kriegswirtschaft zu mobilisieren.

Die gesetzliche Grundlage für die Errichtung eines Betriebsrats, der von der Betriebsversammlung aller Mitarbeiter zu wählen war und in den personellen und sozialen Angelegenheiten des Betriebes ein **begrenztes Mitbestimmungsrecht** hatte, fand sich erstmals im **Betriebsrätegesetz von 1920.** Dieses und das damit zusammenhängende **Aufsichtsratsgesetz von 1922,** das die Entsendung von Betriebsratsmitgliedern in die Aufsichtsräte der Kapitalgesellschaften regelte, wurde jedoch durch das 1934 vom NS-Regime erlassene Gesetz zur Ordnung der nationalen Arbeit außer Kraft gesetzt, wodurch jede Form der Mitbestimmung zum Erliegen kam.

Die gegenwärtig geltende Mitbestimmung wurde seit 1951 in mehreren Gesetzen verankert.

Der Mitbestimmungsgedanke lebte erst wieder auf, als 1947 die britische Besatzungsmacht in ihrer Zone die Montan-Mitbestimmung einführte, die dann 1951 unter dem Druck der Gewerkschaften (Streikdrohung) im **Gesetz über die Mitbestimmung der Arbeitnehmer in den Aufsichtsräten und Vorständen der Unternehmen des Bergbaues und der Eisen und Stahl erzeugenden Industrie** verankert wurde. Ihm folgte 1952 das **Betriebsverfassungsgesetz** (BetrVG), das die Mitbestimmung auf die übrige private Wirtschaft ausweitete und ab 1955 das **Bundespersonalvertretungsgesetz** sowie die **Landespersonalvertretungsgesetze** für den öffentlichen Dienst. In den Jahren 1972 und 1974 erhielten das Betriebsverfassungsgesetz und die Personalvertretungsgesetze durch eine erhebliche Ausweitung der innerbetrieblichen Mitbestimmung eine neue Qualität; außerdem wurde das Betriebsverfassungsgesetz durch das 1976 verabschiedete **Gesetz über die Mitbestimmung der Arbeitnehmer** und das 1989 in Kraft getretene **Sprecherausschussgesetz** ergänzt. Die Novellierung des Betriebsverfassungsgesetzes im Jahre 2001 erweiterte erneut die Mitbestimmung sowohl personell als auch inhaltlich; die §§ 76–87 des BetrVG 1952 gelten weiter.

Da die Personalvertretungsgesetze weitreichende Mitbestimmungsrechte beinhalten, kommt es im Zuge der Privatisierung öffentlicher Betriebe zu deren »Abbau«: Aus relativ privilegierten Personalräten werden »normale« Betriebsräte.

3   Die Regelungen der geltenden Mitbestimmung im Einzelnen

3.1 Die Mitbestimmung nach dem Betriebsverfassungsgesetz (BetrVG)

Voraussetzung für die Anwendung des Betriebsverfassungsgesetzes ist, dass der Betrieb mindestens fünf Arbeitnehmer (ohne die Jugendlichen) beschäftigt und nicht zum öffentlichen Dienst gehört. Die Mitarbeiter (einschließlich der im Außendienst oder mit Telearbeit beschäftigten) mit Ausnahme der Jugendlichen wählen für vier Jahre einen – von der Größe der Belegschaft abhängigen (Abb. 9.1) – **Betriebsrat,** der nicht weisungsgebunden ist. Außerdem gibt es in den Betrieben, die fünf und mehr Jugendliche (unter 18) bzw. Auszubildende (unter 25) beschäftigen, von diesen gewählte **Jugendvertreter.** Allerdings verzichten die Arbeitnehmer in Kleinbetrieben (unter 20 Beschäftigte) meist auf ihr Wahlrecht: Offenbar funktioniert dort der direkte Draht zum Arbeitgeber. Andererseits ist in Unternehmen mit mehr als 300 Mitarbeitern ein Betriebsrat selbstverständlich.

Das Betriebsverfassungsgesetz gilt in allen Betrieben ab fünf Arbeitnehmer.

Betriebsgröße (Mitarbeiter)	Zahl der Betriebsräte	Betriebsgröße (Mitarbeiter)	freigestellte Betriebsräte
5–20	1	200–500	1
21–50	3	501–900	2
51–100	5	901–1500	3
101–200	7	1501–2000	4
201–400	9	2001–3000	5
401–700	11	3001–4000	6
701–1000	13	4001–5000	7
1001–1500	15	5001–6000	8
1501–2000	17	6001–7000	9
2001–2500	19	7001–8000	10

2501–3000	21	8001–9000	11
3001–3500	23	9001–10000	12
3501–4000	25		
4001–4500	27		
4501–5000	29		
5001–6000	31		
6001–7000	33		
7001–9000	35		
Für je 3000 (2000) weitere Mitarbeiter gibt es zwei zusätzliche Betriebsräte (eine zusätzliche Freistellung)			

Abb. 9.1: Die personelle Ausstattung des Betriebsrats

Bei der Zusammensetzung des Betriebsrats verlangt § 15,2 BetrVG eine der Belegschaft entsprechende Geschlechterverteilung.

Der Betriebsrat hat Mitbestimmungs- und Mitwirkungsrechte.

> Der Betriebsrat ist zur **Mitbestimmung** hauptsächlich bei sozialen und personellen Angelegenheiten, einschließlich der Aufstellung von Sozialplänen und der kalten Aussperrung befugt.

Beim **Initiativrecht** können Arbeitgeber und Betriebsrat gleichberechtigt »die Initiative ergreifen«, aber nur gemeinsam Entscheidungen treffen. Bedarf eine Maßnahme des Arbeitgebers der Zustimmung des Betriebsrates ohne »Gegenvorschlagsrecht«, dann hat er ein **Vetorecht.**

- **Soziale Angelegenheiten** (Initiativrecht):
  - Ordnung des Betriebs und des Verhaltens der Arbeitnehmer,
  - Technische Einrichtungen zur Überwachung der Arbeitnehmer,
  - Beginn und Ende, vorübergehende Verkürzungen und Verlängerungen der Arbeitszeit, Pausen,
  - Urlaubsgrundsätze, Urlaubsplan und zeitliche Lage des Urlaubs für einzelne Arbeitnehmer bei Uneinigkeit,
  - Unfallverhütung und Gesundheitsschutz,
  - Form, Ausgestaltung und Verwaltung von Sozialeinrichtungen,
  - Zuweisung, Kündigung und Nutzungsbedingungen von Werksmietwohnungen,
  - Entlohnungsgrundsätze und -methoden,
  - Sätze leistungsbezogener Entgelte (z. B. Akkordsätze),
  - Zeit, Ort und Art der Auszahlung der Arbeitsentgelte,
  - Grundsätze des betrieblichen Vorschlagswesens,
  - Betriebliche Berufsbildung,
  - Grundsätze über die Durchführung von Gruppenarbeit.

- **Personelle Angelegenheiten** (Vetorecht):
  - Personalfragebögen,
  - Beurteilungsgrundsätze,
  - Auswahlrichtlinien bei Einstellungen
  - Einstellungen, Versetzungen, Ein- und Umgruppierungen (bei Lohn- und Gehaltsgruppen) sowie Kündigungen. Bei mehr als 500 Arbeitnehmern hat der Betriebsrat bei Kündigungen ein Initiativrecht zur Berücksichtigung fachlicher, persönlicher und sozialer Gesichtspunkte.
  - Außerordentliche Kündigung oder Versetzung von Mitgliedern der Betriebsverfassungsorgane.
- Aufstellung eines **Sozialplans** zum Ausgleich oder zur Milderung wirtschaftlicher Nachteile bei Betriebsänderungen (Initiativrecht).
  Unter »Betriebsveränderung« versteht man neben Betriebsstillegung und Betriebsverlagerung auch z.B. eine Umstellung der Produktion von z.B. Uhren auf elektronische Messinstrumente.
  Besteht eine geplante Betriebsänderung allein in Massenentlassungen, dann kann die Einigungsstelle einen Sozialplan erzwingen. Eine Massenentlassung liegt z.B. dann vor, wenn in einem Betrieb mit mindestens 500 Arbeitnehmern zehn Prozent aber mindestens 60 Mitarbeiter aus betriebsbedingten Gründen entlassen werden sollen (§ 112 a BetrVG). Als Daumenregel für die Ausgleichsregelung gilt ein halbes Monatsgehalt je Jahr Betriebszugehörigkeit.
- Vorübergehend notwendige Betriebseinschränkungen wegen ausbleibender Zulieferteile als Folge von Streiks in anderen Unternehmen (»**kalte Aussperrung**«) (Vetorecht).

Können sich Betriebsrat und Arbeitgeber nicht einigen (was lediglich zwei Prozent aller Fälle betrifft: Institut der deutschen Wirtschaft vom 12. 4. 2001), dann wird meistens die **Einigungsstelle** – als betriebliche Schlichtungsstelle – angerufen, gelegentlich auch das Arbeitsgericht. Die Einigungsstelle wird **paritätisch** von Betriebsrat und Arbeitgeber besetzt und hat einen **unparteiischen Vorsitzenden,** den notfalls das Arbeitsgericht bestellt. Bemerkenswert hierbei ist, dass der Vorsitzende nur bei Stimmengleichheit mit abstimmen darf. Die Beschlüsse der Einigungsstelle sind verbindlich, wenn das Gesetz dies vorsieht oder die Beteiligten einverstanden sind. Verbindliche Beschlüsse können nur durch das **Arbeitsgericht** bei Ermessensfehlern auf Antrag aufgehoben werden.

Unter der Lupe

§ 146 Sozialgesetzbuch
Um ihre Forderungen durchzusetzen, können Gewerkschaften – nach einer Urabstimmung unter den betroffenen Mitgliedern – einen Streik ausrufen. Im Gegenzug dürfen die Arbeitgeber im Geltungsbereich des jeweiligen Ta-

→

rifvertrags eine ähnlich hohe Zahl von Mitarbeitern ihrer Betriebe aussper-
ren (»Waffengleichheit« durch »heiße Aussperrung«). Streikende und Aus-
gesperrte bekommen während des Arbeitskampfes keine Entlohnung; allerdings erhalten die Gewerkschaftsmitglieder von ihrer Gewerkschaft eine
finanzielle Unterstützung als Ausgleich für die ausbleibenden Lohn- und
Gehaltszahlungen des Arbeitgebers. Ob die – weder streikenden noch ausge-
sperrten – arbeitsbereiten Mitarbeiter entlohnt werden müssen, bestimmt
sich im Einzelfall nach den Arbeitsmöglichkeiten: Im Zweifel besteht kein
Anspruch (Bundesarbeitsgericht, AZ: 1 AZR 622/93), auch nicht gegen über
dem Arbeitsamt auf Zahlung von Arbeitslosen- oder Kurzarbeitergeld.

Zur Schonung ihrer Streikkasse greifen die Gewerkschaften öfters zum
Mittel der **Schwerpunktstreiks**: Diese finden in ausgewählten Zulieferbetrieben statt mit der Folge, dass die Produktion der Branche auch außerhalb
des umkämpften Tarifgebietes eingestellt und die Belegschaft nach Hause
geschickt werden muss (»Mini-Max-Strategie«). Bei einer derartigen »kalten Aussperrung«, die nicht gegen den Betriebsrat bzw. die Einigungsstelle
verfügt werden kann, haben die Arbeitnehmer grundsätzlich weder einen
Anspruch auf Lohn bzw. Gehalt noch auf Geld aus der Streikkasse. Der Bezug von Arbeitslosen- oder Kurzarbeitergeld ist – seit der Änderung der
Vorschrift im Jahre 1986 – den Arbeitnehmern verwehrt, die – voraussichtlich – in den Genuss des Verhandlungsergebnisses der Streikenden kommen, weil sie

- im gleichen »**fachlichen Geltungsbereich**« tätig sind und dort
- eine vergleichbare »**Hauptforderung**« erhoben wurde,

sie also lediglich einem anderen »räumlichen Geltungsbereich« angehören;
ob dies der Fall ist, entscheidet der »Neutralitätsausschuss« bei der Bundes-
anstalt für Arbeit, Nürnberg, der – unter dem Vorsitz des Präsidenten – mit
Arbeitgeber- und Arbeitnehmervertretern besetzt ist.
Die Brisanz der Änderung erschließt sich angesichts des Sachverhalts, dass
die Unternehmen aus Kostengründen immer mehr dazu übergehen, ihre
Lagerbestände zugunsten einer Just-in-Time-Belieferung abzubauen, was
kalte Aussperrungen sehr schnell unvermeidlich macht. Der Versuch, im
Vorfeld von Streiks noch schnell Lagerbestände aufzubauen, scheitert in der
Regel an der produzierten Variantenvielfalt: Man weiß nicht, was man im
Einzelnen in ein paar Wochen braucht.

Lediglich ein **Mitwirkungsrecht** hat der Betriebsrat bei den wirtschaftlichen Angelegenheiten:

- **Beratungsrecht**
  Vor seiner Entscheidung erörtert der Arbeitgeber die Angelegenheit mit
  dem Betriebsrat, z. B.:
  - Planung von Bauvorhaben, Investitionen,
  - Planung von Einschränkungen, Verlagerung, Stillegung oder Zusam-
    menschluss von Betrieben,

- Planung von Änderungen der Betriebsorganisation oder des Betriebs-
  zwecks,
- Planung der Einführung neuer Arbeitsverfahren und -abläufe.
- Vorschläge des Betriebsrates zur Sicherung und Förderung der Be-
  schäftigung (z. B. flexible Arbeitszeit, Teilzeitarbeit, Altersteilzeit,
  Qualifizierung von Arbeitnehmern, Alternativen zum Outsourcing).

■ **Anhörungsrecht**
Vor seiner Entscheidung fordert der Arbeitgeber den Betriebsrat unter
Fristsetzung zu einer Stellungnahme auf:
Kündigung im Einzelfall

■ **Informationsrecht**
Vor seiner Entscheidung informiert der Arbeitgeber den Betriebsrat an-
hand von Unterlagen; dies betrifft z. B.:
- Personalplanung, auch mit Blick auf die Gleichstellung von Frauen
  und Männern,
- Wirtschaftliche Lage und Entwicklung des Unternehmens,
- Leistungsbeurteilung im Einzelfall,
- Einstellung leitender Angestellter,
- Jahresabschluss,
- Einsicht in Lohn- und Gehaltslisten.

Das Mitwirkungsrecht wird meist durch einen vom Betriebsrat berufenen **Wirtschaftsausschuss** (dem mindestens ein Betriebsratsmitglied angehören muss) wahrgenommen; soweit es sich um Betriebsänderungen handelt, ist der Betriebsrat auch unmittelbar einzuschalten. Ein Wirtschaftsausschuss muss eingesetzt werden in Betrieben mit mehr als 100 Mitarbeitern.

Die Mitbestimmungs- und Mitwirkungsrechte des Betriebsrats wurden hier beispielhaft aufgelistet; eine vollständige Darstellung findet sich im BetrVG. Dort ist z. B. auch eine vierteljährliche Betriebsversammlung während der Arbeitszeit vorgeschrieben, auf der der Betriebsrat einen Tätigkeitsbericht erstattet. Dieser umfasst Themen wie das Personal- und Sozialwesen (auch zum Stand der Gleichstellung von Frauen und Männern sowie der Integration von ausländischen Arbeitnehmern), die wirtschaftliche Entwicklung des Betriebs und den betrieblichen Umweltschutz.

In Unternehmen mit mehr als eintausend Mitarbeitern gibt es zudem einen **Europäischen Betriebsrat**, sofern das Unternehmen in mindestens zwei Ländern der EU tätig ist und dort jeweils mindestens 150 Arbeitnehmer beschäftigt. Seine Mitglieder müssen jährlich mindestens einmal angehört und vor wichtigen grenzüberschreitenden Unternehmensentscheidungen (z. B. Fusionen) unterrichtet werden. Diese Regelung betrifft auch multinationale Unternehmen, die ihren Stammsitz außerhalb der EU haben (z. B. in Japan oder USA). Der Europäische Betriebsrat hat – je nach Unternehmensgröße – zwischen drei und dreißig Mitgliedern, wobei sich die Sitzverteilung an der europäischen Präsenz orientiert. Erste Erfahrungen betonen die Vorteile des erweiterten Dialogs, aber auch die unterschiedlichen Gesprächs- und Entscheidungskulturen sowie die Sprachbarrieren. Zudem muss sich

Der Wirtschaftsausschuss entlastet den Betriebsrat in seinen Mitwirkungsrechten.

Der Europäische Betriebsrat multinationaler Großunternehmen hat ein eigenes Mitwirkungsrecht.

das »Zusammenspiel« zwischen dem Europäischen und dem Betriebsrat der (deutschen) Mutter in der Praxis noch klarer herauskristallisieren (z. B. vor dem Hintergrund der »Standortkonkurrenz«). Von den über 400 »einschlägigen« deutschen Unternehmen haben erst gut 100 eine entsprechende Vereinbarung getroffen (2001).

Die **Jugendvertreter** nehmen die besonderen Belange der jugendlichen Arbeitnehmer (unter 25 Jahre) wahr und unterbreiten dem Betriebsrat entsprechende **Vorschläge.**

Insbesondere bestimmt § 70 BetrVG, dass sie sich mit Fragen der Berufsausbildung und der späteren Übernahme in ein Beschäftigungsverhältnis befassen, auf die Einhaltung des Jugendschutzgesetzes (8. Kapitel) sowie anderer gesetzlicher und tariflicher Vorschriften zu ihren Gunsten achten und die Gleichstellung der Geschlechter sowie die Integration ausländischer Arbeitnehmer fördern.

In Betrieben mit zehn oder mehr leitenden Angestellten gibt es zudem einen **Sprecherausschuss der leitenden Angestellten.**

Zahl der leitenden Angestellten	Mitglieder des Sprecherausschusses
10–20	1
21–100	3
101–300	5
über 300	7

Abb. 9.2: Die personelle Ausstattung des Sprecherausschusses

Unter der Lupe

Arbeitsvertrag und Kündigung
Zu Beginn eines Arbeitsverhältnisses schließen Arbeitgeber und Arbeitnehmer einen **Arbeitsvertrag.** Der Arbeitsvertrag ist ein privatrechtlicher Vertrag, der bestimmten Formvorschriften unterliegt und im Allgemeinen schriftlich festgehalten werden muss. Der Abschluss eines solchen Vertrages ist notwendig, um Arbeitsinhalte und -bedingungen klar zu regeln. So beschreibt er die Tätigkeit und enthält z. B. Detailregelungen über Arbeitsentgelt, Probezeit, Arbeitszeit, Kündigung, Urlaub und »Extras«, die insbesondere bei »außertariflich« bezahlten (leitenden) Angestellten wichtig sind.

$\longrightarrow$

Eine Detaillierung vieler dieser Aspekte entfällt, wenn für Arbeitgeber und Arbeitnehmer ein Tarifvertrag bindend ist.

Der Arbeitnehmer hat gegenüber seinem Arbeitgeber die Pflicht, die vereinbarten Arbeitsleistungen zu erbringen. Verändert sich im Laufe der Zeit der Arbeitsanfall gegenüber der Arbeitsvereinbarung, und ist der Arbeitnehmer nicht bereit, sich der neuen Situation anzupassen, so muss der Arbeitgeber eine **Änderungskündigung** einleiten. Zur Umgehung dieses Erfordernisses versuchen die Arbeitgeber, die Arbeitsvereinbarung möglichst weit zu fassen.

Die meisten **Kündigungen** im Betrieb werden vom Arbeitnehmer initiiert: Nach Ablauf der gesetzlichen bzw. tarifvertraglichen Kündigungsfrist bekommt er »seine Papiere« zurück, und der Arbeitgeber meldet den Vorgang an Finanzamt, Krankenkasse, Rentenversicherung und Arbeitsamt. Bei einer vom Arbeitgeber veranlassten Kündigung kann es sich entweder um eine ordentliche oder außerordentliche Kündigung handeln. Jede Kündigung bedarf der Schriftform und muss eigenhändig unterschrieben sein.

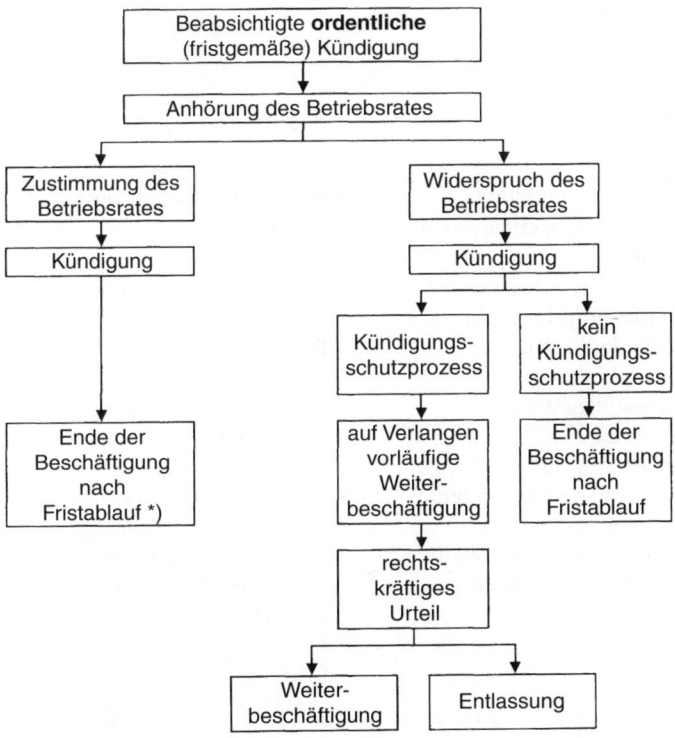

*) Es bleibt dem Arbeitnehmer unbenommen, »auf eigene Faust« einen Kündigungsschutzprozess anzustrengen. Die Klagefrist beträgt generell drei Wochen nach Zugang der Kündigung.

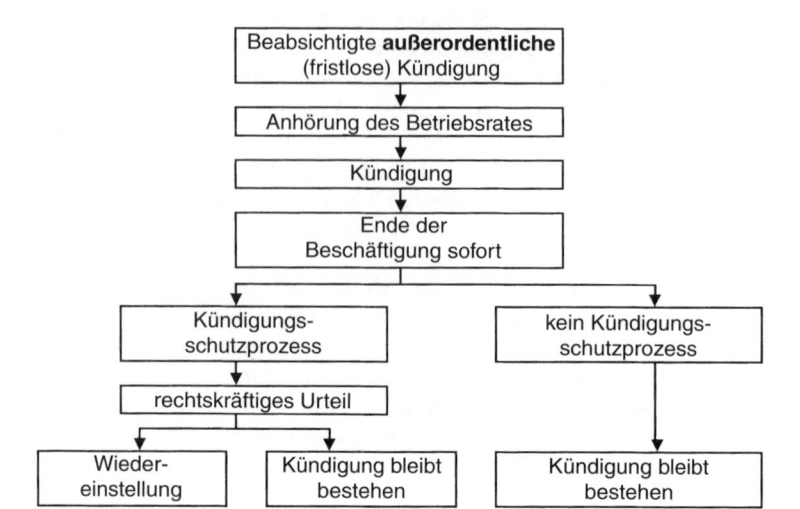

```
┌─────────────────────────────┐
│ Beabsichtigte außerordentliche │
│ (fristlose) Kündigung         │
└─────────────────────────────┘
              ↓
┌─────────────────────────────┐
│ Anhörung des Betriebsrates   │
└─────────────────────────────┘
              ↓
┌─────────────────────────────┐
│ Kündigung                    │
└─────────────────────────────┘
              ↓
┌─────────────────────────────┐
│ Ende der                     │
│ Beschäftigung sofort         │
└─────────────────────────────┘
```

Kündigungs-schutzprozess	kein Kündigungs-schutzprozess
rechtskräftiges Urteil	
Wieder-einstellung / Kündigung bleibt bestehen	Kündigung bleibt bestehen

(Für Betriebsratsmitglieder und Jugendvertreter gelten hiervon abweichende Regelungen)

Kündigungsgründe*:
(Beispiele)

ordentliche Kündigung	außerordentliche Kündigung
Permanent mangelnde Arbeitsleistung	Betrug
Verstoß gegen Arbeitsanweisungen	Falsche Anzeigen
Fehlende Einordnungsbereitschaft	Beharrliche Arbeitsverweigerung
Mangelnde Eignung	Mehrmaliges unentschuldigtes
Personalabbau	Fehlen
Betriebsstilllegung	Untreue
Betriebsveräußerung	Strafbare Handlungen
Auftragsmangel	Tätlichkeiten
Lange Krankheitszeiten ohne	Trunksucht
Aussicht auf Besserung	Wiederholte Trunkenheit oder
Wiederholte rassistische oder	wiederholtes Rauchen im Dienst
fremdenfeindliche Betätigungen	Wiederholtes Zuspätkommen
	Geschäftsschädigendes Verhalten
	Beleidigungen
	Drohungen
	Intrigen
	Verstöße gegen die guten Sitten

* Die Kündigungsgründe sind nicht im Betriebsverfassungsgesetz geregelt. Es muss sich im Allgemeinen um schwerwiegende Sachverhalte handeln; in der Regel sind vorherige (wiederholte) Abmahnungen erforderlich. Bei betriebsbedingter Kündigung (z. B. Auftragsmangel) darf nicht »sozialwidrig« vorgegangen werden: Es müssen Lebensalter, Unterhaltspflichten und Dauer der Betriebszugehörigkeit berücksichtigt werden.

Bis zu einem gewissen Grad analog zum Betriebsrat ist der Sprecherausschuss der leitenden Angestellten konzipiert (Abb. 9.2): In Betrieben mit mindestens zehn leitenden Angestellten kann aus deren Mitte – zugleich mit den Betriebsratswahlen – ein Ausschuss gewählt werden, der gegenüber dem **Arbeitgeber** folgende **Mitwirkung**smöglichkeiten hat:

- Vereinbarung von Richtlinien über Inhalt, Abschluss und Beendigung von Arbeitsverhältnissen der Leitenden,
- Vermittlung bei Auseinandersetzungen zwischen Arbeitgeber und Leitenden,
- Informations- und Beratungsrecht bei Einstellung, Versetzung und Kündigung eines Leitenden,
- Unterrichtung über Pläne für Betriebsänderungen und die wirtschaftliche Situation.

Gegenüber Entscheidungen des **Betriebsrats** hat der Sprecherausschuss ein **Vetorecht,** wenn Belange der leitenden Angestellten berührt sind.

Der Personenkreis der Leitenden ist sehr eng gefasst, weshalb lediglich etwa 500 Unternehmen über Sprecherausschüsse verfügen.

Der Sprecherausschuss ist kein wirkliches Gegengewicht zum Betriebsrat.

Unter der Lupe

Definition des leitenden Angestellten nach § 5 BetrVG
»Leitender Angestellter ist, wer nach Arbeitsvertrag und Stellung im Unternehmen oder im Betrieb
1. zur selbständigen Einstellung und Entlassung von im Betrieb oder in der Betriebsabteilung beschäftigten Arbeitnehmern berechtigt ist oder
2. Generalvollmacht oder Prokura hat und die Prokura auch im Verhältnis zum Arbeitgeber nicht unbedeutend ist oder
3. regelmäßig sonstige Aufgaben wahrnimmt, die für den Bestand und die Entwicklung des Unternehmens oder eines Betriebs von Bedeutung sind und deren Erfüllung besondere Erfahrungen und Kenntnisse voraussetzt, wenn er dabei entweder die Entscheidungen im Wesentlichen frei von Weisungen trifft oder sie maßgeblich beeinflusst; dies kann auch bei Vorgaben insbesondere aufgrund von Rechtsvorschriften, Plänen oder Richtlinien sowie bei Zusammenarbeit mit anderen leitenden Angestellten gegeben sein …
Leitender Angestellter … ist im Zweifel auch, wer »ein regelmäßiges Jahresarbeitsentgelt erhält, das für leitende Angestellte in dem Unternehmen üblich ist, oder, … falls … noch Zweifel bleiben, ein regelmäßiges Jahresarbeitsentgelt erhält, das das Dreifache der Bezugsgröße nach § 18 des Vierten Buches des Sozialgesetzbuches überschreitet.« (Damit ist ein Jahresgehalt von 82 461 € (West) bzw. 69 577 € (Ost) gemeint; Stand 2001).
In Deutschland gab es 1998 etwa 500 000 wahlberechtigte leitende Angestellte.

Bei den **Sprecherausschusswahlen** 1998 wurden – bei einer Wahlbeteiligung von 85 Prozent – fast nur **unabhängige** Kandidaten gewählt (98 Prozent). Die Mitglieder der **Betriebsräte** sind hingegen eher **gewerkschaftlich** orientiert: Bei den Betriebsratswahlen von 1998 entschieden sich – bei einer Wahlbeteiligung von 67 Prozent – insgesamt 33 Prozent der Teilnehmer gegen Gewerkschaftskandidaten; die DGB-Einzelgewerkschaften erreichten 62 Prozent. Außerdem ist die **faktische Macht** der Betriebsräte beträchtlich: Da fast alle Entscheidungen in den Betrieben auch die Arbeitnehmer betreffen, gibt es kaum ein Problem, das nicht der Mitwirkung oder Mitbestimmung durch den Betriebsrat bedarf. Die Sonderstellung der Betriebsratsmitglieder kommt auch darin zum Ausdruck, dass – je nach Größe der Belegschaft – ein Teil von ihnen von der Arbeit freigestellt wird (Abb. 9.1). Ferner erhalten sie die notwendige sachliche und personelle Ausstattung (Räume, Kommunikationstechnik, Sachmittel, Gesetzestexte, Büropersonal usw.), können an Schulungsmaßnahmen teilnehmen und genießen einen besonderen **Kündigungsschutz:** Eine außerordentliche Kündigung kann ihnen nur mit Zustimmung der Mehrheit der übrigen Mitglieder des Betriebsrats (oder nach Arbeitsgerichtsbeschluss) ausgesprochen werden, und eine ordentliche Kündigung ist erstmals ein Jahr nach Ablauf ihrer Amtszeit möglich. Die **Jugendvertreter** besitzen denselben Kündigungsschutz, außerdem müssen sie auf Wunsch nach Beendigung der Ausbildung in ein Arbeitsverhältnis übernommen werden, sofern dies dem Arbeitgeber nicht unzumutbar ist.

Die Novellierung des Betriebsverfassungsgesetzes im Jahre 2001 hat auch zu einer Vergrößerung der Betriebsratsgremien geführt:

- Ein Unternehmen mit 250 Beschäftigten hatte bislang sieben Betriebsräte, von denen keiner freigestellt war. Nun gilt die Relation 9 zu 1.
- Ein Unternehmen mit 7000 Beschäftigten hatte bislang 29 Betriebsräte, von denen acht freigestellt waren. Nun gilt die Relation 33 zu 9.

Kritiker sehen hierin eine zusätzliche Kostenbelastung, der keine effizientere Betriebsratsarbeit gegenübersteht; dies gelte insbesondere für mittelständische Unternehmen (»Bürokratisierung«).

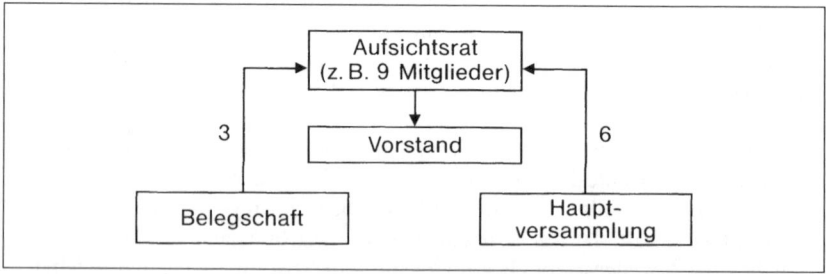

Abb. 9.3: Die Mitbestimmung im Aufsichtsrat nach dem BetrVG 1952.

Für kleine Kapitalgesellschaften gilt die Drittelparität

Bei Kapitalgesellschaften (einschließlich eG) mit mehr als 500 Arbeitnehmern wird überdies **ein Drittel der Aufsichtsratsposten** von Arbeitnehmervertretern besetzt (Abb. 9.3). Die Arbeitnehmervertreter im Aufsichtsrat werden von allen Arbeitnehmern des Betriebs in gleicher, geheimer und unmittelbarer Wahl bestimmt; bei einem Arbeitnehmervertreter muss dieser, bei zwei und mehr Vertretern müssen zwei im Unternehmen beschäftigt sein (§§ 76 ff. BetrVG 1952).

Diese Ein-Drittel-Mitbestimmung erlaubt es zwar den Arbeitnehmern, an der Kontrolle des Vorstands ihres Unternehmens mitzuwirken, die alleinige Entscheidungskompetenz der Vertreter der Anteilseigner (Aktionärsvertreter) bleibt aber praktisch unangefochten.

3.2 Die Mitbestimmung nach dem Gesetz über die Mitbestimmung der Arbeitnehmer in den Aufsichtsräten und Vorständen der Unternehmen des Bergbaues und der Eisen und Stahl erzeugenden Industrie

Ursprüngliches Anliegen der – zunächst von der (Labourregierten) britischen Besatzungsmacht eingeführten – Montan-Mitbestimmung war eine wirkungsvolle Kontrolle der deutschen Schwerindustrie durch die Arbeiterschaft. Insofern stellt sie einen Sonderfall im deutschen Mitbestimmungsrecht dar.

Voraussetzung für die Anwendung dieses Mitbestimmungsgesetzes ist, dass das Unternehmen zur Montanindustrie zählt (»überwiegender Betriebszweck«), mindestens 1000 Arbeitnehmer hat und in der Rechtsform einer Aktiengesellschaft, einer Gesellschaft mit beschränkter Haftung oder einer bergrechtlichen Gewerkschaft geführt wird. Heutzutage gibt es jedoch keine »klassischen« Montan-Unternehmen mehr: Entweder haben sie sich – weitgehend – aus dem Montan-Bereich hinausentwickelt oder sind Töchter größerer Konzernunternehmen mit vielfältigen Tätigkeitsfeldern geworden. Die Montan-Mitbestimmung wäre deshalb in den Konzernobergesellschaften »ausgestorben«, wenn der Gesetzgeber die Anwendungsvoraussetzungen in den traditionellen Bergbau- und Stahlunternehmen – zuletzt 1988 – nicht geändert und damit diese Mitbestimmung »zementiert« hätte.

Seither gilt in einer Konzernobergesellschaft (Holding) die Montan-Mitbestimmung solange fort, wie die Montan-Töchter mindestens **20 Prozent** der Umsätze erzielen. Diese Ergänzung kam unter massivem Druck der Gewerkschaften zustande: Ist die Montan-Mitbestimmung doch eine Regelung, die am Anfang einer Reihe weiterer Mitbestimmungsgesetze stand und die einzige echt paritätische Mitbestimmung. Eine Ungleichbehandlung wird in dem 20-Prozent-Kriterium deshalb gesehen, weil sich die Mitbestimmung in neuen Konzernen allein am **überwiegenden** Betriebszweck orientiert: So ist eine Montan-Mitbestimmung in dem durch Neugründung fusionierten Unternehmen Thyssen Krupp AG nicht vorgesehen, obwohl sie bei Thyssen gegolten hatte.

Praktiziert wird die Montan-Mitbestimmung nur in der Konzernobergesellschaft der Ruhrkohle AG (RAG). Allerdings gibt es sie noch in über vierzig Unternehmen, die entweder als Einzelunternehmen tätig sind oder un-

Für die Montan-Industrie gilt ein besonderes Mitbestimmungsgesetz, das die paritätische Mitbestimmung sicherstellt.

Mit der Montan-Branche stirbt auch die Montan-Mitbestimmung.

terhalb eines Konzerndachs in rechtlich eigenständigen Kapitalgesellschaften geführt werden (z. B. Georgsmarienhütte, Thyssen Krupp Stahl).

Das Gesetz verlangt, dass – je nach Höhe des gezeichneten Kapitals – der **Aufsichtsrat** 11, 15 oder 21 Posten umfasst, von denen 10, 14 oder 20 **paritätisch** mit Arbeitnehmervertretern und Aktionärsvertretern zu besetzen sind. Alle Aufsichtsratsmitglieder werden von der **Hauptversammlung** gewählt, wobei diese hinsichtlich der Arbeitnehmervertreter jedoch an die Nennungen des **Betriebsrats** gebunden ist, dem die Gewerkschaften ihre Vertreter vorschlagen (Abb. 9.4).

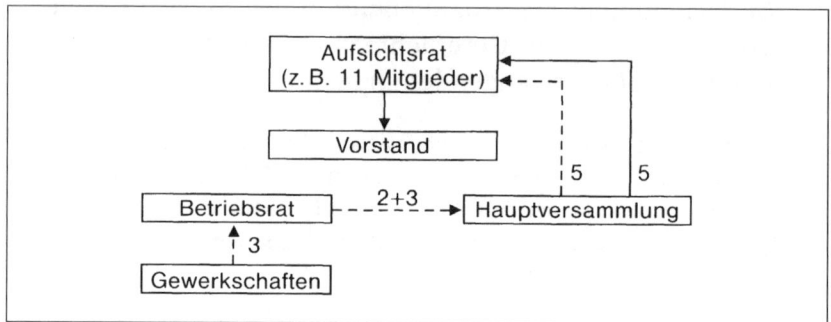

Abb. 9.4: Die Montan-Mitbestimmung im Aufsichtsrat

Der neutrale Mann gewährleistet Handlungsfähigkeit des Aufsichtsrats.

Auf das 11., 15. oder 21. Aufsichtsratsmitglied müssen sich die übrigen einigen. Aufgabe dieses »**neutralen Mannes**« ist es, Patt-Situationen auszuschließen, damit bei Abstimmungen im Aufsichtsrat stets eine Entscheidung gesichert ist.

Ein besonderes Kennzeichen der Montan-Mitbestimmung ist es folglich, dass sich in den Entscheidungen des Aufsichtsrats zur Bestellung und Kontrolle des Vorstands die **Arbeitnehmerseite** mit Hilfe des neutralen Mannes gegen die Kapitalseite **durchsetzen** kann; aus der Praxis sind größere Konfrontationen bisher jedoch nicht bekannt geworden.

Der Arbeitsdirektor eines Montan-Unternehmens ist in der Regel gewerkschaftsorientiert.

Schließlich darf in der Montan-Industrie ein Vorstandsmitglied, nämlich der für Personal- und Sozialfragen zuständige **Arbeitsdirektor,** nicht gegen die Stimmen der Mehrheit der Arbeitnehmervertreter im Aufsichtsrat gewählt werden. Dies führt dazu, dass die Arbeitsdirektoren der Montan-Industrie in der Regel **gewerkschaftsorientiert** sind. Im Einzelnen gehören zum Ressort eines Arbeitsdirektors z. B. Personalabteilung, menschengerechte Arbeitsgestaltung, Leistung und Lohn, Tariffragen, Aus- und Weiterbildung, Arbeits- und Sozialrecht, Arbeitssicherheit, Entlohnungswesen.

3.3 Die Mitbestimmung nach dem Gesetz über die Mitbestimmung der Arbeitnehmer (1976) (MitbestG)

Auch dieses Gesetz modifiziert das Betriebsverfassungsgesetz im Hinblick auf die **Mitbestimmung im Aufsichtsrat:** In den privatwirtschaftlichen Kapitalgesellschaften des Nicht-Montan-Bereichs mit mehr als 2000 Arbeitnehmern ist der Aufsichtsrat ebenfalls **paritätisch** aus Vertretern der Anteilseigner und Arbeitnehmer zu besetzen, und zwar

Für große Unternehmen gilt nur formell die paritätische Mitbestimmung.

- in Unternehmen mit bis zu 10 000 Arbeitnehmern im Verhältnis 6:6,
- in Unternehmen mit mehr als 10 000 Arbeitnehmern bis zu 20 000 Arbeitnehmern im Verhältnis 8:8,
- in Unternehmen mit mehr als 20 000 Arbeitnehmern im Verhältnis 10:10.

Zu den Arbeitnehmervertretern zählen ein **leitender Angestellter** und zwei (bei 12- oder 16-köpfigem Aufsichtsrat) bzw. drei (bei 20-köpfigem Aufsichtsrat) **Gewerkschaftsvertreter.**

Der **Aufsichtsratsvorsitzende** wird von allen Aufsichtsratsmitgliedern aus deren Mitte gewählt; erreicht niemand die erforderliche Zwei-Drittel-Mehrheit, dann wird er durch einen Wahlakt allein von den Vertretern der Anteilseigner bestimmt. Der Aufsichtsratsvorsitzende, der damit in aller Regel ein Vertreter der Anteilseigner ist, hat in Patt-Situationen ein doppeltes Stimmrecht.

Das **doppelte Stimmrecht** des Aufsichtsratsvorsitzenden sorgt dafür, dass die paritätische Mitbestimmung in den großen Unternehmen des Nicht-Montan-Bereichs nur formell besteht, materiell jedoch ein **Übergewicht der Kapitalseite** gewährleistet ist. In diese Richtung wirkt zudem der Tatbestand, dass ein **Arbeitnehmervertreter** ein **leitender Angestellter ist.**

Beispiel

Mitbestimmung im Aufsichtsrat
»In dem zwölf Mitglieder zählenden Aufsichtsrat der adidas AG, Herzogenaurach, sitzen künftig nur noch vier statt bisher sechs Vertreter der Arbeitnehmerschaft. Wie der Sportartikel-Hersteller im Bundesanzeiger mitteilte, seien in der AG weniger als 2000 Arbeitnehmer beschäftigt. Deshalb brauche das Mitbestimmungsgesetz nicht mehr angewendet zu werden. Künftig sollen acht Mitglieder von den Anteilseignern gewählt werden, die restlichen vier Mitglieder nach dem Betriebsverfassungsgesetz von 1952. Bei adidas sind in der AG derzeit knapp 1600 Mitarbeiter beschäftigt

(Aus: Süddeutsche Zeitung vom 21. 10. 1993)

Das Mitbestimmungs-
gesetz von 1976 betrifft
etwa 500 Firmen, vor-
wiegend in der Rechts-
form der AG oder
GmbH.

Schließlich sei noch darauf hingewiesen, dass es auch im Mitbestimmungsgesetz 1976 die Einrichtung eines **Arbeitsdirektors** gibt. Dieser kann jedoch
– ebenso wie jedes andere **Vorstand**smitglied – notfalls gegen die Stimmen
der Arbeitnehmervertreter vom Aufsichtsrat berufen werden. Außerdem ist
ihm lediglich ein Kernbereich von Zuständigkeiten in Personal- und Sozialfragen zugewiesen; dies bedeutet, dass ihm auch noch andere Vorstands-
funktionen übertragen und/oder bestimmte Personal- und Sozialfragen
(z. B. Tariffragen) bei anderen Stellen angesiedelt werden können.

4 Die Mitbestimmung in der Diskussion

Unter Mitbestimmung
versteht man die institu-
tionelle Teilnahme der
Arbeitnehmer an den
Entscheidungsprozessen
im Unternehmen.

In Deutschland beruht die Mitbestimmung ihrem Prinzip nach auf einer
breiten gesellschaftlichen Anerkennung – auch von Arbeitgeberseite. Dabei
versteht man unter Mitbestimmung die **institutionalisierte** Teilnahme der
Arbeitnehmer oder ihrer Vertreter an den Entscheidungsprozessen im Unternehmen. **Konflikte** in der Mitbestimmungsdiskussion entzünden sich jedoch an zweierlei: ihrer **Rechtfertigung** und ihrem **Umfang**.

4.1 Zur Rechtfertigung der Mitbestimmung

Während die einen die Mitbestimmung der Arbeitnehmer als **eigenständigen Wert** ansehen und akzeptieren, versuchen andere, sie aus bestimmten
höherrangigen Werten abzuleiten und damit als unumgänglich zu rechtfertigen.

So wird ausgeführt, dass die **Würde des Menschen** (Art. 1 GG) und das
Recht auf freie Entfaltung seiner Persönlichkeit (Art. 2 GG) eine Unter-
Ordnung des Arbeitnehmers unter fremde Leitung nur zulässt, wenn ihm
die Freiheit gewährt werde, die Entscheidungen über den Arbeitsprozess
mitzugestalten. Hierbei wird allerdings übersehen, dass die Arbeitnehmer
bereits durch vielfältige, auf Gesetz, Tarifvertrag und Betriebsvereinbarung
beruhende Schutzmechanismen sowie durch die verfassungsrechtlich gewährte Koalitionsmacht der Gewerkschaften vor einer **willkürlichen**
Fremdbestimmtheit bewahrt werden. Eine Einordnung des Arbeitnehmers
in ein **sachlich notwendiges** System von Weisungen kann aber nicht von
vornherein als gegen die Menschenwürde verstoßend angesehen werden. Im
Übrigen lässt sich – im Interesse der Funktionsfähigkeit betrieblicher Prozesse – selbst durch weitgehende Mitbestimmung die Fremdbestimmtheit
der Arbeitsleistungen bzw. die »Unterwerfung« des einzelnen Arbeitnehmers unter das betriebliche Direktionsrecht nicht beseitigen; sie könnte allerdings den Arbeitnehmern zumindest das Gefühl des »Ausgeliefertseins«
nehmen, weshalb die Mitbestimmung auch als »Beitrag zur Zivilisierung des
Kapitalismus« (Johannes Rau, Bundespräsident) gesehen wird. Dies wird jedoch um so unwahrscheinlicher, je fremder ihnen ihre Vertreter sind und je

entfernter ihre Mitbestimmung stattfindet: Die Mitbestimmung betriebsexterner Gewerkschaftsvertreter im Aufsichtsrat könnte sich deshalb insoweit als wenig hilfreich erweisen (»gewerkschaftliche Fremdbestimmung«).

Beispiel

Gewerkschaftsführer Otto Brenner (1907–1972) zur Mitbestimmung
»Noch immer werden in den Betrieben Methoden des 19. Jahrhunderts angewandt. Noch immer herrscht die monarchische Betriebsverfassung. Merkmale dafür sind:

- Die militärähnliche Disziplin, die den Tagesablauf bestimmt und den Arbeitnehmer zum Objekt der betrieblichen Führung degradiert;
- die unübersehbare Pyramide der Vorgesetzten, die den Ton bestimmt und eine menschliche Entfaltung unmöglich macht;
- die Tatsache, dass trotz Human Relations noch heute die wenigsten an der Spitze der betrieblichen Hierarchie den Arbeitnehmer als gleichberechtigtes Glied der Gesellschaft anerkennen.

Alles Gerede von Partnerschaft, Betriebsgemeinschaft, alle Mitarbeiterideologien können nicht darüber hinwegtäuschen, dass der Arbeitnehmer im Regelfall Objekt eines hierarchischen Systems ist. Er ist das letzte Glied in einer langen Kette, deren Sinn er oft nur schwer einzusehen vermag ... Mündig wird der arbeitende Mensch erst dann, wenn man ihm die Möglichkeit gibt, mitzutun, sein Schicksal, seine Arbeitswelt selbst mitzubestimmen ...«

Ein anderer Versuch rechtfertigt die Mitbestimmung mit Hinweis darauf, dass jeder Arbeitnehmer nicht nur ein Recht auf Arbeit habe, sondern sogar unter dem Zwang stehe, seine **Existenz durch Arbeit sichern** zu müssen. Wenn aber die Arbeit einen so hohen Stellenwert für die Arbeitnehmer habe, dann müssten sie über deren Verwertung auch mitentscheiden dürfen. Hiergegen lässt sich einwenden, dass im Falle einer Insolvenz die Arbeitnehmer zwar ihre Arbeitsplätze verlieren, **andernorts** jedoch **weiter beschäftigt** werden können; das Kapital der Eigenkapitalgeber geht hingegen endgültig verloren. Außerdem sind die Arbeitnehmer durch **Insolvenzgeld** und **Arbeitslosenversicherung** gegen das Arbeitsplatzrisiko besonders geschützt, während das Risiko der Eigenkapitalgeber nicht versicherungsfähig ist. Hieraus folgt aber, dass die ökonomischen Risiken von Arbeitnehmern und Kapitalgebern nicht verglichen werden können, weshalb daraus die Forderung nach Mitbestimmung weder abgeleitet noch abgelehnt werden kann.

Der Versuch, ein Recht auf Mitbestimmung aus höherwertigen Rechten (z. B. Recht auf freie Entfaltung, Recht auf Arbeit) abzuleiten, ist zumindest problematisch.

Da somit die Ableitung eines Rechts auf Mitbestimmung aus höher wertigen Rechten **nicht zweifelsfrei** gelingt, sollte man sich in einer **direkten Wertentscheidung** zur Mitbestimmung als einem anerkannten und bewährten Element unserer sozialen Wirklichkeit bekennen und ihre Vorzüge herausstellen: Die Arbeitnehmer können **eigene Sachkunde** in die Entscheidungsprozesse einbringen, sie gewinnen damit die Gewissheit, dass ihre **Interessen** auch in schwerwiegenden Entscheidungen **vertreten** werden, was schließlich ihr Vertrauen in die marktwirtschaftliche Ordnung stärkt.

4.2   Zum Umfang der Mitbestimmung

4.2.1 Die paritätische Mitbestimmung

Paritätische Mitbestimmung bedeutet entschädigungslose Enteignung des Eigentümers, Gefährdung des erwerbswirtschaftlichen Prinzips und Kumulierung von Mitbestimmungsmöglichkeiten.

Unter Hinweis auf die Eigentumsgarantie des Art. 14, 1 GG wurde vom Bundesverfassungsgericht eine paritätische Mitbestimmung als zu weitgehend abgelehnt: Sie bedeute letztlich eine **entschädigungslose Enteignung der Eigenkapitalgeber,** was ein Verstoß gegen Art. 14,3 GG sei.

Mit gleicher Zielsetzung wird zudem angeführt, dass die Eigenkapitalgeber zumindest mit ihrer Einlage für Verluste des Unternehmens haften: Um es nicht zum »Ernstfall« kommen zu lassen, müssten die Unternehmen strikt nach dem erwerbswirtschaftlichen Prinzip geführt werden. Dies sei aber bei paritätischer Mitbestimmung nicht sichergestellt; die Arbeitnehmervertreter, vor die Wahl gestellt, würden dazu neigen, das kurzfristige Arbeitsplatzinteresse über das Rentabilitätsinteresse zu stellen und so notwendige Stillegungen, Umstellungen oder sonstige tief greifende **Anpassungsmaßnahmen** an veränderte Marktverhältnisse **blockieren** oder zumindest hinausschieben.

Schließlich wird als Argument gegen die paritätische Mitbestimmung vorgebracht, dass es neben der Mitbestimmung im Aufsichtsrat noch die Mitbestimmungsrechte der Betriebsräte sowie die ohnehin bestehenden rechtlichen und faktischen Einflussmöglichkeiten der Gewerkschaften gebe, was zu einer **Kumulierung der verschiedenen Mitbestimmungsmöglichkeiten** führe. Hiergegen wird jedoch eingewendet, dass sich eine paritätische Mitbestimmung vor allem gegen die wirtschaftliche **Macht der Banken** richten würde: Diese verfügen als Eigentümer oder als Verwalter (Vollmachtstimmrecht) über einen Großteil des deutschen Aktienkapitals, weshalb auch ihre Vertreter in zahlreichen Aufsichtsräten sitzen (zu Beschränkungen: 4. Kapitel).

Zugunsten der paritätischen Mitbestimmung wird angeführt, dass sie die Macht der Banken begrenzt.

Nicht von der Hand zu weisen ist ferner das Argument, dass eine Mitbestimmung so lange lediglich ein **Mitreden** bedeutet, wie die Arbeitnehmer überstimmt werden können.

4.2.2 Die Mitbestimmung »Externer«

Ein Streitpunkt ist auch die Frage, ob in die Mitbestimmung betriebsexterne **Gewerkschaftsvertreter** einbezogen sein sollten. In zahlreichen Betrieben wehren sich insbesondere die Angestellten gegen die Mitwirkung »Externer«. Ihnen wird vor allem vorgehalten, sie seien nicht in der Lage, die **besonderen Interessen** und Anliegen der jeweiligen Belegschaft in den unternehmerischen Entscheidungsprozess einzubringen; außerdem fehlten ihnen die **betrieblichen Erfahrungen** und Informationsmöglichkeiten. Andererseits kann eine solche unternehmensorientierte Denkweise auch zu einem deutlichen **Betriebsegoismus** führen. Externe, die sich gegen partikulare Tendenzen zur Wehr setzen und allgemeine gesellschaftspolitische Fragestellungen zur Sprache bringen, handeln sich deshalb oftmals den Vorwurf ein, sie verzögerten durch **unnötige Konflikte** die Arbeit des Aufsichtsrats. Eine Chance Externer besteht sicherlich darin, **langfristigen Perspektiven** im Unternehmen zum Durchbruch zu verhelfen – möglicherweise sogar gegen die am kurzfristigen Erfolg orientierten betrieblichen Arbeitnehmervertreter (Beispiel: Rationalisierungsmaßnahmen zur langfristigen Unternehmenssicherung).

Betriebsexterne Aufsichtsratsmitglieder können langfristige Perspektiven öffnen, aber auch »abstrakte« Konflikte schüren.

4.2.3 Der Arbeitsdirektor

Gegenstand kritischer Auseinandersetzungen ist auch der Arbeitsdirektor. Die Gewerkschaften haben versucht, die diesbezügliche Regelung der Montan-Mitbestimmung auch als verbindlich für alle anderen Unternehmen darzustellen, was jedoch dem Wortlaut des Gesetzes widerspricht: In den Unternehmen und Konzernen des Nicht-Montan-Bereiches braucht der Arbeitsdirektor nicht durch die Mehrheit der Arbeitnehmervertreter gestützt zu werden. Auch der Hinweis, dass ein Arbeitsdirektor seiner Sache nur gerecht werden könne, wenn er das volle Vertrauen der Arbeitnehmer besitze, weshalb er faktisch doch von der Arbeitnehmerseite abhängig sei, ändert daran nichts: Selbstverständlich sollte der Arbeitsdirektor das Vertrauen der Arbeitnehmer in seine **fachliche** und **persönliche Qualifikation** besitzen, nicht aber notwendigerweise auch das Vertrauen in eine **gewerkschaftliche Orientierung.** Diese – in der Montan-Industrie übliche – Orientierung ist vor allem im Hinblick auf die **Tarifautonomie** problematisch, weil gerade die Arbeitsdirektoren an den tarifpolitischen Entscheidungsprozessen der Arbeitgeberseite beteiligt sind. Es ist deshalb nicht ausgeschlossen, dass die Gewerkschaften über gewerkschaftsorientierte Arbeitsdirektoren Einfluss auf die Tarifpolitik ihrer gegnerischen Tarifvertragspartei zu nehmen versuchen, was ein Verstoß gegen das Prinzip der **Gegnerunabhängigkeit** wäre. Abgesehen vom Falle des Haustarifvertrags (zwischen der Gewerkschaft und einem einzelnen Unternehmen) wird dieses Problem jedoch dadurch entschärft, dass die Tarifverhandlungen nicht von den Arbeitsdirektoren selbst,

Bei gewerkschaftsorientierten Arbeitsdirektoren könnte die Gegner-Unabhängigkeit der Tarifvertragsparteien gefährdet sein.

sondern von den Arbeitgeberverbänden geführt werden; bei deren Entscheidungsprozessen wirken aber in der Regel die Arbeitsdirektoren mit.

Nach § 77 BetrVG nicht erlaubt sind Betriebsvereinbarungen zwischen Betriebsrat und Arbeitgeber (bzw. dem Arbeitsdirektor), die durch den Tarifvertrag geregelt werden. Damit ist eine **betriebliche Lohnpolitik** praktisch ausgeschlossen. Diese wird von Unternehmerseite gefordert, um flexible, auf den einzelnen Betrieb und seine Ertragslage zugeschnittene Lösungen zu finden. Die Gewerkschaften lehnen dies ab: Sie beharren auf überbetrieblichen Lohnabschlüssen (**Flächentarifverträge**), weil sie befürchten, dass sich der Betriebsrat nicht gegen den Arbeitsdirektor behaupten könnte. Der § 77 BetrVG lässt allerdings ein »Hintertürchen« offen: Ergänzende Betriebsvereinbarungen sind möglich, wenn dies der Tarifvertrag ausdrücklich zulässt. Hierdurch eröffnet sich die Perspektive, dass die Gewerkschaften mit den Arbeitgeberverbänden eine »mittlere« Entlohnung vereinbaren, die dann auf betrieblicher Ebene nach vorgegebenen Spielregeln (**Öffnungsklauseln**) nach oben oder unten angepasst werden kann.

4.2.4 Die Kompetenzen des Aufsichtsrats

Die Zuständigkeit des Aufsichtsrats ist gesetzlich (AktG) und durch Hauptversammlungsbeschlüsse geregelt.

Gelegentlich findet sich der Vorwurf, Unternehmen würden durch Änderungen von Satzung und Geschäftsordnung versuchen, die Zuständigkeit des Aufsichtsrats zu beschneiden, um so die Substanz der Mitbestimmung zu verringern. Insbesondere würden die zustimmungspflichtigen Geschäfte der Vorstände reduziert. Nun ist aber die Kompetenzverteilung zwischen Aufsichtsrat und Vorstand ein gesetzlich verankertes Recht der **Hauptversammlung** der Aktionäre, woran auch durch die Mitbestimmungs-Gesetzgebung nichts geändert wurde. Zudem hat sogar das Bundesverfassungsgericht auf die Möglichkeit hingewiesen, durch satzungsmäßige Vorkehrungen das Übergewicht der Anteilseigner abzusichern. Die besondere Verantwortung der Hauptversammlung zeigt sich im Übrigen auch darin, dass sie für Grundsatzentscheidungen ohnehin allein zuständig ist. Es gibt allerdings eine Reihe von – im Aktiengesetz – festgelegte **Pflichtaufgaben des Aufsichtsrats:** So muss er bei börsennotierten Gesellschaften mindestens viermal je Jahr zusammentreten (sonst: zweimal) und vom Vorstand auch über die weitere Unternehmensplanung informiert werden.

Eines hat die Mitbestimmung sicherlich bewirkt: Hauptversammlungen, die in der Zeit der Drittelparität dazu neigten, die Aufsichtsräte mit bekannten Persönlichkeiten zu schmücken (z. B. war Wernher von Braun Aufsichtsratsmitglied bei Daimler-Benz), achten nun darauf, den Arbeitnehmervertretern besonders qualifizierte eigene Vertreter gegenüberzustellen. Diese Tendenz hat sich im Zuge der Globalisierung noch weiter verstärkt: Selbstbewusste Manager großer (Aktien-)Fonds suchen stets nach guten Anlagemöglichkeiten, was die Kurse der ausgewählten Unternehmen beflügelt, aber auch den Leistungsdruck der neuen Hauptversammlungsmitglieder auf Vorstand und Aufsichtsrat erhöht. In diesem Zusammenhang wird kritisch

gesehen, dass in vielen Unternehmen der Vorstandsvorsitzende im Ruhestand Aufsichtsratsvorsitzender wird: Das kann – muss aber nicht – die Berufung starker Persönlichkeiten und die Umsetzung neuer Konzepte behindern.

Mitbestimmung erzeugt Bürokratie und Kompromisskosten, erspart
aber Konfliktkosten (z. B. Streiks).

Unter der Lupe

Aus der Urteilsbegründung zum Mitbestimmungsurteil des Bundes-
verfassungsgerichts vom 1. März 1979

… Der Gesetzgeber hält sich jedenfalls dann innerhalb der Grenzen zulässiger Inhalts- und Schrankenbestimmung, wenn die Mitbestimmung der Arbeitnehmer nicht dazu führt, dass über das im Unternehmen investierte Kapital gegen den Willen aller Anteilseigner entschieden werden kann, wenn
diese nicht aufgrund der Mitbestimmung die Kontrolle über die Führungs-
auswahl im Unternehmen verlieren und wenn ihnen das Letztentschei-
dungsrecht belassen wird. Das ist, wie gezeigt, nach dem Mitbestimmungsgesetz der Fall. … (S. 75)

… Ebensowenig kann auch im vorliegenden Zusammenhang davon ausgegangen werden, dass das Mitbestimmungsgesetz die Funktionsfähigkeit
der Gesellschaften gefährden werde und aus diesem Grund einen Verstoß
gegen Art. 9 Abs. 1 GG enthalte. Soweit es zu gewissen faktischen Erschwe-
rungen der Willensbildung im Aufsichtsrat führt, die sich ihrerseits auf die
Leitung und die Geschäftspolitik der Unternehmen auswirken können,
bleibt dies im Rahmen der einer Ausgleichsregelung durch den Gesetzgeber
zugänglichen Gestaltung… (S. 84)

… Wenn sich unter den Arbeitnehmervertretern neben den Vertretern
der Arbeitnehmer des Unternehmens jeweils eine Minderzahl von zwei oder
drei Vertretern von Gewerkschaften befinden müssen, so sind diese zwar so-
zusagen noch »gesellschaftsfremder« als die ersten…. diese Regelung… erleichtert es, auch auf der Arbeitnehmerseite besonders qualifizierte Vertreter
zu entsenden, und erscheint namentlich geeignet, einem bei erweiterter
Mitbestimmung nicht ohne Grund erwarteten »Betriebsegoismus« entgegenzuwirken oder diesen doch zumindest abzumildern. Wie die Mitbestim-
mungskommission dargelegt hat, vermag sich die Mitwirkung externer Arbeitnehmervertreter vor allem in Fällen, in denen der Widerspruch
zwischen kurzfristigen und langfristigen Arbeitnehmerinteressen besonders
stark ist, zum Wohl des Unternehmens auszuwirken. … (S. 89)

… Als Partner von Tarifverträgen müssen die Koalitionen frei gebildet,
gegnerfrei und auf überbetrieblicher Grundlage organisiert…, ihrer Struktur nach unabhängig genug sein, um die Interessen ihrer Mitglieder auf ar-
beits- und sozialrechtlichem Gebiet nachhaltig zu vertreten …, und das geltende Tarifrecht als für sich verbindlich anerkennen. … (S. 97)

→

... (Die Vorschriften des MitbestG) ... fügen dem Tarifvertragssystem nicht in verfassungswidriger Weise eine weitere Form der Förderung der Arbeits- und Wirtschaftsbedingungen hinzu. Sie schränken den Grundsatz der Gegnerunabhängigkeit nicht unzulässig ein. Es kann auch nicht davon ausgegangen werden, dass sie zur Funktionsunfähigkeit der Tarifautonomie führen werden. ... (S. 99 f.)

... (Es) ist für die verfassungsrechtliche Prüfung grundsätzlich davon auszugehen, dass die Vertreter mitbestimmter Unternehmen in den Arbeitgeberkoalitionen und deren Gremien sich dieser Rechtspflicht gemäß verhalten, die es ihnen verbietet, Interessen der Gegenseite wahrzunehmen; ihr kann ein rechtswidriges Verhalten der Beteiligten nicht zugrunde gelegt werden. Allerdings mag es im Einzelfall zweifelhaft sein, was dieser Rechtspflicht entspricht; auch lässt sich nicht ausschließen, dass die differierenden Auffassungen hierüber durch Anschauungen und Denkweisen bestimmt werden, die durch Werdegang und Lebenserfahrungen der Beteiligten mitgeprägt sind und insoweit entweder der Anteilseigner oder Arbeitnehmerseite näher stehen können. ... (S. 105 f.)

... Es ist auch zu berücksichtigen, dass es in den Händen der Arbeitgeberkoalitionen liegt, Einflüsse der Arbeitnehmer- und Gewerkschaftsseite durch Satzungsrecht abzuschwächen oder auszuschalten. ... (S. 106 f.)

... § 33 MitbestG sieht ein besonderes Bestellungsverfahren für den Arbeitsdirektor nicht vor; insoweit bleibt es bei der für alle Mitglieder des Vertretungsorgans geltenden Regelung des § 31 MitbestG. ... (S. 110)

Arbeitsaufgaben

1) In einer mitbestimmten Wirtschaft haben Streik und Aussperrung keinen Platz. Nehmen Sie Stellung!
2) Skizzieren Sie kurz die historischen Wurzeln der Mitbestimmung!
3) Welche Kompetenzen hat der Betriebsrat?
4) Nennen Sie Kündigungsgründe für ordentliche und außerordentliche Kündigung und beschreiben Sie deren Ablauf nach dem Betriebsverfassungsgesetz!
5) Charakterisieren Sie die paritätische Mitbestimmung
   a) der Montanindustrie,
   b) der Großunternehmen im Nicht-Montan-Bereich und stellen Sie Unterschiede heraus!
6) Welche Kompetenzen hat der Sprecherausschuss?
7) Was ist ein gewerkschaftsorientierter Arbeitsdirektor, und inwiefern ist er im Hinblick auf die Tarifautonomie problematisch?
8) Wenn sich zwei streiten (Arbeitnehmer, Kapitaleigner), freut sich der Dritte (Vorstand). Nehmen Sie dazu Stellung!
9) Welche Funktionen haben Jugendvertreter und Wirtschaftsausschuss?
10) Beschreiben Sie die Rolle der »Leitenden« in der Mitbestimmung.
11) Paritätische Mitbestimmung ist Enteignung. Nehmen Sie Stellung!
12) Externe sind eine Belastung des Aufsichtsrates. Nehmen Sie Stellung!

13) Betriebsräte sind der verlängerte Arm der Gewerkschaften. Erörtern Sie diese Behauptung.

14) Erörtern Sie § 146 Sozialgesetzbuch vor dem Hintergrund der Just-in-Time-Belieferung in der Industrie.

15) Was versteht man unter »kalter Aussperrung«, und können die Unternehmen dieses Instrument einsetzen, um die gewerkschaftliche Streikkasse zu »plündern«? Begründen Sie Ihre Antwort!

16) Erörtern Sie Zusammensetzung und Zuständigkeit der Einigungsstelle.

17) Wie gestaltet sich die personelle Zusammensetzung des Aufsichtsrats und die Wahl des Aufsichtsratsvorsitzenden nach dem Mitbestimmungsgesetz von 1976? Hat das Mitbestimmungsgesetz Einfluss auf die Position des Vorstands?

18) Erläutern Sie den Unterschied zwischen Initiativ-, Veto-, Beratungs-, Anhörungs- und Informationsrecht des Betriebsrates!

19) In modernen Unternehmen suchen die Arbeitgeber den Interessenausgleich mit den Arbeitnehmern – warum?

20) Erläutern Sie Zusammensetzung und Zuständigkeit des Europäischen Betriebsrates! Worin liegen seine Chancen und Risiken?

21) Die Montan-Mitbestimmung geht in eine ungewisse Zukunft. Erläutern Sie diese Aussage!

22) Mitbestimmung bedeutet Befreiung von Fremdbestimmung. Nehmen Sie Stellung!

23) Unternehmen brauchen heutzutage starke Aufsichtsräte. Begründen Sie diese Aussage!

24) Inwiefern besteht in einem paritätisch besetzten Aufsichtsrat nach dem MitbestG ein materielles Übergewicht der Kapitalseite?

Lösungsvorschläge für die Arbeitsaufgaben im »Übungsbuch zu Grundlagen und Probleme der Betriebswirtschaft«.

Weiterführende Literatur

Bundesministerium für Arbeit und Sozialordnung (Hrsg.): Übersicht über das Recht der Arbeit, 5. Aufl., Bonn 1994.
Niedenhoff, H.-U.: Mitbestimmung in der Bundesrepublik Deutschland, 12. Aufl., Köln 2000.
Rumpff, K.; Boewer, D.: Mitbestimmung in wirtschaftlichen Angelegenheiten und bei der Unternehmens- und Personalplanung, 3. Aufl., Heidelberg 1990.
von Hoyningen-Huene, G.: Betriebsverfassungsrecht, 4. Aufl., München 1998.

10. Kapitel:
Die Menschenführung im Betrieb

Lernziele

Leitfrage:
Welche Bedeutung haben formelle und informelle Beziehungen im Betrieb, und was zeichnet formelle und informelle Führerschaft aus?

Leitfrage:
Was motiviert den Mitarbeiter zur Leistung, und wie kann er motiviert werden?
- Warum müssen die Ansprüche gegen den Betrieb und die Beiträge für den Betrieb gleichgewichtig sein?
- Was bestimmt die Rangfolge der menschlichen Bedürfnisse?
- Was macht den Mitarbeiter bei seiner Arbeit zufrieden und was unzufrieden?
- Was unterscheidet einen Erfolgssucher von einem Misserfolgsmeider?
- Inwiefern schafft Leistung Zufriedenheit und Zufriedenheit Leistung?

Leitfrage:
Was ist Führung im Betrieb?
- Was sind Führungsstile, und worin unterscheiden sie sich?
- Wie können Führungsstile zu Managementprinzipien konkretisiert werden ?

Leitfrage:
Inwiefern hängt die Wahl der Führungsinstrumente von der jeweiligen Unternehmenssituation ab?

1 Formelle und informelle Beziehungen im Betrieb

Eine Gruppe ist die kleinste Personeneinheit in der Organisation (»Arbeitsgruppe«). Die Beziehungen zwischen den Gruppenmitgliedern sowie zwischen den Mitgliedern verschiedener Gruppen sind zunächst einmal **formeller Natur:** Durch das Stellen- und Leitungsgefüge (6. Kapitel) sind ihnen bestimmte Beziehungen vorgegeben, die von autorisierten Personen getragen werden. Diese stützen sich auf ihre **Positionsmacht** in der Hierarchie und meist auch auf ihre **Sanktionsmacht** (Belohnungs- und Bestrafungsmöglichkeiten).

Die formellen Beziehungen in und zwischen Gruppen werden durch informelle überlagert.

Neben den formellen Beziehungen existieren aber noch zahlreiche **informelle Beziehungen,** die durch persönliche Bindungen, Wünsche, Erwartungen und Sympathien entstehen. Derartige soziale Beziehungen haben bei der Willensbildung in der Gruppe eine große Bedeutung und führen auch zu »gruppenübergreifender« informeller Kommunikation. Die informelle Führung kann auf ausgeprägtem Fachwissen (**Expertenmacht**) oder besonderer Akzeptanz (**Referenzmacht**) beruhen; ihre Ziele müssen keineswegs mit denen der formellen Führung übereinstimmen. Freilich ist auch nicht ausgeschlossen, dass formelle und informelle Führung zusammenfallen.

Die Soziometrie filtert durch eine Kombination von Befragungstechnik und mathematischen Methoden die informellen Gruppen im Betrieb heraus.

Ausgangspunkt für die Untersuchung informeller Gruppenbeziehungen war eine Arbeiterbefragung durch Mayo und andere in den Hawthorne-Werken/Chicago, die 1927 zur **Human-Relations-Bewegung** führte. Es hatte sich dort gezeigt, dass Verbesserungen wie Arbeitspausen, Arbeitszeitverkürzung, bessere Beleuchtung am Arbeitsplatz usw. praktisch ohne Einfluss auf die Arbeitsproduktivität blieben, diese vielmehr über die **informellen Gruppennormen** von den Arbeitern selbst festgelegt war. Durch die Auswertung eines Fragebogens, der Fragen enthielt wie »Was tun Sie in der Pause?« »Wer spielt mit wem Karten?« »Wer streitet mit wem über das Fensteröffnen?«, fand man dann die maßgeblichen Cliquen heraus, die mit der formellen Organisation nicht übereinstimmten. Auf der Basis derartiger Untersuchungen wurde später das Verfahren der **Soziometrie** entwickelt, das informelle Gruppen mit Hilfe mathematischer Methoden aus Befragungsergebnissen herausfiltert.

Die informellen Beziehungen spielen vor allem in solchen Gruppen eine wichtige Rolle, die vorwiegend mit **objektbezogenen** (ausführenden) **Tätigkeiten** befasst sind, weil dort formelle Verhaltensnormen meist nicht existieren: Alle Gruppenmitglieder sind gleichberechtigt. In empirischen Untersuchungen zeigten sich u. a. folgende charakteristischen Merkmale informellen Verhaltens:

- Die gegenseitige Kontrolle der Mitglieder führt zur **sozialen Nivellierung.** Es bildet sich eine gemeinsame Gruppenmeinung heraus, der sich jeder unterwerfen muss. Obwohl sie nirgendwo (z. B. schriftlich) fixiert ist, regelt und kontrolliert sie das Verhalten der Mitarbeiter. Sie ermöglicht eine reibungslose Zusammenarbeit und verleiht der Gruppe eine gewisse soziale Stabilität.

- Die **Gruppenmeinung** bestimmt Arbeitsablauf und Arbeitsleistung stärker als formelle Anweisung (Befehl) und Lohn (Anreiz): Einem Gruppenmitglied ist es wichtiger, von seinen Kollegen für einen guten Mitarbeiter gehalten zu werden als von seinem Vorgesetzten. »Strebertum« ist deshalb verpönt.

- Orientierungsmaßstab für die Gruppe ist der **Durchschnittsarbeiter:** Der beste wie der schlechteste Arbeiter ist sozialer Außenseiter. Hieraus folgt, dass den Gruppenmitgliedern oftmals Mindestanforderungen nicht vorgegeben zu werden brauchen: Die Gruppe selbst erzwingt sie viel wirksamer.

- In der Gruppe leisten nicht alle Mitglieder gleichermaßen. Das Leistungsniveau des Einzelnen leitet sich aus seiner **sozialen Gruppenstellung** ab: Je höher der Status, um so geringer ist die von ihm erwartete Leistung. Alle zusammen erbringen jedoch die Durchschnittsleistung.

- Dient die informelle Gruppe »nach innen« der Verhaltensnormierung, so hat sie »nach außen« die Funktion, ihre Mitglieder vor **Einwirkungen** zu **schützen,** was sich besonders am Widerstand der Gruppen gegen Veränderungen zeigt.

Da aus dem Auseinanderklaffen von formellen und informellen Rollenerwartungen **Konflikte** resultieren können, sollte die Unternehmensführung die informellen Gruppen beachten und dulden: Wird ihnen ein vertretbarer Spielraum gelassen und nach außen verteidigt, kann in den Gruppen ein positives Arbeitsklima gesichert werden. Problematisch sind informelle Gruppen für die Unternehmensführung insofern, als ihr die sich dort vollziehenden Prozesse weitgehend verborgen bleiben und einer Steuerung entziehen.

> Charakteristisch für eine informelle Gruppe ist unter anderem, dass sich ihre Mitglieder gegenseitig kontrollieren, eine verbindliche Gruppenmeinung existiert, extreme Leistungen nivelliert werden, jedem Mitglied eine soziale Gruppenstellung zukommt und die Mitglieder nach außen geschützt sind.

Beispiel

Gruppenbeziehungen im Betrieb

»Die zweite Kammer des Arbeitsgerichtes Rheine im Münsterland hat entschieden: Beim Textilfilialisten Hennes & Mauritz GmbH (H & M) müssen sich alle Mitarbeiter das persönliche Du als Anrede gefallen lassen. Damit wies das Gericht die Klage eines Abteilungsleiters bei H & M zurück, der sich auch bei der Arbeit nur von denen duzen lassen wollte, denen er das zuvor

$\longrightarrow$

ausdrücklich angeboten hatte. Er lege Wert auf korrekte Umgangsformen, argumentierte der Chef der Herrenabteilung bei H & M in Rheine. Der Kläger war erst kürzlich in die Dienste des skandinavischen Modehändlers getreten, als sein bisheriger Arbeitgeber, eher für einen konventionellen Stil bekannt, von H & M übernommen worden war.

Für das Gericht steht jedoch außer Frage, dass Duzen ›keine Demütigung oder Erniedrigung der Person‹ darstellt. Bei dem ›unkonventionellen Unternehmen mit Stammsitz in Schweden‹, wie H & M in der Urteilsbegründung bezeichnet wird, duzen sich , alle Mitglieder einschließlich der Chefs‹, wie das Gericht feststellte. Deswegen sei der Vorwurf des Klägers, er werde durch das Duzen in seiner Menschenwürde verletzt, nicht gerechtfertigt. Aufgrund der ›Üblichkeit im Betrieb‹ müsse auch der Kläger das Du ertragen …

… Ein Sprecher des Modehauses erklärte, dass H & M generell niemanden zwinge, Kollegen zu duzen oder sich duzen zu lassen. ‚Wir weisen unsere Mitarbeiter im Einstellungsgespräch darauf hin, dass wir flache Hierarchien wollen und viel direkte Kommunikation. Wir streben Team-Arbeit an, da duzt man sich eben‹, erläuterte Pressereferent Mathias Geduhn die Firmenphilosophie von H & M. Wer aber das Sie wolle, könne es bekommen. Es sei Sache des entsprechenden Teams, dies intern zu regeln …«

(Aus: Schindler, H.: Du, Chef, wir sind schon ein tolles Team!, in: Süddeutsche Zeitung vom 29. 7. 1998)

»Ein Abteilungsleiter aus Rheine muss sich auch nach einem Urteil des Landesarbeitsgerichts Hamm von seinen Arbeitskollegen weiter duzen lassen. Die Richter lehnten in zweiter Instanz die Klage ab …«

(Aus: Süddeutsche Zeitung vom 16. 4. 1999)

2 Motivationstheoretische Grundlagen der Führung

Die Einsicht, dass die formellen Beziehungen durch informelle überlagert sind, führte zu einer Abkehr vom »Scientific Management« des Frederic Winslow Taylor (1856–1915). Er hatte in den Mitarbeitern lediglich Produktionsfaktoren gesehen, deren Effizienz – auf der Basis von Arbeitsbewertung und leistungsgerechter Entlohnung – zu steigern war (**Taylorismus**). Die **moderne** – von der Human-Relations-Bewegung beeinflusste – Betrachtungsweise erkennt demgegenüber an, dass hinter den »Arbeitsleistungen« Menschen mit Vorstellungen, Wünschen und sozialen Rollen stehen, deren **Arbeitsmotivation** von zahlreichen Einflussgrößen abhängig ist.

Die Motivationstheorien versuchen, die Frage zu beantworten, warum der Mitarbeiter zur Erbringung von Arbeitsleistungen im Rahmen der betrieblichen Leistungserstellung bereit ist (**Inhaltstheorien**) bzw. wie er dazu veranlasst werden kann (**Prozesstheorien**). Erstere knüpfen an den menschlichen Bedürfnissen an, letztere wollen den Ablauf der Arbeitsmotivation ergründen.

Zentrale Erkenntnis ist, dass nicht nur – wie im Taylorismus angenommen – **extrinsische** Motivationen (z. B. Belohnung) existieren, sondern auch **intrinsische** (z. B. interessante Tätigkeit). Sollen unnötige Konflikte vermieden werden, müssen derartige Aspekte bei der Mitarbeiterführung unbedingt berücksichtigt werden.

2.1 Die Anreiz-Beitrags-Theorie von Simon

Jedes Individuum verfügt über eine Vielzahl von **Bedürfnissen,** die es befriedigen möchte. Angesichts beschränkter Mittel muss es jedoch einen mehr oder weniger großen Teil davon als nicht zu befriedigen aussondern. Allerdings motiviert diese »Verzichtsperspektive« dazu, einen »Umweg« einzuschlagen: Das Individuum beteiligt sich an der Tätigkeit eines Unternehmens (oder allgemeiner: einer Organisation).

Von dieser empfängt es **Anreize** (Lohn, Sicherheit, Prestige), die es **positiv** bewertet; andererseits muss es **Beiträge** leisten (Arbeitseinsatz), die es **negativ** bewertet (Freizeitverzicht). Dennoch sind viele Individuen bereit, angesichts steigender Anreize ihre Beiträge zu erhöhen, um so die verfügbaren Mittel und damit die Bedürfnisbefriedigungsmöglichkeiten zu erweitern. In dem Maße, wie die Anreize höher eingeschätzt werden als die Beiträge, fühlt sich das Individuum »zufrieden«.

Zufriedenheit hängt von der Einschätzung der Anreize und Beiträge ab.

Durch Gewöhnung an ein bestimmtes Zufriedenheitsniveau stellt sich ein **individuelles Anreiz-Beitrags-Gleichgewicht** ein, was zur Fortsetzung des Arbeitsverhältnisses führt. Wird es durch Verschlechterung der Anreize gestört, versucht das Individuum, es wiederherzustellen; hierbei sind zwei grundsätzliche Anpassungsstrategien zu unterscheiden:

- Die Störung wird als unveränderlich angesehen. Man **passt sich daran an,** entweder indem man durch »innere Kündigung« seinen **Beitrag vermindert** bzw. aus der Organisation ausscheidet oder indem man sein **Anspruchsniveau senkt,** um so zu einer geänderten Einschätzung von Anreizen und Beiträgen und damit zu einem **neuen Gleichgewicht** zu kommen.
- Das Individuum versucht, seine Umwelt – z. B. durch Verhandlungen – zu beeinflussen, um so die Ursachen der Störung des Anreiz-Beitrags-Gleichgewichts zu beseitigen und den **alten Zustand** wiederherzustellen. Inwieweit ihm diese **Manipulation** gelingt, hängt von seiner Macht in der Organisation ab.

Damit ergibt sich: **Anpassung** und **Manipulation** sind die beiden Strategien zur Stabilisierung eines gestörten Gleichgewichts; bei der Anpassung nimmt das Individuum keinen Einfluss auf die Vorgänge im Unternehmen, bei der Manipulation hingegen versucht es dies.

2.2 Die Maslow'sche Bedürfnispyramide

Die menschlichen Bedürfnisse stehen in einer hierarchischen Ordnung.

Die **Bedürfnisse** des Menschen stehen in einer **hierarchischen Rangfolge:** Eine Befriedigung »niedrigerer« Bedürfnisse bildet jeweils die Voraussetzung für die Befriedigung »höherer« Bedürfnisse. Die Vorstellung vom hierarchischen Aufbau der Bedürfnispyramide bedeutet jedoch nicht, dass die Bedürfnisse einer Stufe völlig befriedigt sein müssen, bevor man sich denjenigen der nächsten Stufe zuwendet; es genügt vielmehr das Bewusstsein, dass die **regelmäßige Befriedigung** der »niedrigeren« Bedürfnisse **gesichert ist.**

Entsprechend der Bedürfnispyramide ist immer dasjenige Bedürfnis am stärksten spürbar, das unmittelbar auf das zuletzt als »befriedigungssicher« angesehene folgt. Dieses Bedürfnis stellt das **dominante Handlungs- bzw. Arbeitsmotiv** dar, wobei angenommen wird, dass das Selbstverwirklichungsbedürfnis – im Gegensatz zu den anderen – seine Motivationskraft nicht verliert. Die **Bedürfnispyramide** von Maslow hat folgenden Aufbau (von unten nach oben):

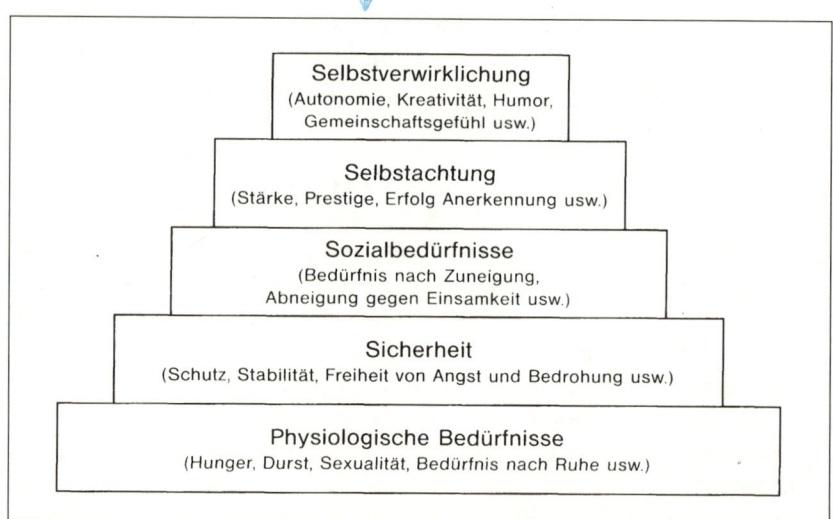

Abb. 10.1: Die Maslow'sche Bedürfnispyramide

Kritisch wird gegen die Bedürfnispyramide eingewandt, dass

- die Abgrenzung zwischen den einzelnen »Schubladen« nicht eindeutig sei (z. B. »Gemeinschaftsgefühl« [5] und »Abneigung gegen Einsamkeit« [3]),
- bestimmte Bedürfnisse auch auf den unteren Ebenen nicht in den Zustand der »Befriedigungssicherheit« gelangen, sondern mit der Befriedigung wachsen (so könnte das Bedürfnis nach Sicherheit mit zunehmend erreichter Sicherheit zunehmen),

- die Bedürfnispyramide nicht verallgemeinerungsfähig sei, da der Stellenwert einzelner Bedürfniskategorien von Individuum zu Individuum verschieden ist.

> Die Existenz eines allgemeingültigen »Bauplans« für die Bedürfnisse muss deshalb angezweifelt werden.

Beispiel

Maslow lässt grüßen

»… Der Erfolg der Grünen ist… kein Krisenzeichen, sondern ein Wohlstandssyndrom, weshalb sie nur in den alten Bundesländern reüssieren. In dieser Gesellschaft ist das Gefühl ökonomischer Sicherheit weit verbreitet. Viele materielle Wünsche sind erfüllt oder erfüllbar. Materielle Ziele können deshalb zurücktreten. Dafür haben das Sozialsystem des Staates und das reiche Erbe der Väter gesorgt… Der Wunsch nach Lebensqualität und die Angst vor dem Verlust des Erreichten sind in den Vordergrund getreten. Wirtschaftliches Wachstum ist allein deshalb weder populär noch erwünscht, weil es Schaden für die Lebensqualität bedeuten könnte …«

(Aus: Schröder, D.: Warten auf Rot-Grün, in: Süddeutsche Zeitung vom 20./21. 5. 1995)

2.3 Die Zwei-Faktoren-Theorie von Herzberg
(Zusammenfassung nächste Seite!)

Herzberg unterteilt die Bedürfnishierarchie in ein Zwei-Faktoren-Modell: die **Motivatoren** und die **Hygiene-Faktoren**. Grundlage dieser Theorie ist die Einsicht, dass der Mensch im Betrieb durch **unterschiedliche Dinge zufrieden oder unzufrieden** wird: Die Existenz der Motivatoren steigert seine Zufriedenheit; ihr Nicht-Vorhandensein macht ihn jedoch nicht (nachhaltig) unzufrieden. Genau andersherum verhält es sich mit den Hygiene-Faktoren, denn ihre Nicht-Existenz macht den Mitarbeiter unzufrieden, ihr Vorhandensein aber nicht (nachhaltig) zufrieden.

Zufriedenheit und Unzufriedenheit sind nicht die Extrempunkte einer Skala.

Motivatoren (auch »Satisfaktoren« genannt) betreffen die Arbeits**inhalte**, z. B. Leistungserfolg, Anerkennung, Verantwortung, Beförderung, die Arbeit als solche. **Hygiene-Faktoren** (auch »Frustratoren« genannt) betreffen das Arbeits**umfeld**, z. B. die Beziehungen zu Vorgesetzten und Kollegen, der Führungsstil des Betriebes, die Arbeitsbedingungen, die Art der Überwachung, das Privatleben, die Arbeitsplatzsicherheit und die Entlohnung (Abb. 10.2).

Hieraus folgt z. B., dass die Aufschiebung einer Beförderung den Mitarbeiter nicht (nachhaltig) unzufrieden und eine besonders gute Entlohnung nicht (nachhaltig) zufrieden macht. Andererseits steigert eine Beförderung die Arbeitszufriedenheit, während eine schlechte Entlohnung sie merklich verringert.

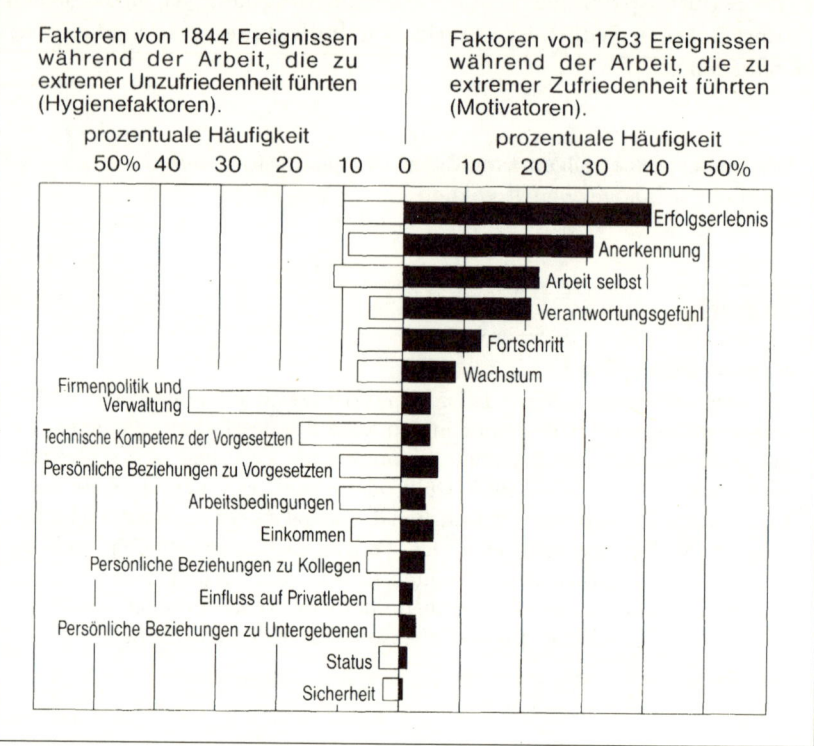

Abb. 10.2: Herzbergs Untersuchung

Zusammenfassung:

> Etwas verkürzt ausgedrückt besagt die Theorie von Herzberg. dass die **Zufriedenheit** eines Mitarbeiters aus seiner **Arbeit,** seine Unzufriedenheit aber aus seinen **Arbeitsbedingungen** resultiert: Eine gute Arbeit macht zufrieden, eine schlechte aber nicht (nachhaltig) unzufrieden; demgegenüber machen schlechte Arbeitsbedingungen unzufrieden, gute aber nicht (nachhaltig) zufrieden.

Die empirische Basis der Theorien zur Arbeitsmotivation wurde immer wieder als unzureichend repräsentativ in Zweifel gezogen. So wird vor allem die unterstellte naturgegebene Bedürfniskonstellation kritisiert und darauf verwiesen, dass die soziale Umwelt (Beruf und Arbeit, aber auch soziale Herkunft und kultureller Hintergrund) die Bedürfnisse und damit die Motivationen der Menschen maßgeblich beeinflusst.

Beispiel

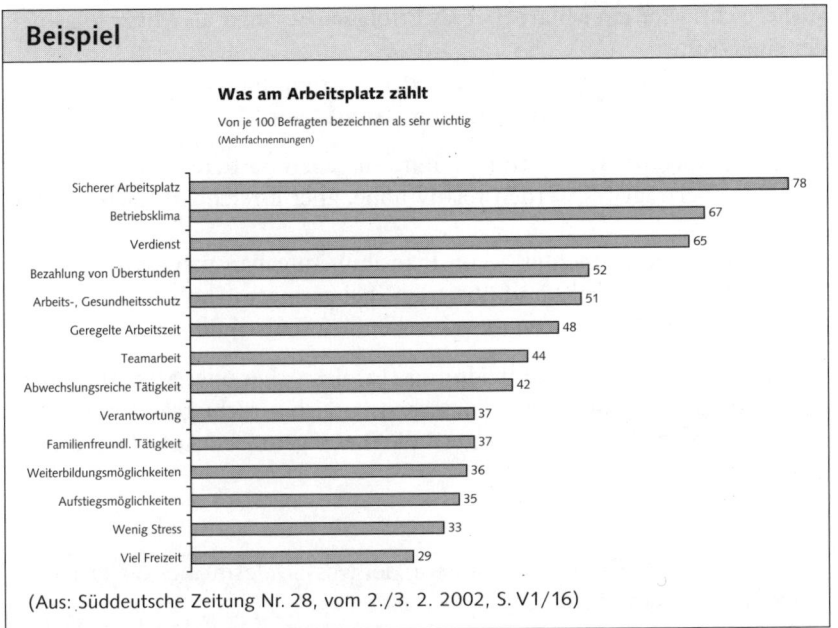

Was am Arbeitsplatz zählt

Von je 100 Befragten bezeichnen als sehr wichtig
(Mehrfachnennungen)

Sicherer Arbeitsplatz	78
Betriebsklima	67
Verdienst	65
Bezahlung von Überstunden	52
Arbeits-, Gesundheitsschutz	51
Geregelte Arbeitszeit	48
Teamarbeit	44
Abwechslungsreiche Tätigkeit	42
Verantwortung	37
Familienfreundl. Tätigkeit	37
Weiterbildungsmöglichkeiten	36
Aufstiegsmöglichkeiten	35
Wenig Stress	33
Viel Freizeit	29

(Aus: Süddeutsche Zeitung Nr. 28, vom 2./3. 2. 2002, S. V1/16)

Beispiel

Geld macht nicht glücklich

»… In den alten Bundesländern glauben nur 33 Prozent, ein prallgefülltes Konto mache glücklich. Im Osten sind es dagegen 46 Prozent. Vor allem bei der jungen Generation wird der Wert des Geldes skeptisch beurteilt. Nur 23 Prozent der 25–29-jährigen sehen einen direkten Zusammenhang zwischen Geld und Glück. Auch die Besserverdienenden mit Nettoeinkommen über 5000 DM monatlich bezweifeln, dass mit dem Geldsegen auch das Glück ins Haus kommt. Nur 22 Prozent glauben daran, dass Geld glücklich macht …«

(Aus: Süddeutsche Zeitung vom 26. 7. 1999)

»Eine unternehmensinterne Arbeitsgruppe hat der Schnellimbiss-Kette McDonald's … empfohlen … die Bezahlung der Mitarbeiter zu verbessern. Die Kosten der starken Fluktuation beim Personal seien zu hoch …«

(Aus: Süddeutsche Zeitung vom 2. 4. 2001)

2.4 Die Theorie der Leistungsmotivation

Die Theorie der Leistungsmotivation, die auf Atkinson/Raynor zurückgeht und zwischen den Inhalts- und Prozesstheorien steht, unterscheidet zwei Grundorientierungen menschlichen Verhaltens: Das Streben nach Erfolg (**Motiv der Erfolgssuche**) und das Meiden von Misserfolg (**Motiv der Misserfolgsmeidung**). Je nachdem, welches Motiv in der Grundorientierung vorherrscht, wird ein Mitarbeiter als Erfolgssucher oder als Misserfolgsmeider eingestuft.

Die zentrale Aussage der Theorie der Leistungsmotivation lautet dann, dass die größte »Tendenz zur Leistung« erreicht wird

- beim **Erfolgssucher,** wenn man ihm Aufgaben mittleren Schwierigkeitsgrads überträgt (es werden relativ hohe, aber erreichbare Ziele gesetzt) und
- beim **Misserfolgsmeider,** wenn man ihm Aufgaben von geringem oder hohem Schwierigkeitsgrad überträgt (bei geringem [hohem] Schwierigkeitsgrad ist ein Scheitern unwahrscheinlich [entschuldbar]).

Der Motivationstyp eines Individuums (Erfolgssucher oder Misserfolgsmeider) liegt fest und kann – z. B. im Arbeitsbereich – nicht geändert werden. Man sollte deshalb den Mitarbeitern die ihnen gemäßen Aufgabenbereiche zuweisen.

Ein Individuum ist entweder ein Erfolgssucher oder ein Misserfolgsmeider.

Der Erfolgssucher erhält die mittlere, der Misserfolgsmeider die kleine oder große Herausforderung.

Unter der Lupe

Theorie der Leistungsmotivation
Die **Tendenz zur Leistung** (T_L bestimmt sich nach folgender Formel):
$T_L = (M_E \times W_E \times A_E) - (M_M \times W_M \times A_M)$
mit: M_E = Motiv der Erfolgssuche
W_M = Motiv der Misserfolgsmeidung
W_E = Erfolgswahrscheinlichkeit
W_M = Misserfolgswahrscheinlichkeit
A_E = Erfolgswirkungen
A_M = Misserfolgswirkungen

Für die weiteren Überlegungen werden folgende drei Situationen unterschieden:

	Situation		
	I	II	III
W_E	0,1	0,5	0,9
W_M	0,9	0,5	0,1
A_E	9	5	1
A_M	1	5	9

mit: I = hoher
II = mittlerer ⎫ Schwierigkeitsgrad
III = niedriger

Eine hohe (geringe) Misserfolgswahrscheinlichkeit führt im Falle des Scheiterns zu geringen (hohen) negativen Auswirkungen auf die Person: Man wird viel (kein) Verständnis für sie haben.

Da sich die Summe der Erfolgswahrscheinlichkeit stets zu 100 % (= 1) addiert, entspricht einer hohen (geringen) Misserfolgswahrscheinlichkeit eine geringe (hohe) Erfolgswahrscheinlichkeit.

Bei geringer (hoher) Erfolgswahrscheinlichkeit führt die Zielerreichung zu hohen (geringen) positiven Auswirkungen auf die Person: Man wird viel (keine) Bewunderung für sie haben.

Für einen **Erfolgssucher** ($M_E = 10$, $M_M = 8$) gilt:

$$T_L^{\,I} = (10 \times 0,1 \times 9) - (8 \times 0,9 \times 1) = 1,8$$
$$T_L^{\,II} = (10 \times 0,5 \times 5) - (8 \times 0,5 \times 5) = 5,0$$
$$T_L^{\,III} = (10 \times 0,9 \times 1) - (8 \times 0,1 \times 9) = 1,8$$

Seine Tendenz zur Leistung ist in der »**mittleren Situation**« am größten.

Für einen **Misserfolgsmeider** ($M_E = 8$, $M_M = 10$) gilt:

$$T_L^{\,I} = (8 \times 0,1 \times 9) - (10 \times 0,9 \times 1) = 1,8$$
$$T_L^{\,II} = (8 \times 0,5 \times 5) - (10 \times 0,5 \times 5) = 5,0$$
$$T_L^{\,III} = (8 \times 0,9 \times 1) - (10 \times 0,1 \times 9) = 1,8$$

Seine Tendenz zur Leistung ist in den beiden Extremsituationen am größten.

2.5 Die Instrumentalitätstheorie von Vroom und Porter/Lawler

Die dauernde **Zufriedenheit** eines Mitarbeiters wird hier als ein von seiner **Leistung** abhängiger **Prozess** gesehen; im Einzelnen werden folgende Zusammenhänge angenommen (Abb. 10.3):

Leistung schafft Zufriedenheit: intrinsisch oder extrinsisch.

- Ein Individuum ist zu Leistungen motiviert, weil es hiermit **Erwartungen** verknüpft, die es im Hinblick auf seine Ziele **positiv** bewertet; die Arbeitsleistung dient als »Instrument« zur Realisierung gesetzter, persönlicher Ziele.
- Die **Leistungsmotivation** muss allerdings mit **Leistungsfähigkeit** gepaart sein, soll tatsächlich auch **Leistung** zustande kommen.
- **Zufriedenheit kann** unmittelbar aus der Leistung resultieren: Das Individuum betrachtet diese selbst schon als Belohnung, (»intrinsische Motivation«); sie kann aber auch das Ergebnis von z. B. Prämien, Lob oder Beförderung **im Gefolge** der Leistung sein (»extrinsische Motivation«). Das Individuum hat jedenfalls – so oder so – sein Ziel erreicht.
- Die erlangte Zufriedenheit **bestätigt und verbessert die positive Bewertung der Erwartungen,** was wiederum die Leistungsmotivation verstärkt.

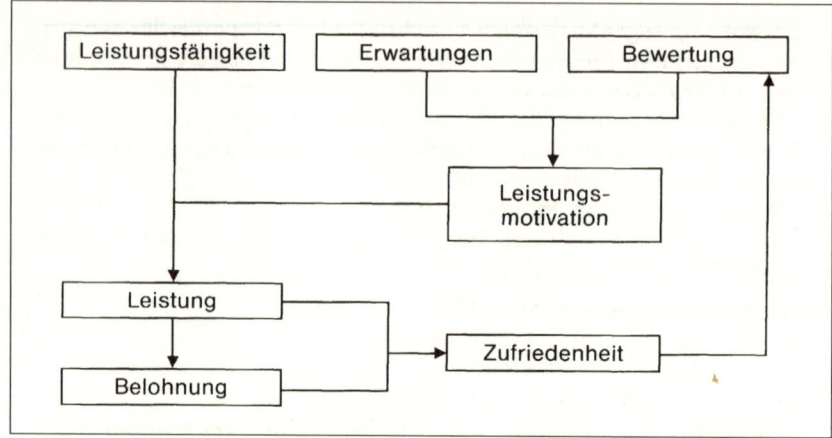

Abb. 10.3: Die Instrumentalitätstheorie

> Die Leistung bestimmt die Zufriedenheit und die Zufriedenheit die Leistung.

3 Führungsstile, Managementprinzipien und -Systeme

3.1 Die Führungsstile

Der »persönliche« Führungsstil beschreibt das Verhaltensmuster, das ein Führender – unabhängig von der jeweiligen Situation – dem Geführten gegenüber »grundsätzlich« an den Tag legt. Max Weber (1864–1920) unterscheidet drei Varianten:

- Der **bürokratische** Führungsstil orientiert sich an festgelegten Vorschriften, die das Verhältnis zu den Untergebenen regeln.
- Der **patriarchalische** Führungsstil orientiert sich an einer überlieferten Ordnung, die das Verhältnis zu den Untertanen bestimmt.
- Der **charismatische** Führungsstil geht von einer als »Führer« akzeptierten Persönlichkeit aus, die von ihren Jüngern umgeben ist.

Der moderne Führungsstil ist durch eine Mischung aus Aufgaben- und Personenorientierung geprägt.

Diese »historischen« Führungsstile haben eines gemeinsam: Sie sind ausschließlich **aufgabenorientiert.** Durch die Führung werden die Aktivitäten der Geführten auf eine gestellte Aufgabe ausgerichtet. Aus heutiger Sicht ist jedoch die Aufgabenorientierung ebenso wie eine ausschließliche **Personenorientierung** nicht vertretbar: Im ersten Fall blieben die Belange der Mitarbeiter völlig unbeachtet, im zweiten Fall würde das betriebliche Handeln allein am Wunsch der Mitarbeiter nach Zufriedenheit, Freundlichkeit und Selbstverwirklichung im Rahmen einer »big happy family« ausgerichtet. Allein vertretbar ist eine **Mischung aus Aufgaben- und Personenorientierung**, ein Kompromiss zwischen Sachzwängen und Selbstverwirklichung, wobei freilich stets zu beachten ist, dass nur rentable Unternehmen auf Dauer – auch als Arbeitgeber – überlebensfähig sind.

Wichtig für die Beurteilung, ob ein Führungsstil mehr aufgaben- oder mehr personenbezogen »ausfällt«, ist das Ausmaß, in dem die **Geführten** an den Entscheidungen **beteiligt sind:**

- Beim **autoritativen** Führungsstil gibt es kaum Mitwirkung: Geführt wird vor allem durch – bürokratische, patriarchalische oder charismatische – Anweisung; der Führungsstil ist eher aufgabenorientiert.

- Der **kooperative** Führungsstil zeichnet sich hingegen durch Mitwirkungsrechte der Untergebenen aus: entweder **beratend, partizipativ** (z. B. über ein Vetorecht) oder **demokratisch** (Mehrheitsentscheid).

> Der autoritative Führungsstil ist eher aufgaben-, der kooperative mehr personenorientiert.

Bei der Frage, ob der autoritative oder kooperative Führungsstil »leistungsfähiger« ist, scheiden sich die Geister. Empirische Untersuchungen deuten darauf hin, dass der kooperative Führungsstil im mittleren Management mehr Zufriedenheit verbreitet, was aber nicht unbedingt auch bessere Leistung heißt. An der »Basis« und im oberen Management scheint hingegen der autoritative Führungsstil leistungsfähiger zu sein: Menschen mit Vertrauen in die Kompetenz des Führenden bzw. hoher beruflicher Reife benötigen den personenorientierten Führungsstil nicht mehr (umstritten!). Außerdem zeigte sich, dass geplante Betriebsveränderungen (z. B. Einführung von E-Commerce) bei mehr kooperativem Führungsstil eher akzeptiert wurden, bei autoritativem Führungsstil aber leichter durchsetzbar waren; ähnliches gilt für die Bewältigung von Krisensituationen. Trotz zahlreicher Untersuchungen ist es bis heute kaum möglich, verbindliche Empfehlungen zum Führungsstil zu geben. Dieser ist nicht zuletzt auch von der jeweiligen betrieblichen Situation abhängig.

> Wenn der eine relationship-orientiert und der andere business-orientiert gewesen wäre, hätte es einen clash of cultures gegeben (Deutsche Bank Chef Rolf Breuer zu den Fusionsplänen mit Bankers Trust).

3.2 Die Managementprinzipien und -Systeme

Managementprinzipien geben Anhaltspunkte für die Gestaltung der Mitarbeiterführung, wobei allerdings keine geschlossenen Systeme, sondern lediglich Grundideen präsentiert werden.

Die wichtigsten **Managementprinzipien** seien zunächst kurz erläutert:

- **Management by Exception** (Führung durch Ausnahmeregelungen). Zwei Annahmen sind Ausgangspunkt des Modells:
  - **Der Vorgesetzte** ist zu stark mit Ausführungsaufgaben beschäftigt, weshalb die eigentliche Leitungsfunktion zu kurz kommt. Diese **Überlastung** resultiert aus einer **mangelnden Delegationsbereitschaft.**
  - Die **Untergebenen** arbeiten **wirkungsvoller,** wenn ihnen **mehr Selbständigkeit** bei ihrer Tätigkeit zugestanden wird.

> Managementprinzipien und -Systeme beschreiben die organisatorischen Maßnahmen zur Verwirklichung bestimmter Führungsstile.

Das Management by Exception fordert Delegation von Aufgaben bei genau begrenztem Ermessensspielraum.

Das MbE fordert deshalb eine verstärkte **Delegation** von Aufgaben an die unteren Ebenen, wobei der jeweilige **Ermessensspielraum** nicht zu eng, aber dennoch genau **festzulegen** ist. Innerhalb dieses Toleranzbereiches hat dann der Vorgesetzte keine Entscheidungskompetenz; andererseits muss sich der Untergebene genau an die im Ermessensspielraum festgelegten Verhaltensnormen halten, was seine Entfaltung und Motivation behindern kann. Der Vorgesetzte darf sich in die Aufgabenerfüllung des Untergebenen nur einschalten, wenn **Ausnahmesituationen** auftreten, die nicht innerhalb des Ermessensspielraums liegen. Problematisch am MbE ist die exakte Abgrenzung des Ermessensspielraums von Ausnahmesituationen; mögliche Kriterien sind z. B. das Überschreiten einer bestimmten Investitionssumme oder vorgegebener Stückkosten. Auf jeden Fall sollte die Abgrenzung von Zeit zu Zeit darauf überprüft werden, ob sie noch »sachgerecht« ist – sowohl im Hinblick auf die Aufgabenstellung als auch bezüglich des jeweiligen Mitarbeiters. Eine weitere Schwierigkeit des MbE liegt darin, dass Ausnahmesituationen meist einen negativen Anstrich haben, weshalb der Vorgesetzte vor allem mit **Misserfolgen** des Untergebenen konfrontiert wird. Neben dem MbE sollte deshalb ein **Informationssystem** installiert werden, das auch die Erfolge weitermeldet.

■ **Management by Objectives** (Führung durch Ziele). Hierbei handelt es sich um eines der erfolgreichsten der neueren Managementprinzipien. Das MbO hat zwei grundlegende Aspekte:
   – Die **betrieblichen Ziele** sind **kein** für immer feststehendes **Datum.** Sie werden vielmehr durch die im Betrieb ablaufenden Prozesse sowie durch die Anforderungen der betrieblichen Umwelt beeinflusst.
   – Ziele sind dann eine Orientierungshilfe für die Mitarbeiter, wenn sie als **operationale Einzelziele** formuliert werden.
Hieraus leitet das MbO verschiedene Forderungen ab:
   – Die betrieblichen **Ziele** müssen von den Vorgesetzten regelmäßig überprüft und **neu festgesetzt** (autoritäre Variante) **oder vereinbart** werden (kooperative Variante), sonst droht die Gefahr bürokratischer Erstarrung.
   – Der vorausgehende **Zielbildungsprozess** muss vom **Vorgesetzten** und seinen **Untergebenen gemeinsam** getragen werden: Dies steigert das Interesse und das Verantwortungsbewusstsein an der Zielerfüllung und macht gleichzeitig die Zielorientierung realistischer.
   – Die Zielgrößen müssen möglichst als **quantitative Größen** festgelegt werden, um ihre Realisation auch wirksam kontrollieren zu können. Dabei darf man weder zu anspruchsvoll noch zu bescheiden sein, weil beides der Mitarbeiter-Motivation abträglich wäre.
   – Die Zielgrößen der verschiedenen betrieblichen Teilbereiche müssen aufeinander abgestimmt sein: Ein **Oberziel** ist in eine Reihe von **Unterzielen** zu zerlegen, zwischen denen **keine Zielkonkurrenz** bestehen darf.

Das MbO besagt dann, dass der Mitarbeiter selbständig anhand des **vereinbarten Zieles** entscheidet. Muss er sich also beim MbE noch an bestimmte Verhaltensnormen halten, so ist dies beim MbO nicht mehr der Fall: Lediglich das Ziel ist vorgegeben, den **Weg** dorthin kann der Mitarbeiter **frei wählen** und somit seine eigene Tüchtigkeit und Verantwortung ins Spiel bringen. Sollte er das Ziel nicht erreichen, kann dies sowohl objektive als auch subjektive Ursachen haben: Im ersten Fall muss das Ziel angepasst, im zweiten der Mitarbeiter – und seine Karriereplanung – überprüft werden.

> Das Management by Objectives fordert selbständiges Handeln der Mitarbeiter bei genau vorgegebenen Zielen.

Weitere Management-by-Prinzipien sind z. B. Management by Ideas (Führen durch Leitbildvorgabe), Management by Results (Führen durch Ergebnisvorgabe), Management by Breakthrough (Führen durch Umbruch) und Management by Delegation (Führen durch Delegation).

Managementsysteme unterscheiden sich von Managementprinzipien vor allem dadurch, dass sie **detailliertere Aussagen** zur Gestaltung der Organisation machen. Bekanntestes Beispiel für ein Managementsystem ist das **Harzburger Modell** der kooperativen Führung (»Führung im Mitarbeiterverhältnis«), das auf dem Management-by-Delegation-Prinzip basiert: Im Vordergrund steht die mittelbare Führung durch bewusste Gestaltung des sozialen Systems.

Hauptziele des Harzburger Modells (Akademie für Führungskräfte, Bad Harzburg) sind

> Das Harzburger Modell ist ein Managementsystem zur Durchsetzung eines bedingt kooperativen Führungsstils.

- Ersetzung des autoritativen Führungsstils,
- Entlastung des Vorgesetzten und
- Förderung der Eigeninitiative, Leistungsmotivation und Verantwortungsbereitschaft der Mitarbeiter.

Um diese Ziele zu erreichen, empfiehlt das Harzburger Modell folgende Vorgehensweisen bzw. Instrumente:

- **Delegation von Verantwortung** (»Bottom-up-Prinzip«)
  Entscheidungen sind auf den betrieblichen Ebenen zu fällen, zu denen das Problem »seiner Natur nach« gehört. Die vorgesetzte Ebene darf in den Aufgabenbereich ihrer Untergebenen prinzipiell nicht eingreifen. Der Mitarbeiter trägt die Handlungs-, der Vorgesetzte die Führungsverantwortung. Dies soll eine schnelle Anpassung an neue Entwicklungen und damit eine Effizienzsteigerung der Organisation bewirken.
- **Allgemeine Führungsanweisungen**
  Sie regeln das Zusammenwirken von Vorgesetzten und Untergebenen, soweit es sich um diejenigen Pflichten und Rechte der Mitarbeiter handelt, die auf allen betrieblichen Ebenen Gültigkeit besitzen (»Führungsprinzipien für alle«).

- **Spezielle Führungsanweisungen**
  Sie ergänzen die allgemeinen Führungsanweisungen im Hinblick auf bestimmte Stellen. Allerdings sollen sie nicht so weit gehen, dass der Untergebene vom Vorgesetzten durch Einzelaufträge geführt wird. Die speziellen Führungsanweisungen sollen vielmehr dem Mitarbeiter im Rahmen eines festen Aufgabenbereichs mit bestimmten Kompetenzen Richtlinien setzen, die ihm ein eigenverantwortliches Denken und Handeln erleichtern.

- **Stellenbeschreibung**
  Aufgabenbereich und Kompetenzen werden schriftlich fixiert. Die Stellenbeschreibung soll unabhängig von der Person des jeweiligen Stelleninhabers sein und eine klare Kompetenzabgrenzung beinhalten.

- **Mitarbeiter- bzw. Dienstbesprechung**
  Gegenstand einer **Mitarbeiterbesprechung** sind Ausnahmefälle, zu denen die Mitarbeiter Vorschläge unterbreiten, der Vorgesetzte aber das letzte Wort hat. In der **Dienstbesprechung** macht der Vorgesetzte hingegen von vornherein von seiner »Befehlsautorität« Gebrauch: Er erteilt Anweisungen, informiert und verteilt Lob und Tadel. Im Gegensatz zur Mitarbeiterbesprechung findet die Dienstbesprechung »unter vier Augen« statt.

- **Zielsetzung**
  Den Stellen werden bestimmte Sollvorgaben gesetzt, an deren quantitativer und zeitlicher Festlegung der jeweilige Stelleninhaber beteiligt – und gemessen – wird.

Voraussetzungen für die Funktionsfähigkeit des Harzburger Modells sind
- Delegations**bereitschaft** der Vorgesetzten und Delegations**fähigkeit** der Mitarbeiter,
- genaue Ermittlung der delegierbaren und undelegierbaren Aufgaben,
- Aufbau eines Kontroll-, Berichts- und Informationssystems, da sonst Kritik und Anerkennung der – selbständig handelnden – Mitarbeiter nicht möglich ist.

Kritisch lässt sich zum Harzburger Modell anmerken, dass es **Ähnlichkeiten zum Bürokratiemodell** aufweist: Abgesehen davon, dass in einer komplexen Organisation exakte Stellenbeschreibungen oft nicht möglich sind, beinhalten sie eine Tendenz zur organisatorischen Zementierung (**Ressortdenken**): Ressortübergreifende Entscheidungen werden erschwert, ein Aufgabenwandel in den Stellen kaum eingeplant. Ferner erscheint das **Kriterium** für Art und Umfang der **Zuständigkeitsdelegation** recht **unpräzise**, wobei die persönlichen Belange und Begabungen des jeweiligen Stelleninhabers unberücksichtigt bleiben. Außerdem sorgen die Führungsanweisungen für **Formalismus** und **regelhaftes Handeln** (»legale Herrschaft kraft Satzung«), was der Mitarbeitermotivation abträglich sein kann. Schließlich ist auch der Führungsstil nur **bedingt** kooperativ, da die Mitarbeiter auf die ihnen zugewiesenen Aufgabengebiete eingeengt und dort einem umfangreichen Kontrollsystem unterworfen sind.

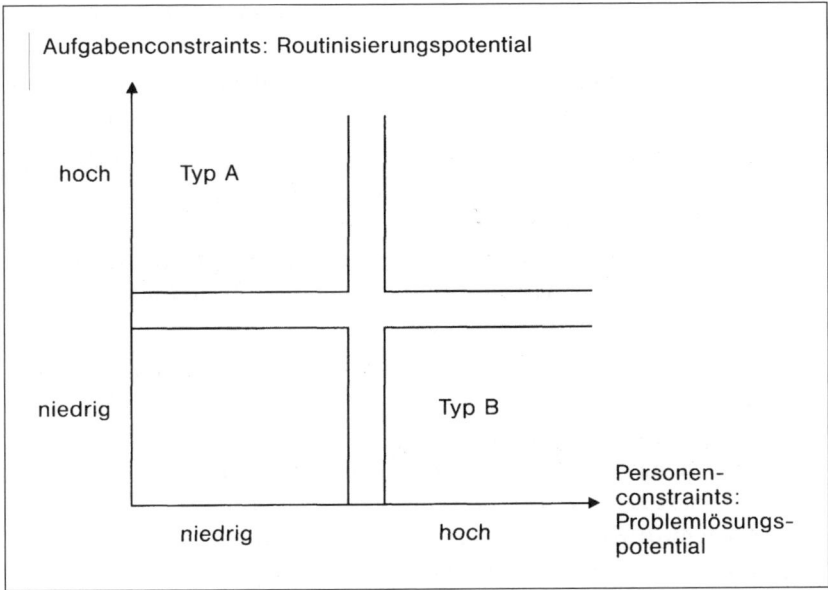

Abb. 10.4: Organisatorische Situationen

4 Der situative Ansatz zur Führungsgestaltung

Die Managementprinzipien und -Systeme erheben einen Allgemeingültigkeitsanspruch, der ihnen nicht zukommt, denn verschiedene – z. B. durch Unternehmensphilosophie und angewandte Technologie geprägte – betriebliche Situationen können verschiedene Führungsinstrumente und -techniken verlangen.

Im Wesentlichen lässt sich die jeweilige **betriebliche Situation** auf zwei Dimensionen reduzieren:

- Welche **Anforderungen** stellen die **Aufgaben** an die Mitarbeiter?
- Welche **Voraussetzungen** bringen die **Mitarbeiter** zur Aufgabenerfüllung mit?

Kurz gefasst werden diese Kriterien als »Aufgabenconstraints« und »Personenconstraints« bezeichnet (Abb. 10.4).

Der Charakter der **Aufgabenconstraints** bestimmt sich danach, ob die zu erfüllenden Aufgaben ein hohes oder niedriges **Routinisierungspotential** aufweisen. Das Routinisierungspotential fällt **hoch** aus, wenn die Aufgabenerfüllung einfach strukturiert ist, sich im Zeitablauf wenig ändert und das Ergebnis eindeutig festliegt.

Der Charakter der **Personenconstraints** resultiert aus dem **Problemlösungspotential** der Mitarbeiter. Dieses ist **hoch,** wenn die Mitarbeiter über umfangreiche Kenntnisse und Fähigkeiten verfügen, neuen Erfahrungen ge-

Die Wirksamkeit der Führungsinstrumente hängt von der jeweiligen betrieblichen Situation ab; dort gibt es Aufgaben- und Personenconstraints.

genüber offen sind und systematisch an die Lösung von Problemen herangehen können.

Unter Berücksichtigung der Aufgaben- und Personenconstraints werden **zwei Typen** von Organisationen unterschieden:

- Die **Typ A-Organisation** zeichnet sich durch ein hohes Routinisierungspotential ihrer Aufgaben (z. B. durch ausgereifte Technik) und ein geringes Problemlösungspotential ihrer Mitarbeiter aus.
- Die **Typ B-Organisation** ist hingegen durch ein geringes Routinisierungspotential ihrer Aufgaben und ein hohes Problemlösungspotential ihrer Mitarbeiter gekennzeichnet.

Es liegt auf der Hand, dass die beiden Typen von Organisationen unterschiedliche Führungsinstrumente erfordern:

- Eine **Typ A-Organisation** verlangt
  - einen hohen Zentralisationsgrad der Entscheidungen,
  - eine klare Leitungsstruktur (Linienorganisation),
  - einen niedrigen Delegationsgrad der Aufgaben,
  - einen autoritativen Führungsstil,
  - einen hohen Standardisierungsgrad der Prozessabläufe,
  - einen hohen Grad an Arbeitszerlegung.

Hierdurch wird dem Bedürfnis **wenig ausgebildeter** Mitarbeiter nach **Sicherheit** Rechnung getragen und die **Produktivität** der einfach strukturierten, nicht mehr entwicklungsfähigen Gütererzeugung **gesteigert.**

- Eine **Typ B-Organisation** verlangt
  - einen hohen Dezentralisationsgrad der Entscheidungen,
  - eine flache Organisation,
  - einen hohen Delegationsgrad der Aufgaben,
  - einen hohen Partizipationsgrad (autonome Arbeitsgruppen, Teamorientierung),
  - einen niedrigen Standardisierungsgrad der Prozessabläufe,
  - einen niedrigen Grad an Arbeitszerlegung.

Hierdurch wird dem Bedürfnis **gut ausgebildeter** Mitarbeiter nach **Selbstverwirklichung** Rechnung getragen und die Gütererzeugung **anpassungsfähig** an neue technologische und nachfrageseitige Entwicklungen **gehalten.**

In **Zukunft** wird der allgemeine Trend sicherlich weiter in Richtung **Typ B-Organisation** gehen: Die Umweltentwicklung wird noch unberechenbarer, Aufgaben mit hohem Routinisierungspotential werden automatisiert, die Automatenüberwachung erfordert in vielen Fällen zwar nur ein gelegentliches, dafür aber schnelles und kompetentes Eingreifen, also ein hohes Problemlösungspotential, und das immer umfangreichere Bildungswesen lässt die Organisationsmitglieder eher nach Selbstverwirklichung in der Arbeit als nach Sicherheit streben.

Problematisch an der Unterscheidung von Typ A- und Typ B-Organisationen ist, dass dem weiten Zwischenbereich (mittleres Routinisierungspotential und mittleres Problemlösungspotential) keine Führungsinstrumente zugeordnet werden.

Aufgrund umfangreicher Untersuchungen kommt auch Fiedler zu dem Ergebnis, dass die Art der Führungsgestaltung ganz wesentlich von der betrieblichen Situation abhängt, wobei er diese allerdings anhand folgender Bestimmungsgrößen beschreibt:
- **Positionsmacht des Führers**
  - Anweisungskompetenz
  - Beurteilungskompetenz
  - Belohnungs- und Bestrafungskompetenz
- **Strukturiertheitsgrad der Aufgaben**
  - Überprüfbarkeit der Aufgaben
  - Zielklarheit der Aufgabenerfüllung
  - Vielfalt der Wege zur Zielerreichung
  - Bestimmtheit der Aufgabenlösung
- **Führer-Mitarbeiter-Beziehung**

Nach Fiedler empfiehlt sich der **aufgabenorientierte** Führungsstil, wenn die Positionsmacht des Führers groß ist, die Aufgaben klar **oder** überhaupt nicht strukturiert sind und die Gruppe eine günstige Atmosphäre aufweist.

Arbeitsaufgaben

1) Beschreiben Sie kurz die Anreiz-Beitrags-Theorie! Welche Möglichkeiten hat das Individuum, ein gestörtes Anreiz-Beitrags-Gleichgewicht wiederherzustellen?
2) Welche Bewandtnis hat es mit der Maslow'schen Bedürfnispyramide?
3) Worin unterscheiden sich Erfolgssucher und Misserfolgsmeider, und welche Art von Aufgaben sollte man ihnen zuweisen? Begründen Sie Ihre Antwort!
4) Leistung schafft Zufriedenheit und Zufriedenheit schafft Leistung. Nehmen Sie dazu Stellung!
5) Worin unterscheiden sich formelle und informelle Beziehungen?
6) Was bewirken informelle Beziehungen und Gruppennormen?
7) Wodurch können Gruppenkonflikte ausgelöst werden?
8) Welche Führungsstile unterscheidet Max Weber?
9) Wodurch unterscheiden sich aufgaben- und personenbezogene Führungsstile?
10) Charakterisieren Sie kurz die Managementprinzipien »Management by Exception« und »Management by Objectives«; stellen Sie Vergleiche an!

11) Was ist eine Typ A- und was ist eine Typ B-Organisation? Welches sind die jeweils zugehörigen Führungsinstrumente? Begründen Sie Ihre Antwort!

12) Darstellung und Kritik des Harzburger Modells!

13) Kein Geld macht unglücklich, aber Geld macht noch lange nicht glücklich. Erläutern Sie diesen Zusammenhang!

14) Was bedeutet und unterscheidet extrinsische und intrinsische Motivation? Warum sollten beide wirken?

15) Nach Herzberg sind Zufriedenheit und Unzufriedenheit nicht die Extrempunkte einer Skala. Begründen Sie dies!

16) Aufgaben- und Personenorientierung: Es kommt auf die Mischung an – warum?

17) Erläutern Sie die Grundlagen des situativen Ansatzes zur Führungsgestaltung!

18) Konflikte sind typische Erscheinungsformen sozialer Prozesse. Erörtern Sie hierzu Ergebnisse der Kleingruppenforschung!

Lösungsvorschläge für die Arbeitsaufgaben im »Übungsbuch zu Grundlagen und Probleme der Betriebswirtschaft«.

Weiterführende Literatur

Albach, H.: Führungsdistanz und optimale Unternehmensführung, in: Zeitschrift für Betriebswirtschaft, 59. Jg. (11, 1989), S. 1219–1228.

Altmann, H. C.: Motivation der Mitarbeiter, 4. Aufl., Frankfurt 1992.

Atkinson, J. W. (Hrsg.): A theory of achievement motivation, Nachdruck der Ausgabe New York 1966, 1974.

Berthel, J.: Personal-Management, Grundzüge für Konzeptionen betrieblicher Personalarbeit, 6. überarb. und erw. Aufl., Stuttgart 2000.

Bröckermann, R.: Personalführung, Köln 2000.

Bühner, R.: Mitarbeiterführung als Qualitätsfaktor, München 1998.

Fiedler, F. E.: A Theory of Leadership Effectiveness, New York 1967.

Frese, H.: Mitarbeiterführung, 6. Aufl., Würzburg 1992.

Herzberg, F.: Work and Nature of Man, London 1968.

Herzberg, F.; Mausner, B.; Snydermann, B. B.: The Motivation to Work, 2. Aufl., New York 1967.

Korndörfer, W.: Unternehmensführungslehre, 9. Aufl., Wiesbaden 1999.

Lattmann, C.: Die verhaltenswissenschaftlichen Grundlagen der Führung des Mitarbeiters, Bern, Stuttgart 1982.

Maccoby, M.: Warum wir arbeiten, Frankfurt, New York 1989.

March, J. G.; Simon, H. A.: Organisation und Individuum (dt. Übersetzung), Wiesbaden 1976.

Maslow, A. H.: Motivation and Personality, 3. Aufl., New York 1987.

Oechsler, W.: Personal und Arbeit – Grundlagen des Human Resource Management und der Arbeitgeber-Arbeitnehmer-Beziehungen, 7. Aufl., München 2000.

Porter, L. W.; Lawler, E. E.: Managerial Attitudes and Performance, Homewood/Ill. 1968.

Reddin, W. J.: Managerial Effectiveness, New York 1970.

Schanz, G.: Personalwirtschaftslehre, 3. Aufl., München 2000.

Scholz, Chr.: Personalmanagement. 5. Aufl., München 2000.

Staehle, W. H.: Management: Eine verhaltenswissenschaftliche Perspektive, 8. Aufl., München 1999.

Steinmann, H.; Schreyögg, G.: Management. 5. Aufl., Wiesbaden 2000.

Stroebe, G. H.: Grundlagen der Führung (mit Führungsmodellen), 11. Aufl., Heidelberg 2002.

Vroom, V. H.: Work and Motivation, New York 1964.

Weber, M.: Wirtschaft und Gesellschaft: Grundriss der verstehenden Soziologie, 5. Aufl., Tübingen 1990.

Weber, W. (Hrsg.): Grundlagen der Personalwirtschaft, Wiesbaden 1996.

Weber, W.; Dowling, P. J.; Schuler, R. S.; Festing, M.: Internationales Personalmanagement, 2. Aufl., Wiesbaden 2001.

Wiswede, G.: Motivation und Arbeitsverhalten: Organisationspsychologische und industriesoziologische Aspekte der Arbeitswelt, München 1980.

11. Kapitel:
Die Besonderheiten der Produktionsfaktoren »Betriebsmittel« und »Werkstoffe«

Lernziele

Leitfrage:
Was sind im Bereich der Betriebsmittel die Besonderheiten der Potentialfaktoren?

- Warum werden an ihnen planmäßige Abschreibungen vorgenommen?
- Was ist ihre kostenoptimale Intensität, und inwiefern kann sie sich als nicht »gewinnoptimal« erweisen?
- Inwiefern stellt die Ungewissheit der Zukunft ein besonderes Problem bei der Beschaffung der Potentialfaktoren dar?

Leitfrage:
Inwiefern gleicht sich die Beschaffung von Repetierfaktoren und Werkstoffen?

Leitfrage:
Was ist bei der Verwendung von Werkstoffen zu beachten?

- Was ist Schnittplanoptimierung?
- Was heißt und wozu nützt DIN?

1 Die Betriebsmittel

Betriebsmittel sind Repetierfaktoren (z. B. Brennstoffe) oder Potentialfaktoren (z. B. Maschinen).

Betriebsmittel umfassen den gesamten sachlichen Input eines Betriebes, sofern er **nicht** Bestandteil des Outputs wird. Sie lassen sich in zwei Gruppen gliedern: die Potential- und die Repetierfaktoren.

1.1 Die Repetierfaktoren

Repetierfaktoren sind Betriebsmittel, die infolge ihrer (nahezu) **beliebigen Teilbarkeit** in den **unterschiedlichsten Mengen** beschafft werden können. Daraus ergibt sich unter anderem das Problem, wo zwischen der **häufigen** Beschaffung **kleiner** Mengen und der seltenen Beschaffung **großer** Mengen für einen bestimmten Betrieb die **optimale Bestellmenge** bzw. die optimale Lagerhaltung liegt. Auf dieses Problem kommt das Kapitel »Bereitstellungsplanung« zurück.

Zu den Repetierfaktoren zählen vor allem Betriebsstoffe wie Treib- und Brennstoffe sowie Reinigungsmittel.

1.2 Die Potentialfaktoren

Potentialfaktoren umfassen alle Betriebsmittel, die infolge technischer Gegebenheiten nur als **Nutzenbündel** beschafft werden können. Diese geben dann über einen **längeren Zeitraum** hinweg Nutzungen (**Potentialeinheiten**) ab, ohne dass dies äußerlich besonders sichtbar wird. Zu den Potentialfaktoren gehören z. B. die Gebäude und die maschinelle Apparatur.

1.2.1 Die planmäßigen Abschreibungen

Die Wertminderungen, die im Laufe der Zeit an einem Potentialfaktor durch Abgabe von Potentialeinheiten eintreten, werden über planmäßige Abschreibungen erfasst. Je nach Zweck der Rechnung knüpfen diese am Anschaffungswert oder – insbesondere bei erwarteten Preissteigerungen durch Inflation und technischen Fortschritt – am Wiederbeschaffungswert an; der jeweilige Restwert wird auch als **Buchwert** bezeichnet.

Abschreibungen beeinflussen die Preiskalkulation.

Jedes Unternehmen versucht, die verrechneten Abschreibungen in seiner Preiskalkulation zu berücksichtigen, um sie so in den Verkaufserlösen »wiederzugewinnen«. Ob dies tatsächlich auch gelingt, hängt nicht zuletzt von der Preisbereitschaft der Kunden ab.

Abschreibungen beeinflussen den Gewinnausweis.

Da der genaue Verlauf der nutzungsbedingten Wertminderung äußerlich kaum erkennbar ist, werden **Standard-Abschreibungsverfahren** verwendet. Die wichtigsten sind die lineare, die geometrisch degressive und die digitale Abschreibungsmethode. Die Wahl der Abschreibungsmethode und -dauer muss im Einzelfall nach vernünftiger kaufmännischer Beurteilung erfolgen;

lediglich zur Feststellung des zu versteuernden Gewinns (»Steuerbilanz«) gibt es genaue Abschreibungsvorschriften. Welche Bewandtnis es mit den Abschreibungsmethoden hat, sei anhand eines Computers mit einem Anschaffungspreis von 15 000 € und fünf Nutzungsjahren dargestellt.

1.2.1.1 Die lineare Abschreibungsmethode

Man teilt den Anschaffungspreis durch die Nutzungsjahre:

15 000 : 5 = 3000

und schreibt den so erhaltenen Betrag wie folgt ab:

Ende des Jahres	Abschreibung	Buchwert des Computers
1	3 000,–	12 000,–
2	3 000,–	9 000,–
3	3 000,–	6 000,–
4	3 000,–	3 000,–
5	3 000,–	0,–

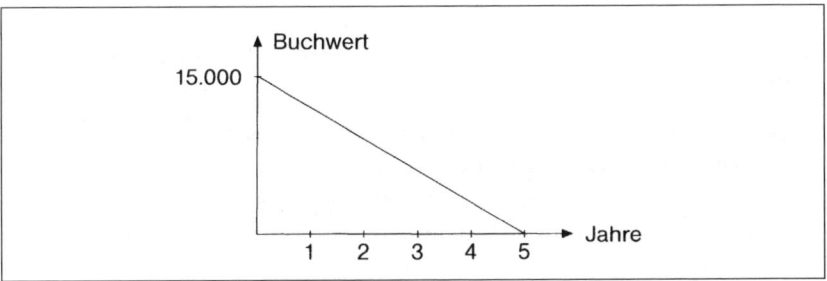

Abb. 11.1: Die lineare Abschreibung

Für die lineare Abschreibung ist kennzeichnend, dass (Abb. 11.1)

- gleichmäßig abgeschrieben wird und
- bis zum Ende der Nutzungszeit eine vollständige Abschreibung erreicht wird.

Die lineare Abschreibung bewirkt eine gleichmäßige und vollständige Abschreibung.

1.2.1.2 Die geometrisch-degressive Abschreibungsmethode

Es wird beispielhaft ein Abschreibungssatz von 30 Prozent unterstellt (steuerlich zulässig sind maximal 20 Prozent). Dieser wird auf den jeweils noch vorhandenen Buchwert des Computers wie folgt angewendet:

Ende des Jahres	Abschreibung	Buchwert des Computers
1	$15\,000,- \times 0,3 = 4\,500,-$	$10\,500,-$
2	$10\,500,- \times 0,3 = 3\,150,-$	$7\,350,-$
3	$7\,300,- \times 0,3 = 2\,205,-$	$5\,145,-$
4	$5\,145,- \times 0,3 = 1\,544,-$	$3\,601,-$
5	$3\,601,- \times 0,3 = 1\,080,-$	$2\,521,-$

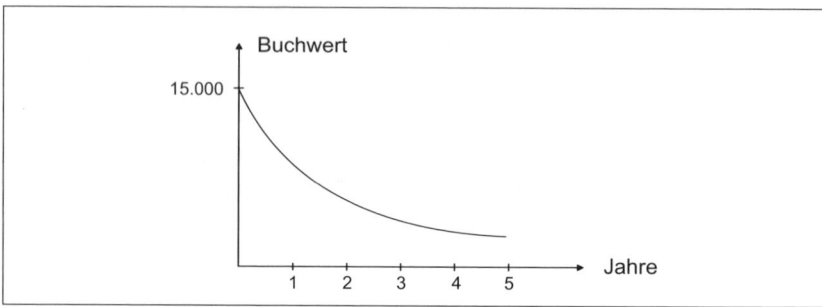

Abb. 11.2: Die geometrisch-degressive Abschreibung

Die geometrisch-degressive Abschreibung bewirkt eine zunächst stärkere Abschreibung auf einen Festwert.

Für die geometrisch-degressive Abschreibung ist kennzeichnend, dass (Abb. 11.2)

■ zunächst stärker und später schwächer abgeschrieben wird und

■ niemals eine vollständige Abschreibung erreicht werden kann, sie vielmehr auf einen – über den **Abschreibungsprozentsatz zu steuernden** – Restwert (z. B. Schrottwert) hinausläuft.

1.2.1.3 Die digitale Abschreibungsmethode

Zunächst werden die Nutzungsjahre aufsummiert und der Anschaffungspreis durch diese Summe dividiert:

$$1 + 2 + 3 + 4 + 5 = 15$$

$$\frac{15000}{15} = 1000$$

Die so erhaltene Kennzahl bestimmt zusammen mit der Nutzungszeit den Buchwert wie folgt:

Ende des Jahres	Abschreibung	Buchwert des Computers
1	$1\,000,- \times 5 = 5\,000,-$	$10\,000,-$
2	$1\,000,- \times 4 = 4\,000,-$	$6\,000,-$
3	$1\,000,- \times 3 = 3\,000,-$	$3\,000,-$
4	$1\,000,- \times 2 = 2\,000,-$	$1\,000,-$
5	$1\,000,- \times 1 = 1\,000,-$	$0,-$

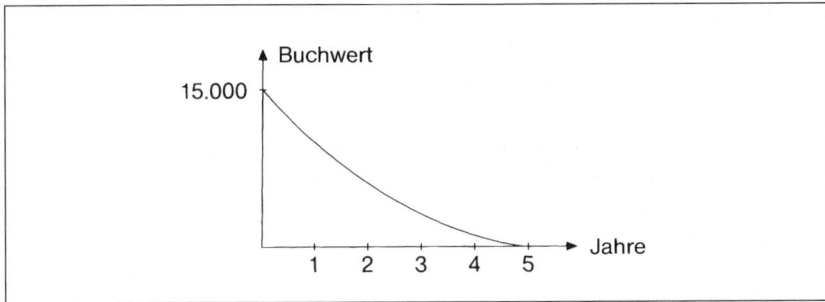

Abb. 11.3: Die digitale Abschreibung

Für die (steuerlich nicht zulässige) digitale Abschreibung ist kennzeichnend, dass (Abb. 11.3)

- zunächst stärker und später schwächer abgeschrieben wird und
- bis zum Ende der Nutzungszeit eine vollständige Abschreibung erreicht wird.

Die digitale Abschreibung bewirkt eine zunächst stärkere und vollständige Abschreibung.

Beispiel

Steuerliche Nutzungsdauer (in Jahren)

Stationäre Bohrmaschinen	16
Drehbänke	16
Stationäre Hobelmaschinen	16
Stationäre Fräsmaschinen	15
Stationäre Schleifmaschinen	15
Stationäre Sägen	10
Abrichtmaschinen	13
Stationäre Trennmaschinen	10
Sandstrahlgebläse	9

Quelle: Institut der deutschen Wirtschaft Köln

1.2.2 Die Intensität

Viele Potentialfaktoren sind in der Lage, ihren Nutzenvorrat im Produktionsprozess – je nach Bedarf – schneller oder langsamer abzugeben, d. h. pro Stunde (h) mehr oder weniger Output zu erzeugen. Dieser **Leistungsfächer** der Potentialfaktoren findet jedoch nach oben und unten eine technisch bedingte Begrenzung, die als **maximale** bzw. **minimale Intensität** bezeichnet wird. So beträgt z. B. die maximale Intensität eines Kleinwagens etwa 160 km (= Output)/h.

Normalerweise ist nicht die maximale oder minimale, sondern eine mittlere Produktionsintensität am günstigsten. Dies deshalb, weil Potentialfakto-

Potentialfaktoren haben in der Regel einen Leistungsfächer zwischen minimaler und maximaler Intensität.

ren nur arbeitsfähig sind, wenn ihnen bestimmte Betriebsstoffe (z. B. Benzin) zugeführt werden; deren Verbrauch je Einheit Output (z. B. Benzinverbrauch pro km) ist aber von der jeweils gewählten Produktionsintensität (z. B. km/ h) abhängig.

Welchen Verbrauch an Betriebsstoffen je Einheit Output ein bestimmter Potentialfaktor hat, geben für seinen gesamten Leistungsfächer seine **Verbrauchsfunktionen** an.

> Eine **Verbrauchsfunktion** stellt für den gesamten Intensitätsfächer eines Potentialfaktors seinen **Verbrauch eines Betriebsstoffes je Einheit Output** dar.

Eine solche Verbrauchsfunktion ist beispielhaft für

- den Potentialfaktor Automobil
- den Betriebsstoff Benzin und
- den Output Fahrkilometer

in Abb. 11.4 wiedergegeben. Der Benzinverbrauch je km (v_B/km) sinkt zunächst mit zunehmender Produktionsintensität (km/h), steigt dann im Bereich hoher Intensitäten aber wieder an. Sowohl bei minimaler als auch bei maximaler Intensität liegt der Verbrauch je Einheit Output relativ hoch.

> Die **verbrauchsoptimale Intensität,** d. h. diejenige, bei der der Verbrauch pro Einheit Output am geringsten ist, befindet sich bei einer mittleren Produktionsintensität.

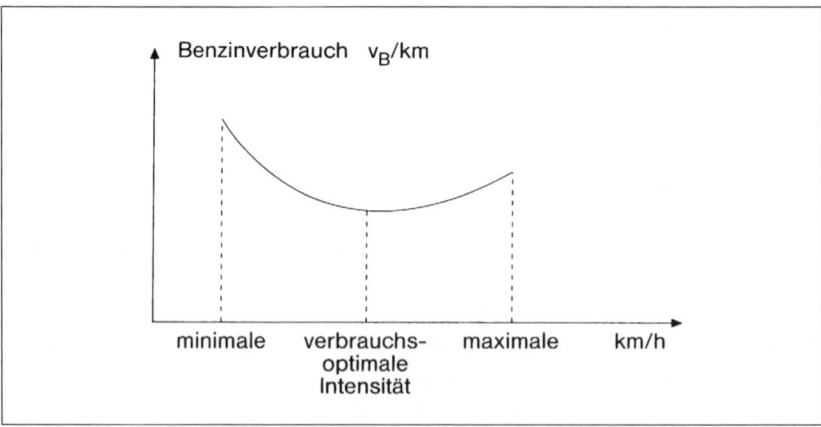

Abb. 11.4: Verbrauchsfunktion

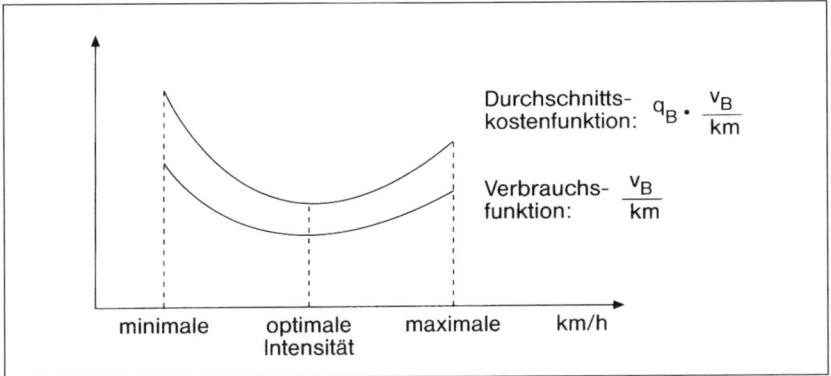

Abb. 11.5: Verbrauchs- und Durchschnittskostenfunktion

Ersetzt man in Abb. 11.5 den Benzinverbrauch v_B/km durch die Benzinkosten $q_B \cdot v_B$/km (wobei q_B den Benzinpreis je Liter angibt), dann erhält man eine **wertmäßige Verbrauchsfunktion,** die als **Durchschnittskostenfunktion** (hier: Benzinkosten je km) bezeichnet wird. Deren Minimum zeigt die **kostenoptimale Intensität** an. Verbrauchs- und kostenoptimale Intensität entsprechen sich, weil Verbrauchs- und Durchschnittskostenfunktion lediglich um den »Preisfaktor« voneinander abweichen.

Ein besonderes Problem ergibt sich allerdings dann, wenn ein Potentialfaktor **mehr als einen Betriebsstoff** benötigt: Die Durchschnittskostenfunktionen zweier Betriebsstoffe v_1 und v_2, also $q_1 \cdot v_1/x$ und $q_2 \cdot v_2/x$ (wobei »x« den Output bezeichnet) sind für einen bestimmten Potentialfaktor in Abb. 11.6 wiedergegeben. Man erkennt, dass die kostenoptimale Intensität des Potentialfaktors bezüglich des Betriebsstoffes v_1 bei x_1 und bezüglich des Betriebsstoffes v_2 bei x_2 liegt.

Die insgesamt kostenoptimale Intensität lässt sich mit Hilfe der Abb. 11.6 finden: Bei einer beliebigen Produktionsintensität (z. B. x_0) ergeben sich die gesamten Durchschnittskosten als **vertikale Addition der Durchschnittskosten** beider Betriebsstoffe. Die Gesamt-Durchschnittskostenfunktion lautet deshalb $q_1 \cdot v_1/x + q_2 \cdot v_2/x$. Ihr **Minimum** bestimmt die **insgesamt kostenoptimale Intensität** (in Abb. 11.6: x_3).

Die kostenoptimale Intensität befindet sich dort, wo die Gesamtkosten aller Betriebsstoffe je Einheit Output am geringsten sind.

Dass Potentialfaktoren in der Regel eine kostenoptimale Intensität aufweisen, bedeutet noch nicht, dass sie auch mit dieser Intensität genutzt werden sollten; ein **Überschreiten** der kostenoptimalen Intensität kann z. B. für einen Betrieb, der einen möglichst großen Gewinn erstrebt, durchaus vorteilhaft sein, denn bekanntlich ist der Gewinn definiert als:

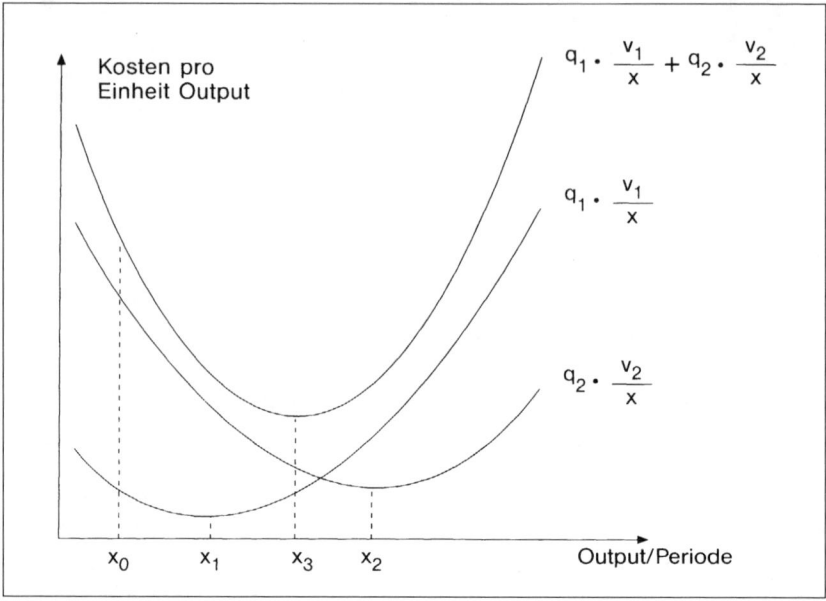

Abb. 11.6: Die gesamten Durchschnittskosten

Gewinn = Umsatz – Kosten
bzw.
Gewinn = Preis × Stückzahl
     – Kosten je Stück × Stückzahl

Wenn die kostenoptimale Intensität überschritten wird, dann steigen zwar – entsprechend der Durchschnittskostenfunktion – die (Verbrauchs-)Kosten je Stück; gleichzeitig erhöht sich aber auch die Stückzahl und damit – **bei gegebenem Preis** – der Umsatz. Es ist deshalb nicht ausgeschlossen, dass auch der Gewinn steigt, wie das folgende Beispiel belegt:

- Preis = 10,– Kosten je Stück
        bei kostenoptimaler
        Intensität: 4,–

         Stückzahl je Monat bei
         kostenoptimaler
         Intensität: 1000

 Gewinn je Monat
 bei kostenoptimaler Intensität:
 $(10 \times 1000) - (4 \times 1000) = 6000,-$

- Preis = 10,– Kosten je Stück
        bei Überschreiten der kostenoptimalen
        Intensität: 5,–

Stückzahl je Monat
bei Überschreiten der kostenoptimalen
Intensität: 1500

Gewinn je Monat
bei Überschreiten der kostenoptimalen Intensität:
$(10 \times 1500) - (5 \times 1500) = 7500{,}-$

Es zeigt sich somit, dass das Ziel **Kostensenkung** dem Ziel **Gewinnsteigerung** nicht in jedem Fall dient.

> Überschreitung der kostenoptimalen Intensität kann sich gewinnsteigernd auswirken; zwischen den Zielen »Kostensenkung« und »Gewinnsteigerung« besteht dann ein Zielkonflikt.

Hätte sich allerdings durch Überschreiten der kostenoptimalen Intensität eine Steigerung der Kosten je Stück auf 7,– ergeben, dann wäre der Gewinn auf

$(10 \times 1500) - (7 \times 1500) = 4500{,}-$

gesunken; ein aus der Mehrproduktion resultierender Preisverfall auf 8,– hätte die gleiche Wirkung gehabt:

$(8 \times 1500) - (5 \times 1500) = 4500{,}-$

Produktion bei kostenoptimaler Intensität kann Gewinnverzicht bedeuten.

Ein **Überschreiten** der kostenoptimalen Produktionsintensität führt demnach nur dann zu einer Gewinnsteigerung, wenn es hierdurch weder zu einer **Kostenexplosion** noch zu einem **Preisverfall** kommt.

Der Verlauf der Gesamt-Durchschnittskostenfunktion wird häufig zur Charakterisierung des jeweiligen Potentialfaktors als **Universal-** oder **Spezialmaschine** verwendet. Ein Beispiel ist in Abb. 11.7 wiedergegeben. Die Gesamt-Durchschnittskostenfunktion A kennzeichnet eine Universalmaschine: Sie arbeitet auch an den Grenzen ihres relativ weiten Leistungsfächers recht kostengünstig; dafür ist aber die Spezialmaschine mit der Gesamt-Durchschnittskostenfunktion B im Bereich der kostenoptimalen Intensität x_1 kostengünstiger – bei einer Kostenexplosion an den »Rändern«.

Die Universalmaschine ist der Spezialmaschine und die Spezialmaschine der Universalmaschine überlegen.

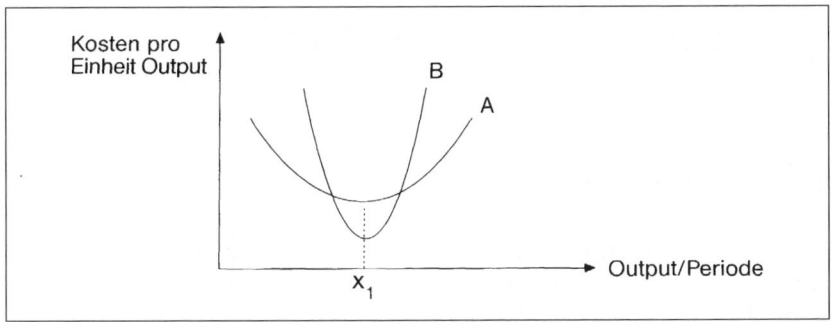

Abb. 11.7: Durchschnittskosten von Universal- (A) und Spezialmaschine (B)

Beispiel

Die kostenoptimale Intensität

Ein Autotester möchte feststellen, welche aus den drei Geschwindigkeiten eines Autos: 80 km/Std., 120 km/Std. und 160 km/Std. die kostengünstigste ist.

Auf einem ebenen Autobahnstück fährt er deshalb jeweils 5 km weit mit den angegebenen Geschwindigkeiten und prüft den zugehörigen Benzinverbrauch; es ergibt sich:

- bei 80 km/Std.: 0,4 l
- bei 120 km/Std.: 0,3 l
- bei 160 km/Std.: 0,5 l

Der **Verbrauch pro Einheit Output** – also pro km – ist demnach:

- bei 80 km/Std. 0.08 l/km
- bei 120 km/Std. 0.06 l/km
- bei 160 km/Std. 0,10 l/km

Bei einem Benzinpreis von 1,10 €/l folgt daraus für die **Durchschnittskosten:**

- bei 80 km/Std. 8,8 Cent/km
- bei 120 km/Std. 6,6 Cent/km
- bei 160 km/Std. 11,0 Cent/km

Verbrauchs- und Durchschnittskosten-Funktion haben demnach folgende Verläufe:

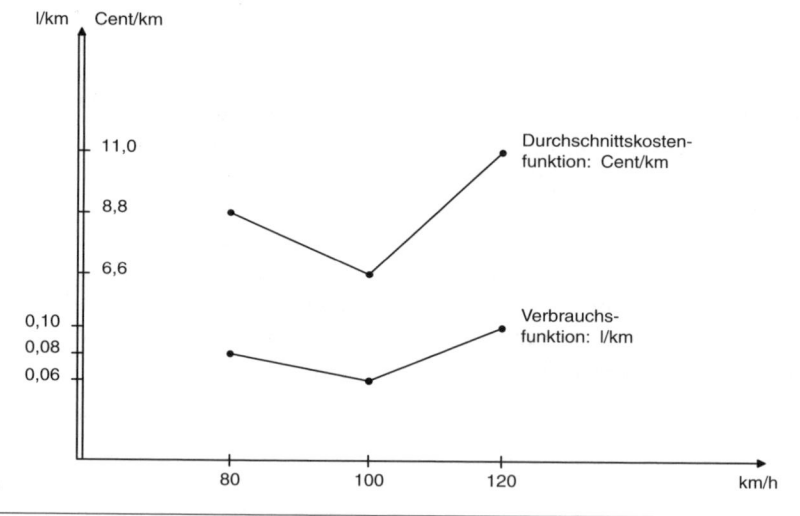

1.2.3 Die Beschaffung

Bei der Beschaffung der Potentialfaktoren als Nutzenbündel ist man der Unsicherheit der Zukunft in besonderem Maße ausgeliefert.

Aus der Besonderheit, dass Potentialfaktoren nur als Nutzenbündel beschafft werden können, resultiert eine Gefahr: Infolge heute noch für unwahrscheinlich gehaltener Entwicklungen (neue Technologien, Nachfrageverschiebungen usw.) kann der Vorrat an Potentialeinheiten in den späteren

Perioden nicht in dem Maße genutzt werden, wie man zunächst erwartet hatte. Dies bedeutet, dass man der **Unsicherheit der Zukunft** in ganz besonderem Maße ausgeliefert ist, da man sie nicht – wie bei den Repetierfaktoren – durch »vorsichtiges Disponieren«, d.h. durch Anpassung der jeweiligen Beschaffungsmenge, entschärfen kann. Auf dieses Problem kommt das Kapitel »Investitionsplanung« zurück.

2 Die Werkstoffe

Werkstoffe umfassen den gesamten sachlichen Input eines Betriebes, sofern er Bestandteil des Outputs wird.

2.1 Die Beschaffung

Die Beschaffung der Werkstoffe wird durch die gleichen Probleme gekennzeichnet wie die Beschaffung der Repetierfaktoren: Beide können infolge ihrer (nahezu) **beliebigen Teilbarkeit** in den **unterschiedlichsten Mengen** eingekauft werden, woraus sich – wie bereits erwähnt – die Frage nach **der optimalen Bestellmenge** bzw. nach der optimalen Lagerhaltung ergibt (12. Kapitel).

2.2 Die Verwendung

Die Verwendung der Werkstoffe kann nur dann als **rationell** bezeichnet werden, wenn die folgenden Forderungen erfüllt sind:
- Der **Ausschuss** ist gering zu halten. Er entsteht durch Bearbeitungs- oder Materialfehler, was bedeutet, dass er über gründliche Kontrollen (bereits des Wareneingangs) grundsätzlich vermeidbar ist. Zudem bewirkt er eine um so größere Verschwendung von Arbeitsleistungen, Betriebsmitteln und Werkstoffen, je höher die Fertigungsstufe ist, auf der er anfällt.
- Die **Abfälle** sollen
  - durch eine optimale Ausnutzung der Werkstoffe möglichst klein gehalten und, sofern sie sich nicht vermeiden lassen,
  - so gut es geht – entweder durch Verkauf oder durch Weiterverarbeitung – verwertet werden.

  Vor allem in der Blech-, Textil-, Holz- und Kunststoffindustrie müssen sehr unterschiedlich geformte Teile planvoll auf dem Material gruppiert werden, bevor man sie ausschneidet. Hierzu schachtelt die Arbeitsvorbereitung die Teile auf Schnittplänen so, dass ein möglichst geringer Materialabfall entsteht. Dies geschieht – ohne Gewähr einer optimalen Materialausnutzung – meist noch manuell. Mittlerweile gibt es auch die

Möglichkeit, eine EDV-gesteuerte **automatische Schnittplanoptimie-rung** für beliebig gestaltete Teile vorzunehmen.

■ Die Vorprodukte sowie Einzelteile sollen möglichst nach DIN **normiert** und die Fertigfabrikate **typisiert** werden: Zahlreiche Komponenten können dann von den Zulieferern an verschiedene Weiterverarbeiter geliefert und von diesen in der gesamten Produktpalette verwendet werden, was die »logistische Kette« erheblich entlastet. Allerdings achten die Weiterverarbeiter darauf, dass sich die **Standardisierung** nicht im »imagerelevanten« Bereich befindet: So hat BMW eigene Motoren, nicht aber eigene Airbags.

■ Die Verarbeitung der Werkstoffe soll **werkstoffgerecht** erfolgen, weshalb bei der Entwicklung der Produkte und der Auswahl der Fertigungsverfahren auf die Eigentümlichkeiten der erforderlichen Werkstoffe Rücksicht zu nehmen ist.

> Ausschuss stellt eine vermeidbare, Abfall eine reduzierbare Verschwendung von Werkstoffen dar.

Unter der Lupe

Was bedeutet und wozu nützt DIN?

Die Abkürzung DIN bedeutet »Deutsches Institut für Normung« wohinter sich ein eingetragener Verein mit Sitz in Berlin verbirgt, der über 700 hauptamtliche und 26 000 ehrenamtliche Mitarbeiter beschäftigt, letztere vor allem in den Unternehmen. Das DIN wird als Selbstverwaltungsorgan der Wirtschaft von den Unternehmen getragen und hat die Aufgabe, Normen zu entwickeln, die zur Energie- und Rohstoffeinsparung sowie dazu beitragen, den technischen Herstellungsprozess und Abstimmungsmaßnahmen verschiedener Hersteller zu erleichtern. Dabei haben Bundesregierung und Konsumentenvertreter ein Mitspracherecht.

Im Jahr 2000 gab es fast 27 000 DIN-Normen; 1900 waren hinzugekommen, 1497 Normen wurden ersatzlos gestrichen.

Normen gibt es für fast alles: Kinderspielzeug, Sportgeräte, Kleidung, die Geräuschmessung an Maschinen, Einkaufswagen in Supermärkten, Feuerwehrfahrzeuge, Busse usw. Zum Teil haben die Normen einen quasi gesetzlichen Charakter, z. B. beim Bauen, wo sich die Bauaufsichtsbehörden strikt an die jeweiligen Normen halten. Normungsschwerpunkte in jüngster Zeit betreffen die Bereiche Sicherheitstechnik, Arbeits- und Gesundheitsschutz, Umwelt und Dienstleistungen (Software).

Manche Norm könnte sicherlich »verbraucherfreundlicher« abgefasst sein, z. B. die – auf unrealistischen Annahmen beruhenden – Angaben der Automobilhersteller zum Benzinverbrauch. Andererseits werden allein durch die Sicherheitsnormen Arbeitsunfälle vermieden, was einen Nutzen von 150 Mio. € pro Jahr bedeutet (DIN-Direktor Reihlein).

→

Bislang sind die EU-Länder für ihre Normierungsverfahren zuständig, sie stimmen sie anschließend aber gemeinsam in Brüssel ab. Bei den neu erschienenen DIN-Normen sind 82 Prozent harmonisiert.

Arbeitsaufgaben

1) Was versteht man unter der Optimalintensität einer maschinellen Anlage?

2) Worin besteht der Unterschied zwischen Repetier- und Potentialfaktoren?

3) Worin sehen Sie den Unterschied zwischen Betriebsmitteln und Werkstoffen?

4) Wozu dienen Abschreibungen?

5) Inwiefern können kosten- und gewinnoptimale Intensität auseinander fallen?

6) Worin sehen Sie die wesentlichen Unterschiede zwischen der linearen, geometrisch degressiven und digitalen Abschreibungsmethode?

7) Eine Maschine mit einem Anschaffungspreis von 10000,– € ist nach vier Nutzungsjahren wertlos. Sie wird nach der digitalen Methode abgeschrieben. Wie entwickelt sich im Laufe der Jahre der Maschinen-Restwert?

8) Was versteht man unter einer Verbrauchsfunktion?

9) Wodurch können Universal- von Spezialmaschinen unterschieden werden?

10) Erläutern Sie kurz folgende Begriffe:
    – Ausschuss – Abfall
    – Normierung – Typisierung!

11) Ein Busunternehmer aus Passau erhält den Auftrag, eine Gruppe amerikanischer Touristen am Flughafen München (Entfernung 150 km) abzuholen. Er soll sofort losfahren, da die von Passau nach Budapest fahrende »Donauprinzessin« eigentlich startklar ist, die Amerikaner aber noch gerne an Bord nehmen würde. Wenn er innerhalb von 3,5 Stunden wieder in Passau ist, erhält der Busunternehmer ein »Taschengeld« von 50,– €.
    Fährt der Reisebus seine – zulässige – Maximalgeschwindigkeit von 100 km/h aus, benötigt er 35 l Diesel/100 km; bei einer Geschwindigkeit von 80 km/h liegt sein Verbrauch bei nur 26 l Diesel/100 km. Was sollte der Busunternehmer tun, wenn der Liter Diesel 0,90 € kostet?

Lösungsvorschläge für die Arbeitsaufgaben im »Übungsbuch zu Grundlagen und Probleme der Betriebswirtschaft«

Weiterführende Literatur

Gutenberg, E.: Grundlagen der Betriebswirtschaftslehre Band l: Die Produktion, 24. Aufl., Berlin 1983.

Haase, K.-D.: Finanzbuchhaltung, 8. Aufl., Düsseldorf 1998.

Kern, W.: Industrielle Produktionswirtschaft, 5. Aufl., Stuttgart 1992.

Kilger, W.: Industriebetriebslehre Band I, Wiesbaden 1999.

Kloock, J.; Sieben, G.; Schildbach, T: Kosten- und Leistungsrechnung. 8. Aufl., Düsseldorf 1999.

Reichwald, R.; Mrosch, D.: Produktionswirtschaft, in: Heinen, E. (Hrsg.): Industriebetriebslehre; Entscheidungen im Industriebetrieb, 9. Aufl., Wiesbaden 1991.

Ziegler, H.; Holthaus, O.: Ermittlung von zu bevorratenden Materiallängen, Zuschneidelosgrößen und Schnittmustern bei eindimensionalen Zuschneideproblemen, in: Zeitschrift für Betriebswirtschaft (ZfB-Ergänzungsheft), 69. Jg. (4, 1999), S. 47–65.

12. Kapitel:
Die Bereitstellungsplanung

Lernziele

Leitfrage:
Was ist die Aufgabe der Personalabteilung?
- Wie gestaltet sich die Zusammenarbeit mit Arbeitsamt und Personalberatern?
- Inwieweit kann auf eine Zusammenarbeit mit Zeitarbeitsunternehmen zurückgegriffen werden?

Leitfrage:
Wer entscheidet über die Beschaffung der Potentialfaktoren?

Leitfrage:
Worin liegt das besondere Problem bei der Beschaffung von Repetierfaktoren und Werkstoffen?
- Wie wird ihr Bedarf ermittelt, und welche Rolle spielen dabei Plattform-Strategie und Badge Engineering?
- Welche Bedeutung hat der eiserne Bestand?
- Inwiefern kann man die Bestellmenge »optimieren«?
- Welches sind die Vor- und Nachteile der produktionssynchronen Beschaffung?
- Worin liegen die Chancen und Risiken der Systemlieferanten?
- Internet-Handelsplattformen: Der Beschaffungsweg der Zukunft?

Leitfrage:
Wie kann ein hoher Qualitätsstandard in der Bereitstellung entlang der logistischen Kette aufrechterhalten werden?

1 Die Einstellung der Mitarbeiter

Mitarbeiter können innerbetrieblich und außerbetrieblich gewonnen werden.

Die Bereitstellung des Produktionsfaktors »Arbeit«, d. h. der Mitarbeiter, ist Aufgabe der **Personalabteilung.** Infolgedessen laufen hier alle Bedarfsmeldungen (Anzahl der benötigten Mitarbeiter und deren erforderliche Qualifikationen) zusammen. Die Personalabteilung versucht dann zunächst, durch eine **innerbetriebliche Stellenausschreibung** bzw. **Umsetzung** dem Bedarf ohne Neueinstellung nachzukommen; sie kann sich aber auch entweder durch **außerbetriebliche Stellenausschreibung** oder über das **Arbeitsamt** an den Arbeitsmarkt wenden, um diesen Bedarf zu decken.

Seit Aufhebung des Vermittlungsmonopols der Arbeitsämter (1994) werden auch **private Arbeitsvermittler** für alle Berufe und Personengruppen tätig. Bei erfolgreicher Vermittlung erhalten sie vom Arbeitgeber eine Provision (etwa 15 Prozent eines Jahresgehalts). Seit 2002 vergibt das Arbeitsamt an eine Person, die mindestens drei Monate arbeitslos war, einen **Vermittlungsgutschein.** Mit diesem kann sie nach freier Wahl einen privaten Arbeitsvermittler einschalten. Dieser erhält darauf – je nach Dauer der Arbeitslosigkeit – bis zu 2500 €, wenn der von ihm vermittelte Arbeitslose nach sechs Monaten noch beschäftigt ist.

Von den privaten Arbeitsvermittlern grenzen sich die **Personalberatungsfirmen** (Executive Search Consultants) ab, die ihr Klientel auf den »Chefetagen« sehen und sich »nach Zeit und Aufwand« honorieren lassen. Benötigt ein Unternehmen z. B. ein neues Vorstandsmitglied, dann sucht die beauftragte Beratungsfirma nach Personen mit dem passenden Profil und legt nach mehreren Wochen eine externe Vorschlagsliste vor; diese enthält oft auch Namen von veränderungswilligen Managern anderer Firmen, die ihrerseits die Beratungsfirma beauftragt hatten, für sie einen neuen Wirkungskreis zu suchen. Es ist allerdings auch möglich, Personen von anderen Firmen abzuwerben (»Headhunter«). Ein weiterer Tätigkeitsschwerpunkt liegt in der Beratung von Managern, denen in ihrem Unternehmen eine neue Karriereperspektive eröffnet wurde (z. B. Übernahme des Ostasiengeschäfts).

Zeitarbeitsunternehmen sollen helfen, die Arbeitslosigkeit zu vermindern.

Mitarbeiter lassen sich ferner über **Zeitarbeitsunternehmen** gewinnen. Sie beschäftigen unbefristet meist Arbeitslose (z. B. Ältere, Berufsrückkehrerinnen) zu einem frei vereinbarten Festgehalt, um sie dann für bestimmte Zeiträume an andere Firmen auszuleihen. Dort sind sie eine flexible Reserve für unerwartete Auftragsspitzen, zur Überbrückung von Urlaubszeiten, als Mutterschutz- oder Krankheitsvertretung. Die Verleihdauer an einen einzelnen Arbeitgeber darf 24 Monate nicht übersteigen, wobei ab dem 13. Monat die gleichen Arbeitsbedingungen (einschließlich Entlohnung) geboten werden müssen, wie sie die Stammbelegschaft hat (Job-AQTIV-Gesetz). Das von einem Entleiher an das Zeitarbeitsunternehmen zu entrichtende Entgelt übersteigt das Festgehalt des Arbeitnehmers deutlich (meist 10 bis 15 Prozent). Allerdings muss das Zeitarbeitsunternehmen auch in beschäftigungslosen Zeiten das Festgehalt (einschließlich Sozialabgaben) zahlen und alle arbeitsrechtlichen Vorschriften (z. B. zum Kündigungsschutz) beachten; der Entleiher muss sich hingegen nicht mit derartigen Problemen auseinandersetzen. Etwa ein Drittel der Leiharbeitnehmer wird vom Entleiher – nach einer »Schnupperphase« – fest übernommen. Den andern darf nicht nach dem ersten Einsatz gekündigt werden (Synchronisationsverbot).

Beispiel

Mitarbeitergewinnung
»… Die Prämie wird an die eigenen Mitarbeiter ausbezahlt, sie ist mit 2000 Mark relativ hoch – und sie wird dann überwiesen, wenn ein neuer Mitarbeiter gewonnen wird. Aufgrund des hohen Fachkräftemangels gerade im Bereich der Mathematik, Wirtschaftswissenschaften und IT-Experten geht der Münchner Allianz-Konzern jetzt diesen Weg. 200 Stellen sind bei der Hauptverwaltung in München nicht besetzt; jetzt soll diese Aktion Abhilfe schaffen …«

(Aus: Süddeutsche Zeitung vom 22.2.2001)

---

2 Die Bereitstellung der Potentialfaktoren

Die Bereitstellung der Potentialfaktoren liegt – sofern es sich um **sehr teure Objekte** wie große Maschinen, Gebäude und Grundstücke handelt – in den Händen der **Unternehmensleitung.** In der Regel ist die Grundlage ihrer Entscheidungen eine Investitionsplanung (18. Kapitel).

Bei **geringerwertigen Potentialfaktoren** sind meist die betroffenen **Abteilungen** für die Bereitstellung verantwortlich, da die dort tätigen Mitarbeiter über die bessere Übersicht verfügen. In der Regel wird so vorgegangen, dass den Abteilungen bestimmte Etats bewilligt werden, aus denen sie nach eigenem Ermessen Einkäufe bestellen können.

Für die unmittelbare Abwicklung aller Einkäufe ist normalerweise die **Einkaufsabteilung** zuständig: Sie sammelt die Bestellungen der einzelnen Abteilungen, um in den Genuss von **Liefervergünstigungen** (z.B. Rabatte, besondere Garantie- und Wartungszusagen) zu kommen. Bei der Sammlung und Abwicklung von Bestellungen gewinnt die elektronische Vernetzung eine wachsende Bedeutung (**E-Procurement**). Sie betrifft meist bestehende Geschäftsbeziehungen mit Hauptlieferanten bei »katalogfähigen« – also eher geringwertigen – Gütern. Zahlreiche Prozessschritte lassen sich hierdurch einsparen oder automatisieren, insbesondere dann, wenn die Vernetzung in die internen Geschäftsprozesse weiterläuft.

> Potentialfaktoren werden durch die Einkaufsabteilung nach Maßgabe der Unternehmensleitung bzw. Abteilungen beschafft.

Unter der Lupe

Buying Center
Für die Anschaffung größerer Investitionsobjekte sind in den Unternehmen meist Einkaufsgremien (Buying Center) zuständig: Neben »eigenen Leuten

➡

»verschiedener Hierarchieebenen finden sich dort auch »Externe« aus Beratungsbüros sowie der Steuerberater.

Die Mitglieder »spielen« verschiedene Rollen, die sich insgesamt wirkungsvoll ergänzen: Initiatoren geben den Anstoß, Beeinflusser bringen ihre – technische oder betriebswirtschaftliche – Sachkenntnis ein, Vorbereiter suchen, sichten und sortieren Angebote, Entscheider haben die Macht, Einkäufer beschaffen und auch die direkten Nutzer sollten beteiligt sein, damit sie später nicht »mauern«.

Die Temperamente der Mitglieder sind oft unterschiedlich: Entscheidungsorientierte wollen schnelle und klare Entscheidungen, Faktenorientierte versteigen sich in Details, Sicherheitsorientierte profilieren sich als Bedenkenträger.

Das Promotoren-Modell (E. Witte) unterscheidet Fachpromotoren mit Fachwissen und Machtpromotoren mit Entscheidungskompetenz. Ideal wäre eine Gespannstruktur, die aber in der Regel am starken Typunterschied scheitert. Man benötigt deshalb noch Prozesspromotoren mit diplomatischem Geschick und Organisationskenntnis: Sie sollen die Gespannstruktur stabilisieren.

3 Die Bereitstellung der Repetierfaktoren und Werkstoffe

Die Bereitstellung der Repetierfaktoren und Werkstoffe wird im Folgenden zusammenhängend behandelt, da beide in einer wesentlichen Eigenschaft übereinstimmen: Sie sind derjenige sachliche Input des Betriebes, der infolge seiner (nahezu) **beliebigen Teilbarkeit** in den **unterschiedlichsten Mengen** eingekauft werden kann.

Aufgabe der **Einkaufsabteilung** ist es deshalb, nicht nur die **Arten**, sondern auch die **Mengen** der einzukaufenden Repetierfaktoren und Werkstoffe festzulegen. Da jedoch mit der Entscheidung über die Beschaffungsmengen gleichzeitig auch der Umfang der Eingangslagerhaltung bestimmt wird, ist die **Lagerplanung** unlösbar mit der **Beschaffungsplanung** verbunden.

Im Einzelnen lassen sich bei den Repetierfaktoren und Werkstoffen drei Stufen der **Bereitstellungsplanung** unterscheiden: Bedarfs-, Vorrats- und Bestellmengenplanung.

3.1 Die Bedarfsplanung

Die Bedarfsplanung ermittelt den Bedarf der einzelnen Betriebsabteilungen an Repetierfaktoren und Werkstoffen. Grundlage der Bedarfsplanung sind

- die **Programmplanung,** die festlegt, welche Produktarten in welchen Mengen gefertigt werden sollen und
- die **Stücklisten,** die für jedes Erzeugnis des Betriebes die erforderlichen Einzelteile aufführen.

Aus beiden zusammen lässt sich ermitteln, welche Mengen welcher **Werkstoffe** benötigt werden. Daneben ergibt sich aus der Produktionsplanung der Bedarf an **Repetierfaktoren** (z. B. Betriebsstoffe).

Grundlage der Bedarfsplanung sind Programmplan, Stücklisten und Produktionsplan.

Beispiel

Zerlegung eines Programmplans in einen Bedarfsplan
Ein Unternehmen stellt die beiden Erzeugnisse E_1 und E_2 her. Diese setzen sich wie folgt aus den Zwischenprodukten Z_1, Z_2 und Z_3 sowie den Einzelteilen a, b und c zusammen (**Stückliste**):

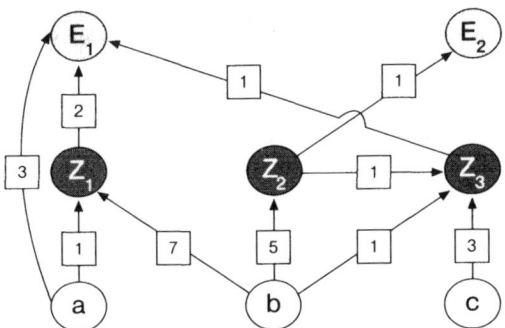

(z. B.: E_1 besteht aus 1 Z_3, 2 Z_1 und 3 a; Z_1 besteht aus 1 a und 7 b)

Der **Programmplan** sieht folgende Herstellungsmengen vor
E_1: 100 Stück
E_2: 50 Stück
Z_2: 20 Stück (Ersatzteile)

Hieraus resultiert der **Bedarfsplan:**

Z_1:	200 Stück	a:	500 Stück
Z_2:	170 Stück	b:	2350 Stück
Z_3:	100 Stück	c:	300 Stück

(Berechnungsverfahren: Gozinto-Methode)

Natürlich erweist sich die Bedarfsplanung als umso komplizierter und damit aufwändiger, je differenzierter das Fertigungsprogramm ist. Eine Erleichterung bringt in solchen Fällen häufig eine Standardisierung nach der **Platt-**

form-Strategie: Bestimmte Module finden sich in verschiedenen Modellen eines Herstellers, was nicht nur die Anzahl der verwendeten Werkstoffarten und -formen verringert, sondern auch Entwicklungs- und Produktionskosten senkt. Typische Module in der Automobilindustrie sind Bodengruppe, Fahrwerk (Motor, Getriebe, Bremsen), Achsen, Sitze usw.; so entstammen z. B. die Autos VW Golf, VW Beetle, Audi A3, Audi TT, Skoda Octavia und Seat Toledo einer gemeinsamen Plattform mit etwa sechzig Prozent des Fahrzeugwertes an Gleichteilen, aber verschiedenen »Hüten« (VW-Chef Piëch). Dank einer ausgeklügelten Plattform-Strategie dürfte sich die Zahl der Modelle in vielen Branchen eher weiter erhöhen, was den differenzierten Kundenwünschen entgegenkommt (Exoten für Nischenmärkte), ohne Bereitstellungs- und Produktionsplanung vor größere Probleme zu stellen.

Beim **Badge Engineering** entwickeln sogar konkurrierende Hersteller nahezu baugleiche Modelle, die lediglich äußerlich variieren. So haben z. B. Ford und VW gemeinsam einen Van entwickelt, der unter drei verschiedenen Markennamen getrennt und zu jeweils unterschiedlichen Preisen vermarktet wird: Ford Galaxy, VW Sharan und Seat Alhambra. Eine Variante bot bis 2002 die Oberklasse-Baureihe von Volvo: Sie wurde von einem Audi-Diesel angetrieben. Volvo sparte sich die Entwicklungskosten und Audi erzielte Kostenvorteile aus der größeren Produktionsserie. Aus »Imagegründen« wurde dann aber doch ein eigener Diesel entwickelt.

Plattform-Strategie und Badge Engineering: innen gleich, außen verschieden

3.2 Die Vorratsplanung

Gegenstand der Vorratsplanung sind Meldebestand und eiserner Bestand.

Die Vorratsplanung würde sich erübrigen, wenn man stets sicher sein könnte, dass

- der in der **Bedarfsplanung** ermittelte Bedarf an Repetierfaktoren und Werkstoffen demjenigen entspricht, der **tatsächlich eintritt** und
- die **Lieferanten pünktlich** zum vereinbarten Termin die bestellten Waren liefern.

Diesen Sachverhalt erläutert Abb. 12.1: Zu Beginn des ersten Tages (»0«) ist ein soeben gelieferter Vorrat von z. B. 1000 Mengeneinheiten vorhanden, der infolge des (im Beispiel) täglich gleichen Verbrauchs kontinuierlich absinkt. Würde nichts weiter unternommen, dann wäre er am Ende des 10. Tages erschöpft, und die Produktion müsste eingestellt werden. Dieser Gefahr kann man dadurch begegnen, dass rechtzeitig Nachschub bestellt wird. Bei einer Lieferfrist des Lieferanten von vier Tagen und dem angegebenen Verbrauch pro Tag genügt es, wenn die Nachbestellung am Ende des 6. Tages aufgegeben wird. Der dann noch vorhandene Bestand (**Meldebestand**) reicht gerade zur Überbrückung der Lieferfrist aus: Exakt dann, wenn der alte Vorrat erschöpft ist, trifft der Nachschub ein.

Es kann allerdings passieren, dass der Lieferant in Verzug gerät, unvorhergesehene Transportschwierigkeiten auftreten oder der Verbrauch pro Tag – z. B. infolge einer unerwarteten nachfragebedingten Produktionssteigerung –

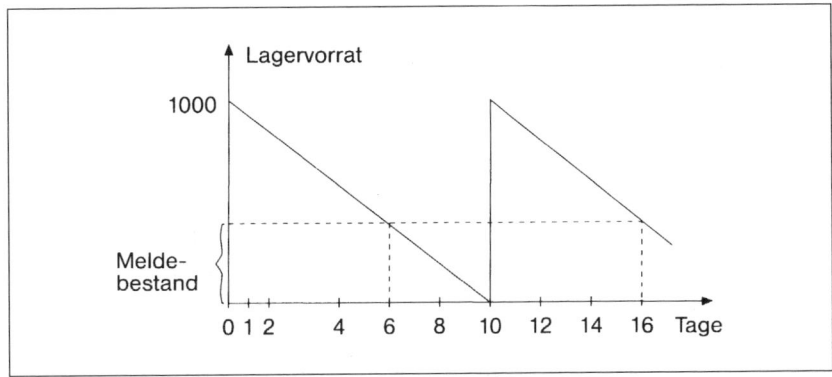

Abb. 12.1: Der Meldebestand

zunimmt. In all diesen Fällen kommt es zu einer Produktionsunterbrechung, wenn der Betrieb nicht über einen **eisernen Bestand** verfügt. Dessen Bedeutung ergibt sich aus Abb. 12.2: Im Extremfall ermöglicht er – unter den dort gegebenen Voraussetzungen – entweder

- bei **normalem Verbrauch** pro Tag eine Lieferverzögerung von 4 Tagen (C) oder
- während der **normalen Lieferfrist** (7. bis 10. Tag) einen Verbrauch pro Tag von A, der deutlich größer als der normale (B) ist.

Bei einem noch umfangreicheren eisernen Bestand ist selbstverständlich der Spielraum **für Lieferverzögerungen** und **Mehrverbrauch** entsprechend größer.

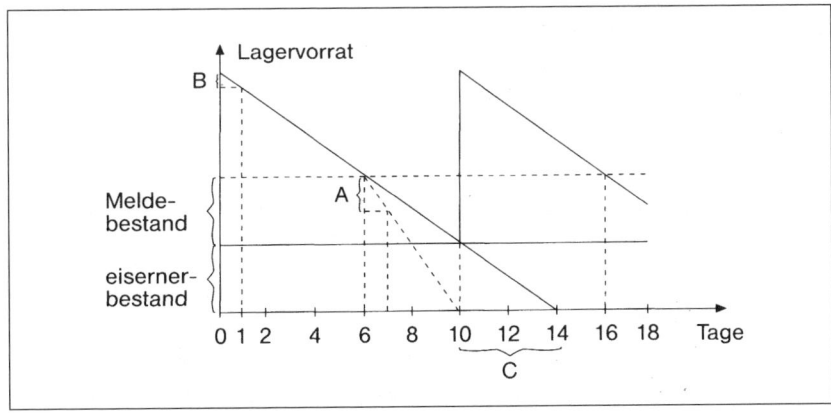

Abb. 12.2: Der eiserne Bestand

Die zusätzliche **Sicherheit** verursacht jedoch zusätzliche **Kosten**, insbesondere Zins- und Lagerkosten, da der eiserne Bestand normalerweise nicht angetastet wird, weshalb in entsprechender Höhe ständig Kapital und Raum gebunden ist.

3.3 Die Bestellmengenplanung

Bisher wurde die Menge, die jeweils nach Erreichen des Meldebestands zur Wiederauffüllung des Lagerbestands geordert wird, willkürlich festgelegt (z. B. auf 1000 in Abb. 12.1). Als Bestellmenge ist jedoch jede Menge denkbar, die die maximale Lagerkapazität nicht überschreitet. Es muss freilich bedacht werden, dass mit kleiner werdender Bestellmenge die Zeitspanne zwischen den einzelnen Beschaffungsakten abnimmt (Abb. 12.3).

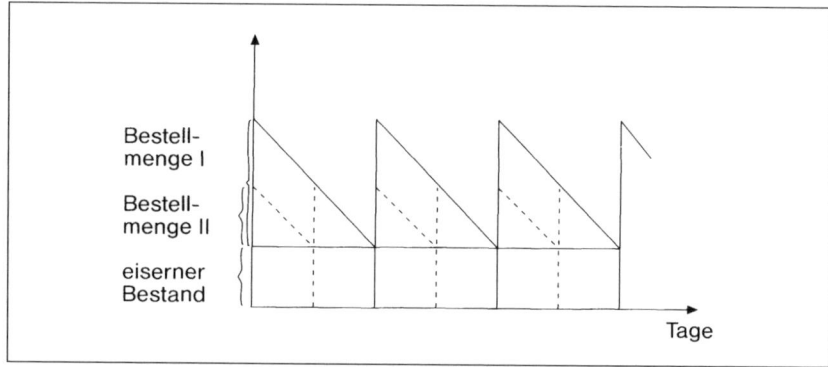

Abb. 12.3: Die Beschaffungsintervalle

Aufgabe der Bestellmengenplanung ist es, die Bestellmenge je Beschaffungsakt zu ermitteln, die für den Betrieb am günstigsten ist und deshalb als **optimale Bestellmenge** bezeichnet wird.

Bei der Ermittlung der optimalen Bestellmenge sind die folgenden Gesichtspunkte zu beachten:

■ Bestellt der Betrieb große Mengen, dann erhält er einen **Mengenrabatt** auf den Preis; außerdem verteilen sich die **bestellfixen Kosten**, die bei jedem Beschaffungsakt – unabhängig von der Bestellmenge – anfallen (z. B. Materialprüfung pro Lieferung), auf mehr Repetierfaktoren bzw. Werkstoffe.
Mit anderen Worten: Die **Einkaufskosten** pro bestelltem Stück sinken mit größer werdender Bestellmenge (Kurve A in Abb. 12.4).

■ Auf der anderen Seite steigt mit der Bestellmenge der **durchschnittliche Lagerbestand** der Repetierfaktoren bzw. Werkstoffe. Dies bedeutet, dass mit zunehmender Bestellmenge jedes Stück »im Schnitt«
   – den Lagerplatz länger beansprucht und damit höhere Lagerkosten (Abschreibung sowie Miete, Heizung, Beleuchtung, Bewachung, Verwaltung usw.) verursacht,
   – das Kapital länger bindet und damit einen größeren Zinsverlust herbeiführt und
   – in stärkerem Maße Gefahr läuft, zu verderben oder modemäßig bzw. technisch zu veralten und damit höhere Versicherungskosten bewirkt.

Mit anderen Worten: Die **Aufbewahrungskosten** pro bestelltem Stück steigen mit größer werdender Bestellmenge (Kurve B in Abb. 12.4).

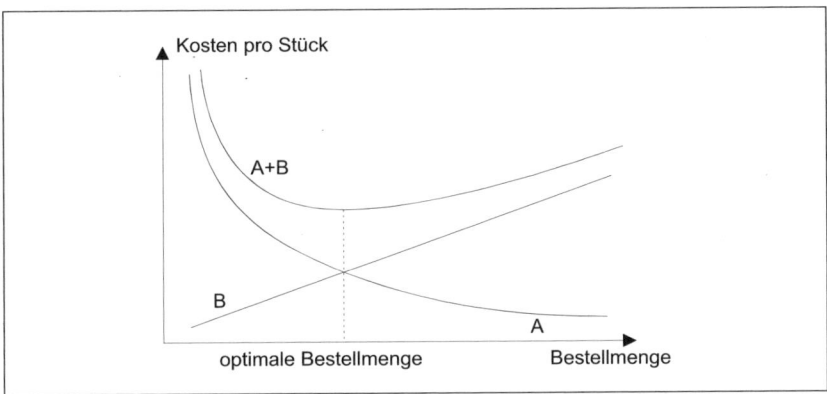

Abb. 12.4: Die optimale Bestellmenge

Als **optimale Bestellmenge** ist diejenige Menge definiert, bei der die **Summe aus Einkaufs- und Aufbewahrungskosten je Stück am geringsten** ist. Sie liegt in Abb. 12.4 dort, wo die durch vertikale Addition der Einkaufs-Stückkostenfunktion (A) und der Aufbewahrungs-Stückkostenfunktion (B) erzeugte Gesamt-Stückkostenfunktion (A + B) ihr **Minimum** hat.

Eine so bestimmte »optimale« Bestellmenge müsste jedoch noch korrigiert werden, wenn die **Zukunft besondere Unwägbarkeiten** aufweist:

■ Sind **Preissteigerungen** zu erwarten, dann ist die Bestellmenge zu vergrößern (»Spekulationslager«).
■ Sind **Absatzschwierigkeiten** zu erwarten, dann ist die Bestellmenge zu verkleinern (»vorsichtig disponieren«).

Optimale Bestellmenge: Summe aus Einkaufs- und Aufbewahrungskosten je Stück am geringsten

Unter der Lupe

Die optimale Bestellmenge

Annahmen:

- Kontinuierlicher Lagerabbau, was bedeutet, dass durchschnittlich die halbe Bestellmenge auf Lager liegt:

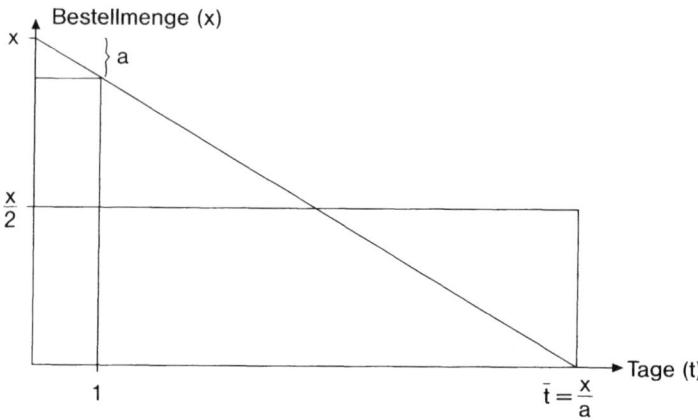

- Je Mengen- und Zeiteinheit (z. B. Tonne je Tag) fällt ein »Lagerkostensatz« (j) an.
- Jede Bestellung verursacht bestellfixe Kosten (b); der Bezugspreis (p) ist konstant (kein Mengenrabatt).

Es gilt:

Einkaufskosten $\qquad\qquad K_A = b + px$

Aufbewahrungskosten $\qquad K_B = \dfrac{x}{2} \cdot j \cdot \bar{t}$

Gesamtkosten $\qquad\qquad K_A + K_B = s = b + px + \dfrac{x}{2} \cdot j \cdot \bar{t}$

$$= b + px + \dfrac{x}{2} \cdot j \cdot \dfrac{x}{a}$$

Die optimale Bestellmenge $\bar{x}$ liegt dort, wo die Gesamtkosten je Stück $\left(\dfrac{s}{x}\right)$ ihr Minimum aufweisen:

$$\dfrac{s}{x} = \dfrac{b}{x} + p + \dfrac{x}{2a} \cdot j$$

$$\dfrac{d\left(\dfrac{s}{x}\right)}{dx} = -\dfrac{b}{x^2} + \dfrac{j}{2a} = 0$$

$$\bar{x} = \sqrt{\dfrac{2ab}{j}}$$

Beispiel

Produktionssynchrone Beschaffung
»Gemächlich rollt der weiße Brummi entlang der Donau nach Regensburg. Kein Stau, keine Komplikationen. Pünktlich gegen Mittag dockt er bei BMW an. Außer dem Fahrer ist vor der Werkhalle kein Mensch in Sicht. Auf Knopfdruck bewegen sich fünfzehn Autositz-Garnituren vom Lastwagen: karmesinrote Sitze, sportliche Ledermodelle, bürgerlich-beige Kombinationen. Wie von Geisterhand bewegt, ordnen sie sich an einem Förderband und schweben lautlos zur Montagehalle.

Am frühen Morgen hatte der BMW-Computer die Sitze beim Computer des Polsterfabrikanten geordert – passend zu den ersten frisch gespritzten Chassis aus der Lackiererei. Vom Rechner ferngesteuert, machten sich die Näherinnen in der zwanzig Kilometer von Regensburg entfernten Firma Schmitz & Co. ans Werk. Der BMW-Computer duldet keine Trödelei: Detailliert und mit genauen Zeitvorgaben erteilt er der Polsterfabrik alle zwei Minuten einen neuen Auftrag. Pausen, Sonderschichten, Urlaub – alles richtet sich im Werk der Firma Schmitz & Co. nach dem großen Bruder BMW. Pünktlich um elf Uhr schickt der Computer den Lastwagen, um die Sitze abzuholen. Das Timing grenzt an Zauberei. Während jetzt die ersten roten Sitze in die Regensburger Montagehalle gleiten, steuert genau zeitgleich und ohne menschliches Zutun auch die passende Karosserie heran. Die Ledergarnitur gesellt sich zu einem Cabrio, die beigen Modelle zu der Familienausführung. Keine Kontrolle, nur ein paar Handgriffe – dann sind die Sitze eingebaut. ...

(Aus: Irene Mayer-List: Der Computer befiehlt, in: Die Zeit vom 6. April 1990)

3.4 Produktionssynchrone Beschaffung

Die starke **(Zins- und Lager-)Kostenbelastung,** die von der »üblichen« Bevorratung ausgeht, hat die Tendenz verstärkt, bei Repetierfaktoren und Werkstoffen die **Lagerhaltung drastisch zu verringern.** Eiserne Bestände verschwinden, und die Zulieferer liefern häufig Material nur noch in solchen Partien, wie sie gerade in der Weiterverarbeitung benötigt werden: Der Lieferstrom erfolgt synchron zur Produktion des Weiterverarbeiters, wobei es entlang der Montagelinie »Andockstellen« gibt, damit die jeweiligen Teile möglichst nah an die Einbaustellen gelangen. Dieses **Just-in-time-(JIT)-Konzept** stellt hohe Anforderungen an alle Beteiligten:

■ Weiterverarbeiter und Zulieferer müssen **informationstechnisch eng verknüpft** sein; nach Möglichkeit sollten die jeweils unmittelbar zuständigen Bearbeitungsstellen ohne organisatorischen Umweg miteinander (über eine integrierte Informationsverarbeitung) in Verbindung stehen. Nur so lässt sich erreichen, dass der Zulieferer auf Termin-, Mengen- und Qualitätsvorgaben des Weiterverarbeiters »verzögerungsfrei« mit seiner eigenen Beschaffungs- und Produktionsplanung reagiert (»Flussoptimierung«).

Die hohe Kostenbelastung lässt die Lagerbestände verschwinden: Beschafft wird synchron zur Produktion.

- Durch die enge Kopplung des Zulieferers an den Weiterverarbeiter können beim Zulieferer weitreichende organisatorische und produktionstechnische Veränderungen erforderlich werden. Diese wird er nur dann einleiten, wenn er durch **langfristige Lieferverträge** gesichert ist. Vor dem Hintergrund solcher Verträge werden dann auch Rationalisierungsinvestitionen vorteilhaft, die beim Zulieferer zu Kosten- und Preissenkungen führen können.

- Vereinbarte **Termine und Qualitäten** müssen **exakt eingehalten** werden, da jede Beeinträchtigung auf den nachgelagerten Produktionsvollzug durchschlägt. Die Lieferverträge schließen deshalb meist hohe Konventionalstrafen ein. Zur Minderung des Transportrisikos werden oft Zulieferer bevorzugt, die ihren Produktionsstandort in der Nähe haben; andererseits nimmt jedoch auch die weltweite Beschaffung zu, wobei zwischen den günstigen Preisen und den erhöhten Lieferrisiken abzuwägen ist.

Produktionssynchrone Beschaffung setzt erstklassige Liefertreue und Qualität voraus.

Eine besondere Herausforderung stellen die **Qualitätssicherungssysteme** dar: In einer produktionssynchronen Beschaffung sollten (streng genommen) 100 Prozent Gutteile an das Montageband eingesteuert werden, da eine Wareneingangskontrolle den Materialfluss stört und ein Rückgriff auf fehlerfreies Lagermaterial kaum mehr möglich ist. Folglich muss die Qualitätssicherungsfunktion auf den Lieferanten übertragen werden, wobei freilich der Weiterverarbeiter nicht nur die Qualitätsstandards (durch ein Pflichtenheft), sondern auch die Gestaltung der Sicherungssysteme vorgibt. Ein häufig eingesetztes Instrument sind **Qualitätsaudits:** Qualitätsingenieure des Abnehmers nehmen in unregelmäßigen Zeitabständen beim Lieferanten Qualitätskontrollen vor. Diese verbessern den Informationsstand des Abnehmers bezüglich der Qualitätsfähigkeit des Lieferanten und beeinflussen dessen Qualitätsverhalten. Fortschrittliche Weiterverarbeiter beziehen zudem – im Sinne eines Simultaneous Engineering – die Lieferanten bereits in die Neuproduktplanung mit ein, um von vornherein eine Qualitätssicherung zu erreichen und auch das Know-how des Zulieferers besser zu nutzen (»Problemlösungspartnerschaft«).

JIT-Belieferung bedeutet zunehmend auch Beschränkung auf besonders leistungsfähige Exklusiv-Lieferanten.

Die starke Einbindung der Zulieferer in das Geschehen des Weiterverarbeiters hat zu einer deutlichen Reduzierung der Anzahl der Lieferanten geführt (**Single-Sourcing-Politik**). Die Stellung als »Exklusivlieferant« ist allerdings ständig gefährdet, da der Weiterverarbeiter immer härtere Beurteilungsmaßstäbe hinsichtlich Maschinenpark, Qualitätssicherung, Fertigungsprozess usw. anlegt. Der Exklusivlieferant erkauft sich folglich seine Liefersicherheit mit einer erheblichen Einschränkung seiner Entscheidungsfreiheit (»verlängerte Werkbank«).

Zunehmend bauen die Hersteller ihre JIT-Belieferung dahin aus, nicht nur die Fertigung, sondern auch Entwicklung und Konstruktion immer umfangreicherer Baugruppen auf externe Lieferanten zu verlagern (**Outsourcing**). Die **Systemlieferanten** übernehmen dabei auch die Koordination der vorgelagerten Teilebeschaffung, die Vormontage sowie die Liefer-

und Qualitätsverantwortung. Insgesamt hat dies dazu geführt, dass von den früher etwa 1000 Lieferanten eines Automobilherstellers nur noch 200 bis 300 übrig geblieben sind. Diese zeichnen sich nicht nur durch Qualität, Preis und Termintreue aus, sondern auch durch Flexibilität und Know-how.

In der Praxis ergeben sich aus dem JIT-Konzept Probleme vor allem für solche Zulieferer, die **mehrere** Weiterverarbeiter mit jeweils eigenen Varianten und **unterschiedlichen** Bestellintervallen **produktionssynchron** beliefern sollen: Sie stehen vor einem nahezu unlösbaren logistischen Problem, weshalb sie »zur Sicherheit« Materiallager vorhalten. So finden sich die ehemaligen Wareneingangsläger der Weiterverarbeiter nun als kundenspezifische **Warenausgangsläger** beim Zulieferer – mit entsprechender Kostenbelastung. Die Zulieferer versuchen deshalb, die Weiterverarbeiter zu einer Teilevereinheitlichung zu bewegen (z. B. Airbag). Der Einwand, dass JIT das **Transportaufkommen** vergrößere, ist zweifelhaft: Immerhin wird nur die Ware befördert, die wirklich benötigt wird, wobei die unbrauchbaren Teile bereits (weitestgehend) aussortiert sind. Außerdem ziehen immer mehr Zulieferer in die Nähe ihrer Abnehmer (2. Kapitel).

Die **Erfolgsträchtigkeit** des JIT-Konzepts wird nach wie vor kontrovers diskutiert. Der Verzicht auf eiserne Bestände sowie die kontinuierliche Belieferung bergen zwar besondere Risiken, die jedoch vom **Weiterverarbeiter** in Kauf genommen werden – angesichts der Kostensenkungen, die sich bei ihm realisieren lassen; inwieweit der **Zulieferer** gegebenenfalls eigene Kostensteigerungen beim Weiterverarbeiter in Rechnung stellen kann, ist eine Frage der Verhandlungsmacht beim Abschluss der langfristigen Lieferverträge: Diese kommen ja wiederum dem Zulieferer sehr entgegen. Außerdem kann er seinerseits bei den eigenen **Vorlieferanten** das Prinzip der produktionssynchronen Beschaffung durchzusetzen versuchen, bis schließlich die gesamte **logistische Kette** dem JIT-Konzept folgt.

Insgesamt hat sich die JIT-Belieferung bei Komponenten und Bauteilen, nicht hingegen in absoluten Engpassbereichen sowie bei geringwertigen Massenverbrauchsgütern (wie Roh-, Hilfs- und Betriebsstoffe) durchgesetzt, wobei die Anwender vor allem in der Automobil-, Elektro- und Hausgeräteindustrie anzutreffen sind. Die durch Einbeziehung von Systemlieferanten ermöglichte **Verminderung der Fertigungstiefe** führt beim Endfertiger zu einer Reduktion der Fertigungskomplexität und einer Entlastung der Engpässe in der Fertigungskapazität. Letztlich beschränkt er sich auf bestimmte – seine Kernkompetenz betreffende – Aktivitäten in der **Wertschöpfungskette:** Dies sind alle (z. B. Know-how-) spezifischen und – z. B. aus Kundensicht – strategisch bedeutsamen Aufgaben. Im Übrigen koordiniert er die Wertschöpfungsaktivitäten der Spezialisten vorgelagerter Fertigungsstufen, wobei er das gesamte Netzwerk ständig auf die Erfordernisse des Endmarktes ausrichten muss (**Supply-Chain-Management**). In der Automobilindustrie verringerte sich die Fertigungstiefe zwischen 1990 und 2000 von 30 auf 23 Prozent.

In diese Sichtweise passt auch, dass bestimmte Teile der Produktion an Zulieferer veräußert werden, die dort ihr spezielles Know-how aufweisen. So

JIT-Belieferung bedeutet zunehmend auch Verminderung der Fertigungstiefe über Systemlieferanten (Outsourcing).

erwarb 2002 der Autozulieferer Behr das Chrysler-Komponentenwerk für Klima- und Motorkühlungssysteme, Produkte, die er – nach gründlicher Restrukturierung – auch anderen amerikanischen Automobilherstellern anbieten will. Verselbständigt wurden die Zuliefertöchter Delphi (General Motors) und Visteon (Ford).

Eine logische Weiterentwicklung ist das »Lego-Baukastenprinzip«: Die Systemlieferanten bauen ihre Module selbst am Band des Weiterverarbeiters ein (Zulieferparks). So waren an der Entwicklung der neuen A-Klasse von Mercedes etwa sechzig Systemlieferanten beteiligt, die zum Teil ihre Module in eigener Verantwortung ins Auto einbauen; die Fertigungstiefe beträgt nur noch 25 Prozent (Süddeutsche Zeitung vom 17. 12. 1996/1. 3. 1998).

Die Auslagerung von Leistungsprozessen als Ergebnis einer Make-or-buy-Entscheidung erlaubt dem Hersteller eine schnellere und kostengünstigere **»schlanke« Produktion (Lean Production)**. Dieser Effekt wird dann noch verstärkt, wenn die Zulieferer (bzw. deren Zulieferer)

- Tarifverträge mit **niedrigeren Löhnen** haben und
- mehrere Weiterverarbeiter »identisch« bedienen, was – über die dann mögliche **Massenfertigung** – weitere Kostenvorteile bringt.

Das verbesserte industrielle Know-how sowie die verringerten Transportkosten und günstigen Immobilienpreise haben die Niedriglohnländer als Zulieferer immer interessanter gemacht, weshalb viele Weiterverarbeiter mittlerweile **Global Sourcing** betreiben. »… bei Mercedes wird der Jahrzehnte gültige Qualitätsbegriff »made in Germany« gerade durch »made by Mercedes« ausgetauscht (Wirtschaftswoche vom 11. 6. 1993). Insbesondere größere Zulieferer haben die Entwicklung aufgegriffen und die arbeitsintensiven Teile ihrer Fertigung ins Ausland verlagert (2. Kapitel).

Die steigenden Anforderungen an die Lieferanten fördern den Konzentrationsprozess und strategische Partnerschaften.

Im Bereich der Zulieferindustrie hat es einen starken **Konzentrationsprozess** gegeben, dem verschiedene Ursachen zugrunde lagen: Die mit der Globalisierung einhergehende »marktnahe« Auslandsfertigung (z. B. der Automobilhersteller) zwingt die Teilehersteller zu umfangreichen Investitionen »vor Ort«. Das Konzept der Systemlieferanten stellt zudem hohe Anforderungen an Forschung und Entwicklung (zunehmend auf den Gebieten der Elektronik und Sensorik) sowie an Koordination und Kontrolle. Der hiermit einhergehenden finanziellen Belastung sind insbesondere mittelständische Unternehmen oft nicht gewachsen. Die Folge ist, dass z. B. Fahrzeugmodule wie Airbag, Autositze, Bremsanlagen und Türen nur noch von wenigen Systemlieferanten in der gewünschten Qualität termintreu geliefert werden können. Der Endfertiger sieht sich hierdurch höheren Risiken (z. B. Betriebsstörungen beim Lieferanten) und einer verstärkten Verhandlungsmacht ausgesetzt, weshalb nach Möglichkeit eine »Zwei-Quellen-Versorgung« angestrebt wird. Hinzu kommt, dass Produkte ihre Identität verlieren können, »wenn man zuviel Verantwortung in die Hände von großen Zuliefererkonzernen gibt… Heute finde ich in fast allen Autos gleiche ABS-Systeme, gleiche Airbags und gleiche Fahrzeugelektroniken« (ehem. BMW-Vorstand Reizle). Systemlieferanten können freilich auch aus »strategischen Partnerschaften« hervorgehen. So fertigen Behr und Hella zusammen Bauelemente für die Kfz-Klimatisierung (Die Zeit vom 6. 12. 2001).

Neue Wege im Global Sourcing eröffnen **Internet-Handelsplattformen** (elektronische Marktplätze). Im Jahre 2000 errichteten die Automobilhersteller General Motors, Ford, DaimlerChrysler und Renault/Nissan eine – für die gesamte Branche offen stehende – Internet-Plattform (»Covisint«) im Verhältnis zu ihren Lieferanten. Seither bietet sich ihnen die Möglichkeit, innerhalb kürzester Zeit weltweit Angebote einzuholen. Errichtet wird eine Plattform als selbständiges Unternehmen, an dem außer den Einkäufern auch Softwarehäuser (als Technologiepartner) beteiligt sind. Abgerechnet werden die Leistungen über Gebühren je Transaktion. Die Betreiber erhoffen sich einen deutlich vergünstigten Einkauf gegenüber herkömmlichen Ausschreibungen. Möglich sind z. B. Blitz-Auktionen, bei denen die potentiellen Zulieferer weltweit um Aufträge konkurrieren und gegenseitig die Preise nach unten treiben (»Reverse Auctions«). So könnte man im Zuge der Auktion jedem Einzelnen signalisieren, wo er mit seinem Angebot liegt und ihm die Möglichkeit bieten nachzubessern. Neben günstigeren Preisen soll die B2B-Plattform auch den gesamten Abwicklungsprozess vereinfachen (kein Papierkrieg) sowie beschleunigen und damit die Lieferzeit reduzieren. Dies würde dann in der Beschaffung zu eher kurzfristigen Dispositionen führen und die Lagerhaltung verringern. Die anfängliche Euphorie – man könne beim Autobau bis zu 1000 € je Fahrzeug einsparen – ist einer eher nüchternen Betrachtung gewichen. Fraglich ist z. B., welche Zulieferteile über B2B-Handelsplattformen beschafft werden können. Im Interesse klarer Ausschreibungs- und Qualitätskriterien muss es sich um digitalisierte »Katalogware« handeln (z. B. Reifen, Öle, Bleche, Schrauben, Kabelstränge). So bot Ford erstmals in einer Auktion die Lieferung von einer Million Klopfreglern an (Wirtschaftswoche vom 2. 3. 2000). Wettbewerbskritische (»strategische«) Komponenten (die womöglich sogar der Geheimhaltung unterliegen), komplexe Bauteile und Module von Systemlieferanten sowie Maschinen und Anlagen entziehen sich der Handelsplattform, weil sie meist aufwändige Ausschreibungen und langjährige Kooperationen voraussetzen. Auch die Lieferfähigkeit im Rahmen einer JIT-Fertigung kann den Kreis der Lieferanten so stark reduzieren, dass ein gewiefter Einkäufer die Beschaffung einfacher gestalten kann. Dem Argument, die Zulieferer kämen noch stärker unter Preisdruck wird entgegnet, ihnen erschlössen sich über die Plattform neue Kundenbeziehungen, was insbesondere für flexibel agierende kleine und mittlere Zulieferer eine große Chance bedeute: Sie benötigten lediglich einen Internetanschluss. Insgesamt werden vertikalen (branchenspezifischen) Marktplätzen größere Chancen eingeräumt als horizontalen (branchenübergreifenden). Aus Sicht des Bundeskartellamtes sind die Handelsplattformen zunächst Kartelle, es sei denn, dass bestimmte Spielregeln eingehalten werden (4. Kapitel).

B2B (Business to Business)-Plattformen verschärfen den Wettbewerb und vereinfachen die Abwicklung, aber nicht für alles.

Eine Beschaffung über Handelsplattform setzt voraus, dass die Ware klar definiert wird, weltweit viele Lieferanten in Betracht kommen und der Markt unübersichtlich ist.

Beispiel

Verminderung der Fertigungstiefe

»… in Warmenau bei Wolfsburg baut die Sommer Allibert Systemtechnik GmbH das Armaturenbrett für den VW Polo zusammen. Aus der reinen Schalttafel entwickelten die Hessen ein Cockpit aus 60 Einzelteilen. Neben den Armaturen liefern die Hessen sämtliche Kabel, den Beifahrer-Airbag, Heizungsinstrumente, die Elektrik, Schalter und Instrumente. Die Integration der Teile in ein einziges Modul ist für Vorstandschef Marc Assa der »Ausgangspunkt für unsere Etablierung als Systemlieferant…«

Neue Wege gehen überdies der Volkswagen-Konzern und die Hella KG Hueck & Co., Lippstadt…

Das so genannte Frontend erwies sich als beispielhaft. Die insgesamt 60 Bauteile der Frontpartie – wie Stoßfänger, Scheinwerfer, Grill und Kühler – kamen bislang von rund 40 Lieferanten. Mit der Hella Fahrzeugsysteme GmbH aus Meerane bei Zwickau bringt jetzt ein einziger Lieferant das vormontierte Teil einbaufertig ans Band …«

(Aus: Glöckner, Th.: Zulieferindustrie – Großer Sprung, in: Wirtschaftswoche vom 8. 2. 1996)

»… In 70 Prozent aller europäischen Fahrzeuge sitzt hinter der Verkleidung … ein Türsystem von Brose, komplett mit allen mechanischen, elektrischen und elektronischen Funktionen. Die Oberfranken kommen mit jährlich verkauften zehn Millionen Sitzverstellungen auf 43 Prozent Marktanteil in Europa, wo auch jeder zweite Fensterheber von Brose stammt.

… Die Automobilbauer … stützen sich vorrangig auf »Lieferanten der ersten Kategorie«, die komplette Systeme direkt ins Werk liefern und sich ihrerseits auf ein Geflecht von Zulieferanten stützen. So stammen auch bei Brose rund 60 Prozent des Umsatzes aus dem Zukauf von Teilen und Dienstleistungen …«

(Aus: M. Nobbe: Unsichtbar und nahezu unentbehrlich, in: Süddeutsche Zeitung vom 23. 10. 2000)

»… mittels ihrer elektronischen Marktplätze hat die IBM … im ersten Quartal des vergangenen Jahres weltweit für rund zwölf Milliarden Dollar eingekauft und dabei, neben dem Vorteil einer immensen zeitlichen Beschleunigung, mehr als 76 Millionen Dollar eingespart …«

(Aus: F. Spies: Jeder wird drei Internet-Anschlüsse haben, in: Süddeutsche Zeitung vom 22. 1. 2002)

»… Sachsenring hat sich inzwischen als Hersteller kompletter Auto-Baugruppen wie Unterböden, Seitenteile, Schaltungen oder Lenkungen am Markt etabliert. Zum ersten Abnehmer Volkswagen … haben die Zwickauer

→

mittlerweile auch Audi, Mercedes, BMW, Rover und Saab als Kunden hinzu-
gewonnen ...«

(Aus: Uhlmann, St.: In vollem Tempo zur Börse, in: Süddeutsche Zeitung vom 23. 9. 1997)

»... Weit besser als in der ganzen Branche entwickelte sich ... der Geschäftsbereich Pkw-Antriebstechnik (der ZF Friedrichshafen AG)... Eine neue 5-
Gang-Automatikgetriebereihe (Kunden: BMW, Audi, VW, aber auch Jagu-
ar) steuerte dazu bereits 60 Prozent bei ...«

(Aus: Süddeutsche Zeitung vom 11. 9. 1997)

»Der Kfz-Zulieferer Keiper aus Kaiserslautern hat den größten Auftrag in
der Firmengeschichte erhalten. Der Autohersteller DaimlerChrysler bestellte bei dem Familienunternehmen Autositzteile aus Metall für rund vier Milliarden DM, mit denen neun Fahrzeugmodelle von Herbst 2003 bis zum
Jahr 2011 bestückt werden sollen. Pro Jahr muss Keiper für diese Bestellung
drei Millionen Sitzelemente fertigen und liefern ...
    ... Hauptabnehmer der Keiper-Produkte ... sind General Motors (GM),
DaimlerChrysler und Volkswagen.«

(Aus: Süddeutsche Zeitung vom 16. 3. 2001)

»... Ein Großbrand beim Zulieferer Aisin Seiki zerstörte am 1. Februar die
Produktionsanlagen für Ventile, die den hydraulischen Druck von Bremsen
kontrollieren. Kleine Ursache, extrem große Wirkung. Das ausgefallene Teil
wird bei fast allen Toyota-Modellen... eingesetzt, von denen normalerweise
in Japan täglich 15 000 Stück vom Band rollen. Für Toyota ist Aisin der einzige Lieferant, und diesem fatalen Umstand monopolistischer Abhängigkeit
ist es geschuldet, dass dem Konzern bisher schätzungsweise 40 Milliarden
Yen (530 Millionen DM) Produktionsausfallkosten entstanden sind ...«

(Aus: Köhler, R.: Ist die Just-in-time-Methode immer noch zeitgemäß?, in: Süddeutsche Zeitung vom 12. 2. 1997)

»... Zur Vorgeschichte: Mitte Juni hatten die Montagebänder des Autopro-
duzenten (Ford) in Köln und im britischen Dagenham mehrere Tage stillge-
standen, weil Kiekert die benötigten Türschlösser nicht fristgerecht geliefert
hatte. Zur Begründung verwies das Unternehmen auf einen Softwarefeh-
ler...
    Dagegen hegte der Autohersteller den Verdacht, Kiekert wolle in den ge-
rade laufenden Verhandlungen über einen neuen Liefervertrag die Muskeln
spielen lassen. Denn der Türschlosshersteller befindet sich in einer komfort-
ablen Position. Weltweit besitzt die Gruppe einen Marktanteil von 25 Prozent, und in Deutschland gibt es nahezu keinen Autobauer, der nicht mit
dem Unternehmen aus Heiligenhaus zusammenarbeitet...«

(Aus: Süddeutsche Zeitung vom 14. 10. 1998)

4 Qualitätssicherungssysteme

Produkte werden immer **komplexer** und die **Käufer** immer **anspruchsvoller,** die sich zudem auf eine zweijährige **Gewährleistungsfrist** stützen können. In vielen Bereichen können fehlerhafte Erzeugnisse massive Gefährdungen auslösen, die dann – nach den Vorschriften des **Produkthaftungsgesetzes** (17. Kapitel) – bei den Herstellern umfangreiche Haftungsverpflichtungen begründen. Die Lieferung von Spitzenqualität an den Weiterverarbeiter ist zudem **Voraussetzung** für die Funktionsfähigkeit des **JIT-Konzepts.**

Vor diesem Hintergrund gewinnen Qualitätssicherungssysteme eine zunehmende Bedeutung, wobei von folgenden Grundideen ausgegangen wird:

Was Qualität ist, definiert der Kunde und nicht der Ingenieur.

- Qualität bedeutet Erfüllung der Kundenanforderungen. Im Rahmen der Qualitätssicherung müssen diese in innerbetrieblich praktikable Standards für die Beschaffenheit des Produkts und den Produktionsprozess übertragen werden (**kundenorientiertes Qualitätsmanagement**).
- Qualität soll nicht nachträglich kontrolliert, sondern von vornherein geplant und dann sicher beherrscht werden (**präventive Qualitätssicherung**): Dies deshalb, weil die Beseitigung von Qualitätsmängeln umso kostspieliger wird, je später im Wertschöpfungsprozess sie entdeckt werden.

Ein **hoher Qualitätsstandard** kann auf verschiedenen – miteinander kombinierbaren – Wegen erreicht werden:

- Kontinuierlich mit dem Fortgang der Produktion werden an den Werkstücken **automatische, rechnergestützte Prüfungen** vorgenommen (z. B. mittels Sensoren).

Qualitätssicherung verlagert sich zunehmend auf die operativen Einheiten, wodurch Qualitätskontrolle (weitgehend) überflüssig wird.

- Die Mitarbeiter der ausführenden Ebene kontrollieren selbst ihr Arbeitsergebnis und geben nur gute Stücke weiter (**Qualitätssicherung durch Selbstkontrolle**); im schlimmsten Fall wird sogar das Band mittels Reißleine (Andon Signal) gestoppt. Vorteilhaft hierbei ist, dass auf spezielles Qualitätssicherungspersonal (das zudem häufig demotivierend auf die ausführenden Mitarbeiter wirkt) sowie auf Zwischenlagerung der Werkstücke zwecks Kontrolle verzichtet werden kann. Ferner steigt das Verantwortungsbewusstsein »an der Basis«, weshalb Fehler schneller erkannt und beseitigt werden. In diesem Zusammenhang gehören auch die »Qualitätszirkel« als Problemlösungsgruppen eines Arbeitsbereichs bei arbeitsplatzübergreifenden Qualitätsproblemen.
- Der Produktionsprozess selbst sollte Gegenstand der Qualitätssicherung sein: So müssen der Verschleiß von Werkzeugen, Qualitätsschwankungen der Betriebsstoffe usw. beobachtet werden (**Qualitätssicherung durch Prozesskontrolle**).

KVP: Kontinuierlicher Verbesserungs-Prozess

- Schließlich dienen **kontinuierliche Verbesserungen** von **Produkt** und **Prozess** der Qualitätssicherung (Japan.: Kaizen). So können z. B. die Arbeitsplatzgestaltung und Arbeitsorganisation weiter optimiert werden, wobei auf die Erfahrungen der Mitarbeiter zurückgegriffen werden sollte

(»Die Basis denkt nach«). Auch in der – vorgelagerten – Entwicklungs- und Konstruktionsphase sollte das Augenmerk auf »fehlertolerante« Produktdesigns und Abläufe gerichtet werden.

Die **Qualitätskosten** setzen sich zusammen aus den – nachträglichen – Prüf- und Fehlerkosten (Nacharbeit, Ausschuss, Stillstandskosten, Garantieleistungen) sowie den – präventiven – Fehlerverhütungskosten. Hierbei ist allerdings zu beachten, dass die Qualitätskosten nicht nur als Verschwendung erzeugende **Abweichungskosten** entstehen. Ein Teil von ihnen sind vielmehr – im Sinne des Unternehmenserfolgs positiv zu bewertende – Kosten der Erfüllung der Kundenwünsche; zu diesen **Übereinstimmungskosten** zählen die Fehlerverhütungskosten sowie ein Teil der Prüfkosten. Die Abweichungskosten kann man den verursachenden Produkten zurechnen, die Übereinstimmungskosten hingegen in der Regel nicht.

> Man muss den Kunden Qualität bieten und Qualitätsmangel beseitigen: beides kostet.

Unter der Lupe

DIN EN ISO 9000 : 2000

Die 1987 von der International Standardisation Organization (ISO) veröffentlichte ISO 9000er Reihe wurde 1990 – nach Abstimmung mit Österreich und der Schweiz – in der deutschen Fassung DIN EN ISO 9000 erlassen und später zur Norm ISO 9000:2000 überarbeitet. Ziel dieser Norm ist es, das Qualitätsmanagement in den Unternehmen zu verbessern.

Die Zertifizierung eines Herstellers wird von akkreditierten Prüfinstitutionen vorgenommen, z. B. den Technischen Überwachungsvereinen (TÜV) oder der Deutschen Gesellschaft zur Zertifizierung von Qualitätsmanagementsystemen (DQS). Das Zertifikat besitzt drei Jahre Gültigkeit; nach erneuten Qualitätsaudits durch die Zertifizierungsgesellschaft kann es um jeweils weitere drei Jahre verlängert werden. Die Kosten einer Zertifizierung betragen etwa 12 000 € (Stand: 2002); hinzu kommen allerdings noch die »internen Kosten« der organisatorischen Anpassung, Erstellung von Handbüchern und Mitarbeiter-Schulung, die ein vielfaches der Zertifizierungskosten ausmachen können.

Die ISO 9000 : 2000 ist eine Anleitung zur Verbesserung der Leistungen des Unternehmens, wobei das Management der Ressourcen (z. B. Personal) sowie das Prozessmanagement im Mittelpunkt stehen. Hierunter fallen kundenbezogene Prozesse, Entwicklung, Beschaffung, Produktions- und Dienstleistungsprozess, Steuerung bei Abweichungen und Kundendienst. Der Kundenorientierung wird eine herausragende Bedeutung beigemessen. Dabei prüft das Unternehmen, ob seine Leistungen die Forderungen des Marktes und die Vorgaben für die Spezifikation erfüllen, wobei die Norm gleichermaßen auf Produkte und Dienstleistungen (z. B. Software, Kanzleien, Handel) anwendbar ist. Entsprechend den sich wandelnden Markt- und Kundenerwartungen wird auch Wert auf eine kontinuierliche Verbesserung der Produkte und Prozesse gelegt. Die Norm beleuchtet freilich auch andere »Parteien« wie Mitarbeiter, Lieferanten, Eigentümer und Öffentlichkeit (z. B. Umweltschutz).

Im Einzelnen gibt es vier Kernnormen:

ISO 9000 : 2000   Begriffe/Definitionen

ISO 9001 : 2000   Qualitätsmanagementanforderungen

ISO 9004 : 2000   Leitfaden zur Anwendung der ISO 9001

ISO 19011   Prüfung der Dokumentation (Auditierung) aller Prozesse und Qualitätsziele

Die Norm ISO 9004 : 2000 schlägt auch die Brücke zu weiter reichenden Qualitätsmethoden (z. B. European Foundation for Quality Management – EFQM Excellence Model).

Durch die Norm wird eine bestimmte »Philosophie« vorgegeben: Jeder Prozess kommt auf den Prüfstand, wird optimiert und dokumentiert. Dies schafft nach außen ein Qualitätsimage (auch zur Abwehr von Produkthaftungsansprüchen); eine automatische Steigerung der Qualität ist mit einem Zertifikat jedoch nicht verbunden. Das Qualitätsmanagement ist eine notwendige, aber nicht auch eine hinreichende Voraussetzung für gute Leistung.

Kundenorientierung zieht sich wie ein roter Faden auch durch das Unternehmen.

Aus der Sicht des **Total-Quality-Management (TQM)** ist nicht nur der Weiterverarbeiter Kunde des Zulieferers und der Abnehmer Kunde des Weiterverarbeiters, sondern auch der Kollege an der nächsten Maschine »interner Kunde«, der ein Recht auf Null-Fehler-Qualität hat.

Das Problem der Bereitstellung durchzieht somit die gesamte logistische Kette, und die Qualitätssicherung kann als die entscheidende Herausforderung der Bereitstellungsplanung angesehen werden.

Zuständig hierfür ist das **Qualitätscontrolling:** Es soll alle qualitätsrelevanten Vorgänge im Unternehmen koordinieren und ein kundengerechtes Qualitätsniveau wirtschaftlich sicherstellen. Diese Aufgabe hat zwei Aspekte:

- Unter Beachtung der Chancen und Risiken des Kundenmarktes und der Stärken und Schwächen des Unternehmens soll es dauerhafte Erfolgspotentiale erschließen (**strategisches** Qualitätscontrolling): Längst nicht alle Kunden wollen maximale Qualität, sondern ein günstiges Preis-Leistungs-Verhältnis.
- Das langfristig optimale Qualitätsniveau ist dann stets möglichst wirtschaftlich zu realisieren (**operatives** Qualitätscontrolling).

Instrumente hierfür sind im strategischen Bereich z. B. Marktforschung und Portfolio-Analyse, im operativen z. B. Prüfplanung, Produktionsprozessüberwachung, Qualitätskennzahlen (z. B. Anteil Ausschuss) und eine Qualitätskostenrechnung.

Unter der Lupe

Logistische Kette

Der Begriff »Logistik« (aus dem französischen loger = einquartieren) umfasst in der modernen Materialwirtschaft nicht nur den reinen Transportvorgang, sondern schließt auch die Lagerung, Materialhandhabung sowie alle hierzu erforderlichen dispositiven Tätigkeiten mit ein. Dabei verläuft der Materialfluss über verschiedene Stufen vom Zulieferer über den Hersteller bis zum Endabnehmer; über den umgekehrt verlaufenden Informationsfluss findet eine Rückkopplung zu vorgelagerten Stufen der logistischen Kette statt. Der Informationsfluss dient der Steuerung des Materialflusses und beinhaltet z. B. aktualisierte Bedarfsmeldungen, Meldungen über Qualitätsmangel, aber auch über Änderungen von Kundenwünschen.

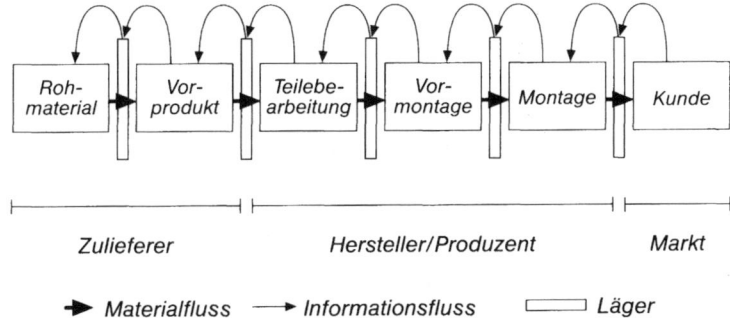

(Aus: Horst Wildemann, Produktionssynchrone Beschaffung, München 1995, S. 4).

Die Planungs- und Dispositionsaktivitäten innerhalb der logistischen Kette werden zwischen Kunde und Produzent über den Vertrieb, zwischen Produzent und Zulieferer über die Einkaufsabteilung abgewickelt. Hersteller koordinieren den innerbetrieblichen Material- und Informationsfluss über die Produktionsplanungs- und -steuerungsabteilung.

Durch die Verflechtung innerhalb der logistischen Kette wird deutlich, dass Störungen im Material- und/oder Informationsfluss Auswirkungen auf vor- und nachgelagerte »Kettenglieder« besitzen. Um Unterbrechungen nicht voll durchschlagen zu lassen, werden in der Regel – begrenzte – Läger zwischen die einzelnen Stufen eingebaut; sie dienen als »Puffer«.

Zur Verkürzung der Reaktionszeiten bei Störungen ist eine effiziente Informationsübermittlung erforderlich. Der Einsatz moderner Kommunikationstechnologien gewinnt deshalb stark an Bedeutung.

Arbeitsaufgaben

1) Ein Betrieb kauft in Abständen von 30 Tagen seinen Werkstoff PVC ein. Der Verbrauch pro Tag beträgt 200 kg. Die normale Lieferfrist beträgt 5 Tage. Verzögerungen bis zu 3 Tagen werden eingeplant. Wie groß sind
   a. die Bestellmenge,
   b. der eiserne Bestand und
   c. der Meldebestand?

2) Was verstehen Sie unter der »optimalen Bestellmenge«, und welches sind ihre Bestimmungsgrößen?

3) Nehmen Sie Stellung zu folgendem Satz: »Das kleinste Beschaffungslager ist das beste«!

4) Welche Bedeutung haben die »bestellfixen« Kosten für die Bestimmung der Größe der Bestellmenge?

5) Diskutieren Sie die folgende Aussage: »Ein eiserner Bestand bedeutet Geldverschwendung«!

6) Ein Betrieb hat bei seinem Werkstoff PVC einen Verbrauch von 400 kg pro Tag. Seine Bestellmenge beträgt 12 000 kg, sein eiserner Bestand 1200 kg und sein Meldebestand 2000 kg.
   In welchen zeitlichen Abständen kauft der Betrieb ein?
   Welches ist die normale Lieferzeit und welches ist die maximal mögliche Lieferverzögerung?

7) Was versteht man unter Outsourcing? Welche Vorteile hat es im Rahmen der Just-in-time-Belieferung?

8) Was verstehen Sie unter einer Stückliste?

9) Wovon hängt die Größe
   – des Meldebestandes,
   – des eisernen Bestandes ab?

10) Warum steigen mit zunehmender Bestellmenge die Aufbewahrungskosten pro Stück?

11) Nennen Sie die Voraussetzungen sowie Vor- und Nachteile des Just-in-time-Konzepts!

12) Was versteht man unter einer »logistischen Kette« und was macht sie deutlich?

13) Erläutern Sie verschiedene Möglichkeiten der Qualitätssicherung. Was versteht man unter präventiver Qualitätssicherung?

14) In einem großen Unternehmen ist die Stelle eines Abteilungsleiters vakant. Welche Wege gibt es, sie neu zu besetzen?

15) Bei größeren Anschaffungen werden in den Unternehmen Buying Center zusammengerufen: Wer sind die Mitglieder, welche Rollen spielen sie und warum ist ihr Zusammenhalt schwierig?

16) Plattform-Strategie und Badge engineering sind Wege zur Vereinfachung der Bedarfsplanung. Erläutern Sie diesen Sachverhalt!

17) Warum sind die Zulieferer nicht nur von den Weiterverarbeitern abhängig, sondern diese auch zunehmend von den Zulieferern?

18) Die Just-in-time-Belieferung beschert dem Weiterverarbeiter eine schlanke Produktion. Erörtern Sie die verschiedenen Aspekte dieser Situation!

19) Was versteht man unter Total-Quality-Management und welche Aufgabe hat das Qualitätscontrolling?

20) Leiten Sie graphisch die optimale Bestellmenge her! Vergessen Sie nicht, die Achsen des Koordinatensystems zu beschriften sowie die ökonomische Aussage der verwendeten Funktionen kurz darzustellen.

21) Die XY AG sieht sich pro Bestellvorgang Fixkosten in Höhe von 100,– € bei einem Bezugspreis von 2,50 € gegenüber. Zur Ermittlung der Aufbewahrungskosten gilt ein Lagerkostensatz von 12,– € bei einem Verbrauch von 1,5 Mengeneinheiten pro Tag. Bestimmen Sie die optimale Bestellmenge für die XY AG. Wie verändert sie sich bei einer Verdoppelung des Bezugspreises?

Lösungsvorschläge für die Arbeitsaufgaben im »Übungsbuch zu Grundlagen und Probleme der Betriebswirtschaft«.

Weiterführende Literatur

Gutenberg, E.: Grundlagen der Betriebswirtschaftslehre, Bd. l: Die Produktion, 24. Aufl., Berlin 1983.

Hahn, D.; Kaufmann, L. (Hrsg.): Handbuch Industrielles Beschaffungsmanagement, 2. Aufl., Wiesbaden 2001.

Hauschildt, J.; Gemünden, H. G. (Hrsg.): Promotoren, 2. Aufl., Wiesbaden 1999.

Howaldt, J.; *Kopp,* R.; *Winther, M.:* Kontinuierlicher Verbesserungsprozess, Köln 1998.

Kern, W.: Industrielle Produktionswirtschaft, 5. Aufl., Stuttgart 1992.

Kilger, W.: Industriebetriebslehre Band I, Wiesbaden 1999.

Lackes, R.: Just-in-Time-Produktion, Wiesbaden 1995.

Schildknecht, R.: Total Quality Management, Frankfurt, New York 1992.

Schmalen, H.; Pechtl, H.: Technische Neuerungen in Kleinbetrieben, Stuttgart 1992.

Schulte, G.: Material- und Logistikmanagement, 2. Aufl., München 2001.

Stauss. B. (Hrsg.): Qualitätsmanagement und Zertifizierung, Wiesbaden 1994.

Tempelmeier, H.: Material-Logistik, 4. Aufl., Berlin u. a. 1999.

Wildemann, H.: Produktionssynchrone Beschaffung, 3. Aufl., München 1995.

Wildemann, H.: Kosten- und Leistungsbeurteilung von Qualitätssicherungssystemen, in: Zeitschrift für Betriebswirtschaft (ZfB), 62. Jg. (7, 1992), S. 761–782.

Wildemann, H.: Das Just-in-Time-Konzept, Produktion und Zulieferung auf Abruf, 3. Aufl., München 1993.

Wildemann, H.: Unternehmensqualität: Einführung einer kontinuierlichen Qualitätsverbesserung, München 1993.

Wildemann, H.: Kundennahe Produktion und Zulieferung – Empirische Bestandsaufnahme und aktuelle Tendenzen, in: Simon, H.; Homburg, Chr. (Hrsg.): Kundenzufriedenheit, 4. Aufl., Wiesbaden 2001, S. 93–122.

Witte, E.: Organisationsentscheidungen. Das Promotoren-Modell, Göttingen 1973.

13. Kapitel:
Die Produktionsplanung

Lernziele

Leitfrage:
Was muss ein Betrieb bei der Planung seines Produktionsprogramms beachten?
- Sind die vorhandenen Produktionsfaktoren zur Herstellung der Produkte geeignet?
- Ist das Programm in sich abgestimmt?
- In welchen Mengen sollen die einzelnen Produkte des Programms hergestellt werden?

Leitfrage:
Was muss ein Betrieb bei der Planung seines Produktionsvollzugs beachten?
- Soll in Fließ- oder Werkstattfertigung hergestellt werden?
- Ist Einzel-, Massen- oder Variantenfertigung angebracht?
- Wie wirken sich die neuen Technologien auf die Fertigung aus?

Leitfrage:
Warum sind wir »weg von Taylor«, nicht aber in die »menschenleere Fabrik« marschiert?

1 Vorbemerkungen

Gegenstand der Produktionsplanung ist die Frage, **welche Produkte** mit **welchen Produktionsfaktoren** hergestellt werden sollen. Sie besteht demnach aus einer Programmplanung und einer Vollzugsplanung (Abb. 13.1).

2 Die Programmplanung

Die Programmplanung befasst sich mit der Frage, welche Produkte in welchen Mengen hergestellt werden sollen, wobei von den **aktuellen** Kundenaufträgen bzw. **prognostizierten** künftigen Bedarfen unter Berücksichtigung eventueller Lagerbestände ausgegangen werden muss, was zeigt, dass Produktions- und Absatzplanung nicht unabhängig voneinander betrieben werden können.

Im Anschluss daran wird dieser **Primär**bedarf stufenweise in Baugruppen und Teile (**Sekundär**bedarf) sowie Roh-, Hilfs- und Betriebsstoffe (**Tertiär**bedarf) aufgelöst. Dabei kann man sich der Stücklisten bedienen (12. Kapitel) oder auf der Basis des bisherigen Verbrauchs eine Verbrauchsprognose vornehmen, wobei auch hier Lagerbestände einzukalkulieren sind.

> Im Einzelnen werden im Rahmen der Programmplanung Produktdesign, Sortiment und Produktionsmenge festgelegt.

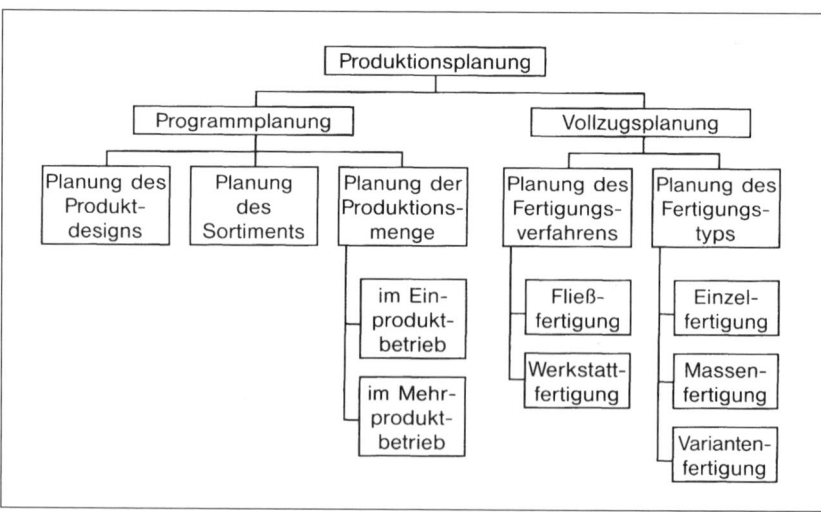

Abb. 13.1: Die Produktionsplanung

2.1 Die Planung des Produktdesigns

Die Planung des Produktdesigns muss bis ins kleinste Detail gehen, damit festgestellt werden kann, ob die **vorhandenen** Produktionsfaktoren die Herstellung eines bestimmten Produkts in der erforderlichen Qualität überhaupt erlauben. Ist dies nicht der Fall, dann muss entschieden werden, ob entweder

- die fehlenden Produktionsfaktoren eingekauft oder
- die Eigenschaften der Produkte verändert werden sollen.

2.2 Die Planung des Sortiments

Die Planung des Sortiments wird in der Regel von zwei gegensätzlichen Interessen geprägt:

- Die Absatzplanung wünscht die Herstellung eines möglichst umfassenden Sortiments bis hinein in Nischen, weil dies die Absatzchancen verbessert.
- Die Vollzugsplanung wehrt sich andererseits gegen die Typenvielfalt, weil dies zahlreiche Spezialmaschinen und oft auch ein ständiges Umrüsten der Apparatur erfordert, was unter Umständen erhebliche Kostenwirkungen hat.

Als Kompromiss empfiehlt sich ein Sortiment nach der **Plattform-Strategie** (oder: Baukastenprinzip): Bei Aufrechterhaltung einer gewissen (äußeren) Typenvielfalt werden zahlreiche (innere) Bestandteile der Typen vereinheitlicht. Auch eine Verringerung der Fertigungstiefe durch **Outsourcing** kann hier eine Entlastung bringen (12. Kapitel).

Plattformstrategie: Aufrechterhaltung einer äußeren Typenvielfalt bei Vereinheitlichung der inneren Typenbestandteile

2.3 Die Planung der Produktionsmenge

Die Planung der Produktionsmenge wird wesentlich davon bestimmt, ob sie für einen Einprodukt- oder für einen Mehrproduktbetrieb durchgeführt wird.

2.3.1 Die Produktmengenplanung im Einproduktbetrieb

Die Produktmengenplanung im Einproduktbetrieb versucht, Produktions- und Absatzmenge optimal aufeinander abzustimmen. Hierbei sind verschiedene Fälle zu unterscheiden:

- Die Absatzmenge ist im **Zeitablauf konstant.** In diesem Fall empfiehlt sich eine Anpassung der betrieblichen Kapazität – und damit der Produktionsmenge – an die **Absatzmenge.** Eine Lagerhaltung von Fertigfabrikaten ist nur für den eisernen Bestand (als Sicherung gegen unerwartete Produktionsausfälle bzw. Nachfragespitzen) erforderlich.

- Die Absatzmenge weist **Saisonschwankungen** auf. Hier hat der Betrieb verschiedene Möglichkeiten; die wichtigsten sind:
  - Die betriebliche Kapazität wird dem **Spitzenbedarf** angepasst. Dies bedeutet, dass die Saisonschwankungen über Beschäftigungsschwankungen aufgefangen werden (»hire and fire«), weshalb eine Lagerhaltung nur für den eisernen Bestand erforderlich ist. Bei dieser Alternative entstehen zwar hohe Kapazitäts-, aber nur geringe Aufbewahrungskosten (**Synchronisationsprinzip**).
  - Die Produktion wird auf einem im Zeitablauf konstanten »**mittleren**« **Beschäftigungsniveau** fixiert. Dadurch ist es möglich, im Saisontief einen Lagerbestand aufzubauen, der ausreicht, um den Spitzenbedarf im Saisonhoch zu decken. Hier entstehen dann bei geringen Kapazitätskosten hohe Aufbewahrungskosten (**Emanzipationsprinzip**).

> Beim Synchronisationsprinzip entstehen Kapazitäts- und beim Emanzipationsprinzip Aufbewahrungskosten.

Der Betrieb wird das Verfahren bzw. die »Zwischenlösung« wählen, bei der die **gesamten Kosten für einen Saisonzyklus** am geringsten sind.

Die Einrichtung einer mittleren Kapazität mit Produktion auf Lager im Saisontief ist **Dienstleistungsbetrieben** allerdings nicht möglich: So muss sich z. B. der öffentliche Personennahverkehr mit seinen Kapazitäten an den Spitzenbedarf der Rushhours anpassen, was seine chronische Finanznot (zum Teil) erklärt.

Häufig wird als Möglichkeit der Saisonglättung die **Diversifikation** angeführt: Der Betrieb nimmt zusätzlich solche Erzeugnisse in sein Produktionsprogramm auf, die (weitgehend) die vorhandenen Anlagen nutzen können, deren Saisonschwankungen jedoch »umgekehrt« verlaufen; gleichzeitig wird die Kapazität dem Spitzenbedarf angepasst. Ein Beispiel ist die Produktion von Rasenmähern (Winterhalbjahr) und Schneefräsen (Sommerhalbjahr). Hierdurch wird allerdings der Einprodukt- zum Mehrproduktbetrieb.

> In Sachleistungsbetrieben können Saisonschwankungen über Beschäftigung, Lagerhaltung oder Diversifikation aufgefangen werden.

2.3.2 Die Produktmengenplanung im Mehrproduktbetrieb

Die Produktmengenplanung im Mehrproduktbetrieb erweist sich dann als ein besonders kompliziertes Problem, wenn

- die einzelnen Erzeugnisarten **unterschiedliche Stückgewinne** aufweisen,
- (fast) **alle betrieblichen Anlagen** von (fast) allen Erzeugnisarten beansprucht werden und
- die **Beanspruchungszeiten** der Erzeugnisarten auf den verschiedenen Anlagen sehr **unterschiedlich** sind.

Will der Betrieb in einer solchen Situation einen möglichst großen Gesamtgewinn erreichen, dann muss er versuchen, möglichst **viele Stücke** solcher
Produktarten zu erzeugen, die

- möglichst **wenige Anlagen** beanspruchen,
- möglichst **geringe Beanspruchungszeiten** auf »ihren« Anlagen haben
  und
- einen möglichst **hohen Stückgewinn** aufweisen.

Welches Produktionsprogramm sich im Einzelfall hinter diesen Forderungen verbirgt, lässt sich freilich nicht so ohne weiteres feststellen, weil oftmals
Produkte mit höheren Stückgewinnen auch die Anlagen stärker beanspruchen; unter bestimmten Voraussetzungen kann das optimale Produktionsprogramm allerdings mit Hilfe der »linearen Programmierung« ermittelt
werden.

> Im Mehrproduktbetrieb wird die Produktmengenplanung meist dadurch
> erschwert, dass Produkte mit hohen Stückgewinnen auch die betriebli-
> chen Anlagen besonders stark beanspruchen.

Unter der Lupe

Produktmengenplanung im Mehrproduktbetrieb
Die beiden Produkte A und B nehmen die drei Anlagen des Betriebs l, II und
III wie folgt in Anspruch (in Stunden):

	I	II	III
A	4	8	6
B	8	4	–

Die je Woche zur Verfügung stehenden Maschinenlaufzeiten betragen (in
Stunden):
I: 96
II: 120
III: 72
Ferner erzielt das Produkt A einen Gewinn von 12 und das Produkt B einen
Gewinn von 8 je Stück (in 1000 €)
   Wie muss die Wochenproduktion festgelegt werden, damit der Gewinn
des Betriebs möglichst groß wird?
   Ebenso wie das simultane Planungsproblem des 6. Kapitels kann auch das
Produktmengen-Planungsproblem mit Hilfe der linearen Programmierung
gelöst werden; statt zwei (Abteilungs-)Restriktionen gibt es nun drei (Anla-
gen-)Restriktionen:

$\longrightarrow$

$$4\,x_A + 8\,x_B \quad \leq 96 \qquad \text{(Anlage I)}$$
$$8\,x_A + 4\,x_B \quad \leq 120 \qquad \text{(Anlage II)}$$
$$6\,x_A \qquad\qquad \leq 72 \qquad \text{(Anlage III)}$$

mit: x_A = Produktionsmenge Produkt A

x_B = Produktionsmenge Produkt B

Die Zielfunktion lautet jetzt:

$$G = 12\,x_A + 8\,x_B \rightarrow \text{max.}$$

Die grafische Lösung dieses Problems wird ebenso durchgeführt wie im Beispiel zur simultanen Planung; in der Praxis bedient man sich zur Lösung derartiger Probleme jedoch des Simplex-Kriteriums (als Software-Paket).

Das optimale Produktionsprogramm lautet:

A: 12 Stück

B: 6 Stück

Man erkennt, dass – trotz geringeren Stückgewinns – auch das Produkt B hergestellt wird.

3 Die Vollzugsplanung

In der Vollzugsplanung geht es um die Frage, mit welcher **Anordnung von Produktionsfaktoren** die im Programmplan festgelegten Erzeugnismengen wie hergestellt werden.

> Gegenstand der Vollzugsplanung sind Fertigungsverfahren und Fertigungstyp.

3.1 Die Planung des Fertigungsverfahrens

Fertigungsverfahren:
Fließ- oder Werkstattfertigung

Die Planung des Fertigungsverfahrens legt fest, wie der Fertigungsablauf **räumlich** organisiert wird: Wie sollen die Potentialfaktoren und Arbeitsplätze – und damit die Wege, die die Produkte im Zuge ihrer Fertigung nehmen – angeordnet werden? Als Fertigungsverfahren unterscheidet man Fließfertigung und Werkstattfertigung.

3.1.1 Die Fließfertigung

Bei der Fließfertigung kommen Potentialfaktoren und Arbeitsplätze zum Produkt.

Die Fließfertigung ist ein Fertigungsablauf, bei dem die Potentialfaktoren und Arbeitsplätze »**zum Produkt kommen**«: Sie sind so angeordnet, wie es ein möglichst kontinuierlicher – fließender – Fertigungsablauf erfordert. In Abb. 13.2 ist das Schema einer Fließfertigung für die Produkte A und B wiedergegeben: Jedem Produkt ist eine **eigene** »Fertigungsstraße« mit den erforderlichen Stationen (Potentialfaktoren und Arbeitsplätze) in produkti-

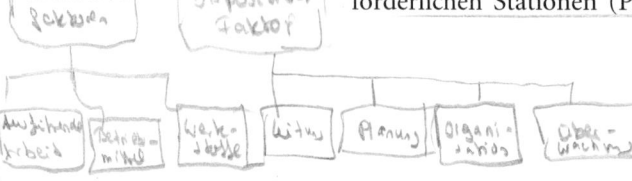

onsgünstiger Reihenfolge zugeordnet; z. B.: Drehen $\rightarrow$ Bohren $\rightarrow$ Fräsen $\rightarrow$ Schleifen.

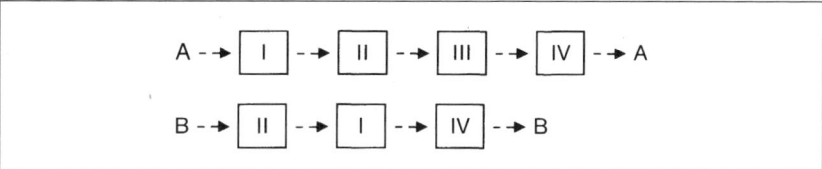

Abb. 13.2: Die Fließfertigung

Je nach dem **Grad ihrer Automation** unterscheidet man bei der Fließfertigung verschiedene Varianten:

- Bei der Fließbandfertigung wird der Transport des Werkstücks mittels **Fließband bzw. fahrerloser Transporteinrichtungen** vorgenommen. Dabei spielt die Bandgeschwindigkeit eine – auch lohnpolitisch – bedeutende Rolle. Moderne Fließbänder zeichnen sich dadurch aus, dass die dort Tätigen mitfahren, während sie ihre Montageleistung erbringen (»wandernde Fußböden«) und/oder die Werkstücke (z. B. Karosserien) so gedreht, gehoben oder gesenkt werden, dass sie in aufrechter Haltung bearbeitet werden können (»Schwenkgehänge«).
- Bei der Transferstraßenfertigung erfolgen der Transport, die Bearbeitung und die Kontrolle des Werkstücks **automatisch.**
- Bei der Reihenfertigung sind zwar die Stationen entsprechend dem Produktionsablauf räumlich angeordnet, eine genaue zeitliche Abstimmung der einzelnen Verrichtungen fehlt jedoch, weshalb **Zwischenlagerungen** (Puffer) vorgesehen sind. Zeitpuffer sind immer dann anzutreffen, wenn Unsicherheitsfaktoren im Prozess nicht gelöst werden können oder – z. B. aus Kostengründen – sollen.

Die Vor- und Nachteile der Fließfertigung lassen sich so zusammenfassen:
- Vorteile:
  - Die **Durchlaufzeit** eines Werkstücks ist **gering,** da höchstens kurzzeitige Zwischenlagerungen erforderlich sind (Reihenfertigung). Dies bedeutet, dass keine nennenswerten Aufbewahrungskosten für Zwischenprodukte anfallen.
  - Da die Mitarbeiter immer die gleiche Verrichtung ausführen, erlangen sie eine **hohe Produktivität.**
  - Bei gegebener Bandgeschwindigkeit lässt sich die Ausbringungsmenge und damit der Verbrauch an Repetierfaktoren und Werkstoffen exakt vorausbestimmen. Dies ermöglicht eine **genaue Bestellmengenplanung.**
  - Der Produktionsprozess (Materialfluss) ist gut überschaubar und kann deshalb **genau kontrolliert** werden.

Die Varianten der Fließfertigung sind Fließband-, Transferstraßen und Reihenfertigung.

Verhältnis zwischen der Produktionsmenge (Output) und dem Faktoreinsatz (Input)

■ Nachteile:
- Die Erzeugnisse müssen **voll ausgereift** sein, da eine Produktionsänderung die Stilllegung der ganzen Fertigungsstraße erfordert (hohe Umstellkosten).
- Die häufig **monotone Arbeit** kann für die Mitarbeiter eine psychische Belastung bedeuten. Deshalb hat man die Taktzeit (also die Zeit bis zur Wiederholung des Arbeitsvorgangs) und damit die Anzahl der verschiedenen Verrichtungen an den einzelnen Arbeitsplätzen deutlich vergrößert.
- Der **Kapitalbedarf** der Fließfertigung ist sehr **hoch**, weil für jede Fertigungsstraße ein kompletter Satz Anlagen erforderlich ist.
- Eine Fertigungsstraße ist **sehr störungsanfällig,** weil der Ausfall einer Maschine oder eines Mitarbeiters den ganzen Fertigungsprozess lahmlegt. Es müssen deshalb ständig Ersatzteile und »Springer« bereitstehen. Eine besondere Art der Störanfälligkeit resultiert aus der Einspeisung qualitativ unzureichender Teile. In modernen Produktionsstätten sind die Mitarbeiter befugt, das Band mittels Reißleine anzuhalten und nur Gutteile einzubauen.
- Bei einem Beschäftigungsrückgang kann die **Abschreibungs- und Zinsbelastung,** die aus dem hohen Kapitaleinsatz resultiert, nicht vermindert werden, weil auch bei reduzierter Bandgeschwindigkeit oder Kurzarbeit die Fertigungsstraße vollständig bleiben muss.

3.1.2 Die Werkstattfertigung

Bei der Werkstattfertigung kommt das Produkt zu den Potentialfaktoren und Arbeitsplätzen.

Die Werkstattfertigung ist ein Fertigungsverfahren, bei dem das Produkt »**zu den Potentialfaktoren und Arbeitsplätzen kommt**,« da diese zu Werkstätten **gleichartiger** Arbeitsverrichtungen zusammengefasst sind (z. B. Schreinerei, Schleiferei). In Abb. 13.3 ist das Schema einer Werkstattfertigung für die Produkte A und B der Abb. 13.2 wiedergegeben: Jedes Produkt muss sich seinen Weg durch die Werkstätten »suchen«.

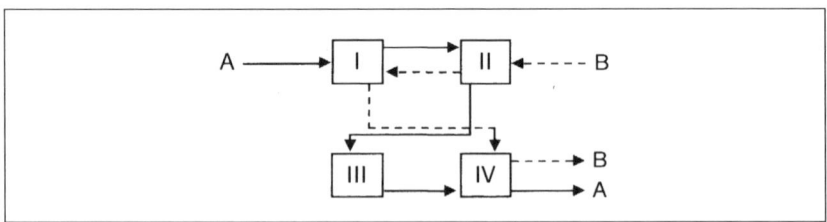

Abb. 13.3: Die Werkstattfertigung

Die Vor- und Nachteile der Werkstattfertigung lassen sich so zusammenfassen:

- Vorteile:
  - Geht die Nachfrage nach einem Erzeugnis zurück, dann kann dessen Fertigung ohne weiteres **zugunsten anderer** – vorhandener oder neu entwickelter – Produktarten eingeschränkt werden.
  - Die möglicherweise durch Eintönigkeit hervorgerufene psychische Arbeitsbelastung der Mitarbeiter ist gering, da ihre Werkstatttätigkeit sowohl in Bezug auf die Arbeitsverrichtungen als auch hinsichtlich der Produktarten **vielseitig** ist.
- Nachteile:
  - Da die Werkstücke ihre Werkstätten aufsuchen müssen, ergeben sich zwangsläufig **lange Transportwege.** Man kann jedoch versuchen, unter Berücksichtigung der Transportbeanspruchung **aller** Produktarten und -mengen die Werkstätten räumlich so anzuordnen, dass die **Transportkosten insgesamt möglichst klein** werden.
  - Ein besonderes Problem stellt die **Reihenfolgeplanung** dar, was ein Beispiel verdeutlichen soll: Es sind in drei Werkstätten l, II und III drei Produkte A, B und C zu fertigen. Die Produkte belegen die Werkstätten vollständig und tageweise (T). Dabei gilt in der vorgegebenen Reihenfolge:

    A: 3 T in l
    B: 1 T in II, 1 T in l, 2 T in III
    C: 2 T in III, 2 T in II

    Die Fertigung ist so vorzunehmen, dass zum frühestmöglichen Termin alle drei Produkte gemeinsam ausgeliefert werden können. Aus Abb. 13.4 erkennt man, dass bei einer geschickten Werkstattbelegung nur vier Fertigungstage erforderlich sind.

Werkstatt \ Tag	1.	2.	3.	4.	5.
I	A	B	A	A	–
II	B	–	C	C	–
III	C	C	B	B	–

Abb. 13.4: Werkstattbelegungstafel

Aus **der Werkstattbelegungstafel** (Abb. 13.4) lässt sich die **Auftragstafel** (Abb. 13.5) ableiten:

Produkt \ Tag	1.	2.	3.	4.	5.
A	I	–	I	I	–
B	II	I	III	III	–
C	III	III	II	II	–

Abb. 13.5: Auftragstafel

Dilemma der Ablauf-
Planung: Werkstattaus-
lastung und Werkstück-
bearbeitung entwickeln
sich gegenläufig.

PPS: Produktionsplanung
(Mengen-, Termin-,
Kapazitätsplanung) und
Produktionssteuerung
(Auftragsfreigabe sowie
-überwachung)

In der Praxis sind **Zwischenlagerungen der Werkstücke** (A am 2. Tag: Abb. 13.5) und **Leerzeiten der Werkstätten** (II am 2. Tag: Abb. 13.4) unvermeidlich. Aufgabe der Reihenfolgeplanung ist es, die Aufträge auf die Werkstätten bzw. Maschinen zeitlich so einzulasten, dass Zwischenlager und Leerzeiten und damit auch Aufbewahrungs- und Bereitschaftskosten minimiert werden (**Maschinenbelegplanung**). Diese Aufgabe gestaltet sich deshalb besonders schwierig, weil die Aufnahme neuer Produkte zwar einerseits die Werkstätten bzw. Maschinen besser auslastet, sich andererseits aber ungünstig auf die Zwischenlagerung der Werkstücke auswirkt (und umgekehrt); man bezeichnet diesen Sachverhalt als **Dilemma der Ablaufplanung.**

Zur Lösung des Problems der Reihenfolgeplanung gibt es diverse **Produktionsplanungs- und Produktionssteuerungssysteme (PPS),** die als EDV-Programme angeboten werden. Ausgangspunkt ist der im Rahmen der Programmplanung festgestellte Primär-, Sekundär- und Tertiärbedarf (**Mengenplanung**). Die **Terminplanung** ermittelt daraus die – mit Start- und Endterminen versehenen – Durchlaufzeiten und damit die Kapazitätsbedarfe, die dann in der **Kapazitätsplanung** mit dem verfügbaren Kapazitätsangebot abgeglichen werden müssen. So könnten Überlastungen durch Terminverschiebungen nichtkritischer Aufträge oder Überstunden beseitigt werden. Aufgabe der Termin- und Kapazitätsplanung ist letztlich die Planung der Reihenfolge der einzelnen Aufträge (Maschinenbelegplanung), was meist anhand von »**Prioritätsregeln**« geschieht. Die Produktionsplanung mündet schließlich in die Produktionssteuerung, die die tatsächliche Auftragsfreigabe und -überwachung vornimmt:

– Die **Auftragsfreigabe** prüft die Terminsituation der Aufträge und veranlasst je nach Verfügbarkeit der freien Kapazitäten die Werkzeuganpassung und Auftragsbearbeitung.
– Die **Auftragsüberwachung** »begleitet« die Aufträge durch die Produktion und gibt Informationen über deren Bearbeitungsstatus. Sie bildet damit die Grundlage für Korrekturen in der Steuerung.

Bei **zentral** gesteuerten Systemen (z. B. Leitstand) gibt es eine Abteilung, in der alle benötigten Produktionsinformationen zusammenfließen und von der alle erforderlichen »Eingriffe« veranlasst werden. Bei **bereichsweise zentralen** Systemen wird »lediglich« der Engpassbereich detailliert bis in die Auftragsüberwachung geplant und gesteuert; die übrigen Teilbereiche richten sich daran aus. In **dezentralen** Systemen (z. B. Meistersystem) sind hingegen die Steuerungsfunktionen weitgehend einzelnen Werkstätten bzw. Produktionsbereichen übertragen; die Mengen-, Termin- und Kapazitätsplanung sowie die Auftragsfreigabe bleiben hingegen zentralisiert.

Kritisch wird zu den PPS angemerkt, dass sie auf Improvisation angelegt sind, weil sie die begrenzte Verfügbarkeit der Kapazitäten nicht »systematisch« erfassen. Die Folge seien zu hohe Lagerbestände, zu lange Durchlaufzeiten und zu geringe Termintreue.

Unter der Lupe

Prioritätsregeln in der Produktionsplanung

Gibt es vor einer Maschine einen Auftragsstau, werden die wartenden Aufträge mit Prioritätszahlen versehen und entsprechend als Warteschlange sortiert. Bei Freiwerden der Maschine wird der Auftrag mit der höchsten Priorität als nächster bearbeitet. Neu hinzukommende Aufträge können in die Warteschlange eingereiht und – bei höherer Priorität – bereits wartenden Aufträgen vorgezogen werden.

Zur Ermittlung der Prioritätszahlen ist eine Vielzahl von Prioritätsregeln entwickelt worden, z. B.:

Der Auftrag mit der kürzesten Operationszeit erhält die höchste Priorität (KOZ-Regel)«

First come first served-Regel (»Wer zuerst kommt, mahlt zuerst«).

Vorrang hat der Auftrag mit den wenigsten noch auszuführenden Arbeitsgängen (WAA-Regel).

Belastungsorientierte Auftragsfreigabe: Die Aufträge werden in der Reihenfolge ihrer Dringlichkeit (»Terminschranke«) eingelastet (Schlupfzeitregel).

Engpassplanung: Die Aufträge werden so eingelastet, dass der Produktionsengpass möglichst wenig greift.

Nachteilig an den Prioritätsregeln ist, dass sie die »Stausituation« der vor- und nachgelagerten Maschinen – wenn überhaupt – nur unzureichend berücksichtigen. Hierzu bedarf es spezieller »Interaktionsregeln«.

3.1.3 Neuere Entwicklungen im Bereich der Fertigungsverfahren

Bearbeitungsvorgänge, die von Maschinen durchgeführt werden können, lassen sich mittlerweile weitgehend durch Computer steuern. Dieses **Computer Aided Manufacturing (CAM)** hat sowohl in die Werkstatt- als auch in die Fließfertigung Einzug gehalten.

- ■ CAM-Systeme in der **Werkstattfertigung**
  - – Computergesteuerte Maschinen
    Numerical Control **(NC)-Maschinen** werden von Rechnern gesteuert, denen eindeutig festgelegte Arbeitsprogramme über Diskette eingegeben werden. Nicht mehr an ein Menü bestimmter Programme gebunden, sondern frei programmierbar (»Computerized«) sind **CNC-Maschinen.** Mehrere CNC-Maschinen im Verbund betrieben, bilden ein **DNC-System,** das über ein eigenes Rechnersystem zentral (»Direct«) gesteuert und kontrolliert wird.
  - – Flexible Fertigungszellen und -Systeme
    Weitergehend als eine CNC-Maschine umfasst die **flexible Fertigungszelle** auch eine Versorgungseinrichtung für wechselnde Werk-

FFS: Bearbeitungs-, Materialfluss- und Informationsflusssystem

zeuge sowie eine Spann- oder Beladestation. Flexible Fertigungszellen können damit als computergesteuerte Klein-Werkstätten angesehen werden, die ein breites Bearbeitungsspektrum aufweisen.

Sind mehrere Zellen über ein gemeinsames Steuerungs- und Transportsystem miteinander verbunden, spricht man von einem **flexiblen Fertigungssystem.** Die Bearbeitung, der Material- und der Informationsfluss sind dort soweit automatisiert, dass unterschiedliche Werkstücke, die das System durchlaufen, ohne manuelle Eingriffe gefertigt werden können: Das **Bearbeitungssystem** umfasst die Werkzeugmaschinen, den Werkzeugspeicher und -wechsler, die Spannmittel-, Mess- und Prüfeinrichtungen sowie die nummerische Steuerung mit Speichereinheit; die automatische Bearbeitung unterschiedlicher Werkstücke ist in wahlfreier Folge möglich. Das **Materialflusssystem** wird in Transport-, Lager- und Handhabungssystem unterteilt, wobei die Handhabung die automatische Verkettung von Transport, Lagerung und Bearbeitung ist. Das **Informationsfluss-System** übernimmt schließlich alle Funktionen, die zur automatischen Steuerung und Überwachung des Fertigungsablaufs nötig sind.

CAM: geringe Rüst- und Nebenzeiten, wenig Ausschuss und entweder sehr flexibel oder produktiv

■ CAM-Systeme in der **Fließfertigung**

Angesichts stark differenzierter Kundenwünsche sind die Zeiten vorbei, in denen auf einer Transferstraße große Mengen eines einheitlichen Produkts hergestellt werden konnten. Gefragt ist heute die **flexible Transferstraße.** Dort werden verschiedene Varianten eines Produkts gefertigt, wobei die zugehörigen Prozesse nach wie vor in zahlreiche, verkettete Bearbeitungsstationen unterteilt sind, die jedoch – je nach Werkstück – beim Transport übersprungen werden können. Bei Einsatz von NC-Werkzeugmaschinen beschränkt sich der Rüstvorgang beim Variantenwechsel auf den Austausch von Werkzeugen und NC-Programmen. Als Vorteil wird neben Vielseitigkeit, Erweiterungs- und Umbaufähigkeit auch die Kompensationsfähigkeit herausgestellt: Verschiebt sich die Nachfrage von einer Produktvariante zu einer anderen, kann die flexible Transferstraße weiterhin voll ausgelastet werden.

Alle Konzepte führen zu einer drastischen Verringerung der **Rüst- und Nebenzeiten** bei der Umstellung auf unterschiedliche Werkstücke; außerdem laufen die **Bearbeitungsvorgänge ohne Bedienungsfehler** ab, was den Ausschuss senkt. Die Beurteilung hinsichtlich **Flexibilität** und **Produktivität** fällt hingegen unterschiedlich aus: Besonders flexibel sind z. B. NC-Maschinen und Fertigungszellen, eine hohe Produktivität weisen demgegenüber die flexible Transferstraße und das flexible Fertigungssystem auf.

Integriert man in die Transferstraße flexible Fertigungszellen bzw. -systeme, spricht man von Gruppenarbeit. In diesen »Fertigungsinseln« werden fertigungstechnisch verwandte Produkte (möglichst) vollständig bearbeitet und dann in den weiteren Produktionsprozess eingespeist.

3.2 Die Planung des Fertigungstyps

Die Planung des Fertigungstyps legt fest, **in welchen »Kontingenten«** die im Programmplan festgelegten Erzeugnismengen **hergestellt** werden sollen.

> Man unterscheidet drei Fertigungstypen: Einzelfertigung, Massenfertigung und Variantenfertigung.

3.2.1 Die Einzelfertigung

Die Einzelfertigung ist ein Fertigungstyp, bei dem jedes **Produkt nur einmal** hergestellt wird (z. B. Spezial-Lkw-Aufbauten). Betriebe mit Einzelfertigung weisen folgende Besonderheiten auf:

Einzelfertigung: jedes Produkt stellt eine Besonderheit dar.

- In der Organisationsform der **Werkstattfertigung** verfügen sie über Universalmaschinen und vielseitig befähigte Arbeitskräfte.
- Sie haben **kein festes Produktionsprogramm,** sondern erzeugen auf Bestellung und unter Berücksichtigung der speziellen Kundenwünsche alles, was mit der vorhandenen Ausrüstung zu bewältigen ist.

Hierin liegt jedoch – vor allem bei komplexen Projekten – ein besonderes Problem: die **Terminplanung.** Sie wird mit Hilfe der **Netzplantechnik** durchgeführt, die beispielhaft anhand ihrer CPM-Version (Critical Path Method) dargestellt wird:

Die Projekt-Terminplanung lässt sich meist besonders übersichtlich mit Hilfe der Netzplantechnik durchführen.

Vorgang	Zeitbedarf in Wochen	direkt vorausgehende Vorgänge
A: Anfertigung der Konstruktionszeichnung	4.0	–
B: Bau des Gussmodells für das Gehäuse	2,3	A
C: Drehen der Zahnräder	0,8	A
D: Gießen und spanende Bearbeitung des Gehäuses	0,6	B
E: Beschaffung und Prüfung von Lagern, Dichtungen und Spezialteilen	1,6	A
F: Wellen drehen	0,8	A
G: Zahnfräsen	1,0	C
H: Wärmebehandlung	0,5	G, F
I: Zusammenbau	2,0	D, E, H

Abb. 13.6: Die Projektelemente und ihre Zeitbedarfe

Zur Erledigung eines Projekts sind die in Abb. 13.6 dargestellten (bereits geordneten) Vorgänge erforderlich. Von jedem Vorgang ist neben seinem Zeitbedarf lediglich bekannt, welcher Vorgang ihm unmittelbar vorausgehen muss, damit er erledigt werden kann. Dennoch lassen sich alle Einzelvorgänge in Form eines Netzplanes zum Gesamtprojekt zusammenfügen (Abb. 13.7). Dabei sind die »Knoten« – als Stationen des Fertigungsprozesses – so nummeriert, dass von zwei durch eine »Kante« verbundenen Knoten der nachgelagerte eine höhere Nummer aufweist. Es zeigt sich, dass das vorliegende Projekt vier Wege hat, deren jeweiliger Zeitbedarf aus Abb. 13.8 hervorgeht. Der Weg mit dem größten Zeitbedarf (in Abb. 13.8: 8,9 Wochen) wird als »**kritischer Weg**« bezeichnet: Er gibt den Mindestzeitbedarf des Projekts an. Die anderen Wege weisen demgegenüber **Pufferzeiten** von 1,3 bzw. 1,6 bzw. 0,6 Wochen auf.

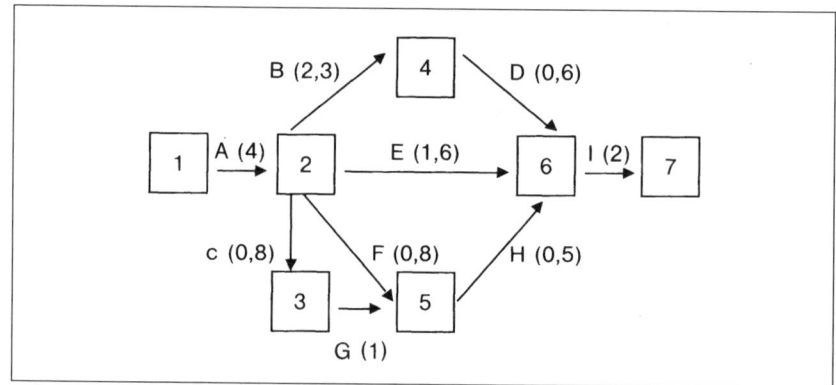

Abb. 13.7: Der Netzplan

Weg	Zeitbedarf
1 – 2 – 4 – 6 – 7	4,0 + 2,3 + 0,6 + 2,0 = 8,9
1 – 2 – 6 – 7	4,0 + 1,6 + 2,0 = 7,6
1 – 2 – 5 – 6 – 7	4,0 + 0,8 + 0,5 + 2,0 = 7,3
1 – 2 – 3 – 5 – 6 – 7	4,0 + 0,8 + 1,0 + 0,5 + 2,0 = 8,3

Abb. 13.8: Der kritische Weg

Eine besondere Form der Einzelfertigung ist die **Massen-Maßfertigung** (**Mass Customization**): Homogene Produkte werden mit individuellen produktbegleitenden Dienstleistungen verknüpft (z. B. Software, die man unter Einbeziehung des Kunden entwickelt) oder mit Computerunterstützung modifiziert (z. B. Videovermessung des Kunden und Anzugfertigung mit gekoppeltem Laserzuschnittroboter). Damit erhält dann jeder Kunde genau das Produkt, das er wünscht, wobei der Preis nur unwesentlich von dem zugrunde liegenden Standardprodukt abweicht. Eine Verknüpfung mit E-Commerce ist naheliegend: Der Kunde »ordert« seine – allerdings nur wenige »kundenrelevante« Eigenschaften betreffende – Spezialanfertigung per Internet, die erst danach in die Produktionsplanung eingespeist und gefertigt wird. Dem Anbieter kann die Individualisierung seiner Produktpalette einen Wettbewerbsvorsprung verschaffen.

Beispiel

Massen-Maßfertigung

»Wer an einer Schweizer Uhr interessiert ist, kann sie künftig im Internet gleich selber gestalten und bestellen. In Grenchen im Kanton Solothurn wurde die erste virtuelle Uhrenfabrik der Welt vorgestellt. Im Internet … können Gehäuse, Zifferblatt, Zeiger, Armband und Farben ausgewählt und die Bestellung aufgegeben werden … Es gebe mehr als sechs Millionen verschiedene Lösungen. Zusammen mit Partnerfirmen sollen die Aufträge in kurzer Zeit erledigt werden, und zwar mit dem Label Swiss Made …«

(Aus: Süddeutsche Zeitung vom 28. 2. 2000)

3.2.2 Die Massenfertigung

Die Massenfertigung zeichnet sich dadurch aus, dass ein stets **gleiches Produkt** in **unbegrenzter** Stückzahl hergestellt wird. Ein bestimmter Fertigungsprozess wird also laufend wiederholt, weshalb sich als Fertigungsverfahren die **Fließfertigung** empfiehlt (z. B. Schraubenfabrik).

Massenfertigung: identisches Produkt in großen Stückzahlen

3.2.3 Die Variantenfertigung

In vielen Bereichen ist heute eine Massenfertigung einheitlicher Erzeugnisse nicht mehr sinnvoll: Die Kunden verlangen auf ihre besonderen Vorstellungen zugeschnittene spezielle – eigenständige – Varianten bestimmter Grundprodukte, was die »Warenwelt« immer vielfältiger macht. Ferner führt dies dazu, dass **unterschiedliche Produkte** in mehr oder weniger **begrenzten** Stückzahlen hergestellt und die Produktionsanlagen immer wieder im Hinblick auf die gerade zu fertigenden Varianten **umgerüstet** werden müssen, was sich äußerst kostentreibend auswirken kann (»Rüstkosten«).

Den Varianten wird freilich immer dann ein einheitlicher **Standard** zugrunde gelegt, wenn sich der Nutzen jedes Anwenders dadurch erhöht, dass auch andere Anwender den Standard in ihren Varianten besitzen (z. B. GSM-Standard in allen gängigen Mobiltelefon-Varianten). Insgesamt ist der Nutzen dieser »Systemgüter« umso höher, je mehr Teilnehmer dem Netz angeschlossen sind, wobei allerdings erst ab einer »kritischen Masse« an installierter Basis ein Mindestnutzen wirksam wird. Im Zuge der technischen Weiterentwicklung entstehen jedoch immer wieder neue Standards (900/1800 MHz bzw. 1900 MHz, die nicht oder nur zu einem Aufpreis miteinan-

Variantenfertigung: verschiedene Produkte in begrenzten Stückzahlen

der kompatibel sind (»Dual-Band-Handys«). Die hiermit einhergehende Nutzeneinbuße im Netz muss aufgerechnet werden gegen die verbesserten Nutzungsmöglichkeiten des neuen Standards.

Unter der Lupe

Netzeffekte

Ein Netzeffekt liegt vor, wenn der Nutzen eines Produkts oder eines Systems dadurch erhöht wird, dass gleiche oder komplementäre Güter auch von anderen Marktteilnehmern verwendet werden. Die bisher vorherrschende Betrachtung von **Singulärgütern** auf Produktions- und Absatzseite muss bei Vorliegen von Netzwerken um folgende Netzeffekt-Kategorien erweitert werden.

Besteht ein **fiktives** Netzwerk zwischen den Nutzern eines Produkts, dann treten Netzeffekte auf, wenn mit zunehmender Verbreitung komplementärer Produkte z. B. Serviceleistungen ausgeweitet werden, Economies-of-Scale entstehen oder eine zunehmende Produktdifferenzierung eintritt. Beispiele hierfür sind Hardware und Software, Videorecorder und Videokassetten, CD Player und Compact Disks bzw. CD-ROMs.

Im Gegensatz dazu sind **Systemgüter** nur in Verbindung mit einer **physischen** bzw. **technischen** Verbindung mit anderen Netzwerkteilnehmern nutzbar (Telefon, Telefax, E-Mail): Der Netzeffekt ist umso höher, je mehr Teilnehmer bereits an das Netz angeschlossen sind (»installierte Basis«).

Um eine Verbindung (Netzwerk) aufrechtzuerhalten bzw. zu ermöglichen, sind gemeinsame Standards (Standardisierung) zur Schaffung von Kompatibilität zwischen den Systemen nötig.

3.2.3.1 Die Bestimmung der optimalen Losgröße

Ein wichtiges Problem der Variantenfertigung ist die Frage, wie viele Stücke einer Variante **hintereinander** hergestellt werden sollen, bevor die nächste Variante die Produktionsanlage belegt. Es gilt:

- Bei einem großen »Fertigungslos« verteilen sich die auflagenfixen Kosten, die bei jeder Umrüstung der Produktionsanlagen »automatisch« anfallen, besser auf die Produkte. Mit anderen Worten: Die Umrüstkosten pro produziertem Stück sinken mit größer werdendem Fertigungslos, was als **Auflagendegression** bezeichnet wird (Kurve A in Abb. 13.9).
- Auf der anderen Seite steigt mit der Losgröße die **durchschnittliche Lagerungsdauer** der Fertigfabrikate. Dies bedeutet, dass die Aufbewahrungskosten (Lager-, Zins-, Versicherungskosten) pro produziertem Stück mit größer werdendem Fertigungslos steigen (Kurve B in Abb. 13.9).

Die **optimale Losgröße** liegt dort, wo die **Summe aus Umrüst- und Aufbewahrungskosten je Stück am geringsten ist.** In Abb. 13.9 ist sie erreicht, wo

[Handschriftliche Notiz am linken Rand:]
Optimalen Losgröße
ideale Herstellungs-
menge, bei der,
Kapazitäten aus-
gelastet, Durchlaufzeiten
optimiert und
Produktionskosten
minimiert sind.

die durch vertikale Addition der Umrüststückkosten-Funktion (A) und der Aufbewahrungsstückkosten-Funktion (B) erzeugte Gesamtstückkosten-Funktion (A + B) ihr **Minimum** hat.

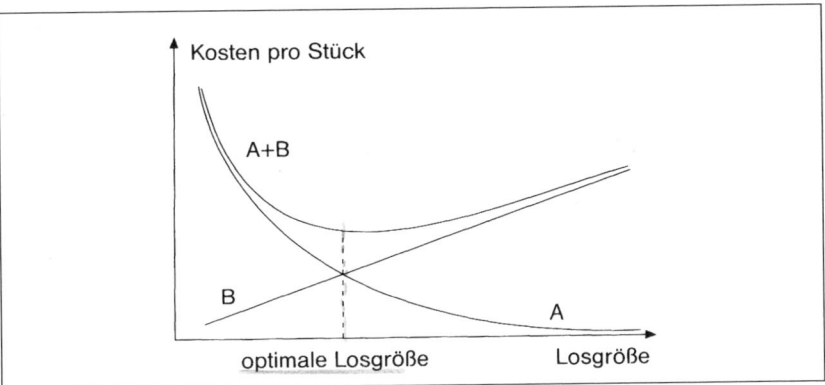

Abb. 13.9: Die optimale Losgröße

Ein wichtiger **Einwand** gegen die so ermittelte »optimale« Losgröße ist, dass sie für jede Variante **isoliert** ermittelt wird. Dies kann z. B. in einem Zwei-Varianten-Betrieb dazu führen, dass die Erzeugung der »optimalen« Losgröße des Produkts B mehr Zeit in Anspruch nimmt, als zwischen dem Ende der »optimalen« Losgrößenherstellung des Produkts A und der Erschöpfung des Produkt-A-Lagerbestandes zur Verfügung steht: Man muss dann auf Gewinn verzichten, da der A-Verkauf nicht weitergeführt werden kann. In diesem Fall sollte man auf eine weniger kostengünstige Losgrößengestaltung übergehen; dies gilt nicht, wenn hierdurch zusätzliche Kosten entstehen, die den nun realisierbaren zusätzlichen A-Erlös übersteigen.

Optimale Losgröße: Summe aus Umrüst- und Aufbewahrungskosten je Stück am geringsten bei »unendlich« hoher Produktionsgeschwindigkeit

> Im Rahmen der Losgrößenplanung müssen die »optimalen« Losgrößen der verschiedenen Varianten zeitlich aufeinander abgestimmt werden.

3.2.3.2 Die Bestimmung der optimalen Variantenfolge

Die Höhe der Umrüstkosten kann davon abhängig sein, in welcher **Reihenfolge** die einzelnen Varianten hergestellt werden. Die optimale Variantenfolge ist dann diejenige, bei der die **Umrüstkosten pro Varianten-Zyklus** am geringsten sind.
   In Abb. 13.10 sind für einen Drei-Varianten-Betrieb die Umrüstkosten aller Übergänge von… nach… wiedergegeben. Daraus ergeben sich für die beiden möglichen Typen von Variantenfolgen:

Die optimale Variantenfolge ist diejenige, bei der die Umrüstkosten je Varianten-Zyklus am geringsten sind.

1) $A \rightarrow B \rightarrow C \rightarrow A$
und
2) $A \rightarrow C \rightarrow B \rightarrow A$

als Umrüstkosten je Variantenzyklus

1) $10 + 7 + 9 = 26$
und
2) $20 + 12 + 5 = 37$

Dies bedeutet, dass $A \rightarrow B \rightarrow C \rightarrow A$ die optimale Variantenfolge ist.

von / nach	A	B	C
A	–	5	9
B	10	–	12
C	20	7	–

Abb. 13.10: Die optimale Variantenfolge

Unter der Lupe

Vorteile der Rüstzeitverkürzung

In vielen Märkten werden heute an spezifische Kundenwünsche angepasste Produkte verlangt. Zudem erwarten die Kunden zunehmend eine schnelle Lieferung ihrer »Auftragsfertigung«. Unternehmen bietet sich damit die Möglichkeit, von der Massenfertigung auf eine »Differenzierungsstrategie« überzugehen. Sie geraten jedoch zunächst in ein Dilemma: Differenzierung bedeutet Fertigung in kleinen Losen, was einen häufigen Wechsel der Fertigungsaufgaben notwendig macht. Dies wiederum bedeutet Umrüstzeiten an den Anlagen und Stillstand im Produktionsprozess. Kurze Lieferzeiten lassen sich folglich nur dann realisieren, wenn auf Fertigfabrikate – Lagerbestände zurückgegriffen werden kann (was zusätzlich kostentreibend bzw. angesichts »unberechenbarer« Kunden oft gar nicht möglich ist) oder sich die Rüstzeiten entscheidend verkürzen (was Zeit und Kosten spart). Die Zielsetzungen »Kundennähe« und »Schnelligkeit« sind demnach ohne erhebliche Fortschritte in der Rüstzeitverkürzung nicht realisierbar.

3.2.3.3 Variantenfertigung und neue Technologien im Bereich der Fertigungsverfahren

Sind die herzustellenden Produktvarianten in ihrem Design sehr **unterschiedlich** und **vielfältig** – und damit auch in ihren jeweiligen Stückzahlen eng begrenzt –, dann empfiehlt sich als Fertigungsverfahren die **Werkstattfertigung**.

Weisen die Produktvarianten hingegen **zahlreiche gemeinsame Komponenten** auf, dann eignet sich zu ihrer Herstellung die – gemeinsame – **Fließfertigung.**

Bedient man sich dabei jeweils der **neuen Technologien,** wie z. B. flexible Fertigungszelle bzw. flexible Transferstraße, dann **verliert das Problem der Umrüstkosten** ganz erheblich an Gewicht: Die Maschinen und Anlagen können so programmiert werden, dass sie sich – bei großer Bandbreite der Produktion – **selbsttätig** und in **kürzester Zeit** auf eine neue Produktvariante einstellen; dies gilt sowohl für die **Bearbeitung** des jeweiligen Werkstücks als auch für die **Zuführung** weiteren Materials.

Wenn aber die Rüstkosten (nahezu) bedeutungslos werden, wird auch das **Problem der optimalen Losgröße und Variantenfolge hinfällig:** Die Varianten können dann in beliebiger Losgröße und Reihenfolge hergestellt werden.

> Bei Einsatz der neuen Technologien sind Losgröße und Variantenfolge »freigegeben«.

Beispiel

Variantenfertigung und neue Technologien

»… Bei der Anton Vogl GmbH änderten die ›extrem kurzen Rüstzeiten‹, so Geschäftsführer Erich Vogl, die Produktion grundlegend. Der Metallbauer aus Emskirchen hat die Losgrößen drastisch reduziert. Bis zu zehnmal in der Stunde werden die Werkzeuge an einer Maschine gewechselt, weil nur noch die Stückzahlen produziert werden, die bestellt sind. ›Vor zwei Jahren haben wir noch auf einen Schlag mindestens 1000 Kugellager produziert, auch wenn wir nur 100 brauchten‹, so Vogl. ›Der Rest wanderte ins Lager, bis sich weitere Käufer fanden. Das dauerte manchmal Jahre.‹ Kleine Stückzahlen ließen sich damals nicht wirtschaftlich produzieren …«

(Aus: Röthig, I.: Werkzeuge: Schneller Wechsel, in: Wirtschaftswoche vom 5. 11. 1993).

»… Einen besonderen Stellenwert in der Liste der drei deutschen BMW-Autowerke nimmt Dingolfing auch bei der Modellvielfalt ein. Außer dem Z3-Roadster laufen dort alle Varianten vom Band: 3er, 5er, 7er, 8er sowie Spezialanfertigungen. Alle Fahrzeuge gehen durch die gleichen Produktionsstraßen. Die Arbeiter montieren beispielsweise nach dem 3er-Mittelklassewagen nahtlos die 7er-Luxuskarosse. Bei BMW ist man auf diese Anpassungsfähigkeit besonders stolz …«

(Aus: Süddeutsche Zeitung vom 10. 2. 1999)

Eine solche Situation ist in vielen Unternehmen bereits erreicht. Produziert wird so, wie die Aufträge eingehen. Dies ist dann das **umfassende Konzept einer Just-in-Time-Produktion:** Mit dem Auftragseingang werden die Bestellungen bei den Zulieferern ausgelöst und die eigene maschinelle Apparatur entsprechend programmiert. Es gibt beim Hersteller weder Rohstoff- noch Fertigfabrikateläger, produziert wird **auf Abruf;** dies gilt gleichermaßen für Werkstatt- wie für Fließfertigung.

> Just-in-time-Konzept: Produktion auf Abruf

KANBAN: Beschaffung
nach dem Holprinzip

Kanban:
- *Form der Fertigungssteuerung*
- *eine nachgelagerte Produktionsstufe bei Bedarf Vorprodukte anfordert (Holprinzip)*
- *dient als Fertigungsauftrag für nachgelagerte Fertigungsstelle*

Als besonders wirkungsvoll zur Steuerung des Produktionsprozesses hat sich das »**Holprinzip**« erwiesen: Jede Stelle besorgt sich die gerade benötigten Teile bei der jeweils vorgelagerten Stelle und diese wiederum bei der ihr vorgelagerten Stelle usw. – quer durch alle Fertigungsstellen bis hin zum Lieferanten; dies geschieht – innerhalb von Regelkreisen zwischen den erzeugenden und verbrauchenden Stellen – mit Hilfe von Pendelkarten (japanisch: KANBAN), die den Bedarf der nachgelagerten Stufe signalisieren. Jede Stelle ist also gleichzeitig erzeugende »Materialquelle« und verbrauchende »Materialsenke«. Die Aufträge werden jetzt am Ende des Fertigungsprozesses eingespeist und nicht – wie früher – an seinem Anfang (»Bringprinzip«).

Voraussetzung für die Funktionsfähigkeit der »auftragsgetriebenen Produktion« ist ein **nicht zu breit angelegtes Variantenspektrum,** da es sonst zu ständigen Neuplanungen der Regelkreise kommen müsste; das geeignete Fertigungsverfahren ist deshalb die Fließfertigung. Ferner muss es auf allen Stufen des Fertigungsprozesses einen hohen **Qualitätsstandard** sowie ein **ausgeprägtes Verantwortungsbewusstsein** der Mitarbeiter geben: Die Erstellung der von der nachgelagerten Stufe geforderten Leistung hat stets Vorrang, sowohl in qualitativer als auch in zeitlicher Hinsicht, um Störungen des Fertigungsablaufs zu vermeiden, was auch im Hinblick auf kurze Lieferfristen von Bedeutung ist. Bei erreichter Prozesssicherheit **verliert** die **zentrale Produktionsplanung und -Steuerung** erheblich an **Bedeutung:** Die Mitarbeiter vor Ort übernehmen das laufende (kurzfristige) »Produktionsmanagement«.

Allerdings hat die erhöhte Flexibilität der neuen Technologien auch ihren Preis in Form einer stark vergrößerten Kapitalbindung in den – komplizierteren – Anlagen. Letztlich wird also beim JIT-Konzept die **verringerte** Kapitalbindung im **Lagerbereich** durch eine **erhöhte** Kapitalbindung im **Maschinenbereich** ausgeglichen; oder wie man auch sagt: Einem sinkenden Umlaufvermögen steht ein wachsendes Anlagevermögen gegenüber. Vor diesem Hintergrund ist es fraglich, ob die Produktion immer in die Extremsituation Losgröße = 1; Lagerbestand = 0 getrieben werden sollte.

In diesem Fall könnte es auch längere Lieferfristen für das – allerdings exakt den Kundenwünschen angepasste – Produkt geben. Kürzere Lieferfristen wären nur dann möglich, wenn **alle** Varianten bevorratet werden oder die Kunden **Kompromisse** beim Produktdesign eingehen und nehmen, was »auf Lager« ist. Die Variantenbevorratung wirkt sich bei zunehmender Variantenzahl aber schnell Kosten treibend aus. Möglicherweise gelingt es jedoch, die **Bevorratungsebene** im Wertschöpfungsprozess **abzusenken:** Man nimmt dann – aufgrund von Verkaufsprognosen (»prognosegetrieben«) – relativ homogene Zwischenprodukte (z. B. Rohkarossen) auf Lager; die Weiterverarbeitung erfolgt dann auftragsgetrieben – bei vergleichsweise kurzen Lieferfristen.

Beispiel

Plattform-Strategie und Variantenfertigung

»… Möglichst schnell wollen Siemens und Motorola dem Beispiel von Nokia folgen und weitere Produktionskosten sparen. Vorrangiges Ziel: verschiedene Handymodelle auf eine gemeinsame Produktionsplattform mit identischen Bauteilen stellen … Beim Design gibt es dann zwar gravierende Unterschiede, aber die Handyabmessungen sind so abgestimmt, dass das Innenleben aus Leiterplatten und Chipsätzen weitgehend austauschbar ist. Das spart Umrüstzeiten, die Produktion kann flexibler der Nachfrage angepasst werden …«

(Aus: Berke, J.: Ehrgeizige Ausbauprogramme, in: Wirtschaftswoche vom 25. 2. 1999)

entspricht nicht der Wirklichkeit

4 Humanisierung der Arbeit – <u>Fiktion</u> oder Wirklichkeit?

Humanisierung der Arbeit:
= Menschengerechte Gestaltung der Arbeitsweise
Ziele der H.:
Würde, Gerechtigkeit, Sicherheit, Gesundheit, Kontaktmöglichkeit, Entfaltung etc.

Als um die Jahrhundertwende der amerikanische Ingenieur Frederick Winslow Taylor – nach Untersuchungen in den Schlachthöfen von Chicago und Cincinnati – darauf hinwies, dass Serienprodukte am billigsten hergestellt werden können, wenn die Arbeit in **möglichst kleine Teilaufgaben** zerlegt wird, fand dies nicht zuletzt bei Henry Ford l großen Anklang. Tatsächlich gab ihm die mit der Fließbandfertigung einhergehende Produktionssteigerung bei sinkenden Stückkosten recht: Erforderte die handwerkliche Montage eines Ford »Model T« (Tin Lizzy) zunächst 728 Minuten, so war die Angelegenheit am (gut zwei Kilometer langen) Fließband nach 93 Minuten erledigt; zwischen 1909 und 1926 konnte daraufhin der Preis des Autos von 950 $ auf 290 $ gesenkt werden, obwohl die Arbeiter zeitweise mehr als doppelt soviel verdienten als bei der Konkurrenz.

In den folgenden Jahrzehnten wurde das Verfahren der **Fließbandfertigung** immer weiter perfektioniert: Arbeiten, bei denen am Tag 2000- bis 5000-mal der gleiche Handgriff getan werden musste, waren schließlich keine Seltenheit mehr; gleichzeitig wurden alle dispositiven Arbeiten vom Band weg auf eine Angestellten-Hierarchie verlagert. In der Zeit seit dem Zweiten Weltkrieg zeigten sich jedoch zunehmend die Grenzen dieses Verfahrens: Unzufriedenheit am Arbeitsplatz, Nervosität, Schlafstörungen und Herzbeschwerden wurden immer häufiger Symptome, unter denen die Arbeitnehmer am Fließband litten. Dies wiederum führte zu steigendem **Krankenstand,** zunehmender **Fluktuation** der Mitarbeiter und wachsendem **Ausschuss** in der Produktion. Ursache für diese Entwicklung war nicht zuletzt, dass die Arbeitnehmer mit wachsendem Bildungs- und Ausbildungsniveau auch Arbeiten mit mehr Selbstverantwortung verlangten.

Rationalisierung der Arbeit durch Fließbandfertigung

): = Maßnahmen mit dem Ziel, einen höheren Output (Menge, Umsatz, Gewinn) mit demselben Input (Arbeit, Werkstoffe, Betriebsmittel) oder einen gleichen Output mit geringerem Einsatz von Input zu erzielen

Versuche, die Arbeit anspruchsvoller zu gestalten, wurden in verschiedenen Richtungen unternommen; in einem gleichen sie sich jedoch: Man hob die perfekte Arbeitszerlegung der Fließbandfertigung mehr und mehr auf –

damit aber auch die hierin begründeten Kosten- und Preisvorteile. Die Montage wurde folglich nicht nur **humaner,** sondern auch **teurer.** Allerdings konnte der durch die Umorganisation hervorgerufene Kostennachteil zum Teil wieder ausgeglichen werden: Mit zunehmender Arbeitszufriedenheit sanken – oft wider Erwarten stark – Abwesenheit, Fluktuation und Ausschuss.

Einer dieser Wege weg vom »Taylorismus« führte zur **Verlängerung der Taktzeit,** wodurch jeder Arbeitnehmer am Band eine in sich geschlossene, größere Aufgabe zugewiesen bekommen konnte (Job Enlargement); häufig ersetzte man zusätzlich die Bänder durch **Reihenfertigung,** um über Puffer zwischen den Arbeitsplätzen eine individuellere Gestaltung der Arbeitsgeschwindigkeit zu ermöglichen. Ferner wurden die Tätigkeiten oftmals qualitativ aufgewertet, indem man vor allem **Kontroll- und Dispositionsentscheidungen** dorthin verlagerte (Job Enrichment). Auch ein **systematischer Arbeitsplatzwechsel** sollte dazu dienen, einseitige Belastung und Monotonie zu vermindern (Job Rotation).

All dies trug zwar dazu bei, dass der einzelne Arbeitnehmer mehr Verständnis für seine Arbeit und ein höheres Verantwortungsgefühl gewann; andererseits konnte die Isolation, in der er sich während seiner Arbeitszeit befand, so nicht beseitigt werden. Ein Durchbruch schien erst mit der Umstellung der Arbeit auf **Gruppenarbeit** erreichbar: Gruppen von zehn bis zwanzig Arbeitnehmern sind hierbei kollektiv verantwortlich für den Zusammenbau größerer Bausätze (z. B. Autoelektrik, Inneneinrichtung oder Reifenmontage in der Pkw-Produktion). Dabei bestimmt die Gruppe selbst das Tempo der Arbeit und welches Gruppenmitglied was fertigt, wobei jedoch – im Sinne von Job Rotation – grundsätzlich jedes Gruppenmitglied in bestimmten Zeitintervallen jedes andere ablösen sollte. Dieses zunächst mit hohen Erwartungen bedachte Verfahren zeigte allerdings bald auch einige Tücken (z. B. im Volvo-Werk Uddevalla): Zwar war die Arbeit des Einzelnen nun bis zu einem Höchstmaß bereichert – dies jedoch bei Kosten treibender **Rationalisierungseinbuße** und hohen Kosten der erforderlichen neuen Fabriken. Außerdem erwies sich manche Gruppe überfordert, mit der ihr übertragenen Verantwortung umzugehen, was zusätzliche **umfangreiche Schulung** erforderlich machte. Ein besonders unerfreuliches Problem resultierte aus der **Gruppendynamik:** Innerhalb der Gruppen kam es zu »Positionskämpfen« um die »Hackordnung«, die die Schwächeren auf die mühsamen und zeitraubenden Arbeiten innerhalb des Bausatzes festlegten; diese Mitarbeiter hatten folglich den psychischen Druck der Bandarbeit eingetauscht gegen den Druck der Gruppe.

Einen Mittelweg stellen vom Band ausgegliederte **Montageboxen** dar: Hier werden z. B. die aus der soeben lackierten Rohkarosse ausgehängten Autotüren mit Fenster, Innenverkleidung und Außenspiegel versehen und in das Band »eingespeist«, wo meist mit einer Taktzeit von knapp zwei Minuten gearbeitet wird.

In jüngster Zeit eröffnen sich freilich völlig neue Perspektiven zur Humanisierung der Arbeit: Im Zuge der **Fertigungssegmentierung** werden flexi-

---

Marginalien:

Humanisierung der Arbeit durch Job Enlargement, Job Enrichment, Job Rotation

(handschriftlich:)
① durch Arbeitsplatz-erweiterung
② durch Arbeitsplatz-anreicherung
③ Motivation der Mitarbeiter durch regel-mäßige Arbeitsplatzwechsel

Humanisierung der Arbeit durch Gruppenarbeit

(handschriftlich:) Nachteile.

ble Fertigungszellen bzw. -Systeme nach produkt- und ablaufbezogenen Kriterien räumlich konzentriert (U-förmig) angeordnet (»Fertigungsinseln«). Die zugeordneten (teil-) autonomen Arbeitsgruppen von etwa sechs bis zehn Personen bewältigen ihre Aufgaben – bei klarer Produktions-Zielvorgabe »von oben« (top down) – eigenverantwortlich und nach Abstimmung unter den Gruppenmitgliedern. In einer Mischung aus Fließ- und Werkstattfertigung bleibt folglich die Gruppenarbeit erhalten, allerdings auf einem wesentlich anspruchsvolleren, Flexibilität und Übersicht verlangenden Niveau: Nach dem Prinzip der **Komplettbearbeitung** von Teilen und Baugruppen läuft die **Variantenfertigung** in den Segmenten sowie der Transport zwischen ihnen **weitgehend automatisch** ab. Die Tätigkeit der Mitarbeiter dort erstreckt sich mehr und mehr auf **Dispositions- und Steuerungsaufgaben**, wozu nicht nur die Materialdisposition, Arbeitsvorbereitung und Terminsteuerung, sondern auch die Wartung, Instandhaltung und **Selbstkontrolle der Qualität** gehört; zur Sicherstellung einer »Null-Fehler-Qualität« darf die Arbeitsgruppe sogar den Fertigungsprozess anhalten (Andon-Signale), was zu einer schnellen Problemerkennung und -behebung und damit zu einer Abnahme der Fehlerwahrscheinlichkeit führt. Um die Segmente gegen die (z. B. krankheits- oder urlaubsbedingte) Abwesenheit einzelner Mitarbeiter unempfindlich zu machen, aber auch im Sinne von Job Rotation, sollten die Gruppenmitglieder nicht nur sich ergänzende, sondern auch **überlappende Qualifikationen** aufweisen.

Humanisierung der Arbeit durch Fertigungssegmentierung

Unter der Lupe

Die fraktale Fabrik
Hier wird der Wertschöpfungsprozess in überschaubare Wertschöpfungsbereiche zerlegt und diesen Produktionseinheiten die Möglichkeit der Selbstorganisation und Selbstverantwortung übertragen. Neben der Durchführung des Produktionsprozesses sind sie folglich auch für dispositive Tätigkeiten wie Produktionsplanung, Instandhaltung und Qualitätswesen zuständig. Im Sinne der flachen Organisation verlagert sich Verantwortung auf die möglichst niedrigste Organisationsebene, was die Flexibilität des Prozesses und die Motivation der Mitarbeiter fördert. Selbstorganisation beinhaltet schließlich auch die Möglichkeit, die Struktur des eigenen »Fraktals« weiter zu optimieren und damit zu verändern.

Um die Qualifikationsanforderungen der neuen flexiblen Arbeitsformen und Technologien zu erfüllen, müssen neue Ausbildungsgänge entwickelt werden. So führte z. B. BMW den Ausbildungsberuf des **Mechatronikers** ein, der die Kenntnisse eines Mechanikers und eines Elektronikers in sich vereint. Für die Bedienung flexibler Fertigungssysteme, die elektronisch gesteuert werden, aber nach den Gesetzen der Mechanik funktionieren, sind derartige übergreifende Spezialkenntnisse unerlässlich. Hinzu kommen sollten dann noch allgemeine Kenntnisse über Arbeitsorganisation, Teamarbeit und

Die Humanisierung der Arbeit stellt auch eine Herausforderung für die Mitarbeiter dar.

Kommunikation, weil die bereits erwähnten gruppendynamischen Probleme nur entschärft, aber nicht völlig beseitigt werden konnten. So gibt es insbesondere hinsichtlich der Kompetenzabgrenzung in und zwischen den Gruppen immer wieder Reibungsverluste.

Beispiel

Gruppenfertigung

»In der deutschen Chemieindustrie soll die Gruppenarbeit gefördert werden. Darauf haben sich der Bundesarbeitgeberverband Chemie (BAVC) und die Industriegewerkschaft Chemie-Papier-Keramik geeinigt…

Gruppenarbeit könne die Produktivität, Innovationen und Wettbewerbsfähigkeit der Unternehmen verbessern. Sie sei zudem für die Arbeitnehmer eine Chance zur Mitgestaltung und Humanisierung der Arbeitswelt…

Betriebliche Arbeitsgruppen sollen ihre Aufgaben möglichst selbständig erfüllen und auch das Ergebnis selbst kontrollieren. Bei Gruppenarbeit sollen sich auch die Hierarchien und die Rolle der Vorgesetzten ändern. Ein Meister sei weniger Vorgesetzter als Vermittler zwischen Arbeitsgruppen und Betriebsleitung … Zur Koordination einer Gruppe kann ein Gruppensprecher dienen, der jedoch kein Vorgesetzter sein soll.«

(Aus: Süddeutsche Zeitung vom 12. 7. 1996)

Mit Blick auf die Computerisierung unserer Arbeitswelt haben auch die Gewerkschaften anfangs häufig von den »Chips, die Arbeitsplätze fressen«, und den »Job-Killern«, die »angreifen«, gesprochen und gefordert, den Einsatz der Mikroelektronik zu bremsen, wenn nicht gar zu stoppen. Hierbei sollte jedoch nicht übersehen werden, dass der Einsatz der Elektronik nicht nur die **Arbeit erleichtert,** sondern auch den **Rohstoff- und Energieeinsatz mindert.** Zudem entstehen in der Computer- und Roboter-Industrie neue und **hochwertige Arbeitsplätze:** Software-Entwicklung, Montage und Wartung. Im Übrigen sind die düsteren Prognosen über die »menschenleere Fabrik«, die die Mitarbeiter zu Opfern der technologischen Entwicklung macht, nicht eingetroffen. Im Gegenteil: Bei der Nutzung neuer Produktionstechnologien nimmt der Mensch eine zentrale Stellung ein.

Einerseits bewerkstelligen Roboter Routinearbeiten, andererseits kann der »automatische« Produktionsfluss nur dann reibungslos funktionieren, wenn die an den Robotern tätigen Arbeitsgruppen aktiv Aufgaben der Arbeitsvorbereitung, -durchführung und -kontrolle erledigen und bei Störungen schnell Entscheidungen ohne lange Rückfragen in der Hierarchie treffen können. Im Rahmen der **Arbeitsbewertung** sind folglich nicht mehr die körperlichen Anforderungen, sondern die benötigte Qualifikation, Kompliziertheit der Aufgabe und Entscheidungsfreiheit am Arbeitsplatz maßgeblich. Die angemessene Lohnform hierfür ist der **Prämienlohn,** der den Akkordlohn nach und nach verdrängt. Die mit den steigenden Anforderungen einhergehenden höheren Löhne »amortisieren« sich zum Teil schon da-

Fehlzeiten, Fehlerquoten und nicht erreichte Stückzahlen werden an »Teamboards« neben der Fertigungslinie ausgehängt und erzeugen Gruppendruck.

Beispiel

Maschinenstürmerei zur Verhinderung des technischen Fortschritts

<u>Gegen den Tonfilm!</u>   <u>Für lebende Künstler!</u>

An das Publikum!

<u>Achtung!</u>   <u>Gefahren des Tonfilms!</u>

Viele Kinos müssen wegen Einführung des Tonfilms und
Mangel an vielseitigen Programmen schließen!

<u>Tonfilm ist Kitsch!</u>

Wer Kunst und Künstler liebt, lehnt den Tonfilm ab!

<u>Tonfilm ist Einseitigkeit!</u>

100% Tonfilm = 100% Verflachung!

<u>Tonfilm ist wirtschaftlicher und geistiger Mord!</u>

Seine Konservenbüchsen-Apparatur klingt keller-
haft, quietscht, verdirbt das Gehör und ruiniert
die Existenzen der Musiker und Artisten!

<u>Tonfilm ist schlecht konserviertes Theater bei erhöhten Preisen!</u>

<u>Darum:</u>

Fordert gute stumme Filme!
Fordert Orchesterbegleitung durch Musiker!
Fordert Bühnenschau mit Artisten!

<u>Lehnt den Tonfilm ab!</u>

Wo kein Kino mit Musikern oder Bühnenschau:
Besucht die Varietés!

Internationale Artisten-Loge E. V.   Deutscher Musiker-Verband.
    Fossil   Karl Schiementz

Druck: Gebr. Unger, Berlin SW 11.

(Aus: Die Zeit, Nr. 24/1976)

durch, dass die Arbeitsgruppen z. B. die Funktionen der Wartung, Instandhaltung und Qualitätssicherung eigenverantwortlich übernehmen, was zentrale Einrichtungen – z. B. Nachbesserungsstellen am Ende der Fertigung –
(teilweise) überflüssig macht und die Fehlerfolgekosten im weiteren Produktionsprozess senkt.

Die »Basis« der Fabrik ist nicht menschenleer, sondern mit dispositiven Arbeitsleistungen besetzt.

Die dispositive Arbeitsanreicherung »vor Ort« geht vornehmlich zu Lasten der Aufgaben auf der **mittleren Führungsebene,** wo – gemäß den Lehren des Taylorismus – bislang die Aufgaben der Wartung, Arbeitsvorbereitung, Qualitätssicherung usw. zentriert waren. Als neue Betätigungsfelder der mittleren Führungskräfte werden »Dialog fördern«, »Verbesserungsvorschläge einleiten«, »Ideen aus den Arbeitsgruppen aufgreifen« usw. gesehen; insgesamt ist jedoch eine Ausdünnung dieser Ebene im Sinne einer **flachen Organisation** eingetreten: Die Grenzen zwischen Planern, Anweisern und Ausführern verwischen, was im Übrigen auch die Anzahl der Lohngruppen deutlich reduziert.

Die Entwicklung zur Gruppenarbeit mit Delegation von Verantwortung und Erweiterung von Zuständigkeiten bei gleichzeitiger »Verflachung« der Organisation sowie die Konzentration auf Kernkompetenzen und Anwendung von JIT- und Total-Quality-Prinzipien wird mit dem Schlagwort **Lean** (schlanke) **Production** bzw. – um die umfassende Bedeutung des Konzepts zu betonen – **Lean Management** belegt. Das Ziel ist: schneller, besser, billiger als die Konkurrenz.

Unter der Lupe

Begriffe aus der »Fabrik der Zukunft«

CIM: Computer Integrated Manufacturing
        Integriert werden alle produktionsrelevanten Datenbestände, was eine bereichsübergreifende Nutzung dieser Datenbank über leistungsfähige und vernetzte Arbeitsplatzrechner bei entsprechender Software ermöglicht; in das Netzwerk einbezogen werden zunehmend auch die Zulieferer. Man unterscheidet verschiedene CIM-Bausteine in Entwicklung und Fertigung:

Entwicklung

CAD: Computer Aided Design
        Erstellung von geometrischen Modellen und Zeichnungen anhand einer Grafik-Software im Rahmen der rechnerunterstützten Konstruktion sowie deren Dokumentation (z. B. als Stücklisten).

CAE: Computer Aided Engineering
        Software zur Materialanalyse und Optimierung technischer Probleme durch Simulation (z. B. Festigkeitsanalysen).

CAP: Computer Aided Planning
        Rechnerunterstützte Erstellung von Arbeits- und Reihenfolgeplänen, Stücklisten, Maschinenbelegplänen usw.

→

Fertigung

CAM: Computer Aided Manufacturing

Technische Steuerung der Bearbeitungsvorgänge an den Fertigungs- und Montageeinrichtungen (z. B. NC- und CNC-Maschinen) sowie Steuerung und Koordination von Lager und Transport bei Übernahme der CAD-Konstruktionsdaten.

CAQ: Computer Aided Quality Assurance

Mess- und Prüfverfahren zur Fehlererfassung und -beseitigung durch laufende Aufzeichnung qualitätssichernder Daten und deren Rückmeldung, wobei auch auf CAD- und CAM-Daten zurückgegriffen wird.

Arbeitsaufgaben

1) Welche Bedeutung haben die auflagenfixen Kosten für die Bestimmung der optimalen Losgröße?

2) Kennzeichnen Sie das Prinzip der Fließbandfertigung und nennen Sie seine Vor- und Nachteile!

3) Die Verkaufsmengen eines Fertigungsbetriebes weisen Saisonschwankungen auf. Vergleichen Sie verschiedene Anpassungsmöglichkeiten!

4) Der Hersteller von Sonnenöl der Marke »Suntonia« beklagt sich bei Ihnen darüber, dass seine Fabrik im Sommer völlig überlastet, im Winter dagegen hoffnungslos unausgelastet ist. Was würden Sie an Maßnahmen empfehlen?

5) Wodurch unterscheiden sich Fließ- und Werkstattfertigung?

6) Was sind die Aufgaben der Reihenfolgeplanung bei der Werkstattfertigung?

7) Wozu dient die Netzplantechnik?

8) Beim Variantenwechsel eines Drei-Varianten-Betriebes gelten folgende Umrüstkosten:

nach \ von	A	B	C
A	–	7	2
B	8	–	3
C	6	4	–

Bestimmen Sie die optimale Variantenfolge!

9) Worin liegen die Besonderheiten der fraktalen Fabrik; inwiefern kommt sie der Forderung nach einer flachen Organisation entgegen?

10) Zur Erledigung eines Projekts sind die folgenden Vorgänge erforderlich:

Vorgang	Zeitbedarf (Std.)	direkt vorausgehende Vorgänge
A	1	–
B	2	A
C	2	A
D	3	A
E	5	A
F	7	B
G	2	C
H	9	E
I	8	H, D
K	1	G, F
L	4	I, K

Ermitteln Sie den kritischen Weg und die Pufferzeiten!

11) Was verstehen Sie unter Transferstraßenfertigung?

12) Was besagt das »Dilemma der Ablaufplanung«?

13) Welches sind die Besonderheiten von flexiblen Fertigungssystemen und flexiblen Fertigungsstraßen?

14) Was ist »Produktion auf Abruf«, und wodurch wurde sie möglich?

15) Stationen auf dem Weg »weg von Taylor«: Darstellung und Würdigung.

16) Was bedeutet »Fertigungssegmentierung«, und welche Anforderungen stellt sie an den Produktionsfaktor Arbeit?

17) Der moderne Facharbeiter ist teuer, aber er »amortisiert« sich auch. Nehmen Sie Stellung!

18) Es sind in drei Werkstätten l, II und III fünf Produkte A, B, C, D und E zu fertigen. Die Produkte belegen die Werkstätten vollständig und tageweise (T). Dabei gilt in der vorgegebenen Reihenfolge:

A   2T in II, 1T in III, 1T in II

B   1 T in l, 3T in III

C   2T in l, 1T in III, 1T in II

D   1 T in II, 1T in l, 1T in II

E   2T in III, 1T in II, 1T in l

Die Fertigung ist so vorzunehmen, dass zum frühestmöglichen Termin alle Produkte gemeinsam ausgeliefert werden können. Stellen Sie die Werkstattbelegungs- und die Auftragstafel auf!

19) Was ist mit »Lean Production« gemeint?

20) Welche Aufgaben haben Prioritätsregeln in der Produktionsplanung? Erläutern Sie Beispiele!

21) CAM-Systeme in der Fertigung: Geben Sie Beispiele!

22) Erörtern Sie das Grundprinzip eines PPS! Diskutieren Sie dabei die Vor- und Nachteile zentral bzw. dezentral gesteuerter Systeme vor dem Hintergrund der modernen Fertigung!

23) Heutzutage ist die Rüstzeitverkürzung eine entscheidende Vorausset-
    zung für den Markterfolg. Erörtern Sie diese Aussage!

24) Was versteht man unter »Job Enlargement«, »Job Enrichment« und »Job
    Rotation«?

25) Systemgüter stellen besondere Anforderungen an die Variantenferti-
    gung. Erläutern Sie diese Zusammenhänge und legen Sie dar, inwieweit
    hierbei auf die Plattform-Strategie zurückgegriffen werden kann!

26) Kundenindividuelle Fertigung kann zu längeren Lieferfristen führen.
    Erläutern Sie diese Zusammenhänge und zeigen Sie Lösungsmöglich-
    keiten auf!

27) Gruppenarbeit ist störanfällig, aber sie funktioniert heute besser als frü-
    her. Woran liegt das?

28) Was versteht man unter dem Synchronisationsprinzip in der Produkti-
    onsplanung? Geben Sie Beispiele!

Lösungsvorschläge für die Arbeitsaufgaben im »Übungsbuch zu Grundlagen und Probleme der Betriebswirtschaft«.

Weiterführende Literatur

Adam, D.: Produktions-Management, 9. Aufl., Wiesbaden 1998.

Brüggemann, W.: Ausgewählte Probleme der Produktionsplanung, Heidelberg 1995.

Corsten, H.: Produktionswirtschaft, 9. Aufl., München 2000.

Corsten, H.; Will, Th. (Hrsg.): Lean Production: schlanke Produktionsstruk-
turen als Erfolgsfaktor, Stuttgart, Berlin, Köln 1993.

Drexl, A.; Fleischmann, B.; Günter, H.-O.; Stadler, H.; Tempelmeier, H.: Konzeptionelle Grundlagen kapazitätsorientierter PPS-Systeme, in: Zeitschrift
für betriebswirtschaftliche Forschung (ZfbF), 46. Jg. (12, 1994), S. 1022–
1045.

Domschke, W.; Scholl, A.; Voss, S.: Produktionsplanung, 2. Aufl., Berlin, Heidelberg, New York, Tokyo 1997.

Dyckhoff, H.: Grundzüge der Produktionswirtschaft, 3. Aufl., Berlin 2000.

Fandel, G.; François, P.; Gubitz, K.-M.: PPS – und integrierte betriebliche
Softwaresysteme, Grundlagen, Methoden, Software, Marktanalyse,
2. Aufl., Heidelberg, 1997.

Gutenberg, E.: Grundlagen der Betriebswirtschaftslehre, Band 1: Die Produktion, 23. Aufl., Berlin 1983.

Günther, H.-O.: Produktionsmanagement, 2. Aufl., Berlin, Heidelberg, New
York 1995.

Imal, M.: Kaizen, the Key to Japan's Competitive Success, New York 1986.

Kahle, E.: Produktion, 4. Aufl., München 1996.

Kistner, K.-P.; Steven, M.: Betriebswirtschaftslehre im Grundstudium 1, 3.
Aufl, Heidelberg 1999.

Kistner, K.-P.: Die Substitution von Umlaufvermögen durch Anlagevermögen im Rahmen der Produktion auf Abruf, in: OR Spektrum, 16. Jg. (1994), S. 125–134.

Kistner, K.-P.; Steven, M.: Produktionsplanung, 2. Aufl., Berlin u. a. 1993.

Köppen, M.: Effiziente Gruppenarbeit, Köln 1997.

Küpper, H.-U.; Helber, S.: Ablauforganisation in Produktion und Logistik, 2. Aufl., Stuttgart 1995.

Missbauer, H.: Bestandsregelung als Basis für eine Neugestaltung von PPS-Systemen, Heidelberg 1998.

Nebl, T.: Produktionswirtschaft, 4. Aufl., München 2001.

Piller, F. T.: Kundenindividuelle Massenproduktion, München 1998.

Piller, F.; Schoder, D.: Mass Customization und Electronic Commerce, in: Zeitschrift für Betriebswirtschaft (ZfB), 69. Jg. (10, 1999), S. 1111–1136.

Rosenberg, O.; Ziegler, H.; Holthaus, O.: Verteilte Simulation dezentraler Werkstattfertigungssysteme, in: Information Management 8. Jg. (2, 1993), S. 6–12.

Schiemenz, B.; Schönert, O.: Entscheidung und Produktion, München 2001.

Schneeweiss, C.: Einführung in die Produktionswirtschaft, 8. Aufl., Berlin, Heidelberg, New York 2002.

Steven, M.: Produktionstheorie, Wiesbaden 1998.

Trossmann, E.: Ablaufplanung bei Einzel- und Serienproduktion, in: Kern, W. (Hrsg.), Handwörterbuch der Produktionswirtschaft, 2. Aufl., Stuttgart 1995, S. 11–26.

Warnecke, H. J.: Revolution der Unternehmenskultur. Das fraktale Unternehmen, 2. Aufl., Berlin-Heidelberg-New York 1993.

Wildemann, H.: Das Just-in-Time-Konzept: Produktion und Zulieferung auf Abruf, 3. Aufl., Zürich, München 1993.

Wildemann, H.: Logistik Prozeßmanagement, München 1997.

Womack, J. P.; Jones, D.; Roos, D.: Die Zweite Revolution in der Autoindustrie, 8. Aufl., Frankfurt 1994.

Zäpfel, G.: Grundzüge des Produktions- und Logistikmanagements, 2. Aufl. 2001.

Ziegler, H.: Produktionslogistik, in: Schulte, Chr. (Hrsg.): Lexikon der Logistik, München-Wien 1999, S. 320–324.

14. Kapitel:
Die Grundlagen der Absatzplanung

Lernziele

Leitfrage:
Was versteht man unter Absatzplanung?

- Wo setzt sie an?
- Was hat die Entstehung von Käufermärkten begünstigt, und welchen Stellenwert hat dort die Absatzplanung?
- Inwiefern bevorteilt der Käufermarkt die Nachfrager und hält die Anbieter »auf Trab«?
- Welches sind die Teilbereiche der unternehmerischen Absatzplanung auf dem Käufermarkt?

Leitfrage:
Was ist Aufgabe der Absatzforschung?

- Womit befasst sich die Marktforschung?
- Wie kann Absatzforschung noch durchgeführt werden?
- Wie kommt man an die benötigten Marktdaten?
- Welche Methoden zur Auswertung erhobener Marktdaten gibt es?

Leitfrage:
Wie kann ein Anbieter den Markt gestaltend beeinflussen?

- Welches sind seine strategischen Alternativen?
- Welches sind seine absatzpolitischen Instrumente?

1 Einführung

1.1 Der Verbrauchswirtschaftsplan eines Haushalts

Die Verbrauchswirt-
schaftspläne liegen im
Brennpunkt unternehme-
rischer Verkaufsbemü-
hungen.

Ansatzpunkt der unternehmerischen Verkaufsbemühungen auf Konsumgü-
termärkten sind die Verbrauchswirtschaftspläne der (privaten) Haushalte.
Die Entstehung eines Verbrauchswirtschaftsplans ist schematisch in
Abb. 14.1 wiedergegeben. Alle Haushalte basieren ihre Nachfrage auf derart
strukturierte Überlegungen – wenn auch mehr oder weniger bewusst.

Grundlage ist stets die – wie auch immer zustande gekommene – Rangfolge der Bedürfnisse (10. Kapitel), wobei man unter einem **Bedürfnis** das Gefühl eines Mangels und den Wunsch, ihn zu beseitigen, versteht (z. B. Essen,
Trinken, Erholung). Zur Befriedigung der Bedürfnisse werden Güter herangezogen – z. B. Brot, Wein, Traumreise – was einen **Bedarf** begründet (Rangliste der begehrten Gütermengen). In der Regel kann jedoch nicht der gesamte Bedarf gedeckt werden: Güterpreise und verfügbare (Geld-)Mittel
beschränken die Möglichkeiten, weshalb als **Nachfrage** nur ein Teil davon
wirksam wird; oft bestimmt auch die Preistendenz die Nachfrageentschei-
dung, z. B. bei Reisen (»Last minute«) und Heizöl.

Die Unternehmen versuchen, das **Zustandekommen** der Verbrauchswirtschaftspläne zu **beeinflussen:** So können die – momentan – verfügbaren
Mittel durch Kreditgewährung (»Holen Sie sich Ihr Geld einfach beim Einkaufen«) oder Abzahlungsangebote (»Finanzkauf«) vergrößert werden.
Durch Werbung lässt sich die Kenntnis der Befriedigungsmittel verbessern
bzw. in eine bestimmte Richtung lenken; auch wird versucht, die Bedürfnisstruktur zu beeinflussen. Überdies gelingt es oft, die Nachfrage über
Sonderpreisaktionen »anzukurbeln«.

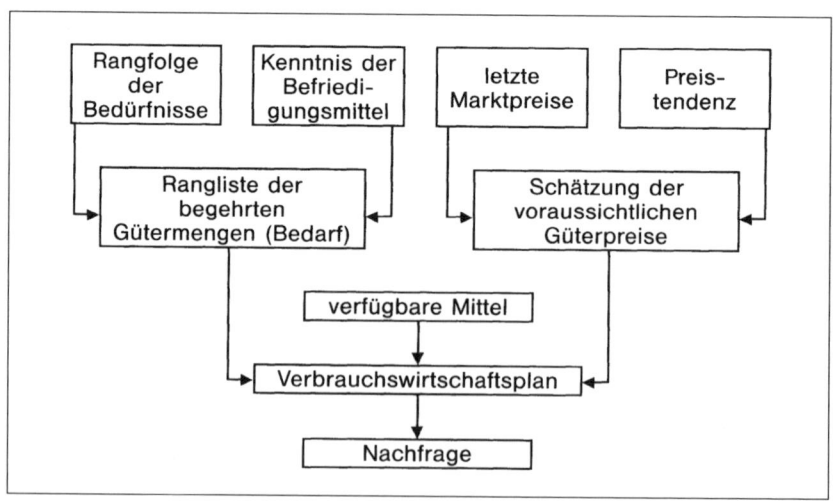

Quelle: v. Zwiedineck-Südenhorst, S. 45

Abb. 14.1: Der Verbrauchswirtschaftsplan

1.2 Der Wandel der Märkte von Verkäufer- in Käufermärkte

Die Produktion vollzieht sich durchwegs in **Arbeitsteilung:** Betriebe sind auf die Bereitstellung bestimmter Güter und Dienste spezialisierte Einheiten, was den Vorteil **rationeller Fertigung** und damit hoher Produktivität hat. Andererseits liegt jedoch ein Nachteil darin, dass man so gut wie ausschließlich für **fremden Bedarf** arbeitet. Die hergestellten Güter und Dienste müssen deshalb verkauft werden, und zwar möglichst günstig im Sinne des Unternehmensziels (z. B. Gewinnerzielung).

Die Leistungsverwertung (E. Gutenberg) war auf den früher vorherrschenden **Verkäufermärkten** recht problemlos: Die Nachfrage überstieg die Produktionsmöglichkeiten, weshalb der **Marktwiderstand gering** ausfiel.

Mittlerweile sind aber die Märkte zu einem großen Teil in **Käufermärkte** übergegangen: Die Nachfrage bleibt hinter den Produktionsmöglichkeiten zurück, weshalb der **Marktwiderstand hoch** ist (Abb. 14.2). Die Ursachen für diese Entwicklung sind vielfältig: Die Märkte wurden durch die europäische Integration sowie den generellen Zollabbau im Zuge der Globalisierung weit geöffnet. Ferner wird angeführt, dass auf vielen Märkten der technische Fortschritt erlahmt sei, weshalb dort nur noch verschleißbedingte Ersatzkäufe getätigt würden. Andererseits weisen aber auch Märkte mit raschem technischem Fortschritt Absatzprobleme auf: Die schnelle Veralterung der Produkte dort und der daraus resultierende Zwang zur schnellen Amortisation der – immer teureren – Produktionsanlagen führen zu großen Produktionsmengen, die den (Welt-)Markt »überschwemmen«. Schließlich versuchen immer wieder Anbieter (»Newcomers«) mit innovativen Konzepten, der etablierten Konkurrenz Kunden »abzujagen«, obwohl – angeblich – der Bedarf schon »gedeckt« ist. Dieser Verdrängungswettbewerb ist in einer

Verkäufermärkte weisen einen geringen, Käufermärkte einen hohen Marktwiderstand auf.

Jeder ist seines Glückes Schmied.

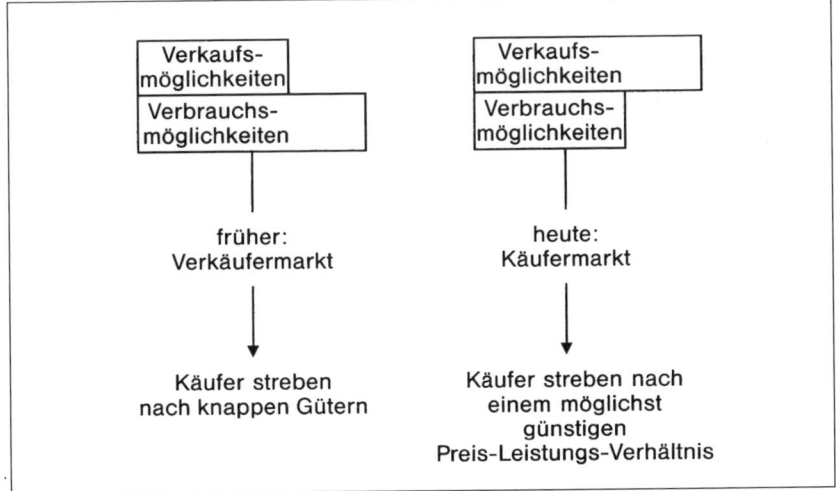

früher:
Verkäufermarkt

heute:
Käufermarkt

Käufer streben nach knappen Gütern

Käufer streben nach einem möglichst günstigen Preis-Leistungs-Verhältnis

Abb. 14.2: Verkäufer- und Käufermarkt

Marktwirtschaft, in der jeder sein Glück versuchen kann, ein ganz normaler Vorgang (1. Kapitel). »Die Weltautoindustrie, die im abgelaufenen Jahr 57 Mio. Autos baute, konnte nur zwei Drittel ihrer Kapazitäten auslasten« (Süddeutsche Zeitung vom 4. 1. 1999).

Wettbewerb:
Leistungskampf
zwischen Konkurrent
am Markt.

> Auf einem Käufermarkt ist der Marktwiderstand hoch, weil die tatsächlichen und potentiellen Wettbewerber und auch die Käufer die Leistungsverwertung eines Anbieters zu einem schwierigen Geschäft machen.

Beispiel

Verkäufermarkt – Käufermarkt

»›Ein Auto ist zum Fahren – und nicht zum Bremsen da‹, mit dieser klassischen Antwort schickte Ettore Bugatti dereinst einen Kunden nach Hause, der es gewagt hatte, die nur bedingt wirksamen Trommelbremsen seines sündhaft teuren Zweisitzers aus Molsheim zu bemängeln. Ettore Bugatti konnte sich diesen Stolz leisten: Die Reichen der Welt standen Schlange, um seine handgearbeiteten Preziosen in Empfang zu nehmen – für teures Geld erwarben sie launische Diven, die Mechaniker in den Wahnsinn und die Besitzer in den Ruin treiben konnten.

Der Ruf des Hauses litt unter diesen Schwächen nicht – im Gegenteil: Die Verkaufsgespräche mit dem ›Patron‹ waren gefürchtet. Hatte der Interessent nicht die Manieren, die Bugatti von einem Fahrer seiner Geschöpfe erwartete, kam kein Vertrag zustande…«

(Aus: Jürgen Lewandowski: Sitten wie zu Zeiten des Patron, in: Süddeutsche Zeitung vom 17. 9. 1990.)

»… Als die Händler Volvo nahe legten, Tassenhalter einzuführen, wurde dies mit dem Hinweis abgelehnt, dass es ein Sicherheitsrisiko darstelle, am Steuer heißen Kaffee zu trinken. ›Wir mussten dem Vorstand klarmachen, dass der amerikanische Verbraucher manchmal eigenartige, doch aber sehr spezielle Wünsche hat‹, erklärt William Hoover, Vizepräsident von Volvo of North America. ›Der Kaffee morgens auf dem Weg zur Arbeit gehört nun mal dazu‹ … Bei der Einführung 1992 zählten sie zur Sonderausstattung, mittlerweile gibt es nur noch 850er mit Tassenhalter. Die Marketing-Abteilung von Volvo of North America sieht hierin einen der Hauptgründe für den Erfolg der letzten drei Jahre …«

(Aus: P. de Thier: BMW und Volvo mit Tassenhalter, in: Süddeutsche Zeitung vom 28. 8. 1995.)

1.3 Die Stellung der Verbraucher im Käufermarkt

Das für einen Käufermarkt typische **Überangebot** findet seinen sichtbaren Ausdruck auch in den großen Angebotsflächen des Lebensmittel-Einzelhandels: Super- und Verbrauchermärkte, aber auch Feinkost- und Bioläden konkurrieren um die Gunst der Käufer; jedes dieser Geschäfte könnte leicht die Kundschaft des nächstgelegenen Konkurrenten mit versorgen.

Manche sehen hierin eine »volkswirtschaftliche Verschwendung« und fordern ein massives Eingreifen des Staates zur Beseitigung des »ruinösen« Wettbewerbs. Dabei wird jedoch übersehen, dass Überkapazitäten **Voraussetzung für Wettbewerb** sind. Die Kaufhallen der ehemaligen DDR, die nach einem »urbanistischen Gesamtkonzept« in die Wohngebiete eingestreut wurden, belegen dies eindrucksvoll: Soundso viel Quadratmeter Verkaufsfläche für soundso viel Quadratmeter Wohnfläche. Als Folge hiervon besaß jede Kaufhalle in ihrem »Zuständigkeitsgebiet« eine Monopolstellung, die sie – zum Leidwesen der Kundschaft – weidlich ausnützte. Angebots-Überkapazitäten halten hingegen die Anbieter »auf Trab« und machen den **Kunden zum König:** Der Anbieter, den er aufsucht (meidet), hat Erfolg (Misserfolg), was alle zwingt, sich strikt an den Wünschen der Kunden zu orientieren – allerdings nur soweit, wie dies mit der Rechtsordnung in Einklang steht (z. B. kein Alkoholverkauf an Kinder). Wenn folglich Anbieter immer wieder die »undankbaren Kunden« beklagen, die ihr Angebot nicht zu schätzen wüssten, dann tun sie dies zu Unrecht, weil auf einem Käufermarkt der Grundsatz gilt: »Der Wurm muss dem Fisch und nicht dem Angler schmecken«.

»Der Kunde ist König, sein Untertan der Produzent. Wir sind somit frei in der Entscheidung, wie wir unser Sozialprodukt verwenden, aber Sklaven in Bezug auf den Markt, wenn es darum geht, was wir produzieren« (Carl-Christian von Weizsäcker).

Ein gern gebrauchtes Argument von Anbieterseite ist auch, dass der Markt (»die Kaufkraft«) gerade noch ihn, aber keinen weiteren Anbieter mehr verkrafte (**Omnibusprinzip:** Nach mir die Tür zu). Auch in dieser Frage sollte man den Käufern das letzte Wort lassen: Überkapazitäten erlauben es ihnen, durch Bevorzugung bzw. Missachtung bestimmter Angebote den **Strukturwandel** voranzutreiben. Bedarfsprüfungen im Zusammenhang mit Einzelhandelsprojekten auf der Basis von **Kaufkraftanalysen** führen stets zu einer Wettbewerbsbeschränkung zugunsten der Etablierten und zu einer schlechteren (z. B. teureren) Versorgung der Verbraucher als möglich.

»Die rasanten Entwicklungen der letzten Jahrzehnte im Konsumgüterbereich, die großenteils von dynamischen Unternehmerpersönlichkeiten im Handel ausgelöst wurden, haben zu einer blendenden Versorgung der Verbraucher geführt« (Wolfgang Kartte, ehem. Präsident des Bundeskartellamtes).

Käufermärkte haben ein Überangebot, was den Kunden zum König macht.

Für gute Angebote gibt es immer Kaufkraft.

Kaufkraft: Ausgabefähiger Geldbetrag, den Konsumenten für Konsumzwecke zur Verfügung haben.

Beispiel

Omnibusprinzip

Wie ›Staubsauger‹ saugen … Großkinos umliegenden Lichtspielhäusern die Zuschauer weg, sagte Steffen Kuchenreuther, Präsident des Hauptverbandes Deutscher Filmtheater …«

(Aus: B. Nolte: Es entsteht eine Monokultur, in: Süddeutsche Zeitung vom 12. 3. 1997)

»… Sorge bereitet dem Verband, dass der Trend zu den Multiplex-Theatern unvermindert anhält. Derzeit seien hierzulande 36 Großkinos in Betrieb, weitere 18 in Bau und 57 Multiplexe in Planung. ›Das läuft langsam heiß‹, sagte der HDF-Chef und warnte vor einem Verdrängungswettbewerb …«

(Aus: o. V.: Neuer Rekord an den deutschen Kinokassen, in: Süddeutsche Zeitung vom 12. 2. 1997)

»… Die neuen, großen Filmpaläste, auch Multiplex-Theater genannt, haben einen Boom ausgelöst, wie es ihn zuletzt allenfalls Anfang der 60er-Jahre gegeben hat. Damals allerdings flimmerte nur ein TV-Sender auf relativ wenigen Fernseh-Bildschirmen. Die Zeiten haben sich geändert: Heute scheinen die Programm- und Werbeflut im TV das Kinogeschäft eher noch zu beflügeln; der Abend im dunklen Vorführsaal gilt wieder als Erlebnis.
… Und da Konkurrenz das Geschäft belebt, haben auch die meisten alteingesessenen Kinobetreiber ihre Säle renoviert und modernisiert …«

(Aus: U. Brychcy: Opas Kino wird zur Erlebniswelt, in: Süddeutsche Zeitung vom 7. 5. 1998)

»… Wesentlich lukrativer als der Eintrittskarten-Verkauf sind mittlerweile die Einnahmen aus den Werbespots, die vor den Filmen gezeigt werden sowie das boomende Geschäft mit Getränken, Snacks und Süßigkeiten. Der Ein-Liter-Eimer Popkorn beispielsweise, für den die Kinofans an der Theatertheke zehn Mark zahlen müssen, kostet in der Herstellung gerade einmal 45 Pfennig …«

(Aus: U. Brychcy: Gedränge im Multiplex, in: Süddeutsche Zeitung vom 10. 2. 2000)

»Die deutschen Kinos stehen vor einem Rekordjahr. Gut 175 Millionen Besucher und damit 15 Prozent mehr als im Jahr 2000 erwarten die Filmtheaterbetreiber bis Ende Dezember … sagte der Chef der Filmförderungsanstalt, Rolf Bähr. Die Programmkinos profitieren ebenfalls von dem Boom. »Es kann keine Rede davon sein, dass diese Häuser aussterben«, stellte Bähr fest. Zwei Untersuchungen zeigten, dass diese eher kleinen Filmtheater nicht von den großen Multiplexen verdrängt werden …«

(Aus: Süddeutsche Zeitung vom 14. 12. 2001)

1.4   Der Käufermarkt als unternehmerische Herausforderung

1.4.1 Voraussetzungen für den Markterfolg

Erfolgreiche Unternehmen besitzen einen strategischen Wettbewerbsvorteil und sind kundennah.

Damit sich ein Anbieter auf dem Käufermarkt behaupten kann, benötigt er einen **strategischen Wettbewerbsvorteil** gegenüber der Konkurrenz (H. Simon):

- Man ist zwar nie in der Lage, alles besser zu machen als die anderen, man sollte aber dennoch in einigen Aspekten einen – tatsächlichen oder werblichen – **Vorteil** vorweisen können (»Unique Selling Proposition (USP)«).
- Dieser Vorteil muss **auf Dauer** bestehen: Er darf von der Konkurrenz nicht so ohne weiteres kopiert werden können.
- Ferner muss der Vorteil für einen hinreichend großen Teil der Nachfrager als solcher **erkennbar** sein.

Die »Suche« nach dem strategischen Wettbewerbsvorteil kann mit der Frage eröffnet werden: »Warum soll die Kundschaft ausgerechnet bei uns kaufen?«

Die Antwort hierauf findet der Anbieter leichter, der **Kundennähe** aufweist: Auf dem Käufermarkt muss man – manifeste bzw. latente – Kundenwünsche sofort **erkennen** und schnell in einen strategischen Wettbewerbsvorteil **umsetzen**. Dabei soll freilich für den Kunden ein akzeptables **Preis-Leistungs-Verhältnis** und für den Anbieter eine akzeptable **Rendite** realisiert werden. In manchen Unternehmen gibt es »zu viele Häuptlinge und zu wenige Indianer«, woraus die Forderung »Stäbe an die Front« abgeleitet wurde. In der Tat lässt sich Kundennähe nicht vom Büro aus, sondern nur über die Bereitschaft zur **Marktforschung** und die Mitarbeit im **Außendienst** verwirklichen. Marktforschung und Außendienst sollten sich dann im Unternehmen mit Forschung und Entwicklung sowie der Produktion »kurzschließen« (»Kopplung der Marketingfunktion«), möglichst sogar unter Beteiligung von Kunden.

> Hätte ich heute mein eigener Kunde sein wollen?

Unter der Lupe

Kundennähe

Häufig versteht man unter Kundennähe Spitzenqualität und erstklassigen Service. Dem widerspricht jedoch, dass Kunden oft bereit sind, zugunsten eines günstigen Preises »Kompromisse« bei Qualität und Service einzugehen. Kundennähe kann deshalb nur bedeuten, den jeweiligen Kundenwünschen – in Preis und Leistung – angepasste Produkte anzubieten. Drei Instrumente stehen hierfür zur Verfügung:
- die differenzierte Marktbearbeitung zur Abdeckung heterogener Kundenwünsche,
- die Flexibilität bei der Anpassung von Produkten an Sonderwünsche und
- die Reagibilität gegenüber mittelfristigen Veränderungen von Kundenwünschen.

Ein Erfolg stellt sich vor allem dann ein, wenn offene Kommunikationskanäle individuelle Kundenwünsche erkennbar machen und moderne Fertigungsverfahren die Kostenwirksamkeit der Variantenfertigung in Grenzen halten (z. B. CAM).

(In Anlehnung an Sönke Albers: Kundennähe als Erfolgsfaktor)

In einer Analyse erfolgreicher Unternehmen aus dem Mittelstand ließen sich folgende **Erfolgsfaktoren** isolieren: Erringung der Marktführerschaft für das eigene Produkt, Konzentration auf Kernkompetenzen, ständige Produktpflege und Einsatz der jeweils modernsten Fertigungsverfahren, größtmögliche Nähe zum Kunden sowie Pflege einer Unternehmenskultur, welche die Mitarbeiter motiviert. (In Anlehnung an H. Simon: Die heimlichen Gewinner.)

1.4.2 Die Planung des Marktauftritts

Absatz-Planung: Absatz-forschung und Markt-gestaltung

Durch den Wandel der Märkte hat die systematische Planung des unternehmerischen Marktauftritts erheblich an Bedeutung gewonnen: Der Markt – und damit die Absatzplanung – ist der Engpass; hieran haben sich – dem Ausgleichsgesetz der Planung (6. Kapitel) folgend – alle anderen Teilpläne einseitig auszurichten. Der herausgehobene Stellenwert der Absatzplanung auf Käufermärkten wird dadurch unterstrichen, dass man auch von **Marketing** spricht.

> Marketing heißt »Führen des Unternehmens vom Markt her«, weshalb »Marketing beginnt, ehe die Produktion einsetzt«.

In Abb. 14.3 sind die Hauptbereiche der Absatz-(Marketing-)Planung wiedergegeben:

- Um einen Überblick über die Marktlage zu gewinnen, müssen zunächst **Informationen gesammelt und ausgewertet** werden:
  - Wo gibt es **neuartige Märkte?**
    Angesichts differenzierter Konsumgewohnheiten und eines – teilweise – rasanten technologischen Fortschritts entstehen immer wieder neue Marktchancen; z.B. Biotechnik, Umwelttechnik, Büro- und Fertigungsautomation und Kommunikationstechnik.
  - Inwieweit kann es gelingen, in **Märkte einzudringen,** die zwar schon existieren, bisher vom eigenen Unternehmen aber noch nicht bedient werden (z.B. Allfinanz-Angebot eines Versandhändlers: Versicherungen, Bankdienste und Bausparen)?
  - Welche Möglichkeiten bestehen, den **Marktanteil** auf den »eigenen« Märkten zu **vergrößern?**

  Zur Beantwortung dieser Fragen wird man sich in erster Linie der **Marktforschung** bedienen; daneben gibt es aber noch andere Informationsquellen, z.B. aus der Wissenschaft.

Leitbild: Defining the Business (D. F. Abell)

- Die Absatzforschung liefert »lediglich« eine Bestandsaufnahme des Marktes. Im nächsten Schritt muss das Unternehmen versuchen, den Rahmen für seine zukünftigen Tätigkeiten festzulegen: Dieses **Leitbild** (auch: Zielsetzung oder – etwas überzogen – »Vision«) beinhaltet das langfristige Entwicklungsszenario: Welchen **Zielgruppen** soll man welche **Angebote** auf der Basis welcher **Technologien** machen? Das Leitbild bleibt relativ unspezifisch, weist »lediglich« die Richtung für strategische und operative Maßnahmen.

■ Im Anschluss an diese – **originären** – **Führungsentscheidungen** kann man daran gehen, den Markt im Sinne des Unternehmenszieles zu **gestalten,** also Marktwiderstand zu beseitigen. Dabei ist zweierlei zu bedenken:

   – Die Beseitigung von Marktwiderstand (z.B. durch Werbung) wird umso schwieriger (und damit teurer), je mehr Marktwiderstand man schon beseitigt hat, weil man auf **immer resistentere Käuferschich-**

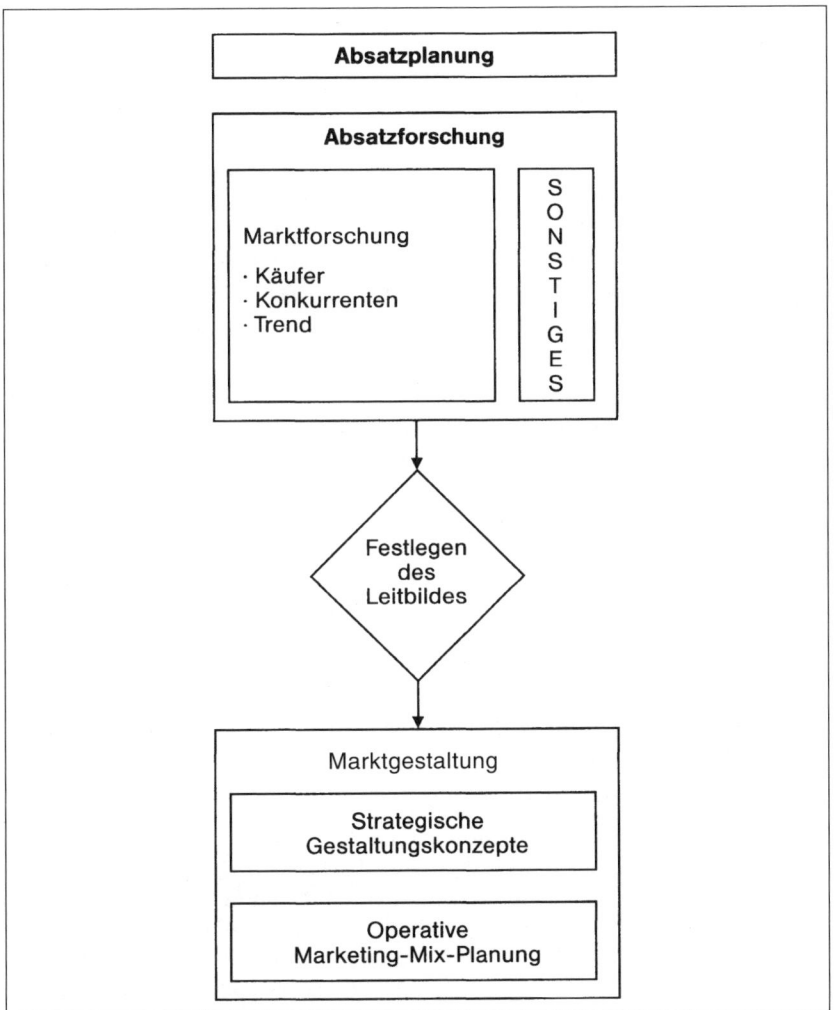

Abb. 14.3: Gegenstände der Absatzplanung (In Anlehnung an Richard Köhler: Beiträge zum Marketing-Management, S. 8)

ten trifft. Es kann deshalb der Fall eintreten, dass von einem bestimmten Punkt an die zusätzlichen Markterschließungskosten größer sind als der zusätzliche Rohgewinn (Umsatz nach Abzug der Produktionskosten).

– Die Beseitigung von Marktwiderstand sollte nicht so weit vorangetrieben werden, dass andere betriebliche Teilbereiche (z. B. der Produktionsbereich) zum **Engpass** werden. Der Einsatz erweist sich dann nämlich als Verschwendung, wenn die erzeugte Nachfrage nicht befriedigt werden kann und die Käufer deshalb z. B. zur Konkurrenz abwandern.

Die detaillierte Analyse der Planungsschritte »Absatzforschung« und »Marktgestaltung« ist Gegenstand der folgenden Erörterungen.

Beispiel

Ein neues Leitbild

»Jahrelang glich Preussag einer Großbaustelle. Der Mischkonzern, dessen Wurzeln aus Kohle und Stahl kommen, sollte zu einer ertragsstarken Touristikgruppe umgebaut werden. Baumeister Michael Frenzel ließ keinen Stein auf dem anderen, kaufte Reiseveranstalter, Fluggesellschaften, Hotels und Reisebüroketten und verkaufte Stahl, Kohle, Anlagen- und Schiffbau …«

(Aus: M. Thiede: Preussag bleibt Beweis der Ertragskraft schuldig, in: Süddeutsche Zeitung vom 17. 5. 2001)

»Ralf Corsten scheut die Öffentlichkeit. Seit 1994 ist er Vorstandsvorsitzender der Touristik Union International (TUI), des größten Reiseveranstalters Europas, der seit 1998 zur Preussag gehört …

Zusammen mit Charles Gurassa, dem Chef des größten britischen Reiseunternehmens Thomson Travel, soll Corsten die Zusammenführung der Preussag-Touristik bewerkstelligen. Thomson gehört seit Sommer 2000 zum Preussag-Konzern und ist nach der TUI das größte Branchenunternehmen, das der frühere Stahlkonzern gekauft hat.

Inzwischen macht die Preussag mit der Touristik gut die Hälfte ihres Umsatzes von fast 22 Milliarden € …

Synergieeffekte schlummern vor allem in der erfolgreichen Zusammenführung der Fluggesellschaften Hapag-Lloyd (Preussag) und Britannia (Thomson) …«

(Aus: S. Haas: Ein Konzern wächst zusammen, in: Süddeutsche Zeitung vom 6. 3. 2001)

»Bald wird bei der Preussag zumindest optisch nichts mehr an die Vergangenheit erinnern. Jetzt werden erst einmal sämtliche kunterbunten Reise-Logos, die der Konzern in den vergangenen Jahren im In- und Ausland eingesammelt hat, mit dem neuen Namen »World of TUI« übermalt. Im nächsten Jahr soll dann auch der Name Preussag weichen. Das wird der symbolische Schlussstrich unter einem teils abenteuerlichen Konzernumbau sein …

⟶

Das neue Logo ist leuchtend rot und erinnert an ein augenzwinkerndes »Smiley«. Wie ein verschmitzter Blick zurück? Ein gelegentliches Augenzwinkern war schon nötig, um aus dem stahlgrauen Konzern eine bunte Freizeit-Veranstaltung zu machen …«

(Aus: M. Thiede: Farbwechsel, in: Süddeutsche Zeitung vom 24.8.2001)

Beispiel

Marktgestaltung

»…trotz des hohen Preises von annähernd 50 000 Mark hätten wahrscheinlich die avisierten 1500 Exemplare in Deutschland ihre Käufer gefunden, wenn das schwedische Werk sie nur geliefert hätte. Aber die Saab-Werke, die erstmals seit 17 Jahren wieder ein richtig neues Auto vom Band laufen ließen, hatten technische Probleme und eine unerwartet hohe Nachfrage auf dem Heimatmarkt. Die Frankfurter Dependance blieb unbeliefert, alle Werbe- und Marketingmaßnahmen verpufften, bei Kunden und Händlern ging der Frust um.«

(Aus: A. Thomas: Schweden macht mobil, in: Die Zeit, Nr. 17/1986.)

2 Die Absatzforschung als die eine Säule der Absatzplanung

Die Teilgebiete der Absatzforschung sind in Abb. 14.4 aufgelistet: Die **Formen** der Absatzforschung knüpfen am Markt, am Unternehmen selbst oder an wissenschaftlichen Forschungsergebnissen an; die **Methoden** befassen sich hingegen mit der Art und Weise der Datenerhebung und -auswertung.

2.1 Die Formen der Absatzforschung

Soweit die Absatzforschung direkt am **Markt**geschehen anknüpft, heißt sie Marktforschung; als Vertriebskosten- und Absatzsegmentrechnung kann sie jedoch auch auf **innerbetrieblichem** Datenmaterial beruhen oder **wissenschaftliche** Erkenntnisse (insbesondere aus Psychologie und Soziologie) zu ihrem Gegenstand machen.

2.1.1 Die Marktforschung

Gegenstand der Marktforschung ist die Erkundung der Marktverhältnisse; sie setzt sich zusammen aus der Käufer- (besser: Zielgruppen-)Analyse, der Konkurrenzanalyse und der Trendanalyse (Abb. 14.5).

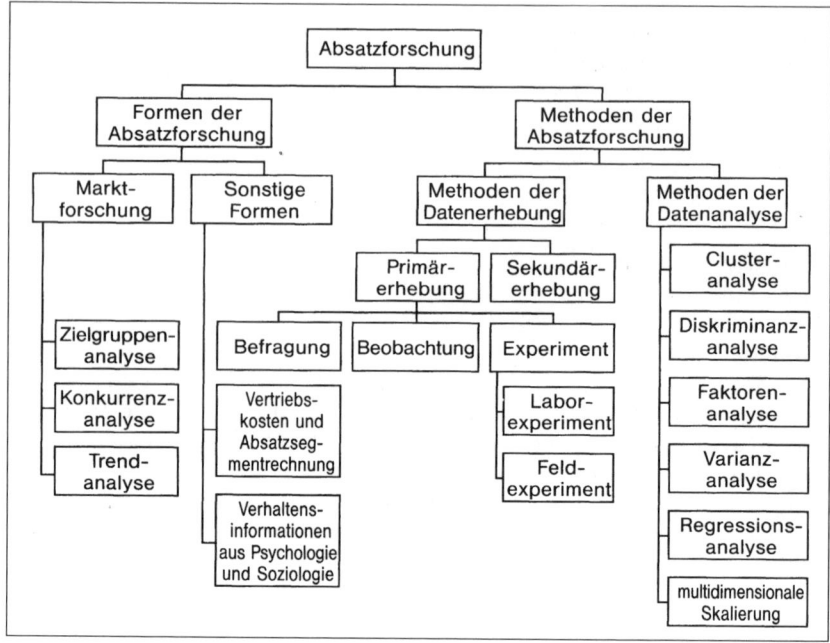

Abb. 14.4: Die Absatzforschung

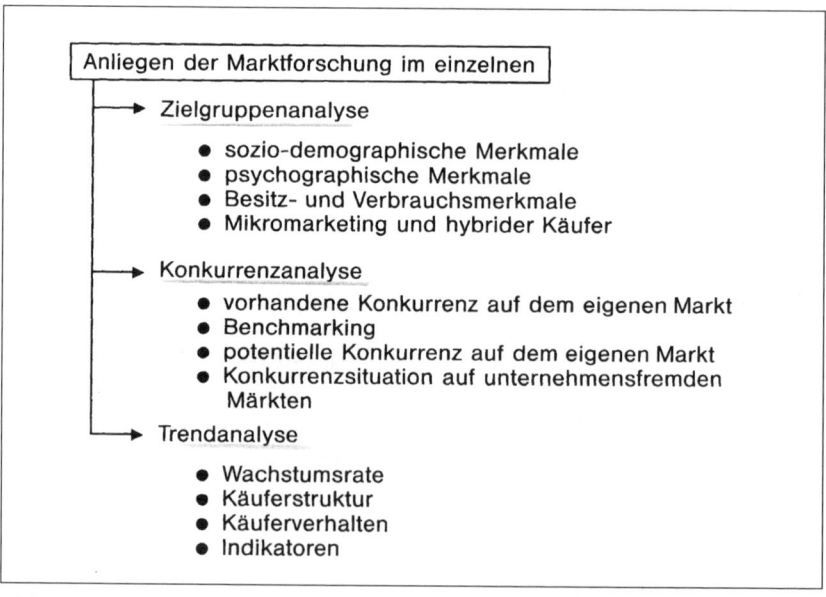

Abb. 14.5: Die Marktforschung (in Anlehnung an E. Gutenberg)

2.1.1.1 Die Zielgruppenanalyse: Vom Massen- zum Mikromarketing

Henry Ford l. konnte über sein Auto noch sagen: »Wir liefern Tin Lizzy in jeder Farbe, sie muss nur schwarz sein.« Auf den damals vorherrschenden Verkäufermärkten war Massenproduktion, Massenverteilung und Massen-»Marketing« die Regel, wobei ein fiktiver Durchschnittskunde angepeilt wurde. Heute gibt es »den Verbraucher« nicht mehr. Wer Erfolg haben will, muss sich mit verschiedenen Lebenssituationen, Denkweisen, Gefühlslagen und Verhaltensweisen auseinander setzen.

Angesichts der daraus resultierenden stark **differenzierten Kundenwünsche** ist es für ein Unternehmen in der Regel nicht vorteilhaft, ein einheitliches Leistungsangebot auf den Markt zu bringen. Es wird vielmehr versucht, die Käufer in **Zielgruppen zu segmentieren** und diesen dann – in Preis, Gestaltung, Leistungsumfang usw. – speziell zugeschnittene Produkte und/oder Dienstleistungen anzubieten (»Target Marketing«). Dies ist jedoch nur möglich und sinnvoll, wenn die Zielgruppen eine Reihe von **Anforderungen** erfüllen:

Segmentierung der Käufer in Zielgruppen wegen differenzierter Kundenwünsche

- Sie sollten **intern** möglichst **gleiche Merkmale** aufweisen (Homogenitätsbedingung).
- **Zwischen** ihnen sollten demgegenüber klar erkennbare **Merkmalsunterschiede** bestehen, damit sie voneinander abgegrenzt und spezifisch bedient werden können (Heterogenitätsbedingung).
- Sie sollten schließlich **groß genug** sein, damit sich ihre gesonderte Bearbeitung auch lohnt (Wirtschaftlichkeitsbedingung).

> Das **Dilemma der Marktsegmentierung** besteht darin, dass mit zunehmender Ausdifferenzierung von Zielgruppen diese zwar intern homogener werden, andererseits aber die Trennschärfe zwischen ihnen abnimmt.

[handschriftliche Notiz: Marktsegmentierung: Aufspaltung eines heterogenen Gesamtmarktes in Teilmärkte, die in sich möglichst homogen (ähnlich) sind.]

Abb. 14.6 illustriert dies für die beiden Merkmale »Alter« und »Einkommen«.

Ein weiteres Problem der Marktsegmentierung liegt in der Wahl **geeigneter Segmentierungsvariablen;** die am häufigsten verwendeten Merkmale sind:

- sozioökonomische Merkmale
  (Einkommen, Beruf, Ausbildung usw.)
- demographische Merkmale
  (Religion, Alter, Geschlecht, Haushaltsgröße usw.)
- psychographische Merkmale
  (Konsummotive. Lebensstil, Gewohnheiten. Einstellungen usw.)
- Besitz- und Verbrauchsmerkmale.

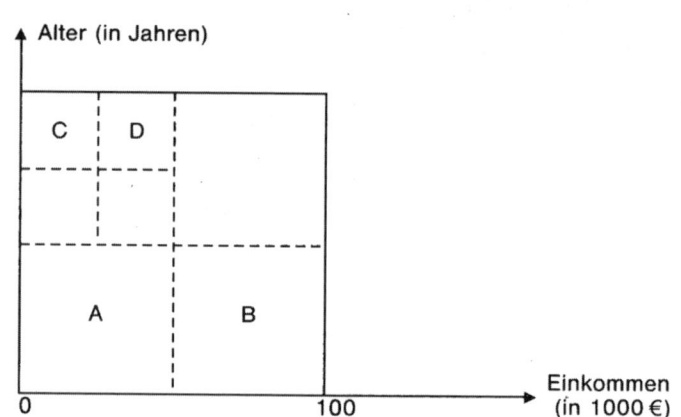

Zielgruppen A und B:
- intern nicht sehr homogen, da sehr „großflächig"
- extern sehr heterogen (gemessen am Zentrenabstand)

Zielgruppen C und D:
- intern sehr homogen, da sehr „kleinflächig"
- extern nicht sehr heterogen (gemessen am Zentrenabstand)

Abb. 14.6: Dilemma der Marktsegmentierung

Unter der Lupe

Brauchen wir siebzig Smokingstoffe?

Die stark ausdifferenzierten Kundenwünsche und das Bestreben der Unternehmen, jedem das Gewünschte zu liefern, haben zu einer enormen Ausweitung der Produktpalette geführt. So fertigt der VW-Konzern 56 unterschiedliche Fahrzeugmodelle: vom VW Golf über den SEAT Ibiza und den Skoda Octavia bis hin zum Audi A8. Und in einer Supermarkt-Käsetheke liegen gut und gerne hundert Sorten (KaDeWe, Berlin: 1300).

Dies provoziert natürlich die Frage, ob das denn »nötig« sei. Es mag nicht nötig sein, lässt sich aber auch nicht ändern, weil es keine allgemein akzeptierte Instanz gibt, die verbindlich festlegen könnte

- wie viele Varianten wir brauchen und
- welche der überzähligen gestrichen werden sollten.

Viele Verbraucher haben sicherlich genaue Vorstellungen über das, was »wirklich« gebraucht wird: Solange diese Meinungen aber weit auseinander gehen, müsste sich jeder, der versucht, seine Ansichten durchzusetzen, den Vorwurf der Bevormundung seiner Mitmenschen gefallen lassen.

Zunehmend werden auch Argumente wie Ressourcenschonung und Umweltschutz zur Begründung einer Verhaltensbeschränkung angeführt. Dies mag zutreffen, kann aber auch »vorgeschoben« sein, um die Durchsetzung des eigenen – oft ideologisch begründeten – Standpunkts zu erleichtern.

→

Letztlich bleibt der Markt einziger akzeptabler Schiedsrichter: Wenn keine siebzig Smokingstoffe gekauft werden, dann verschwinden die restlichen von alleine. Politisch durchgesetzte Beschränkungen führen in der Regel zur Entstehung »schwarzer Märkte«.

Die **sozioökonomischen** und **demographischen** Merkmale werden meist zur Gruppe der **soziodemographischen** Merkmale zusammengefasst. Nach soziodemographischen Merkmalen gebildete Zielgruppen sind relativ leicht zu erfassen und auch zu erreichen; fraglich ist allerdings, ob Personen, die in ihren soziodemographischen Merkmalen ähnlich (homogen) sind, auch ähnliche Konsumziele bzw. Bedürfnis-Strukturen haben und damit für ein gemeinsames Leistungsangebot in Frage kommen. So können z. B. die »30- bis 50-jährigen berufstätigen Großstädterinnen« sehr unterschiedliche Konsumstrukturen aufweisen. Sicherlich bieten oftmals die Produkteigenschaften selbst Möglichkeiten einer sinnvollen soziodemographischen Zielgruppendefinition (Babynahrung, Seniorenmarkt); häufig lässt sich jedoch die potentielle Kundschaft aufgrund soziodemographischer Daten nur unscharf abgrenzen.

Die Zielgruppenbeschreibung nach **psychographischen Merkmalen** ist – wegen des Datenproblems – erheblich aufwändiger, andererseits aber oft treffgenauer. Eine nach Konsummotiven vorgenommene Zielgruppenabgrenzung von Zahnpastaverbrauchern ergab z. B. drei Nutzergruppen:

- Gesunderhaltung der Zähne (Werbung: Arzt mit Kittel).
- Frischer Atem (Werbung: Kuss in der Disco).
- Äußerer Zwang (Werbung: Erdbeergeschmack für Kinder).

Besonders nachteilig an den psychographischen Merkmalen von Personen ist, dass sie sich im Zeitablauf schnell und grundlegend ändern können.

Beispiel

Euro-Socio-Styles
- In der EU werden regelmäßig 24 000 repräsentativ ausgewählte Personen nach ihren psychographischen, sozioökonomischen und verhaltensbedingten Gegebenheiten befragt. In Deutschland ist hierfür die GfK-Nürnberg zuständig. Die Befragung von 1996 erbrachte z. B. für Deutschland (D) und Großbritannien (UK) folgende Ergebnisse:
- Die Rooted: Auf der Suche nach Ordnung in einer Gesellschaft, die für sie eine befestigte Stadt ist. (D: 24 %, UK: 12,4 %)
- Die Survivors: Auf der Suche nach Identität in einer Gesellschaft, die für sie ein Dschungel ist. (D: 16,4 %, UK: 21,2 %)
- Die Optimizers: Auf der Suche nach Vergnügen in einer Gesellschaft, die für sie wie die Höhle des Ali Baba ist. (D: 26,9 %, UK: 27,3 %)

$\longrightarrow$

- Die Surfers: Auf der Suche nach Alternativen in einer Gesellschaft, die für sie neue Lebenskonzepte bietet. (D: 16,2 %, UK: 17,2 %)
- Die Organizers: Auf der Suche nach Harmonie in einer Gesellschaft, die für sie eine Solidargemeinschaft ist. (D: 3,1 %, UK: 3,2 %)
- Die Rolemakers: Auf der Suche nach Ethik in einer Gesellschaft, die für sie ein Bezugssystem bietet. (D: 13,4 %, UK: 18,7 %)

(Aus: Eurobus 1996, GfK AG, Lebensstilforschung)

Die Zielgruppenabgrenzung nach **Besitz- und Verbrauchsmerkmalen** orientiert sich am bisherigen Konsumverhalten der Verbraucher (z. B. Produkt- und Einkaufsstättenwahl, Preisempfindlichkeit, Markentreue).

So könnte eine Zielgruppe aus den Personen bestehen, die einen Laptop besitzen oder zweimal und mehr je Jahr in Urlaub fahren.

Häufig werden zur Zielgruppenbeschreibung auch verschiedene Typen von Segmentierungsvariablen kombiniert, z. B. die 40- bis 60-jährigen Eigenheimbesitzer mit konservativer Lebenseinstellung in den Grüngürteln der Großstädte.

> Nach soziodemographischen, psychographischen und/oder Besitz- und Verbrauchsmerkmalen gebildeten Zielgruppen werden jeweils spezielle Leistungsbündel angeboten. Voraussetzung ist, dass die Zielgruppen intern homogen, extern heterogen und »groß genug« sind.

Beispiel

Zielgruppenorientierte Angebote

»Nach fünf Verlustjahren, in denen sich die Verluste auf mehr als 660 Millionen DM summierten, scheint die Leidenszeit bei der Textilgruppe C & A zu Ende zu gehen. Seit Herbst vergangenen Jahres gewinnt das 160 Jahre alte Familienunternehmen in Deutschland wieder Marktanteile … Die Kollektionen wurden besser auf die Wünsche der Zielgruppe abgestimmt …

… Mal wollte man Käufer mit schmalem Geldbeutel ansprechen, dann wurden Waren ins Sortiment aufgenommen, die eher eine besser verdienende Klientel ansprachen. Mal wollte man in erster Linie Familien einkleiden, dann wurden junge Käufer stärker ins Visier genommen. Jetzt hat sich die Textilgruppe klar positioniert: Sie will in Mode-Fragen junge Familien ansprechen, die über ein begrenztes Budget verfügen. Dieses Konzept scheint aufzugehen …«

(Aus: S. Weber: Frage der Geduld, in: Süddeutsche Zeitung vom 3. 7. 2001)

»Deutschlands Kurorte stehen vor einem tief greifenden Strukturwandel. Damit nach der Gesundheitsreform und ihren gravierenden Folgen in den

→

Kurparks nicht die Lichter ausgehen, bemühen sich Heilbäder und Kurorte gesundheitsbewusste Urlauber zu umwerben. Durch Wellness- und Fitnesspauschalen, Beauty- und Aktivwochen sollen neue Zielgruppen erschlossen werden. Vielfältig und kaum überschaubar sind die Angebote für Freizeit, Schönheit und Lebensfreude.

... Über die Aufteilung des TUI-Vital-Programms in fünf Untergruppen sprach Karin Neese, Produktmanagementleiterin. Unter ›Fitness & Relaxen‹ ist eine Mischung aus Bewegung und Entspannung zu verstehen; also sanfte Sportarten und gezieltes Fitnesstraining sowie Massagen und Wirbelsäulentraining. Sich mal etwas Gutes tun, können Frauen mit dem Programm ›Beauty & Style‹. Fernöstliche Entspannung mit westlichen Erkenntnissen verbergen sich hinter Etikett ›Sanft & Seele‹. Bei ›Schlank & Gesund‹ geht es um Ernährungsangebote und bei »Kuren & Erholen‹ um klassische Kuraufenthalte, aber auch um Thalassotherapie.«

(Aus: J. Kreyssig: Die Lichter bleiben an, in: Süddeutsche Zeitung vom 31. 3. 1998)

Werden die »bearbeiteten« Zielgruppen immer kleiner, bis schließlich jeder Nachfrager ein maßgeschneidertes Leistungsangebot erhält, spricht man von **Mikromarketing**. Grundlage hierfür sind meist Kunden- und Interessentendaten (»Kunden-Steckbriefe«), die in einer elektronischen Kundendatenbank erfasst und zur persönlichen Kundenansprache benutzt werden (**Database-Marketing**). Gespeichert werden z. B. soziodemographische Merkmale, »Kaufgeschichte«, Zahlungsverhalten und Reklamationsstatistik, was sich besonders einfach auf der Basis von Kundenkreditkarten gestaltet: Die Marktforschungsabteilung erfährt dann mehr über die Kunden, die solche Karten gerne und häufig nutzen, insbesondere dann, wenn sie mit Rückvergütungen (»Payback«) gekoppelt sind. Auf dieser Basis können Anbieter gezielt z. B. Prospekte, Werbebriefe und Gutscheine aus den Produktbereichen verschicken, die die jeweiligen Kunden üblicherweise erstehen und deren tatsächliche Nutzung über die Kauf- bzw. Bestelldaten kontrollieren. Berichtet wird auch von Versuchen mit modular aufgebauten Versandhauskatalogen, die – je nach Kaufgeschichte – kundenspezifisch zusammengestellt werden (»Selectronic Catalogue«). Denkbar sind ferner kundenindividuelle Produktausstattungen bzw. -anpassungen (»Exklusivvarianten«). Darüber hinaus lassen sich **Cross-Selling-Potentiale** erschließen, wenn den Kunden Hinweise auf verwandte Produktbereiche gegeben werden (z. B. auf Kinderspielzeug, wenn Kinderkleidung gekauft bzw. bestellt wurde).

Mikromarketing: wirtschaftlich durch Database-Marketing

Database-Marketing: Die elektronische Spur des gläsernen Kunden

Angesichts von Data-Base-Marketing und neuen Technologien in der Fertigung kann man mit maßgeschneiderten Angeboten eine langfristige Kundenbindung erreichen. Die Wirtschaftlichkeitsbedingung verliert an Bedeutung: Selbst kleinste Zielgruppen sind »groß genug«.

Bislang wurde stillschweigend unterstellt, dass jeder Käufer ein in sich stimmiges Verhalten (z. B. als »arrivierter Karrieremann« oder »moderne Aufstiegsorientierte«) an den Tag legt und lediglich mehr oder weniger gut geeignet erscheint, mit anderen eine homogene Zielgruppe zu bilden. Nun lässt sich aber beobachten, dass ein und derselbe Käufer für bestimmte Produkte bereitwillig sehr viel Geld ausgibt, bei anderen aber genau auf den Preis achtet. Welche Produkte unter die Komfort- und welche unter die Sparorientierung fallen, kann von Person zu Person sehr verschieden sein. So ist es ohne weiteres möglich, dass jemand für eine Sonnenbrille ein paar hundert EURO ausgibt, gleichzeitig aber beim Lebensmitteleinkauf mit Akribie prüft, welcher Joghurt am billigsten ist. Andere kaufen ihren »biologischen« Joghurt teuer im Feinkostgeschäft, die Sonnenbrille dagegen für wenig Geld vom Ständer im Verbrauchermarkt. Es gibt eine Fülle unterschiedlicher **hybrider (zwitterhafter) Verhaltensmuster;** letztlich ist sogar jeder Käufer ein bisschen anders hybrid, begegnet auf seine Weise der Konsumwelt mit weit und gleichzeitig wenig geöffneter Geldbörse, was ihn unberechenbar macht.

Der Käufer kann verschwenderisch oder geizig, aber auch vernünftig sein.

Der gängige Erklärungsansatz lautet, dass der Mensch grundsätzlich in Luxus schwelgen möchte, wegen knapper finanzieller Mittel oder wegen seines schlechten Gewissens jedoch notgedrungen Abstriche machen muss. Es könnte aber auch genau der entgegengesetzte Gedanke zur Begründung des hybriden Kaufverhaltens herhalten, dass nämlich der Mensch von Natur aus geizig ist, lieber spart und sich nur dann und wann auch einmal etwas »Gutes« gönnt.

Beide Ansätze greifen in einem wichtigen Aspekt zu kurz: Der Kunde handelt – meist – **vernünftig** und orientiert sich bei seinen Einkäufen vor allem daran, ob

- das in Aussicht genommene Produkt für ihn wichtig und
- sein Erwerb mit einem merklichen Risiko verbunden ist.

Wichtig ist ein Produkt z. B. dann, wenn es einen hohen Nutzen für den Erwerber selbst hat, Baustein seiner »Konsumfassade« ist oder an eine ihm bedeutsame Person verschenkt werden soll. Ferner kann der Kauf selbst mit einem merklichen **Risiko** verbunden sein: Oft fehlen dem Käufer Übersicht und Erfahrung in dem ins Auge gefassten Produktfeld; zusätzlich können ihm die Produkte in Konfiguration, Bedienung und/oder Wartung sehr kompliziert erscheinen. Eine soziale Komponente im Kaufrisiko ist ebenfalls denkbar. Viele Käufer sind bei der Ausrichtung ihrer Konsumfassade unsicher. Ihr Kaufrisiko besteht dann darin, sich »Sanktionen« ihres sozialen Umfeldes auszusetzen, wenn sie dort auf Unverständnis und Ablehnung stoßen.

Betrachtet ein Kunde ein bestimmtes Produkt als wichtig, dann neigt er dazu, einen **Markenartikel** zu erwerben; andernfalls legt er keinen Wert auf »Markenqualität« und begnügt sich mit »No Names«. Stuft er das Kaufrisiko hoch ein (weil z. B. viel Geld auf dem Spiel steht), dann möchte er sich absichern, weshalb er Auswahl, Beratung und Service sucht; für diesen **Einkaufskomfort** ist er bereit zu zahlen. Umgekehrt gibt es aber auch Produkte,

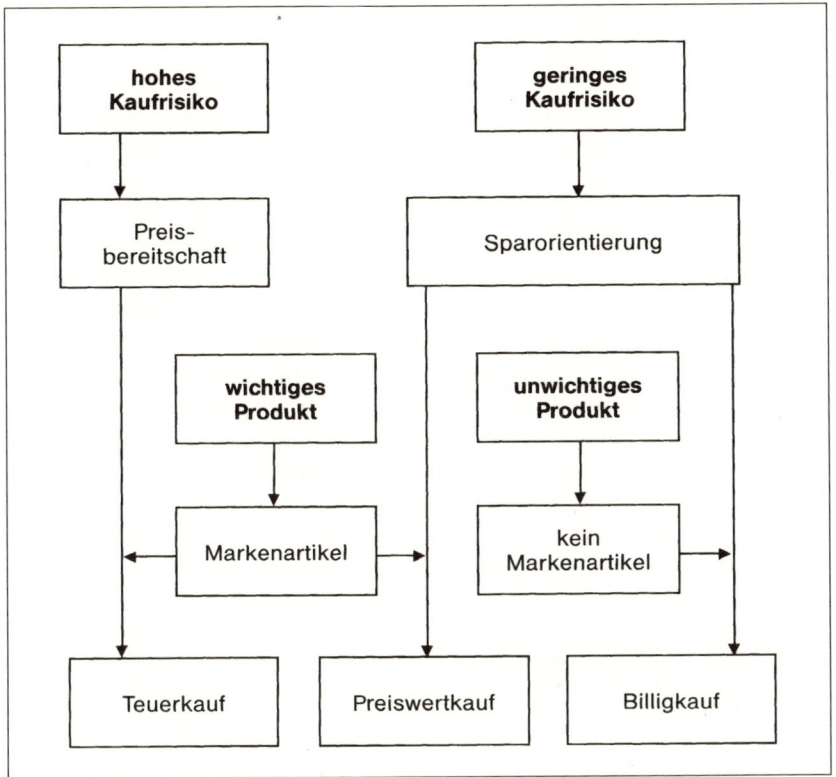

Abb. 14.7: Der hybride Käufer

bei deren Erwerb er kein bedeutendes Risiko sieht, weshalb er sie unter starker Sparorientierung nachfragt. Ein weiterer Erklärungsansatz für hybrides Kaufverhalten lautet deshalb (Abb. 14.7):

- Stuft ein Käufer ein Produkt als wichtig ein und empfindet er beim Kauf ein hohes Risiko, dann erwirbt er einen Markenartikel »komfortorientiert« (**Teuer**-Kauf).
- Verspürt er hingegen bei einem wichtigen Produkt kein Kaufrisiko, weil er genau weiß, was er will oder sein soziales Umfeld von ihm erwartet, dann versucht er, »seinen« Markenartikel möglichst **preiswert** zu bekommen.
- Betrachtet er schließlich ein Produkt zwar als notwendig, letztlich aber unwichtig und den Kauf als risikolos, dann wird er versuchen, möglichst **billig** einzukaufen.

Dass der »Drang nach Luxus« den Wunsch zu sparen nicht ausschließt, beweisen die »Schnäppchenführer« zum Fabrikverkauf. Der Kauf technisch aufwändiger oder modisch auffälliger Markenprodukte wird von vielen Käufern als risikolos erlebt und deshalb unter Sparorientierung »möglichst preiswert« durchgeführt. Der – äußerlich gesehen – verschwenderische Teil

Sparen heißt, billig oder preiswert einkaufen.

des hybriden Käufers kann folglich von einem starken Sparwillen durchsetzt sein.

Der hybride Käufer prüft, ob das Produkt (der Kauf) für ihn wichtig (risikobehaftet) ist.

Der **hybride Käufer** ist somit hybrid, weil er vernünftig ist: Er kauft preisbereit (Teuer-Kauf) oder sparorientiert (Preiswert- bzw. Billigkauf), je nachdem, wie sich ihm die jeweilige Kaufsituation darstellt. Man spart folglich nicht nur »notgedrungen« oder »aus Leidenschaft«, sondern auch aus der Einsicht, dass in manchen Fällen Sparen der vernünftige Weg ist.

Das Beispiel einer Frau, die in einem teuren Fachgeschäft das Marken-Kostüm und im Versandhandel die zugehörige Bluse kauft, soll die beschriebenen Zusammenhänge verdeutlichen: Das Kostüm ist für ihre Konsumfassade wichtig, weshalb es eine bekannte Marke tragen sollte. Außerdem birgt der Kauf ein hohes – z.B. soziales – Risiko, da sie befürchtet, mit Schnitt, Stoff und/oder Farbe im Bekanntenkreis belächelt zu werden. Sie sucht deshalb ein Fachgeschäft auf, in dem sie sich Auswahl und Beratung erhofft und hierfür auch gerne bereit ist, zu zahlen. Die Ergänzung des Kostüms durch eine passende Bluse ist hingegen kein Problem für sie, weshalb hier die Sparorientierung dominiert: Entweder wird sie als No Name möglichst billig oder als Markenbluse möglichst preiswert erworben.

Das selektive Einkaufsverhalten des hybriden Käufers hat zu einer Polarisierung im Handel geführt.

Verbrauchermärkte und Versandhandel bedienen die Sparorientierung, Fachgeschäfte die Komfortorientierung.

- Die **Verbraucher- bzw. Fachmärkte und der Versandhandel** bedienen die Einkäufe, die als risikolos erlebt und damit unter Sparorientierung getätigt werden. Sie bieten deshalb ein breites Sortiment in den unteren und mittleren Preisklassen bei weitgehendem Verzicht auf Bedienung, Beratung und Service.

  Da aber Sparorientierung nicht nur »möglichst billig«, sondern auch »Luxuriöses möglichst preiswert« bedeutet, ist in den Verbrauchermärkten und den Versandhauskatalogen eine Tendenz zu einem aufgewerteten Markenangebot erkennbar. Dies kommt den »Schnäppchenjägern« entgegen, die bestimmte – für sie wichtige – Produkte beim Kauf als risikolos erleben und deshalb bei Sparorientierung erwerben wollen.

- Die **Fachgeschäfte** der Innenstadt bedienen demgegenüber Teuer-Käufe, die als wichtig und risikobehaftet angesehen werden. Im Vordergrund steht der Wunsch nach Absicherung, dem man mit einer tiefen Auswahl an Markenartikeln, einer professionellen Beratung sowie einem umfangreichen und kompetenten Service entgegenkommt.

Der hybride Käufer treibt die Entwicklung voran: die Factory-Outlet-Center.

Die Polarisierung im Handel hat mit den aufkommenden **Fabrikverkaufszentren** (Factory-Outlet-Center) eine neue Dimension erreicht, sind sie doch exakt auf die Preiswertkäufe, insbesondere von Oberbekleidung, Sport- und Kinderbekleidung sowie von Schuhen, Taschen und Lederwaren, zugeschnitten: Unter Gewährung hoher Preisabschläge vermarkten hier die Markenartikelhersteller »im Verbund« unter dem Dach einer Betreibergesellschaft ihre (Vorsaison-)Erzeugnisse selbst, weshalb sich für die hybriden Käufer die – oft weite – Rundreise zu den einzelnen Fabrikverkäufen erübrigen könnte.

Insgesamt ergibt sich damit folgendes Ergebnis: Die Segmentierung der Käufer in Zielgruppen ist nur ein begrenzt taugliches Instrument zur differenzierten Kundenansprache: Der arrivierte Karrieremann Franz und die aufstiegsorientierte Michaela z.B. mögen BOSS-Anzüge bzw. Bogner-Kostüme bevorzugen; wer von ihnen diese jedoch unter Komfort-Orientierung im Fachgeschäft oder unter Sparorientierung z.B. anhand eines Schnäppchenführers im Fabrikverkauf erwirbt, bleibt offen. Nicht sicher ist zudem, ob sie nicht hier und da auch »unmarkierte« Anzüge und Kostüme möglichst billig erwerben.

2.1.1.2 Die Konkurrenzanalyse

Einerseits geht mit der **Internationalisierung des Wettbewerbs** der Aufbau von Überkapazitäten einher. Andererseits **stagniert** auf verschiedenen Märkten die **Nachfrage**. Ferner kann es sich heute kein Anbieter mehr leisten, erkennbar hinter der **qualitativen Norm** der jeweiligen Preisklasse zurückzubleiben, wobei sich freilich die **Kundenwünsche** immer weiter **ausdifferenzieren**. Dies hat dazu geführt, dass die Analyse der Konkurrenz für jeden Anbieter unverzichtbar ist:

- Wer sind die Konkurrenten?
- Welche Pläne verfolgen sie?
- Wo sind ihre Stärken und Schwächen?

Angesichts der Fülle heutiger Konkurrenzbeziehungen (z.B. auch zwischen Tennis- und Golfausstattern) empfiehlt es sich, das Augenmerk vor allem auf die **wichtigsten Wettbewerber** als »Normgeber« zu richten: Bei welchen Produkt-Markt-Strategien kommen sie uns besonders in die Quere, wie ist es um ihre Finanzen bestellt, wie ist ihre Kostensituation, was kann ihr Management, was »treiben« sie in Forschung und Entwicklung, wie sind ihre Preise, Konditionen und Werbepläne, was leisten ihre Produkte, auf welchen Märkten bieten sie über welche Vertriebswege an usw.?

Konkurrenzanalyse: Blick in die Branche; Benchmarking: Blick darüber hinaus.

→ Kontinuierliche Vergleichsanalyse von Produkten, Prozessen oder Methoden des eigenen Unternehmens mit denen der besten Konkurrenten

---

Beispiel

»Ausspioniert«
»Der US-Mischkonzern Procter and Gamble (P&G) hat zugegeben, das Konkurrenzunternehmen Unilever über einen längeren Zeitraum ausspioniert zu haben … Die Unternehmensführung habe gleich nach dem internen Bekanntwerden der Vorgänge Unilever im April davon in Kenntnis gesetzt. Derzeit seien die beiden Konzerne in »kooperativen« Verhandlungen

→

über die »bedauerliche Situation«. Keine der geheim erhaltenen Informationen werde im Wettbewerb verwendet, betonte die Sprecherin …

Dem US-Wirtschaftsmagazin Fortune zufolge soll P & G mit verdeckten Mitteln Informationen über Haarpflegemittel und Shampoos des Konkurrenten gesammelt haben, um sich Vorteile bei der Entwicklung eigener Produkte zu verschaffen … Dabei seien beispielsweise auch Abfallcontainer durchforstet worden …

Nach Berichten der Financial Times fordert Unilever eine Beobachtung des Haarpflege-Marktes in den kommenden Jahren von unabhängiger Seite, um etwaige Urheberrechtsverletzungen durch P & G aufzuspüren …«

(Aus: Süddeutsche Zeitung vom 3. 9. 2001)

Zur Erlangung der notwendigen Informationen gibt es illegale (»Industriespionage«; §§ 17–22 UWG) und legale Methoden; die hauptsächlichen **legalen Methoden** sind:

- Systematische Konkurrenzforschung durch den Außendienst bei den Kunden.
- Auswertung von Prospekten, Vorstandsreden, Zeitungsartikeln, Patentanmeldungen, Stellenanzeigen usw.
- Testkäufe, Zerlegen der Produkte, Erkundung der Lieferanten, der verwendeten Materialien usw.

Der Gefahr, dass führende Manager kündigen und »mit einem Koffer voller Disketten« zur direkten Konkurrenz wechseln, versucht man durch »Wettbewerbsklauseln«, die meist eine zweijährige Sperrfrist beinhalten, zu entgehen; die Mitnahme von Dokumenten ist ohnehin verboten. Als Entschädigung für die Sperrfrist stehen dem Manager mindestens 50 Prozent seiner zuletzt erhaltenen Bezüge zu; tritt er »vorzeitig« bei einem branchenfremden Arbeitgeber eine neue Stelle an, muss er sich sein aktuelles Gehalt auf die Entschädigung anrechnen lassen.

Beispiel

Benchmarking

»… McDonald's trieb monatelang seine Studien in der Hochburg der ›Lean Production‹ und der ›Just-in-Time‹-Fertigung, im japanischen Toyota-Werk. Diese bekannte Masche des Abkupferns der Erfolgsgeheimnisse anderer führte bei McDonald's zur Entwicklung eines 25 000 Dollar teuren High-Tech-Bratofens, einer Art vollautomatisierten Faster-Food-Fertigungsstraße. Innerhalb von 90 Sekunden nach der Bestellung, so bewirbt McDonald's seine neue ›Made for You‹-Masche, hat die hungrige Kundschaft ihren heißen und frischen Hamburger zwischen den Zähnen …«

(Aus: D. Deckstein: Faster Food, in: Süddeutsche Zeitung vom 4./5. 4. 1998)

→

»… Als Konsequenz aus der Pannenserie plant die Bahn unter anderem, ihr Wartungssystem mit Hilfe der Lufthansa so zu verbessern, dass der Hochgeschwindigkeitszug ICE in Zukunft ohne Störung durch die Lande braust. ›Wir sind schon seit einiger (Zeit) mit der Lufthansa im Gespräch und wollen uns deren Erfahrungen zu eigen machen‹, sagte der bayerische DB-Sprecher Franz Lindemair … Laut Lindemair denkt die Bahn daran, (sich) bei der Instandhaltung ihrer Züge verstärkt am so genannten ›Vier-Augen-Prinzip‹ zu orientieren, das von der Lufthansa bei der Wartung ihrer Flugzeuge generell praktiziert werde. Demnach soll in den ICE-Werken fortan von zwei Mitarbeitern geprüft werden, ob beispielsweise alle Schrauben richtig sitzen. Bei bestimmten Wartungsvorgängen kontrolliert bislang nur ein Beschäftigter, ob alles seine Ordnung hat …«

(Aus: K. Ott: Bahn sucht Hilfe bei der Lufthansa, in: Süddeutsche Zeitung vom 7. 10. 2000)

Weitergehend als die Konkurrenzanalyse stützt sich das **Benchmarking** auch auf branchenfremde »Champions«, sofern deren Bestleistungen auf das eigene Unternehmen übertragbar sind. Dieser erweiterte Blickwinkel macht es leichter möglich, den eigenen »Branchenprimus« zu überflügeln: So könnte eine bestimmte (z. B. Produktions-)Aktivität in einer anderen Branche stärker im Mittelpunkt und deshalb auf einem höheren Leistungsniveau stehen, als dies in der eigenen Branche der Fall ist, dort aber möglich wäre (z. B. Logistik wie bei Versandhändlern). Von besonderem Interesse sind Abläufe innerhalb des Unternehmens (»Kernprozesse«), da diese am ehesten verglichen werden können, unmittelbar auf Qualität und Kosten der Produkte »durchschlagen« und oft ein erhebliches Verbesserungspotential in sich tragen. Informationsquellen sind meist Firmenpublikationen, Veröffentlichungen in Fachzeitschriften, Treffen auf Messen und Kongressen sowie – insbesondere – Betriebsbesichtigungen; die Kooperationsbereitschaft branchenfremder Partner ist in der Regel größer als innerhalb einer Branche. Je weiter freilich der Benchmarking-Partner von der eigenen Branche entfernt ist, desto unwahrscheinlicher wird auch die Übertragbarkeit seiner Problemlösungen. Ferner bleiben Prozessverbesserungen dann wirkungslos, wenn die damit gefertigten Produkte am Markt nicht (mehr) durchsetzbar sind.

Die Konkurrenzanalyse soll Profilierungschancen am Markt entdecken, Benchmarking hingegen die Prozesse im Unternehmen verbessern. Beides stärkt die Wettbewerbsfähigkeit.

Schließlich sollte man sich auch über diejenigen **potentiellen Konkurrenten** informieren, die zwar gegenwärtig nicht am Markt sind, dort aber bei einer Veränderung der Rahmenbedingungen (z. B. Preiserhöhung) sehr schnell erscheinen würden. Angesichts der Globalisierung der Märkte mit vielen »Niedriglohnländern« wird diese Aufgabe jedoch immer unübersichtlicher.

Nicht verzichten sollte man auch auf die Beobachtung »fremder« Märkte, auf die man bei günstiger Gelegenheit selbst eindringen könnte.

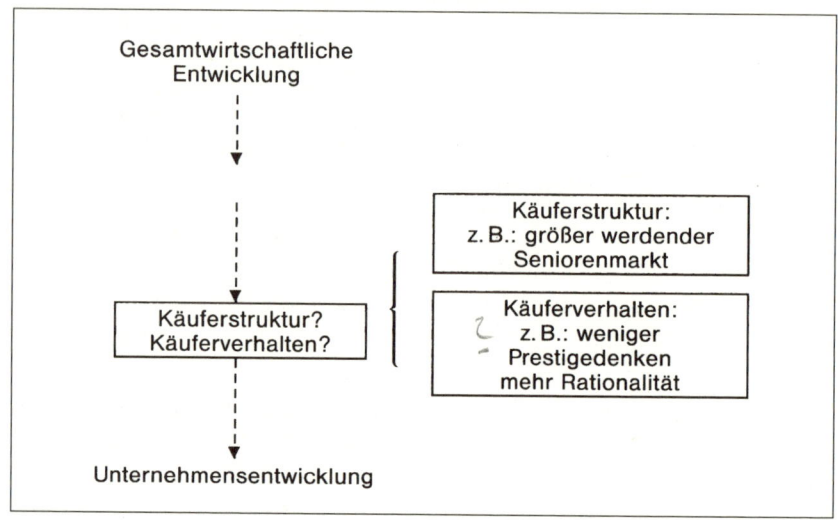

Abb. 14.8: Trendanalyse

2.1.1.3 Die Trendanalyse

Es genügt nicht, sich einen Überblick über die gegenwärtige Marktsituation zu verschaffen; man muss vielmehr auch versuchen, die darin liegenden **Entwicklungstendenzen** abzuschätzen. Hinsichtlich des **Nachfrage**trends werden vor allem zwei Analyseverfahren angewendet:

Trendanalyse durch Wachstumsprognosen und Indikatoren

- Man versucht, von der prognostizierten **gesamtwirtschaftlichen** Wachstumsrate auf die **eigene** Verkaufsentwicklung zu schließen. Dies führt aber in der Regel nicht zu brauchbaren Ergebnissen: Bestenfalls besteht nämlich ein Zusammenhang zwischen Branchen- und gesamtwirtschaftlicher Entwicklung, wobei wichtige Branchen auch auf die gesamtwirtschaftliche Entwicklung zurückwirken können (z. B. Automobilproduktion); von der **Branchenentwicklung** lässt sich nur dann auf die eigene Unternehmensentwicklung schließen, wenn davon ausgegangen werden kann, dass in der Branche **Käuferstruktur** und **Käuferverhalten** unverändert bleiben: So wird ein Hersteller von Sportwagen dann der erwarteten Branchenentwicklung nicht folgen können, wenn die Nachfrager mehr und mehr »robuste« Fahrzeuge bevorzugen; deren Hersteller verbuchen dann eine »Unternehmenskonjunktur« (Abb. 14.8).
- Man verwendet – so gut es geht – **Indikatoren** als Grundlage der Absatzplanung. Indikatoren sind »vorauslaufende« Kennzahlen aus **anderen wirtschaftlichen Bereichen,** die mit dem eigenen eng verbunden sind. So ist z. B. ein Indikator der Braunkohlenbergwerke die Absatzplanung

der Strom erzeugenden Industrie, ein Indikator der Hersteller sanitärer Einrichtungen die Anzahl der Baugenehmigungen.

In vielen Unternehmen ist die ständige Beobachtung derartiger Indikatoren Bestandteil eines **Früherkennungssystems** (6. Kapitel), das auf bevorstehende Chancen und Risiken im Markt aufmerksam macht.

Wer das Wetterleuchten missachtet, steht bald im Regen.

Beispiel

Unternehmenskonjunktur

»So nah liegen oft in einem Konzern Freud und Leid beieinander. Der Autobauer Audi meldet trotz aller Probleme der Weltkonjunktur neue Rekordzahlen … Man brauche … neue Fertigungskapazitäten, sagt der Hersteller von gehobenen PKW. Ein anderes Bild zeigt sich bei der Muttergesellschaft Volkswagen. Die bedient zum großen Teil den Markt für Massenautos und ist von der gegenwärtigen Auto-Flaute so betroffen, dass sie sogar über eine zeitweilige Stilllegung von Werken am Jahresende nachdenken muss …

… Gut, dass der VW-Konzern in anderen Werken noch Luft hat, um dort Audis zu bauen und der Tochtergesellschaft vielleicht auf lange Sicht sogar ein ganzes Werk abtreten zu können …«

(Aus: K.-H. Büschemann: Ungebremst, in: Süddeutsche Zeitung vom 18. 10. 2001)

Unter der Lupe

Prognosen im Rahmen der Trendanalyse

Im Jahre 1900 ergab eine Prognose von Daimler-Benz, dass mit einem Bestand von einer Million Autos weltweit die Sättigungsgrenze erreicht sei. 1960 schätzte die Beraterfirma Arthur D. Little den gesamten Bedarf der USA auf maximal 5000 Fotokopierer.

Prognosen sind schwierig, weil

- sich die Rahmenbedingungen des Wirtschaftsgeschehens ständig wandeln (**dynamische Umwelt**) und
- die Menschen frei entscheiden können, wie sie darauf reagieren; bei **autonomem Handeln** vieler ist aber zunächst unklar, welche Vorstellungen sich letztlich durchsetzen.

Ein eindrucksvolles Beispiel dafür, dass Prognosen ständig revidiert werden müssen, ist auch heute noch die Automobilbranche: Der PKW-Bestand in Deutschland (West) lag stets über dem vorhergesagten.

Grundsätzlich stehen Prognosen unter dem Vorbehalt der **Zeitstabilitätshypothese**: Man unterstellt, dass alles so weitergeht wie bisher. Dies gilt insbesondere für die **mathematisch-statistischen Verfahren** (z. B. Regressionsanalyse); bei den **qualitativen Verfahren** versucht man, diese Grenze hinauszuschieben, indem man Experten um ihre »subjektive Meinung« fragt:

→

- Im Rahmen einer **Delphi-Befragung** gibt jeder Experte seine Prognose »isoliert« ab; anschließend erfährt er die »Durchschnittsmeinung« aller und erhält Gelegenheit, seine Prognose zu revidieren usw.

- In der **Gruppendiskussion** (»Brainstorming«) wird hingegen »offen« beraten, wobei jedoch die Gefahr besteht, dass sich starke Persönlichkeiten mit ihrer Prognose durchsetzen.

- In der **Szenario-Technik** werden alternative Zukunftsentwürfe parallel behandelt. So erwartet eine Shell-Prognose für das Jahr 2010 in Deutschland einen Bestand von 48,6 Mio. Pkw bei einer liberalen Marktwirtschaft bzw. 45,0 Mio. Pkw bei Abschottung der Grenzen und Staatseingriffen in den Markt (Süddeutsche Zeitung vom 11./12. 11. 1995).

Nachteilig an den qualitativen Verfahren ist ihre schlecht kontrollierbare Subjektivität, wobei auch Experten echte Strukturbrüche (Unvorhersehbares) nicht vorhersehen können, also letztlich ebenfalls Gefangene der Zeitstabilitätshypothese sind.

Das Problemverständnis, die Branchenkenntnis und die Sensibilität für politische und soziale Entwicklungen der Experten sowie die akkurate Verarbeitung der bisherigen Entwicklung in den mathematisch-statistischen Verfahren lassen eine Verbindung beider zu einem **kombinierten Prognoseverfahren** ratsam erscheinen.

Zu bedenken ist schließlich noch, dass eine Prognose ihre eigene Wirkung nicht vorwegnehmen kann, weshalb sie manchmal zutrifft, obwohl sie nicht eintrifft (»Selfdestroying Prophecy«).

2.1.2 Die sonstigen Formen der Absatzforschung

2.1.2.1 Die Vertriebskosten- und Absatzsegmentrechnung

Vertriebskostenrechnung: Sammlung der Vertriebskosten auf Kostenstellen und verursachungsgemäße Zurechnung auf die Erzeugnisse

Mit dem Übergang der Märkte zu Käufermärkten stiegen Verkaufsanstrengungen und Vertriebskosten. Dies macht heute eine genauere Durchleuchtung des Vertriebsbereichs und seiner Kosten, als es normalerweise noch üblich ist (25. Kapitel), erforderlich. Im Einzelnen ergeben sich folgende Aufgabenbereiche **der Vertriebskostenrechnung:**

- Unterteilung des Vertriebsbereichs in **Vertriebskostenstellen** (z. B. Werbung, Marktforschung, Außendienst, Fakturierung) und **Sammlung** aller jeweils anfallenden (Gemein-)Kosten.
Es kann dann eine wirkungsvolle **Kostenkontrolle** einsetzen, z. B. bei der Entwicklung der Fakturierungs- bzw. Verpackungskosten je Auftrag, der Werbekosten je Jahr, der Auslieferungskosten je Tonnenkilometer.

- Möglichst **verursachungsgemäße Zurechnung** der Vertriebs(gemein-) kosten auf die **Erzeugnisse** (»Kostenträger«).
Es lässt sich dann der Frage nachgehen, ob bestimmte Vertriebsanstrengungen auch zu einem entsprechenden **Vertriebserfolg** bei den jeweiligen Erzeugnissen geführt haben. Hierbei ist freilich zu bedenken, dass es für eine abschließende Beurteilung noch zu früh sein kann bzw. das Er-

gebnis möglicherweise durch externe Einflüsse (z. B. Wetter) verfälscht wurde.

Ferner erhält man so Auskunft über die »wahren« **Selbstkosten** der verschiedenen Erzeugnisse im Vertriebsbereich.

Absatzsegmente sind Teilbereiche (Segmente) der unternehmerischen Marktbeziehungen wie z. B.

- Absatzgebiete (Bayern, NRW usw.),
- Absatzkanäle (Großhandel, Fachhandel, Verbrauchermärkte usw.),
- Produkte,
- Abnehmer(gruppen).

In der Regel lässt sich den Absatzsegmenten ein großer Teil der Kosten und Erlöse gesondert zurechnen (»Segment-Einzelkosten und -erlöse«): Sie wären ohne das Segment nicht angefallen. Es kann sich dann zeigen, dass Kunden, die niedrige Preise durchsetzen, dennoch profitabel sind, weil ihr hoher Organisationsgrad nur geringe Kosten verursacht, während kleine Abnehmer zwar hohe Preise zahlen, andererseits aber für Außendienstbesuche, Logistik und Verwaltung beträchtliche Kosten anfallen. Auf Basis dieser **Erfolgsspaltung** werden dann die Gewinn- und Verlustquellen in den Segmenten aufgedeckt, woraus sich schließlich Ansatzpunkte für **Selektions- und Eliminationsentscheidungen** ergeben:

- Es sind die Absatzsegmente zu fördern, die Gewinne erwirtschaften (»Selective Selling«) und
- die Absatzbemühungen dort einzuschränken, wo Verluste entstehen (Elimination).

Allerdings ist die Absatzsegmentrechnung stets **vergangenheitsbezogen:** Es sind deshalb auch die Erwartungen über zukünftige Entwicklungen in die Überlegungen einzubeziehen. Ferner müssen mögliche **Verbundeffekte** zwischen den Segmenten beachtet werden: So könnte die Elimination einzelner Segmente (z. B. Reifenbelieferung eines Automobilherstellers) negative Rückwirkungen auf andere Segmente haben (z. B. Reifenersatz über den Fachhandel).

Von einer **mehrdimensionalen Segmentrechnung** spricht man z. B. dann, wenn in einem bestimmten Absatzgebiet einzelne Absatzkanäle bezüglich ausgewählter Produkte durchleuchtet werden.

> Absatzsegmentrechnung: Aufdeckung von Gewinn- und Verlustquellen in den Teilbereichen der unternehmerischen Marktbeziehungen

---

Beispiel

Absatzsegmentrechnung
Ein Unternehmen verkauft seine Produkte l und II in die Gebiete A und B; dabei gibt es weder zwischen den Produkten noch zwischen den Gebieten »Verbundeffekte«. Die Verkaufsanteile sind:

	Gebiet A	Gebiet B
Produkt I	80 %	20 %
Produkt II	20 %	80 %

Bei »voller Leistung« stellen sich Erlöse und Kosten so dar:

	Erlös	Kosten*	
		variabel	fix
Produkt I	240	90	75
Produkt II	480	330	72

Variable Kosten ändern sich proportional zur Fertigungsmenge. **Fixe** Kosten entstehen – als Kosten der Betriebsbereitschaft – unabhängig von der Fertigungsmenge; wird die Fertigung eingestellt und auch die Betriebsbereitschaft hierfür aufgegeben, dann werden die fixen Kosten abgebaut.
Außerdem fallen in Gebiet A besondere Vertriebskosten in Höhe von 110 an.

1) Vorteilhaftigkeit des Gesamtprogramms bei voller Leistung:
   Gewinn (G): $= 240 - 90 - 75$
                $+ 480 - 330 - 72$
                $- 110$
                $= 43$

2) Vorteilhaftigkeit des Programms bei Verzicht auf Produkt l (keine Betriebsbereitschaft mehr) und Gebiet A:
   $G = (480 - 330) \times 0,8 - 72$
      $= 48$

Ergebnis: Durch den Verzicht auf Produkt l und Gebiet A steigt der Gewinn des Unternehmens um 5 Einheiten.

2.1.2.2 Die Verhaltensinformationen aus Psychologie und Soziologie

Das Marketing-Management sollte sich auch über die – konsumentenbezogenen – psychologischen und soziologischen Forschungsergebnisse auf dem Laufenden halten. Ein prägnantes Beispiel für **psychologische** – auf innermenschliche Vorgänge gerichtete – Untersuchungen ist die **Schwerinkurve** (Abb. 14.9), derzufolge man positive Erlebnisse besser behält als negative, während man Erlebnisse mit neutralem Gefühlston am schnellsten vergisst. Eine »Schockwerbung« (Continentale Versicherungen: »Im Falle meines Todes – Der neue Weg einer Versicherungsgruppe, den Hinterbliebenen zu sagen, wie es weitergeht«) scheint deshalb nicht sonderlich angebracht zu sein: Die **momentane** Wirkung ist zwar groß, nicht aber die – eigentlich gewollte – **Dauerwirkung** (man »verdrängt« die Schockwerbung). Ein weiterer, von der Psychologie herausgestellter und im Marketing bereits weithin genutzter Sachverhalt besteht darin, dass das menschliche Handeln sehr stark von Vorurteilen abhängig ist. So schließt man gerne vom Vorhandensein einer Eigenschaft auf das Vorhandensein einer anderen, was »**Irradiation**« genannt wird; Beispiele:

- Farbe des Speiseeises → Geschmack,
- Geruch des Reinigungsmittels → Reinigungskraft,
- Art der Verpackung → Qualität.

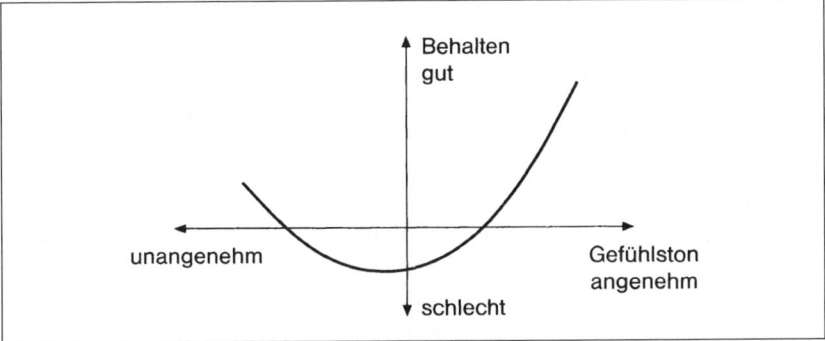

Abb. 14.9: Die Schwerin-Kurve (benannt nach Horace S. Schwerin)

Unter der Lupe

Der Behaviorismus in der Psychologie

Der **klassische Behaviorismus** sieht im Konsumenten eine **Blackbox**, die Stimuli (z. B. Werbung) aufnimmt und Reaktionen (z. B. Kaufhandlungen) abgibt (»S-R-Modell«). Die S-R-Beziehung wird allerdings durch »Störvariablen« (z. B. Wetter, Konjunktur, Konkurrenz) beeinflusst, weshalb es zwischen Stimuli und Reaktionen keine eindeutigen, sondern lediglich stochastische Beziehungen gibt, die zum Gegenstand wissenschaftlicher Analysen gemacht werden können.

Der **Neo-Behaviorismus** beschränkt sich nicht mehr nur auf die beobachtbaren Sachverhalte »Stimulus« und »Reaktion«, sondern versucht, die Blackbox über **intervenierende Variablen** zu erhellen: Theoretische Konstrukte sollen die innermenschlichen (»psychischen«) Prozesse erklären. Man unterscheidet dabei aktivierende Prozesse, die das Verhalten antreiben, und kognitive Prozesse, die das Verhalten steuern.

- Zu den **aktivierenden** Variablen zählen Emotionen (= innere Erregung, z. B. Hungergefühl), Bedürfnisse (= Verhaltensausrichtung, z. B. essen gehen) und Einstellung (= Gegenstandsbeurteilung im Hinblick auf die Bedürfnisbefriedigung, z. B. Auswahl eines Restaurants).

■ Die **kognitiven** Vorgänge werden in Informationsaufnahme (= Wahrnehmung), Informationsverarbeitung (= Denken) und Informationsspeicherung (= Lernen) unterschieden. Ein Aspekt der Informationsspeicherung ist die Schwerin-Kurve.

Die Aufspaltung in aktivierende und kognitive Prozesse ist insofern »theoretisch«, als beide stets miteinander verwoben wirksam sind. So setzen z. B. Einstellungen Denkvorgänge voraus.

Diffusionsmodelle: Massenkommunikation, persönliche Kommunikation, unpersönliche Kommunikation und gemischte Kommunikation

Auch die **Soziologie** hat – im Bereich des zwischenmenschlichen Verhaltens – interessante Beiträge geliefert. So zeigte sich, dass die Ausbreitung (**Diffusion**) eines neuen Produkts von verschiedenen Käufergruppen unterschiedlich getragen wird. Ursprünglich hatte es die Meinung gegeben, dass die Käuferschaft eine weitgehend homogene Masse bildet, die insbesondere den Massenmedien ziemlich hilflos ausgeliefert ist. Dieses **Modell der Massenkommunikation** kann heute als widerlegt betrachtet werden. Ausschlaggebend für die Neuorientierung war eine Untersuchung des Wählerverhaltens bei der amerikanischen Präsidentschaftswahl von 1940: Es hatte sich dort gezeigt, dass die Wirkung der Massenkommunikation gering geblieben war. Die von den Massenmedien gelieferten Einschätzungen wurden vielmehr nur von einem kleinen Teil der Bevölkerung – den »Meinungsführern« – aufgegriffen, dann aber von diesen durch persönliche Kommunikation z. B. am Stammtisch an das übrige Publikum – die »Meinungsfolger« – weitergegeben. In diesem **Modell der persönlichen (Mund-zu-Mund) Kommunikation** spielen folglich die Meinungsführer die ausschlaggebende Vermittlerrolle: Sie sind Empfänger der Massenkommunikation und Sender der persönlichen Kommunikation. Man kann jedoch noch einen Schritt weitergehen: Häufig bedarf die Kaufbeeinflussung – anders als die Meinungsbeeinflussung – keiner persönlichen Kommunikation, da allein schon die Beobachtung eines neuen Verhaltens bei anderen Personen zur Änderung des eigenen Verhaltens führen kann; dies insbesondere dann, wenn das neue Verhalten von vielen »vorexerziert« wird. Ein Diffusionsprozess neuer Produkte ist insoweit also weder auf das Mitteilungsbedürfnis von bisherigen Käufern (Adoptern), noch auf das »Gehör« von Nicht-Adoptern angewiesen. Einen Diffusionsverlauf nach dem Muster der **unpersönlichen Kommunikation** wird man insbesondere bei Produkten mit ausgeprägter sozialer Auffälligkeit erwarten können. Solche findet man immer häufiger, weil die Hersteller zunehmend versuchen, ihre Produkte durch Angliederung von »psychologischen Erlebniswerten« aus der Masse der konkurrierenden Erzeugnisse herauszuheben und damit sozial auffällig zu machen. Paradebeispiel ist die Swatch-Uhr mit ihrem modisch geprägten Zusatznutzen. Der Ansatz der unpersönlichen Kommunikation ist damit typisch für die moderne Massengesellschaft, in der der Einzelne viele Impulse für das eigene

Konsumverhalten durch Wahrnehmung bei Personen bezieht, mit denen er keinen persönlichen Kontakt hat.

Eine Verknüpfung des Modells der persönlichen und der unpersönlichen Kommunikation führt auf das **Modell der gemischten Kommunikation,** in dem die Nachfrage ebenfalls in zwei Käufertypen unterschieden wird:

- **Innovatoren** kaufen eine Neuheit unabhängig von den Übernahmeentscheidungen der anderen Nachfrager, weil sie in besonderer Weise an Neuheiten interessiert sind, über die sie sich vor allem durch die Werbung informieren.

- **Imitatoren** treffen hingegen Kaufentscheidungen vor allem in Abhängigkeit von der Übernahmeentscheidung anderer, weshalb sie maßgeblich durch den erreichten Produktverbreitungsgrad beeinflusst werden.

Da es für die Imitatoren nicht erkennbar und deshalb für ihre Kaufmotivierung gleichgültig ist, inwieweit die bisherige Produktverbreitung von Innovatoren oder Imitatoren getragen wird, wirken alle Innovatoren und Imitatoren, die bereits gekauft haben – also die gesamte bisherige Produktverbreitung – »meinungsbildend« auf die noch »unbelieferten« Imitatoren. Der Hintergrund für diese Orientierung der Imitatoren ist mehrschichtig:

- Für viele unentschlossene Nachfrager sind Erfahrungsberichte von Käufern eine wichtige Entscheidungshilfe. Mit steigender Marktverbreitung nimmt aber die Menge der verfügbaren **Innovationsinformationen** zu. Je mehr positive Informationen ein Nachfrager erhält, desto größer wird seine Kaufbereitschaft, was insgesamt die Diffusion fördert.

- Zu Beginn des Diffusionsprozesses besitzen vor allem teure und qualitativ schwer zu beurteilende Produkte sowie Produkte mit ausgeprägter sozialer Markierung für viele Nachfrager ein hohes Risiko, weshalb ein Kauf unterbleibt. Eine steigende Marktverbreitung signalisiert dann jedoch einen **Erfahrungsfundus,** der ein Gefühl der Sicherheit vermittelt, dass das Produkt »gut« ist: Das Risikopotential nimmt ab und die Kaufbereitschaft zu.

- Durch eine zunehmende Marktverbreitung wird eine Innovation zum Standard; wer sie nicht übernimmt, gerät in eine Außenseiterposition. Es entsteht ein **sozialer Übernahmedruck,** der vor allem auf dem Prestigestreben beruht: Die Kaufbereitschaft steigt, um »auf der Höhe« zu sein, um als jemand zu gelten, der dazu gehört.

Über die Imitatoren erhält der Diffusionsverlauf eine »innere Dynamik«: Durch die Ausbreitung der Innovation werden weitere Käufe induziert. Dabei basiert der Einflussfaktor »Innovationsinformation« auf persönlicher Kommunikation, während die Faktoren »Erfahrungsfundus« und »Übernahmedruck« auf unpersönlicher Kommunikation beruhen können.

Das Imitatoren-Verhalten kann auch aus der **Sozialisationstheorie** begründet werden: Der Mensch fügt sich in ein soziales System (z. B. Familie, Freundeskreis, Betrieb) ein, indem er dessen Verhaltensweisen lernt; eine besonders wirksame Form des »sozialen Lernens« ist aber das Lernen durch

---

Marginalien:

Persönliche Kommunikation durch Meinungsführer und -folger; gemischte Kommunikation durch Innovatoren und Imitatoren

»10 Mio. VW-Käufer können sich nicht irren.«

Orientierung der Imitatoren: Innovationsinformationen, Erfahrungsfundus und sozialer Übernahmedruck

Beobachtung und Nachahmung, da es dem Lernenden den – oft schmerzlichen – Umweg über seine eigenen Erfahrungen erspart.

Von der potentiellen Käuferschaft eines neuen Produkts sind etwa 20 % den Innovatoren und 80 % den Imitatoren zuzurechnen.

Die Psychologie befasst sich mit den innermenschlichen, die Soziologie mit den zwischenmenschlichen Vorgängen.

Beispiel

Irradiation

»… Bis ins Detail und mit hoher Perfektion tüfteln die Wegbereiter des Sounddesigns, die Automobilhersteller, an ihren Klangkonzepten. So bastelte Porsche lange Zeit daran, das von Sportwagenfans geliebte Auspuffgeräusch im Wageninneren hörbar zu machen, den Lärmpegel nach außen jedoch niedrig zu halten …«

(Aus: K. Gutowski: Technik + Innovation: Sounddesign, in: Wirtschaftswoche vom 7. 5. 1998)

»… Während Männer aus der Gesichtshaarentfernung ein Männlichkeitsritual machen und es dementsprechend akustisch zelebrieren möchten, verlangen Frauen von Rasierapparaten eher Geräuschlosigkeit – die störende Beinbehaarung soll ohne viel Gebrumm verschwinden. Auch die Erwartungshaltung spielt eine große Rolle. Ein Staubsauger hat hörbar kräftig zu saugen … eine Computerfestplatte hat bei der Arbeit dezent zu schnörzeln, sonst argwöhnt die Besitzerin oder der User, das Gerät sei ausgestöpselt, kaputt oder würde schlecht funktionieren. Geräuschminimierung ist nicht immer das Ziel des Sounddesigns ..«

(Aus: A. Bolz: Kammerton für Autos, in: Die Zeit vom 28. 2. 1997)

»Wer herzhaft in die Kitkat-Waffel beißt, der will es krachen hören …

Damit der Sound beim Zubeißen überzeugend klingt, setzte der Weltkonzern (Nestlé) bei der Kitkat-Entwicklung zum erstenmal auf ein vielköpfiges Team aus Lebensmitteltechnologen und Akustikern: Sie tüftelten so lange an der Größe der Luftblasen im Teig und der Konsistenz der gebackenen Waffel samt Zutaten und Schokoglasur herum, bis das optimale Klangerlebnis erreicht war …«

(Aus: S. Kutter: Gestylter Klang, in: Wirtschaftwoche vom 5. 8. 1999)

»Die Kunden von Rolls-Royce können aufatmen: Wenn sie ihr teures Gefährt von der Reparatur holen, dann sieht er nicht nur wieder aus wie ein Rolls, sondern riecht auch so. Erstmals seit Jahren haben auch die neueren Modelle der Luxuslimousinen ihren klassischen Duft wiedergefunden, den einige der Dauerkunden schon schmerzlich vermisst hatten. Rolls' Karosseriebauer SC Gordon verriet jetzt den Grund für die Rückkehr des Hauchs von Luxus. Ausgiebiges Schnüffeln in alten Limousinen habe ergeben, dass

→

diese nicht nur nach Leder röchen, sondern – unterschwellig – auch nach Holz. Da aber viele der früheren Holzteile durch Plastik ersetzt wurden, half nur eines: Künstliche Aromastoffe, die jetzt bei jeder Reparatur im Wageninneren versprüht werden …«

(Aus: Der Hauch von Luxus, in: Süddeutsche Zeitung vom 11. 07. 2002)

2.2 Die Methoden der Absatzforschung

2.2.1 Die Methoden der Datenerhebung

Es gilt der Grundsatz, dass die **notwendigen** Informationen mit dem **geringstmöglichen** Aufwand zu erheben sind; man unterscheidet Primär- und Sekundärerhebung.

2.2.1.1 Die Methoden der Primärerhebung

Als Primärerhebung wird eine Sammlung von Informationen **unmittelbar an ihrem Entstehungsort** bezeichnet. Vorteil der Primärerhebung ist, dass sie exakt auf die jeweilige Problemstellung zugeschnitten werden kann.

Primärerhebungen sammeln frische Daten.

Beispiel	
Stichprobe zur Ermittlung der Einschaltquoten im Fernsehen (GfK-Meter) (5200 Haushalte)	
Bundesland	**Haushalte im Panel**
Schleswig-Holstein	220
Hamburg	220
Niedersachsen	353
Bremen	220
Nordrhein-Westfalen	878
Hessen	274
Rheinland-Pfalz	220
Baden-Württemberg	501
Bayern	607
Saarland	220
Berlin	346
Mecklenburg-Vorpommern	220
Brandenburg	220
Sachsen-Anhalt	220
Thüringen	220
Sachsen	261

Quelle: Gesellschaft für Konsum-, Markt und Absatzforschung (GfK), Nürnberg

Eine repräsentative Stichprobe kann als einfache Zufallsauswahl, als geschichtete Zufallsauswahl oder als Klumpenauswahl gezogen werden.

Grundlage einer Primärerhebung ist meist nicht die Personen-Grundgesamtheit, sondern eine **Stichprobe** daraus. Diese Stichprobe sollte möglichst repräsentativ sein, also ein **verkleinertes Abbild** der Grundgesamtheit darstellen. Von den Ergebnissen der Stichprobenerhebung schließt man dann auf den Zustand der Grundgesamtheit.

Zur Ermittlung einer **repräsentativen Stichprobe** gibt es verschiedene Vorgehensweisen:

- Bei einer **einfachen Zufallswahl** hat jedes Element der Grundgesamtheit die **gleiche** Chance, in die Stichprobe zu gelangen (vgl. z. B. das »Urnenmodell« bei der Ziehung der Lottozahlen).

- Bei einer **geschichteten Zufallsauswahl** liegt die Grundgesamtheit in mehreren Schichten mit bekannten Anteilen vor (z. B. 51 % Männer, 49 % Frauen). Aus jeder dieser Schichten wird – nach der einfachen Zufallsauswahl – eine **gesonderte** Stichprobe gezogen, und zwar so, dass sich die Schichtanteile der Grundgesamtheit in der Stichprobe wiederfinden (z. B. werden bei einer Stichprobe von 200 Personen 102 Männer und 98 Frauen erhoben).

   Der Vorteil dieses Verfahrens ist, dass bestimmte, bekannte Struktureigenschaften der Grundgesamtheit mit **Sicherheit** in die Stichprobe eingehen (Abb. 14.10).

- Bei einer **Klumpenauswahl** besteht die Grundgesamtheit aus Klumpen (z. B. die Brauereien in Deutschland). Aus den Klumpen wird – nach der einfachen Zufallsauswahl – eine Stichprobe gezogen, und diese Klumpen werden dann hinsichtlich des Untersuchungsgegenstandes **vollständig** erhoben. Bezogen auf die Klumpen »Stadtteile« einer Grundgesamtheit »Stadt« bzw. »Landkreise« eines »Landes« nennt man diese Methode auch »Area-Methode«.

Die Schichtung verbessert die Stichprobe, der Klumpeneffekt verschlechtert sie.

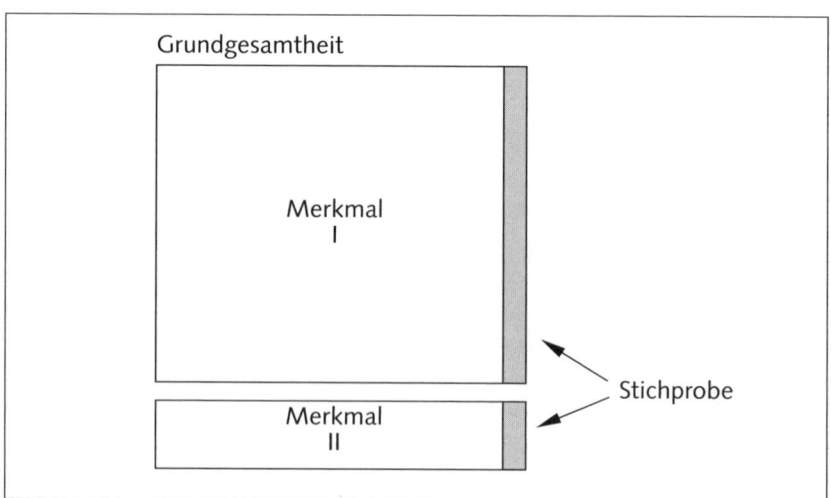

Abb. 14.10: Geschichtete Zufallsauswahl

Dem Vorteil der Kostenersparnis (z. B. weniger Reisen) steht als Nachteil der »Klumpeneffekt« gegenüber, sofern die Klumpen (sehr) unterschiedlich strukturiert sind.

Nachteilig an den repräsentativen Auswahlverfahren ist, dass sie recht kostspielig sein können, da sie stets den – z. B. datenbankmäßigen – Zugriff auf alle Elemente der Grundgesamtheit voraussetzen. Man nutzt deshalb häufig auch **nicht repräsentative Auswahlverfahren,** insbesondere die **Auswahl aufs Geratewohl** (einfache Passantenbefragung) oder die **Quotenauswahl** (Passantenbefragung mit Vorgaben, z. B. 50 % Frauen). Beim Schluss auf die Grundgesamtheit ist hier allerdings äußerste Vorsicht geboten. Die Fehleranfälligkeit dieser Vorgehensweise kann man durch unterschiedliche Befragungsstandorte und -zeitpunkte zu reduzieren versuchen. Unbrauchbare Ergebnisse würde z. B. eine Passantenbefragung zum Thema »Wie komme ich zum Einkauf in die Innenstadt« an der Bushaltestelle liefern.

> Bei einer (Stichproben-)Primärerhebung kann man sich der Befragung, der Beobachtung und des Experiments bedienen.

Eine **Befragung** lässt sich als persönliches und als schriftliches Interview durchführen.

- Der Vorteil des persönlichen Interviews besteht im persönlichen Kontakt des Interviewers mit dem Interviewten, denn dies gewährleistet – über zusätzliche Erläuterungen – die korrekte Beantwortung auch komplizierter Fragen.
  Der Nachteil liegt darin, dass der Interviewer durch sein Auftreten (ungewollt) die Antworten beeinflussen kann, was dann das Untersuchungsergebnis verzerrt (**Interviewer-Bias**). Gelegentlich soll es auch vorkommen, dass die Interviewer sich selbst interviewen (»Wir müssen immer größere Aufträge in immer kürzerer Zeit erledigen. Deshalb sind wir gezwungen, einen Teil der Fragebögen selbst auszufüllen«). Außerdem ist diese Art der Erhebung recht **kostspielig.**
  Normalerweise sind dem Interviewer die Fragestellungen in einem **standardisierten Interview** genau vorgegeben; die Alternative hierzu ist das **freie Interview** mit einem – nur grob strukturierten – Explorationsleitfaden. Beide Varianten können sowohl im **Face-to-Face-Interview** als auch im **Telefoninterview** praktiziert werden.
- Vorteilhaft am schriftlichen – über Brief, Fax oder Internet zugestellten oder z. B. im Hotel ausgelegten – Interview ist vor allem, dass seine **Kosten relativ niedrig** sind und ein Interviewer-Bias **nicht** auftritt. Nachteilig ist andererseits der **mangelhafte Rücklauf** (Ausschöpfungsquote) und damit die (erheblich) eingeschränkte Repräsentanz. Ferner ist **nicht** sichergestellt, dass die **Fragen spontan** und in der **vorgegebenen Reihen-**

folge beantwortet werden. Man muss vielmehr davon ausgehen, dass die Probanden (oder sogar Dritte) den Fragebogen im Lichte aller Fragen ausfüllen.

Dem Problem des Rücklaufs versucht man durch **Nachfassaktionen** und **Gewinnanreize** (bei Rücksendung Teilnahme an einer Verlosung) beizukommen. Nachteilig an Gewinnanreizen (»Incentives«) ist freilich, dass die Befragten ihre Anonymität aufgeben müssen. Es sollte deshalb im Fragebogen schon optisch deutlich werden, dass das Adressenfeld gleich nach Eingang des Fragebogens abgetrennt wird.

Der Befragung bleiben die unbewussten Beweggründe und das tatsächliche Handeln verborgen.

Wichtiger Bestandteil einer Befragung sind – neben den Sachfragen – die **Angaben zur Person** (Geschlecht, Alter, Beruf, Haushaltsgröße, Einkommensklasse usw.), da dies die Auswertungsmöglichkeiten erheblich erweitert.

Insgesamt erlaubt eine Befragung nur die Aufdeckung solcher Absichten, Wünsche, Vorstellungen usw., die dem Befragten bewusst sind und folglich von ihm selbst beschrieben werden können. Die – auch dem Befragten selbst meist verborgenen – »irrationalen« Beweggründe bleiben hingegen ebenso im Dunkeln wie sein tatsächliches Handeln, das ja ohne weiteres von seinen erklärten Absichten abweichen kann.

Die Beobachtung kann nur das tatsächliche Verhalten feststellen.

Beispiele für die **Beobachtung** als Erhebungsverfahren sind **Kundenlaufstudien** in Geschäftsräumen und **teilnehmende Beobachtungen,** bei denen der Beobachter selbst als Handelnder auftritt und bestimmte Reaktionen des Probanden provoziert. Der Vorteil der Beobachtung ist, dass sie nicht von der Auskunftsbereitschaft des Probanden abhängt und **das tatsächliche Verhalten** registrieren kann. Nachteile liegen darin, dass die dem Handeln vorausgehenden – bewussten und unbewussten – Entscheidungsprozesse im Dunkeln bleiben. Ferner ist eine Beobachtung in der Regel **nicht repräsentativ** (man muss »aufs Geratewohl« beobachten, was kommt).

Unter der Lupe

Telefonbefragung

Mit der Telefondichte stieg in Deutschland seit Beginn der 80er-Jahre auch das Interesse an Telefonbefragungen; störend wirkt sich jedoch die zunehmende Verbreitung der Anrufbeantworter und Geheimnummern aus.

Telefonbefragungen lassen sich als zweistufiges Auswahlverfahren konzipieren. In einem ersten Schritt wird eine Stichprobe der an das Telefonnetz angeschlossenen Haushalte gezogen. Als zuverlässige und aktuelle Grundlage bieten sich hierfür die Telefonbücher der Deutsche Post AG an. In einem zweiten Schritt wird – am Telefon – eine zufällige Auswahl des zu befragenden Haushaltsmitglieds vorgenommen. Dabei sollte ein Verfahren herangezogen werden, das jeder Person die gleiche Auswahlchance gibt. Als geeignete Vorgehensweise steht hierzu die **Last-Birthday-Methode** zur Verfügung: Sie schreibt die Befragung derjenigen Person vor, die zuletzt Geburtstag hatte.

→

Die Konzeption des Fragebogens muss den spezifischen Gegebenheiten der Telefonbefragung angepasst werden. Insbesondere die Einleitung des Interviews sollte klar durchdacht sein, da die ersten Sekunden im Gespräch mit der Person, die den Telefonhörer abnimmt, entscheidend für den Erfolg des Interviews sind. Nicht zuletzt der Versuch, die Last-Birthday-Methode anzuwenden, führt bei der zunächst erreichten Person oft zu Unverständnis und dann zum Abbruch des Interviews.

Die Bedeutung des Telefons als Befragungsinstrument wird durch die Möglichkeit des Einsatzes von computergestützten Programmen, wie beispielsweise CATI (Computer Assisted Telephone Interview), erhöht: Der Interviewer bekommt die Fragen am Bildschirm gezeigt und gibt die Antworten sofort in das Terminal ein (»Bildschirminterview«); die erhobenen Daten werden automatisch auf Plausibilität und Konsistenz geprüft, etwaige Fehler dem Interviewer gemeldet und durch Rückfrage beim Befragten korrigiert. Nach Abschluss der Interviews können (erste) Datenauswertungen gleich abgerufen werden.

Bildschirminterviews haben sich auch bei Face-to-Face-Interviews bewährt, sofern die räumlichen Voraussetzungen erfüllt werden konnten. Sie sind besonders dann von Vorteil, wenn der Untersuchungsgegenstand (z. B. Urlaubsverhalten) sehr vielschichtig und damit die Fragebogenstruktur sehr komplex ist: Je nach Antwortverhalten des Probanden können über eingebaute Filter »automatisch« die jeweils relevanten Fragenbereiche (z. B. Tauchen) aufgerufen werden.

Unter der Lupe

Formulierungsvarianten bei persönlichem und schriftlichem Interview.

Ja-Nein-Frage
Ist Ihnen der Slogan »Reiseweg Rhein-Main-Donau« ein Begriff?

Alternativ-Frage
Was haben Sie in Passau besucht?
(Zutreffendes bitte ankreuzen)
□ Dom
□ Altstadt
□ Drei-Flüsse-Rundfahrt
□ Veste Oberhaus
□ Ortsspitze

Rang-Frage
Welche der nachfolgend aufgeführten Brauereien ist Ihrer Meinung nach die beste, zweitbeste usw.?
□ Löwenbräu München
□ Veltins
□ Warsteiner
□ Dortmunder Union

→

Rating-Skala

Kreuzen Sie bitte das Ihrer Meinung nach Zutreffende an!

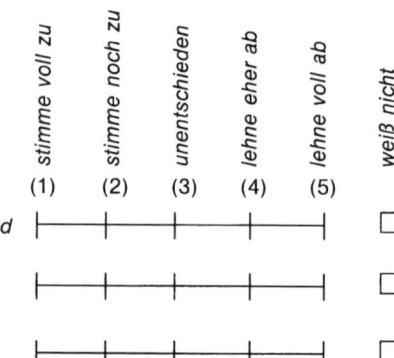

Polaritätsprofil

Kreuzen Sie bitte das Ihrer Meinung nach Zutreffende an!

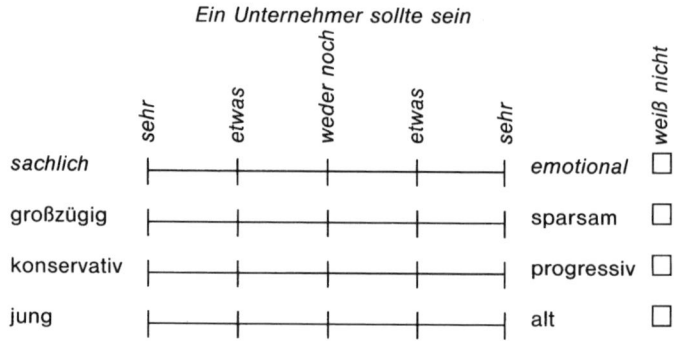

Matrix-Frage

Vergleichen Sie bitte paarweise die folgenden Automarken und vergeben Sie in den freien Feldern jeweils Noten von 1 (sehr ähnlich) bis 5 (sehr unähnlich)!

	Opel	Ford	BMW	VW	DB
Opel	1	–	–	–	–
Ford		1	–	–	
BMW			1	–	–
VW				1	–
DB					1

Das **Experiment** ist Befragung, Beobachtung oder beides, allerdings innerhalb einer **kontrollierten Versuchsanordnung** mit **vorgegebenen Rahmenbedingungen**. Bei **künstlichen** Rahmenbedingungen spricht man von Laborexperiment, bei **natürlichen** von Feldexperiment.

- Standard-Varianten des **Laborexperiments** sind die – qualitativen – Verfahren der Projektion und der Assoziation.

  Laborexperiment: künstliche Rahmenbedingungen

  – Bei der **Projektion** soll die Testperson die Rolle einer Figur in einem Comic-Strip übernehmen, indem sie deren Sprechblasen ausfüllt. Hieraus lassen sich dann Rückschlüsse auf die Testperson selbst ziehen.
  – Bei der **Assoziation** werden der Untersuchungsperson »Stimulus-Wörter« oder unvollständige Sätze genannt, auf die sie ihrerseits mit Wörtern oder Satzenden antworten muss, und zwar unter Zeitdruck, damit die Antworten möglichst spontan ausfallen und ihre tatsächlichen Assoziationen widerspiegeln (z. B.: Porsche ist ein Auto für Frauen, die ...).

  Die Hauptanwendungsgebiete des Laborexperiments sind die (Kauf-)**Motivforschung** sowie die **Produkt- und Werbeforschung** (16. Kapitel). So werden z. B. häufig die Fantasienamen neuer Produkte einem Assoziationstest unterworfen.

  Ein besonderes Problem besteht darin, dass sich die Untersuchungspersonen der Testsituation bewusst sind und deshalb möglicherweise atypisch auftreten **(Laborstress)**; andererseits können störende Einflüsse (Wetter, häusliches Umfeld) ausgeschaltet werden.

  Feldexperiment: natürliche Rahmenbedingungen

- Die am weitesten entwickelten Formen eines **Feldexperiments** sind Markttest und Panelerhebung.

  Markttest untersucht Erfolgsaussichten neuer Produkte und Marketing-Maßnahmen.

  – Auf einem eng begrenzten **Testmarkt** wird ein neues Produkt probeweise – meist für acht bis vierzehn Monate – verkauft, um seine Marktgängigkeit zu erkunden oder eine Werbekampagne durchgeführt, um deren Verkaufswirksamkeit zu prüfen. In der Regel empfiehlt sich die Beobachtung eines separaten **Kontrollmarktes,** um aus der unterschiedlichen Entwicklung von Test- und Kontrollmarkt genauere Rückschlüsse ziehen zu können.

  Der Vorteil des Markttests besteht darin, dass er **realitätsnah** vor dem Hintergrund des alltäglichen Kaufgeschehens durchgeführt wird. Problematisch ist hingegen insbesondere der **Zeitbedarf** und die **Öffentlichkeit:** Die Konkurrenz wird über bevorstehende Aktionen frühzeitig informiert und gewinnt so Zeit, sich darauf einzustellen (»mittesten«). Außerdem sind Testmärkte in der Regel im Hinblick auf die Zielgruppe **nicht repräsentativ,** was die Verallgemeinerungsfähigkeit der gewonnenen Ergebnisse behindert:

  – Die Bevölkerung weist oft hinsichtlich z. B. ihrer soziodemographischen Merkmale Besonderheiten auf.

Unter der Lupe

Test- und Kontrollmarktuntersuchung

Ausgangslage

Auf einem Testmarkt (T) wird eine neue Werbekampagne (Plakatanschlag-Großflächen) durchgeführt, um deren Verkaufswirksamkeit zu ermitteln. Auf dem Kontrollmarkt (K) bleibt »alles beim Alten«.

Ergebnis

Verkäufe je Woche unmittelbar vor (V) und nach (N) der Kampagne:

	V	N
T	70	100
K	60	80

Wirkung der Werbekampagne (WW)

$$WW = (TN - TV) - (KN - KV)$$
$$= (100 - 70) - (80 - 60)$$

Verkaufs- zunahme Testmarkt	Verkaufs- zunahme Kontroll- markt	
30	− 20	= 10

Schluss: Eine Verkaufszunahme von 10 dürfte auf die Werbekampagne im Testmarkt zurückzuführen sein.

Bei deutlich verschiedenen Ausgangsniveaus der beiden Märkte (TV ≠ KV) sollten auch die **relativen Änderungen** (WW)

$$\overline{WW} = \frac{TN - TV}{TV} - \frac{KN - KV}{KV}$$

betrachtet werden. Im vorliegenden Beispiel gilt: WW = +10 %.

- Die Konkurrenz kann den Testmarkt »unterwandern«, indem sie dort in einer Weise (z. B. mit Sonderpreisen) reagiert, wie sie es möglicherweise (international) nicht könnte.

Zudem kann ein umfangreicher Verkehr von – auch einkaufenden – **Berufspendlern** zum (aus dem) Testmarkt das Ergebnis verfälschen: Der erzielte Verkaufserfolg wird dann auf der Basis der Wohnbevölkerung über(unter-)schätzt.

Eine relativ neue Entwicklung stellen **Labortestmärkte** dar: Vor der Markteinführung von – insbesondere – kurzlebigen Konsumgütern mit hoher Kauffrequenz (z. B. Körperpflege- und Waschmittel) werden ausgewählte Konsumenten – z. B. über Einstellungen und Kaufabsichten – befragt, im Teststudio mit Werbespots und Produktangeboten konfrontiert, zum Probieren im häuslichen Umfeld aufgefordert und abschließend erneut interviewt. Die so gewonnenen sowie ergänzende Marktdaten über bereits existierende Marken verarbeitet man dann in mathematisch-statistischen Modellen, um schließlich zu einer Diagnose des Vorhabens und einer Prognose des Markterfolgs zu gelangen. Derartige »Testmarktsimulationen« (z. B. TESI, GfK Nürnberg) lassen sich unter Ausschluss der Öffentlichkeit, kurzfristig und kostengünstig, durchführen; der Laborstress scheint sich in Grenzen zu halten.

Beispiel

Markttest

»... Im Rennen um den neuen Markt der Flüssigen hatte die Schwalbacher Procter & Gamble GmbH die Nase vorn. Schon im Februar ist ihr Vizir (Slogan: »Die Flüssigkraft, die's sauberer schafft«) auf den Testmarkt Berlin geschickt worden, getreu der alten Procter-Regel, dass jedes neue Produkt rund ein Jahr lang auf dem Testmarkt durchstehen muss, ehe es ins nationale Rennen geschickt wird. Das gibt aber auch der Konkurrenz ausreichend Zeit und Gelegenheit, den Testmarkt mit zu beobachten, ohne das Risiko des Fehlschlags eingehen zu müssen. ›Wir haben uns den Testmarkt gründlich angesehen‹, räumt denn auch Herbert Luxem, bei Henkel Leiter des Produktmanagements für Waschmittel, freimütig ein. Die Vizir-Ergebnisse an der Spree stellten auch die Procter-Konkurrenten in Düsseldorf zufrieden. In nur sieben Monaten erzielte das Procter-Produkt einen Marktanteil von rund fünf Prozent und avancierte damit zu einem der meistgekauften Waschmittel.

Während Vizir in Berlin getestet wurde, konnte auch die Werbung bestens studiert werden. Ähnlichkeiten in der Fernsehwerbung mag die Werbebranche denn auch nicht als puren Zufall betrachten: Die Vizir-Flasche... kommt der Hausfrau wie aus dem Himmel geflogen, und die Liz-Flasche... wächst, gleichsam einer Erscheinung der dritten Art, aus einem strahlenden Himmelhorizont heraus.

Auf jeden Fall haben es die Düsseldorfer Henkel-Manager nicht für nötig gehalten, die zwölfmonatige Testphase von Procter abzuwarten. Henkels Liz wurde nach Labor- und Verbrauchertests Ende August auf den deutschen Markt geschickt. Procter schaltete schnell und folgte nur wenige Tage später. Aber Henkel konnte sich den Lorbeer umhängen, das ›erste flüssige Vollwaschmittel national‹ eingeführt zu haben.«

(Aus: G. Freese: Flüssig oder überflüssig, in: Die Zeit, Nr. 41/1981)

– Beim (Haushalts-)**Panel** werden Hausfrauen/-männer von Marktforschungsinstituten gegen Honorar gebeten, alle Einkäufe (nach Art, Menge und Preis) sowie die Umstände der Einkäufe (Wochentag, Uhrzeit, Geschäftstyp) in **Haushaltsbüchern** zu verzeichnen. In gewissen Zeitabständen werten dann die Marktforschungsinstitute die Eintragungen aus und bieten Interessenten gegen Bezahlung Informationen an wie: bevorzugte Einkaufstage, gekaufte Mengen, Markenwechselverhalten, Kaufverhalten in den Bundesländern, Ortsgrößen-

> Beim Panel wird das Einkaufsverhalten einzelner Haushalte erfasst und für die Marktforschung ausgewertet.

> *Bei einer Panel-Befragung wird ein gleich bleibender Personenkreis wiederholt zu sein und demselben Thema befragt.*

klassen, soziologische Gruppen, beliebte Sorten, Packungsgrößen, Einkaufsstätten, Geschmacksrichtungen usw. Mittlerweile wurden die Haushaltsbücher durch elektronische **Handscanner** von der Größe eines Telephonhörers ersetzt. Mit dessen Lesekopf fährt man nach dem Einkauf daheim über den EAN-(Europäische Artikel Nummer-)Strichcode, der auf vielen Produktverpackungen aufgedruckt ist. Daneben müssen noch Einkaufsstätte und -datum sowie – bei Produkten ohne Strichcode – die Codes anhand eines Handbuches bzw. über eine Tastatur direkt eingegeben werden; die Preise steuern die kooperierenden Hersteller direkt beim Marktforschungsinstitut ein. Einmal je Woche ruft das Marktforschungsinstitut die gespeicherten Einkäufe telefonisch über ein Modem ab.

Problematisch beim Panel sind vor allem die **Panel-Sterblichkeit** (Schwinden des Interesses; besonders ausgeprägt in den oberen sozialen Schichten und Ein-Personen-Haushalten), der **Panel-Effekt** (das Mitmachen ändert das Einkaufsverhalten; insbesondere unterbleiben Spontaneinkäufe) und die **bewussten Falschangaben** (aus Schamgefühl oder Imponiergehabe).

Zunehmend ergänzt werden Haushaltspanels durch Scannererhebungen in den Einzelhandelsgeschäften, die über ihre **Kassenterminals** den EAN-Strichcode auf den Produktverpackungen erfassen können. Es wird so möglich, unabhängig von Auskunftsbereitschaft und Erinnerungsvermögen, die eingekauften »Warenkörbe« zu analysieren; allerdings bleibt der z. B. soziodemographische Hintergrund der einkaufenden Haushalte verborgen.

Single-Source-Systeme:
Bei repräsentativen
Haushalten werden alle
Einkäufe und die
wichtigsten Marketing-

Dessen Aufhellung wird dann möglich, wenn die Panelhaushalte bei ihren Einkäufen **Identifikationskarten** vorlegen, die im Scanner-System mit registriert werden. Eine lückenlose Erfassung des gesamten Einkaufsgeschehens setzt jedoch voraus, dass alle Einkäufe der Panelhaushalte in angeschlossenen Scanner-Geschäften stattfinden. Werden den – verkabelten – Panelhaushalten zudem spezielle Fernseh-Werbespots zugespielt (Targetable TV) und außerdem ihr Einschaltverhalten erfasst, kann überdies noch der Einfluss der Werbung auf das Einkaufsgeschehen ermittelt werden – im Vergleich zu Haushalten ohne spezielle Werbespots. In Deutschland wird ein derartiges Projekt von der GfK Nürnberg in Haßloch (»Behavior Scan«) und der A. C. Nielsen Marketing Forschung in Buxtehude und Bad Kreuznach (»Telerim«) durchgeführt.

Beispiel

Neue Technologien in der Marktforschung

»…Die Familie Müller ist einer von 3000 Testhaushalten in der 19 000 Einwohner zählenden Gemeinde Haßloch, die zwischen Rhein und Weinstraße liegt. Die in Nürnberg ansässige Gesellschaft für Konsum-, Markt- und Absatzforschung (GfK) wählte das größte Dorf der Pfalz als Testmarkt aus, weil seine Einwohner das ›statistische Mittel‹ der Bundesrepublik und damit eine Art Mikrokosmos darstellen: mit ihrem Durchschnittsalter der haushaltsführenden Personen von 48,6 Jahren, mit ihrem Nettoeinkommen (monatlich 2625 Mark pro Haushalt) und mit ihrer Familiengröße (2,61 Personen).

Insbesondere zwei Haßlocher Merkmale sind es, die den Ort zur idealen Spielwiese für Marktforscher machen: Die Einwohner kaufen 95 Prozent aller Güter des täglichen Bedarfs in den Geschäften am Ort, und die Testpersonen sind zu etwa 95 Prozent verkabelt.

Die Verkabelung macht erst eine sehr genaue Kontrolle der einzelnen Testfamilien möglich: Neben 2000 Fernsehgeräten steht in Haßlocher Wohnstuben seit dem Jahre 1986 die ›GfK-Box‹ – ein Minicomputer in der Größe eines Radioweckers, der auf die Sekunde genau registriert, wann wer welches Fernsehprogramm eingeschaltet hat. Außerdem können mit dem Gerät aus dem Haßlocher Teststudio der GfK Werbespots speziell für diese Haushalte auf die Fernseher überspielt werden....

Auf diesem Weg kann die GfK nicht nur die Wirksamkeit der Fernsehwerbespots ermitteln, sondern auch feststellen, ob das neue Produkt auf Dauer beim Verbraucher ankommt oder nicht. Weitere tausend Haßlocher Testfamilien gehören nämlich zu einer ›Kontrollgruppe‹, die keine GfK-Box neben ihren Fernsehgeräten stehen hat, also auch keine spezielle Werbung empfängt. Diese Gruppe kann trotzdem wie alle anderen in den gleichen Geschäften die Testprodukte kaufen, die dort unauffällig von Mitarbeitern des Marktforschungsinstitutes einsortiert wurden.

Die GfK-Leute begnügen sich nicht damit, summarisch zu ermitteln, wie groß der Absatz eines Artikels innerhalb eines halben oder ganzen Jahres war – solange läuft jeweils eine Testreihe.

Deutscher Perfektionismus geht weiter: Jedes einkaufsfähige Mitglied einer Testfamilie besitzt eine Code-Karte, ähnlich einer Kreditkarte, die es beim Einkauf an der Supermarktkasse vorlegen muss. Die speziell darauf programmierte elektronische Kasse speichert zuerst die Kenn-Nummer des Haushaltes, ehe sie zu addieren beginnt.

Die GfK-Leute sind daher in der Lage festzustellen, wann Irene Müller was eingekauft hat: ... und das alles fein säuberlich getrennt nach Marken. 3000 Haßlocher Familien haben also gläserne Taschen. Und der GfK-Computer in Nürnberg ist der Große Bruder, der alles über sie weiß ...«

(Aus: Peter Hauptvogel, Bettina Schmidt: Ideale Spielwiese, in: Wirtschaftswoche vom 11. 5. 1990)

2.2.1.2 Die Methoden der Sekundärforschung

Unter Sekundärforschung versteht man die Auswertung von Datenmaterial, das zu anderen Zwecken bereits **früher** erhoben wurde. Hierzu zählen z. B. **betriebsintern** die Unterlagen des Rechnungswesens, die Kundenkartei, Außendienstberichte und Verkaufsstatistiken sowie **betriebsextern** die Veröf-

Sekundärerhebungen sammeln Informationen aus bereits vorhandenen Datenbeständen.

fentlichungen der Statistischen Ämter, von Forschungsinstituten, Verbänden und internationalen Organisationen.

Die Bedeutung der Sekundärforschung wird in Zukunft mit der breiteren Verfügbarkeit externer **Datenbanken** noch steigen. Schon heute bieten sie im Online-Betrieb einen schnellen Zugriff zu zahlreichen Informationen über Branchendaten, gesamtwirtschaftliche und internationale Entwicklungen, Lizenzangebote, Ausschreibungen usw. Das weltweit verfügbare Informations- und Datenbankangebot ist in den vergangenen Jahren stark gewachsen. Anbieterzahlen lassen sich kaum mehr beziffern.

Einfache Abfragen sind meist kostenfrei. Immer mehr Anbieter gehen jedoch dazu über, Daten nur gegen Entgelt zur Verfügung zu stellen – sofern ein umfangreicherer Datenbestand oder detailliertere Informationen benötigt werden. Selbst das Statistische Bundesamt – unter **www.destatis.de** – erlaubt dem Benutzer zunächst nur einen eingeschränkten Zugriff.

2.2.2 Die Methoden der Datenanalyse

Notwendige Ergänzung der Datensammlung ist die **systematische Datenanalyse,** denn meist ist das erhobene Material derart umfangreich und unübersichtlich, dass sich eine Auswertung »dem Anschein nach« verbietet.

Insbesondere die computergestützte Datenauswertung erlaubt es, große Datenmengen zu vertretbaren Kosten zu analysieren. Hierzu müssen die in den Fragebögen erfassten Antworten der Probanden (»Merkmale«) zu einer Ziffernfolge kodiert und in die Datenmatrix des Software-Programms (z. B. SPSS: Statistical Package for Social Sciences) eingegeben werden (z. B. ja = 1, nein = 2, weiß nicht = 3). Diese Datenmatrix ist dann Ausgangspunkt der Datenauswertung (Abb. 14.11): Jede Zeile enthält die kodierten Antworten eines Fragebogens.

Merkmale / Proband	A	B	C	D	E	F	G	H	I	J	.	.	.
1	3	0	3	0	5	0	1	0	1	0	.	.	.
2	2	0	0	2	5	0	5	0	0	0	.	.	.
3	2	0	2	0	5	0	2	0	4	0	.	.	.
.	.												
.	.												
.	.												

Abb. 14.11: Datenmatrix als Basis der Datenauswertung

Die **multivariaten Analyseverfahren** ermöglichen eine simultane Auswertung vieler Merkmale. Wie »Spürhunde« suchen sie Auffälligkeiten in der gesamten Datenmatrix, was anhand einiger Beispiele illustriert wird; soweit dabei auf den – einfachsten – Fall zweier Merkmale zurückgegriffen wird, dient dies lediglich zur Vereinfachung der Darstellung.

- **Clusteranalyse** – Illustration: (1, 203)

    Die nach ihren Merkmalen (z. B. Einkommen, Alter) erhobenen Zigarrenraucher werden daraufhin untersucht, ob sich intern homogene und extern heterogene Zigarrenraucher-Personengruppen (Cluster) abgrenzen lassen (Abb. 14.12).

    Diese können dann durch jeweils spezielle Ausprägungen der absatzpolitischen Instrumente »angesprochen« werden.

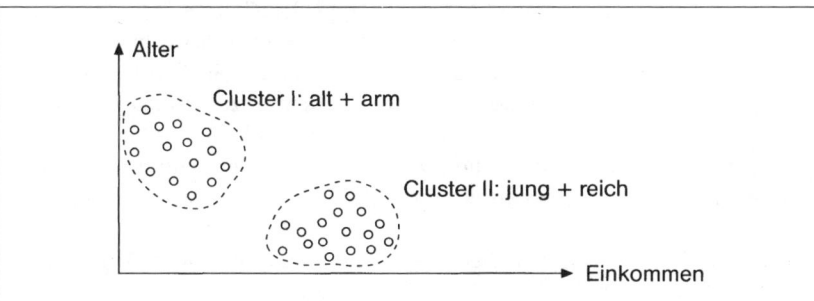

Bei dieser Analyse werden die Konsumenten anhand bestimmter Konsumentenmerkmale (z. B. Alter, Einkommen) in so genannte Cluster eingeteilt.

Abb. 14.12: Die Clusteranalyse

Beispiel

Clusteranalyse zur Sonderangebots-Preisgestaltung Passauer Einzelhändler

Die Erfahrung zeigt, dass immer wieder die gleichen – etwa 50 – Produkte zu Sonderangeboten herangezogen werden (Milchprodukte, Reinigungsmittel, Kosmetika usw.). Dieser »Warenkorb« (= Merkmale) war Gegenstand der Untersuchung: Über einen Zeitraum von drei Monaten wurden die zugehörigen Sonderangebotspreise bei 18 Einzelhändlern (= Probanden) erhoben, um die Matrix zu füllen; in den – seltenen – Fällen von »Mehrfachbelegung« galt der Durchschnittssonderpreis.

Die Fragestellung lautete dann: Lassen sich die Einzelhändler in Cluster ähnlichen Sonderangebots-Preisverhaltens aufteilen?

Die Clusteranalyse lieferte das im Folgenden wiedergegebene Computer-»Dendrogramm«; es besagt:

- Die Geschäfte 6, 18, 16, 1, 5 sowie 12, 2, 9, 17, 10 weisen jeweils völlig gleiche Sonderangebots-Preisstrukturen auf; kein Wunder, handelt es sich doch in dem einen Fall um EDEKA- und in dem anderen um REWE-Einzelhändler.

⟶

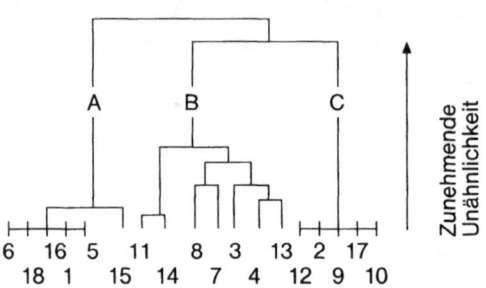

- Das Geschäft 15 tritt auf recht niedrigem Unähnlichkeitsniveau zu den EDEKA-Einzelhändlern hinzu: Es handelt sich um einen EDEKA-Verbrauchermarkt (»Regiebetrieb«),
- Insgesamt lassen sich drei Cluster unterscheiden: EDEKA (A), REWE (C), und SONSTIGE (B). Die Sonstigen verbindet kein einheitliches, aber immerhin ähnliches Sonderangebots-Preisverhalten: Sie werden bei nur mäßigen »Zugeständnissen« an die Unähnlichkeit zusammengeführt.
- Erst wenn man eine sehr hohe Unähnlichkeit zulässt, werden zunächst die Cluster B und C, dann diese und Cluster A zusammenführt: Die Sonderangebots-Preisstruktur der drei Cluster ist folglich sehr unterschiedlich.

Fazit: Es gibt drei Einzelhändler-Cluster mit jeweils unterschiedlicher Sonderangebots-Preispolitik.

- **Diskriminanzanalyse** – Illustration:

Die nach ihren Merkmalen (z. B. Einkommen, Alter) erhobenen VW- und BMW-Fahrer werden daraufhin untersucht, ob sich typische VW- und BMW-Personengruppen so trennen (diskriminieren) lassen, dass es möglichst wenige Überschneidungen gibt (Abb. 14.13).

Man kann dann genauer das voraussichtliche Konsumverhalten neu »hinzutretender« Personen – aufgrund ihrer Merkmale – prognostizieren. So würde sich in Abb. 14.13 eine junge Person mit hohem Einkommen rechts von der Trenngeraden befinden und deshalb als potentieller BMW-Fahrer eingestuft.

Dieses Verfahren setzen z. B. Banken im Rahmen der Kreditwürdigkeitsprüfung von neuen Antragstellern ein: Die Merkmale sind Bilanzkennzahlen (24. Kapitel) und die Personengruppen Bestandskunden guter und schlechter Bonität.

Die Clusteranalyse soll unbekannte Gruppenbeziehungen aufdecken, die Diskriminanzanalyse trennt hingegen bekannte Gruppen.

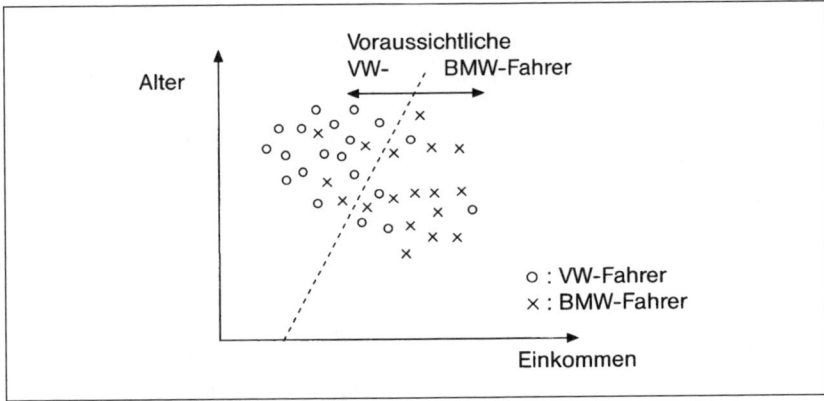

Abb. 14.13: Die Diskriminanzanalyse

- **Faktorenanalyse** – Illustration:
  100 Testpersonen wurden gebeten, einen bestimmten »Meinungsgegen-stand« (z. B. die Stadt Passau) anhand einer Rating-Skala zu beurteilen. Es kann dann ermittelt werden, ob bestimmte Eigenschaften meistens zusammenhängend eingestuft wurden, weshalb sie zu (Hintergrund-) Faktoren zusammengefasst werden können. So wäre es z. B. denkbar, dass die Befragten, die Passau als geschichtlich bedeutend (nicht bedeutend) einstufen, die Stadt durchwegs auch als lebendig (nicht lebendig) beur-teilen; die geschichtliche Bedeutung und die Lebendigkeit erhalten also stets gleichgerichtete (zustimmende oder ablehnende) Einstufungen, weshalb sie unter einem Oberbegriff (Faktor) zusammengefasst werden können (z. B. liebenswerte Ausstrahlung). Eine derartige Verdichtung des Datenmaterials ohne wesentlichen Informationsverlust erleichtert weite-re Analysen erheblich.
  Generell werden Eigenschaften dann zusammengeführt, wenn sie hoch korreliert sind: entweder gleichgerichtet (positive Korrelation) oder ent-gegengerichtet (negative Korrelation).

Beispiel

Faktorenanalyse zur Beurteilung des Feriengebiets Bayerischer Wald
Anhand einer Rating-Skala sollten 13 Beweggründe für einen Urlaub im Bayerischen Wald (von »Kunst/Sehenswürdigkeiten« bis »Kinderfreundlich-keit«) beurteilt werden.
  Bei dem Versuch, diese zu vier Faktoren zusammenzufassen, lieferte das Computerprogramm die im Folgenden wiedergegebene (Varimax-rotierte) »Faktorladungsmatrix«: Beweggründe, die auf einem Faktor **positiv hoch** »laden«, wurden von den Befragten durchwegs jeweils gleichgerichtet (z. B. als sehr stark [wenig] ausschlaggebend) beurteilt.

Variablen	Faktor 1	Faktor 2	Faktor 3	Faktor 4
Kunst/Sehenswürdig-keiten	.06369	.04797	.05432	.83043
Wald/Wandern	−.08891	.81047	.06419	.02471
Landschaft	.00185	.80955	.01390	.05039
Klima	.29657	.43442	.28385	−.15208
Nationalpark Bayeri-scher Wald	−.05132	.13756	.91019	.00225
Naturparks	.03718	.23299	.86925	.06811
Erholsame Ruhe	.16038	.62086	.16311	−.01087
Schöne alte Städte an der Donau	.06461	−.03917	.07644	.84183
Glashütten u. günsti-ger -einkauf	.33185	−.04556	.45635	.17579
Preiswürdigkeit	.72846	−.01297	.00055	.05118
Gutes Essen	.79633	.04174	.04779	.13564
Gastfreundlichkeit	.77615	.24557	.06791	.11821
Kinderfreundlichkeit	.64865	−.01099	.06586	−.09644

Bei näherem Hinsehen erscheint folgende Interpretation der Faktoren zutreffend:

Faktor 1: Preiswerte Gastlichkeit
Faktor 2: Naturerlebnis
Faktor 3: Spezialangebote Ostbayern
Faktor 4: Kulturerlebnis

- Faktor 1:
  - Preiswürdigkeit
  - gutes Essen
  - Gastfreundlichkeit
  - Kinderfreundlichkeit
- Faktor 2:
  - Wald/Wandern
  - Landschaft
  - Klima
  - erholsame Ruhe
- Faktor3:
  - Nationalpark Bayerischer Wald
  - Naturparks
  - Glashütten und günstiger -einkauf
- Faktor 4:
  - Kunst/Sehenswürdigkeiten
  - schöne alte Städte an der Donau

Bei Inkaufnahme eines gewissen Informationsverlustes (hier: 30 Prozent) können folglich statt der 13 Merkmale die vier Faktoren analysiert werden.

Im nächsten Schritt lassen sich den Probanden rechnerisch »Faktorwerte« zuordnen, die angeben, was sie geantwortet hätten, wenn sie statt nach den 13 Beweggründen gleich nach den 4 Faktoren gefragt worden wären.

■ **Varianzanalyse** – Illustration:

Ein Erzeugnis wurde in mehreren Regionen mit unterschiedlichen Verpackungstypen verkauft (Abb. 14.14). Aufgrund der Verkaufszahlen in jeweils 20 Geschäften kann ermittelt werden, ob Region und Verpackungsgestaltung (Haupteffekte) und/oder eine Kombination daraus (Interaktionseffekte) einen wesentlichen Einfluss auf die Verkaufsentwicklung hatten. So wäre es z. B. denkbar, dass die Verkäufe in einer Region (z. B. Bayern) nur im Zusammenspiel mit einer bestimmten Verpackungsgestaltung (z. B. weiß-blau) auffällig sind.

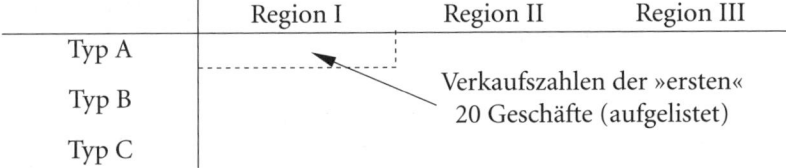

	Region I	Region II	Region III
Typ A			
Typ B			
Typ C			

Verkaufszahlen der »ersten« 20 Geschäfte (aufgelistet)

Abb. 14.14: Die Varianzanalyse

■ **Regressionsanalyse** – Illustration:

Eine graphische Darstellung der Jahreswerte von Volkseinkommen und Einzelhandelsumsatz eines Landes lässt vermuten, dass es zwischen beiden einen linearen Zusammenhang gibt. Eine Regressionsgerade kann dann in die »Punktewolke« so eingepasst werden, dass die – vertikalen oder horizontalen – Abstandsquadrate der Punkte in der Summe möglichst klein sind (Abb. 14.15). Gibt es zudem noch eine einigermaßen zuverlässige Vorhersage über die weitere Entwicklung des Volkseinkommens, dann kann aus dieser und der Regressionsgeraden die weitere Entwicklung des Einzelhandelsumsatzes geschätzt werden. Einschränkend gilt jedoch, dass aus einem guten **statistischen** Zusammenhang nicht unbedingt auch auf einen **kausalen** geschlossen werden kann: Dass ein steigendes Volkseinkommen steigende Einzelhandelsumsätze **verursacht,** wäre hiermit also noch nicht bewiesen. Im Übrigen sind derartige Schätzungen nur brauchbar, wenn die Rahmendaten keinen Strukturbruch aufweisen (»Zeitstabilitätshypothese«): So erwiesen sich die Prognosen über den Primärenergieverbrauch vor allem deshalb als unzutreffend hoch, weil nach der Ölkrise 1979 ein Strukturbruch eingetreten war: Die Verbraucher hatten ihr Verhalten und die Erzeuger ihre Technologie geändert, woraufhin sich der Primärenergieverbrauch unerwartet von der Entwicklung des BIP abkoppelte. Dies gilt auch für die 90er-Jahre: Obwohl die Wirtschaft um 11,5 Prozent wuchs, ging der Energieverbrauch von 318 auf 316 Mio. Tonnen Steinkohleeinheiten (SKE: Öl, Kohle, Strom, Gas) zurück; im Jahr 1999 (1970) wurden je 500 € reales Bruttoinlandsprodukt 97 (149) Kilogramm SKE verbraucht (Institut der deutschen Wirtschaft).

Regressionsanalyse
S. 846

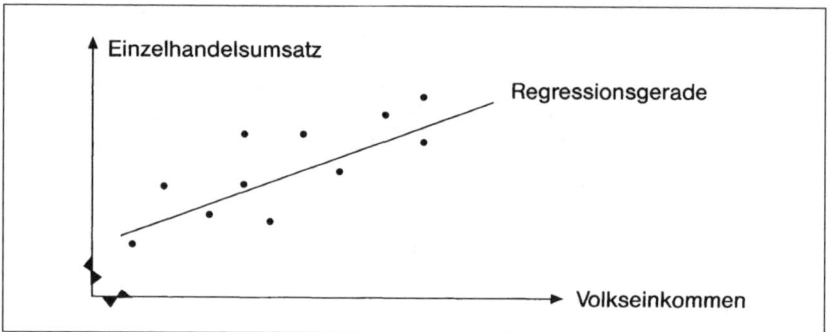

Abb. 14.15: Die Regressionsanalyse

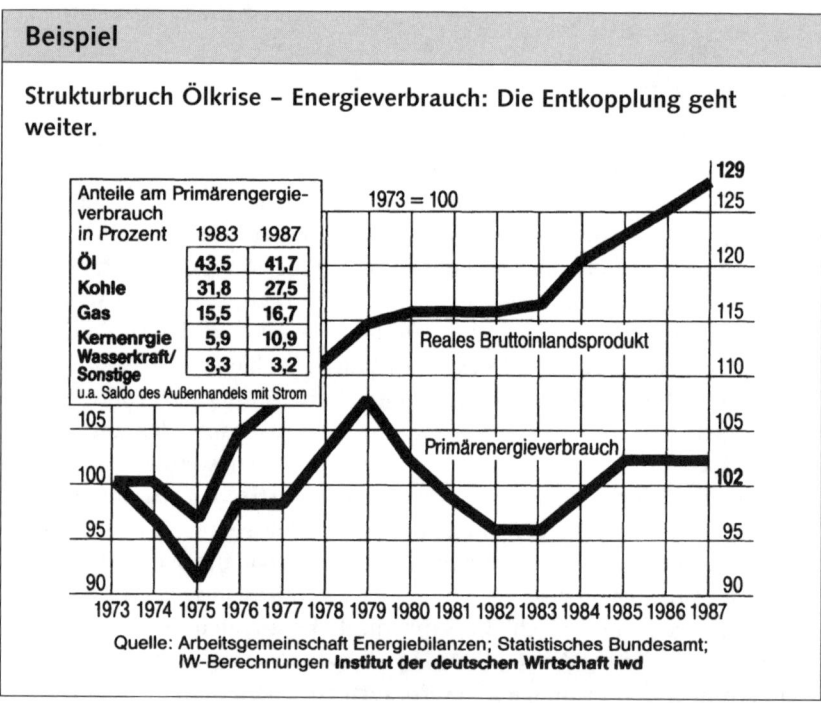

Beispiel

Strukturbruch Ölkrise – Energieverbrauch: Die Entkopplung geht weiter.

Quelle: Arbeitsgemeinschaft Energiebilanzen; Statistisches Bundesamt; IW-Berechnungen **Institut der deutschen Wirtschaft iwd**

■ **Multidimensionale Skalierung** – Illustration:

100 ungarische Touristen wurden gebeten, eine Matrix-Frage mit paarweisen Vergleichen von Urlaubsländern zu beantworten: von sehr ähnlich (1) bis völlig unähnlich (5). Diese Angaben überträgt der Computer so in eine zweidimensionale graphische Darstellung, dass häufig als ähnlich (unähnlich) bezeichnete Länder eng beieinander (weit auseinander) liegen (Abb. 14.16).

Die multidimensionale Skalierung hilft somit, Ähnlichkeitsvorstellungen zu visualisieren. Oft gelingt dies jedoch in einer zweidimensionalen Darstellung nur unvollkommen. Da diese andererseits aber besonders an-

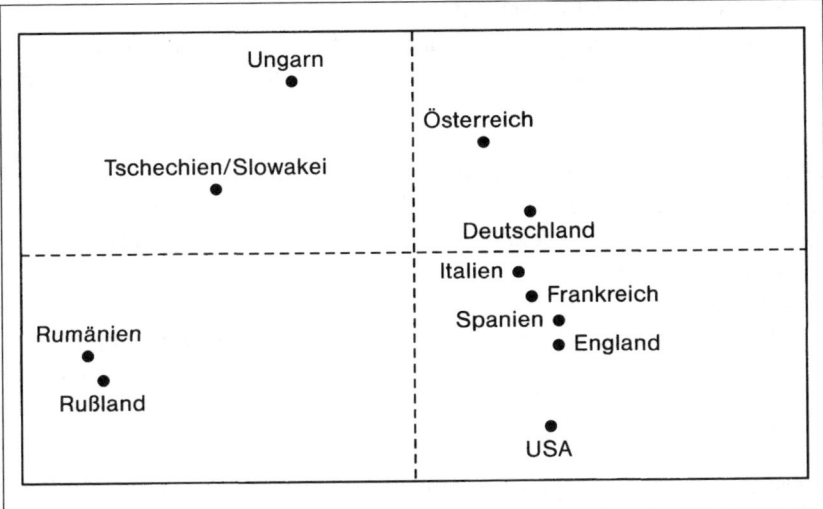

Abb. 14.16: Die multidimensionale Skalierung

schaulich ist, nimmt man eine gewisse Verzerrung (»Stress«) in Kauf. Die Achsenbezeichnungen müssen aus der Objekt-Konstellation und dem Image der Objekte »irgendwie« abgeleitet werden.

Die multivariaten Analyseverfahren wurden anhand einfacher Beispiele – kurz – erläutert. Insbesondere bei Cluster-, Diskriminanz- und Regressionsanalyse könnten weit mehr Merkmale als die jeweils verwendeten zwei verarbeitet werden, was dann ja auch erst die Bezeichnung »multivariat« rechtfertigte; aus Gründen der Übersichtlichkeit wurde jedoch darauf verzichtet.

3 Die Marktgestaltung als die andere Säule der Absatzplanung

Die Absatzforschung – insbesondere die Marktforschung – liefert »lediglich« eine **Diagnose:** Wie hoch ist der Marktwiderstand, und inwieweit ist er auf unwillige Nachfrager, aktive Konkurrenten und einen ungünstigen Trend zurückzuführen? Ein Unternehmen kann sich hiermit aber nicht zufrieden geben, sondern muss versuchen, den Markt zu **gestalten:** Der Diagnose und Entwicklung eines Leitbildes (»Defining the Business«) folgt die **Therapie,** der Marktforschung die Marktgestaltung, und zwar strategisch und operativ (Abb. 14.3).

Gegenwärtig werden – in Anlehnung an Porter – insbesondere folgende **strategischen** Alternativen diskutiert:

Marktgestaltung: strategisch und operativ

- **Kosten- bzw. Preisführerschaft**
  Durch Automation der Produktion und Standardisierung der Produkte sollen die Stückkosten und damit die Preise unter Konkurrenzniveau gedrückt werden.
- **Differenzierung**
  Hier steht nicht die Rationalisierung, sondern der Wettbewerbsvorteil durch Design, Marke, Service, Technologie usw. im Vordergrund: Den Kunden werden »Problemlösungen« von hoher Qualität und Fortschrittlichkeit geboten.
- **Konzentration**
  Eine zu starke Ausweitung der Angebote kann zur Verzettelung führen: In der Beschränkung auf bestimmte – auch geographische – Marktnischen »zeigt sich der Meister«; dort kann dann wieder die Strategie der Kosten-/Preisführerschaft oder der Differenzierung verfolgt werden.

Welche Strategie im Einzelfall vorteilhaft ist, hängt von den jeweiligen **Rahmenbedingungen** ab: Die Kosten- und Preisführerschaft setzt **hohe Stückzahlen** voraus, die Differenzierung **ständige Marktbeobachtung** und **breites Know-how** sowie – bei individuellen Problemlösungen – die Einrichtung **flexibler Fertigungssysteme** in der Produktion (13. Kapitel); die Konzentration auf Teilmärkte erscheint als besonders günstig für **mittelständische Unternehmen**.

Die Differenzierungsstrategie wird heute auch als **Präferenzstrategie** bezeichnet: Den Zielgruppen werden Produkte mit hohem wahrgenommenem Nutzen geboten. Ferner ist es nicht ausgeschlossen, dass ein Unternehmen nicht nur Problemlöser, sondern gleichzeitig auch Kostenführer sein will; diese Verknüpfung heißt **»Outpacing-(Spitzenreiter-) Strategie«**: Über **Produkt**innovationen werden die Produktnutzen verbessert und über **Prozess**innovationen die Produktkosten gesenkt (Abb. 14.17).

Outpacing-Strategie: neuer, schneller, besser, billiger als die Konkurrenz.

Auf der **operativen** Ebene der Marktgestaltung geht es um den detaillierten Einsatz der **absatzpolitischen Instrumente** (E. Gutenberg); hierzu zählen:
- Preise und Konditionen (z. B. Rabatte, Skonti),
- Werbung und andere Kommunikationsinstrumente (z. B. Verkaufsförderung),
- Produkt- und Sortimentsgestaltung sowie der Service,
- Wahl von Absatzorganisation und Absatzkanälen.

Bei einer eher durch Kosten- und Preisführerschaft gekennzeichneten Strategie wird auf der operativen Ebene die Preis- und Konditionenpolitik im Vordergrund stehen, während beim Problemlöser Produktgestaltung und Service dominieren. Da stets aber auch z. B. Werbemaßnahmen zu beschlie-

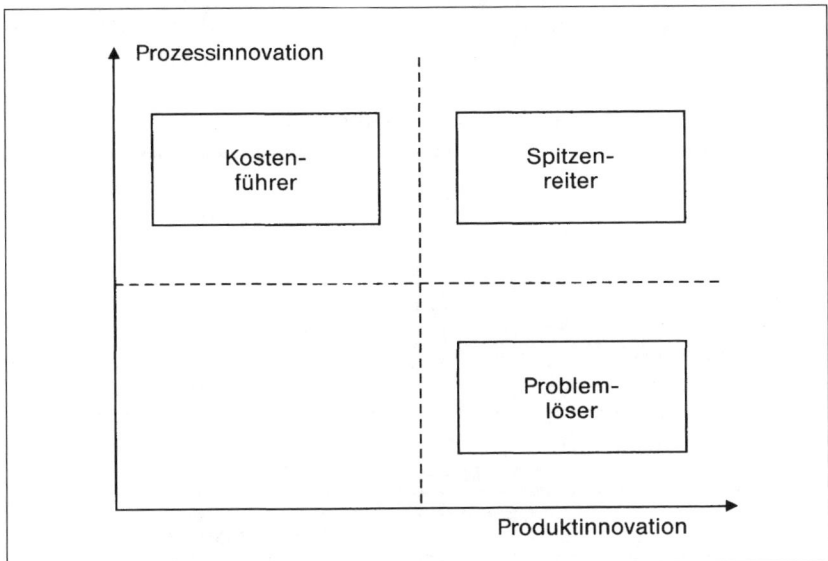

Abb. 14.17: Strategische Weichenstellung: Outpacing-Strategie
          (In Anlehnung an: Gilbert/Strebel)

ßen und Absatzkanäle auszuwählen sind, stellt der – zeitlich und sachlich – aufeinander abgestimmte Einsatz aller absatzpolitischen Instrumente in einem **Marketing-Mix** eine besondere Herausforderung an die operative Absatzplanung dar. So ist es z. B. denkbar, dass der Einsatz eines Instruments (Preis) erst in Kombination mit einem anderen (Absatzkanal) erfolgreich wirkt (»Apothekenkosmetik«).

Beispiel

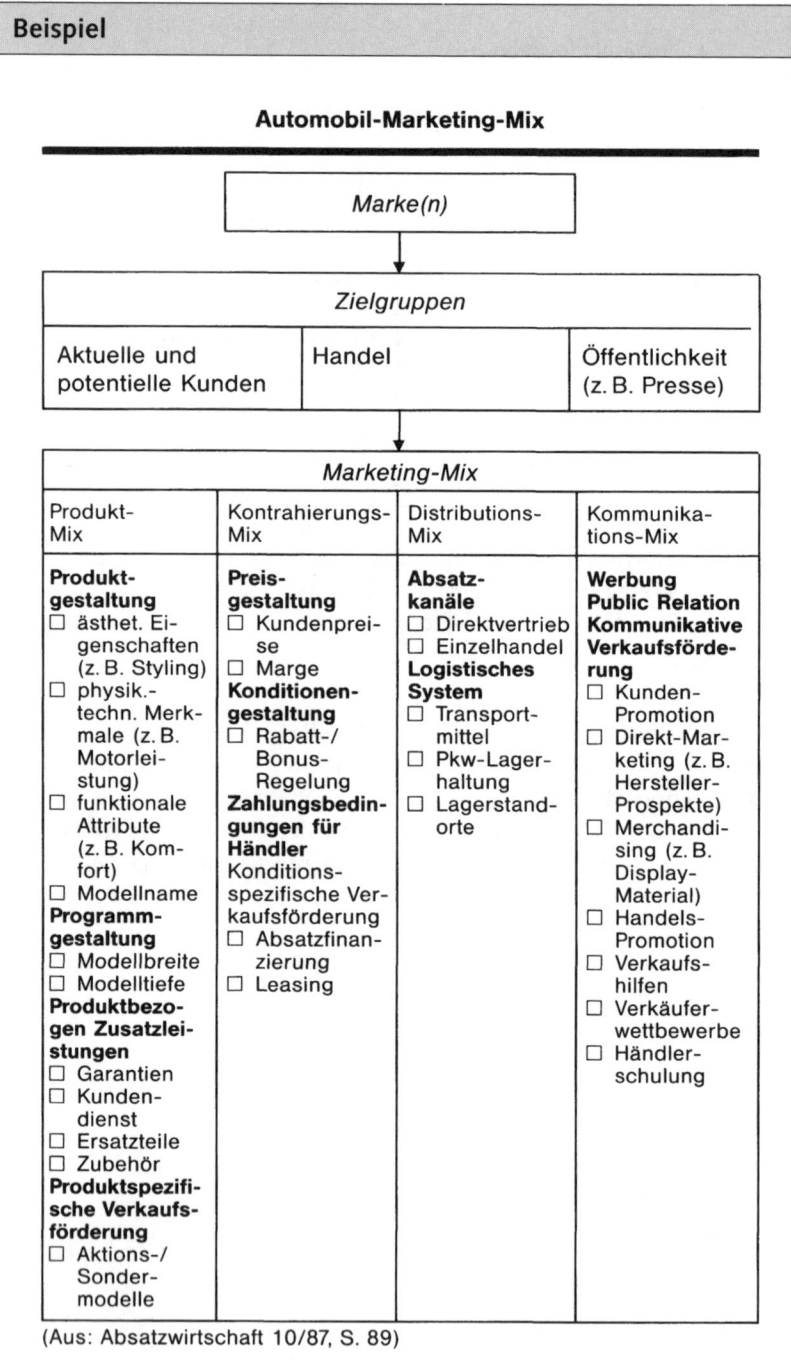

Automobil-Marketing-Mix

Marke(n)

Zielgruppen		
Aktuelle und potentielle Kunden	Handel	Öffentlichkeit (z. B. Presse)

Marketing-Mix			
Produkt-Mix	Kontrahierungs-Mix	Distributions-Mix	Kommunika-tions-Mix
Produktgestaltung ☐ ästhet. Eigenschaften (z. B. Styling) ☐ physik.-techn. Merkmale (z. B. Motorleistung) ☐ funktionale Attribute (z. B. Komfort) ☐ Modellname **Programmgestaltung** ☐ Modellbreite ☐ Modelltiefe **Produktbezogen Zusatzleistungen** ☐ Garantien ☐ Kundendienst ☐ Ersatzteile ☐ Zubehör **Produktspezifische Verkaufsförderung** ☐ Aktions-/ Sondermodelle	**Preisgestaltung** ☐ Kundenpreise ☐ Marge **Konditionengestaltung** ☐ Rabatt-/ Bonus-Regelung **Zahlungsbedingungen für Händler** Konditions-spezifische Verkaufsförderung ☐ Absatzfinanzierung ☐ Leasing	**Absatzkanäle** ☐ Direktvertrieb ☐ Einzelhandel **Logistisches System** ☐ Transportmittel ☐ Pkw-Lagerhaltung ☐ Lagerstandorte	**Werbung** **Public Relation** **Kommunikative Verkaufsförderung** ☐ Kunden-Promotion ☐ Direkt-Marketing (z. B. Hersteller-Prospekte) ☐ Merchandising (z. B. Display-Material) ☐ Handels-Promotion ☐ Verkaufshilfen ☐ Verkäufer-wettbewerbe ☐ Händlerschulung

(Aus: Absatzwirtschaft 10/87, S. 89)

Arbeitsaufgaben

1) Was verstehen Sie unter einem Verbrauchswirtschaftsplan? Erläutern Sie in diesem Zusammenhang die Begriffe »Bedürfnis«, »Bedarf »und »Nachfrage«!

2) Was sind absatzpolitische Instrumente und wozu dienen sie?

3) Nehmen Sie Stellung zu der Aussage: »Marketing beginnt, ehe die Produktion einsetzt«!

4) Charakterisieren Sie den Käufermarkt und nennen Sie Ursachen für sein Entstehen!

5) Nehmen Sie Stellung zu der Aussage: »Man muss soviel Marktwiderstand wie möglich beseitigen«!

6) Was sind Segmentierungsvariablen und wozu dienen sie?

7) Inwiefern können Indikatoren Grundlage der Absatzplanung sein?

8) Ein Unternehmen verkauft seine Produkte l und II in den Gebieten A und B; dabei gibt es weder zwischen den Gebieten noch zwischen den Produkten »Verbundeffekte«. Die Verkaufsanteile sind:

	Produkte l	Produkte II
Gebiet A	30 %	70 %
Gebiet B	70 %	30 %

Bei voller Leistung stellen sich Erlöse und Kosten folgendermaßen dar:

	Variable Kosten	Fixkosten	Erlöse
Produkt l	200	95	320
Produkt II	120	90	400

Außerdem fallen in Gebiet B stets fixe Vertriebskosten in Höhe von 150 an.
Berechnen Sie die Vorteilhaftigkeit des Gesamtprogramms. Welche Veränderungen würden das Programm noch vorteilhafter machen? (Rechenweg!)

9) Vergleichen Sie die Erhebungsarten Befragung und Beobachtung!

10) Worin sehen Sie die Vor- und Nachteile der Erhebungsarten Schriftliches Interview und Mündliches Interview?

11) Charakterisieren Sie kurz die Ihnen bekannten Experiment-Verfahren im Marketing!

12) Was sind multivariate Verfahren und wozu dienen sie?

13) Erläutern Sie kurz Zusammenhänge und Anwendungsmöglichkeiten der Schwerin-Kurve!

14) Nennen Sie Vor- und Nachteile von Primär- und Sekundärerhebung!

15) Beschreiben Sie die Stichprobenverfahren
    a) reine Zufallsauswahl
    b) geschichtete Zufallsauswahl
    c) Klumpenauswahl

16) Beschreiben Sie Anlage, Zweck und Problematik von Panel-Erhebungen!

17) Beschreiben Sie Anlage, Zweck und Problematik von Markttests!

18) Beschreiben Sie Anlage, Zweck und Problematik von Labortestmärkten!

19) Welche statistischen Auswertungsverfahren eignen sich zur Beantwortung der folgenden Fragen:

a) Beeinflussen die Farben und die Regalplatzierung eines Produktes die Höhe seiner Absatzmenge?

b) Lassen sich die Kunden eines Kaufhauses entsprechend ihren Bedürfnissen in Gruppen einteilen?

c) Wie verändert sich die Absatzmenge eines Produktes, wenn die Werbeausgaben um 20 % gekürzt werden?

d) In welchen soziodemographischen Merkmalen unterscheiden sich Raucher von Nichtrauchern?

20) Beschreiben und vergleichen Sie kurz die Verfahren »Clusteranalyse« und »Diskriminanzanalyse«!

21) Erklären Sie das Konsumentenverhalten im Behaviorismus!

22) Beschreiben Sie Möglichkeiten und Grenzen von Regressionsanalysen.

23) Womit befassen sich Vertriebskosten- und Absatzsegmentrechnung?

24) Das Data-Base-Marketing ist ein effizienter Weg zum Mikromarketing. Nehmen Sie Stellung!

25) Die Polarisierung im Handel ist auf den hybriden Käufer zurückzuführen. Erläutern Sie diesen Zusammenhang!

26) Beschreiben Sie das Dilemma der Marktsegmentierung!

27) Beschreiben und vergleichen Sie die Käufertypen »Innovatoren« und »Imitatoren«! Erläutern Sie dabei auch den Hintergrund für das Imitatoren-Verhalten!

28) »Kreativität und Perfektion sind untrennbare Bestandteile einer Spitzenreiter-Strategie« (Horst Albach). Erläutern Sie diese Aussage!

29) »Instead of banking your money, may be you should garage it« (BMW-Werbung in USA). Interpretieren Sie diese Aussage im Hinblick auf den Verbrauchswirtschaftsplan!

30) »Nicht die Großen fressen die Kleinen, sondern die Schnellen die Langsamen« (Jürgen Hubbert, Daimler Benz). Interpretieren Sie diese Aussage!

31) Erläutern Sie kurz die wichtigsten Formulierungsvarianten bei Interview-Fragen!

32) Faktorenanalyse und multidimensionale Skalierung sind in erster Linie Verfahren zur Arbeitserleichterung. Nehmen Sie Stellung!

33) Was ist ein strategischer Wettbewerbsvorteil, und wer braucht ihn wozu?

34) Den Kunden wird nicht geliefert, was sie wünschen; sie sollen vielmehr das kaufen, was ihnen die Produzenten anbieten. Nehmen Sie Stellung zu dieser Aussage!

35) Wodurch entstehen Überkapazitäten, und was ist von ihnen in einer Marktwirtschaft zu halten?

36) Der hybride Käufer ist unberechenbar, weil er seinen Launen folgt. Nehmen Sie Stellung zu dieser Aussage!

37) Die Quelle des Erfolgs ist der zufriedene Kunde. Warum ist das so und welche Anforderungen stellt dies an die Anbieter?

38) Brauchen wir hunderte Käsesorten? Begründen Sie Ihre Antwort!

39) Warum nennt man Mikro-Marketing auch »One-to-One-Marketing«?

40) Warum passt das Factory-Outlet-Center gut zum hybriden Käufer?

41) Benchmarking ist mehr als Konkurrenzanalyse. Erläutern Sie den Sachverhalt!

42) Eine Brauerei schaltete im Regionalfernsehen eine Woche lang Fernsehspots. Eine repräsentative Befragung ergab folgendes Ergebnis:
    – Bierverbrauch pro Tag und Haushalt in der Region vor der Aktion: 0,28 l
    – Bierverbrauch pro Tag und Haushalt in der Region nach der Aktion: 0,49 l.
    Diskutieren Sie den Aussagewert dieser Ergebnisse!

43) Warum beflügelt ein steigender Marktverbreitungsgrad die Imitatoren?

Lösungsvorschläge für die Arbeitsaufgaben im »Übungsbuch zu Grundlagen und Probleme der Betriebswirtschaft«.

Weiterführende Literatur

Abell, D. F.: Defining the Business. The Starting Point of Strategie Planning, Englewood Cliffs/N. J. 1980.

Ahlert, D.; Schröder, H.: Rechtliche Grundlagen des Marketing, 2. Aufl., Stuttgart 1996.

Albach, H.: Das Management der Differenzierung. Ein Prozess aus Kreativität und Perfektion, in: Zeitschrift für Betriebswirtschaft, 60. Jg. (8, 1990), S. 773–788.

Albers, S.: Kundennähe als Erfolgsfaktor, in: Albers, S.; Hermann, H., Kahle, E.; Kruschwitz, L.; Perlitz, M. (Hrsg.): Elemente erfolgreicher Unternehmenspolitik in mittelständischen Unternehmen, Stuttgart 1989.

Backhaus, K.; Büschken, J.; Weiber, R.: Industriegütermarketing, 6. Aufl., München 1999.

Backhaus, E.; Erichson, B.; Plinke, W.; Weiber, R.: Multivariate Analysemethoden, 9. Aufl., Berlin, Heidelberg, New York, London, Paris, Tokio 2000.

Backhaus, K.; Büschken, J.; Voeth, M.: Internationales Marketing, 4. Aufl., Stuttgart 2001.

Bänsch, A.: Käuferverhalten, 8. Aufl., München, Wien 1998.

Bänsch, A.: Einführung in die Marketing-Lehre, 4. Aufl., München 1998.

Benkenstein, M.: Strategisches Marketing, Stuttgart, Berlin, Köln 1997.

Benkenstein, M.: Entscheidungsorientiertes Marketing, Wiesbaden 2001.

Berndt, R.: Marketing, 3 Bände, 2./3. Aufl., Heidelberg 1995/96.

Berndt, R.; Fantapié Altobelli, C.; Sander, M.: Internationale Marketing-Politik, Heidelberg 1997.

Berndt, R.; Fantapié Altobelli, C.; Sander, M.: Internationales Marketing-Management, Berlin u. a. 1999.

Berekoven, L.; Eckert, W.; Ellenrieder, P.: Marktforschung, 9. Aufl., Wiesbaden 2001.

Bodenstein, G., Spiller, A.: Marketing, 2. Aufl., Landsberg/Lech 2001.

Böhler, H.: Marktforschung, 3. Aufl., Stuttgart, Berlin, Köln, Mainz 1997.

Bruhn, M.: Marketing, 5. Aufl., Wiesbaden 2001.

Bruhn, M.; Homburg, C. (Hrsg.): Gabler Marketing-Lexikon, Wiesbaden 2001.

Busse von Colbe, W.; Hammann, P.; Lassmann, G.: Betriebswirtschaftstheorie, Bd. 2: Absatztheorie, 4. Aufl., Berlin, Heidelberg, New York 1992.

Dichtl, E.: Der Weg zum Käufer, 2. Aufl., München 1991.

Diller, H. (Hrsg.): Vahlens Großes Marketinglexikon, 2. Aufl., München 2001.

Diller, H. (Hrsg.): Marketingplanung, 2. Aufl., München 1998.

Esch, F.-R. (Hrsg.): Moderne Markenführung, 3. Aufl., Wiesbaden 2001.

Freter, H.: Marktsegmentierung, Stuttgart, Berlin, Köln 1983.

Fritz, W.; Oelsnitz, D. von der: Marketing, 3. Aufl., Stuttgart 2001.

Gierl, H.: Marketing, 2. Aufl., Stuttgart 2002.

Gilbert, X.; Strebel, P. J.: Strategies to Outpace the Competition, in: Journal of Business Strategy, 8. Jg. (1, 1987), S. 28–36.

Gilbert, X.; Strebel, P. J.: Outpacing Strategies, in: IMEDE, Perspectives for Managers, 9. Jg. (2, 1985).

Gutenberg, E.: Grundlagen der Betriebswirtschaftslehre. Band II: Der Absatz, 17. Aufl., Berlin, Heidelberg, New York 1984.

Hammann, P.; Erichson, B.: Marktforschung, 4. Aufl., Stuttgart, New York 2000.

Hansen, U.; Bode, M.: Marketing und Konsum, München 1999.

Hermanns, A.; Wißmeier, U. K.: Internationales Marketing-Management, München 1995.

Herrmann, A.; Homburg, C. (Hrsg.): Marktforschung, 2. Aufl, Wiesbaden 2000.

Hill, W.; Rieser, I.: Marketing-Management, 2. Aufl., Bern, Stuttgart 1993.

Hoffjan, A.; Reinermann, J.: Absatzsegmentrechnung, in: Wirtschaftswissenschaftliches Studium (WiSt), 29. Jg. (3, 2000), S. 129–135.

Homburg, C.; Krohmer, H.: Marketingmanagement, Wiesbaden 2002.

Hruschka, H.: Marketing-Entscheidungen, München 1996.

Hünerberg, R.: Marketing, 2. Aufl., München 1998.

Hüttner, M.: Grundzüge der Marktforschung, 6. Aufl., Berlin, New York 1999.

Karlöf, B.; Östblom, S.: Das Benchmarking-Konzept, München 1994.

Katz, E.; Lazarsfeld, P. F.: Personal Influence, New York 1964.

Köhler, R.: Absatzsegmentrechnung, in: Diller, H. (Hrsg.): Vahlens großes Marketinglexikon, 2. Aufl., München 2001, S. 8.

Kotler, Ph.; Bliemel, F.: Marketing Management, 10. Aufl., Stuttgart 2001.

Kotler, Ph.: Grundlagen des Marketing, 2. Aufl., München-London-Mexiko 1999.

Kroeber-Riel, W.; Weinberg, P.: Konsumentenverhalten, 7. Aufl., München 1999.

Kuss, A.: Marketing-Einführung, Wiesbaden 2001.

Kuss, A.: Käuferverhalten, 2. Aufl., Stuttgart 2000.

Kuss, A.; Tomczak, T.: Marketingplanung, 2. Aufl., Wiesbaden 2001.

Lazarsfeld, P. F.; Berelson, B. R.; Gaudet, H.: The People's Choice, 3. Aufl., New York 1968.

Mattmüller, R.: Integrativ-Prozessuales Marketing, Wiesbaden 2000.

Meffert, H.: Marketing, 9. Aufl., Wiesbaden 2000.

Meffert, H.; Bolz, J.: Internationales Marketing-Management, 4. Aufl., Stuttgart 2001.

Meffert, H.: Marketing-Management, 2. Aufl., Wiesbaden 2001.

Meffert, H., Burmann, C.: Strategisches Marketing-Management, 2. Aufl., Wiesbaden 2002.

Meyer, A.; Davidson, J. H.: Offensives Marketing, Freiburg 2001.

Müller, S.; Kornmeier, M.: Interkulturelles Marketing, München 2001.

Müller-Hagedorn, L.: Das Konsumentenverhalten. 2. Aufl., Wiesbaden 1991.

Müller-Hagedorn, L.: Einführung in das Marketing, 3. Aufl., Stuttgart 2000.

Nieschlag, R.; Dichtl, E.; Hörschgen, H.: Marketing, 18. Aufl., Berlin 1997.

Olbrich, R.: Marketing, Berlin u. a. 2001.

Pechtl, H.: Innovatoren und Imitatoren im Adoptionsprozeß von technischen Neuerungen. Bergisch Gladbach, Köln 1991.

Peters, Th.; Waterman, R. H.: Auf der Suche nach Spitzenleistungen, 8. Aufl., Landsberg/Lech 2000.

Porter, M. E.: Wettbewerbsstrategie, 10. Aufl., Frankfurt/M. 1999.

Sabel, H.; Weiser, C.: Dynamik im Marketing, 3. Aufl., Wiesbaden 2000.

Scheuch, F.: Marketing, 5. Aufl., München 1996.

Schmalen, H.: Handel zwischen Gestern und Morgen. Ein Spannungsfeld von Kunden, Konkurrenz und Gesetzgebung, in: Beisheim, O. (Hrsg.): Distribution im Aufbruch, München 1999.

Schmalen, H.; Pechtl, H.: Technische Neuerungen in Kleinbetrieben, Stuttgart 1992.

Schmalen, H.: Fragebogenrücklauf und Gewinnanreiz, in: Marketing ZFP, 11. Jg. (3, 1989) S. 187–193.

Schwerin, H. S.; Newell, H. H.: Persuasion in Marketing, New York 1981.

Simon, H.: Management Strategischer Wettbewerbsvorteile, in: Zeitschrift für Betriebswirtschaft, 58. Jg. (4, 1988), S. 461–480.

Simon, H.: Die heimlichen Gewinner, Frankfurt/Main, New York 1996.

Steffenhagen, H.: Marketing, Eine Einführung, 4. Aufl., Stuttgart, Berlin, Köln, Mainz 2000.

Trommsdorff, V.: Konsumentenverhalten, 4. Aufl., Stuttgart, Berlin, Köln 2001.

Wiswede, G.: Soziologie, 3. Aufl., Landsberg/Lech 1998.

Zanger, C.: Marktforschung, Wiesbaden 1999.

Zanger, C.; Griese, M.: Beziehungsmarketing mit jungen Zielgruppen, München 2000.

Zentes, J.; Swoboda, B.: Grundbegriffe des Marketing, 5. Aufl., Stuttgart 2001.

Zwiedineck-Südenhorst, O. von: Allgemeine Volkswirtschaftslehre, 2. Aufl., Berlin, Göttingen, Heidelberg 1948.

15. Kapitel:
Die Preispolitik

1 Das magische Dreieck in der Preispolitik

Die unternehmerische Preissetzung bewegt sich in einem Spannungsfeld dreier Einflussgrößen:

Preispolitik zwischen Kosten, Kunden und Konkurrenz

- Zumindest auf Dauer sollten die Preise die **Selbstkosten** des Unternehmens überschreiten, weil nur so ein Gewinn erzielt werden kann.
- Ferner sollte die **Preisbereitschaft der Nachfrager** beachtet werden: Manche sind bereit, für ein bestimmtes Erzeugnis viel Geld auszugeben, andere achten genau dort auf den Preis (Hybrider Käufer, 14. Kapitel).
- Schließlich hängt der eigene Preisspielraum vom **Verhalten der Konkurrenz** ab: So haben vor allem japanische Unternehmen vor Jahren mit ihren aggressiven Markteinführungsstrategien den europäischen Herstellern das Leben schwer gemacht.

> Ein Anbieter, der den Selbstkostenaspekt hervorhebt, betreibt eine **kostenorientierte Preispolitik**; wer hingegen die Verhaltensweisen von Nachfrage und Konkurrenz in das Zentrum seiner Überlegungen stellt, handelt **marktorientiert**.

2 Kostenorientierte Preispolitik

Kostenorientierte Preispolitik: Selbstkosten plus »angemessener« Gewinnzuschlag

In der Praxis findet sich für die Preissetzung öfters die Faustregel »Selbstkosten plus angemessener Gewinnzuschlag«.

Dies gilt insbesondere für **Handelsunternehmen** (Abb. 15.1), die einen Zuschlag auf den Einstandspreis verrechnen, wobei normalerweise eine Mischkalkulation vorgenommen wird: Eine geringe Handelsspanne (= Kalkulations- und Gewinnspanne) bei einzelnen Waren(-gruppen) wird durch hohe Spannen bei anderen in der Weise ausgeglichen, dass insgesamt ein

	Listenpreis (ohne Mehrwertsteuer)
–	Rabatte und sonstige Konditionen
	Einkaufspreis
+	Bezugskosten
	Einstandspreis
+	Kalkulationsspanne
	Selbstkostenpreis
+	Gewinnspanne
	Nettoverkaufspreis
+	Mehrwertsteuer
	Bruttoverkaufspreis

Kalkulationsspanne • ⎤
                      ⎬ Handelsspanne
Gewinnspanne • ⎦

Abb. 15.1: Kostenorientierte Preispolitik im Handel

Gewinn entsteht; die Kalkulationsspanne erfasst dabei die im Unternehmen entstandenen (z. B. Lohn-)Kosten. Man baut also darauf, dass Kunden auch noch andere Artikel aus dem Sortiment beim Kauf der »Lockvögel« mitnehmen.

Auch viele **Industrieunternehmen** folgen bei ihrer Preisgestaltung der erwähnten Faustregel, nicht zuletzt deshalb, weil man die Selbstkosten je Stück (Stückkosten) relativ gut schätzen kann und für einen »angemessenen« Gewinnzuschlag leicht das Verständnis der (auch industriellen und staatlichen) Nachfrager findet (Abb. 15.2). Ist sich zudem die Branche über den »notwendigen« Zuschlag einig, vermindert sich die »Gefahr« eines Preiskampfes wesentlich. Diesen Vorzügen stehen allerdings schwerwiegende Einwände entgegen.

	Materialkosten
+	Fertigungskosten
	Herstellkosten
−	Verwaltungs- und Vertriebskosten
	Selbstkosten
+	Gewinnspanne
	Nettoverkaufspreis
+	Mehrwertsteuer
	Bruttoverkaufspreis

Abb. 15.2: Kostenorientierte Preispolitik beim Hersteller

2.1 Das Risiko in der kostenorientierten Preissetzung

Dass die kostenorientierte Preissetzung für den Anbieter ein besonderes Risiko beinhalten kann, zeigt folgende Überlegung:

Die **Nachfragesituation** am Markt lässt sich meist in etwa so beschreiben, wie in Abb. 15.3 dargestellt. Bei hohem (niedrigem) Preis ist die Nachfrage pro Periode niedrig (hoch). Die Nachfrage kommt zum Erliegen, wenn der

Die Nachfrage bewegt sich zwischen Prohibitivpreis und Sättigungsmenge.

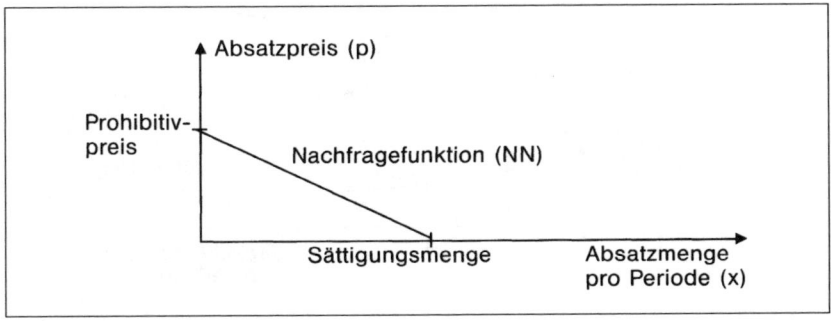

Abb. 15.3: Die Nachfrage

Die Kosten setzen sich aus den fixen Kosten der Betriebsbereitschaft und den variablen Kosten zusammen.

Preis höher oder gleich dem **Prohibitivpreis** ist; andererseits kann bei einem Preis von Null nicht mehr als die **Sättigungsmenge** abgesetzt werden.

Die typische betriebliche **Kostensituation** findet sich in Abb. 15.4. Gleichgültig, ob in einer Periode viel oder wenig produziert wird, die **Fixkosten** (z.B. Gehälter in der Verwaltung) fallen stets in voller Höhe an; sie werden deshalb auch als Kosten der Betriebsbereitschaft bezeichnet. Wird allerdings die Fertigung eines Produkts endgültig eingestellt und die zugehörige Betriebsbereitschaft aufgegeben, dann können auch die entsprechenden Fixkosten abgebaut werden. Die **variablen Kosten** steigen hingegen mit dem Umfang der Produktion; sie entfallen, wenn die Produktion auch nur vorübergehend eingestellt wird.

Die **Gesamtkosten** (fixe und variable Kosten) liegen umso höher, je größer die Produktion ist; die **Kosten je Stück** fallen hingegen mit zunehmender Produktionsmenge, weil sich dann die Fixkosten immer besser verteilen (Abb. 15.5).

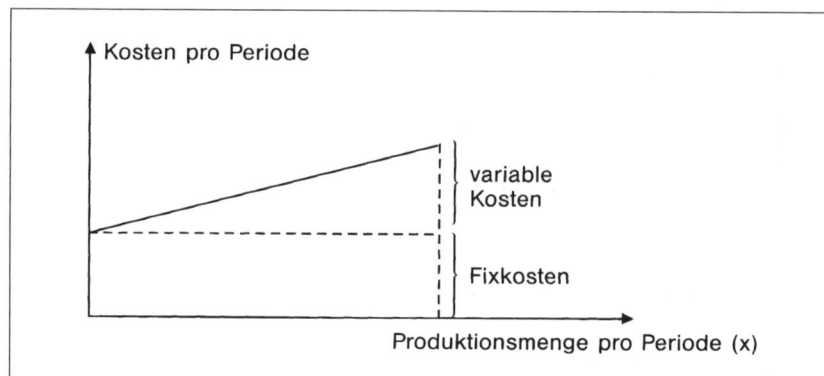

Abb. 15.4: Die Kosten

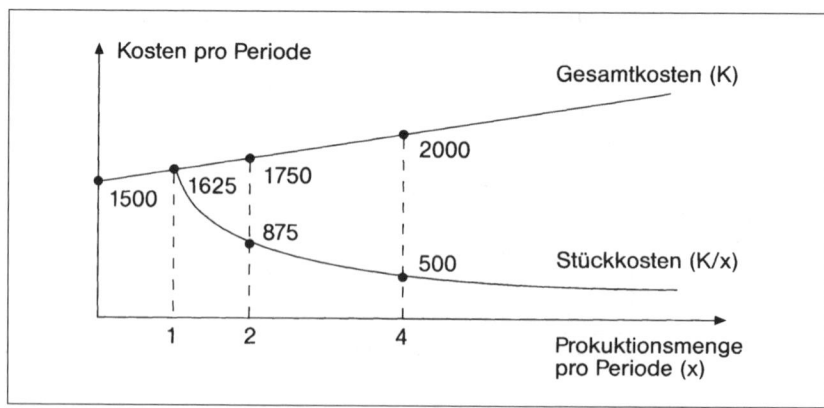

Abb. 15.5: Die Stückkosten

Betragen z. B. die Fixkosten 1500,– und die (zusätzlichen) variablen Kosten 125,– je Stück, dann belaufen sich die gesamten Kosten je Stück bei einer Produktion von z. B. 4 Stück auf 500,– (= 375,– anteilige Fixkosten + 125,– variable Kosten). Selbst bei noch so umfangreicher Produktion bleiben folglich die Stückkosten immer oberhalb von 125,–.

Eine **kostenorientierte Preissetzung** könnte nun in der Weise erfolgen, dass ein Gewinnzuschlag von z. B. 50 % auf die Stückkosten erhoben wird (Angebotsfunktion). Die Nachfrage ist demgegenüber bereit, am Markt entsprechend der Nachfragefunktion tätig zu werden (Abb. 15.6). Es zeigt sich:

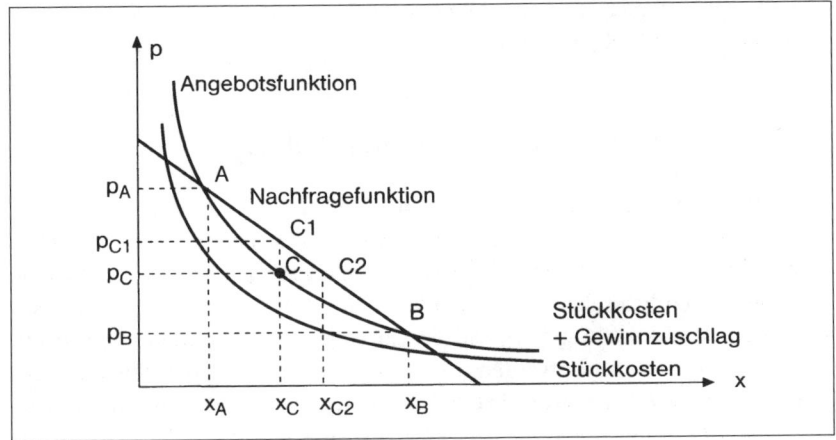

Abb. 15.6: Kostenorientierte Preispolitik

- Wählt der Anbieter die Kombination p_A und x_A bzw. p_B und x_B, dann werden seine **Erwartungen erfüllt:** Die Nachfrage »zieht mit«, und der Gewinnzuschlag wird realisiert.
- Wählt der Anbieter auf seiner Angebotsfunktion eine Kombination oberhalb A bzw. unterhalb B, dann werden seine **Erwartungen enttäuscht:** Die Nachfrage bleibt zurück, weshalb Gewinnzuschlag und Kostendeckung nicht mehr durchsetzbar sind.
- Wählt der Anbieter auf seiner Angebotsfunktion eine Kombination zwischen A und B, z. B. C, dann werden seine **Erwartungen übertroffen:** Die Nachfrage fällt größer aus (x_{C2} statt x_C) bzw. kann zu einem höheren Preis bedient werden (p_{C1} statt p_C); auf jeden Fall steigt der realisierbare Gewinnzuschlag.

Bei kostenorientierter Preispolitik bleibt man entweder auf der Ware sitzen, oder es bilden sich Schlangen; »Treffer« sind unwahrscheinlich.

Hieraus folgt: Gewünschte Absatzmenge und errechneter Zuschlagspreis erweisen sich in der Regel **am Markt** als unvereinbar miteinander (Ausnahme A und B); im Falle einer »angenehmen Überraschung« (C) ist es zudem nicht ausgeschlossen, dass es eine noch gewinngünstigere »Ausgangslage« gibt. Denkbar ist aber auch, dass angesichts hoher Stückkosten die Gewinnzone zwischen A und B kleiner ausfällt oder sogar ganz verschwindet: Die Käufer sind dann nicht einmal bereit, die Preis-Mengen-Kombination C zu

In der Vergangenheit haben die Kosten die Autopreise nach oben getrieben, künftig werden die Autopreise die Kosten nach unten treiben. (José Ignacio López)

akzeptieren, weil sie oberhalb der Nachfragefunktion liegt. In dieser Situation ist es endgültig vorbei mit der Vorstellung, man könne die Kosten einfach an die Kundschaft weiterwälzen und zudem noch einen Gewinnzuschlag darauf setzen: »Nicht die Kosten bestimmen (jetzt) die Preise, sondern die Preise die tolerierbaren Kosten« (Herbert Giersch).

Man sollte deshalb die Preisstellung nicht von den Kosten, sondern stets **von der Nachfrage her** vornehmen, denn diese entscheidet letztlich, was geht und was nicht.

> Die Forderung nach einer Kostenorientierung in der Preispolitik missachtet deren Nachfrageabhängigkeit.

2.2 Die Preissetzung als dynamisches Problem

In der Regel sind die Stückkosten einer bestimmten Produktionsmenge (z. B. 500,– bei 4 Stück in Abb. 15.5) im Zeitablauf nicht konstant; vielmehr ist für die **Stückkostenentwicklung** eine **Erfahrungskurve** typisch: Nach Aufnahme einer neuen Produktion stellen sich zunächst Anlaufschwierigkeiten ein, die in dem Maße zurückgehen, wie die Tätigkeiten der Planung, Ausführung und Kontrolle vertrauter werden, bis sie schließlich routinemäßig ablaufen. Bezogen auf eine **bestimmte Produktionsmenge** fallen folglich die Stückkosten von Periode zu Periode immer niedriger aus (Abb. 15.7).

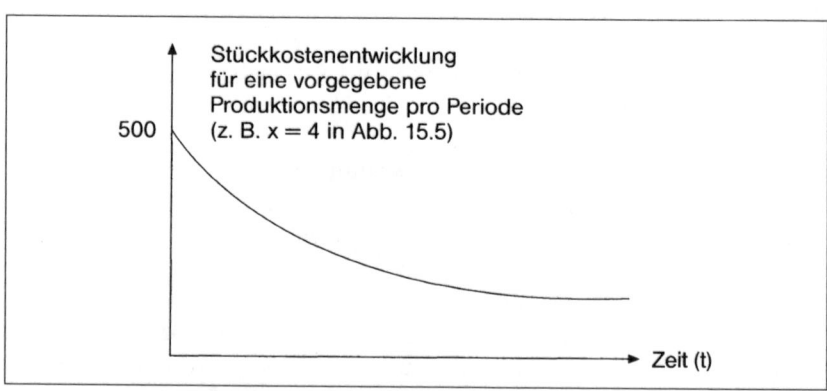

Abb. 15.7: Die Erfahrungskurve

Beispiel

Erfahrungskurve
»… Wichtigster Grund für den Einbruch ist, dass Speicherplatz, Festplatten und vor allem Chips in den vergangenen Monaten immer billiger wurden.

Ende Oktober kürzte Intel die Preise für Mikroprozessoren um bis zu 40 Prozent... MMX-Prozessoren sind in den vergangenen zwölf Monaten sogar um 60 Prozent billiger geworden ...«

(Aus: Süddeutsche Zeitung vom 2. 1. 1998)

Bei einer kostenorientierten Preissetzung sollte entsprechend zunächst ein hoher und später ein niedriger Preis gefordert werden (**Skimming-Strategie**). Dies muss jedoch nicht die gewinngünstigste Strategie sein: Es kann sich vielmehr als vorteilhafter erweisen, anfangs auf eine Kostendeckung zu verzichten (»Einführungspreis«), um schnell ein großes Verkaufsvolumen zu erreichen und damit die eigene Marktstellung sowie die zukünftigen Gewinnerzielungsmöglichkeiten zu festigen; mit dieser **Penetration-Strategie** investiert man folglich in die Markterschließung.

Die Forderung nach kostenorientierter Preissetzung ist mit einer Penetration-Strategie unvereinbar: Sie verlangt eine Skimming-Strategie.

3 Marktorientierte Preispolitik

Anstelle einer kostenorientierten Preispolitik kann eine Preissetzung vorgenommen werden, die sich nach den Möglichkeiten (und Grenzen) des Marktes richtet und versucht, dort möglichst viel Gewinn zu erzielen. Dass der Gewinn dabei in Grenzen bleibt, ist Aufgabe des **Wettbewerbs** zwischen den Unternehmen und der **Wettbewerbsaufsicht** durch das Kartellamt.

Marktorientierte Preispolitik: Maximierung des Gewinns

Beispiel

Marktpreise
»... Nach der Übernahme von McDonnell Douglas hatte Boeing die Preise radikal gesenkt, um den Weltmarkt zu dominieren und Airbus ins Abseits zu drängen. Der Plan scheiterte. Die Preiskämpfe fraßen die Gewinne auf, und der Orderschwall führte zu Produktionsproblemen. Airbus antwortete erfolgreich mit einer globalen Marketing-Kampagne .. .«

(Aus: Pfaeffle, W.: Ein gebeutelter Konzern rüstet für die Zukunft, in: Süddeutsche Zeitung vom 7. 4. 1999)

3.1 Vollkommene und unvollkommene Märkte

Die Möglichkeiten einer marktorientierten Preispolitik werden wesentlich dadurch bestimmt, ob der betreffende Markt vollkommen oder unvollkommen ist.

Ein **vollkommener Markt** ist durch folgende Besonderheiten gekennzeichnet:

- Alle Marktteilnehmer haben eine **vollständige Marktübersicht**.
- Alle Anpassungen an veränderte Daten vollziehen sich mit **unendlich großer Geschwindigkeit**.
- Es gibt **keinerlei Präferenzen**: Alle Anbieter werden als gleich gut eingestuft; es existieren also z.B. weder räumliche noch persönliche Bindungen.
- Alle Marktteilnehmer handeln nach dem **Maximumprinzip** dergestalt, dass die Nachfrager ein Maximum an Nutzen und die Anbieter ein Maximum an Gewinn zu erzielen versuchen.

Auf einem vollkommenen Markt kann es keine Preisunterschiede geben.

Die Folge dieser Marktbedingungen ist, dass es **keine Preisunterschiede** zwischen den Anbietern geben kann: Erhöht z.B. ein Anbieter seinen Preis, dann erfahren dies sofort alle Nachfrager (vollständige Marktübersicht), die augenblicklich zur Konkurrenz wechseln (unendliche Anpassungsgeschwindigkeit), denn das Angebot des Preiserhöhers ist in keiner Weise überlegen (Fehlen von Präferenzen), und die Nachfrager erstreben einen möglichst großen Nutzen (Maximumprinzip); es bleibt deshalb dem Preiserhöher – im Interesse seiner Gewinnerzielung – nichts anderes übrig, als sofort seinen Preis wieder zu senken. Da sich jedoch alle Anpassungsvorgänge unendlich schnell vollziehen, kommt es nicht einmal vorübergehend zu Preisunterschieden und damit auch zu keinen Käuferbewegungen. Beispiel für einen (fast) vollkommenen Markt ist der Kapitalmarkt, z.B. die **Aktienbörse:** Bei Aktien eines bestimmten Unternehmens gibt es kaum Kursunterschiede zwischen verschiedenen Börsenplätzen.

Ist nur **eine** der Bedingungen des vollkommenen (homogenen) Marktes nicht erfüllt, dann spricht man von einem **unvollkommenen** (heterogenen) **Markt.** Da Märkte normalerweise unvollkommen sind, werden im Rahmen der marktorientierten Preispolitik hauptsächlich heterogene Marktformen untersucht; Preisunterschiede zwischen den Anbietern sind dort üblich.

Beispiel

Umsatzeffekt

»Die Ikea Deutschland GmbH & Co, hiesige Tochter des schwedischen Ikea-Konzerns, hat sich inzwischen völlig abgekoppelt von der flauen Entwicklung auf dem Möbelmarkt hier zu Lande …

… Als einen Schlüssel zum Erfolg sieht er … auch die Tatsache, dass Ikea immer wieder die Preise senkt. Nachdem 2000 durchschnittliche Abschläge

→

von 2,5 Prozent beschlossen wurden, belaufen sich die Preisrücknahmen für das aktuelle Sortiment auf 3,5 Prozent. Weber hofft, diese Strategie auch künftig fortsetzen zu können. Sie gehe nicht zu Lasten des Gewinns, weil die Preiseffekte durch höhere verkaufte Mengen mehr als ausgeglichen würden ...«

(Aus: Süddeutsche Zeitung vom 21. 10. 2000)

3.2 Der gewinnmaximale Preis im Monopol

Ein Anbieter verhält sich monopolistisch, wenn er erwartet, dass sein Absatz allein von **seinem Preis** und dem **Käuferverhalten** abhängig ist.

Monopolist: ein Anbieter ohne Konkurrenz

Die graphische Darstellung eines Monopolmarktes findet sich in Abb. 15.8. Zur **Nachfragefunktion NN** gehört die **Umsatzfunktion U,** wobei gilt:

Umsatz (U) = Preis (p) · Menge (x).

Geometrisch ergibt sich der zu einer bestimmten Menge x_1 gehörige Umsatz U_1 als Flächeninhalt des **Rechtecks** $p_1 \cdot x_1$. Dieser wird an der Umsatzfunktion U als **Strecke** dargestellt. Ein Umsatz findet nicht statt (U = 0), wenn entweder der Preis oder die Menge Null ist.

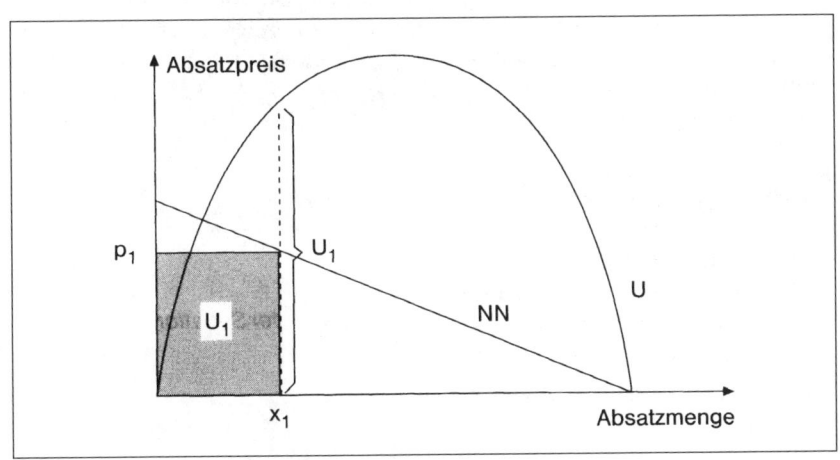

Abb. 15.8: Die Umsatzermittlung im Monopol

Die **gewinnmaximale Absatzmenge** $\bar{x}$ liegt dort, wo die Differenz zwischen Umsatz U und Kosten K am größten wird, da der Gewinn definiert ist als

Gewinn (G) = Umsatz (U) – Kosten (K);

der Monopolist wird folglich die Menge anbieten, bei der die parallel verschobene Kostenfunktion die Umsatzfunktion gerade noch tangiert, wo also die Umsatzsteigung genau der Steigung der Kosten entspricht. Der zugehö-

rige Preis p̄ ergibt sich aus der Nachfragefunktion; die Höhe des Gewinns bei
x̄ | p̄ beläuft sich auf Ḡ (Abb. 15.9).

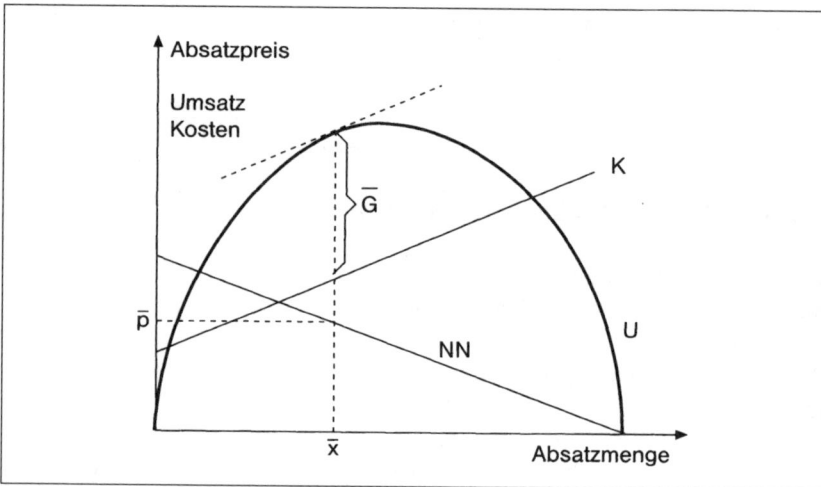

Abb. 15.9: Die Gewinnermittlung im Monopol

Die gewinnmaximale Preis-Mengen-Kombination im Monopol wird nach
ihrem Entdecker auch als **Cournotscher Punkt** bezeichnet (Antoine
Augustin Cournot, französischer Nationalökonom, Mathematiker und
Philosoph, 1801–1877).

Unter der Lupe

Preispolitik im Monopol

Ein monopolistischer Anbieter sieht sich folgender Situation gegenüber:

- Nachfragefunktion: $p = p(x)$
- Kostenfunktion: $K = K(x)$

Es gilt dann für den Umsatz:

$$U = p \cdot x$$

$$= p(x) \cdot x$$

$$\frac{dU}{dx} = \frac{dp}{dx}x + p$$

und für den Gewinn:

$$G = p \cdot x - K$$

$$= p(x) \cdot x - K(x)$$

→

$$\frac{dG}{dx} = \frac{dp}{dx}x + p - \frac{dK}{dx} = 0$$

$$= \frac{dU}{dx} - \frac{dK}{dx} = 0$$

Daraus folgt:

$$\frac{dG}{dx} \geq 0 \quad \text{für:} \quad \frac{dU}{dx} \geq \frac{dK}{dx}$$

Dies bedeutet:
Wird die Verkaufsmenge vergrößert, dann muss – bei fallendem Preis – der zusätzliche Umsatz die zusätzlichen Produktionskosten mindestens ausgleichen.

3.3 Der gewinnmaximale Preis im heterogenen Polypol

Ein Anbieter verhält sich polypolistisch, wenn er erwartet, dass sein Absatz von **seinem Preis,** dem **Käuferverhalten** sowie den **Preisen anderer Anbieter** abhängig ist, auf eigene Aktionen aber **keine Konkurrenzreaktionen** erfolgen.

Dieses Verhalten ist insbesondere dann realistisch, wenn

Polypolistischer Markt: zahlreiche Anbieter, jeweils geringe Produktionskapazitäten

- die **Zahl der Anbieter groß** ist, wobei jeder eine nur **geringe Produktionskapazität** aufweist,
- jeder Anbieter versucht, durch Produktbesonderheiten, Werbung, Service usw. ein **akquisitorisches Potential** aufzubauen und
- die **Anzahl der Nachfrager** ebenfalls **groß** ist.

Beispiele für heterogene Polypole sind die Bäckereien und Metzgereien einer Stadt; aber auch die dortigen Fachgeschäfte.

Zur Beschreibung der preispolitischen Möglichkeiten eines Anbieters (A) auf einem polypolistischen Markt wird die **polypolistische Gutenberg-Nachfragefunktion** herangezogen; sie hat die in Abb. 15.10 wiedergegebene Gestalt: Angenommen, A erhöht seinen Preis von p_1 auf p_2. Obwohl die Konkurrenten ihre alten Preise beibehalten, verliert A keine Kunden, sie schränken lediglich ihren Konsum ein. Diese Treue der **Stammkunden** erklärt sich aus dem akquisitorischen Potential des Anbieters A. Erhöht A (und nur er) seinen Preis auf p_3, dann verlässt ihn ein Teil seiner Stammkunden, um bei der Konkurrenz zu kaufen, denn die Preisdifferenz wird nun nicht mehr durch das akquisitorische Potential ausgeglichen. Für den einzelnen Konkurrenten bleibt die Verkaufssteigerung allerdings **unmerklich** (bzw. unterhalb der »Schwelle der Fühlbarkeit«), weil sich die bei A abgewanderte – begrenzte – Stammkundschaft auf **zahlreiche Anbieter** verteilen.

Senkt A seinen Preis von p_1 auf p_4, dann weiten seine Stammkunden ihre Nachfrage aus. Bei einer weitergehenden Preissenkung auf p_5 gewinnt A so-

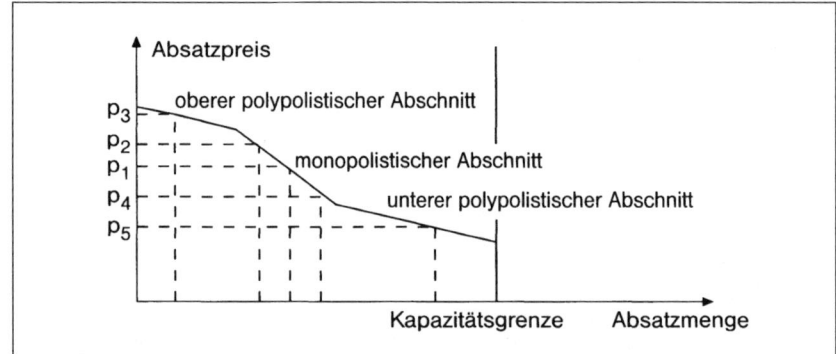

Abb. 15.10: Die Nachfrage im heterogenen Polypol

gar zusätzlich **Laufkunden** von seinen Konkurrenten, denn nun ist der Preis von A so günstig, dass die Stammkunden der Konkurrenz durch deren akquisitorische Potentiale nicht mehr vollständig gebunden werden. Infolge der **nahen Kapazitätsgrenze** ist aber die Aufnahmefähigkeit von A begrenzt. Für die Konkurrenz bleibt deshalb der Nachfrageschwund **unmerklich.**

Im heterogenen Polypol kann sich also jeder Anbieter nur in einem **begrenzten Bereich** als **Monopolist** verhalten. Jenseits dieses »monopolistischen Abschnitts« muss er damit rechnen, dass es zu **Käuferfluktuationen** kommt, entweder zur Konkurrenz hin oder von der Konkurrenz her. Wegen der Geringfügigkeit der Käuferfluktuationen **unterbleiben** jedoch **Preisreaktionen** der Konkurrenz.

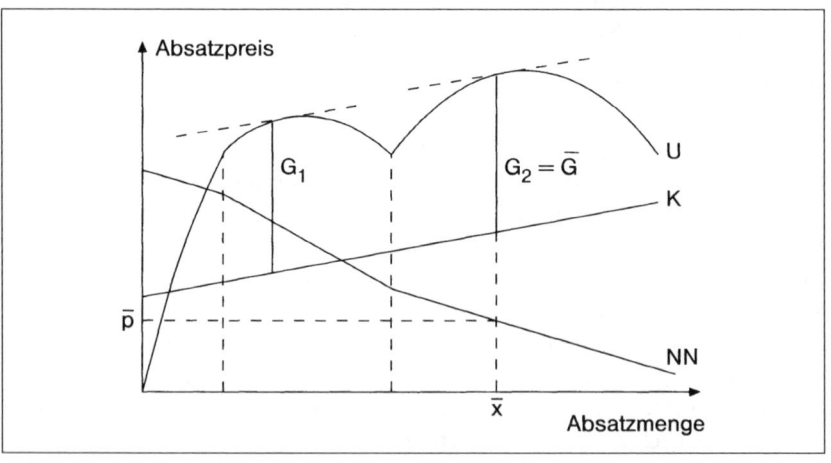

Abb. 15.11: Die Gewinnermittlung im heterogenen Polypol

Im heterogenen Polypol gibt es entweder Discount- oder Fachgeschäftspreise.

Die gewinnmaximale Preis-Mengen-Kombination eines Polypolisten lässt sich analog zum Monopolfall ermitteln (Abb. 15.11). Die Besonderheit besteht lediglich darin, dass nun die **Umsatzfunktion** in der Regel **zwei Maxi-**

ma aufweist, weshalb die gewinnmaximale Preis-Mengen-Kombination – je nach Verlauf der Nachfrage- und Kostenfunktion – sowohl im monopolistischen als auch im unteren polypolistischen Abschnitt liegen kann; im Beispiel der Abb. 15.11 liegt das Gewinnmaximum bei G_2 im unteren polypolistischen Abschnitt: Der Anbieter sollte folglich versuchen, über eine Niedrigpreispolitik (»Discountpreise«) Nachfrage von der Konkurrenz abzuziehen. Es wäre aber auch ohne weiteres möglich, dass sich das Gewinnmaximum im monopolistischen Bereich befindet, also allein auf der Basis der Stammkundschaft erzielt werden sollte (»Fachgeschäftspreise«). Dies gilt insbesondere im Falle hoher variabler Kosten: Eine in Abb. 15.11 steiler verlaufende Kostenfunktion (K̄) würde zu einem Gewinnmaximum (Ḡ) links von G_1 führen.

> Verlässt im Polypol ein Anbieter seinen monopolistischen Bereich, dann kommt es zu Käuferfluktuationen, die jedoch keine Konkurrenzreaktion auslösen.

3.4 Der gewinnmaximale Preis im heterogenen Oligopol

Ein Anbieter verhält sich oligopolistisch, wenn er erwartet, dass sein Absatz von **seinem Preis**, dem **Käuferverhalten** sowie den **Preisen anderer Anbieter** abhängig ist und auf eigene Aktionen **Konkurrenzreaktionen** erfolgen können.

Die Rahmenbedingungen, unter denen dieses Verhalten realistisch ist, unterscheiden sich vom heterogenen Polypol dadurch, dass hier die **Zahl der Anbieter klein** ist und jeder eine **umfangreiche Produktionskapazität** aufweist. **Beispiele** sind die Automobilhersteller und die Mineralölunternehmen.

Zur Beschreibung der preispolitischen Möglichkeiten eines Anbieters (B) auf einem oligopolistischen Markt wird die **oligopolistische Gutenberg-Nachfragefunktion** herangezogen; sie hat die in Abb. 15.12 wiedergegebene Gestalt: Angenommen, B senkt nach und nach seinen Preis. Analog zum Polypolfall vergrößern zunächst nur seine **Stammkunden** ihre Nachfrage; bei weiter fortschreitender Preissenkung erscheinen dann aber auch Stammkunden der Konkurrenz als **Laufkunden** bei ihm. Da es im Oligopol nur wenige – aber aufnahmefähige – Anbieter gibt, ist der Nachfrageschwund für die Konkurrenten klar erkennbar, weshalb sie sich zu Gegenmaßnahmen veranlasst sehen: Sie **senken** ihre **Preise** ebenfalls und gewinnen dadurch ihre **Stammkunden zurück**. Der Anbieter B kann deshalb durch die Preissenkung von p_1 auf p_2 dauerhaft eine Nachfrageausweitung nicht auf $\hat{x}_2$, sondern lediglich auf x_2 realisieren.

Ähnlich liegt der Fall bei einer Preiserhöhung in Richtung auf p_3: Zunächst schränken die Stammkunden ihre Nachfrage ein, später verliert der Anbieter B sie an die wenigen Konkurrenten, weil sein akquisitorisches Po-

Oligopolistischer Markt: wenige Anbieter, jeweils große Produktionskapazitäten

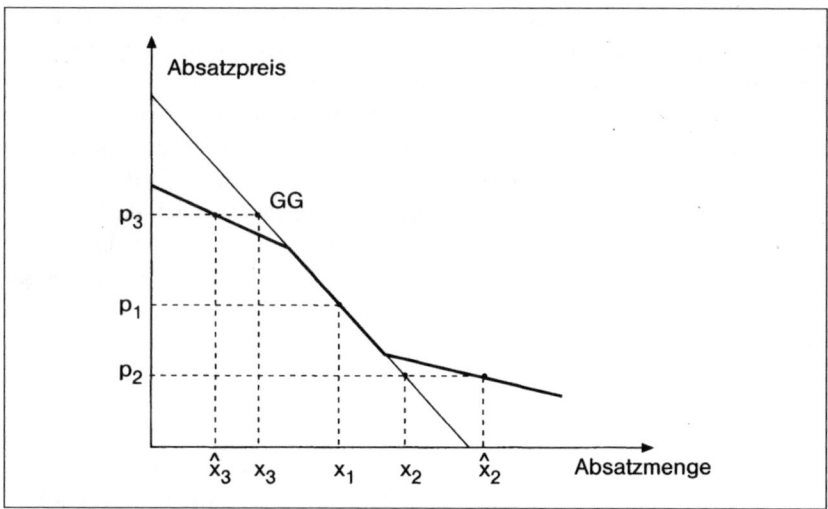

Abb. 15.12: Die Nachfrage im heterogenen Oligopol

tential den Preisabstand zur Konkurrenz nicht mehr aufwiegt; sein Absatz fällt auf $\hat{x}_3$. In der Regel werden aber die Konkurrenten mit eigenen **Preiserhöhungen** auf den für sie merklichen Nachfragezuwachs reagieren, weshalb die **Stammkunden** zu B **zurückkommen** und die Menge x_3 kaufen; würden die Konkurrenten nicht reagieren, dann müsste B seine Preiserhöhung zurücknehmen, um seine Stammkunden wiederzugewinnen.

> Verlässt im Oligopol ein Anbieter seinen monopolistischen Bereich, dann kommt es zu Käuferfluktuationen, die sofortige Konkurrenzreaktionen auslösen.

Ein **gleichförmiges Verhalten** der Konkurrenten nicht nur bei Preissenkungen, sondern auch bei Preiserhöhungen jenseits des monopolistischen Abschnitts lässt sich damit erklären, dass die wenigen großen Anbieter eines Oligopols meist recht **ähnliche Kosten- und Erlösstrukturen** aufweisen. Wenn also im Interesse der Gewinnmaximierung ein Anbieter seinen Preis erhöht, dann ist dies in der Regel auch für seine Konkurrenten vorteilhaft.

Geht ein Anbieter mit einer Preiserhöhung voran und folgen ihm dann alle Konkurrenten, so ist er ein barometrischer Preisführer.

Im Einzelnen gilt folgender Ablauf: Da sich – wie gezeigt – alle Preis-Mengen-Kombinationen eines Oligopolisten letztlich auf seiner **Stammnachfrage-Gleitkurve** GG einstellen, sucht er dort die gewinnmaximale Preis-Mengen-Kombination. Diese lässt sich – unter Berücksichtigung der Kosten – genau analog zum oben beschriebenen Monopolfall ermitteln. Wird nun angenommen, $(p_3 \mid x_3)$ sei die **gewinnmaximale** und $(p_1 \mid x_1)$ die tatsächlich **praktizierte** Preis-Mengen-Kombination **aller** Anbieter, dann kann jeder Anbieter sein Gewinnmaximum nur erreichen, wenn ihn alle seine Konkurrenten unterstützen, was diese bereitwillig tun, weil sie über die Preiserhöhung ebenfalls ins Gewinnmaximum kommen. Dies erklärt aber auch den in der **Praxis** oftmals zu beobachtenden Fall, wo ein Anbieter (der **barometrische Preisführer**) seinen Preis erhöht und seine Konkurrenten mit ähnlichen Preiserhöhungen folgen: Jeder will seine gewinnmaximale Preis-Mengen-Kombination realisieren, die sich durch äußere Einflüsse (z. B. Kostensteigerungen) verschoben hat; zu nennenswerten Verschiebungen in den Stammkundschaften kommt es dabei nicht.

Würden hingegen einzelne Konkurrenten in der Hoffnung auf eine »Mengenkonjunktur« die Preisanpassung unterlassen, so wäre ihnen zwar kurzfristig ein Erfolg, langfristig jedoch – wie allen anderen Anbietern auch – eine Einbuße sicher: Sie würden nämlich diejenigen Anbieter, die ihre Preise bereits erhöht hatten, zum Rückzug zwingen und so allen, einschließlich sich selbst – die Realisierung des (neuen) Gewinnmaximums unmöglich machen.

Aus der Beobachtung, dass sich auf einem oligopolistisch strukturierten Markt die Anbieter »gleichförmig« verhalten, zu schließen, es lägen dort – kartellrechtlich verbotene – **aufeinander abgestimmte Verhaltensweisen** vor, wäre folglich zumindest voreilig: Es kann dies auch ein durch die Marktverhältnisse bedingtes »**bewusstes Parallelverhalten**« sein (4. Kapitel). Tatsächlich werden jedoch bei Steigerungen der Benzinpreise immer wieder lautstark Absprachen vermutet, während man Senkungen nicht kommentiert; so blieb vielen Zeitgenossen verborgen, dass der durchschnittliche Benzinpreis von Mai bis Oktober 2001 um gut 15 Cent je Liter sank (Süddeutsche Zeitung vom 6. 10. 2001).

Wenn alle Anbieter ihre neuen Preis-Mengen-Kombinationen erreicht haben, dann gelten für sie auch **neue Gutenberg-Nachfragefunktionen** (Abb. 15.13), denn die Lage des **monopolistischen Bereichs** hängt vom jeweiligen **Preisniveau** des Marktes ab: Fordern die Anbieter hohe (niedrige) Preise, dann liegen ihre monopolistischen Abschnitte im oberen (unteren) Bereich der Gleitkurve. Dies deshalb, weil der – vom akquisitorischen Poten-

> Gleichförmiges Anbieterverhalten muss nicht auf einer Absprache beruhen.

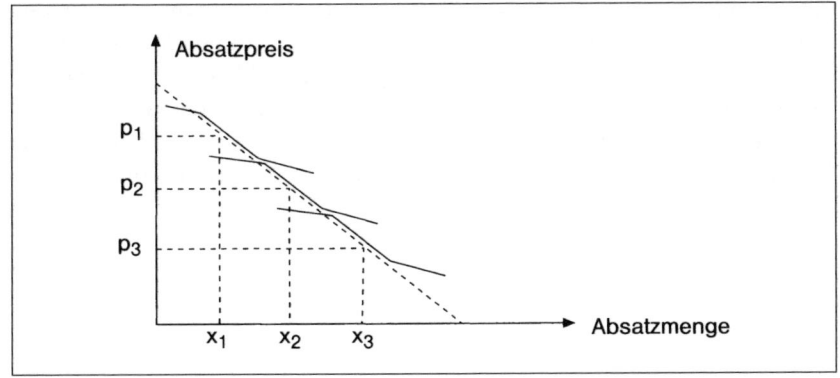

Abb. 15.13: Die Verschiebung der Nachfrage im heterogenen Oligopol

tial getragene – monopolistische Bereich nur begrenzte Abweichungen vom Marktpreisniveau umfassen kann. Längerfristig müssen zudem neben vertikalen auch horizontale Verschiebungen der Absatzfunktionen in Rechnung gestellt werden, z. B. bei einer allgemeinen Einkommenssteigerung.

> Der »Monopolfall« ist der Grenzfall zum heterogenen Polypol und Oligopol: Bei einem umfassenden akquisitorischen Potential kann sich jeder Anbieter einen isolierten »Firmenmarkt« abgrenzen.

4   Spezialprobleme der Preispolitik

4.1 Preisbindung, Preisempfehlung und Sonderangebote

Preisbindung der 2. Hand seit 1974 verboten

Unter einer **Preisbindung** versteht man die vertragliche Bindung des **Handels** an einen **vom Hersteller** festgesetzten **Endverbrauchspreis.** Diese »Preisbindung der 2. Hand« wurde durch die Kartellgesetz-Novelle vom 1. 1. 1974 **verboten** (§ 14 GWB), nicht zuletzt auch deshalb, weil die Hersteller oftmals die Bindung im harten Wettbewerb des Handels nicht wirksam durchsetzen konnten: So war der Handel zunehmend dazu übergegangen, exportierte – und damit nicht preisgebundene – Erzeugnisse zu reimportieren und als »Sonderangebote« herauszustellen. **Ausgenommen** vom Preisbindungsverbot sind **Verlagserzeugnisse,** also Bücher, Zeitschriften und Zeitungen sowie CD-ROM-Produkte, soweit sie Bücher ersetzen können (§ 15 GWB), um ein weit verzweigtes, verbrauchernahes Angebot zu gewährleisten; ferner die in den **§§ 28 ff. GWB** angesprochenen **Bereiche** (z. B. Landwirtschaft, Kreditinstitute, Versicherungsunternehmen), die jedoch Sonderregelungen unterliegen. Eine eher indirekte Form der Preisbindung ergibt sich aus der **Arzneimittel**preisverordnung und dem Tabaksteuergesetz.

Damit die Buchpreisbindung durch Reimporte nicht unterlaufen wird, gibt es mit der Schweiz (Nicht-EU-Mitglied) eine grenzüberschreitende Buchpreisbindung. Im Verhältnis zu Österreich (EU-Mitglied) greift hingegen ein Verbot von Reimporten, wenn damit ausschließlich die Preisbindung unterlaufen werden soll; der direkte grenzüberschreitende Buchverkauf (auch via Internet) ist hiervon freilich ebenso wenig berührt wie Reimporte aus anderen EU-Ländern: Die deutsche Buchpreisbindung gilt dann nicht.

Beispiel

Preisbindung der 2. Hand vor ihrer Aufhebung

»Zu Beginn dieses Jahres brachte die Braun AG… einen Elektrorasierer auf den Markt, der alles andere als neu war: Statt des bisherigen ›sixtant 6006‹ sollen Deutschlands Männer fortan den ›sixtant 6007‹ kaufen. Den Grund für den überraschenden Modellwechsel lieferte das Bundeskartellamt.

In Berlin hatten die Beamten festgestellt, dass die Preisbindung für den Braun-Rasierer nicht mehr funktionierte … Gewiefte Händler importierten aus Frankreich und den Niederlanden die begehrten Scherapparate und ver-kauften sie in der Bundesrepublik unterhalb der von Braun diktierten Prei-se. Dies war möglich, weil sich die Importeure nicht per Preisbindungsre-vers zu bestimmten Verkaufspreisen verpflichtet hatten.

Der Apparat ›sixtant 6007‹, von Braun als ›verbessertes Spitzenmodell‹ offeriert, unterschied sich von dem 6006 in technischen Details nur unwe-sentlich. Wichtigstes Unterscheidungsmerkmal war vielmehr, dass der 6007 ausschließlich in Deutschland verkauft wurde. Damit war die Möglichkeit eines Re-Imports ausgeschlossen und die Preisbindung unanfechtbar …«

(Aus: o. V.: Vom Kartellamt entlarvt, in: Die Zeit, Nr. 23/1973.)

Eine **direkte Einflussnahme** auf den Endverbraucherpreis ist einem Herstel-ler nur dann möglich, wenn er seine Produkte selbst verkauft: in der Fabrik (Fabrikverkauf), über eigene Läden (Fabrikläden), über Factory-Outlet-Center oder durch einen Außendienst (Haustürgeschäfte).

Versuche von Herstellern, durch eine **Absatzbindung** ihrer Produkte (»Erhältlich nur in guten Fachgeschäften«) auf die Preisgestaltung des Han-dels einzuwirken, werden vom Bundeskartellamt als Missbrauchstatbestand untersagt, wenn so das Preisbindungsverbot umgangen werden soll (§ 16 GWB). So verhängte das Bundeskartellamt gegen die Alpina-Farben-Ver-triebs GmbH ein Bußgeld von 108 000 DM, weil die Firma Baumärkten mit Engpässen gedroht und die Lieferung eingestellt hatte, um sie zur Einhal-tung der empfohlenen Verkaufspreise für Alpina-Farben zu veranlassen (Süddeutsche Zeitung vom 30. 5. 1996).

Seit dem Verbot der Preisbindung versehen viele Hersteller ihre Produkte mit **unverbindlichen Preisempfehlungen.** Dies ist dann zulässig, wenn der Preisaufdruck eine bestimmte Preisangabe enthält, als unverbindlich ge-kennzeichnet ist, zu seiner Durchsetzung kein Druck angewendet wird und es sich bei dem Erzeugnis um eine Markenware gemäß § 23, 2 GWB handelt. Wenn jedoch die tatsächlichen Endverbrauchspreise »in einer Mehrzahl von Fällen« darunter liegen, kann das Bundeskartellamt die Preisempfehlung mit Bezug auf § 23, 3 GWB untersagen, wie dies bereits in zahlreichen Fällen geschehen ist.

Häufig wirbt der Handel mit **stark herabgesetzten Preisen.** Eine Preisge-genüberstellung ist dabei immer dann zulässig, wenn der durchgestrichene Preis kein – niemals ernsthaft geforderter – »Mondpreis« ist. Dies gilt analog

Bei Missbrauch kann das Bundeskartellamt gegen »unverbindliche Preis-empfehlungen« vorge-hen.

Sonderangebote sind
rechtlich unproblema-
tisch, solange sie nicht
unter dem Einstandspreis
liegen.

für Preisreduzierungen um einen bestimmten Betrag oder Prozentsatz. Preisnachlässe müssen aber stets einzeln ausgezeichnet sein; nicht erlaubt ist z. B. der pauschale Hinweis: »Für jeden Artikel an der Kasse nochmals 20 Prozent Vergütung« (AZ I ZR 4/97). Hierin liege ein Verstoß gegen das Gebot der Preistransparenz sowie ein ungerechtfertigter Kostenvorteil gegenüber Händlern, die ordnungsgemäß auszeichnen.

Dem Handel ist es auch unbenommen, bestimmte Preise von vornherein besonders niedrig anzusetzen und als **Sonderangebote** herauszustellen. Allerdings schränkt § 7,2 UWG die Möglichkeiten ein: Es darf sich nur um einzelne Waren (also nicht: Warengruppen) aus dem üblichen Sortiment des Anbieters handeln; ansonsten läge eine Sonderveranstaltung vor, die nur zu besonderen Anlässen erlaubt ist (Saisonschlussverkauf, Firmenjubiläum, Geschäftsaufgabe). Der Sonderangebotszeitraum kann beschränkt werden (»Nur zwei Tage«), für diesen muss aber genügend Ware zur Verfügung stehen, wobei Beschränkungen der Abgabemenge – sofern angekündigt – möglich sind (»Jeder Kunde nur ein Pfund«). Mengenbeschränkungen sollen auch verhindern, dass es zum »Herauskaufen« durch Konkurrenten kommt. Abgabezeitraum und Abgabemengen dürfen jedoch nicht »überzogen« knapp gehalten werden. Seit der 6. Kartellrechtsnovelle (1999) nurmehr sehr eingeschränkt erlaubt sind **Verkäufe unter Einstandspreis** (§ 20,4 GWB): Weist ein Händler gegenüber seinen »kleinen und mittleren Wettbewerbern« eine »überlegene Marktmacht« auf, dann darf er »nur gelegentlich« unter Einstandspreis verkaufen, es sei denn, dass dies »sachlich gerechtfertigt« ist. Gegen diese Vorschrift wird eingewendet, sie enthalte eine Fülle »unbestimmter Rechtsbegriffe«; zudem wird dem Betroffenen die Beweislast aufgebürdet: Er muss beweisen, dass er nicht unter Einstandspreis verkauft habe bzw. dies sachlich gerechtfertigt sei, was ordnungspolitisch bedenklich ist (Offenlegung der Kalkulation). Andererseits steht eine Fülle von sachlich gerechtfertigten Gründen zur Verfügung: verderbliche Ware, Modellwechsel, Liquiditätsprobleme usw.; jüngst hat das Bundeskartellamt das Auftreten der preisaggressiven amerikanischen Wal-Mart-Gruppe in Deutschland als Grund für Untereinstandspreis-Verkäufe deutscher Händler akzeptiert. Zu bedenken ist auch, dass »kleine und mittlere« Unternehmen meist Mitglieder mächtiger Kooperationen sind (z. B. Edeka).

Unter der Lupe

Verkauf unter Einstandspreis

»… So werden z. B. selbständige, mittelständische Lebensmitteleinzelhändler (mit < 100 Mio. DM Gesamtumsatz) regelmäßig gegenüber den großen Einzelhandelskonzernen (mit > 1 Mrd. DM Gesamtumsatz) als klein und mittelgroß anzusehen sein.

Unter das Verbot fallen nur auf Dauer angelegte Unter-Einstandspreis-Verkäufe. Einzelaktionen, wie Einführungspreise bei Geschäftseröffnung

→

oder sporadische Sonder- oder Lockvogelangebote, von denen keine anhaltenden wettbewerblichen Auswirkungen ausgehen, werden nicht vom Verbotstatbestand erfasst …

… Der Einstandspreis ist .. nicht identisch mit dem für eine konkrete Einzellieferung in Rechnung gestellten Preis (Rechnungspreis), der nur die soweit direkt zurechenbaren Abzüge (Skonto, Rabatt etc.) enthält. Alle weiteren Konditionen (wie Jahresboni, Werbekostenzuschüsse, Verkaufsförderungsentgelte, Umsatzvergütungen etc.), die dem Abnehmer von Lieferanten pauschal eingeräumt werden, sind entsprechend dem Umsatzanteil des jeweiligen Artikels am Liefersortiment des betroffenen Herstellers vom Rechnungspreis abzusetzen …

… Als sachliche Rechtfertigung kommt in erster Linie der Verkauf in betriebswirtschaftlichen Notlagen in Betracht. Hierzu zählen Notverkäufe von physisch, technisch oder modisch »verderblichen« Waren, aber auch der Verkauf bei drohender Insolvenz oder Liquidation des Geschäfts … Für länger während Unter-Einstandspreis-Verkäufe kann der Neueintritt eines Unternehmens in einen Markt eine sachliche Rechtfertigung darstellen …

Weiterhin kann der Eintritt in (niedrige) Wettbewerbspreise eine sachliche Rechtfertigung darstellen, soweit er insgesamt verhältnismäßig ist. Das bedeutet insbesondere, dass sich die Preisreaktion nur auf gleichartige Produkte beziehen darf und der Höhe sowie des räumlichen Ausmaßes nach angemessen sein muss …«

(Aus: Bekanntmachung Nr. 147/2000 des Bundeskartellamtes zur Anwendung des § 20 Abs. 4, Satz 2 GWB).

Beispiel

Werbung mit stark herabgesetzten Preisen

»… Im Preiskrieg auf dem Handy-Markt hat der Bundesgerichtshof (BGH) erstmals einheitliche Regeln aufgestellt. Danach ist die Werbung mit symbolischen Kaufpreisen … zulässig; sie muss aber deutliche Angaben über die Folgekosten des mit dem Kauf abzuschließenden Netzkartenvertrags enthalten …

Im Mittelpunkt der Prozesse stand stets die Frage nach der Wirkung des ›blickfangmäßigen Herausstellens symbolischer Preise‹ … auf die Verbraucher. Glauben diese, dass ihnen ein Mobiltelephon ganz oder fast geschenkt werde? Oder ist ihnen der Zusammenhang mit den Kosten des Netzkartenvertrages klar?… Die… Wettbewerbsrichter des BHG… trauten den Verbrauchern zu, dass sie die Gründe für den Null- oder Billigst-Preis erkennen. Es bleibe ihnen nicht verborgen, dass das Handy letztlich mit den Gebühren für den Netzzugang bezahlt werde… Das Angebot werde als Einheit von Mobiltelephon und Netzzugang verstanden. Dass Provisionen von den Händlern an Verbraucher weitergegeben würden, sei Zeichen eines funktionierenden Wettbewerbs …«

(Aus: Kerscher, H.: Handys zum Nulltarif, in: Süddeutsche Zeitung vom 9. 10. 1998)

→

»... Das Karlsruher Landgericht... (hat) die Auffassung bestätigt, dass Wertkauf Schuhe von Bally auf irreführende Weise beworben habe... In einem Prospekt hatte Wertkauf im August dieses Jahres Bally-Herrenmodelle mit einem Preisvergleich beworben. Dabei wurde dem aktuellen Preis ein durchgestrichener, höherer Preis gegenübergestellt, den die Warenhauskette den Angaben zufolge jedoch nie verlangt hatte ...«

(Aus: Süddeutsche Zeitung vom 22. 9. 1998)

4.2 Psychologische Preise

Wenn sonst keine Informationen vorliegen, werden Qualitätsvergleiche häufig als Preisvergleiche durchgeführt.

Bei der Beurteilung von Produkten durch die Nachfrager geht es vor allem um deren **Preis-Leistungs-Verhältnis**, wobei Leistung oft mit Qualität gleichgesetzt wird. Nun ist aber die Qualität eines Produkts – anders als sein Preis – eine nur schwer abschätzbare Größe. Es wird deshalb häufig vom Preis auf die Qualität geschlossen, oder anders ausgedrückt: Man nimmt **Qualitäts**vergleiche durch **Preis**vergleiche vor. Hierbei schwingt sicherlich die Meinung mit, ein teures Produkt habe auch viel gekostet (kostenorientierte Preissetzung), was jedoch nicht der Fall zu sein braucht: Um seinem Produkt – z. B. Wein – ein Qualitäts**image** zu verleihen. versucht mancher Hersteller, es in einer »gehobenen Preisklasse« (Premium) anzusiedeln, was allerdings umso schlechter gelingt, je intensiver der Wettbewerb ist. Ferner verliert der Preis seine »Indikatorfunktion« für die Qualität in dem Maße, wie andere Informationen zur Verfügung stehen (Name, Herkunft, Verbreitung, Tradition usw.).

»Was nichts kostet, ist auch nichts«.

Die **subjektive Preisskala** ist logarithmisch. Dies bedeutet, dass **prozentual gleiche** Preisunterschiede als **gleichbedeutend** wahrgenommen werden; demnach entspricht der Preisunterschied 5 €–5,50 € dem Preisunterschied 100 €–110 €. Diesen Sachverhalt nutzen die Automobilhersteller, wenn sie umfangreiche Zubehörangebote vorlegen: Bei einem Autopreis von 25 000 € erscheint ein zusätzlich für 500 € erworbenes Schiebedach »relativ günstig«.

Prozentual gleiche Preisunterschiede werden häufig als gleichbedeutende Preisunterschiede angesehen.

Damit eine Preis**änderung** überhaupt registriert wird, muss sie den **Schwellenwert der Fühlbarkeit** überschreiten. Dieser liegt – empirischen Untersuchungen zufolge – bei dauerhaften Konsumgütern bei etwa 10 %–15 %; allerdings fällt er bei Preiserhöhungen niedriger aus als bei Preissenkungen. Analog werden Produkte als preisgleich eingestuft, wenn der prozentuale Preis**unterschied** den Schwellenwert nicht erreicht.

Unter der Lupe

Preiswahrnehmung
Jeder relativ gleichen Preisänderung dp/p entspricht eine gleiche absolute Wahrnehmungsänderung dR:

⟶

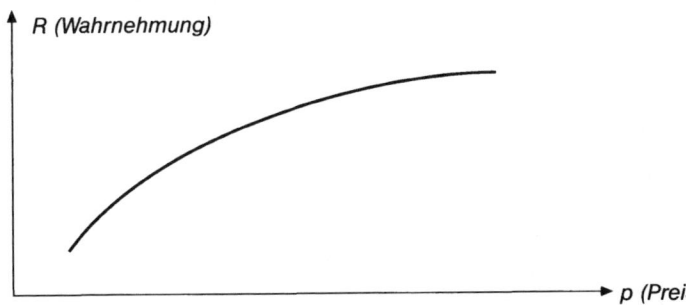

$$dR = k \cdot \frac{dp}{p}$$

mit: k = Proportionalitätskonstante

Durch Integralbildung erhält man daraus:

$$R = k \cdot Ln\, p + K$$

mit: K = Integrationskonstante

Ein steigender Preis zieht folglich eine nur unterproportionale Wahrnehmungsverstärkung nach sich.

Der beschriebene Zusammenhang wird auch als »Weber-Fechner'sches Gesetz« bezeichnet.

In der Praxis haben ›**gebrochene Preise**‹, also Preise knapp unterhalb einer »runden Zahl« eine weite Verbreitung gefunden. Die Gründe hierfür sind, dass runde Preise »Reizschwellen« darstellen, während gebrochene Preise ein **Ersparnisimage** und das Image **scharfer Kalkulation** aufweisen. Hierbei muss man jedoch zwei Sachverhalte trennen: Schwellenpreise sind sicherlich Wahrnehmungsschwellen, fraglich ist jedoch ihre Bedeutung als Reaktionsschwellen: Würden weniger Haushaltsleitern gekauft, wenn sie nicht zu 99 € (»über 90«), sondern zu 105 € (»über 100«) erhältlich wären?

Auch die bereits erwähnte, häufig anzutreffende **Diskrepanz** zwischen **empfohlenem** und **tatsächlichem** Preis lässt sich als psychologische Preissetzung interpretieren: Der hohe empfohlene Preis sollte das **Produktimage** und der niedrige tatsächliche Preis das **Händlerimage** fördern. Das starke Auseinanderklaffen beider Preise hat freilich weithin dazu geführt, dass sich das Preisbewusstsein der Konsumenten schärfte.

»Runde« Preise sind Wahrnehmungs-, nicht aber unbedingt auch Reaktionsschwellen.

4.3   Die Preisdifferenzierung

4.3.1 Die vertikale Preisdifferenzierung

Vertikale Preisdifferenzierung liegt vor, wenn ein Unternehmen gleichzeitig auf **verschiedenen**, voneinander isolierten Märkten für sein(e) Produkt(e) **unterschiedliche** Preise verlangt, ohne dass dies durch Kostenunterschiede begründet wäre.

Vertikale Preisdifferenzierung: Unterschiedliche Preise nebeneinander

Für ein nach Gewinnmaximierung strebendes Unternehmen ist es vorteil-haft, den Preis auf einem Markt umso **höher** zu setzen, je **geringer** dort der **Betrag** der **direkten Preiselastizität der Nachfrage** (e) ist, wobei gilt:

$$e = \frac{\text{relative Nachfrageänderung}}{\text{relative Preisänderung}}$$

Hierzu ein Beispiel:

Bei einem Preis von p = 10 und einem Absatz von x = 100 erhöht ein Anbieter seinen Preis um 1; der Absatz geht dadurch um 20 zurück.

Die direkte Preiselastizität der Nachfrage beträgt dann:

Der Preis ist auf dem Markt am höchsten, der betragsmäßig die geringste Preiselastizität aufweist.

$$e = \frac{\dfrac{-20}{100}}{\dfrac{+\ 1}{10}} = \frac{-20\%}{+10\%} = -2;$$

ihr Betrag ist:

$|\,e\,| = 2.$

Die Preisdifferenzierungs-Regel lässt sich so plausibel machen: Land A ist im Vergleich zum – sonst recht ähnlichen – Land B mit Videorecordern deutlich unterversorgt. Die Haushalte in Land A werden deshalb auf eine 10 %ige Preiserhöhung mit einem kleineren Nachfragerückgang (z. B. –20 %) reagieren als die Haushalte in Land B (z. B. –30 %), denn es ist ein Unterschied, ob man auf die erstmalige Anschaffung (Land A) oder lediglich auf die Anschaffung eines Zweitgerätes oder neueren Modells (Land B) verzichten soll. Damit ist es aber für den Hersteller vorteilhaft, in Land A einen höheren Preis zu verlangen als in Land B; für die Elastizitäten gilt: $|\,e_1\,| = 2; |\,e_2\,| = 3.$

Eine wichtige **Voraussetzung** für die vertikale Preisdifferenzierung ist, dass die Märkte voneinander **isoliert** sind, da es sonst zur Entstehung eines »grauen Marktes« (Arbitrage) kommen würde; der Europäische Wirtschaftsraum (EWR: EU, Norwegen, Island) gilt als einheitlicher Markt.

Ähnlich wie auf **räumlich** getrennten Märkten vollzieht sich die Preisdifferenzierung auch auf Märkten, die z. B. **zeitlich** oder entsprechend dem **Verwendungszweck** der Produkte getrennt sind. Ein Beispiel für ein Produkt auf zeitlich getrennten Märkten sind die Haupt- und Nebensaison im Urlaub sowie die nach Tageszeit gestaffelten Tarife bei Telefon und Strom (Nachtstrom): Ist die jeweilige Nachfrage unterschiedlich preiselastisch, dann ist eine Preisdifferenzierung vorteilhaft. Ein Produkt, das auf Märkten angeboten wird, die nach dem Verwendungszweck getrennt sind, ist z. B. Elektrizität (Kraftstrom, Haushaltsstrom). Schließlich ist eine – elastizitätsgeleitete – Preisdifferenzierung auch z. B. nach **Einkommen** (ermäßigte Eintrittspreise für Schüler/Studenten und Rentner) denkbar.

Marktbeherrschenden Unternehmen ist allerdings die Möglichkeit vertikaler Preisdifferenzierung (»Marktspaltung«) untersagt (§ 19, 4, 3 GWB), da dies Ausdruck einer missbräuchlichen Ausnutzung ihrer marktbeherrschenden Stellung sei.

Kein Fall von vertikaler Preisdifferenzierung auf räumlich getrennten Märkten liegt dann vor, wenn für Preisunterschiede **Steuerunterschiede** verantwortlich sind: So werden in Dänemark Autos mit einer hohen Mehrwert- und zusätzlichen Luxussteuer belegt. Um dennoch die Endpreise in Grenzen zu halten, machen die Hersteller Zugeständnisse bei ihren Nettopreisen, was wiederum deutsche Käufer ausnützen können, weil ihre Steuer erst in Deutschland anfällt (»Bestimmungslandprinzip« für Kraftfahrzeuge im Umsatzsteuergesetz [UStG]). Dies umso mehr, als die Vorsteuerlistenpreise in Deutschland – wegen der relativ niedrigen Mehrwertsteuer – vergleichsweise hoch ausfallen: 40 von 81 untersuchten Automodellen sind nach einem Preisüberblick der EU-Kommission über 20 Prozent teurer als auf mindestens einem anderen Markt der Eurozone (Süddeutsche Zeitung vom 26. 2. 2002). Erst wenn die Hersteller – in Erwartung unterschiedlich preiselastischer Nachfrage – unterschiedliche Endpreise anstreben, liegt Preisdifferenzierung vor.

Unter der Lupe

Vertikale Preisdifferenzierungsregel (Beweis)

Im Zwei-Länder-Fall lauten die Nachfragefunktionen:

Land A: $p_1 = p_1(x_1)$
Land B: $p_2 = p_2(x_2)$

Für die Produktionskosten gilt:

$$K = K(x)$$
$$\text{mit: } x = x_1 + x_2$$

Daraus folgt für den Gewinn:

$$G = p_1(x_1) \cdot x_1 + p_2(x_2) \cdot x_2 - K(x)$$

und

$$\frac{\partial G}{\partial x_1} = \frac{dp_1}{dx_1} \cdot x_1 + p_1 - \frac{dK}{dx} \cdot \frac{\partial x}{\partial x_1} = 0$$

$$\frac{\partial G}{\partial x_2} = \frac{dp_2}{dx_2} \cdot x_2 + p_2 - \frac{dK}{dx} \cdot \frac{\partial x}{\partial x_2} = 0$$

mit $\dfrac{\partial x}{\partial x_1} = \dfrac{\partial x}{\partial x_2} = 1$,

was umgeformt werden kann zu:

$$\frac{dp_1}{dx_1} \cdot x_1 + p_1 = \frac{dp_2}{dx_2} \cdot x_2 + p_2$$

bzw.

$$\frac{p_1}{p_2} = \frac{1 - \dfrac{1}{|e_2|}}{1 - \dfrac{1}{|e_1|}} \qquad \text{mit: } e_i = \frac{\dfrac{dx_i}{x_i}}{\dfrac{dp_i}{p_i}}, \quad i = 1,2$$

Unter der Lupe

Vertikale Preisdifferenzierung und Internationale Erschöpfung

Durch die Neufassung des Deutschen Markengesetzes (DMG) auf Basis einer EU-Richtlinie verliert ein Hersteller die Verfügungsgewalt über seine Markenprodukte auch dann nicht, wenn er sie in Verkehr gebracht und damit das Eigentum übertragen hat (§ 24,2 DMG).

Ein hiervon betroffener Aspekt ist die internationale Preisdifferenzierung: Verkauft z. B. der österreichische Brillenhersteller Silhouette seine Gestelle billiger nach Bulgarien, so darf ein Reimporteur sie dort nicht erwerben, um sie z. B. in Österreich oder Deutschland günstiger zu verkaufen: Der Inhaber der Marke wäre berechtigt, Unterlassungs- und Schadenersatzansprüche geltend zu machen; eine Berufung auf – die wahre Herkunft verschleiernde – Zwischenhändler bleibt wirkungslos: Er muss sich über den Ursprung vergewissern.

Dieses Arbitrageverbot gilt freilich nicht innerhalb des Europäischen Wirtschaftsraums (EWR): Hätte sich der Händler die Ware z. B. in Griechenland besorgt, wäre er unbehelligt geblieben. Die lediglich EWR-weite »Erschöpfung des Markenrechts« stößt bei Verbrauchern und Handel auf Kritik: Die Beschränkung des freien Handels mit Drittländern begünstigt allein den Hersteller, der so seine – elastizitätsgesteuerte – Preisdifferenzierung durchsetzen könne. Eine – vollständige – internationale Erschöpfung des Markenrechts hat 1998 erstmals der amerikanische Supreme Court für die USA anerkannt: Er wies die Klage eines US-Herstellers von Haarpflegeprodukten gegen einen Reimporteur ab, der die Produkte aus Europa – wo sie wesentlich günstiger angeboten wurden – in die USA zurückgebracht hatte, um sie dort an »nicht autorisierte« Händler zu verkaufen (BAG Handelsmagazin 7–8/1998).

Auf die fehlende internationale Erschöpfung des Markenrechts in Europa dürfen sich auch Produzenten aus Drittländern berufen. So kann z. B. der amerikanische Hersteller von Levi's-Jeans untersagen, dass im EWR parallel importierte Bestände seiner Produkte z. B. aus Mexiko billiger verkauft werden.

Da es jedoch Händlern erlaubt ist, Markenetiketten (und die darin integrierte Schutzkennung) zu entfernen, wird der Nachweis eines unzulässigen Graumarktimportes erschwert. »… der Jeans-Hersteller Levi's näht seiner ›501‹ kurzerhand die fünfte Hosentasche bei autorisierten Europa-Exporten anderthalb Zentimeter höher an – Verwechslung ausgeschlossen« (handelsjournal 4/1998).

Nach Berechnungen des schwedischen Kartellamtes könnten die europäischen Verbraucher 8 Mrd. € im Jahr sparen, wenn es eine vollständige Erschöpfung des Markenrechts gäbe.

4.3.2 Die horizontale Preisdifferenzierung

Horizontale Preisdifferenzierung liegt vor, wenn ein Unternehmen im **Zeitablauf** den Preis für sein(e) Produkt(e) auf ein und demselben Markt **senkt,** was man auch als **Skimming-Strategie** (= Strategie des Absahnens) bezeichnet.

Ziel der horizontalen Preisdifferenzierung ist es, die **Konsumentenrente** abzuschöpfen (Abb.15.14): Setzt der Anbieter den Preis p_0, dann kann er die Menge x_0 verkaufen, was einen Umsatz von U einbringt. Nun sind aber viele Konsumenten bereit, einen höheren Preis zu zahlen.

Horizontale Preisdifferenzierung: Unterschiedliche Preise nacheinander

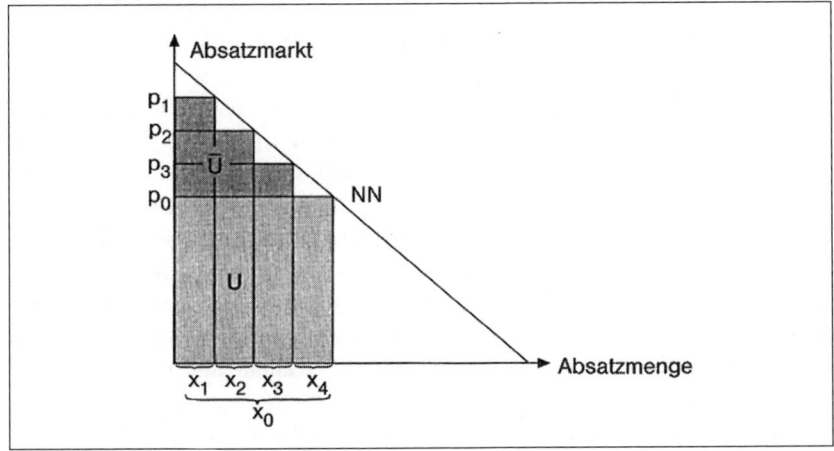

Abb. 15.14: Horizontale Preisdifferenzierung

So ließe sich zum Preis p_1 die Menge x_1, anschließend zum Preis p_2 die Menge x_2, dann zum Preis p_3 die Menge x_3 und schließlich zum Preis p_0 die Menge x_4 verkaufen. Zwar wären diejenigen, die zum Preis p_1 kaufen auch bereit zum Preis p_2 zu kaufen, da sie aber bereits gekauft haben, kann zum Preis p_2 nur die Menge x_2 abgesetzt werden.

Bei horizontaler Preisdifferenzierung wird also ebensoviel verkauft wie im Fall ohne Preisdifferenzierung ($x_1 + x_2 + x_3 + x_4 = x_0$), weshalb auch **keine zusätzlichen Produktionskosten** anfallen; demgegenüber **steigt** aber der **Umsatz** beträchtlich (um $\bar{U}$). Folglich kann der Gewinn durch horizontale Preisdifferenzierung deutlich vergrößert werden, und zwar umso mehr, je weitergehend differenziert wird. Andererseits stößt aber die erforderliche Marktsegmentierung bald an eine praktische Grenze: Eine Verärgerung der bisherigen Käufer sollte man dadurch vermeiden, dass – nur geringfügig kostenwirksame – Modifikationen am Produkt vorgenommen werden. Bei den Saisonschlussverkäufen wird auf diese »Tarnung« verzichtet, weshalb manch einer bis dahin wartet.

4.4 Überhöhte Preise und »Dumpingpreise«

Bei missbräuchlicher Ausnutzung einer markt-beherrschenden Stellung kann Bundeskartellamt gegen Preisgestaltung vorgehen.

Abgesehen von wenigen Ausnahmen (z. B. Wucher = Ausbeutung der Zwangslage oder Unerfahrenheit eines anderen: § 138,2 BGB oder sittenwidrige Ausbeutung: § 1 UWG) hat ein Unternehmen bei der Gestaltung seines Absatzpreises grundsätzlich freie Hand. Verfügt es jedoch über eine **marktbeherrschende** Stellung und nutzt es diese **missbräuchlich** aus, indem es z. B. **wesentlich** überhöhte Preise fordert, kann das Bundeskartellamt mit Bezug auf §§ 19 und 32 GWB eine bestimmte Preissenkung verlangen. Eine Beschwerde des Unternehmens beim Oberlandesgericht Düsseldorf bzw. beim Bundesgerichtshof hat jedoch **aufschiebende** Wirkung: Die Preissenkung braucht bis zur endgültigen Urteilsfindung nicht vorgenommen zu werden. Allerdings werden im Falle einer Verurteilung die ungerechtfertigten Mehrerlöse rückwirkend abgeschöpft.

In diesem Zusammenhang bekanntgeworden ist der **Valium-Librium-Fall** (1974): Nach Ansicht des Kartellamtes hatte die Firma Hoffmann-La Roche für diese beiden Präparate, bei denen sie in der Bundesrepublik Deutschland eine marktbeherrschende Stellung besaß, stark überhöhte Preise gefordert. Bei der Ermittlung eines **hypothetischen Wettbewerbspreises** war das Kartellamt und später auch das Kammergericht von den Verhältnissen auf dem – in seinen Kosten- und Marktverhältnissen recht ähnlichen – holländischen Markt ausgegangen: Das Handelshaus (!) Centrafarm, das dort diese Psychopharmaka in Lizenz vertrieb, verlangte dafür einen wesentlich niedrigeren Preis.

Gegen die Preissenkungsforderung wurde von Hoffmann-La Roche unter anderem eingewendet, dass auch ergebnislose Forschungsanstrengungen mit den Erlösen der erfolgreichen Arzneimittel finanziert werden müssten. Außerdem forderte der Bundesgerichtshof, bei dem das Verfahren mittlerweile angelangt war, eine erneute Verhandlung vor dem Kammergericht, bei der ein »Erheblichkeitszuschlag« von 25 % berücksichtigt werden müsse: Erst bei einer erheblichen Überschreitung des Wettbewerbspreises könne man von einer **missbräuchlichen** Ausnutzung der marktbeherrschenden Stellung sprechen.

Schließlich wurde das Verfahren zugunsten von Hoffmann-La Roche beendet. In seiner Begründung führte der Bundesgerichtshof aus, dass die Preise von Centrafarm – wegen des geringen Marktanteils dieses Unternehmens – keine geeignete Vergleichsgrundlage darstellten. Im Übrigen sei – wegen des mittlerweile stark gewachsenen Umsatzes der übrigen Anbieter – Hoffmann-La Roche nicht mehr marktbeherrschend.

Hypothetischer Wettbewerbspreis durch Vergleichsmarkt- und Kostenkonzept

Statt des **Vergleichsmarkt-Konzepts** hätte auch ein **Kosten-Konzept** angewendet werden können. Es wäre dann zu prüfen gewesen, ob die Preise der Produkte ihre Kosten »missbräuchlich stark« übersteigen. Das Kosten-Konzept scheitert in der Regel aber schon an dem praktischen Problem der beweiskräftigen Zurechnung der (Gemein-)Kosten zu den verschiedenen Produkten (z. B. im Forschungs- und Entwicklungsbereich oder im Absatzbereich) durch die dann notwendigen »Kostenkontrolleure« des Kartellamts in den Unternehmen.

Die missbräuchliche Ausnutzung einer marktbeherrschenden Stellung kann im Übrigen auch in der **gezielten Unterbietung** von Konkurrenzpreisen zum Ausdruck kommen. So hatte das Kartellamt im Jahre 1975 Anlass anzunehmen, dass der Reiseveranstalter Touristik Union International (TUI) die Spezialveranstalter Ischia-Reisedienst und Terramar (Mexiko-Reisen) durch Preisunterbietungen verdrängen wollte: Die Preise der TUI für deren Reisegebiete lagen teilweise unter den eigenen Ausgaben für Flug, Transfer, Hotel und Verpflegung. Dies kann ein großer Reiseveranstalter, nicht jedoch ein Spezialveranstalter verkraften, weil diesem Überschüsse aus anderen Reisegebieten nicht zur Verfügung stehen (Mischkalkulationen). Im folgenden Jahr hatte TUI diese Praxis bereits wieder aufgegeben, möglicherweise angesichts einer drohenden Untersagungsverfügung durch das Kartellamt.

Von **Dumping** spricht man, wenn ein Hersteller seine Erzeugnisse unter ihrem »Normalwert« auf dem Markt eines anderen Landes verschleudert, um dort – im Wege des Verdrängungswettbewerbs – Marktführer zu werden. Als Vergleichsmaßstab dient in der Regel der Preis dieser Waren auf dem Heimatmarkt. Wird er im Ausland – unter Abzug der jeweiligen Vertriebskosten – wesentlich unterschritten, können dort »Antidumping-Zölle« gegen »unfaire Billiganbieter« verhängt werden. Nicht anwendbar sollte dieses Verfahren auf Importe aus Billiglohnländern sein, soweit sie lediglich ihren komparativen Kostenvorteil ausspielen (z.B. Haarbürsten aus Korea). Antidumping-Verfahren wären dann ihrerseits unfair, da protektionistisch. Im Übrigen liegt ein generelles Problem in der verursachungsgemäßen Zurechnung der Vertriebskosten sowie in der Tatsache, dass ein gewinnmaximierender Anbieter bei unterschiedlichen Preiselastizitäten vernünftigerweise im internationalen Geschäft vertikale Preisdifferenzierung betreiben sollte. In der zweiten Hälfte der 90er-Jahre gingen 37 Antidumping-Verfahren von der EU aus; 35 waren gegen sie gerichtet (Institut der deutschen Wirtschaft (iwd) vom 8.11.2001).

> Dumping: Im Ausland billiger als daheim

Beispiel

Überhöhte Preise – Dumpingpreise

»Das Kartellamt hat in den vergangenen Monaten die Konditionen geprüft, zu denen die Deutsche Bahn ihr Schienennetz privaten Konkurrenten wie der Hessischen Landesbahn zur Verfügung stellt.

… Nach den Erkenntnissen des Kartellamts verlangt der Unternehmensbereich Netz der Deutschen Bahn von der privaten Konkurrenz bis zu 30 Prozent höhere Trassenpreise als von der eigenen Schwestergesellschaft DB Regio …«

(Aus: K. Ott: Bundeskartellamt hilft Privatbahnen, in: Süddeutsche Zeitung vom 30.8.2000)

> »Die europäischen Stahlkonzerne haben über ihren Verband Eurofer eine Antidumpingklage gegen die Importe von Warmbreitband bei der Europäischen Kommission eingereicht. Die Klage richtet sich … gegen Einfuhren aus Ägypten, dem Iran, aus Libyen, der Slowakei, der Türkei und Ungarn. Diese Länder haben ihre Exporte … um 88 Prozent erhöht und damit ihren Marktanteil verdoppelt …
>
> … So würde Warmbreitband von den betroffenen Ländern für den Export zu Preisen angeboten, die um bis zu 45 Prozent unter den Inlandspreisen lägen …«
>
> (Aus: Süddeutsche Zeitung vom 27. 11. 2001)

4.5 Die Rabatt- und Konditionengewährung

Rabattgewährung ist kundenspezifische (vertikale) Preisdifferenzierung.

Rabatte sind Preisnachlässe, die der Abnehmer einer Ware erhält. Hierbei kann es sich sowohl um gewerbliche Abnehmer (z. B. Händler) als auch um private Verbraucher handeln.

Der **Verbraucherrabatt** war bis zur Aufhebung des Rabattgesetzes und der Zugabeverordnung (2001) auf höchstens drei Prozent des ausgezeichneten Preises (Hauspreis) beschränkt. Auslöser für die ersatzlose Streichung war die EU-Richtlinie über den elektronischen Geschäftsverkehr: Bei Online-Geschäften gilt generell das Herkunftslandprinzip, also das jeweilige Landesrecht des Anbieters. Da es in keinem anderen EU-Land eine gesetzliche Einschränkung der Rabattgewährung gibt, wären die deutschen Anbieter benachteiligt worden.

Es ist nun möglich, höhere Rabatte zu gewähren und diese z. B. auf bestimmte Personenkreise (Studenten, Senioren usw.) zu beschränken. Auch Mengenrabatte (»Kaufe vier, zahle drei«), ein unbefristetes Rückgaberecht (z. B. Land's End) und die Inzahlungnahme gebrauchter Artikel über Wert sind möglich. Besonders interessant für den Handel ist der Aufbau von **Kundenkartensystemen**, bei denen dem Kunden für jeden Umsatz Punkte gutgeschrieben und später gegen Prämien eingelöst werden.

Eine Reihe von Auffangregelungen schränkt allerdings die »Rabattfreiheit« wieder ein: Mit Bezug auf § 1 UWG werden z. B. als sittenwidrig eingestuft: ein übertriebenes Anlocken von Kunden (z. B. durch Kopplungsgeschäfte, bei denen die Einzelpreise nicht oder nur schwer feststellbar sind) oder ein krasses Missverhältnis zwischen Leistung und Zugabe. Irreführend im Sinne von § 3 UWG kann Rabattgewährung ebenfalls sein (wenn z. B. Mondpreise reduziert werden); allerdings ist bei Prüfung der Sachlage von einem aufmerksamen und verständigen Durchschnittsverbraucher auszugehen. Über das Verbot von Sonderveranstaltungen (§ 7 UWG) werden zudem Happy-Hour-Aktionen oder befristete Preisaktionen (bis Freitag 20 Prozent auf alle Artikel) ausgeschlossen. Mit Blick auf §§ 19 und 20 GWB ist marktbeherrschenden Unternehmen die Herausgabe von Kundenkarten untersagt (Wettbewerbsbeschränkung); dies gilt auch für Zusammenschlüsse branchengleicher Unternehmen zu diesem Zweck (Kartellverbot gem. § 1 GWB).

Die **gewerblichen Rabatte** an Weiterveräußerer unterliegen grundsätzlich keinen gesetzlichen Regelungen. Sie werden deshalb in den unterschiedlichsten Formen, z. B. als Mengen-, Treue- und Einführungsrabatt, gewährt. In den letzten Jahren hat sich die Situation dadurch gewandelt, dass insbesondere große Handelsfirmen von ihren industriellen Lieferanten zusätzliche »Rabatte« in Form von Eintrittsgeldern, Regalmieten, Werbekostenzuschüssen usw. verlangen. Dies hat nicht selten dazu geführt, dass die Einkaufspreise kleiner, selbständiger Fachgeschäfte höher waren als die Verkaufspreise ihrer großen Konkurrenten (»**Rabattspreizung**«). Es haben sich deshalb auch die Fachgeschäfte zunehmend zu »nachfragemächtigen« Einkaufskooperationen zusammengeschlossen, was den Konzentrationsprozess im Handel weiter beschleunigt. Andererseits hat die **Nachfragemacht des Handels** – bisher jedenfalls – zu einer äußerst preisgünstigen Versorgung der Verbraucher geführt. Übersehen werden sollte zudem nicht, dass es auch auf Herstellerseite einen Konzentrationsprozess gibt, der Nachfragemacht also eine wachsende Anbietermacht gegenübersteht. Eine Grenze findet die Nachfragemacht im Handel im **passiven Diskriminierungsverbot** (17. Kapitel).

»Das Rabattgesetz ist tot, es lebe das KWG«

5 Preispolitik und Verbraucherschutz

Zweifellos hat die aufklärende Verbraucherarbeit viel dazu beigetragen, die Konsumenten kritischer zu machen. So wurde das Bewusstsein geschärft, dass eine Marktwirtschaft nicht nur Chancen, sondern auch Risiken birgt und jeder letztlich eigenverantwortlich handeln muss. Insbesondere gilt es, den Informationsvorsprung der Anbieter durch Verbraucherinformation so weit wie möglich abzubauen: Er könnte ansonsten missbraucht werden.

Flankierend hierzu gibt es in Deutschland eine Reihe von – z. B. gesetzlichen – **Bestimmungen** zum Verbraucherschutz. Einige haben den Kaufvorgang selbst sowie die Preisstellung zum Gegenstand.

5.1 Die Preisangabenverordnung

Damit die Käufer Preise vergleichen können, müssen sie angegeben werden; wie dies zu geschehen hat, legt die Verordnung zur Regelung der Preisangaben fest, z. B.:

■ Von wenigen Ausnahmen abgesehen (z. B. Kunstgegenstände, Antiquitäten), ist der Einzelhandel grundsätzlich zur Preisauszeichnung verpflichtet. Die ausgestellten Waren müssen deutlich mit dem Endpreis (einschließlich Mehrwertsteuer [MwSt]) versehen sein. Dies gilt auch für

Ware ist grundsätzlich auszuzeichnen, und zwar mit dem Endpreis.

Waren, die beim Einkauf unmittelbar aus Regalen oder sonstigen Behältnissen herausgenommen werden können.

- Bei allen Waren, die nach Gewicht, Volumen, Länge oder Fläche angeboten werden (z. B. Lebensmittel, Artikel aus Drogerien, Baumärkten und Gartengeschäften) muss neben dem Endpreis zusätzlich der Grundpreis (z. B. pro Kilogramm, Liter) ersichtlich sein. Für Elektrizität, Gas, Fernwärme und Wasser ist die getrennte Angabe der verbrauchsabhängigen und -unabhängigen Preisbestandteile erforderlich.
- Waren, die nach Katalogen, insbesondere vom Versandhandel, angeboten werden, unterliegen ebenfalls der Preisangabepflicht.
- Wer Dienstleistungen anbietet (z. B. Friseur, chemische Reinigung), muss in seinen Geschäftsräumen und ggf. in den Schaufenstern oder Schaukästen deutlich sichtbare Preisverzeichnisse für seine wesentlichen Leistungen anbringen. In Ausnahmefällen, z. B. bei Reisebüros und Versicherungsunternehmen, genügt die Bereithaltung von Preisverzeichnissen zur Einsicht.
- Besondere Vorschriften gibt es auch für Banken. So müssen z. B. bei Krediten die effektiven Kreditzinsen ausgewiesen werden.
- Gaststätten müssen Preisverzeichnisse für Speisen und Getränke auf den Tischen auflegen. Neben dem Eingang sind die Preise für die wesentlichen Getränke und Speisen auszuhängen.
- Tankstellen müssen ihre Kraftstoffpreise für den Kraftfahrer deutlich sichtbar anbringen.
- Bestehen für Waren oder Leistungen Liefer- oder Leistungsfristen von mehr als vier Monaten, können Preise mit einem Änderungsvorbehalt versehen werden.

Wer vorsätzlich oder fahrlässig gegen die Preisangabenverordnung verstößt, handelt ordnungswidrig.

Beispiel

Preisangabenverordnung
»Die Deutsche Lufthansa AG, Köln, hat ihre Werbung für ihre ›Super-Sommer-Specials‹ eingestellt. Grund ist eine Abmahnung durch die Zentrale zur Bekämpfung unlauteren Wettbewerbs, Bad Homburg. Diese hat eine Anzeige der Kampagne als irreführend und damit unzulässig bezeichnet: Die Fluggesellschaft warb bei der Kampagne mit Billig-Tarifen für 64 innereuropäische Ziele, nannte dabei aber nicht den Endpreis. Zuzüglich zu den propagierten Preisen von 399, 499 und 599 DM wurden Sicherheits- und Passagiergebühren sowie Flughafensteuern fällig. Auf die Nebenkosten habe die Lufthansa lediglich in einem Sternchenzusatz hingewiesen …

Obwohl die Lufthansa die Abmahnung für rechtlich bedenklich hält, verpflichtete sie sich zur Unterlassung. ›Wir glauben aber, dass wir der Preisangabeverordnung Genüge getan haben‹, erklärte eine LH-Sprecherin.

→

Schließlich sei der maximale Endpreis im Sternchenvermerk genannt worden ...«

(Aus: Richter, K.: Lufthansa-Werbung auf falschem Kurs, in: Süddeutsche Zeitung vom 11. 7. 1996)

5.2 Allgemeine Geschäftsbedingungen (§§ 305–310 BGB)

Im Bürgerlichen Gesetzbuch (BGB) gilt der Grundsatz der Vertragsfreiheit, weshalb auch Vertragsbedingungen in Form von Allgemeinen Geschäftsbedingungen (AGB, sog. Kleingedrucktes) vereinbart werden können. Allerdings grenzen die Vorschriften über die allgemeinen Geschäftsbedingungen die Gestaltungsfreiheit zum Schutz der Endverbraucher ein; für Verträge zwischen Kaufleuten gelten sie hingegen nicht. Einige wichtige Inhalte sind die folgenden:

Im Verhältnis zum Endverbraucher ist das »Kleingedruckte« recht genau geregelt.

- AGB werden nicht »automatisch« Bestandteil eines Vertrages. Informiert ein Anbieter seine Kunden nicht exakt über seine AGB, dann gelten nicht sie, sondern die üblichen gesetzlichen Bestimmungen, vor allem die des BGB; der Vertrag bleibt aber in der Regel bestehen. AGB müssen zudem mühelos lesbar sein. Sie haben keine Gültigkeit, wenn der Kunde sie nur auf einem Lieferschein oder auf einer Rechnung abgedruckt vorfindet.
- Bei Lieferung mangelhafter Sachen muss der Kunde zumindest einen Anspruch auf kostenlose Nachbesserung oder Ersatzlieferung erhalten. Dies gilt auch bei Sonderangeboten oder Waren, die zu Discountpreisen verkauft werden, weshalb die Klausel »Sonderangebot, keine Gewährleistung« unzulässig ist.
- Preiserhöhungen sind in den ersten vier Monaten nach Vertragsabschluss nicht erlaubt. Diese Klausel hat große Bedeutung, z.B. beim Kauf von Autos oder Möbeln, da diese häufig Lieferfristen aufweisen.
- Die AGB-Kontrolle erstreckt sich auch auf Arbeitsverhältnisse/Tarifverträge.
- Klageberechtigt sind neben dem einzelnen Verbraucher auch Verbraucherorganisationen, Industrie- und Handelskammern und Handwerkskammern. Im Streitfall muss der Kaufmann die Tatsachen beweisen, die in seinem Verantwortungsbereich liegen. Die Beweislast darf nicht auf den Kunden abgewälzt werden.

5.3   Haustürgeschäft als besondere Vertriebsform
(§§ 312, 312 a BGB)

Mit einer »Überrumpe-
lung« des Endverbrau-
chers kommt man nicht
mehr so leicht durch.

Ein Kunde kann einen Geschäftsabschluss innerhalb von zwei Wochen schriftlich widerrufen, wenn er auf folgende Weise zustande gekommen ist:

- durch mündliche Verhandlungen an seinem Arbeitsplatz oder im Bereich seiner Privatwohnung, z.B. durch einen Vertreter an der Haustüre oder bei »Partyverkäufen«,

- anlässlich einer von der anderen Vertragspartei oder von einem Dritten in deren Interesse durchgeführten Freizeitveranstaltung, z.B. einer »Kaffeefahrt«.

- im Anschluss an ein überraschendes Ansprechen in Verkehrsmitteln oder im Bereich öffentlich zugänglicher Verkehrswege, z.B. im Bahnhof oder in Fußgängerzonen.

Die Frist ist gewahrt, wenn der Widerruf innerhalb von zwei Wochen abgesendet wird, auf den Eingangstermin beim Empfänger kommt es nicht an. Die Wochenfrist beginnt, wenn der Verkäufer eine schriftliche Belehrung über das Recht zum Widerruf ausgehändigt und der Kunde sie unterschrieben hat. Fehlt diese Belehrung oder ist sie fehlerhaft, erlischt das Widerrufsrecht erst einen Monat, nachdem beide Parteien ihre Leistungen vollständig erbracht haben. Im Falle eines wirksamen Widerrufs ist jeder Beteiligte zur Rückgabe der schon empfangenen Leistungen verpflichtet. Hat der Kunde eine übergebene Sache bereits gebraucht, so kann eine Nutzungsentschädigung verlangt werden. Bei schuldhafter Beschädigung oder Zerstörung der Sache muss der Kunde Ersatz leisten.

Beispiel

Haustürgeschäfte
»Haustürgeschäfte liegen im Trend. Die im Arbeitskreis ›Gut beraten – Zu Hause gekauft‹ zusammengeschlossenen 27 Direktvertriebs-Unternehmen rechnen in diesem Jahr mit einem Anstieg des Gesamtumsatzes um erneut gut drei Prozent auf 4,8 Milliarden DM … Besonders kräftig wuchs der Absatz von Artikeln wie Kosmetika, Schmuck und Tiefkühlkost…«

(Aus: Süddeutsche Zeitung vom 15.9.1998)

5.4 Fernabsatzvertrag als besondere Vertriebsform
(§§ 312 b – 312 d BGB)

Käufe per Katalog
können widerrufen
werden

Häufig werden Geschäfte abgeschlossen, bei deren Zustandekommen sich die Vertragspartner nicht körperlich gegenüberstehen (Fernabsatz); dies betrifft vor allem Verträge mittels Brief, Katalog, Telefon, Fax, E-Mail, Rundfunk sowie Tele- und Mediendienste. Die Anbieter sind verpflichtet, Waren und Vertragsbedingungen klar und verständlich zu beschreiben; Details finden sich in der »Verordnung über die Informationspflichten«. Der Besteller hat das Recht, den Vertragsabschluss innerhalb von zwei Wochen ohne Angaben von Gründen zu widerrufen. Die Rücksendekosten übernimmt der Versender, allerdings können sie bei einem Warenwert bis 40 € vertraglich auch dem Käufer auferlegt werden. Der Kaufpreis muss grundsätzlich in voller Höhe erstattet werden; gibt es Probleme bei der Zahlungsabwicklung per Kreditkarte, haftet die Bank des Bestellers.

Ausgenommen von diesen Regelungen sind individuell hergestellte Waren (z. B. Maßanzüge), leicht verderbliche Lebensmittel, aus dem Internet heruntergeladene Programme und Dateien, Bücher, Videos und CD's, bei denen das Siegel des Herstellers geöffnet wurde, sowie Finanzdienstleistungen.

Den Empfänger unbestellter Waren trifft keinerlei Gegenleistungspflicht: Er kann – muss aber nicht – die Ware auf Kosten und Gefahr des Versenders an diesen zurücksenden (§ 241 a BGB).

5.5 Elektronischer Geschäftsverkehr (§ 312 e BGB)

Im elektronischen Geschäftsverkehr muss der Anbieter bei Vertragsabschluss z. B. per Internet besondere Pflichten – auch gegenüber Geschäftskunden (B2B) – erfüllen; Verbraucher (B2C) können sich zusätzlich auf die Regeln über Fernabsatzverträge berufen. Unter anderem muss er eingegangene Bestellungen unverzüglich bestätigen und Möglichkeiten schaffen, um sämtliche Vertragsbestimmungen abrufen und speichern zu können. Außerdem gilt das Herkunftslandprinzip: Ein Anbieter von E-Commerce-Produkten hat sich nur an den Gesetzen des (EU-)Staates zu orientieren, in dem er seinen Firmensitz hat.

Der elektronische Geschäftsverkehr hat jetzt auch Spielregeln.

5.6 Verbraucherdarlehensverträge (§§ 491–507 BGB)

Darlehensverträge bedürfen grundsätzlich der Schriftform, der Kreditnehmer erhält eine Kopie oder Abschrift des Vertrages; dieser muss folgende Angaben enthalten:

Kreditnehmer sind über alle Modalitäten des Kredits genau zu informieren.

- Nettokreditbetrag,
- Gesamtbetrag aller vom Verbraucher zu entrichtenden Teilzahlungen, einschließlich Zinsen und sonstiger Kosten,
- Art und Weise der Rückzahlung,
- effektiver Jahreszins (bei einer möglichen Änderung des Zinssatzes: anfänglicher effektiver Jahreszins),
- Kosten einer Versicherung, die im Zusammenhang mit der Kreditaufnahme abgeschlossen werden muss.

Bei **Teilzahlungsdarlehen** sind ähnliche Angaben erforderlich:

- Barzahlungs- und Teilzahlungspreis,

- Betrag, Zahl und Fälligkeit der einzelnen Raten einschließlich Zinsen und sonstiger Kosten,
- Kosten einer Versicherung,
- effektiver Jahreszins.

Durch diese Angaben soll der Käufer erkennen, um wie viel der Ratenkauf gegenüber einem Barkauf teurer wird. Fehlen diese Angaben, so wird der Vertrag erst wirksam, wenn dem Käufer die gekaufte Sache übergeben worden ist. In diesem Fall schuldet er aber nur den Barzahlungspreis. Durch die Angabe des effektiven Jahreszinses kann der Käufer außerdem einen Vergleich mit einem Kredit bei einer Bank oder Sparkasse ziehen.

Die strengen Formvorschriften gelten nicht für **Überziehungskredite.** Der Kreditnehmer muss lediglich vom Kreditinstitut vor Inanspruchnahme über die Höchstgrenze eines solchen Kredits, den Jahreszins sowie dessen Änderungen informiert werden.

Kreditverträge können innerhalb von zwei Wochen ohne Angabe von Gründen schriftlich widerrufen werden. Hat der Kreditnehmer das Darlehen bereits empfangen, ist der Widerruf nur wirksam, wenn das Darlehen innerhalb von zwei Wochen zurückgezahlt wird.

Arbeitsaufgaben

1) Was bedeutet »kostenorientierte Preisstellung«, und wo liegen ihre Probleme?
2) Was verstehen Sie unter einem vollkommenen Markt, und warum kann es dort keine Preisunterschiede geben?
3) Wodurch ist die gewinnmaximale Preis-Mengen-Kombination eines Monopolisten gekennzeichnet?
4) Ein monopolistischer Anbieter steht einer linearen Preis-Absatz-Funktion gegenüber, von der er allerdings nur den Prohibitivpreis (p = 8,40) und die Sättigungsmenge (x = 42) kennt. Seine Kosten setzen sich aus Fixkosten (K_F = 24) und variablen Kosten (k_1 = 0,33) zusammen.
a) Ermitteln Sie die Preis-Absatz-Funktion.
b) Berechnen Sie die gewinnmaximale Preis-Mengen-Kombination.
5) Erläutern und vergleichen Sie Stückkosten- und Erfahrungskurve; worin besteht trotz formaler Ähnlichkeiten der prinzipielle Unterschied?
6) Definieren Sie das heterogene Polypol und skizzieren Sie seine Nachfragefunktion! Welche preispolitischen Empfehlungen lassen sich daraus ableiten?
7) Definieren Sie das heterogene Oligopol und skizzieren Sie seine Nachfragefunktion; erläutern Sie dabei, warum es bei den Konkurrenten zu »bewusstem Parallelverhalten« kommt!
8) Was verstehen Sie unter horizontaler und vertikaler Preisdifferenzierung?

9) Ein Unternehmen beliefert zwei räumlich getrennte Absatzmärkte A und B mit den Preis-Absatz-Funktionen:
$p_A = 15 - 0,5 \cdot x_A$ und $p_B = 12 - 0,25 \cdot x_B$
Die Kostenfunktion des Anbieters lautet:
$K = 2 + 0,25 \cdot x$; allerdings fallen für den Markt B zusätzliche Transportkosten in Höhe von $1,0 \cdot x_B$ an. Ermitteln Sie für beide Märkte die gewinnmaximalen Preise und Absatzmengen sowie den Gesamtgewinn des Unternehmens!

10) Was sind
a) Preisbindung,
b) Preisempfehlung,
und inwieweit gibt es hierzu rechtliche Regelungen?

11) Nennen Sie Aspekte »psychologischer« Preissetzung!

12) »Im Schatten hoher Handelsspannen entstehen Diskontbetriebe« (Konrad Mellerowicz). Erläutern Sie diese Aussage!

13) Wann kann das Bundeskartellamt in die unternehmerische Preissetzung eingreifen?

14) Was verstehen Sie unter der »direkten Preiselastizität der Nachfrage«, und welche Bedeutung hat sie im Hinblick auf die Preisdifferenzierung? Geben Sie Anwendungsbeispiele aus der Praxis der Preispolitik!

15) Zur Beantwortung der Frage, ob ein Preis überhöht ist, kann sich das Bundeskartellamt verschiedener Konzepte bedienen. Diskutieren Sie diese kurz!

16) Wie vollzieht sich kostenorientierte Preissetzung in Handel und Industrie?

17) Was besagt das magische Dreieck der Preispolitik?

18) Nehmen Sie Stellung zum Verbraucherrabatt – Erscheinungsformen und gesetzliche Regelungen!

19) Selbst teure Extras lassen sich beim Autokauf leicht »an den Mann« bringen. Woran könnte das liegen?

20) Was ist ein Prohibitivpreis, was die Sättigungsmenge?

21) Wenn die Gesamtkosten steigen, fallen die Stückkosten. Nehmen Sie Stellung!

22) Gewünschte Absatzmenge und errechneter Zuschlagspreis sind meist am Markt nicht vereinbar. Nehmen Sie Stellung!

23) Was könnte man unter dem Begriff »Investition in die Markterschließung« verstehen?

24) Was bedeutet, dass man Preise logarithmisch transformiert wahrnimmt, und welche Auswirkung hat dies auf eine »psychologisch äquidistante« Produktlinie?

25) »Nicht die Kosten bestimmen die Preise, sondern die Preise die tolerierbaren Kosten« (Herbert Giersch). Erläutern Sie diese Aussage vor dem Hintergrund des »Magischen Dreiecks« in der Preispolitik.

26) Das Verbot des Untereinstandspreisverkaufs hat mehr Nach- als Vorteile. Nehmen Sie Stellung zu dieser Aussage!

27) Erörtern Sie das Konstrukt der »Internationalen Erschöpfung« und wägen Sie seine Vor- und Nachteile gegeneinander ab!

28) In einem monopolistischen Unternehmen hat man aufgrund langjähriger Erfahrung herausgefunden, dass das Gewinnmaximum bei einer Menge von $\bar{x} = 26$ liegt und der dazugehörige Gewinn $\bar{G} = 3380$ beträgt. Die Kostenfunktion ist linear; Fixkosten treten nicht auf. Ferner weiß man, dass der Prohibitivpreis der linearen Preis-Absatz-Funktion bei 300 liegt. Wie lauten Preis-Absatz- und Kostenfunktion?

Lösungsvorschläge für die Arbeitsaufgaben im »Übungsbuch zu Grundlagen und Probleme der Betriebswirtschaft«.

Weiterführende Literatur

Diller, H.: Preispolitik, 3. Aufl., Stuttgart, Berlin, Köln 2000.

Fechner, G. T.: Elemente der Psychophysik, Leipzig 1860, Nachdruck Amsterdam 1964.

Gutenberg, E.: Grundlagen der Betriebswirtschaftslehre, Band II: Der Absatz. 17. Aufl., Berlin, Heidelberg, New York 1984.

Krelle, W.: Preistheorie, 2 Bände, 2. Aufl., Tübingen 1976.

Ott, A. E.: Grundzüge der Preistheorie, 3. Aufl., Göttingen 1979.

Sander, M.: Internationales Preismanagement, Heidelberg 1997.

Schmalen, H.: Preispolitik, 2. Aufl., Stuttgart, New York 1995.

Simon, H.: Preismanagement, 2. Aufl., Wiesbaden 1992.

Simon. H.: Preismanagement kompakt, Wiesbaden 1995.

16. Kapitel:
Die Kommunikationspolitik

1   Die Ansatzpunkte der Kommunikationspolitik

1.1   Überblick

Mediawerbung:
Werbung aus allen
Rohren

Ein zentrales Instrument der Kommunikationspolitik ist die **Mediawerbung.** Die Medien mit den höchsten Werbeumsätzen (ohne Produktionskosten der »Vorlagen«) finden sich in Abb. 16.1 (Stand: 2000). Der Mediawerbung zugerechnet werden auch die Außenwerbeflächen (»Outdoor-Werbung«: Plakatflächen (Billboards), Fassaden, Verkehrsmittel, Bandenflächen) sowie die Kino- und Leuchtwerbung. Das vielfältige Satelliten- und Kabel-Fernsehangebot erleichtert es den Zuschauern, am Beginn von Werbeblöcken auf andere Sender umzuschalten. Dieses »Zapping« erscheint besonders ausgeprägt bei Werbeblöcken zwischen Sendungen, weshalb man zunehmend auf »Unterbrecherwerbung« innerhalb einer Sendung übergegangen ist. Eine Variante der Fernsehwerbung ist das Teleshopping. Der Erfolg dieses Kommunikationsweges hängt wesentlich davon ab, ob die richtige Ware für die Präsentation gefunden und eine Überlastung der Bestelltelefone bei »Volltreffern« vermieden wird. Fest etabliert haben sich zudem die Anzeigenblätter; ihr Vorteil besteht vor allem in der (fast) hundertprozentigen Haushaltsabdeckung. Unklar ist hingegen noch, ob sich die Mediawerbung der Free Phone Svenska durchsetzen wird: Mit diesem Anbieter kann man in Schweden kostenlos telefonieren, wenn man sich zwischendurch immer wieder 30-Sekunden-Werbespots anhört, die sogar zielgruppengesteuert sind.

Unter der Lupe

Werbung im Fernsehen
Nach dem Rundfunkstaatsvertrag gelten folgende Regelungen:
- Das öffentlich-rechtliche Fernsehen (Erstes Programm ARD und ZDF) ist aus Gebühren (2000: 5690 Mio. €) und Werbeeinnahmen mischfinanziert; die Werbung ist deshalb auf zwanzig Minuten täglich und die Zeit vor 20.00 Uhr beschränkt, an Sonn- und Feiertagen (sowie generell in den »Dritten« der ARD) besteht ein Werbeverbot. Die 20-Uhr-Werbegrenze wird allerdings durch Sponsorenhinweise vor und nach bestimmten Sendungen (»von Beck's freundlich unterstützt«) unterlaufen. Teleshopping ist untersagt.
- Das Privatfernsehen, das Einnahmen allein aus der Werbung bezieht, darf zwanzig Prozent der täglichen Sendezeit – ohne zeitlichen Rahmen – für Spotwerbung verwenden; weitere drei Stunden täglich dürfen auf Teleshopping-Fenster entfallen.

Folge dieser Regelung ist, dass die Werbeagenturen beim Privatfernsehen in die zuschauerstarke »Prime Time« (18.00–24.00 Uhr) drängen – zu Lasten des öffentlich-rechtlichen Fernsehens. So erhielten ARD und ZDF im Jahre 2000 nur noch 372 Mio. € aus dem Werbefernsehen-Kuchen von 4705 Mio. €.

Ein weiteres kommunikationspolitisches Instrument der Unternehmen ist die **Verkaufsförderung** (Sales Promotion), die an den Verkaufsstellen des **Handels** (POP: Point of Purchase) ansetzt. Sie reicht von Probiertischen über Vorführungen, Beigaben, Display-Material und Schaufenstergestaltung bis hin zur Händlerschulung und Händlerinformation (z. B. durch Außendienst und Fachmessen).

Verkaufsförderung: Werbung am POP

Zum Kommunikations-Mix zählt auch die **Direktwerbung,** die sich unmittelbar an ausgewählte **Endverbraucher**(gruppen) richtet, um individuelle Kontakte herzustellen. Dies geschieht sowohl über

Direktwerbung: Werbung an der Haustür

- die Post, durch persönlich adressierte Sendungen (z. B. Versandhauskataloge) oder Postwurfsendungen (z. B. Prospekte),
- das Telefon, Fax oder E-Mail sowie
- Verteilerorganisationen und Außendienstmitarbeiter (Sales Force) an der Haustür.

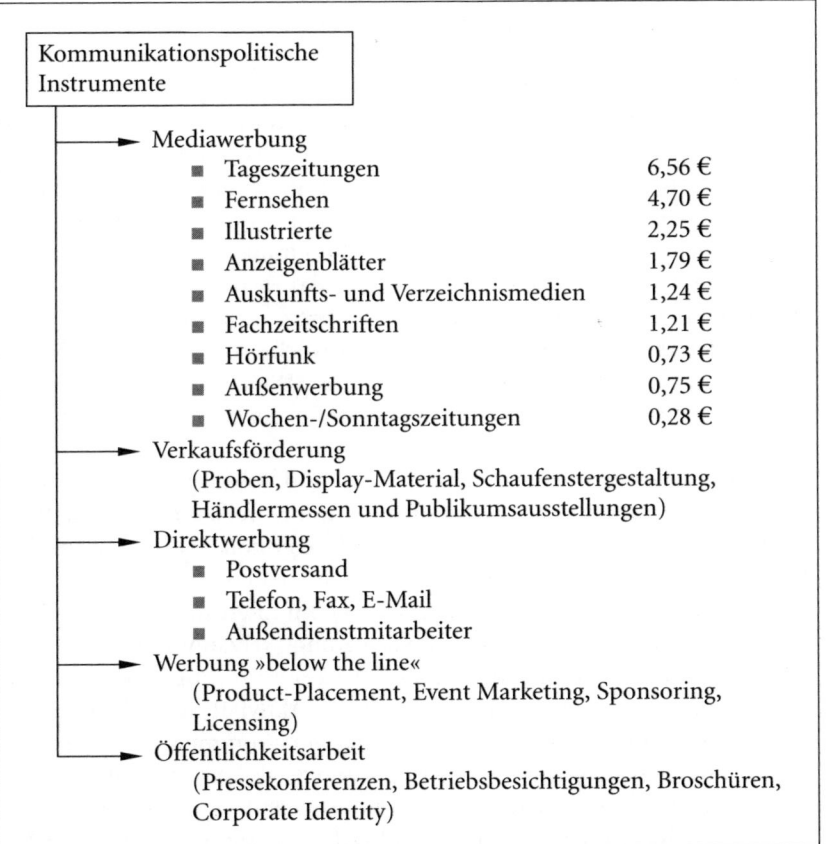

Abb. 16.1: Kommunikations-Mix (2000)

Die Direktwerbung hat durch das Database-Marketing (14. Kapitel) erheblich an Bedeutung gewonnen. Allein die Streukosten (Portokosten) der durch die Post verteilten Direktwerbesendungen betrugen 2000 etwa 3,38 Mrd. €. Der Telefon-, Fax- und E-Mail-Werbung wird wegen der »überfüllten Briefkästen« eine größere Aufmerksamkeitswirkung zugesprochen. Nach herrschender Auffassung in der Rechtsprechung darf ein Anbieter allerdings unaufgefordert nur solche privaten Verbraucher kontaktieren, die ausdrücklich ihr Einverständnis gegeben haben; andernfalls läge ein unzulässiges Eindringen in die Privatsphäre und damit ein Verstoß gegen die guten Sitten (§ 1 UWG) vor. Im gewerblichen Bereich ist diese Werbung ebenfalls grundsätzlich unzulässig, es sei denn, es kann davon ausgegangen werden, dass der – in seinen übrigen betriebsbezogenen Geschäften gestörte – Gewerbetreibende einverstanden ist (z. B. bei Eilbedürftigkeit und bereits bestehender Geschäftsbeziehung). Der traditionelle Direktvertrieb über Außendienstmitarbeiter an der Haustür erscheint zwar – wegen der Möglichkeit des direkten persönlichen Gesprächs – als besonders verkaufswirksam, nicht zuletzt wegen der hohen Lohnnebenkosten aber auch als besonders kostenintensiv.

Werbung ›below the line‹ umfasst als Sammelbegriff neuere (»nichtklassische«) Formen der Werbung:

Werbung »below the line«: Werbung auf leisen Sohlen

Beim **Product-Placement** werden gezielt Produkte, Dienstleistungen und/oder Unternehmen als reale Requisiten in die Handlung eines »publizistischen Aussageteils« (Filme, Reportagen usw.) eingebunden. Hier kann man nicht – wie bei klassischen Werbeblöcken – umschalten (»zappen«); andererseits ist dieses Vorgehen nach dem Rundfunkstaatsvertrag verboten: »So musste Otto Waalkes einen Kinofilm für das Fernsehen gleich um zwölf Minuten kürzen. Der ostfriesische Komiker hatte … massiv für Jever-Pilsener und Levi's-Jeans geworben (Wirtschaftswoche vom 16. 11. 1995). Berühmt wurde auch James Bond auf einem BMW-Motorrad über den Dächern einer südostasiatischen Metropole, wofür der Sponsor – angeblich – mehrere Millionen DM bezahlt hatte.

Event-Marketing inszeniert firmen- oder produktbezogene Veranstaltungen, oft mit Shows und Künstlerauftritten, wobei freilich die Botschaft des Veranstalters nicht überdeckt werden darf: die emotionale Bindung der Zielgruppe(n) an seine Markenwelt; der Verkauf tritt – zunächst – zurück (z. B. Präsentation eines neuen Automodells). Im Interesse einer Breitenwirkung sollten Events stets auch mit Mediawerbung verzahnt werden.

Ein **Sponsor** übernimmt die Finanzierung oder sonstige Unterstützung einer Person, Organisation, Institution oder Aktivität aus seinem gesellschaftlichen Umfeld gegen die Gewährung von Kommunikationsrechten. Damit handelt es sich beim Sponsoring – anders als beim Mäzenatentum – um ein Geschäft auf Gegenseitigkeit. Herausragende Sponsoring-Aktivitäten finden sich bei Sport und Kultur, wobei die Auswahl von Tätigkeitsgebiet und Zielgruppen des Sponsors bestimmt wird. Die nicht-kommerzielle Situation der Zielgruppenansprache sowie der Imagetransfer auf den Sponsor werden als Besonderheiten des Sponsoring herausgestellt (z. B. AUDI: Salzburger Festspiele).

Beispiel

Neues aus der Werbepraxis

»… Vorreiter in Deutschland waren Lufthansa und Audi. Entsprechend dem finanziellen Einsatz begnügen sich Unternehmen bei ihren Sponsor-Aktivitäten aber immer seltener damit, auf Konzertplakaten oder Eintrittskarten ihr Firmen-Logo wiederzufinden. Sie drängen ins Rampenlicht. So musste das von der Deutschen Telekom unterstützte Symphonieorchester der Stadt Bonn seinen Namen in Philharmonie Telekom Bonn umändern.«

(Aus: Süddeutsche Zeitung vom 9. 9. 1997)

»Der Tabakkonzern Reemtsma ist die Nummer eins im Sport-Sponsoring. Das geht aus der neuen Rangliste des Informationsdienstes *Sponsor News* hervor. Der Hauptsponsor des Formel-1-Teams McLaren-Mercedes (Marke »West«) gab im vergangenen Jahr rund 90 Millionen DM für sein Sponsoring aus. Auf Platz zwei liegt der Sparkassenverband, der für seine hauptsächlich lokalen Engagements 70 Millionen DM locker machte. Die Deutsche Post belegt mit einem Einsatz von 50 Millionen DM den dritten Rang, knapp vor der bestplatzierten Biermarke Warsteiner (48 Millionen DM).

Auch die Post verdankt den Spitzenplatz ihrem Formel-1-Engagement: Der gelbe Riese ist Hauptsponsor des Jordan-Teams um Heinz-Harald Frentzen. Neben den Olympischen Spielen und der Fußball-Weltmeisterschaft übt die Rennfahrer-Königsklasse die größte Anziehungskraft auf die Unternehmen aus. Warsteiner gab den Löwenanteil des Etats für seine Partnerschaft mit McLaren-Mercedes sowie für Wintersport-Aktivitäten aus.

Insgesamt vereinigen die Top Ten unter den Sponsoren fast 20 Prozent des 2,5 Milliarden-DM-Marktes auf sich …«

(Aus: M. Weber: Reemtsma hat ein trainiertes Herz für Sportler, in: Süddeutsche Zeitung vom 11. 1. 2001)

»… Hierzulande ist Götz George Placement-affin. Die Hustenbonbons, die er demonstrativ in einer alten *Schimanski*-Folge lutschte, gelten als prominentes frühes Beispiel im öffentlich-rechtlichen Fernsehen … Und auch der jüngste geahndete Fall von Schleichwerbung betrifft einen George-Film: Die rheinland-pfälzische Landeszentrale für private Rundfunkveranstalter (LPR) belegte die Sat.1-Produktion *Die Entführung* mit einem Bußgeld. Wenn eine Filmfigur entgegen allem Sprachgebrauch verkündet, dass sie ›die Auskunft von Telegate‹ anrufen will und sich deren Nummer nennen lässt, haben Medienwärter eine Handhabe. Da kann sich kein Produzent auf dramaturgische Notwendigkeit herausreden …

… 25 000 Mark kostete die ProSiebenSat.1 Media AG das Versäumnis bei der *Entführung*. Die Szene war zuvor schon einmal kostenfrei gerügt worden, für die Wiederholung hatte der Sender sie trotzdem nicht entfernt.

… (Auch) ist bei *Derrick* schleichgeworben worden. Der Inspektor fuhr von Anfang an BMW … Immer noch, wenn der geflügelte, in der Serie bekanntlich niemals so ausgesprochene Satz ›Harry, hol schon mal den Wagen‹ fällt, haben Zuschauer BMWs vor dem inneren Auge. In 102 Ländern lief die Serie …

… BMW unterhält einen Fuhrpark mit über 100 Filmautos und lässt einige davon auch mal auf eigene Kosten in die Karibik fliegen …«

(Aus: Chr. Bartels: Harry, hol schon mal den BMW, in: Die Zeit vom 5. 7. 2001)

»Deutschlands erster Einkaufskanal H. O. T. glänzt mit sprunghaft gestiegenen Kunden- und Ergebniszahlen. Im vergangenen Jahr kletterte der Netto-Umsatz der H. O. T. Home Order Television AG um 56 Prozent auf 476 Millionen DM … Zum Jahresende 2000 zählte der Münchener Einkaufssender 1,3 Millionen Kunden, 54 Prozent mehr als vor Jahresfrist. Insgesamt habe der Kundenservice im vergangenen Jahr rund sieben Millionen Anrufe beantwortet. ›An einem durchschnittlichen Tag rufen heute 20 000 Kunden an‹, erklärte der Vorstandschef. 4,5 Millionen Pakete seien im vergangenen Jahr an die Kunden in Deutschland, in Österreich und in der Schweiz ausgeliefert worden, 64 Prozent mehr als vor einem Jahr.«

(Aus: Süddeutsche Zeitung vom 28. 2. 2001)

»… Den bundesweiten Durchbruch verdankt das junge Medium dem Münchner Siegestor. Als 1996 das Monument saniert werden sollte, beschloss erstmals der Stadtrat, die Fassade eines Denkmals als Werbefläche zu vermieten. Insgesamt drei Millionen Mark flossen während der zweijährigen Renovierung in die Stadtkasse. Damit konnte knapp die Hälfte der Instandsetzungskosten gedeckt werden …

Nachdem mit der Vermarktung des Siegestors das Medium Riesenposter populär geworden war, beschloss der Stadtrat 1997 einen umfassenden Genehmigungskatalog … Die Einhaltung der Kriterien kontrolliert die Lokalbaukommission …

… Der Preis für eine 120-Quadratmeter-Fläche in mittlerer Lage beträgt rund 40 000 Mark pro Monat. Für exklusive Flächen muss der Kunde aber mehr als 100 000 Mark bezahlen … Stark gesunken sind dagegen die Preise für die Produktion. Aufgrund der verbesserten Technik kostet der Quadratmeter Poster 50 Mark …

(Aus: S. Habit: 3000 Quadratmeter Claudia Schiffer, in: Süddeutsche Zeitung vom 29. 6. 2001)

»… Die weltweite Vernetzung hat zu einer dramatischen Machtverschiebung geführt, der man in vielen Firmen ratlos gegenübersteht. Jede noch so kleine Bürgerinitiative, jeder unzufriedene Kunde oder gefrustete Mitarbeiter kann mit geringen Mitteln eine Web-Page eröffnen und ungefiltert Informationen verbreiten. Ob berechtigte Beschwerde, geschäftsschädigendes Gerücht oder böswillige Verleumdung, jede Nachricht kann ein Millionenpublikum erreichen. Einst effektive Waffen zum Schutz des Firmenimage – professionell formulierte Pressemitteilungen, gute Kontakte zu Journalisten und gewiefte Juristen – helfen bei virtuellen Attacken kaum.

Angriffe aus dem Cyberspace machen besonders Firmen in den USA zu schaffen. Hier haben so genannte Hatesites … schon seit Jahren Hochkonjunktur. Ihren Frust können Surfer aber auch in zahlreichen kommerziellen Verbraucherforen … abladen … Auch hier zu Lande gibt es schon die ersten Hassseiten … Tendenz rasant steigend …

⟶

> Hass- und Meckerseiten sind für Unternehmen weit mehr als eine lästige Plage. Ihr negativer Inhalt kann die Kaufentscheidung von Millionen Surfern beeinflussen ...«
>
> (Aus: A. Schäfer: Unberechenbar und Anarchisch, in: Wirtschaftswoche vom 26. 4. 2001)

Licensing dient ebenfalls dem Imagetransfer, nun aber von Namen, Symbolen, Figuren usw. auf die Produkte des Licensing-Nehmers. Beispiele: Trademark-L: Camel Herrenschuhe; Character-L: Micky Mouse für Nestlé; Personality-L: Sophia Loren Parfüm; Designer-L: Armani Parfüm; Event-L: Maskottchen bei Olympiaden; Social-L: Malblocks von Pelikan mit WWF-Logo. Eine gewisse Gefahr liegt freilich in der zu freizügigen Vergabe von Lizenzen (»Verwässerung«). Wird beim Licensing das Vermarktungsrecht gegen eine Lizenzgebühr auf andere übertragen, so vermarktet beim **Merchandising** der Inhaber sein Schutzrecht selbst (z. B. Fan-Artikel eines Fußballvereins).

Ziel der **Öffentlichkeitsarbeit** (Public Relations, PR) ist nicht primär die eigene Kundschaft, sondern das Erscheinungsbild des Unternehmens in der – kritischen – Öffentlichkeit. Sie richtet sich deshalb an die Kommune, in der das Unternehmen ansässig ist, den Staat, kirchliche Institutionen, Gewerkschaften, Verbraucherverbände, Medien, Aktionäre, Lieferanten, Mitarbeiter usw. Diese Vielschichtigkeit erschwert die Entwicklung einer einheitlichen PR-Linie: Das Gewinnziel des Unternehmens muss mit z. B. sozialen und ökologischen Zielen im gesellschaftlichen Umfeld verknüpft · und als dem Allgemeinwohl dienend glaubhaft gemacht werden. Zu einer wirkungsvollen PR-Arbeit gehört auch, dass sich das Unternehmen mit einem einheitlichen visuellen Erscheinungsbild (Schrifttyp, Logo, Farben, Firmengebäude, Fahrzeuge) präsentiert. Dieses »**Corporate Design**« bliebe jedoch wenig überzeugend, wenn das Verhalten im sozialwirtschaftlichen und unternehmenspolitischen Bereich (z. B. im Umweltschutz) dem gewählten anspruchsvollen Rahmen der Selbstdarstellung widerspräche. Eine **Corporate Identity** muss deshalb neben einem gelungenen Corporate Design und einer nach außen und innen funktionierenden **Corporate Communication** (z. B. Pressekonferenzen, Betriebsbesichtigungen, Broschüren, Videos) auch ein entsprechendes **Corporate Behavior** aller Mitarbeiter (z. B. Kompetenz und Höflichkeit) beinhalten. Eine weitere Variante der PR-Arbeit ist die Bewirtung von Partnern, Kunden, Meinungsführern in VIP-Räumen, Ehrenlogen, Rennstallboxen (**Hospitality**).

Öffentlichkeitsarbeit: Werbung für das Unternehmen

1.2 Werben und Verkaufen im Internet

Das Internet gilt als eine der wichtigsten Errungenschaften in der arbeitsteilig organisierten globalen Wirtschaft. Es ist jedermann zugänglich, sofern ein Computer (PC, Laptop) mit Browser (z. B. Microsoft Internet Explorer)

Unter der Lupe

Schlaglichter der Werbestatisktik

Staaten	Werbung in Mrd. US-Dollar 1999	Werbung pro Kopf in US-Dollar 1999
USA	120,2	440,1
Japan	33,6	266,0
Deutschland	20,0	242,1
Großbritannien	17,9	301,3
Frankreich	9,7	164,1
Italien	7,1	123,3
Spanien	5,3	132,5
Niederlande	3,9	246,8
Schweiz	2,6	361,1
Belgien	2,0	196,1
Österreich	1,9	234,6

Quellen: ZAW/U.S. Census Bureau

Preis für die einmalige Einschaltung einer ganzseitigen Vierfarbanzeige:
- Bunte　　　　　　　　　　26 812 €
- Der Spiegel　　　　　　　45 999 €
- Hörzu　　　　　　　　　　41 160 €
- ADAC-Motorwelt　　　　　96 940 €
- Stern　　　　　　　　　　47 100 €

Preis für die einmalige Einschaltung einer 30-Sekunden-Werbung (Jahresdurchschnitt, 17.00 bis 20.00 Uhr):
- ARD　　　　　　　　　　19 687 €
- ZDF　　　　　　　　　　18 093 €
- RTL　　　　　　　　　　17 575 €
　　　　　　　　　　　　　43 706 € (20.00 bis 23.00 Uhr)

Stand 2000/2001

und ein (digitaler) Telekommunikationsanschluss (z. B. ISDN) zur Verfügung stehen. Über das weltweite Computernetz sind die verschiedenartigsten Informationen abrufbar, oder es können Nachrichten und Daten als »Electronic-Mail« (E-Mail) ausgetauscht werden. Die Voraussetzung hierfür ist jedoch die Kopplung mit einem »Host-Rechner« der dann als »Pförtner« für den Zugang zu diesen »Datenautobahnen« verantwortlich ist (**Internetprovider,** z. B. T-Online oder AOL als Zugangsportal bzw. Arcor oder msu als Zugangsprovider ohne Content-Bereitstellung).

Neben dem Internet existieren noch das **Intranet** (zum Informationsaustausch innerhalb eines Unternehmens) sowie das **Extranet** (innerhalb einer fest definierten geschlossenen Gruppe von Unternehmen, Behörden, Institutionen bzw. zwischen diesen und einem festen Privatkundenbereich). Sicherungsmechanismen schützen die internen Netze gegen unberechtigten Zugriff von außen (»Firewall«).

Als **Werbemedium** eignet sich das Internet in verschiedenen Varianten: Über die **Website** kann das komplette Informationsangebot eines Anbieters aufgerufen werden: Man unterscheidet die Corporate Site zur allgemeinen Präsentation des Unternehmens als Ganzes von der Marketing Site, wo man Produktkataloge, Einkaufstipps und Sonderangebote findet. Die Website stellt ein hierarchisches System von Webpages (Webseiten) dar. Auf den Webseiten fremder Seitenbetreiber befindet sich oft **Werbung mit Bannern** (bzw. – kleineren – **Buttons**), die mit Hyperlinks hinterlegt sind und auf die Website des werbenden Unternehmens führen. Werbebanner lassen sich zudem auf den Webseiten von Suchmaschinen (z. B. Yahoo) thematisch gekoppelt an die eingegebenen Suchbegriffe einblenden. Am häufigsten verwendet werden animierte Banner, die als »bewegte Bilder« erscheinen. HTML-Banner erlauben es dem Nutzer sogar, bereits innerhalb des Banners eine Kategorie aus der beworbenen Website anzuklicken. Allerdings zeigen Studien, dass zwei Drittel der Internetnutzer nie auf einen Banner klicken. Durch Eingabe einer **Internetadresse** (URL: Uniform-Resource-Locator) gelangt man automatisch auf die gewünschte Website; bei manchen öffnen sich weitere Fenster, die auf Aktuelles hinweisen. Kommunizieren lassen sich die Internet-Adressen z. B. über die klassische Mediawerbung, Mund-zu-Mund-Werbung, per E-Mail oder Suchmaschinen.

Das Absenden von **E-Mail** Werbung unterliegt – sowohl im Privat- als auch im Geschäftsbereich – scharfen rechtlichen Beschränkungen. Wurde allerdings schon ein Kontakt hergestellt, sodass dem Anbieter E-Mail-Adresse und Einverständnis zum E-Mail-Versand vorliegen, so können personalisierte E-Mails mit kundenspezifischen Angeboten effizient zur Kundenpflege eingesetzt werden. Sie stellen somit eine kostengünstige Form des »Database«-Marketing dar. Der Eintrag in **Suchmaschinen** dient eher der Geschäftsanbahnung als der -fortführung.

Als Spezialität der Online-Werbung (»Netvertising«) werden herausgestellt: Ihr **Abruf**-Charakter, was ein besonderes Interesse an der Botschaft (»High Involvement«) voraussetzt, die Möglichkeit der **vertiefenden Auskünfte** über einen individuellen »Informationspfad« (»Feedback-Funktion«), die permanente Verfügbarkeit **aktueller Informationen,** die mögliche **Multimedialität** der Präsentation, die direkte **Kontrollmöglichkeit** der Nutzung (bei Bannern und Websites), die **geringen Bereitstellungskosten** bei (fast) beliebig großem »Auftritt« sowie die **globale Präsenz.**

2000 wurden in Deutschland 153 Mio. € für Internet-Werbung ausgegeben, was eine Steigerungsrate von 100 Prozent gegenüber dem Vorjahr bedeutet.

Electronic Commerce (E-Commerce) betrifft das Verkaufen im Internet in verschiedenen Varianten: Zwischen den **Niederlassungen** eines Unternehmens, im **Business-to-Business (B2B-)**Geschäft (z. B. Hersteller-Zulieferer) im **Consumer-to-Consumer (C2C-)**Bereich (z. B. Kleinanzeigenmärkte)

Werbung im Internet: Reklame zum Anklicken

sowie das **Business-to-Consumer (B2C-)**Geschäft als Alternative zum traditionellen Einkauf im Handel (Online-Shopping).

Treten beim **Online-Shopping Hersteller und Letztverbraucher** in Kontakt, sparen sie die Handelsspanne. Auf den Hersteller kommen dann aber neue Aufgaben zu: Er muss seine **Produktpalette** angemessen im Internet darstellen und die **Lieferung** organisieren können. Ein Online-**Kundendienst** wäre über Abruf von der Website (bei Standardproblemen) oder E-Mail möglich (alternativ zu den bereits häufig angebotenen Service-Telefonnummern). Durch die Offenlegung der **Preise** entfällt die Möglichkeit einer internationalen bzw. kundenspezifischen Differenzierung; allerdings kann man über Online-Auktionen (z. B.: »Beginnend mit einem Mindestpreis erhält das höchste Gebot innerhalb einer Woche den Zuschlag« bei www.eBay.de) auf individuelle Preisbereitschaften eingehen. Die Verbraucher können über Suchmaschine oder »Preisagenten« auf **Schnäppchenjagd** gehen und so die »Internetmarkt-Transparenz« weltweit nutzen (z. B. www.guenstiger.de oder www.pricecontrast.com). **Ladenschlusszeiten** und **Parkplatzprobleme** gibt es dabei nicht, dafür aber Kosten der **Hard-** und **Software** sowie Gebühren für **Provider** und **Telefon**. Öfters werden auch – zugunsten des stationären Einzelhandels – der fehlende **persönliche Kontakt** und die begrenzte **Beratung** angeführt. Als besonders **Internet-tauglich** haben sich erwiesen: Reisen/Flug- und Fahrscheine, Eintrittskarten, Bekleidung/Schuhe, PC und -Zubehör sowie Bücher/CDs; empfindet der – **hybride** – Käufer kein Kaufrisiko, vermisst er auch kein »Einkaufserlebnis« und dem Online-Shopping steht nichts mehr im Weg. Für die Zukunft werden »Brancheneinbrüche« vor allem bei Zeitungen/Zeitschriften (Kleininserate), Reisebüros (Pauschalreisen, Last-minute-Angebote, Flug- und Hotelbuchungen) sowie Banken (»Home Banking«) erwartet.

Die Möglichkeiten des Online-Shopping nutzt auch der traditionelle (Versand-)**Handel**. Ohne große Kosten kann er sich – auch neuen – Kunden preisgünstig und aktuell (multimedial) präsentieren (z. B. www.metro.de, www.otto.de). Allerdings stellt er sich einem verschärften Wettbewerb, wobei freilich auch kleinere Händler mit »Nischenangeboten« mitmischen können. Ob es zu einem Rückgang von Cross-Selling-Käufen (Krawatte und Hemd zum Anzug) und Impulskäufen kommt, hängt sicherlich von der jeweiligen Präsentation ab. So lassen sich über Links Interessierte von einem Artikel zu den passenden Accessoires führen. Im Übrigen sehen sich Händler mit ähnlichen Problemen konfrontiert wie Hersteller (z. B. Preisstellung, Kundendienst).

Beim Online-Shopping ist zwischen digitalen bzw. digitalisierbaren sowie physischen Produkten zu unterscheiden. Erstere (z. B. Software, Datenbankinformationen, Zeitschriften, Musikstücke) können über das Internet bestellt, bezahlt und geliefert werden (**Download**). Letztere bedürfen hingegen zur Zustellung beim Kunden einer **Logistik**, was das Geschäft als Sonderform des Versandhandels ausweist. Dies stellt für viele Anbieter insbesondere dann ein Problem dar, wenn – oft überraschend – eine hohe Anzahl kleiner Aufträge »vom Lager« aus kommissioniert werden muss (z. B. Bücher,

Spielzeug): Moderne Warenwirtschaftssysteme fehlen häufig. Die Auslieferung wird meist von – global agierenden – Paket- und Zustelldiensten übernommen, die oft die Empfänger nicht antreffen und deshalb lieber Abholstationen (z. B. Bahnhöfe, Tankstellen) als bestimmte »Zeitfenster« ansteuern möchten. Die Bedeutung dieses Aspekts erschließt sich angesichts des Wunsches der Internetkäufer auf schnelle (24 Stunden), zuverlässige und kostengünstige Lieferung bei bequemer Rückgabemöglichkeit und Geld-zurück-Garantie. Die Kehrseite ist eine hohe Kostenbelastung beim Händler, die er angesichts der Wettbewerbslage beim stationären Handel nur bedingt an die Kunden weitergeben kann: So erwirtschaftete www.buecher.de im ersten Halbjahr 2000 bei einem Umsatz von 8,75 Mio. € einen Verlust im operativen Geschäft in Höhe von 6,25 Mio. € (Süddeutsche Zeitung vom 29. 8. 2000).

Die »letzte Meile« auf dem Weg zum Endverbraucher stellt eine große Herausforderung dar.

> **Die Logistikabwicklung ist der kostenintensivste und komplizierteste Teil des Geschäfts.**

Keine Probleme mit der Logistik dürfte es am ehesten bei den klassischen Versandhäusern geben, verfügen sie doch über jahrzehntelange Erfahrung bzw. über eine eigene Logistik (z. B. Hermes beim Otto-Versand). Über das Internet wollen sie neue Zielgruppen erreichen und zusätzlich Produkte anbieten, die es im Katalog nicht gibt. So scheitert ein umfangreiches Bücher-, Video- und CD-Angebot im Katalog an der Seitenbeschränkung. Ferner eignet sich der Online-Verkauf für werblich herausgestellte Ladenhüter einerseits und hochaktuelle (Mode-)Ware mitten in der Saison andererseits. Auch hierfür ist der zweimal im Jahr erscheinende Katalog ungeeignet.

Viele traditionelle Anbieter sehen im Online-Shopping lediglich eine Ergänzung im Sinne einer **Multi-Channel-Distribution** (»Anbieter mit angehängter Website«). Dies korrespondiert mit der Beobachtung, dass Kunden meist »online« Informationen suchen, um dann »offline« einzukaufen. So ist es möglich, im Internet Komponenten zu einem individuellen Produkt zusammenzustellen (z. B. BMW: Car Configurator unter Beachtung der Baubarkeitsregeln), was mit dem Schlagwort Massen-Maßfertigung (»Mass-Customization«, 13. Kapitel) belegt wird.

Das Problem der **Rechtsunsicherheit** wurde über die Regelungen zu Fernabsatzverträgen und elektronischem Geschäftsverkehr (§ 312 b–e BGB) innerhalb der EU wesentlich entschärft (15. Kapitel). Risiken bleiben jedoch bestehen: Unklar sind oft die Verpackungs- und Versandkosten; insbesondere bei kleineren Bestellungen drohen hohe Zuschläge, bei Lieferungen von außerhalb der EU noch Zölle und Frachtgebühren. Ferner verlangen die Lieferanten häufig Vorauskasse, was aus ihrer Sicht verständlich ist, dem Kunden aber jedes Druckmittel bei Reklamationen nimmt. Ein für beide Seiten sicherer und vorteilhafter Weg ist die Zahlung per Lastschriftverfahren: Der Händler kann den Rechnungsbetrag vom Bankkonto des Kunden einziehen, dieser hingegen bei Falschlieferung innerhalb von sechs Wochen nach Abbuchung die Zahlung zurückrufen; die Buchungskosten muss zunächst der Zahlungsempfänger tragen. Bei der Übermittlung von Kontodaten und Kreditkartennummern via Internet stellt sich zudem die Frage der Datensicherheit; unverschlüsselt lassen sie sich von »Hackern« ausspähen. Allerdings kann bei Fernabsatzverträgen eine Haftung der Bank des Bestellers greifen. Eine Erleichterung bei E-Commerce sowie dem gesamten privaten und geschäftlichen Rechtsverkehr bietet das »Gesetz über Rahmenbedingungen für elektronische Signaturen« auf Basis einer EU-Richtlinie. Die Unterschrift wird als PIN-Code auf besonders gesicherten Chip-Karten gespeichert und über ein Lesegerät am privaten Computer als Alternative zur handschriftlichen Unterschrift verwendet. So kann dann z. B. die Steuererklärung elektronisch abgegeben werden. Die digitale Unterschrift wird nur bei einer amtlich anerkannten Zertifizierungsstelle (z. B. Banken, Postämtern oder den Industrie- und Handelskammern) ausgestellt. Die Verwendung des Codes ist nicht zulässig bei Schuldversprechen, -anerkenntnissen, Bürgschaften und Testamenten.

Etwas mehr als die Hälfte der 24 Millionen deutschen Internet-Nutzer kaufen mehr oder weniger regelmäßig im Internet ein (Deutsche Post AG, November 2001). Im Jahre 2001 betrug der Umsatz im Online-Shopping mit rund fünf Mrd. € etwa ein Prozent des Gesamtumsatzes im deutschen Einzelhandel; im Buchhandel liegt der Anteil bei rund zwei Prozent, drei Viertel davon durch reine Online-Buchhandlungen, der Rest durch den klassischen Buchhandel. Von weit größerer Bedeutung sind B2B-Geschäfte (12. Kapitel). Auch **C2C-Geschäfte** sind auf dem Vormarsch und ersetzen zunehmend klassische Kleinanzeigen. Sie etablieren sich als **Handelsplattformen** z. B. im Bereich von Autos, Immobilien und Flohmärkten: Jedermann kann dort sein Angebot online einstellen und auf Reaktionen warten (z. B. www.eBay.de). Für das Einstellen wird meist eine Gebühr (ein €) sowie eine Provision von drei bis vier Prozent des Verkaufspreises fällig. Online-Angebote sind verbindlich, also kein Preistest.

Kaufen im Internet: Eldorado für den Schnäppchenjäger

Beispiel

Logistik als Pferdefuß

»... Die Pleite von eToys kommt nicht überraschend, und sie dürfte nicht die letzte dieser Art sein. Das Unternehmen hat jenen Fehler gemacht, an dem noch zahlreiche Wettbewerber in naher Zukunft scheitern werden: Es hat einen wesentlichen Teil der Wertschöpfungskette völlig vernachlässigt. An Vieles haben die Gründer der Gesellschaft gedacht, als sie im Jahr 1998 nach dem Motto starteten: Was Amazon.com mit Büchern kann, das machen wir mit Spielzeug mindestens genauso gut. Sie sammelten viel Geld bei Investoren und an der Börse ein, um eToys über teure Marketing-Kampagnen bekannt zu machen; sie stellten hunderte von Mitarbeitern ein, und sie akquirierten namhafte Hersteller, um den Kunden bekannte Markenprodukte zu bieten.

Alles umsonst, wie das Eingeständnis der Pleite jetzt zeigt. eToys ist am Ende, weil man vergessen hat, eine funktionierende Logistik auf die Beine zu stellen. Wenn Kunden merken, dass virtuell bestellte Waren nicht pünktlich ankommen oder nie, gehen sie zum nächsten Einkauf lieber wieder in ein Geschäft statt ins Internet. Das werden noch viele der Dotcom-Firmen schmerzhaft zu spüren bekommen …«

(Aus: N. Bovensiepen: Ausgespielt, in: Süddeutsche Zeitung vom 28. 2. 2001)

»Viele Online-Warenhäuser sind zur Zeit noch nicht sehr zuverlässig. Zu diesen Ergebnissen kommt eine Studie der internationalen Unternehmensberatung Andersen Consulting. Die Andersen-Experten hatten 162 verschiedene elektronische Einkaufs-Angebote in Deutschland, Frankreich, Italien, Spanien, Schweden und Großbritannien untersucht und dabei 445 Bestellungen in Auftrag gegeben …

Ein Hemmnis im Internet-Einkauf stelle … die niedrige Lieferquote dar: Zwei Drittel der bearbeiteten Aufträge konnten aus technischen oder logistischen Gründen nicht zugestellt werden.«

(Aus: Süddeutsche Zeitung vom 26. 10. 2000)

»Internet-Kunden müssen noch immer hübsch zu Hause auf den Lieferanten warten, wenn sie etwas per Mausklick bestellt haben. Das ist unbequem. Die Technische Universität Helsinki glaubt jetzt die logistische Lösung gefunden zu haben: Testweise stehen in 50 Haushalten im Raum Helsinki Kühlschränke im Vorgarten bereit. Diese können auch dann beliefert werden, wenn der finnische Web-Kunde gar nicht zu Hause ist. Via Internet bestellt er Lebensmittel. Wieder zu Hause, liegt die Ware gut gekühlt bereit – im Garten-Kühlschrank, der wie ein gemeiner Schaltkasten aussieht und je ein Tiefkühl-, Kühl- und Frischhaltefach birgt. Er ist einbruchssicher und schützt die Lebensmittel vor Schnee, Insekten und Vögeln. Das Schloss lässt sich mit einem Code öffnen, den nur Kunde und Lieferant kennen.

(Aus: Süddeutsche Zeitung vom 14. 9. 2000)

2 Die Planung von Umfang und Streuung des Werbebudgets

Im Rahmen der Werbeplanung muss zunächst ein **Werbebudget bereitgestellt** und dann mittels eines Streuplans auf die verschiedenen **Werbeträger** (z. B. Illustrierte) **verteilt** werden. Dabei sind Höhe und Aufteilung des Werbebudgets so zu gestalten, dass nicht nur die Kosten der Aktion durch zusätzliche Umsätze gedeckt werden, sondern darüber hinaus noch ein möglichst großer Gewinn verbleibt.

In welcher Weise die Werbung auf den Gewinn einwirkt, zeigt Abb. 16.2.

Die Hälfte der Werbung ist Verschwendung, wir wissen nur nicht, welche. (John Wanamaker)

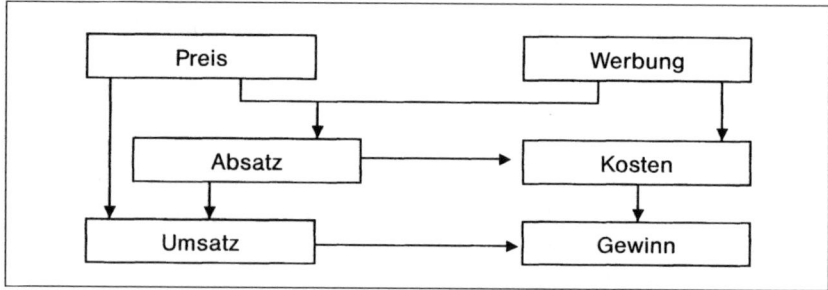

Abb. 16.2: Der Zusammenhang von Werbung und Gewinn
(in Anlehnung an Simon, H.: Preismanagement, 2. Aufl.,
Wiesbaden 1992, S. 88)

2.1 Der Umfang des Werbebudgets

Werbebudget-Planung in der Praxis: Umsatz-, Konkurrenz- und Residualorientierung

In der Praxis hängt der Umfang des Werbebudgets weitgehend vom Geschick des Werbemanagers bei seinen Verhandlungen mit der Unternehmensleitung ab. Als Richtschnur dient häufig der Umsatz des Vorjahres. Gibt es starke werbliche Aktivitäten der Konkurrenten, wird man sich an diesen orientieren. Oft ist das Werbebudget auch nur Restgröße, die sich nach Abzug aller sonstigen, als notwendig eingestuften Marketingausgaben vom gesamten Marketingetat ergibt. Alle diese Vorgehensweisen sind unbefriedigend:

- Die **Umsatzorientierung** stellt den tatsächlichen Zusammenhang auf den Kopf, da die Werbung den Umsatz und nicht der Umsatz die Werbung beeinflussen soll.
- Die **Konkurrenzorientierung** missachtet die besonderen Marktbedingungen des eigenen Unternehmens.
- Die Orientierung an den **verfügbaren Mitteln** ist logisch überhaupt nicht haltbar.

Relativ großzügig wird das Werbebudget bei der Markteinführung eines **neuen Produkts** ausgestattet: So lässt sich der Kekshersteller Bahlsen den Einstieg in den heiß umkämpften Schokoriegel-Markt mit »Pick up« 100 Mio. DM innerhalb von drei Jahren kosten (Süddeutsche Zeitung vom 28. 1. 1999).

Grundsätzlich bewirkt die Vergrößerung des Werbebudgets eine Rechtsverschiebung der Nachfragefunktion (Abb. 16.3).

Die werbebedingte Verschiebung der Nachfragefunktion fällt umso größer aus, je stärker das Werbebudget erhöht wird. Nun lässt sich aber – wie im 15. Kapitel dargestellt – für jede Nachfragefunktion unter Berücksichtigung der **Produktionskosten** (K) die **gewinnmaximale Preis-Mengen-Kombination** ($\bar{x} \mid \bar{p}$) ermitteln. Wird die Nachfragefunktion verschoben, dann verändert sich auch die gewinnmaximale Preis-Mengen-Kombination. Die Abfolge der gewinnmaximalen Preis-Mengen-Kombinationen kann als

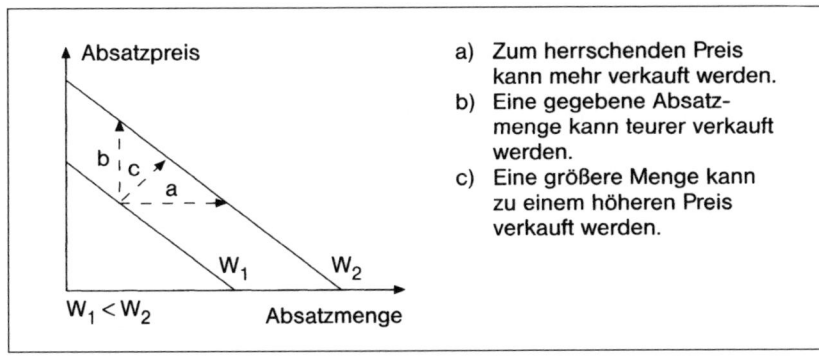

Abb. 16.3: Werbebedingte Nachfrageverschiebung

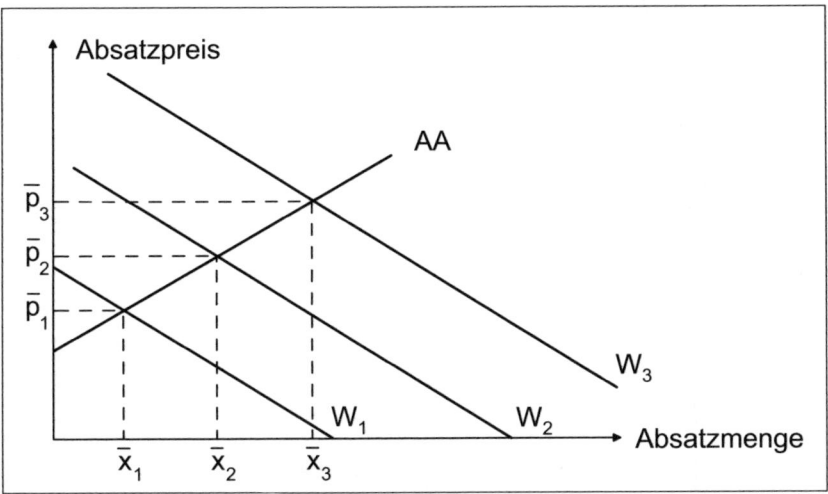

Abb. 16.4: Die Monopol-Anpassungslinie

Anpassungslinie (AA) eines Monopolisten angesehen werden (Abb. 16.4): Für alle denkbaren Werbeetats liegen auf ihr die jeweils zugehörigen gewinnmaximalen Preis-Mengen-Kombinationen. Die zu den Preis-Mengen-Kombinationen entlang der Anpassungslinie gehörenden **Rohgewinne** G (= Umsatz – Produktionskosten) finden sich in Abb. 16.5. Es zeigt sich, dass sie mit zunehmender gewinnmaximaler Absatzmenge größer werden. Fraglich ist allerdings, ob auch die **Nettogewinne** steigen, denn vom Rohgewinn müssen noch die Werbekosten abgezogen werden. Im Allgemeinen kann die gewinnmaximale Absatzmenge einer weiter rechts liegenden Nachfragefunktion nur mit **überproportional steigenden Werbebudgets** realisiert werden: Einen zusätzlichen Käufer zu erreichen, wird umso schwieriger, je mehr man schon beliefert (Abb. 16.6). Ein gewinnmaximierender Monopolist wird deshalb nur ein **begrenztes Werbebudget** einsetzen und die Absatzmenge (bzw. Nachfragefunktion) anstreben, bei der der **Nettogewinn,** also der Überhang des Rohgewinns über die Werbekosten, **maximiert** wird.

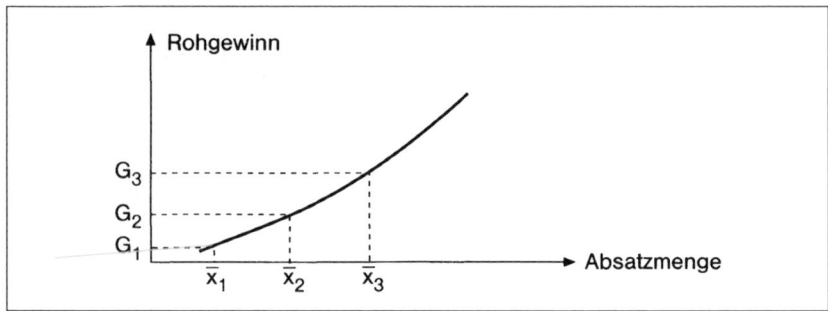

Abb. 16.5: Die Rohgewinnentwicklung

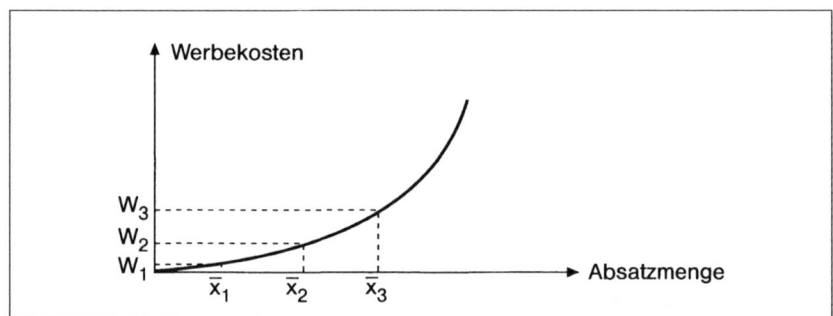

Abb. 16.6: Die Werbekostenfunktion

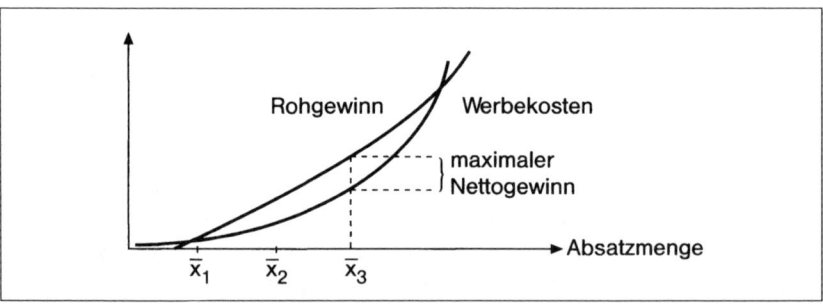

Abb. 16.7: Die Nettogewinnentwicklung

Geometrisch ergibt sich diese Absatzmenge durch eine Zusammenfassung der Abbildungen 16.5 und 16.6 (Abb. 16.7): Bei der Menge x_e ist die positive Differenz zwischen Rohgewinn und Werbekosten am größten; der zugehörige Preis ergibt sich durch Einsetzen der nettogewinnmaximalen Menge in die Anpassungslinie AA.

In der Regel ist nicht ein maximales, sondern ein »mittleres« Werbebudget optimal.

Dass der Nettogewinn durch Werbung nicht unbegrenzt gesteigert werden kann, wurde am Beispiel eines Monopolisten gezeigt, gilt aber analog für die **anderen Marktformen.** Wo jedoch im Einzelfall die »optimale Beschränkung« liegt, ist auch für die Wissenschaft ein schwieriges Problem.

Optimal zu werben bedeutet stets auch, sich **zu beschränken**.

Unter der Lupe

Werbepolitik im Monopol
Ein monopolistischer Anbieter sieht sich folgender Situation gegenüber:
- Nachfragefunktion: $p = p(x, W)$
- Kostenfunktion: $K = K(x)$

Es gilt dann für den Gewinn:

$$G = p \cdot x - K - W$$
$$= p(x, W) \cdot x - K(x) - W$$

$$\frac{\partial G}{\partial x} = \frac{\partial p}{\partial x} \cdot x + p - \frac{dK}{dk} = 0 \,;\, x = \text{const.}$$

$$= \frac{dU}{dx} - \frac{dK}{dx} = 0 \,;\, (15.\ \text{Kapitel})$$

$$\frac{\partial G}{\partial x} = \frac{\partial p}{\partial W} \cdot x - 1 \,;\, x = \text{const.}$$

Daraus folgt:

$$\frac{\partial G}{\partial x} \geq 0 \qquad \text{für:} \qquad dU \geq dK$$

$$\frac{\partial G}{\partial W} \geq 0 \qquad \text{für:} \qquad x \cdot \partial p \geq dW$$

Dies bedeutet:
- Wird bei gegebenem Werbebudget die Verkaufsmenge vergrößert, dann muss – bei fallendem Preis (Abb. 16.3) – der zusätzliche Umsatz die zusätzliche Produktionskosten mindestens ausgleichen.
- Wird bei gegebener Verkaufsmenge das Werbebudget vergrößert, dann muss – bei steigendem Preis (Abb. 16.3) – der zusätzliche Umsatz ($x \cdot \partial p$) die zusätzliche Werbung (∂W) mindestens ausgleichen.

2.2 Die Streuung des Werbebudgets

Unterstellt man (was realistisch ist), dass das Werbebudget von der Geschäftsleitung vorgegeben wird, dann konzentriert sich die Werbeplanung auf die **Streuplanung:** Von allen möglichen Aufteilungen des Werbebudgets auf die verschiedenen Werbeträger ist diejenige auszuwählen, die den größten **Verkaufserfolg** (im Sinne einer Rechtsverschiebung der Nachfragefunktion) verspricht. Da diese Anforderung in der Praxis auf erhebliche Probleme der Datenbeschaffung stößt, begnügt man sich mit einer weniger anspruchsvollen Anforderung: Ein Werbebudget wird bereits dann als optimal aufgeteilt angesehen, wenn mit keiner anderen Aufteilung ein größerer **Berührungserfolg** erzielt werden kann. Dieser bestimmt sich danach, wie

Gegenstand der Streuplanung sollte der Verkaufserfolg sein; aus praktischen Gründen ist es der Berührungserfolg.

Berührungserfolg: Anzahl und Qualität der Kontakte

Zwischen Berührungs- und Verkaufserfolg steht AIDA.

viele Personen (Reichweite) wie oft (Kontaktsumme) erreicht werden, wobei insbesondere die anvisierten Zielgruppen Berücksichtigung finden (Kontaktqualität).

Die Realisierung eines möglichst großen Berührungserfolgs ist zwar ein wichtiges, keineswegs aber hinreichendes Ziel: Werbung soll bei den »Berührten« außerdem noch

- die Aufmerksamkeit (**Attention**) auf das Produkt lenken,
- Interesse (**Interest**) dafür wecken,
- den Kaufwunsch (**Desire**) hervorrufen und
- schließlich zum Kauf (**Action**) führen

Dies ist die so genannte AIDA-Regel.

Man erkennt, dass zwischen dem **Berührungs**- und dem **Verkaufs**erfolg ein weiter Weg liegt (Abb. 16.8): Durch Werbung wird häufig Bedarf geweckt, der dann aber nur relativ selten auch gedeckt wird. Solange dies jedoch nicht geschieht, ist Werbung erfolglos; allenfalls könnte man von einem »außerökonomischen Werbeerfolg« sprechen. Ein Beispiel hierfür ist der vor Jahren verwendete Werbeslogan der Deutschen Bundesbahn »Alle reden vom Wetter – wir nicht«. Trotz hohen Bekanntheitsgrades kam es nicht zu einer Ausweitung des Bundesbahn-Reiseverkehrs.

Werbeeffizienz misst sich nicht an Kreativpreisen, sondern an Absatzzahlen. (Hanz Güldenberg, Nestlé)

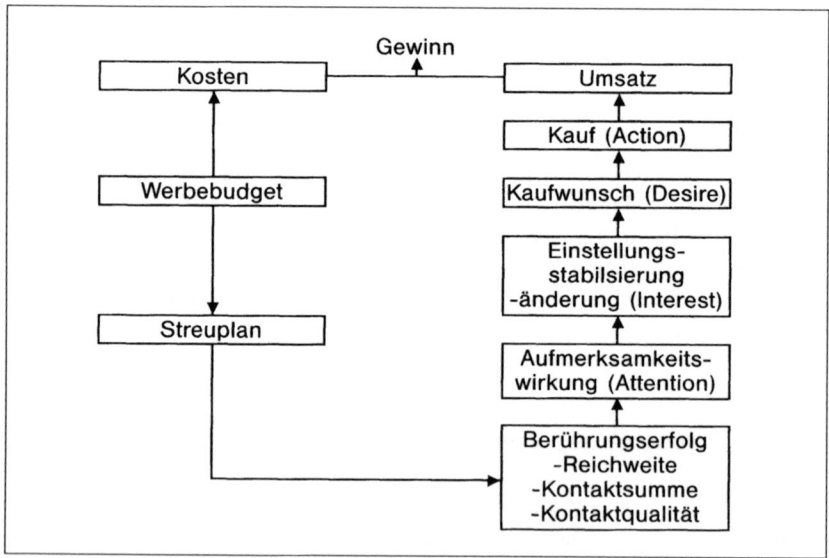

Abb. 16.8: Der Weg vom Berührungs- zum Verkaufserfolg

Aufgabe der Werbestreuplanung ist im Einzelnen die Erarbeitung einer Mediaselektionsstrategie:

- Auswahl bestimmter **Werbeträgerarten** (Tageszeitungen, Radio), dann
- Auswahl spezieller **Werbeträger** (Süddeutsche Zeitung, WDR) und schließlich
- Auswahl der **Einschaltzeitpunkte** (Timing).

Zahlreiche Auswahl- bzw. **Mediaselektionsmodelle** basieren auf dem **Tausender-Kontaktpreis-Kriterium.** Der Tausender-Kontaktpreis (TKP) ist der Preis, der dafür gezahlt werden muss, dass man mit einer einmaligen Schaltung in einem Werbeträger tausend Personen erreicht (»berührt«):

$$TKP_J = \frac{c_j}{K1_j} \times 1000$$

mit: c_j = Anzeigenpreis des j-ten Werbeträgers
$K1_j$ = Nutzer pro Ausgabe des j-ten Werbeträgers (»K1-Wert«)

Hierzu ein Beispiel:
Eine Tageszeitung verlangt für eine ganzseitige Anzeige 5000,– €. Die Ausgabe wird von 680 000 Personen (weit mehr als den Abonnenten) genutzt.

$$TKP = \frac{5000}{680000} \times 1000$$
$$= 7,35 \text{ €}$$

Die Tausender-Kontaktpreise für ausgewählte Werbeträger finden sich in Abb. 16.9.

Das Tausender-Kontaktpreis-Kriterium verlangt, dass zunächst das Medium mit dem niedrigsten TKP-Wert in allen Ausgaben belegt wird, danach das mit dem zweitniedrigsten usw., bis das – vorgegebene – Werbebudget erschöpft ist. Dieses Vorgehen stellt sicher, dass mit dem Werbebudget die **größtmögliche Anzahl von Kontakten** hergestellt wird. Allerdings werden dabei auch die internen und externen Überschneidungen mitgezählt:

- **Interne** Überschneidungen entstehen, wenn eine Anzeige mehrfach in einem Medium geschaltet und deshalb von den regelmäßigen Nutzern mehrfach registriert wird.
- **Externe** Überschneidungen entstehen, wenn eine Anzeige in mehreren Medien geschaltet und deshalb von »übergreifenden« Nutzern mehrfach registriert wird.

Zur Bewältigung der Werbe-Streuplanung gibt es Mediaselektionsmodelle, eines davon ist das Tausender-Kontaktpreis-Kriterium.

Das Tausender-Kontaktpreis-Kriterium zählt interne und externe Überschneidungen mit.

Das Tausender-Kontaktpreis-Kriterium stellt sicher, dass die Kontaktsumme (= Summe aller Kontakte mit der Werbebotschaft) maximiert wird.

Nachteilig am Tausender-Kontaktpreis-Kriterium ist, dass **nichts** darüber ausgesagt wird, **wie viele Personen** erreicht wurden: So kann eine bestimmte Kontaktsumme durch viele Kontakte mit wenigen Personen oder durch wenige Kontakte mit vielen Personen erreicht worden sein; Neukontakte

Titel	1000-Kontaktpreis (€)
ADAC-Motorwelt	3,86
Focus	4,53
Stern	4,58
Der Spiegel	5,47
Bild	9,53
Die Zeit	14,17
Bild der Wissenschaft	14,92
Süddeutsche Zeitung	15,09
Wirtschaftswoche	18,10
manager magazin	20,22
Die Welt	20,27
Frankfurter Rundschau	21,73
Frankfurter Allgemeine	23,17
Vogue	40,69

Mediaanalyse (MA) 2002 I.
Basis: Bevölkerung ab 14 Jahre: 64,10 Mio.
Zeitschriften   1/1 Seite sw
Zeitungen   ½ Seite sw

Quelle: http://www.media.spiegel.de

Abb. 16.9: 1 000-Kontaktpreise

zählen genauso viel wie Wiederholungskontakte. Häufig beschränkt man deshalb die Belegungszahl in einem Medium auf einen Wert unterhalb des maximalen (z.B. auf zwanzig bei einer wöchentlich erscheinenden Zeitschrift). Dies vermindert die internen Überschneidungen und ermöglicht über die frei werdenden Budgetteile die Hinzunahme weiterer Medien, was freilich zu zusätzlichen externen Überschneidungen führen kann. Wahrscheinlicher aber dürfte sein, dass die Wiederholungskontakte weniger und die Neukontakte mehr werden. Nicht mehr maximal ist dann allerdings die Kontaktsumme, da das »strenge« Tausender-Kontaktpreis-Kriterium verletzt wurde.

Dass in der Praxis – trotz grundsätzlicher Anwendung des Tausender-Kontaktpreis-Kriteriums – auch Werbeträger mit hohen Preisen (z.B. manager magazin) belegt werden, hat folgenden Hintergrund: In der Regel wird der TKP-Wert nicht auf der Basis der **Nutzer** pro Ausgabe (K1). sondern auf der Basis der **Zielpersonen** pro Ausgabe ermittelt (z.B. Führungskräfte). Dies kann aber zu einer völligen Umstrukturierung im Werbeträger-Ranking – und damit in der Belegungspräferenz – führen.

Beispiel

Nutzer pro Ausgabe: Führungskräfte

Tageszeitungen	Anteil in Prozent
Frankfurter Allgemeine	12,3
Handelsblatt	10,2
Süddeutsche Zeitung	9,7
Die Welt	7,8
Frankfurter Rundschau	3,7
Financial Times Deutschland	3,0
Basis: 2,145 Mio. Führungskräfte	

Aus: Leseranalyse Entscheidungsträger (LAE) 2001

»... Beliebtester Titel der Führungskräfte insgesamt ist Focus (29,1 Prozent) vor Spiegel (26,7 Prozent) und Stern (23,8 Prozent) ...«

(Aus: Süddeutsche Zeitung vom 1. 10. 2001)

Beispiel

1000-Kontaktpreis-Kriterium

Das Werbebudget beträgt für ein Jahr 500 000,– €;
zur Auswahl stehen drei Medien
A (wöchentlich), B (monatlich) und C (quartalsweise).

Es gilt:
- Kosten je Belegung
  A = 40 000,– €
  B = 25 000,– €
  C = 5 000,– €
- Nutzer je Ausgabe
  A = 2,5 Mio. Personen
  B = 1,248 Mio. Personen
  C = 0,688 Mio. Personen
- Hieraus folgt (gerundet):
  TKP_A = 16.– €
  TKP_B = 20,– €
  TKP_C = 7,30 €
- Optimale Belegung nach dem TKP-Kriterium:
  4 Belegungen in C = 20 000 €
  12 Belegungen in A = 480 000 €

Beispiel

Auswahl der Einschaltzeitpunkte (Timing)

»… Trotz attraktiver Zielgruppe herrscht auf Kundenseite Buchungszurück-haltung bei Erotik-Magazinen. ›Die besten Zielgruppen und Tausendkon-taktpreise nutzen in diesem Fall nichts‹, so Ute Hufenus, Media-Einkäuferin bei der Agentur Dr. Pichutta. ›Eine große Anzahl unserer Kunden wollen einfach nicht mit den Inhalten dieser Sendungen in Verbindung gebracht werden.‹ Und das gilt nicht nur für konservative Unternehmen und deren Produkte, sondern branchenübergreifend. TV-Kunden legen bei Kampa-gnen-Start die Programm-Umfelder fest, in denen gebucht werden darf. Sex und Gewalt stehen auf diesem Index ganz oben …«

(Aus: Cyllok, A.: Kann Erotik Sünde sein?, in: W & V 21/1998)

Unter der Lupe

Ermittlung des Berührungserfolgs bei Bannerwerbung im Internet

Die Attraktivität einer Website kann über Visits gemessen werden, die einer Webseite über Page-Impressions. Ein Visit stellt einen zusammenhängenden Nutzungsvorgang innerhalb einer Site dar und sollte somit die Anzahl der Besucher der Site messen. Page-Impressions sind dagegen seitenbezogen – sie zählen vollständig geladene Seiten – und werden zur Messung des Berüh-rungserfolgs bevorzugt herangezogen. Probleme ergeben sich bei der Mes-sung von Visits dadurch, dass ein time-out definiert ist, nach dessen Ablauf der Visit endet. Lässt sich ein Besucher also Zeit beim Lesen der Seite, so werden für ihn unter Umständen mehrere Visits gezählt. Zudem können Visits – ebenso wie Page-Impressions – von verschiedenen Nutzern des PC's ausgehen.

Neben diesen werbeträgerbezogenen können auch werbemittelbezogene Kennzahlen direkt aufgezeichnet werden. Mittels Ad-Impressions wird die potentielle Kontaktsumme mit einer »Anzeige« gemessen – unabhängig da-von, ob die komplette Seite (s. Page-Impression) vollständig geladen wurde oder nicht. Problematisch hierbei ist, dass sich Banner auch im unteren Be-reich einer Seite befinden können und trotz eines registrierten Ladevor-gangs gar nicht die Möglichkeit bestand, diese auch wahrzunehmen. Eine Erweiterung stellen die Ad-Clicks – also die Summe der nicht nur potenziell wahrnehmbaren, sondern aktiv durch Click weiter verfolgten Banner – dar. Fraglich bleibt hierbei allerdings, ob eine hohe Zahl von ClickThroughs auf einen gut gestalteten Werbeträger oder eher auf ein gut gestaltetes Werbe-mittel – also Banner – zurückzuführen sind.

Problematisch bei jeder Art der in dieser Weise automatisierten Messung sind in Caches (Lokal oder als Proxy) zwischengespeicherte Dateien. Sind diese einmal im Cache-Speicher vorhanden, so werden sie bei einem erneu-ten Seitenabruf nicht mehr direkt vom Server, sondern aus dem Cache gela-den. Eine zusätzliche Erhöhung der Kontaktmaßzahl unterbleibt, die ausge-wiesene Kontaktmaßzahl stellt somit eine untere Grenze dar.

→

Die (überschneidungsfreie) Ermittlung von Reichweiten ist unmöglich, da die hinter den abrufenden Computern stehenden Nutzer nie eindeutig identifiziert werden können. Computer (nicht Nutzer) können höchstens dann identifiziert werden, wenn Cookies zur Speicherung von Informationen zugelassen sind. Dies ändert aber nichts an der Problematik, da mehrere Personen den gleichen Computer benutzen können – es sei denn, jeder Besucher einer Seite ist verpflichtet, sich mit Namen und Passwort auf einer Seite anzumelden.

Bei der Selektion von Werbeträgern können verschiedene – zusätzliche – Modelle zum Einsatz kommen, die aber alle eine standardisierte Erhebung der Kontaktmaßzahlen nach dem Motto »Wenn schon nicht korrekt, dann wenigstens einheitlich!« voraussetzen. Erhebungsschemata werden von der IVW (Informationsgemeinschaft zur Feststellung der Verbreitung von Werbeträgern e.V., erreichbar unter www.ivw.de) definiert, deren Einhaltung kontrolliert.

Wie bei klassischen Printmedien können Werbeträger mittels des TKP selektiert werden: Bei Buchung einer festen Anzahl von Einblendungen ist der Schaltungszeitraum ex ante nicht bekannt. Wird andererseits für einen bestimmten Zeitraum gebucht, so kann der TKP vorher nicht bestimmt werden, da die Anzahl der Kontakte nicht feststeht. Wird nur über AdClicks abgerechnet, so findet eine Verschiebung des Risikos zu Lasten des Seitenbetreibers statt, da die Clicks neben der Attraktivität des beworbenen Produkts auch von der Gestaltung des Werbemittels und nicht nur vom Werbeträger abhängig ist.

»... Für die Marke Mercedes-Benz werden ... monatlich über 20 Millionen Seitenaufrufe im Internet registriert. Preussag bringt es mit der Touristikgruppe TUI auf 15 Millionen pro Monat ...«

(Aus: Süddeutsche Zeitung vom 15.3.2002)

3 Die Werbewirkungsanalysen

Die Gestaltungsqualität von Werbekampagnen wird im Rahmen von Wirkungsanalysen geprüft. Eine Wirkungsanalyse, die vor (nach) einer Kampagne durchgeführt wird, nennt man **Wirkungsprognose (Wirkungskontrolle)** oder **Pretest (Posttest).**

Bei der Wirkungsprognose sucht man unmittelbar eine Entscheidungshilfe; bei der Wirkungskontrolle möchte man aus den Fehlern der Vergangenheit lernen, um es in Zukunft besser zu machen (Feedback-Funktion).

Pretests können als Labor- und als Feldexperimente durchgeführt werden.

In den **Laborexperimenten** zur Werbewirkungs**prognose** wird erkundet, welche Aufmerksamkeits- und Kaufbereitschaftswirkung bestimmte in Aussicht genommene Werbekampagnen haben, ob die Werbemittelgestaltung verbessert werden kann, ob es Missverständnisse gibt usw. Häufig in Labortests eingesetzte Instrumente sind Augenkameras (zur Aufzeichnung des Blickverlaufs bei der Betrachtung von Werbeanzeigen), mit Produkten bestückte Schnellgreifbühnen (im Rahmen von Verpackungstests) sowie Satzergänzungen (zur Aufdeckung von Assoziationen). Bei der Auswertung solcher Experimente ist allerdings zu bedenken, dass Werbemaßnahmen, die sich im Testlabor bewährt haben, im Markt oft wirkungslos bleiben, da zwischen der ermittelten Kaufbereitschaft und dem tatsächlich durchgeführten Kaufverhalten Welten liegen können.

Im Rahmen von **Feldexperimenten** werden in regional begrenzten Verkaufsgebieten unterschiedliche Werbekampagnen durchgeführt. Anhand der jeweiligen Entwicklung des Absatzes bzw. Marktanteils – häufig auch des Bekanntheitsgrades – wird dann geprüft, welche der alternativen Kampagnen (einschließlich der bisherigen) am verkaufswirksamsten ist. Da sich bei nur geringfügigen Änderungen der bisherigen Werbekampagne Verkaufswirkungen kaum werden feststellen lassen, empfiehlt sich der Markttest vor allem bei völlig neuen Werbemaßnahmen (Kritik: 14. Kapitel).

Ein relativ einfaches – und häufig verwendetes – Verfahren der Werbeerfolgs**kontrolle** ist der **Recall-Test:** Am Tage nach z. B. einem Fernsehwerbespot wird eine Zufallsstichprobe von Telefonbesitzern mit der Frage angerufen, ob am Vortage ein bestimmter Werbespot gesehen wurde (gestützter Recall-Test) bzw. an welche Werbespots vom Vortage man sich erinnern könne (ungestützter Recall-Test). Beim **Recognition-Test** wird nicht die Erinnerung, sondern die Wiedererkennung von Werbung ermittelt, z. B. indem der Interviewer mit dem Probanden gemeinsam eine Illustrierte durchblättert. Ein **Erfolgsmaß** ist der Quotient aus Werbeaufwand für die abgefragte Kampagne und der Anzahl Prozentpunkte Erinnerung bzw. Wiedererkennung (EURO je Prozentpunkt).

> Der **Aufmerksamkeits**erfolg einer abgeschlossenen Werbekampagne kann über einen gestützten bzw. ungestützten Recall-Test sowie über einen Recognition-Test kontrolliert werden.

Mit dem Recall- bzw. Recognition-Test lässt sich allerdings nur die Aufmerksamkeitswirkung von Anzeigen testen. Einer auf den Verkaufserfolg gerichteten Werbeerfolgskontrolle könnte sich als Anknüpfungspunkt die **Absatzänderung** anbieten. Dies ist jedoch aus verschiedenen Gründen nicht sinnvoll:

- Exogene Einflüsse wie Konjunktur, Wetter, Nachfrageverschiebungen usw. können einen Absatzeinbruch herbeiführen, der der Kampagne nicht anzulasten ist.
- Fernwirkungen früherer Werbemaßnahmen können einen Mehrabsatz bewirken, der nichts mit der aktuellen Kampagne zu tun hat (»Carry-

over-Effekte«). So könnte eine zurückliegende Werbung »Sparen« ausgelöst haben, was nun zum Kauf führt.

- Für den Absatz eines Unternehmens ist der kombinierte Einsatz aller absatzpolitischen Instrumente verantwortlich. Der Verkaufs(miss) erfolg lässt sich deshalb nur bedingt den Werbemaßnahmen zurechnen.
- Zu einer abschließenden Beurteilung der Kampagne kann es noch zu früh sein.
- In einem Mehrproduktunternehmen strahlen Werbemaßnahmen für ein Produkt (z. B. 7er BMW) auf den Verkaufserfolg anderer Produkte der Produktlinie (z. B. 5er BMW) positiv aus. Solche »Spill-over-Effekte« kann es auch zwischen verschiedenen Ländern (z. B. BMW-Werbung in Deutschland und Österreich) sowie den Produkten verschiedener Hersteller geben (z. B. Persil und Ariel).

Besser geeignet als eine Messung der Absatzänderung erscheint eine Messung der **Marktanteilsänderung;** hierdurch wird immerhin die Wirkung der exogenen Einflüsse ausgeschaltet: Geht z. B. infolge schlechten Wetters der Absatz zurück, dann wird man dennoch die Werbekampagne als erfolgreich einstufen dürfen, wenn der Absatz der Konkurrenz noch stärker zurückgegangen, der eigene Marktanteil also gestiegen ist. »Der Volkswagen-Konzern hat im ersten Quartal auf dem deutschen Markt 7,3 Prozent weniger Autos verkauft als in der Vorjahresperiode. Der Gesamtmarkt schrumpfte in dieser Zeit um 8,1 Prozent …« (Aus: Süddeutsche Zeitung vom 10. 5. 2000). Die übrigen Vorbehalte bleiben allerdings auch bei der Marktanteilsmessung bestehen.

> Der **Verkaufserfolg** einer abgeschlossenen Werbekampagne sollte über die Marktanteilsänderung kontrolliert werden.

In Fällen, wo Käufer auf das Werbemittel Bezug nehmen (z. B. Einsenden von Coupons, Antwortpostkarten), kann der Werbeerfolg durch die Messung des **Streuerfolgs** überprüft werden.

Der Streuerfolg ist definiert als der Quotient aus »Anzahl der Personen, die durch ein bestimmtes Werbemittel zum Kauf veranlasst wurden (Besteller)« und »Anzahl der Personen, die durch dieses Werbemittel erreicht wurden (Adressaten, K1-Wert)«:

$$\text{Streuerfolg} = \frac{\text{Anzahl Besteller (B)}}{\text{Anzahl Adressaten (A)}}$$

In enger Beziehung zum Streuerfolg steht die **Werberendite:**

$r = B \times g - A \times k$

mit: g = Gewinn je Bestellung
k = Werbekosten je Adressat.

Von einem **kritischen Streuerfolg** spricht man bei r = 0; es gilt dann:

$$\frac{B}{A} = \frac{k}{g}$$

was bedeutet, dass der Streuerfolg zumindest dem Verhältnis aus Stückwerbekosten und Stückgewinn entsprechen muss, wenn **kein Verlust** gemacht werden soll.

4 Die gesetzlichen Rahmenbedingungen zur Werbepolitik

Begrenzung der Werbe-freiheit durch Gesetze und freiwillige Selbst-beschränkung

Die Rechtsordnung der Bundesrepublik Deutschland gewährt den Unternehmen die Möglichkeit, Werbung nach **eigenem Ermessen** zu treiben; allerdings begrenzt ein rechtlicher Rahmen aus **Gesetzen** und **Verordnungen** diesen Gestaltungsspielraum; hierzu gehören insbesondere:

- Gesetz gegen den unlauteren Wettbewerb,
- Verordnung zur Regelung der Preisangaben,
- Heilmittelwerbegesetz,
- Lebensmittel- und Bedarfsgegenständegesetz.

Neben betroffenen **Wettbewerbern** gibt es **private Institutionen,** die versuchen, die Selbstdisziplin in der Werbewirtschaft zu verbessern:

Deutscher Werberat: Einzelbeschwerden und Verhaltensregeln

- Der **Zentralverband der deutschen Werbewirtschaft** (ZAW), Bonn, ist Dachverband von 40 Verbänden der deutschen Werbewirtschaft. Zwölf Mitglieder seines Präsidiums bilden den Deutschen Werberat, der im Wesentlichen zwei Aufgaben übernommen hat: Die Bearbeitung von Einzelbeschwerden über Werbemaßnahmen im Bereich der Wirtschaftswerbung (wobei jedermann beschwerdeberechtigt ist. Tel.-Nr. 02 28/8 20 92–0) und die Erarbeitung von Verhaltensregeln und Leitlinien (z. B. über die Werbung für alkoholische Getränke, die Werbung mit und vor Kindern). Die Kompetenzen des Werberates gehen so weit, bei Verstößen gegen seine Richtlinien öffentliche Rügen zu erteilen.
- Mit Beschwerden über unlautere Werbung befasst sich ferner die **Zentrale zur Bekämpfung unlauteren Wettbewerbs,** Bad Homburg, der alle Industrie- und Handelskammern, 450 Wirtschaftsverbände sowie 600 Unternehmen als Mitglieder angehören. Sie wird vom Werberat immer dann eingeschaltet, wenn bei Gesetzesverstößen eines Werbetreibenden eine gütliche Einigung nicht möglich ist und deshalb der Prozessweg ins Auge gefasst wird.
- Auch der **Verbraucherschutzverein,** Berlin, eine Gründung der Verbraucherzentralen der Bundesländer und der Arbeitsgemeinschaft der Verbraucher, verfolgt – mit Klagebefugnis – unlauteren Wettbewerb.
- Schließlich versuchen einzelne Branchen, über freiwillige **Selbstbeschränkungsabkommen** der Werbekritik entgegenzuwirken (z. B. Ziga-

rettenindustrie: Keine Plakatwerbung bei Schulen, Jugendzentren und Sportveranstaltungen, keine Zigarettenautomaten in der Nähe von Schulen, keine öffentliche Verteilung von Gratispackungen (»Samplings«), keine Gemeinschaftswerbung der Zigarettenindustrie, Warnhinweise bei Werbefilmen im Kino, keine Models unter 30 Jahren usw.).

Unter der Lupe

Deutscher Werberat

»Als ›geschmacklose, unglaubliche Entgleisung‹ hat der Deutsche Werberat eine Werbemaßnahme des italienischen Textilherstellers Benetton (Panzono Veneto) beanstandet und öffentlich gerügt. Die Firma hatte vor einigen Tagen in der Illustrierten »stern« in einer doppelseitigen Anzeige einen Soldatenfriedhof mit der Textzeile gezeigt »United Colors of Benetton …«

(Aus: ZAW-Service, Nr. 167 [4,1991])

Arbeitsbilanz Deutscher Werberat 2000	
Eingereichte Beschwerden insgesamt einschließlich Mehrfachbeschwerden	1 390
Betroffene Werbemaßnahmen	332
Fälle vor dem Werberat	268
davon: Werbungtreibende erklärten sich bereit die Werbemaßnahme nicht mehr zu schalten bzw. zu ändern	90
Öffentliche Rüge	3
Unbegründete Beschwerden	175
Quelle: Jahrbuch Deutscher Werberat 2001, Bonn	

Ein Beschwerdeschwerpunkt – allerdings mit rückläufiger Tendenz – betrifft Frauendiskriminierung (2000 : 33 %). Die nicht vom Werberat zu entscheidenden Fälle wurden an die zuständige Stelle weitergeleitet bzw. beinhalteten keine Wirtschaftswerbung.

Verhaltensregeln des Deutschen Werberats für die Werbung mit und vor Kindern in Werbefunk und Werbefernsehen (Fassung von 1992):

Bei der Werbung mit Kindern und bei der Werbung, die sich speziell an Kinder wendet, sind insbesondere die nachstehenden Grundsätze bei der Gestaltung und Durchführung von Werbemaßnahmen zu beachten:

1. Sie sollen keinen Vortrag von Kindern über besondere Vorteile und Eigenarten des Produktes enthalten, der nicht den natürlichen Lebensäußerungen des Kindes gemäß ist.
2. Sie sollen keine direkten Aufforderungen zu Kauf oder Konsum an Kinder enthalten.

→

3. Sie sollen keine direkten Aufforderungen von Kindern und/oder an Kinder enthalten, andere zu veranlassen, ein Produkt zu kaufen.

4. Sie sollen nicht das besondere Vertrauen, das Kinder bestimmten Personen entgegenzubringen pflegen, missbräuchlich ausnutzen.

5. Aleatorische Werbemittel (z. B. Gratisverlosungen. Preisausschreiben und -rätsel u. Ä.) sollen die Umworbenen nicht irreführen, nicht durch übermäßige Vorteile anlocken, nicht die Spielleidenschaft ausnutzen und nicht anreißerisch belästigen.

6. Sie sollen strafbare Handlungen oder sonstiges Fehlverhalten, durch das Personen gefährdet werden können, nicht als nachahmenswert oder billigenswert darstellen oder erscheinen lassen.

Für die Werbung im Fernsehen mit Jugendlichen und die Fernsehwerbung, die sich speziell an Jugendliche wendet, gilt unter Berücksichtigung der Bestimmungen der EG-Fernsehrichtlinie vom 3. Oktober 1989:

7. Sie soll keine direkten Kaufaufforderungen an Jugendliche richten, die deren Unerfahrenheit und Leichtgläubigkeit ausnutzen.

8. Sie soll Jugendliche nicht unmittelbar dazu auffordern, ihre Eltern oder Dritte zum Kauf der beworbenen Ware oder Dienstleistungen zu bewegen.

9. Sie soll nicht das besondere Vertrauen ausnutzen, das Jugendliche zu Eltern, Lehrern und anderen Vertrauenspersonen haben.

10. Sie soll Jugendliche nicht ohne berechtigten Grund in gefährlichen Situationen zeigen.

(Quelle: Deutscher Werberat)

Gegenstand des **Gesetzes gegen den unlauteren Wettbewerb** (UWG) sind sittenwidrige, vergleichende und irreführende Werbung (Abb. 16.10).

Sittenwidrige Werbung: Kundenfang und Behinderung

Unter **sittenwidriger Werbung** – als Verstoß gegen § 1 UWG – versteht man insbesondere Kundenfang und Behinderung. Beispiele für **Kundenfang** sind Täuschung, Übertriebenes Anlocken und Belästigung. In einer Entscheidung gegen die Firma Benetton hat der Bundesgerichtshof (1 ZR 110/93, 239/93, 180/94) **Schockwerbung** als sittenwidrigen Kundenfang eingestuft, sofern mit der Darstellung des Leids (z. B. eines nackten Gesäßes mit einem Stempel »H. I. V. positive« und der Textzeile »United Colors of Benetton«) das Gefühl des Mitleids der Verbraucher angesprochen und eine Solidarisierung mit dem – sich selbst als betroffen hinstellenden – Werbetreibenden herbeigeführt werden soll; grundsätzlich sei es aber jedem Werbetreibenden unbenommen, auch ohne konkreten Produktbezug gesellschafts- und umweltpolitische Fragestellungen aufzugreifen, weshalb Schockwerbung nicht generell untersagt sei. Dieses Urteil hob das Bundesverfassungsgericht 2000 auf (AZ: 1 BvR 1 762/95, 1787/95): die Meinungsfreiheit dürfe nicht beschränkt werden, um »ein vom Elend der Welt unberührtes Gemüt des Bürgers zu schützen«. Allerdings könnten Ekel erregende, Angst einflößende oder Jugend gefährdende Bilder sowie Werbung, die Menschen ausgrenzt, verächtlich macht, verspottet oder sonst wie herabwürdigt, anders beurteilt werden; im vorliegenden Fall sei jedoch die kritische Tendenz und aufrüttelnde Wirkung unübersehbar. Der Bundesgerichtshof hat sich zu dieser – auch für ihn bindenden – Entscheidung sehr kritisch geäußert (AZ. I ZR 284/00). Als **Behinderung** gilt der Versuch, Konkurrenz durch Boykottaufrufe, Ruf- und Geschäftsschädigung usw. vom Markt zu drängen.

Eine **vergleichende Werbung** ist dann nicht irreführend, wenn der Vergleich objektiv nachprüfbare und wesentliche Eigenschaften von Waren und Dienstleistungen gleicher Zweckbestimmung umfasst; hierzu zählt auch der Preis. So wurde die Werbeaussage von Burger King, Whopper »schmeckt besser« als Big Mac, vom Oberlandesgericht München untersagt (Az.: 29 U 2044/99). Die Werbung darf zudem nicht anlehnend (Ausbeutung des guten Rufs eines Konkurrenten) oder herabsetzend (pauschale Verunglimpfung eines Konkurrenten) ausfallen; auch müssen Verwechslungen (z. B. Logo, Design) ausgeschlossen sein. Der Vergleich kann einzelne Wettbewerber, aber auch die Alleinstellung in der Branche betreffen (»Systemvergleich«). Gegen vergleichende Werbung wird eingewendet, sie »verwirre nur unnötig die Verbraucher«; hierbei wird freilich übersehen, dass mehr Informationen – vor allem in schwierigen Entscheidungssituationen – immer wünschenswert sind, insbesondere dann, wenn sie pointiert einen Produktvorteil verdeutlichen. Allerdings könnte ein zu aggressiver Vergleich Sympathien auf die Konkurrenz leiten (»Jetzt erst recht«); eine solche »Reaktanz« wäre allerdings auch denkbar, wenn der »angegriffene« Wettbewerber – insbesondere bei überlegener Marktstellung – zu heftig reagiert, wie im Fall der Deutschen Telekom, die in einer Gegenanzeige den Konkurrenten Mobilcom als »Mogelcom« bezeichnete. In Deutschland seit langem üblich ist die Werbung mit – seriösen – Testergebnissen, wobei freilich die Einordnung des Produktes erkennbar sein muss (z. B. Stiftung Warentest: Qualitätsurteil »sehr gut«; im Test 15 Produkte, Testurteil: 5 sehr gut).

Das Verbot **irreführender Werbung** ergibt sich aus § 3 UWG: Irreführung liegt stets dann vor, wenn ein erheblicher – vom Einzelfall abhängiger – Teil des angesprochenen Publikums aufgrund einer Angabe in der Werbung zu einer von der Realität abweichenden Vorstellung mit »anlockender Wirkung« gelangt. Zur Feststellung des Sachverhalts kann auf eine Meinungsumfrage zurückgegriffen werden. Nach einer Entscheidung des Europäischen Gerichtshofs ist bei deren Würdigung vom Leidbild eines durchschnittlich informierten, aufmerksamen und verständigen Durchschnittsverbrauchers auszugehen (Rs. C-220/98). Ob damit die bisher in Deutschland übliche »Irreführungsschwelle« von zehn bis fünfzehn Prozent zu niedrig angelegt ist, blieb freilich offen: Hier behalten die EU-Länder ihren Ermessensspielraum. Als irreführend gilt insbesondere die Werbung mit unvollständigen oder mehrdeutigen Angaben über Eigenschaft, Herkunft usw. der Waren und die Werbung mit Selbstverständlichkeiten (Angaben über Eigenschaften, die wegen gesetzlicher Vorschriften oder technischer Erfordernisse ohnehin für alle Produkte einer Gattung unabdingbar sind). Nach ei-

Confusion is a higher state of knowledge than ignorance. (B. Buchanan)

Irreführende Werbung: Erzeugung einer von der Realität abweichenden Vorstellung mit anlockender Wirkung

ner Entscheidung des Bundesgerichtshofes ist auch redaktionell gestaltete Werbung in Zeitungen irreführend. Eine marktschreierische (»sofort offensichtlich unrichtige«) sowie eine nichtssagende Werbung (»Coke macht mehr draus«) fallen hingegen nicht unter das Verbot. Den Irreführungstatbestand kann auch vergleichende Werbung erfüllen (z. B. bei Beschaffenheits- und Preisangaben).

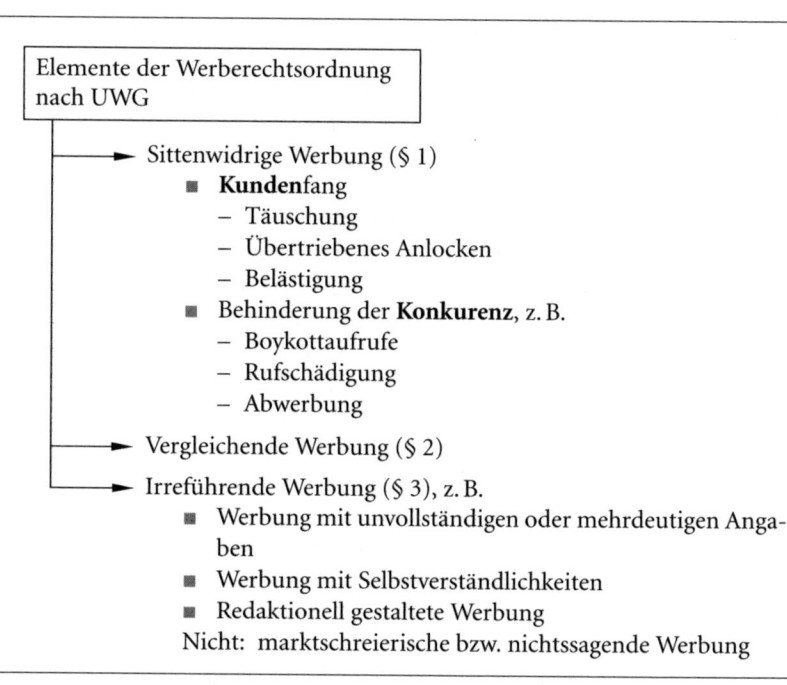

Abb. 16.10: Werberechtsordnung (Auszug)

Beispiel

Werbeverstöße nach UWG

»Dem Börsenaspiranten T-Online wird per Gerichtsbeschluss verboten, die Teilnahme an einer Kundenumfrage mit der bevorzugten Vergabe der Aktien zu verbinden …

… Das Versprechen, T-Online-Aktien zu erhalten, würde Neukunden in »übertriebenem Maße anlocken« und verstoße deshalb nach Paragraph 1 des Gesetzes gegen die guten Sitten …«

(Aus: S. Boehringer: Richter rügen Lockrufe im Internet, in: Süddeutsche Zeitung vom 18./ 19. 3. 2000)

»Der Verkauf von Fernsehgeräten für nur eine DM verstößt gegen die guten Sitten, wenn der Dumpingpreis an den Abschluss eines langjährigen Strom-

→

lieferungsvertrages gekoppelt ist … Der Abschluss eines Stromlieferungs-
vertrages sei anders als bei gekoppelten Handy- und Netzkartenverträgen
›keine unabdingbare oder auch nur sinnvolle Ergänzung zum Gerätekauf‹«
(Az. 6 U 181/00).

(Aus: Süddeutsche Zeitung vom 7. 3. 2001)

»… e-on hatte in Broschüren für Endverbraucher geworben: ›Wir garantie-
ren Ihnen mit Brief und Siegel: Aquapower liefert Ihnen zu 100 % Strom aus
Wasserkraft …‹

Diese Aussagen sind falsch, wie e-on Energie selbst zugibt … Es sei allgemein bekannt, dass es technisch überhaupt nicht möglich ist, Strom ausschließlich aus Wasserkraft zu liefern. Denn die per Wasser erzeugte Energie
wird lediglich in das normale Stromnetz eingespeist. Und in diesem Netz
befindet sich eben der übliche Mix aus Kohle-, Atom- und auch Wasser-
kraftstrom. Mit der Angabe ›hundert Prozent Strom aus Wasserkraft‹ wollte
der Konzern lediglich das Versprechen abgeben, dass die vom Kunden ent-
nommene Menge an Spannung dem Netz an anderer Stelle durch eine
Stromerzeugung aus Wasserkraft zeitgleich wieder zugeführt wird. Das wis-
se der ›verständige Durchschnittsverbraucher‹ auch.

Die Richter in München sahen das jedoch anders … Die in der Broschüre
abgedruckte Garantie, Aquapower liefere zu hundert Prozent Strom aus
Wasserkraft, erwecke bei ›einem nicht unbeachtlichen Teil der potenziellen
Stromkunden‹ den Eindruck, nach Abschluss eines Vertrags mit Eon Ener-
gie ›seien sie in der Lage, dem Netz ausschließlich umweltfreundlichen
Strom zu entnehmen‹, heißt es in dem jetzt veröffentlichten Urteil (Az.: 29
U 1534/01).

(Aus: D. Kuhr: Hundert Prozent Strom aus Wasserkraft gibt es in Deutschland nicht, in: Süddeutsche Zeitung vom 22. 8. 2001)

»›Lieber in den Zug steigen, als mit dem Flugzeug zu spät kommen‹ – so
warb die Bahn AG und meinte es wohl ironisch. Aber gelacht hat kaum einer. Vor allem nicht die Richter des OLG Frankfurt. Die gaben jetzt einer
klagenden Fluggesellschaft Recht: Vergleichende Werbung, die sich nur auf
Nachteile eines anderen stütze, sei wettbewerbswidrig. Vor allem, weil auch
die Bahn selbst mit Verspätungen zu kämpfen habe (Az.: 6U203/00).«

(Aus: Süddeutsche Zeitung vom 21. 7. 2001)

»Ein Verbot für die niederländische Gemüsewerbung unter dem Motto
›Ackern für Deutschland‹ hat das Oberlandesgericht Köln ausgesprochen.
Die bereits vor einigen Jahren gestartete Werbekampagne für Tomaten, Sa-
latgurken und Paprika sei irreführend … Schließlich werde das Gemüse
zum großen Teil auf Nährstoffmatten gezogen und nicht im Ackerbau. Die
Richter rügten, es erwecke einen falschen Eindruck, wenn in den Anzeigen
neben den Fotos von frischem Gemüse von ›umweltfreundlichem Anbau‹
die Rede sei …«

(Aus: Süddeutsche Zeitung vom 18. 4. 1997)

Das **Lebensmittel- und Bedarfsgegenständegesetz** (LMBG) verbietet gesundheitsbezogene bzw. Angst auslösende Werbung für Lebensrnittel. Ferner gibt es dort für Tabakerzeugnisse generelle Werbegestaltungsbeschränkungen, ein Verbot der Rundfunk- und Fernsehwerbung und der Werbung in Jugendzeitschriften (§ 22). Der Versuch der EU-Kommission, über eine Richtlinie ein vollständiges Tabakwerbeverbot durchzusetzen, wurde vom Europäischen Gerichtshof gestoppt: Gesundheitspolitik sei Sache der Mitgliedsstaaten; lediglich länderübergreifende Werbemaßnahmen könnten unter dem Gesichtspunkt der Förderung des Binnenmarktes gesehen werden, wofür die EU-Kommission zuständig sei (Rs C-376/98). Um einem Verbot zuvorzukommen, versprach der Internationale Motorsportverband, von 2006 weltweit auf Tabaksponsoring in der Formel Eins zu verzichten. Auf dem Prüfstand befindet sich auch die Tabakwerbung in Zeitungen und Zeitschriften, um den freien Presseverttieb auch in Ländern mit – eigenem – Verbot sicherzustellen.

Ähnliche Beschränkungen wie beim LMBG finden sich im **Heilmittelwerbegesetz;** außerdem gibt es dort genaue Vorschriften über Hinweise auf Nebenwirkungen. So muss in Radio- und TV-Spots der Satz: »Zu Risiken und Nebenwirkungen lesen Sie die Packungsbeilage und fragen Sie Ihren Arzt oder Apotheker« gesprochen werden und – im Fernsehen – gleichzeitig gut lesbar sein.

Werbebeschränkungen enthalten zudem die **Straßenverkehrsordnung** und die **Landesbauordnungen** (z. B. Werbeverbot außerhalb geschlossener Ortschaften sowie innerorts in reinen Wohngebieten). Auch ist bestimmten **Berufsgruppen** Werbung – weitgehend – untersagt. Rechtsanwälten, Wirtschaftsprüfern und Steuerberatern ist nur sachliche, berufsbezogene Werbung erlaubt, sofern sie nicht auf die Erlangung eines Einzelauftrags gerichtet ist; Werbebriefe sind demnach verboten, nicht hingegen Hinweise auf Spezialkenntnisse (z. B. Zeitungsanzeige: »Steuerberatung/Lohnsteuerberatung, Name, Fachanwalt für Steuerrecht, Sprechzeiten, Adresse, Telefonnummer«). Mittlerweile hat das Bundesverfassungsgericht aber eine Liberalisierung der Rechtsprechung eingeleitet: Mit Blick auf Apotheker und Architekten hat es klargestellt, dass Beschränkungen in den Berufsordnungen einen Eingriff in die Berufsfreiheit darstellten und deshalb »durch hinreichende Gründe des Gemeinwohls gerechtfertigt« sein müssten. So dürfen bestimmte Werbeträger (z. B. Flugblätter, Sportlertrikots) nicht von vornherein ausgeschlossen werden. Außerdem ist Apothekern nun erlaubt, für ihr Nebensortiment (z. B. Bonbons, Kosmetik, Vitaminsäfte) auch außerhalb ihrer Räume in einer »Verkaufsschütte« zu werben. (Zahn-)Ärzten hat das Bundesverfassungsgericht ebenfalls den Weg geebnet: Sie dürfen sachlich auf besondere Fachgebiete hinweisen (»Tätigkeitsschwerpunkt Implantologie«).

5 Werbekritik

5.1 Werbung als Information

Werbung fördert den Wettbewerb insofern, als sie die Verbraucher über Arten, Eigenschaften, Herkunft und Preise des Güter- und Dienstleistungsangebots informiert. Diese **Sprachrohrfunktion der Werbung** hilft den Verbrauchern, sich in der vielfältigen Warenwelt einen Überblick zu verschaffen: Ein Produkt, das man nicht kennt, gibt es auch nicht.

Allerdings zielen die Informationen in der Werbung oft nur darauf ab,

- als problematisch erlebte Kaufentscheidungen durch **rechtfertigende Argumente** abzustützen (Bendson & Hedges: »Mutter Erde raucht doch auch«) oder
- den Produkten einen **psychologischen Zusatznutzen** zu geben, um sie aus dem Feld der – in ihren »Grundnutzen« – weitgehend austauschbaren Konkurrenzprodukte herauszuheben (Parker-Füller: »Es gibt Mittel und Wege, Intelligenz sichtbar zu machen«). Der Gebrauch eines Produkts wird so zum Ausdruck eines (erstrebten) Lebensgefühls wie Erotik, Exklusivität, Glück, Nostalgie usw. hochstilisiert, der Nicht-Gebrauch dramatisiert, worin freilich eine Gefahr liegen kann: Führen übertriebene Produktnutzenversprechen zu enttäuschten Konsumentenerwartungen, verliert der Anbieter seine Glaubwürdigkeit (Bumerangeffekt).

Überdies erfährt der Konsument in der Werbung lediglich die **halbe Wahrheit,** da die nicht werbewirksamen Wareneigenschaften verschwiegen werden.

Angesichts der »allgegenwärtigen« Werbung und der damit einhergehenden Informationsüberlastung der Verbraucher empfiehlt es sich, Werbebotschaften nur dann über Texte zu vermitteln, wenn ein ausgeprägtes Informationsbedürfnis besteht; andernfalls sind Bilder wirksamer: Diese werden schneller »gelernt« und besser behalten als Texte. Hierbei zeigt sich aber oft, dass die den Zusatznutzen verdeutlichenden Bilder ihrerseits wiederum austauschbar sind. So liegen die (Parfüm-)»Designermarken Armani, Ungaro und Gucci, Christian Dior, Yves Saint Laurent und Jil Sander sowie Joop und Lagerfeld … in der Wahrnehmung von Verbrauchern eng beieinander … Dabei müssten gerade Marken, bei denen die Präferenz eher durch Gefühle … geprägt wird, über ganz unterschiedliche ›emotionale Werbewelten‹ … differenziert werden« (Wirtschaftswoche vom 13. 8. 1998). Offenbar gut bewährt hat sich die – längerfristige – Kombination Schlüsselbild/Schlüsselbotschaft (Volks- und Raiffeisenbanken: »Wir machen den Weg frei«; Lacoste-Krokodil), was man als **Imagery-Strategie** bezeichnet (Kroeber-Riel).

Informationen in der Werbung sind meist richtig aber einseitig.

Bilder sind schnelle Schüsse ins Gehirn. (Kroeber-Riel)

Schlüsselbilder (»Key Visuals«) statt Bildersalat

5.2 Werbung als Manipulation

Ein häufig gegen die Werbung geäußerter Vorwurf lautet, sie manipuliere die Verbraucher, indem sie ihnen **neue Bedürfnisse** einrede.

Gegen diese »Allmacht der Werbung« spricht zunächst einmal der empirische Befund, dass ein **Großteil aller neuen Produkte am Markt nicht durchsetzbar** ist.

Ferner hat die Kommunikationsforschung ergeben, dass die meisten Menschen weniger durch Werbung als vielmehr durch **ihre Mitmenschen** beeinflusst werden: Fremdes Verhalten zu imitieren, um so »sozialem Druck« nachzugeben – und nicht die Werbung – ist in vielen Produktbereichen Haupttriebfeder des Kaufs. In der Werbung wird allerdings häufig versucht, durch Abbildungen von **Bezugspersonen** bzw. -Situationen Verhalten vorzustellen und zur Nachahmung zu empfehlen; einen ähnlichen Effekt verspricht man sich vom »Einsatz« von **Testimonials** (Experten oder Prominente; Rudi Carrell: »Ich esse Fisch.«) sowie vom **Hinweis auf die Mehrheit** (»In über 80 Ländern der Welt«). Allerdings ist für die Imitatoren (14. Kapitel) wirklich beobachtetes Verhalten wesentlich glaubwürdiger und damit nachahmenswerter als das in der Werbung vorgespiegelte, nicht zuletzt wegen der erkennbaren »Parteilichkeit« der werbenden Personen.

Für eine nur begrenzte Manipulationsfähigkeit der Werbung spricht auch, dass der Mensch ein **begrenztes Wahrnehmungsvermögen** hat und deshalb von den auf ihn wirkenden Eindrücken immer nur einen kleinen Teil registriert (»selektive Wahrnehmung«). Von den Werbebotschaften werden vor allem diejenigen »verarbeitet«, die »vertraute Dinge« beinhalten, also mit den bisher schon vorhandenen Einstellungen und Bedürfnissen in Einklang stehen. Eine Verhaltenssteuerung durch Werbung ist deshalb nur in Grenzen möglich. Werbung kann allerdings die vorhandenen **Bedürfnisse** (z. B. nach Gesundheit und Schönheit) verstärken und auf dieser Basis **neuen Bedarf** schaffen. So wird z. B. für das vorhandene Bedürfnis nach Gesundheit ständig neuer »Ausrüstungsbedarf« erzeugt (Aerobic-Welle, Jogging-Welle, Tennis-Welle, Golf-Welle, Squash-Welle, Rafting, Inline Skating, Kickboards …), was sich dann in stark schwankenden Marktanteilen der Anbieter einer Branche niederschlägt.

Auch das in der EU beschlossene, vom Europäischen Gerichtshof aber wieder aufgehobene (fast) totale Werbeverbot für Tabakerzeugnisse wäre kaum in der Lage gewesen, das Rauchen nennenswert zurückzudrängen, vielmehr hätten es Newcomer schwerer gehabt und sich die Marktanteile der Etablierten gefestigt. »Nicht umsonst stehen … diejenigen EU-Staaten an der Spitze der Verbotsbewegung, in denen staatliche Tabakmonopole eine lange Tradition haben. Denen passt natürlich der Vormarsch der Multis und ihrer Marken nicht« (Die Zeit vom 5. 12. 1997).

Die Werbung versucht freilich auch, die selektive Wahrnehmung zu unterlaufen: Über z. B. sexuelle Reize – die als biologische Schlüsselreize Männer stärker ansprechen als Frauen – soll bei den Umworbenen eine »Orientierungsreaktion« ausgelöst werden, um sie für eine Werbung empfänglich

---

Kaufverhalten wird oftmals durch sozialen Druck ausgelöst.

Werbung schafft auf der Basis vorhandener Bedürfnisse neuen Bedarf.

Aktivierungsreize lösen Orientierungsreaktionen aus, haben oft aber auch einen Ablenkungseffekt.

zu machen, die sie eigentlich nicht interessiert hätte. Zu den gefühlsbetonten (»emotionalen«) **Aktivierungsreizen** gehören auch Abbildungen nach dem »Kindchenschema« (rundlich, mollig, hohe Stirn, große Äuglein, Pausbacken, tapsig, kurzfingrige Patschhand), über die insbesondere Frauen erreichbar sind (was auch für die Abbildungen von Tieren – Seehundbabies – gilt; »Kuscheltier-Effekt«). Infolge ihrer biologischen Basis haben emotionale Aktivierungsreize kaum Verschleißerscheinungen, jedoch einen **Ablenkungseffekt:** Der Blick verharrt auf der Reiz-Abbildung, ohne auf die Produkt-Abbildung weiterzuwandern. Die werbliche Verwendbarkeit solcher Reize ist also begrenzt.

Aktivierungsreize: emotionale, physische und kognitive Reize sowie Humor in der Werbung

Ähnlich wie **gefühlsbetonte** lösen auch **physische** (Farbe, Größe, Lautstärke) und **kognitive** Reize, z. B. überraschende Aussagen (Mercedes-Benz: »Von uns hört man immer weniger«) oder Wortspiele (»Senfsationell«, »Audi TT: LusTTgewinn«) Orientierungsreaktionen aus.

Als eine Mischung aus emotionalen und kognitiven Aktivierungsreizen ist die **humorige Werbung** anzusehen. Generell wird sie dann erfolgreich sein, wenn sie einen positiven Grundton und einen klaren Bezug zum Produkt aufweist, auf Information nicht verzichtet sowie das Humorverständnis der Zielgruppe beachtet (»relevanter Humor«). Ein Negativ-Beispiel ist die 1991 mit der begehrten Idw-Gold-Trophy ausgezeichnete Camel-Humor-Kampagne (»Meilenstein in der Werbegeschichte«): Der Marktanteil ging von 6,3 auf 5,3 Prozent zurück, weshalb die Kampagne abgebrochen wurde.

Konditionierung: Angenehmes Beiwerk führt zu einer besseren Produktbeurteilung.

Emotionale Reize werden auch zur **Konditionierung** verwendet: So erhält ein Produkt im Laufe der Zeit alleine schon dadurch eine positive Einschätzung, dass es immer wieder im angenehmen Umfeld präsentiert wird; das »Beiwerk« (z. B. Freizeit, Geborgenheit, Schönheit) erzeugt ein günstiges Wahrnehmungsklima, unter dessen Einfluss sogar die sachlichen Eigenschaften des Produkts besser beurteilt werden (z. B. Auto + Mädchen). Andererseits wird die Werbung mit negativen Gefühlen (z. B. Gewalt- und Bluteffekte) schnell verdrängt und ist deshalb auf längere Sicht weniger wirksam als die werbliche Auslösung angenehmer Gefühle (Schwerin-Kurve; 14. Kapitel). So entsteht dann in der Werbung die Lebensillusion einer heilen Welt.

Unterschwellige Werbung: Viel Wind um nichts

Immer wieder trifft man auf die Behauptung, man könne Werbung »unbewusst« wahrnehmen. Erstmals wurde diese These von der **unterschwelligen Wahrnehmung** im Jahre 1957 vertreten: Kurzzeitige, nicht bewusst wahrnehmbare Werbeeinblendungen für Coca-Cola und Popcorn in Kinofilmen (EAT POPCORN) hätten den Automatenverkauf im Foyer des Filmtheaters um 18,1 Prozent bzw. 57,7 Prozent gesteigert. In keinem der darauf folgenden wissenschaftlich exakten Experimente fanden sich jedoch Belege für die Existenz unterschwelliger Wahrnehmung, weshalb große Skepsis gegenüber dem behaupteten Phänomen angebracht ist. Dass sich die These von der unterschwelligen Wahrnehmung so lange halten konnte, hängt möglicherweise auch damit zusammen: Sie bietet einen bequemen Ausweg, persönliches Fehlverhalten als Ergebnis eigener Ohnmacht gegenüber »dunklen Mächten« zu rechtfertigen. Ohnehin beruft man sich gerne da-

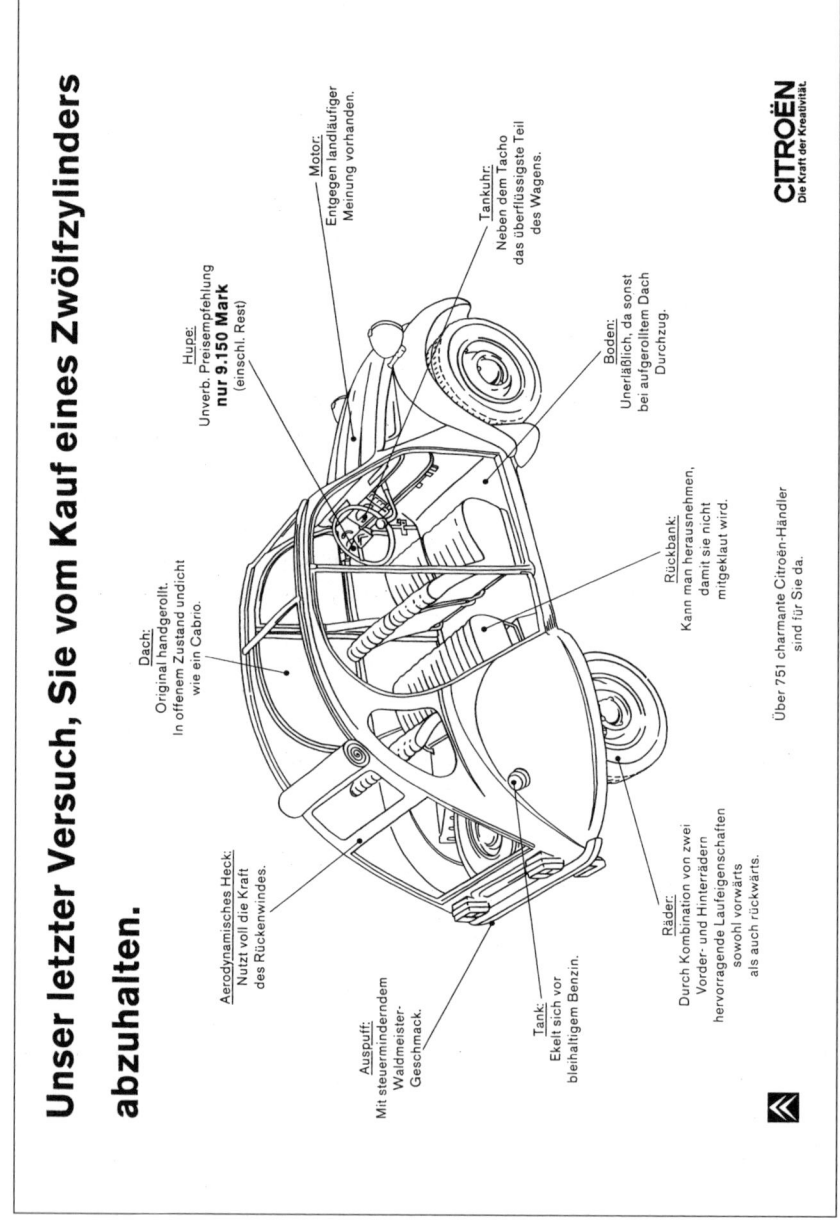

Unser letzter Versuch, Sie vom Kauf eines Zwölfzylinders abzuhalten.

Motor:
Entgegen landläufiger Meinung vorhanden.

Tankuhr:
Neben dem Tacho das überflüssigste Teil des Wagens.

Hupe:
Unverb. Preisempfehlung **nur 9.150 Mark** (einschl. Rest)

Boden:
Unerläßlich, da sonst bei aufgerolltem Dach Durchzug.

Dach:
Original handgerollt. In offenem Zustand undicht wie ein Cabrio.

Rückbank:
Kann man herausnehmen, damit sie nicht mitgeklaut wird.

Aerodynamisches Heck:
Nutzt voll die Kraft des Rückenwindes.

Auspuff:
Mit steuerminderndem Waldmeister-Geschmack.

Tank:
Ekelt sich vor bleihaltigem Benzin.

Räder:
Durch Kombination von zwei Vorder- und Hinterrädern hervorragende Laufeigenschaften sowohl vorwärts als auch rückwärts.

Über 751 charmante Citroën-Händler sind für Sie da.

CITROËN
Die Kraft der Kreativität.

rauf, dass Werbung »die Menschen dazu verführt, sich Produkte zu kaufen, die sie nicht brauchen« (1997: 83,1 % der Befragten; ZAW, Bonn).

Beispiel

Wechselnder Bedarf bei gegebenen Bedürfnissen

»… Die bisher vom Sportfachhandel vernachlässigten Frauen will Puma mit Bekleidung für »spirituell geprägte Trainingsformen« wie Tai Chi und Yoga beglücken. Als Renner für sportliche Frauen sehen die Franken in diesem Jahr das altbekannte Seilspringen oder -hüpfen, das jetzt als »Rope Skipping« mit entsprechendem Outfit und viertägigen Kursen für »Skipping Instructoren« daherkommt …«

(Aus: Süddeutsche Zeitung vom 11./12. 3. 2000)

5.3 Werbung und Konsumlenkung

Zwar könne – wegen der selektiven Wahrnehmung – die Werbung einem Verbraucher kaum neue Bedürfnisse »einreden«, sie sei aber dennoch in der Lage, die **Rangfolge seiner bereits vorhandenen Bedürfnisse** umzustrukturieren; dies führe dazu, dass »unvernünftig« eingekauft werde.

Gegen dieses Argument lässt sich der grundsätzliche Einwand erheben, dass die Bedürfnisrangfolge eines Menschen nur dann als unvernünftig eingestuft werden kann, wenn sie gegen eine **gesellschaftlich akzeptierte Norm** verstößt. So ist z. B. ein Bedürfnis nach Rauschgiften aus gesundheitspolitischen Normen nicht akzeptabel. Da es jedoch nur in **wenigen Ausnahmefällen** eine gesellschaftliche Übereinkunft gibt, setzen sich diejenigen, die ein Werbe- und vielleicht sogar Produktionsverbot für bestimmte Produktarten mit der Begründung verlangen, der Konsument solle nicht fehlgeleitet werden, dem Verdacht der **Bevormundung** ihrer Mitmenschen aus. Vertreter der Alternativbewegung fordern z. B., dass es weniger »Fix-Fertig-Fabrikate« wie Tiefkühlkost, Fertighäuser usw. geben sollte, damit die Konsumenten »weniger Endverbraucher als Endproduzenten« wären. Nun gibt es jedoch – zum Glück – keine allgemeine Übereinkunft über diese Zielvorstellung (Norm), weshalb es jedem selbst überlassen bleibt, ob er kochen oder seine Zeit für etwas anderes nutzen möchte. Versuche von Städten, Werbung für Zigaretten und Alkohol (zum Teil auch für Fast Food und Autos) auf gemeindeeigenen Grundstücken zu verbieten, hatten vor Gericht keinen Bestand (AZ 10 S 816/91). Besonders merkwürdig war das (aufgehobene) Tabak-Werbeverbot in der EU, die gleichzeitig den Tabakanbau mit einer Milliarde EURO jährlich fördert.

Die Diskussion über »falsche« und »echte« Bedürfnisse führt auch deshalb nicht weiter, weil eine Bedürfnisrangfolge, wie sie **vor** einer speziellen Werbemaßnahme besteht, schon vielfältig »manipuliert« ist: durch frühere Werbemaßnahmen, vorhandene Grundantriebe und Bedingungen der Um-

In meinem Staate kann jeder nach seiner Façon selig werden. (Friedrich der Große)

Die Werbung reflektiert die Sitten der Gesellschaft, aber sie beeinflusst sie nicht. (David Ogilvy)

welt (Eltern, Schule, Freunde usw.). So dürfte auch das Rauchen von Jugendlichen in erster Linie von Persönlichkeit und Umwelt bestimmt sein: Protest gegen das Elternhaus, Zugang zu Freundesgruppen bzw. Subkulturen, Vorwegnahme des Erwachsenenverhaltens, Überwindung von Langeweile, Spannungen im sozialen Umfeld usw.

Irrationalität seiner Kaufentscheidung lässt sich einem Nachfrager allerdings dann zu Recht vorwerfen, wenn er aus einer Vielzahl gleichartiger Güter ein solches zur Bedürfnisbefriedigung auswählt, das er bei besserer Information über die Produktqualitäten nicht erworben hätte. Hierin liegt zweifellos eine Gefahr der Werbung: Unter Umständen zieht ein Unternehmen, das weder technisch noch qualitativ führend in seiner Branche ist, infolge geschickter Werbung Käufer von seinen leistungsfähigeren Konkurrenten ab. Hier gegenzusteuern, ist Aufgabe der **Stiftung Warentest, Berlin.** Allerdings bleiben deren Urteile unzureichend, wenn die von Experten beschlossene Auswahl und Gewichtung der zu testenden Produkteigenschaften nicht mit den »Verwenderansprüchen« übereinstimmt. Hierbei handelt es sich oft um immaterielle Aspekte wie soziale Auffälligkeit, Design, Service usw. So beklagte die Deutsche Bahn AG, dass die Stiftung Warentest die Pünktlichkeitsgrenze bei einer Minute gezogen habe und so auf eine Erfolgsquote von 59 Prozent gekommen sei: Die Anschlusssicherung bei mit Verspätung eintreffenden Zügen habe einen mindestens gleich hohen Stellenwert.

Beispiel

Konsumlenkung

»Die moralischen Feldzüge gegen Farmzucht und Fellvermarktung sind wohl nirgendwo so erbittert geführt worden wie in Deutschland … Die Tierschützer… haben eine skurrile Ethik des Widerspruchs entwickelt. Hühner- oder Schweinezucht ja, aber keine Nerz- oder Fuchszucht….

Doch das entscheidende Wort sprechen nun einmal die Verbraucher. Die Kürschner registrieren es mit tiefen Seufzern der Erleichterung: ›Die Vernunft hat sich endlich wieder durchgesetzt.‹ Es spricht sich herum, dass Jagd und Zucht von Pelztieren in erster Linie nicht Exzesse hervorbringen, sondern – wie beispielsweise die Zucht von Karakulschafen in Namibia – die Existenz ganzer Völker und Landstriche sichern. Es dringt wieder ins Bewusstsein, dass es wohl kaum ein »ökologischeres« und langlebigeres Produkt gibt als echtes Fell: Es ist unverwüstlich, leicht zu reinigen und lässt sich mehrmals recyceln….«

(Aus: Isolde von Mersi: Die Rückkehr der Nerze, in: Die Zeit vom 15. 11. 1991)

5.4 Werbung als Geldverschwendung

Werbung soll Konkurrenz-Werbung neutralisieren, was des öfteren zu sinnlosen Materialschlachten führt.

Insgesamt wurden 2000 in Deutschland über 33 Mrd. € in Mediawerbung (einschließlich »Werbung per Post«) investiert. Hierin enthalten sind die Produktionskosten dieser Werbung sowie die »Nettowerbeumsätze« der Medien in Höhe von 23,3 Mrd. €. Dieses Volumen (etwa 1,63 Prozent vom Bruttoinlandsprodukt) erklärt sich zu einem Gutteil aus dem Bestreben der Unternehmen, die **Konkurrenzwerbung** durch eigene Werbung auszustechen und damit zu **neutralisieren.** Derartige sich aufschaukelnde **Materialschlachten** bringen den Beteiligten letztlich nichts ein, mit einer Ausnahme: Sie führen nicht selten dazu. dass neue und vielleicht innovativere Anbieter ohne große finanzielle Mittel keine Marktchance haben; allerdings wirken auch z. B. Patente marktausschließend, und bei einem Werbeverbot hätten »Newcomers« erst recht keine Chance.

Absprachen zur Reduzierung des Werbevolumens müssten als Kartell eingestuft und vom Bundeskartellamt genehmigt und überwacht werden. Hierzu ist es bislang jedoch – sowohl aus ordnungspolitischen wie auch aus praktischen Gründen – noch nicht gekommen. Ein Versuch der Pharmazeutischen Industrie (»Berliner Beschlüsse« von 1975), Wettbewerbsregeln über die Selbstbeschränkung der Arzneimittelwerbung als Beitrag zur Kostendämpfung im Gesundheitswesen aufzustellen, wurde vom Bundeskartellamt weitgehend abgewiesen – nicht zuletzt auch auf Wunsch der Gewerkschaft Druck und Papier: Drastische Werbebeschränkung würden strukturelle **Anpassungen** bewirken: Konkurse und Arbeitskräftefreisetzungen ließen sich in zahlreichen Wirtschaftsbereichen (Druckereibetriebe, Papier- und Papperzeugung, Papier- und Druckmaschinen, Schaufensterbedarf, Film-, Hörfunk- und Fernseheinrichtungen usw.) nicht vermeiden. So sind nach Ermittlungen des Statistisches Bundesamtes in Deutschland insgesamt 361 000 Personen in der Werbewirtschaft tätig (Stand: 2001):

- Werbeabteilungen der Anbieter   38 000 Personen
- Werbegestaltung (z. B. Werbeagenturen)   135 000 Personen
- Werbemittelverbreitung
  (z. B. Plakatanschlagunternehmen)   14 000 Personen
- Zulieferbetriebe (z. B. Druckindustrie)   174 000 Personen

Beispiel

Die Top 10 in der Werbung (2000)
in Mio. €

Branchen:

1.	Massen-Medien	1 706,68
2.	Auto-Markt	1 564,86
3.	Telekommunikations-Netze	1 412,02
4.	Handels-Organisationen	1 164,64
5.	Schokolade und Süßwaren	654,04
6.	Banken und Sparkassen	572,25
7.	Pharmazie Publikumswerbung	557,05
8.	Finanz-Anlagen und Beratung	494,33
9.	Spezial-Versender	463,70

→

10. Unternehmens-Werbung	444,31
11. Bier	387,36
12. Versicherungen	308,91
Unternehmen:	
1. Deutsche Telekom	252,93
2. Procter & Gamble	249,90
3. Ferrero	241,90
4. Media-Markt/Saturn	192,25
5. VW	178,25
6. L'Oreal, Haarkosmetik und Parfum	176,74
7. Effem	174,35
8. Axel-Springer-Verlag	157,33
9. Premiere Medien	156,10
10. T-Mobil	153,24
11. Beiersdorf	143,20
12. Viag Interkom	137,11

Quelle: MMM/Hamburg, Nielsen Werbeforschung S+P. ZAW/Bonn

Werbebeschränkung: Probleme für Newcomers, Werbewirtschaft und Medien

Hinzu kommt, dass z. B. die Kosten der Abonnementzeitungen zu 13,2 Prozent aus dem Druck von Anzeigen und Beilagen resultieren, andererseits aber der Erlös zu 62 Prozent aus diesem Geschäft fließt (1998) und sich die privaten Rundfunk- und Fernsehsender vollständig aus Werbeeinnahmen finanzieren. So macht die Werbung zwar viele Produkte teurer – z. B. die in Deutschland neu zugelassenen Autos um durchschnittlich gut 400 € (2000), die Medien aber erheblich vielfältiger. Von der **wirtschaftlichen** auf eine **politische** Abhängigkeit der Medien von »der Industrie« zu schließen, wäre allerdings voreilig. Anzeigen werden – in der Regel – nicht nach politischem Wohlverhalten, sondern nach dem **Wirtschaftlichkeitsprinzip** vergeben. Eine Abhängigkeit existiert nur insofern, als unsere Medienlandschaft ohne Werbung nicht denkbar wäre.

Letztlich zahlen die Verbraucher über die Preise der Güter und Dienstleistungen alle Werbeausgaben. Die Mediawerbung schlägt mit etwa 402 € je Kopf der Bevölkerung zu Buch (2000); davon sind etwa 53 € Einnahmen der privaten Fernsehsender (2000).

Arbeitsaufgaben

1) Das größte Werbebudget ist das beste. Nehmen Sie anhand einer graphischen Analyse Stellung zu dieser Aussage!
2) Beschreiben und kritisieren Sie Verfahren zur Werbeerfolgsprognose!
3) Was ist ein AIDA-Katalog?
4) Aus welchen Elementen besteht die Werbeplanung?

5) Warum ist die Marktanteilsanalyse besser zur Werbeerfolgskontrolle geeignet als die Absatzanalyse?

6) Was verstehen Sie unter »Werberendite« und »kritischem Streuerfolg«?

7) Inwieweit ist Werbung
   a. Quelle der Information,
   b. Ursache der Manipulation?

8) Was versteht man unter »Konditionierung durch Werbung«?

9) Beschreiben Sie kurz die klassischen Elemente des Kommunikations-Mix!

10) Beschreiben Sie humorige Werbung unter dem Gesichtspunkt der Aktivierungsreize!

11) Beschreiben Sie das Tausender-Kontaktpreis-Kriterium als Grundlage der Streuplanung!

12) Vergleichende Werbung in Deutschland: Was ist erlaubt, was ist verboten?

13) Erläutern Sie UWG und Werbefreiheit!

14) Nennen Sie die Zusammensetzung und Aufgaben des Deutschen Werberats.

15) Erläutern Sie Carry-over- und Spill-over-Effekt!

16) Nehmen Sie kritisch zu den in der Praxis üblichen Verfahren zur Werbebudgetplanung Stellung!

17) Gefühle sind das trojanische Pferd der Werbung (Werner Kroeber-Riel). Nehmen Sie dazu Stellung!

18) Beschreiben Sie die Bedeutung von Bezugspersonen in der Werbung!

19) Erläutern Sie die Bedeutung der selektiven Wahrnehmung in der Werbung! Was kann man dagegen tun?

20) Gefühle zwischen Aktivierung und Ablenkung: Kann man Orientierungsreaktionen wirksam auslösen?

21) Die Diskussion um echte und unechte Bedürfnisse ist müßig. Was halten Sie von dieser Aussage?

22) Wenn Du einen Dollar in ein Unternehmen steckst, musst du einen zweiten bereit halten, um es bekannt zu machen (Henry Ford l.). Erläutern Sie diese Aussage!

23) Was ist Telefon-Marketing, und wo liegen die rechtlichen Grenzen?

24) Was bedeutet »Corporate Identity« woraus setzt sie sich zusammen, und in welchem Verhältnis steht sie zur Öffentlichkeitsarbeit eines Unternehmens?

25) In welchem Umfang dürfen »Öffentlich-Rechtliche« und »Private« Werbung im Fernsehen schalten?

26) Was ist Zapping, und was können die Werbetreibenden dagegen tun?

27) Wieso kann das Tausender-Kontaktpreis-Kriterium dazu führen, dass auch Medien mit hohem Tausender-Kontaktpreis belegt werden?

28) Der Recall-Test zur Messung der Werbewirkung.

29) In einer »Amtlichen Bekanntmachung der Stadt Tübingen« teilt das Bürgermeisteramt unter der Überschrift »Verteilung von Werbebeilagen« unter anderem mit: »In unserer Konsumgesellschaft ist häufig

nicht der notwendige Bedarf, sondern die Werbung der Motor für Einkaufsverhalten und Geschäftsumsätze.« Nehmen Sie Stellung zu dieser Behauptung!

30) Was fasst man unter dem Begriff »Werbung below the line« zusammen?

31) Möglichkeiten und Grenzen der Online-Werbung.

32) Möglichkeiten und Grenzen des Online-Shopping.

33) Was bietet das Online-Shopping dem hybriden Käufer?

34) Was versteht man unter dem Berührungserfolg in der Werbung? Warum ist er eine notwendige, aber keine hinreichende Bedingung?

35) Für einen Anbieter gilt die Werbekostenfunktion

$$W = \frac{8}{32}x^2$$

und die Produktionskostenfunktion
K = 2 + 0,5 x.
Den Marktpreis in Höhe von
p = 2
kann er nicht beeinflussen.
Wie groß ist seine gewinnmaximale Absatzmenge und wie lautet das zugehörige Werbebudget? Inwieweit ändern sich beide, wenn eine proportionale Werbesteuer
WSt = 0,2 · W
gezahlt werden muss? Welchen Einfluss hat die Werbesteuer auf den Gewinn?

36) Über eine Postwurfsendung wurden 100 000 Haushalte mit der Bestellbroschüre Schibo versorgt. Die Kosten der Aktion (einschließlich Druck und Zustellung) beliefen sich auf 0,35 € je Haushalt; erfahrungsgemäß erzielt Schibo je Bestellung einen Gewinn von durchschnittlich 4,– €. Wie viele Haushalte müssten eine Bestellung aufgeben, damit Schibo gerade »keine roten Zahlen« schreibt? Wie nennt man die von Ihnen ermittelte Kenngröße in der Werbeplanung? Wann kann sie auch bei Zeitungswerbung ermittelt werden?

37) Die Tabakindustrie argumentiert, dass Werbung nicht zum Rauchen verführt. Warum stemmt sie sich dann gegen ein Werbeverbot?

Lösungsvorschläge für die Arbeitsaufgaben im »Übungsbuch zu Grundlagen und Probleme der Betriebswirtschaft«.

Weiterführende Literatur

Ahlert, D.; Becker, J.; Kenning, P.; Schütte, R. (Hrsg.): Internet & Co. im Handel, 2. Aufl., Berlin u. a. 2001.

Ahlert, D.; Schröder, H.: Rechtliche Grundlagen des Marketing, 2. Aufl., Stuttgart, Berlin, Köln 1996.

Albers, S.; Clement, M.; Peters, K. (Hrsg.): Marketing mit interaktiven Medien. Strategien zum Markterfolg, 3. Aufl., Frankfurt/M. 2001.

Bauer, H. H.; Fischer, M.; Sauer, N. E.: Barrieren des elektronischen Einzelhandels – Eine empirische Studie zum Kaufverhalten im Internet; in Zeitschrift für Betriebswirtschaft (ZfB), 70. Jg. (19, 2000), S. 1133–1156.

Behrens, W.: Werbung, München 1996.

Berndt, R.; Hermanns, A. (Hrsg.): Handbuch Marketing-Kommunikation, Wiesbaden 1993.

Brand, H. W.: Die Legende von den »geheimen Verführern«. Kritische Analyse zur unterschwelligen Wahrnehmung und Beeinflussung, Weinheim, Basel 1978.

Bruhn, M.: Kommunikationspolitik, München 1997.

Bruhn, M.: Sponsoring, 3. Aufl., Wiesbaden 1998.

Deutsch, M.: Electronic Commerce: Zwischenbetriebliche Geschäftsprozesse und neue Marktzugänge realisieren, 2. Aufl., Braunschweig-Wiesbaden 1999.

Esch, F.-R.; Kroeber-Riel, W.: Expertensysteme für die Werbung, München 1994.

Fantapié Altobelli, C.: Rahmenfaktor II: Formen und Erfolgsfaktoren interaktiver Kommunikation, in: Werbeforschung & Praxis, 45. Jg. (3, 2000). S. 13–19.

Hermanns, A.: Sponsoring-Grundlagen, Wirkungen, Management, Perspektiven, 2. Aufl., München 1997.

Hermanns, A.; Sauter, M. (Hrsg.): Management-Handbuch Electronic Commerce, 2. Aufl., München 2001.

Kaiser, A. (Hrsg.): Werbung –Theorie und Praxis werblicher Beeinflussung, München 1980.

Kroeber-Riel, W.: Strategie und Technik der Werbung, 5. Aufl., Stuttgart, Berlin, Köln 2000.

Schmalen, H.: Kommunikationspolitik, 2. Aufl., Stuttgart, Berlin, Köln, Mainz 1992.

Schmalen, H.; Sauter, M. M.: Musikkompression – Revolution im Musikvertrieb? in: Möhlenbruch, D.; Hartmann, M. (Hrsg.): Der Handel im Informationszeitalter, Wiesbaden 2002, S. 387–411.

Schweiger, G.; Schrattenecker, G.: Werbung, 5. Aufl., Stuttgart, New York 2001.

Tietz, B.; Zentes, J.: Die Werbung der Unternehmung, Reinbek 1980.

Zanger, C.: Eventmarketing – Theoretische Grundlagen und Praxis der Planung, Durchführung und Erfolgskontrolle, Stuttgart 1999.

ZAW (Zentralverband der Werbewirtschaft) (Hrsg.): Werbung in Deutschland, Bonn 2000/01.

Zentes, J.; Swoboda, B.: Auswirkungen des Electronic Commerce auf den Handel, in: Die Betriebswirtschaft (DBW), 60. Jg. (6, 2000), S. 687–706.

17. Kapitel:
Produkt-, Sortiments- und Servicepolitik, Vertriebspolitik

Lernziele

Leitfrage:
Inwieweit kann ein Unternehmen mit produktpolitischen Maßnahmen seine Marktstellung verbessern?

- In welcher Weise sollte sich ein Unternehmen die Verbrauchermentalität, die Mode und den technischen Fortschritt zunutze machen?
- Worin bestehen die Chancen und Risiken eines Pionierunternehmens?
- Worauf zielen produktpolitische Maßnahmen gewöhnlich ab, und welche rechtlichen Schranken sind hierbei zu beachten?
- Welche Ansprüche stellen die Verwender an die Produkte?
- In welchem Dilemma stehen Forschung und Entwicklung?
- Wie findet man Marktlücken?
- Was ist ein Produktlebenszyklus, und welche Anforderungen stellt er an das Marketing-Management?
- Wer haftet in welchem Umfang für fehlerhafte Produkte?

Leitfrage:
Welche Möglichkeiten haben Handel und Hersteller, über die Sortimentsgestaltung ihre Marktstellung zu sichern?

Leitfrage:
Welche Bedeutung kommen Beratung und Kundendienst zu, und wie soll dieser Service mit dem Produkt gebündelt, in Rechnung gestellt und dimensioniert werden?

Leitfrage:
Welche Wege kann ein Hersteller einschlagen, um seine Erzeugnisse über den Markt an die Endverbraucher zu bringen?

- Wie kommt die Ware vom Fertigfabrikatelager auf den Markt?
- Soll sich der Hersteller auf dem Markt an Großhandel, Einzelhandel oder Endverbraucher wenden?

1 Produktpolitik als absatzpolitisches Instrument

Produktpolitik: attraktive
Gestaltung des Leistungs-
programms unter Beach-
tung gesetzlicher, technischer, ökonomischer und
gesellschaftspolitischer
Beschränkungen

Unter Produktpolitik versteht man eine nicht nur zweckmäßige, sondern auch **attraktive Gestaltung** (z. B. Design) des Leistungsprogramms (Produkte und/oder Dienstleistungen), um auch auf diesem Wege den Marktwiderstand zu brechen. Im Zentrum der Überlegungen befindet sich dabei nicht nur die kritische Überprüfung der **vorhandenen,** sondern auch die Entwicklung **neuer** Produkte und/oder Dienste.

Ihre **Beschränkung** finden die produktpolitischen Gestaltungsmöglichkeiten

- in den **Gesetzen** (z. B. Patentrecht, Verbraucher- und Umweltschutz, Lebens- und Arnzeimittelgesetz),
- im **technischen** Wissen,
- in **ökonomischen** Rahmenbedingungen (z. B. Kapazitätsbeschränkungen, finanzielle Restriktionen, Markteintrittsbarrieren) sowie
- in **gesellschaftspolitischen** Vorgaben (z. B. Forderung nach »vernünftigen« und recyclingfähigen Produkten und Verpackungen bzw. umweltschonenden Produktionsverfahren).

Insbesondere in den gesetzlichen und gesellschaftspolitischen Herausforderungen liegen freilich auch **Chancen** für völlig neue Entwicklungen, was die Unternehmen mehr und mehr erkennen und nutzen; allerdings machen sich hier auch Behinderungen durch staatliche Reglementierungen bemerkbar, z. B. langwierige Genehmigungsverfahren.

Beispiel

Gesetz und Innovation

»… Das Dilemma liegt… darin, dass Normen und Standards sich nur am bisher Dagewesenen – man nennt dies auch den ›Stand der Technik‹ – orientieren können …

So muss denn jede Innovation in einem Bereich, der von technischen Vorschriften bestimmt wird, an Grenzen stoßen… Es gibt ja fast nichts am Auto, was nicht durch Gesetz geregelt wäre: Die Windschutzscheibe, die Sicherheitsgurte, die Türschlösser, die Beleuchtung, die Bremsen, die Auspuffanlage und vieles andere mehr sind mit guter Absicht umfangreichen Vorschriften unterworfen.

So gab es denn auch bei allen nennenswerten Erfindungen im Automobil in der Nachkriegszeit Schwierigkeiten mit den jeweils gültigen Vorschriften: sei es die Einführung des Halogen-Lichts vor etwa 25 Jahren, die Entwicklung der viel besseren Gasentladungslampe heute, das Anti-Blockier-System der Bremsanlage oder der Airbag …

Neben der oft kostspieligen und Zeit raubenden Entwicklung neuer Einrichtungen und der Umsetzung der Innovation in die Serienproduktion müssen hier Ingenieure und Juristen monate- oder jahrelang beschäftigt

→

werden, um Zulassungsbehörden zunächst zu einer Ausnahmegenehmi-
gung und dann zur Änderung des Gesetzes zu bewegen ...«

(Aus: Frank, D.: Neues ist zunächst einmal verboten, in: Süddeutsche Zeitung
vom 21. 8. 1996)

1.1   Die Ansatzpunkte der Produktpolitik

1.1.1   Das individuelle Kaufverhalten

Zahlreiche **staatliche Vorschriften** zur Produktgestaltung (bis hin zur Zusammensetzung des »Waldorf-Salats«), rührige **Testinstitute** (z. B. Stiftung
Warentest) sowie eine hellhörige **Presse** haben bewirkt, dass der einzelne
Anbieter mit seinen Produkten nicht mehr nennenswert hinter der – vom
Spitzenreiter vorgegebenen – **qualitativen Norm** der jeweiligen Preisklasse
zurückbleiben kann. So musste die A-Klasse von Mercedes-Benz zunächst
einen schweren Image-Verlust hinnehmen, weil sie den zu großer Bekanntheit gelangten »Elch-Test« nicht bestanden hatte; nach Einbau des Bosch-
ESP fühlten sich wiederum die anderen Automobilhersteller in Zugzwang
gebracht (Wirtschaftswoche vom 22. 1. 1998). Überdies hat die Öffnung der
Märkte zu einer kaum mehr überschaubaren **Angebotsvielfalt** geführt. Der
einzelne Käufer sieht sich damit einer breiten Auswahl ernst zu nehmender
Alternativen gegenüber; andererseits muss er jedoch eine Entscheidung zugunsten einer Alternative fällen, was sich als um so schwieriger erweist,

- je wichtiger die Entscheidung ist,
- je größer die Zahl der Alternativen ausfällt,
- je ähnlicher die Alternativen bewertet werden,
- je größer die empfundene Entscheidungsfreiheit ist,
- je weniger Personen die Entscheidung stützen,
- je stärker die Entscheidung vom bisherigen Verhaltensmuster abweicht
  und
- je weniger leicht die Entscheidung widerrufen werden kann.

In einer solchen Entscheidungssituation gerät man in **kognitive Dissonanz**
(L. Festinger), einen Zustand psychischer Spannung, den man beseitigen
möchte. Eine **Reduktion** der Dissonanz kann angestrebt werden, indem
man sich auf **Informationssuche** begibt, um eine noch bessere Alternative
oder neue Bewertungen der vorhandenen zu finden. Diese Informationssuche weist allerdings einige »Unberechenbarkeiten« – **Informationsdeformation** – auf:

- Erscheint als zweite Information eine der ersten Information widersprechende, dann wird der Wert der zweiten Information unterschätzt. Dem
  Unterschätzen widersprechender Informationen entspricht das Überschätzen unterstützender Informationen.

Marginalien:

Wer die Wahl hat,
hat die Qual.

Kognitive Dissonanz:
Zustand psychischer
Spannung

- Bei scheinbar unverlässlichen Informanten (bzw. Medien) wird die Tragweite widersprechender Informationen stärker unterschätzt als bei scheinbar verlässlichen.
- Personen, die im Verlaufe der Informationssuche zu einer »richtigen« Entscheidung gelangen, benötigen dazu mehr Informationen, wenn sie anfänglich die »falsche« Alternative favorisierten, anstatt sich zunächst für alle Alternativen offen zu halten.
- Die Neigung zur Informationsdeformation steigt, wenn die Entscheidung unter Zeitdruck steht oder die Informationsbeschaffung Kosten verursacht.

> Angesichts der herrschenden Produktvielfalt sind kognitive Dissonanzen an der Tagesordnung, was die Wirkung der unternehmerischen Produkt- und Werbepolitik unübersichtlich macht.

Eine kognitive Dissonanz kann auch **nach dem Kauf** auftreten, weil man dann dazu neigt, die Nachteile der gewählten Alternative und die Vorteile der ausgeschlagenen deutlicher hervorzukehren. (»Habe ich mich wohl richtig entschieden?«). In einer solchen Situation versucht man ebenfalls, die Dissonanz dadurch zu reduzieren, dass man unterstützende Informationen sucht und widersprechende leugnet. Gebrauchsanweisungen fangen deshalb oft mit dem Satz an: »Wir beglückwünschen Sie zu Ihrem Kauf!« Auch das Gefühl, die getroffene Entscheidung sei nicht endgültig, da z. B. ein großzügiges Rücktrittsrecht eingeräumt wurde, mindert die Nachkaufdissonanz und damit den Wunsch nach Rücktritt.

In vielen Bereichen – insbesondere bei Gütern des täglichen Bedarfs – weichen die Käufer allerdings aus »kognitiver Bequemlichkeit« auf **gewohnheitsmäßiges (habituelles) Kaufverhalten** aus: Ohne lange zu überlegen, kauft man so, wie man schon immer gekauft hat. Dies erklärt, warum viele Menschen selbst dann noch »produkttreu« bleiben, wenn neue (und sogar bessere) Produktalternativen hinzugekommen sind.

> Sind verschiedene Handlungsalternativen ähnlich vorteilhaft, dann gerät der Entscheider – wenn er sich nicht habituell verhält – sowohl vor als auch nach der Entscheidung in einen Zustand kognitiver Dissonanz; die hierdurch ausgelöste Informationssuche ist in besonderer Weise deformiert.

In der Regel neigt der Konsument ferner dazu, Bedürfnisse individuell zu befriedigen, um seine (tatsächliche oder vermeintliche) **Eigenart** zu unterstreichen; andererseits scheut er aber vor einer zu weit gehenden Individualisierung zurück, um nicht gegen die **Normen** der eigenen **sozialen Gruppe** zu verstoßen, denn diese würde mit »Sanktionen« (z. B. Missachtung) darauf antworten, was sein Wohlbefinden minderte.

Außerdem bestimmt den Konsumenten das Verlangen, die Mittel der Bedarfsbefriedigung zu **wechseln** (»Variety Seeking«); andererseits hat er aber auch den Wunsch, am Überkommenen, Traditionellen **festzuhalten** (»Variety Avoiding«).

> Die Produktwahl bewegt sich in einem Spannungsfeld zwischen Konformität und Individualität, zwischen Änderung und Beharrung.

1.1.2 Die Mode

Immer mehr Produktbereiche (neben Bekleidung z. B. Möbel, Haushaltsgeräte, Badezimmereinrichtungen) unterliegen dem »Diktat« der Mode:

Einerseits prägt sie die Produkte so stark, dass diese als »modisch« erkennbar werden; andererseits lässt sie aber soviel Spielraum, dass jeder im Rahmen der **herrschenden Moderichtung** seine **persönliche Note** zum Ausdruck bringen kann (Abb. 17.1).

Mode lässt Produkte vor ihrem Verschleiß veralten und ersetzt sie durch andere.

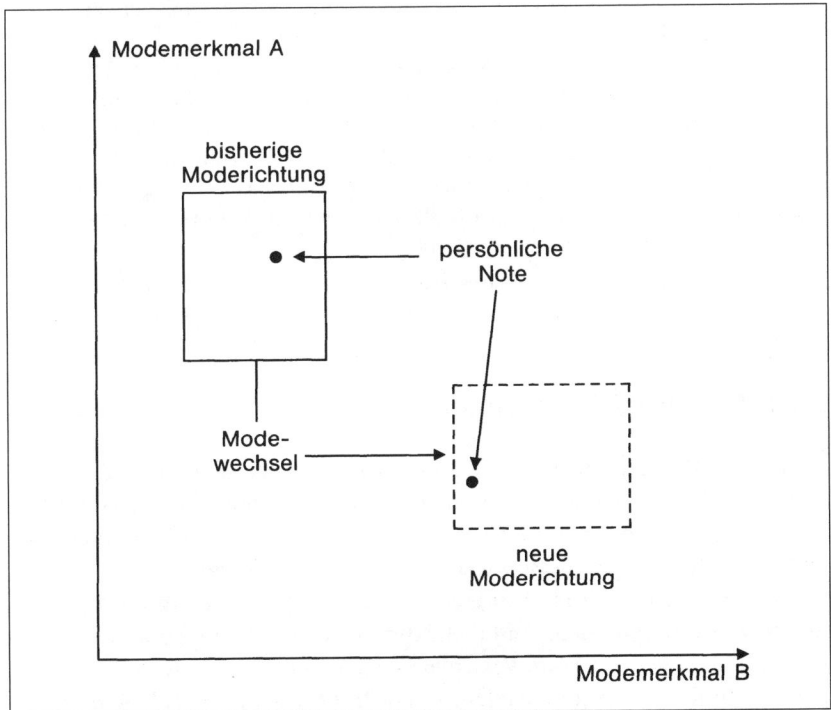

Abb. 17.1: Mode, Modewechsel und persönliche Note

Die begrenzte, aber dennoch klar erkennbare modische Uniformierung der Produkte ermöglicht es, durch einen **Modewechsel** die Produkte **vor ihrem Verschleiß** »psychologisch« veralten zu lassen und damit die **Ersatzbeschaffung zu beschleunigen.** Dieser Ablauf kommt dem an **Abwechslung** in seinen Bedarfsäußerungen interessierten Käufer entgegen. Die Hemmung, »noch brauchbare Sachen auszusondern«, wird dadurch überwunden, dass sie einem »guten Zweck« zugeführt werden (Altkleidersammlung). »Kontraproduktiv« wirkt allerdings, dass das Diktat der Mode zu verblassen scheint: Das Angebot ist sehr breit und saisonübergreifend geworden, weshalb die aktuelle Mode an Kontur verliert.

Beispiel

Mode und technischer Fortschritt

»… Die ›Essen Motor Show‹ ist das Mekka der Tuning-Welt – hier treffen sich alle, die das eigene Auto noch schöner, schneller oder breiter machen wollen.

»Der Trend zur Individualisierung ist ungebrochen und nimmt stetig zu«, freut sich Michael Lauer, der Geschäftsführer des Verbandes deutscher Automobil-Tuner (VDAT). Mehr als acht Milliarden Mark – ein Plus von fünf Prozent im Vergleich zum Vorjahr – geben Deutschlands Autofahrer in diesem Jahr aus, um aus dem Massenprodukt Automobil ein ganz persönliches Stück zu machen.

… Das Angebot auf den Messeständen spiegelt die Wunschliste der Individualisierungs-Fans wieder: Ganz oben stehen Leichtmetallräder mit Breitreifen … An zweiter Stelle folgen Aerodynamik-Teile … während es Tieferlegungs-Sätze und Sportfahrwerke auf (Platz drei) … bringen.

Auspuffanlagen halten Platz vier … Vor allem das Chip-Tuning – die Leistungssteigerung per Eingriff in die elektronische Motorsteuerung – hat deutlich an Beliebtheit gewonnen …«

(Aus: O. Fritscher: Neues aus dem Show-Geschäft, in: Süddeutsche Zeitung vom 5. 12. 2001)

1.1.3 Der technische Fortschritt

Technischer Fortschritt lässt Produkte vor ihrem Verschleiß veralten und ersetzt sie durch bessere.

In gewisser Weise ähnlich wie die Mode wirkt der technische Fortschritt:

Auch er lässt Produkte vor ihrem Verschleiß veralten. Im Unterschied zu modisch neuen Produkten sind jedoch technisch neue Produkte nicht nur **anders** als ihre Vorgänger, sondern diesen auch **überlegen.**

Mit zunehmender **Ausreifung** einer Produktart wird allerdings die technische Verbesserung mehr und mehr durch eine modische Veränderung ersetzt, um die – gemessen am Verschleiß – vorzeitige Ersatzbeschaffung zu erhalten. Immer wieder sorgen allerdings **technologische Durchbrüche** dafür, dass die Bedeutung modischer Wandlungen zurücktritt und scheinbar ausgereifte Märkte neue Dynamik erlangen.

1.2 Besonderheiten der Produktpolitik

1.2.1 Die Sonderstellung des Pionierunternehmens

Ein Unternehmen, das ein neues Produkt auf den Markt bringt, kann dadurch gegenüber seiner Konkurrenz eine beträchtliche **Überlegenheit** gewinnen: Zunächst einmal erwirbt es sich bei den Nachfragern das Image eines **leistungsfähigen Pionierunternehmens,** während die produktimitierenden Konkurrenten als »Plagiatoren« erscheinen. Dem »Pionierbonus« verdanken viele Hersteller, dass ihre Produktnamen zum Gattungsnamen wurden (z. B. Uhu, Tempo, Nescafé, Jeep), was zusätzliche **Markteintrittsbarrieren** für die Konkurrenz errichtet. Außerdem hat der Pionier die Möglichkeit, seine Innovation – als Patent (für maximal 20 Jahre) – schützen zu lassen, weshalb die Konkurrenten entweder zum **Lizenzerwerb** oder zu – oft ebenfalls kostspieligen – **Umgehungsentwicklungen** gezwungen sind; vor allem im zweiten Fall hat der Produktpionier – anders als z. B. bei preispolitischen Maßnahmen – einen nicht so ohne weiteres auszugleichenden **zeitlichen Vorsprung** vor der Konkurrenz, insbesondere dann, wenn er seine eigentlichen Patente durch Vorrats- und Sperrpatente »weiträumig« abgesichert hat. Während die Konkurrenz ihre Imitationen zur Marktreife bringt, kann der Pionier bereits die nächste Produktgeneration entwickeln. Bei der Bubble-Jet-Drucktechnik z. B. meldete Canon in Japan mehr als 1500 Patente an, um sich alle denkbaren Nutzungsmöglichkeiten zu sichern und der Konkurrenz das Leben so schwer wie möglich zu machen (Wirtschaftswoche vom 23. 2. 1990).

Andererseits birgt die Produktinnovation aber auch **Risiken:** Die Konkurrenten bekommen Gelegenheit, die Entwicklung zu beobachten, um aus eventuellen **Fehlern** des Pioniers (z. B. »Kinderkrankheiten«) zu lernen. Ferner muss der Pionier auf die Neuheit aufmerksam machen und das Interesse des Marktes dafür gewinnen (**Marktaufschließungsfunktion**). So war – vor der Markteinführung – die Erfolgsträchtigkeit der CD-Player-Technologie (als Anwendung der Laser-Strahl-Technologie) umstritten, da sie die herrschende konventionelle Schallplatten- und Abspiel-Technologie verdrängen musste.

> Dem Produktpionier eröffnen sich am Markt Chancen, aber auch Risiken.

Die Schnellen (Technologieführer) fressen die Langsamen (Technologiefolger).

Unter der Lupe

Was ist eine echte Neuheit?
Aus der Sicht eines Herstellers ist ein Produkt bereits dann neu, wenn er etwas vergleichbares noch nicht in seinem Programm hatte (»Herstellerneu-

$\longrightarrow$

heit«); ähnlich verhält es sich bei einer »Anwenderneuheit«. Eine objektive Beurteilungsgrundlage für echte Neuheiten bildet allein der Markt.

Eine »Marktneuheit« kann in der bloßen Modifikation bereits vorhandener Produkte begründet sein. Man unterscheidet dabei modische Neuheiten (z. B. bunte Schallplatten) und Verbesserungen bisheriger Problemlösungen (z. B. Verwendung von PVC statt Schellack zur Schallplattenherstellung).

Eine »echte« Marktneuheit liegt dagegen vor, wenn sich die Problemlösung dem Wesen nach ändert. Das neue Produkt ist keine Weiterentwicklung, sondern ein grundsätzlich neuer Lösungsansatz (z. B. CD als digitaler Informationsträger).

1.2.2 Die Variantenvielfalt der Produktpolitik

Produktpolitische Maßnahmen können darauf abzielen, Waren und/oder Dienste anzubieten,

- die es bisher noch nicht gab,
- die es zwar schon gibt, die materiell aber wesentlich verbessert werden konnten und
- die lediglich eine neue Aufmachung erhalten haben.

> Der weitaus häufigste Fall neuer Produkte ist die neue Aufmachung; Fragen des Warenzeichens und der Verpackungsgestaltung spielen deshalb in der Produktpolitik eine zentrale Rolle.

Ein Warenzeichen ist nach dem Deutschen Markengesetz (DMG) dann geschützt, wenn es ›**Unterscheidungskraft**‹ zu Warenzeichen anderer Unternehmen besitzt und eine selbständige geistige Leistung darstellt; nicht geeignet sind z. B. Bezeichnungen wie »Qualitätsprodukt« oder »vier« bzw. »quatro«, die auch mit dem **Freihaltebedürfnis** im Warenverkehr kollidieren. Das Markenzeichen muss (in der Regel) zudem in das **Markenregister** beim Deutschen Patent- und Markenamt, München, eingetragen werden; ein internationaler Schutz setzt die Eintragung auch als **Gemeinschaftsmarke** im Harmonisierungsamt für den (EU-)Binnenmarkt in Alicante/Spanien sowie – eventuell – bei der (UN-)Weltorganisation für geistiges Eigentum (Wipo, Genf) voraus. Ein eingetragenes Warenzeichen darf nur von seinem Inhaber auf Produkten, Rechnungen usw. verwendet werden. Allerdings können auch Privatpersonen oder Werbeagenturen »Vorratszeichen« hinterlegen und an Markenbörsen veräußern; spätestens fünf Jahre nach ihrer Eintragung müssen sie jedoch genutzt werden, da sonst ihr Schutz erlischt. Neben Bildzeichen (Mercedes-Stern) sind auch Wort-(PERSIL) und Wort-Bild-Zeichen sowie Zahlen- (4711) und Buchstaben-Zeichen (AEG) zugelassen. Schutzfähig sind zudem Melodienfolgen (»Werbejingles«) und die

Warenausstattung (»dreidimensionale Gestaltung«), z. B. Verpackungsformen (Odol-Flasche) und -farben bzw. Farbkombinationen.

Ein Warenzeichen ist nur im **Warenähnlichkeitsbereich** (»gedanklich in Verbindung stehend«) geschützt. Möchte folglich ein Eigentümer sein Warenzeichen »flächendeckend« schützen, dann sollte er es als Vorratszeichen für alle möglichen »warenfernen« Produktarten eintragen lassen. Allerdings muss er vor Ablauf der Fünf-Jahres-Frist seine Produktpalette diversifizieren oder Lizenzen vergeben. Der Schutzumfang geht nur bei **bekannten Marken** über den Ähnlichkeitsbereich hinaus: So wurde einem Leipziger Taxiunternehmer sogar die – an das Kölnisch Wasser »4711« nur angelehnte – Telefonnummer 7411 untersagt (Az.: 31086/95). Einen besonderen Schutz genießen auch Markenzeichen, die als **Unternehmenszeichen** Verwendung finden (z. B. Bayer-Kreuz).

Zur Frage der **Verwechslungsgefahr** bei Markenzeichen hat der Europäische Gerichtshof (1997) als Bezugspunkt den »Durchschnittsverbraucher« verankert: Die bloße Ähnlichkeit der springenden Raubkatze eines holländischen Anbieters von Lederwaren mit dem Logo des deutschen Sportwarenherstellers Puma sei allein nicht ausreichend, um eine Verwechslungsgefahr zu begründen.

Im DMG sind auch die **geographischen** Namen von Agrarprodukten und Lebensmitteln geregelt; es werden folgende Varianten unterschieden (EG-Verordnung Nr. 2081/92 bzw. Nr. 2082/92):

- **Ursprungsbezeichnung** (z. B. Parmaschinken, Grappa, Kölsch, Allgäuer Bergkäse, Roquéfort, Champagner, Feta, Ouzo)
  Das Produkt stammt aus dem jeweiligen EU-Land, verdankt seine Eigenschaften überwiegend den dortigen natürlichen und menschlichen Gegebenheiten (ist wesentlich durch den geographischen Ursprung geprägt) und erfährt dort alle (wesentlichen) Erzeugungs-, Verarbeitungs- und Herstellungsschritte.

- **Herkunftsbezeichnung** (z. B. Lübecker Marzipan, Aachener Printen, Dresdner Stollen)
  Das Produkt stammt aus dem jeweiligen Gebiet, weist besondere Eigenschaften oder Qualitäten auf, erfährt dort aber nur einzelne Erzeugungs-, Verarbeitungs- oder (meist) Herstellungsschritte.

- Nicht besonders geschützt sind:
  - **Gattungsbezeichnungen** (z. B. Mozartkugeln, Gouda, Edamer, Camembert)
    Diese Produkte stammen zwar ursprünglich aus einem speziellen Gebiet, die Namen sind aber mittlerweile eine übliche Bezeichnung.
  - **Beschaffenheitsangaben** (Spezialitäten)
    Die Produkte weisen eine besondere Herstellung oder Verarbeitung auf (»traditionelle Zusammensetzung«). So muss ein »Wiener Schnitzel« ein Kalbfleischgericht sein.

Ursprungs- und Herkunftsbezeichnungen sind geschützt nach Eintrag in das »Verzeichnis der geschützten Ursprungsbezeichnungen und der geographischen Angaben für Agrarerzeugnisse und Lebensmittel«. Zuständig ist die EU-Kommission sowie der EU-Ausschuss für Ursprungsbezeichnungen und geographische Angaben.

Beispiel

Warenzeichen

»Der Leipziger Verein ›Thomaskirche – Bach 2000‹ darf weiter mit dem Namen des Barockkomponisten Johann Sebastian Bach werben. Das entschied das Dresdner Oberlandesgericht … Das Gericht wies damit die Klage des Geschäftsmannes Hans-Georg Müller aus Gelsenkirchen ab, der dem Verein sowie einer Sektkellerei und der Porzellanmanufaktur Meissen untersagen wollte, Produkte mit dem Musikernamen zu verkaufen. Müller hatte den Namen »Bach« beim Deutschen Patentamt als Marke eintragen lassen. Wenn die anderen Firmen ebenfalls den Namen verwendeten, könne das Logo verwechselt werden, fürchtete der Unternehmer. Das Gericht teilte diese Auffassung nicht. Zudem sei der Name ›Johann Sebastian Bach‹ Teil des allgemeinen Kulturgutes. Deshalb könnten unterschiedliche Firmen Produkte mit dem Bild oder Namen Bachs vermarkten«

(Aus: Süddeutsche Zeitung vom 5. 4. 2000)

»Der Bundesgerichtshof (BGH) hat den Erwerb und Handel mit Markennamen präzisiert und damit Trittbrettfahrern, die am spekulativen Erwerb von Namensrechten verdienen wollen, enge Grenzen gesetzt. Danach gewann der Autokonzern DaimlerChrysler gegen einen Geschäftsmann, der sich den Namen ›Classe E‹ hatte registrieren lassen. Er hatte den Namen teuer an die Autoschmiede verkaufen wollen. Der BGH sah darin einen Rechtsmissbrauch, weil der Mann eine Vielzahl von Markennamen allein zu dem Zweck ›gehortet‹ habe, Unternehmen mit identischen oder ähnlichen Markenbezeichnungen mit Schadensersatzansprüchen zu überziehen. (Az.: IZR 93/98)«

(Aus: Süddeutsche Zeitung vom 24. 11. 2000)

»Es bleibt dabei, ein ›@‹ ist als Bestandteil von Firmennamen nicht erlaubt. Das hat jetzt das Bayerische Oberste Landesgericht bestätigt … ein Name (müsse) für jedermann aussprechbar sein .. Das Internetsymbol @ habe jedoch keine sprachliche, sondern nur eine bildliche Funktion …«

(Aus: E. Müller-Jentsch: Unaussprechliches @, in: Süddeutsche Zeitung vom 27. April 2001)

»… Mit der Mündigkeit der Verbraucher hat der Bundesgerichtshof (BGH) soeben eine Grundsatzentscheidung zum Namensrecht im World Wide Web begründet. Demnach dürfen allgemeine Gattungsbegriffe fortan in Web-Adressen verwendet werden.

Der Entscheidung vorangegangen war bundesweit ein langwieriges juristisches Tauziehen um die Frage, ob Begriffe wie ›Bücher‹ oder ›Last minute‹ in Internetadressen wie www.buecher.de oder www.lastminute.de vorkommen dürfen …

… im Gegensatz zu Gattungsbegriffen sind Marken und Firmennamen nicht ohne weiteres in Web-Adressen verwendbar …«

(Aus: P. Illinger: Freie Namenswahl im Internet, in: Süddeutsche Zeitung vom 19. 5. 2001)

» ... Ein Brau-Goliath aus Amerika kämpfte gegen einen tschechischen Sud-David. Budweiser USA, einer der weltweit größten Bierhersteller, hatte in der Bierstadt München dem eher unbedeutenden Original den Kampf angesagt, weil es der kleine Budweiser bisher erfolgreich verstanden hat, dem großen Budweiser auf dem deutschen Markt die Tür zu versperren.

... Die Amerikaner behaupten aber, die Tschechen hätten das Warenzeichenrecht damals nur nach altem DDR-Recht bekommen ...

... Unter dem Strich konnten die Amerikaner die Münchner Richter nicht überzeugen, die 7. Zivilkammer wies die Klage jetzt ab. Die US-Brauerei wird also weiterhin weltweit »Budweiser«-Bier anbieten – nur nicht in Deutschland.«

(Aus: E. Müller-Jentsch: Budweiser gegen Budweiser, in: Süddeutsche Zeitung vom 9. 8. 2000).

»... Bohrenden Kopfschmerz verursachte der eigene Name mehr als 75 Jahre lang den Managern des Leverkusener Bayer-Konzerns – zumindest in den Vereinigten Staaten. Damals, im Ersten Weltkrieg, konfiszierte die US-Regierung Fabriken, Patente und Warenzeichen des Chemiemultis als Feindvermögen und verscherbelte das Geschäft später an den Konkurrenten Sterling Products ...

Den Leverkusenern war inzwischen fast jedes Mittel recht, um in Amerika nicht immer nur unter Pseudonym auftreten zu dürfen. Selbst der jüngste Versuch, den ganzen Laden des lästigen Konkurrenten zu übernehmen, schlug fehl. Erst unter Aufbietung einer allerletzten, prallen Dollarmilliarde gelang es dem Bayer-Vorstand jetzt, das eigene Markenzeichen zurückzukaufen ... Es ist eben schön, wenn der Schmerz nachlässt.«

(Aus: Die Zeit vom 16. 9. 1994)

Nach 75 Jahren kann der Konzern wieder weltweit uneingeschränkt mit dem Namen Aspirin und dem Bayer-Kreuz auftreten.

Eine »verkaufsgerechte Gestaltung« der Verpackung hat insbesondere durch die Verbreitung der **Selbstbedienungsläden** an Bedeutung gewonnen: So geben Hersteller von Markenartikeln bis zu zehn Prozent der Produktkosten für Verpackung aus (Süddeutsche Zeitung vom 14. 10. 1998). Die Ware muss nun »für sich selbst sprechen«; deshalb sollte der Produktvorteil auf der Packung sichtbar werden, die Packung den Verbrauchsgewohnheiten entsprechen (z. B. Mikrowelleneignung) und schließlich auch kaufanregend wirken (»Sympathie erzeugen«). Ferner verlangt § 23,2 GWB. dass **Markenartikel** – für die eine unverbindliche Preisempfehlung möglich ist – mit einem ihre Herkunft kennzeichnenden Merkmal (z. B. Wort- oder Bildzeichen) versehen sind. Zudem übersieht die Kritik, die sich gegen »zu aufwändige« Verpackung richtet, häufig, dass es auch teuer wäre, »lose« Ware durch Verkaufspersonal abwiegen, zählen oder messen zu lassen.

Je nach Übernahme der Qualitätsgarantie unterscheidet man Hersteller- und Handelsmarken.

Elemente einer **verkaufsgerechten** Verpackung sind

- die Packungsgröße (»Singlepackung«, »Sparflasche«),
- die Packungsart (leichtes Öffnen und Schließen. Schutz vor Verderb und Beschädigung des Inhalts, Andersverwendung nach der Leerung) und
- die Form, Farbe und grafische Gestaltung, die wichtige Elemente im Hinblick auf Wiedererkennung und Irradiation sind, aber auch Quelle der Überalterung (»Charme der fünfziger Jahre«).

Aus Sicht der **Industrie** kommen dann noch Aspekte wie rationelle Warenbewegung, Standardisierung und Schutzfunktion gegen äußere Einflüsse hinzu (»transport- und regalgerechte Verpackung«).

> Die Verpackung steht im Spannungsfeld von »Selbstdarstellung« und Müllvermeidung.

Die ständige Zunahme der Müllbelastung hat die Sensibilität der Verbraucher gegenüber »unnötigen« Verpackungsmaterialien geschärft, was neue Lösungen des Verpackungsproblems unumgänglich macht: Umweltbewusstes Einkaufsverhalten erzwingt auch umweltfreundliche Verpackung durch z. B. Verzicht auf Überdimensionierung (»Mogelpackung«; § 17 Eichgesetz: Füllmenge unter 70 % des Packmittelvolumens) und Mehrfachverpackung (»Umverpackung«). Zudem hat die **Verordnung über die Vermeidung von Verpackungsabfällen** Hersteller und Handel verpflichtet, Transport- und Umverpackungen sowie – generell – Verkaufsverpackungen zurückzunehmen und zu verwerten. Von letzterem gibt es jedoch eine Freistellung, da das von Handel und Industrie eingerichtete »Duale System Deutschland« Verkaufsverpackungen mit dem »Grünen Punkt« über die »Gelbe Tonne« bei

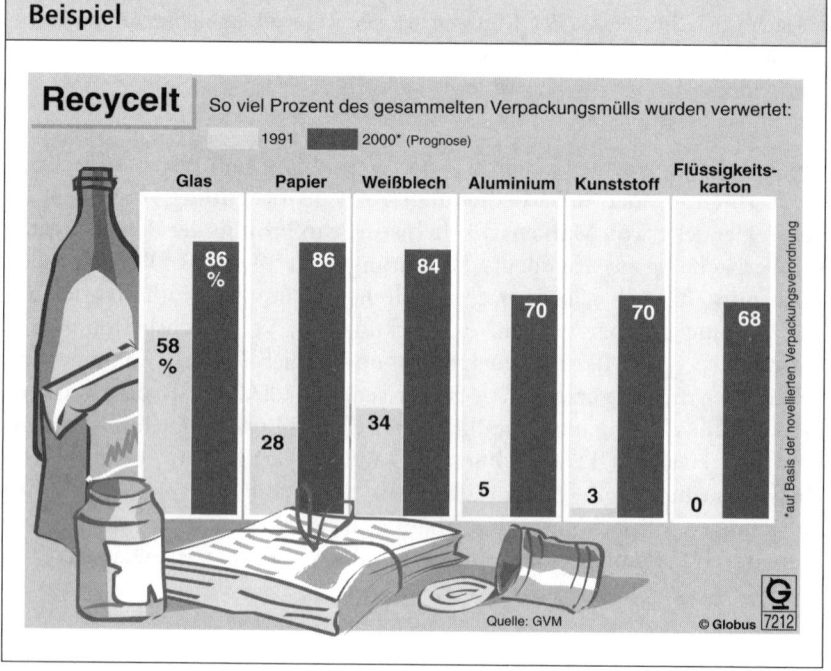

den Haushalten sammelt und verwertet. Hierfür muss die Konsumgüterindustrie – je nach Volumen und Beschaffenheit des Verpackungsmaterials – bezahlen. Dies hat jedoch nicht den »Siegeszug« der Einwegflaschen aus Kunststoff sowie der Bier- und Coladosen gestoppt: Der Anteil der Pfandflaschen sank von 73,5 (1992) auf 62,5 (2001) Prozent (Süddeutsche Zeitung vom 7. 12. 2001). Bei einer »dauerhaften Unterschreitung« von 72 Prozent muss ein Pfand auf Dosen und Einwegflaschen erhoben werden.

Schutzrechte haben die Aufgabe, dem Neuerer eine Monopolzeit einzuräumen, während der er seine Neuheit – auch über Lizenzen – verwerten und einen Gewinn erwirtschaften kann; sie sind damit Anreiz für die Ideensuche. Da ferner ein Schutzrecht die Offenlegung der Neuheit bedingt, werden unnötige Doppelentwicklungen vermieden. Unternehmen verzichten jedoch häufig auf Schutzrechte, weil ihnen die Kosten zu hoch und die Verfahren zu langwierig sind. Schwierigkeiten bereitet auch die – eigenverantwortliche – Überwachung der Einhaltung sowie die Durchsetzung der eigenen Schutzrechte: Ohne Auslandsanmeldung kann die dortige Konkurrenz das offenbarte Wissen ohne Lizenzzahlung nutzen oder sogar selbst anmelden. Es empfiehlt sich deshalb eine Anmeldung beim Deutschen bzw. beim Europäischen Patentamt in München sowie bei der UN-Weltorganisation für geistiges Eigentum (Wipo), die dann einen Schutz der Erfindung in über 100 Staaten gleichzeitig einleitet. Man erhält so einen Anspruch auf Unterlassung sowie Schadenersatz nach Lizenzanalogie. Eine Übersicht über die produktpolitischen Schutzrechte in Deutschland findet sich in Abb. 17.2.

Das Patent stellt deutlich höhere Anforderungen an die **technische** Erfindungshöhe als das Gebrauchsmuster, das zudem auf Produktfunktionen z. B. bei Arbeitsgeräten und Gebrauchsgegenständen beschränkt ist. Das Urheberrecht legt einen strengeren Maßstab an die **künstlerische** Gestaltungs-

> Dilemma der Schutzrechte: Beschränkung des Wettbewerbs und Anreiz für Forschung und Entwicklung

---

Produktpolitische Schutzrechte

■ Technische Schutzrechte an Herstellungsverfahren bzw. technischen Produktfunktionen
  – Patent (PatG); Schutzfrist: 20 Jahre
  – Gebrauchsmuster (GebrMG); Schutzfrist: bis 10 Jahre.
■ Schutzrechte an der Form (Ästhetik)
  – Urheberrecht (UrhG); an Kunstwerken: Schutzfrist bis 70 Jahre nach dem Tode des Urhebers, an Ausgaben wissenschaftlicher sowie nachgelassener Werke: 25 Jahre, an künstlerischen Darstellungen ausübender Künstler auf Bild- oder Tonträgern: 50 Jahre (kein Eintrag erforderlich)
  – Geschmacksmuster (GeschmMG); Schutzfrist: 5 Jahre, Verlängerungsmöglichkeit auf max. 20 Jahre.
■ Schutzrechte an Kennzeichen und Ausstattung (DMG) Schutzfrist: 10 Jahre mit Verlängerungsmöglichkeit um jeweils weitere 10 Jahre

Abb. 17.2: Schutzrechte in Deutschland

höhe an als das Geschmacksmuster (dessen Gegenstand das Design von z. B. Geschirr, Stoffen und Möbeln sein kann).

Der Kennzeichen- und Ausstattungsschutz umfasst nur den **geschäftlichen Verkehr,** nicht die Privatsphäre. So hatte die Firma Rolex zur Reparatur eingesandte 15 000-DM-Uhren mit der Begründung einbehalten, sie ähnelten durch nachträglich eingebaute »Stundenbrillanten« einem 88 000-DM-Modell. »Das Argument des Rolex-Anwalts ..., Luxusuhren seien zum Tragen in der Öffentlichkeit und auch zur Erzielung beruflicher Vorteile bestimmt, überzeugte die fünf BGH-Richter nicht. Die Art sich zu kleiden, gehöre zum persönlichen Bereich eines Menschen. Der Markeninhaber könne ›dem Träger von Markenkleidung nicht vorschreiben, wie und in welchem Zustand er diese zur Schau stellt‹ (AZ: IZR 239/45 u. a.)« (Süddeutsche Zeitung vom 14./15. 2. 1998).

Nach dem **Produktplanteriegesetz** (PrPG), das in eine Reihe gesetzlicher Regelungen (z. B. Patentgesetz, UWG) »eingreift«, ist eine Freiheitsstrafe von bis zu fünf Jahren für die gewerbsmäßige Verletzung fremder Schutzrechte vorgesehen; ferner erweitert es die Möglichkeiten, schutzrechtsverletzende Waren einzuziehen und zu vernichten. Hierbei unterscheidet man zwischen **Marken**piraterie (illegales Verwenden von Zeichen, Logos, Namen usw.) und **Produkt**piraterie (illegales Nachahmen und Vervielfältigen von Waren).

Eine »sklavische Nachahmung« **nicht geschützter** Produkte ist grundsätzlich nicht verboten; allerdings könnte hierin ein Verstoß gegen die guten Sitten gemäß § 1 UWG gesehen werden; dies z. B. dann, wenn ein Stoffhersteller im Rahmen von Vertragsverhandlungen einem Kunden seine Musterkollektion überlässt, die dieser dann abkupfert.

Beispiel

Urheberrechtsschutz

»Zwanzig Tragl Helles könnten für die Münchner Brauerei Hacker-Pschorr zu einer sehr teuren Angelegenheit werden. In einem Hörfunk-Preisausschreiben, bei dem das Bier als Preis ausgesetzt war, sollte nämlich der Autor eines humoristischen Spruches erraten werden. Über den Sender gingen folgende Zeilen des Münchner Volkssängers und Komikers Karl Valentin, die unter Urheberrechtsschutz stehen: ›Wenn das Wasser recht kalt ist, erkälten sich die Fisch und müssen sehr viel husten. Durch diese Erschütterung des Wassers entstehen an der Oberflächen die Wellen.‹

Doch die Werbeagentur der Brauerei hatte weder bei der Erbin Valentins um Erlaubnis gefragt, noch zahlte sie Tantiemen für die siebenmalige Ausstrahlung des Valentin-Spruchs. Die Rechte an Valentins filmischem und literarischem Werk besitzt heute seine Enkelin Annliese Kühn. Da Frau Kühn die Nutzung von Werken ihres Großvaters für Werbezwecke generell nicht gestattet, forderte ihr Anwalt Gunter Fette nun die Brauerei auf, Schadenersatz zu zahlen ...«

(Aus: Süddeutsche Zeitung vom 20. 6. 1988)

Beispiel

Markenpiraterie

»Trotz verschärfter Sicherheitsmerkmale ist das neue Betriebssystem Windows XP von Microsoft in Thailand schon vor dem offiziellen Verkaufsstart als Raubkopie erhältlich. Ein Software-Verkäufer in Bangkok sagte, er habe die für Firmen gedachte Professional-Version von XP seit drei Wochen im Angebot und verkaufe täglich rund 200 Exemplare.

An Straßenständen werden Raubkopien von Windows XP kurz vor dem offiziellen Verkaufsstart am 17. November für 120 Baht (rund sechs DM) angeboten. In Deutschland ist das Betriebssystem seit 25. Oktober zu haben und kostet je nach Version 250 oder 489 DM ...«

(Aus: Süddeutsche Zeitung vom 13.11.2001)

»Die Teletubbies bleiben Spitze, jedenfalls für Produktpiraten. Kein anderer Markenartikel, glaubt der Hauptgeschäftsführer des Deutschen Industrie- und Handelstages (DIHT), Franz Schoser, werde mehr gefälscht als Tinky Winky und seine Freunde Po, Laa Laa und Dipsy. Aber auch die Kuschelfigur Pokémons sei im Kommen. Mit den von Billigproduzenten nachgeahmten Plüschmonstern verdienten Gauner auf Kosten der Originalhersteller Millionen.

... Nach Schätzungen des Aktionskreises Deutsche Wirtschaft gegen Produkt- und Markenpiraterie (APM) ... sind etwa acht Prozent aller Produkte, die in der Welt gehandelt werden, Fälschungen. Das entspreche einem Warenwert von etwa 500 Milliarden DM. Allein in Deutschland büße die Wirtschaft rund 55 Milliarden DM durch Fälschungen ein. Betrachtet man die Branchen als Ganzes, verzeichnen vor allem Pharmazie- und Softwarebranche sowie Bild- und Tonträger-Hersteller die größten Einbußen. Aber auch Kraftfahrzeugersatzteile, Kosmetika, Textilien, Uhren und sogar Zigaretten haben weiterhin bei den Markenpiraten Hochkonjunktur ...«

(Aus: S. Uhlmann: Fälscher lieben Teletubbies, in: Süddeutsche Zeitung vom 25.4.2001)

»... Ein prominentes Opfer der Produktpiraten wurde im vergangenen Jahr auch Mika Häkkinen. Laut Aussage des Rennstalls war der Getriebeschaden seines Formel-1-Boliden beim »Großen Preis von San Marino« auf ein minderwertiges Kugellager zurückzuführen – geliefert von einem asiatischen Produktfälscher. Rein optisch war das Kugellager zwar nicht vom Original zu unterscheiden, den Belastungen des Rennens hielt es allerdings nicht stand ...«

(Aus: Institut der deutschen Wirtschaft (iwd) vom 2.9.1999)

»Fliegende Straßenhändler dürfen in Italien nach einem Urteil des höchsten Gerichts des Landes Markenfälschungen verkaufen. Das Kassationsgericht in Rom begründete sein Urteil mit dem Hinweis, die Kunden wüssten sehr gut, dass es sich bei den Taschen, Ledergürteln und Uhren der Straßenhändler um Imitate von Luxusprodukten handele. Voraussetzung sei allerdings, dass die angebotenen Fälschungen deutlich billiger als die Originale und nicht perfekt imitiert sind ...«

(Aus: Süddeutsche Zeitung vom 6.3.2000)

1.2.3 Die Verwenderansprüche

Zwar kann heute kein Produkt mehr nennenswert hinter der qualitativen Norm seiner Preisklasse zurückbleiben, dies allein genügt jedoch nicht zur Sicherung seines Markterfolgs. Es benötigt zusätzlich einen erkennbaren Produktvorteil (**Unique Selling Proposition**), um aus der Austauschbarkeit mit anderen (»Me-too«-)Produkten herauszukommen. Zur Beantwortung der Frage, warum ein Nachfrager ausgerechnet das eigene Produkt erwerben soll, bieten sich einem Hersteller mehrere Ansatzpunkte: die Produkt-, die Informations- und die Serviceansprüche der Verwender.

Der Grundnutzen befriedigt den Sachanspruch, der Zusatznutzen den Anmutungsanspruch.

Hinsichtlich der **Produktansprüche** werden Sach- und Anmutungsansprüche unterschieden. So erwartet man von einer Armbanduhr nicht nur, dass sie präzise die Zeit angibt (Sachanspruch), sondern auch, dass sie kleidsam und prestigeträchtig ist (Anmutungsanspruch). Mit anderen Worten: Eine Uhr – ebenso wie z. B. eine Brille – vermittelt einen **Grund**- und einen **Zusatznutzen**, wobei der Zusatznutzen ein gesellschaftlicher »Geltungsnutzen«, aber auch ein individueller »Erbauungsnutzen« sein kann. Die Hersteller versuchen deshalb, ihren Produkten – meist über Werbung, Marke und (Verpackungs-)Gestaltung – eine emotionale Markenpersönlichkeit mitzugeben, um sie aus dem Feld der in ihren Grundnutzen austauschbaren Angebote herauszuheben. So entwickelte sich z. B. die Brille von der Prothese zum modischen Accessoire, was wiederum beim hybriden Käufer (soziales) Kaufrisiko und damit Preisbereitschaft erzeugen kann: Zusatznutzen schlägt Sparorientierung.

Der Kunde will ein Loch und keine Bohrmaschine.

Eine Alternative – oder Ergänzung – hierzu bietet das auf die Erfüllung von **Informations- und Serviceansprüchen** gerichtete »System Selling«: Der Grundgedanke ist, dass die Nachfrager keine »nackten« Produkte, sondern »Problemlösungen« erwerben wollen. Diese können aber neben dem Produkt z. B. Beratungs- und Garantieleistungen sowie einen »After-Sales-Service« (einschließlich Entsorgung) enthalten.

Insgesamt zeigt sich, dass ein Hersteller zahlreiche Möglichkeiten hat, seine Produkte – auf der Basis der Verwenderansprüche – zu profilieren: über die Vermittlung von Grund- und Zusatznutzen sowie durch System Selling.

Beispiel

Zusatznutzen
»Wir verkaufen nicht nur Gläser und Gestelle, wir verkaufen auch Ideen und Imaginationen, Status und Schönheit, Sexualität und Selbstverwirklichung.« (Günter Fielmann, Brillen-Filialist).

→

»Sie sollten ihn einmal von Hand waschen, um die Formen zu erfühlen.«
(Chris Baugle, BMW-Chefdesigner über den Sportwagen Z8).

Die meisten Retro-Produkte sind ... nicht Kopien des Originals, sondern
an heutige Qualitätsansprüche angepasst. Beim Beetle ist der hochmoderne
Motor jetzt vorn und nicht mehr im Heck untergebracht und des Design
zwar dem des Käfers entlehnt, aber »innovativ gestylt«, lobt Stefan Bau-
mann vom Trendbüro Hamburg.

Retro-Futurismus nennen Trendforscher die Variante, alte Formen nur
noch zu zitieren und mit moderner Technik zu verbinden.

(Aus: Schumacher, H.: Die Vergangenheit lässt grüßen, in: Wirtschaftswoche
vom 18. 2. 1999)

1.3 Forschung und Entwicklung als Basis der Produktpolitik

Forschung und Entwicklung (F & E) bestimmen aufgrund ihres Vorlaufcha-
rakters die Schlagkraft des Unternehmens auf den Zukunftsmärkten wesentlich mit.

Der **Ideenanstoß** für Neu- oder Weiterentwicklungen geht meist aus einem **systematischen** Suchprozess hervor:

- **außerbetrieblich** durch Kundenbefragungen (z. B. Focus-Gruppen, Chat
Rooms) und -reklamationen, Auswertung von Außendienstberichten,
Besuche von Tagungen, (Fach-)Messen und (Publikums-)Ausstellungen,

- **innerbetrieblich** durch Auswertung des betrieblichen Vorschlagswesens
und der Arbeitnehmererfindungen sowie durch kreativitätsfördernde
Maßnahmen (z. B. »Brainstorming-Gruppen«). So haben die Beschäftigten in Deutschland 1999 insgesamt 1,1 Millionen Verbesserungsvorschläge eingereicht, von denen über 60 Prozent umgesetzt wurden, was im ersten Jahr zu knapp einer Milliarde € Einsparungen und zu 170 Millionen
€ Prämien geführt hat (Institut der deutschen Wirtschaft (iwd) vom 20. 4.
2000).

Gelegentlich findet man auch ohne systematische Suche Produktideen, z. B.
über Nachrichten, die der Unternehmensleitung »**zufällig**« aus dem Unternehmen oder der Umwelt zugehen.

Kommt der – systematisch oder zufällig gefundene – Ideenanstoß aus
dem Absatzmarkt, spricht man von **Nachfragesog;** kommt er aus dem F & E-
Bereich, dann liegt ein **Technologiedruck** vor. Meist handelt es sich im ersten Fall um Verbesserungsinnovationen (Konstruktionserfindungen), im
zweiten um Basisinnovationen (Pioniererfindungen). Konstruktionserfindungen können leichter von der Konkurrenz aufgeholt werden, Pioniererfindungen tragen hingegen höhere Akzeptanzrisiken am Markt (z. B. Kinderkrankheiten oder fehlender Systembezug: CD-Player und Schallplatten-
sammlung).

Auf den hohen Stellenwert von Pioniererfindungen hat bereits der Ökonom Joseph A. Schumpeter (1883 – 1950) hingewiesen: Eisenbahnen, elek-

Ideenanstoß:
systematisch oder zufäl-
lig; durch Nachfragesog
oder Technologiedruck

trische Lampen oder Nylonstrümpfe seien nicht entstanden, weil irgendwelche Konsumenten die Initiative ergriffen hätten. Motor der Entwicklung seien Pionierunternehmer, die »neue Kombinationen« durchsetzen und die alten beseitigen (**Schöpferische Zerstörung**).

> Innovationen sind meist Verbesserungsinnovationen. Ihr kontinuierliches Auftreten bleibt oft unmerklich, weshalb sie mit modischen Veränderungen »markiert« werden (z. B. eine neue Automobil-»Generation«.)

Beispiel

Patentstatistik

»Siemens hat im vergangenen Jahr so viele internationale Patente angemeldet wie kein anderes Unternehmen weltweit … Insgesamt kamen 46,2 Prozent der 68 038 Anmeldungen aus den USA, 17 Prozent aus Japan und 11,8 Prozent aus Deutschland. Unter den 20 Unternehmen, die die meisten Anträge stellten, sind auch die Robert Bosch GmbH (5.), BASF (7.) und Henkel (18.).«

(Aus: Süddeutsche Zeitung vom 11. 10. 2000)

Nicht die Großen fressen die Kleinen, sondern die Schnellen die Langsamen.

Infolge des rasanten technologischen Fortschritts veralten die existierenden Produkte schnell. Um dennoch eine ausreichende Verkaufsphase zu erreichen, müssen die Entwicklungszeiten weiter verkürzt werden. Schnelle Entwicklung führt aber zu **Reibungsverlusten:** Die einzelnen Entwicklungsstufen (»Meilensteine«) werden – auch im Zusammenwirken mit den Zulieferbetrieben – parallel statt sequentiell abgearbeitet (Simultaneous Engineering), wobei nachgelagerte Stufen mehrere Entwicklungsergebnisse der vorgelagerten Stufen als möglich einkalkulieren; ferner fallen Überstundenzuschläge an usw. Andererseits wurde so aber z. B. die Entwicklungszeit (»Time to Market«) der neuen E-Klasse von Mercedes von 60 (Vorgängermodell) auf 38 Monate verkürzt (Süddeutsche Zeitung vom 31. 5. 1995), was freilich die Gefahr von »Kinderkrankheiten« erhöhen kann (z. B. Elchtest beim A-Klasse-Mercedes, Heckspoiler beim Audi TT, Reifen und Chassis beim Peugeot 607).

Gelegentlich feiert der Ingenieur technologische Triumphe ohne zu fragen, ob es für das Leistungsspektrum überhaupt Kunden gibt (Over-Engineering).

> Forschung und Entwicklung befinden sich insofern in einem Dilemma, als Simultaneous Engineering zwar die Kosten überproportional in die Höhe treibt, den Marktzugang aber beschleunigt und folglich den Markterfolg wahrscheinlicher macht (**»Time-Cost-Tradeoff«**).

Problematisch ist auch der Versuch vieler – zumeist europäischer – Hersteller, mit »perfekten Lösungen« auf den Markt zu kommen (z. B. Video 2000 von Philips): Dieser **Hang zum Perfektionismus** verzögert die Markteinführung und gibt damit anderen Anbietern (z. B. VHS von Matsushita) Gelegenheit, ein zwar weniger ausgereiftes, dafür aber verfügbares Produkt zu präsentieren. Dessen Vorteil kann zusätzlich darin liegen, dass es preisgünstiger, in der Anwendung weniger kompliziert, leichter zu warten und zu reparieren sowie kompatibel zur bisherigen Ausrüstung ist. Bei der Ermittlung des **optimalen Innovationsgrades** ist zu fragen: Wird das Leistungsspektrum von den **Kunden** gewünscht, wahrgenommen und bezahlt?

> In den F & E-Abteilungen muss ein Kompromiss zwischen Perfektion (optimaler Innovationsgrad) und Schnelligkeit (Time-Cost-Tradeoff) gefunden werden. Dies ist dann die »optimale Entwicklungsleistung«.

Reibungsverluste und Over-Engineering lassen sich durch ein **Schnittstellenmanagement** reduzieren: Integrierte Teams von Fachleuten aus Konstruktion, Produktion, Marketing und Controlling überwinden die »Ressortegoismen« und sorgen für eine frühzeitige Abstimmung der Vorgehensweisen, wobei man möglichst auch Lieferanten und Kunden einbeziehen sollte. Dieses »Projektmanagement« verkürzt die Entwicklungszeit und senkt die Entwicklungskosten. Voraussetzung ist allerdings eine hohe Kooperationsbereitschaft und -disziplin, an der es vor dem Hintergrund von unterschiedlichen »Abteilungskulturen« und »Sprachbarrieren« manchmal mangelt. Hier muss dann das Top-Management eingreifen und die »Steine aus dem Weg räumen«.

Beispiel

Schnittstellenmanagement
»… Ob es sich um die Entwicklung von Hörgeräten, sprachgesteuerten Telefonen, Computertomographen oder Steuerungsanlagen von Bohrinseln handelt: Der zukünftige Benutzer hat bei der Entwicklung eines Produktes ein Wort mitzureden. Und dieses kann entscheidend sein. Funktionen, von denen Entwickler begeistert sind, würden von den Benutzern teilweise als überflüssig oder gar störend empfunden, sagt Krömker (Leiterin des Usability Engineering Lab). Bislang ist Siemens nach eigenen Angaben das einzige Unternehmen in Deutschland, das ein solches Versuchslabor eingerichtet hat…

›Fünf bis sieben gut ausgewählte Testpersonen können bereits 80 Prozent der Schwachstellen eines Produktes herausfinden. Wir schätzen, dass Siemens auf diese Weise durchschnittlich 30 Prozent der Entwicklungskosten einspart‹, so Krömker… Da sich die Entwicklungszeiten immer mehr ver-

→

> kürzten, seien Einsparungen auf diesem Gebiet ein entscheidender Faktor…«
>
> (Aus: Gregor, A.: Bei Siemens kochen die Kunden in der Entwicklungsküche mit, in Süddeutsche Zeitung vom 10. 2. 1998)

Dass die F & E-Abteilungen in ihre Produkte bewusst schwer zugängliche – und damit praktisch irreparable – **Schwachstellen** einbauen, um deren Verschleiß zu beschleunigen, ist eine seit langem behauptete, aber durch nichts bewiesene Aussage: Sicherlich würden die – auch ausländischen – Konkurrenten oder Journalisten und Verbraucherschutzorganisationen solche Vorgänge rasch aufdecken. Allerdings wäre es auch nicht sinnvoll, Produkte haltbarer zu machen, als ihrer – nicht zuletzt durch Modewandel und technischen Fortschritt bestimmten – gewöhnlichen Nutzungsdauer entspricht: Man brauchte dann wertvollere und damit teurere Rohstoffe, was einer Ressourcenverschwendung gleichkäme. Zudem könnte sogar eine Verkürzung der gewöhnlichen Nutzungsdauer im Interesse von Ressourcenschonung und Umweltschutz liegen: Technologisch fortschrittlichere Nachfolgemodelle (z. B. Waschmaschinen mit geringerem Wasser- und Stromverbrauch, Autos mit Katalysator) würden dann schneller Verbreitung finden.

Beispiel

Ideenanstoß in der Produktpolitik

»… Ulrich Lachmann, Leiter Marktforschung bei der Hamburger Philips GmbH,… verweist auf das Beispiel der CD-Platte, für die nicht etwa die Wünsche des Konsumenten den Ausschlag gegeben hätten: ›Bei der Entwicklung der CD-Platte hat man zuallererst die technologischen Möglichkeiten der Laserplatte überprüft. Danach hat man natürlich Pretests gemacht, aber der Anstoß war eigentlich nicht vom Markt, sondern von der Technologie gekommen.‹«

(Aus: Dietrich Hochstätter: Signale des Marktes, in: Wirtschaftswoche vom 15. 7. 1988).

»… Die Idee mit dem Ei hat Michele Ferrero vor gut einem Vierteljahrhundert ausgebrütet. 1974 brachte der italienische Süßwaren-Tycoon zu Ostern seine ersten Schokoladeneier auf den Markt. Unter der dünnen Hülle aus Kinderschokolade versteckte er Plastik-Schlümpfe oder zusammensteckbares Minispielzeug – und landete einen Welterfolg … Jährlich legt der Konzern … inzwischen 1,7 Milliarden der Schoko-Eier …

… Michele Ferrero … verfolgt konsequent seine Strategie des ›fortwährenden Erfindens‹ … Nach sorgfältiger Entwicklungsarbeit bringt er Produkte auf den Markt, die in die Geschichte der Naschkultur eingehen und mittlerweile Generationen das Leben versüßt haben: Da sind Mon Chérie (1957), Nutella (1964), Pocket Coffee (1968), Tic Tac (1969), Kinderschoko-

→

lade (1974) und Ferrero Küsschen (1981). Aber auch Duplo und Hanuta, die Milchschnitten und Raffaello.

... Ferreros Aufstieg am wirtschaftlichen Firmament erklärt der Ökonom Castronovo auch mit ›der geschickten Bedienung des Angebotshebels‹, mit der Ferrero sich stets neue Nachfrage geschafft hat. Jede Marke hat einen originellen Charakter und eine eigene Zielgruppe. Sie erhält ein unverwechselbares Packaging, ein eigenständiges Image und eine spezifische Werbestrategie ...«

(Aus: U. Sauer: Welterfolge aus Schokolade, in: Süddeutsche Zeitung vom 2. 4. 2001)

Beispiel

Geplanter Verschleiß – Fiktion und Fakten
»Der IG-Metall scheint es an der Fähigkeit zur Freude zu mangeln. Die Autoindustrie habe die Qualität ihrer Produkte in den vergangenen Jahren so gesteigert, dass die Reparaturanfälligkeit der Fahrzeuge immer geringer, die Wartungsintervalle länger geworden sind, heißt es in der Funktionärszeitschrift Gewerkschafter. Nennenswerter Ersatzbedarf trete erst nach fünf bis sechs Jahren auf, wird dann fast anklagend festgestellt. Das führe ›zu einem rapiden Arbeitsplatzabbau‹ in den Kfz-Reparaturwerkstätten ...«

(Aus: Die Zeit vom 19. 7. 1985)

»... immer größere Inspektionsintervalle (sorgen) dafür, dass die Fahrzeuge immer seltener in einer der... Werkstätten auftauchen. So hat auch der Umsatz im Ersatzteil- und Servicegeschäft in den vergangenen zehn Jahren um nicht weniger als 30 Prozent abgenommen, und die Tendenz ist weiter fallend ...«

(Aus: Lewandowski. J.: Der Kampf um den Kunden hat erst begonnen, in: Süddeutsche Zeitung vom 9. 11. 1998)

1.4 Optimale Produktpositionierung

Ein wichtiges Problem der Produktplanung besteht darin, ein **neues Produkt** so in eine am Markt bereits **bestehende Produktpalette** einzufügen, dass es sich

Ein neues Produkt soll fern von der Konkurrenz und nah bei den Verbrauchern sein.

- möglichst deutlich von den **Konkurrenzangeboten** abhebt und
- möglichst viel **Nachfrage** auf sich vereinigt.

Als Instrument für derartige Marktanalysen hat sich der **Eigenschaftsraum** bewährt: Fasst man ein Produkt als ein spezielles Bündel von Eigenschaften auf, so nimmt es dort eine ganz bestimmte Position ein. In Abb. 17.3 ist für das Produkt Automobil beispielhaft ein zweidimensionaler Raum **objektiver** (technisch-konstruktiver) Eigenschaften (Kofferraum, Leistung) wiedergegeben.

Ein Produkt ist ein Eigenschaftsbündel, welches im Raum objektiver und im Raum subjektiver Eigenschaften unterschiedliche Positionen einnehmen kann.

Häufig weicht jedoch die Eigenschaftswahrnehmung der Konsumenten von den objektiven Eigenschaften ab. Im Raum **subjektiver** Eigenschaften (Produktmarktraum) kann sich deshalb eine völlig andere Produkt-Konfiguration ergeben als im Raum objektiver Eigenschaften: So könnte der Ersatz eines Metallteils durch Kunststoff objektiv die Haltbarkeit eines Produkts verlängern, subjektiv wird dies jedoch oft als Maßnahme zur Verkürzung der Lebensdauer angesehen; zudem fehlen Eigenschaften wie »Jugendlichkeit«, »Komfort« oder »Sportlichkeit« im Raum objektiver Eigenschaften völlig.

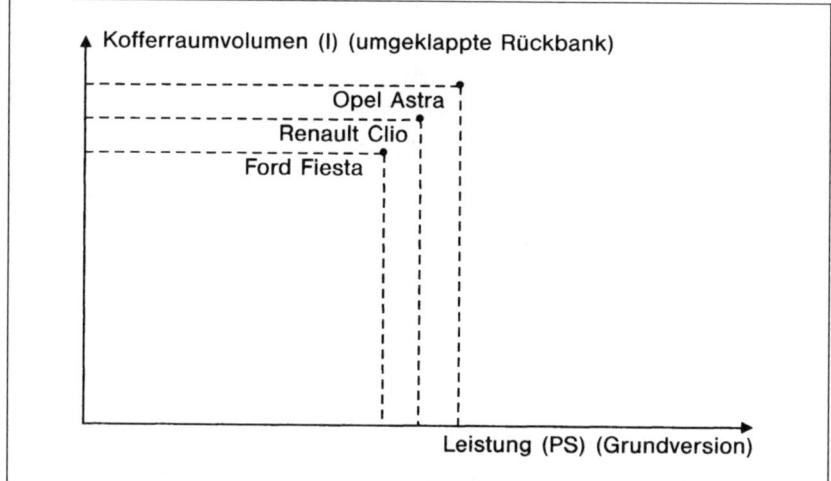

Abb. 17.3: Raum objektiver Eigenschaften

Unter der Lupe

Such-, Erfahrungs- und Vertrauenseigenschaften

Oft tut sich der Nachfrager schwer, die Qualitätseigenschaften eines Produkts zutreffend zu beurteilen.

- Einen roten Apfel kann man in der Obstabteilung leicht finden, weshalb die Farbe eine Sucheigenschaft ist.
- Ob er auch gut schmeckt, weiß man erst nach dem Verzehr, weshalb der Geschmack eine Erfahrungseigenschaft ist.
- Aber selbst nach dem Verzehr lässt sich nicht erkennen, ob der Apfel – wie in der Werbung behauptet – aus biologischem Anbau stammt. Vertrauenseigenschaften versucht man deshalb über Gütesiegel, Garantien, Aufbau von Reputation usw. glaubhaft zu machen.

Die meisten Produkte bestehen aus einer Mischung dieser drei Eigenschaftsdimensionen, was bedeutet, dass es zwischen Hersteller und Verbraucher eine Informationsasymmetrie gibt: Die Hersteller wissen mehr.

→

Bei den Gütesiegeln wacht die EU-Kommission darüber, dass es nicht zu unzulässigen Wettbewerbsbeschränkungen kommt: Nicht der Ursprung, sondern die Qualität hat im Mittelpunkt zu stehen. So musste das Siegel »Qualität aus Bayern« in »Geprüfte Qualität – Bayern« abgeändert werden.

Für den Verkaufserfolg eines Produkts sind allein die von den Nachfragern subjektiv wahrgenommenen Eigenschaften entscheidend, weshalb der **Produktmarktraum** im Mittelpunkt produktpolitischer Überlegungen steht.

Möchte ein Unternehmen ein neues Produkt in einem bestimmten Markt positionieren, dann wird es zunächst mit Hilfe von Befragungen feststellen, wie die Nachfrager die am Markt bereits existierenden Produkte (Realprodukte) der Branche im Produktmarktraum ansiedeln (eines der hierbei gebräuchlichen Verfahren ist die multidimensionale Skalierung, 14. Kapitel).

Im nächsten Schritt ist zu prüfen, welche **Idealvorstellungen** die Nachfrager haben. Hier sind insbesondere zwei Ansätze von Bedeutung: das Idealpunkt- und das Idealvektormodell.

Beim **Idealpunktmodell** wird angenommen, dass jeder Nachfrager eine ganz bestimmte Vorstellung über die ideale Eigenschaftskombination des Produkts hat; im Produktmarktraum stellt sie sich als **Idealpunkt** dar, der mehr oder weniger weit von den Realproduktpositionen entfernt ist (Abb. 17.4). Jede Eigenschaftsabweichung vom Idealpunkt wird vom Befragten als Verschlechterung angesehen (Beispiel: Zucker und Sahne im Kaffee), andererseits muss er aber angesichts der angebotenen Realprodukte oft Kompromisse eingehen: Er wird dann vernünftigerweise – wenn überhaupt – das Realprodukt auswählen, das seiner Idealvorstellung am nächsten kommt; in Abb. 17.4 wird folglich die Person mit der Idealvorstellung 11 (12) das Realprodukt R2 (R1) wählen. R3 ist wegen der starken Eigenschaftsabweichungen für niemanden akzeptabel; dieses Produkt hat nur eine Chance, wenn es umpositioniert wird. Als »Zielgebiet« sollte das schraffierte Feld zwischen den beiden Idealproduktpositionen angesteuert werden: Dort weist ein neues Produkt eine kürzere Eigenschaftsdistanz zu beiden Idealproduktpositionen auf als die bisher gewählten Realprodukte.

> Das Idealpunktmodell unterstellt, dass der Nachfrager im Produkt eine bestimmte Eigenschaftskombination wünscht, wobei er Eigenschaftsabweichungen generell als nachteilig empfindet.

Den Fall, dass jemand die Eigenschaften unterschiedlich gewichtet (z. B. toleriert man eine kleinere Sahne – als Zuckerabweichung), kann man im Idealpunktmodell über Ellipsen erfassen: Der Kreis wird in der Eigenschaft »gestaucht« (»gestreckt«) der man weniger (mehr) Abweichung duldet.

Beim **Idealvektormodell** hat ein Nachfrager auch bestimmte Vorstellungen über die idealen Eigenschaften des Produkts: Er wünscht sich – in einem bestimmten »Mischungsverhältnis« – möglichst viel von allem; im Produktmarktraum stellt sich dies als **Idealvektor** dar, dessen Steigung vom gewünschten Mischungsverhältnis bestimmt wird (Abb. 17.5). Der Idealvor-

> Das Idealvektormodell unterstellt, dass der Nachfrager im Produkt ein bestimmtes Mischungsverhältnis von Eigenschaften wünscht, dann aber jeweils soviel wie möglich von allem.

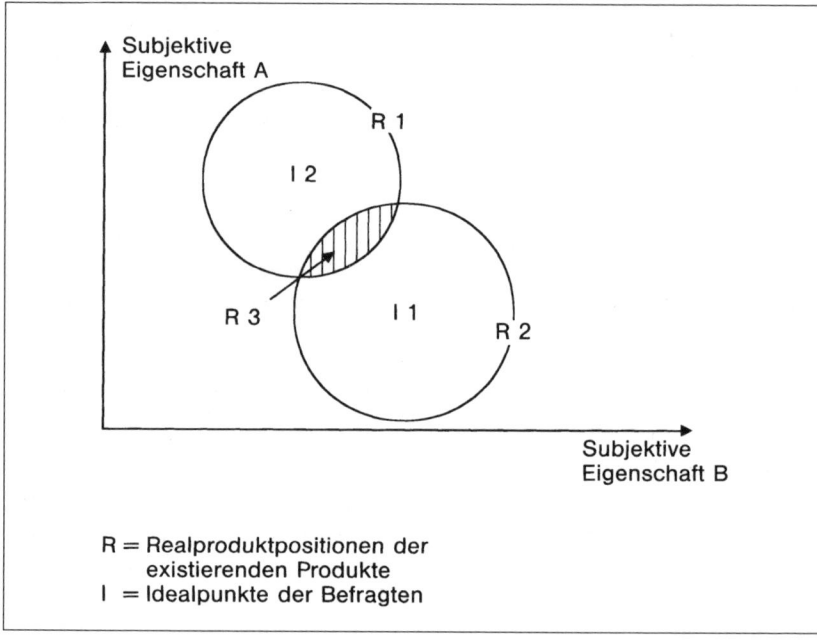

R = Realproduktpositionen der
existierenden Produkte
I = Idealpunkte der Befragten

Abb. 17.4: Produktmarktraum und Idealpunktmodell

stellung eines Befragten kommt das Realprodukt am nächsten, dessen Lot auf dem Vektor am weitesten vorn in Pfeilrichtung liegt. Im Beispiel der Abb. 17.5 wird folglich die Person mit der Idealvorstellung 11 (12) das Realprodukt R2 (R1) wählen. R3 hat keine Chance, es sei denn, es wird auch hier umpositioniert. Eine mögliche Neuposition ist R3: Sie führt das Produkt auf beiden Vektoren kostengünstig an die Spitzenposition.

Den Fall, dass jemand »möglichst wenig« wünscht (z.B. Benzinverbrauch), kann man im Idealvektormodell über Reziprokwerte erfassen (z.B. 1/Benzinverbrauch). Ferner lassen sich Kombinationen von Idealpunkt- und Idealvektorvorstellungen im **Teilpräferenzwertmodell** verarbeiten.

Transformationsproblem: – Von der subjektiven Wahrnehmung in die objektive Ausprägung

Ein wichtiges Problem der Produktpositionierung besteht darin, dass die Neuproduktpositionen aus dem Raum subjektiver in den Raum objektiver Eigenschaften überführt werden müssen: Schließlich benötigt die Entwicklungsabteilung technische Vorgaben (**Produzentenkriterien**). Das Unternehmen »schnürt« also letztlich ein technisches Eigenschaftsbündel, von dem es meint, dass die Verbraucher es so wünschen (**Konsumentenkriterien**).

Im Bereich der Produktpositionierung gibt es eine Reihe leistungsfähiger Computerprogramme (z.B. LINMAP, PREFMAP) zur Unterstützung der Entscheidungsträger in der Praxis. Die dabei verwendbaren Produktmarkträume können sehr hoch dimensioniert sein, was die gleichzeitige Verarbeitung zahlreicher Eigenschaften zulässt; es zeigt sich jedoch immer wieder,

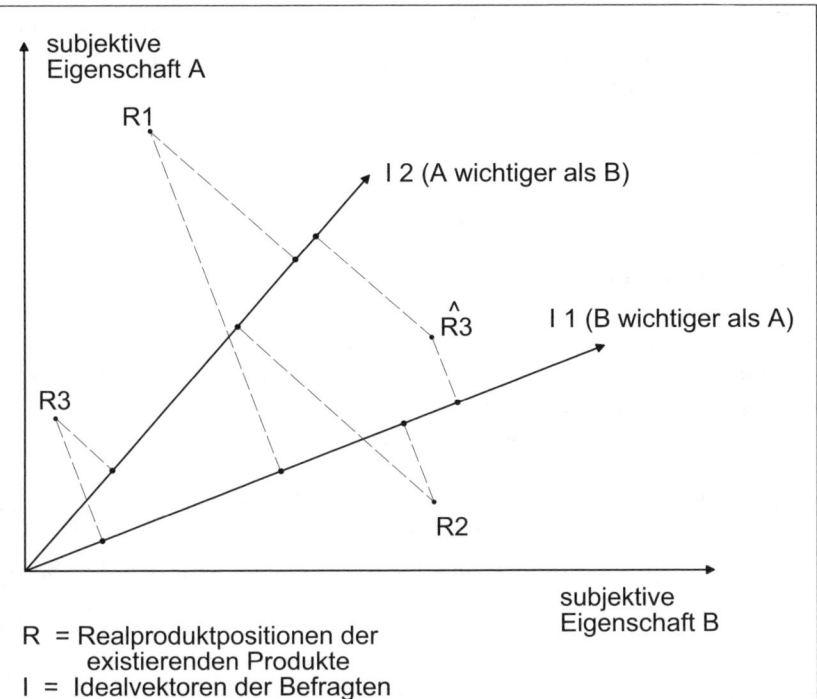

Abb. 17.5: Produktmarktraum und Idealvektormodell

dass die **Befragung**smöglichkeiten bei etwa sieben Eigenschaftsdimensionen an eine praktische Grenze stoßen.

Da die beschriebenen Positionierungsmodelle auf Marktanalysen beruhen, können sie »lediglich« einen Nachfragesog aufdecken und dann zu Verbesserungsinnovationen führen.

Beispiel

Optimale Produktpositionierung

»... Zugegeben: Manche amerikanische Autos strahlen ... nach wie vor eine unverhohlene Faszination aus.

Das liegt vor allem an der Unbekümmertheit, mit der jenseits des großen Teichs mit den Ressourcen umgegangen wird. Dodge *Viper*, Chevrolet *Corvette* oder Ford *Thunderbird* sind Lustobjekte, die nach der klassischen Formel ›Hubraum und Leistung sind durch nichts zu ersetzen, Gewicht und Verbrauch spielen keine Rolle‹ gestrickt wurden. In den USA geht diese Rechnung immer noch auf, doch europäische Kunden setzen andere Prioritäten. Deshalb versuchen fast alle US-Hersteller, mit ihren neuen Modellen unser nüchternes Anspruchsdenken in Sachen Sicherheit, Fahrspaß und Wirtschaftlichkeit ebenso zu erfüllen wie das Verlangen nach dem traditio-

⟶

nellen *American Way of Driving*. Autos wie der Chrysler *Sebring*, der Jeep *Cherokee II* und der Nachfolger des Ford *Explorer* sind so gesehen ein erster Schritt auf den Weg zur Quadratur des Kreises ...«

(Aus: G. Kacher: Amerikaner schielen nach Europa, in: Süddeutsche Zeitung vom 21./22. April 2001)

1.5 Der Produktlebenszyklus

Eine Innovation muss geschaffen und durch- gesetzt werden.

Die unternehmerische Umwelt ist auch durch diesen Widerspruch gekenn- zeichnet: Auf der einen Seite gibt es zunehmend gesättigte Märkte mit wach- sendem Wettbewerbsdruck, andererseits einen raschen technologischen Fortschritt sowie einen schnellen Wandel in den Wünschen der Konsumen- ten.

Angesichts dieser Situation werden **Innovationen** – zu Recht – als der Schlüssel zum unternehmerischen Erfolg gepriesen, wobei man diese aber vorwiegend unter **technologischen** Gesichtspunkten betrachtet: Die Suche konzentriert sich auf die neue Technik, von der man dann annimmt, dass die Käufer sie freudig erwarten.

Beispiel

Innovation – Technik und Vermarktung

»... Die erste Generation, hier also die Brüder Fendt, waren Techniker, de- nen es im Laufe ihres Lebens gelungen ist, etwas Neues wie 1930 das Diesel- ross, den ersten Traktor, zu konstruieren. Aber schon im späteren Unterneh- merleben der Techniker war immer mehr der Kaufmann gefragt, denn mehr und mehr entwickelte sich das Verkaufen statt des Konstruierens zur Kunst. An dieser Umstellung sind viele Familienunternehmen gescheitert, und die- se notwendige Umstellung war auch eine der Ursachen für die schwere Exis- tenzkrise Anfang der 80er-Jahre. Damals hatten die Brüder zu viel Geld in ein Forschungs- und Entwicklungszentrum gesteckt, wo mehr Investitionen in den Markt nötig gewesen wären

(Aus: Heine, H.-G.: Ausverkauf nach dem Fest, in: Süddeutsche Zeitung vom 28. 11. 1996)

The real test for a new product is the market place.

Die hohe Rate von **Innovationsflops** (nach Schätzungen 50 %) zeigt aber, dass die Durchsetzung der Innovation am **Markt** ein nicht minder schwer- wiegendes Problem ist: Neue Produkte – auch wenn sie vermeintlich »rich- tig« positioniert wurden – werden vom Markt mehr oder weniger gut akzep- tiert: Einige erreichen einen bestimmten Verbreitungsgrad schneller als andere, viele Neuheiten schaffen nicht einmal einen Achtungserfolg und verschwinden bald wieder.

Gelingt die Einführung eines neuen Produkts, dann durchläuft es einen Lebenszyklus, der irgendwann in der Degeneration endet; gelegentlich wird jedoch auch von erfolgreichen Wiederbelebungen (Relaunches) berichtet. Vernachlässigt man Saison- und Zufallsschwankungen, dann weisen Produktlebenszyklen häufig einen **typischen Verlauf** auf (Abb. 17.6).

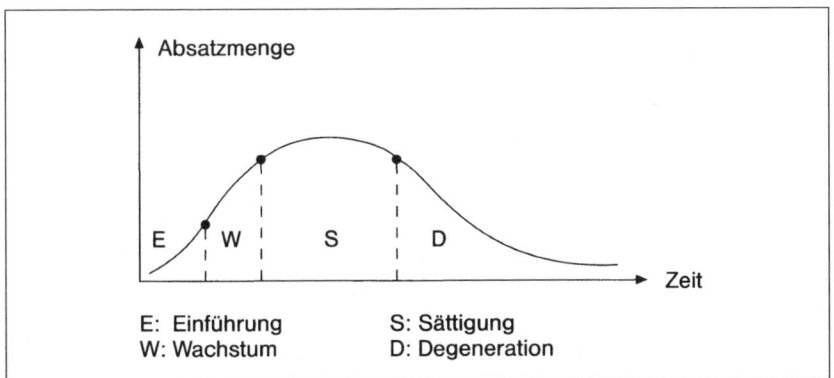

Abb. 17.6: Der Produktlebenszyklus

In **der Einführungsphase** sind erhebliche Vertriebsaufwändungen erforderlich, um das Produkt fest im Markt zu verankern; außerdem fallen in diese Zeit noch umfangreiche Investitionen in die Errichtung von Produktionsanlagen. Da auch für die Mitarbeiter das Produkt neu ist, gibt es Anlaufschwierigkeiten. die sich in hohen Stückkosten niederschlagen.

Es erscheint deshalb vorteilhaft, zunächst hohe Preise zu fordern, um schnell in die Gewinnzone zu gelangen. Wenn dann später die Marktverhältnisse schwieriger, die Stückkosten jedoch günstiger werden (Erfahrungskurve), können die Preise immer noch gesenkt werden (**Skimming-Strategie).** Andererseits erweist es sich – zur Absicherung der Marktdurchdringung und Abschreckung der Konkurrenz – oft als zweckmäßig, einen relativ niedrigen Einführungspreis festzulegen (**Penetration-Strategie).** Allerdings wird man dann Markteintrittsverluste in Kauf nehmen müssen, die jedoch als Investition in die Markterschließung betrachtet werden sollten.

In der Einführungsphase ist zu wählen zwischen Skimming- und Penetration-Preisstrategie.

Unter der Lupe

Skimming- versus Penetration-Strategie

■ Skimming-Strategie (Strategie des Absahnens)
Der bei Produkteinführung hohe Preis wird nach und nach gesenkt. Begründungen:
– Trotz der hohen Forschungs- und Entwicklungskosten sowie der anfänglich hohen »Reibungsverluste« in der Produktion kommt man dennoch schnell in die Gewinnzone.
– Mancher Käufer könnte vom Preis- auf das Qualitätsniveau schließen.

> – Es gelingt so, die »Konsumentenrente« der kaufkräftigen und wenig preisbewussten Verbraucher abzuschöpfen (»horizontale Preisdifferenzierung«).
> – Später können Produktverbesserungen ohne Preiserhöhungen vorgenommen werden (z. B. »Komplettausstattung«).
> – Eine Preissenkung kann dann vorgenommen werden, wenn die Konkurrenten am Markt erscheinen.
> ■ Penetration-Strategie (Strategie der Marktdurchdringung). Der bei Produkteinführung niedrige Preis wird nach und nach erhöht.
> Begründungen:
> – Der niedrige Preis schreckt potentielle Konkurrenten ab.
> – Man erreicht schnell ein großes Verkaufsvolumen.
> – Ein großes Verkaufsvolumen erzeugt bei den Imitatoren-Käufern sozialen Druck und Qualitätssicherheit, was ihre Adoptionsneigung verstärkt.
> – Große Produktionsmengen führen zu niedrigen Stückkosten, so dass sich trotz niedrigen Preises ein Gewinn einstellen kann.

In der Tat haben die **japanischen Unternehmen** ihre Welterfolge nicht zuletzt durch eine **aggressive Preispolitik** erzielt, was ihnen sogar den Vorwurf von »Dumpingpreisen« (auswärts billiger als daheim) eingebracht hat; zumindest sie sind also ein eindrucksvoller Beleg für die Wirksamkeit der Penetration-Strategie.

Die **Wachstumsphase** ist durch einen steilen Anstieg der Verkäufe gekennzeichnet: Die **Imitatoren-Käufer** sorgen dafür, dass sich der Absatz selbst verstärkt, ferner werden erste **Ersatzkäufe** getätigt. Die hohe Einführungswerbung kann zurückgefahren und der niedrige Einführungspreis erhöht werden. Das Produkt hat sich am Markt etabliert, mengenmäßig über den Marktanteil und qualitativ über den Imageaufbau. Allerdings gehen die Unternehmen gelegentlich dem **Pipeline-Effekt** auf den Leim: Die Auffüllung der Lager im Handel täuscht eine Nachfrageintensität vor, die keine Entsprechung bei den Endabnehmern findet. Eine Erweiterung der Kapazitäten kann deshalb beim Hersteller zu unangenehmen Überraschungen führen.

In der **Phase der Marktsättigung** erreicht die Absatzentwicklung ihr Maximum, die Verkäufe werden jetzt weitgehend vom Ersatzbedarf bestimmt. Die Gewinnlage ist abhängig davon, wie viele Konkurrenten es verstanden haben, sich ebenfalls am Markt zu etablieren: Ist der eigene Marktanteil hoch, kann das Produkt als **Cash Cow** gemolken werden. Die Erträge sollte man zur Förderung neuer Produkte verwenden, statt »goldene Kuhställe« anzuschaffen: Man konzentriert sich zu lange auf die erfolgreiche Geschäftseinheit.

In der Degenerationsphase ist zu wählen zwischen Relaunch- und Neuprodukt-Strategie; hilfreich sind Checklisten und Punktbewertungsverfahren.

Spätestens in der **Degenerationsphase** wird aber klar, wie wichtig es ist, rechtzeitig erfolgträchtige Nachfolger zu entwickeln. **Relaunch-Versuche** – insbesondere über Werbung und Produkt-»Face-Lifting« – kosten viel Geld und sind meist von nur vorübergehendem Erfolg. Das ständige Bemühen um **Neuheiten** ist auch deshalb unverzichtbar, weil die Produktlebenszyklen immer kürzer werden.

In ihrer Degenerationsphase sollten Produkte laufend durch Prüfkomitees beobachtet werden, die schließlich die **Eliminationsentscheidung** fällen. Hilfreich hierbei sind Checklisten- und Punktbewertungsverfahren (6. Kapitel). Es ist jedoch nicht auszuschließen, dass fälschlich als Erfolg eingestufte Produkte weitergeführt und fälschlich als Misserfolg eingestufte Produkte herausgenommen werden. Insofern darf die »Schlagkraft« dieser Verfahren auch nicht überbewertet werden.

> Produktlebenszyklen sind das Ergebnis wirtschaftlicher und technologischer Trends sowie des Anbieter- und Nachfragerverhaltens.

Durch den geschickten Einsatz der absatzpolitischen Instrumente können die Anbieter ihre Produktlebenszyklen »managen«. Die Festlegung der jeweils optimalen Kombination absatzpolitischer Instrumente – des optimalen **Marketing-Mix** – im Verlaufe des Produktlebenszyklus ist jedoch eines der schwierigsten Probleme im Marketing.

Der planmäßige Verlauf des Produktlebenszyklus könnte durch Markteín- und -austrittsbarrieren behindert werden: **Markteintrittsbarrieren** sind z. B. die hohen anfänglichen Marketinginvestitionen, die Systemwechselkosten bei möglichen Abnehmern (z. B. EDV), die durch langfristige Beziehungen verstopften Vertriebskanäle sowie bürokratische Prüfverfahren. **Marktaustrittsbarrieren** liegen demgegenüber z. B. im Widerstand der Mitarbeiter, hohen Sozialplankosten sowie einem massiven Vertrauensverlust der Kunden, der sich auf andere strategische Geschäftseinheiten des Unternehmens übertragen könnte. Erwartete hohe Marktaustrittsbarrieren können sich zudem als wirkungsvolle Markteintrittsbarrieren erweisen.

Zwar weisen viele Produkte einen typischen Lebenszyklus auf, ein Naturgesetz liegt dieser Entwicklung jedoch nicht zugrunde.

Beispiel

Produktlebenszyklen

»… In die Produktionsanlagen für das neue Modell hat DaimlerChrysler 200 Millionen € investiert. Seine Entwicklung zuvor hat weitere 400 Millionen € gekostet. Trotz dieser hohen Investitionen wird DaimlerChrysler bei der neuen SL-Klasse, wie Hubbert erklärte, ›vor der Hälfte der Lebensdauer‹ die Gewinnzone erreichen.

Der SL steht, nach einer zehnjährigen aggressiven Produktoffensive des Konzerns, nun am Anfang eines neuen Zyklus, sagte der Mercedes-Chef. Dieser wird freilich kürzer sein als der seines Vorgängers, von dem in zwölf Jahren insgesamt 204000 Fahrzeuge produziert wurden. Nach den Plänen des Konzerns soll die neue SL-Klasse nach nur acht bis neun Jahren durch

$\longrightarrow$

ein neues Modell ersetzt werden, sagte Hubbert. ›Trotz des kürzeren Zyklus wollen wir aber wieder 200 000 Fahrzeuge bauen.‹ ... «

(Aus: Süddeutsche Zeitung vom 6. 10. 2001)

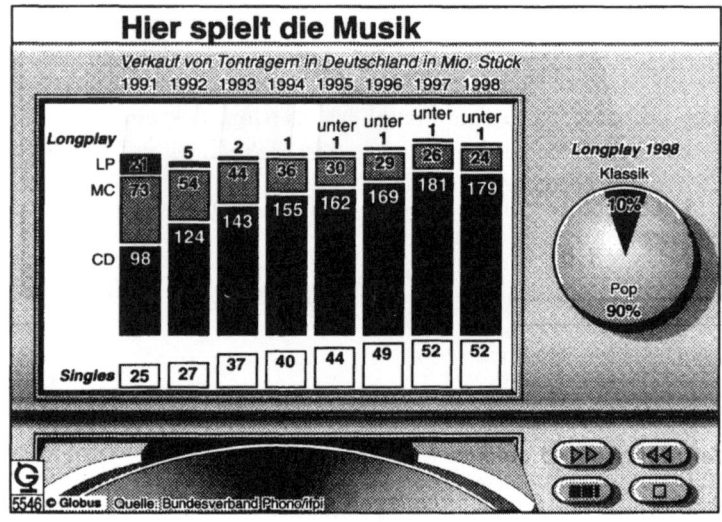

Unter der Lupe

Vertragliche und deliktische Produkthaftung
Die klassischen Rechtsgrundlagen der Produkthaftung sind vertragliche und deliktische Haftung.

Voraussetzung der **vertraglichen** Haftung ist das Bestehen einer vertraglichen Beziehung (z. B. zum Händler): Bei Lieferung einer fehlerhaften beweglichen Sache hat der Käufer einen Erfüllungsanspruch (Nachbesserung oder Nachlieferung; ist beides nicht in zumutbarer Weise möglich, auf Wandlung (Geld zurück), Minderung (Herabsetzung des Kaufpreises) oder Schadensersatz. Einen Anspruch auf Ersatz von **Mangelfolgeschäden** hat er hingegen nur, wenn den Lieferanten ein Verschulden trifft oder sich eine »zugesicherte Eigenschaft« als fehlerhaft erwies. Die Gewährleistungsfrist beträgt zwei Jahre, beim Kauf gebrauchter Waren (z. B. Auto) ein Jahr. Bei Reklamationen innerhalb von sechs Monaten wird vermutet, dass der Mangel von Anfang an bestand; der Händler muss dann beweisen, dass seine Lieferung fehlerfrei war; anschließend muss der Kunde beweisen, dass der Händler nicht mangelfrei geliefert hat. Die Fristen beginnen mit Ablieferung der Ware. Der Verkäufer hat einen Regressanspruch in der »Lieferkette« mindestens bis zwei Monate nach Erfüllung der Ansprüche des Endverbrauchers. Es ist dem Hersteller unbenommen, über diese Gewährleistungsansprüche hinausgehende Garantien zu gewähren.

→

Besteht **keine** vertragliche Beziehung z. B. zwischen Käufer und Hersteller, dann könnte hinsichtlich des **Mangelfolgeschadens** die deliktische Haftung greifen (Produzentenhaftung). Voraussetzung ist freilich ein Verschulden des Herstellers. Diesem gelingt es jedoch in der Regel, bei Fabrikationsfehlern den »Exkulpationsbeweis« zu führen: Er habe seine Mitarbeiter sorgfältig ausgewählt, weshalb ihn kein Verschulden treffe. Die deliktische Haftung greift ferner, wenn gegen besondere Schutzgesetze verstoßen wurde (z. B. Arzneimittelgesetz, Lebensmittelgesetz, Maschinenschutzgesetz) oder eine – vorsätzliche – sittenwidrige Schädigung vorliegt. Für die Beweisführung im Konfliktfall gilt folgende Regelung: Der Geschädigte hat einen »Anscheinsbeweis« (prima-facie-Beweis) zu führen, der Hersteller dann den »Entlastungsnachweis«. Diese »Umkehr der Beweislast« begünstigt den Geschädigten, der es aber bei einer strengen Beweisführung auch besonders schwer hätte. Ferner haben die Gerichte in den letzten Jahren die Anforderungen an den Exkulpationsbeweis deutlich erhöht. Haftungsansprüche verjähren nach dreißig Jahren.

1.6 Das Produkthaftungsgesetz

Produkthaftung bedeutet Haftung des Herstellers oder Händlers für Schäden aus der Benutzung oder dem Verbrauch fehlerhafter Produkte. Als **Fehlerarten** werden Konstruktionsfehler, Fabrikationsfehler (»Ausreißer«), Instruktionsfehler (Gebrauchsanweisung) und Beobachtungsfehler (»Rückrufaktion«) unterschieden.

Die klassischen Rechtsgrundlagen der Produkthaftung sind **vertragliche** Haftung einerseits und **deliktische** Haftung andererseits. Daneben gibt es seit 1990 – auf Basis einer EU-Richtlinie – das Produkthaftungsgesetz. Es wird beherrscht vom Grundsatz der verschuldensunabhängigen Haftung (»Gefährdungshaftung«) und betrifft die **Mangelfolgeschäden** (z. B. die chinesische Vase, die durch einen explodierenden Mixer zu Bruch geht). Grundsätzlich haften in einer Herstellerkette alle Hersteller so, als wäre das gesamte Erzeugnis von ihnen; ist ein Hersteller nicht feststellbar (z. B. bei Importen), haftet auch der inländische Händler bzw. EU-Importeur. Die Haftung umfasst alle Sachschäden, die durch das fehlerhafte Produkt verursacht wurden, allerdings nur bei beweglichen Sachen, die zum privaten Ge- oder Verbrauch bestimmt waren; ferner gibt es – zur Vermeidung von Bagatellfällen – eine Selbstbeteiligung in Höhe von 500 €. Die Haftung für Personenschäden (z. B. Heilkosten, Erwerbsminderung) ist für ein und denselben Fehler bei Serienschäden auf 85 Mio. € begrenzt; eine Zahlung von Schmerzensgeld ist im Produkthaftungsgesetz nicht vorgesehen. Der Schadensersatzanspruch verjährt drei Jahre nach Kenntniserlangung des Schadens und erlischt zehn Jahre nach In-Verkehr-Bringen der Sache.

Schwierig dürfte im Einzelfall die Beurteilung der **Fehlerhaftigkeit** eines Produkts sein. Das Gesetz geht von einer Gebrauchsfertigkeit aus, die den Sicherheitsvorstellungen eines durchschnittlichen Verbrauchers entspricht.

> Das Produkthaftungsgesetz ergänzt die vertragliche und deliktische Haftung.

Folglich sollten nicht alle Risiken auf die Hersteller (bzw. deren Haftpflicht-versicherungen) abgewälzt werden können; ferner trifft den Geschädigten die Beweislast: Er muss zeigen, dass ein Schaden entstanden ist, ein Produkt-fehler vorliegt und eine Kausalität zwischen beiden besteht.

Durch das Produkthaftungsgesetz wird die vertragliche bzw. deliktrechtli-che Haftung nicht aufgehoben. Wer also z. B. Schadenersatz für immaterielle Schäden (Schmerzensgeld) verlangen will, kann diesen auf der Grundlage **deliktischer** Haftung geltend machen, und hinsichtlich des fehlerhaften Produkts selbst greift die **vertragliche** Haftung.

Die Unternehmen können auf ihre erweiterte Haftung mit Präventiv-und/oder Repressivmaßnahmen reagieren: **Präventiv**maßnahmen umfassen Qualitätskontrollen, Dokumentationen, Lieferantenauswahl, Verpackung, Gebrauchsanweisungen, Warnhinweise usw., **Repressiv**maßnahmen sind z. B. Rückstellungen und Versicherungsabschlüsse. Ferner ist zu bedenken, dass die Sicherheitsvorstellungen eines durchschnittlichen Verbrauchers auch durch die Werbung beeinflusst werden können.

> Entdeckt man einen Fehler in der Planungsphase, kostet er einen EURO, entdeckt man ihn in der Produktion, kostet er zehn EURO, entdeckt man ihn nach der Markteinführung, kostet er hundert EURO.

2 Die Sortimentsgestaltung als absatzpolitisches Instrument

Die Sortimentspolitik be-fasst sich mit der attrakti-ven Zusammenstellung verschiedener Produkte in Handel und Industrie.

Hat die Produktpolitik das einzelne Produkt zum Gegenstand, so befasst sich die Sortimentspolitik mit der **Zusammenstellung** verschiedener Pro-dukte zu einer **attraktiven Gesamtheit.**

Sowohl im Handel als auch beim Hersteller sind dabei Kompromisse er-forderlich zwischen der **Kostenwirksamkeit** einerseits und **der Verkaufs-wirksamkeit** andererseits: Ein kleines Sortiment ist kostengünstiger, ein großes verkaufsgünstiger. Als Mittelweg werden in der Industrie oft die Pro-duktprogramme durch die **Plattform-Strategie** (13. Kapitel) rationalisiert oder durch **Zukauf** ergänzt (Problem: Make or Buy). Allerdings ist die Platt-form-Strategie ins Gerede gekommen: Es spricht sich herum, dass Passat und Audi A6 auf der gleichen Plattform (und damit Technik) basieren, was – bei deutlichem Preisunterschied – zu »Kannibalismus« führen kann.

Da die Elimination bzw. Substitution nicht mehr marktgängiger Produkte in der Regel hinter der Einführung neuer Produkte zurückbleibt, werden die Sortimente ständig breiter, bis schließlich der Kostendruck zum großen »Aufräumen« zwingt. Grundlage der Sortimentsbereinigung sollten **Sorti-mentsstrukturanalysen** sein. Hierbei handelt es sich im Wesentlichen um Kennzahlenanalysen mit z. B. folgenden Dimensionen:

■ **Altersstruktur**
  In welcher Phase des Lebenszyklus befinden sich die Produkte?
■ **Umsatzstruktur**
  Wie sind die Umsatzanteile der Produkte? So erbringt in den SB-Verbrauchermärkten etwa 20 % des Sortiments 80 % des Umsatzes: Wer sind die »Renner« (A-Produkte), wer die Hoffnungsträger (B-Produkte) und wer die »Penner« (C-Produkte)?
■ **Deckungsbeitragsstruktur**
  Wie stark übersteigen die Umsätze der Produkte deren variable Kosten?

Bei Sortimentsstrukturanalysen sind auch die **Beziehungen** zwischen den Produkten zu beachten. So besteht z. B. zwischen Heizöl und Benzin ein **Produktionsverbund.** Beim Nachfrageverbund unterscheidet man substitutive und komplementäre Produktbeziehungen:

■ **Substitutive** Beziehung (»Kannibalismus«):
  Eine vermehrte Nachfrage nach Produkt A führt zu einer verminderten Nachfrage nach Produkt B (Beispiel: Bier und Wein).
■ **Komplementäre** Beziehung:
  Eine vermehrte Nachfrage nach Produkt A führt zu einer vermehrten Nachfrage nach Produkt B (Beispiel: Photoapparate und Filme).

Eine besondere Form von »Produktbeziehung« besteht zwischen **Saisonartikeln:** Sortimente werden oft so zusammengestellt, dass es zu einem Saisonausgleich kommt; z. B. im Handel: Camping- bzw. Skiabteilung. Dies gewährleistet eine kontinuierliche Beschäftigung, beinhaltet aber auch besondere Planungsprobleme und Risiken.

> Sortimente müssen aus Kostengründen von Zeit zu Zeit bereinigt werden; hilfreich sind Sortimentsstrukturanalysen, bei denen jedoch der Sortimentsverbund nicht übersehen werden darf.

2.1 Die Sortimentsgestaltung im Handel

Handelssortimente können in mehrfacher Hinsicht prägnant sein:

Handelssortimente sind in der Regel entweder breit und flach oder eng und tief.

■ Ein **breites** Sortiment weist eine große Zahl additiver Warengattungen auf.
■ Ein **enges** Sortiment besteht aus nur wenigen Warengattungen.
■ Ein **tiefes** Sortiment liegt dann vor, wenn die geführten Warengattungen in zahlreichen alternativen Qualitäten, Farben, Mustern, Größen, Formen, Preislagen usw. vorhanden sind.
■ Ein **flaches** Sortiment ist dadurch charakterisiert, dass die einzelnen Warengattungen in nur wenigen Varianten angeboten werden.

In der Regel führt ein Geschäft entweder ein breites, aber flaches Sortiment (»Verbrauchermarkt«) oder ein enges, aber tiefes Sortiment (»Fachge-

Tiefe schafft ein Image von Kompetenz.

schäft«). Der Aufbau eines breiten und tiefen Sortiments scheitert meist an dem damit verbundenen **Kapitalbedarf.**

Früher waren die Handelssortimente weitgehend vom **Material** her bestimmt (z. B. Möbelgeschäfte, Schuhgeschäfte). Später setzten sich dann aber zunehmend auch andere »Gruppierungskriterien« durch:

■ Verbrauchermärkte bieten ein Sortiment von Waren zu besonders günstigen Preisen (**Preismarketing).**

■ Fachgeschäfte konzipieren ihr Sortiment oft problemorientiert über zahlreiche Branchen hinweg nach **Erlebnisbereichen** (z. B. Alles fürs Kind).

■ Warenhäuser sortieren ihr Angebot entweder nach **Bedarfsgruppen** (»Set-Ideen«: Anzug, Hemd, Krawatte), um so auch Cross-Selling-Potentiale zu erschließen oder nach **Artikeln,** um einen schnellen und umfassenden Überblick (z. B. über Hosen) zu ermöglichen.

Eine **eigenständige** Sortimentspolitik wird heute von vielen Handelsunternehmen als entscheidendes Erfolgskriterium angesehen (Beispiel: ALDI [Deutschland], wo mit etwa 650 Artikeln ein Umsatz von über 18 Mrd. € erzielt wird).

Von **Visual Merchandising** spricht man bei einer besonderen Präsentation der Ware im Eingangsbereich oder Schaufenster oder nach »Themenwelten«.

Beispiel

Diversifikationsstrategien im Handel

»Tchibo und Eduscho verdienen mehr mit branchenfremden Artikeln als mit Bohnen.

Seit nunmehr genau vier Jahren verkaufen die beiden – neben ihren diversen Kaffeespezialitäten – ein kleines Sortiment von ›Gebrauchsgegenständen‹: Tabletts, Schirme, Kameras, Taschen, Schalen, Töpfe, Vasen, Bücher und Bettwäsche.

›Drei Überlegungen‹, sagt Tchibo-Mann Herz, ›waren für uns ausschlaggebend, das Angebot auszuweiten.‹ So galt es, die nunmehr 500 eigenen Filialen als Verkaufsstätten attraktiver zu machen sowie das enge Kaffeesortiment zu ergänzen. Herz: ›Es muss interessant sein, die Filiale zu betreten.‹ Die Vertriebskosten konnten nur noch gemindert werden, wenn auf der gleichen Verkaufsfläche mehr verkauft wurde. Und schließlich, indem man immer häufiger neue attraktive Produkte in die Läden brachte, war stets Verkaufs-›Saison‹....

Zwar gebe es schon alle Artikel in irgendeiner Form am Markt, meint der Tchibo-Chef; doch Gestaltung, Ausstattung und der besondere Preis sollen neue Käuferschichten mobilisieren. Viele Artikel werden bei Tchibo selbst erdacht und entworfen und schließlich von Vertragsfirmen exklusiv für die Hamburger hergestellt. ..«

(Aus: G. Freese, Kaffee und alte Hüte, in: Die Zeit, Nr. 22/1977)

→

»Wer hätte das gedacht: Tchibo ist der zehntgrößte Textil-Einzelhändler Deutschlands. Der Verkauf von Kaffee ist für den Hamburger Konzern fast nur noch Randgeschäft, zumindest unter Ertragsaspekten: Das Non-Food-Geschäft macht nur die Hälfte des Bereichsumsatzes aus, steuert aber den Löwenanteil zum Gewinn bei …

›Gebrauchsartikel‹ verkauft Tchibo schon seit 30 Jahren, aber forciert wurde dieses attraktive Standbein erst vor elf Jahren, als der Preiskampf am Kaffeemarkt immer heftiger wurde. 400 Millionen DM Umsatz machte Tchibo damals mit Non-food-Artikeln, mittlerweile sind des 2,7 Milliarden DM …«

(Aus: M. Thiede: Kaffee als Zugabe, in: Süddeutsche Zeitung vom 1./2. 7. 2000)

»… Immer wichtiger werde das Shopgeschäft an den 2381 … Aral-Tankstellen. Schon heute kommen 44 Prozent der Erträge aus diesem Segment. Fast die Hälfte der Kunden komme nicht mehr zum Tanken, sondern nur noch zum Einkaufen zu Aral, sagte (der Vorstandsvorsitzende) Michels …«

(Aus: Süddeutsche Zeitung vom 6. 4. 2000)

2.2 Die Sortimentsgestaltung beim Hersteller

2.2.1 Die Ansatzpunkte der Sortimentsgestaltung

Wie aus Abb. 17.7 ersichtlich, kann ein Hersteller sein Sortiment in verschiedener Hinsicht ausbauen. Bezeichnet man mit E_0 das bisher produzierte Erzeugnis und mit Z_0 seine bisherige Zielgruppe, dann können zunächst einmal **neue Zielgruppen** (Z_1, Z_2 …) für das »traditionelle« Produkt gesucht werden; man spricht dann von Marktentwicklung (z. B. Expansion des Unternehmens in andere EU-Länder). Es können aber auch **weitere Produkte** (E_1, E_2 …) für die traditionelle Zielgruppe entwickelt werden; Beispiel für eine solche »Produktentwicklung« ist der Ausbau eines Sonnenölsortiments zu einer Pflegeserie. Schließlich kann man aber auch **neue Produkte für neue Zielgruppen** herstellen, was man als Diversifikation bezeichnet.

Eine Sortimentserweiterung durch neue Produkte für neue Zwecke nennt man Diversifikation.

2.2.2 Die Ziele der Sortimentsgestaltung

Insbesondere die Diversifikation dient der **Risikostreuung.** Dies erkennt man schon daran, dass viele Unternehmen »gefährdeter« Branchen versuchen, in Wachstumsbranchen Fuß zu fassen. Aber selbst Unternehmen mit guten Zukunftsaussichten sind bemüht, in Erfolg versprechende Branchen einzudringen, um »für alle Fälle gerüstet zu sein«. Allerdings ist eine »Diversifikation um jeden Preis« eine gefährliche Strategie. Dies mussten viele Unternehmen (auch z. B. Daimler-Benz in den 80er- und 90er-Jahren) erfahren, die ihre Geschäftsfelder in zahlreiche, für sie neue – und damit unbekannte – Bereiche ausgeweitet hatten (»Integrierter Technologiekonzern«). Häufig

Schuster bleib bei deinem Leisten.

Produkte \ Zielgruppen	Z_0	Z_1 Z_2 Z_3 ...
E_0	Marktdurch-dringung	Marktentwicklung
E_1 E_2 E_3 ⋮	Produkt-entwicklung	Diversifikation

Abb. 17.7: Sortimentserweiterungsmöglichkeiten beim Hersteller

waren Verluste die Folge, weshalb »Abmagerungskuren« großgeschrieben wurden: Man konzentriert sich auf das, was man kann oder was man unbedingt können möchte (»Back to the Roots«). Generell wird eine Diversifikation um so eher beherrschbar sein, je näher sie bei den bisherigen Kernaktivitäten liegt, je genauer die Kenntnisse der spezifischen Marktgegebenheiten sind und je reibungsloser die organisatorische Eingliederung bewerkstelligt werden kann; nicht selten macht sich das Management falsche Vorstellungen von der Aufgabe, große und breit diversifizierte Unternehmen führen zu können.

Ein weiterer Gesichtspunkt, unter dem Sortimentspolitik betrieben wird, ist die **Marktsegmentierung:** Man versucht, das Sortiment so aufzubauen, dass verschiedene Zielgruppen mit speziell zugeschnittenen Produkten angesprochen werden können. Typisches Beispiel hierfür ist das von einem Automobilhersteller angebotene Sortiment kleiner, mittlerer und großer Automodelle: Es wendet sich nicht nur gleichzeitig an verschiedene Käufergruppen, sondern ermöglicht es auch, einen einmal gewonnen Kunden selbst dann zu behalten, wenn er – z. B. durch sozialen Aufstieg – nacheinander mehrere Marktsegmente durchläuft; so will Daimler »mit dem Smart vor allem jüngere Kunden an die Konzern-Autopalette heranführen« (Süddeutsche Zeitung vom 17. 7. 1998). Ferner kann auch die Internationalisierung bislang nationaler Marken Sortimentsanpassungen erforderlich machen (internationale Marktsegmentierung). Aus Gründen der Kostenersparnis werden hierbei oft Baugruppen standardisiert: Die einzelnen Produktvarianten sind dann modular aufgebaut mit hohem Gleichteile-Anteil, ohne – aus Kundensicht – die Produktvielfalt zu gefährden (Plattform-Strategie).

Beispiel

Sortimentspolitik beim Hersteller

»Nach der Markteinführung des Minis ... wird BMW 2003 mit einer von Grund auf neuen Rolls-Royce-Limousine seine Produktpalette nach oben abrunden. Ziel sei der Verkauf von jährlich bis zu 1000 Fahrzeugen in dem rund 5000 Einheiten umfassenden ›High-End-Segment‹, sagte der Leiter des Rolls-Royce-Projekts bei BMW, Karl-Heinz Kalbfell ... Die neue Limousine ... solle wie alle Rolls-Royce ein ›Gefühl der Erhabenheit‹ vermitteln und kein ›Fahrerauto‹ wie die BMW werden, erklärte Kalbfell ... In der neuen Limousine würden ›vielleicht mit Ausnahme von ein paar Schrauben‹ auch keine BMW-Teile verbaut. Bei Preisen von 300 000 DM aufwärts sei zudem eine klare Abgrenzung zu den Spitzenprodukten von BMW gewährleistet.«

(Aus: Süddeutsche Zeitung vom 30. 9. 2000)

»... Im Februar 2000 hatte Unilever mit einem umfangreichen Umstrukturierungsprogramm begonnen. Der ›Wege zum Wachstum‹ betitelte Plan sah vor, das damals 1600 Marken enthaltene Portofolio auf 400 Spitzenmarken zu reduzieren. Dieser Prozess entwickele sich wie vorgesehen, gab der Konzern nun bekannt. Unilever hat sein Portofolio mittlerweile um 970 Marken reduziert ...«

(Aus: Süddeutsche Zeitung vom 4. 8. 2001)

»... Mittlerweile bestreiten diese 400 Marken 84 Prozent des Geschäfts ...«

(Aus: Süddeutsche Zeitung vom 15. 2. 2002)

»Um modische Herrenschuhe der gehobenen Klasse erweitert die Hugo Boss AG, Metzingen, größte europäische Herrenkonfektionsherstellerin, ihre bisher aus Bodywear, Kosmetika und Brillen bestehende Palette von Lizenzprodukten. Im Herbst soll in Deutschland, Österreich und der Schweiz erstmals eine Kollektion von 35 bis 40 Schuhmodellen zu Preisen zwischen 260 und 360 DM auf den Markt kommen. Alleiniger Lizenznehmer für Herstellung und Vertrieb der Schuhe unter der Marke BOSS Hugo Boss ist die M H Shoe AG, Luzern ...«

(Aus: Süddeutsche Zeitung vom 12. 1. 1996)

»Vor fast 20 Jahren präsentierte der aus Kalabrien stammende Gianni Versace in Mailand seine erste eigene Modekollektion ... Er startete fast gleichzeitig mit vielen anderen Modeschöpfern wie Armani, Valentine, Krizia, Missoni, die inzwischen alle beträchtliche Familiengesellschaften aufgebaut haben. Modeentwürfe liefern zwar immer noch die Antriebskraft für diese Gruppen, aber das Geschäft hat sich auf viele Bereiche ausgedehnt, in denen der inzwischen erreichte Bekanntheitsgrad der Namen weltweit genutzt wird.

Auch bei Gianni Versace machte die Bekleidung im vergangenen Jahr nur noch 57 Prozent vom Umsatz aus, während Modezubehör bereits ein Viertel und Parfüms ein Siebtel des Geschäfts bestritten haben ... Als neues Ge-

$\longrightarrow$

schäft kommen Heimtextilien und andere Artikel für das Haus dazu –
schon geben die Modeschöpfer auch ihren Namenszug für Küchen- und
Badkacheln her…«

(Aus: Gröteke, F.: Die Geschwister führen Versace weiter, in: Süddeutsche Zeitung
vom 17. 7. 1997)

Zudem versuchen die Hersteller bekannter Marken (z. B. Davidoff-Zigarren)
oft, deren Image auf Produkte derselben »Produktwelt«, jedoch mit anderen
Verwendungszwecken zu übertragen (»**Imagetransfer**«) um so ihr Sortiment gewinnträchtig auszubauen. Dabei gehen sie meist in der Weise vor,
dass sie Waren zukaufen oder Lizenzen zur Verwendung der Marke vergeben; so stammt z. B. der Davidoff-Cognac aus dem Hause Hennessy, die
Krawatten von Lanvin, die Uhren von SMH und das Parfüm von Lancaster.
Ein Problem könnte in der Zerstörung der Identität der Marke bzw. Verwässerung des Markenimage durch die Lizenzpartner liegen. Andererseits wird
hierdurch – bei (noch) wenig bekannten Marken – ein gewisser Schutz gegen die – nach dem Markengesetz grundsätzlich mögliche – »warenferne«
Verwendung des Markennamens durch Dritte errichtet.

> Sortimentspolitische Maßnahmen dienen vor allem der Risikostreuung,
> der Marktsegmentierung und dem Imagetransfer.

Unter der Lupe

Imagetransfer (Brand Extension)

Mit einer Übertragung des Hauptmarkennamens auf Transfermarken können mehrere Ziele verfolgt werden.

- Hauptmarkenziele:
  - Aktualisierung/Revitalisierung der Marke
  - Erhaltung/Ausbau der Marktstellung
  - Sicherung der Markenbekanntheit
  - Stärkung der Hauptmarke durch Image-Rückübertragung
  - Umgehung von Wachstumsbarrieren
- Transfermarkenziele:
  - Erleichterung des Markteintritts in neue Produktkategorien
  - Reduzierung der Einführungswerbung durch Mehrfachnutzung
  - Erhöhung der Aufnahmebereitschaft im Handel
  - Kognitive Entlastung der Kunden im Markenwahlprozess bei positi-
    ven Erfahrungen mit der Hauptmarke
  - Schutz der Marke vor Waren ferner Verwendung durch Dritte

Beim Imagetransfer handelt es sich um eine Dachmarkenstrategie; daneben
gibt es noch die Einmarkenstrategie (jedes Produkt führt einen eigenen Na-

→

men), die Familienmarkenstrategie (Golf und Bora von Volkswagen) sowie die Mehrmarkenstrategie (mehrere Marken in einem Segment, z. B. Söhnlein, Deinhard und Henkel als Sektsorten eines Herstellers [Oetker]).

3 Der Service als absatzpolitisches Instrument

Wie bereits erwähnt, nimmt das auf Informations- und Serviceansprüche gerichtete **System Selling** im Verkaufsgeschehen einen immer breiteren Raum ein: Angesichts der in ihrem Grundnutzen sehr ähnlichen – weil perfekten – Produkte bietet sich hier eine Möglichkeit der Profilierung gegenüber den Kunden. Allerdings ist auch die Konkurrenz nicht untätig, weshalb ein bestimmtes Kernprogramm – soweit es nicht ohnehin gesetzlich vorgeschrieben ist (z. B. Gewährleistungen) – von den Kunden als üblich empfunden wird; lediglich ein darüber hinausgehendes Zusatz-Programm kann eine akquisitorische Wirkung entfalten. Man unterscheidet deshalb zwischen dem selbstverständlichen **Basis**programm (Vorhandensein macht noch nicht zufrieden), dem differenzierenden **Leistungs**programm (je mehr desto besser) und dem unerwarteten **Begeisterungs**programm (Nicht-Vorhandensein macht nicht unzufrieden).

Dabei sind Serviceleistungen des Anbieters sowohl vor als auch nach dem eigentlichen Verkaufsvorgang gefragt; insbesondere bei Investitionsgütern gelten sie als wichtiger Bestandteil des zur Disposition stehenden »Eigenschaftsbündels«.

Beratung erhöht die Kaufwahrscheinlichkeit.

Vor dem Verkauf bestehen die Serviceleistungen vor allem in der **Beratung,** in die oft auch der Handel eingeschaltet ist:

- Beratung bei der Projektierung,
- Ausarbeitung von Alternativvorschlägen,
- Wirtschaftlichkeitsberechnungen,
- Bestelldienst,
- Leasingangebote,
- besondere Garantie- und Kulanzzusagen.

> Service bedeutet auch, sich frühzeitig in die Entscheidungsprozesse des Kunden einschalten bzw. diesen in die eigenen (»Customer Integration«).

Nach dem Verkauf ist der **Kundendienst** gewünscht (After-Sales-Service), damit eine volle Nutzung des erworbenen Produkts sichergestellt bleibt; hierzu gehört zuerst eine Gebrauchsanweisung, die aus Kundensicht und nicht von Ingenieuren oder der Rechtsabteilung verfasst wurde, wobei – erschwerend – mit Profi- und Amateuranwendern zu rechnen ist.

Kundendienst verbessert den Produktnutzen und damit die Kundenzufriedenheit.

Kundendienstleistungen können sowohl vom Hersteller als auch vom Handel erbracht werden. Typische **Hersteller**-Kundendienstleistungen sind: Personal-Training, Anlagenwartung, Reparatur- und Ersatzteildienst, Engineering (Erweiterung, Modernisierung), Softwareerstellung, SOS-Hotline usw.; typische **Handels**-Kundendienstleistungen sind: Kreditgewährung, kompetente und freundliche Bedienung, Verpackung, Warenzustellung, Rückgabe- und Umtauschrecht, Änderungs- und Reparaturdienst, Rolltreppen, Kundenparkplätze usw. Teilweise werden diese Leistungen auch von spezialisierten **Service-Anbietern** geboten, die »von Haus aus« eine Service-Kultur und hohe Kompetenz auch im produktfernen Bereich mitbringen.

Eine Kundendienstleistung, die in Zukunft das Kaufgeschehen immer mehr bestimmen wird, ist die Entsorgung. Neben Demontage und Weiterverkauf wird auch die Rücknahmeverpflichtung mit **Recycling** an Bedeutung gewinnen. Bei der Neuproduktplanung müssen deshalb die Altprodukte »vorgedacht« werden, was möglicherweise zum Einsatz anderer Rohstoffe führt. Letztlich kauft ein Kunde dann nur noch die Produktnutzung, während das Produkt selbst in der Verantwortung des Herstellers bleibt. Dieser kann sogar Bauteile, die nicht verschleißen, wieder verwerten, z. B. PC-Platinen für die Steuerung von Fräsmaschinen (»Upcycling«). »Im Xerox-Konzern ist die Wiederverwertung ausgedienter Geräte bereits fester Bestandteil der Entwicklungsstrategie. Ganze Baugruppen werden so konzipiert, dass sie zu einem zweiten Leben taugen. Ausgemusterte Kopierer werden ... praktisch neben dem Fließband demontiert, auf dem Neugeräte hergestellt werden. Optik, Rahmen, Papierkassetten und andere Bauteile werden nach einer Prüfung direkt wieder verwertet« (Wirtschaftswoche vom 14. 8. 1997).

Eine EU-Richtlinie sieht vor, dass die Hersteller ihre Autos kostenlos zurücknehmen und umweltfreundlich entsorgen müssen, wobei bestimmte Verwertungsquoten festgesetzt werden.

Die Hersteller übernehmen mehr und mehr Serviceaufgaben selbst, weil sie sich davon eine **werbende Wirkung** und damit verbesserte Absatzmöglichkeiten versprechen. Außerdem gewinnen sie über die **Reklamationsstatistik** wichtige Informationen für ihre F & E-Abteilung (Beschwerdemanagement) sowie im Zusammenhang mit der Produkthaftung (z. B. Rückrufaktionen). Als problematisch könnte sich allerdings erweisen, dass mancher Hersteller in industriellen Denkstrukturen verharrt und keine Dienstleister-Mentalität entwickelt. So werden oft Beschwerden noch als unliebsame Einmischung von Querulanten abgetan.

Japanische Service-Philosophie: Durch den Kauf ist der Verkäufer zu einer Gegenleistung verpflichtet: Service.

Bei der Einrichtung bzw. Ausweitung von Serviceleistungen sind vor allem folgende Fragen zu klären:

- Soll das Servicepaket zusammen mit dem Produkt als »schlüsselfertiges System« oder isoliert vermarktet werden (z. B. Heizungsanlage und Wartungsvertrag, Bürohausbau und Gebäudemanagement)?
- Soll der Service kostenlos oder gegen Bezahlung erfolgen? Grundsätzlich sollte er als Profit Center geführt werden. Es wäre aber auch denkbar, dass man die Produkte besonders preisgünstig anbietet, um über den Service Geld zu verdienen oder auf die Kostendeckung beim Service verzichtet,

um – bei relativ teuren Produkten – die Kundentreue zu verbessern. Beide Wege eines »kalkulatorischen Ausgleichs« bergen Gefahren: Beim ersten drohen sie von selbständigen Serviceanbietern (z. B. Auto-Standardreparaturen durch »Fast-Fit-Betriebe«), beim zweiten von Produktdiscountern. In diesem Spannungsfeld preisgünstiger Produkt- und Servicekonkurrenz sind die Hersteller gezwungen, ihr »Profit-Center-Kundendienst« in Richtung auf produktnahe Dienstleistungen (z. B. SOS-Hotline) zu »verschlanken«. Denkbar wäre auch ein Angebot spezieller – im Preis differenzierter – Servicepakete für verschiedene Kundengruppen (z. B. 8- oder 24-Stunden-Hotline).

■ In welchem Umfang sollen die eingerichteten Serviceleistungen erbracht werden, d. h.
welches **Qualitätsniveau** wird angestrebt
(z. B. Entfernung der Parkplätze, Qualifikation von Beratungs- und Reparaturpersonal), welches **Quantitätsniveau** wird angestrebt
(z. B. Anzahl der Parkplätze, Höchstparkdauer, Garantiefrist, Umtauschfrist, Umfang des Beratungs- und Reparaturpersonals),
welche **Selektionsmerkmale** werden festgelegt
(z. B. Mindesteinkaufswert für Hauszustellungen, Reparatur nur von »eigenen« Produkten)?

Mehrproduktunternehmen, die zudem in verschiedenen Regionen anbieten, differenzieren ihre Serviceleistungen häufig nach Region und Produktart (z. B. unterschiedliche Auto-Garantiefristen im In- und Ausland; unterschiedliche Beratungsqualität bei Produkten der unteren und oberen Preisklasse).

Eine Besonderheit von Beratung und Kundendienst besteht darin, dass hierbei oft eine **persönliche Interaktion** zwischen Kunde und Mitarbeiter aufgebaut wird. Die Unternehmen müssen deshalb großen Wert darauf legen, im Rahmen ihrer Personalentwicklung die Kundenorientierung der Mitarbeiter zu verbessern: Sie sollten lernen, Anregungen und Anforderungen mit Einfühlungsvermögen aufzugreifen und diese auch engagiert und zuverlässig umzusetzen. Allerdings müssen den Service-Anbietern auch Service-Nachfrager gegenüber stehen: Der Kofferträger wartet vergeblich, wenn die Reisenden zu geizig oder »peinlich berührt« sind.

Die Serviceangebote von Herstellern und Handel sollen die Kundenzufriedenheit verbessern und damit die Kundenbindung stärken. Ein direkter Zusammenhang lässt sich freilich in der Regel nicht herstellen: Auch zufriedene Kunden lieben die Veränderung und könnten dennoch den Anbieter wechseln (Variety Seeking).

> Kundenfreundlichkeit heißt noch oft: Die Kunden sollen freundlicher werden. (Minoru Tominaga)

> **Kundenzufriedenheit ist eine notwendige, keinesfalls aber hinreichende Bedingung für Kundenbindung.**

Unter der Lupe

Call Center

Für den direkten Kontakt zwischen Unternehmen und Kunden hat sich mit dem Call Center ein neuer Weg eröffnet. In gewisser Weise ähnelt es einer Telefonzentrale, allerdings mit einem automatischen Anrufverteiler – der ACD (Automatic-Call-Distribution)-Anlage – und PC-Arbeitsplätzen mit Zugriff auf unternehmenseigene Datenbanken. Die ACD-Anlage leitet die eingehenden Anrufe (Inbound) an den nächsten frei werdenden Platz weiter, der freilich nicht am gleichen Ort sein muss. Der vom Anrufer erreichte »Agent« kann über seinen PC direkt auf Produktinformationen und Kundendaten zugreifen, Bestellungen eingeben oder an den richtigen Ansprechpartner im Unternehmen weiterleiten. Durch die neuen technischen Entwicklungen, wie z. B. das sog. CTI (Computer- Telephony-Integration)-System und neue Software-Lösungen, wird die Funktionalität der Call Center ständig erweitert. Das CTI System stellt eine Verbindung zwischen der Telefontechnik und verschiedenen Datenbanken eines Unternehmens her. So kann der Kunde z. B. durch seine Telefonnummer erkannt werden, und der »Agent« bekommt alle seine Daten noch vor dem Gespräch auf den Bildschirm. Außerdem übernehmen Call-Center-Mitarbeiter zunehmend die Bearbeitung von Anliegen, die nicht nur per Telefon, sondern auch per Fax, E-Mail oder Brief das Unternehmen erreichen. Dadurch wird das Call Center zum sog. Multimedia- bzw. Customer-Service-Center.

Neben dem »Inhouse Call Center« als eigene Abteilung in einem Unternehmen (z. B. Lufthansa, ADAC, Advance Bank) gibt es auch externe Dienstleister, die für mehrere Unternehmen arbeiten. Oft gibt es auch Mischformen, bei denen das Unternehmen neben dem eigenen Call Center – z. B. in Spitzenzeiten oder bei Sonderaktionen – auf Leistungen eines Externen zurückgreift, um dadurch flexibel zu bleiben und Kosten zu sparen. Das Kostensenkungspotential des Call Centers ist beträchtlich: Zeitraubendes – und damit teures – Weiterverbinden in der Konzernzentrale wird hinfällig. Die Call Center werden in strukturschwachen – und damit kostengünstigen – Gebieten errichtet, und etwa achtzig Prozent der Anfragen können dort sofort erledigt werden. Über die selbständigen externen Call Center eröffnet sich auch kleineren Unternehmen ein preiswerter direkter Zugang zu den Kunden. Für sie ist der Anruf kostenlos (0130er-Nummer) bzw. verbilligt (0180er-Nummer), wobei sich die Telefonnummern auf Verpackungen und Werbebotschaften finden. Das Gebührenaufkommen für die Unternehmen hält sich dennoch – seit der Liberalisierung des Telekommunikationsmarktes – in Grenzen. Diese war sicherlich auch ein Auslöser für den Call-Center-Boom.

Viele Call Center haben »an sieben Tagen rund um die Uhr« geöffnet. Zu ihrem Tätigkeitsbereich gehören z. B. technische Hotlines, die Annahme von Warenbestellungen, Banktransaktionen, Reisebuchungen, aber auch Öffentlichkeitskampagnen mit Spendenaufrufen (ARD-Gala »Ein Herz für Kinder«). Beim Customer-Assistance-Center in Maastricht können die Mercedes-Kunden aus siebzehn europäischen Ländern bei Pannen kostenlos muttersprachlich Hilfe anfordern, und vor dem Börsengang der Deutschen

→

Telekom AG »(gingen) in Spitzenzeiten … bei den 20 Call Centern der Telekom und bis zu 20 hinzugezogenen Agenturen pro Tag mehr als 200 000 Anrufe ein« (Süddeutsche Zeitung vom 9. 1. 1998). Selbstverständlich können Call Center auch »ausgehende Funktionen« (Outbound) wie Umfragen oder Terminvereinbarungen mit Kunden übernehmen. Die Verbindung mit dem Kunden kann dabei von einem Wahlautomaten – dem Dialer – übernommen werden, wodurch die Effizienz gesteigert und die Kosten gesenkt werden. Weitere Einsatzfelder im Outbound-Bereich ergeben sich in Verbindung mit dem Internet. Betätigt der Kunde einen »Call-me-Button« auf der Webseite des Unternehmens, wird er von einem Agenten auf einer zweiten Leitung – ISDN oder Handy – zurückgerufen. Die noch ausstehenden Fragen lassen sich dann klären. Über einen gesteuerten Browser können der Agent und der Kunde gemeinsam auf der Internetseite des Unternehmens surfen, wobei der Call-Center-Mitarbeiter auf die wichtigsten Punkte hinweisen oder beim Ausfüllen der Formulare unterstützen kann.

Die Agenten müssen über kommunikative Fähigkeiten verfügen (z. B. im Umgang mit verärgerten Anrufern) und sich in einem weiten Sachgebiet auskennen, weshalb zunehmend (z. B. bei den Industrie- und Handelskammern) Ausbildungsgänge für qualifizierte Bewerber eingerichtet werden: Das Call Center wird zur Visitenkarte des Unternehmens.

Beispiel

Servicepolitik

»… Ihr Gewerbe hat einen Namen: ›Mystery-Shopping‹. Immer mehr Einzelhändler, Kaufhäuser, Banken und Versicherungen lassen sich diese Mystery-Shopper, auf Deutsch ›Testkäufer‹ schicken, um zu erfahren, wie es denn um den Service im eigenen Haus bestellt ist. Firmen, die solche Dienste anbieten, erleben zur Zeit einen Boom …

Die Mystery-Shopper testen alle möglichen Arten von Kunden-Service. Von der Bäckerei, bis hin zum Elektronikfachmarkt, von der kleinen Metzgerei bis hin zu Banken und Versicherungen …

… Hauptschwerpunkt … ist die Beratung, manche Firmen lassen jedoch sogar richtig einkaufen, um zu sehen, wie die Kassensituation oder auch die Warenausgabe funktioniert.

Nach einer gewissen Zahl von Testkäufen … werden die Ergebnisse mit einem Fragebogen festgehalten und hinterher analysiert …«

(Aus: R. Bögel: Geheimsache Mystery-Shopping, in: Süddeutsche Zeitung vom 15. 9. 1999)

»… (Hartmut Ketteler) muss nur ein paar Tasten drücken, schon befindet sich der Diplomingenieur im Cockpit eines Turmdrehkrans, der seinen Ausleger gerade in luftiger Höhe über einer Großbaustelle in Athen schwenkt. Natürlich nur virtuell. Aber auf seinem Display hat Ketteler alle Informationen, die auch der Kranführer in Griechenland vor sich sieht: vom Gewicht der gerade angehängten Last über den Betriebszustand von Dreh- und Hub-

→

werken bis hin zur Geschwindigkeit, mit der der Wind gerade in der griechischen Hauptstadt weht.

... Die Stunde der schwäbischen Elektronikspezialisten schlägt, ... wenn das ›Schlüsselgerät auf einer Baustelle‹ seine Dienste versagt. Dann ist schnelle Abhilfe gefragt. Vor ihrem Terminal im Biberacher Kranwerk oder vom Laptop irgendwo auf der Welt können die Liebherr-Spezialisten umgehend Fehler analysieren und Abhilfe einleiten. ›Teleservice‹ nennt sich diese neuartige Dienstleistung, mit der der Marktführer bei großen Baukränen die Konkurrenz auf Distanz halten will...«

(Aus: Lamparter, D. H.: Vorsprung durch Service, in: Die Zeit vom 5. 9. 1997)

»Gebrauchsanleitungen für technische Geräte sollen für Verbraucher in der Europäischen Union verständlicher werden. Das haben die für Verbraucherschutz zuständigen Minister in einer gemeinsamen Entschließung gefordert. Wegen fehlender Klarheit, fehlerhafter Übersetzungen oder zu komplizierter Begriffe seien viele Anleitungen unverständlich, kritisierten die Minister. Dies gehe auf Kosten der Sicherheit und beeinträchtige eine sachgerechte und vollständige Nutzung der Geräte.«

(Aus: Süddeutsche Zeitung vom 5. 11. 1998)

4 Die Vertriebspolitik

Bei der Vertriebspolitik geht es um die Frage, auf welchem Wege die Erzeugnisse des Herstellers über den Markt zum Endverbraucher gelangen sollen. Im Wesentlichen betrifft dies die Wahl von Vertriebssystem und Absatzweg.

4.1 Die Vertriebssysteme

Das Vertriebssystem legt fest, wer sich um die Veräußerung des Fertigfabrikatelagers kümmert.

Ein Hersteller kann selbst für den Vertrieb seiner Waren sorgen (werkseigenes Vertriebssystem), dies ausgewählten Händlern überlassen (werksgebundenes Vertriebssystem) oder aber jedermann beliefern, der die Ware haben will (offenes Vertriebssystem).

Entschließt er sich zu einem **werkseigenen Vertriebssystem,** dann hat er weiter zu entscheiden, welcher **Absatzorgane** er sich dabei bedienen will; eine Aufzählung möglicher Absatzorgane findet sich in Abb. 17.8:

- **Geschäftsführer/-inhaber** kleiner Firmen besuchen meist selbst ihre Kunden, wenn deren Zahl begrenzt sowie die Reisesaison überschaubar ist (z. B. Schmuck- und Lederwarenindustrie); sie können an Ort und Stelle über Liefer- und Zahlungsbedingungen entscheiden.
- **Reisende** (§ 59 HOB) sind Angestellte (»Handlungsgehilfen«) mit (§ 54 HGB) oder ohne Abschlussvollmacht. Ihre Stärke ist die gute Warenkenntnis; sie erhalten ein festes Grundgehalt, eine erfolgsabhängige Provision sowie Reisespesen.

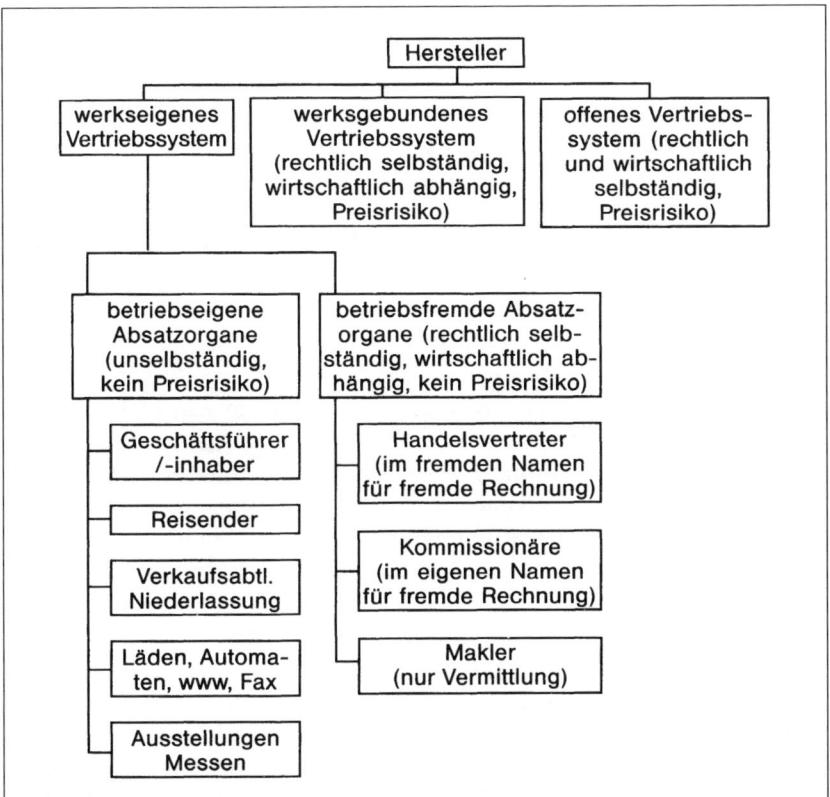

Abb. 17.8: Vertriebssysteme und Absatzorgane

- Die zentrale **Verkaufsabteilung** bzw. die regional gestreuten **Niederlassungen** wenden sich mit Katalogen, Prospekten usw. an potentielle Kunden und beteiligen sich an Ausschreibungen; Niederlassungen sind »Hochposten«.

- Manche Hersteller betreiben eigene Ladenketten (**Fabrikläden**), was allerdings die Herstellung eines ladenfüllenden Sortiments voraussetzt. Andere verkaufen ihre Ware an Endverbraucher lediglich am Standort ihres Hauptsitzes selbst (z. B. **Fabrikverkauf** von Hugo Boss in Metzingen). Darüber hinaus kann ein Hersteller – zusammen mit anderen – Flächen in **Factory-Outlet-Centern** belegen und dort – besonders preisgünstig – 2. Wahl- und Letzt-Saison-Artikel sowie stornierte Ware anbieten. Da der »klassische« Einzelhandel hierin eine Bedrohung sieht, wurden solche Objekte bislang in Deutschland kaum genehmigt

- Als zeitlich begrenzte Niederlassungen bzw. Läden kann die Beteiligung an (Fach-)Messen und (Publikums-)Ausstellungen angesehen werden.

- Große Zukunftchancen werden dem Verkauf über Internet eingeräumt (**E-Commerce**); eher Sonderformen sind **Automaten, Fax-Bestellungen** oder **Teleshopping**.

- **Handelsvertreter** (§§ 84–92 c HGB) sind als selbständige Gewerbetreibende im Absatzgebiet ansässig und verfügen deshalb über gute Kundenkontakte. Für ihre Verkaufsleistung bekommen sie – wenn überhaupt – nur ein geringes Fixum, dafür aber eine relativ hohe erfolgsabhängige Provision (was sie wirtschaftlich abhängig macht). Anders als der Reisende vertritt der Handelsvertreter eine Vielzahl von Produkten, allerdings keine direkt konkurrierenden: Dies macht ihn für den einzelnen Hersteller relativ preisgünstig, allerdings bei »geteilter Aufmerksamkeit«. Der Handelsvertreter trägt kein Preisrisiko, weil er für Rechnung des Herstellers auftritt.

- **Kommissionäre** (§§ 383–406 HGB) treten – anders als Handelsvertreter – Dritten gegenüber im eigenen Namen auf, arbeiten aber ebenfalls für fremde Rechnung. Dies ist wichtig, wenn der Kommissionär die von ihm geknüpften Geschäftsbeziehungen nicht aufdecken will, weil sonst nach dem ersten Zustandekommen eines Abschlusses Anbieter und Nachfrager »an ihm vorbei« (und ohne Zahlung der Provision) kooperieren würden; die Leistung eines Kommissionärs liegt ja gerade im Aufspüren günstiger Bezugsquellen bzw. Absatzmöglichkeiten. Oft legt zudem der Kommittent Wert darauf, unerkannt zu bleiben (z. B. im Antiquitätenhandel).

- **Makler** (§§ 652–655 BGB, §§ 93–104 HGB) vermitteln lediglich Verträge: Sie sammeln Angebote und Nachfragen und fügen passende Paare zusammen, die dann selbst Verträge abschließen. Nach erfolgreicher Vermittlung eines Vertragsabschlusses erhält der Makler eine – meist umsatzabhängige – Abschlussprovision.

Beispiel

E-Commerce

»Der Kauf eines neuen Autos ist eine emotional beeinflusste Handlung, zu der eine elektronische Bestellung am Bildschirm nicht passt. Das ist zumindest die Position des Volkswagen-Vorstands zum B2C-Geschäft (Business to Consumer) und eines der Argumente, warum der Verkauf übers Internet für Privatkunden nicht möglich ist. Nur für seine Großkunden öffnet VW jetzt den Internet-Vertriebskanal und ist damit nach eigenen Angaben weltweit der erste Autohersteller, der das ›Fleet Ordering‹ einführt. Für den Einkäufer eines Unternehmens sei das Disponieren des Fuhrparks ein ›kalter Vorgang ohne Emotionen‹, meint Konzernvertriebsvorstand Robert Büchelhofer ... Die Vorteile für die Flottenkunden lägen in schnelleren Abläufen, mehr Transparenz und personellen Einsparungen.

Großkunden sind für VW all jene, die mehr als zehn Fahrzeuge der Konzernmarke im Fuhrpark haben. 2000 wurden in Deutschland mehr als 300 000 Fahrzeuge im Flottengeschäft verkauft; das entsprach einem Marktanteil von 42 Prozent ...«

(Aus: Süddeutsche Zeitung vom 21. 6. 2001)

Bei der Prüfung der Frage, ob es günstiger ist, einen Reisenden oder einen Handelsvertreter einzusetzen, wird häufig auf eine Untersuchung gemäß Abb. 17.9 zurückgegriffen: Ist die erwartete Verkaufsmenge größer (kleiner) als die kritische, dann wird ein Reisender (Handelsvertreter) beschäftigt. Die **Einwände** gegen ein derartiges Verfahren sind gravierend:

■ Es wird unterstellt, dass jede Menge **gleichermaßen** durch Reisenden und Handelsvertreter abgesetzt werden kann. Nun ist es aber durchaus möglich, dass der eine weniger leistungsfähig als der andere ist, folglich seine Kostenlinie bei einer relativ kleinen Menge »abbricht« und damit jenseits dieser Menge keine Wahlmöglichkeit mehr besteht: Der Vorteil des im Absatzgebiet ansässigen Handelsvertreters besteht in seiner **Orts-kenntnis** und den vielfältigen Abnehmerbeziehungen; der Vorteil des am Produktionsort ansässigen Reisenden ist seine genaue **Betriebs- und Produktkenntnis** und die vermutlich größere Bereitschaft, sich voll für das – eine – Produkt einzusetzen.

■ Im Laufe der Zeit können sich sowohl die **Kostensätze** von Handelsvertreter und Reisendem als auch die erwartete **Verkaufsmenge** ändern. Ein damit möglicherweise notwendig werdender **häufiger Wechsel** zwischen Handelsvertreter und Reisendem ist praktisch nicht durchführbar.

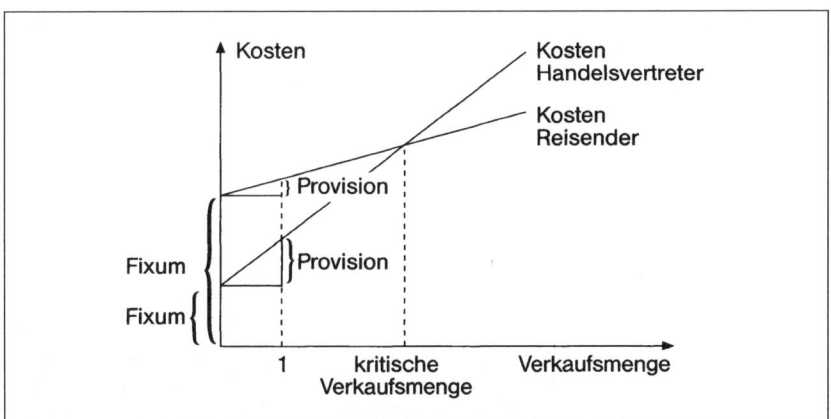

Abb. 17.9: Kostenvergleich Reisender – Handelsvertreter

Unter der Lupe

Vergleich Reisender – Handelsvertreter
■ Kostenvergleich
 – Kosten Reisender:
  $K_R = F_R + q_R \cdot x$
 – Kosten Handelsvertreter:
  $K_H = F_H + q_H \cdot x$

→

mit: F_R (F_H) = Fixum Reisender (Handelsvertreter)
      q_R (q_H) = Provisionssatz Reisender (Handelsvertreter)
      x = Verkaufsmenge

Für die kritische Verkaufsmenge ($\bar{x}$) gilt: $K_R = K_H$,

woraus folgt: $\dfrac{F_R - F_H}{q_H - q_R}$

- Deckungsbeitragsvergleich
  - Annahmen:
    Jedes verkaufte Stück leistet einen Deckungsbeitrag zu den Fixkosten:
    $d = p - k_v$
    mit: p = Verkaufspreis
          k_v = variable Stückkosten
    Die Verkaufsmengen von Reisendem und Handelsvertreter sind unterschiedlich.
    $x_R \neq x_H$
  - Deckungsbeitrag Reisender:
    $D_R = d \cdot x_R - F_R - q_R \cdot x_R$
    $\quad\ = (d - q_R)\, x_R - F_R$
  - Deckungsbeitrag Handelsvertreter:
    $D_H = d \cdot x_H - F_H - q_H \cdot x_H$
    $\quad\ = (d - q_H)\, x_H - F_H$

  Es gilt:
  $D_R > D_H$: Reisendeneinsatz vorteilhaft
  $D_R < D_H$: Handelsvertretereinsatz vorteilhaft

Die Absatzformen des werkseigenen Vertriebssystems tragen kein Preisrisiko: Sie arbeiten für fremde Rechnung.

Werksgebundener Vertrieb: Händler an der »langen Leine«

Bei einem **werksgebundenen Vertriebssystem** bedient sich der Hersteller des rechtlich selbständigen Handels, der im eigenen Namen und für eigene Rechnung – also mit Preisrisiko – verkauft. Durch besondere Beziehungen bindet sich der Handel aber – mehr oder weniger deutlich – wirtschaftlich an den Hersteller. Die hauptsächlichen Arten von Vertriebsbindungen sind:

- Die **vertikale Vertriebsbindung** (§ 16,3 GWB)
  Der Händler verpflichtet sich gegenüber dem Hersteller, an bestimmte Dritte nicht weiterzuliefern (z. B. Exportverbot).
- Die **Absatzbindung** (§ 16,2 GWB)
  Der Hersteller verpflichtet sich gegenüber dem Händler, bestimmte Absatzkanäle einzuhalten:
  - Bei der **persönlichen** Absatzbindung beliefert der Hersteller nur solche Händler, die bestimmte Normen erfüllen (»Selektivvertrieb«). So könnte die Belieferung auf qualitativ geeignete Facheinzelhändler oder funktional auf den Großhandel beschränkt werden.

– Bei der **räumlichen** Absatzbindung beschränkt der Hersteller die Belieferung noch zusätzlich auf einen oder wenige Händler in einem bestimmten Absatzgebiet (»Gebietsschutz«). Hintergrund könnte sein, dass ein neuer Markt erschlossen und der Erfolg dem erschließenden Händler zugute kommen soll.

Nicht zulässig wäre es, die Belieferung von der Einhaltung bestimmter Verkaufspreise abhängig zu machen, da dies ein Verstoß gegen das Verbot der Preisbindung der 2. Hand darstellte (§ 14 GWB).

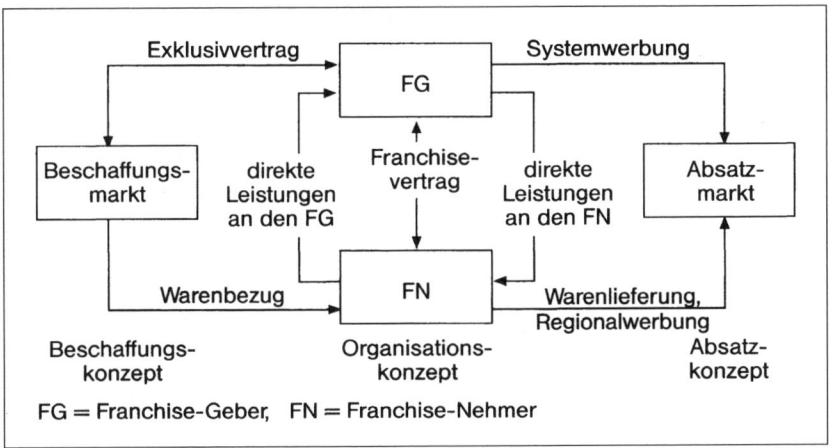

Abb. 17.10: Funktionsweise eines Franchise-Systems

■ Die **Bezugsbindung** (§ 16,2 GWB)
Der Händler verpflichtet sich gegenüber dem Hersteller, von Dritten nicht zu beziehen. Beispiele hierfür sind Vertragshändler und Franchising.

Der Vertragshändler schließt mit einem Markenartikelhersteller einen – meist unbefristeten – Vertrag über den ausschließlichen Bezug seiner Ware (Beispiel: Bierliefervertrag zwischen einer Brauerei und einer Gaststätte; Vertragshändler in der Autoindustrie). Neben anderen Vergünstigungen (z. B. Kredite, Ausstattungszuschüsse) erhält der Händler dafür das Recht, das Herstellerzeichen zu verwenden.

Beim **Franchise-System** geht der Händler eine vertragliche Zusammenarbeit nicht nur über ein Produkt bzw. eine Produktlinie ein, sondern hinsichtlich eines umfassenden (»schlüsselfertigen«) Marketing-Konzepts (Beispiel: McDonald's): Gegen ein Entgelt (Investitionssumme sowie einmalige Einstiegsgebühr und laufende – meist umsatzabhängige – Franchisegebühr) erhält der Franchise-Nehmer die Lizenz, ein bestimmtes Sortiment unter Verwendung von Namen, Warenzeichen, Ladenausstattung und bei Unterstützung durch Werbe- und Verkaufsförderungsmaßnahmen zu verkaufen. Als Franchise-Geber können Hersteller bzw. herstellereigene Großhändler

Einige Franchisesysteme sind Flaggschiffe der deutschen Einzelhandelsflotte. (handelsjournal)

auftreten; meist geht die Initiative jedoch von einer »Systemzentrale« aus, die die Geschäftsidee entwickelt und Exklusivverträge mit dem Beschaffungsmarkt schließt (Abb. 17.10). Das Franchisesystem ist besonders geeignet, eine Unternehmensexpansion zügig voranzutreiben. Ferner besteht die Möglichkeit, eigene Filialen bzw. Fabrikläden in Franchise-Betriebe umzuwandeln, wobei oft der Filialleiter – mit einer bestimmten Investitionssumme – als Franchise-Nehmer »einsteigt«: In der Regel wirkt eine solche Umwandlung motivations- und damit umsatzsteigernd; außerdem wird beim Franchise-Geber gebundenes Kapital freigesetzt. Um – im Interesse aller – das System auf einem hohen Standard zu halten und vor einer Verwässerung zu schützen, sind Weisungen, Kontrollen und Vertragsstrafen vorgesehen, was freilich die unternehmerische Selbständigkeit beschränkt; nicht erlaubt sind Preisvorgaben, was der Bundesgerichtshof in einer Entscheidung gegen den Autovermieter Sixt AG bestätigte (KZR 11/97).

Weder im Vertragshändler- noch im Franchise-System ist die Vereinbarung einer Preisbindung zulässig. Über »Kalkulationsrichtlinien« wird dieses Verbot aber zum Teil unterlaufen.

Unter der Lupe

Vertragshändler – Franchise-Nehmer
Der Vertragshändler ist stärker auf sich selbst gestellt, was ein Risiko, aber auch eine Chance bedeutet:
- Es gibt dort keine völlige Identifizierung mit dem Gruppenimage.
- Name und Geschäftsausstattung des Händlers treten klarer hervor.
- Ein Weisungs- und Kontrollrecht gegenüber dem Händler existiert nur in Grenzen.
- Die laufende Unterstützung und Beratung des Händlers ist weniger ausgeprägt.
- Eine Nutzungsgebühr entfällt.
Franchising ist eine Weiterentwicklung des Vertragshändlersystems.

Dilemma der Vertriebsbindung: Beschränkung des Wettbewerbs und Schutz der Vorleistungen

Zugunsten von Vertriebssystemen wird angeführt, dass sie die Handelsbetriebe schützen, die zur Erlangung einer »exklusiven« Belieferung erhebliche **Vorleistungen** – insbesondere bei Geschäftsausstattung und Personalschulung – erbringen mussten; außerdem müsse dem Hersteller das Recht eingeräumt werden, selbst zu entscheiden, wen er als geeignet für den Vertrieb seiner Produkte ansehe. Andererseits liegt hierin jedoch auch eine **Wettbewerbsbeschränkung,** da viele interessierte Händler von der Belieferung ausgeschlossen bleiben. Dieses **Dilemma** veranlasste den Gesetzgeber, die Vertriebsbindung zu regeln: Sie ist grundsätzlich zugelassen, unterliegt aber der **Missbrauchsaufsicht** durch das Bundeskartellamt (§ 16 GWB); es kann eine

Vertriebsbindung untersagen, wenn hierdurch der Wettbewerb wesentlich beschränkt wird. Für marktbeherrschende oder »unumgängliche« Unternehmen gibt es noch verschärfte Vorschriften:

- **Marktbeherrschende** Hersteller (4. Kapitel) müssen **jeden** Händler beliefern, der die Ware haben will (§ 20, 1 GWB).
- **Unumgängliche** Hersteller müssen **jeden kleinen und mittleren** Händler beliefern, der die Ware haben will (§ 20, 2 GWB).

Für die Beurteilung der Unumgänglichkeit ist entscheidend, dass die kleinen und mittleren Händler die Möglichkeit haben, am Wettbewerb teilzunehmen; hierzu gehört das Angebot der führenden Marken, weshalb man auch vom **Diskriminierungsverbot berühmter Marken** spricht (aktives Diskriminierungsverbot).

Aktives Diskriminierungsverbot: Schutz der Händler gegenüber Herstellern

---

Beispiel

Gruppenfreistellungs-Verordnung (GVO)
»Die Volkswagen AG muss wegen der Abschottung des italienischen Marktes und der Behinderung von Re-Exporten in den neunziger Jahren eine Geldbuße von 90 Millionen € … zahlen, entschieden die Richter am Europäischen Gericht Erster Instanz in Luxemburg. Damit bestätigten sie eine Entscheidung der EU-Kommission.

… Die EU-Kommission behauptete, Volkswagen habe mit den dortigen Händlern Vereinbarungen getroffen, um den Verkauf von Fahrzeugen an Ausländer zu verbieten oder zu beschränken …

… Die (EU-Kommission) hatte Mitte der neunziger Jahre zahlreiche Schreiben von deutschen und österreichischen Verbrauchern bekommen, die sich darüber beschwerten, dass ihnen italienische Händler keine Fahrzeuge der Marken VW oder Audi verkaufen wollten …

… Im Oktober 1995 schickte die EU-Kommission deshalb Prüfer los, die bei Volkswagen und Audi, bei Autogerma, dem italienischen Alleinimporteur für VW und Audi sowie bei einigen Vertragshändlern zahlreiche belastende Unterlagen fanden …«

(Aus: J. Reicherzer: VW soll 176 Millionen DM Strafe zahlen, in: Süddeutsche Zeitung vom 7.7.2000)

»… Erst hat die EU-Kommission Volkswagen und Opel wegen Verstoßes gegen die Wettbewerbsregeln abgestraft, nun ist DaimlerChrysler an die Reihe gekommen. Das Bußgeld in Höhe von 72 Millionen € wird der Konzern verschmerzen können. Viel schlimmer ist der Image-Schaden … Zum Schaden der Verbraucher hat der Konzern seine Händler offenbar angewiesen, den grenzüberschreitenden Kauf von Mercedes-Fahrzeugen zu erschweren.

(Aus: A. Oldag: Geschützte Konzerne, in: Süddeutsche Zeitung vom 11.10.2001)

Wird durch Vertriebsbindungen der **zwischenstaatliche Handel** spürbar beeinträchtigt, greift zudem der Verbotstatbestand des Art. 81,1 EG-Vertrag. Allerdings ist nach Art. 81,3 EG-Vertrag eine **Einzelfreistellung** möglich, wenn durch die Bindung eine Verbesserung der Warenerzeugung, des technischen Fortschritts oder der Warenverteilung unter angemessener Beteiligung der Verbraucher gewährleistet wird. Dies ist insbesondere dann der Fall, wenn das Vertriebssystem sachlich gerechtfertigt (z. B. durch aufwendige Serviceleistungen) und lückenlos (z. B. durch Kontrollkodierungen an der Ware) ist. Das Antragsverfahren bei der Europäischen Kommission verläuft jedoch kompliziert und langwierig. Allerdings sind Vertriebsbindungen, die fünf Prozent Marktanteil und 200 Mio. € in der EU oder einem wesentlichen Teil derselben nicht überschreiten, nach der »Bagatellbekanntmachung« freigestellt.

Die Gruppenfreistellung begründet Selektivvertrieb.

Ferner gibt es für bestimmte Tatbestände und Branchen noch Freistellungen nach der **Gruppenfreistellungs-Verordnung** (GVO), die »automatisch« gelten, wenn der Anforderungskatalog erfüllt wird: Hierunter fallen z. B. Franchiseverträge, Mineralölunternehmen (mit ihren Tankstellen) sowie Bierlieferverträge zwischen Brauereien und Gaststätten (Begrenzung: zehn Jahre), sofern ein Marktanteil von 30 Prozent nicht überschritten wird. Die Freistellung der Automobilhersteller bzw. -importeure nach der GVO ist – zunächst – bis September 2002 begrenzt.

Freigestellte Vertriebsbindungen dürfen freilich Endverbraucher nicht in der Wahl des EU-Einkaufslandes behindern: So können z. B. deutsche Autofahrer ihren deutschen Neuwagen auch bei italienischen Vertragshändlern erwerben (15. Kapitel). Liegt lediglich eine Freistellung nach der GVO vor, ist Parallelhandel auch gewerbsmäßig erlaubt: So dürfen »legale Vermittler«, die konkrete Kundenaufträge haben, ebenfalls im Ausland einkaufen. Vorsorglich hat die EU-Kommission darauf aufmerksam gemacht, dass inländische Vertragshändler bei Wartungs- und Garantiearbeiten keine Schwierigkeiten machen dürfen, wenn das Auto im EU-Ausland erworben wurde. Einzelfreistellungen könnten hier Beschränkungen vorsehen.

Beispiel

Die führenden Franchise-Systeme in Deutschland (2000)

Franchise-Geber	Franchise-Nehmer
Foto Porst	1710
Foto Quelle	1469
Mc Donald's	672
TUI Reise Center/First Reisebüros	600
Musikschule Fröhlich	504
Sunpoint Sonnenstudios	500
Quick Schuh	452
Studienkreis	445

→

| AYK Sonnenstudios | 381 |
| OBI Baumärkte | 339 |

(Quelle: Deutscher Franchise-Verband)

»Gestützt auf die etablierte Marke und das Konzept eines erfolgreichen Unternehmens wagen immer mehr Berufstätige den Schritt in die Selbständigkeit. Nach Auskunft des Deutschen Franchise-Verbandes (DFV), München, ist die Zahl der Franchise-Nehmer im vergangenen Jahr um knapp zehn Prozent auf 37 100 gestiegen.

Mehr als 810 (im Vorjahr: 720) Geschäftskonzepte werden derzeit im Franchise-System vertrieben. Darunter sind bekannte Namen wie McDonalds, Obi oder Benetton, die den Löwenanteil zum Branchenumsatz von zuletzt rund 43 Milliarden DM ... beigetragen haben ...

DFV-Präsident Creusen zufolge ist die Existenzgründung mit Hilfe eines Franchise-Partners mit sehr viel weniger Risiko behaftet, als der Sprung in die Selbständigkeit ohne fremde Hilfe. Er verweist auf eine Untersuchung der Deutschen Ausgleichsbank, wonach lediglich acht Prozent der Franchise-Nehmer innerhalb der ersten zwei Jahre in Konkurs gehen: in anderen Fällen betrage die Insolvenzquote 19 Prozent. Nach einer Untersuchung des DFV müssen Franchise-Nehmer im Mittel eine Einstiegsgebühr von knapp 20 000 DM bezahlen; die Investitionen summieren sich auf durchschnittlich 75 000 DM.«

(Aus: Süddeutsche Zeitung vom 20. 6. 2001)

4.2 Die Absatzwege

In vielen Fällen steht der Hersteller vor der Frage (Abb. 17.11), ob sich sein **Außendienst** (Reisende, Handelsvertreter) an den Großhandel, den Einzelhandel oder unmittelbar an den Endverbraucher wenden soll. Es ist zu ent-

Mit seinem Absatzweg legt der Hersteller fest, ob er mit oder ohne Handel verkaufen will.

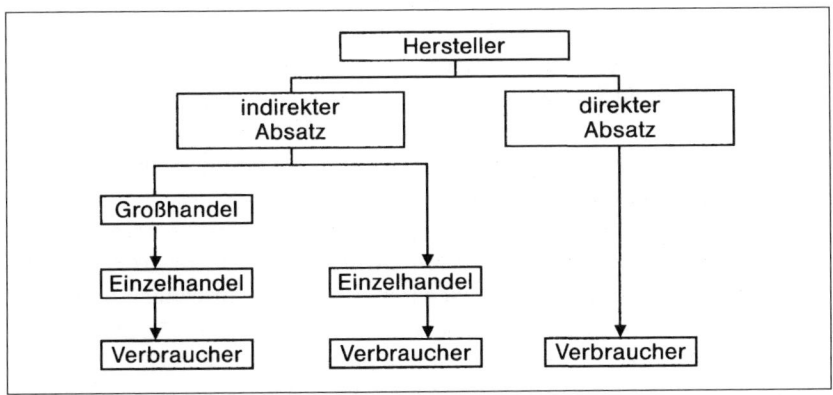

Abb. 17.11: Die Absatzwege

scheiden, ob der direkte Absatzweg unmittelbar zu den Endverbrauchern oder der indirekte über den Handel vorteilhafter ist.

Wird der **direkte** Weg gewählt, dann »spart« der Hersteller die **Handelsspanne.** Andererseits entgehen ihm aber auch die **Dienste,** die der Handel zu bieten hat:

Vertrieb heißt: Suchen, Besuchen, Beraten von (potentiellen) Kunden, Anbahnung, Abschluss und Abwicklung von Verträgen, Pflege der Geschäftsbeziehung

- Er kann mit seinem bereits bestehenden **Netz der Verkaufsmöglichkeiten** die Weiterverteilung »abnehmernah« durchführen, wobei er selbst das Preisrisiko trägt,
- er ermöglicht dem Hersteller die **Spezialisierung,** indem er selbst Sortimente zusammenstellt,
- er übernimmt für den Hersteller einen Teil der **Lagerhaltung,**
- er entlastet den Hersteller insofern, als er die **Aufträge sammelt** und »gebündelt« weitergibt, was sich vor allem im Rechnungs- und Mahnwesen sowie bei den Verpackungs- und Transportkosten bemerkbar macht,
- er kann **Kundendienstaufgaben** übernehmen und
- er kann durch **Produktberatung** und (technische) **Produkterklärung** einen Teil der Herstellerwerbung ersetzen.

Nach dem **Transaktionskostenansatz** ist der Handel als Institution immer dann gerechtfertigt, wenn er in der Lage ist, die Transaktionskosten zwischen Hersteller und Endverbraucher (bzw. Weiterverarbeiter) zu senken; man unterscheidet:

- Anbahnungskosten (Kosten der Suche von Transaktionspartnern)
- Vereinbarungskosten (Kosten des Vertragsabschlusses)
- Kontrollkosten (Kosten der Überwachung der Vertragserfüllung)
- Anpassungskosten (Kosten der Vertragsanpassung bei z. B. Termin-, Qualitäts- und Preisänderungen).

Der Handel als Institution »lebt« aus der Transaktionskostenersparnis.

Aus der Transaktionskostenersparnis bezieht der Handel sein Einkommen. Müssten z. B. 100 Endverbraucher ihre Ware jeweils selbständig bei drei Herstellern einkaufen, dann gäbe es $3 \times 100 = 300$ Lieferbeziehungen. Ein dazwischen tretender Händler könnte die Lieferbeziehungen auf $3 + 100$ reduzieren, ohne dass es zu Versorgungslücken käme (Baligh-Richartz-Effekt).

Für manchen Hersteller haben die »Dienste« des Handels aber auch eine Schattenseite, die unter dem Schlagwort **Nachfragemacht** firmiert: Immer häufiger erzielen große Handelsfirmen bei ihren Lieferanten besondere (Rabatt-)Konditionen, »Eintrittsgelder«, Regal- und Schaufenstermieten, »Listungsgebühren« usw., die nicht nur diese Hersteller außerordentlich stark belasten: Auch kleinere Handelsfirmen, die – wegen fehlender Nachfragemacht – nicht in den Genuss solcher Vergünstigungen kommen, geraten hierdurch gegenüber ihren großen Konkurrenten noch mehr ins Hintertreffen. Begünstigt wurde diese Entwicklung durch das Vordringen ursprünglich regional ansässiger Einzelhändler auf den nationalen Markt, den Anschluss selbständiger Händler an Ketten, das »Fusionskarussell« im Einzelhandel (Metro/Kaufhof; Quelle/Karstadt; Rewe/Billa; Wal-Mart/Wertkauf, Intermarché/Spar usw.) sowie der Entstehung von Überkapazitäten auf Seiten der Hersteller, die mittlerweile auch einen gewaltigen Konzentrationsprozess hinter sich haben (Unilever, Procter & Gamble, Henkel, Nestlé, Kraft-Foods usw.).

Beispiel

Nachfragemacht im Handel

»… Diese mächtige Position nutzt der Handel gnadenlos aus. Er diktiert Preise und Konditionen, Regalplätze werden meistbietend versteigert, für die Listung neuer Produkte ist fast immer erst mal eine saftige Bearbeitungsgebühr fällig, und Werbekostenzuschüsse sind allzu häufig nichts anderes als versteckte Rabatte.

Sogar bei Fusionen bitten Händler Markenhersteller zur Kasse – über einen so genannten Hochzeitsrabatt. Die schiere Größe lassen sich die Einkäufer gerne durch mehrere Prozentpunkte vom Lieferantenumsatz honorieren. Und natürlich prüfen sie bei jeder Übernahme sämtliche Konditionen. Hatte das gekaufte Unternehmen bei einem Lieferanten bessere Bedingungen ausgehandelt, wird prompt Angleichung verlangt…«

(Aus: Meier, F.: Schikane am Regal, in: Wirtschaftswoche vom 29. 10. 1998)

Nach § 20,2,3 GWB ist es marktbeherrschenden Handelsunternehmen (4. Kapitel) generell und unumgänglichen Handelsunternehmen im Verhältnis zu ihren kleinen und mittleren Lieferanten verboten, »ohne sachlich gerechtfertigten Grund« Vorzugsbedingungen zu verlangen (**passives Diskriminierungsverbot**). Unumgänglich ist ein Händler dann, wenn es für den kleinen oder mittleren Lieferanten (weniger als 250 Mio. € Umsatz) keine zumutbaren Ausweichmöglichkeiten gibt; das Bundeskartellamt sieht diesen Sachverhalt erreicht, wenn mehr als 7,5 Prozent des Umsatzes mit diesem Händler abgewickelt werden. Da jedoch von marktstarken Händlern abhängige Anbieter aus Furcht vor wirtschaftlichen Sanktionen in der Regel nicht bereit sind, sich an das Kartellamt zu wenden, gab es bisher erhebliche Schwierigkeiten bei der kartellrechtlichen Erfassung von unbilligen Behinderungen und Diskriminierungen. Mit der 6. Kartellrechtsnovelle (1999) wurde deshalb für kleine und mittlere Hersteller die anonyme Beschwerde zugelassen (§ 70 GWB). Außerdem haben gem. § 20,4 GWB auch kleine und mittlere Händler die Möglichkeit, gegen marktmächtige Konkurrenten wegen »unbilliger Behinderung« vorzugehen, z. B. weil diese beim Hersteller eine »Rabattspreizung« mit dem Ziel durchgesetzt hatten, sie vom Markt zu verdrängen; allerdings sind manche Händler – als Mitglieder von Einkaufskooperationen – nur scheinbar »klein« oder »mittel«.

Passives Diskriminierungsverbot: Schutz der Hersteller gegenüber Händlern

Der Handel nutzt gelegentlich seine »Nachfragemacht« aus, was großen Händlern jedoch verboten ist.

Beispiel

Direktvertrieb

»Die Branche der PC-Hersteller steckt in der Krise. Der Markt ist rückläufig und die meisten Anbieter machen Verluste. Frohgemut zeigt sich eigentlich nur ein Unternehmen, die Dell Computer Corporation … Dell heizt immer wieder den Preiswettbewerb an, um auf diese Weise Marktanteile zu gewinnen.

Erstaunlich daran ist, dass das texanische Unternehmen dabei immer noch Geld verdient. Dank des Modells Dell. Es beruht zum einen auf dem Direktvertrieb ohne Einschaltung von Händlern. Dieses Konzept ist inzwischen aber durch eine Komponente ergänzt worden, die genau so wichtig ist – das Internet. Durch Electronic Business hat Dell die Geschäftsabläufe … beträchtlich rationalisiert …

Beides zusammen verschafft dem Konzern einen Betriebskostenvorsprung, der nach eigenen Angaben gegenüber dem nächsten Konkurrenten gut 50 Prozent erreicht …«

(Aus: W. Ludsteck: Modell Dell, in: Süddeutsche Zeitung vom 17. 11. 2001)

»… 31 Ersatz- und Betriebskrankenkassen haben sich zusammengefunden, um dem Pillen-Versandhandel hier zu Lande zum Durchbruch zu verhelfen. Der Grund ist vor allem ökonomisch bedingt … Zwischen 500 Millionen und 1,5 Milliarden DM ließen sich so sparen, rechnen die Kassenchefs vor …«

(Aus: A. Hoffmann: Alptraum Internet, in: Süddeutsche Zeitung vom 8. 11. 2001)

»… Besonders bemüht ist Tupperware um die Kunden, die für abendfüllende Tupper-Parties – ein Relikt aus den 50er-Jahren – schlichtweg keine Zeit haben. Analysten versprechen sich gerade von dieser Kundengruppe, die zukünftig online shoppen soll, einen kräftigen Umsatzschub. Darüber hinaus hat der Hersteller von qualitativ hochwertigen Plastikbehältern bereits in über 250 Einkaufszentren eigene Tupper-Shops errichtet. Zudem sollen Tupper-Parties zukünftig auch im Fernsehen übertragen werden. Dazu wurde eine entsprechende Vereinbarung mit dem TV-Sender Home Shopping Network unterzeichnet …«

(Aus: Süddeutsche Zeitung vom 5. 6. 2000)

Der **direkte Absatz** ist üblich im Bereich der Investitionsgüterindustrie und bei Großabnehmern. Häufig werden direkter und indirekter Absatz parallel betrieben; so beliefert die Reifenindustrie die Automobilwerke mit der Reifen-Erstausstattung direkt, während der Reifen-Ersatzbedarf indirekt vertrieben wird. Große Erfolge im Direktvertrieb an Endverbraucher (»Haustürgeschäfte«) haben z. B. Tupperware (Kunststoffhaushaltsartikel), Vorwerk (Staubsauger) sowie AVON-Cosmetics (»Schönheit ganz privat«). Einer der Hintergründe hierfür dürfte das Ladenschlussgesetz sein, aber auch spezielle Präsentationstechniken (z. B. die Tupper-Party). Werden im Direktvertrieb

Versicherungen oder Geldanlagen verkauft, spricht man von »Strukturvertrieb« durch »Vermögens«- oder »Finanzberater«.

Beliefert man kleine Kunden indirekt, mittlere direkt und »Schlüsselkunden« über speziell ausgebildete Reisende, spricht man von »Mehr-Kanal-Vertrieb«.

Unter der Lupe

Key-Account-Management

Ein Hersteller hat grundsätzlich zwei Möglichkeiten, seine Erzeugnisse im Vertriebskanal wirkungsvoll zu platzieren (Abb. 17.12):

Push-Strategie

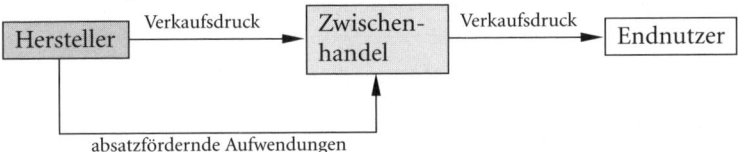

Pull-Strategie

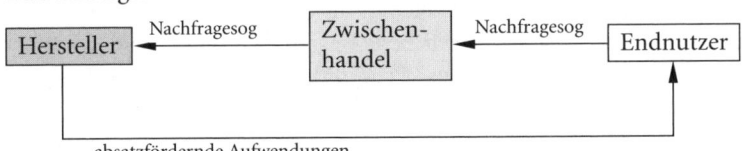

Abb. 17.12: Pull- und Push-Strategie im Verkauf (in Anlehnung an Kotler, Ph./Bliemel, F.: Marketing Management, 10. Aufl., Stuttgart 2001, S. 921)

- Bei der »**Pull-Strategie**« versucht er, über Werbung die Verbraucher direkt anzusprechen, die dann im Handel einen »Nachfragesog« erzeugen; die Ware wird auf diese Weise vom Hersteller »vorverkauft«.
- Angesichts einer kaum mehr überschaubaren Produktvielfalt einerseits sowie einer zunehmenden Konzentration – und damit Nachfragemacht – im Handel andererseits gingen immer mehr Hersteller dazu über, ihre Schlüsselkunden (»Key Accounts«) durch speziell ausgebildete Reisende anzusprechen, um gemeinsam eine »vertikale Marketingstrategie« zu erarbeiten.

  Dahinter steht der Gedanke, dass der Handel dann schon im eigenen Interesse einen »Verkaufsdruck« erzeugen würde (»**Push-Strategie**«).

Die Hoffnungen der Hersteller auf das Key-Account-Management haben sich nur zum Teil erfüllt: Die für den jeweiligen Bezirk zuständigen Absatz-

→

organe reagierten verärgert auf das Herausbrechen der Großkunden (»gefledderte Kundenkartei«). Zudem wurden oft keine überzeugenden Marketingstrategien geboten, weshalb das »Konditionendiktat« des Handels kaum entschärft werden konnte.

Immerhin gelang es aber, alle mit den Transaktionen verbundenen Aufgaben (z. B. Logistik, Verpackung, Finanzierung) zu professionalisieren. Eine Zusammenarbeit zwischen Hersteller und Händler, die primär verbesserte Abläufe und eine effiziente Logistik zum Ziel hat, wird mit dem Begriff **Efficient Consumer Response** (ECR) belegt.

Nach wie vor bleiben aber ein konsequenter Regalservice und die persönliche Nähe zum jeweiligen Marktleiter sowie der Vorverkauf innovativer Produkte die wirkungsvolleren Ansatzpunkte für den Verkaufserfolg.

Eine durch Key-Account-Management geprägte »Beziehungskultur« versucht auch die Zulieferindustrie im Verhältnis zu ihren industriellen Nachfragern aufzubauen. Man verspricht sich davon individuellere Problemlösungen und damit bessere Zuschlagschancen, eine geringere Gefahr des Lieferanten-Wechsels und belastbarere Geschäftsbeziehungen.

Arbeitsaufgaben

1) Beschreiben Sie Vor- und Nachteile von Produktinnovation und Produktimitation!

2) Diskutieren Sie das Warenzeichen als produktpolitisches Instrument; gehen Sie dabei auch auf rechtliche Regelungen ein!

3) Was versteht man unter einem Produktlebenszyklus; welche besonderen Probleme bieten Einführungs- und Degenerationsphase?

4) Nach welchen Kriterien lässt sich ein Handelssortiment charakterisieren?

5) Was versteht man unter Imagetransfer, und worin liegen seine Vor- und Nachteile?

6) Beschreiben und vergleichen Sie die Absatzformen Reisender, Handelsvertreter, Kommissionär und Makler!

7) Beschreiben und kritisieren Sie das Kostenvergleichsmodell zum Reisenden-Handelsvertreter-Einsatz!

8) Welche Leistungen erbringt der Handel für den Hersteller? Erläutern Sie in diesem Zusammenhang den Transaktionskostenansatz!

9) Forschung und Entwicklung stehen unter dem Dilemma des Time-Cost-Tradeoff. Erläutern Sie diese Aussage!

10) Technischer Fortschritt und Mode sind Antriebskräfte des Umsatzprozesses. Erklären Sie die Zusammenhänge!

11) Was verstehen Sie unter Nachfragemacht, worin liegt ihre besondere Problematik, und worauf ist sie zurückzuführen?

12) Die Stellung eines marktbeherrschenden Unternehmens lässt sich (…) leichter mit Hilfe der Produktvariation als der Preispolitik gewinnen (Erich Gutenberg). Nehmen Sie Stellung!

13) In einem Produktmarktraum mit den Eigenschaftsdimensionen »Qualität« und »Preis« soll ein Idealvektor abgebildet werden nach Maßgabe der Vorstellung »Möglichst große Qualität zu einem möglichst niedrigen Preis«; beide Eigenschaften werden als gleichbedeutend eingestuft. Erläutern Sie die Zusammenhänge!

14) Was versteht man unter dem Pipeline-Effekt?

15) Nennen Sie Verfahren der Ideenfindung in der Produktpolitik!

16) Nennen Sie produktpolitische Schutzrechte in Deutschland und grenzen Sie diese voneinander ab!

17) Beschreiben Sie Vor- und Nachteile von Penetration- und Skimming-Strategie!

18) Was versteht man unter einem werksgebundenen Vertriebssystem? Beschreiben Sie kurz Ihnen bekannte Arten!

19) Beschreiben Sie das Dilemma der Vertriebsbindung und seine rechtliche Regelung!

20) Was versteht man unter habituellem Kaufverhalten, wann greift und welche Auswirkungen hat es?

21) Erläutern Sie die Bedeutung der Informationsdeformation beim Kaufentscheidungsprozess!

22) Franchising ist ein Instrument der Mittelstandsförderung. Nehmen Sie Stellung zu dieser Aussage!

23) »Der Zusatznutzen wird zum Grundnutzen.« (Cari Zalloni, Cazal Brillen). Was ist mit dieser Bemerkung gemeint?

24) Worin besteht der prinzipielle Unterschied zwischen Idealpunkt- und Idealvektormodell?

25) Was sind Marktein- und Marktaustrittsbarrieren?

26) Was bedeutet »System-Selling«?

27) Was bedeutet Produkthaftung und wie ist sie geregelt?

28) Autohändler bieten Finanzierungsmodelle, übernehmen den lästigen Papierkram bei der Kfz-Anmeldung, machen Inspektionen, bei denen Wagenwäsche und Transfer-Service selbstverständlich sind und lassen sich auch bei Animation und Verköstigung ihrer Kunden einiges einfallen. Beurteilen Sie dieses Programm als Profilierungsmöglichkeit gegenüber den Kunden!

29) Welchen Beschränkungen unterliegen die produktpolitischen Gestaltungsmöglichkeiten? Geben Sie Beispiele!

30) Die kognitive Dissonanz im Kaufgeschehen: Erörtern Sie Ursachen und Überwindungsmöglichkeiten!

31) Neuheit ist nicht gleich Neuheit. Nehmen Sie Stellung!

32) Erläutern Sie die Bedeutung von geographischen Herkunftsangaben und Ursprungsbezeichnungen!

33) Erörtern Sie die Aspekte der optimalen Entwicklungsleistung!

34) Stellen Sie die Bedeutung des Schnittstellenmanagements für die Produktentwicklung dar! Wo liegen Schwachstellen?

35) »Die Kundschaft muss wieder stärker geführt werden, um so einen Weg zurück zu gängigen Modetrends und saisonnahen Einkaufsgewohnhei-

ten zu finden« (Klaus Steilmann, Modefabrikant). Welche Rolle kann Mode im individuellen Kaufverhalten spielen, wieso hat sich diese Funktion abgeschwächt, und ist der oben beschriebene Weg gangbar?

36) »Es ist unsere Aufgabe, weltweit Träume zu verkaufen« (Graham Morris, Vorstandsvorsitzender Rolls-Royce). Erörtern Sie diese Aussage produktpolitisch!

37) Erörtern Sie den Unterschied zwischen Such-, Erfahrungs- und Vertrauenseigenschaften! Was kann man tun, um die damit verbundenen Probleme zu reduzieren?

38) Erörtern Sie kritisch Ziele der Sortimentspolitik beim Hersteller!

39) Welche Varianten von Sortimentsstrukturanalysen gibt es? Was ist dabei zu beachten?

40) Was versteht man unter Kundendienst, wer soll ihn erbringen und was soll er beinhalten?

41) Call Center: Was sind und was leisten sie?

42) Worin besteht der Unterschied zwischen Vertragshändler und Franchise-Nehmer? Gibt es die Möglichkeit, auf ihre Preisgestaltung Einfluss zu nehmen?

43) Was versteht man unter Key-Account-Management und Efficient Consumer Response?

44) Erläutern Sie die gesetzlichen Regelungen zum Diskriminierungsverbot! Welche Tatbestände im Handel sollen damit korrigiert werden?

45) Ein Produkt ist ein Bündel von Eigenschaften. Erörtern Sie diesen Sachverhalt!

Lösungsvorschläge für die Arbeitsaufgaben im »Übungsbuch zu Grundlagen und Probleme der Betriebswirtschaft«.

Weiterführende Literatur

Ahlert, D.: Distributionspolitik: Das Management des Absatzkanals, 4. Aufl., Stuttgart, Jena 2002.

Albers, S.; Hermann, A. (Hrsg.): Handbuch Produktmanagement, Wiesbaden 2000.

Bänsch. A.: Die Planung der Lebensdauer von Konsumgütern im Hinblick auf ökonomische und ökologische Ziele, in: Jahrbuch der Absatz- und Verbrauchsforschung, 40. Jg. (3,1994), S. 232–255.

Baligh, H. H.; Richartz, L. E.: An Analysis of Vertical Market Structures, in: Management Science, 10. Jg. (4, 1964), S. 667–689.

Barth, K.: Betriebswirtschaftslehre des Handels, 4. Aufl., Wiesbaden 1999.

Beisheim, O. (Hrsg.): Distribution im Aufbruch, München 1999.

Berlit, W.: Das neue Markenrecht, 4. Aufl., München 2001.

Brockhoff, K.: Forschung und Entwicklung, 5. Aufl., München 1998.

Brockhoff, K.: Produktpolitik, 4. Aufl., Stuttgart, New York 1999.

Brockhoff, K.: Internationalization of Research of Development, Berlin u. a. 1998.

Brockhoff, K. (Hrsg.): Management von Innovationen, Wiesbaden 1995.

Bruhn, M.; Homburg, Chr. (Hrsg.): Handbuch Kundenbindungsmanagement, 3. Aufl., Wiesbaden 2000.

Bruhn, M.; Stauss, B. (Hrsg.): Dienstleistungsmanagement, Wiesbaden 2000.

Dichtl, E.; Lingenfelder, M. (Hrsg.): Meilensteine im deutschen Handel, Frankfurt/M. 1999.

Diller, H.: Key Account Management auf dem Prüfstand, in: *Irrgang, W.* (Hrsg.): Vertikales Marketing im Wandel, München 1993.

Festinger, L.: A Theory of Cognitive Dissonance, Stanford 1957 (dt. Übers.: Theorie der kognitiven Dissonanz, Bern 1978).

Gedenk, K.: Verkaufsförderung, München 2002.

Greff, G.; Kruse, J. P.: Das ABC des Call Center Management, Wiesbaden 1999.

Gutenberg, E.: Grundlagen der Betriebswirtschaftslehre, Band II: Der Absatz, 17. Aufl., Berlin, Heidelberg, New York 1984.

Haedrich, G.; Tomczak, T.: Produktpolitik, Stuttgart 1996.

Hansen, U.; Henning-Thurau, T.; Schrader, U.: Produktpolitik, 3. Aufl., Stuttgart 2001.

Hauschildt, J.: Innovationsmanagement, 2. Aufl., München 1997.

Herrmann, A.: Produktmanagement, München 1997.

Homburg, Chr.; Garbe, B.: Industrielle Dienstleistungen, in: Zeitschrift für Betriebswirtschaft (ZfB), 66. Jg. (3, 1996), S. 253–282.

Köhler, R.; Majer, W.; Wiezorek, H.: Erfolgsfaktor Marke, München 2001.

Koppelmann, U.: Produktmarketing, 6. Aufl., Berlin, Heidelberg, New York, Tokyo 2001.

Liebmann, H.-P.; Zentes, J.: Handelsmanagement, München 2000.

Meffert, H.; Bruhn, M.: Dienstleistungsmarketing, 3. Aufl., Wiesbaden 2000.

Meffert, H.; Burmann, Chr.; Koers, M. (Hrsg.): Markenmanagement, Wiesbaden 2002.

Meyer, A.: Dienstleistungsmarketing, 8. Aufl., Augsburg 1998.

Müller-Hagedorn, L: Der Handel, Stuttgart 1998.

Müller-Hagedorn, L: Handelsmarketing, 3. Aufl., Stuttgart, Berlin, Köln 2002.

Packard, V.: Die große Verschwendung, Düsseldorf 1961.

Picot, A.: Transaktionskosten im Handel, in: Betriebsberater, Beilage 13/ 1986 zu Heft 27.

Sattler, H.: Markenpolitik, Stuttgart 2001.

Schmalen, H.; Nels, M.: Im Direktvertrieb an den Verbraucher, in: Verkauf und Marketing, 19. Jg. (10/1991). S. 78–85.

Schmalen, H.: Marketing-Mix für neuartige Gebrauchsgüter, Wiesbaden 1979.

Schröder, H.: Handelsmarketing, Landsberg/Lech 2001.

Schumpeter, J. A.: Theorie der wirtschaftlichen Entwicklung, 7. Aufl., Berlin 1987.

Simon, H.; Homburg, Chr. (Hrsg.): Kundenzufriedenheit, 3. Aufl., Wiesbaden 1998.

Specht, G.: Distributionsmanagement, 3. Aufl., Stuttgart, Berlin, Köln. Mainz 1998.

Specht, G.; Beckmann, C.: F & E-Management, 2. Aufl., Stuttgart 2002.

Stauss, B.; Seidel, W.: Beschwerdemanagement, 2. Aufl., München 1998.

Toporowski, W.: Der Baligh-Richartz-Effekt, in: Wirtschaftswissenschaftliches Studium (WiSt), 28. Jg. (2, 1999), S. 81–83.

Williamson, O. E.: Transaction-Cost Economics: The Governance of Contractual Relations, in: Journal of Law and Economics, 22. Jg. (1979), S. 233–261.

Wimmer, F.; Zerr, K.: Service für Systeme – Service mit System, in: absatzwirtschaft, 38. Jg. (7, 1995), S. 82–87.

18. Kapitel:
Die Investitionsplanung

Lernziele

Leitfrage:
Welche Typen von Investitionsobjekten gibt es?

Leitfrage:
Wie lässt sich die Vorteilhaftigkeit eines Investitionsobjekts feststellen?

- Welche Bedeutung haben Kalkulationszinssatz und interner Zinssatz bei der Vorteilhaftigkeits-Beurteilung?
- Welche Rolle spielen Annuität und Amortisationsdauer bei der Investitionsplanung?

Leitfrage:
Wie kann aus einer Reihe von Investitionsmöglichkeiten die günstigste herausgefunden werden?

- Warum ist ein direkter Vergleich verschiedener Investitionsobjekte in der Regel nicht möglich?
- Wie können verschiedene Investitionsobjekte vergleichbar gemacht werden?
- Warum ist der Vergleich von Investitionsobjekten über ihre Kosten problematisch?

Leitfrage:
Wann ist für eine Maschine der optimale Ersatzzeitpunkt erreicht?

Leitfrage:
Wie kann das Problem der Unsicherheit in der Investitionsplanung berücksichtigt werden?

1 Einleitung

Unter einer Investition versteht man die **Anlage** eines vorhandenen oder noch zu entleihenden Geldbetrages.

Die Anlage eines Geldbetrages nennt man Investition; sie ist durch ihre Zahlungsreihen charakterisiert.

Jede Art von Investition lässt sich durch ihre **Zahlungsreihen** während der Nutzungszeit charakterisieren. In Abb. 18.1 bezeichnet:

A_0 : die Anschaffungsauszahlung,

a_t : die laufenden jährlichen Auszahlungen im t-ten Jahr,

e_t : die laufenden jährlichen Einzahlungen im t-ten Jahr,

R : den Liquidationserlös (Restwert) und

n : die Anzahl der Nutzungsjahre

Beim Investitionsobjekt »Taxi« z. B. bezeichnet A_0 den Kaufpreis des Wagens, a_t die laufenden Ausgaben für Wartung, Benzin usw., e_t die Einnahmen aus dem Fahrgeschäft und R den Verkaufspreis, den man erzielt, wenn das Taxi am Ende seiner Nutzungszeit abgestoßen wird.

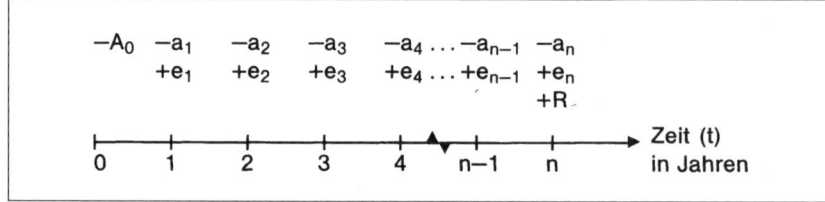

Abb. 18.1: Die Zahlungsreihen eines Investitionsobjekts

Alle Auszahlungen des Investors erhalten ein Minus-Zeichen und alle Einzahlungen ein Plus-Zeichen. Außerdem wird der Einfachheit halber unterstellt, dass sämtliche Zahlungen zum jeweiligen Jahresende verrechnet werden; lediglich die Anschaffungsauszahlung A_0 wird am Beginn des ersten Jahres fällig.

Je nachdem, in welche Richtung der Geldbetrag angelegt wird, unterscheidet man verschiedene **Investitionsarten:**

- Als **Sachinvestition** bezeichnet man eine Geldanlage in Grundstücken, Gebäuden, Maschinen, Antiquitäten, Bildern usw.
- Als **Finanzinvestition** bezeichnet man eine Geldanlage in Wertpapieren (z. B. Aktien, Obligationen, Pfandbriefen), Sparbüchern usw.
- Als **immaterielle Investition** bezeichnet man eine Geldanlage in Forschung und Entwicklung, Aus- und Weiterbildung, Lizenzen usw.

Unter Nettoinvestitionen versteht man die um die Ersatz-Investitionen gekürzten Bruttoinvestitionen.

Im **industriellen** Bereich werden die Sachinvestitionen noch danach differenziert, ob es sich um Ersatz- oder Erweiterungsinvestitionen handelt; beide zusammen stellen die Bruttoinvestitionen dar. Führen Ersatzinvestitionen zu einer erhöhten Arbeitsproduktivität, spricht man auch von Rationalisierungsinvestitionen: Ein unveränderter Output kann dann mit geringerem Arbeitseinsatz erzielt werden. In die gleiche Richtung gehen Investitionen zur Restrukturierung. Eigens ausgewiesen werden oft Investitionen in Umweltschutz, Forschung, Qualitätsverbesserung und Ähnliches.

Die wohl wichtigste Aufgabe der **Investitionsplanung** besteht darin zu prüfen,

- ob eine **bestimmte** Investitionsmöglichkeit vorteilhaft ist bzw.
- welches aus einer **Reihe** von Investitionsmöglichkeiten die vorteilhafteste ist.

Daneben gibt es noch andere bedeutende Aufgaben der Investitionsplanung, z. B. die Bestimmung des optimalen **Ersatzzeitpunkts** für eine Maschine oder die Festlegung eines optimalen **Investitionsprogramms** als Kombination verschiedener Investitionsobjekte (z. B. Aktien verschiedener Unternehmen).

> Ausgangspunkt der dynamischen Investitionsplanungsverfahren ist die Annahme, dass ein Geldbetrag, der »heute« fällig wird, anders zu beurteilen ist als ein gleicher Geldbetrag, der »morgen« fällig wird.

Allgemein gilt:

- Ein **heute** verfügbarer Betrag K_0 hat nach n Jahren den Wert (Aufzinsung):
  $K_n = K_0 (1 + i)^n$.
- Ein nach **n Jahren** verfügbarer Betrag K_n hat heute den Wert (Abzinsung):

$$K_0 = \frac{K_n}{(1 + i)^n}$$

Dabei bezeichnet i den zugrunde gelegten Zinssatz je Jahr.

Hierzu ein Beispiel: Ein Schuldner bietet seinem Gläubiger an, eine Zahlung von 100,– €, die in einem Jahr fällig wird, schon jetzt zu leisten, allerdings bei einem Abschlag von 4,– €. Der Gläubiger akzeptiert nach folgender Überlegung: Seine Bank bietet ihm 6 % Zinsen (i = 0,06) für ein Jahr »Festgeld«, so dass er am Ende der regulären Kreditfrist über:

$96 (1 + 0.06)^1 = 101,76$ €

verfügt. Aus Sicht des Gläubigers sind folglich 96,– € heute mehr wert als 100,– € in einem Jahr.

Der Gläubiger hätte auch folgende Überlegung anstellen können: 100,– € in einem Jahr sind – bei 6 % Bankzinsen – gleichbedeutend mit

$$\frac{100}{(1 + 0,06)^1} = 94,34 \text{ €}$$

Durch Auf- und Abzinsung werden zeitverschiedene Zahlungen vergleichbar.

heute [Probe: 94,34 $(1 + 0,06)^1$ =100]. Da der Schuldner mehr bietet, wird akzeptiert.

2 Die Vorteilhaftigkeit eines einzelnen Investitionsobjekts

Die Untersuchung der Vorteilhaftigkeit eines einzelnen Investitionsobjekts kann mit Hilfe verschiedener Verfahren – die sich z. T. in ihren Voraussetzungen unterscheiden – durchgeführt werden.

2.1 Die Kapitalwertmethode

Der Kalkulationszinssatz stellt die als notwendig angesehene Mindestverzinsung dar.

Die Kapitalwertmethode setzt voraus, dass der Investor weiß, welchen »Zinsgewinn« er aus einem Investitionsobjekt mindestens erwirtschaften will. Diese – von Marktzins und Risikogesichtspunkten abhängige – **Mindestverzinsung** nennt man **Kalkulationszinssatz** (i). Die Kapitalwertmethode prüft dann, ob in einem in Aussicht genommenen Investitionsobjekt **zumindest** dieser Kalkulationszinssatz steckt, es sich also um ein lohnendes Objekt handelt.

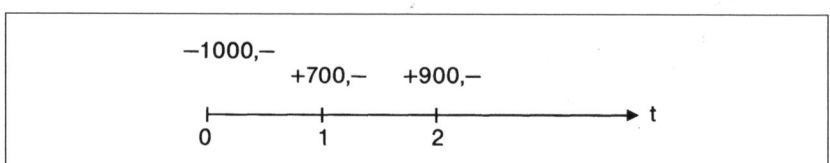

Abb. 18.2: Zahlungsreihe eines Investitionsobjekts

Hierzu ein Beispiel: Es besteht die Investitionsmöglichkeit der Abb. 18.2: Zunächst hat der Investor eine Anschaffungsauszahlung von 1000,– € zu leisten, er erhält dafür aber in den nächsten beiden Jahren 700,– € bzw. 900,– €. Ist diese Investition lohnend, wenn der Investor einen Kalkulationszinssatz von 8 % (i = 0,08) hat?

Es gilt:

$$E = \frac{700}{(1 + 0,08)^1} + \frac{900}{(1 + 0,08)^2}$$

$$= \frac{700}{1,08} + \frac{900}{1,1664} = 648 + 772$$

$$= 1420$$

$$K = 1420 - 1000$$

$$= 420$$

Zinst man alle Zahlungen, die nach der Anschaffung des Investitionsobjekts erfolgen, bei Anwendung des Kalkulationszinssatzes ab, so erhält man den **Ertragswert** (E). Vermindert man diesen noch um die Anschaffungsauszahlung des Investitionsobjekts, dann ergibt sich der **Kapitalwert** (K). Hat dieser – wie im Beispiel – einen Wert **größer Null,** dann ist die Investition **vorteilhaft:** Mit ihr lässt sich ein Zinsgewinn erwirtschaften, der größer ist als die im Kalkulationszinssatz geforderte Mindestverzinsung.

Die Ausdrücke $(1 + i)^t$ (mit: i = Kalkulationszinssatz und t = Jahr der jeweils abzuzinsenden Ein- bzw. Auszahlung) finden sich für viele i/t-Kombinationen in Formelsammlungen.

Ist der Kapitalwert einer Investition größer als Null, dann ist sie vorteilhaft.

Jahr (t) \ Zins (i)	$(1 + i)^t$			
	5 %	6 %	8 %	10 %
1	1,05000	1,06000	1,08000	1,10000
2	1,10253	1,12360	1,16640	1,21000
3	1,15767	1,19101	1,25971	1,33100
4	1,21550	1,26247	1,36049	1,46410
5	1,27632	1,33822	1,46932	1,61050
6	1,34012	1,41851	1,58687	1,77155
7	1,40706	1,50362	1,71382	1,94870
8	1,47754	1,59384	1,85092	2,14357
9	1,55135	1,68946	1,99899	2,35793
10	1,62893	1,79083	2,15891	2,59372

Allgemein gelten für die Kapitalwertmethode folgende Zusammenhänge (Abb. 18.1.):

$$E = \frac{e_1 - a_1}{(1+i)^1} + \frac{e_2 - a_2}{(1+i)^2} + \dots + \frac{e_n - a_n}{(1+i)^n} + \frac{R}{(1+i)^n}$$

$$K = E - A_0.$$

Sind die **Nettoeinzahlungen am Ende jeden Jahres gleich groß:** $e_t - a_t = c$, dann gilt die **Vereinfachung:**

$$E = c \cdot \frac{(1+i)^n - 1}{i(1+i)^n} + \frac{R}{(1+i)^n}$$

$$K = E - A_0.$$

Werden die gleich hohen Nettoeinzahlungen c nicht nur während eines begrenzten Zeitraums von n Jahren fällig, sondern handelt es sich dabei um eine »**ewige Rente**« (von etwa 30 Jahren oder mehr), dann ergibt sich (näherungsweise):

$$E = \frac{c}{i}$$

$$K = E - A_0;$$

dies deshalb, weil für $n > 30$

$$\frac{(1+i)^n - 1}{(1+i)^n} \qquad \text{gegen Eins}$$

und

$$\frac{R}{(1+i)^n} \qquad \text{gegen Null}$$

geht.

Auch die Werte von $\dfrac{(1+i)^n - 1}{i(1+i)^n}$ sind für viele i/n-Kombinationen unter der Bezeichnung »Barwert der nachschüssigen Zeitrente« in Formelsammlungen zu finden.

$\dfrac{(1+i)^n - 1}{i(1+i)^n}$				
Zins (i) Jahre (n)	5 %	6 %	8 %	10 %
1	0,95238	0,94340	0,92593	0,90909
2	1,85941	1,83338	1,78326	1,73553
3	2,72325	2,67301	2,57709	2,48685
4	3,54595	3,46509	3,31211	3,16986
5	4,32947	4,21235	3,99269	3,79078
6	5,07569	4,91730	4,62286	4,35526
7	5,78637	5,58236	5,20635	4,86841
8	6,46321	6,20977	5,74661	5,33492
9	7,10782	6,80167	6,24686	5,75902
10	7,72173	7,36006	6,71006	6,14457

Die Kapitalwertmethode zur Beurteilung der Vorteilhaftigkeit eines Investitionsobjekts setzt sich somit aus folgenden Schritten zusammen:

a) Bestimmung des – subjektiven – **Kalkulationszinssatzes** des Investors.

b) Abzinsung aller **nach** der Anschaffung des Investitionsobjekts erfolgenden Zahlungen auf den **Investitionszeitpunkt** bei Anwendung des Kalkulationszinssatzes. (Ermittlung des **Ertragswerts** [E]).

c) Ermittlung des **Kapitalwerts** (K) durch Subtraktion der Anschaffungsauszahlung vom Ertragswert.

d) Prüfung der Vorteilhaftigkeit des Investitionsobjekts:
   - **positiver** Kapitalwert bedeutet **Vorteilhaftigkeit**,
   - **negativer** Kapitalwert bedeutet **Unvorteilhaftigkeit**.

Beispiel

Es besteht die folgende Investitionsmöglichkeit. Der Investor hat einen Kalkulationszinssatz von 10 %. Ist die Investition lohnend?

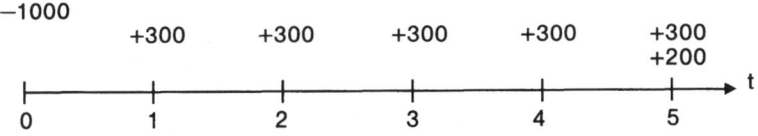

Es gilt: $E = 300 \cdot \dfrac{(1+0{,}1)^5 - 1}{0{,}1\,(1+0{,}1)^5} + \dfrac{200}{(1+0{,}1)^5}$

$\qquad\quad = 300 \cdot 3{,}79078 + \dfrac{200}{1{,}6105} = 1261{,}42$

$\qquad K = 1261{,}42 - 1000 = 261{,}42$

Würde es sich bei der jährlichen Nettoeinzahlung in Höhe von 300,– € um eine ewige Rente handeln, dann wäre:

$E = \dfrac{300}{0{,}1} = 3000$

$K = 3000 - 1000 = 2000$

2.2 Die Methode des internen Zinssatzes

Auch die Methode des internen Zinssatzes setzt voraus, dass der Investor seinen **Kalkulationszinssatz** kennt. Unabhängig davon wird jedoch zunächst – meist durch **Probieren** – bestimmt, welche Verzinsung tatsächlich in dem Investitionsobjekt steckt. Anhand **dieser effektiven Verzinsung** (des internen Zinssatzes) kann dann die Vorteilhaftigkeit des Investitionsobjekts geprüft werden:

Der interne Zinssatz stellt die tatsächlich in einem Investitionsobjekt steckende Verzinsung dar.

- Weist das Objekt einen internen Zinssatz auf, der **größer** ist als der Kalkulationszins des Investors, dann ist die Investition für ihn **lohnend.**
- Weist das Objekt einen internen Zinssatz auf, der **kleiner** ist als der Kalkulationszins des Investors, dann ist die Investition für ihn **nicht lohnend.**

Der interne Zinssatz eines Investitionsobjekts errechnet sich dabei als der Zinssatz, zu dem der Ertragswert des Objekts gerade seine anfängliche Anschaffungsauszahlung deckt, zu dem also der **Kapitalwert der Investition genau Null** wird.

Hierzu ein Beispiel: Es besteht die Investitionsmöglichkeit der Abb. 18.3: Zunächst hat der Investor eine Anschaffungsauszahlung von 442,– € zu leisten, er erhält dafür aber in den nächsten beiden Jahren 200.– € bzw. 300,– €. Wie hoch ist die effektive Verzinsung des Objekts?

Der interne Zinssatz errechnet sich als der Zinssatz, zu dem der Kapitalwert der Investition Null wird.

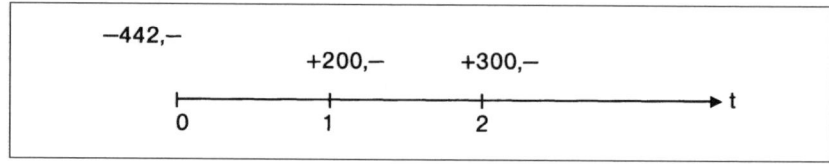

Abb. 18.3: Zahlungsreihe eines Investitionsobjekts

Zinst man die Einzahlungen zu 8 % ab, dann erhält man den Ertragswert

$$E = \frac{200}{(1+0,08)^1} + \frac{300}{(1+0,08)^2} = 185 + 257 = 442$$

Ist der interne Zinssatz einer Investition größer (kleiner) als der Kalkulationszinssatz, so ist sie vorteilhaft (nicht vorteilhaft).

Bei einer Verzinsung von 8 % wird somit die Anschaffungsauszahlung von 442,– € durch den Ertragswert gerade aufgewogen, weshalb die effektive Verzinsung des Objekts genau 8 % beträgt. Hat der Investor einen Kalkulationszinssatz von z. B. 10 % (6 %), dann ist die Investition für ihn nicht lohnend (lohnend).

Die normalerweise recht komplizierte Berechnung des internen Zinssatzes gestaltet sich im Falle einer **ewigen Rente** (von etwa 30 Jahren oder mehr) besonders einfach. Entsprechend der bereits oben erwähnten Formel gilt für deren Kapitalwert:

$$K = \frac{c}{i} - A_0$$

(mit: i = Kalkulationszins). Wird der Kapitalwert Null gesetzt (K = 0), folgt daraus:

$$r = \frac{c}{A_0}$$

Der Wert von r bezeichnet den internen Zinssatz oder die **Rendite** des Objekts.

Hierzu ein Beispiel: In einem Werbeprospekt wird den Anlegern bei einem »langfristigen« Anlagebetrag von 10 000,– € eine »Rendite« von 10 % versprochen. Dies müsste eine »ewige« Rente von 1000,– € jährlich bedeuten.

2.3 Die Annuitätenmethode

Die Annuität stellt die als erforderlich angesehene jährliche Mindest-Nettoeinzahlung dar.

Häufig sind von einem Investitionsobjekt nur **Anschaffungsauszahlung** und **Lebensdauer** bekannt, wobei man davon ausgeht, dass am Ende der Lebensdauer **kein Restwert** mehr besteht. Man möchte dann wissen, wie groß die **durchschnittliche jährliche Nettoeinzahlung** sein muss, damit die Investition genau einen bestimmten **Kalkulationszinssatz** i verdient. Entsprechend der bereits oben erwähnten Formel gilt für den Kapitalwert einer Investition ohne Restwert (R = 0) mit konstanten jährlichen Nettoeinzahlungen:

$$K = c \cdot \frac{(1+i)^n - 1}{i(1+i)^n} - A_0$$

Für den Fall, dass der Kapitalwert Null gesetzt wird (K= 0), folgt daraus:

$$\bar{c} = A_0 \frac{i(1+i)^n}{(1+i)^n - 1}$$

Der Wert von c̄ bezeichnet die Nettoeinzahlung (**Annuität**), die **im Durchschnitt** jedes Jahr erzielt werden muss, damit exakt die **Anschaffungsauszahlung** A_0 und eine **Verzinsung** i in den n Nutzungsjahren verdient wird.

Die Werte von $\dfrac{i(1+i)^n}{(1+i)^n - 1}$ sind für viele i/n-Kombinationen unter der

Bezeichnung »Annuitäten für das Kapital« oder »Kapitalwiedergewinnungsfaktor (KWF)« in Formelsammlungen zu finden.

Mit dem KWF wird die Anschaffungsauszahlung als Annuität über die Laufzeit »verteilt«.

$\dfrac{i(1+i)^n}{(1+i)^n - 1}$				
Zins (i) Jahre (n)	5 %	6 %	10 %	12 %
3	0,36721	0,37411	0,40211	0,41635
6	0,19702	0,20336	0,22961	0,24323
9	0,14069	0,14702	0,17364	0,18768
12	0,11283	0,11928	0,14676	0,16144
15	0,09634	0,10296	0,13147	0,14682
18	0,08555	0,09236	0,12193	0,13794
21	0,07800	0,08500	0,11562	0,13224
24	0,07247	0,07968	0,11130	0,12846
27	0,06829	0,07570	0,10826	0,12590
30	0,06505	0,07265	0,10608	0,12414

Hierzu ein Beispiel: Die Kosten eines Wohnhauses betragen 1,5 Mio. €. Wie hoch müssen im Durchschnitt die jährlichen Netto-Mieteinnahmen sein, damit bei einem Kalkulationszinssatz von 5 % die Anschaffungsauszahlung in 30 Jahren verdient werden kann?

Es gilt: $\bar{c} = 1\,500\,000 + \dfrac{0,05\,(1+0,05)^{30}}{(1+0,05)^{30} - 1} = 1\,500\,000 \cdot 0,06505$

   $= 97\,575$

Die Netto-Mieteinnahme (Annuität) muss im Jahr 97 575 € betragen. Sie verteilt sich gemäß dem folgenden **Tilgungsplan** auf **Tilgung** und **Verzinsung** der Anschaffungsauszahlung:

Ende des Jahres	Zinsen (5%)	Tilgung	Annuität	Restwert
0	–	–	–	1 500 000,–
1	75 000,–	22 575,–	97 575,–	1 477 425,–
2	73 871,–	23 704,–	97 575,–	1 453 721,–
3	71 442,–	26 133,–	97 575,–	1 428 832,–
4	72 686,–	24 889,–	97 575,–	1 402 699,–
5	70 134,–	27 441,–	97 575,–	1 375 258,–
.	.	.	.	.
.	.	.	.	.
.	.	.	.	.

(Vorgang: Zunächst wird die Verzinsung auf den Restwert des Vorjahres berechnet; die Differenz zur Annuität ist dann Tilgung; der neue Restwert ergibt sich aus dem alten nach Abzug der Tilgung.)

Man erkennt, dass die **Zinsbelastung** von Jahr zu Jahr **kleiner** wird, während der **Tilgungsanteil** an der Annuität **wächst**.

Häufig verwendet man zur Berechnung der Annuität anstelle der beschriebenen exakten Methode eine vereinfachte »**Praxis**«-**Methode**:

$$\bar{\bar{c}} = \frac{A_0}{n} + \frac{A_0}{2}i.$$

Für das Beispiel ergibt sich dann als Annuität
= 50 000 + 37 500 = 87 500.
Es zeigt sich, dass die Vereinfachung der Berechnungsformel mit einer deutlichen Abweichung der Annuität vom richtigen Wert erkauft wird. Die Vereinfachung besteht darin, dass die Annuität

- eine **gleichmäßig** auf die Nutzungsjahre verteilte Tilgung (A_0/n) sowie
- eine Verzinsung (i) des **durchschnittlich** gebundenen Kapitals ($A_0/2$) enthält.

Ist die Annuität kleiner (größer) als die erwartete jährliche Nettoeinzahlung, so lohnt sich die Investition (nicht).

Das Vorteilhaftigkeitskriterium der Annuitätenmethode lautet:
- Weist das Objekt eine Annuität auf, die **kleiner** ist als die erwartete jährliche Nettoeinzahlung, dann ist die Investition **lohnend**.
- Weist das Objekt eine Annuität auf, die **größer** ist als die erwartete jährliche Nettoeinzahlung, dann ist die Investition nicht lohnend.

Die Höhe der Annuität wird wesentlich vom Kalkulationszins des Investors mitbestimmt: Eine Erhöhung des Zinssatzes vergrößert die Annuität.

Unter der Lupe

Dynamische Investitionsrechnung und neue Fertigungstechnologien: Wertanalyse

Die Kapitalwert-, interner Zinssatz- und Annuitätenmethode basieren auf der Annahme, dass alle mit einem Investitionsobjekt verbundenen Zahlungsströme vollständig erfasst sind.

Insbesondere bei der Einführung neuer Produktionstechnologien können hier aber Fehler unterlaufen:

- In der Regel geht man bei der Ermittlung der **Einzahlungsströme** von einer bestimmten Produktpalette aus. Der Vorteil moderner Fertigungstechnologien besteht aber gerade darin, dass die Produktion vergleichsweise leicht auf andere Varianten umgerüstet werden kann: Schnelligkeit und Vielfalt sichern auf Dauer einen strategischen Wettbewerbsvorteil vor der Konkurrenz.
- Die **Auszahlungsströme** werden dann überschätzt, wenn das Investitionsobjekt positive Ausstrahlungseffekte in andere Bereiche des Unternehmens oder auf Folgeprojekte in der Zukunft hat. So ist es denkbar, dass die mit der Einführung einer neuen Technologie als »Insellösung« gesammelten »kostspieligen Erfahrungen« die momentanen Auszahlungsströme zwar erhöhen, anderen oder späteren aber zugute kommen.
- Herkömmliche Transferstraßen müssen bei einer Produktionsumstellung weitgehend verschrottet werden, insbesondere Roboter haben hingegen einen hohen Wiederverwendungsgrad. Über die aus einem **längerfristigen** Einsatz resultierenden Zahlungsströme sind heute jedoch nur Spekulationen möglich.
- Oftmals lassen sich die Ein- und Auszahlungsströme des Unternehmens nicht **einzelnen** Investitionsobjekten zurechnen. Dies gilt z. B. dann, wenn mehrere Aggregate zusammen die Marktleistung erbringen und die betriebliche Infrastruktur (z. B. Datenverarbeitung, Logistik) in Anspruch nehmen.

Aus diesen Überlegungen folgt, dass die quantitative Investitionsrechnung durch eine qualitative **Nutzwertanalyse** zu ergänzen ist. Ein Investitionsobjekt mit negativem Kapitalwert könnte daraufhin dennoch realisiert werden, weil es z. B. die Termintreue und Flexibilität steigert, die Arbeit humanisiert oder das Image des Unternehmens als »Technologieführer« bei Kunden und/oder Mitarbeitern verstärkt.

2.4 Die Amortisationsdauer

Die Amortisationsdauer ist ein Verfahren, das angewendet wird, wenn Zahlungen aus dem Investitionsobjekt für die **späteren Perioden nicht mehr zuverlässig** geschätzt werden können.

Man betrachtet bei dieser Methode ein Investitionsobjekt bereits dann als durchführungswürdig, wenn es innerhalb einer als **angemessen** betrachte-

Die Amortisationsdauer ist die Zeitspanne, in der ein Investitionsobjekt seine Anschaffungsauszahlung verdient.

ten Zeitspanne (Soll-Amortisationsdauer) seine Anschaffungsauszahlung **ohne** Berücksichtigung einer Verzinsung »verdient«

Im Beispiel der Abb. 18.4 beträgt die Ist-Amortisationsdauer 5 Jahre. Ist die Soll-Amortisationsdauer

- **kleiner,** dann wird die Investition **verworfen;**
- **größer,** dann wird die Investition **durchgeführt.**

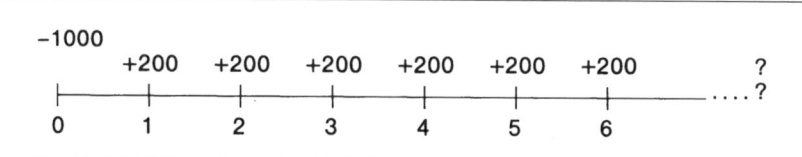

Abb. 18.4: Zahlungsreihe eines Investitionsobjekts

> Ist die Ist-Amortisationsdauer kürzer als die Soll-Amortisationsdauer, so ist die Investition vorteilhaft.

Die Methode der Amortisationsdauer ist deshalb fragwürdig, weil sie lediglich prüft, ob man bei einer Investition in dem Zeitraum, den man überblicken kann, kein Geld »zusetzt«. Im Zuge der Investitionsplanung sollte man jedoch versuchen, den »Gesamtwert« einer Investition möglichst genau zu erfassen. Lassen sich dabei die späteren Zahlungen nicht genau vorausschätzen, könnte man dennoch die Kapitalwertmethode oder die Methode des internen Zinssatzes anwenden: Man müsste lediglich in **mehreren Berechnungsvorgängen** alternativ von optimistischen, normalen oder pessimistischen Schätzungen der Zahlungsreihe ausgehen (**Sensitivitätsanalyse**). Führt dann selbst eine pessimistisch geschätzte Zahlungsreihe noch zu einem ansehnlichen Kapitalwert bzw. internen Zinssatz, so ist die Wahrscheinlichkeit hoch, dass sich die Investition nicht nur amortisiert, sondern sogar lohnt.

Unter der Lupe

Amortisationsdauer: exakte Formel
Nach der Kapitalwertmethode gilt:

$$K = c \cdot \frac{(1+i)^n - 1}{i(1+i)^n} - A_0$$

und für $K = 0$:

$$A_0 \frac{i(1+i)^n}{(1+i)^n - 1} = c$$

$\rightarrow$

Für das Beispiel der Abb. 18.4 folgt daraus:

$$1000 \frac{i(1+i)^n}{(1+i)^n - 1} = 200$$

$$\frac{i(1+i)^n}{(1+i)^n - 1} = 0{,}2$$

Bei $i = 0{,}06$ beträgt die Amortisationsdauer gemäß Tabelle ungefähr $n = 6$ Jahre.

3 Der Vorteilhaftigkeitsvergleich mehrerer Investitionsobjekte

Der Vorteilhaftigkeitsvergleich mehrerer Investitionsobjekte kann ebenfalls mit Hilfe verschiedener – auf unterschiedlichen Voraussetzungen basierender – Verfahren durchgeführt werden.

3.1 Die Horizontwertmethode

Die Horizontwertmethode lässt sich sehr einfach anhand des Beispiels der Abb. 18.5 erläutern. Es sind dort zwei Investitionsobjekte gegenübergestellt (I_1 und I_2), die sich in der **Höhe der Anschaffungsauszahlung** und der **Länge der Laufzeit** unterscheiden. Infolgedessen ist ein vernünftiger Vergleich so nicht durchführbar:

Investitionsobjekte müssen in Bezug auf Zahlungsstruktur und Laufzeit »gleichnamig« gemacht werden

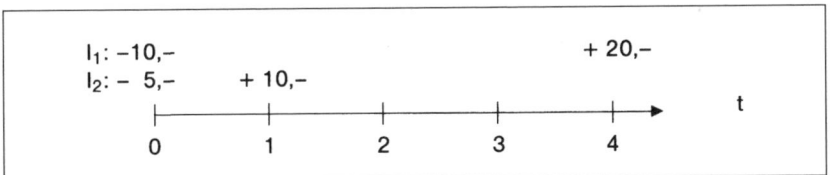

Abb. 18.5: Zahlungsreihen zweier Investitionsobjekte

a) Wenn der Investor 10,– € anlegen und bis $t = 4$ warten kann, dann ist fraglich, was er bei I_2 mit den restlichen 5,– € (in $t = 0$) und den 10,– € (in $t = 1$) bis zum Ende der 4. Periode unternimmt.

b) Wenn der Investor 5,– € anlegen und nur bis $t = 1$ warten kann, dann ist fraglich, woher er bei I_1 die restlichen 5,– € (in $t = 0$) nimmt und wer ihm zu welchen Konditionen die 20,– € (in $t = 4$) am Ende der ersten Periode vorfinanziert.

c) Wenn der Investor 10,– € anlegen, aber nur bis $t = 1$ warten kann, dann ist fraglich, was er bei I_2 mit den restlichen 5,– € (in $t = 0$) anfängt und wer ihm zu welchen Konditionen bei I_1 die 20,– € (in t = 4) am Ende der ersten Periode vorfinanziert.

d) Wenn der Investor 5,– € anlegen, aber bis t = 4 warten kann …

Für die weiteren Überlegungen wird beispielhaft der Fall a) unterstellt und das Investitionsobjekt I_2 wie folgt ergänzt (Abb. 18.6): Der Investor legt die restlichen 5,– € (in t = 0) und die 10,– € (in t = 1) bis zum Ende der 4. Periode bei der Bank an; dafür erhält er in t = 4 von der Bank als Rückzahlung und Verzinsung x,– €. Wie hoch der Betrag x,– € ausfällt, hängt davon ab, welchen Zinssatz die Bank bietet; bei z. B. 8 % gilt:

$$x = 5(1 + 0,08)^4 + 10(1 + 0,08)^3$$
$$= 19,40$$

(Die 5,– € werden vier Jahre lang und die 10,– € drei Jahre lang bei der Bank angelegt.)

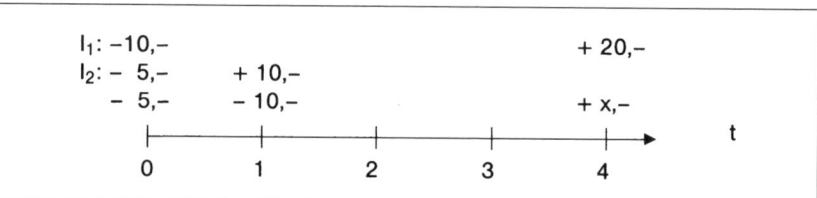

Abb. 18.6: Ermittlung der Horizontwerte

Der Horizontwert einer Geldanlage ist der Betrag, der dem Investor am Ende seines Anlagezeitraumes zufließt.

Durch die Einführung der »Bankeinlage« wurden beide Investitionsobjekte vergleichbar gemacht (Abb. 18.7): In t = 0 gibt es jeweils eine gleich hohe **Anschaffungsauszahlung** und mit t = 4 stimmt auch die **Länge der Laufzeit** überein. Welches Investitionsobjekt günstiger ist, lässt sich durch einen **Vergleich der Horizontwerte** – also der Beträge, die dem Investor am Ende seines Anlagezeitraumes zufließen – ermitteln; es gilt:

- Ist x > 20, dann ist I_2 vorteilhafter.
- Ist x < 20, dann ist I_1 vorteilhafter.

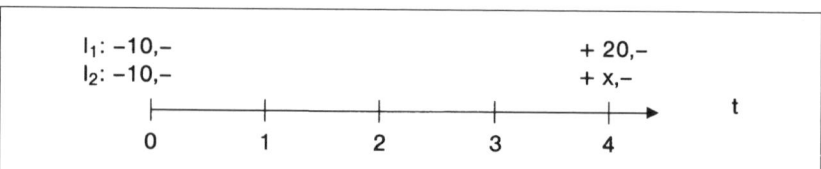

Abb. 18.7: Ermittlung der Horizontwerte II

Aus einer Mehrzahl von Anlagemöglichkeiten ist diejenige am vorteilhaftesten, die den höchsten Horizontwert aufweist.

Ist die vorteilhafteste von mehreren Investitionsmöglichkeiten ermittelt, so kann diese dennoch nach den Maßstäben des Investors unvorteilhaft sein: Man hat dann lediglich aus einer Reihe von Übeln das kleinste ausgewählt. Die Horizontwertmethode muss deshalb stets ergänzt werden durch die **Anwendung der Kapitalwert- oder internen Zinssatzmethode auf die jeweils beste Alternative.**

Beispiel

Ein Investor hat die Wahl zwischen den folgenden zwei Investitionsobjekten:

I_1: − 50   +80
I_2: −100   +70   +60

$$\vdash\!\!\!\!\!\!-\!\!\!\!\!\!-\!\!\!\!\!\!+\!\!\!\!\!\!-\!\!\!\!\!\!-\!\!\!\!\!\!+\!\!\!\!\!\!-\!\!\!\!\!\!-\!\!\!\!\!\!\longrightarrow t$$
0   1   2

Die Bank, bei der er kurzfristig Geld entleihen und anlegen kann, nimmt 8 % und gibt 6 % Zinsen.

Der Investor verfügt über ein Eigenkapital von 50 und möchte zwei Jahre lang investieren; sein Kalkulationszinssatz beträgt 10 %.

Welches Investitionsobjekt sollte er durchführen?

Unter Zuhilfenahme der Bank lassen sich die Investitionsobjekte wie folgt ergänzen (mit: $\rightarrow$ B für Zahlungen an die Bank; $\leftarrow$ B für Zahlungen von der Bank):

I_1: − 50   +80
                   −80 ($\rightarrow$ B) + x_1 ($\leftarrow$ B)

      −100   +70   +60
      + 50 ($\leftarrow$ B) −70 ($\rightarrow$ B) + x_2 ($\leftarrow$ B)

$$\vdash\!\!\!\!\!\!-\!\!\!\!\!\!-\!\!\!\!\!\!+\!\!\!\!\!\!-\!\!\!\!\!\!-\!\!\!\!\!\!+\!\!\!\!\!\!-\!\!\!\!\!\!-\!\!\!\!\!\!\longrightarrow t$$
0   1   2

Es gilt: $x_1 = 80 \, (1 + 0{,}06)^1 = 84{,}80$

$x_2 = [\,70 - \underbrace{50\,(1 + 0{,}08)^1}\,]\,(1 + 0{,}06)^1 = 16{,}96$

Rückzahlung und Verzinsung des in t = 0 von der Bank aufgenommenen Kredits; ist von der Einzahlung bei der Bank in t = 1 abzuziehen.

Unter Berücksichtigung der Ergänzungsinvestition gilt demnach:

I_1: −50   +84,80
I_2: −50   +76,96 (= 60 + 16,96)

$$\vdash\!\!\!\!\!\!-\!\!\!\!\!\!-\!\!\!\!\!\!+\!\!\!\!\!\!-\!\!\!\!\!\!-\!\!\!\!\!\!+\!\!\!\!\!\!-\!\!\!\!\!\!-\!\!\!\!\!\!\longrightarrow t$$
0   1   2

Das Investitionsobjekt l_1 ist das vorteilhaftere.

$\longrightarrow$

> Ob es auch vorteilhaft für den Investor ist, kann mit Hilfe der Kapitalwertmethode überprüft werden:
>
> $$E = \frac{84{,}40}{(1+0{,}1)^2}$$
>
> $$= 70{,}08$$
>
> $$K = 70{,}08 - 50$$
>
> $$= 20{,}08$$
>
> Das vorteilhaftere Investitionsobjekt ist für den Investor auch akzeptabel.

3.2 Die Problematik des Kapitalwertvergleichs

Das vorteilhafteste mehrerer Investitionsobjekte könnte man bei gegebenem Kalkulationszinssatz auch dadurch zu ermitteln versuchen, dass man einfach die **Kapitalwerte der Ausgangsalternativen vergleicht:** Das Investitionsobjekt wäre dann am vorteilhaftesten, das den größten Kapitalwert aufweist.

Für die beiden Alternativen I_1 und I_2 in Abb. 18.5 sind die Kapitalwerte bei einem Kalkulationszinssatz von 10 %:

$$K_1 = \frac{20}{(1+0{,}1)^4} = 3{,}66$$

$$K_2 = \frac{10}{(1+0{,}1)^1} - 5 = 4{,}09$$

Das Investitionsobjekt I_2 wäre demnach das vorteilhaftere; diese Schlussfolgerung kann allerdings nur unter einer ganz wesentlichen **Einschränkung** gezogen werden: Die Bank, mit der die Ergänzungsinvestition abgewickelt wird, **leiht** und **verleiht** Geld gleichermaßen zum **Kalkulationszinssatz des Investors** (hier: 10 %). Nur bei Gültigkeit dieser Bedingung ist

- der Kapitalwert der **Ausgangs**investition I_2 (Abb. 18.5) **gleich**
- dem Kapitalwert der **ergänzten** Investition I_2 (Abb. 18.6), denn hierfür gilt:

$x = 5(1+0{,}1)^4 + 10(1+0{,}1)^3 = 20{,}63$
und

$$K_2 = \frac{20{,}63}{(1+0{,}4)^4} - 10 = 4{,}09$$

Der Kapitalwertvergleich unterstellt:
Sollzins = Habenzins = Kalkulationszins;
er ist deshalb problematisch.

Wenn aber die **notwendige** Ergänzungsinvestition keinerlei Wirkung entfaltet, können die »eigentlichen« Investitionsobjekte auch **direkt** verglichen werden.

Nun ist aber praktisch **ausgeschlossen,** dass bei einer Bank (oder sonstigen Anlagemöglichkeit für die Ergänzungsinvestition) gilt:

__Sollzinsen = Habenzinsen = (subjektiver) Kalkulationszinssatz__

des Investors. Der Kapitalwertvergleich zur Prüfung alternativer Investitionsobjekte **verbietet** sich deshalb. Er wäre nur möglich auf einem **vollkommenen Kapitalmarkt:** Dort gibt es keine Zinsunterschiede.

3.3 Die Unmöglichkeit des Vergleichs der internen Zinssätze

Die internen Zinssätze der beiden Ausgangsalternativen I_1 und I_2 in Abb. 18.5 ergeben sich durch Probieren ($A_0 = E$) als:

$$10 = \frac{20}{(1+r)^4}; r = 18,9\% \text{ für } I_1$$

$$5 = \frac{10}{(1+r)^1}; r = 100\% \text{ für } I_2$$

Entscheidet man sich wegen des höheren internen Zinssatzes für das Objekt I_2, dann ist dies gleichbedeutend mit **der Annahme,** dass die Bank, mit der die Ergänzungsinvestition abgewickelt wird, Geld **zu 100% entleiht** und **zu 18,9% verleiht.** Nur bei Gültigkeit dieser Bedingung ist nämlich

- der interne Zinssatz der **Ausgangs**investition I_2 (Abb. 18.5) **gleich**
- dem internen Zinssatz der **ergänzten** Investition I_2 (Abb. 18.6), denn hierfür gilt:

$$x = 5(1+1,0)^4 + 10(1+1,0)^3 = 160$$

und

$$10 = \frac{160}{(1+r)^4}; r = 100\%$$

Wenn aber die **notwendige** Ergänzungsinvestition keinerlei Wirkung entfaltet, können die »eigentlichen« Investitionsobjekte auch **direkt** verglichen werden.

Nun ist es **aber völlig ausgeschlossen,** dass bei einer Bank (oder sonstigen Anlagemöglichkeit für die Ergänzungsinvestition) die **Soll- und Habenzinsen** den **internen Zinssätzen** des Investors entsprechen. Der Vergleich der internen Zinssätze zur Prüfung alternativer Investitionsobjekte ist deshalb **unsinnig.**

Der Vergleich der internen Zinssätze unterstellt, dass Soll- und Habenzinsen ihnen entsprechen; diese Methode ist deshalb unsinnig.

3.4 Die Kostenvergleichsmethode

Die Kostenvergleichsmethode knüpft nicht an den (Ein- und Aus-)Zahlungsreihen der Investitionsobjekte an, sondern daran, dass sie in jeder Periode **Kosten** verursachen.

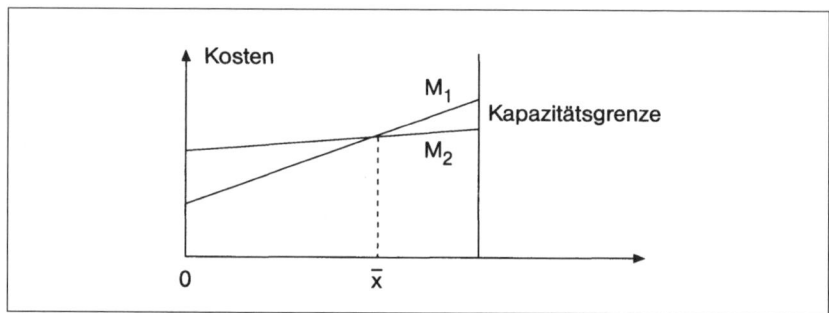

Die Kosten je Periode sind für zwei Maschinen M₁ und M₂ in Abb. 18.8 wiedergegeben; sie setzen sich zusammen aus den **fixen Kosten** (Kosten, die unabhängig von der Produktionsmenge entstehen) und den **variablen Kosten** (Kosten, die umso höher ausfallen, je mehr produziert wird). Es zeigt sich, dass

- bei einer Produktionsmenge je Periode, die kleiner als $\bar{x}$ ist, die Kosten pro Periode bei M₁ geringer ausfallen und
- bei einer Produktionsmenge je Periode, die größer als $\bar{x}$ ist, die Kosten pro Periode bei M₂ geringer ausfallen.

Daraus wird der Schluss gezogen, dass bei einer geringen Produktionsmenge pro Periode ($x < \bar{x}$) die Maschine M₁ und bei einer großen Produktionsmenge pro Periode ($x > \bar{x}$) die Maschine M₂ günstiger ist.

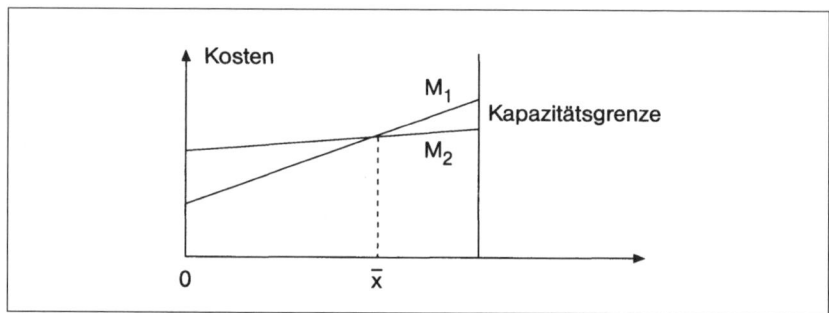

Abb. 18.8: Die Kostenvergleichsmethode

Gegen diese Kostenvergleichsmethode lassen sich jedoch die folgenden **Einwände** erheben:
- Die **Kostenverläufe** der beiden Maschinen könnten sich in den späteren Perioden so **verschieben**, dass sich die kritische Menge $\bar{x}$ verändert und bei der festgelegten Produktionsmenge je Periode die andere Maschine vorteilhaft wird.
- Infolge von z. B. Absatzänderungen könnte sich in den weiteren Perioden die als **gewinnmaximal** angesehene **Produktionsmenge** je Periode so **ändern,** dass – bei unveränderter kritischer Menge – die andere Maschine vorteilhaft wird.

Die Kostenvergleichsmethode als statisches Verfahren berücksichtigt nicht, dass sich Kosten-Verläufe und/oder Produktionsmenge verschieben können.

Die entscheidende Schwäche der Kostenvergleichsmethode besteht also darin, dass sie »**statisch**« ist: Für die Zukunft kalkuliert sie keine Änderungen der Rahmenbedingungen ein.

Beispiel

Kostenvergleich dreier Anlagen

	Anlage A	Anlage B	Anlage C
Anschaffungswert A_0	50 000	40 000	80 000
Nutzungsdauer n	8	5	8
Kapazität (Stück/Jahr)	8 000	12 000	9 000
Abschreibungen $(A_0/n)^*$	6 250	8 000	10 000
Zinsen $(A_0/2 \cdot i;\ i = 0,08)^*$	2 000	1 600	3 200
Kosten je Leistungseinheit	1,00	1,20	0,30

* vgl. »Praxis-Methode« zur Annuitätenberechnung

Die Fixkosten der Anlagen betragen:
- A: 8 250 (= 6 250 + 2 000)
- B: 9 600 (= 8 000 + 1 600)
- C: 13 200 (= 10 000 + 3 200)

weshalb sich folgende grafische Darstellung ergibt:

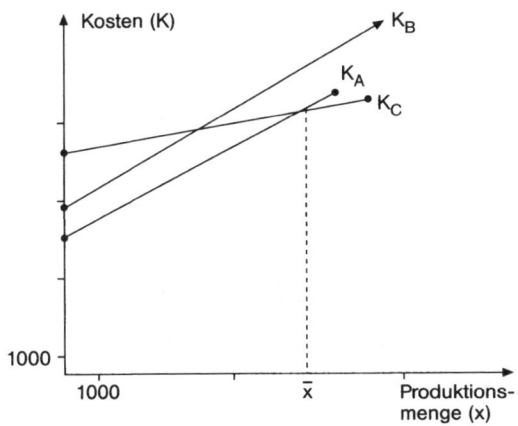

Ergebnis:
- Die Anlage B scheidet von vorneherein aus, da die Anlage A durchgängig kostengünstiger ist.
- Die kritische Menge $\bar{x}$ ergibt sich aus einem Kostenvergleich der Anlagen A und C:

$K_A = 8\ 200 + 1,00\ x$
$K_C = 13\ 200 + 0,30\ x$
$K_A = K_C.$
$8250 + 1,00\,\bar{x} = 13200 + 0,30\,\bar{x}$

$$\bar{x} = \frac{13200 - 8250}{1,00 - 0,30}$$

$$= 7071$$

- Für x < x̄ wir die Anlage A eingesetzt.
- Für x > x̄ wird die Anlage C eingesetzt.
- Da die Kapazität der Anlage C jedoch auf 9 000 Stück/Jahr begrenzt ist, könnte eine größere Stückzahl (bis 12 000 Stück) nur mit Anlage B – allerdings relativ unwirtschaftlich – hergestellt werden.

3.5 Die Rentabilitätsrechnung

Die Rentabilitätsrechnung ist ein Verfahren, das für jedes in Betracht kommende Investitionsobjekt die jährliche Rentabilität als:

$$R = \frac{Jahresgewinn}{investiertes\ Kapital}$$

ermittelt und die Investition auswählt, die die größte Rentabilitätskennziffer hat.

Die Schwäche dieser Methode besteht darin, dass ein über die Nutzungsjahre des Investitionsobjekts **gleichbleibender** Jahresgewinn angenommen wird. Außerdem ist es fast unmöglich, bestimmten Investitionsobjekten bestimmte Jahresgewinne zuzuordnen.

Ist zudem das investierte Kapital A_0 **endgültig** festgelegt, muss der Jahresgewinn als **ewige Rente** c interpretiert werden, damit R als **interner Zinssatz** $r = c/A_0$ des Objekts angesehen werden kann.

4 Die Bestimmung der wirtschaftlichen Nutzungsdauer und des optimalen Ersatzzeitpunktes

Die **wirtschaftliche Nutzungsdauer** ist noch nicht erreicht, wenn es sich lohnt, eine Anlage ein weiteres Jahr (n + 1) zu nutzen:

- Wird eine Anlage nach **n Jahren** verkauft, dann kann der erzielte Restwert R_n angelegt werden; am Ende des Jahres n + 1 beträgt er $R_n (1 + i)$.
- Wird die Anlage **n + 1 Jahre** genutzt, dann erhält der Investor im Jahre n + 1 Nettoeinzahlungen c_{n+1} sowie einen Restwert R_{n+1}.

Die Weiternutzung der Anlage im Jahr n + 1 ist vorteilhaft, wenn gilt:
$$R_n (1 + i) < c_{n+1} + R_{n+1}$$
Hieraus ergibt sich der **zeitliche Grenzgewinn** als:
$$G_{n+1} = c_{n+1} + R_{n+1} - R_n (1 + i)$$
mit

- $G_{n+1} > 0$: Weiterverwendung in Periode n + 1
- $G_{n+1} < 0$: Liquidation am Ende der Periode n

Als **Investitionskette** bezeichnet man eine Abfolge identischer Anlagen-Investitionen mit einer jeweiligen Nutzungsdauer von n Jahren (Abb. 18.9).

Die wirtschaftliche Nutzungsdauer ist noch nicht erreicht, solange der zeitliche Grenzgewinn größer als Null ist.

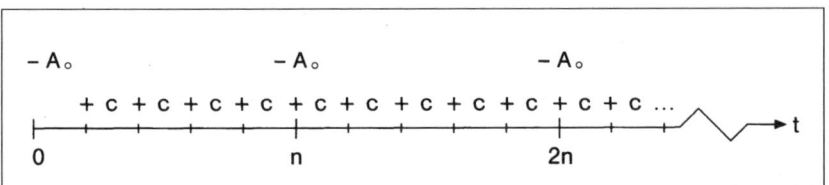

Abb. 18.9: Zahlungsreihe einer Investitionskette (R = 0)

Für den Kapitalwert einer Investitionskette gilt:

$$\hat{K} = \frac{K \cdot KWF}{i}$$

$$\text{mit: } K = c\frac{(1+i)^n - 1}{i(1+i)^n} - A_0$$

Dies bedeutet: Der Kapitalwert K eines – n Perioden langen – Gliedes der Investitionskette wird über den Kapitalwiedergewinnungsfaktor (KWF) gleichmäßig über die jeweiligen n Perioden verteilt und dann als »Segment« einer ewigen Rente interpretiert. Den Ausdruck K · KWF bezeichnet man auch als **zeitlichen Durchschnittsgewinn;** im vorliegenden Fall gilt:

$$K \cdot KWF = \left[c\frac{(1+i)^n - 1}{i(1+i)^n} - A_0 \right] \cdot KWF$$

$$= c - A_0 \cdot KWF$$

$$= c - \bar{c}$$

Die gleichmäßige jährliche Nettoeinzahlung c ist folglich um den Effekt der wiederkehrenden Anschaffungsauszahlungen $\bar{c}$ zu bereinigen; die Differenz ist dann die »ewige Rente«.

Das Problem des **optimalen Ersatzzeitpunkts** kann man mit der Frage angehen: Soll eine neue Investitionskette gleich starten oder die alte Anlage eine Periode länger genutzt werden? Bei Weiterbetrieb der alten Anlage wird

Der optimale Ersatzzeitpunkt ist noch nicht erreicht, solange der zeitliche Grenzgewinn größer als der zeitliche Durchschnittsgewinn ist.

- der zeitliche Grenzgewinn G_{n+1} erzielt,
- dafür aber auf den zeitlichen Durchschnittsgewinn K · KWF verzichtet.

Die Weiternutzung ist folglich sinnvoll, wenn gilt:

$$G_{n+1} > K \cdot KWF.$$

Beispiel

Der optimale Ersatzzeitpunkt

Ein Taxiunternehmer steht vor der Alternative, sein altes Taxi ein weiteres Jahr lang zu nutzen oder ein neues Taxi anzuschaffen.

Mit dem alten Taxi lassen sich im kommenden Jahr noch 25 000 € verdienen; andererseits sinkt sein Restwert von 20 000 auf 10 000 € ab.

Das neue Taxi hat bei einem Anschaffungspreis von 60 000 € eine Nutzungsdauer von sechs Jahren (R=0). Pro Jahr lassen sich damit 30 000 € verdienen.

Das Taxiunternehmen rechnet mit einem Zinssatz von 10 %.

Lösung:
- Zeitlicher Grenzgewinn:
  $$G_{n+1} = 25\,000 + 10\,000 - 20\,000\,(1 + 0{,}1)^1 = 13\,000\;€$$
- Zeitlicher Durchschnittsgewinn:
  $$K \cdot KWF = [30\,000 \cdot 4{,}355 - 60\,000] \cdot 0{,}2296$$
  $$= 30\,000 - 60\,000 \cdot 0{,}2296 = 16\,224\;€$$

Ergebnis:
Es ist sinnvoll, das alte Taxi sofort durch ein neues zu ersetzen.

---

5 Zum Problem der Unsicherheit in der Investitionsplanung

Sensitivitätsanalysen mindern die Unsicherheit in der Investitionsplanung.

*) Prüfung der Stabilität eines Rechenergebnisses bei Variation des Dateninputs der Rechnung

Bereits im Zusammenhang mit der Amortisationsdauer war kurz auf das Problem der oft nur mangelhaften Schätzbarkeit weiter in der Zukunft liegender Zahlungen eingegangen worden.

Generell lassen sich alle »Eingangsgrößen« der Investitionskalküle durch Risikozu- und Risikoabschläge korrigieren; bei **großer Unsicherheit** über die weitere Entwicklung können

- der **Kalkulationszinssatz höher**,
- die jährlichen **Nettoeinzahlungen geringer** und/oder
- die Anzahl der **Nutzungsjahre niedriger**

angesetzt werden, als dies bei vergleichbaren sicheren Investitionen angezeigt wäre (Sensitivitätsanalyse).

Eine Unsicherheit über die Erfolgsträchtigkeit eines Investitionsobjekts muss nicht unbedingt **aus diesem selbst** resultieren (z. B. Goldsuche in Alaska); sie kann vielmehr auch darin begründet sein, dass die weitere Entwicklung der **wirtschaftlichen Rahmenbedingungen** (»Konjunktur«) ungewiss ist.

Angenommen, ein Investor habe die Wahl zwischen zwei Investitionsobjekten I_1 und I_2; über die Horizontwerte dieser Objekte liegen jeweils drei – von z. B. der weiteren Konjunkturentwicklung abhängige – Schätzwerte vor, die mit Eintrittswahrscheinlichkeiten versehen sind (Abb. 18.10).

	Eintrittswahrscheinlichkeit		
	$w_1 = 0{,}2$	$w_2 = 0{,}6$	$w_3 = 0{,}2$
I_1	400	500	600
I_2	0	500	1000

Abb. 18.10: Horizontwerte verschiedener Investitionsobjekte

Als Erwartungswerte der Investitionsalternative ergeben sich:

- I_1: $\mu_1 = 400 \cdot 0{,}2 + 500 \cdot 0{,}6 + 600 \cdot 0{,}2$
  - $= 80 + 300 + 120$
  - $= 500$
- I_2: $\mu_2 = 0 \cdot 0{,}2 + 500 \cdot 0{,}6 + 1\,000 \cdot 0{,}2$
  - $= 0 + 300 + 200$
  - $= 500$

Nach dem – bereits im 5. Kapitel erörterten – **Erwartungswertkriterium** (auch (μ-Kriterium genannt) erweisen sich beide Investitionsobjekte als gleich vorteilhaft ($\mu_1 = \mu_2$).

Auffallend ist allerdings, dass I_2 eine wesentlich größere Streuung der Horizontwert-Schätzungen aufweist. Dieser Umstand findet im $\mu\sigma$-Kriterium Berücksichtigung: Neben dem Erwartungswert (μ) wird zusätzlich noch die Streuung (σ) der Horizontwerte in die Betrachtung einbezogen. Berechnet wird die Streuung als »Standardabweichung« der Horizontwert-Schätzungen von ihrem jeweiligen Erwartungswert:

- I_1:
  $$\sigma_1^2 = (\ \ \ 400 - 500)^2 \cdot 0{,}2$$
  $$+ (\ \ \ 500 - 500)^2 \cdot 0{,}6$$
  $$+ (\ \ \ 600 - 500)^2 \cdot 0{,}2$$
  $$= \ \ \ 4\,000$$
  $$\sigma_1 = \ \ \ \ \ 63$$

- I_2:
  $$\sigma_2^2 = (\ \ \ \ \ 0 - 500)^2 \cdot 0{,}2$$
  $$+ (\ \ \ 500 - 500)^2 \cdot 0{,}6$$
  $$+ (\ 1\,000 - 500)^2 \cdot 0{,}2$$
  $$= \ \ 100\,000$$
  $$\sigma_2 = \ \ \ \ \ 316$$

Die größere Streuung der Horizontwert-Schätzungen beim Objekt I_2 wird einen **risikoneutralen** Investor nicht beeindrucken: Er orientiert sich allein am Erwartungswert und kann deshalb zwischen I_1 und I_2 »würfeln«.

Ein **risikoscheuer** Investor wird das Objekt I_2 meiden und das vergleichsweise sichere Ergebnis von I_1 anstreben.

Ein **risikofreudiger** Investor wird hingegen das Objekt I_2 vorziehen, eröffnet es ihm doch eine sehr gute Gewinnchance.

In welcher Weise ein Investor Erwartungswert und Streuung der Horizontwerte »würdigt«, hängt von seiner Risikoeinstellung ab.

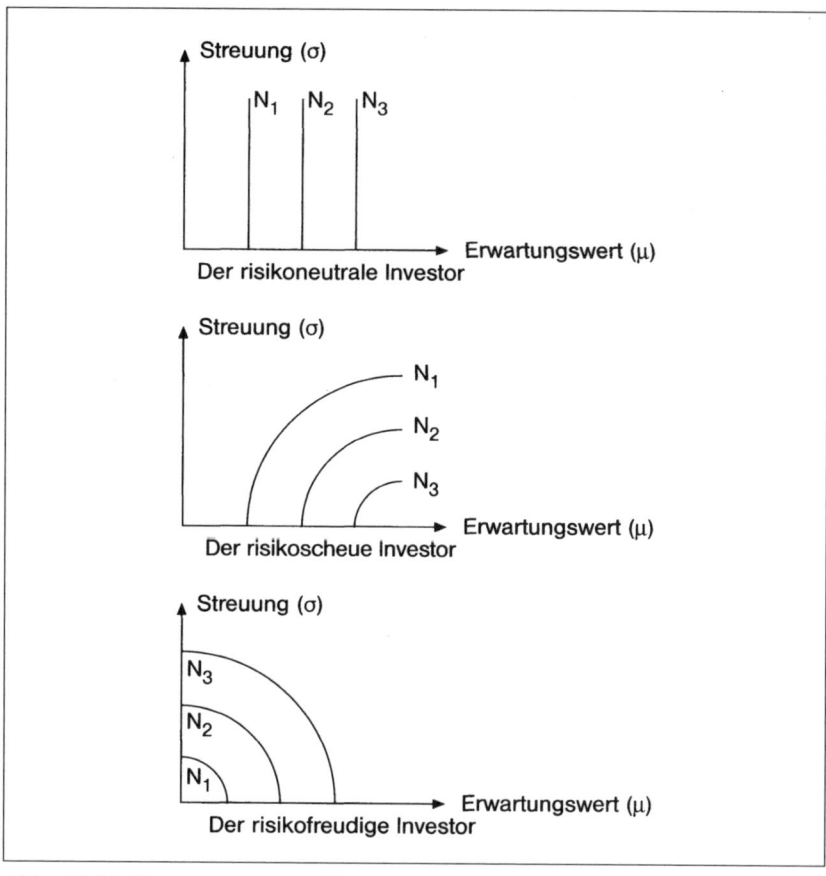

Abb. 18.11: Das μσ-Kriterium (mit $N_1 < N_2 < N_3$)

Allgemein gelten für das μσ-Kriterium die Zusammenhänge der Abb. 18.11:

- Dem **risikoneutralen** Investor vermittelt ein Investitionsobjekt einen umso größeren Nutzen (N), je höher sein Erwartungswert ist; eine zunehmende Streuung hat **keinen** Einfluss.
- Dem **risikoscheuen** Investor vermittelt ein Investitionsobjekt einen umso größeren Nutzen (N), je höher sein Erwartungswert ist; eine zunehmende Streuung hat – bei gegebenem Erwartungswert – **nutzenmindernden** Einfluss.
- Dem **risikofreudigen** Investor vermittelt ein Investitionsobjekt einen umso größeren Nutzen (N), je höher sein Erwartungswert ist; eine zunehmende Streuung hat – bei gegebenem Erwartungswert – einen **nutzensteigernden** Einfluss.

Bei Kenntnis der Risikoeinstellung des Investors kann somit jedem Investitionsobjekt aufgrund seiner μσ-Charakteristik ein Nutzenwert zugeordnet werden. Es ist dann das Investitionsobjekt zu realisieren, das den **größten Nutzen** verspricht.

Beispiel

Das µσ-Kriterium in der Investitionsplanung

Einem risikoscheuen Investor bietet sich folgende Alternative:

Horizontwerte	Eintrittswahrscheinlichkeit	
	$w_1 = 0{,}4$	$w_2 = 0{,}6$
I_1	400	600
I_2	200	1 000

Welches Objekt sollte er vorziehen?

Lösung:

1) Ermittlung der Erwartungswerte:

$\mu_1 = 400 \cdot 0{,}4 + 600 \cdot 0{,}6$
$\quad = 520$
$\mu_2 = 200 \cdot 0{,}4 + 1\,000 \cdot 0{,}6$
$\quad = 680$

2) Ermittlung der Streuungswerte

$$\sigma_1^2 = (400 - 520)^2 \cdot 0{,}4 + (600 - 520)^2 \cdot 0{,}6$$
$$\quad = 9600$$
$$\sigma_1 = 98$$
$$\sigma_2^2 = (200 - 680)^2 \cdot 0{,}4 + (1000 - 680)^2 \cdot 0{,}6$$
$$\quad = 153600$$
$$\sigma_2 = 392$$

3) Ermittlung der Nutzwerte

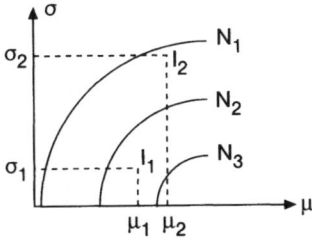

4) Der Investor wird das Objekt I_1 vorziehen.

Arbeitsaufgaben

1) Was verstehen Sie unter einer
   a. Sachinvestition
   b. Finanzinvestition
   c. immateriellen Investition?

2) Ist ein Investitionsobjekt, das aus einer Auszahlung heute ($A_0 = 100,-€$) und einer Einzahlung in einem Jahr ($e_1 = 110,-€$) besteht, vorteilhaft?

3) Begründen Sie anhand eines Beispiels, dass sich ein Investitionsobjekt durch eine Zahlungsreihe charakterisieren lässt!

4) Was verstehen Sie unter einem Kalkulationszinssatz und was unter einem internen Zinsfuß?

5) Ein Investitionsobjekt besteht aus einer Auszahlung in $t = 0$ von $100,-€$ und einer Einzahlung in $t = 2$ von $118,-€$. Ist dieses Objekt für einen Investor, der einen Kalkulationszinssatz von 10% hat, lohnend?

6) Warum sollte eine Investitionsrechnung durch eine Nutzwertanalyse ergänzt werden?

7) Was versteht man unter der Amortisationsdauer?

8) Ein Investor steht vor der Frage, eine alte Anlage ein weiteres Jahr zu nutzen oder gleich eine neue anzuschaffen; es gilt $i = 10\%$ sowie:

   für die alte Anlage:

   $c_{n+1} = 50\,000\ €$
   $R_n = 40\,000\ €$
   $R_{n+1} = 60\%$ von R_n

   für die neue Anlage:

   $A_0 = 100\,000\ €$
   $c = 60\,000\ €$
   $n = 6$ Jahre
   $R = 0$

   Welche Variante ist vorteilhafter?

9) Welche Voraussetzungen müssen erfüllt sein, damit sich beim Kostenvergleich zweier Maschinen überhaupt eine kritische Menge ergibt?

10) Zwei Investitionsobjekte haben die folgende Zahlungsreihe:

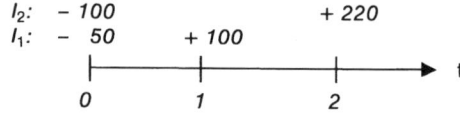

Welche Fragen müssen noch zusätzlich beantwortet werden, um das vorteilhaftere Objekt ermitteln zu können?

11) Wie hoch ist die Annuität, die jemand aufzubringen hat, der zum Kauf eines Hauses einen Kredit von $350\,000,-€$ aufnimmt, welcher bei 8% Zinsen in 15 Jahren zurückzuzahlen ist?

12) Ist das folgende Investitionsobjekt bei einem Kalkulationszinssatz von 10% vorteilhaft?

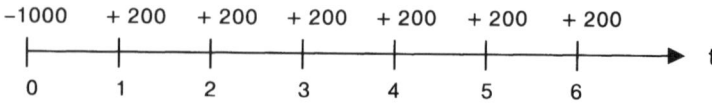

13) Ein Schüler, der einen Unfall mit seinem Moped hatte, steht vor der Wahl, entweder

a. eine »ewige Rente« von 1 200,– € jährlich oder

b. eine einmalige Abfindung von 25 000,– € zu erhalten.

Welche Variante ist vorteilhafter, wenn er einen Kalkulationszinssatz von 6 % zugrunde legt?

14) Stellen Sie einen Tilgungsplan für den Fall auf, dass ein Kredit über 10 000,– € in fünf gleichen Jahresraten bei einer Verzinsung von 8 % rückzahlbar ist!

15) Ein Investor steht den folgenden beiden Investitionsalternativen gegenüber:

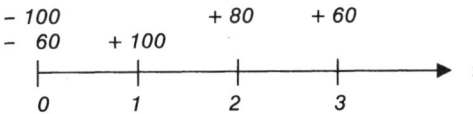

Die Bank, bei der er kurzfristig Geld entleihen und anlegen kann, nimmt 7 % und gibt 5 %. Der Investor verfügt über ein Eigenkapital von 100 und möchte 3 Jahre lang investieren. Welches Investitionsobjekt ist für ihn günstiger?

16) Warum können zum Vorteilhaftigkeitsvergleich mehrerer Investitionsobjekte nicht die Kapitalwerte oder die internen Zinssätze verglichen werden?

17) Ein Investitionsobjekt mit einer Anschaffungsauszahlung von 10 000,– € »verdient« jährlich 2 000,– €. Wie lange ist seine Amortisationsdauer nach der Praxis-Formel bzw. nach der exakten Formel ($i = 0.08$)?

18) Ein Investor steht den folgenden beiden Investitionsalternativen gegenüber:

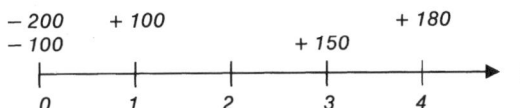

Für kurzfristig angelegtes Geld gibt ihm die Bank 5 %, für kurzfristig geliehenes Geld nimmt die Bank 9 %. Der Investor verfügt über 150 Eigenkapital und will vier Jahre lang investieren. Welches Objekt ist für ihn günstiger?

19) Stellen Sie einen Tilgungsplan für den Fall auf, dass ein Kredit über 15 000 € in acht gleichen Jahresraten bei einer Verzinsung von 8 % rückzahlbar ist!

20) Was versteht man unter der Rentabilitätsrechnung und welches ist ihre Schwäche?

21) Eine Investition besteht aus einer Auszahlung von 10 000,– € in t = 0 und n jährlichen Nettoeinzahlungen von 2 500,– €. Zeigen Sie beispielhaft, dass mit steigendem Kalkulationszinssatz auch die Zahl der Nutzungsjahre steigen muss.

22) Ein Pizzabäcker steht vor der Frage, ob er seinen alten Ofen ein weiteres Jahr nutzen oder einen neuen Ofen kaufen soll. Mit dem alten Ofen lassen sich im kommenden Jahr noch 1 300 € verdienen, andererseits sinkt sein Restwert von 2 000 auf 1 000 € ab. Der neue Ofen hat eine Nut-

zungsdauer von 6 Jahren, sein Anschaffungspreis beträgt 8 000 €. Pro Jahr lassen sich mit ihm 2 000 € verdienen. Für welche Alternativen wird sich der Pizzabäcker bei einem Kalkulationszinssatz von 10 % entscheiden?

23) Wodurch ist ein risikoneutraler, ein risikoscheuer und ein risikofreudiger Investor charakterisiert?

24) Ein risikofreudiger Investor steht vor folgender Investitionsalternative:

Horizontwerte	$w_1 = 0,3$	$w_2 = 0,7$
I_1	0	900
I_2	400	500

Welches Objekt sollte er vorziehen?

25) Erläutern Sie das $\mu\sigma$-Kriterium!

Inwiefern ist es dem μ-Kriterium überlegen?

26) Einem Kostenvergleich liegen folgende Daten zugrunde:

	Anlage A	Anlage B
Fixkosten	1200	800
Variable Stückkosten	1,50	2,50

Ermitteln Sie die kritische Menge $\bar{x}$.

Welche Anlage wird bei $x > \bar{x}$ eingesetzt?

Was sind die Schwächen des Kostenvergleichs?

Lösungsvorschläge für die Arbeitsaufgaben im »Übungsbuch zu Grundlagen und Probleme der Betriebswirtschaft«.

Weiterführende Literatur

Betge, P.: Investitionsplanung, 4. Aufl., München 2000.

Bieg, H.; Kussmaul, H.: Investitions- und Finanzierungsmanagement, Band I–III, München 2000.

Bitz, M.: Investition, 4. Aufl., München 1998.

Blohm, H.; Lüder, K.: Investition, 8. Aufl., München 1995.

Busse von Colbe. W.; Hammann, P.; Lassmann, G.: Betriebswirtschaftstheorie, Bd. 3: Investitionstheorie, 3. Aufl., Berlin u. a. 1990.

Grob, H. L: Einführung in die Investitionsrechnung, 4. Aufl., München 2001.

Hax, H.: Investitionstheorie, 5. Aufl., Würzburg, Wien 1993.

Hoffmeister, W.: Investitionsrechnung und Nutzwertanalyse, Stuttgart 2000.

Jacob, H.; Voigt, K.-I.: Investitionsrechnung, 5. Aufl., Wiesbaden 1997.

Kruschwitz, L.: Finanzierung und Investition, 3. Aufl., München 2002.

Kruschwitz, L.: Investitionsrechnung, 8. Aufl., München 2000.

Küpper, H.-U.; Wolf, J.: Diskrete oder kontinuierliche Verzinsung in investitionstheoretischen Ansätzen, in: Wirtschaftswissenschaftliches Studium (WiSt), 19. Jg. (4, 1990), S. 171–177.

Kusterer, F.: Investitionsmanagement, München 2000.

Perridon, L.; Steiner, M.: Finanzwirtschaft der Unternehmung, 10. Aufl., München 1999.

Schäfer, H.: Unternehmensinvestitionen, Heidelberg 1999.

Schmidt, R. H.; Terberger. E.: Grundzüge der Investitions- und Finanzierungstheorie, 4. Aufl., Wiesbaden 1997.

Schneider, D.: Investition, Finanzierung und Besteuerung, 7. Aufl., Wiesbaden 1992.

Spremann, K.: Wirtschaft, Investition und Finanzierung, 5. Aufl., München 1996.

Swoboda, P: Investition und Finanzierung, 5. Aufl., Göttingen 1996.

19. Kapitel:
Kapitalbedarfsermittlung und Innenfinanzierung

Lernziele

Leitfrage:
Wie kann ein Unternehmen seinen gegenwärtigen und zukünftigen Kapitalbedarf ermitteln?

- Was versteht man unter Kapitalbedarf, und welche grundsätzlichen Möglichkeiten gibt es zu seiner Deckung?
- Inwiefern lässt sich der Kapitalbedarf durch Leasing und Factoring reduzieren?

Leitfrage:
In welchem Umfang stehen im Unternehmen selbst Mittel zur Deckung des Kapitalbedarfs bereit?

- Was versteht man unter einer Finanzierung aus Abschreibungen?
- Welche Bewandtnis hat es mit den Finanzierungsinstrumenten »Pensionsrückstellungen« und »einbehaltene Gewinne«?

1 Die Ermittlung des Kapitalbedarfs

Grundlage der Finanzplanung ist die Ermittlung des Kapitalbedarfs. Ein Kapitalbedarf entsteht in einem Unternehmen dadurch, dass seine **Ein-** und **Auszahlungsströme** im Zeitablauf normalerweise **nicht deckungsgleich** sind.

Dies soll für den Fall eines neu zu errichtenden Unternehmens beispielhaft demonstriert werden (Abb. 19.1): In den ersten Monaten überwiegen bei weitem die Auszahlungen, weil z. B. Einrichtungen und Maschinen angeschafft werden müssen. Nach und nach nehmen dann aber auch die Einzahlungen, z. B. in Form der Verkaufserlöse, zu. Schließlich – nach dem Ende der Anlaufphase – überwiegen je nach Zahlungsverlauf mal die Einzahlungen und mal die Auszahlungen.

> Woher das Geld kommt, ist unbekannt. Es ist eben da bzw. nicht da – meist nicht da. (Kurt Tucholsky alias Peter Panter, 1931)

Ein **positiver** Kapitalbedarf entsteht in solchen Perioden, die einen **Auszahlungsüberschuss** aufweisen; hingegen ist der Kapitalbedarf in einer Periode **negativ**, wenn es dort einen **Einzahlungsüberschuss** gibt.

> Ein positiver Kapitalbedarf muss gedeckt werden; hierzu geeignet sind Eigenkapital, Fremdkapital und negativer Kapitalbedarf.

Es ist für ein Unternehmen von allergrößter Wichtigkeit, für die **Deckung** seines **positiven Kapitalbedarfs** zu sorgen, um so die Wahrung des **finanziellen Gleichgewichts** (1. Kapitel) sicherzustellen.

Zur Kapitalbedarfsdeckung geeignet sind **Finanzierungsmittel,**

- die die Eigentümer in das Unternehmen einbringen (»Eigenkapital«),
- die Fremde leihweise zur Verfügung stellen (»Fremdkapital«) und
- die aus dem laufenden Betrieb des Unternehmens selbst als Einzahlungsüberschüsse herrühren (»negativer Kapitalbedarf« bzw. Kapital-Überschuss).

Angenommen, dem Eigentümer steht unmittelbar vor Aufnahme des Unternehmens (im Zeitpunkt t = 0) Eigenkapital in Höhe von 8 Mio. € zur Verfügung (Abb. 19.2). Er kann dann seinen Kapitalbedarf des ersten Geschäftsmonats in Höhe von 6 Mio. € voll decken. Im zweiten Geschäftsmonat reicht das noch verbliebene Eigenkapital in Höhe von 2 Mio. € allerdings nur noch zur Finanzierung eines Teils des neuerlichen Kapitalbedarfs in Höhe von 6 Mio. €: Der Eigentümer muss zusätzlich noch 4 Mio. € Fremdkapital aufnehmen. Erst im vierten Monat kann er mit dem dann entstandenen negativen Kapitalbedarf erstmals einen Teil der aufgenommenen Fremdmittel zurückzahlen. (Zur Vereinfachung des Beispiels wurden außerdem noch fälligen Zinszahlungen nicht berücksichtigt.) Im 7. und 9. Monat stellt sich schließlich sogar ein Überschuss an Finanzierungsmitteln ein.

Die beispielhafte Entwicklung des Bedarfs an Finanzierungsmitteln zeigt zweierlei:

- Das Unternehmen benötigt eine gewisse **Kreditlinie,** um stets seinen fälligen Zahlungsverpflichtungen nachkommen zu können. Das Niveau der

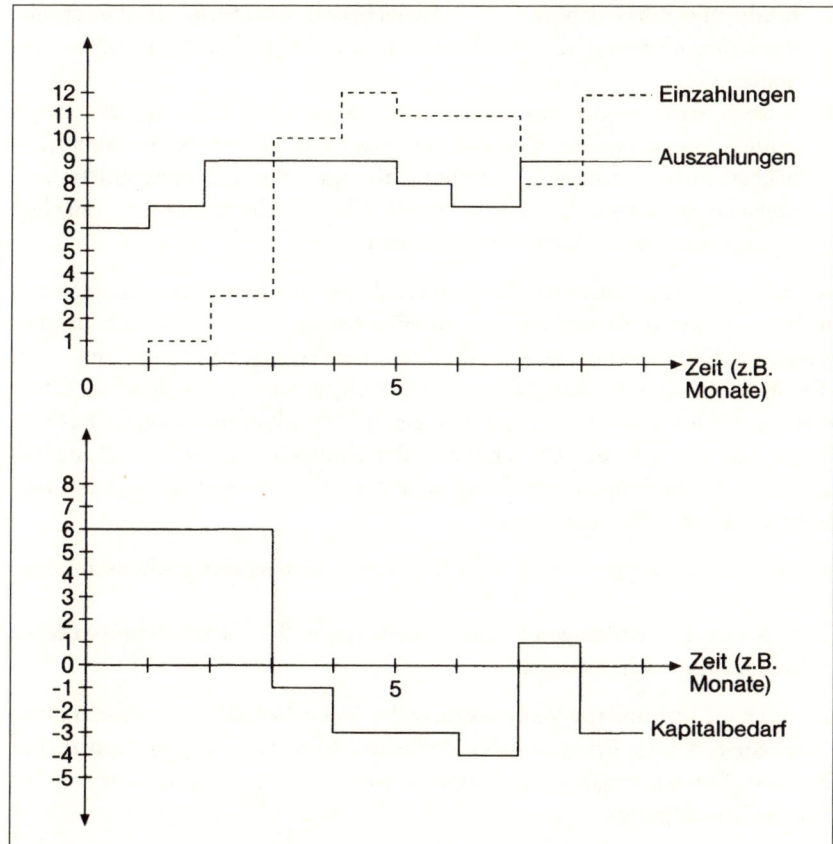

Abb. 19.1: Die Ermittlung des Kapitalbedarfs (in Mio. €)

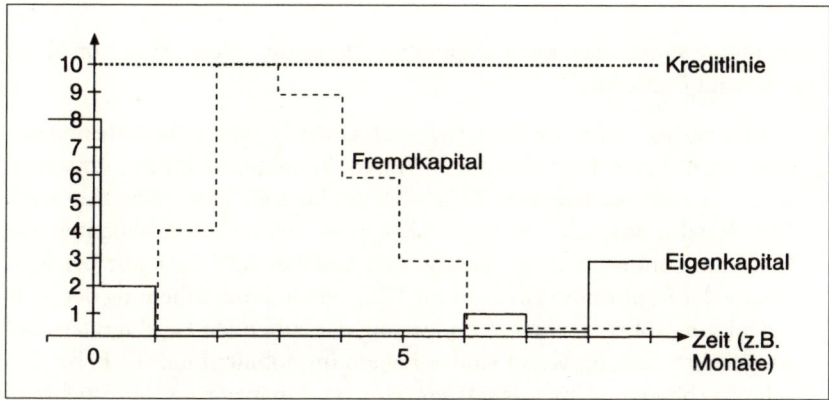

Abb. 19.2: Die Deckung des Kapitalbedarfs (in Mio. €)

Kreditlinie muss sich an der »**schwierigsten Situation**« des Unternehmens orientieren, weil bereits eine einmalige Illiquidität die Insolvenz bedeuten kann.

■ Je nach Struktur der Ein- und Auszahlungsströme stellt sich zwischenzeitlich immer wieder der Fall ein, dass das Unternehmen über (zunächst) nicht benötigte – also **überschüssige – Finanzierungsmittel** verfügt. Diese sollten kurzfristig außerhalb des Unternehmens angelegt werden, um damit **Zinsen zu verdienen.**

Aufgabe der Finanzplanung ist es folglich, die **notwendigen** Finanzmittel rechtzeitig **bereit zu stellen** und **überschüssige** Finanzmittel **anzulegen.** Angelegte Finanzmittel müssen allerdings dann wieder verfügbar sein, wenn die Auszahlungen die Einzahlungen übersteigen, weil in der Regel die Zinserträge (»Habenzinsen«) kleiner sind als die Schuldzinsen (»Sollzinsen«).

Da sich – wegen der **Unsicherheit der Zukunft** – die Entwicklung der Ein- und Auszahlungen und damit auch der Kapitalbedarf nicht genau vorhersagen lässt, sollte man ferner

■ bei Vereinbarung einer Kreditlinie einen **Sicherheitsspielraum** lassen und

■ von den überschüssigen Finanzmitteln einen Teil als **Sicherheitsreserve** halten, also nicht anlegen.

Die hiermit verbundene **Verbesserung der Sicherheitslage** verursacht allerdings **Kosten:** Eine Erhöhung der Kreditlinie führt zur Zahlung zusätzlicher **Bereitstellungsprovision,** und eine Sicherheitsreserve liquider Mittel bedeutet **Zinsentgang.**

> Eine **Reduzierung** des Kapitalbedarfs lässt sich allgemein durch Senkung der Auszahlungen und Erhöhung der Einzahlungen erreichen.

Instrumente einer derartigen Kapitalbedarfsverminderung sind vor allem Leasing und Factoring.

■ Beim **Leasing** mietet das Unternehmen einen Teil des erforderlichen Betriebsvermögens: Statt der hohen Anschaffungsauszahlungen entstehen dann die **weit niedrigeren,** dafür aber oft **langjährigen** Mietzahlungen. Ein Gestaltungsspielraum ergibt sich meist aus den Komponenten anfängliche Sonderzahlung, Leasingraten und Restwert (der nur bei Ausübung der Kaufoption zur Zahlung fällig wird): Eine Anhebung der Sonderzahlung führt zu einer Verringerung der laufenden Leasingraten und umgekehrt. Leasing-Geber sind vor allem Immobilienfonds (z. B. bei Geschäftsgebäuden, Einkaufszentren, Hotels). Finanzierungsunternehmen (z. B. bei Industriemaschinen) und Hersteller (z. B. EDV, Autos, Telefonanlagen).

Marginalien:

Aufgabe der Finanzplanung ist es, notwendige Finanzmittel bereitzustellen und überschüssige anzulegen.

Sicherheit kostet Geld.

Leasing: Miete statt Kauf

Eine dem Leasing vergleichbare Liquiditätswirkung hat freilich auch der kreditfinanzierte Kauf, wobei die Zins- und Tilgungszahlungen alles in allem sogar niedriger als die Leasingraten ausfallen können. Das Gegenargument, Leasing »halte die Kreditlinien frei«, ist deshalb problematisch, weil bei den Kreditwürdigkeitsprüfungen der Banken Leasingraten berücksichtigt werden. Allerdings stellt die Leasinggesellschaft in der Regel geringere Anforderungen an die Besicherung des Leasingobjekts. Für Leasing spricht zudem – neben steuerlichen Aspekten im gewerblichen Bereich – eine Reihe »**qualitativer Faktoren**«: So verfügen Leasing-Geber oft über eine gute Produktkenntnis und Marktübersicht, was zu Kosten- und Zeitvorteilen führt; ferner übernehmen sie – gegen einen Aufschlag – Pflege, Wartung und Verschleißreparaturen (»Maintenance Leasing«). Der Kunde wird so weitgehend vom technischen und wirtschaftlichen Risiko eines Kaufs befreit. »Das von KG Allgemeine Leasing in München betreute Gasteig-Objekt sei beispielsweise um rund 35 Mill. DM oder fast 10 % billiger gekommen als ursprünglich veranschlagt, nur weil private Organisationen für Druck gesorgt hätten« (Süddeutsche Zeitung vom 17. 10. 1991). Tatsächlich mindert das Know-how der Leasinggesellschaften beim Projektmanagement häufig Bauzeit und Baukosten.

Eine echte Möglichkeit zur kurzfristigen Verbesserung der Liquiditätslage bietet das »**Sale-and-lease-back-Verfahren**«: Ein Unternehmen verkauft den Leasing-Gegenstand (z. B. Gebäude) und mietet ihn gleichzeitig wieder. Allerdings werden an den Leasing-Nehmer hohe Bonitätsanforderungen gestellt.

Öfters gewähren Arbeitgeber ihren Arbeitnehmern statt einer Lohnerhöhung einen – geleasten – Dienstwagen. Es entfallen dann für den Arbeitgeber die bisherigen Dienstreiseabrechnungen; andererseits unterliegt der »geldwerte Vorteil« für den privaten Nutzungsanteil – meist pauschal – der Lohnsteuer- und Sozialabgabenpflicht.

Beispiel

Leasing

»… So manche deutsche Leasinggesellschaft hat … ihre Angebotspalette erweitert. Sie bieten ihren Kunden neben dem reinen Fahrzeugleasing nun zusätzlich auch das Management der Fahrzeug-Flotte, das so genannte Full-Service-Leasing, an …

Zwischen zehn und 30 Prozent können Unternehmen beim Full-Service-Leasing an Kosten sparen …

… Ein Bestandteil des Full-Service-Leasings ist beispielsweise die Übernahme der kompletten Zahlungsabwicklung: Die Leasingfirma begleicht alle anfallenden Rechnungen für die Flotte – von der Reparatur über die Versicherung bis hin zu Tankrechnungen. Der Leasingkunde erhält dafür meist eine Tank- oder Reparaturkarte …

→

... Es ist außerdem möglich, die Flottenversicherung abwickeln zu lassen ...

... Beim Terminmanagement werden dem Leasingnehmer wichtige Daten wie Fälligkeiten von Fahrzeug-Untersuchungen mitgeteilt. Auch die Regulierung von Schadensfällen lässt sich abgeben ... Manche Flottenmanager stellen ihren Kunden bei Pannen sogar Ersatzfahrzeuge ...«

(Aus: Apelt, K.: Kümmern überflüssig, in: Süddeutsche Zeitung vom 5. 10. 1998)

»... Für die Hertie-Übernahme hat sich Karstadt... seit Jahren ein solides finanzielles Fundament geschaffen, so dass der Kaufpreis von 1.6 Mrd. DM, der laut Deuss (Vorstandsvorsitzender) den Rahmen des Bewertungsgutachtens nicht ausschöpft, und die Schuldenübernahme gut zu verkraften sind. Der Kaufpreis wird je zu etwa einem Drittel durch Mobilisierung stiller Reserven (Sale-and-lease-back-Verfahren für das Karstadt-Haus Oberpollinger in München) sowie durch Aufnahme von lang- und mittelfristigen Fremdmitteln finanziert...«

(Aus: Süddeutsche Zeitung vom 15. 6. 1994)

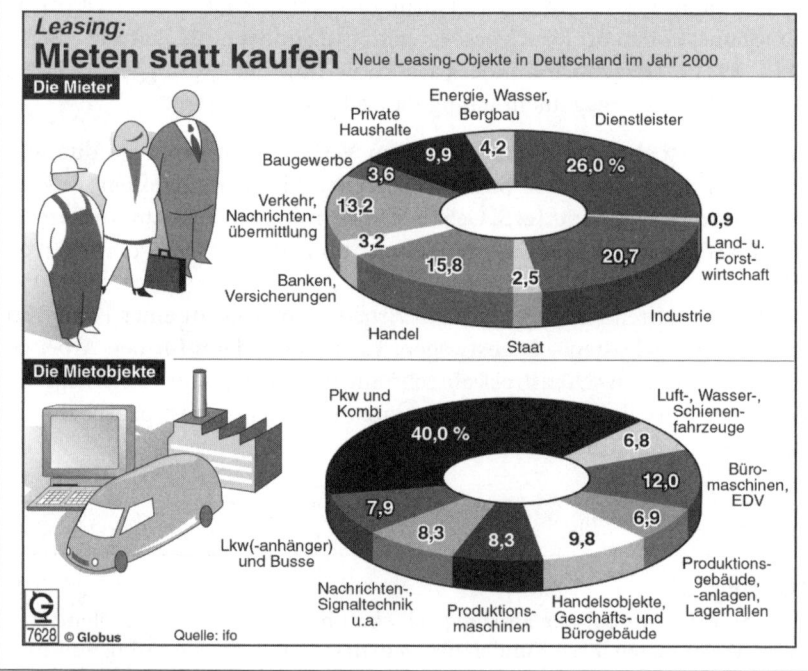

Leasing:
Mieten statt kaufen Neue Leasing-Objekte in Deutschland im Jahr 2000

Die Mieter

Private Haushalte — Energie, Wasser, Bergbau 4,2 — 9,9 — Dienstleister 26,0 %
Baugewerbe 3,6
Verkehr, Nachrichtenübermittlung 13,2
3,2 — 0,9 Land- u. Forstwirtschaft
Banken, Versicherungen — 15,8 — 2,5 — 20,7 Industrie
Handel — Staat

Die Mietobjekte

Pkw und Kombi 40,0 % — Luft-, Wasser-, Schienenfahrzeuge 6,8
Büromaschinen, EDV 12,0
6,9 Produktionsgebäude, -anlagen, Lagerhallen
Lkw(-anhänger) und Busse 7,9 — 8,3 — 8,3 — 9,8
Nachrichten-, Signaltechnik u.a. — Produktionsmaschinen — Handelsobjekte, Geschäfts- und Bürogebäude

7628 © Globus   Quelle: ifo

»Geld-zurück-Garantie«

- Beim **Factoring** kauft ein Factor bzw. eine Factor-Bank die Forderungen, die ein Unternehmen gegenüber seinen (Teilzahlungs-)Kunden hat. Der Factor zieht dann die Kundenforderungen auf **eigene Rechnung und Gefahr** ein. Der Vorteil für das Unternehmen besteht darin, dass es gleich Einzahlungen erhält, ohne mit dem **Risiko des Zahlungsausfalles** behaftet zu sein. Mit diesen Einzahlungen kann er seinerseits als **Barzahler** auftreten und zwei oder sogar drei Prozent Skonto erzielen. Außerdem wird eine eigene **Debitorenbuchhaltung** einschließlich Mahn- und Ein-

Bezeichnung für einen Schuldner eines Kredits durch einen Gläubiger (Kreditor)

treibewesen **hinfällig;** er kann vielmehr in den Vertragsverhandlungen längere Zahlungsziele einräumen. Andererseits sind aber Gebühren an den Factor zu zahlen, die seine Risiko- und Verwaltungsübernahme (0.8–2,5 Prozent des angekauften Forderungsbetrages) sowie seinen Zinsverlust (banküblicher Kontokorrent-Zins) ausgleichen.

In den Grundzügen dem Factoring ähnlich ist die **Forfaitierung:** Sie dient der Exportfinanzierung vor allem von Investitionsgütern, wobei aber nicht alle, sondern nur einzelne Forderungen des Kunden vom Forfaitisten gekauft werden. Voraussetzung ist, dass sie erstklassig gesichert sind mit einer Laufzeit bis zu fünf Jahren in einer gängigen Währung (z. B. US $, €, Sfr).

→ Abtretung fälliger werdender mittel- bis langfristiger Exportforderungen an eine Factoring-Gesellschaft. Er unternimmt keine Dienstleistungs- bzw. Servicefunktionen für den Gläubiger.

2 Finanzierung durch negativen Kapitalbedarf (Innenfinanzierung)

Einzahlungen, die ein Unternehmen aus dem Umsatzprozess erhält, können sich grundsätzlich aus zweierlei zusammensetzen:

- Es kann sich hierbei um »Erstattungen« für Vorleistungen handeln, die das Unternehmen seinerseits von außen bezogen hat; hierzu zählen z. B. die gelieferten Rohstoffe und die Wertminderungen (Abschreibungen) der eingekauften Maschinen. Die vorleistungsgleichen Einzahlungen nennt man **Rückflüsse.**
- Übersteigen die Einzahlungen den Wert der angefallenen Vorleistungen, dann hat das Unternehmen Einzahlungen erzielt, die **Überschüsse** darstellen.

Einzahlungen aus dem Umsatzprozess des Unternehmens sind entweder Rückflüsse oder Überschüsse.

Ein Handelsunternehmen hat z. B. dann einen Überschuss erwirtschaftet, wenn aus den Einnahmen an den Kassen insbesondere die Lieferantenrechnungen der verkauften Waren und die Gegenwerte der laufenden Wertminderungen an Geschäftslokal und Ladeneinrichtung »abgezweigt« sind.

Oft werden allerdings Rückflüsse und Überschüsse nicht in der gleichen Periode wieder zu Auszahlungen, d. h., ein Teil der Rückflüsse und ein Teil der Überschüsse bilden einen negativen Kapitalbedarf, mit dem sich Finanzierungsmaßnahmen durchführen lassen; man spricht dann von Rückfluss- bzw. Überschussfinanzierung.

2.1 Die Rückflussfinanzierung

Eine Rückflussfinanzierung kann vor allem mit den **Abschreibungsgegenwerten** durchgeführt werden: Produktionsanlagen befinden sich über einen längeren Zeitraum hinweg im Einsatz, sodass die Abschreibungsrückflüsse zunächst nicht zur Ersatzbeschaffung benötigt werden. Es wurde deshalb vorgeschlagen, sie zur **Kapazitätserweiterung** einzusetzen, was beispielhaft dargestellt werden soll (Abb. 19.3): Ein Unternehmen verfügt über einen Anfangsbestand von 10 neuen Maschinen; jede hat einen Wert von 1000 und eine Nutzungsdauer von 5 Jahren, weshalb eine lineare Abschreibung von 20 % (= 200) je Jahr vorgenommen wird. Die – in den Rückflüssen – verdienten Abschreibungen werden soweit wie möglich zur Anschaffung weiterer Maschinen verwendet.

Dies führt dazu, dass die Maschinenzahl nach und nach auf 20 steigt, dann abrupt auf 14 sinkt und sich schließlich bei 16 Stück stabilisiert.

Jahr	Maschinen- zahl	Jährliche Abschreibung	Neu- anschaffung	Ver- schrottung	Rest- betrag
1	10	2000	2	–	–
2	12	2400	2	–	400
3	14	2800	3	–	200
4	17	3400	3	–	600
5	20	4000	4	10	600
6	14	2800	3	2	400
7	15	3000	3	2	400
8	16	3200	3	3	600
9	16	3200	3	3	800
10	16	3200	4	4	–
11	16	usw.			

Abb. 19.3: Finanzierung aus Abschreibungen

Auf die Möglichkeit einer abschreibungsfinanzierten Kapazitätserweiterung machten erstmals Marx und Engels in einem Briefwechsel aufmerksam. Man zog daraus den Schluss, dass Kapital, ist es erst einmal vorhanden, sich selbst vermehrt. Tatsächlich ist der Kapazitätserweiterungseffekt aber allein darin begründet, dass sich **der Altersaufbau** der Produktionsanlagen verändert.

So gibt es im Beispiel der Abb. 19.3
a) im 1.Jahr: 10 neue Anlagen und
b) im 11. Jahr: 4 neue Anlagen,
                       3 einjährige Anlagen,
                       3 zweijährige Anlagen,
                       3 dreijährige Anlagen,
                       3 vierjährige Anlagen.

Maschinen werfen keine Jungen.

Angenommen, jede Anlage kann während ihrer Nutzungszeit von 5 Jahren insgesamt 10 000 Stück (= 2000 Stück je Jahr) herstellen. Die dem Unternehmen zur Verfügung stehende **Totalkapazität** ist dann im Fall a) ebenso groß wie im Fall b) (Abb. 19.4), weshalb auch der Wert des Maschinenparks in beiden Fällen gleich ist. Allerdings ist die **Periodenkapazität** im Fall b) mit 16 x 2000 Stück größer als im Fall a) mit 10 x 2000 Stück, weil in einer Periode mit mehr Maschinen auch mehr hergestellt werden kann.

Insbesondere Abschreibungswerte sind Rückflüsse, mit denen sich Finanzierungsmaßnahmen durchführen lassen (negativer Kapitalbedarf).

Gegen den – auch Lohmann-Ruchti-Effekt genannten – Kapazitätserweiterungseffekt lässt sich eine Reihe von **Einwendungen** erheben:

Die vorhandene Totalkapazität beträgt	
im Fall a)	im Fall b)
10 neue Anlagen $\underline{= 10 \times 10\,000\ \text{Stück}}$ $= \underline{100\,000\ \text{Stück}}$	4 neue Anlagen $= \ \ 40\,000\ \text{Stück}$ 3 einjährige Anlagen $= \ \ 24\,000\ \text{Stück}$ 3 zweijährige Anlagen $= \ \ 18\,000\ \text{Stück}$ 3 dreijährige Anlagen $= \ \ 12\,000\ \text{Stück}$ 3 vierjährige Anlagen $\underline{= \ \ \ \ 6\,000\ \text{Stück}}$ $= \underline{100\,000\ \text{Stück}}$

Abb. 19.4: Die Totalkapazität verschiedener Maschinenparks

- Die zur Reinvestition vorgesehenen **Abschreibungsbeträge** müssen zunächst einmal **verdient** werden; es ist ja durchaus möglich, dass in einzelnen Perioden die Erlöse nicht ausreichen, um alle Vorleistungen (insbesondere die Abschreibungen) abzudecken. In solchen Fällen müssen dann aber auch die Erweiterungsinvestitionen unterbleiben.
- Es muss eine **identische Ersatzbeschaffung** möglich sein: Steigt der Anlagenpreis im Laufe der Zeit (z. B. wegen Inflation oder technischen Fortschritts), dann können aus den – am Vergangenheitswert orientierten – Abschreibungen neue Anlagen nicht mehr voll finanziert werden.
- Die mit der Kapazitätserweiterung verbundenen **Folgeinvestitionen** (im Gebäude, Vorräte, Arbeitskräfte) müssen ebenfalls finanziert werden.
- Der Kapazitätserweiterungseffekt lässt sich nur in Fällen realisieren, wo **mehrere** identische **Anlagen gleichzeitig** zum Einsatz kommen (Taxen, Schiffe usw.). Benutzt ein Unternehmen nur eine einzige große Anlage, dann ist die abschreibungsfinanzierte Kapazitätserweiterung ausgeschlossen.
- Schließlich muss die Frage geprüft werden, ob die Anlage der Abschreibungsbeträge in eine Kapazitätserweiterung die **beste Investitionsmöglichkeit** für diese Beträge ist. Möglicherweise lässt sich anderswo eine hö-

here »Rendite« erzielen; so ist es z.B. nicht ausgeschlossen, dass die mit der Kapazitätserweiterung verbundene Angebotsausweitung die Preise und damit die Rendite des eigenen Unternehmens drückt.

> Der Kapazitätserweiterungseffekt kann keine Investitionsrechnung ersetzen.

Insgesamt ändert diese Kritik jedoch nichts an der grundsätzlichen Einsicht, dass zunächst nicht benötigte Rückflüsse zur Finanzierung des Kapitalbedarfs verwendet werden können.

2.2 Die Überschussfinanzierung (Selbstfinanzierung)

Übersteigen die Einzahlungen (Umsätze) eines Unternehmens den Wert seiner von außen bezogenen Vorleistungen, dann hat es einen Überschuss erzielt, den man auch als **Wertschöpfung** oder **Mehrwert** bezeichnet.

> Wertschöpfung = Umsatz – bezogene Vorleistungen

In der Wertschöpfung kommt die Leistung zum Ausdruck, die im Unternehmen selbst geschaffen wurde und deren Ergebnis deshalb als »Kuchen« zwischen den daran Beteiligten aufgeteilt werden kann:

- Die **Mitarbeiter** erhalten **Löhne und Gehälter** sowie eventuell **Pensionen;** ferner werden **Sozialabgaben** fällig,
- die **Kreditgeber** erhalten **Zinsen** (Vermieter: Miete),
- der **Staat** erhält **Steuern** vom Einkommen und Ertrag,
- die **Unternehmer** erhalten den **Gewinn.**

Da Löhne/Gehälter, Zinsen und Steuern der Höhe nach festliegen (»Kontrakteinkommen«), ist **der Gewinn** stets **Restgröße** der Wertschöpfung. Gelegentlich reicht allerdings die Wertschöpfung noch nicht einmal aus, um die Kontrakteinkommen zu decken; in diesem Fall entsteht für das Unternehmen ein **Verlust,** den man in der Regel mit zurückliegenden oder zukünftigen Gewinnen auszugleichen versucht.

Ferner sind die Kontrakteinkommen stets pünktlich fällig, weshalb sie für Finanzierungszwecke nicht zur Verfügung stehen. Lediglich auf **Pensionszusagen** beruhende **Rückstellungen,** die während des Arbeitslebens gebildet, aber erst nach der Pensionierung ausgezahlt werden, sowie der **Gewinn,** soweit er nicht an die Gesellschafter ausgeschüttet, sondern im Unternehmen **einbehalten** wird, kann als Überschuss- (oder auch: **Selbstfinanzierung)** eingeplant werden.

Pensionsrückstellungen stehen für Finanzierungsmaßnahmen zur Verfügung (negativer Kapitalbedarf).

Beispiel

Die Wertschöpfung großer deutscher Unternehmen (2000) in Mio. €

Unter-nehmen	Wert-schöpfung	Löhne	Steuern	Zinsen	Gewinn* A	Gewinn* E
Siemens	39 372	26 601	3 017	894	8 860	0
Bayer	11 049	7 735	1 148	464	1 022	680
RWE	9 835	7 189	478	1 240	563	365
BASF	10 142	6 596	1 714	567	1 215	50
Opel (1999)	2 493	2 534	23	17	0	−81
SAP	3 540	2 812	391	59	180	98
Schering	1 854	1 422	190	15	198	29
Wella	886,8	714	83	59	30	0,8

* A: Ausschüttung
   E: Einbehaltung (–: Verlust)

Dass die Unternehmen einen Teil des erzielten Gewinns einbehalten (»thesaurieren«) müssen, ist – weitgehend – unstrittig, denn die Rückflüsse als Gegenwert der **tatsächlich** entstandenen Vorleistungen gestatten lediglich eine **nominale Ersatzbeschaffung.** Steigen – wegen Inflation oder technischen Fortschritts – die Preise der Vorleistungen, dann ist eine **reale Ersatzbeschaffung** aus den Verkaufserlösen der Erzeugnisse ohne »Zuschuss« von Gewinn nicht möglich. Der einbehaltene Gewinn ist insoweit **Scheingewinn,** da er letztlich nur eine Finanzierungslücke deckt. Vor allem die – über die Verkaufserlöse verdienten – Abschreibungsgegenwerte reichen oft für eine Ersatzbeschaffung nicht aus, weil im Anlagenersatz längere Zeiträume üblich und damit besonders »preissteigerungsanfällig« sind.

> Soweit der erwirtschaftete Gewinn nicht ausgeschüttet wird, steht er für Finanzierungsmaßnahmen zur Verfügung (negativer Kapitalbedarf).

Hinsichtlich der Gewinnthesaurierung gelten für Personen- und Kapitalgesellschaften unterschiedliche Vorschriften.

Einzelkaufleute und **Personengesellschaften** sind völlig frei in der Festlegung von Ausschüttung und Einbehaltung. Einbehaltene Gewinne werden den Eigenkapitalkonten der Gesellschafter gutgeschrieben und entlasten sie damit von eventuell nötig werdenden Eigenkapitalzuführungen aus dem Privatvermögen (z. B. bei Betriebserweiterungen). Steuerlich werden einbehaltene und ausgeschüttete Gewinne gleich behandelt.

Eine andere Situation liegt bei **Kapitalgesellschaften** vor, was am Beispiel der Aktiengesellschaft verdeutlicht wird: Einbehaltene Gewinne werden hier speziellen Rücklagenkonten (»Gewinnrücklagen«) zugeführt. Man unterscheidet gesetzliche, satzungsmäßige und freie Rücklagen: Die **gesetzlichen** und **satzungsmäßigen Rücklagen** müssen in der vorgeschriebenen Höhe gebildet werden. Ferner kann »freiwillig« weiterer Gewinn einbehalten und in die **freien Rücklagen** (»andere Gewinnrücklagen«) eingestellt werden: Ausgangspunkt hierfür ist der nach Bedienung der gesetzlichen und satzungsmäßigen Rücklagen verbliebene Jahresüberschuss, über dessen Verwendung je zur Hälfte Vorstand und Aufsichtsrat sowie die Hauptversammlung entscheiden:

- **Vorstand** und **Aufsichtsrat** neigen in der Regel dazu, »ihre« Gewinnhälfte **einzubehalten.**
- Die **Hauptversammlung** beschließt hingegen meist für die andere Hälfte eine **Ausschüttung.**

Steuerlich werden einbehaltene und ausgeschüttete Gewinne gleich behandelt (3. Kapitel).

> Eine Aktiengesellschaft muss Gewinn einbehalten und den gesetzlichen sowie – gegebenenfalls – satzungsmäßigen Rücklagen zuführen; darüber hinaus kann sie Gewinn einbehalten und in die freien Rücklagen einstellen.

Als wichtiger Nachteil der Überschussfinanzierung wird angesehen, dass die einbehaltenen Gewinne den Gesellschaftern und damit dem **Kapitalmarkt entzogen** werden und somit nicht ertragreicher verwendet werden können. Andererseits sind aber einbehaltene Gewinne Finanzierungsmittel, für die keine Dividenden bzw. Zins- und Tilgungsverpflichtungen entstehen, weshalb ihr Vorhandensein der Unternehmensleitung Entscheidungen zugunsten **risikoreicher Investitionen** erleichtert.

Einen Kompromiss bietet das »Schütt-aus-hol-zurück«-Verfahren: Ein Teil der Rücklagen wird aufgelöst und an die Aktionäre ausgeschüttet (»ausgekehrt«). Die Aktionäre zahlen ihre persönliche Einkommensteuer nach dem Halbeinkünfteverfahren (3. Kapitel); anschließend können sie – im Rahmen einer Kapitalerhöhung – die Nettodividende an das Unternehmen zurückfließen lassen – sie müssen aber nicht.

Wird der Abfluss von Mitteln (vorübergehend) dadurch verhindert, dass der Gewinn – im Rahmen der Bewertungsvorschriften – durch Unterbewertung des Vermögens bzw. Überbewertung der Schulden verringert ausgewiesen wird, liegt »**stille**« **Selbstfinanzierung** vor.

Arbeitsaufgaben

1) Wie entsteht ein positiver Kapitalbedarf und welche Möglichkeiten seiner Deckung kennen Sie?

2) Wie lässt sich die für ein Unternehmen erforderliche Kreditlinie ermitteln?

3) Was ist Aufgabe der Finanzplanung?

4) Beschreiben Sie Möglichkeiten zur Verminderung des Kapitalbedarfs!

5) Was verstehen Sie unter Rückfluss- und Überschussfinanzierung?

6) Was versteht man unter dem Kapazitätserweiterungseffekt, und worauf ist er letztlich zurückzuführen?

7) Welche Einwendungen lassen sich gegen die Nutzung des Kapazitätserweiterungseffekts vorbringen?

8) Worin sehen Sie die hauptsächlichen Unterschiede zwischen einer Gewinneinbehaltung bei einem Einzelkaufmann und einer Aktiengesellschaft?

9) Nehmen Sie Stellung zu der Aussage: »Selbstfinanzierung ist für ein Unternehmen unverzichtbar!«

10) Ein Unternehmen verfügt über sechs neue Maschinen; jede hat einen Wert von 1500 € und eine Nutzungsdauer von drei Jahren. Beschreiben Sie den Kapazitätserweiterungseffekt für den Fall der linearen Abschreibung; inwiefern hängt dieser Effekt
    a) von der Nutzungsdauer und
    b) vom Anschaffungspreis der Maschinen ab?

11) Beschreiben Sie Vor- und Nachteile des Leasing!

12) Was versteht man unter Wertschöpfung, und wie wird sie verwendet?

13) Durch eine maßvolle Lohn- und Steuerpolitik kann die Überlebensfähigkeit der Unternehmen gestärkt werden. Nehmen Sie Stellung zu dieser Behauptung!

14) Der Verlust ist ein »Betriebsunfall« in der Wertschöpfung. Nehmen Sie Stellung!

15) Warum weisen Mineralölunternehmen eine relativ geringe und Automobilunternehmen eine relativ hohe Wertschöpfung auf?

16) Gegeben sind 8 neue Maschinen mit einer Nutzungsdauer von 4 Jahren und einem Wert je Maschine von 800 €. Berechnen Sie anhand dieses Maschinenparks den Kapazitätserweiterungseffekt für den Fall der linearen Abschreibung!

Lösungsvorschläge für die Arbeitsaufgaben im »Übungsbuch zu Grundlagen und Probleme der Betriebswirtschaft«.

Weiterführende Literatur

Amann, K.: Finanzwirtschaft, Stuttgart 1993.

Bieg, H.; Kussmaul, H.: Investitions- und Finanzierungsmanagement, Band I–III, München 2000.

Busse, F.-J.: Grundlagen der Betrieblichen Finanzwirtschaft, 4. Aufl., München 1996.

Drukarczyk, J.: Theorie und Politik der Finanzierung, 2. Aufl., München 1993.

Drukarczyk, J.: Finanzierung – Eine Einführung, 8. Aufl., Stuttgart 1999.

Eilenberger, G.: Betriebliche Finanzierung, 6. Aufl., München 1997.

Franke, G.; Hax, H.: Finanzwirtschaft des Unternehmens und Kapitalmarkt, 4. Aufl., Berlin u. a. 1999.

Garhammer, Chr.: Grundlagen der Finanzierungspraxis, 2. Aufl., Wiesbaden 1999.

Hempelmann, B.: Optimales Franchising, Heidelberg 2000.

Kistner, K.-P.; Steven, M.: Betriebswirtschaftslehre im Grundstudium 1, 3. Aufl., Heidelberg 1999.

Kruschwitz, L.: Finanzierung und Investition, 3. Aufl., München 2002.

Perridon, L; Steiner, M.: Finanzwirtschaft der Unternehmung, 10. Aufl., München 1999.

Schäfer, H.: Unternehmensfinanzen, Heidelberg 1998.

Schmidt, R. H.; Terberger, E.: Grundzüge der Investitions- und Finanzierungstheorie, 4. Aufl., Wiesbaden 1997.

Schneider, D.: Investition, Finanzierung und Besteuerung, 7. Aufl., Wiesbaden 1992.

Spremann, K.: Wirtschaft, Investition und Finanzierung, 5. Aufl., München 1996.

Swoboda, P.: Betriebliche Finanzierung, 3. Aufl., Berlin 1994.

Swoboda, P.: Investition und Finanzierung, 5. Aufl., Göttingen 1996.

20. Kapitel:
Die Außenfinanzierung

1 Finanzierung durch Eigenkapital (Beteiligungsfinanzierung)

Eigenkapital wird auf Dauer zur Verfügung gestellt; Verzinsung ist erfolgsabhängig; Haftung für Verluste.

Von einer Beteiligungsfinanzierung spricht man dann, wenn ein Anleger einem Unternehmen Finanzmittel in der Weise zur Verfügung stellt, dass er (zumindest) mit diesen Mitteln **haftet,** dafür aber

- ein Mitsprache- bzw. Kontrollrecht,
- ein Recht auf (erfolgsabhängigen) Dividendenbezug und
- ein Recht auf anteiligen Liquidationserlös bei freiwilliger Auflösung des Unternehmens

erhält. Die **Rückzahlung** des bereitgestellten Eigenkapitals kann – solange das Unternehmen fortgeführt wird – **ausgeschlossen** werden.

1.1 Die Beteiligungsfinanzierung bei Einzelunternehmen und Personengesellschaften

Soweit im Gesellschaftsvertrag nichts anderes vereinbart ist, kann das Eigenkapital der OHG und das Komplementärkapital der KG jederzeit durch Entnahme von Geldmitteln verringert und durch Zuführung von Geldmitteln erhöht werden; die jeweiligen Personen haften ja sowieso mit ihrem gesamten Privatvermögen. Entsprechendes gilt für den Einzelkaufmann. Das Kommanditkapital der KG bedarf hingegen zu seiner Veränderung stets einer Änderung des Gesellschaftsvertrages (und einer entsprechenden Eintragung im Handelsregister).

1.2 Die Beteiligungsfinanzierung bei Kapitalgesellschaften

Bei den Kapitalgesellschaften wird das Eigenkapital unterteilt in das fest vorgegebene gezeichnete Kapital und die variablen Rücklagen.

Das **gezeichnete Kapital** umfasst bei der AG den Nennwert aller umlaufenden Aktien und heißt auch **Grundkapital;** bei der GmbH bezeichnet es den Nennwert aller umlaufenden Stammeinlagen (GmbH-Anteile) und wird **Stammkapital** genannt.

Rücklagen entstehen durch Einbehaltung von Gewinnen; Nominal-kapital durch Ausgaben neuer Aktien bzw. Stammeinlagen.

) Bestandteile des Eigenkapitals

Rücklagen entstehen im Wesentlichen durch die **Einbehaltung von Gewinnen.**

Eine **Erhöhung des gezeichneten Kapitals** ist bei einer AG bzw. GmbH nur dadurch möglich, dass neue Aktien bzw. Stammeinlagen ausgegeben werden. Besonderheiten resultieren vor allem aus dem Sachverhalt, dass Stammeinlagen generell und Aktien, soweit das Unternehmen eine Reihe von Anforderungen nicht erfüllt, vom Börsenhandel ausgeschlossen sind. Das Prinzip der Kapitalerhöhung wird im Folgenden am Beispiel einer **börsenfähigen Aktiengesellschaft** verdeutlicht.

Unter der Lupe

Aktientypen (Auswahl)

- Stammaktie

  Dies war lange der Normaltyp. Alle Stammaktien mit gleichem Nennwert haben gleiches Stimmrecht auf der Hauptversammlung, gleichen Anspruch auf Gewinnbeteiligung (Dividende) sowie gleichen Anteil am Liquidationserlös (bei freiwilliger Auflösung der AG).

- Stückaktie

  Sie ersetzte im Zuge der EURO-Umstellung zur Vermeidung »krummer« Nennwerte die früheren – meist auf fünf DM lautenden – Stammaktien. Ihr rechnerischer Wert ergibt sich aus der Bilanz als Quotient aus gezeichnetem Kapital und Anzahl Stückaktien; er muss mindestens einen EURO betragen.

- Vorzugsaktie

  Diese Aktie hat einen erhöhten Dividendenanspruch, aber kein Stimmrecht. Vorzugsaktien werden insbesondere dann ausgegeben, wenn die Eigenkapitalbeschaffung die Stimmrechte der bisherigen Eigentümer nicht beschneiden soll; allerdings darf das Vorzugsaktienkapital nicht höher sein als das stimmberechtigte Aktienkapital. Institutionelle Anleger (z. B. Versicherungen, Investmentfonds) meiden Vorzugsaktien, da sie im Unternehmen mitreden wollen.

- Inhaberaktien

  Normalerweise kann eine Aktie durch Einigung und Übergabe veräußert werden: Der Inhaber gilt dann stets auch als Eigentümer. Inhaberaktien sind sehr »beweglich«; bei Diebstahl gerät der Bestohlene aber leicht in Beweisnot.

- Namensaktien

  Aktien können auch auf den Namen des Eigentümers lauten. Die Veräußerung erfolgt dann nicht nur durch Einigung und Übergabe, sondern zusätzlich noch durch Indossament (schriftliche Erklärung auf der Rückseite, dass die Aktie an eine namentlich bezeichnete Person übertragen wird). Alle Namensaktionäre sind mit Name, Geburtsdatum, Anschrift, Anzahl der Anteile sowie Kauf- und Verkaufsdatum im Aktienbuch bei der Gesellschaft verzeichnet. Einblick erhalten die Aktionäre nur in ihren eigenen Eintrag.

  Bei »vinkulierten« Namensaktien ist außerdem noch die Zustimmung der Gesellschaft zur Übertragung erforderlich. Derartige Aktien werden immer dann ausgegeben, wenn der Ersterwerber den Emissionskurs nicht voll eingezahlt hat (Minimum: 25 % des Nennwertes + Agio).

  Immer mehr Unternehmen stellen – mit Zustimmung der Hauptversammlung – ihre Inhaber- auf Namensaktien um. Man kennt dann auch die Kleinanleger und kann sie direkt – z. B. über Aktionärsbriefe – informieren; außerdem erfährt man, wenn Aufkäufer versuchen, das Unternehmen im Rahmen einer »feindlichen Übernahme« (4. Kapitel) zu unterwandern. Allerdings können Anleger ihre Depotbank ins Aktienbuch

  →

eintragen lassen, die dann auch Adressat aller Informationen ist; um sein Stimmrecht selbst auszuüben, benötigt der Aktionär dann jedoch eine Vollmacht seiner Depotbank. In USA sind Namensaktien (»Registered Shares«) Standard und faktisch eine Voraussetzung für den Börsenzugang.

- Junge Aktien
  Eine Aktiengesellschaft führt eine Kapitalerhöhung durch Ausgabe »junger Aktien« durch. Diese und die »alten Aktien« bilden dann unterschiedslos das neue gezeichnete Kapital.

- Eigene Aktien
  Dies sind vom Unternehmen selbst an der Börse zurückgekaufte eigene Aktien (»Buy backs«). Der Aktienrückkauf bedarf der Zustimmung der Hauptversammlung, die die Ermächtigung an Zweckvorgaben binden kann; sie verfällt nach 18 Monaten. Der Bestand an eigenen Aktien darf zehn Prozent des gezeichneten Kapitals nicht überschreiten (§ 71 AktG), weil ein Unternehmen sonst in Krisenzeiten seine Aktionäre aus der Haftung entlassen könnte: Zum Schluss hätten sie sich schadlos gehalten, und die Gläubiger würden allein vor der geplünderten Kasse stehen.
  Erworben werden eigene Aktien, um z.B.
  - den Börsenkurs durch Verknappung des Angebots zu verbessern bzw. zu stabilisieren (»Kurspflege«),
  - eine feindliche Übernahme durch Verteuerung der Aktien zu erschweren,
  - über Aktientausch Verbindungen mit anderen Unternehmen einzugehen oder
  - sie an Mitarbeiter als Belegschaftsaktien abzugeben.

Nicht erlaubt ist ein Aktienrückkauf zur Bedienung von Aktienoptionen der Führungskräfte: Er könnte die Kurssteigerung herbeiführen, die die Optionen erst »ins Geld bringt«. Kritiker vermuten allerdings auch, dass Aktienrückkäufe von Phantasielosigkeit zeugen könnten: Der Unternehmensleitung falle keine bessere Verwendung ihrer »Cashposition« ein, als eine Verteilung an die Aktionäre. Ein Rückkauf muss öffentlich angekündigt werden; ein Wiederverkauf sollte nur erfolgen, wenn alle Marktteilnehmer aktuell über das Unternehmen informiert sind (z.B. nach einer Bilanzpressekonferenz), um den Verdacht von Insidergeschäften zu vermeiden. Eigene Aktien sind weder stimm- noch dividendenberechtigt.

- Gratisaktien
  Gelegentlich werden die in den Rücklagen gesammelten einbehaltenen Gewinne in gezeichnetes Kapital umgewandelt. In entsprechendem Nennwert erhalten die Aktionäre Gratisaktien.

- Vorratsaktien
  Wird nach einer Kapitalerhöhung ein Teil der Aktien auf Rechnung des emittierenden Unternehmens von z.B. der Hausbank »übernommen«, dann können diese Vorratsaktien später abgerufen und verwertet werden (z.B. für eine wechselseitige Beteiligung mit einem anderen Unternehmen). Der Übernehmer hat kein Stimmrecht, haftet jedoch für die volle Einlage (§ 56 AktG).

- ■ Sonstiges
  Jede Aktie besteht aus Mantel und Bogen:
  - – Der Mantel stellt die eigentliche Urkunde mit Angabe des Nennwertes dar.
  - – Der Bogen ist in (meist) zwanzig Abschnitte unterteilt, die nummeriert sind und nach und nach zur Einlösung der Dividende (oder z. B. zur Wahrung eines Bezugsrechts) bei der Bank vorgelegt werden. Über den Erneuerungsschein (»Talon«), der sich ebenfalls im Bogen befindet, kann ein neuer Bogen bestellt werden.

Die – meist schön gestalteten – Urkunden sind freilich weitgehend durch eine Globalurkunde für alle Titel zusammen ersetzt worden, was über die Satzung des Unternehmens geregelt wird: Aktiendepot und -handel wickelt man dann allein buchmäßig ab. Nur gelegentlich werden für den Börsengang in begrenztem Umfang noch Aktien gedruckt und – eher als Sammlerstücke – in Verkehr gebracht (bei Beate Uhse 10 000 Stück, gerahmt).

Beispiel

Aktienrückkauf

»Die Douglas Holding hält ihre Aktien für unterbewertet und beginnt daher mit dem von der Hauptversammlung genehmigten Rückkauf ihrer Anteilsscheine. Der Einzelhandelskonzern erklärte, die gute Positionierung und das Wachstums- und Ertragspotential des Unternehmens würden Anleger derzeit nicht honorieren. Mit dem Rückkauf wolle der Konzern nicht nur den Kurs stützen, sondern die Aktien gegebenenfalls bei einer Akquisition einsetzen ... Douglas will nach eigenen Angaben in einem ersten Schritt Aktien in Höhe von bis zu fünf Prozent des Grundkapitals ... erwerben. Gegebenenfalls werde dieser Betrag auf zehn Prozent aufgestockt.«

(Aus: Süddeutsche Zeitung vom 24. 2. 2000)

»Der RWE-Konzern hat am Freitag mit dem Rückkauf von Vorzugsaktien an der Börse begonnen. Dies sei ein Schritt zur Vereinfachung der Aktienstruktur hin zum Prinzip »eine Aktie – eine Stimme«, teilte RWE mit. Damit solle das Papier insbesondere für internationale Anleger attraktiver werden. Die Hauptversammlung hatte am 18. November den Vorstand ermächtigt, bis zu 55 Millionen Vorzugsaktien zurückzukaufen ...«

(Aus: Süddeutsche Zeitung vom 27./28. 11. 1999)

1.2.1 Die Kapitalerhöhung gegen Einlagen

Beschließt die Hauptversammlung eine »**ordentliche Kapitalerhöhung**« (§§ 182 ff. AktG), dann werden neue Aktien angefertigt und mit Unterstützung von Banken den bisherigen Aktionären gegen Barzahlung (manchmal aber auch gegen Sacheinlage) zum Kauf angeboten. Hierbei sind jedoch die

Bei einer ordentlichen Kapitalerhöhung gibt es Bezugsbedingungen, die das Bezugsverhältnis und den Bezugskurs regeln.

von der Hauptversammlung beschlossenen **Bezugsbedingungen,** bestehend aus Bezugsverhältnis und Bezugskurs, genau zu beachten.

Das **Bezugsverhältnis** ergibt sich aus dem Nominalwert der vorhandenen Aktien und dem Nominalwert der vorgesehenen Kapitalerhöhung. Soll z. B. das Grundkapital von 2 auf 3 Mio. € erhöht werden, dann lautet das Bezugsverhältnis 2:1; dies bedeutet, dass jeder Aktionär auf je zwei Aktien, die er bereits hält (»alte Aktien«), eine junge Aktie beziehen kann. Durch dieses »Vorkaufsrecht« der bisherigen Aktionäre soll verhindert werden, dass sich über eine Kapitalerhöhung die **Stimmrechtsverhältnisse** der Hauptversammlung verschieben und der **Gewinnanteil** geschmälert wird.

Ein Aktionär ist jedoch nicht gezwungen, junge Aktien zu erwerben; er kann vielmehr sein **Bezugsrecht** ganz oder teilweise an der Börse **verkaufen.** Seine Entscheidung wird sicherlich wesentlich vom **Bezugskurs** der jungen Aktien bestimmt, also ihrem Kaufpreis (Abb. 20.1). Dieser muss wenigstens dem (rechnerischen) Nennwert der jungen Aktie entsprechen (Pari-Kurs; § 9 AktG), er kann aber auch höher liegen (Überpari-Kurs); den Differenzbetrag zwischen Nennwert und Bezugskurs nennt man **Agio.** Die Unternehmensleitung wird ein möglichst großes Agio anstreben und den Bezugskurs so hoch festlegen wollen, dass die Aktienemission gerade noch erfolgreich durchgeführt werden kann; in der Regel liegt er deshalb **über** dem **Nennwert** der jungen Aktien, aber **unter** dem **Börsenkurs** der alten Aktien, denn bekanntlich lässt sich ein vergrößertes Angebot nur zu einem niedrigeren als dem bisherigen Preis unterbringen.

Das Bezugsrecht schützt den Aktionär vor einer Stimmrechts- und Gewinnanteilseinbuße.

Agio: Differenzbetrag zwischen Nennwert und Bezugskurs

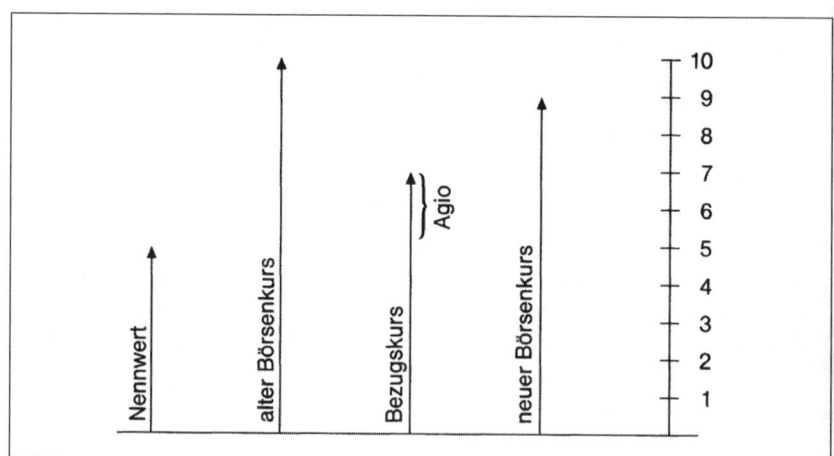

Abb. 20.1: Kurswirkungen einer ordentlichen Kapitalerhöhung (2:1)

Nach der Kapitalerhöhung werden die jungen Aktien ebenso wie die alten an der Börse gehandelt. Es stellt sich deshalb dort ein **einheitlicher neuer Börsenkurs** ein, der in der Regel unter dem alten Börsenkurs, aber über dem Bezugskurs liegt.

Sein **rechnerischer Wert** ergibt sich z. B. bei einer Kapitalerhöhung von 2 auf 3 Mio. €, einem alten Börsenkurs von 10 € und einem Bezugskurs von 7 € je 1-€-Aktie als:

$$\frac{2 \text{ Mio.} \cdot 10 + 1 \text{ Mio.} \cdot 7}{3 \text{ Mio.}} = 9\ €$$

Ein Aktionär, der zwei alte Aktien besitzt, muss also einen **Wertverlust** von insgesamt 2 € hinnehmen; dafür hat er aber die Möglichkeit, mit der ihm zustehenden einen jungen Aktie einen **Kursgewinn** von 2 € zu erzielen. Verzichtet der Aktionär auf den Erwerb der jungen Aktie, dann kann er seine beiden Bezugsrechtsscheine (einer je Aktie) an der Börse verkaufen und damit jemand anderem den Erwerb der jungen Aktie zum Bezugskurs ermöglichen. Ein Interessent am Bezugsrecht wird dafür äußerstenfalls 2 € zu zahlen bereit sein (also 1 € je Bezugsrechtsschein): Nach der Kapitalerhöhung muss er 9 € für eine Aktie ausgeben; mit Bezugsrecht kostet sie ihn jedoch nur 7 €.

Durch die Möglichkeit, seine Bezugsrechtsscheine zu verkaufen, wird somit auch der Aktionär, der keine jungen Aktien erwerben möchte, für den Wertverlust seiner alten Aktie(n) entschädigt (**Verwässerungsschutz**).

Der Bezugsrechtshandel gewährt dem Aktionär einen Verwässerungsschutz.

Allerdings kann sich an der Börse ein anderer als der rechnerische neue Börsenkurs einstellen, und auch der **Bezugsrechtshandel** kann eine andere als die rechnerische Entwicklung nehmen. Hierin liegt der besondere **spekulative Reiz** einer Kapitalerhöhung gegen Einlagen. So ist der Wert des Bezugsrechts z. B. abhängig von

- der langfristigen Dividendenprognose,
- der voraussichtlichen weiteren Entwicklung der Aktie sowie
- den Konditionen der nächsten Dividendenausschüttung.

Denkbar ist z. B., dass die jungen Aktien nicht für das gesamte Geschäftsjahr dividendenberechtigt sind und folglich im ersten Jahr eine niedrigere Dividende erhalten. Dies würde den Wert des Bezugsrechts mindern.

> Vorkaufsrecht und Bezugsrechtshandel sichern die Stellung der »Altaktionäre« bei einer Kapitalerhöhung; außerdem eröffnen beide eine Gewinnchance.

Das Grundkapital einer Aktiengesellschaft kann auch **ohne Bezugsrecht** für die Aktionäre erhöht werden, wenn dies die **Hauptversammlung** mit **drei Viertel** Mehrheit beschließt, der **Emissionskurs nicht wesentlich** (z. B. fünf Prozent) vom aktuellen Börsenkurs abweicht und das **Grundkapital** um höchstens **10 Prozent** aufgestockt wird. Der Gesetzgeber erleichtert damit die gezielte Ansprache von – auch ausländischen – Großanlegern. In die gleiche Richtung geht, dass die Unternehmensleitung zuvor erworbene **eigene Aktien** ohne Bezugsrecht verkaufen kann.

Beispiel

Siemens Hauptversammlung 1999

»Die nach fast zehn Stunden am Donnerstag abend in München zu Ende ge-
gangene Hauptversammlung der Siemens AG, Berlin/München, hat … grü-
nes Licht für die geplante Neuausrichtung des Unternehmens gegeben. Die
Aktionäre billigten die Schaffung eines genehmigten Kapitals von nominal
350 Millionen DM, womit dem Konzern nach dem aktuellen Börsenkurs 12
Milliarden DM frische Mittel als »Kriegskasse« zur Verfügung stehen. Auch
alle anderen Anträge wurden angenommen, so … die bedingte Kapitalerhöhung für den Aktienoptionsplan, die Umstellung der Inhaber- und Nenn-
wertaktien auf Namens-Stückaktien, die Beseitigung der Vorzugsaktien
und… das Rückkaufrecht für eigene Aktien…«

(Aus: Süddeutsche Zeitung vom 20./21. 2. 1999)

Unter der Lupe

Investor Relations

Insbesondere beim Börsengang eines Unternehmens stellt sich das Problem
der Zusammenführung von Kapitalnachfrage und Kapitalangebot. Später
muss man die Aktionäre »bei Laune halten«, was den Aktienkurs stabilisiert
und ein günstiges »Emissionsklima« für Kapitalerhöhungen schafft.

Viele Unternehmen finden freilich ihre Aktienkurse unterbewertet und
befürchten, zu einem Kandidaten für eine »feindliche Übernahme« zu werden. Sie versuchen deshalb, ihre Informationsbeziehungen zu (potentiellen)
Kapitalgebern zu verbessern. Zur Pflege dieser – weit über die gesetzliche
Publizitätspflicht hinausgehenden – »Investor Relations« steht eine Vielzahl
von Möglichkeiten zur Verfügung: die jährliche Hauptversammlung mit
Geschäftsbericht, Pressekonferenzen, Road Shows, Aktionärszeitungen.
Letztlich sollen Investoren von der Vorteilhaftigkeit eines Engagements im
»beworbenen« Unternehmen überzeugt werden.

Zielgruppe sind dabei vor allem institutionelle Anleger (z. B. Investmentfonds) sowie Multiplikatoren wie z. B. Finanzanalysten und Wirtschafts-
journalisten, die insbesondere private (Klein-)Anleger beeinflussen.

Letztere sind allerdings von den Unternehmen auch direkt erreichbar,
wenn Namensaktien eingeführt wurden. Die zunehmende Umstellung von
Inhaber- auf Namensaktien wird unter anderem mit einer effektiveren In-
vestor-Relations-Arbeit begründet. Kritiker befürchten jedoch, dass sich die
Kleinanleger – je nach Geschäftslage – »entweder mit Selbstbeweihräuche-
rungsarien des Management oder … mit Durchhalteparolen zufrieden geben (müssen)« (Die Zeit, vom 9. 9. 1999).

Die verbesserte Information der Finanzmärkte spielt nicht zuletzt vor
dem Hintergrund des Sharholder-Value-Gedankens eine wichtige Rolle:
Maßnahmen, die zur Steigerung des Unternehmenswerts beitragen sollen,
müssen von den Marktteilnehmern auch wahrgenommen werden, um zu
einer Erhöhung des Börsenwerts zu führen.

Unser Produkt ist die
Aktie, unser Kunde der
Investor

Im Gegensatz zur ordentlichen Kapitalerhöhung wird der Vorstand beim **genehmigten Kapital** (§§ 202 ff. AktG) ermächtigt, im Laufe der nächsten – höchstens fünf – Jahre eine Kapitalerhöhung durch Ausgabe neuer Aktien durchzuführen; diese Kapitalerhöhung – auf maximal 50 Prozent des gezeichneten Kapitals beschränkt – kann folglich flexibel, also je nach Kapitalmarktlage platziert werden. Nach einer Entscheidung des BGH (Az. II ZR 132/93) darf genehmigtes Kapital auch dazu verwendet werden, im Wege des Aktientausches andere Unternehmen oder Beteiligungen daran zu erwerben; das Bezugsrecht der Aktionäre ist dann ausgeschlossen.

Bei der **bedingten Kapitalerhöhung** (§§ 192 ff. AktG) kommt es nur zu einem Eigenkapitalzugang, soweit die Inhaber von Umtausch- oder Bezugsrechten von ihrem Recht, neue Aktien zu beziehen, Gebrauch machen. Anlässe für bedingte Kapitalerhöhungen sind z. B. Wandel- und Optionsanleihen, Zusammenschlussvorhaben sowie die Bedienung der Aktienoptionen von Führungskräften und das Angebot von Belegschaftsaktien (7. Kapitel). Auch hier ist das Bezugsrecht der Aktionäre ausgeschlossen.

Genehmigtes Kapital: Zeitpunkt ungewiss; bedingtes Kapital: Höhe ungewiss

1.2.2 Die Kapitalerhöhung aus Gesellschaftsmitteln

In einer Kapitalgesellschaft lässt sich Eigenkapital auch dadurch bilden, dass Gewinn einbehalten und der Gewinnrücklage zugeführt wird. Die Hauptversammlung kann dann später beschließen, eine (Nominal-)Kapitalerhöhung in der Weise durchzuführen, dass Beträge vom Rücklagenkonto abgebucht und dem gezeichneten Kapital zugeführt werden (§§ 207 ff. AktG). In entsprechendem nominellem Umfang müssen dann allerdings den Aktionären kostenlose **Zusatzaktien** gewährt werden, und zwar im Verhältnis zu ihrem jeweils schon vorhandenen Aktienbesitz am Unternehmen. Diese Aktien werden auch als **Gratisaktien** bezeichnet, was insofern irreführend ist, als sie aus Mitteln »finanziert« wurden, die den Aktionären – wenn auch nur global – bereits zustanden.

Durch eine Kapitalerhöhung aus Gesellschaftsmitteln erhält das Unternehmen **kein neues Eigenkapital;** es ändert sich lediglich seine Zusammensetzung. Dies ist insofern von Bedeutung, als auf das in Aktien gestückelte gezeichnete Kapital, nicht aber auf die Rücklagen Dividenden zu zahlen sind. Im Übrigen ist der Weg, Gewinne über die Rücklagen einzubehalten, um sie später in Form von Zusatzaktien den Aktionären zukommen zu lassen, nur aus der Sicht des Unternehmens, nicht aber aus der Sicht der (Klein-)Aktionäre vorteilhaft: Das Unternehmen »sichert« so die thesaurierten Gewinne endgültig vor einer – möglichen – Ausschüttung an die Aktionäre, während diese ihre Erträge nur durch **Verkauf der Zusatzaktien** an der Börse realisieren können; dabei ist noch zu beachten, dass das durch die Zusatzaktien vergrößerte Aktienangebot den Börsenkurs senken kann.

Werden Rücklagen in Grundkapital umgewandelt, dann erhalten die Aktionäre Gratisaktien; neues Eigenkapital entsteht so jedoch nicht.

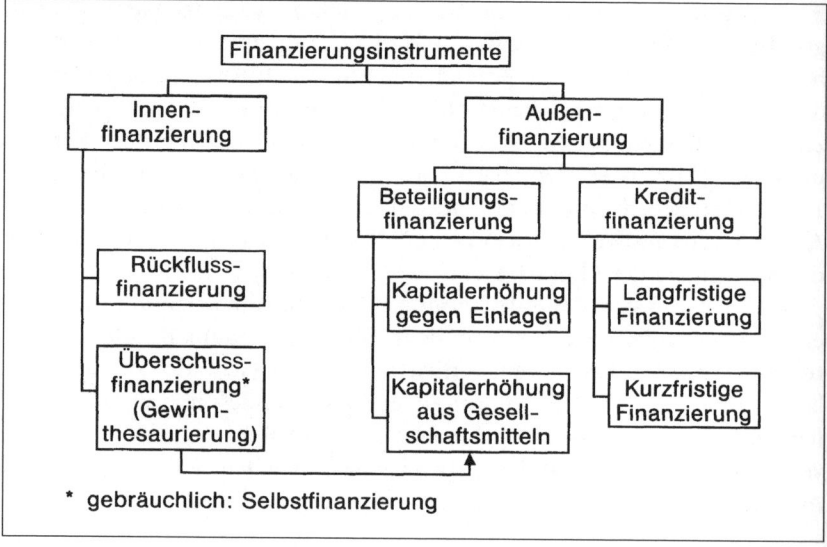

Abb. 20.2: Finanzierungsinstrumente

1.3 Die Beteiligungsfinanzierung durch Genussscheine

Der Genussschein ist ein Zwitter zwischen Aktie und Anleihe.

Ein Unternehmen kann sich am Kapitalmarkt Finanzmittel auch durch die Emission von Genussscheinen verschaffen.

Der Vorteil dieses Finanzierungsinstruments besteht darin, dass

- jedes Unternehmen – **unabhängig** von seiner **Rechtsform** – emissionsfähig ist und
- die **Ausgestaltungsmöglichkeiten** der Genussscheine sehr **vielfältig** sind.

Die Genussscheine können – ähnlich wie Aktien – überpari emittiert werden, und ihre Verzinsung muss sich am Unternehmenserfolg (z. B. der Dividende) orientieren. So bietet die Allianz die 2,4fache Dividende der Aktie pro Genussschein, mindestens aber 5 Prozent des Nennwertes (Süddeutsche Zeitung vom 9. 8. 2000). Anders als Aktien gewähren sie jedoch kein Mitsprache- bzw. Kontrollrecht, und auch das Recht auf anteiligen Liquidationserlös lässt sich ausschließen. Eine Rückzahlung zum Nennwert kann z. B. durch Fristablauf oder Kündigung – frühestens nach fünf Jahren – vorgesehen werden; die Zulassung zum Börsenhandel ist möglich.

Wirtschaftlich wird Genussscheinkapital – teilweise – als Eigenkapital angesehen, steuerlich gilt es jedoch als Fremdkapital, weshalb die Zinsen als Betriebsausgaben gewinnmindernd geltend gemacht werden können (Voraussetzung: kein Anteil am Liquidationserlös). Insbesondere dieser Vorteil und das fehlende Stimmrecht auf Hauptversammlungen machen das Genussscheinkapital zu einer für den Emittenten sehr nützlichen Finanzierungsform. Im Insolvenzfall werden die Ansprüche der Genussscheininhaber nachrangig (nach allen Gläubigern) behandelt.

Für das Volumen des Genussscheinkapitals gibt es keine rechtliche Begrenzung (wie dies bei den noch am ehesten vergleichbaren Vorzugsaktien der Fall ist). Allerdings muss den Aktionären ein Bezugsrecht eingeräumt werden.

2 Die Finanzierung durch Fremdkapital (Kreditfinanzierung)

Bei der Kreditfinanzierung werden einem Unternehmen Finanzmittel mit genauer **zeitlicher Begrenzung** zur Verfügung gestellt. Der Kreditgeber erhält dafür ein fest **vereinbartes Entgelt** (Zinsen). Sein Risiko besteht vor allem darin, dass der Kreditnehmer seinen (aus Tilgung und Verzinsung) bestehenden Zahlungsverpflichtungen nicht mehr nachkommen kann. Kreditgeber verlangen deshalb in der Regel **Kreditsicherungen;** diese lassen sich in Personal- und Realsicherheit einteilen:

> Fremdkapital wird für einen begrenzten Zeitraum zur Verfügung gestellt, Verzinsung fest vereinbart, Kreditsicherungen werden verlangt.

Die **Personalsicherheit** verschafft dem Kreditgeber (Sicherungsnehmer) einen zusätzlichen schuldrechtlichen Anspruch gegen einen Dritten. Hierzu gehören Bürgschaft, Schuldbeitritt (Schuldmitübernahme) und Garantievertrag.

- Bei der **Bürgschaft** schließen Bürge und Kreditgeber einen Vertrag, der den Bürgen verpflichtet, für die Verbindlichkeit des Kreditnehmers (Hauptschuldner) einzustehen. Dies allerdings erst dann, wenn der Kreditgeber beim Hauptschuldner keinen Erfolg bzw. erfolglos eine Zwangsvollstreckung gegen ihn betrieben hat. Die Bürgschaft ist streng akzessorisch: Mit der Hauptforderung erlischt auch die Bürgschaft. Leistet der Bürge entsprechend der Verbindlichkeit, geht die Forderung des Kreditgebers – kraft Gesetzes – auf den Bürgen über. Haben sich mehrere Bürgen für ein und dieselbe Verbindlichkeit verbürgt, so haften sie gesamtschuldnerisch: Jeder einzelne ist zur ganzen Leistung verpflichtet, kann dann jedoch von den übrigen Gesamtschuldnern die anteiligen Beträge als Ausgleich verlangen.
- Der **Schuldbeitritt** unterscheidet sich von der Bürgschaft vor allem dadurch, dass der Gläubiger nun die »freie Wahl« hat, bei wem er die Forderung geltend macht. Schuldner und Schuldmitübernehmer haften gesamtschuldnerisch; im Innenverhältnis kann allerdings vereinbart werden, dass sie zu gleichen Teilen zum Ausgleich verpflichtet sind.
- Mit dem **Garantievertrag** übernimmt jemand die Haftung für einen bestimmten Erfolg oder den Schaden, der aus einer Geschäftsverbindung mit einem Dritten entstehen kann.

Die **Realsicherheit** gewährt dem Kreditgeber ein dingliches Recht an einem bestimmten Vermögensgegenstand des Kreditnehmers (Sicherungsgebers): Im Sicherungsfall kann er diesen Gegenstand verwerten. Hierzu zählen

Pfandrecht, Sicherungsübereignung, Eigentumsvorbehalt, sowie die Grundpfandrechte.

- Bei der **Verpfändung** nimmt der Gläubiger die bewegliche Sache (z. B. Wertpapiere, Schmuck) in Besitz, um gegebenenfalls aus ihrem Verkaufserlös seine Forderung zu begleichen; der Schuldner bleibt aber zunächst weiterhin Eigentümer.
- Bei der **Sicherungsübereignung** bleibt die übereignete bewegliche Sache (z. B. Lkw) im Besitz des Schuldners, der damit weiterhin arbeiten kann. Anders als bei der Verpfändung wird der Gläubiger bei einer Sicherungsübereignung jedoch Eigentümer der Sache. Die Übergabe ist nur für eine eventuell nötig werdende Zwangsversteigerung vorgesehen.
- Die **Sicherungsabtretung** gewährt dem Gläubiger zunächst nur einen schuldrechtlichen Anspruch – allerdings als verfügungsberechtigter Forderungsinhaber.
- Beim Kauf unter **Eigentumsvorbehalt** bleibt der Lieferant bis zur vollständigen Bezahlung der Ware deren Eigentümer. Damit sichert das Eigentum an der Vorbehaltssache den Kaufpreisanspruch.
- **Grundpfandrechte** sichern den Gläubiger mit seiner Befugnis, zwangsweise das Grundstück zu verwerten, um daraus einen Erlös zu erzielen. Grundpfandrechte werden vor allem den Banken und Sparkassen als Kreditgeber bestellt. Grundpfandrechte werden in das **Grundbuch** eingetragen; hierbei handelt es sich um ein öffentlich zugängliches Register, das Auskunft über Eigentümer und Belastungen der Grundstücke gibt. Das Grundbuch wird »bezirksweise« vom Grundbuchamt beim Amtsgericht geführt.

Ein Grundpfandrecht erlangt Bedeutung, wenn der Schuldner zahlungsunfähig wird: Derjenige Gläubiger, dem der Schuldner ein Grundpfandrecht an einem in seinem Eigentum stehenden Grundstück als Sicherungsmittel bestellt hat, kann durch die Verwertung Befriedigung seiner Forderungen erlangen. Voraussetzung für die Zwangsvollstreckung ist ein Duldungstitel (als notarielle Urkunde oder Gerichtsurteil), die dann meist im Wege der Zwangsversteigerung des belasteten Grundstücks mit allem Zubehör (bewegliche Sachen) und sonstigen Bestandteilen (z. B. Gebäude) erfolgt. Der Gläubiger wird durch die Auskehr des Versteigerungserlöses befriedigt. Sind mehrere Grundpfandgläubiger im Grundbuch eingetragen, dann werden sie nach ihrer Rangstelle bedacht. Da der Erlös in der Regel nicht die Summe der eingetragenen Forderungen erreicht, gehen nachrangige Gläubiger häufig leer aus.

Für die einzelnen Varianten von Grundpfandrechten gelten folgende Besonderheiten:

Eine Grundschuld ist abstrakt: Eine Forderung braucht nicht zu bestehen.

die Grundschuld ist vom Bestand, Umfang und Dauer der Hauptschuld unabhängig

- Die **Grundschuld** gewährt dem Inhaber das Recht, durch Verwertung eine Geldsumme bis zu der im Grundbuch eingetragenen Höhe zu erlangen. Der Eigentümer kann sie sich auch selbst als Eigentümergrundschuld bestellen, um eine Rangstelle zu reservieren (»reine Grundschuld«); sie dient dann nicht als Sicherungsmittel für eine Forderung, kann aber später auf einen Kreditgeber als Kreditsicherung übertragen werden. Dies ist möglich, weil die Eintragung einer Grundschuld nicht an das tatsächliche Bestehen einer Forderung gebunden ist: Die Grundschuld ist abstrakt. Der Eigentümer kann sich die Eigentümergrundschuld auch zur Sicherung eines Kaufpreisanspruches bestellen, wenn er das Grundstück veräußern will.

- Die **Hypothek** ist – im Gegensatz zur Grundschuld – akzessorisch, also in ihrer Entstehung, ihrer Übertragung und in ihrem Bestand vom Vorhandensein einer gesicherten Forderung abhängig. Erlischt die Forderung, entsteht – außerhalb des Grundbuchs – automatisch eine gesetzliche Eigentümergrundschuld. Andernfalls würden nachrangige Grundpfandrechtsgläubiger im Rang aufrücken, was nicht gerechtfertigt wäre, wenn sie – wegen des Nachrangs – vom Eigentümer z. B. höhere Zinsen verlangen.

  Eine Hypothekenschuld ist akzessorisch: Mit der Forderung erlischt auch die Hypothek.

- Die **Sicherungsgrundschuld** hat in der Praxis des Kreditverkehrs die Hypothek weitgehend verdrängt. Sie ist gesetzlich nicht geregelt, wird im Grundbuch als Grundschuld eingetragen und in der Regel als Sicherungsgrundschuld vereinbart: Der Gläubiger verpflichtet sich durch einen schuldrechtlichen Sicherungsvertrag (Sicherungsabrede, Zweckabrede) von der Grundschuld lediglich zum Zweck der Sicherung für die Forderung Gebrauch zu machen. Der Abschluss des Sicherungsvertrags ist an keine bestimmte Form gebunden. Erfolgt die Grundschuldbestellung bei einer Kreditfinanzierung, kann von einem stillschweigend geschlossenen Sicherungsvertrag ausgegangen werden. Auch die Sicherungsgrundschuld ist – wie jede Grundschuld – abstrakt, was eine Reihe von Vorteilen hat: Der Kreditgeber kann sie schon vor Darlehensvalutierung erwerben (bei einer Hypothek bliebe diese zunächst Eigentümergrundschuld). Da der Sicherungsvertrag »formlos« ist, können Geschäftsverbindungen, bei denen immer wieder Forderungen entstehen oder erlöschen (z. B. Kontokorrent, § 355 HGB), erheblich vereinfacht und mündlich Abreden getroffen werden (bei einer Hypothek machte jeder Forderungswechsel eine Änderung des Grundbucheintrags erforderlich). Schließlich kann die Belastung des Grundstücks Dritten gegenüber geheim gehalten werden: Der Eigentümer bestellt sich eine Eigentümergrundschuld und überträgt diese dann auf den Gläubiger, wodurch diese faktisch zur Fremdgrundschuld wird. Handelt der Sicherungsnehmer nicht vertragsgemäß, hat der Sicherungsgeber unter anderem einen bereicherungsrechtlichen Rückübertragungsanspruch.

  Sicherungsgrundschuld: Grundschuld mit Abrede

- Eine **Rentenschuld** ist – wie die Grundschuld – abstrakt. Sie stellt eine Grundstücksbelastung in der Weise dar, dass das Grundstück nicht für eine feste Summe, sondern für fortlaufende Zahlungen an regelmäßig wiederkehrenden Terminen haftet.

Die akzessorischen Kreditsicherungsmittel sind in ihrem Entstehen, Umfang und Fortbestand von der gesicherten Forderung abhängig: Bürgschaft, Verpfändung, Hypothek.

> Die abstrakten Kreditsicherungsmittel sind von der zu sichernden Forderung unabhängig; eine Verknüpfung wird nur schuldrechtlich durch den Sicherungsvertrag hergestellt: Schuldbeitritt, Sicherungsübereignung, Sicherungsabtretung, Sicherungsgrundschuld, Rentenschuld.

Unter der Lupe

Hermes-Exportbürgschaften

Ein Großteil der Exporte wird über die Gewährung von Krediten finanziert. Hierbei übernimmt die Bundesrepublik Deutschland immer wieder Bürgschaften für politische und wirtschaftliche Risiken, die von der Hermes Kreditversicherungs-AG, Hamburg, und der PwC Deutsche Revision AG abgewickelt werden.

Bürgschaftsfähig sind grundsätzlich alle Exportwaren und -leistungen, sofern sie die Versicherungswürdigkeitsprüfung durch den Interministeriellen Ausschuss (IMA), in dem Ministerien, Wirtschafts- und Bankenvertreter sowie der Bundesrechnungshof Mitglied sind, bestanden haben. Allerdings gibt es einen »Ermächtigungsrahmen«, der im § 9 des jeweiligen Bundeshaushaltsgesetzes festgelegt ist und sich auf 110 Mrd. € Kreditvolumen (2000) beläuft.

Der Selbstbehalt der Unternehmen im Schadenfall liegt zwischen 10 und 15 % der Schadensumme, die zu zahlende Bürgschaftsprämie bei mindestens 1,55 % des Auftragswerts. Die Prämie ist nach Ländergruppen, Zahlungsbedingungen und Laufzeit gestaffelt.

Im Jahre 2000 betrug der Anteil des durch Hermes-Bürgschaften abgesicherten Exports 3,3 % (= 19,5 Mrd. €). Die Ausnutzung des Ermächtigungsrahmens belief sich damit auf 106 Mrd. €, woran vor allem Entwicklungsländer und Länder aus Mittel/Osteuropa beteiligt waren.

Die Entschädigungsleistungen des Bundes betrugen 2000 insgesamt 973 Mio. €, was – unter Berücksichtigung der Einnahmen (Prämien und Rückflüsse aus früher übernommenen Schäden) – zu einem Überschuss im Bundeshaushalt von 34 Mio. € führte; per Saldo wurde damit der Export nicht staatlich subventioniert.

Insgesamt 66,4 % aller Schadenzahlungen entfielen auf politische Schäden, insbesondere Altschulden der ehemaligen Sowjetunion, allerdings konnte mit Russland ein bilaterales Umschuldungsabkommen geschlossen werden. Keine neuen Bürgschaften gibt es für Länder im Zahlungsverzug.

Für den Schuldner kann in der Kreditfinanzierung ein besonderer Vorteil liegen, den man als **Leverage-Effekt** (Hebelwirkung) bezeichnet. Sein Ansatzpunkt sind der Kreditzinssatz (i) und die Gesamtkapitalrentabilität des Betriebes (r_{GK}). Es gilt (1. Kapitel):

$$r_{GK} = \frac{G + Z}{E + F}$$

mit: G = Gewinn,

E = eingesetztes Eigenkapital,

F = eingesetztes Fremdkapital,

Z = Fremdkapitalzinsen.

Da ferner die Eigenkapitalrentabilität durch

$$r_{EK} = \frac{G}{E}$$

definiert ist und Z = i · F gilt, kann der obige Ausdruck auch als

$$r_{GK} = \frac{r_{EK} \cdot E + i \cdot F}{E + F}$$

geschrieben und zu

$$r_{EK} = r_{GK} + (r_{GK} - i)\frac{F}{E}$$

umgeformt werden. Man erkennt, dass in dem Fall, wo die Gesamtkapital-rentabilität **größer** als der Kreditzins ist, die Eigenkapitalrentabilität durch zusätzliche Fremdkapitalaufnahme (also einen größeren Verschuldungsko-effizienten $V = \frac{F}{E}$) **gesteigert** werden kann. Dieser Sachverhalt besagt nichts anderes, als dass der Schuldner dann am Fremdkapital verdient, wenn es **mehr erwirtschaftet** als es **kostet**. Liegt z. B. der Kreditzinssatz bei 8 % und die Gesamtkapitalrentabilität des Betriebes bei 12 %, dann beträgt die Eigen-kapitalrentabilität bei E = 100 und F = 100 (V = 1):

Ist die Gesamtkapitalrentabilität größer als der Kreditzins, dann kann die Eigenkapitalrentabilität durch zusätzliches Fremdkapital gesteigert werden.

$$r_{EK} = 0,12 + (0,12 - 0,08)\frac{100}{100} = 0,16$$

$$= 16\,\%$$

wird der Fremdkapitaleinsatz auf 200 erhöht (V = 2), dann erhöht sich die Eigenkapitalrentabilität auf:

$$r_{EK} = 0,12 + (0,12 - 0,08)\frac{200}{100} = 0,2$$

$$= 20\,\%$$

In diesem Leverage-Effekt steckt allerdings auch eine **Gefahr**: Liegt der Kre-ditzins **über** der Gesamtkapitalrentabilität, dann **sinkt** die Eigenkapitalren-tabilität mit zunehmendem Verschuldungskoeffizienten; eine Kreditfinan-zierung ist dann nicht mehr sinnvoll. Bezogen auf das obige Beispiel gilt bei $r_{GK} = 0,06$:

Ist die Gesamtkapitalrentabilität kleiner als der Kreditzins, dann führt eine Fremdkapital-aufnahme zu sinkender Eigenkapitalrentabilität.

$$r_{EK} = 0,06 + (0,06 - 0,08)\frac{100}{100} = 0,04$$

$$= 4\,\%$$

bzw.

$$r_{EK} = 0,06 + (0,06 - 0,08)\frac{200}{100} = 0,02$$

$$= 2\,\%$$

Der Leverage-Effekt wird noch in gewissem Umfang dadurch verändert, dass Gewinne der Einkommen- bzw. Körperschaftsteuer unterliegen, während die **Kreditzinsen** dort **abzugsfähig** sind. Ferner ist zu bedenken, dass mit zunehmender Verschuldung die Zinsen steigen.

Unter der Lupe

Emissions-Ratings von Anleihen

Standard & Poor's	Moody's	Standard & Poor's	Moody's
Investment Grade		Non-Investment Grade (Speculative Grade)	
AAA	Aaa	BB+	Ba1
AA+	Aa1	BB	Ba2
AA	Aa2	BB–	Ba3
AA–	Aa3	B+	B1
A+	A1	B	B2
A	A2	B–	B3
A–	A3	CCC+	Caa1
BBB+	Baa1	CCC	Caa2
BBB	Baa2	CCC–	Caa3
BBB–	Baa3	CC	Ca
		C	C
		D	

Insbesondere mittelständische Unternehmen haben mangels Größe und globaler Präsenz nur geringe Chancen, im ersten Anlauf eine der obersten Rating-Kategorien zu erhalten.

2.1 Die Industrieobligation (Teilschuldverschreibung, Anleihe)

Eine Industrieobligation ist in der Regel in Wertpapiere mit kleinen Nennwerten gestückelt, die während ihrer Laufzeit an der Börse gehandelt werden.

Die Industrieobligation (»Corporate Bond«) ist ein **langfristiges** Finanzierungsinstrument für **große Unternehmen** (»Emittenten«). Der – auf sehr hohe Beträge ausgelegte – Kredit ist in Wertpapiere gestückelt, die (meist) einen Nennbetrag von 1000 € aufweisen. Die Zulassung der Industrieobligation zum **Börsenhandel** ist möglich, sofern bestimmte (strenge) Zulassungskriterien erfüllt werden.

Industrieobligationen können **unterpari emittiert** werden, am Ende der Laufzeit wird jedoch der **Nennbetrag zur Rückzahlung** fällig. Der Differenzbetrag **(Disagio)** stellt für den Anleger eine zusätzliche Verzinsung zur **nominellen,** auf den Anteilsscheinen angegebenen Verzinsung dar. Die ungefähre **effektive** Verzinsung ergibt sich nach folgender Faustregel:

$$r = \frac{i \cdot N + \dfrac{N - K}{t}}{K}$$

Hierzu ein Beispiel: Bei einer nominellen Verzinsung von i = 0,06, einem Emissionskurs von K = 98 und einer Laufzeit von t = 8 Jahren beträgt die effektive Verzinsung eines Anteils mit einem Nennbetrag von N=100:

$$r = \frac{0,06 \cdot 100 + \dfrac{100 - 98}{8}}{98} = 0,0638$$

$$= 6,38\%$$

Die Ungenauigkeit der Faustregel besteht vor allem darin, das Disagio über die Laufzeit zu verteilen, obwohl es erst an ihrem Ende fällig wird. Die »wirkliche« Verzinsung liegt deshalb ein wenig unterhalb der durch die Faustregel ermittelten. So gilt z. B. bei einer Nominalverzinsung von fünf Prozent und einer Laufzeit von 20 Jahren folgender Zusammenhang:

Emissionskurs (Nennwert = 100)	·Effektivzins (in %)	
	nach Faustregel	exakt
99	5,10	5,08
95	5,52	5,41
92	5,86	5,68
90	6,11	5,86

Bei der Festlegung der Effektivverzinsung orientieren sich die Emittenten an den Bundesanleihen mit vergleichbarer Laufzeit. Diese gelten als absolut sicher, weshalb Unternehmen in der Verzinsung ihrer Bonds einen (z. B. Insolvenz-)Risikozuschlag gewähren müssen. Dieser Renditeabstand **(Spread)** wird in Basispunkten (ein Basispunkt entspricht einem Hundertstel Prozentpunkt) definiert. So wies die 1999 begebene EURO-Anleihe von McDonald's (DaimlerChrysler, Renault) bei Emission einen Spread von 36 (42, 100) Basispunkten auf.

Grundlage des Risikozuschlags ist ein Unternehmens-Rating durch eine Rating-Agentur (z. B. Standard & Poor's oder Moody's), wobei die oberste Rating-Kategorie als **Investment Grade** bezeichnet wird. Gelegentlich bieten Emittenten **Sicherungsklauseln** mit denen sie sich verpflichten, die Verzinsung (den »Kupon«) während der Laufzeit zu erhöhen, falls das Rating sinkt.

Ein Anleger kann sich von seiner Anleihe vor dem Ende ihrer Laufzeit trennen, indem er sie jemand anderem verkauft. Dieser Vorgang gestaltet sich besonders einfach, wenn die Obligation zum Börsenhandel zugelassen ist: Transaktionen können dann zum jeweiligen **Börsenkurs** vorgenommen werden.

Die **Tilgung** einer Anleihe erfolgt in der Regel nicht auf einmal, sondern über mehrere Jahre verteilt; sie wird deshalb in Serien zerlegt, die in einer – durch Auslosung – bestimmten Reihenfolge aufgerufen werden.

Bei börsennotierten Anleihen kann man beobachten, dass ihr **Kurs fällt,** wenn das allgemeine **Zinsniveau steigt:** Da die mit einer festen Verzinsung versehene Anleihe dann relativ unattraktiv wird, versuchen viele Anleger, sie vorzeitig (also an der Börse) zu verkaufen. Einen deutlich unter dem Nominalwert liegenden Börsenkurs nutzen die Emittenten gern zum **freihändigen Rückkauf,** der zwei Vorteile bietet: Man kann so zu sehr günstigen Bedingungen seine **Verbindlichkeiten** aus der Anleihe **verringern** und gleichzeitig den Börsenkurs stabilisieren, um sich das Vertrauen der Anleger zu erhalten (**Kurspflege**). Der Umfang des freihändigen Rückkaufs wird aber schon deshalb begrenzt bleiben, weil man bei allgemein steigendem Zinsniveau eine neue Anleihe nicht mehr so zinsgünstig unterbringen könnte wie die alte.

> Floating-Rate-Notes, Gewinnschuldverschreibungen, Zerobonds und Junkbonds sind Sonderformen der Industrieobligationen: Sie weisen besondere Gestaltungsformen der Verzinsung auf.

Bei **Floating-Rate-Notes** wird der Zinssatz nur als Marge über einem Referenzins festgelegt (z.B. 3-Monats-US-$-LIBOR +1/4 Prozent). Dadurch entfällt für die Anleger das Kurs- und Zinsrisiko. Floating-Rate-Notes sind in ihren Gestaltungsmöglichkeiten sehr flexibel: Es gibt sie z.B. mit garantiertem Mindestzins (Floor Rate), Höchstzins (Cap) oder einer Kombination aus beidem (Collar). Die erste DM-Anleihe dieser Art begab 1985 die Dresdner Bank in Eigenemission.

Eine Mischung aus Aktie und Anleihe stellt die **Gewinnschuldverschreibung** dar: Sie weist entweder eine feste Grundverzinsung mit zusätzlichem Gewinnanspruch auf oder allein einen – begrenzten – Dividendenanspruch. Dies macht sie risikobehaftet: In Verlustjahren gehen die Anleger leer aus, in Jahren mit hohen Dividenden erhalten sie hingegen eine über dem Marktzinsniveau liegende Verzinsung.

Die **Zerobonds** sind Anleihen, die keine jährliche Verzinsung »abwerfen«, da diese – unter Berücksichtigung der Zinseszinsen – vollständig in den Abschlag vom Rückzahlungskurs eingehen. Bei einem Zinsniveau von z.B. sieben Prozent würde folglich ein Zerobond mit zehn Jahren Laufzeit einen Ausgabekurs von 50,83 Prozent haben, wenn er am Ende zu 100 Prozent zurückgezahlt wird. Zerobonds reagieren überdurchschnittlich stark auf Änderungen des Zinsniveaus.

Festverzinsliche Wertpapiere von Unternehmen und sonstigen Emittenten mit niedriger Bonitätsbewertung nennt man **Junkbonds** (High-Yield-Bonds). Sie sind zwar risikoreich, aber auch hochrentierend: Besitzer solcher »Hochzinsanleihen« werden von den Rating-Agenturen unter **Non-Invest-**

Marginalien (handschriftlich und gedruckt):

Börsennotierte Anleihen reagieren »sensibel« auf Änderungen des Zinsniveaus: Bei steigenden Zinsen sinkt der Kurs (und umgekehrt).

① Wertpapier, das die Schuld im Rahmen der Kredit- bzw. Fremdfinanzierung verbrieft

① Anleihe mit variabler Verzinsung, bei der die Verzinsung meist alle 3 oder 6 Monate an einen sich eventuell veränderten Referenzzinssatz angepasst wird

ment-Grade (Speculative Grade) geführt, was über einen hohen Spread ausgeglichen werden soll.

2.2 Die Wandelanleihe *

Die Wandelanleihen (»Convertibles«) entsprechen den Industrieobligationen bis auf einen Unterschied: Der Anleger hat die Wahl, ob die Anleihe am Ende der Laufzeit getilgt oder während der Laufzeit **in Aktien gewandelt** werden soll. Die **Wandlungsbedingungen** (Wandlungsverhältnis, Tauschprämie) muss der Emittent bereits bei Auflage der Anleihe bekanntgeben; sie brauchen jedoch nicht für alle Jahre der Laufzeit gleich zu sein. In der Regel wird zum Emissionszeitpunkt der Anleihe ein 1:1 Wandlungsverhältnis mit einem Aufgeld angeboten, das insgesamt zu einem Wandlungspreis führt, der deutlich über dem aktuellen Börsenkurs liegt. So platzierte der Chiphersteller Infineon 2002 eine Wandelanleihe im Wert von einer Mrd. € mit einer Laufzeit von fünf Jahren; der Wandlungspreis lag fast 50 Prozent über der Notierung am Emissionstag (Süddeutsche Zeitung vom 9. 1. 2002).

Für den Emittenten besteht der Hauptvorteil der Wandelanleihe darin, dass ein Teil des Kredits in **Eigenkapital** übergeht und deshalb nicht zurückgezahlt zu werden braucht. Für den Anleger bietet die Wandelanleihe einen besonderen spekulativen Reiz durch die Chance, zu einem Kurs wandeln zu können, der deutlich günstiger als der Börsenkurs ist; diese **Gewinnchance** lässt sich der Emittent allerdings dadurch honorieren, dass er die Anleihe mit einer relativ **geringen Verzinsung** ausstattet; so gab Lufthansa Ende 2001 eine Wandelanleihe mit zehn Jahren Laufzeit und einer jährlichen Verzinsung von 1,25 Prozent heraus. Letztlich wird der Umfang der Wandlung bestimmt von der Kursentwicklung der Aktien während der Laufzeit: Bei **steigendem Börsenkurs** wird **mehr gewandelt**, wobei allerdings ein hohes Aufgeld – zunächst – bremsend wirkt. Bei einem Kursverfall der Aktie sinkt auch der Kurs der Wandelanleihe bis auf das Niveau einer einfachen Anleihe vergleichbarer Bonität, Laufzeit und Verzinsung (»Anleiheboden«).

Die zur Wandlung benutzten Aktien sind junge Aktien, die aus einer speziell zu diesem Zweck beschlossenen **bedingten Kapitalerhöhung** stammen. Die Aktionäre müssen auf die Wandelanleihe ein **Bezugsrecht** erhalten, um so ihren »Besitzstand« am Unternehmen wahren zu können.

Wandelanleihen können auch auf fremde Aktien herausgegeben werden: So brachte die Allianz-Versicherung 2001 eine Anleihe mit Wandlung in RWE-Aktien auf den Markt. Auf diese Weise kann sich der Emittent »elegant« von Beteiligungen in seinem Depot trennen.

2.3 Die Optionsanleihe

Die Optionsanleihe entspricht ebenfalls der Industrieobligation, bis auf einen Unterschied: Der Anleger hat die Möglichkeit (**Option**), **junge Aktien**

Die Wandelanleihe ist eine Industrieobligation, bei der statt der Rückzahlung ein Umtausch in Aktien möglich ist.

Die Optionsanleihe ist eine Industrieobligation, die den Hinzuerwerb von Aktien zum Optionskurs möglich macht.

aus einer eigens durchgeführten bedingten Kapitalerhöhung zu seiner Anleihe **hinzuzuerwerben.** Die **Optionsbedingungen** muss der Emittent bei der Auflage der Anleihe bekanntgeben; im Einzelnen geht es dabei um die **Optionsfrist** (Laufzeit), das **Optionsverhältnis** (Aktien je Anleihe) und den **Optionspreis** (Emissionskurs der Aktie).

Auch auf die Optionsanleihe müssen die Aktionäre zur Wahrung ihres Besitzstandes am Unternehmen ein **Bezugsrecht** erhalten.

Die Option kann während der Optionsfrist gegen Einlösung des der Optionsanleihe beiliegenden **Optionsscheins** (Warrant) ausgeübt werden. Verzichtet ein Anleger auf sein **Optionsrecht,** dann kann er seine Warrants an der Börse verkaufen und so jemand anderem ermöglichen, junge Aktien zu den Optionsbedingungen zu erwerben.

Ein Aufgeld signalisiert Spekulation auf Kurssteigerung.

Bei börsennotierten Optionsanleihen kann man immer wieder beobachten, dass der Kurs eines Optionsscheins zusammen mit dem Optionspreis einer jungen Aktie höher ist als der Börsenkurs der Aktie. So betrug z. B. Mitte Mai 2002 der Wert eines Optionsscheins 1,71 €; bei einem Optionspreis der jungen Aktie von 48,57 € heißt das, dass der Erwerb einer jungen Aktie insgesamt 50.28 € kostete. Zur gleichen Zeit wurde die »normale« Aktie zu 40,40 € notiert, was eine **Options-Höherbewertung (Aufgeld)** von 9,88 € (= 24,5 %) bedeutet. Hierin kommt zum Ausdruck, dass auf eine **Kurssteigerung spekuliert** wurde.

Erwartete man z. B., dass der Börsenkurs bis zum Jahre 2003 (Ende der Optionsfrist) auf 60 € steigen würde, dann hätte man zweierlei tun können:

a) Man erwirbt heute (Mai 2002) einen Optionsschein und löst 2003 die junge Aktie ein, um sie gleich an der Börse wieder zu verkaufen; man legt also heute 1,71 € an, um 2003 einen Gewinn von 9,72 € zu machen (9,72 = 60 − [48,57 + 1,71]).

b) Man erwirbt heute – ganz konventionell – eine Aktie und verkauft sie 2003; in diesem Fall legt man heute 40,40 € an, um 2003 einen Gewinn von 19,6 € zu machen (19,6 = 60 − 40,40).

Mit anderen Worten: Beim Erwerb eines Optionsscheins »spart« man heute 38,69 € (= 40,40 − 1,71), muss dafür aber 2003 einen Mindergewinn von 9,88 € in Kauf nehmen (= 19,6 − 9,72). Die Options-Höherbewertung ist also der Preis, der dafür »gezahlt« werden muss, dass man mit kleiner Summe spekuliert. Diese Rechnung ist insofern ungenau, als man bei der Variante b) bis 2003 (wahrscheinlich) noch Dividendenzahlungen erhält, weshalb die tatsächliche Options-Höherbewertung noch über der rechnerischen liegt.

Der Hebel wirkt umso ausgeprägter, je kleiner das Aufgeld ist.

Angenommen, die erwartete Kursentwicklung tritt ein, dann wird der Preis des Optionsscheins bis zum Ende der Optionsfrist auf 11,43 € steigen: Optionsschein und junge Aktie (48,57 €) entsprechen dann dem Börsenkurs (60 €). Dies bedeutet aber, dass der Preis des Optionsscheins um 568 % (von 1,71 auf 11,43 €) steigt, der Börsenkurs aber nur um 48,5 % (von 40,4 auf 60 €); man nennt diesen Effekt auch **Hebelwirkung.** Der »Hebel« beträgt im vorliegenden Fall: 40, 40 : 1,71 = 23,6.

Den besonderen **spekulativen Reiz** der Optionsanleihe lässt sich der Emittent – ähnlich wie bei der Wandelanleihe – durch eine relativ **magere Verzinsung** honorieren. Der Anleger müsste deshalb stets auch prüfen, ob die Gewinnchance derartige Zinseinbußen rechtfertigt.

> Der Reiz der Optionsanleihe liegt in ihrer Hebelwirkung. Allerdings wirkt der Hebel auch dann verstärkend, wenn der Aktienkurs fällt; außerdem ist eine niedrige Anleiheverzinsung der Preis des Emittenten für die Gewinnchance des Anlegers.

Mittlerweile werden auch Optionsanleihen mit Optionen auf weitere **Anleihen** aufgelegt. Das Spektrum der veroptionierten Werte wurde zusätzlich erweitert um Währungs-Optionsscheine, Waren-Optionsscheine und Index-Optionsscheine. Im September 1989 begab die Dresdner Bank den ersten Optionsschein auf einen Index, den DAX (Deutscher Aktienindex). Da dieser abstrakte Wert per se nicht lieferbar ist, wird im Falle der Optionsausübung die Differenz zwischen dem Indexstand und dem vereinbarten Optionspreis bar beglichen.

2.4 Sonstige langfristige Kreditformen

Ein **Schuldscheindarlehen** kann ein Einzelkredit, aber auch ein Konsortialdarlehen mehrerer Kreditgeber sein. Der Kreditbetrag wird gewährt gegen Aushändigung eines **Schuldscheins;** dieser ist allerdings kein »handelbares« Wertpapier, sondern lediglich eine **Beweisurkunde,** die jedoch auf jemand anderen **übertragen** werden kann.

Zielgruppe der Kredite aus staatlichen Mitteln sind in der Regel mittelständische Unternehmen, die keinen Zugang zum Kapitalmarkt haben.

　　Dem Schuldscheindarlehen sehr ähnlich sind **Kredite aus staatlichen Mitteln;** sie werden über die Kreditanstalt für Wiederaufbau in Frankfurt, die Deutsche Ausgleichsbank in Bonn oder unmittelbar aus öffentlichen Haushalten (»Sonderprogramme«) vergeben. Zielgruppe dieser Mittel sind in der Regel mittelständische Unternehmen, die keinen Zugang zum Kapitalmarkt haben und deshalb weder Aktien noch Obligationen emittieren können.

　　Eine besondere Form langfristiger Kreditfinanzierung sind die **Euronotes:** Ein Unternehmen begibt »revolvierend« (also mehrfach hintereinander) kurzfristige Schuldverschreibungen mit einer Laufzeit von jeweils unter sechs Monaten. Die Hausbank verpflichtet sich dabei auf Dauer, die nicht platzierten Papiere bis zu einer Höchstgrenze (»Backup Line«) zu übernehmen, was wie eine eingeräumte Kreditlinie wirkt. Für den Kreditnehmer besteht der Vorteil dieser Anleiheform darin, sich zu kurzfristigen und damit – meist – kostengünstigen Konditionen zu verschulden, trotzdem aber über eine langfristige Finanzierung zu verfügen.

2.5 Die kurzfristigen Kreditformen

Die hauptsächlichen kurzfristigen Kreditformen sind Zahlungsziel bzw. Vorauszahlung, Kreditlinie und Wechsel.

Der **Lieferantenkredit** wird meist in Form eines **Zahlungsziels** gewährt. Veräußert der Käufer die bezogene Ware weiter, dann kann er bei Inanspruchnahme des Zahlungsziels seine Schuld aus eigenen Verkaufserlösen begleichen. Andererseits ist dieser Kredit aber **sehr teuer;** so entspricht die Kreditvereinbarung: »Zahlung innerhalb von 30 Tagen, jedoch 2 % Skonto bei Zahlung innerhalb von 10 Tagen« einem Jahreszinssatz von:

$$\frac{365}{30 - 10} \cdot 2\,\% \;=\; 36{,}5\,\%$$

weshalb es in der Regel vorteilhaft ist, zur sofortigen Zahlung der Lieferung einen Bankkredit aufzunehmen. Nach dem »Gesetz zur Beschleunigung fälliger Zahlungen« gerät der Schuldner einer Geldforderung 30 Tage nach Fälligkeit und Zugang einer Rechnung automatisch in Verzug; eine Mahnung ist nicht mehr erforderlich. Der Verzugszinssatz beträgt fünf Prozent über dem Basiszins der Bundesbank (zwei bis drei Prozent).

Der **Kundenkredit** besteht in einer **Vorauszahlung** auf die zu liefernde Ware bei Vertragsabschluss. Üblich ist er allerdings nur im Großanlagengeschäft (Schiffbau), wo er vor allem zur Finanzierung auftragsgebundener Konstruktions- und Planungsarbeiten sowie zur Sicherung des Herstellers bei der Anfertigung von Spezialanlagen dient. Allerdings kann der Lieferant für fertige Teilleistungen und Materialkosten **Abschlagszahlungen** verlangen.

Bei einem **Kontokorrentkredit** erhält ein Bankkunde die Erlaubnis, sein Konto bis zu einer bestimmten, vorher ausgehandelten **Kreditlinie** zu überziehen. Als variabler Kredit kann er stets genau an das jeweilige Finanzierungserfordernis angepasst werden; dieser Vorteil muss aber durch eine vergleichsweise **hohe Zinsbelastung** erkauft werden.

Ein Wechsel hat in der Regel eine dreimonatige Laufzeit; ein Wechselprotest am Verfalltag erschüttert die Kreditwürdigkeit.

Der **Diskontkredit** ist ein **Wechselkredit:** Unter Abzug der Wechselzinsen (Diskont) kauft die Bank Wechsel, die meist eine Laufzeit von drei Monaten haben, vor der Fälligkeit und schreibt den Einreichern die diskontierten Wechselsummen gut. Ein Wechsel wird in der Regel vom Verkäufer einer Ware auf den Käufer gezogen, der damit einen **Zahlungsaufschub** bis zum Ende der vereinbarten Laufzeit des Wechsels erhält. Der Aussteller (Verkäufer) kann nun seinerseits mit dem Wechsel eigene Zahlungsverpflichtungen begleichen oder ihn bei seiner Hausbank einreichen. Zahlt der Bezogene (Käufer) am **Verfalltag** nicht an den jeweiligen Wechselinhaber, dann kommt es zum **Wechselprotest,** was die Kreditwürdigkeit des Bezogenen stark erschüttert. Die Banken sind nicht verpflichtet, alles Wechselmaterial zu akzeptieren.

Dem **Akzeptkredit** liegt ebenfalls ein **Wechsel** zugrunde: Bezogener ist hier allerdings die Bank, Aussteller ihr Kunde. Der Kunde kann diesen Wechsel (z. B. bei Auslandsgeschäften) in Zahlung geben, muss aber rechtzeitig vor dem Verfalltag seiner Bank die Wechselsumme zur Verfügung stellen; die wechselrechtliche Zahlungsverpflichtung liegt allerdings allein bei der Bank, die deshalb Akzeptkredite nur an erstklassige Kunden vergibt. Für den Kunden besteht der Vorteil des Akzeptkredits im Ausweis seiner »bankgarantierten« Zahlungsfähigkeit.

Beim **Lombardkredit** erhält der Kunde von seiner Bank Kredit gegen **Verpfändung** verwertbarer Gegenstände (meist Wertpapiere). Der Kredit hat einen festen Betrag und eine feste Laufzeit.

Beim **Avalkredit** übernimmt die Bank eine (an die Hauptschuld gebundene) **Bürgschaft** oder eine (von der Hauptschuld unabhängige) **Garantie.** Bankbürgschaften werden oft von öffentlichen Kreditgebern gefordert.

Unter der Lupe

Buyouts

Leveraged Buyout (Lbo) bedeutet, dass eine Gruppe von Investoren (Raider; to raid = jemanden überfallen) ein Unternehmen kauft, wobei zur Finanzierung umfangreiche Kredite (Junkbonds) aufgenommen werden. Der hohe Fremdfinanzierungsanteil wirkt dabei als Hebel zur Erhöhung der Rentabilität des eingesetzten Eigenkapitals. Die Kredite werden in der Regel durch »Verwertung« des Unternehmens zurückgezahlt. Die Rechnung geht allerdings nur dann auf, wenn diese Verwertung deutlich mehr einbringt, als das Ganze ursprünglich gekostet hat, das Unternehmen also »unterbewertet« war.

Die Gründe für eine Unterbewertung sind zahlreich: Viele junge Unternehmen haben über den Börsengang einen großen »Cash-Bestand« aufgebaut. Andererseits hat sich manches Geschäftsmodell als nicht besonders tragfähig erwiesen, weshalb sie Verluste einfahren, was den Börsenwert mindert. So wird von Fällen berichtet, wo ein Kassenbestand von 20 Mio. € einem Börsenwert von 12 Mio. € gegenübersteht. Die Raider versuchen dann, eine 75-Prozent-Mehrheit in der Hauptversammlung herzustellen (»feindliche Übernahme«) und das Unternehmen »zu beerdigen«. Ähnliche Überraschungen können Firmen erleben, die noch andere Vermögenswerte aufzuweisen haben, die mehr wert sind als das Unternehmen als Ganzes (z. B. Kunden, Technologien).

Angenommen, der Kaufpreis eines Unternehmens ist 200 Mio. €, und die Finanzierung besteht aus 20 Mio. € Eigen- und 180 Mio. € Fremdkapital. Können die Investoren aus dem Verkauf der Unternehmensteile 230 Mio. € realisieren, dann verbleiben ihnen bei 10 % Fremdkapitalzinsen 12 Mio. € Gewinn, d. h. eine »Rendite« von 60 %.

Eine andere Zielrichtung verfolgt das **Management buyout** (Mbo): Häufig halten Unternehmen Geschäftsfelder, die sie nicht mehr zu ihrer Kernkompetenz zählen und deshalb veräußern möchten; in der Regel steht dahinter auch eine als unzureichend angesehene Rentabilität. Ein Buyout kann sich dann auch in der Weise vollziehen, dass diese Randgeschäftsbereiche von ihren jeweiligen Managern »herausgekauft« werden – meist unter finanzieller Mitwirkung (z. B. Stille Beteiligung) von Buyout-Firmen, die ihnen dann auch bei der Restrukturierung mit Rat und Tat zur Seite stehen. Ein Mbo bietet sich z. B. auch dann an, wenn der Firmeninhaber keinen ge-

→

eigneten Nachfolger aus dem Familienkreis hat und er eine Übernahme durch einen Konzern oder Konkurrenten verhindern möchte.

3 Exkurs: Die Kursbildung an der Börse

Vor Einführung einer **Aktie** oder **Anleihe** an der Börse verlangt die jeweilige **Börsenzulassungsstelle** einen **Börsenprospekt** (§ 38 Börsengesetz). Dieser wird in bestimmten großen Tageszeitungen (**Börsenpflichtblätter**) veröffentlicht und informiert über Unternehmen und Wertpapier. Im Einzelnen muss der Prospekt Angaben zur Entwicklungsgeschichte des Emittenten, über seine Geschäftsbereiche, seine gegenwärtige Geschäftstätigkeit und seine Zukunftsaussichten enthalten, alle Vorstands- und Aufsichtsratsmitglieder namentlich nennen und – vor allem – den letzten Jahresabschluss sowie die Gewinnentwicklung der letzten fünf Jahre wiedergeben. Die Zulassung zum Börsenhandel kann nur eine (Emissions-)Bank beantragen, die als Interessenvertreter des eigentlichen Emittenten auftritt. Enthält die Darstellung falsche oder unvollständige Auskünfte, tritt die **Prospekthaftung** in Kraft: Bank und Emittent haften bei grobem Verschulden gesamtschuldnerisch gegenüber jedem Besitzer des Wertpapiers für den Schaden, den dieser infolge der Angaben erleidet. Allerdings verjährt die Prospekthaftung nach drei Jahren.

Der Börsenkurs eines Wertpapiers bestimmt sich nach den Kauf- und Verkaufaufträgen, die dem Börsenmakler vorliegen.

Ist eine Aktie oder Anleihe zum Börsenhandel zugelassen, dann bestimmt sich ihr **Kurs nach Angebot und Nachfrage** an der Börse. Angenommen, es liegen einem amtlichen **Börsenmakler** folgende Kauf- und Verkaufaufträge vor:

Kaufaufträge:	Verkaufsaufträge:
200 Stück zu 164	400 Stück zu 160
500 Stück zu 163	400 Stück zu 161
300 Stück zu 162	100 Stück zu 162
200 Stück zu 161	300 Stück zu 163
300 Stück zu 160	300 Stück zu 164.

Unter der – berechtigten – Annahme, dass jemand bereit ist, auch billiger als angegeben zu kaufen und teurer als angegeben zu verkaufen, ermittelt der Makler hieraus Nachfrage- und Angebotsfunktion:

Nachfragefunktion:	Angebotsfunktion:
1500 Stück zu 160	400 Stück zu 160
1200 Stück zu 161	800 Stück zu 161
1000 Stück zu 162	900 Stück zu 162
700 Stück zu 163	1200 Stück zu 163
200 Stück zu 164	1500 Stück zu 164;

ihre graphische Darstellung findet sich in Abb. 20.3. Der Börsenmakler stellt nun fest, zu welchem Kurs die **meisten Aufträge** abgewickelt werden können. Dies ist offensichtlich zum »Einheitskurs« von 162 der Fall (900 Stück): Bei einem niedrigeren Kurs beschränkt das mangelnde Angebot (800 Stück) die Transaktionen und bei einem höheren Kurs die mangelnde Nachfrage (700 Stück).

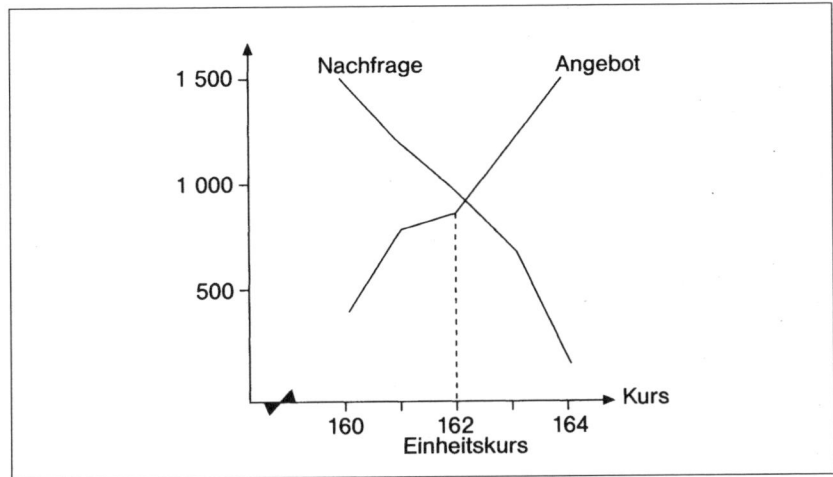

Abb. 20.3: Die Ermittlung des Börsenkurses

Beim Einheitskurs bleibt allerdings ein kleiner **Nachfrageüberhang** bestehen (100 Stück). In der Kursnotierung bringt man dies durch den Code **162 bG** (bezahlt und Geld) zum Ausdruck. Gab es hingegen nur Nachfrage, aber kein Angebot, dann lautet der Code **162 G** (Geld). Im umgekehrten Fall (**Angebotsüberhang** beim Einheitskurs) lautet der Code **162 bB** (bezahlt und Brief) bzw. **162 B** (Brief). Lagen überhaupt **keine Aufträge** vor, dann wird ein Kurs, zu dem Umsätze für möglich gehalten werden, geschätzt; der Code lautet dann: **162 T** (Taxe).

Der **Einheitskurs** (auch Kassakurs) wird etwa zur Mitte der täglichen Börsenzeit für jede zum amtlichen Handel zugelassene Aktie vom Börsenmakler festgestellt. Alternativ können im variablen Handel während der gesamten Börsenzeit beliebig viele Geschäfte getätigt werden und somit verschiedene Kurse (»**variable Notierungen**«) zustande kommen. Die Frankfurter Börse hat die Ermittlung von Einheitskursen für alle stücknotierten, variabel gehandelten Wertpapiere abgeschafft; für »marktenge« Aktien, Anleihen und sonstige in Prozent notierte Wertpapiere bleiben jedoch Kassakurse erhalten.

Unter der Lupe

Aktienkursprognose

Von den vielfältigen Möglichkeiten der Aktienkursprognose finden besonders die Fundamentalanalyse und die technische Analyse eine breite Anwendung.

Die **Fundamentalanalyse** versucht, den »inneren Wert« (Intrinsic Value) einer Aktie zu ermitteln. Sie benutzt dazu externe (z. B. DAX-, $-Kurs- und Zinsentwicklung) und interne Daten des Unternehmens (z. B. Ertragskraft, Kapitalstruktur, Arbeitsproduktivität, Marktstellung). Es empfiehlt sich, eine Aktie dann zu kaufen, wenn ihr Kurs unter dem ermittelten inneren Wert liegt. Eine Kennzahl ist in diesem Zusammenhang das Kurs-Gewinn-Verhältnis (Price/Earning Ratio) der Aktie:

KGV = Börsenkurs/Jahresüberschuss je Aktie

Ein relativ niedriges KGV wird als Kaufsignal gewertet.

Daneben wird auch der Umsatz-Multiple als:

Marktkapitalisierung (= Börsenwert aller umlaufenden Aktien) dividiert durch Umsatz

berechnet; dreistellige Multiples deuten auf sehr teure Aktien hin.

Bei der technischen Analyse (**Chartanalyse**) versucht man, aus dem bisherigen Kursverlauf der Aktie ihre zukünftige Entwicklung abzuleiten. Als Begründung wird angeführt, dass sich alle unternehmensinternen Faktoren im Aktienkurs niederschlagen und damit aus den – graphisch dargestellten – Kursverläufen (Charts) ablesbar sind. Ziel ist es, Trendverläufe von Aktienkursen möglichst frühzeitig zu erkennen und aus typischen Kursentwicklungen (Formationen) Kauf- oder Verkaufssignale abzuleiten.

Eine Verbindung von technischer und Fundamentalanalyse ermöglichen die **neuronalen Netze** (Abb. 20.4). Dies sind an die Funktionsweise des Gehirns angelehnte Computerprogramme. Sie bestehen aus »Neuronen«, die in mehreren Schichten (meist: Eingabe-, Zwischen- und Ausgabeschicht) miteinander verknüpft sind. Das Problem besteht nun zunächst darin, die Struktur (»Topologie«) des Netzes »zurechtzuschneiden« und dann Aktienkursentwicklungen der Vergangenheit aus den jeweils dazugehörenden Datenreihen der technischen und Fundamentalanalyse möglichst genau zu rekonstruieren. Dies geschieht dadurch, dass das Netz den Verbindungen geeignete Gewichte zuordnet. Auf der Basis dieser Gewichte kann dann das Netz mit aktuellen Eingabegrößen zukünftige Aktienkurse prognostizieren. Im Grunde »trainiert« man das Netz anhand der Vergangenheit und überträgt diese Erfahrungen auf die Zukunft.

Die tatsächliche Kursentwicklung macht aber dennoch immer wieder, was sie will. Verantwortlich hierfür sind z. B. Strukturbrüche, die das Wissen der Vergangenheit entwerten (z. B. Asienkrise).

Für die Teilnahme am Börsenhandel gibt es vier Kategorien: amtlichen Handel, geregelten Markt, geregelten Freiverkehr und Neuer Markt.

Für die Teilnahme am **amtlichen Handel** werden von der Börsenaufsicht an die Gesellschaft strenge Anforderungen hinsichtlich ihrer Publizitätspflichten und Bonität gestellt, weshalb hier dem Aktionär auch die größte Sicherheit geboten wird (»Standardwerte«). Erfüllt ein eher mittelständisches Unternehmen nicht die strengen Zugangsbedingungen zum amtlichen Handel

(z. B. bei der Publizitätspflicht), dann kann es die erleichterte Zulassung zum **geregelten Markt** beantragen; hierbei darf statt einer Bank auch eine Versicherung, eine Unternehmensbeteiligungsgesellschaft oder ein Broker behilflich sein. Mit noch weiter vereinfachten Verfahren und auf der Basis eines – vom Bundesaufsichtsamt für den Wertpapierhandel geprüften – speziellen Verkaufsprospekts gestaltet sich die Zulassung zum **geregelten Freiverkehr,** in dem aber – in der Regel – keine für das Publikum problematischen Wertpapiere anzutreffen sind. (Vom ungeregelten Freiverkehr – oder OTC [Over The Counter] – spricht man beim Handel per Telefon unmittelbar zwischen den Banken.)

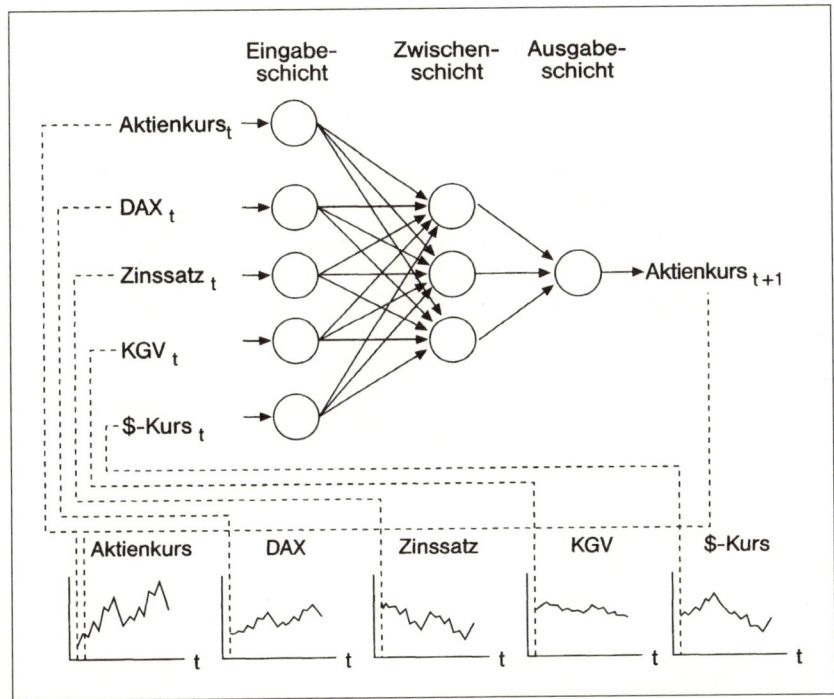

Abb. 20.4: Beispiel für ein neuronales Netz (Trainingsphase)

Eine Sonderform des geregelten Marktes (mit strengen Zulassungsanforderungen) ist seit 1997 der **Neue Markt** an der Frankfurter Börse. Hier werden Anleger angesprochen, die hohe Renditen suchen ohne Risiko zu scheuen, wobei ihnen eine hohe Transparenz geboten wird (z. B. Quartalsberichte über den Geschäftsverlauf, Bilanzierung nach HGB sowie IAS oder GAAP (23. Kapitel) in deutsch und englisch). Teilnehmer sind vor allem kleinere, junge, innovative Wachstumsfirmen aus der IT-, Medien- und Biotechnologie-Branche, weshalb man – analog zur US-amerikanischen Nasdaq – von einer »Innovationsbörse« spricht. Allerdings hat dieser Markt – zunächst – seine Bewährungsprobe kaum bestanden: Von den über 300 Unternehmen,

Der Neue Markt schafft Zugang zu Risikokapital (Venture Capital).

die ihn für den Börsengang wählten, haben etwa 90 Prozent ihren Emissionskurs nicht halten können (Stand: 2002). Manche bezeichnen deshalb den Neuen Markt auch als »Milliardengrab«.

Aufträge an eine Bank zum Kauf oder Verkauf von Aktien können vom Anleger **limitiert** (Höchstkurs beim Kaufauftrag, Mindestkurs beim Verkaufsauftrag) oder **unlimitiert** (billigst beim Kauf, bestens beim Verkauf) erteilt werden. Jedes Börsengeschäft verursacht **Spesen;** diese bestehen aus **Makler-Courtage** und **Bankprovision.** Insgesamt machen die Spesen etwa 2,3 % des Kurswertes aus.

Neben dem traditionellen Börsenhandel (»Parkett«) hat sich – vom Börsenplatz Frankfurt aus – das elektronische Handelssystem **Xetra** (Exchange Electronic Trading) etabliert, das die – variablen – Notierungen parallel zur Parkettbörse abwickelt. Alle namhaften deutschen Aktien sowie die wichtigsten Anleihen werden vorwiegend über Xetra gehandelt. Die Regionalbörsen (Stuttgart, München, Düsseldorf, Berlin, Hamburg, Bremen, Hannover) sowie der Frankfurter Parketthandel wickeln ihre Wertpapiergeschäfte über das – von der Deutschen Börse AG – kontrollierte System Boss/Böga ab. Hier läuft ein Großteil des Handels mit weniger »liquiden« Aktien (Orders unter 1000 Stück) über Börsenmakler, wozu auch etwa die Hälfte der Geschäfte bei MDax und Nemax gehören. Anders als bei Xetra wird im Präsenzhandel Maklercourtage fällig, Kleinkunden werden aber (meist) auch besser bedient.

Der allgemeine Kurstrend von Aktienbörsen wird durch **Indizes** wiedergegeben, die die Kurse von repräsentativen, umsatzstarken Aktien berücksichtigen und sich durch Bezug auf die Kurse eines Ausgangstermins errechnen; die wichtigsten Indizes sind:
- DAX (Deutscher Aktienindex)
- Dow-Jones-Index (New York)
- Nikkei-Index (Tokio)
- Financial-Times-Index (London)

Unter der Lupe

Deutsche Aktienindizes

Der Deutsche Aktienindex DAX wurde am 1. Juli 1988 mit einem Normwert von 1000 eingeführt und enthält die wichtigsten 30 an der Frankfurter Wertpapierbörse notierten deutschen Aktien. Der Handel wird fast vollständig über das elektronische Handelssystem Xetra abgewickelt.

Die 70 nächstgrößeren Titel (»Nebenwerte«) befinden sich im MDax, 50 »Kleinwerte« im SDax.

Seit 2001 müssen alle in DAX und MDax notierten Firmen Quartalsberichte vorlegen. Da Porsche dies verweigerte, hat die Deutsche Börse AG das Unternehmen aus dem MDax ausgeschlossen. »Porsche-Chef Wendelin Wiedeking hatte seine Haltung wiederholt damit begründet, die kurzfristige Berichterstattung verleite (dazu), ein Unternehmen unter dem Druck der

Börsenerwartungen falsch zu steuern zu Ungunsten langfristiger Entscheidungen« (Süddeutsche Zeitung vom 24. 9. 2001).

Auch der Neue Markt verfügt über ein Börsenbarometer: Die 50 größten Wachstumswerte sind im Nemax-50 zusammengefasst.

Generell gilt eine Listung in den Indizes als Garantie für eine gute Resonanz bei Investoren – mit der Aussicht auf Kursgewinne. Ausnahmen bestätigen die Regel; Porsche-Werbung: »Mal ehrlich, haben sie sich ihre Porsche Aktien gekauft, weil Porsche im MDax war?«

Da sich die Indizes an den »profiliertesten« Unternehmen orientieren, gibt es immer wieder Ab- und Aufsteiger. So wurde im Herbst 2001 z. B. der Hamburger Handelskonzern Spar aus dem MDax ausgeschlossen; andererseits stiegen z. B. Salzgitter und Fraport auf.

Alle Indexwerte spiegeln täglich die Kursbewegungen an der Börse wieder, wobei die einzelnen »Mitglieder« mit ihrer Marktkapitalisierung gewichtet in die Berechnung eingehen. Dies kann immer wieder zu »Verwerfungen« führen: So schied Anfang 2000 Mannesmann – wegen der Übernahme durch Vodafone – aus dem DAX aus; Nachrücker war – auf der von der Deutschen Börse AG geführten Index-Rangliste – die Siemens-Tochter Epcos. Damit verließen 155 Mrd. € Marktkapitalisierung den Index und 10 Mrd. € wurden aufgenommen. Hierdurch verschob sich das Gewicht der übrigen Titel im DAX zugunsten der verbliebenen »Schwergewichte« erheblich.

Auf europäischer Ebene entspricht dem DAX der EuroStoxx50 in dem die Gewichte (noch) sehr breit gestreut sind.

Unter der Lupe

Deutsche Terminbörse Eurex

Am 24. Januar 1990 eröffnete die Deutsche Terminbörse in Frankfurt/M. ihren Handel. Zu ihrem Angebot gehören Optionen und Termingeschäfte (»Derivate«).

Eine **Option** räumt ihrem Käufer das Recht ein, eine bestimmte Anzahl von Aktien (mindestens 50)

- innerhalb einer bestimmten Frist (amerikanische Option) oder
- zu einem bestimmten Zeitpunkt (europäische Option)

zu einem festgelegten Preis (Basispreis oder Strike Price) vom Optionsverkäufer zu erwerben (Call-Option) oder an ihn zu verkaufen (Put-Option). Allerdings kann der Optionskäufer – bei einer für ihn ungünstigen Kursentwicklung – dieses Recht verfallen lassen; die Optionsprämie ist dann freilich auch vertan. Der Optionsverkäufer (»Stillhalter«) muss hingegen – sofern vom Optionskäufer gewünscht – stets seiner Verpflichtung, Aktien zu liefern (bei Call-Option) bzw. entgegenzunehmen (bei Put-Option), nachkommen.

Optionen dienen nicht nur der Absicherung von Kursrisiken (»Hedging«), sondern auch zu Spekulationszwecken: Gemessen am Kapitaleinsatz können mit Aktienoptionen wesentlich höhere Gewinne erzielt werden als

→

beim Direkterwerb von Aktien. Grundsätzlich unterscheidet man vier Strategievarianten:

■ Bull-Strategien in Erwartung steigender Aktienkurse (der Bulle erwirbt Calls),
■ Bear-Strategien bei sinkenden Kursen (der Bär erwirbt Puts),
■ Long Combinations bei starken Kursschwankungen und
■ Short Combinations bei stabilen Kursen.

Der Inhaber eines Optionsrechts kann dieses an der Börse veräußern (Optionshandel), so dass der Erwerber alle Rechte gegenüber dem Stillhalter erhält.

Angenommen, ein Anleger möchte in drei Monaten A-Aktien kaufen, wobei er mit einem deutlich über dem Basispreis (100 €) liegenden Wert rechnet; er erwirbt deshalb einen Call (10 €). Nach drei Monaten stehen die Aktien bei 140 € (Ausübungspreis). Die Option »kommt ins Geld«, der Käufer löst sie beim Stillhalter zum Basispreis ein und erzielt 40 €–10 € = 30 € (300 Prozent) Gewinn. An einer sofort erworbenen Aktie hätte er nur 40 Prozent verdient. Wäre der Kurs gesunken (z. B. 80 €), hätte der Käufer die Option verfallen lassen, weshalb der Optionseinsatz (10 €) der maximale Gewinn des Stillhalters ist. Im Optionshandel erhöht (vermindert) sich der Optionswert mit steigendem (fallendem) Aktienkurs, wobei freilich die Volatilität (Beweglichkeit) der Aktienkurse auf »Delta« eingewirkt hätte: Hohe Schwankungsbreiten korrigieren den Wert der Option nach oben, weil er dann mehr Chancen bietet.

Im Unterschied zur Option gehen bei **Termingeschäften** (»Futures«) beide Partner die bindende Verpflichtung ein, eine bestimmte Menge (Wertpapiere, Devisen, Rohstoffe) zu einem festen Preis und zu einem vereinbarten Zeitpunkt zu kaufen bzw. zu verkaufen. Dabei ist keine Prämie zu zahlen, sondern ein gewisser Vorschuss (Margin) als Sicherheit zu leisten, dessen Höhe vom Kontraktvolumen, der Bonität des Kunden und der Volatilität der gehandelten Waren abhängt. Zwischen den Geschäftspartnern steht ein Clearing-House, das die Abwicklung der Geschäfte überwacht und regelmäßig den Kaufkurs der Ware mit dem aktuellen Marktkurs vergleicht. Gewinne werden dem Konto der Sicherheitsleistung gutgeschrieben, Verluste abgezogen. Unterschreitet die Sicherheitsleistung eine bestimmte Grenze (Maintenance Margin), muss der Kunde nachschießen.

Auch Termingeschäfte können sowohl spekulativ als auch zur Absicherung gegen Kursrisiken eingesetzt werden. Diese Absicherung geschieht grundsätzlich dadurch, dass parallel zur abzusichernden Position auf dem Kassamarkt eine gleichwertige, aber gegensätzliche auf dem Terminmarkt aufgebaut wird. Derartige Geschäfte laufen stets als »Nullsummenspiele« ab: Was die eine Partei gewinnt, verliert die andere.

Beispiel

Notierung an der NYSE

»… Elf deutsche Unternehmen sind heute bereits in New York notiert, darunter Schwergewichte wie DaimlerChrysler, E.On oder die Deutsche Telekom … die Titel von sieben kleineren Gesellschaften wie der Biotech-Firma Lion Bioscience oder dem E-Commerce-Entwickler Intershop werden an der US-Technologiebörse Nasdaq gehandelt …

International agierenden Konzernen bleibt fast keine Wahl: Sie können es sich kaum leisten, am wichtigsten Kapitalmarkt der Welt nicht vertreten zu sein. Hier gelten die strengen Regeln der US-Aufsichtsbehörde Securities and Exchange Commission (SEC), hier fragen die Analysten kritischer als anderswo, und hier ist der Kampf um die Investoren am härtesten …

Ihre US-Präsenz wollen die Konzerne auch durch den Kauf von amerikanischen Unternehmen verstärken. »Der Spielraum für Akquisitionen in Nordamerika« erhöht sich aus Sicht von BASF-Chef Strube durch die Notierung an der NYSE.

So finanzierte die Stuttgarter Daimler-Benz AG, die im Oktober 1993 als erstes deutsches Unternehmen an die Wall Street ging, ihre Fusion mit Chrysler über einen Aktientausch …

Ein weiterer Grund für die US-Notierung ist die Möglichkeit, den amerikanischen Mitarbeitern Aktienoptionen anbieten zu können. »Im Kampf um die besten Köpfe gewinnen Sie »nur«, weiß Schering-Manager Vita, »wenn Sie da mitziehen können.« …

Viele Unternehmen nutzen das US-Listing aber auch, um ihre Bekanntheit in dem riesigen Markt zu erhöhen … Denn nur, wer es auf die Bewertungslisten der Analysten schafft, wird in die gängigen Industriestudien mit aufgenommen und rückt damit ins Blickfeld der Investoren.

Und möglichst viele US-Investoren wollen die deutschen Unternehmen mit dem Börsengang auch gewinnen. Sie zielen in erster Linie auf jene amerikanischen Pensionsfonds und Versicherungen, die laut ihrer Satzung nur Werte kaufen dürfen, die in den USA offiziell börsennotiert sind …

Die Doppelnotiz, so merken die deutschen Pioniere schnell, hilft der Liquidität ihrer Aktie kaum auf die Sprünge. In der Regel führen sie an der NYSE ein Schattendasein … Die Handelsvolumen sind mau, Tagesumsätze von 1000 Stück für Dax-Unternehmen wie E.On sind keine Seltenheit. Auch die Papiere von DaimlerChrysler werden weitgehend in Frankfurt gehandelt …

Den Hauptgrund für das laue Geschäft mit deutschen Werten an der NYSE nennt Anthony Smithie, Aktienmarkt-Chef der Commerzbank in New York: »Fondsmanager tendieren dazu, die Aktien in den lokalen Märkten zu kaufen.« Denn dort ist der Handel am liquidesten, die Preise sind deshalb fair, und ein Käufer oder Verkäufer ist schneller gefunden.

Dennoch lohnt sich das aufwendige Doppellisting für die meisten Konzerne. Zum einen hat eine Untersuchung der NYSE ergeben, dass die Notierungen an der Wall Street zu einem deutlich höheren Handelsvolumen an den Heimatbörsen führten … Zum anderen betrachten die US-Investoren eine Notierung in ihrem Heimatmarkt als eine Art Gütesiegel.

⟶

Denn alle an der Wall Street notierten Unternehmen müssen nach der strengen Richtlinie US-Gaap bilanzieren ...

Gerade beim Anlegerschutz müssen die Deutschen aber noch dazulernen. So kassierte E.On eine Rüge von der SEC, weil das Vorgängerunternehmen Veba im Sommer 1999 mehrfach die Fusionsgespräche mit Viag dementierte, obwohl die Verhandlungen schon weit fortgeschritten waren ...

Und bei noch einem Punkt zeigen einige deutsche Konzerne noch Schwächen: Ihre Investor-Relations-Aktivitäten, so ergab eine aktuelle Studie der Deutsch-Amerikanischen Handelskammer, sei stark verbesserungsbedürftig. Vor allem bei der Betreuung der US-Investoren gebe des Nachholbedarf ...«

(Aus: A. Ruess: Schattendasein, in: Wirtschaftswoche vom 12. 10. 2000)

Zahl der gehandelten Papiere pro Tag im Februar 2001 (Durchschnitt)

Unternehmen	NYSE	XETRA
Eon	16 000	1 791 819
DaimlerChrysler	637 020	3 754 231
BASF	44 580	1 680 403
Allianz	24 845	518 260

(Aus: Süddeutsche Zeitung vom 10./11. 3. 2001)

Arbeitsaufgaben

1) Stellen Sie die grundsätzlichen Unterschiede zwischen Beteiligungs- und Kreditfinanzierung heraus!
2) Was verstehen Sie unter einer Kapitalerhöhung gegen Einlagen, und welche Bedeutung kommt dabei dem Bezugsrecht zu?
3) Erörtern Sie die Vor- und Nachteile einer Kapitalerhöhung aus Gesellschaftsmitteln für Gesellschaft und Gesellschafter!
4) Beschreiben Sie kurz die Kreditsicherung durch Grundpfandrechte!
5) Welche Bedeutung hat die Eigentümergrundschuld?
6) Erörtern Sie kurz die Instrumente der Aktienkursprognose!
7) Nehmen Sie Stellung zu folgender Aussage: »Auf Schulden reitet das Genie zum Erfolge«! Erläutern Sie diesen Sachverhalt auch formelmäßig!
8) Gegeben sei ein Investitionsobjekt mit einem Investitionsvolumen von € 300 Mio. und einer Gesamtkapitalrendite von 12 Prozent. Dem Investor stehen € 150 Mio. Eigenkapital und ein Kreditrahmen von € 250 Mio. bei seiner Hausbank zur Verfügung. Der Kreditzinssatz ist variabel und beträgt zurzeit 10 Prozent. Er kann sich aber in den nächsten Monaten auf 15 Prozent erhöhen.
Berechnen Sie für zwei unterschiedliche (frei wählbare) Verschuldungskoeffizienten jeweils die Eigenkapitalrendite und den Gewinn des Investors. Erläutern Sie das Risikopotential des Leverage-Effekts. Illustrieren Sie ihre Überlegungen mit Hilfe des obigen Zahlenbeispiels.

9) Worin sehen Sie die hauptsächlichen Unterschiede zwischen Aktie und Industrieobligation?

10) Beschreiben Sie das Finanzierungsinstrument der Wandelanleihe!

11) Beschreiben Sie das Finanzierungsinstrument der Optionsanleihe! Wie erklärt sich die Options-Höherbewertung?

12) Wie funktioniert »Leverage buyout«, und welche Rolle spielen dabei Junkbonds?

13) Erläutern Sie die Vor- und Nachteile von
   a) Lieferantenkredit
   b) Kundenkredit
   c) Kontokorrentkredit!

14) Beschreiben Sie Diskont-, Akzept- und Lombardkredit!

15) Was verstehen Sie unter »amtlichem Handel«, »geregeltem Markt«, »geregeltem Freiverkehr« und »Neuem Markt«, und welches sind die prinzipiellen Zulassungsvoraussetzungen?

16) An einem Börsentag habe es folgende Auftragslage bei einem bestimmten Wertpapier gegeben:

Kaufaufträge	Verkaufsaufträge
100 Stück zu 173	100 Stück zu 171
600 Stück zu 172	100 Stück zu 172
100 Stück zu 171	400 Stück zu 173

Ermitteln Sie den Einheitskurs; welchen Zusatz müsste er bekommen?

17) Wie verändert sich bei einer Gesamtkapitalrentabilität von 14 % die Eigenkapitalrentabilität, wenn bei einem Eigenkapital von 100
   a. ein Fremdkapital von 100 eingesetzt ist, dessen Zinssatz von 8 % auf 10 % steigt,
   b. bei einem Zinssatz von 8 % der Fremdkapitaleinsatz von 100 auf 200 erhöht wird?

18) Eine Aktiengesellschaft erhöht ihr Grundkapital von 4 auf 6 Mio. €. Bei einem Börsenkurs von 85 soll der Bezugskurs der jungen Aktie 60 betragen.
   Ermitteln Sie den rechnerischen Wert eines Bezugsrechtsscheines und zeigen Sie, inwiefern das Bezugsrecht die Aktionäre vor einer Verwässerung ihres Besitzstandes schützt!

19) Erläutern Sie die Zusätze zu den amtlichen Kursnotierungen! Woraus setzen sich die Spesen für Börsengeschäfte zusammen? Welches sind die Börsen in Deutschland? Was ist das Handelssystem »Xetra«?

20) Beschreiben Sie kurz die Kreditsicherung durch
   a. Sicherungsübereignung
   b. Verpfändung
   c. Eigentumsvorbehalt?

21) Eine Industrieobligation zum Nennwert von 200 wird zu 194 emittiert; ihr Normalzins beträgt 6 %. Wie hoch ist ihre effektive Verzinsung bei fünf Jahren Laufzeit (ungefähr)?

Was verstehen Sie unter »freihändigem Rückkauf« und welche Vor- und Nachteile bietet er?

22) Warum erwerben Unternehmen eigene Aktien? Inwiefern ist ihr Erwerb gesetzlich beschränkt? Warum dürfen Aktienoptionen hiermit nicht bedient werden?

23) Beschreiben Sie die verschiedenen Arten von Aktien!

24) Ordnen Sie die folgenden Finanzierungsinstrumente jeweils der Innenfinanzierung, der Beteiligungsfinanzierung oder der kurz- bzw. langfristigen Kreditfinanzierung zu:
Einbehaltung von Gewinnen, Ausgabe von Obligationen, Kundenanzahlung, Aktenemission, Factoring, Kapitaleinlage eines Personengesellschafters, Lieferantenkredit, Pensionsrückstellungen, Wandelschuldverschreibungen.

25) Der Bulle kauft Calls und der Bär erwirbt Puts. Erläutern Sie diesen Zusammenhang!

26) Beschreiben Sie die Konstruktion und Aufgabenstellung der Hermesbürgschaft!

27) Erörtern Sie kurz die Finanzierungsinstrumente
a. Floating-Rate-Notes
b. Gewinnschuldverschreibung
c. Zerobonds
d. Junkbonds
und grenzen Sie diese von der »klassischen« Industrieobligation ab!

28) Was verstehen Sie unter Termingeschäften?

29) Nennen Sie Anlässe für eine bedingte Kapitalerhöhung! Was heißt hier »bedingt«?

30) Die Deutsche Terminbörse wickelt Optionshandel und Termingeschäfte ab. Worin besteht der Unterschied?

Lösungsvorschläge für die Arbeitsaufgaben im »Übungsbuch zu Grundlagen und Probleme der Betriebswirtschaft«.

Weiterführende Literatur

Corsten, H.; May, C. (Hrsg.): Neuronale Netze in der Betriebswirtschaft, Wiesbaden 1996.

Franke, G.; Hax, H.: Finanzwirtschaft des Unternehmens und Kapitalmarkt, 4. Aufl., Berlin, Heidelberg 1999.

Gerke, W.: Der Neue Markt, in: Wirtschaftswissenschaftliches Studium (WiSt), 28. Jg. (4, 1999), S. 204–206.

Gerke, W.; Bank, M.: Finanzierung, Stuttgart u. a. 1998.

Gutenberg, E.: Grundlagen der Betriebswirtschaftslehre, 3. Band, Die Finanzen, 8. Aufl., Berlin 1980.

Kruschwitz, L.; Decker, R. O. A.; Röhrs, M.: Übungsbuch zur Betrieblichen Finanzwirtschaft, 5. Aufl., München 1998.

Milde, H.: Leveraged Buyout, in: Wirtschaftswissenschaftliches Studium (WiSt), 19. Jg. (1. 1990), S. 7–12.

Musielak, H.-J.: Grundkurs BGB, 6. Aufl., München 1999.

Perridon, L.; Steiner, M.: Finanzwirtschaft der Unternehmung, 10. Aufl., München 1999.

Quick, R.: Management Buy-Out, in: Wirtschaftswissenschaftliches Studium (WiSt), 20. Jg. (6, 1991), S. 311–315.

Schneider, D.: Investition, Finanzierung und Besteuerung, 7. Aufl., Wiesbaden 1992.

Uhlir, H.; Steiner. P.: Wertpapieranalyse, 4. Aufl., Heidelberg 2001.

Wöhe, G.; Bilstein, J.: Grundzüge der Unternehmensfinanzierung, 8. Aufl., München 1998.

Wolf, M.: Sachenrecht, 17. Aufl., München 2001.

21. Kapitel:
Grundlagen von Rechnungswesen und Kostentheorie

Lernziele

Leitfrage:
Welches sind die Aufgaben des betrieblichen Rechnungswesens?

Leitfrage:
Wie kann der Erfolg eines Unternehmens bestimmt werden, und aus welchen Komponenten setzt er sich zusammen?

Leitfrage:
Welche Einflussgrößen sind in erster Linie für das Kostenniveau eines Unternehmens verantwortlich?

- Welchen Einfluss haben die technisch-organisatorischen Produktionsbedingungen?
- Wie wirken die Faktorpreise?
- Inwiefern ist der Beschäftigungsgrad von Bedeutung?
- Wie beeinflusst die Betriebsgröße das Kostenniveau?
- Welche besonderen Kostenwirkungen entfaltet das Produktionsprogramm?

1 Die Aufgaben des betrieblichen Rechnungswesens

Das Rechnungswesen erfasst alle betrieblichen Daten und wertet sie aus.

Das betriebliche Rechnungswesen hat die Aufgabe, alle **Daten,** die das betriebliche Geschehen beschreiben, fortlaufend und lückenlos zu **erfassen** und **auszuwerten.**

Vor allem soll es

- einen Überblick über die Vermögens- und Ertragslage gewähren (**Geschäfts- oder Finanzbuchhaltung**) und
- die angefallenen Kosten aufzeichnen und den Stellen (Kostenstellen) und Produkten (Kostenträgern) zurechnen, die sie verursacht haben (**Betriebsbuchhaltung**).

Das Rechnungswesen besteht aus den beiden Bereichen »Geschäfts-buchhaltung« und »Kostenrechnung«.

Die Geschäftsbuchhaltung nennt man auch **externes Rechnungswesen,** während die Betriebsbuchhaltung auch als **internes Rechnungswesen** oder Kostenrechnung bezeichnet wird.

Ferner hat die **Statistik** die Aufgabe, die im Betrieb anfallenden Daten aufzubereiten und zu verdichten, während die **Planungsrechnung** Prognosedaten zur Verfügung stellen soll.

2 Die Grundbegriffe des Rechnungswesens

2.1 Auszahlung – Ausgabe – Aufwand – Kosten

Unter einer **Auszahlung** versteht man einen baren oder bargeldlosen Zahlungsvorgang, bei dem der Betrieb der Zahlungsleistende ist.

Häufig werden aber z.B. angelieferte Waren nicht sofort, sondern erst später bezahlt. Mit der Lieferung entsteht dann keine Auszahlung, sondern eine Verbindlichkeit (Schulden). **Schuldenzugänge** und **Auszahlungen** werden unter dem Oberbegriff **Ausgaben** zusammengefasst.

Als »Aufwand« bezeichnet man den Werteverbrauch eines Jahres, sofern er das Reinvermögen verringert (Ausnahme: Privatentnahme).

Als **Aufwand** wird der gesamte – in Geld ausgedrückte – Werteverbrauch eines Jahres bezeichnet, soweit er zu einer **Verringerung des Reinvermögens** führt. Unter dem Reinvermögen versteht man dabei das Vermögen nach Abzug der Schulden (Abb. 21.1). So ist z.B. bei einer aus Tilgung und Verzinsung bestehenden Annuität nur die Verzinsung Aufwand. Die Tilgung führt zwar zu einer Kassenbestands- und damit Vermögensminderung, gleichzeitig aber auch zu einer Schuldenabnahme, weshalb das Reinvermögen nicht berührt wird (Abb. 21.1); die Zinszahlung hingegen vermindert lediglich das Vermögen (»Kasse«), damit auch das Reinvermögen und ist folglich Aufwand. Keinen Aufwand stellt ferner z.B. der Kauf einer Maschine dar, denn in dem Maße, wie die Vermögensposition »Kasse« abnimmt, nimmt die Vermögensposition »maschinelle Anlagen« zu: Das Reinvermögen bleibt unverändert. Ein Werteverbrauch zu Lasten des Reinvermögens ist auch dann Aufwand, wenn er nicht mit der betrieblichen Leistungserstellung und -Verwertung in Zusammenhang steht (z. B. eine Spende an das Rote Kreuz).

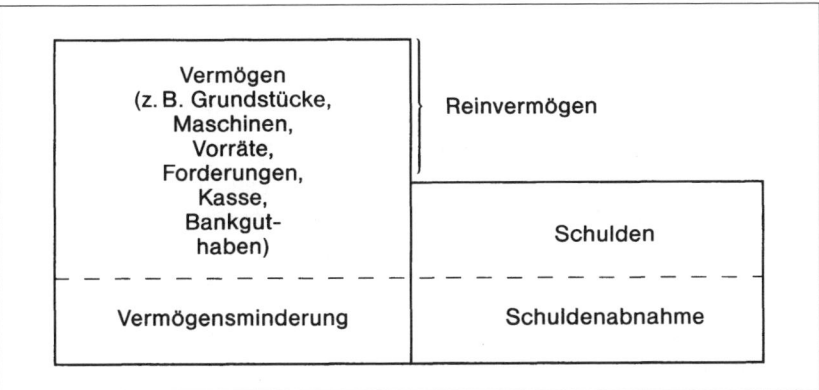

Abb. 21.1: Das Reinvermögen

Einzige **Ausnahme** von der bisherigen Aufwandsdefinition ist die (Privat-)**Entnahme** durch die Eigentümer des Betriebs: Sie wirkt zwar mindernd auf das Reinvermögen, ist aber dennoch **kein Aufwand.**

Kosten nennt man den – in Geld ausgedrückten – **sachzielbezogenen** Werteverbrauch im Rahmen der **ordentlichen** Geschäftstätigkeit **in einer Periode.** Kosten bezeichnen also wie Aufwand auch Werteverbrauch; es bestehen allerdings einige wesentliche Unterschiede zwischen beiden (Abb. 21.2): Ein **neutraler Aufwand** liegt z. B. bei einer Spende ans Rote Kreuz vor; ein solcher Werteverbrauch führt zwar zu einer Verminderung des Reinvermögens, ist also Aufwand, er hat aber nichts mit dem Sachziel des Unternehmens zu tun, weshalb er keine Kostengröße ist (**betriebsfremder neutraler Aufwand**). Ähnlich verhält es sich z. B. mit dem Totalschaden eines (nicht versicherten) Lkw durch einen Unfall: Ein solches Ereignis gehört zwar in den Rahmen der Leistungserstellung und -Verwertung, jedoch nicht normalerweise (**außerordentlicher neutraler Aufwand**). Auch eine Gewerbesteuernachzahlung ist zwar Aufwand, nicht aber Kosten, weil sie der Leistungserstellung und -Verwertung eines früheren Jahres zuzurechnen ist (**periodenfremder neutraler Aufwand**). Andererseits repräsentiert z. B. der »kalkulatorische Unternehmerlohn« für mitarbeitende Gesellschafter oder die »kalkulatorische Miete« für eigene Räume zwar einen Werteverbrauch, der in die Kosten »einkalkuliert« werden muss; da es sich hierbei jedoch um eine Privatentnahme durch die Gesellschafter handeln würde, entspricht diesen Kosten kein Aufwand, weshalb sie als **Zusatzkosten** bezeichnet werden. **Anderskosten** erfassen hingegen Bewertungsunterschiede: Abschreibungen auf Maschinen z. B. müssen im Rahmen der Aufwandsrechnung vom Anschaffungswert vorgenommen werden, in der Kostenrechnung

Als »Kosten« bezeichnet man den Werteverbrauch, der im Rahmen des betrieblichen Leistungsprozesses einer Periode normalerweise anfällt.

dürfen sie hingegen auf dem – voraussichtlich höheren – Wiederbeschaffungswert basieren.

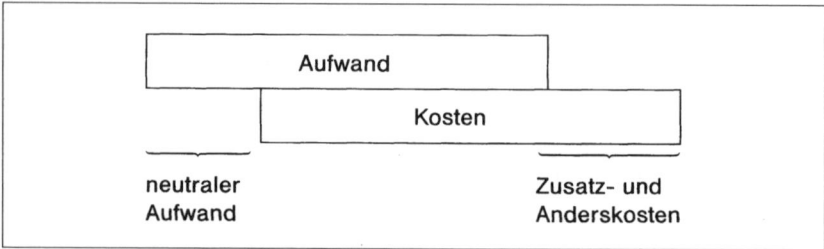

Abb. 21.2: Aufwand und Kosten

2.2 Einzahlung – Einnahme – Ertrag – Leistung

Unter einer **Einzahlung** versteht man einen baren oder bargeldlosen Zahlungsvorgang. bei dem der Betrieb der Zahlungsempfänger ist.

Werden ausgelieferte Waren nicht sofort, sondern erst später bezahlt, dann entsteht mit der Lieferung keine Einzahlung, sondern eine Forderung. **Forderungszugänge** und **Einzahlungen** werden unter dem Oberbegriff **Einnahmen** zusammengefasst.

Als »Ertrag« bezeichnet man den Wertezugang eines Jahres, sofern er das Reinvermögen vergrößert (Ausnahme: Kapitalerhöhung).

Als **Ertrag** wird der gesamte – in Geld ausgedrückte – Wertezugang eines Jahres bezeichnet, soweit er zu **einer Vergrößerung des Reinvermögens** führt. So liegt in einer Kreditaufnahme kein Ertrag, weil sich mit dem Vermögen (z. B. Bankguthaben) auch die Schulden vergrößern, das Reinvermögen also unverändert bleibt. Auch die Eintreibung von Außenständen bedeutet keinen Ertrag, denn in dem Maße, wie die Vermögensposition »Kasse« zunimmt, nimmt die Vermögensposition »Forderungen« ab: Das Reinvermögen bleibt auch hier unverändert; eventuelle Einnahmen aus Verzugszinsen erhöhen jedoch das Reinvermögen und sind deshalb Ertrag. Ein Wertezugang zugunsten des Reinvermögens ist auch dann Ertrag, wenn er nicht mit der betrieblichen Leistungserstellung und -verwertung in Zusammenhang steht (z. B. Pachteinnahmen aus Reservegrundstücken).

Einzige **Ausnahme** von der bisherigen Ertragsdefinition ist die **Einlage** (Kapitalerhöhung) durch die Eigentümer des Betriebs: Sie wirkt zwar erhöhend auf das Reinvermögen, ist aber dennoch **kein Ertrag**.

Als »Leistung« bezeichnet man den Wertezugang, der im Rahmen des Betriebsprozesses einer Periode normalerweise erzeugt wird.

Leistung nennt man den – in Geld ausgedrückten – **sachzielbezogenen** Wertezugang im Rahmen der **ordentlichen** Geschäftstätigkeit **in einer Periode**. Leistung bezeichnet also wie Ertrag auch Wertezugang; es bestehen allerdings einige wesentliche Unterschiede zwischen beiden (Abb. 21.3): Ein **neutraler Ertrag** liegt z. B. bei Pachteinnahmen aus landwirtschaftlich genutzten Reservegrundstücken für eine geplante Betriebserweiterung vor; ein solcher Wertezugang erhöht zwar das Reinvermögen, ist also Ertrag, er hat aber nichts mit dem Sachziel des Unternehmens zu tun, weshalb er keine Leistungsgröße ist (**betriebsfremder neutraler Ertrag**). Ähnlich verhält es

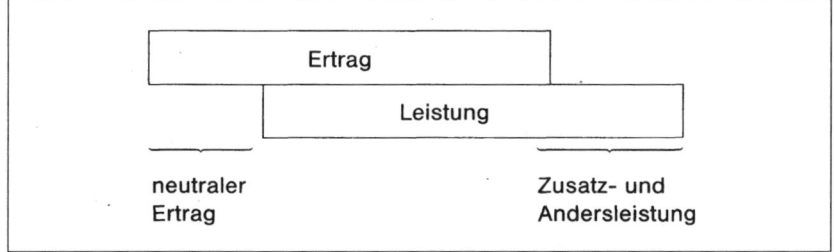

Abb. 21.3: Ertrag und Leistung

sich z. B. mit unerwartet hohen Erträgen aus dem Verkauf von ausgesonderten Produktionsanlagen: Derartige Geschäfte gehören zwar in den Rahmen des Betriebsprozesses, jedoch nicht normalerweise (**außerordentlicher neutraler Ertrag**). Auch nicht mehr erwartete Erlöse aus Verkäufen früherer Jahre sind zwar Ertrag, nicht aber Leistung, weil sie nicht dem laufenden Jahr zuzurechnen sind (**periodenfremder neutraler Ertrag**). Andererseits repräsentiert z. B. ein selbsterstelltes Patent eine **Zusatzleistung**, die nicht in der Ertragsrechnung, wohl aber in der Leistungsrechnung erscheinen darf. **Andersleistungen** erfassen hingegen Bewertungsunterschiede in beiden Rechnungen aufgrund von handels- oder steuerrechtlichen Vorschriften (z. B. beim Fertigfabrikatelager).

2.3 Betriebserfolg – neutraler Erfolg – Gesamterfolg

Der **Betriebserfolg** ergibt sich als Saldo aus Betriebsertrag (= Ertrag ohne neutralen Ertrag) und Betriebsaufwand (= Aufwand ohne neutralen Aufwand). Er beschreibt, wie erfolgreich der Betrieb gewirtschaftet hat, wobei nur solche Vorgänge betrachtet werden, die

- der betreffenden Periode zuzurechnen sind,
- in den eigentlichen Betriebsprozess und die damit verbundene Leistungserstellung und -Verwertung gehören sowie
- normalerweise anfallen.

Der **neutrale Erfolg** ergibt sich aus der Gegenüberstellung von neutralem Ertrag und neutralem Aufwand. Er gibt an, was der Betrieb »nebenbei« noch erwirtschaftet hat, also

- aus anderen Perioden herrührt,
- nicht aus dem eigentlichen Produktionsprozess hervorgegangen ist oder
- einen »einmaligen« Vorgang darstellt.

Der **Gesamterfolg** setzt sich aus Betriebserfolg (»betriebliches Ergebnis«) und neutralem Erfolg zusammen. Die Abgrenzung wird vorgenommen, um festzustellen, ob der Gesamterfolg vorwiegend aus dem laufenden Betriebs-

Der Gesamterfolg eines Unternehmens setzt sich zusammen aus seinem Betriebserfolg und seinem neutralen Erfolg.

prozess herrührt oder aus – mehr oder weniger »abgelegenen« – Nebentätig-keiten.

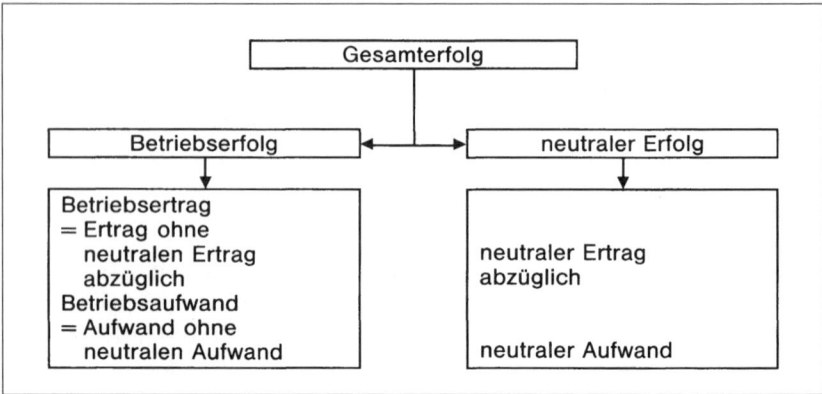

Abb. 21.4: Die Erfolgsspaltung

Der so ermittelte Gesamterfolg entspricht exakt dem bilanziellen **Gewinn = Ertrag – Aufwand.**

Würde man hingegen den **Betriebserfolg** definieren als Saldo aus **Leistung** und **Kosten,** so ergäbe sich ein abweichendes Ergebnis (»Betriebsergebnis«), da gilt:

Betriebsertrag   = Leistung abzüglich Zusatz- und Andersleistung
und Betriebsaufwand   = Kosten abzüglich Zusatz- und Anderskosten.

> Generell kann dem Saldo aus Leistung und Kosten (»Betriebsergebnis«) eine größere Treffgenauigkeit zuerkannt werden als dem Saldo aus Betriebsertrag und Betriebsaufwand (»betriebliches Ergebnis«).

3 Die Haupt-Kosteneinflussgrößen

Wegen ihrer zentralen Bedeutung wird den Kosten in der Betriebswirtschaftslehre besondere Beachtung geschenkt, was Ausdruck in einer speziellen »**Kostentheorie**« gefunden hat.

Rechnerisch ergeben sich die Kosten als:

$$K = q_1 \cdot v_1 + q_2 \cdot v_2 + \ldots + q_n \cdot v_n,$$

wobei $v_1, v_2 \ldots v_n$ die »Faktoreinsatzmengen« (das **Mengengerüst** der Kosten) sind und $q_1, q_2 \ldots q_n$ die Faktorpreise (das **Wertegerüst** der Kosten). Für ein Taxiunternehmen sind Faktoreinsatzmengen z. B. Benzin und Öl, die mit den dafür an der Tankstelle zu zahlenden Faktorpreisen die Kosten ergeben.

Die hauptsächlichen **Bestimmungsgrößen** für das betriebliche **Kostenniveau** werden im Folgenden – in Anlehnung an die Systematik von **Erich Gutenberg** – kurz beleuchtet.

3.1 Die technisch-organisatorischen Produktionsbedingungen

Das Kostenniveau eines Betriebs wird wesentlich bestimmt von seiner fertigungstechnischen Ausstattung, der Qualifikation und dem Altersaufbau seiner Belegschaft, den verwendeten Werkstoffen, der Planungs- und Organisationsqualität usw. Diese »Produktionsbedingungen« unterliegen dauernden Veränderungen. Gleichen sich diese Veränderungen auf Dauer und im Durchschnitt immer wieder aus, dann spricht man von **oszillativen Veränderungen** (um einen mittleren Wert). Sie können aber auch einen **Trend** aufweisen, dem der Betrieb **stetig oder mutativ** (in Sprüngen) folgt; ein solcher Trend drängt stets auf einen teilweisen oder vollständigen **Ersatz bisher eingesetzter Faktoren** oder Faktorgruppen.

Beispiel für eine stetige Anpassung ist der »Siegeszug« der Elektronik, die nach und nach mechanische Bauteile ersetzt; eine mutative Anpassung ist in vielen Unternehmen beim Übergang auf die JIT-Fertigung mit Unterstützung durch CAM-Systeme zu beobachten.

Im Zusammenhang mit spektakulären Managementfehlern ist in der jüngsten Zeit auch die Managementqualität als Produktionsbedingung stärker in das Blickfeld der Öffentlichkeit gerückt.

> Die Produktionsbedingungen unterliegen zufälligen und tendenziellen Veränderungen; Letztere sind meist Ausdruck des technischen Fortschritts.

3.2 Die Faktorpreise

Im Allgemeinen hat ein Betrieb **kurzfristig keinen großen Einfluss** auf die Preise der Produktionsfaktoren; lediglich über die Durchsetzung von Mengen- und sonstigen Rabatten kann er versuchen, in eine günstigere Einkaufsposition zu gelangen.

Auf **Dauer** wird sich jedoch ein Betrieb an Veränderungen der Faktor-Preise anpassen, insbesondere dann. wenn sich die Relationen der einzelnen Preise zueinander verschieben: Der Einsatz relativ teurer Faktoren wird dann zugunsten relativ billiger eingeschränkt (**Substitution**). Oft ist es auch möglich, durch Neuentwicklungen den Einsatz bestimmter Faktoren zu verringern bzw. ersatzlos zu streichen (**Innovation**). Schließlich bewirken hohe Preise immer wieder eine Vergrößerung des verfügbaren Angebots (Rohstoff**exploration**).

Als Ergebnis derartiger Anpassungsprozesse lässt sich beobachten, dass relativ stark erhöhte **Faktorpreise** wieder **fallen,** ohne dass es dadurch jedoch zu einer Rückentwicklung der Anpassungsprozesse kommt.

Beispiele für grundlegende »preisinduzierte« Anpassungsprozesse in der Industrie sind die überproportionalen Lohnerhöhungen der 70er-Jahre in den »Leichtlohngruppen«, die starke Rationalisierungswirkungen hatten, oder die »Ölkrise«, die einen enormen Umstrukturierungsprozess im Bereich der Energiegewinnung und -Verwertung (»Energiesparen«) auslöste. Insbesondere die rohstoffreichen Entwicklungsländer werden immer wieder unangenehm überrascht, wenn sie die Anpassungsfähigkeit der Abnehmer unterschätzen und die Rohstoffpreise in Erwartung sicherer Absatzmärkte erhöhen.

Nachhaltige Entwicklung: Bedürfnisse der Gegenwart befriedigen, ohne zu riskieren, dass künftige Generationen ihre Bedürfnisse nicht befriedigen können

Vor allem die unter starkem globalen **Wettbewerbsdruck** stehenden Betriebe weisen eine oft erstaunlich **hohe Anpassungsgeschwindigkeit** auf. Zu einer unnötigen Beschneidung wirtschaftlicher Aktivitäten könnte deshalb auch die Forderung nach **Sustainable Development** führen: Wenn man den Abbau nicht erneuerbarer Ressourcen nur dann erlaubt, wenn zugleich durch neue Techniken späteren Generationen der Zugriff auf Alternativen ermöglicht wird, dann unterschätzt man die Wucht der Anpassungsprozesse, die schon rechtzeitig für neue – und vielleicht völlig neuartige – Techniken sorgen werden.

Anpassungsprozesse wie Substitution, Innovation und Exploration sorgen immer wieder dafür, dass die Faktorpreise begrenzt bleiben. Die Anpassungsgeschwindigkeit ist dabei meist sehr hoch.

Unter der Lupe

Das Rohstoff-Paradoxon

Unter dem Rohstoff-Paradoxon versteht man den Umstand, dass sich mit dem Abbau der Reserven deren Bestand nicht verringert: So belaufen sich seit 1990 die nachgewiesenen und mit konventioneller Technik gewinnbaren Ölvorkommen auf etwa 138 Mrd. Tonnen, obwohl jährlich etwa 3,5 Mrd. Tonnen gefördert werden; insgesamt reichten die bekannten Ölreserven 1984 (1990, 1999) für 33 (43, 41) Jahre. Dies liegt auch daran, dass die mit der Rohstoffexploration befassten Unternehmen dem erwerbswirtschaftlichen Prinzip folgen: Sie stellen die Suche dann ein, wenn für einen betriebswirtschaftlich überschaubaren Zeitraum die Versorgung zu »annehmbaren« Preisen sichergestellt ist.

Letztlich sind die verfügbaren Rohstoffe der Erdkruste begrenzt; da aber immer wieder gewaltige Vorkommen entdeckt werden, ist zu erwarten, dass die Rohstoffreserven weitaus größer ausfallen als bislang vermutet. »… Technisch wahre Riesensprünge machte … die Ölsuche. Mit Satellitenhilfe können ölhöffige Lagerstätten sicherer und schneller ausgespäht werden. Im Verein mit bodenständiger Seismik, unterstützt von Computern, lassen sich dreidimensionale Bilder erstellen, die die Zahl teurer Probebohrungen drastisch senken. Vor 15 Jahren kam auf zehn Bohrungen ein Treffer, heute liegt das Verhältnis bei 1:2. Zudem wurde die Ausbeute der Lager beträchtlich gesteigert…« (Süddeutsche Zeitung vom 21./22. 6. 1997).

→

Nach einer ESSO-Studie sollen die nutzbaren Ölreserven sogar für 300 Jahre ausreichen (Die Zeit vom 3. 8. 2000). Jedenfalls haben sich die Club-of-Rome-Prognosen von 1972, wonach z. B. 1985 die Quecksilbervorräte hätten erschöpft sein sollen, bei weitem nicht bestätigt; die Absatzmöglichkeiten dieses Rohstoffes sind mittlerweile so gering, dass heute nicht einmal danach gesucht wird. Und auch für die in den 70er-Jahren als »letzte Rettung« gepriesenen »Manganknollen« auf dem mittelozeanischen Rücken hat sich bis heute die Förderung nicht gelohnt, weil sich die Preise der darin enthaltenen Metalle längst nicht so verteuert haben, wie erwartet.

3.3 Der Beschäftigungsgrad

Jeder Betrieb verfügt über eine – mehr oder weniger exakt bestimmbare – maximale Ausbringungsmöglichkeit, die als **Produktionskapazität** oder Kapazitätsgrenze bezeichnet wird. In der Regel wird diese jedoch nicht immer voll ausgeschöpft: Die tatsächliche Kapazitätsausnutzung liegt dann bei einem Beschäftigungsgrad von unter 100 %.

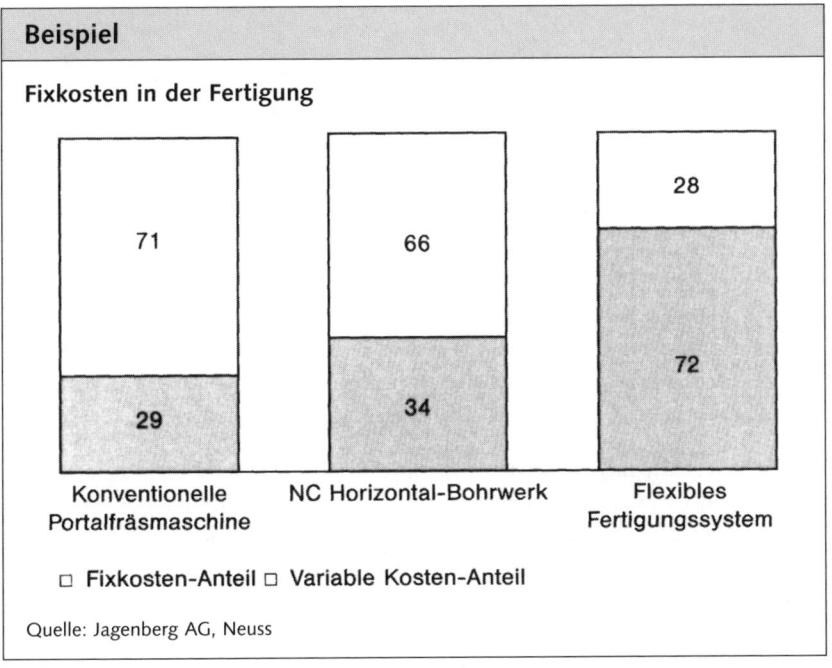

Beispiel

Fixkosten in der Fertigung

Konventionelle Portalfräsmaschine: 71 / 29
NC Horizontal-Bohrwerk: 66 / 34
Flexibles Fertigungssystem: 28 / 72

□ Fixkosten-Anteil □ Variable Kosten-Anteil

Quelle: Jagenberg AG, Neuss

Ein Teil der Gesamtkosten eines Betriebs fällt für eine bestimmte Produktionsperiode (z. B. einen Monat) **unabhängig von der Höhe seines Beschäftigungsgrads** an; hierzu zählen z. B. die Gehälter in der Verwaltung, Versicherungsprämien oder die Leasingraten für gemietete EDV-Anlagen. Diese **Fixkosten** entstehen bereits durch die **Aufrechterhaltung der Betriebsbe-**

Die Fixkosten fallen unabhängig von der Beschäftigung an (Kosten der Betriebsbereitschaft).

reitschaft und verteilen sich mit zunehmender Ausbringung immer besser auf die erzeugten Einheiten, weshalb die **Fixkosten je Stück** mit wachsendem Beschäftigungsgrad deutlich sinken. Man bezeichnet diesen Sachverhalt als **Kostendegression.**

Hierzu ein Beispiel (Abb. 21.5): Angenommen, die gesamten Fixkosten betragen 10 000,– €. Bei einer Ausbringungsmenge von einem Stück müssen sie voll hierauf verrechnet werden, weshalb die Fixkosten je Stück 10 000,– € betragen; bei einer Ausbringungsmenge von sechs Stück sinken sie bereits auf 1666,– €.

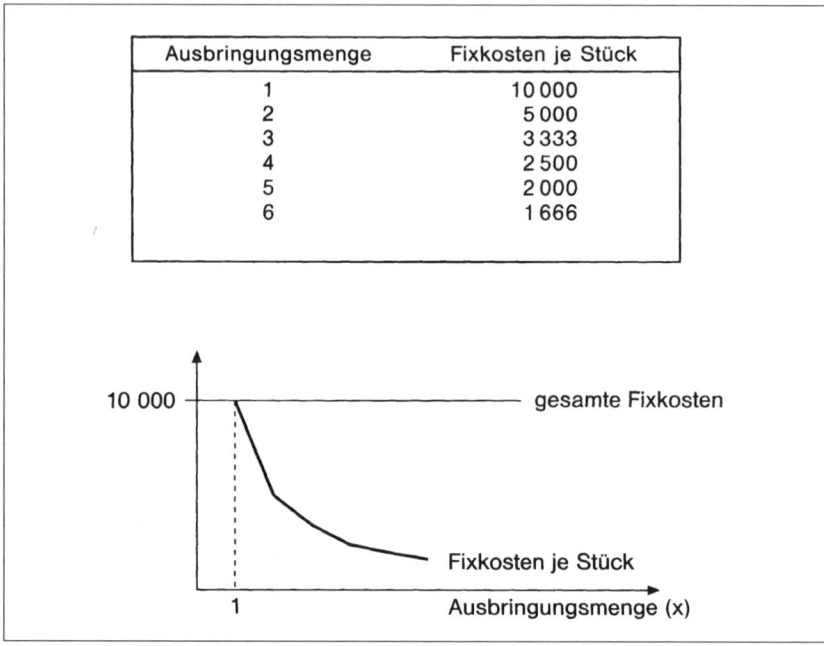

Ausbringungsmenge	Fixkosten je Stück
1	10 000
2	5 000
3	3 333
4	2 500
5	2 000
6	1 666

Abb. 21.5: Die Fixkosten

Der Sachverhalt, dass Fixkosten für eine bestimmte Produktionsperiode – unabhängig von der jeweiligen Produktionsmenge – anfallen, bedeutet freilich nicht, dass sie »absolut fix« sind: Über mehrere Perioden hinweg kann man vielmehr versuchen, die Fixkosten zu reduzieren, z. B. indem Leasing- oder Versicherungsverträge neu gestaltet und bestimmte Tätigkeiten – auf der Basis flexibler Verträge – »nach draußen« vergeben werden. Andererseits kann jedoch – z. B. beim Übergang auf neue Fertigungstechnologien – der »Fixkostenblock« auch stark anwachsen.

Die variablen Kosten steigen mit zunehmender Beschäftigung.

Von den Fixkosten zu unterscheiden sind die **variablen Kosten.** Diese entwickeln sich »**parallel« zum Beschäftigungsgrad:** Sie entfallen, wenn nichts produziert wird (z. B. während der Werksferien) und sind am höchsten, wenn der Beschäftigungsgrad 100 % beträgt. In der Regel geht man davon aus, dass die **variablen Kosten je Stück** (z. B. Werkstoffeinsatz) konstant sind, woraus der in Abb. 21.6 wiedergegebene Gesamtverlauf der variablen Kosten resultiert.

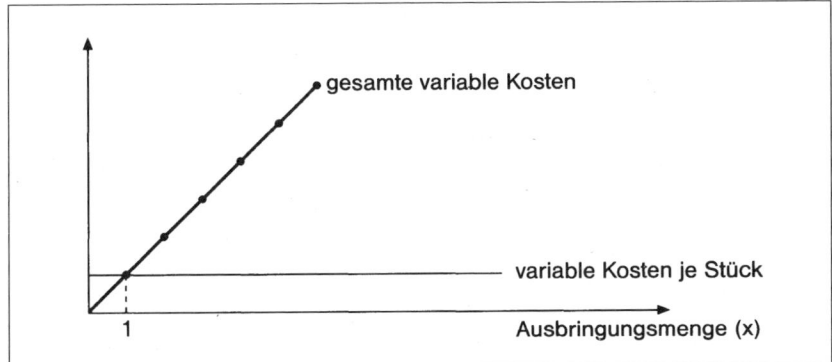

Abb. 21.6: Die variablen Kosten

Durch Zusammenfügen von fixen und variablen Kosten ergeben sich die **Gesamtkosten** (Abb. 21.7); die **gesamten Stückkosten** nähern sich bei Erreichen eines hohen Beschäftigungsgrades den variablen Stückkosten, da die fixen Stückkosten bei großer Produktionsmenge – wegen der Kostendegression – kaum mehr ins Gewicht fallen.

Bei einer Änderung seines Beschäftigungsgrads bewegt sich ein Betrieb grundsätzlich auf einem »Kostenpfad« der durch den Gesamtkostenverlauf in Abb. 21.7 beschrieben ist: Unter Beibehaltung aller Fixkosten verändern sich allein die variablen Kosten.

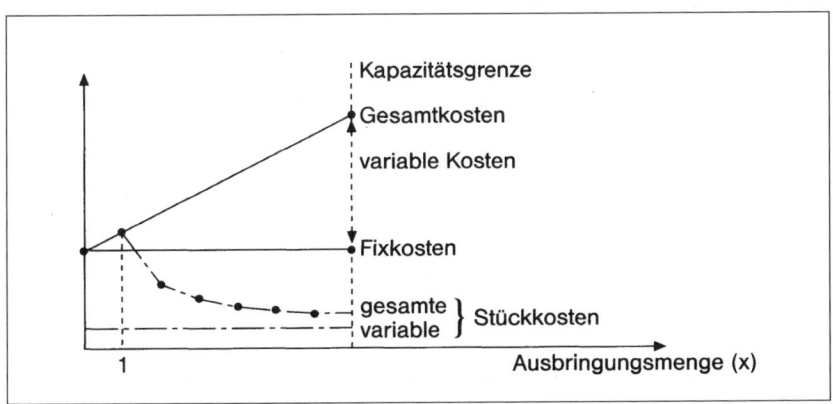

Abb. 21.7: Die Gesamtkosten

Unter der Lupe

Fixkosten

Ist der Gesamtkostenverlauf eines Betriebes linear:

$K = m + n \cdot x$

mit: m = Fixkosten

n = variable Kosten je Stück,

und sind für die beiden Ausbringungsmengen x_1 und $x_2 > x_1$ die zugehörigen Gesamtkosten K_1 und $K_2 > K_1$ bekannt, dann kann nach folgender Formel auf die Höhe der Fixkosten zurückgeschlossen werden:

$m = K_1 - n \cdot x_1$

mit: $n = \dfrac{K_2 - K_1}{x_2 - x_1}$

woraus folgt:

$m = K_1 - \dfrac{K_2 - K_1}{x_2 - x_1} \cdot x_1$

Ferner teilen sich die Fixkosten – je nach Ist-Ausbringung – in Leer- und Nutzkosten auf:

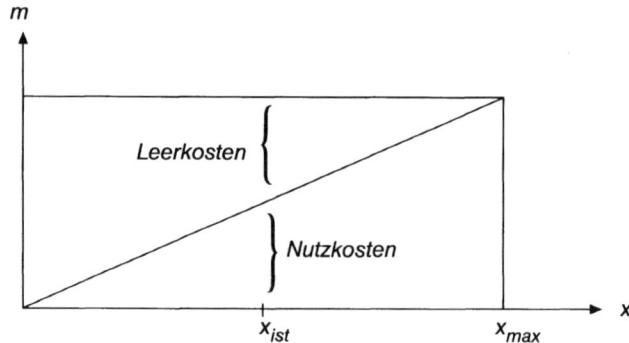

Der Nutzkosten-Block m_N ergibt sich folglich als:

$m_N = m \dfrac{x_{ist}}{x_{max}}$

Für: $x_{ist} = x_{max}$ gilt: $m_N = m$

$x_{ist} = 0$ gilt: $m_N = 0$

Quantitative Anpassung durch Zu- oder Abschaltung produktiver Einheiten; Kostenwirkung: Fixkosten

Besteht allerdings die Möglichkeit, bei einer Beschäftigungsvariation produktive Einheiten (z. B. Montagebänder) stillzulegen bzw. zuzuschalten, dann kann eine **quantitative Anpassung** durchgeführt werden (Abb. 21.8): Erst bei Überschreiten einer bestimmten Ausbringungsmenge entstehen weitere Fixkosten **(Sprungkosten),** bis schließlich nach Inanspruchnahme auch der letzten produktiven Einheit die vollen Fixkosten wirksam werden.

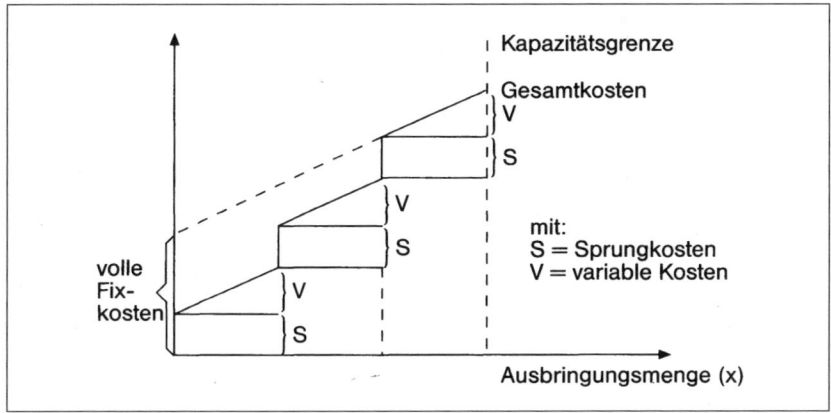

Abb. 21.8: Der Kostenverlauf bei quantitativer Anpassung

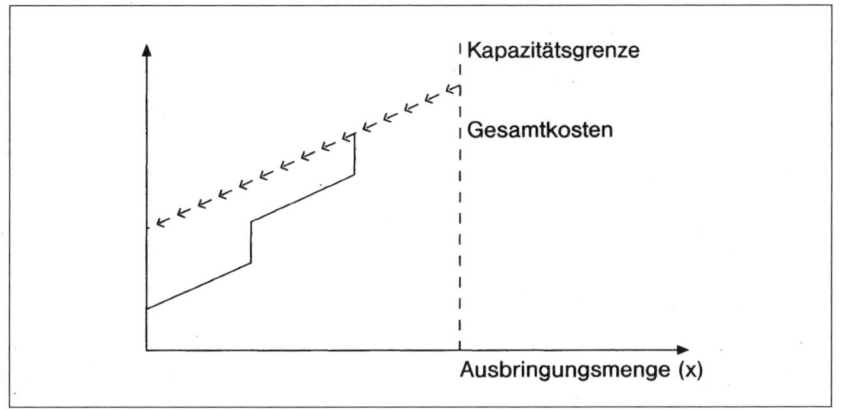

Abb. 21.9: Die Kostenremanenz

Oft funktioniert die quantitative Anpassung allerdings nur bei einer Erhöhung des Beschäftigungsgrads, da bei einer Reduzierung die Sprungkosten nicht oder nur schwer abgebaut werden können: So müssen eventuell Kündigungsfristen eingehalten werden, was zu der in Abb. 21.9 wiedergegebenen Entwicklung der Gesamtkosten führt: Die Sprungkosten bleiben (zunächst) erhalten, was man als **Kostenremanenz** bezeichnet. Erst wenn es gelingt, die überzähligen produktiven Einheiten abzustoßen, werden auch die Sprungkosten abgebaut.

Hierauf wird man jedoch wegen der zum Teil beträchtlichen (z.B. Anlern-) Kosten der Wiederingangsetzung bei **kurzfristigen** Beschäftigungsschwankungen verzichten und stattdessen versuchen, bei Inganghaltung aller Aggregate entweder eine **intensitätsmäßige** Anpassung (z.B. durch Drosselung der Bandgeschwindigkeit) oder eine **zeitliche** Anpassung (z.B. durch Kurzarbeit) durchzuführen. Erst bei **langfristigem** Beschäftigungsrückgang kommt eine **quantitative** Anpassung in Frage (»Gesundschrumpfen«); hierbei werden zunächst die Aggregate – mit ihren Fixkosten – abgestoßen, die veraltet sind (selektive Anpassung).

Umgekehrt wird ein Unternehmen die quantitative Anpassung »nach oben« zunächst durch eine Erhöhung der Produktionsintensität oder durch Überstunden zu umgehen versuchen; erst bei –voraussichtlich – langfristiger Beschäftigungsausweitung wird es sich quantitativ anpassen, also zusätzliche Fixkosten in Kauf nehmen. Dabei betrachtet man jedoch die Beschäftigungsprognose umso kritischer, je umfangreicher die sprungfixen Kosten sind; dies erklärt auch die Zurückhaltung der Unternehmen bei Neueinstellungen von Mitarbeitern (Kündigungsschutz: 8. Kapitel).

> An Beschäftigungsschwankungen kann ein Betrieb sich intensitätsmäßig, zeitlich und quantitativ anpassen; die quantitative Anpassung bei Beschäftigungsrückgang kann selektiv erfolgen.

Intensitätsmäßige und zeitliche Anpassung wirken sich ebenfalls auf den Gesamtkostenverlauf aus.

Grundlage der **intensitätsmäßigen Anpassung** ist die bereits erörterte wertmäßige Verbrauchsfunktion (Durchschnittskostenfunktion), die angibt, wie sich mit zunehmender Intensität (= Output pro Periode) die Verbrauchskosten pro Einheit Output ändern (Abb. 11.5). Fährt ein Betrieb seine Aggregate (Potentialfaktoren) bei kostenoptimaler Intensität, dann entstehen **pro Einheit Output** Verbrauchskosten für Betriebsstoffe (z. B. Benzin und Öl) in Höhe von k_B (Abb. 21.10); die **gesamten** Verbrauchskosten ergeben sich daraus entsprechend dem jeweiligen Output-Umfang. **Erhöht** oder **senkt** der Betrieb die Produktionsintensität seiner Anlagen, stellen sich in jedem Fall **höhere** Stückverbrauchskosten und damit auch höhere Gesamtverbrauchskosten für Betriebsstoffe ein.

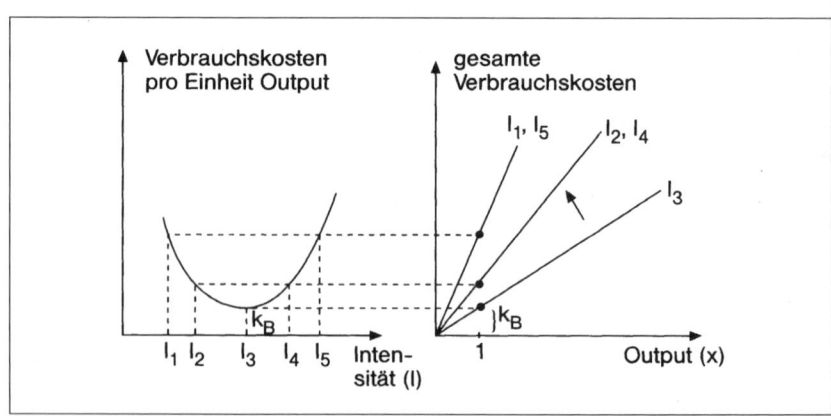

Abb. 21.10: Der Kostenverlauf bei intensitätsmäßiger Anpassung

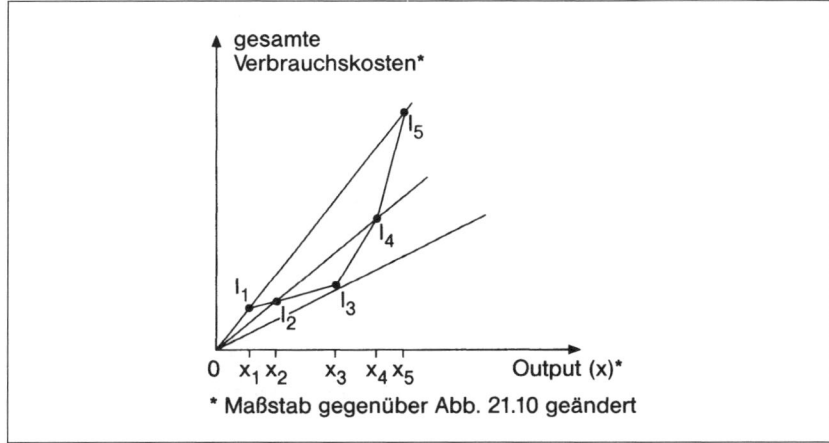

Abb. 21.11: Die Iso-Betriebszeitkurve

Da die Verbrauchskosten **variable** Kostenarten sind, gilt folgende Feststellung: Aggregate weisen den geringsten Anstieg variabler Kosten auf, wenn sie bei optimaler Intensität gefahren werden. Eine intensitätsmäßige Anpassung durch Drosselung oder Steigerung der Produktionsintensität führt in jedem Fall zu einer »Linksdrehung« der variablen Kostenfunktionen.

Allerdings fallen die einzelnen Verläufe variabler Kosten unterschiedlich »lang« aus, wenn die **Betriebszeit vorgegeben** ist (Abb. 21.11): Bei einer geringen (hohen) Intensität ist ein geringer (hoher) Output erreichbar; möchte man folglich in einer vorgegebenen Betriebszeit exakt z. B. den Output x_4 realisieren, so ist dies nur mit der – nicht kostenoptimalen – Intensität l_4 möglich.

Bei einer Verlängerung (Verkürzung) der Betriebszeit verschiebt sich die ›Iso-Betriebszeitkurve‹ nach oben rechts (unten links).

In Abb. 21.12 findet sich schließlich noch ein Fall **zeitlicher Anpassung:** Nach Überschreiten der Kapazitätsgrenze bei Normalarbeitszeit steigen die **variablen Kosten** z. B. wegen der zu zahlenden Überstundenzuschläge überproportional an.

Eine **Kombination** von **zeitlicher** und **intensitätsmäßiger** Anpassung ist häufig einer »reinen Strategie« überlegen:

- Bei **Unterbeschäftigung** kann es sinnvoll sein, die »linksdrehenden« variablen Kosten bei Drosselung der Produktionsanlagen zu umgehen und stattdessen bei kostenoptimaler Intensität Kurzarbeit einzuführen.
- Bei **Überbeschäftigung** kann es sinnvoll sein, die »linksdrehenden« variablen Kosten bei Steigerung der Produktionsintensität in Kauf zu nehmen, dafür aber nur begrenzt Überstundenzuschläge zahlen zu müssen.

Allerdings ist eine Verfügung von Kurzarbeit bzw. zunehmender Produktionsintensität nicht so ohne weiteres (insbesondere gegen den Betriebsrat) möglich.

Intensitätsmäßige Anpassung durch Über- oder Unterschreiten der kostenoptimalen Produktionsintensität; Kostenwirkung: variable Kosten

Zeitliche Anpassung durch Kurzarbeit oder Überstunden; Kostenwirkung: variable Kosten

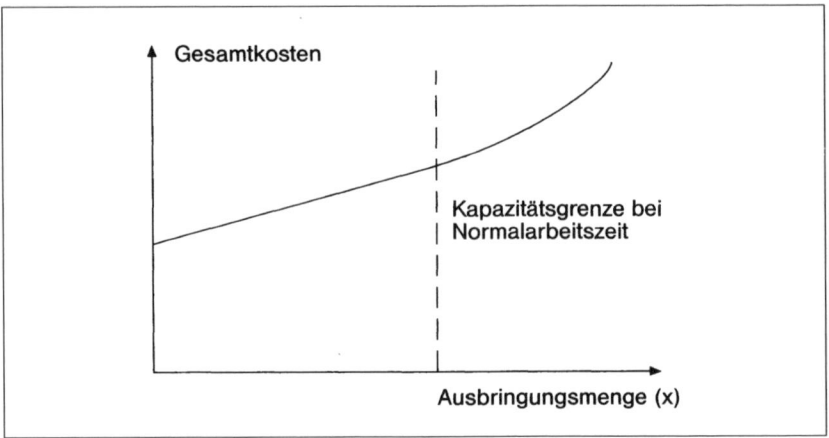

Abb. 21.12: Kostenverlauf bei zeitlicher Anpassung

Beispiel

BMW-Arbeitszeitmodelle

»… Der Grundgedanke: Trennung von Arbeits- und Betriebszeit, das heißt, unabhängig von den immer kürzer werdenden tariflichen Arbeitszeiten erreicht sein Haus eine längere Laufzeit von Maschinen und Anlagen und damit verbunden eine Erhöhung der Wirtschaftlichkeit… Bereits 1986 startete das Unternehmen sein erstes Modell im Werk Regensburg, wo seit Juni 1990 im Zwei-Schicht-Betrieb gearbeitet wird … die Maschinen [laufen] an sechs Tagen in der Woche, während die Beschäftigten im Durchschnitt nur an vier Wochentagen an ihrem Arbeitsplatz stehen. Die Auslastung der Maschinen verbessert sich jedoch um 24 Prozent und kann bei Bedarf sogar auf mehr als 30 Prozent gesteigert werden …«

(Aus: Süddeutsche Zeitung vom 11./12. 5. 1994)

3.4 Die Betriebsgröße

Maßstab für die Betriebsgröße ist die Kapazitätsgrenze: Wird sie nicht nur kurzfristig angepasst (z. B. durch Überstunden), sondern **langfristig** verschoben, dann liegt eine **Betriebsgrößenvariation** vor.

Im Zuge einer langfristigen Betriebsvergrößerung sinken zunächst die Stückkosten; später können sie jedoch wieder ansteigen.

Eine Vergrößerung des Betriebs bewirkt eine **Verringerung** der Stückkosten, wenn der Einsatz ergiebigerer **Großanlagen** möglich wird (Economies of Scale). Mit weitergehender Vergrößerung entstehen aber spezielle Probleme, die zu einem **Wiederanstieg** der Stückkosten führen können: So wächst z. B. der **Marktwiderstand,** was überproportional steigende Vertriebskosten verursacht, und auch die **Kapitalbeschaffung** wird schwieriger (und damit teurer). Zudem nehmen mit der Betriebsgröße auch die Kosten der **Organisation und Steuerung** zu: So wird z. B. die zielgerichtete Koordination der

Mitarbeiter durch das Überschreiten der »optimalen Kontrollspanne« und der Informationsfluss zwischen ihnen problematischer.

Neue Untersuchungen, insbesondere die PIMS (Profit Impact of Market Strategy)-Studie, an der seit 1975 etwa 3000 strategische Geschäftseinheiten beteiligt sind, zeigen jedoch auch in eine andere Richtung; vor allem die kleinen und großen, weniger hingegen die mittleren Unternehmen seien besonders rentabel:

- **Große** Unternehmen haben dort Vorteile, wo (Kosten-)Degressionseffekte anfallen und Marktzutrittsbarrieren sowie bessere Positionen gegenüber Kunden und Lieferanten aufgebaut werden können.
- **Kleinere** Unternehmen können sehr vorteilhaft arbeiten, wenn sie sich spezialisieren und Marktnischen besetzen.

Letztlich wird man die Frage der Kostenwirkung von Betriebsgrößenvariationen nur am Einzelfall »festmachen« können.

3.5 Das Fertigungsprogramm

Beispiele für den Einfluss des Fertigungsprogramms auf die Kosten wurden bereits an anderer Stelle gegeben: Ein Fertigungsprogramm nach dem **Plattform-Prinzip** erlaubt eine standardisierte Produktion mit zielgruppenorientierter Ausrichtung. Dies senkt die Produktionskosten, ohne dass auf eine differenzierte Marktbelieferung verzichtet werden muss. Die modernen **flexiblen Fertigungssysteme** eröffnen hierbei noch beträchtliche Möglichkeiten, da sie nur geringe Anforderungen an den »Baukastencharakter« der Produkte stellen und wegen der elektronischen Steuerung des Produktionsprozesses Losgrößen- und Variantenfolgeprobleme in den Hintergrund treten lassen: Es wird so eine Gestaltung des Fertigungsprogramms möglich, die sich »hautnah« und Just-in-Time am Markt orientiert, ohne dass dabei die Kosten »davonlaufen«. Von der **Variantenfertigung** unterscheidet sich die **Massen-Maßfertigung** (13. Kapitel) »nur« hinsichtlich der Spannweite der Variation: Varianten differenzieren sich aus einem fiktiven Standardprodukt (z.B. BMW 3er- und 5er-Reihe), während Massen-Maßfertigung ein tatsächliches Standardprodukt – in Grenzen – individualisiert (z.B. Maßanzüge).

> CIM bedeutet auch: am Markt orientierte, differenzierte Fertigungsprogramme zu überschaubaren Kosten.

Schließlich sei noch auf die Möglichkeit hingewiesen, ein Fertigungsprogramm **saisonal** so aufeinander abzustimmen, dass die Betriebskapazität das ganze Jahr über ausgelastet ist und deshalb besonders kostengünstig gefahren werden kann (z.B. Schneefräsen und Rasenmäher).

Unter der Lupe

Von der Produktions- zur Kostenfunktion

Die Produktionsfunktion bezeichnet die Beziehung zwischen Faktoreinsatzmengen (v_1, v_2 …) und Ausbringungsmenge (x)

$$x = x\,(v_1, v_2 \dots v_n)$$

Mit der Variation der Faktoreinsatzmengen ändert sich auch die Ausbringungsmenge, wobei zwei Fälle zu unterscheiden sind:

- **Limitationale** Produktionsfunktion:
  Nur die totale Variation aller Faktoreinsatzmengen (z. B. um λ %) ändert die Ausbringungsmenge.

- **Substitutionale** Produktionsfunktion:
  Sowohl die totale Faktorvariation als auch die partielle Variation einer Faktoreinsatzmenge (z. B. v_1) ändert die Ausbringungsmenge.

Eine – limitationale oder substitutionale – Produktionsfunktion ist **homogen** vom Grade α, wenn eine Änderung des **totalen** Faktoreinsatzniveaus um das λ-fache die Produktionsmenge um das λ^α-fache verändert; verdoppelt sich z. B. die Ausbringung, wenn der Faktoreinsatz verdoppelt wird, ist $\alpha = 1$; die Produktionsfunktion ist dann »linearhomogen«.

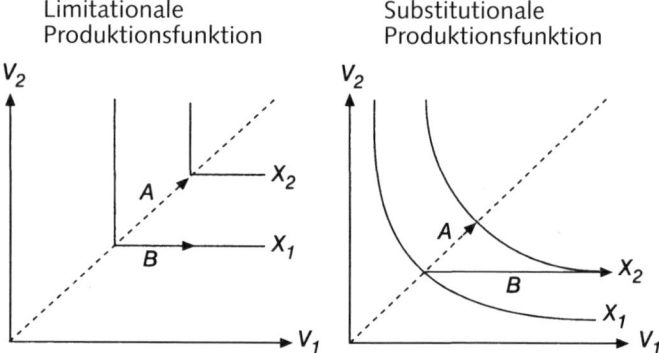

Limitationale   Substitutionale
Produktionsfunktion   Produktionsfunktion

mit A = totale Faktorvariation
B = partielle Faktorvariation

Beispiel für eine substitutionale Produktionsfunktion ist die **Cobb-Douglas**-Produktionsfunktion:

$$x = c \cdot v_1{}^\gamma \cdot v_2{}^{1-\gamma}$$

mit: c = const.
       $0 < \gamma < 1$

Sie ist linearhomogen, da gilt:

$$\lambda^\alpha\,\bar{x} = c \cdot (\lambda \cdot \bar{v}_1)^\gamma \cdot (\lambda \cdot \bar{v}_2)^{1-\gamma}$$
$$= c \cdot \lambda^\gamma \cdot \bar{v}_1{}^\gamma \cdot \lambda^{1-\gamma} \cdot \bar{v}_2{}^{1-\gamma}$$
$$= c \cdot \lambda \cdot \bar{v}_1{}^\gamma \cdot \bar{v}_2{}^{1-\gamma}$$

mit: $\bar{x}$, $\bar{v}_1$, $\bar{v}_2$ = Ausgangsniveau
woraus folgt:

$$\alpha = 1$$

Für die industrielle Fertigung typisch sind hingegen limitationale Produktionsfunktionen:

■ Die **Walras-Leontief**-Produktionsfunktion bestimmt die zur Herstellung einer Ausbringung x erforderlichen Faktorensatzmengen über die – konstanten – Produktionskoeffizienten a_1, a_2 … a_n:

$$v_1 = a_1 \cdot x$$
$$v_2 = a_2 \cdot x$$
$$\vdots$$
$$v_n = a_n \cdot x$$

■ In der **Gutenberg**-Produktionsfunktion sind hingegen die Produktionskoeffizienten nicht konstant, sondern davon abhängig, mit welcher Intensität x/t die jeweilige Anlage betrieben wird:

$$a_i = a_i\left(\frac{x}{t}\right)$$

mit: $i = 1,2 … n$

   t = Zeiteinheit (z. B. Stunde)

Die – limitationalen und substitutionalen – Produktionsfunktionen lassen sich in **Kostenfunktionen** überführen; so gilt für die Gutenberg-Produktionsfunktion:

$$v_i = a_i\left(\frac{x}{t}\right) \cdot x$$

bzw.

$$q_i \cdot v_i = q_i \cdot a_i\left(\frac{x}{t}\right) \cdot x$$

mit: q_i = Preis des i-ten Faktors.

Setzt man:

$$K_i = q_i \cdot v_i$$

und

$$q_i \cdot a_i\left(\frac{x}{t}\right) = n_i,$$

dann gilt:

$$K_i = n_i \cdot x$$

bzw.

$$K = \sum_i K_i = x \sum_i n_i = n \cdot x$$

mit: K = Kosten

Aus der Gutenberg-Produktionsfunktion folgt demnach der lineare Kostenverlauf $K = n \cdot x$, wobei allerdings die Steigung n von den Faktorpreisen und der Intensität abhängig ist, mit der die Aggregate betrieben werden.

Fallen neben diesen variablen Kosten noch Fixkosten an, dann sind die Gesamtkosten:

$$K = m + n \cdot x$$

bzw.

$$\frac{K}{x} = \frac{m}{x} + n$$

Man erkennt, dass für $x \to \infty$ gilt:

$$\frac{K}{x} \to n.$$

Arbeitsaufgaben

1) Welches sind die Aufgaben des betrieblichen Rechnungswesens?
2) Erläutern Sie den Unterschied zwischen Aufwand und Kosten!
3) Warum wird der Gesamterfolg in betrieblichen Erfolg und neutralen Erfolg gespalten?
4) Nennen Sie Beispiele für die verschiedenen Varianten von neutralem Aufwand und neutralem Ertrag!
5) Worin besteht der wesentliche Unterschied zwischen oszillativen und stetigen bzw. mutativen Veränderungen der Produktionsbedingungen?
6) Was verstehen Sie unter »Kosten«; beschreiben Sie kurz die Haupt-Kosteneinflussgrößen!
7) Was ist Kostenremanenz und worauf basiert sie?
8) Stellen Sie graphisch einen Gesamtkostenverlauf bei Sprungkosten dar; zeigen Sie anhand eines einfachen Rechenbeispiels, welchen Verlauf die Gesamtkosten pro Stück nehmen!
9) Was verstehen Sie unter
   a. quantitativer Anpassung,
   b. intensitätsmäßiger Anpassung,
   c. zeitlicher Anpassung?
   Welchen Verlauf nehmen die Gesamtkosten bei zeitlicher Anpassung?
10) Was ist eine Betriebsgrößenvariation, und inwiefern ist sie eine zweischneidige Sache?
11) Was verstehen Sie unter »Reinvermögen«? Jede Änderung des Reinvermögens ist entweder Aufwand oder Ertrag. Nehmen Sie Stellung!
12) Erläutern Sie die Bedeutung der Anders- und Zusatzkosten für das Rechnungswesen!
13) Welche Möglichkeiten haben Unternehmen, auf Änderungen der Faktorpreise zu reagieren?
14) Die Rohstoff-Länder sind immer wieder »Opfer« des Wettbewerbs geworden. Nehmen Sie Stellung anhand eines konkreten Beispiels!
15) Was versteht man unter Kostendegression, und wozu führt sie im Bereich der Stückkosten?
16) Inwiefern ist die intensitätsmäßige Anpassung kostenwirksam?

17) Erläutern Sie den Unterschied zwischen einer limitationalen und einer substitutionalen Produktionsfunktion!

18) Was versteht man unter einer linearhomogenen Produktionsfunktion? Geben Sie ein Beispiel dazu!

19) Zeigen Sie, dass sich die Gutenberg-Produktionsfunktion in eine lineare Kostenfunktion überführen lässt! Wovon hängt die Steigung dieser Kostenfunktion ab?

20) Die Versorgungslage bei mineralischen Rohstoffen ist durch ein Paradoxon gekennzeichnet: Immer dann, wenn der Weltverbrauch dieser Rohstoffe zunahm, erhöhten sich sichtbar deren Weltreserven – warum?

21) Ein Monopolist sieht sich der Preis-Absatz-Funktion

$$p = 5 - \frac{1}{4}x$$

und der Gesamtkostenfunktion

$$K = 2 + \frac{1}{2}x$$

gegenüber. Bestimmen Sie die gewinnmaximale Preis-Mengen-Kombination! Wie ändert sich die gewinnmaximale Absatzmenge, wenn
- nur Fixkosten anfallen,
- sich die Fixkosten erhöhen,
- sich die variablen Stückkosten erhöhen,
- keine Kosten anfallen?

22) An Baustellen findet man gelegentlich ein Schild mit der Aufschrift: »Hier errichtet … mit einem Kostenaufwand von …«. Legen Sie die tatsächlichen Verhältnisse genau dar!

Lösungsvorschläge für die Arbeitsaufgaben im »Übungsbuch zu Grundlagen und Probleme der Betriebswirtschaft«.

Weiterführende Literatur

Busse v. Colbe, W.; Labmann, G.: Betriebswirtschaftstheorie 1, 5. Aufl., Berlin u. a. 1991.

Buzzell, R. D.; Gale, B. T.: Das PIMS-Programm, Wiesbaden 1989.

Dinkelbach, W.; Rosenberg, O.: Erfolgs- und umweltorientierte Produktionstheorie, 3. Aufl., Heidelberg 2000.

Ellinger, T.; Haupt, R.: Produktions- und Kostentheorie, 3. Aufl., Stuttgart 1996.

Fandel, G.: Produktion 1: Produktions- und Kostentheorie, 5. Aufl., Berlin u. a. 1996.

Gutenberg, E.: Grundlagen der Betriebswirtschaftslehre, Bd. 1: Die Produktion, 24. Aufl., Berlin u. a. 1983.

Kahle, E.: Produktion, 4. Aufl., München u. a. 1996.

Kern, W.: Industrielle Produktionswirtschaft, 5. Aufl., Stuttgart 1992.

Kistner. K.-P.: Produktions- und Kostentheorie, 2. Aufl., Würzburg 1993.

Kistner, K.-P.; Steven, M.: Betriebswirtschaftslehre im Grundstudium 2, Heidelberg 1997.

Kloock, J.; Sieben, G.; Schildbach, T.: Kosten- und Leistungsrechnung. 8. Aufl., Düsseldorf 1999.

Matten, D.; Wagner, G. R.: Konzeptionelle Fundierung und Perspektiven des Sustainable Development-Leitbildes, in: Steinmann, H. (Hrsg.): Umwelt und Wirtschaftsethik, Stuttgart 1998, S. 51–79.

Pohmer, D.; Bea, F. X.: Produktion und Absatz, 3. Aufl., Göttingen 1994.

Porter, M. E.: Wettbewerbsstrategie, 10. Aufl., Frankfurt/M., New York 1999.

Schweitzer, M.; Küppers, H.-U.: Produktions- und Kostentheorie, 2. Aufl., Wiesbaden 1997.

Steffen, R.: Produktions- und Kostentheorie, 3. Aufl., Stuttgart 1997.

Steven, M.: Produktionstheorie. Wiesbaden 1998.

Venohr, B.: »Marktgesetze« und strategische Unternehmensführung. Eine kritische Analyse des PIMS-Programms, Wiesbaden 1988.

Zimmermann, W.; Fries, H.-P.: Betriebliches Rechnungswesen, 7. Aufl., München 1998.

22. Kapitel:
Grundlagen und Aufbau der Geschäftsbuchhaltung

Lernziele

Leitfrage:
Was ist das Anliegen der Geschäftsbuchhaltung?

- Welcher Zusammenhang besteht zwischen Bilanz und Gewinn- und Verlustrechnung?
- Wer ist zur Rechnungslegung verpflichtet?
- Wie vollzieht sich die Rechnungslegung?
- Welche Grundsätze sind bei der Rechnungslegung zu beachten?

Leitfrage:
Welche Auskünfte erteilt die Bilanz?

Leitfrage:
Was kann man der Gewinn- und Verlustrechnung entnehmen?

Leitfrage:
Was steht in Anhang und Lagebericht?

Leitfrage:
Was ist Aufgabe des Abhängigkeitsberichts?

1 Die Grundlagen der Geschäftsbuchhaltung

1.1 Der Zusammenhang zwischen Bilanz und Gewinn- und Verlustrechnung

Die Bilanz ist eine Gegenüberstellung – von Vermögen einerseits sowie Eigen- und Fremdkapital andererseits.

Die Bilanz ist eine Gegenüberstellung der **Aktiva** und **Passiva** eines Unternehmens; die Aktiva umfassen alle Wirtschaftsgüter und Geldmittel, die Passiva alle Verpflichtungen des Betriebes gegenüber Beteiligten (Eigentümern und Gläubigern). Die Bilanz kann deshalb auch als Gegenüberstellung von **Vermögen** einerseits sowie **Eigen- und Fremdkapital** andererseits charakterisiert werden (Abb. 22.1).

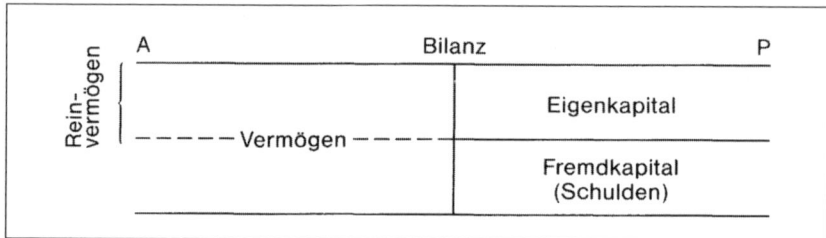

Abb. 22.1: Die Bilanz

Nun ist aber das Vermögen eines Unternehmens keine fest vorgegebene Größe: Können z. B. Vorräte sehr günstig verkauft werden, dann verringert sich das Vermögen insofern, als die Vorräte schwinden; es erhöht sich dann aber wieder durch den relativ hohen Kassenzufluss, so dass es insgesamt zu einer Vermögensmehrung kommt. Bei gegebenem Fremdkapital bedeutet dies, dass den Eigentümern nun mehr Reinvermögen (= Vermögen nach Abzug der Schulden) gehört, was in der Bilanz durch eine entsprechende Vergrößerung des Eigenkapitalausweises zum Ausdruck gebracht wird. Wird andererseits durch die Transaktion das Vermögen insgesamt vermindert, dann verringern sich auch – bei gegebenem Fremdkapital – der Reinvermögens- und damit Eigenkapitalausweis. Mit anderen Worten: **Jede Reinvermögensänderung** führt in der Bilanz zu einer entsprechenden **Änderung des Eigenkapitalausweises.**

Vorgänge, die den Eigenkapitalausweis verändern, nennt man erfolgswirksame Vorgänge (Ausnahmen: Eigenkapitaleinlagen, Eigenkapitalentnahmen).

Vorgänge, die das Reinvermögen und damit den Eigenkapitalausweis verändern, nennt man **erfolgswirksame Vorgänge:** Es handelt sich hierbei entweder um **Erträge** (Eigenkapitalmehrungen) oder **Aufwendungen** (Eigenkapitalminderungen); lediglich Eigenkapitaleinlagen oder Eigenkapitalentnahmen durch die Gesellschafter sind keine erfolgswirksamen Vorgänge (21. Kapitel).

Allerdings bewirken längst nicht alle betrieblichen Vorgänge Eigenkapitaländerungen: Der Kauf einer Maschine z. B. ist ein **Aktivtausch** (Maschinenzugang gegen Zahlungsmittelabfluss in gleicher Höhe), und auch die Kredittilgung führt nur zu **einer Bilanzverkürzung** (Vermögensminderung bei gleich hohem Fremdkapitalabbau). Man bezeichnet derartige Transaktionen als **erfolgsneutrale Vorgänge.**

Beispiel

Der betriebliche Prozess und seine buchhalterische Erfassung

- Beschaffung von Sachanlagen durch Barkauf:
  erfolgsneutraler Aktivtausch [Anlagevermögen (+), Kasse (−)]
- Beschaffung von Sachanlagen durch Kreditkauf:
  erfolgsneutrale Bilanzverlängerung [Anlagevermögen (+), Fremdkapital (+)]
- Forderungseingang:
  erfolgsneutraler Aktivtausch [Kasse (+), Forderung (−)]
- Einsatz von Roh-, Hilfs- und Betriebsstoffen:
  Aufwand [Lagerbestand (−), Eigenkapital (−)]
- Rückzahlung von Darlehen:
  erfolgsneutrale Bilanzverkürzung [Kasse (−), Fremdkapital (−)]
- Einsatz von Maschinen:
  Aufwand (Abschreibungen) [Anlagevermögen (−), Eigenkapital (−)]
- Zahlung von Löhnen:
  Aufwand [Kasse (−), Eigenkapital (−)]
- Erstellung von Fertigfabrikaten:
  Ertrag [Lagerbestand (+), Eigenkapital (+)]
- Verkauf von Fertigfabrikaten »mit Gewinn«:
  Ertrag [Lagerbestand (−), Kasse (++); Differenz: Eigenkapital (+)]
- Verkauf von Fertigfabrikaten »mit Verlust«:
  Aufwand [Lagerbestand (−−), Kasse (+); Differenz: Eigenkapital (−)]

Haben bei den **erfolgswirksamen Vorgängen** eines Jahres die Erträge die Aufwendungen überwogen, dann zeigt sich dies bei der Aufstellung der **Jahresbilanz:** Gegenüber der letztjährigen Bilanz wird nun »per Saldo« eine **Eigenkapitalzunahme** ausgewiesen; die Eigenkapitaldifferenz wird als **Gewinn** bezeichnet. Im umgekehrten Fall entsteht eine **Eigenkapitalminderung,** also ein **Verlust.** Allerdings müssen vor dem Eigenkapitalvergleich mit dem Vorjahr noch eventuelle Eigenkapitalveränderungen durch die Gesellschafter herausgerechnet werden (Abb. 22.2): Entnahmen (Einlagen) sind hinzuzurechnen (abzuziehen).

Die Jahresbilanz erlaubt freilich keine Analyse des Erfolgs, weil der Gewinn oder Verlust nur als Saldo der Eigenkapitalveränderung sichtbar wird. Neben der Jahresbilanz wird deshalb eine **Gewinn- und Verlustrechnung** aufgestellt: Diese zeichnet alle erfolgswirksamen Vorgänge eines Jahres noch einmal detailliert auf, fasst dabei aber gleichartige Vorgänge zusammen. Die Gewinn- und Verlustrechnung kann folglich als **Gegenüberstellung aller Aufwendungen und Erträge** bezeichnet werden; der Erfolg des Unternehmens ergibt sich auch hier als Saldo: Ein Gewinn (Eigenkapitalmehrung)

Haben bei den erfolgswirksamen Vorgängen eines Jahres die Erträge die Aufwendungen überwogen, so wird die Differenz als Gewinn ausgewiesen.

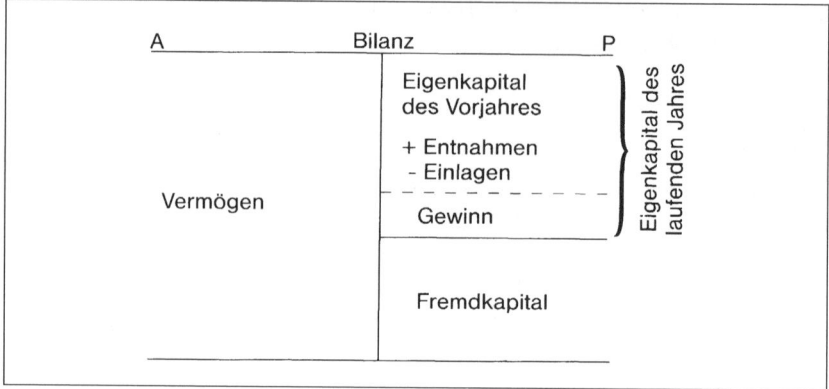

Abb. 22.2: Der Gewinn

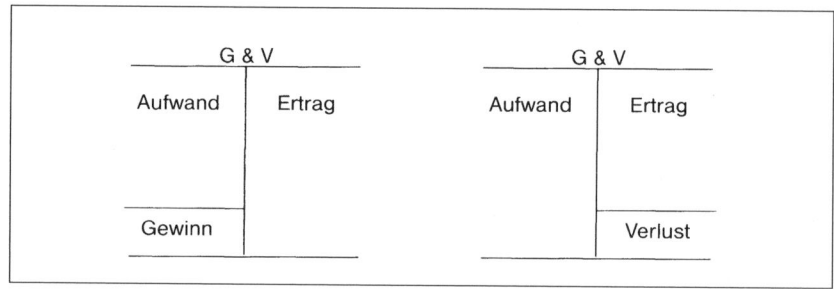

Abb. 22.3: Die Gewinn- und Verlustrechnung

zeigt sich als Überschuss der Erträge über die Aufwendungen und ein Verlust (Eigenkapitalminderung) als Überschuss der Aufwendungen über die Erträge (Abb. 22.3).

1.2 Die Verpflichtung zur Rechnungslegung

Alle Unternehmen sind zur Rechnungslegung verpflichtet.

Grundsätzlich ist jedes Unternehmen – unabhängig von seiner Rechtsform – zur Rechnungslegung verpflichtet.

a) **Einzelkaufleute und Personengesellschaften** müssen einen Jahresabschluss (Bilanz und Gewinn- und Verlustrechnung) anfertigen. Prüfungs- und Offenlegungspflicht richten sich dann aber nach der Größe des Unternehmens, wobei § 1 PubIG (Gesetz über die Rechnungslegung von bestimmten Unternehmen und Konzernen, kurz: Publizitätsgesetz) den **Übergang** bestimmt: Er ist dann erreicht, wenn in drei aufeinanderfolgenden Jahren mindestens zwei der Kriterien:

- mehr als 65 Mio. € Bilanzsumme,
- mehr als 130 Mio. € Umsatz,
- mehr als 5000 Arbeitnehmer

Unter der Lupe

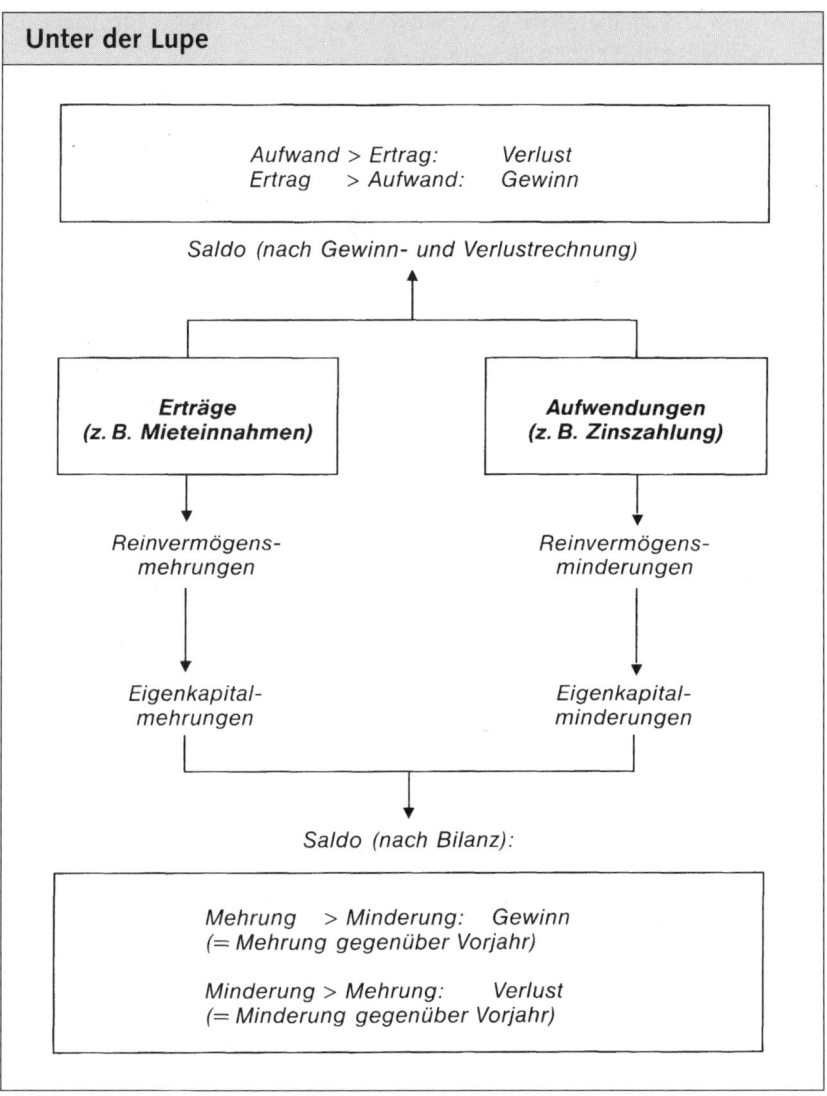

Aufwand > Ertrag: Verlust
Ertrag   > Aufwand: Gewinn

Saldo (nach Gewinn- und Verlustrechnung)

Erträge
(z. B. Mieteinnahmen)

Aufwendungen
(z. B. Zinszahlung)

Reinvermögens-
mehrungen

Reinvermögens-
minderungen

Eigenkapital-
mehrungen

Eigenkapital-
minderungen

Saldo (nach Bilanz):

Mehrung   > Minderung: Gewinn
(= Mehrung gegenüber Vorjahr)

Minderung > Mehrung: Verlust
(= Minderung gegenüber Vorjahr)

erfüllt wurden (für Banken und Versicherungen gelten abweichende Regelungen).

Kleine Unternehmen unterliegen keiner Prüfungs- und Offenlegungspflicht (§ 242 ff. HGB).

Große Unternehmen müssen hingegen ihren Jahresabschluss prüfen lassen, im Bundesanzeiger veröffentlichen sowie zum Handelsregister einreichen (§§ 6 und 9 PubIG). Allerdings braucht die Gewinn- und Verlustrechnung nicht offengelegt zu werden, wenn die »Ersatzangaben«

- Umsatzerlöse,
- Erträge aus Beteiligungen,

»Große« Einzelkaufleute
und Personengesellschaf-
ten unterliegen einer
Prüfungs- und Offen-
legungspflicht; »kleine«
sind davon befreit.

- Löhne, Gehälter, soziale Abgaben sowie Aufwendungen für Altersversorgung und Unterstützung,
- Bewertungs- und Abschreibungsmethoden (einschließlich wesentlicher Änderungen),
- Zahl der Beschäftigten

gemacht werden (§§ 9 und 5 PubIG).

Personengesellschaften sind von der Publizitätspflicht befreit, wenn sie einem Konzern angehören, für den ein Konzernabschluss aufgestellt und zum Handelsregister am Sitz der betreffenden Personengesellschaft eingereicht wird (§ 264b HGB).

Unter der Lupe

Rechnungslegungspflichten nach Rechtsform

		Rechnungs-legung	Prüfung	Offenlegung Handels-register	Bundes-anzeiger
Einzelkaufleute Personengesellschaften	kleine	Bilanz G & V	nein	nein	nein
	große	Bilanz G & V	ja	verkürzt	verkürzt
Kapitalgesellschaften	kleine	Bilanz G & V Anhang Lagebericht	nein	stark verkürzt	Hinweis
	mittel	Bilanz G & V Anhang Lagebericht	ja	verkürzt	Hinweis
	große	Bilanz G & V Anhang Lagebericht	ja	ja	ja

Kapitalgesellschaften unterliegen einer erweiterten Rechnungslegungspflicht. Für alle Kapitalgesellschaften besteht eine Offenlegungspflicht und – mit Ausnahme der »kleinen« – eine Prüfungspflicht.

b) **Kapitalgesellschaften** unterliegen einer **erweiterten Rechnungslegungsverpflichtung.** Neben einer Bilanz mit Gewinn- und Verlustrechnung müssen sie einen Anhang und einen Lagebericht erstellen (§ 264 HGB). Der Umfang von Prüfungs- und Offenlegungspflicht richtet sich dann aber auch hier nach der Größe des Unternehmens, wobei § 267 HGB die **Größenklassen** bestimmt:

- Erfüllt eine Kapitalgesellschaft in zwei aufeinanderfolgenden Jahren mindestens zwei der Kriterien
  - bis 3,438 Mio. € Bilanzsumme,
  - bis 6,875 Mio. € Umsatz.
  - bis 50 Beschäftigte,

dann gilt sie als **klein.** Eine Prüfungspflicht besteht dann nicht (§ 316 HGB), und die Offenlegung beschränkt sich darauf, dass Bilanz und Anhang zum Handelsregister eingereicht und ein Hinweis darauf im Bundesanzeiger veröffentlicht wird (§§ 325,1 und 326 HGB).

- Erfüllt eine Kapitalgesellschaft in zwei aufeinanderfolgenden Jahren mindestens zwei der Kriterien
  - 3,438 Mio. € < Bilanzsumme < 13,750 Mio. €,
  - 6,875 Mio. € < Umsatz   < 27,500 Mio. €,
  - 50   < Beschäftigte < 250,

dann gilt sie als **mittelgroß.** Jahresabschluss, Anhang und Lagebericht müssen geprüft (§ 316 HGB) und – verkürzt (§ 327 HGB) – zum Handelsregister eingereicht werden, mit einem Hinweis darauf im Bundesanzeiger (§ 325,1 HGB).

- Erfüllt eine Kapitalgesellschaft in zwei aufeinanderfolgenden Jahren mindestens zwei der Kriterien
  - über 13,750 Mio. € Bilanzsumme,
  - über 27,500 Mio. € Umsatz,
  - über 250 Beschäftigte,

dann gilt sie als **groß.** Jahresabschluss, Anhang und Lagebericht müssen geprüft (§ 316 HGB), im Bundesanzeiger veröffentlicht und zum Handelsregister eingereicht werden (§ 325,1 und 2 HGB); dies gilt – unabhängig von ihrer Größe – auch für alle **börsennotierten** Aktiengesellschaften.

Die eingeschränkte Offenlegungspflicht bei kleinen und mittelgroßen Kapitalgesellschaften hat der Europäische Gerichtshof als Vertragsverletzung eingestuft (Az: C-191/95): Jedermann könne die Offenlegung des Jahresabschlusses verlangen.

c) Die Pflicht zur Aufstellung eines – alle Konzerngesellschaften einbeziehenden – **Konzernabschlusses** (mit Anhang und Lagebericht) ergibt sich aus § 290 HGB, § 11 PubIG:

- Nach dem **Konzept der einheitlichen Leitung** ist das Mutterunternehmen zur Aufstellung verpflichtet, wenn die – in- und ausländischen – Töchter unter ihrer einheitlichen Leitung stehen.
- Nach dem **Control-Konzept** ist die Mutter zur Aufstellung dann verpflichtet, wenn sie die Mehrheit an den Töchtern hält, dort die Mehrheit der Verwaltungs-, Leitungs- bzw. Aufsichtsorgane bestellen kann oder aufgrund eines Beherrschungsvertrages einen beherrschenden Einfluss ausübt.

Mütter in der Rechtsform einer **Kapitalgesellschaft** müssen einen Konzernabschluss vorlegen, wenn eines der beiden Konzepte auf sie zutrifft, es sei denn, sie und ihre Töchter erfüllen in zwei aufeinanderfolgenden Jahren mindestens zwei der **Kriterien**

<table>
<tr><td>– gemeinsame Bilanzsumme</td><td>16,5 Mio. €,</td></tr>
<tr><td>– Summe der Umsätze</td><td>33,0 Mio. €,</td></tr>
<tr><td>– Summe der Arbeitnehmer</td><td>500.</td></tr>
</table>

Mütter in der Rechtsform einer **Personengesellschaft** müssen demgegenüber nach dem Kriterium der einheitlichen Leitung und nur dann einen Konzernabschluss vorlegen, wenn – konzernweit – die bereits erwähnten Kriterien für große Personengesellschaften erfüllt sind.

Prüfungsberechtigt sind bei großen Gesellschaften und den Konzernen allein Wirtschaftsprüfer, bei mittelgroßen GmbH auch vereidigte Buchprüfer (§ 319 HGB). Das **Handelsregister** ist jedermann zugänglich, ein besonderes Interesse braucht nicht nachgewiesen zu werden.

Als Kapitalgesellschaften eingestuft werden auch alle Personenhandelsgesellschaften, bei denen keine natürliche Person persönlich haftender Gesellschafter ist, also z. B. auch die **GmbH & Co. KG** (§ 264 HGB). Diese Vorschrift folgt dem Gedanken, dass der beschränkten Haftung der Kapitalgesellschaften auch hier als Ausgleich eine größere Offenlegung aus dem Schutzinteresse der Anteilseigner und Gläubiger gegenüber stehen muss.

Ob und Wie des Konzernabschlusses hängen von Größenkriterien und der Rechtsform der Mutter ab.

1.3 Der Ablauf der Rechnungslegung

Ausgangspunkt des Jahresabschlusses ist eine **Inventur** (§§ 240 und 241 HGB): Es werden alle dinglichen Vermögensgegenstände (Vorräte, Maschinen, Kassenbestände usw.) einzeln erfasst und in ein Inventar aufgenommen (körperliche Inventur); außerdem werden dort die anderen Vermögensteile (Forderungen, Bankguthaben usw.) und die Schulden, wie sie sich aus den Büchern ergeben, verzeichnet (Buchinventur).

Praktische Schwierigkeiten können sich bei der körperlichen Inventur von Anlagegegenständen einstellen, weshalb bei deren Erfassung auf die **Anlagekartei** zurückgegriffen wird. Es findet sich dort jeweils:

- die Bezeichnung des Gegenstands,
- das Datum des Zugangs,
- die Anschaffungs- bzw. Herstellungskosten,
- der jährliche Abschreibungsbetrag und
- der Buchwert am Bilanzstichtag.

Im Abstand einiger Jahre muss allerdings eine Abstimmung zwischen tatsächlichem Bestand und Anlagekartei durchgeführt werden.

Durch die Inventur wird der aktuelle Vermögens- und Schuldenstand des Unternehmens ermittelt.

Alle Anlagegüter erscheinen in der Anlagekartei, wo sie über ihre Nutzungszeit hinweg abgeschrieben werden. (Geringwertige Anlagegüter werden jedoch als Aufwand verbucht (bis 51,– €) bzw. in eine gesonderte Kartei aufgenommen, dort aber sofort voll abgeschrieben (zwischen 51,– € und 410,– €).

Grundsätzlich ist eine **Bilanzstichtagsinventur** angezeigt (§ 240,1 und 2 HGB). Der Gesetzgeber fordert jedoch weder, dass die Inventur direkt am Bilanzstichtag vorzunehmen ist, noch, dass sie eine lückenlose Bestandsaufnahme darstellen muss. Bezüglich des **Zeitpunkts** sind folgende Varianten möglich:

Für Zeitpunkt und Umfang der Inventur bietet das HGB verschiedene Varianten.

- Die **klassische Stichtagsinventur** findet unmittelbar am Bilanzstichtag statt.
- Die **ausgeweitete Stichtagsinventur** dehnt den Zeitraum der Inventur auf zehn Tage vor und zehn Tage nach dem Bilanzstichtag aus. Bestandsänderungen, die zwischen dem Inventurtag und dem Stichtag auftreten, müssen über Belege »nachgehalten« werden.
- Im Rahmen der **vor- oder nachgelagerten Inventur** wird der Zeitraum der Bestandsaufnahme auf drei Monate vor und zwei Monate nach dem Stichtag erweitert, allerdings muss ein »ordnungsmäßiges« Fortschreibungs- bzw. Rückrechnungsverfahren angewendet werden (§ 241,2 und 3,1 HGB).
- Zulässig ist auch eine **permanente Inventur** (§ 241,2 und 3,2 HGB): Die Inventurarbeiten werden über das ganze Geschäftsjahr verteilt, die Bilanzstichtagsbestände ermitteln sich daraus über eine Lagerkartei. Es ist vorteilhaft, Bestände dann aufzunehmen, wenn sie gerade besonders niedrig sind.

Bezüglich des **Umfangs** der Inventur ist neben der herkömmlichen **vollständigen** Inventur auch eine **Stichproben**inventur (§ 241,1 HGB) möglich, bei der die Abweichungen zwischen Buch- und Istbestand lediglich stichprobenartig festgestellt und dann hochgerechnet werden. Voraussetzung für die Durchführung der Stichprobeninventur ist freilich die Existenz einer bestandszuverlässigen Lagerbuchführung; ferner werden strenge Anforderungen an die Qualität der statistischen Erhebung gestellt (z. B. reine Zufallsauswahl, Nachprüfbarkeit). Andererseits gehen von dem Verfahren erhebliche Rationalisierungswirkungen aus, und außerdem vermeidet es die bei der vollständigen Inventur typischen Erfassungsfehler aus Monotonie und Ermüdung.

Auf der Grundlage des **Inventars** und der **Aufzeichnungen der Buchhaltung,** die alle Geschäftsvorfälle erfasst und verbucht, beginnen dann die eigentlichen **Abschlussarbeiten;** deren Ablauf wird am Beispiel einer **großen Aktiengesellschaft** dargestellt: In den ersten drei Monaten des neuen Geschäftsjahres erstellt der **Vorstand** den Jahresabschluss mit Anhang und La-

Abschlussarbeiten mit Vorstand, Prüfer, Aufsichtsrat, Hauptversammlung und Registergericht

gebericht (§ 264 HGB). Ein von der Hauptversammlung gewählter und dann vom Aufsichtsrat beauftragter **Abschlussprüfer** (§ 318 HGB) prüft die Unterlagen (§ 320 HGB), wobei die Buchführung einzubeziehen ist; insbesondere ist festzustellen, ob die gesetzlichen Vorschriften und die Bestimmungen des Gesellschaftsvertrags beachtet wurden (§ 317 HGB). Im Zuge der Prüfung ist der Vorstand auskunftspflichtig (§ 320 HGB). Über das Ergebnis der Prüfung fertigt der Abschlussprüfer einen Prüfungsbericht an und leitet ihn dem Aufsichtsrat zu (§ 321 HGB); sofern die Prüfung zu keinen Beanstandungen geführt hat, erteilt er ferner den – frei zu formulierenden – **Bestätigungsvermerk** (§ 322 HGB). Gegenstand der Bilanzsitzung des Aufsichtsrats (bzw. seines Bilanzausschusses) sind Jahresabschluss, Anhang, Lagebericht und Prüfungsbericht; die Anwesenheit des Abschlussprüfers ist verpflichtend. Nach Prüfung aller Unterlagen erstellt der Aufsichtsrat einen schriftlichen **Bericht** an die Hauptversammlung (§ 171 AktG); hierin ist auch anzugeben, wie oft er im Plenum getagt hat. Billigt der Aufsichtsrat den Jahresabschluss mit Anhang, dann ist er festgestellt (§ 172 AktG).

Im nächsten Schritt beruft der Vorstand die **Hauptversammlung** ein, die Jahresabschluss, Anhang und Lagebericht entgegennehmen und die Verwendung des Bilanzgewinns beschließen soll; die Hauptversammlung hat in den ersten acht Monaten des neuen Geschäftsjahres stattzufinden (§ 175 AktG). Die Aktionäre können sich vorab über die »Aktenlage« informieren (§ 175,2 AktG).

Unmittelbar nach der Hauptversammlung, jedoch spätestens zwölf Monate nach dem Abschlussstichtag (§§ 325, 326 HGB), werden Jahresabschluss, Anhang, Lagebericht, Bericht des Aufsichtsrats und Bilanzgewinn-Verwendungsbeschluss in **Bundesanzeiger** und **Handelsregister** offengelegt (§ 325 HGB). Das **Registergericht** prüft die Vollständigkeit der Unterlagen (§ 329 HGB).

Das Geschäftsjahr braucht nicht dem Kalenderjahr zu entsprechen, es darf aber den Zeitraum von 12 Monaten nicht überschreiten (§ 240,2 HGB); die Abschlussarbeiten müssen spätestens neun Monate nach Ende des Geschäftsjahres mit der Einreichung der Unterlagen zum Handelsregister abgeschlossen sein (§ 325 HGB).

1.4 Die Grundsätze ordnungsmäßiger Buchführung (GoB) und ihre rechtliche Regelung

Bei der Rechnungslegung sind die GoB zu beachten; ihre Entstehung geht auf vielfältige Quellen zurück.

Bei der Rechnungslegung sind einige **grundlegende Ordnungsvorschriften** zu beachten, die als GoB bezeichnet werden (§ 243 HGB). Ihre Entstehung geht auf guten Handelsbrauch, gesetzliche Vorschriften, Gutachten von Verbänden und Kammern, Empfehlungen von Wirtschaftsprüfern, behördliche Erlasse und die Rechtsprechung der Finanzgerichte zurück. Man unterscheidet die elementaren und die modifizierenden Grundsätze.

Die Grundsätze ordnungsmäßiger Buchführung (GoB) sind grundlegende Ordnungsvorschriften. Ihre Entstehung entspringt dem Ordnungsempfinden, das ehrenwerte Kaufleute entfalten.

1.4.1 Die elementaren Grundsätze

1.4.1.1 Der Grundsatz der Bilanzwahrheit

Der Jahresabschluss muss vollständig und richtig sein: **Vollständig** ist er dann, wenn keine tatsächlichen Posten weggelassen und keine fingierten Posten eingefügt wurden; sind außerdem noch alle Posten zutreffend bezeichnet und wurden die Vorschriften zur Wertfestsetzung der einzelnen Posten beachtet, dann ist der Jahresabschluss auch **richtig.**

Die Beantwortung der Frage, ob eine Bilanz **vollständig** ist, gestaltet sich oft schwierig. Grundsätzlich erscheinen

- auf der **Aktivseite** alle selbständig verkehrsfähigen und bewertbaren Vermögensgegenstände und
- auf der **Passivseite** alle künftigen Belastungen, soweit sie mit ausreichender Sicherheit erwartet werden können.

So ist z. B. der Kundenstamm eines Unternehmens kein bilanzierungsfähiger Aktivposten.

Im Einzelfall sollte vor dem Ansatz insbesondere geprüft werden, ob

a) wirtschaftliches Eigentum vorliegt,
b) es sich um Betriebsvermögen handelt,
c) das Wirtschaftsgut unentgeltlich erworben wurde,
d) spezielle Bilanzierungsverbote bestehen.

Zu a)

Jemand ist wirtschaftlicher Eigentümer einer Sache, wenn er das Nutzungsrecht ausübt und für den Verlust haftet (**Nutzungsrecht und Gefahrtragung**). Die Sache wird dann bei ihm bilanziert, auch wenn er nicht juristischer Eigentümer ist. So erscheint eine sicherungsübereignete bzw. unter Eigentumsvorbehalt stehende Sache in der Bilanz des Schuldners. Kommissionsware wird andererseits nicht in die Bilanz des Kommissionärs aufgenommen, da er für fremde Rechnung handelt. Besonders schwierig gestaltet sich die Bilanzierung beim Leasing, da dort die Zuordnung von den Einzelheiten in der Vertragsgestaltung abhängt.

Der Jahresabschluss muss vollständig und richtig sein.

Bilanziert wird beim wirtschaftlichen Eigentümer auch dann, wenn er nicht juristischer Eigentümer ist.

Zu b)

Bilanziert werden darf nur Betriebs-, nicht hingegen Privatvermögen (§ 5,4 PubIG).

Zu c)

Bei unentgeltlich erworbenen Wirtschaftsgütern (Schenkung) besteht ein Ansatzwahlrecht; Geldschenkungen müssen hingegen bilanziert werden.

Zu d)

Spezielle Bilanzierungsverbote finden sich in den §§ 248 und 249,3 HGB; sie betreffen z. B. Gründungsaufwendungen, Aufwendungen für den Abschluss von Versicherungsverträgen, selbsterstellte Patente und – auf der Passivseite – »unspezifische« Rückstellungen.

Zur Vollständigkeit eines Jahresabschlusses gehört auch, dass Informationen einzubeziehen sind, die erst nach dem Ende des Geschäftsjahres und vor dem Ende der Abschlussarbeiten bekannt werden, gleichwohl aber Geschäftsvorfälle des Geschäftsjahres berühren (z. B. Konkurs eines Schuldners).

Nicht richtig wäre ein Jahresabschluss dann, wenn Wertsteigerungen einzelner Gegenstände (z. B. unfertige Erzeugnisse) mit Wertminderungen anderer (z. B. fertige Erzeugnisse) verrechnet würden (Ausnahme: Sammelbewertung). Dieser Grundsatz der **Einzelbewertung** ist in § 252,1,3 HGB ausdrücklich festgeschrieben. Im Zuge der Einzelbewertung gilt der Grundsatz der **Unternehmensfortführung** (Going concern) (§ 252,1,2 HGB); dies bedeutet, dass keine Liquidationswerte oder Auflösungslasten (z. B. Sozialpläne) berücksichtigt werden dürfen, es sei denn, z. B. eine Insolvenz ist absehbar. Generell sollen – entsprechend dem Grundsatz der **Willkürfreiheit** – bei Schätzungen die wahrscheinlichsten Annahmen zugrunde gelegt werden.

> Grundlegend für die richtige Bewertung der Bilanzpositionen sind der Grundsatz der Einzelbewertung und der Grundsatz der Unternehmensfortführung.

1.4.1.2 Der Grundsatz der Bilanzklarheit

Der Jahresabschluss muss klar und übersichtlich sein.

Betrifft der Wahrheitsgrundsatz den materiellen Inhalt der Bilanz, so befasst sich der Klarheitsgrundsatz mit ihrem **formalen Aufbau:** Der Jahresabschluss muss **klar** und **übersichtlich** sein (§ 243,2 HGB). Dies bedeutet z. B., dass die Zusammenfassung ähnlicher und die Saldierung gegensätzlicher Posten grundsätzlich unzulässig ist (§ 246,2 HGB): So dürfen Forderungen und Verbindlichkeiten nur saldiert werden, wenn sie aus Geschäftsbeziehungen mit ein und demselben Partner resultieren.

Andererseits kann aber auch eine zu weit getriebene Postendifferenzierung (z. B. beim Bilanzausweis der unfertigen Erzeugnisse) zur Unübersichtlichkeit und damit zu einem Verstoß gegen den Grundsatz der Bilanzklarheit führen. Unwesentliche Informationen sind deshalb zu verkürzen bzw. zu vernachlässigen.

Der Grundsatz der Bilanzverknüpfung (Stetigkeit)

Beziehen sich Wahrheits- und Klarheitsgrundsatz auf eine einzelne Bilanz, so stellt der Grundsatz der Bilanzverknüpfung eine **Verbindung** zwischen **aufeinanderfolgenden Bilanzen** her: Der Abschluss eines Jahres muss grundsätzlich ohne »Bruch« auf dem des Vorjahres aufbauen.

Im Einzelnen lässt sich der Grundsatz der Bilanzverknüpfung unterteilen in:

■ den Grundsatz der Bilanzidentität und
■ den Grundsatz der Bilanzkontinuität.

Der Grundsatz der **Bilanzidentität** fordert (§ 252,1,1 HGB), dass die Werte der Jahresschlussbilanz identisch sein müssen mit den Werten der nachfolgenden Jahreseröffnungsbilanz (Ausnahme z. B.: RM-Schlussbilanz und DM-Eröffnungsbilanz anlässlich der Währungsreform 1948, bei der die Ansätze im Verhältnis 10:1 abgewertet wurden). Aus diesem Grundsatz resultiert die **Zweischneidigkeit der Bilanz:** Werden z. B. Fertigfabrikate niedrig bewertet, um den Gewinnausweis gering zu halten, dann entsteht bei ihrem Verkauf ein umso höherer Gewinn aus der Differenz zum Verkaufserlös.

Sind die Werte aufeinander folgender Jahresabschlüsse nicht vergleichbar (z. B. wegen starker Wechselkursschwankungen), dann ist dies im Anhang zu erläutern (§ 265,2 HGB).

Die Jahresabschlüsse aufeinander folgender Jahre müssen aufeinander aufbauen.

Unter der Lupe

D-Mark-Eröffnungsbilanz

Abweichungen vom allgemeinen Grundsatz der Bilanzidentität (§ 252,1,1 HGB) ergaben sich auch im Zusammenhang mit der Erstellung der D-Mark-Eröffnungsbilanz von Unternehmen der ehemaligen DDR. Mittels der Eröffnungsbilanz sollte einerseits das externe Rechnungswesen auf DM als neuen Wertmaßstab umgestellt werden; andererseits wurden so die Rechnungslegungsvorschriften an das bundesdeutsche Bilanzrecht angepasst.

Forderungen und Verbindlichkeiten mussten – sofern sie vor dem 1. 7. 1990 begründet worden waren oder gemäß den früheren Vorschriften in Mark der DDR zu erfüllen gewesen wären – gemäß Anlage l, Art. 7, § 1 zum Staatsvertrag im Verhältnis 2:1 umgerechnet werden. Bei allen übrigen Vermögensgegenständen und Schulden war dagegen eine vollkommene Neubewertung erforderlich. Ferner machten gravierende Unterschiede zwischen dem HGB und dem vorherigen DDR-Recht eine Unterbrechung des Grundsatzes der Bilanzidentität notwendig.

Der Grundsatz der **Bilanzkontinuität** betrifft die formale und die materielle Kontinuität.

■ Die **formale** Bilanzkontinuität umfasst die Posten- und Gliederungskontinuität: Von den einmal gewählten Bezeichnungen und Anordnungen darf nur in Ausnahmefällen abgewichen werden, was dann im Anhang zu erläutern ist (§ 265,1 HGB).

■ Die **materielle** Bilanzkontinuität beinhaltet zunächst den Grundsatz der Gleichmäßigkeit der Bewertungsmethoden. Gemäß § 252,1,6 HGB »sollen« diese von Jahr zu Jahr beibehalten werden; ökonomisch sinnvolle Abweichungen müssen im Anhang erläutert werden (§ 284,2,3 HGB). Ferner ist der Grundsatz der Wertfortführung zu beachten: Ein einmal angesetzter Wert ist – als Bezugswert – maßgeblich für die nächste Periode. Allerdings sind z. B. außerplanmäßige Abschreibungen auf Vermögensgegenstände möglich (§ 253 HGB).

Ein Verstoß gegen den Grundsatz der materiellen Bilanzkontinuität ist in Abb. 22.4 dargestellt. In Periode t_1 wird durch den Übergang von der linearen auf die degressive Abschreibung gegen das Prinzip der Gleichmäßigkeit der Bewertungsmethode und durch den Übergang von R_1 auf einen neuen Restwert R_2 gegen das Prinzip der Wertfortführung verstoßen.

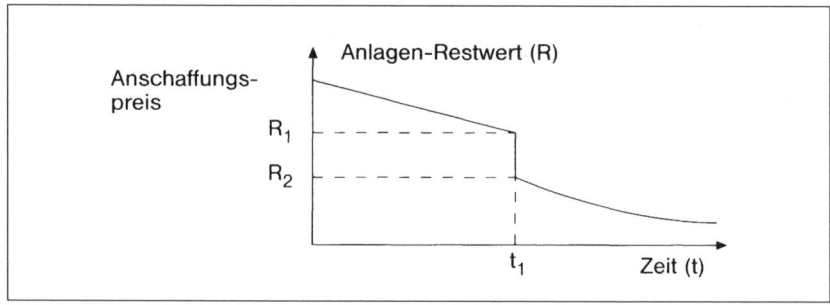

Abb. 22.4: Grundsatz der Bilanzverknüpfung

Bilanzgliederung, Postenbezeichnung und Bewertungsmethode sollen von Jahr zu Jahr gleich bleiben; an die jeweils ausgewiesenen Werte ist anzuknüpfen.

Insgesamt bietet der Grundsatz der Bilanzverknüpfung eine Reihe von Ermessensspielräumen, weshalb er gelegentlich als »Papiertiger« charakterisiert wird. Die Erläuterungen im Anhang betreffen allein Kapitalgesellschaften, da nur diese zu seiner Anfertigung verpflichtet sind.

1.4.2 Die modifizierenden Grundsätze

Anliegen der elementaren GoB ist eine möglichst **genaue** und **vollständige Darstellung** der betrieblichen Vermögens- und Ertragslage. Dieses Ziel wird – aus guten Gründen – in den modifizierenden Grundsätzen **abgeschwächt**.

1.4.2.1 Das Prinzip der Vorsicht

Die Vermögens- und Kapitalpositionen werden in der Bilanz nicht in Mengen-, sondern ausschließlich in EURO-Geldgrößen aufgeführt. Allerdings ist in vielen Fällen – trotz zahlreicher gesetzlicher Vorschriften – eine eindeutige Bewertung nicht möglich (z. B. Halberzeugnisse, $-Verbindlichkeiten): Es besteht ein **Bewertungsspielraum.** Hier setzt das Vorsichtsprinzip an und verlangt, den Grundsatz der **Bilanzwahrheit** nicht zu streng auszulegen und im Zweifel »vorsichtig« zu bewerten, also die **Vermögensgegenstände** eher zu **niedrig** und die **Schulden** eher zu **hoch** anzusetzen (§§ 252,1,4 und 253,4 HGB). Dies führt jedoch auch dazu, dass in der Bilanz ein niedrigeres Reinvermögen und damit Eigenkapital erscheint. Ein **Gewinn** (als Eigenkapitalzunahme) wird somit **geringer** und ein **Verlust** (als Eigenkapitalabnahme) **höher** ausgewiesen als bei »unvorsichtiger« Ausschöpfung der Bewertungsspielräume. Ein niedriger Gewinnausweis verhindert aber Gewinnausschüttungen an die Gesellschafter, erhält damit dem Betrieb die **(Haftungs-) Substanz,** was wiederum dem **Gläubigerschutz** dient.

> Vermögensgegenstände sind eher zu niedrig, Schulden eher zu hoch anzusetzen.

Eine vorsichtige Bewertung kann jedoch auch als Vorwand dienen, wenn durch klare Vermögens-Unterbewertung bzw. Schulden-Überbewertung **stille Rücklagen** gelegt werden sollen. Eine solche bewusste Unterdrückung von Gewinnausweis hat – aus der Sicht der Geschäftsleitung – nicht nur den Vorteil, dass **weniger Gewinnsteuern** gezahlt werden müssen: Da stille Reserven dem »Zugriff« der Gesellschafter entzogen sind, stellen sie »kostenlose« **Selbstfinanzierungsmittel** dar. Eine solche Bilanzpolitik ist aber nicht mehr mit dem »modifizierten Wahrheitsgrundsatz« zu begründen.

1.4.2.2 Das Prinzip der Geheimhaltung

Da der Jahresabschluss **veröffentlicht** werden muss, ist er der Konkurrenz – auch des Auslandes – zugänglich. Der Grundsatz der **Bilanzklarheit** findet deshalb dort seine Grenze, wo die Unternehmen ein berechtigtes Interesse daran haben, ihre Vermögens- und Ertragslage nicht zu weitgehend aufzudecken (§ 286,3,2 HGB).

> Die Vermögens- und Ertragslage soll nicht zu weitgehend aufgedeckt werden.

Ein Ausfluss des Geheimhaltungsprinzips sind die §§ 9,2 und 5,5 PublG, wonach Einzelkaufleute und Personengesellschaften anstelle der Gewinn- und Verlustrechnung Ersatzangaben machen dürfen. Da sie ferner in der Bilanz ihren Gewinn im variablen – auch durch Einlagen und Entnahmen veränderten – Eigenkapitalkonto »verstecken« (§ 9,3 PublG), bleibt ihre Ertragslage somit geheim.

Grundsätze ordnungsmäßiger Buchführung (GoB) im Überblick

1. Grundsatz der Bilanzwahrhelt
   1.1 Grundsatz der Vollständigkeit
   1.2 Grundsatz der Richtigkeit und Willkürfreiheit
2. Grundsatz der Bilanzklarhelt
3. Grundsatz der Bllanzverknüpfung
   3.1 Grundsatz der Bilanzidentität
   3.2 Grundsatz der Bllanzkontinuität
   3.2.1 Formale Kontinuität
       a) Postenkontinuität
       b) Gliederungskontinuität
   3.2.2 Materielle Kontinuität
       a) Gleichmäßigkeit der Bewertungsmethoden
       b) Grundsatz der Wertfortführung
4. Prinzip der Vorsicht
   (Modifikation des Wahrheitsgrundsatzes)
5. Prinzip der Geheimhaltung
   (Modifikation des Klarheitsgrundsatzes)

1.4.3 Die rechtlichen Regelungen zur Rechnungslegung

Zum gesamten Bereich der Rechnungslegung gibt es eine Fülle von Rechtsvorschriften (Abb. 22.5):

Soweit sie **alle Kaufleute** betreffen, sind sie im Handelsgesetzbuch: 3. Buch, 1. Abschnitt (§§ 238 bis 263 HGB) niedergelegt; geregelt ist dort unter anderem die Buchführungspflicht (§ 238 HGB), der Jahresabschluss in deutscher Sprache und in EURO (§ 244 HGB) sowie dessen Aufbewahrung für zehn Jahre (§ 257 HGB).

Ergänzende Vorschriften finden sich

- für »**große**« **Einzelunternehmen** und **Personengesellschaften** im Publizitätsgesetz und
- für **Kapitalgesellschaften** im Handelsgesetzbuch: 3. Buch, 2. Abschnitt (§§ 264 bis 335 HGB); der 3. Abschnitt (§§ 336 bis 339 HOB) befasst sich mit ergänzenden Vorschriften für Genossenschaften.

Um die Erörterungen übersichtlich zu halten, gleichwohl aber einen fundierten Einblick in die Regelungen zur Rechnungslegung zu gewähren, wird im Folgenden der umfassendste Rechnungslegungsbefund betrachtet: die Rechnungslegung der **großen Kapitalgesellschaften;** den übrigen Unternehmensformen werden im Vergleich hierzu mehr oder weniger große Erleichterungen gewährt.

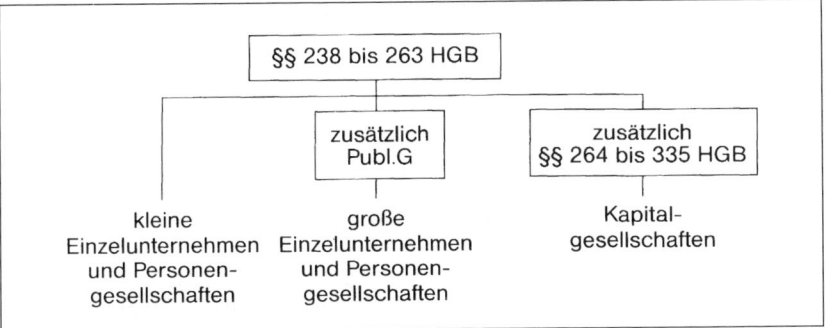

Abb. 22.5: Rechnungslegungsvorschriften

2 Der Inhalt und Aufbau der Bilanz

Der Inhalt der Bilanz ist **generell,** aber unpräzise in § 247 HGB geregelt; bezüglich des Aufbaus wird lediglich eine »hinreichende« Aufgliederung verlangt. Weitere allgemein verbindliche Vorschriften ergeben sich aus den §§ 248 bis 251 HGB.

Die für **Kapitalgesellschaften** maßgebliche Bilanzgliederung findet sich in § 266,2 und 3 HGB; allgemeine Grundsätze hierzu sind in § 265 HGB, spezielle Ergänzungen in den §§ 268 bis 274 HGB festgelegt. Im Einzelnen weist das Gliederungsschema des § 266 HGB folgende Positionen auf (für kleine Kapitalgesellschaften gelten die Erleichterungen der §§ 266,1; 274a HGB):

Aktivseite
A. Anlagevermögen:
   I. Immaterielle Vermögensgegenstände:
      1. Konzessionen, gewerbliche Schutzrechte und ähnliche Rechte und Werte sowie Lizenzen an solchen Rechten und Werten;
      2. Geschäfts- oder Firmenwert;
      3. geleistete Anzahlungen;
   II. Sachanlagen:
      1. Grundstücke, grundstücksgleiche Rechte und Bauten einschließlich der Bauten auf fremden Grundstücken;
      2. technische Anlagen und Maschinen;
      3. andere Anlagen, Betriebs- und Geschäftsausstattung;
      4. geleistete Anzahlungen und Anlagen im Bau;
   III. Finanzanlagen:
      1. Antvsleihungen an Unternehmen, mit denen ein Beteiligungsverhältnis besteht;
      5. Wertpapiere des Anlagevermögens;
      6. sonstige Ausleihungen.

B. Umlaufvermögen:
   I. Vorräte:
      1. Roh-, Hilfs- und Betriebsstoffe;
      2. unfertige Erzeugnisse, unfertige Leistungen;
      3. fertige Erzeugnisse und Waren;
      4. geleistete Anzahlungen;
  II. Forderungen und sonstige Vermögensgegenstände:
      1. Forderungen aus Lieferungen und Leistungen;
      2. Forderungen gegen verbundene Unternehmen;
      3. Forderungen gegen Unternehmen, mit denen ein Beteiligungsverhältnis besteht;
      4. sonstige Vermögensgegenstände;
 III. Wertpapiere:
      1. Anteile an verbundenen Unternehmen;
      2. eigene Anteile;
      3. sonstige Wertpapiere;
 IV. Schecks, Kassenbestand, Bundesbank- und Postgiroguthaben, Guthaben bei Kreditinstituten.
C. Rechnungsabgrenzungsposten.

Passivseite
A. Eigenkapital:
   I. Gezeichnetes Kapital;
  II. Kapitalrücklage;
 III. Gewinnrücklagen:
      1. gesetzliche Rücklage;
      2. Rücklage für eigene Anteile;
      3. satzungsmäßige Rücklagen;
      4. andere Gewinnrücklagen;
 IV. Gewinnvortrag/Verlustvortrag;
  V. Jahresüberschuss/Jahresfehlbetrag.
B. Rückstellungen:
      1. Rückstellungen für Pensionen und ähnliche Verpflichtungen;
      2. Steuerrückstellungen;
      3. sonstige Rückstellungen.
C. Verbindlichkeiten:
      1. Anleihen, davon konvertibel;
      2. Verbindlichkeiten gegenüber Kreditinstituten;
      3. erhaltene Anzahlungen auf Bestellungen;
      4. Verbindlichkeiten aus Lieferungen und Leistungen;
      5. Verbindlichkeiten aus der Annahme gezogener Wechsel und der Ausstellung eigener Wechsel;
      6. Verbindlichkeiten gegenüber verbundenen Unternehmen;
      7. Verbindlichkeiten gegenüber Unternehmen, mit denen ein Beteiligungsverhältnis besteht;

8. sonstige Verbindlichkeiten, davon aus Steuern, davon im Rahmen der sozialen Sicherheit.

D. Rechnungsabgrenzungsposten.

Bei den meisten Bilanzpositionen ist ihr Vermögens- bzw. Kapitalcharakter unmittelbar erkennbar; einige Posten bedürfen jedoch einer besonderen **Erläuterung:**

■ **Anlagevermögen**
Hierzu zählen die Gegenstände, die **auf Dauer** dem Geschäftsbetrieb dienen sollen (§ 247,2 HGB).

Die Struktur des Anlagevermögens ist durch ein Anlagegitter zu verdeutlichen.

Bruttowerte der technischen Anlagen und Maschinen (Anschaffungs- bzw. Herstellungskosten		
Bestand 1. 1. 2001	999 677	
Zugänge	86 353	
Abgänge	13 587	
Umbuchungen	21 037	
Bestand 31. 12. 2001		1 093 480
Abschreibungen: Bestand 1. 1. 2001	847 006	
Zugänge	70 555	
Abgänge	12 844	
Umbuchungen	−4	
Bestand 31. 12. 2001		904 714
Nettowerte:		188 767

Tab. 22.1: Auszug Anlagegitter (alle Angaben in Tausend €)

Die Entwicklung der einzelnen Posten des Anlagevermögens ist in einem **Anlagegitter** zu erfassen (§ 268,2 HGB); sein Aufbau wird anhand einer Bilanz für den Posten »Technische Anlagen und Maschinen« in Tab. 22.1 dargestellt: Es zeigt sich, dass sein Bestand am 1. 1. 2001 zu 83 % abgeschrieben war, während die Abgänge eine Abschreibungsquote von 94 % aufwiesen. Die gesamten Abschreibungen des laufenden Jahres betrugen 70 555 €; der darin zum Ausdruck kommende Wertverlust wurde durch Anlagenzugänge mehr als ausgeglichen. Die Umbuchungen betrafen Anlagenzugänge aus anderen Bereichen (z. B. Anlagen im Bau) bzw. Abschreibungszurechnungen zu anderen Bereichen; denkbar wären auch Zuschreibungen, z. B. wegen zu hoher früherer Abschreibungen.

Immaterielle Anlagegüter dürfen nur aktiviert werden, wenn sie entgeltlich erworben wurden.

■ Immaterielle Vermögensgegenstände

Hierzu gehören z. B. die Schankkonzession, die Konzession für Anlagen zur Herstellung von Explosivstoffen, Patente, Urheberrechte, Warenzeichen, Geschmacksmuster.

Allerdings dürfen immaterielle Anlagegüter nur aktiviert werden, wenn sie **entgeltlich** erworben wurden (§ 248,2 HGB): So ist z. B. die Aufnahme selbstentwickelter Patente in die Bilanz ebenso verboten wie die Aufnahme eines Firmenwerts, der den guten Ruf des Unternehmens widerspiegelt. Begründen lässt sich das Aktivierungsverbot mit der Unmöglichkeit, einigermaßen zuverlässige Wertansätze für diese – unter Umständen sehr wertvollen – Vermögensteile zu finden.

Hat jedoch der Erwerber eines Unternehmens einen Firmenwert bezahlen müssen, dann darf er diesen **derivativen** (d. h. aus dem Kaufpreis abgeleiteten) **Firmenwert** aktivieren; er muss ihn aber in den ersten vier Jahren abschreiben (§ 255,4 HGB).

	Bilanz			Bilanz	
A	vor Verkauf	P	A	nach Verkauf	P
Vermögen 100	Eigenkapital 50		Vermögen 120	Eigenkapital (= Kaufpreis) 100	
	Verbindlichkeiten 50		derivativer Firmenwert 30	Verbindlichkeiten 50	

Abb. 22.6: Der derivative Firmenwert

In Abb. 22.6 findet sich ein Fall, wo das bilanzierungsfähige Vermögen vor der Transaktion zu 100 bewertet wird. Im Zuge des Verkaufs erfolgt dessen aktualisierende Neubewertung, die zu einem »Tageswert« von 120 führt. Da der Kaufpreis des Erwerbers 100 beträgt und er außerdem Verbindlichkeiten in Höhe von 50 übernehmen muss, darf er als derivativen Firmenwert (z. B. für den Kundenstamm) die verbliebene Differenz ansetzen.

Der originäre Firmenwert entsteht im Laufe der Zeit aufgrund eines umfangreichen Kundenstamms, guter Standorte, qualifizierter Mitarbeiter, einer fähigen Unternehmensleitung usw.; er darf nicht aktiviert werden. Der derivative Firmenwert wird beim Verkauf eines Unternehmens ermittelt; er darf aktiviert werden.

Verzichtet der Käufer auf Aktivierung und Abschreibung des Firmenwerts, dann muss er in entsprechender Höhe einen – sofort voll erfolgswirksamen – Verlustvortrag ausweisen.

Der Posten »**geleistete Anzahlungen**« bezieht sich auf eigene Anzahlungen zu Lieferungen von immateriellen Vermögensgegenständen durch andere.

■ **Sachanlagen**

Soweit sich Sachanlagen **auf fremden Grundstücken** befinden, stehen sie nicht im juristischen, sondern lediglich im wirtschaftlichen Eigentum des Unternehmens.

Zu den **technischen Anlagen und Maschinen** gehören nicht solche Einrichtungen, die der Gebrauchsfertigkeit von Bauten dienen (z. B. Heizung, Beleuchtung, Sanitäres, Einbauschränke).

Typische Gegenstände der **Betriebs- und Geschäftsausstattung** sind Büro-, Werkstatt- und Laboreinrichtungen sowie der Fuhrpark.

Der Posten »**geleistete Anzahlungen**« bezieht sich auf eigene Anzahlungen zu Lieferungen von Sachanlagen durch andere.

■ **Finanzanlagen**

Unter **verbundenen Unternehmen** ist gemäß § 271,2 HGB der weiteste Kreis jener Unternehmen zu verstehen, die in einen Konzernabschluss einzubeziehen sind bzw. – wenn man von bestehenden Verboten oder Wahlrechten absieht – einbezogen werden müssten.

Als **Beteiligungen** charakterisiert § 271,1 HGB dauernde Verbindungen zu anderen Unternehmen; im Zweifel wird bereits ein Anteil von mehr als 20 % am gezeichneten Kapital als Beteiligung angesehen.

Ausleihungen umfassen langfristige Kredite (z. B. Schuldscheindarlehen) an Dritte; **Wertpapiere** sind hier die auf Dauer, aber ohne Beteiligungs- (und damit Beeinflussungs-)Absicht gehaltenen Wertpapiere (z. B. Aktien, Obligationen, Pfandbriefe).

■ **Umlaufvermögen**

Im Analogieschluss zur Definition des Anlagevermögens (§ 247,2 HGB) umfasst das Umlaufvermögen alle Gegenstände, die **nicht auf Dauer** dem Geschäftsbetrieb dienen sollen; sie werden vielmehr be- oder verarbeitet, veräußert, vereinnahmt oder verausgabt.

Vorräte befinden sich auf Lager und sind entweder für die Produktion oder für den Absatz bestimmt. Roh- bzw. Hilfsstoffe gehen als Haupt- bzw. Nebenmaterial in das Endprodukt ein, sind folglich Werkstoffe; Betriebsstoffe werden hingegen zum Betrieb der Potentialfaktoren benötigt und sind somit Verbrauchsfaktoren.

Die Unterscheidung zwischen **unfertigen** und **fertigen Erzeugnissen** bzw. (Dienst-)**Leistungen** ist oft schwierig: Eine Stoßstange ist als Einbauteil unfertig, als Ersatzteil hingegen fertig.

Die **geleisteten Anzahlungen** beziehen sich auf eigene Anzahlungen zu Lieferungen von z. B. Rohstoffen durch andere.

Forderungen mit einer Restlaufzeit von mehr als einem Jahr müssen – jeweils getrennt für die 1., 2. und 3. Gruppe (vgl. Bilanzgliederung) – in ei-

Anders als das Anlagevermögen umfasst das Umlaufvermögen alle Gegenstände, die nicht auf Dauer dem Geschäftsbetrieb dienen.

nem Betrag vermerkt werden (§ 268,4 HGB). Die Forderungen gegen verbundene bzw. Beteiligungsunternehmen sind gesondert auszuweisen, weil sie bei der Erstellung der Konzernbilanz konsolidiert – also gegenseitig aufgerechnet – werden und man sie außerdem nicht so rigoros geltend macht wie die gegenüber Fremden.

Die **sonstigen Vermögensgegenstände** betreffen z. B. Kautionen, Steuerrückforderungen und Schadenersatzansprüche. Eventuell sind sie im Anhang zu erläutern (§ 268,4 HGB).

Bei den **Wertpapieren** handelt es sich im Wesentlichen um solche, die aus spekulativen Gründen oder als Liquiditätsreserve, jedenfalls nicht auf Dauer gehalten werden.

Eigene Anteile (Aktien) unterliegen den Erwerbsregelungen des § 71 AktG; der bilanzielle Ausweis dient der Kontrolle ihrer Einhaltung. Ferner ist entsprechend dem jeweiligen Bestand an eigenen Aktien auf der Passivseite eine »frei verfügbare« Gewinnrücklage gemäß § 272 HGB auszuweisen: Zum Schutz der Gläubiger muss in dem Maße, wie eigene Aktien erworben werden, Gewinn einbehalten (»thesauriert«) worden sein. Werden allerdings eigene Aktien – gemäß Hauptversammlungsbeschluss – erworben, um sie »einzuziehen«, dann wird ihr Nennwert vom »gezeichneten Kapital« und der Differenzbetrag zum Kaufpreis von den »anderen Gewinnrücklagen« abgesetzt (Bilanzverkürzung).

Zum **Kassenbestand** zählen auch ungebrauchte Briefmarken bzw. die Wertstreifen der Frankiermaschinen.

■ **Rechnungsabgrenzungsposten**

Aktivische Rechnungs-abgrenzungsposten: Ausgabe jetzt, Aufwand später

Sie haben die Funktion, Aufwandsvorgänge bis zu einem späteren Zeitpunkt »auf Eis zu legen«.

So führt z. B. eine geleistete Mietvorauszahlung für das nächste Rechnungsjahr sofort zu einem Zahlungsmittelabfluss. Durch eine entsprechende Erhöhung des Rechnungsabgrenzungspostens wird jedoch eine Bilanzverkürzung zulasten des Eigenkapitals vermieden: Der Vorgang bleibt deshalb erfolgsneutral. Erst im nächsten Jahr, wenn der Mietraum genutzt und deshalb der Rechnungsabgrenzungsposten aufgelöst wird, kommt es zur aufwandswirksamen Bilanzverkürzung. Entsprechend sind alle anderen **Ausgaben** auszuweisen, die erst **im nächsten Rechnungsjahr** zu **Aufwand** werden (§ 250,1 HGB), was einem »periodengerechten Erfolgsausweis« dient.

Aktivische latente Steuern: Steuerbilanzgewinn höher als Handelsbilanzgewinn

Ähnlich liegt der Fall bei **aktivischen latenten Steuern** (§ 274,2 HGB), die allerdings nur von Kapitalgesellschaften gebildet werden dürfen. Ausgangspunkt ist der Umstand, dass in der nach Steuerrecht aufgestellten »Steuerbilanz« und der nach Handelsrecht (HGB) aufgestellten »Handelsbilanz« (die hier Gegenstand der Erörterung ist) »Gewinnverwerfungen« auftreten können, die sich allerdings im Zeitablauf – meist – wieder ausgleichen. Für die Ermittlung der gewinnabhängigen Steuern ist allein der Steuerbilanzgewinn maßgeblich. Wenn folglich in einem Rechnungsjahr der Steuerbilanzgewinn höher als der Handelsbilanzgewinn ausfällt, dann würde in der Handelsbilanz – gemessen am dort ausgewiesenen

Gewinn – eine »zu hohe« Steuerzahlung (als Zahlungsmittelabfluss) aufwandswirksam, sofern nicht in Höhe des Differenzbetrages ein »kompensatorischer« Rechnungsabgrenzungsposten gebildet werden dürfte. Wenn dann in den folgenden Jahren der Handelsbilanzgewinn über dem Steuerbilanzgewinn liegt, wird – zusätzlich zur aktuellen Gewinn-Steuerzahlung – der Rechnungsabgrenzungsposten aufwandswirksam aufgelöst; in der Handelsbilanz erscheint folglich stets ein Steueraufwand, der dem Handelsbilanzgewinn entspricht. Allerdings muss in Höhe der jeweils im Rechnungsabgrenzungsposten »gespeicherten« latenten Steuer auf der Passivseite eine Gewinnrücklage frei verfügbar sein: In dem Maße, wie durch die latente Steuer der Steueraufwand verringert und damit der Gewinnausweis vergrößert wird, muss Gewinn thesauriert worden sein; ferner ist die Bildung latenter Steuern nur zulässig, wenn sich die Differenzen im Steueraufwand in absehbarer Zeit umkehren. Eine Verpflichtung zur Steuerabgrenzung besteht nicht (Darf-Regelung).

Schließlich »darf« unter den Rechnungsabgrenzungsposten – gesondert – ein eventuelles **Disagio** aus Unterpari-Anleiheemissionen ausgewiesen werden; dieser Betrag ist über die Anleihelaufzeit hinweg abzuschreiben (§§ 250,4 und 268,6 HGB). Der Rechnungsabgrenzungsposten hat hier die Aufgabe, einen Aufwandsvorgang (in Höhe des Disagios) über eine Reihe von Jahren zu verteilen (Abb. 22.7): Erst mit der Abschreibung entsteht eine aufwandswirksame Bilanzverkürzung.

Abb. 22.7: Anleihendisagio
        bei Emissionskurs = 95 und Rückzahlungskurs = 100

◾ Eigenkapital

Das **gezeichnete Kapital** (»Grundkapital«) umfasst das gesamte Aktienkapital zum Nennwert (§ 272,1 HGB; § 152,1 AktG).

In der **Kapitalrücklage** (§ 272,2 HGB; § 152,2 AktG) befindet sich ein eventuelles Agio aus Aktienemissionen, entsprechende Erträge aus Wandel- und Optionsanleihen sowie Zuzahlungen von Gesellschaftern, z. B. zur Erlangung von Vorzugsaktien.

In die **Gewinnrücklage** (§ 272,3 HGB; § 152,3 AktG) werden die thesaurierten Gewinne eingestellt. Die **gesetzliche** Rücklage muss gebildet wer-

> Das Eigenkapital besteht aus gezeichnetem Kapital und Rücklagen; bei den Rücklagen handelt es sich insbesondere um einbehaltene (thesaurierte) Gewinne.

den (§ 150 AktG), und zwar in Höhe von 5 % des jeweiligen Jahresüberschusses, bis sie zusammen mit der Kapitalrücklage 10 % des Grundkapitals ausmacht; ihre Verwendung ist im Wesentlichen auf den Ausgleich eines Jahresfehlbetrags bzw. Verlustvortrags beschränkt. **Satzungsmäßige** Rücklagen gehen auf die Statuten der Gesellschaft zurück, in denen dann auch bestimmte Verwendungsbeschränkungen (z. B. wie bei den gesetzlichen Rücklagen) festgelegt sind. Die »**anderen** Gewinnrücklagen« umfassen die freien Rücklagen gemäß § 58 AktG: Vorstand und Aufsichtsrat stellen hier bis zu 50 % des Jahresüberschusses (nach Abzug der Zuführung zur gesetzlichen und satzungsmäßigen Rücklage) ein. Über die Verwendung des restlichen »Bilanzgewinns« entscheidet dann die Hauptversammlung.

Beschließt sie die Thesaurierung weiterer Gewinnteile, dann erscheinen diese in der folgenden Bilanz unter den »anderen Gewinnrücklagen« oder als **Gewinnvortrag,** wenn erst später über deren endgültige Verwendung (Einbehaltung oder Ausschüttung) entschieden werden soll. Ein **Verlustvortrag** entsteht, wenn frühere Verluste nicht sofort gegen – versteuerte – Gewinnrücklagen saldiert, sondern zur Verrechnung mit »neuen« – noch unversteuerten – Gewinnen vorgesehen werden (Verlustabzug); eine zeitliche Befristung hierfür gibt es nicht.

Bleiben freilich neue Gewinne aus und wächst der Verlustvortrag stattdessen weiter an, so kann eine Kapitalgesellschaft in ernstliche Gefahr geraten: Wenn die Rücklagen und die Hälfte des gezeichneten Kapitals »verloren« sind, muss eine »Verlustanzeige« erstattet werden (§ 92,1 AktG); übersteigt der »angesammelte« Verlustvortrag das Eigenkapital, dann liegt eine **Überschuldung** vor, was **Insolvenz** bedeutet. Das Ausmaß der »Unterbilanz« ist am Schluss der Bilanz auf der Aktivseite gesondert auszuweisen (§ 268, 3 HGB).

Beispiel

Verlustvortrag

»… Der Autozulieferer Ymos AG, Obertshausen bei Offenbach, ist aufgrund jahrelanger Manipulationen des ehemaligen Managements mit rund 200 Mio. DM in die Verlustzone geschleudert. Rücklagen und Grundkapital seien aufgezehrt, teilte der Ymos-Vorstandsvorsitzende Gerhard Krischer bei einer außerordentlichen Hauptversammlung den Anteilseignern mit.

Die Überschuldung des Unternehmens habe nur mit einer »unverzüglichen Rettungsaktion« des Großaktionärs, der belgischen Gruppe Cockerill Sambre S. A., Brüssel, abgewendet werden können …«

(Aus: o. V.: Autozulieferer Ymos steuert Kapitalschnitt an, in: Süddeutsche Zeitung vom 3. 6. 1992)

Beispiel

Kapitalherabsetzung

»Die hohe Verluste einfahrende Köln-Düsseldorfer Deutsche Rheinschiffahrt AG (KD) will ihr Kapital im Verhältnis zehn zu eins reduzieren und anschließend wieder aufstocken... Das Unternehmen hatte mitgeteilt, dass ein Verlust von mehr als der Hälfte des Kapitals droht und für den 24. Februar eine außerordentliche Hauptversammlung einberufen ... Dem Bericht zufolge soll der Nennwert der Aktie auf fünf (50) DM reduziert werden. Durch eine anschließende Kapitalerhöhung über nominal 6,7 Millionen DM würden bei einem Ausgabekurs von 7,50 DM dem Unternehmen gut zehn Millionen DM zufließen.«

(Aus: Süddeutsche Zeitung vom 4. 1. 1999)

Der **Jahresüberschuss/-fehlbetrag** zeigt, wie stark die Erträge (Eigenkapitalmehrungen) die Aufwendungen (Eigenkapitalminderungen) über- bzw. unterschritten haben. Er ist damit der Saldo aus dem Eigenkapital des Vorjahres und dem der laufenden Rechnungsperiode (Kapitalerhöhungen bzw. -herabsetzungen herausgerechnet). Gemäß § 268,1 HGB kann die Gewinnverfügung von Vorstand und Aufsichtsrat gleich durch die entsprechende Dotierung der Gewinnrücklagen realisiert werden. Statt eines Jahresüberschusses wird dann der **Bilanzgewinn** ausgewiesen. Ein stattlicher Bilanzgewinn ist allerdings nicht unbedingt von der Erwirtschaftung eines entsprechenden Jahresüberschusses abhängig: Er kann auch dadurch Zustande kommen, dass Gewinnrücklagen früherer Jahre aufgelöst werden.

Der Jahresüberschuss ist Erfolgsmaß, der Bilanzgewinn Ausschüttungspotential des Unternehmens.

Es gilt
Bilanzgewinn =   Jahresüberschuss
                 – Rücklageneinstellung

oder:
Bilanzgewinn =   Jahresüberschuss
                 + Rücklageentnahme

Der Bilanzgewinn steht zur Disposition der Hauptversammlung. Etwas vereinfacht kann man feststellen, dass er den Gewinn bezeichnet, den Vorstand und Aufsichtsrat unter Wahrung der gesetzlichen Vorschriften – zur Ausschüttung vorgesehen haben. Damit man sich stets ein genaues Bild von seinem Zustandekommen machen kann, gibt es in § 152,3 AktG genaue Ausweisvorschriften über die Bewegungen in den Posten der **Gewinnrücklagen**:

Der Bilanzgewinn bezeichnet den um die Rücklagenveränderungen durch den Vorstand korrigierten Jahresüberschuss; er steht zur Disposition der Hauptversammlung.

- Stand Vorjahr
- Einstellungen der Hauptversammlung aus dem Bilanzgewinn des Vorjahres
- Einstellungen (durch den Vorstand) aus dem Jahresüberschuss des Geschäftsjahres
- Entnahmen (durch den Vorstand) für das Geschäftsjahr
- Stand Bilanzstichtag

Beispiel

Bilanzgewinn als Ausschüttungspotential

»Trotz der allgemeinen Flaute konnte die Steyr-Daimler-Puch AG, Wien, den Umsatz im Vorjahr um 17 % auf 16 Mrd. öS steigern....

Die Zukunft des Konzerns sieht Malzacher optimistisch...

Nicht zuletzt diesem Optimismus ist auch zuzuschreiben, dass Steyr zum zweiten Mal hintereinander versteuerte Rücklagen aufgelöst hat, um einen Reingewinn [Bilanzgewinn] von 130 Mill. öS (1981) auszuweisen, wiederum 8 % Dividende anzubieten und den Aktionären auf diese Weise Kontinuität und Zuversicht zu signalisieren.«

(Aus: o. V.: Steyr löst Rücklagen für Dividende auf, in: Süddeutsche Zeitung, Nr. 127/1982.)

■ Rückstellungen

Rückstellungen betreffen ungewisse Verbindlichkeiten, drohende Verluste, Instandhaltung und Abraumbeseitigung, Pensionszusagen, Steuern und bestimmte »unsichere« Aufwendungen.

Die Notwendigkeit von Rückstellungen ergibt sich aus dem Grundsatz der vorsichtigen Bewertung: Verluste sollen bereits dann erfolgsmindernd ausgewiesen werden, wenn sie sich mit genügend großer Wahrscheinlichkeit abzeichnen. Wird z. B. ein Prozess gegen den Betrieb angestrengt, dann bildet er auf der Passivseite – zulasten des Gewinnausweises – Rückstellungen; wird der Prozess verloren, dann gehen die Rückstellungen bis zur Zahlung in Fremdkapital über, anderenfalls werden sie gewinnerhöhend aufgelöst (Abb. 22.8). Rückstellungen führen also bereits bei ihrer Bildung zu – gewinnminderndem – Aufwand, und später
- entweder zu Ausgaben (Prozess verloren)
- oder zu – gewinnerhöhendem – Ertrag (Prozess gewonnen).
Sie bewirken somit im Jahresabschluss einen »periodengerechten Erfolgsausweis« (§ 252,1,5 HGB).

Da bei der Dotierung von Rückstellungen die Ungewissheit der Zukunft eine besondere Rolle spielt, wird auf den Grundsatz der vernünftigen kaufmännischen Beurteilung eigens hingewiesen (§ 253,1 HGB). Welche Sachverhalte im Einzelnen »rückstellungsfähig« sind, beschreibt – für **alle Kaufleute** – § 249 HGB:

Außer für **ungewisse Verbindlichkeiten** müssen Rückstellungen für **drohende Verluste** aus schwebenden Geschäften gebildet werden; dabei ist es nicht erforderlich, dass das Verpflichtungsgeschäft bereits geschlossen wurde: klare Anzeichen hierfür genügen. Ein solcher Fall ist z. B. bei lang-

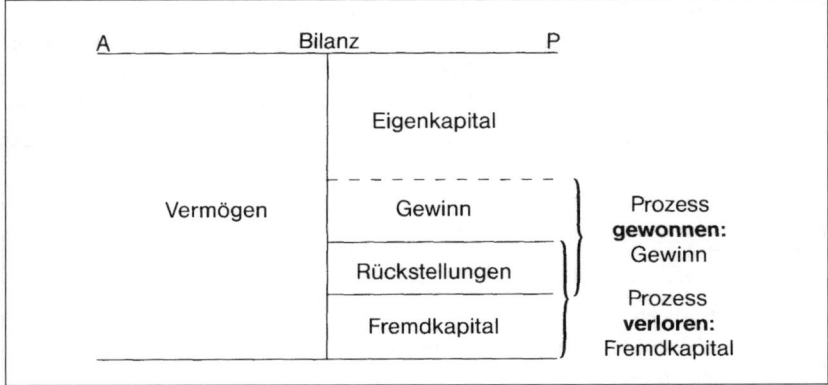

Abb. 22.8: Rückstellungen

fristigen Lieferverträgen zu Festpreisen dann denkbar, wenn der eigene Einstandspreis zu steigen droht.

Ferner sind Rückstellungen für – im Geschäftsjahr unterlassene – Aufwendungen für **Instandhaltung** vorgeschrieben (erlaubt), wenn diese im folgenden Geschäftsjahr in den ersten drei Monaten (später) nachgeholt werden (§ 249,1 HGB). Außerdem sind Rückstellungen für bislang unterlassene Maßnahmen der **Abraumbeseitigung**, die im folgenden Geschäftsjahr nachgeholt werden, zu bilden (§ 249,1 HGB).

Zu den **Steuerrückstellungen** zählen zunächst die passivischen latenten Steuern gemäß § 274,1 HGB. Analog zu den aktivischen werden sie gebildet, wenn der Steuerbilanzgewinn niedriger als der Handelsbilanzgewinn ausfällt (allerdings hier: Muss-Regelung, auch für Einzelkaufleute und Personengesellschaften); ist dann später der Steuerbilanzgewinn größer als der Handelsbilanzgewinn, werden sie – gewinnerhöhend – aufgelöst. Der Steueraufwand wird so zunächst »künstlich vergrößert« und später gesenkt, weshalb wiederum gewährleistet ist, dass in der Handelsbilanz stets der Steueraufwand erscheint, der dem Handelsbilanzgewinn entspricht. Außerdem sind Rückstellungen für alle **anderen Arten** von Steuern zulässig, sofern deren Höhe noch nicht (z. B. aufgrund einer Veranlagung) feststeht.

Passivische latente Steuern: Steuerbilanzgewinn geringer als Handelsbilanzgewinn

Ferner enthält § 249,2 HGB eine **Generalnorm** für Aufwendungen, die am Abschlussstichtag wahrscheinlich oder sicher sein müssen, deren genauen Umfang oder Eintrittszeitpunkt man jedoch noch nicht kennt (z. B. Großreparaturen, Forschungs- und Entwicklungsvorhaben, Produktrisiken wie z. B. Rückrufaktionen); bei nicht unerheblichem Umfang sind diese Rückstellungen im Anhang zu erläutern (§ 285,12 HGB).

Für **Kapitalgesellschaften** gelten darüber hinaus weitere Rückstellungsvorschriften, die sich aus der Bilanzgliederung des § 266 HGB ergeben: So müssen **Pensionszusagen** in die Rückstellungen aufgenommen werden. Voraussetzung ist, dass es sich um echte (also z. B. nicht um im Rahmen der Vorruhestandsregelungen zugesagte) und unmittelbare (also

z. B. nicht über eine Pensionskasse abgewickelte) Verpflichtungen handelt; ansonsten besteht ein Passivierungswahlrecht. Dabei wird so vorgegangen, dass beim voraussichtlichen Zahlungsbeginn (Pensionierungszeitpunkt) der Rentenbarwert voll eingestellt ist; während der Ansparphase sind die jährlichen Zuweisungen zu verzinsen (langfristiger Kapitalmarktzins).

Beispiel

Rückstellungen

»… die Richttafeln für die Berechnung der Pensionsrückstellungen der Unternehmen (müssen) … angepasst werden … Diese sind seit 1983 nicht angepasst worden, obwohl die Lebenserwartung der Bevölkerung unterdessen erheblich gestiegen ist. Wird nun auf die neuen Richttafeln umgestellt, bedeutet dies, dass die Unternehmen bei der Berechnung der Pensionen entsprechend längere Laufzeiten der späteren Rentenzahlungen kalkulieren und damit mehr Geld zurückstellen müssen. Da diese Rückstellungen den zu versteuernden Gewinn schmälern, führen sie zu Steuerausfällen …«

(Aus: Süddeutsche Zeitung vom 2. 12. 1998)

»Die üppigen Finanzpolster der Stromkonzerne sind so manchem seit langem ein Dorn im Auge. 45 Milliarden DM hat die Branche mittlerweile angesammelt, mit der Begründung, sie brauche diese Mittel irgendwann einmal für den Abriss ausgedienter Kernkraftwerke und den Bau des Endlagers für ausgebrannte Brennstäbe …«

(Aus: Maier-Mannhart, H.: Spannung um Milliarden für Kraftwerke, in: Süddeutsche Zeitung vom 8. 4. 1997)

Die in Deutschland weit gefasste Bildung von Aufwandsrückstellungen ist international unüblich; dort müssen in der Regel Verpflichtungen gegenüber Dritten vorliegen.

Rückstellungen dienen der Erfassung von Aufwendungen, die am Bilanzstichtag dem Grunde, nicht aber der Höhe nach bekannt sind; sie tragen außerdem zur genauen Ermittlung der Verbindlichkeiten bei.

- **Verbindlichkeiten**
  Sie stellen eine wirtschaftliche Belastung dar, sind juristisch erzwingbar, in der Höhe bestimmt und nur zeitlich begrenzt verfügbar. Sofern die **Restlaufzeit bis zu einem Jahr** beträgt, ist der jeweilige Kreditumfang – getrennt für die verschiedenen Kategorien (vgl. Bilanzgliederung) – extra auszuweisen (§ 268,5 HGB); bei einer Restlaufzeit von **mehr als fünf Jahren** ist entsprechend im Anhang zu berichten (§ 285,2 HGB).

Anleihen stellen eine Inanspruchnahme des öffentlichen Kapitalmarkts dar (Obligationen, Wandelanleihen usw.); hiervon zu unterscheiden sind die Bankkredite (**Verbindlichkeiten gegenüber Kreditinstituten**).

Die **erhaltenen Anzahlungen** beziehen sich auf fremde Anzahlungen zu Lieferungen durch das eigene Unternehmen.

Die **Verbindlichkeiten aus Lieferungen und Leistungen** betreffen die Lieferantenkredite aus dem normalen Geschäftsverkehr; hierunter fallen auch die Verbindlichkeiten des Leasing-Nehmers, wenn er den Leasinggegenstand aktiviert hat (Bilanzverlängerung).

Durch den gesonderten Ausweis der Verbindlichkeiten gegenüber **verbundenen** bzw. **Beteiligungsunternehmen** werden die Verflechtungen klargelegt: Derartige Verbindlichkeiten werden bei der Erstellung der Konzernbilanz konsolidiert und zudem weniger rigoros geltend gemacht.

Die **sonstigen Verbindlichkeiten** betreffen z.B. kurzfristige Darlehen, rückständige Zins- und Dividendenbeträge, Steuerschulden und Sozialverpflichtungen (abzuführende Sozialabgaben und Beiträge an den Pensionssicherungsverein, offene Zahlungen an Rentner und Pensionäre des Unternehmens sowie Sozialplanverbindlichkeiten).

- **Rechnungsabgrenzungsposten**

Analog zu den aktivischen Rechnungsabgrenzungsposten haben sie die Funktion, Ertragsvorgänge bis zu einem späteren Zeitpunkt »auf Eis zu legen«.

So führt z.B. eine erhaltene Mietvorauszahlung für das nächste Rechnungsjahr sofort zu einem Zahlungsmittelzufluss. Durch eine entsprechende Erhöhung des passivischen Rechnungsabgrenzungspostens wird jedoch eine Bilanzverlängerung zugunsten des Eigenkapitals vermieden: Der Vorgang bleibt deshalb erfolgsneutral. Erst im nächsten Jahr, wenn der Mietraum bereitgestellt und deshalb der passivische Rechnungsabgrenzungsposten aufgelöst wird, kommt es zu einer ertragswirksamen Bilanzverlängerung.

Entsprechend sind alle anderen **Einnahmen** auszuweisen, die erst **im nächsten Rechnungsjahr** zu **Ertrag** werden (§ 250,2 HGB), was einem »periodengerechten Erfolgsausweis« dient.

Nicht mehr analog zur aktivischen Rechnungsabgrenzung wird das Agio in der Kapitalrücklage und die passivische latente Steuer unter den Rückstellungen erfasst.

Passivische Rechnungsabgrenzung: Einnahme jetzt, Ertrag später

Neben den in § 266 HGB aufgelisteten Bilanzpositionen gibt es noch eine Reihe weiterer, die lediglich »bei Bedarf« erscheinen:

Es kann vereinbart werden, dass im Zuge einer Aktienemission nicht der volle Emissionskurs einzahlbar ist, sondern z.B. nur der Mindestbetrag gemäß § 36 a AktG (25 % des Nennbetrags und das Agio). Die **ausstehenden Einlagen auf das gezeichnete Kapital** werden dann als Korrekturposten auf der Aktivseite der Bilanz (vor dem Anlagevermögen) ausgewiesen (Abb. 22.9) oder offen vom gezeichneten Kapital auf der Passivseite abgezogen (§ 272,1 HGB). Soweit Beträge der ausstehenden Einlagen eingefordert

sind, ist dies zu vermerken (§ 272,1 HGB); es gilt dann strenge Zahlungs-
pflicht (§ 63,2 AktG).

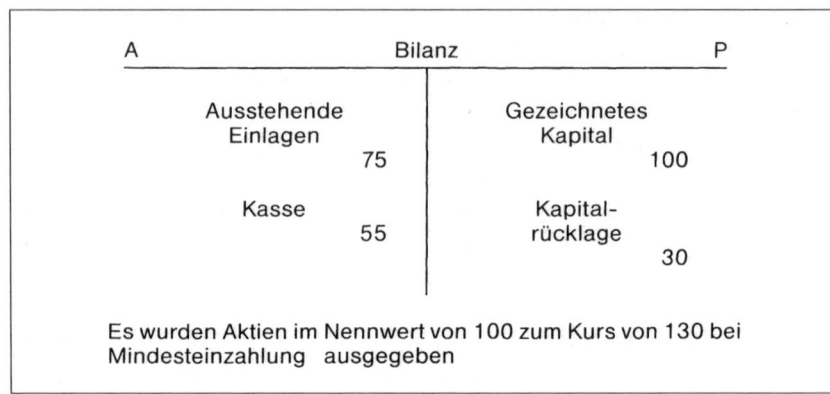

Abb. 22.9: Ausstehende Einlagen auf das gezeichnete Kapital

Am Beginn eines Unternehmens entstehen meist umfangreiche Ausgaben
zur **Ingangsetzung (oder Erweiterung)** des Geschäftsbetriebs. Diese würden zu einer beträchtlichen Bilanzverkürzung zulasten des Eigenkapitals
führen, wenn nicht ein »kompensatorischer« Aktivposten (vor dem Anlagevermögen) als »Bilanzierungshilfe« gebildet werden dürfte (§ 269 HG B). Allerdings ist dieser Posten innerhalb von vier Jahren abzuschreiben (§ 282
HGB): Der Ingangsetzungsaufwand wird folglich über die Anlaufphase des
Unternehmens verteilt. Außerdem muss in Höhe des jeweils noch »gespeicherten« Ingangsetzungsaufwands thesaurierter Gewinn frei verfügbar sein
oder auf eine Ausschüttung verzichtet werden. Typische Positionen des In-
gangsetzungs- bzw. Erweiterungsaufwands, die sonst nicht aktiviert werden
könnten, sind die Einführungs- und Werbekampagnen sowie der Aufbau einer Vertriebsorganisation; nicht berücksichtigungsfähig sind Gründungs-
und Kapitalbeschaffungskosten, z. B. Gerichts- und Notarkosten (§ 248,1
HGB).

Die **Sonderposten mit Rücklagenanteil** verdanken ihre Entstehung dem
Steuerrecht (§ 247,3 HGB), wobei deren Zulässigkeit für Kapitalgesellschaften strenger reglementiert ist (§ 273 HGB). Am Beispiel des § 6 b EStG wird
eine Variante kurz erläutert: Ein Autohaus möchte seine Geschäftsräume aus
der Enge der Innenstadt an den Stadtrand verlagern. Bei der Veräußerung
der innerstädtischen Geschäftsräume (Anlagevermögen [−], Kasse [++]) ergibt sich eine ertragswirksame Bilanzverlängerung: Der Verkaufserlös ist
größer als der Wertansatz der Grundstücke in der Bilanz.

Dieser »Veräußerungsgewinn« müsste versteuert werden; andererseits benötigt der Autohändler jedoch den Gewinn dringend zur Errichtung seiner
neuen Geschäftsräume. In derartigen Fällen erlaubt der Gesetzgeber die
»Übertragung des Veräußerungsgewinns« in einen Sonderposten, um dessen Betrag der Neubau nach seiner Fertigstellung »wertberichtigt« wird

```
A        Bilanz (1)      A  P      Bilanz (2)        P

Anlage-                          Anlage-
vermögen      Sonder-           vermögen      Sonder-
 − 100        posten           + 2000        posten
              +900             −  900        −900
Kasse                         + 1100
+ 1000
```

Abb. 22.10: Sonderposten mit Rücklagenanteil

(Abb. 22.10). Insgesamt bewirkt das Verfahren, dass der Veräußerungsgewinn unversteuert bleibt, andererseits fehlen aber durch die Wertberichtigung später – gewinnmindernde – Gebäudeabschreibungen; letztlich bekommt deshalb der Autohändler die Steuer nur gestundet. Voraussetzung für die Übertragung des Veräußerungsgewinns ist, dass die veräußerten Güter sechs Jahre im Anlagevermögen waren und eine Übertragungsfrist von vier Jahren nicht überschritten wird. Der Katalog der Übertragungsmöglichkeiten ist allerdings deutlich eingeschränkt:

- Bei einer Veräußerung von Grund und Boden kann der Veräußerungsgewinn auf Grund und Boden, Aufwuchs und Gebäude übertragen werden.
- Bei einer Veräußerung von Aufwuchs kann der Veräußerungsgewinn auf Aufwuchs und Gebäude übertragen werden.
- Bei einer Veräußerung von Gebäuden kann der Veräußerungsgewinn auf Gebäude übertragen werden.

Wird der Veräußerungsgewinn innerhalb der darauf folgenden vier Jahre nicht übertragen, ist er gewinnerhöhend aufzulösen und zu versteuern.

Hinsichtlich des Veräußerungsgewinns von Anteilen an **Kapitalgesellschaften** gilt folgende Regelung:

- Erzielen Kapitalgesellschaften einen Veräußerungsgewinn, dann ist dieser steuerfrei (§ 8 b, 2 KStG).
- Erzielen Personengesellschaften bzw. Einzelkaufleute einen Veräußerungsgewinn, dann kann dieser – bis zu 500.000 € – in eine Investitionsrücklage eingestellt und auf Reinvestitionen übertragen werden; allerdings darf die Gesellschaft am gezeichneten Kapital der Kapitalgesellschaft in den letzten fünf Jahren nur zu weniger als einem Prozent beteiligt gewesen sein. Die zurückgestellten Mittel müssen innerhalb von vier Jahren in Gebäude oder innerhalb von zwei Jahren in Maschinen oder Kapitalbeteiligungen reinvestiert werden; binnen drei Jahren darf allerdings das übertragene Wirtschaftsgut nicht entnommen oder veräußert werden (§ 6 b, 10 EStG).

Für nicht übertragene – und damit zu versteuernde – Gewinne gilt bei Personengesellschaften und Einzelkaufleuten das Halbeinkünfteverfahren (3. Kapitel).

Die begünstigte Behandlung von Kapitalgesellschaften soll eine »Entflechtung der Deutschland AG« einleiten: Große Industrieunternehmen, Banken und Versicherungen können nun wenig ertragreiche Beteiligungen steuerneutral an Unternehmen veräußern, in deren strategisches Konzept sie besser hineinpassen; andererseits können sich die Veräußerer »brutto« durch Zukäufe in ihrer Kernkompetenz verstärken (**Restrukturierung**). Allerdings dürfen die Veräußerungsgewinne auch »in das eigene Geschäft« investiert werden.

> Die Übertragung des Veräußerungsgewinns auf einen Sonderposten bewirkt bei Wirtschaftsgütern (Gebäude, Maschinen) letztlich nur eine Steuerstundung.

Übertragungsmöglichkeiten gibt es auch bei Ausscheiden eines Wirtschaftsgutes z. B. durch **höhere Gewalt** (Abschnitt 35 EStR).

Beispiel

»Entflechtung der Deutschland AG«

»… Eine Revolution jedenfalls ist es. Das zeigt das Beispiel der Allianz. Die Versicherung gilt wegen ihrer Beteiligungen als mächtigstes deutsches Unternehmen; mitzureden hat sie bei Dresdner und Deutscher Bank, bei RWE und Veba, bei Siemens und Schering. Die Beteiligungen bedeuten Einfluss, Aufsichtsratsmandate und Verantwortung. Die Allianz hat diese Beteiligungen unter ganz anderen historischen Bedingungen erworben; deren Struktur ist alles andere als effizient. Deshalb würde sie viele davon gerne verkaufen, was sie bisher wegen der anfallenden Steuern nicht kann. Ähnliches gilt auch für die Großbanken.

Entfällt die Steuerbarriere, dann werden viele dieser Beteiligungen verkauft; andere Investoren erwerben sie, darunter viele Ausländer. Die deutsche Wirtschaft wird im Ergebnis umfassend restrukturiert werden und hinterher effizienter und offener sein …«

(Aus: N. Piper: Die beiläufige Revolution, in: Süddeutsche Zeitung vom 24./25./26. 12. 1999)

3 Der Inhalt und Aufbau der Gewinn- und Verlustrechnung

Der Inhalt der Gewinn- und Verlustrechnung ist in § 275 HGB geregelt. Es werden dort zwei Systematiken angeboten: Das Gesamtkosten- und das Umsatzkostenverfahren (Abb. 22.11). Der Hintergrund hierfür ist, dass innerhalb eines Geschäftsjahres so gut wie nie genau die Produkte verkauft werden, die in diesem Zeitraum auch produziert wurden.

Das **Umsatzkostenverfahren** stellt dem Umsatz eines Rechnungsjahres die darin enthaltenen Herstellungskosten gegenüber.

Das **Gesamtkostenverfahren** stellt den Herstellungskosten eines Rechnungsjahres die gesamte daraus hervorgegangene Leistung gegenüber:

- Wird weniger verkauft als hergestellt, dann werden den Herstellungskosten die Umsatzerlöse zuzüglich dem Wert des Lagerbestandszugangs (Bestandsmehrung) gegenübergestellt.
- Werden neben der Produktion der letzten Periode auch noch Lagerbestände früherer Perioden abgesetzt, dann werden den Herstellungskosten die Umsatzerlöse abzüglich des Lagerbestandsabgangs (Bestandsminderung) gegenübergestellt.

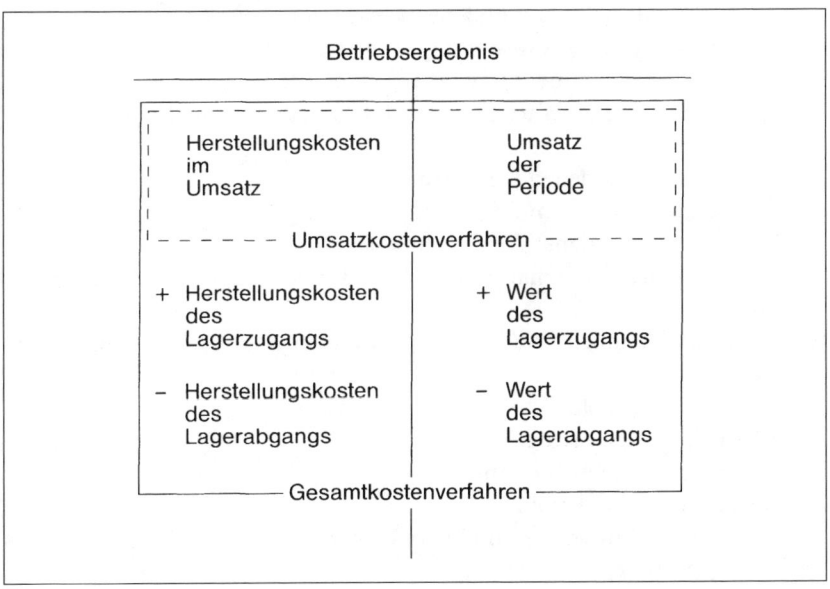

Abb. 22.11: Zusammenhang zwischen Gesamtkosten- und Umsatzkostenverfahren

Da Lagerbestände zu Herstellungskosten bewertet werden, führen Umsatz- und Gesamtkostenverfahren zum **selben Ergebnis**.

Gesamtkostenverfahren: Gegenüberstellung von Herstellungskosten des Jahres und den daraus hervorgegangenen Leistungen

Die nach dem **Gesamtkostenverfahren** aufgestellte Gewinn- und Verlustrechnung weist gemäß § 275,2 HGB folgende Positionen auf:

1. Umsatzerlöse
2. Erhöhung oder Verminderung des Bestands an fertigen und unfertigen Erzeugnissen
3. andere aktivierte Eigenleistungen
4. sonstige betriebliche Erträge
5. Materialaufwand
   a) Aufwendungen für Roh-, Hilfs- und Betriebsstoffe und für bezogene Waren
   b) Aufwendungen für bezogene Leistungen
6. Personalaufwand
   a) Löhne und Gehälter
   b) soziale Abgaben und Aufwendungen für Altersversorgung und für Unterstützung,
   davon für Altersversorgung
7. Abschreibungen
   a) auf immaterielle Vermögensgegenstände des Anlagevermögens und Sachanlagen sowie auf aktivierte Aufwendungen für die Ingangsetzung und Erweiterung des Geschäftsbetriebs
   b) auf Vermögensgegenstände des Umlaufvermögens, soweit diese die in der Kapitalgesellschaft üblichen Abschreibungen überschreiten
8. sonstige betriebliche Aufwendungen
9. Erträge aus Beteiligungen, davon aus verbundenen Unternehmen
10. Erträge aus anderen Wertpapieren und Ausleihungen des Finanzanlagevermögens,
    davon aus verbundenen Unternehmen
11. sonstige Zinsen und ähnliche Erträge,
    davon aus verbundenen Unternehmen
12. Abschreibungen auf Finanzanlagen und auf Wertpapiere des Umlaufvermögens
13. Zinsen und ähnliche Aufwendungen, davon aus verbundenen Unternehmen
14. Ergebnis der gewöhnlichen Geschäftstätigkeit
15. außerordentliche Erträge
16. außerordentliche Aufwendungen
17. außerordentliches Ergebnis
18. Steuern vom Einkommen und vom Ertrag
19. sonstige Steuern
20. Jahresüberschuss/Jahresfehlbetrag

Schematisiert ergibt sich folgende **Grobgliederung:**

Posten 1– 8:	Betriebliches Ergebnis gemäß Gesamtkostenverfahren
Posten 9–13:	Finanzergebnis
Posten 14:	Ergebnis der gewöhnlichen Geschäftstätigkeit
Posten 15–17:	außerordentliches Ergebnis

Posten 18–19:   Steuern

Posten 20:   Jahresüberschuss/Jahresfehlbetrag

Im Einzelnen gilt:

- **Betriebliches Ergebnis gemäß Gesamtkostenverfahren**

  Umsatzerlöse sind nach Abzug der Rabatte und Umsatzsteuer auszuweisen (§ 277,1 HGB). Kleine und mittlere Kapitalgesellschaften dürfen allerdings ihre Umsatzerlöse mit den folgenden Posten saldieren und damit verschleiern (§ 276 HGB).

  Als **Bestandsänderungen** gelten nicht nur Mengen-, sondern auch Wertänderungen (§ 277,2 HGB).

  Andere aktivierte Eigenleistungen sind z. B. selbsterstellte Anlagen oder im Anlagenzugang enthaltene Eigenleistungen. Die **sonstigen betrieblichen Erträge** umfassen z. B. Zahlungseingänge auf zuvor abgeschriebene Forderungen und Erträge aus der Auflösung von (nicht benötigten) Rückstellungen. Zum **Material- und Personalaufwand** gehören im Bereich des Personalaufwands auch Sachbezüge (z. B. Leasingraten für Dienstwagen). Zu den **Abschreibungen** zählen in erster Linie die »normalen« Abschreibungen auf Gebäude, Anlagen und Maschinen. Die **sonstigen betrieblichen Aufwendungen** stellen einen »Auffangtatbestand« dar für z. B. Reklame, Mieten und Pachten, übliche Abschreibungen auf uneinbringliche Forderungen (Forderungsausfälle), Kosten des Zahlungsverkehrs, Instandhaltungen sowie Einstellungen in Sonderposten mit Rücklagenanteil (§ 281,2 HGB).

- **Finanzergebnis**

  Hierunter fallen Erträge aus **Beteiligungen** und langfristigen **Finanzanlagen** ohne Beteiligungscharakter sowie **Zinserträge** und **Zinsaufwendungen** (auch: Diskontbeträge bei Wechseln, Abschreibungen auf aktiviertes Disagio, Bereitstellungsprovisionen usw.). **Abschreibungen** auf Finanzanlagen und Wertpapiere des Umlaufvermögens können sich bei Kursverlusten an der Börse als notwendig erweisen.

- **Ergebnis der gewöhnlichen Geschäftstätigkeit**

  = Betriebliches und Finanzergebnis

- **Außerordentliches Ergebnis**

  Es setzt sich aus **Aufwendungen** und **Erträgen** zusammen, die außerhalb der gewöhnlichen Geschäftstätigkeit anfallen (§ 277,4 HGB); hierzu zählen z. B. Veräußerungsgewinne bzw. -Verluste aus dem Verkauf von Wertpapieren und Anlagen, Entschädigungen bei Enteignungen sowie Schenkungen.

- **Steuern**

  Beim Ausweis der **Steuern vom Einkommen und Ertrag** ist davon auszugehen, dass die Hauptversammlung dem Gewinnverwendungsvorschlag des Vorstands folgt und entsprechende Steuerzahlungen anfallen (§ 278 HGB). Zu den **sonstigen Steuern** zählen z. B. Grund- und Erbschaftsteuer sowie Kraftfahrzeugsteuer und Zölle; die Umsatzsteuer wird nicht erfasst, da sie auch in den Umsatzerlösen nicht berücksichtigt wird.

Umsatzkostenverfahren:
Gegenüberstellung von
Umsatz des Jahres und
den darin enthaltenen
Herstellungskosten

■ **Jahresüberschuss/Jahresfehlbetrag**

= Saldo aus allen Erträgen und Aufwendungen

Die nach dem **Umsatzkostenverfahren** aufgestellte Gewinn- und Verlustrechnung weist gemäß § 275,3 HGB folgende Positionen auf:

1. Umsatzerlöse
2. Herstellungskosten der zur Erzielung der Umsatzerlöse erbrachten Leistungen
3. Bruttoergebnis vom Umsatz
4. Vertriebskosten
5. allgemeine Verwaltungskosten
6. sonstige betriebliche Erträge
7. sonstige betriebliche Aufwendungen
8. Erträge aus Beteiligungen,
   davon aus verbundenen Unternehmen
9. Erträge aus anderen Wertpapieren und Ausleihungen des Finanzanlagevermögens,
   davon aus verbundenen Unternehmen
10. sonstige Zinsen und ähnliche Erträge,
    davon aus verbundenen Unternehmen
11. Abschreibungen auf Finanzanlagen und auf Wertpapiere des Umlaufvermögens
12. Zinsen und ähnliche Aufwendungen,
    davon an verbundene Unternehmen
13. Ergebnis der gewöhnlichen Geschäftstätigkeit
14. außerordentliche Erträge
15. außerordentliche Aufwendungen
16. außerordentliches Ergebnis
17. Steuern vom Einkommen und vom Ertrag
18. sonstige Steuern
19. Jahresüberschuss/Jahresfehlbetrag

Schematisch ergibt sich folgende **Grobgliederung:**

Posten 1– 3:	Betriebliches Ergebnis gemäß Umsatzkostenverfahren
Posten 4– 7:	übrige betriebliche Aufwendungen und Erträge
Posten 8–12:	Finanzergebnis
Posten 13:	Ergebnis der gewöhnlichen Geschäftstätigkeit
Posten 14–16:	außerordentliches Ergebnis
Posten 17–18:	Steuern
Posten 19:	Jahresüberschuss/Jahresfehlbetrag

Im Einzelnen gilt:

■ **Betriebliches Ergebnis gemäß Umsatzkostenverfahren**

Für die **Umsatzerlöse** gilt die bereits erwähnte Definition des § 277,1 HGB sowie die Ergänzung des § 276 HGB. Die Ermittlung der **zugehörigen Herstellungskosten** setzt voraus, dass es im Unternehmen eine Kostenträgerrechnung gibt, die den abgesetzten Produkten die mit Beschaffung, Produktion und Lagerung verbundenen Kosten (einschließlich spezieller Verwaltungskosten wie Lohnbuchhalter, Werkstattschreiber) genau zurechnet.

■ Streng genommen sollten diese Kosten allerdings als Herstellkosten bezeichnet werden, da die **Vertriebs- und allgemeinen Verwaltungskosten** getrennt erfasst werden, und zwar auf das gesamte Rechnungsjahr bezogen. Unter anderem zählen dazu:
  – Kosten für Reklame, Verpackung, anteilige Energie,
  – Personalkosten der Vertriebsabteilung,
  – Kosten der Geschäftsführung und zentraler Stabs- und Service-Abteilungen (z. B. Rechts- und EDV-Abteilung),
  – Materialkosten in Vertrieb und Verwaltung.

  Die **sonstigen betrieblichen Aufwendungen** sind auch hier ein – auf das Rechnungsjahr bezogener – Sammelposten, der allerdings enger gefasst ist als im Gesamtkostenverfahren: So fehlen nun z. B. die Reklamekosten. Die **sonstigen betrieblichen Erträge** sind hingegen deckungsgleich.

■ **Alle übrigen Positionen** entsprechen denjenigen des Gesamtkostenverfahrens.

Bei Anwendung des Umsatzkostenverfahrens müssen die Angaben des Gesamtkostenverfahrens zu Material- und Personalaufwand (5. und 6.) im Anhang »nachgeholt« werden.

Aktiengesellschaften müssen ihre Gewinn- und Verlustrechnung noch in der Weise ergänzen, dass vom **Jahresüberschuss** zum **Bilanzgewinn** weitergerechnet wird (§ 158,1 AktG):

■ Jahresüberschuss/Jahresfehlbetrag,
■ Gewinnvortrag (+)/Verlustvortrag (–),
■ Entnahmen aus Gewinnrücklagen (+),
■ Einstellungen in Gewinnrücklagen (Gewinnthesaurierung) (–),
■ Bilanzgewinn/Bilanzverlust.

Hierdurch wird **deutlich offen gelegt,** in welcher Beziehung Jahresüberschuss und Bilanzgewinn stehen.

Beispiel

Gesamtkosten- und Umsatzkostenverfahren

Gewinn- und Verlustrechnung nach dem Gesamtkostenverfahren		Gewinn- und Verlustrechnung nach dem Umsatzkostenverfahren	
Umsatzerlöse*	12 000	Umsatzerlöse*	12 000
Bestandsänderungen der Erzeugnisse	200	Herstellungskosten der zur Erzielung des Umsatzes erbrachten Leistungen	– 8 300
Andere aktivierte Eigenleistungen	50	Bruttoergebnis vom Umsatz	3 700
Sonstige betriebliche Erträge*	300	Vertriebskosten	– 1 150
		Allgemeine Verwaltungskosten	– 1 500
Materialaufwand	– 6 000	Sonstige betriebliche Erträge*	300
Personalaufwand	– 3 200	Sonstige betriebliche Aufwendungen	– 900
Abschreibungen	– 1 200		
Sonstige betriebliche Aufwendungen	– 1 700		
	450		450

* und alle weiteren Positionen stimmen überein.

(Aus: Deutsche Bank: Ihr Jahresabschluß nach dem Bilanzrichtlinien-Gesetz, Frankfurt 1986.)

4 Der Inhalt des Anhangs

Der Anhang soll die Interpretationsfähigkeit und Übersichtlichkeit von Bilanz und Gewinn- und Verlustrechnung verbessern.

Erst durch den Anhang zu Bilanz und Gewinn- und Verlustrechnung sowie den – im nächsten Abschnitt behandelten – Lagebericht wird der Jahresabschluss einer **Kapitalgesellschaft** vollständig (§ 264,1 HGB).

Über **Zusatzinformationen** soll er die Interpretationsfähigkeit und durch **Informationsübernahme** die Übersichtlichkeit von Bilanz und Gewinn- und Verlustrechnung verbessern. Die einschlägigen **Vorschriften** finden sich vor allem in:

- §§ 284 und 285 HGB
- § 160,1 AktG
- § 42,3 GmbHG

Ausnahmeregelungen betreffen bestimmte Befreiungen kleiner und mittelgroßer Kapitalgesellschaften (§ 288 HGB), das Schutzinteresse des Unternehmens (§ 286,2 und 3 HGB) oder der Bundesrepublik Deutschland (§ 286,1 HGB, § 160,2 AktG).

Im Einzelnen beinhaltet der Anhang folgende Angaben (Auswahl):

■ **Allgemeine Angaben**
  – Änderungen (§ 265,1 HGB) und Ergänzungen (§ 265,4 HGB) der **Gliederung,**
  – Bilanzierungs- und **Bewertungsmethoden** (§ 284,2,1 HGB); z. B. Darstellung der Abschreibungsverfahren und ihrer Anwendungsbereiche,
  – Grundlagen **der Fremdwährungsumrechnung** (§ 284,2,2 HGB), z. B. bei $-Forderungen,
  – **Abweichungen** von den bisherigen Bilanzierungs- und **Bewertungsmethoden;** diese sind zu begründen und in ihren Auswirkungen auf die Vermögens-, Finanz- und Ertragslage darzustellen,
  – Angaben, die ein möglicherweise falsches »Bild« des Jahresabschlusses von der Vermögens-, Ertrags- und Finanzlage **korrigieren** (§ 264,2 HGB).

■ **Spezielle Angaben zur Bilanz**
  (bei analogen Vorschriften für die Gewinn- und Verlustrechnung, Hinweis: [ ])
  – Erläuterungen, wenn die **Posten** aufeinander folgender Abschlüsse **nicht vergleichbar** sind [(§ 265,2 HGB)] oder Posten zusammengefasst werden [(§ 265,7 HGB)],
  – Begründung der Planmäßigkeit in der Abschreibung des **derivativen Firmenwerts** (§ 285,7,13 HGB),
  – Erläuterung der Aufwendungen für die **Ingangsetzung und Erweiterung** des Geschäftsbetriebs (§ 269,1 HGB),
  – Bestand an **Vorratsaktien, eigene Aktien, Vorzugsaktien** usw. (§ 160,1 AktG),
  – Erläuterung der **latenten Steuern** (§ 274 HGB),
  – Angabe der Vorschriften, nach denen **Sonderposten mit Rücklagenanteil** gebildet wurden (§ 273 HGB),
  – Zusammensetzung der **sonstigen Rückstellungen** (§ 285,12 HGB),
  – Betrag der **Verbindlichkeiten** mit einer **Restlaufzeit** von mehr als **fünf Jahren** (§ 285,1 a HGB),
  – Betrag der **gesicherten Verbindlichkeiten** (Grundpfandrechte, Eigentumsvorbehalt, Sicherungsübereignung usw.) (§ 285,16 HGB),
  – Zahl der **Wandelschuldverschreibungen, Optionsanleihen, Genussscheine** usw. (§ 160,1,6 AktG),
  – Verbindlichkeiten aus **Wechseln, Bürgschaften, Gewährleistungsverträgen** usw. (§ 268,7 HGB).

■ **Spezielle Angaben zur Gewinn- und Verlustrechnung**
  – Aufgliederung der **Umsatzerlöse** nach Tätigkeitsbereichen (z. B. Güter/Dienstleistungen) und geographischen Märkten (§ 285,4 HGB); Ausnahmeregelungen gemäß §§ 288 und 286,2 HGB,
  – Beträge aus der Einstellung in und der Auflösung von **Sonderposten mit Rücklagenanteil** (§ 281,2 HGB),
  – Erläuterung der Posten **außerordentliche Erträge** und **außerordentliche Aufwendungen** (§ 277,4 HG B),

– Betrag der **Sonderabschreibungen** im Anlage- und der Abschreibungen im Umlaufvermögen (§ 277,3 HGB),

– Angabe, in welchem Umfang die **Steuern** vom Einkommen und Ertrag das Ergebnis der gewöhnlichen Geschäftstätigkeit und das außerordentliche Ergebnis belasten (§ 285,6 HGB),

– Verbesserung des Jahresergebnisses durch Inanspruchnahme **steuerlicher Vergünstigungen** sowie eventuell daraus später resultierender steuerlicher **Belastungen** (z. B. im Rahmen der Sonderposten mit Rücklagenanteil) (§ 285,5 HGB); Ausnahmeregelungen gemäß § 288 HGB.

■ **Ergänzende Angaben**

– **Sonstige finanzielle Verpflichtungen** (aus z. B. Leasingverträgen, bevorstehenden Großreparaturen bzw. Investitionsvorhaben, Umweltschutzmaßnahmen) (§ 285,3 HGB); Ausnahmeregelungen gemäß § 288 HGB,

– Beziehungen zu **Mutter-, Beteiligungs-** und **verbundenen Unternehmen** (§ 285,14 und 11 HGB), eine gesonderte Übersicht ist zulässig (§ 287 HGB); Ausnahmeregelungen gemäß § 286,3 HGB,

– Angabe aller **Beteiligungen** von zwanzig Prozent und mehr sowie von fünf Prozent und mehr an großen Kapitalgesellschaften (§ 285,11 HGB),

– Angabe aller **Mitglieder** von **Vorstand** und **Aufsichtsrat,** ihrer sämtlichen Aufsichtsrats- und ähnlicher Mandate sowie – getrennt nach Personengruppen – deren Gesamtbezüge, die gewährten Vorschüsse und Kredite; bei den Krediten sind auch die Konditionen offenzulegen (§ 285,9 und 10 HGB),

Beispiel

Auswertung des Anhangs:

Jahresgehalt je Vorstandsmitglied (2001, in Mio. €)

DeutscheBank	7,06
Schering	2,72
Deutsche Telekom	2,18
Hypo Vereinsbank	2,17
Volkswagen	2,10
DaimlerChrysler	2,00
Infineon	1,97
Metro	1,93
E.On	1,76
BMW	1,68
Siemens	1,60
Allianz	1,54
Degussa	1,50

Preussag	1,36
SAP	1,33
Linde	1,33
Commerzbank	1,30
Henkel	1,28
Bayer	1,16
MLP	1,12
Adidas-Salomon	1,04
BASF	1,03
RWE	1,00
Thyssen Krupp	0,89
Fresenius Med. Care	0,82
Münchener Rück	0,78
Deutsche Post	0,73
MAN	0,70
Epcos	0,68
Deutsche Lufthansa	0,53

(Aus: Wirtschaftswoche vom 2.5.2002, S. 84)

- durchschnittliche **Arbeitnehmerzahl** nach Gruppen im Rechnungsjahr gemäß § 267,5 HGB (§ 285,7 HGB); Ausnahmeregelungen gemäß
  § 288 HGB.

5 Der Inhalt des Lageberichts

Neben dem Jahresabschluss (Bilanz, Gewinn- und Verlustrechnung, Anhang) muss der Vorstand einer **Kapitalgesellschaft** noch einen Lagebericht
anfertigen (§ 264,1 HGB).

Er gibt – über den vergangenheitsorientierten Jahresabschluss hinaus –
Aufschluss über die gegenwärtige und voraussichtlich zukünftige **wirtschaftliche Lage** der Gesellschaft; die einschlägigen **Vorschriften** finden sich
in § 289 HGB:

- Er erörtert den **Geschäftsverlauf** und die **Lage** der Gesellschaft, wobei
  auf die **Risiken** der künftigen Entwicklung einzugehen ist (§ 289,1 HGB).

- Daneben »soll« der Bericht »eingehen« auf **Vorgänge** von besonderer Bedeutung **seit Schluss des Rechnungsjahres,** die **voraussichtliche Entwicklung** des Unternehmens, seinen **Forschungs- und Entwicklungsbereich** sowie die bestehenden Zweigniederlassungen (§ 289,2 HGB).

Der Lagebericht soll die gegenwärtige und voraussichtlich zukünfti-ge Lage der Gesellschaft beschreiben; hierbei ist auch auf den F + E-Bereich einzugehen.

Insbesondere beim Bericht über den F & E-Bereich gebietet das Konkurrenz-
schutzinteresse eine gewisse Zurückhaltung. Interessante Informationen wären sicherlich der Anteil des F & E-Budgets am Umsatz, der Umsatzanteil

neuer Produkte, die Forschungsprogramme, die neu entwickelten Technologien, Produkte und Rohstoffe.

Bei **börsennotierten** Aktiengesellschaften muss der Abschlussprüfer prüfen, ob der Lagebericht eine zutreffende Vorstellung von der Lage des Unternehmens vermittelt und die Risiken der weiteren Entwicklung zutreffend dargestellt wurden. Insbesondere die Beurteilung der Marktrisiken dürfte den Abschlussprüfer im Einzelfall vor erhebliche Beurteilungsprobleme stellen.

Zahlreiche Unternehmen ergänzen ihren Lagebericht noch – freiwillig – um einen so genannten **Sozialbericht.** Er gibt Rechenschaft über die sozialen Verhältnisse und Leistungen des Betriebs; ferner finden sich dort z. B. Angaben über die Zusammensetzung der Belegschaft (weibliche Mitarbeiter, Schwerbeschädigte, Altersstruktur der Mitarbeiter), Veränderungen in der Entlohnung, Regelungen zu Fortbildung und Urlaub, die Errichtung von Werkswohnungen und Ferienheimen sowie die Gewährung von Gewinnbeteiligungen.

Im Sozialbericht wird Rechenschaft über die sozialen Verhältnisse und Leistungen des Betriebs gegeben.

Beispiel

Ökobilanz

»… Vorläufer ist der Strümpfe- und Textilhersteller Kunert, der bereits Ende der achtziger Jahre den Grundstein für die Bilanzierung des ökologischen Soll und Haben gelegt hat. Anders als im Finanzwesen, wo der ökonomische Erfolg in Mark und Pfennig abgerechnet wird, sind auf den Konten in der Ökobilanz die Werte in Kubik- und Quadratmetern, Kilo- und Mikrogramm oder in Kilowattstunden ausgewiesen …

… Luft, Wasser, Energie stehen in der Ökobilanz auf der ‚Input-Seite‘ ebenso wie Rohstoffe, Gebäude, Maschinen, Möbel oder versiegelter Boden und Grünfläche. Strümpfe und Oberbekleidung, Garne, Verpackung, aber auch Abfälle, Abwässer, Abluft, Lärm und Schadstoffe stehen auf der ›Output-Seite‹. Aus Jahresvergleichen und anhand selbst gesteckter Ziele läßt sich beispielsweise ablesen, ob Energie- und Rohstoffe effizienter verwertet, Umweltrisiken vermindert oder fragwürdige Stoffe ersetzt wurden …

… Erkenntnisse aus der firmeneigenen Ökobilanz sind bei Kunert umgesetzt worden: Der Strümpfehersteller hat eine Natur-Kollektion entwickelt, die sich prompt zum Absatzrenner entwickelt hat…

… Kunert … beklagt das modische Tiefschwarz bei blickdichten Strumpfhosen, das ohne umweltschädigendes Chrom nicht zu erzielen ist. Auch die neckischen Applikationen aus Kunststeinen auf Strümpfen, der weiche Griff bei Textilien, den Kundinnen so schätzen, oder die Vielfalt der Garne hinterlassen Schönheitsfehler in den Ökobilanzen…«

(Aus: Die Zeit vom 18. 11. 1994)

6 Der Inhalt des Abhängigkeitsberichts verbundener Unternehmen

Ist ein Unternehmen (z. B. wegen kapitalmäßiger Verflechtung) von einem anderen Unternehmen **abhängig** (§ 17AktG), **ohne** dass ein Beherrschungsvertrag (§ 291 AktG), ein Gewinnabführungsvertrag (§ 291 AktG) oder eine Eingliederung (§ 319 ff. AktG) vorliegt, dann darf die Obergesellschaft der abhängigen Gesellschaft nur dann wirtschaftlich **nachteilige Weisungen** geben, wenn sie **ausgeglichen** werden. Nachteile könnten aus Rechtsgeschäften und getroffenen bzw. unterlassenen Maßnahmen auf Veranlassung des herrschenden Unternehmens resultieren. Erfolgt der Ausgleich nicht im laufenden Geschäftsjahr, so muss an seinem Ende bestimmt werden, wann welche wirtschaftlichen Vorteile gewährt werden; das abhängige Unternehmen hat dann auf diese Vorteile einen **Rechtsanspruch.** Die Regelung begründet sich aus dem Schutzinteresse der »außenstehenden Aktionäre«.

Der Vorstand des abhängigen Unternehmens legt in einem jährlichen Abhängigkeitsbericht die **Beziehungen** zur **Obergesellschaft** und den mit ihr **verbundenen Gesellschaften** offen (§§ 311 bis 318 AktG). Hierbei ist auch über gewährte oder in Aussicht gestellte **Kompensationen** zu berichten. Am Ende des Abhängigkeitsberichts muss der Vorstand eine Erklärung über die »Vor- und Nachteilssituation« abgeben.

Der Abhängigkeitsbericht des Vorstands wird durch den Wirtschaftsprüfer geprüft und zusammen mit dem Prüfungsbericht an den Aufsichtsrat gegeben. Dieser berichtet dann – mit eigener Stellungnahme – der Hauptversammlung. Wichtig in diesem Zusammenhang ist, dass der Abschlussprüfer nicht zu prüfen braucht, ob Rechtsgeschäfte oder Maßnahmen verschwiegen wurden (§ 313,1 AktG); seine **Prüfungspflicht** erstreckt sich allein auf die **tatsächlichen Angaben.**

Der Abhängigkeitsbericht selbst wird der Hauptversammlung nicht vorgelegt und auch nicht zum Handelsregister eingereicht; lediglich die **Vorstandserklärung** an seinem Ende wird in den **Geschäftsbericht** übernommen.

> Am Ende des Abhängigkeitsberichts muss der Vorstand eine Erklärung über die Vorteilhaftigkeit der Beziehungen zur Obergesellschaft abgeben; diese ist in den Geschäftsbericht zu übernehmen.

Unter der Lupe

Konzernbilanz

Beim Konzernabschluss besteht die Notwendigkeit einer »Konsolidierung« zwischen der »Konzernmutter« und ihren »Tochterunternehmen«: Nach außen erscheint der Konzern als einheitliches Unternehmen (»Entity-Theorie«). Es kann deshalb intern keine Beteiligungen, gegenseitige Forderungen und Verbindlichkeiten und Umsätze aus gegenseitigen Lieferungen geben; Gewinne werden erst realisiert, wenn die Erzeugnisse den Konzern verlassen haben. Im Falle eines »klassischen« Konzerns (§ 290 HGB) müssen Mutter und Töchter zunächst eine »Summenbilanz« aufstellen und dann eine Voll-

→

konsolidierung (§§ 300 – 309 HGB) des Kapitals, der Schulden sowie der Gewinn- und Verlustrechnung (mit Zwischenergebniseliminierung) vornehmen.

Beispiel:

Erstkonsolidierung des Kapitals nach 100 %igem Erwerb einer Tochter (T) durch eine Mutter (M)

Bilanz M

Anlagevermögen	1 200	Gezeichnetes Kapital	600
Beteiligung an T	600	Rücklagen	400
		Jahresüberschuss	220
		Fremdkapital	580
	1 800		1 800

Bilanz T

Anlagevermögen	400	Gezeichnetes Kapital	120
		Rücklagen	60
		Jahresüberschuss	20
		Fremdkapital	200
	400		400

Konzernbilanz

Anlagevermögen	1700	Gezeichnetes Kapital	600
Geschäftswert	300	Rücklagen	400
		Jahresüberschuss	220
		Fremdkapital	780
	2000		2000

Vorgehen:

1. Das Anlagevermögen von Mutter (1200) und Tochter (400) wird der Summenbilanz entnommen (1600).
2. Da es keine gegenseitigen Forderungen und Verbindlichkeiten gibt, werden auch die Schulden von Mutter (580) und Tochter (200) summiert (780).
3. Der Beteiligung (Kaufpreis) der Mutter (600) steht bei der Tochter ein ausgewiesenes Eigenkapital von 200 gegenüber. Es wird vermutet, dass sich der Differenzbetrag wie folgt erklärt:

Im Kaufpreis wurde ein bei der Tochter nicht bilanzierungsfähiger originärer Geschäftswert (z. B. Patente, Kundenstamm) in Höhe von 300 bezahlt.

Ferner stecken im Anlagevermögen (z. B. Grundstücke) Unterbewertungen in Höhe von 100, die im Kaufpreis ebenfalls ihren Niederschlag fanden.

Die Aufteilung des Differenzbetrags auf Geschäftswert und stille Reserven im Anlagevermögen der Tochter muss die Mutter nach vernünftiger kaufmännischer Beurteilung vornehmen.

Arbeitsaufgaben

1) Welcher Zusammenhang besteht zwischen Bilanz und Gewinn- und Verlustrechnung?
2) Was sind erfolgswirksame, was erfolgsneutrale Vorgänge?
3) Welche Unternehmen müssen in welcher Form einen Jahresabschluss vorlegen?
4) Welche Inventurverfahren kennen Sie?
5) Was versteht man unter einer Anlagekartei, und was erfasst sie?
6) Beschreiben Sie kurz den Ablauf der Rechnungslegung in einer großen Aktiengesellschaft!
7) Was besagen die elementaren Grundsätze ordnungsmäßiger Buchführung und Bilanzierung?
8) Wann muss – im Sinne des Grundsatzes der Bilanzwahrheit – ein Posten auf der Aktiv- bzw. Passivseite vermerkt werden?
9) Was versteht man unter dem wirtschaftlichen Eigentum?
10) Was bedeutet »Zweischneidigkeit der Bilanz«?
11) Dem Prinzip der Vorsicht liegt die Vorstellung eines vorsichtigen Kaufmanns zugrunde; oft wird es in der Praxis aber zu bilanzpolitischen Maßnahmen missbraucht. Nehmen Sie dazu Stellung!
12) Inwiefern modifizieren die modifizierenden Grundsätze die elementaren Grundsätze ordnungsmäßiger Buchführung und Bilanzierung?
13) Was verstehen Sie unter einem originären und einem derivativen Firmenwert; inwiefern besteht ein Aktivierungsrecht, und wie wird es begründet?
14) Vergleicht man die Bilanzen von Produktions- und Dienstleistungsunternehmen, so stellt man immer wieder fest, dass zwischen Anlage- und Umlaufvermögen sehr unterschiedliche Relationen bestehen: Produktionsunternehmen weisen relativ viel Umlaufvermögen, Dienstleistungsunternehmen relativ viel Anlagevermögen auf. Woran könnte das liegen?
15) Worin besteht der Vorteil des Anlagegitters?
16) Was sind latente Steuern, und wie werden sie in der Bilanz berücksichtigt?
17) Aus welchen Teilen setzt sich das Eigenkapital einer Aktiengesellschaft zusammen?
18) Nennen Sie Vorgänge, die zur Bildung von Rückstellungen führen! Inwieweit besteht Passivierungspflicht, wann gibt es ein Wahlrecht?
19) »Rückstellungen sind bedingtes Fremdkapital. »Begründen Sie diese Aussage!
20) Was sind Rechnungsabgrenzungsposten; nennen Sie Beispiele!
21) Was besagt der Jahresüberschuss, und in welcher Beziehung steht er zum Bilanzgewinn?
22) »Der Bilanzgewinn bezeichnet den Teil des Jahresgewinns, den man den Aktionären zukommen lassen will.« Nehmen Sie Stellung zu dieser Aussage!

23) Welchen Umfang dürfen die »ausstehenden Einlagen auf das gezeichnete Kapital« bei einer Überpari-Emission höchstens annehmen?

24) Erklären Sie die Aufgabe des Sonderpostens mit Rücklagenanteil!

25) Erörtern Sie kurz den Unterschied zwischen Umsatz- und Gesamtkostenverfahren! Warum führen beide zum gleichen Ergebnis?

26) Welche Unternehmen haben einen Abhängigkeitsbericht anzufertigen, und was ist sein Inhalt?

27) Welche Aufgaben haben Anhang und Lagebericht? Nennen Sie beispielhaft einige Angaben!

28) In anderen Ländern dürfen Rückstellungen nicht so großzügig dotiert werden wie in Deutschland; hier »kollidieren« zwei Bilanzauffassungen. Erläutern Sie diese Aussage!

29) Nehmen Sie Stellung zu folgender Aussage: »Die Gewinn- und Verlustrechnung zeigt die Struktur des Erfolges«!

30) Jede Reinvermögensänderung ist entweder Aufwand oder Ertrag. Nehmen Sie Stellung!

31) Patente gehören in die Bilanz, denn es gibt nichts Wichtigeres für ein Unternehmen. Nehmen Sie Stellung und begründen Sie die herrschende Regelung!

32) Die Pleite AG begibt eine Anleihe (Nominalwert 20 Mio. €) zum Ausgabekurs von 98 %. Die Anleihe wird in zehn Jahren zu einem Rückzahlungskurs von 103 % fällig. Wie ist zu bilanzieren?

33) Die Langnase AG hat die gesamte Werbefläche auf dem Sportplatz des 1960 München gemietet. Der Mietvertrag läuft vom 1. 7. 2002 bis 30. 6. 2005; Mietvorauszahlung für drei Jahre 270 000 €. Wie ist der Vorgang in der Langnase-Bilanz zum 31. 12. 2002 zu berücksichtigen?

Lösungsvorschläge für die Arbeitsaufgaben im »Übungsbuch zu Grundlagen und Probleme der Betriebswirtschaft«.

Weiterführende Literatur

Bitz, M.; Schneeloch, D.; Wittstock, W.: Der Jahresabschluß, 3. Aufl., München 2000.

Federmann, R.: Bilanzierung nach Handelsrecht und Steuerrecht, 11. Aufl., Berlin 2000.

Coenenberg, A. G.: Jahresabschluß und Jahresabschlußanalyse: betriebswirtschaftliche, handels- und steuerrechtliche Grundlagen, 18. Aufl., Landsberg/Lech 2001.

Leffson, U.: Die Grundsätze ordnungsmäßiger Buchführung, 7. Aufl., Düsseldorf 1987.

Scherrer, G.: Konzernrechnungslegung, München 1994.

Schildbach, Th.: Jahresabschluß und Markt, Berlin u. a. 1986.

Schildbach, Th: Der handelsrechtliche Konzernabschluß, 4. Aufl., München 1996.

Schildbach, Th.: Der handelsrechtliche Jahresabschluß, 6. Aufl., Berlin 2000.

Stobbe, Th.: Der Lagebericht, in: Betriebsberater, 43. Jg. (1988), Nr. 5, S. 303–311.

Streim, H.: Grundzüge der handels- und steuerrechtlichen Bilanzierung, Stuttgart 1988.

Wöhe, G.: Bilanzierung und Bilanzpolitik: betriebswirtschaftlich, handelsrechtlich, steuerrechtlich, 9. Aufl., München 1997.

v. Wysocki, K.: Sozialbilanzen: Inhalt und Formen gesellschaftsbezogener Berichterstattung, Stuttgart 1981.

v. Wysocki, K.: Die D-Markeröffnungsbilanz von Unternehmen in der DDR, 2. Aufl., Stuttgart 1991.

23. Kapitel:
Bewertung und Bilanzkritik

Lernziele

Leitfrage:
Nach welchen Vorschriften sind die Bilanzpositionen in Geld zu bewerten?

- Welche Rolle spielen hierbei die Herstellungs- bzw. Anschaffungskosten?
- Inwieweit gelten für die Bewertung des Anlage- und Umlaufvermögens unterschiedliche Vorschriften?
- Welche Besonderheiten sind bei der Bewertung der Passiva zu beachten?

Leitfrage:
Weshalb besitzt die Bilanz eine nur begrenzte Aussagefähigkeit?

- Kann der bilanzielle Gewinn als Erfolgsmaß angesehen werden?
- Inwiefern ist der bilanzielle Gewinn Steuerbemessungsgrundlage?

1 Die Bewertung

1.1 Die Bewertungsmaßstäbe

Ausgangspunkt der Bewertung sind die Herstellungs- bzw. Anschaffungskosten.

Bewertungsprobleme bei den Bilanzpositionen ergeben sich vor allem im Bereich der **Vermögensgegenstände**. Ausgangspunkt der Bewertung sind dort stets die Herstellungskosten (bei selbsterstellten Vermögensgegenständen) oder die Anschaffungskosten (bei bezogenen Vermögensgegenständen).

1.1.1 Die Herstellungskosten

Die Herstellungskosten sind Bewertungsmaßstab vor allem für selbst erstellte Betriebsmittel (Anlagevermögen) sowie fertige und unfertige Erzeugnisse (Umlaufvermögen). Bei der Festlegung der bilanziellen Herstellungskosten lässt § 255,2 und 3 HGB einen beträchtlichen **Bewertungsspielraum**.

Untergrenze für den Ansatz der Herstellungskosten sind die Kosten, die bei der Fertigung des Vermögensgegenstands **tatsächlich angefallen** und diesem **direkt zurechenbar** sind (**Einzelkosten**), z. B. das zur Herstellung von Schuhen verwendete Leder. Im Einzelnen werden in § 255,2 HGB neben den Material- auch die Fertigungseinzelkosten aufgeführt; hierzu zählen z. B. die Entwurfskosten sowie die direkt zurechenbaren Fertigungslöhne.

Vertriebskosten sind keine Herstellungskosten.

Darüber hinaus dürfen jedoch auch noch andere Kostenbestandteile in die Herstellungskosten eingerechnet werden – sie müssen aber nicht. So ist es zulässig, auch die Kosten anteilsmäßig zu berücksichtigen, die im Zuge der Fertigung **verschiedenartiger Vermögensgegenstände** für diese **gemeinsam** angefallen sind und deshalb einzelnen Vermögensgegenständen nicht direkt, sondern nur über eine – mehr oder weniger willkürliche – Schlüsselung zugerechnet werden können (**Gemeinkosten**), z. B. die Heizungskosten in den Produktionshallen. Im Einzelnen werden in § 255,2 HGB die Materialgemeinkosten (z. B. Kosten der Wareneingangskontrolle), die Fertigungsgemeinkosten (z. B. Kosten des Werkstattmeisters), die Abschreibungen auf das Anlagevermögen und – als eher nicht erforderlich (»brauchen nicht«) – die Kosten der allgemeinen Verwaltung sowie die Kosten für soziale Einrichtungen, freiwillige soziale Leistungen und Altersversorgung genannt. Ausdrücklich verboten ist freilich die Einbeziehung von Vertriebskosten. **Der Ausschluss der Vertriebskosten** wird damit begründet, dass die in der Bilanz aufgeführten Vermögensgegenstände (noch) nicht zum Verkauf gelangt seien; andererseits können aber selbst für Halbfabrikate schon Vertriebskosten (z. B. in Form einer vorbereitenden Werbekampagne) angefallen sein.

Die **Gemeinkosten** dürfen allerdings nur in einem **angemessenen Umfang** in die Herstellungskosten eingehen, was bedeutet, dass

- keine **neutralen Aufwendungen** und
- keine **Anders-** und **Zusatzkosten**

auf die einzelnen Vermögensgegenstände verteilt werden können. Außerdem dürfen die aufwandsgleichen Gemeinkosten nur auf der Basis eines **normalen Beschäftigungsgrads** und soweit sie auf den Zeitraum der Herstellung entfallen, verrechnet werden. Wenn also z. B. in einer Abrechnungsperiode nur 10 statt der sonst üblichen 100 Einheiten gefertigt werden, dann sind die Heizungskosten der Halle für diesen Zeitraum nicht voll, sondern nur zu einem Zehntel in die Herstellungskosten einzurechnen.

> Für den Ansatz der Herstellungskosten besteht ein beträchtlicher Bewertungsspielraum, der insbesondere die Gemeinkosten der Fertigung und die Verwaltungskosten umfasst.

Vermögensgegenstände zu Einzelkosten anzusetzen, wird freilich **steuerlich** nicht anerkannt und ist auch **international** unüblich.

1.1.2 Die Anschaffungskosten

Die Anschaffungskosten umfassen alle tatsächlich angefallenen Ausgaben bei der Beschaffung des Vermögensgegenstandes von außerhalb des Betriebs. Hierzu gehören der **Anschaffungspreis** (nach Abzug der Mehrwertsteuer) und die **Anschaffungsnebenkosten** (Kosten der Aufstellung, Eingangsfrachten; nicht jedoch: Zinskosten bei Kreditfinanzierung). Abzuziehen sind die **Anschaffungskostenminderungen** (Rabatte, Subventionen, Zuschüsse) (§ 255,1 HGB).

   Als Anschaffungskosten gelten auch Aufwendungen, die erst nach längerer Zeit anfallen, sofern damit eine andere als die bisherige Nutzung des Wirtschaftsguts ermöglicht wird.

   Unentgeltlich erworbene Anlagen braucht man nicht zu aktivieren; wenn sie dennoch in die Bilanz aufgenommen werden, dann sind die Preise vergleichbarer Güter anzusetzen.

1.2 Die Bewertung des Anlagevermögens

Jeder Gegenstand des Anlagevermögens muss einzeln bewertet werden **(Grundsatz der Einzelbewertung)** (§ 252,1,3 HGB); zu unterscheiden ist zwischen Gegenständen mit zeitlich begrenzter Nutzung und Gegenständen mit zeitlich unbegrenzter Nutzung (§ 253,2 HGB).

Für die Gegenstände des Anlagevermögens gilt der Grundsatz der Einzelbewertung.

1.2.1 Die Bewertung von Gegenständen, deren Nutzung zeitlich begrenzt ist

Gegenstände mit begrenzter Nutzungsdauer sind z.B. Maschinen, Geschäftsausstattung und befristete Schutzrechte. Ausgangspunkt ihrer Bewertung sind die **Anschaffungs- bzw. Herstellungskosten.** Diese sind über die gesamte Nutzungsdauer **planmäßig abzuschreiben,** wodurch die nutzungs- bzw. (bei befristeten Rechten) zeitablaufbedingte Wertminderung der Gegenstände erfasst wird. Die Wahl der Abschreibungsmethode ist grundsätzlich freigestellt.

Neben den planmäßigen Abschreibungen über die – begrenzte – Nutzungszeit gibt es noch die **außerplanmäßigen Abschreibungen.** Diese werden immer dann zusätzlich vorgenommen, wenn in einem Jahr

- der (am Markt erzielbare) Tageswert,
- der steuerlich zulässige Wert (§ 254 HGB) oder
- der nach »vernünftiger kaufmännischer Beurteilung« angemessene Wert (§ 253,4 HGB)

des Gegenstands kleiner ist als der Wert, der durch Anschaffungs- bzw. Herstellungskosten und planmäßige Abschreibungen jeweils erreicht wurde. So könnte eine Maschine zusätzlich dadurch entwertet werden, dass es am Markt ein technologisch deutlich überlegenes Nachfolgemodell gibt. Außerplanmäßige Abschreibungen **müssen** vorgenommen werden, wenn die Wertminderung **von Dauer** ist; bei **vorübergehender** Wertminderung **dürfen** sie vorgenommen werden (**gemildertes Niederstwertprinzip**). Bestehen die Gründe der Wertminderung nicht mehr, dann dürfen die außerplanmäßigen Abschreibungen rückgängig gemacht werden – müssen es aber nicht (§ 253,5 und § 254 Satz 2 HGB). Im letzteren Fall wird vom beibehaltenen Niederstwert aus weiter abgeschrieben (**Beibehaltungswahlrecht**). Die **absolute Bewertungsobergrenze,** die niemals überschritten werden darf, sind die **Anschaffungs- bzw. Herstellungskosten** nach Abzug der jeweils erreichten **planmäßigen Abschreibungen.**

Gegenstände des Anlagevermögens mit **begrenzter** Nutzungsdauer sind planmäßig und gegebenenfalls außerplanmäßig abzuschreiben; für die außerplanmäßige Abschreibung gelten »gemildertes Niederstwertprinzip« und »Beibehaltungswahlrecht«.

Beispiel

Für eine Maschine mit einem Anschaffungspreis von 15 000 € und einer (voraussichtlichen) Nutzungsdauer von 5 Jahren stellen sich im Laufe der Zeit folgende Tageswerte ein:

→

Ende des Jahres	Tageswert
1	12 000
2	10 000
3	1 000
4	2 000
5	5 000

Welche Wertansätze können in den Bilanzen gewählt werden, wenn die planmäßige Abschreibung linear verläuft?

Ende des Jahres	lineare Abschreibung
1	12 000
2	9 000
3	6 000
4	3 000
5	0

Bewertungsmöglichkeiten:

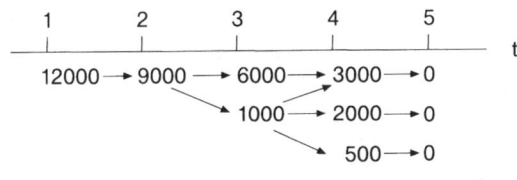

1.2.2 Die Bewertung von Gegenständen, deren Nutzung zeitlich nicht begrenzt ist

Zu den Gegenständen des Anlagevermögens mit unbegrenzter Nutzungsdauer zählen z. B. Grundstücke (ohne Abbauboden), Finanzanlagen, Beteiligungen. Sie werden ebenfalls **höchstens zu Anschaffungs- bzw. Herstellungskosten** bewertet. Allerdings entfallen nun – wegen der fehlenden Befristung der Nutzung – die planmäßigen Abschreibungen. Es können lediglich **außerplanmäßige Abschreibungen** auf den **niedrigeren Tages- bzw. steuerlichen Wert** sowie auf den nach »vernünftiger kaufmännischer Beurteilung« **angemessenen Wert** vorgenommen werden.

Gegenstände des Anlagevermögens mit **unbegrenzter** Nutzungsdauer sind gegebenenfalls außerplanmäßig abzuschreiben; es gelten das »gemilderte Niederstwertprinzip« und das »Beibehaltungswahlrecht«.

1.3 Die Bewertung des Umlaufvermögens

Ist bei Gegenständen des Umlaufvermögens eine Einzelbewertung nicht möglich, so darf eine Sammelbewertung vorgenommen werden.

Die **Anschaffungs- bzw. Herstellungskosten** sind auch Ausgangspunkt der Bewertung des Umlaufvermögens (§ 253,1,3 HGB).

Oft können allerdings die **Anschaffungskosten** von Gegenständen des Umlaufvermögens (z. B. Rohstoffe) nicht ermittelt werden, weil vorhandene Restbestände mit hinzukommenden Mengen vermischt werden und die Preise verschiedener Lieferungen unterschiedlich sind. Die Anschaffungskosten des am Bilanzstichtag vorhandenen **Endbestands** müssen dann im Wege der **Sammelbewertung** geschätzt werden.

Die gängigsten Verfahren der Sammelbewertung sind die Durchschnittsbewertung (Abb. 23.1), das FIFO-Verfahren (Abb. 23.2), das LIFO-Verfahren (Abb. 23.3) und das HIFO-Verfahren (Abb. 23.4). Bei der **Durchschnittsbewertung** (§ 256 Satz 2, § 240,4 HGB) wird der tatsächlich vorhandene Endbestand zum Durchschnittspreis aus allen Lieferungen bewertet. Das **FIFO-**(first in, first out)-Verfahren unterstellt, dass sich im Endbestand nur die zuletzt gekauften Mengen befinden; analog geht

Anfangsbestand:	100 Stück à 5 €	= 500 €
Zugang Mai:	300 Stück à 4 €	= 1200 €
Zugang Oktober:	200 Stück à 8 €	= 1600 €
Endbestand:	300 Stück	
Preis des Endbestands:	$\frac{500 + 1200 + 1600}{100 + 300 + 200}$	= 5,50 €
Anschaffungskosten des Endbestands: 1650 €		

Abb. 23.1: Die Durchschnittsbewertung

das **LIFO-**(last in, first out)-Verfahren davon aus, dass der Endbestand aus den anfänglichen Lieferungen besteht, und das **HIFO-**(highest in, first out)-Verfahren nimmt an, dass die am preiswertesten gekauften Mengen den Endbestand ausmachen (§ 256 HGB).

Anfangsbestand:	100 Stück à 5 €	= 500 €
Zugang Mai:	300 Stück à 4 €	= 1200 €
Zugang Oktober:	200 Stück à 8 €	= 1600 €
Endbestand:	300 Stück	
Preis des Endbestands:	200 Stück à 8 €	
	100 Stück à 4 €	
Anschaffungskosten des Endbestands: 2200 €		

Abb. 23.2: Die Bewertung nach dem FIFO-Verfahren

Anfangsbestand:	100 Stück à 5 €	= 500 €
Zugang Mai:	300 Stück à 4 €	= 1200 €
Zugang Oktober:	200 Stück à 8 €	= 1600 €
Endbestand:	300 Stück	
Preis des Endbestands:	100 Stück à 5 €	
	200 Stück à 4 €	
Anschaffungskosten des Endbestands: 1300 €		

Abb. 23.3: Die Bewertung nach dem LIFO-Verfahren

Anfangsbestand:	100 Stück à 5 €	= 500 €
Zugang Mai:	300 Stück à 4 €	= 1200 €
Zugang Oktober:	200 Stück à 8 €	= 1600 €
Endbestand:	300 Stück	
Preis des Endbestands:	300 Stück à 4 €	
Anschaffungskosten des Endbestands: 1200 €		

Abb. 23.4: Die Bewertung nach dem HIFO-Verfahren

Unter gewissen Voraussetzungen (§ 240,3 HGB) ist eine Sammelbewertung auch als **Festbewertung** möglich (§ 256 Satz 2). Vorräte können dann für jeweils drei Jahre als »eiserne Bestände« zu gleichbleibenden Festpreisen verrechnet werden, bevor eine Überprüfung von Menge und Wert durchgeführt werden muss. Hauptanwendungsgebiet für die Festbewertung sind regelmäßig benötigte Roh-, Hilfs- und Betriebsstoffe von »nachrangiger Bedeutung«.

Nachdem die **Herstellungskosten** bzw. (durch Einzel- oder Sammelbewertung) die **Anschaffungskosten** festgestellt worden sind, ist für jeden Gegenstand des Umlaufvermögens der in die Bilanz einzusetzende Wert zu ermitteln. Dabei gilt das **strenge Niederstwertprinzip** (§ 253,3 HGB): Ist der **Tageswert niedriger** als die Herstellungs- oder Anschaffungskosten, dann ist auf den Tageswert abzuschreiben; ist der **Tageswert höher** als die Herstellungs- oder Anschaffungskosten, dann sind die **Herstellungs- oder Anschaffungskosten** anzusetzen.

Der so ermittelte Niederstwert **darf unterschritten** werden, wenn ein noch niedrigerer Wert

- steuerlich zulässig (§ 254 HGB),
- für die nächste Zeit als Tageswert zu erwarten (§ 253,3 Satz 3) oder
- nach »vernünftiger kaufmännischer Beurteilung« angemessen ist (§ 253.4 HGB).

Ein einmal erreichter, die Anschaffungs- oder Herstellungskosten unterschreitender Wertansatz darf auch dann beibehalten werden, wenn die

Gründe hierfür fortgefallen sind (**Beibehaltungswahlrecht**) (§ 253,5 und § 254 Satz 2 HGB); man kann ihn aber auch wieder erhöhen, allerdings sind die **Anschaffungs- bzw. Herstellungskosten** die **absolute Bewertungsobergrenze.**

> Für die Gegenstände des Umlaufvermögens gelten das »strenge Niederstwertprinzip« und das »Beibehaltungswahlrecht«.

Unter der Lupe

Ermittlung des Tageswertes
- Börsen- oder Marktpreis
  - Börsenpreis
    An einer amtlichen Börse festgestellter Preis, zu dem tatsächlich Umsätze stattgefunden haben.
  - Marktpreis
    Preis, der für Waren dieser Gattung bei durchschnittlicher Qualität gegenwärtig auf den Märkten, auf denen das Unternehmen gewöhnlich auftritt, im Durchschnitt gewährt wird.

  Bei der Ermittlung des Tageswertes auf der Basis der Börsen- oder Marktpreise sind eventuell noch Zu- bzw. Abschläge zu berücksichtigen.
- Beizulegender Wert
  Dieser Wert ist zu ermitteln, wenn kein Börsen- oder Marktpreis feststellbar ist (z. B. unfertige Erzeugnisse). Er ermittelt sich aus einer Gegenüberstellung von Tagesreproduktionskosten- und Erlöswert:
  - Tagesreproduktionskostenwert
    Kosten der Wiederbeschaffung auf der Grundlage der herrschenden Preise.
  - Erlöswert
    Vermutlicher Verkaufserlös abzüglich der noch anfallenden Belastungen und einkalkulierter Gewinnzuschläge.

  Als beizulegender Wert gilt der niedrigere aus beiden; er wird somit aus einem Vergleich der Verhältnisse an Beschaffungs- und Absatzmarkt abgeleitet.

Den in den Bewertungsvorschriften liegenden **beträchtlichen Bewertungsspielraum** erkennt man beispielhaft aus Abb. 23.5: Werden die Anschaffungskosten nach FIFO ermittelt, dann müssen sie auch in der Bilanz erscheinen; wählt man hingegen zur Anschaffungskostenermittlung das LIFO-Verfahren, dann muss der nun niedrigere Tageswert in die Bilanz aufgenommen werden.

Dem **Prinzip der Vorsicht** wird am besten Rechnung getragen, wenn die Sammelbewertung wie folgt durchgeführt wird:
- bei fallenden Preisen: FIFO oder HIFO

- bei steigenden Preisen: LIFO oder HIFO
- bei schwankenden Preisen: HIFO

Anfangsbestand:	100 Stück à 10 €	= 1500 €
Zugang Mai:	200 Stück à 2 €	= 400 €
Zugang Oktober:	50 Stück à 8 €	= 400 €

Endbestand: 100 Stück

Anschaffungskosten des Endbestands
nach FIFO 50 × 8 + 50 × 2 = 500 €

Anschaffungskosten des Endbestands
nach LIFO: 100 × 10 = 1000 €

Preis am Bilanzstichtag: 8 €
Tageswert des Endbestands: 10 × 8 = 800 €

Ergebnis:

	Anschaffungs-kosten	Tageswert	strenges Niederst-wertprinzip
FIFO	500	800	500
LIFO	1000	500	800

Abb. 23.5: Der Bewertungsspielraum beim Umlaufvermögen

Die zur Sammelbewertung gewählte Methode »strahlt« allerdings aus: So führt eine Sammelbewertung nach LIFO bei steigenden Preisen zwar dazu, dass die Anschaffungskosten der **Vorräte** an Roh-, Hilfs- und Betriebsstoffen niedrig ausfallen, andererseits erhalten dann aber die **erzeugten** Halb- und Fertigfabrikate relativ hohe Werte.

1.4 Die Bewertung der Passiva

Die Bewertung der Passiva (§ 253,1 HGB) ist – mit Ausnahme insbesondere der Rückstellungen – vergleichsweise problemlos, weil dort ohnehin nur **Geldgrößen** aufgeführt sind. Ein Sonderproblem stellen die so genannten **Valutaverbindlichkeiten** dar, also Schulden in fremder Währung: Da die Bilanz in EURO aufzustellen ist, müssen alle Valutaverbindlichkeiten über den Wechselkurs in EURO umgerechnet werden. Nun ist aber der Wechselkurs flexibel, weshalb auch der EURO-Wert der Valuta-Verbindlichkeiten schwankt. Analog zu den Gegenständen des Umlaufvermögens gilt deshalb für ihre Bewertung das **strenge Höchstwertprinzip**: Die EURO-Schulden zum Zeitpunkt der Kreditaufnahme stellen die absolute Bewertungs**unter-grenze** dar. Bei einer **EURO-Aufwertung** werden die EURO-Schulden zum **historischen Wechselkurs** aufgeführt; bei einer **EURO-Abwertung** geht

Für die Bewertung von Valuta-Verbindlichkeiten wird allgemein das strenge Höchstwertprinzip anerkannt.

man hingegen auf den höheren **Tageswert** der EURO-Verbindlichkeit über (Abb. 23.6).

**Aufnahme eines Kredits in den USA über $ 1000
bei $ 1 = 1,10 €**

	Wechselkurs	EURO-Verbindlichkeit	Bilanzansatz
1. Bilanzstichtag	1,20 €	1200 €	1200 €
2. Bilanzstichtag	1,00 €	1000 €	1100 €

Abb. 23.6: Bilanzansatz von Valutaverbindlichkeiten

1.5 Die Besonderheiten für Kapitalgesellschaften

Kapitalgesellschaften dürfen keine außerplanmäßigen Abschreibungen »im Rahmen vernünftiger kaufmännischer Beurteilung« vornehmen (§ 279,1,1 HGB).

Ferner ist es ihnen im Falle vorübergehender Wertminderungen bei Gegenständen des Anlagevermögens untersagt, außerplanmäßige Abschreibungen vorzunehmen (Ausnahme: Finanzanlagevermögen) (§ 279,1,2 HGB).

Schließlich haben sie grundsätzlich kein Beibehaltungswahlrecht. An seine Stelle tritt das Wertaufholungsgebot des § 280,1 HGB: Bestehen die Gründe für die außerplanmäßige Abschreibung im Anlage- bzw. Umlaufvermögen nicht mehr, so ist entsprechend zuzuschreiben; höchstens jedoch auf die Anschaffungs- bzw. Herstellungskosten, gegebenenfalls vermindert um die planmäßigen Abschreibungen. Diese Zuschreibung kann unterbleiben, wenn dies aus steuerlichen Gründen notwendig ist (§ 280,2 HGB). In diesem Falle ist hierüber im Anhang zu berichten (§ 280,3 HGB).

2 Die Bilanzkritik

In § 264,2 HGB heißt es, dass der Jahresabschluss (der Kapitalgesellschaft) »ein den tatsächlichen Verhältnissen entsprechendes Bild der Vermögens-, Finanz- und Ertragslage« zu vermitteln habe.

Die Bilanzkritik richtet sich unter anderem darauf, dass insbesondere der im Jahresabschluss ausgewiesene **Gewinn** dieser Anforderung nicht gerecht werde.

2.1 Der bilanzielle Gewinn als Erfolgsmaß

Die Interessenten am Unternehmen (Kunden, Lieferanten, Arbeitnehmer, Konkurrenz, Gewerkschaften, Presse) wollen erfahren, welcher Gewinn erwirtschaftet wurde, um daraus Rückschlüsse auf die **Lage der Gesellschaft** zu ziehen.

Als Erfolgsmaß am aussagefähigsten ist der **Jahresüberschuss**, weil er – im Gegensatz zum Bilanzgewinn – noch nicht um Rücklagenzuführungen gekürzt bzw. um Rücklagenauflösungen vermehrt wurde. Der Jahresüberschuss lässt allerdings nicht erkennen, inwieweit er auf **neutralem Ergebnis** und inwieweit er auf **betrieblichem Ergebnis** basiert: Einigermaßen präzise ergibt sich das **betriebliche Ergebnis,** d. h. das Ergebnis der eigentlichen betrieblichen Betätigung, wenn man aus dem Jahresüberschuss das außerordentliche Ergebnis und die Steuern vom Einkommen und Ertrag sowie – eventuell – das Finanzergebnis herausrechnet. Bei dem so ermittelten Betriebsergebnis ist allerdings zu beachten, dass **keinerlei** Zusatz- und Andersleistungen (bzw. -kosten) verrechnet sind, da es lediglich die ertragsgleichen Leistungen bzw. aufwandsgleichen Kosten berücksichtigt.

Als Erfolgsmaß am meisten geeignet ist der Jahresüberschuss.

Im Jahresüberschuss findet sich auch der neutrale Erfolg.

Beispiel

Finanzergebnis

»Betrachtet man die Entwicklung des Jahresüberschusses der Siemens AG, Berlin/München, könnte man glauben, die Rezession gehe an dem Elektro- und Elektronikkonzern spurlos vorbei … (Das Ergebnis) ist in erster Linie den Erträgen der Finanzanlagen (neben geringeren Ertragsteuern) zu verdanken. Die Zinsen, Dividenden und realisierten Kursgewinne, die Siemens für seine angelegten flüssigen Mittel von rund 22 Milliarden DM einstreicht, haben sich im vergangenen Geschäftsjahr dank der hervorragenden Lage auf dem Kapitalmarkt noch einmal deutlich auf 2,1 Milliarden DM erhöht … Das Zinsergebnis … nähert sich der Zweidrittelmarke. Es ist damit zum dominierenden Faktor der Ergebnisrechnung geworden…

So angenehm und nützlich der Ausgleich anderweitiger Schwächen durch die Finanzerträge ist, so alarmierend wirkt die Entwicklung zugleich. Denn auf die Dauer kann nur die Wettbewerbsfähigkeit der industriellen Basis den Bestand des Unternehmens sichern. Das nun eingeleitete Konzept ›top Siemens‹ zur Kostensenkung, Innovationssteigerung und Erschließung neuer Märkte zeigt, dass der Vorstand das Problem erkannt hat…«

(Aus: Süddeutsche Zeitung vom 14. 1. 1994)

Unter der Lupe

Ergebnis nach DVFA

Die Deutsche Vereinigung für Finanzanalyse und Anlageberatung e.V. (DVFA) will mit ihren Aktivitäten für »mehr Transparenz« am deutschen Kapitalmarkt sorgen (Lothar Wepler, Vorstandssprecher).

Im Zuge dieser Bemühungen wurde auch das »Ergebnis nach DVFA« entwickelt. Es knüpft an dem Sachverhalt an, dass der ausgewiesene Jahresüberschuss nicht nur von der gewöhnlichen Geschäftätigkeit beeinflusst wird, sondern auch von außerordentlichen und periodenfremden Vorgängen sowie der Ausübung von Bilanzierungs- und Bewertungswahlrechten. Um zeitlich und zwischenbetrieblich vergleichbare Unternehmensergebnisse zu erhalten, muss deshalb der Jahresabschluss um solche Sondereinflüsse bereinigt werden; im Einzelnen werden folgende Bestandteile herausgenommen:

- außerordentliche und periodenfremde Positionen,
- Aktivierungswahlrechte (z. B. Disagio),
- »Bereinigungspositionen« im Anlage- und Umlaufvermögen (z. B. steuerrechtliche Sonderabschreibungen) und
- Bereinigungspositionen bei Rückstellungen (z. B. außerordentliche Zuführungen zu Pensionsrückstellungen)

Das Ergebnis nach DVFA wird auch zur Aktienkursbeurteilung (Kurs/Gewinn-Verhältnis) herangezogen.

Eine weitere gebräuchliche Kennzahl ist **Ebdit**: Ergebnis vor Abschreibungen, Zinsen und Steuern (Earnings before Depreciations, Interest and Taxes).

Weiterhin ist die Aussagefähigkeit des Jahresüberschusses bzw. Betriebsergebnisses deshalb fraglich, weil bekanntlich jede Reinvermögens- und damit Eigenkapitalmehrung, die nicht auf eine Eigenkapitalzufuhr von außen zurückzuführen ist, als Ertrag ausgewiesen wird und damit gewinnerhöhend wirkt.

Im Jahresüberschuss findet sich – insbesondere durch die Inflation verursachter – Scheingewinn.

Nun braucht aber ein höheres **nominelles** Reinvermögen nicht auch unbedingt ein höheres **substantielles** Reinvermögen zu sein. Ein nomineller Reinvermögenszuwachs führt dann nicht zu einer höheren Vermögenssubstanz, wenn »gute« Verkaufserlöse einer Periode für Ersatzbeschaffungen verwendet werden müssen, die durch Inflation und preissteigernden technischen Fortschritt stark verteuert wurden; der aus den Verkaufserlösen resultierende Gewinnausweis ist dann lediglich ein Erfolg vortäuschender Scheingewinn: Ein Gewinn im Sinne eines substantiellen Reinvermögenszuwachses wurde nicht erzielt.

Die Höhe des ausgewiesenen Jahresüberschusses lässt sich durch geschickte Ausschöpfung der Bewertungsspielräume manipulieren.

Oft wird sogar dann noch von einem Scheingewinn gesprochen, wenn er aus einem nominellen Reinvermögenszuwachs resultiert, der nicht größer als der **Branchendurchschnitt** ist. Dahinter steht der Gedanke, dass ein Unternehmen ein durchschnittliches Wachstum erreicht haben müsse, bevor von einem Erfolg gesprochen werden könne.

Hinzu kommt, dass – wie gezeigt – ein beträchtlicher Bewertungsspielraum besteht, weshalb das Reinvermögen – und seine Veränderung im Zeitablauf – mehr oder weniger hoch ausgewiesen werden kann. Mit anderen Worten: Eine (legale) Manipulation des Gewinnausweises ist auch durch **geschickte Ausschöpfung der Bewertungsspielräume** möglich.

Tendenziell wird der **Gewinn im Jahresabschluss zu niedrig** ausgewiesen, weil sich das **Bewertungsrecht** am Realisations- und am Imparitätsprinzip orientiert: Das **Realisationsprinzip** besagt, dass in der Zukunft liegende, noch nicht realisierte Gewinne nicht ausgewiesen werden dürfen; andererseits müssen jedoch – dem **Imparitätsprinzip** zufolge – in der Zukunft liegende, noch nicht realisierte Verluste sofort ausgewiesen werden. Wie alle anderen Bewertungsvorschriften folgt auch z. B. das strenge Niederstwertprinzip diesen Maximen:

- Dem **Realisationsprinzip** entspricht die Vorschrift, dass bei einem höheren Tageswert die niedrigeren Anschaffungs- bzw. Herstellungskosten angesetzt werden müssen.
- Dem **Imparitätsprinzip** entspricht die Vorschrift, dass bei höheren Anschaffungs- bzw. Herstellungskosten zum niedrigeren Tageswert zu bewerten ist.

Weder der Gewinn (bei höherem Tageswert) noch der Verlust (beim niedrigen Tageswert) ist realisiert, weil zum Tageswert tatsächlich keine Umsätze stattfinden: Die Gegenstände bleiben ja im Betrieb.

> Noch nicht realisierte Gewinne dürfen nicht ausgewiesen werden (Realisationsprinzip), noch nicht realisierte Verluste müssen ausgewiesen werden (Imparitätsprinzip).

Realisations- und Imparitätsprinzip sind letztlich Ausfluss der Grundsätze ordnungsmäßiger Buchführung und Bilanzierung, insbesondere des Prinzips der Vorsicht. Indem sie den Gewinnausweis und damit mögliche Gewinnausschüttungen drosseln, fördern sie die Verbreiterung der **Haftungsbasis** zugunsten der Gläubiger, andererseits aber auch die Bildung **stiller Rücklagen**.

Unter der Lupe

Bildung stiller Rücklagen
- Unterbewertung der Aktiva
  (z. B. überhöhte Abschreibungen, Beibehaltungswahlrecht, Niederstwertprinzip)
- Unterlassung der Aktivierung
  (z. B. Schenkungen, originärer Firmenwert, eigene Patente)

$\longrightarrow$

- Überbewertung der Passiva
  (insbesondere Rückstellungen)
  Stille Rücklagen beinhalten Gewinne, die (zunächst) den Gesellschaftern
  und dem Finanzamt entzogen sind.

Unter der Lupe

Bilanzierung nach US-GAAP und IAS

Weltweit agierende Unternehmen, »Global Players«, die ihren Kapitalbedarf
über eine Börseneinführung auf internationalen Kapitalmärkten decken
wollen, können den Konzernabschluss auch nach US-GAAP (Generally Ac-
cepted Accounting Principles) oder IAS (International Accounting Standards) aufstellen. Dies ermöglicht der durch das Kapitalaufnahmeerleichte-
rungsgesetz hinzugefügte § 292 a HGB. Die Maßnahme wurde nötig, weil
die US-amerikanische Börsenaufsichtsbehörde (SEC) nach wie vor nur nach
US-GAAP aufgestellte Jahresabschlüsse als Börsenzulassungsvoraussetzung
anerkennt, so dass bisher deutschen Konzernen der Weg an die New York
Stock Exchange (NYSE) versperrt blieb, wenn sie nicht einen zusätzlichen
Konzernabschluss nach US-GAAP aufstellen wollen. Als Grund für die
Nichtanerkennung deutscher Jahresabschlüsse wird vor allem die Möglichkeit der Bildung und Auflösung stiller Reserven angeführt. Die Bildung stiller Reserven wird in der deutschen Rechnungslegung mit dem Vorsichts-
prinzip und dem Gläubigerschutz begründet. Dagegen steht in den USA die
Entscheidungsrelevanz der Jahresabschlussinformationen – die Decision
Usefullness – für Aktionäre im Vordergrund. Insofern sind die grundlegenden Elemente der US-GAAP die Relevance und die Reliability. Das bedeutet,
dass die Informationen für die Investoren verständlich, relevant und verläss-
lich sein müssen, um Zeit- und Unternehmensvergleiche möglich zu machen. Da ein umfassenderes Verständnis der Gewinnrealisation das Vor-
sichtsprinzip dominiert, werden stille Reserven als mit einer periodengerechten Gewinnermittlung unvereinbar angesehen. Der Jahresabschluss
wird in den USA als ein wichtiges Instrument zur Pflege der Investor Relations betrachtet.

Ein Beispiel für die unterschiedlichen Bilanzierungsgrundsätze in
Deutschland und den USA ist die Bilanzierung langfristiger Fertigungsauf-
träge. In den USA darf nach der »Percentage-of-Completion Method« der
Gewinn anteilig über den mehrjährigen Fertigungszeitraum ausgewiesen
werden; in Deutschland ist diese Methode nicht zulässig, der Gewinn gilt
erst nach Fertigstellung als realisiert. Des Weiteren dürfen Rückstellungen
nach US-GAAP nur gebildet werden, wenn eine tatsächliche Verpflichtung
gegenüber Dritten vorliegt; Aufwandsrückstellungen sind nicht zulässig.

Die IAS sind aus der Bestrebung heraus entstanden, eine weltweit standardisierte Rechnungslegung zu schaffen, um dadurch die Vergleichbarkeit
von Jahresabschlüssen für internationale Anleger zu verbessern. Es handelt
sich dabei – noch – um ein Regelwerk unverbindlicher Standards, das in den

→

letzten Jahren vom International Accounting Standards Committee (IASC) immer mehr den US-GAAP angepasst wurde. Im weltweiten IAS-Ausschuss wird Deutschland durch das »Deutsche Rechnungslegungs-Standards-Committee (DRSC)« vertreten; im »Gesetz zur Kontrolle und Transparenz im Unternehmensbereich (KonTraG)« ist vorgesehen, dass die Verhandlungsergebnisse – neben den US-GAAP – als Bilanzierungsalternative anerkannt werden. Ziel bleibt freilich eine Zusammenführung von IAS und US-GAAP zu einem weltweit einheitlichen Standard. Ein Problem dürfte dabei sein, dass die US-GAAP sehr detaillierte – auf amerikanische Besonderheiten zugeschnittene – Anforderungen darstellen. Ein Weltstandard müsste demgegenüber genügend Spielraum für nationale – auf unterschiedlichen Rechtssystemen beruhende – Besonderheiten lassen. So müssen z. B. deutsche Unternehmen bei Betriebsstilllegungen Sozialpläne erstellen und deren Kosten im Jahresabschluss ausweisen; in den USA sind hingegen Sozialpläne unüblich.

Am Neuen Markt müssen alle gelisteten Firmen nach IAS oder US-GAAP bilanzieren und Quartalsberichte vorlegen. Nach Plänen der EU-Kommission sollen ab 2005 alle börsennotierten Unternehmen ihre Abschlüsse nach IAS aufstellen. Mittlerweile sind die meisten Dax-Unternehmen zu internationalen Standards übergegangen; z. B. IAS: BMW, Commerzbank, Dresdner Bank, Henkel, Lufthansa, Metro, RWE; US-GAAP: BASF, DaimlerChrysler, Deutsche Telekom, SAP.

2.2 Der bilanzielle Gewinn als Steuerbemessungsgrundlage

Der **Einkommensteuer** unterliegen laut Einkommensteuergesetz (EStG):
1. Einkünfte aus Land- und Forstwirtschaft,
2. Einkünfte aus Gewerbebetrieb,
3. Einkünfte aus selbständiger Arbeit,
4. Einkünfte aus nichtselbständiger Arbeit,
5. Einkünfte aus Kapitalvermögen,
6. Einkünfte aus Vermietung und Verpachtung,
7. sonstige Einkünfte (z. B. aus Spekulationsgeschäften).

Die zu versteuernden Einkünfte werden entweder als Gewinn oder als Überschuss der Einnahmen über die Werbungskosten ermittelt.

Die Einkünfte der ersten drei Einkunftsarten werden als **Gewinn,** die der übrigen als **Überschuss** der **Einnahmen** über die **Werbungskosten** ermittelt.

Einnahmen sind alle Güter, die in Geld oder Geldeswert bestehen und dem Steuerpflichtigen im Rahmen der genannten Einkünfte zufließen; **Werbungskosten** sind Aufwendungen zur Erwerbung, Sicherung und Erhaltung der Einnahmen.

Der **Gewinn** ist definiert als der Unterschiedsbetrag zwischen dem Betriebsvermögen am Schluss des Wirtschaftsjahres und dem Betriebsvermögen am Schluss des vorangegangenen Wirtschaftsjahres, vermehrt um den Wert der Entnahmen und vermindert um den Wert der Einlagen. Da mit »Betriebsvermögen« das Reinvermögen bzw. Eigenkapital gemeint ist, entspricht die steuerliche Gewinndefinition präzise der oben bereits verwendeten (vgl. Abb. 22.2).

Der Gewinn von Kapitalgesellschaften unterliegt statt der Einkommensteuer der **Körperschaftsteuer** (KSt); abgesehen von einigen Modifikationen verweist jedoch das KStG auf die Gewinndefinition im EStG.

Der Gewinn von Kapital-gesellschaften unterliegt der KSt.

In der Regel wird der zu versteuernde Gewinn auf Grund einer speziellen **Steuerbilanz** ermittelt; diese ist zu unterscheiden von dem oft als **Handelsbilanz** bezeichneten Jahresabschluss der Geschäftsbuchhaltung. Allerdings ist die Aufstellung einer Steuerbilanz nicht verpflichtend; § 60,2 EstDV schreibt lediglich vor, dass die handelsrechtliche Gewinnermittlung durch Zusätze und Anmerkungen den steuerlichen Vorschriften anzupassen ist. Im Gegensatz zur Handelsbilanz wird die **Steuerbilanz nicht veröffentlicht,** sondern beim Finanzamt eingereicht; dieses ist aber an das Steuergeheimnis gebunden. Allerdings ist in der Steuerbilanz das Betriebsvermögen (Reinvermögen) anzusetzen, das nach den handelsrechtlichen Grundsätzen ordnungsmäßiger Buchführung auszuweisen ist (§ 5,1 EStG), d. h. es gilt das **Prinzip der Maßgeblichkeit der Handelsbilanz für die Steuerbilanz.** Nun findet sich freilich im EStG eine Reihe **einschränkender Bewertungs- und Abschreibungsvorschriften.** Andererseits gibt es aus wirtschaftspolitischen Gründen zahlreiche spezielle Steuergesetze mit **erleichternden Sonderbewertungsvorschriften** (z. B. Sonderabschreibungen für die neuen Bundesländer und für Wohngebäude), die (vorübergehend) gewinn- und damit steuermindernd wirken, was zumindest einen Zinsvorteil für den Steuerpflichtigen bedeutet. Allerdings hängt die Inanspruchnahme dieser Steuervergünstigungen davon ab, ob sie zuvor auch in die Handelsbilanz aufgenommen wurden: Steuerliche Wahlrechte in der Gewinnermittlung sollen in Übereinstimmung mit der Handelsbilanz ausgeübt werden (§ 5,1,2 EStG). Somit bleibt zwar formal das Maßgeblichkeitsprinzip bestehen, tatsächlich wird es aber umgekehrt: Die **Steuerbilanz kann maßgeblich für die Handelsbilanz werden,** was ausdrücklich im HGB geregelt ist (§§ 247,3; 254; 279,2 HGB). In der Praxis weichen Handels- und Steuerbilanz (und damit auch der veröffentlichte und der versteuerte Gewinn) meist voneinander ab.

Die Maßgeblichkeit be-schreibt das Verhältnis von Handelsbilanz und GoB zur Steuerbilanz.

Arbeitsaufgaben

1) Inwiefern gibt es bei der Festlegung der Herstellungskosten einen Bewertungsspielraum?

2) Warum dürfen Vertriebskosten nicht in die Herstellungskosten eingerechnet werden?

3) Welches sind die Bestandteile der Anschaffungskosten? Geben Sie Beispiele!

4) Was besagt das gemilderte bzw. das strenge Niederstwertprinzip?

5) Welche Aufgaben haben stille Rücklagen, und wie werden sie gebildet?

6) Was besagt das Beibehaltungswahlrecht?

7) Erläutern Sie kurz Zweck und Verfahren der Sammelbewertung! Inwiefern ist die Verfahrenswahl für den Bilanzansatz erheblich?

8) Die Pleite AG, die am 26. 10. 1999 aus spekulativen Gründen 100 Aktien der Schrott AG zum Preis von 350,– € je Stück gekauft hatte, fand an den folgenden Bilanzstichtagen diese Kursnotierungen vor:

   31. 12. 1999: 420–

   31. 12. 2000: 290,–

   31. 12. 2001: 310,–

   31. 12. 2002: 400,–

   Welche Wertansätze können an den jeweiligen Bilanzstichtagen von der Pleite AG gewählt werden?

9) Ermitteln Sie für die jeweiligen Rohstoffvorräte die Bilanzansätze der Jahre 2000 und 2001. Folgende Rohstoffbewegungen und -preise seien gegeben:

Anfangsbestand 2000:	20 ME à 50,– €/ME
1. Zugang 2000:	30 ME à 60,– €/ME
2. Zugang 2000:	20 ME à 70,– €/ME
Abgang 2000:	40 ME
1. Zugang 2001:	20 ME à 50,– €/ME
2. Zugang 2001:	10 ME à 40,– €/ME
Abgang 2001:	35 ME
Wiederbeschaffungspreise:	
am Bilanzstichtag 2000:	68,– €/ME
am Bilanzstichtag 2001:	44,– €/ME

   Es wird eine Sammelbewertung nach dem FIFO-Verfahren durchgeführt.

10) Was verstehen Sie unter Realisations- und Imparitätsprinzip; inwiefern sind beide Ausfluss des Prinzips der Vorsicht?

11) Was besagt das Maßgeblichkeitsprinzip der Handelsbilanz für die Steuerbilanz; ist es voll gültig?

12) Kann der im Jahresabschluss des externen Rechnungswesens ausgewiesene Gewinn Erfolgsmaß für einen Betrieb sein?

13) Welches sind die Bestandteile der Herstellungskosten? Erörtern Sie den möglichen Bewertungsspielraum!

14) Welche Bedeutung hat der »Tageswert« im Rahmen der Bewertung, und wie wird er ermittelt?

15) Ein Unternehmen erwirbt in $t = 0$ aus spekulativen Gründen Aktien eines Unternehmens B zum Kurs K_0.
Wie ist in den nächsten zwölf Jahresabschlüssen zu bilanzieren? Könnte es je nach Rechtsform des Unternehmens A verschiedene Bilanzansätze geben?

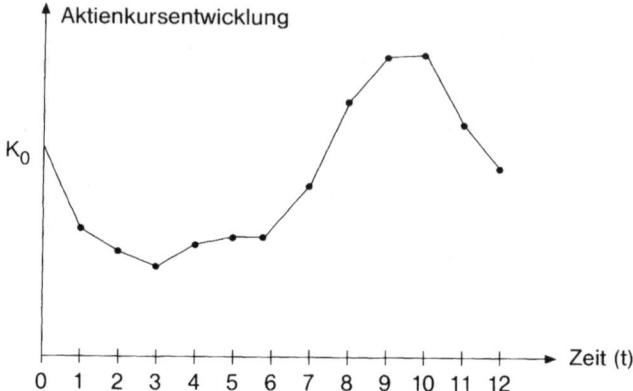

Begründen Sie ihre Aussage!

16) Warum bevorzugen Bilanzanalysten das DVFA-Ergebnis?

17) Realisations- und Imparitätsprinzip werden in der Praxis oft zu bilanzpolitischen Maßnahmen missbraucht. Erläutern Sie diesen Sachverhalt!

18) Erörtern Sie die bilanziellen Möglichkeiten zur Bewertung von abnutzbaren Gegenständen des Anlagevermögens!

19) Worin liegen die hauptsächlichen Unterschiede zwischen der deutschen Bilanzierung und der Bilanzierung nach US-GAAP? Gehen Sie auch auf die unterschiedlichen Bilanzierungsprinzipien ein!

Lösungsvorschläge für die Arbeitsaufgaben im »Übungsbuch zu Grundlagen und Probleme der Betriebswirtschaft«.

Weiterführende Literatur

Auer, K. V.: International harmonisierte Rechnungslegungsstandards aus Sicht der Aktionäre, 2. Aufl., Wiesbaden 1999.

Baukmann, D.; Mandler, U.: International Accounting Standards, 2. Aufl., München 1998.

Biergans, E.: Einkommensteuer und Steuerbilanz, 5. Aufl., München 1990.

Born, K.: Rechnungslegung nach IAS, US-GAAP und HGB im Vergleich, 2. Aufl., Stuttgart 2001.

Coenenberg, A. G.: Jahresabschluß und Jahresabschlußanalyse: betriebswirtschaftliche, handels- und steuerrechtliche Grundlagen, 18. Aufl., Landsberg/Lech 2001.

Eggloff, F.: Bilanzierung nach HGB, US-GAAP und IAS, Wiesbaden 1999.

Hilke, W.: Bilanzpolitik, 6. Aufl., Wiesbaden 2002.

Schildbach, T.: Jahresabschluß und Markt, Berlin 1986.

Schildbach, T.: Der handelsrechtliche Jahresabschluß, 6. Aufl., Herne, Berlin 2000.

Schildbach, T.: US-GAAP, München 2000.

Wöhe, G.: Bilanzierung und Bilanzpolitik; betriebswirtschaftlich, handelsrechtlich, steuerrechtlich, 9. Aufl., München 1997.

24. Kapitel:
Die Bilanzanalyse

Lernziele

Leitfrage:
Was ist Ziel der Bilanzanalyse, und wo liegen ihre Grenzen?

Leitfrage:
Welche Kennzahlen können aus einem Jahresabschluss abgeleitet und zur Analyse der Vermögens- und Ertragslage verwendet werden?

Leitfrage:
Warum ist der Cash-Flow in der Bilanzanalyse eine Größe von erhöhtem Aussagewert?

Leitfrage:

Wie können die im Unternehmen während des letzten Wirtschaftsjahres abgelaufenen Werteströme – insbesondere die Finanzbewegungen – über die Bilanz sichtbar gemacht werden?

Leitfrage:
Lassen sich aus der Handelsbilanz fundierte Rückschlüsse auf den steuerlichen Gewinn eines Unternehmens ziehen?

1 Das Ziel der Bilanzanalyse

In Abb. 24.1 findet sich die Gewinn- und Verlustrechnung (nach dem Umsatzkostenverfahren) und in Abb. 24.2 die Bilanz eines Unternehmens in der Rechtsform einer Aktiengesellschaft.

Durch eine systematische Bilanzanalyse lässt sich der Einblick in die Vermögens- und Ertragslage eines Unternehmens vertiefen.

Durch »einfache« Betrachtung der einzelnen Positionen des Jahresabschlusses lässt sich schon ein gewisser Einblick in die Vermögens-, Finanz- und Ertragslage eines Unternehmens gewinnen; er kann jedoch noch wesentlich vertieft werden durch eine **systematische Bilanzanalyse.** Hierbei werden bestimmte Positionen von Bilanz und Gewinn- und Verlustrechnung summiert oder saldiert, um aus den so gewonnenen »Aggregatgrößen« **Kennzahlen** zu bilden. Diese erhalten vor allem im Vergleich zu den entsprechenden Kennzahlen **früherer Jahre** oder **anderer** Unternehmen ihre besondere Aussagekraft. Neben der Kennzahlenanalyse werden im Rahmen der Bilanzanalyse noch **Kapitalflussrechnungen** durchgeführt, die von **börsennotierten** Unternehmen ohnehin vorgelegt werden müssen.

Gewinn- und Verlustrechnung der Bilanz AG

(in Tausend EURO)	2001	2000
Umsatzerlöse	**2 201 173**	**2 031 421**
Kosten der umgesetzten Leistungen	⁒ 1 063 904	⁒ 992 887
Bruttoergebnis vom Umsatz	**1 137 269**	**1 038 544**
Kosten für		
Vertrieb	⁒ 374 855	⁒ 342 556
Verwaltung	⁒ 301 641	⁒ 265 020
Forschung und Entwicklung	⁒ 381 591	⁒ 321 822
Sonstige betriebliche Erträge	381 857	275 280
Sonstige betriebliche Aufwendungen	⁒ 270 571	⁒ 210 916
Betriebsergebnis	**190 368**	**173 510**
Beteiligungsergebnis	19 541	23 604
Abschreibungen auf Finanzanlagen und auf Wertpapiere des Umlaufvermögens	⁒ 17 068	⁒ 25 989
Zinsergebnis	7 051	1 255
Ergebnis der gewöhnlichen Geschäftstätigkeit	**199 892**	**169 870**
Steuern vom Einkommen und vom Ertrag	⁒ 87 527	⁒ 79 060
Jahresüberschuss	**112 365**	**90 810**
Gewinnverwendung		
Jahresüberschuss	112 365	90 810
Einstellung in die Gewinnrücklage	⁒ 48 000	⁒ 30 000
Bilanzgewinn		
(zur Ausschüttung vorgeschlagen)	**64 365**	**60 810**

Abb. 24.1: Gewinn- und Verlustrechnung der Bilanz AG

Bilanz der Bilanz AG (in Tausend EURO)

Aktiva	31. 12. 2001			31. 12. 2000		
Immaterielle Vermögensgegenstände		2 135			–	
Sachanlagen		800 704			756 520	
Anteile an verbundenen Unternehmen	773 419			790 134		
Übrige Finanzanlagen	82 796			57 590		
Finanzanlagen		856 215			847 724	
Anlagevermögen			1 659 054			1 604 244
Vorräte		724 049			624 300	
Forderungen aus Lieferungen und Leistungen	189 626			234 779		
Forderungen gegen verbundene Unternehmen	348 844			327 792		
Übrige Forderungen und Vermögensgegenstände	101 647			99 527		
Forderungen und sonstige Vermögensgegenstände		640 117			662 098	
Wertpapiere	388 673			112 225		
Flüssige Mittel	37 258			53 349		
Umlaufvermögen	425 931	1 790 097	3 449 151	165 574	1 451 972	3 056 216

Passiva	31. 12. 2001		31. 12. 2000	
Gezeichnetes Kapital	283 000		253 376	
Kapitalrücklage	526 527		361 540	
Gewinnrücklage	288 000		240 000	
Bilanzgewinn	64 365		60 810	
Eigenkapital		1 161 892		915 726
Sonderposten mit Rücklageanteil		421 861		433 791
Rückstellungen für Pensionen und ähnliche Verpflichtungen	834 644		766 642	
Übrige Rückstellungen	421 000		330 117	
Rückstellungen		1 255 644		1 096 759
Verbindlichkeiten mit einer Restlaufzeit von mehr als 5 Jahren	21 375		17 890	
Übrige Verbindlichkeiten	588 379		592 050	
davon mit Restlaufzeit bis zu einem Jahr			484 665	
Verbindlichkeiten		609 754		609 940
		3 449 151		3 056 216

Abb. 24.2: Bilanz der Bilanz AG

Einschränkend sei jedoch ausdrücklich darauf hingewiesen, dass die Möglichkeiten der Bilanzanalyse, die »wahre« Vermögens-, Finanz- und Ertragslage eines Unternehmens aufzudecken, begrenzt bleiben müssen: Sie analysiert einen buchhalterisch bereits abgeschlossenen, vergangenen Zeitraum, ist also **nicht zukunftsorientiert;** außerdem sind die Angaben eines Jahresabschlusses – wie bereits dargestellt – **unvollständig** und – im Rahmen der Bewertungsspielräume – **manipuliert.**

> Dass die Bilanz unvollständig, manipuliert und vergangenheitsorientiert ist, beschränkt den Wert der Bilanzanalyse.

Da jedoch die verschiedenen Unternehmen bei ihrer Bilanzierung ähnlich vorgehen, ermöglicht die Bilanzanalyse dennoch – relativ – verlässliche Vergleiche. Einen – auch absolut – zutreffenden Einblick in die Lage eines Unternehmens gäbe am besten eine – auf möglichst **breite Datenbasis** gestellte – **Ertragsprognose;** diese gestaltet sich jedoch erheblich schwieriger als eine Bilanzanalyse, denn anders als das bilanzielle Zahlenwerk ist das erforderliche Prognosematerial – soweit überhaupt vorhanden – der **Öffentlichkeit nicht zugänglich** und – da stets subjektiv gefärbt – mit unvermeidlichen, vielleicht schwerwiegenden **Prognosefehlern** behaftet.

2 Die Kennzahlenanalyse

Wie erwähnt, basieren die Kennzahlen der Bilanzanalyse auf Aggregatdaten, die ihrerseits Zusammenfassungen von Bilanzpositionen darstellen.

2.1 Die Bildung der Aggregatdaten

Die wichtigsten Aggregatdaten sind:

- **Umlaufvermögen =**
  Vorräte
  + Forderungen und sonstige Vermögensgegenstände
  + Wertpapiere
  + Schecks, Kassenbestand, Bundesbank- und Postgiroguthaben, Guthaben bei Kreditinstituten
  + aktive Rechnungsabgrenzungsposten ohne aktiviertes Disagio
  Die Einbeziehung der aktiven Rechnungsabgrenzungsposten (ohne Disagio) führt zum Ausweis auch der nichtmonetären Forderungen.
  Im Zahlenbeispiel der Abb. 24.1/2 ergibt sich als Wert des Umlaufvermögens 2001: 1 790 097 000 €.

- **Monetäres Umlaufvermögen** =
  Forderungen (ohne sonstige Vermögensgegenstände)
  + Wertpapiere
  + Schecks, Kassenbestand, Bundesbank- und Postgiroguthaben, Gutha-
  ben bei Kreditinstituten
  Das monetäre Umlaufvermögen umfasst also alle **liquiden** oder **leicht li-
  quidierbaren** Teile des Umlaufvermögens.
  Im Zahlenbeispiel der Abb. 24.1/2 ergibt sich als Wert des monetären
  Umlaufvermögens 2001: 971 055 000 € (laut Anhang betragen die sonsti-
  gen Vermögensgegenstände 94 993 000 €)
- **Eigenkapital** =
  gezeichnetes Kapital
  + Rücklagen (einschließlich Einstellung)
  + Bilanzgewinn, abzüglich der im Geschäftsbericht vorgeschlagenen Dividendenzahlungen
  + 50 % des Sonderpostens mit Rücklagenanteil
  – ausstehende Einlagen auf das Grundkapital
  – Bilanzverlust
  – aktiviertes Disagio
  Der Sonderposten mit Rücklagenanteil umfasst einbehaltenen Gewinn,
  der – aufgrund spezieller Vorschriften – noch nicht versteuert zu werden
  brauchte; er erscheint hier nur zur Hälfte, weil er in der Regel nur zu einer Steuerstundung führt. Das aktivierte Disagio wird abgezogen, weil es
  im Grunde eine Verlustposition ist, die lediglich über die Anleihelaufzeit
  verteilt wird.
  Im Zahlenbeispiel der Abb. 24.1/2 ergibt sich als Wert des Eigenkapitals
  2001: 1 308 457 500 € (Aus dem Anhang: »Wir schlagen der Hauptversammlung vor, den Bilanzgewinn an die Aktionäre zu verteilen«)
- **Fremdkapital** =
  langfristige Fremdmittel
  + kurz- und mittelfristige Fremdmittel
- **Langfristige Fremdmittel** =
  Verbindlichkeiten mit einer Restlaufzeit von mehr als fünf Jahren
  + 50 % des Sonderpostens mit Rücklagenanteil
  + Pensionsrückstellungen u. a.
  Bei der hier aufgeführten Hälfte des Sonderpostens handelt es sich um
  den Steueranteil.
  Im Zahlenbeispiel der Abb. 24.1/2 ergibt sich als Wert der langfristigen
  Fremdmittel 2001: 1 066 949 000 €.
- **Kurz- und mittelfristige Fremdmittel** =
  übrige Verbindlichkeiten
  + im Geschäftsbericht vorgeschlagene Dividendenzahlung
  + Steuerrückstellungen
  + sonstige Rückstellungen
  + passive Rechnungsabgrenzungsposten

Die Einbeziehung der passiven Rechnungsabgrenzungsposten führt zum Ausweis auch der nichtmonetären Verbindlichkeiten.

Im Zahlenbeispiel der Abb. 24.1/2 ergibt sich als Wert der kurz- und mittelfristigen Fremdmittel 2001: 1 073 744 000 €.

■ **Gesamtverschuldung** =

  Fremdkapital
  − monetäres Umlaufvermögen

Hier wird unterstellt, dass lediglich das monetäre Umlaufvermögen zur **sofortigen Schuldentilgung** herangezogen werden könnte; darüber hinaus ließen sich dazu aber auch z. B. günstig gelegene Grundstücke (des Anlagevermögens) verwenden.

Im Zahlenbeispiel der Abb. 24.1/2 ergibt sich als Wert der Gesamtverschuldung 2001: 1 169 638 000 €.

■ **Sachanlagenzugang** =

Diese Position kann dem Anlagegitter direkt entnommen werden (Abb. 24.3).

Im Zahlenbeispiel ergibt sich als Wert des Sachanlagenzugangs 2001: 187 026 000 €.

■ **Personalkosten** =

  Löhne und Gehälter
  + soziale Abgaben und
  Aufwendungen für Altersversorgung und für Unterstützung

Diese Position ist nur der Gewinn- und Verlustrechnung nach dem Gesamtkostenverfahren zu entnehmen. Bei Anwendung des Umsatzkostenverfahrens findet sich der Personalaufwand im Anhang.

Für die Bilanz AG ergibt sich als Wert der Personalkosten (im Anhang) 2001: 750 000 000 €.

2.2 Die Bildung der Kennzahlen

Die Aggregatdaten werden wie folgt zur Kennzahlenbildung verwendet:

■ **Eigenkapitalrentabilität**

$$r_{EK} = \frac{\text{Jahresüberschuss}}{\text{Eigenkapitel}} \times 100$$

Die Eigenkapitalrentabilität ist ein **Erfolgskriterium** für die Anteilseigner: Wie hat sich im letzten Geschäftsjahr das Eigenkapital verzinst?

Im Zahlenbeispiel der Abb. 24.1/2 gilt:

$$r_{EK} = \frac{112\,365\,000}{1\,308\,457\,500} \times 100 = 8,59\,\%$$

Für eine Verwendung des Jahresüberschusses **vor Steuer** würde sprechen, dass Verzerrungen aus der unterschiedlichen steuerlichen Behandlung verschiedener Rechtsformen und Gewinnverwendungen eliminiert wären.

Die Eigenkapitalrentabilität bezeichnet die Verzinsung des Eigenkapitals.

Entwicklung des Anlagevermögens (in Tausend EURO)

Bilanz AG **Bruttowert**	1. 1. 2001	Zugänge	Abgänge	Um- buchungen	31. 12. 2001
Gewerbliche Schutzrechte und ähnliche Rechte und Werte	–	2 440			2 440
Immaterielle Vermögensgegenstände	–	**2 440**			**2 440**
Grundstücke, grundstücksgleiche Rechte und Bauten einschl. der Bauten auf fremden Grundstücken	814 541	26 393	1 389	13 644	853 189
Technische Anlagen und Maschinen	999 677	86 353	13 587	21 037	1 093 480
Andere Anlagen, Betriebs- und Geschäftsausstattung	354 921	54 104	20 549	881	389 357
Geleistete Anzahlungen und Anlagen im Bau	37 077	20 176	84	./. 35 562	21 607
Sachanlagen	**2 206 216**	**187 026**	**35 609**	–	**2 357 633**
Anteile an verbunden Unternehmen	994 815	140 410	156 131		979 094
Beteiligungen	40 871	30 683	43		71 511
Ausleihungen an Unternehmen, mit denen ein Beteiligungsverhältnis besteht	6 300				6 30
Sonstige Ausleihungen	30 175	4 702	4 487		30 390
Finanzanlagen	**1 072 161**	**175 795**	**160 661**	–	**1 087 295**
Anlagevermögen der Bilanz AG	**3 278 377**	**365 261**	**196 270**	–	**3 447 368**

Wertberichtigungen*					Nettowerte		
1. 1. 2001	Zugänge	Abgänge	Zuschreibungen	Umbuchungen	31. 12. 2001	31 12. 2001	31. 12. 2000
–	**305**	–		–	305	**2 135**	–
321 832	27 391	1 094			348 129	505 060	492 709
847 006	70 555	12 844		./. 4	904 713	188 767	152 671
280 858	41 478	18 253		4	304 087	85 270	74 063
						21 607	37 077
1 449 696	**139 424**	**32 191**		–	**1 556 929**	**800 704**	**756 520**
204 681	6 891	5 897			205 675	773 419	790 134
1 320	8 216				9 536	61 975	39 551
5 040					5 040	1 260	1 260
13 396	941		3 50		10 829	19 561	16 779
224 437	**16 048**	**5 897**	**3 508**	–	**231 080**	**856 215**	**847 724**
1 674 133	**155 777**	**38 088**	**3 508**	–	**1 788 314**	**1 659 054**	**1 604 244**

* per Saldo: Abschreibungen

Abb. 24.3: Entwicklung des Anlagevermögens der Bilanz AG

Die Fremdkapitalrentabi-
lität bezeichnet den
durchschnittlichen
Finanzierungsaufwand.

■ **Fremdkapitalrentabilität**

$$r_{FK} = \frac{\text{Zinsaufwand}}{\text{Fremdkapital}} \times 100$$

Die Fremdkapitalrentabilität gibt Auskunft über den **durchschnittlichen Finanzierungsaufwand.** Öfters wird die Ansicht vertreten, dass bei der Ermittlung von r_{FK} nur das verzinsliche Fremdkapital berücksichtigt werden dürfe; hierdurch würde jedoch der – bei ihrer Bildung beabsichtigte – Entlastungseffekt z. B. der Pensionsrückstellungen unterdrückt.
Im Zahlenbeispiel der Abb. 24.1/2 gilt:

$$r_{FK} = \frac{28\,848\,000}{2\,140\,693\,000} \times 100 = 1,35\,\%$$

(Das »Zinsergebnis« der Gewinn- und Verlustrechnung ist im Anhang aufgeschlüsselt; es findet sich dort auch die Position »Zinsen und ähnliche Aufwendungen« mit 28 848 000 €.)

Die Gesamtkapitalrenta-
bilität bezeichnet die Verzinsung des insgesamt
eingesetzten Kapitals.

■ **Gesamtkapitalrentabilität**

$$r_{GK} = \frac{\text{Jahresüberschuss} + \text{Zinsaufwand}}{\text{Eigen- und Fremdkapital}} \times 100$$

Die Gesamtkapitalrentabilität gibt Auskunft darüber, wie sich das im Betrieb eingesetzte Kapital **insgesamt** verzinst hat; aus dem Zusammenwirken von Gesamtkapitalrentabilität und Kreditzins resultiert der bereits oben erläuterte **Leverage-Effekt.**
Im Zahlenbeispiel der Abb. 24.1/2 gilt:

$$r_{GK} = \frac{141\,213\,000}{3\,449\,150\,000} \times 100 = 4,1\,\%$$

Ist der **herrschende Kreditzins niedriger,** dann **lohnt** für den Betrieb die **Aufnahme** weiteren **Fremdkapitals.**

Die Umsatzrentabilität
bezeichnet den Gewinn-
anteil am Verkaufspreis.

■ **Umsatzrentabilität**

$$r_U = \frac{\text{Jahresüberschuss}}{\text{Umsatzerlöse}} \times 100$$

Die Umsatzrentabilität zeigt, wie viel Prozent des Verkaufspreises durchschnittlich Gewinn ist.
Im Zahlenbeispiel der Abb. 24.1/2 gilt:

$$r_U = \frac{112\,365\,000}{2\,201\,173\,000} \times 100 = 5,1\,\%$$

Die Eigenkapitalquote
bezeichnet die vertikale
Finanzierungsstruktur.

■ **Eigenkapitalquote**

$$EK_q = \frac{\text{Eigenkapital}}{\text{Eigen- und Fremdkapital}} \times 100$$

Die – aus dem Bankensektor stammende – **vertikale Finanzierungsregel** besagt, dass $EK_q = 50\,\%$ sein müsse. Tatsächlich weisen die meisten Unternehmen heutzutage aber lediglich eine Eigenkapitalquote um 20 bis 30 % auf. Dies ist nicht unbedenklich, weil ein hoher Fremdkapitalanteil die Unternehmen gegen **Zinssteigerungen** anfällig macht und somit das **Konkursrisiko vergrößert.**

Im Zahlenbeispiel der Abb. 24.1/2 gilt:

$$EK_q = \frac{1\,308\,457\,500}{3\,449\,150\,000} \times 100 = 38\%$$

■ **Bilanzkurs**

$$K_B = \frac{\text{Eigenkapital}}{\text{Gezeichnetes Kapital}} \times \text{Aktiennennwert}$$

Der Bilanzkurs ist ein theoretischer Börsenkurs

Im Zahlenbeispiel der Abb. 24.1/2 beträgt das Eigenkapital 462 % des gezeichneten Kapitals, weshalb – so gesehen – eine 1-EURO-Aktie 4,62 € wert sein müsste.

Das Verhältnis von Börsenkurs zu diesem Bilanzkurs wird als Maßstab für die Preiswürdigkeit einer Aktie herangezogen. Normalerweise liegt der Börsenkurs schon deshalb über dem Bilanzkurs, weil bei letzterem weder die stillen Reserven noch der originäre Firmenwert berücksichtigt sind.

■ **Anlagendeckung**

Die Anlagendeckung bezeichnet die horizontale Finanzierungsstruktur im »langfristigen« Bereich.

$$AD_I = \frac{\text{Eigenkapital}}{\text{Anlagevermögen}} \times 100$$

$$AD_{II} = \frac{\text{Eigen- und langfristiges Fremdkapital}}{\text{Anlagevermögen}} \times 100$$

Die Anlagendeckung ist eine **horizontale Finanzierungsregel,** die besagt, dass das langfristig im Betrieb gebundene Vermögen durch Eigenkapital (AD_I) oder zumindest durch Eigenkapital und langfristiges Fremdkapital (AD_{II}) »gedeckt« sein müsse $(AD_I$ bzw. $AD_{II} = 100\%)$. Bei Einhaltung der horizontalen Finanzierungsregel – so vermutet man – gerate der Betrieb nicht so schnell in **Zahlungsschwierigkeiten.** Nun brauchen aber günstig gelegene Grundstücke sicherlich nicht langfristig »gedeckt« zu sein, und auch kurzfristiges Fremdkapital kann über entsprechende Prolongationszusagen langfristig zur Verfügung stehen.

Beispiel

Eigenkapitalquote deutscher Unternehmen (West)

Jahr	Eigenkapitalquote
1995	17,9
1996	17,8
1997	18,2
1998	18,7
1999	18,9

(Quelle: Institut der deutschen Wirtschaft)

»Seit Jahren schon genießt der Reemtsma-Konzern den Ruf einer Bank. Das Eigenkapital ist mittlerweile auf fast 44 Prozent der Bilanzsumme angeschwollen und verzinst sich mit 19 Prozent …

→

> … Auf die Raucher ist eben Verlass. Das weiß im Übrigen auch der Fiskus. Jeden Monat überweist Reemtsma 400 Millionen DM an Tabaksteuern an die Staatskasse.«
>
> (Aus: M. Thiede: Verlässliche Raucher, in: Süddeutsche Zeitung vom 9.6.2000)

Im Zahlenbeispiel der Abb. 14.1/2 gilt: $AD_I = 79\%$, $AD_{II}, = 143\%$.

Die Liquiditätsgrade bezeichnen die horizontale Finanzierungsstruktur im »kurzfristigen« Bereich.

■ **Liquiditätsgrade**

$$\text{Liquidität 1. Grades} = \frac{\text{monetäres Umlaufvermögen}}{\text{kurz- und mittelfristige Fremdmittel}} \times 100$$

$$\text{Liquidität 2. Grades} = \frac{\text{Umlaufvermögen}}{\text{kurz- und mittelfristige Fremdmittel}} \times 100$$

Die Liquiditätsgrade haben im kurzfristigen Bereich die gleiche Bedeutung wie die Anlagendeckung im langfristigen; dabei ist die Liquidität 1. Grades die **strengere Fassung** dieser **horizontalen Finanzierungsregel**. Im Zahlenbeispiel der Abb. 24.1/2 gilt:
$L_1 = 90,4\%$, $L_2 = 167\%$.

Verschuldungskennzahlen geben an, wie viele Jahresüberschüsse bzw. -Umsätze erforderlich wären, um die Nettoverschuldung abzulösen.

■ **Verschuldungskennzahlen**

$$VK1 = \frac{\text{Gesamtverschuldung}}{\text{Jahresüberschuss}}$$

$$VK2 = \frac{\text{Gesamtverschuldung}}{\text{Umsatz}}$$

Gerade unter **Liquiditätsgesichtspunkten** könnte es interessant sein zu erfahren, wie viele Jahresüberschüsse bzw. Jahresumsätze erforderlich wären, um die Nettoverschuldung abzulösen.
Im Zahlenbeispiel der Abb. 24.1/2 gilt:
VK 1 = 10,4, VK 2 = 0,53.

Die Umsatzkennzahlen bezeichnen die Ergiebigkeit des Kapital- bzw. Personaleinsatzes.

■ **Investierungskennzahlen**

$$IK1 = \frac{\text{Abschreibungen auf Sachanlagen}}{\text{Sachanlagenzugang}} \times 100$$

$$IK2 = \frac{\text{Sachanlagen (Buchwerte)}}{\text{Umsatz}}$$

Die Kennzahl IK 1 zeigt, wie viel Prozent des Anlagenzugangs aus Abschreibungen finanziert wurde; IK 2 zeigt, wie viel EURO Anlagevermögen erforderlich sind, um einen EURO Umsatz zu erzielen.
Im Zahlenbeispiel der Abb. 24.1/2/3 gilt:

$$IK1 = \frac{139\,424\,000}{187\,026\,000} \times 100 = 74,5\%$$

$$IK2 = \frac{800\,704\,000}{2\,201\,173\,000} = 0,36$$

■ **Umsatzkennzahlen**

$$UK1 = \frac{Umsatz}{Eigen\text{-} und \, Fremdkapital}$$

$$UK2 = \frac{Umsatz}{Personalkosten}$$

Die Kennzahl UK 1 gibt Auskunft darüber, wie oft das Kapital im Jahr umgeschlagen wird; UK 2 zeigt, wie viel EURO Umsatz auf einen EURO Personalkosten entfallen.

Da im Anhang auch über die Zahl der Mitarbeiter zu berichten ist, lässt sich ferner die Kennzahl

$$UK3 = \frac{Umsatz}{Mitarbeiterzahl}$$

ermitteln. Sie gibt an, wie viel Umsatz jeder Mitarbeiter durchschnittlich erwirtschaftet hat.

Im Zahlenbeispiel der Abb. 24.1/2 gilt:

UK 1 = 0,64; UK 2 = 2,93 €; UK 3 = 213 000 €

> Die Investierungskennzahlen geben Auskunft über Finanzierung und Verwertung der Sachanlagen.

Beispiel

Bilanzanalyse

»…Differenzen können auftreten, wenn die Kreditinstitute über bestimmte Positionen des Jahresabschlusses nicht ausreichend informiert werden… Im Zweifel erfolgt eine für den Bankkunden ungünstige Auslegung der Daten. So werden etwa

■ bei fehlender zeitlicher Aufgliederung alle Forderungen als kurzfristig und alle Verbindlichkeiten als langfristig eingestuft;

■ bei fehlender Erläuterung der Sonderposten mit Rücklageanteil alle Posten dem Fremdkapital zugeschlagen;

■ bei unvollständiger Aufgliederung außerordentlicher Aufwendungen und Erträge alle Aufwendungen voll in das Betriebsergebnis mit eingerechnet und alle Erträge abgezogen. Da das Betriebsergebnis als Basis für sämtliche Rentabilitätskennzahlen dient, kann gerade hier mangelnde Information verhcerende Folgen haben…«

(Aus: Wirtschaftswoche vom 29. 4. 1994)

---

3 Der Cash-Flow

Der in der Gewinn- und Verlustrechnung festgestellte Jahresüberschuss gibt einen nur unvollständigen Überblick über die tatsächlichen **Innenfinanzierungsmöglichkeiten** des Betriebs. Insbesondere die **Abschreibungen** und Zuführungen zu den **Pensionsrückstellungen** mindern als Aufwendungen seinen Ausweis, ohne dass es zu entsprechenden Geldabflüssen kommt. Solche Mittel stehen deshalb – wie in Kapitel 19 ausführlich erläutert – ebenso wie der Jahresüberschuss grundsätzlich für Finanzierungszwecke zur Verfügung.

Dies berücksichtigt der Cash-Flow; es gilt:

Cash-Flow =

   Jahresüberschuss

+ Abschreibungen

+ Zuführungen zu den Pensionsrückstellungen

Oft werden vom Cash-Flow noch die fest eingeplanten Dividendenzahlungen abgezogen, um so vom **möglichen** Innenfinanzierungsvolumen auf das **tatsächliche** zu kommen.

Im Zahlenbeispiel der Abb. 24.1/2 ergibt sich als Cash-Flow des Jahres 2001:

$$CF = 112\,365 + 155\,777 + (834\,644 - 766\,642)$$
$$= 336\,144$$

bzw.

$$CF = 336\,144 - 64\,365$$
$$= 271\,779$$

(jeweils in 1000 EURO)

Man erkennt, dass der Cash-Flow den Jahresüberschuss um ein Mehrfaches übersteigen kann.

> Der Cash-Flow bezeichnet die innere Ertragskraft und setzt sich aus Jahresüberschuss (abzüglich geplanter Dividendenzahlungen), Abschreibungen und Zuführungen zu den Pensionsrückstellungen zusammen.

Denkbar wäre auch, die Zunahme des Sonderpostens mit Rücklagenanteil einzubeziehen.

Auf der Basis des **Cash-Flow** lässt sich nun wiederum ein ganzes **Kennzahlensystem** aufbauen; z. B.:

■ Inwieweit ist der Sachanlagenzugang innenfinanziert?

$$\frac{\text{Cash-Flow}}{\text{Sachanlagenzugang}} \times 100$$

(im Zahlenbeispiel: zu 145 %)

■ Inwieweit kann die Gesamtverschuldung durch die laufenden selbsterwirtschafteten Mittel getilgt werden?

$$\frac{\text{Cash-Flow}}{\text{Gesamtverschuldung}} \times 100$$

(im Zahlenbeispiel: zu 23 %)

■ Wie oft ist der Cash-Flow im Umsatz enthalten?

$$\frac{\text{Umsatz}}{\text{Cash-Flow}}$$

(im Zahlenbeispiel: 8,1-mal)

Eine besondere Cash-Flow-Kennzahl ist das **Kurs/Cash-Flow-Verhältnis:**

$$\frac{\text{Börsenkurs}}{\text{Cash-Flow je Aktie}}$$

Ist sein Wert hoch, dann wird das Unternehmen von der Börse auch für die Zukunft gut beurteilt.

Bei der Berechnung des Kurs/Cash-Flow-Verhältnisses ist zu beachten, dass Börsenkurs und Cash-Flow je Aktie auf einen einheitlichen Aktien-Nennwert bezogen werden.

Eine verwandte Kennzahl ist das **Kurs/Gewinn-Verhältnis (Price/Earnings-Ratio):**

$$\frac{\text{Börsenkurs}}{\text{Jahresüberschuss je Aktie}}$$

Ist sein Wert niedrig, dann gilt die Aktie als unterbewertet, woran die »Fundamentalisten« Kaufempfehlungen knüpfen (20. Kapitel). Es könnte freilich zu falschen Rückschlüssen verleiten, weil seine Ermittlung auf einem **veranschlagten** Gewinn pro Aktie (meist: erwartetes DVFA-Ergebnis) basiert. Schätzungen können jedoch ganz erheblich daneben liegen.

Das Cash-Flow-Kennzahlensystem wird auch im **internationalen Vergleich** gerne verwendet, weil die Gewinne der deutschen Unternehmen eher zu niedrig ausgewiesen werden. Ursächlich hierfür sind vor allem relativ großzügige Regelungen zur Bildung von Rückstellungen, Vornahme von Abschreibungen und Vorratsbewertung; bei Rückstellungen und Abschreibungen »greift« aber der Cash-Flow korrigierend ein.

Das Kurs/Cash-Flow-Verhältnis gibt Auskunft darüber, wie die Ertragslage des Unternehmens von der Börse beurteilt wird.

Beispiel

Das Kurs/Cash-Flow-Verhältnis der Bilanz AG (2001)

Gezeichnetes Kapital:	283 000 000 €
Börsenkurs je 1-EURO-Aktie:	12,14 €
Cash-Flow:	271 779 000 €
Dann ist:	
Aktienzahl in 1-EURO-Aktien:	283 000 000 Stück
Cash-Flow je Aktie in 1-EURO-Aktien:	0,96 €

$$\frac{\text{Börsenkurs}}{\text{Cash-Flow je Aktie}} = 12,6$$

Dies bedeutet, dass 12,6 Cash-Flows notwendig sind, um den Kurswert zu verdienen.

Beispiel

Kurs/Gewinn-Verhältnis (KGV)

»Eine der größten Aktienplatzierungen seit dem Post-Börsengang vor gut einem Jahr ist geplatzt. Am Tag der geplanten Notierung teilte der Baufinanzierer BHW mit, auf die Emission zu verzichten ...

Einigen Fondsgesellschaften, die üblicherweise zu den wichtigsten Abnehmern bei Großplatzierungen gehören, war selbst die Bewertung zu 19 € noch zu hoch: »Dieser Preis entspricht einem Kurs-Gewinn-Verhältnis von mehr als 20. Das waren wir nicht bereit zu zahlen für eine Aktie, die kein Wachstumswert ist«, sagte ein Sprecher von Union Investment, der Fondsgesellschaft der Volks- und Raiffeisenbanken ...«

Das KGV der DAX-Unternehmen betrug am 28. 2. 2002 im Durchschnitt 21,8.

(Aus: S. Boehringer: BHW scheitert mit groß angelegtem Aktienverkauf, in: Süddeutsche Zeitung vom 16. 2. 2002)

---

4 Die Kapitalflussrechnung

In der Bewegungsbilanz werden alle Veränderungen zweier aufeinanderfolgender Bilanzen erfasst.

Ausgangspunkt der Kapitalflussrechnung ist die **Bewegungsbilanz.** Für die Jahresabschlüsse der Abb. 24.1/2 findet sie sich in Abb. 24.4: Es werden dort alle **bilanziellen Veränderungen** (»Bewegungen«) erfasst, die sich im Laufe des Wirtschaftsjahres eingestellt haben.

Grundsätzlich können sich zwischen zwei aufeinanderfolgenden Bilanzierungsstichtagen folgende Bewegungen ergeben:

- Aktivposten nehmen zu,
- Aktivposten nehmen ab,
- Passivposten nehmen zu,
- Passivposten nehmen ab.

Aktivzunahmen und Passivabnahmen müssen den Aktivabnahmen und Passivzunahmen entsprechen.

Die Zunahme eines Aktivpostens (z. B. Anschaffung einer Maschine) betrifft ein Unternehmen in gleicherweise wie die Abnahme eines Passivpostens (z. B. Rückzahlung eines Kredits): In beiden Fällen werden Mittel **verwendet.** Diese **stammen** entweder aus der Abnahme von Aktivposten (z. B. Verringerung des Kassenbestandes) oder aus der Zunahme von Passivposten (z. B. Aufnahme eines Kredits).

In der Bewegungsbilanz werden sämtliche Aktivzunahmen und Passivabnahmen allen Aktivabnahmen und Passivzunahmen, die zwischen zwei Bilanzierungszeitpunkten eingetreten sind, gegenübergestellt. Da alle **verwendeten Mittel** auch eine **Herkunft** haben müssen, ist eine Bewegungsbilanz stets ausgeglichen.

Die Bewegungsbilanz kann zur **Kapitalflussrechnung** weiterentwickelt werden, indem man die in der Bewegungsbilanz ausgewiesene **Änderung des Bilanzgewinns weiter aufschlüsselt.** Bekanntlich ist:

Mittelverwendung		Mittelherkunft	
Zunahme der Aktiva:		**Abnahme der Aktiva:**	
Immaterielle Vermögensgegenstände	2 135	Forderungen und sonstige Vermögensgegenstände	21 981
Sachanlagen	44 184	Flüssige Mittel	16 091
Finanzanlagen	8 491		
Vorräte	99 749		
Wertpapiere	276 448		
Abnahme der Passiva:		**Zunahme der Passiva:**	
Sonderposten	11 930	Gezeichnetes Kapital	29 624
Übrige Verbindlichkeiten	3 671	Kapitalrücklage	164 987
		Gewinnrücklage	48 000
		Pensionsrückstellungen	68 002
		Übrige Rückstellungen	90 883
		Langfristge Verbindlichkeiten	3 485
		Zunahme des Bilanzgewinns	3 555

Abb. 24.4: Die Bewegungsbilanz zum Jahresabschluss der Abb. 24.1/2 (in 1 000 €)

Bilanzgewinn =
    Jahresüberschuss
    – Rücklagenzuführung
(Im Falle einer Rücklagenauflösung müsste diese zum Jahresüberschuss hinzugerechnet werden.) Da ferner gilt:
Jahresüberschuss =
    Ertrag
    – Aufwand
und:
Änderung des Bilanzgewinns =
    Bilanzgewinn des laufenden Jahres
    – Bilanzgewinn des Vorjahres,
kann die in der Bewegungsbilanz der Abb. 24.4 aufgeführte Zunahme des Bilanzgewinns auch so umschrieben werden:
Zunahme des Bilanzgewinns =
    Ertrag
    – Aufwand
    – Rücklagenzuführung
    – Bilanzgewinn des Vorjahres.

Gleichbedeutend hiermit ist die Darstellung der Abb. 24.5 in Kontoform. Ersetzt man die in der Bewegungsbilanz aufgeführte **Änderung des Bilanzgewinns** durch ihre **Bestimmungsgrößen** gemäß Abb. 24.5, dann ergibt sich die in Abb. 24.6 wiedergegebene **Kapitalflussrechnung.** Diese weist nur noch insofern einen Schönheitsfehler auf, als die Erhöhung des Gewinn-Rücklagenkontos einmal als Mittelverwendung und einmal als Mittelherkunft erscheint, weshalb sie wegsaldiert werden sollte.

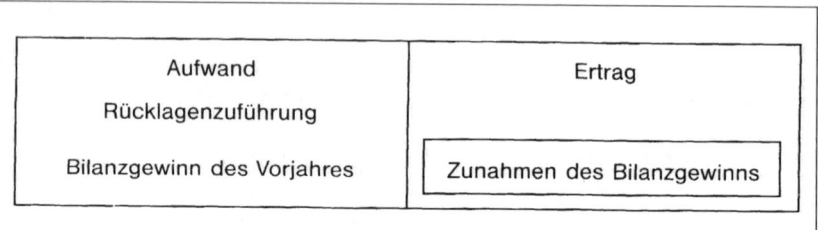

Abb. 24.5: Die Bestimmungsgrößen der Bilanzgewinnänderung

Die Kapitalflussrechnung zeigt, woher ein Unternehmen seine Mittel genommen und wie es sie verwendet hat.

Die Kapitalflussrechnung ist im Wesentlichen eine um die **Mittelverwendungsposition »Aufwand«** und die **Mittelherkunftsposition »Ertrag«** erweiterte Bewegungsbilanz. Sie verschafft dem Bilanzanalytiker in sehr übersichtlicher Form einen Einblick in den **Ablauf der Werteströme** im Unternehmen – insbesondere in seine Finanzbewegungen – während des abgelaufenen Wirtschaftsjahres. So erkennt man aus Abb. 24.6 recht deutlich, woher das dort abgebildete Unternehmen seine Mittel genommen und wie es sie verwendet hat: So wurde z. B. gut an einer Kapitalerhöhung verdient (Agio in der Kapitalrücklage) und in Wertpapiere (des Umlaufvermögens) »investiert«.

In der Praxis bedient man sich heute meist der Staffelform und gliedert die Kapitalflussrechnung auch nach einer etwas anderen – vom Hauptfachausschuss des Instituts für Wirtschaftsprüfung (HFA 1/1995) vorgeschlagenen – Systematik (wozu man dann allerdings neben Bilanz, Gewinn- und Verlustrechnung und Anlagespiegel noch Einblicke in bestimmte Kontenumsätze benötigt):

1. Mittelzufluss bzw. -abfluss aus laufender **Geschäftstätigkeit** (insbesondere Einzahlungen von Kunden, Auszahlungen an Lieferanten)
2. Mittelzufluss bzw. -abfluss aus **Investitionstätigkeit** (insbesondere Einzahlungen aus Abgängen und Auszahlungen aus Zugängen des Anlagevermögens)
3. Mittelzufluss bzw. -abfluss aus **Finanzierungstätigkeit** (insbesondere Einzahlungen aus Kapitalerhöhung und Anleihenbegebung, Auszahlungen an Gesellschafter und für Tilgungen)

Die Summe aus 1. bis 3. gibt Auskunft über die zahlungswirksamen Veränderungen im Finanzmittelbestand. Es gilt dann:

Mittelverwendung		Mittelherkunft	
Zunahme der Aktiva:		**Abnahme der Aktiva:**	
Immaterielle Vermögensgegenstände	2 135	Forderungen und sonstige Vermögensgegenstände	21 981
Sachanlagen	44 184	Flüssige Mittel	16 091
Finanzanlage	8 491		
Vorräte	99 749		
Wertpapiere	276 448		
Abnahme der Passiva:		**Zunahme der Passiva:**	
Sonderposten	11 930	Gezeichnetes Kapital	29 624
Übrige Verbindlichkeiten	3 671	Kapitalrücklage	164 987
		Gewinnrücklage	48 000
		Pensionrückstellungen	68 002
		Übrige Rückstellungen	90 883
		Langfristige Verbindlichkeiten	3 485
Aufwand	2 497 257	Ertrag	2 609 622
Rücklagenzuführung	48 000		
Bilanzgewinn des Vorjahres	60 810		

Abb. 24.6: Die Kapitalflussrechnung zum Jahresabschluss der Abb. 24.1/2 (in 1000 €)

Zahlungswirksame Veränderungen
+/– z. B. wechselkursbedingte Veränderungen
+ Finanzmittelbestand am Anfang des Rechnungsjahres
= Finanzmittelbestand am Ende des Rechnungsjahres.
Gegenstand der Kapitalflussrechnung ist somit das Zustandekommen des Finanzmittelbestandes aus Schecks, Kassenbestand, Bundesbank- und Post-giroguthaben sowie Guthaben bei Kreditinstituten (»flüssige Mittel« gemäß § 226,2 HGB). Er kann »rekonstruiert« werden insbesondere aus den Zu- und Abnahmen der »Gegenstände« (z. B. des Anlagevermögens). **Börsennotierte** Unternehmen müssen in ihren Jahresabschlüssen eine Kapitalflussrechnung vorlegen.

5 Die Gewinnschätzung aus den Steuerangaben der Gewinn- und Verlustrechnung

Wie bereits erörtert, stellen die (großen) Unternehmen neben der Handelsbilanz eine spezielle Steuerbilanz auf, die Grundlage ihrer Gewinnbesteuerung ist. Da die **steuerrechtlichen Bewertungsvorschriften meist straffer**

Allgemein wird der steuerliche Gewinn als zuverlässigere Größe angesehen, weshalb man ihn aus den Steuerangaben der handelsrechtlichen Gewinn- und Verlustrechnung zu schätzen versucht.

als die entsprechenden handelsrechtlichen Vorschriften gefasst sind, wird allgemein der in der **Steuerbilanz** ausgewiesene Gewinn als die **zuverlässigere Größe** angesehen.

Nun wird aber die Steuerbilanz bekanntlich **nicht veröffentlicht**, weshalb die Bilanzanalytiker versuchen müssen, den steuerlichen Gewinn aus der Handelsbilanz zu schätzen.

Ansatzpunkt hierfür sind die Steuerpositionen der Gewinn- und Verlustrechnung

- Steuern vom Einkommen und vom Ertrag,
- sonstige Steuern.

Die Steuern vom Einkommen und vom Ertrag umfassen die **Körperschaft-** und die **Gewerbeertragsteuer.** Hierauf gründet sich die Gewinn-Schätzung, da das Aufkommen beider von der Höhe des Steuerbilanzgewinns abhängt.

Die **Steuerschätzformel** arbeitet nach dem einfachen Prinzip, dass ein höherer Gewinn zu einer höheren Körperschaft- und Gewerbeertragsteuerbelastung führt, und zwar entsprechend den in den Steuergesetzen aufgeführten – und damit bekannten – Steuersätzen.

Für den Fall einer **Aktiengesellschaft** gilt für Körperschaft- (KSt) und Gewerbeertragsteuer (GewESt):

$$KSt = 0{,}25\,(G - GewESt)$$

(Die 25 %ige KSt ist auf den um die GewESt gekürzten Gewinn [G] zu zahlen)

$$GewESt = 0{,}05\,(G - GewESt)\,4$$

(Die 5 %ige GewESt ist nach Anwendung des Hebesatzes [hier: 400 %] auf den um die GewESt gekürzten Gewinn [G] zu zahlen)

Hieraus folgt durch **Umformung:**

$$G = 2{,}67\,(KSt + GewESt),$$

wobei G den Gewinn **vor** Abzug von Körperschaft- und Gewerbeertragsteuer bezeichnet; für den Gewinn **nach** Abzug dieser Steuern (GnSt) gilt:

$$
\begin{aligned}
GnSt &= G - KSt - GewESt \\
&= 2{,}67\,(KSt + GewESt) - KSt - GewESt \\
&= 1{,}67\,(KSt + GewESt)
\end{aligned}
$$

Beträgt also z. B. das auf Körperschaft- und Gewerbeertragsteuer entfallende Steueraufkommen 10 000 000 €, dann gilt:

Steuerbilanz-Gewinn vor Steuer	26,7 Mio. €
Steuerbilanz-Gewinn nach Steuer	16,7 Mio. €

Der Unternehmensgewinn ist folglich mit einer Steuer in Höhe von 37,45 Prozent belastet. Bei Einbeziehung des Solidaritätszuschlags

$$SolZ = 0{,}055\,KSt$$

ergibt sich als Gewinn nach Steuern

$$GnSt = 1{,}59\,(KSt + GewESt + SolZ).$$

Bei der Schätzung des Steuerbilanzgewinns aus den Steuerangaben wird unterstellt, dass der Gewerbeertrag dem Steuerbilanzgewinn entspricht. Tatsächlich wird er jedoch um spezielle Hinzurechnungen (§ 8 GewStG) und Kürzungen (§ 9 GewStG) modifiziert.

Arbeitsaufgaben

1) Erläutern Sie kurz Zusammensetzung und Aussage folgender Kennzahlen:
   - Eigenkapitalrentabilität
   - Fremdkapitalrentabilität
   - Gesamtkapitalrentabilität
   - Umsatzrentabilität!
2) Was verstehen Sie unter einer Bewegungsbilanz; welche zusätzlichen Informationen könnten Sie aus deren Aufstellung für die Analyse gewinnen?
3) Was versteht man unter dem Kurs/Cash-Flow-Verhältnis? Ein Unternehmen, das über ein gezeichnetes Kapital von 250 Mio. € verfügt, weist einen Börsenkurs von 3,60 € je 1-EURO-Aktie und einen Cash-Flow von 150 Mio. € auf. Wie hoch ist das Kurs/Cash-Flow-Verhältnis?
4) Warum ist der in der Steuerbilanz ausgewiesene Gewinn von besonderem Interesse? Wie sollte eine Bilanzanalyse bei seiner Ermittlung vorgehen?
5) Welche Aussage erhofft man sich von der Berechnung des Cash-Flow? Welche Vorteile bietet der Cash-Flow gegenüber dem Jahresüberschuss als Erfolgsgröße? Welche Positionen des Jahresabschlusses würden Sie für die Berechnung des Cash-Flow verwenden?
6) Was verstehen Sie unter der Eigenkapitalquote, und warum erfreut sich diese Kennzahl eines besonderen Interesses?
7) Ein Unternehmen, das keinen Gewinn ausgeschüttet hatte, musste Körperschaft- und Gewerbeertragsteuer (Hebesatz = 300 %) in Höhe von zusammen 40 Millionen € bezahlen. Wie hoch war – ungefähr – sein Steuerbilanz-Gewinn vor und nach der Steuer?
8) Erläutern Sie kurz, worin sich Bewegungsbilanz und Kapitalflussrechnung unterscheiden!
9) Nennen Sie Möglichkeiten und Grenzen der Bilanzanalyse!
10) Welche horizontalen Finanzierungskennzahlen kennen Sie?
11) Gegeben sei ein Unternehmen mit einem Anlagevermögen in Höhe von 20 Mio. € und einem Umlaufvermögen in Höhe von 80 Mio. €. Über wie viel Eigenkapital sollte nach der horizontalen bzw. der vertikalen Finanzierungsregel das Unternehmen verfügen? Unter welchen Voraussetzungen widersprechen diese Finanzierungsempfehlungen dem Unternehmensziel der Maximierung der Eigenkapitalrendite?

Lösungsvorschläge für die Arbeitsaufgaben im »Übungsbuch zu Grundlagen und Probleme der Betriebswirtschaft«.

Weiterführende Literatur

Coenenberg, A. G. (Hrsg.): Bilanzanalyse nach neuem Recht, 2. Aufl., Landsberg/Lech 1990.

Coenenberg, A. G.: Jahresabschluß und Jahresabschlußanalyse: betriebswirtschaftliche, handels- und steuerrechtliche Grundlagen, 18. Aufl., Landsberg/Lech 2001.

Fleischer, K.: Die Untauglichkeit des KGV zur Prognose von Aktienkurs-Veränderungen, in: Zeitschrift für Betriebswirtschaft (ZfB), 69. Jg. (1, 1999), S. 71–82.

Hirsch, H.: Bilanzanalyse und Bilanzkritik, 2. Aufl., Wiesbaden 2000.

Jacobs, O. H.: Bilanzanalyse, 2. Aufl., München 1994.

Küting, K.; Weber, C.-P.: Die Bilanzanalyse, 6. Aufl., Stuttgart 2001.

Olfert, K.; Körner, W.; Langenbeck, J.: Bilanzen, 9. Aufl., Ludwigshafen 2000.

Peemöller, V. H.: Bilanzanalyse und Bilanzpolitik, 2. Aufl., Wiesbaden 2001.

Pfleger, G.: Die neue Praxis der Bilanzpolitik: Gestaltungsmöglichkeiten in der Handels- und Steuerbilanz nach der Bilanzreform, 4. Aufl., Freiburg 1991.

Rehkugler, H.; Poddig, Th.: Bilanzanalyse, 4. Aufl., München 1997.

25. Kapitel:
Die Betriebsbuchhaltung

Lernziele

Leitfrage:
Womit beschäftigt sich das interne Rechnungswesen?

- In welcher Beziehung stehen Geschäfts- und Betriebsbuchhaltung?
- Welche Typen von Kosten sind Gegenstand der Betriebsbuchhaltung?

Leitfrage:
Wie werden die Kosten im Betrieb erfasst und systematisiert?

Leitfrage:
Wie werden die Kosten den betrieblichen Stellen zugerechnet, die sie verursacht haben?

Leitfrage:
Wie wird ermittelt, welche Kosten die einzelnen Produkte zu tragen haben?

Leitfrage:
Wie lässt sich im Betrieb eine Wirtschaftlichkeitskontrolle durchführen?

Leitfrage:
Was ist der Deckungsbeitrag eines Produkts, und worin liegt seine besondere Aussagekraft?

1 Die Aufgaben des internen Rechnungswesens

Das interne Rechnungswesen (die **Kostenrechnung**) hat im Wesentlichen drei Aufgaben zu erfüllen:

- Zum Zweck der **Wirtschaftlichkeitskontrolle** werden die in einem Wirtschaftsjahr tatsächlich angefallenen Istkosten den Sollkosten gegenübergestellt. Übersteigen die Istkosten die Sollkosten, dann müssen Abweichungsanalysen durchgeführt und dabei eventuell aufgedeckte Unwirtschaftlichkeiten beseitigt werden.
- Basis der **Angebotskalkulation** sind die Selbstkosten der Erzeugnisse, die ebenfalls mit Hilfe der Kostenrechnung ermittelt werden.
- Im Rahmen der **betrieblichen Planung** werden Kosten- und Leistungsdaten bereitgestellt, die die weitere Steuerung des Unternehmensprozesses erleichtern (»Plandaten«).

In der **Betriebsbuchhaltung,** dem zentralen Bereich des internen Rechnungswesens, werden die Istkosten erfasst und auf die Kostenstellen (Abteilungen) und Kostenträger (Produkte) verteilt. Für die Erfassung der Kosten (Kostenartenrechnung) und ihre Verteilung auf Stellen und Träger (Kostenstellen- bzw. Kostenträgerrechnung) gibt es keine – gesetzlichen –Vorschriften; es liegt allerdings im eigenen Interesse des Unternehmens, diese rein internen Aufgaben ohne Schönfärberei abzuwickeln und so der Gefahr einer Selbsttäuschung zu entgehen.

Allerdings greifen gesetzliche Vorschriften dann, wenn sich die Geschäftsbuchhaltung auf Daten der Betriebsbuchhaltung stützt, z. B. bei den Herstellungskosten der Halb- und Fertigfabrikate: In diesem Fall müssen die Bewertungsvorschriften des HGB beachtet werden. Es ist jedoch möglich, dass in der Betriebsbuchhaltung zwei parallele Berechnungen »laufen«: eine »interne« und eine als »Zubringer« für die Geschäftsbuchhaltung.

> Die Betriebsbuchhaltung umfasst Kostenarten-, Kostenstellen- und Kostenträgerrechnung.

Einzelkosten sind den Kostenträgern direkt zurechenbar, Gemeinkosten nur über eine Schlüsselung.

Die Kostenverteilung wird in der Praxis nach ihrer Zurechenbarkeit vorgenommen: Ein Teil der Kosten ist den Trägern direkt zurechenbar; sie werden als **Einzelkosten** bezeichnet (z. B. Kosten der Pedalen eines Fahrrads). Andere Kosten können nicht direkt zugerechnet werden, da sie für verschiedene Träger gemeinsam anfallen. Ein Beispiel für derartige **Gemeinkosten** ist das Gehalt des Werkstattmeisters in einer Fahrrad-Reparaturwerkstatt. Die Zurechnung der Gemeinkosten sollte dennoch möglichst **verursachungsgemäß** – also proportional zur Inanspruchnahme – verrechnet werden; meist bedient man sich hierbei mehr oder weniger plausibler Schlüsselgrößen. So könnte das Gehalt des Werkstattmeisters gemäß der jeweils benötigten Reparaturzeit verteilt werden. Oft werden die Gemeinkosten aber auch nach dem »Tragfähigkeitsprinzip« verteilt: Je größer der Gewinnbeitrag eines Produktes ist, desto mehr Gemeinkosten werden ihm angelastet.

Unter der Lupe

Kostenbegriffe
- Kostenabhängigkeit von der Beschäftigung
  - Fixe Kosten (Kosten der Betriebsbereitschaft)
  - Variable Kosten
- Kostenzurechenbarkeit
  - Gemeinkosten
  - Einzelkosten

	variable Kosten	fixe Kosten
Einzelkosten	Fertigungsmaterial	Modellkosten Pauschallizenz
Gemeinkosten	Energie Instandhaltung	Gehälter Gebäudeabschreibung

---

Gegenstand der Betriebsbuchhaltung sind nicht nur die **aufwandsgleichen Kosten** der Geschäftsbuchhaltung, sondern darüber hinaus auch die **Zusatz-** und **Anderskosten**, die **nicht** oder **nicht in gleicher Höhe** Aufwand sind. So unterscheiden sich bei einer Maschine, die intern nach einer anderen Methode abgeschrieben wird als extern, Kosten und Aufwand nur der Höhe nach: Intern wird häufig nach dem – höheren – **Wiederbeschaffungswert** abgeschrieben, was extern unzulässig ist (Anderskosten). Demgegenüber ist der **kalkulatorische Unternehmerlohn** zwar Bestandteil der Kosten, aber kein Aufwand, da er eine Privatentnahme wäre. Weitere Beispiele für Zusatzkosten sind

- die **kalkulatorische Miete** für die Nutzung firmeneigener Räume und
- die **kalkulatorischen Zinsen** auf das betriebsnotwendige Eigenkapital (hierzu zählt nicht das Eigenkapital, das anderweitig – z. B. für spekulative Wertpapier- und Grundstückskäufe – eingesetzt ist).

Die Verrechnung der Zusatz- und Anderskosten im internen Rechnungswesen dient vor allem einer vollständigen und genauen **Selbstkostenermittlung:** So verursacht z. B. die Nutzung firmeneigener Räume zwar keine Miete, weshalb kein Aufwand entsteht; gleichwohl hätte man aber bei Verzicht auf die eigene Nutzung die Räume vermieten und Mieteinnahmen erzielen können.

Gegenstand der Betriebsbuchhaltung sind neben den aufwandsgleichen Kosten auch die Zusatz- und Anderskosten.

2 Die Kostenartenrechnung

Kostenartenrechnung: Erfassung und Gruppierung aller Kosten einer Abrechnungsperiode

In der Kostenartenrechnung werden alle Kosten, die in einer Abrechnungsperiode entstanden sind, gesammelt und nach Arten gruppiert. Dabei gibt es verschiedene **Klassifikationsmöglichkeiten:**

Bei einer Einteilung nach dem **Verwendungscharakter** wird zwischen

- Materialkosten,
- Arbeitskosten,
- Betriebsmittelabschreibungen,
- Miet- und Zinskosten usw.

unterschieden.

Entsprechend ihrer Entstehung in den verschiedenen **betrieblichen Teilbereichen** können die Kosten aber auch gegliedert werden in:
- Kosten der Beschaffung und Lagerung,
- Kosten der Fertigung,
- Kosten der Verwaltung,
- Kosten des Vertriebs.

Ferner lassen sie sich nach der **Herkunft der Kostengüter** unterscheiden:
- Sekundäre Kosten ergeben sich durch den Verbrauch von innerbetrieblich erzeugten Leistungen (z. B. selbst erzeugter Dampf).
- Primäre Kosten entstehen hingegen durch den Verbrauch von Gütern und Diensten, die nicht aus einem betriebsinternen Herstellungsprozess stammen, also von außen bezogen wurden. Werden jedoch selbst erstellte Güter (meist: Anlagen) aktiviert, dann führt auch ihr Verbrauch zu primären Kosten.

Da alle sekundären Kosten auf primäre Kosten zurückzuführen sind, werden sie auch als zusammengesetzte Kosten bezeichnet.

3 Die Kostenstellenrechnung

3.1 Die Aufgabe der Kostenstellenrechnung

Kostenstellenrechnung: Verteilung der Gemeinkosten auf ihre Kostenstellen

Nach ihrer Erfassung im Rahmen der Kostenartenrechnung werden die Kosten mit Hilfe der Kostenstellenrechnung auf die verschiedenen Betriebsbereiche – die **Kostenstellen** – verteilt. Hierdurch wird es möglich, in den einzelnen Teilbereichen des Unternehmens eine systematische **Wirtschaftlichkeitskontrolle** durchzuführen. In der Regel bleiben allerdings die **Einzelkosten** bei der Umlage unberücksichtigt: Sie werden über »Begleitscheine« unmittelbar den verursachenden **Kostenträgern** zugerechnet. In die Kostenstellenrechnung gehen dann allein die **Gemeinkosten** ein (Abb. 25.1): Ein Teil von ihnen kann als **Kostenstelleneinzelkosten** direkt auf die Kostenstellen verteilt werden (z. B. Gehalt des Kostenstellenleiters), die übrigen müssen

den Kostenstellen über eine Schlüsselung als **Kostenstellengemeinkosten**
angelastet werden (z. B. Heizungskosten).

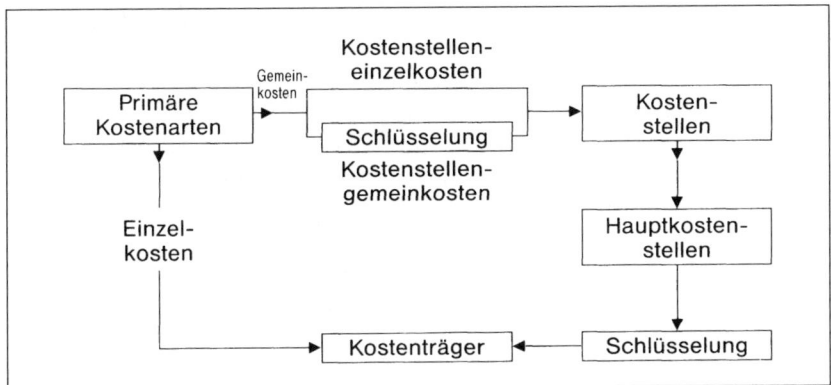

Abb. 25.1: Die Kostenumlage

3.2 Die Bildung der Kostenstellen

Grundsätzlich wäre es möglich, eine – an den einzelnen Arbeitsplätzen (und
den jeweils verantwortlichen Mitarbeitern) orientierte – **Platzkostenrech-
nung** durchzuführen. In der Regel werden jedoch mehrere Arbeitsplätze zu
einer Kostenstelle zusammengefasst; die **Kostenstellengliederung** kann dabei nach verschiedenen Gesichtspunkten durchgeführt werden:

- Eine Gliederung nach **räumlichen** Gesichtspunkten fasst ganze Gebäude
  oder Gebäudeteile zu einer Kostenstelle zusammen (z. B. Lagerhalle,
  Werkhalle, Verwaltung).
- Eine Gliederung nach **fertigungstechnischen** (funktionalen) Gesichtspunkten fasst gleiche Tätigkeiten zu einer Kostenstelle zusammen
  (z. B. Beschaffungs-, Lagerungs-, Fertigungs-, Verwaltungs- und Ver-
  triebsstelle).
- Eine Gliederung nach **organisatorischen** Gesichtspunkten zielt darauf
  ab, dass sich jede Kostenstelle mit dem Verantwortungsbereich eines Vorgesetzten deckt (z. B. Abteilung, Werkstatt). Dies ist zweckmäßig im Hinblick auf die Wirtschaftlichkeitskontrolle: Der Kostenstellenleiter ist einerseits verantwortlich für Unwirtschaftlichkeiten und andererseits
  befugt, diese zu beseitigen.

Eine – nach welchen Gesichtspunkten auch immer definierte – Kostenstelle
ist stets entweder eine Hauptkostenstelle oder eine Hilfskostenstelle: Kennzeichen einer **Hauptkostenstelle** ist, dass dort Kostenträger (Produkte, Aufträge) durchlaufen und bearbeitet, verwaltet oder vertrieben werden. Eine
Hilfskostenstelle hat hingegen keinen »Kostenträgerkontakt«; sie ist vielmehr Zulieferer anderer Kostenstellen (z. B. für Strom, Dampf, Werkzeuge,
Heizung).

Kostenstellen sind
räumliche, fertigungs-
technische oder organisa-
torische Einheiten des
Betriebes.

3.3 Die Kostenumlage auf Kostenstellen

Im ersten Schritt der Kostenumlage werden die primären Gemeinkosten auf die verursachenden Kostenstellen verteilt.

Im zweiten Schritt der Kostenumlage werden die Hilfskosten-Stellen auf die Hauptkostenstellen abgerechnet.

Ziel der Kostenumlage ist es, die im Betrieb angefallenen Gemeinkosten auf den **Hauptkostenstellen** zu **sammeln,** damit sie später von dort aus auf die – durchlaufenden – **Kostenträger** verteilt werden können (Abb. 25.1).

Im **ersten Schritt** der Kostenumlage werden die primären Gemeinkosten den verursachenden Haupt- und Hilfskostenstellen angelastet.

Wenn alle Kostenstellen mit den primären Gemeinkosten belastet sind, müssen in einem **zweiten Schritt** die auf den Hilfskostenstellen gesammelten Kosten (sekundäre Kosten) – eventuell auf dem Weg über andere Hilfskostenstellen – auf die Hauptkostenstellen abgerechnet werden. Man bezeichnet diesen Vorgang als Sekundärkostenrechnung oder innerbetriebliche Leistungsverrechnung. Auch hierbei sollte möglichst verursachungsgemäß – also nach der jeweiligen Inanspruchnahme – vorgegangen werden. Eine besondere Schwierigkeit stellt sich dann ein, wenn Kostenstellen (z.B. I und II) in **gegenseitigem Leistungsaustausch** stehen: Die Hilfskostenstelle I kann nun ihre Kosten erst dann auf die belieferte Stelle II verteilen, wenn sie wegen bezogener Leistungen durch II belastet ist; die Stelle II benötigt aber ihrerseits zur Kostenverteilung die Kostenbelastung durch die Stelle I. Die Lösung dieses Problems ist über ein simultanes Gleichungssystem möglich.

Unter der Lupe

Innerbetriebliche Leistungsverrechnung
Zwei Hilfskostenstellen sind durch folgende Lieferungsstruktur gekennzeichnet (z.B. in kg):

von \ an	I	II	übrige	Summe
I	–	20	40	60
II	12	–	68	80

Für die von den übrigen Kostenstellen bezogenen Leistungen wurden den Hilfskostenstellen zu den Gemeinkosten in Höhe von 600 (I) bzw. 800 (II) angelastet.

Bezeichnet man mit q_I (q_n) den Verrechnungspreis der Hilfskosten-Stelle I (II), dann gilt:

- für Hilfskostenstelle I: $60\,q_I = 600 + 12\,q_{II}$
- für Hilfskostenstelle II: $80\,q_{II} = 800 + 20\,q_I$ Durch Lösung des simultanen Gleichungssystems ergibt sich:

$q_I = 12{,}63$

$q_{II} = 13{,}16$

Zur Verteilung der primären Gemeinkosten auf die Hilfs- und Hauptkostenstellen sowie zur Sammlung der sekundären Gemeinkosten auf den Hauptkostenstellen bedient man sich des **Betriebsabrechnungsbogens** (BAB), dessen Schema in Abb. 25.2 wiedergegeben ist. Am Ende der Abrechnung dürfen nur noch Hauptkostenstellen mit Kosten (**Endkosten**) belastet sein.

Eine Erweiterung des BAB ist insofern möglich, als man die Kostenstellengemeinkosten in ihre fixen und variablen Bestandteile auflösen und – zu Kontrollzwecken – um Plankosten ergänzen kann; Ersteres betrifft die Deckungsbeitrags- und Letzteres die Plankostenrechnung, worauf später eingegangen wird.

Das Instrument der Kostenumlage ist der Betriebsabrechnungsbogen.

4 Die Kostenträgerrechnung

4.1 Die Aufgabe der Kostenträgerrechnung

In der Kostenträgerrechnung werden die Stückkosten (**Selbstkosten**) der verschiedenen Kostenträger ermittelt. Kostenträger sind dabei nicht nur die **absatzfähigen Leistungen** (Halb- und Fertigfabrikate), sondern auch die **Eigenleistungen** (z. B. selbsterstellte Anlagen).

Kostenträgerrechnung: Ermittlung der Selbstkosten der betrieblichen Leistungen

Die Kenntnis der Selbstkosten ist für den Betrieb sehr wichtig, weil er so die »**Schmerzgrenze**« für die Preise seiner absatzfähigen Leistungen ermitteln bzw. feststellen kann, ob seine Eigenleistungen über den Markt nicht günstiger zu beziehen wären.

Nach dem Zeitpunkt der Selbstkostenermittlung unterscheidet man **Vorkalkulation** (mit geschätzten Kosten vor Fertigungsbeginn) und **Nachkalkulation** (mit den tatsächlich angefallenen Kosten nach Abschluss der Herstellung). Je nach Art der Leistungserstellung können zudem verschiedene Kalkulationsverfahren angewendet werden:

4.2 Die Zuschlagskalkulation

Das Verfahren der Zuschlagskalkulation findet sich vorwiegend in Unternehmen mit **Einzel- oder Variantenfertigung.** Hierbei ist die Vorarbeit der Kostenarten- und Kostenstellenrechnung unabdingbar: Die Endkosten aus den Hauptkostenstellen des BAB werden auf die verschiedenen – mit ihren Einzelkosten bereits belasteten – Kostenträger, die diese Hauptstellen durchlaufen, weitergewälzt. Ein Kostenträger erhält dabei in dem Umfang Gemeinkosten einer Hauptkostenstelle, wie er diese Kostenstelle in Anspruch genommen hat. In den einzelnen Kostenstellen sind deshalb **Zuschlagssätze** zu bilden: Die Gemeinkosten werden proportional zu einer Schlüsselgröße verteilt, die in der betreffenden Stelle für jede Art der durchgelaufenen Kostenträger die relative Stellenbeanspruchung widerspiegelt. Eine häufig verwendete Schlüsselgröße sind bestimmte, in den einzelnen Hauptkostenstel-

		Allgemeine Hilfsstelle	Material-hauptstelle	Fertigung				Verwaltungshauptstelle	Vertriebs-hauptstelle
				Hilfsstelle	Hilfsstelle	Hauptstelle	Hauptstelle		
primäre Gemeinkosten	■ Arbeitskosten	250	600	100	200	1000	1800	1700	800
	■ Betriebsmittel-kosten	50	30	40	20	400	300	60	40
	■ ... ■ ... ■ ...	. . .	. . .	. . .	. . .	. . .	. . .	. . .	. . .
	Summe	600	1800	900	1000	2500	3000	2000	1000
sekundäre Gemeinkosten	Innerbetriebliche Leistungs-verrechnung	− 600	+120 − 500	+360 +400 −1660	+520 −1520	+120 +140 +320 −180	+100 +700 +1200	+300 −100	+180 +100
	Endkosten	0	1420	0	0	2900	5000	2200	1280

Abb. 15.2: Der Betriebsabrechnungsbogen

len anfallende – und bereits auf die Träger verrechnete – **Einzelkosten** (z. B. Einzellöhne); daneben werden aber auch andere Bezugsgrößen wie **Maschinenstunden** verwendet.

Hierzu ein Beispiel (Schlüsselgröße: Maschinenstunden):

Stellengemeinkosten:	50 000 €
Maschinenstunden (gesamt):	500
Maschinenstunden (Produktgruppe A):	100
A-Stückzahl:	5;

daraus folgt:

- Der Prozentsatz der A-Maschinenstunden (A-Zuschlagssatz) beträgt:

$$\frac{\dfrac{100}{500}}{5} = 4\,\%$$

- Der A-Stellengemeinkostenzuschlag ergibt sich daraus als:
  50 000 € × 0,04 = 2 000 €

Die klassische Schlüsselgröße in der Zuschlagskalkulation sind die in den Kostenstellen anfallenden **Einzellöhne** (»Wertschlüssel«). Es wird folglich unterstellt, dass es eine Proportionalität gibt zwischen der absoluten Höhe der Gemeinkostenzuschläge und den jeweiligen Einzellöhnen beim Kostenträger: Je höher die Einzellöhne, desto größer die Gemeinkostenzuschläge. Auch Lohnerhöhungen können demnach auf die Gemeinkostenverteilung einwirken. Hinzu kommt, dass in den Kostenstellen der Fertigung mit dem Übergang auf moderne Fertigungsverfahren die Bedeutung der Einzellöhne immer weiter zurücktritt. Die Folge ist, dass ein immer größerer Prozentsatz auf die Fertigungslöhne angewendet werden muss, um die Fertigungsgemeinkosten zu verteilen. Man geht deshalb zunehmend auf die jeweiligen Fertigungszeiten (z. B. Maschinenstunden) als Schlüsselgröße der Kostenstellen-Gemeinkosten über: Bei diesem Mengenschlüssel kann eher eine Proportionalitätsbeziehung zu den Gemeinkosten unterstellt werden, wobei die prozentualen Zuschlagssätze – in der Regel – begrenzt bleiben.

Zuschlagskalkulation: Verteilung der Stellengemeinkosten über Zuschlagssätze: Einzellöhne oder Maschinenstunden

Beispiel

Fertigungsgemeinkosten-Zuschläge in Prozent vom direkten Fertigungslohn

	Schichtzahl		
	1	2	3
konventionelle Portalfräsmaschine			420 %
NC-Horizontal-Bohrwerk			470 %
Flexibles Fertigungssystem	2900 %	1750 %	1400 %
Quelle: Jagenberg AG, Neuss			

Ein einfaches Grundschema für die Zuschlagskalkulation auf Basis der **Maschinenstunden** im Fertigungsbereich hat folgenden Zuschnitt:

Materialeinzelkosten
+ Materialgemeinkostenzuschlag
      als Prozentsatz der Materialeinzelkosten
+ Lohneinzelkosten Fertigungsstelle l
+ Fertigungsgemeinkostenzuschlag als
      Prozentsatz der Maschinenstunden Stelle l
+ Lohneinzelkosten Fertigungsstelle II
+ Fertigungsgemeinkostenzuschlag als
      Prozentsatz der Maschinenstunden Stelle II
= Herstellkosten
+ Verwaltungs- und Vertriebskostenzuschlag
      als Prozentsatz der Herstellkosten
= Selbstkosten

Mit zunehmender Zahl von Hauptkostenstellen – vor allem im Fertigungsbereich – erweitert sich dieses Schema entsprechend.

Die Höhe der **Gemeinkosten-Zuschlagssätze** berechnet sich nach dem Umfang der jeweiligen Endkosten im BAB: Sie müssen letztlich vollständig verteilt sein.

Bei der summarischen Zuschlagskalkulation wird der gesamte Betrieb wie eine Kostenstelle behandelt.

Neben dem beschriebenen **differenzierenden** Verfahren gibt es noch die **summarische** Zuschlagskalkulation. Bei dieser – recht groben – Methode werden die Gemeinkosten des gesamten Betriebs summarisch auf der Basis der gesamten oder spezieller Einzelkosten (z. B. Einzellöhne) auf die Kostenträger verteilt, was das folgende Beispiel verdeutlicht:

Lohneinzelkosten des Betriebs	200 000 €
Gemeinkosten des Betriebs	320 000 €
Gemeinkosten in % der Lohnkosten	160

Summarische Zuschlagskalkulation des Kostenträgers A:

Materialeinzelkosten	140 €
+ Lohneinzelkosten	300 €
= Einzelkosten je Kostenträger	440 €
+ Gemeinkostenzuschlag	
(160 % auf den Lohn)	480 €
= Selbstkosten	920 €

> Die Zuschlagskalkulation eignet sich besonders für Betriebe, die sehr verschiedenartige Produkte herstellen.

Als eine Weiterentwicklung der Zuschlagskalkulation kann die **Prozesskostenrechnung** angesehen werden. Ihre Entwicklung verdankt sie vor allem der Tatsache, dass die eigentlichen Produktionsprozesse immer weiter automatisiert werden. Im Gegenzug gewinnen Tätigkeiten in den fertigungsunterstützenden **indirekten Leistungsbereichen** – z. B. Arbeitsvorbereitung, Qualitätsmanagement, Planung, Steuerung, Koordination – immer mehr an Bedeutung. Damit einher geht ein starker Anstieg der Gemeinkostenblöcke. Die »klassische« Vorgehensweise der Gemeinkostenzurechnung über Einzellöhne oder Maschinenstunden versagt angesichts der komplexen Kostenbeziehungen bei der Inanspruchnahme der Planungs- und Steuerungsprozesse durch die Kostenträger.

Ziel der Prozesskostenrechnung ist eine möglichst verursachungsgemäße Verrechnung der in den indirekten Leistungsbereichen anfallenden Gemeinkosten auf die Kostenträger. Zu diesem Zweck werden die Aufgabenkomplexe der dortigen Kostenstellen in **Teilprozesse** zerlegt. So weist die – indirekte – Kostenstelle »Materialeinkauf« folgende Teilprozesse auf: Angebote einholen, Bestellung durchführen, Materialprüfung bei Eingang, Materiallagerung, Leitung der Abteilung. Die Stellenkosten werden dann auf die Teilprozesse verteilt und nach Prozessinanspruchnahme auf die Kostenträger weitergewälzt.

Gemeinkostenverrechnung in indirekten Leistungsbereichen

Die Weiterverrechnung der Kosten erfolgt auf der Basis von **Kostentreibern,** die meist mit der Prozessmenge übereinstimmen, z. B. Anzahl der eingeholten Angebote, Anzahl der Bestellungen, Anzahl der Prüfvorgänge. Die **Prozesskostensätze** ergeben sich, indem die Kosten der Teilprozesse durch deren Kostentreiber dividiert werden.

Aus Kostenträgern werden Kostentreiber.

Der Vorteil der Prozesskostenrechnung wird darin gesehen, dass die Kostenbeziehungen detaillierter analysiert und abgebildet werden, was zu einer verlässlichen Produktkalkulation führt. Dies gilt insbesondere dann, wenn

---

Beispiel

Prozesskostenrechnung

Eine indirekte Kostenstelle mit Gesamtkosten in Höhe von 510 000 € weist drei Imi-Prozesse und einen Imn-Prozess auf, die wie folgt abgerechnet werden:

Teilprozesse	Typ	Kostentreiber	Prozess-menge	Prozess-kosten	Prozess-kosten-satz	Zu-schlag für Imn	Gesamt-prozess-kostensatz
Angebote einholen	Imi	Anzahl Angebote	1200	300 000	250	21,28	271,28
Bestellungen aufgeben	Imi	Anzahl Bestellungen	3 500	70 000	20	1,70	21,70
Reklamationen bearbeiten	Imi	Anzahl Reklamationen	100	100 000	1 000	85,10	1 085,10
Abteilung leiten	Imn	–	–	40 000	–	–	–

$$\text{Lesehilfe: } 250 = \frac{300\,000}{1\,200}; \quad 21,28 = \frac{300\,000}{470\,000} \times \frac{40\,000}{1\,200}$$

die Teilprozesse, die sachlich zusammenhängen, noch kostenstellenübergreifend zu **Hauptprozessen** verknüpft werden (»Prozessketten«).

In der Prozesskostenrechnung unterscheidet man **leistungsmengeninduzierte** (Imi) Prozesse, in denen variable Kosten anfallen, und **leistungsmengenneutrale** (Imn) Prozesse mit fixen Kosten. In der Regel geht man so vor, dass zunächst den Imi-Prozessen Kostentreiber zugeordnet werden, mit deren Hilfe sich die Zuschläge für die Imn-Prozesse errechnen lassen. Bei der Verrechnung von Imn-Prozesskosten kommt es jedoch zu einer – möglicherweise willkürlichen – Proportionalisierung.

4.3 Die Divisionskalkulation

Wie schon die summarische Zuschlagskalkulation, so benötigt auch die Divisionskalkulation **keine Verteilung der Gemeinkosten** auf Kostenstellen. Darüber hinaus brauchen bei der Divisionskalkulation noch **nicht** einmal **Einzel- und Gemeinkosten getrennt** zu werden; dafür ist sie aber auch nur in Betrieben anwendbar, die ein **einheitliches Produkt** in großen Mengen herstellen.

In der **einstufigen** Divisionskalkulation ergeben sich die Selbstkosten als:

$$\frac{\text{Gesamtkosten (K)}}{\text{Produktionsmenge (x)}}$$

Eine **mehrstufige** Divisionskalkulation ist zweckmäßig, wenn der Betrieb auf verschiedenen Stufen des Betriebsprozesses Bestände an Halbfabrikaten aufweist. So wäre es z. B. bei einem zweistufigen Prozess denkbar, dass am Ende der Abrechnungsperiode zwar 20 000 Stück die erste Stufe, aber erst 18 000 Stück auch die zweite Stufe durchlaufen haben. In diesem Fall müssen die Kosten der verschiedenen Stufen getrennt und auf die jeweils durchgelaufene Produktionsmenge verteilt werden, was wiederum am besten ein einfaches **Beispiel** klarmacht:

Stufe 1		Stufe 2	
Kosten	1 800 000 €	Kosten	270 000 €
Produktions-menge	20 000	Produktions-menge	18 000

Zweistufige Divisionskalkulation der Selbstkosten eines Fertigfabrikats:

$$\frac{1\,800\,000\,€}{20\,000} + \frac{270\,000\,€}{18\,000} = 90\,€ + 15\,€ = 105\,€$$

Hätte man in einer einstufigen Divisionskalkulation den Lagerbestand von 2000 Stück vernachlässigt, dann wären die Selbstkosten eines Fertigfabrikats mit:

$$\frac{1\,800\,000\,€ + 270\,000\,€}{18\,000} = 115\,€$$

zu hoch angesetzt worden.

> Die Divisionskalkulation eignet sich besonders für solche Betriebe, die nur eine Produktart herstellen; es ist dann weder eine Kostenstellengliederung noch eine Kostentrennung notwendig.

4.4 Die Äquivalenzziffernrechnung

Die Äquivalenzziffernrechnung ist eine Sonderform der Divisionskalkulation für den Fall, dass ein Unternehmen mit nur **einem Produktionsapparat mehrere Varianten** eines Produkts herstellt. Die – zu ermittelnden – Unterschiede in den Selbstkosten der einzelnen **Varianten** entstehen vor allem durch **unterschiedliche Bearbeitungszeiten.**

Die Besonderheit der Äquivalenzziffernrechnung liegt darin, dass die verschiedenen **Varianten** über Äquivalenzziffern auf ein einheitliches Produkt **(Richtsorte)** umgerechnet werden, auf das dann die Divisionskalkulation angewendet wird. Auch hierzu ein **Beispiel:**

Gesamtkosten einer Brauerei: 1 200 000 €			
	produzierte Mengen	Äquivalenz-ziffern	produzierte Menge Richtsorte
Export	2500 hl	0,8	2000 hl
Pils	3500 hl	1,0	3500 hl
Bock	3000 hl	1,5	4500 hl

Die produzierten 10 000 hl Richtsorte werden zu den Gesamtkosten ins Verhältnis gesetzt, woraus sich

$$\frac{1\,200\,000\,€}{10\,000} = 120\,€$$

als Kosten je Einheit Richtsorte ergeben.

Für die Gesamtkosten der einzelnen Sorten folgt daraus:

Export: $2000 \times 120\,€ = 240\,000\,€$
Pils: $3500 \times 120\,€ = 420\,000\,€$
Bock: $4500 \times 120\,€ = 540\,000\,€$

Durch eine abschließende sortenspezifische Divisionskalkulation ermittelt man dann noch die Selbstkosten je hl:

Export: $\dfrac{240\,000\ €}{2\,500} = 96\ €$

Pils: $\dfrac{420\,000\ €}{3\,500} = 120\ €$

Bock: $\dfrac{540\,000\ €}{3\,000} = 180\ €$

Das eigentliche Problem der Äquivalenzziffernrechnung besteht in der **Festlegung der Äquivalenzziffern.** Meist werden sie aufgrund des unterschiedlichen Materialverbrauchs oder des unterschiedlichen Einsatzes an Maschinen- oder Lohnstunden festgelegt.

Die Äquivalenzziffernrechnung eignet sich besonders für solche Betriebe, die mehrere Sorten eines Grundprodukts herstellen. Bei der Äquivalenzziffernrechnung werden die verschiedenen Sorten auf ein einheitliches Produkt umgerechnet, mit dem dann eine Divisionskalkulation durchgeführt wird.

4.5 Die Kalkulation von Kuppelprodukten

Kuppelprodukte fallen aufgrund technischer Gegebenheiten zwangsläufig an.

Gelegentlich fallen bei Produktionsprozessen **technisch** bedingt – und damit zwangsläufig – **mehrere unterschiedliche Produkte** an, von denen man – meist – eines als Hauptprodukt und die anderen als Nebenprodukte bezeichnet (z B. Wein und Trester).

Da die Gesamtkosten der Produktion den verschiedenen Kuppelprodukten nicht verursachungsgemäß zurechenbar sind, müssen sie nach einer anderen – willkürlichen – Methode verteilt werden. Die am häufigsten verwendeten Verfahren sind die Restwert- und die Verteilungsmethode.

- Bei der **Restwertmethode** wird der am Markt erzielbare Erlös der Nebenprodukte von den Gesamtkosten subtrahiert und der verbleibende Kostenrest als Selbstkosten des Hauptprodukts angesehen.
- Die **Verteilungsmethode** verteilt die Gesamtkosten nach charakteristischen Schlüsselgrößen auf die Kuppelprodukte. Eine **wirtschaftliche** Schlüsselgröße wäre das unterschiedliche Niveau der Preise am Markt (»Tragfähigkeitsprinzip«), eine **technische** z. B. der unterschiedliche Heizwert.

Zur Kalkulation von Kuppelprodukten bieten sich Restwert- und Verteilungsmethode an.

5 Die Kostenrechnungssysteme in der Praxis

5.1 Die Istkostenrechnung

Die tatsächlich in einer Abrechnungsperiode entstandenen Kosten heißen Istkosten. Eine **Wirtschaftlichkeitskontrolle** dieser Kosten könnte in der Weise durchgeführt werden, dass die Istkosten der **Vergangenheit** als Sollkosten betrachtet und den Istkosten der betrachteten Rechnungsperiode gegenübergestellt werden.

Dieses Verfahren ist allerdings **problematisch,** wenn die aktuellen wirtschaftlichen Gegebenheiten (z. B. Kapazitätsauslastung) von denen der Vergangenheit abweichen; außerdem können auch die Istkosten der Vergangenheit Unwirtschaftlichkeiten beinhalten, so dass es zu einem Vergleich von »Schlendrian mit Schlendrian« (Eugen Schmalenbach, 1873–1955) käme.

> Den Kostenstellen werden Plankosten vorgegeben und daran die Istkosten kontrolliert.

5.2 Die Plankostenrechnung

Im Gegensatz zur Istkostenrechnung wird in der Plankostenrechnung die **Wirtschaftlichkeitskontrolle** auf eine vorausschauende, die **künftigen wirtschaftlichen Verhältnisse** bedenkende Basis gestellt.

Den einzelnen Kostenstellen des Betriebs werden – für jede Kostenart getrennt – **geplante Gemeinkosten** vorgegeben, die jedoch nur bei **wirtschaftlicher** Herstellung einer **bestimmten** – ebenfalls geplanten – Produktionsmenge (**Planbeschäftigung**) realisiert werden können (Plankosten). Ist die Plankostenrechnung nicht **starr,** sondern **flexibel** angelegt, dann werden darüber hinaus auch die Gemeinkosten für Beschäftigungsabweichungen geplant; die Plankosten bei – (in Abb. 25.3) geringerer – Istbeschäftigung bezeichnet man als **Sollkosten.** Als Maß für die Beschäftigung einer Kostenstelle kann anstelle der Produktionsmenge auch z. B. die Anzahl der Fertigungsstunden herangezogen werden.

Aus der Festlegung der Plankosten bei Planbeschäftigung resultiert ein **Plankostenverrechnungssatz** je Einheit Beschäftigung (α), der – multipliziert mit der Istbeschäftigung – auf die verrechneten Plankosten bei Istbeschäftigung führt (Abb. 25.3); als Plankostenverrechnungssatz käme z. B. der Stundensatz für Montage bei Vollbeschäftigung in Frage.

Das Kernstück der Plankostenrechnung ist die – für jede Kostenart getrennte – Analyse der **Abweichung** zwischen den **Istkosten bei Istbeschäftigung** und den **verrechneten Plankosten bei Istbeschäftigung** in einer Kostenstelle. Man teilt diese Abweichung in der Regel in zwei Teilabweichungen auf:

- Als **Beschäftigungsabweichung** wird die Differenz zwischen **Sollkosten bei Istbeschäftigung** und **verrechneten Plankosten bei Istbeschäftigung** bezeichnet. Sie hat ihre Ursache in der Tatsache, dass die Gemeinkosten einer Kostenstelle aus variablen und fixen Teilen bestehen, weshalb bei Verringerung der Produktionsmenge die Gemeinkosten nicht

proportional abgebaut werden (was die verrechneten Plankosten unterstellen), sondern in Höhe der Fixkosten voll erhalten bleiben (was die
Sollkosten berücksichtigen). Bei einem Beschäftigungsrückgang hat deshalb der Leiter der Kostenstelle die Beschäftigungsabweichung nicht zu
vertreten.

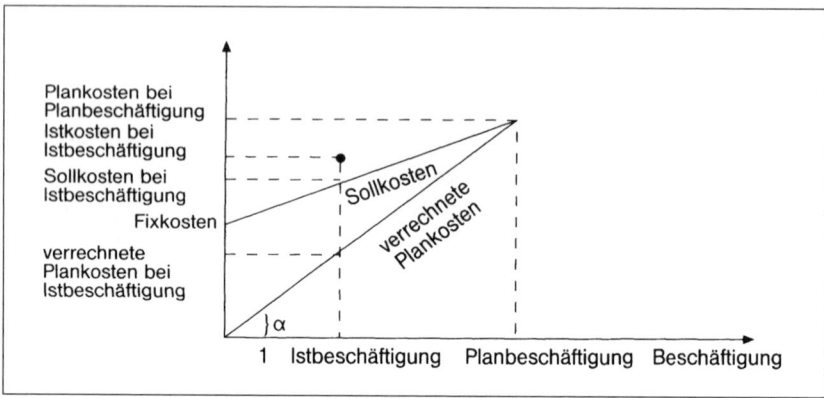

Abb. 25.3: Die Plankostenrechnung

- Die Differenz zwischen **Istkosten bei Istbeschäftigung** und **Sollkosten
  bei Istbeschäftigung** heißt **Verbrauchsabweichung** und muss vom Kostenstellenleiter vertreten werden, weil sie auf einen unplanmäßigen (und
  damit unwirtschaftlichen) Verbrauch von Kostengütern hinweist. Die
  Verbrauchsabweichung kann allerdings zum Teil darauf beruhen, dass
  die Istkosten auf der Basis von Istpreisen und die Sollkosten auf der Basis
  von Planpreisen ermittelt wurden, zwischen beiden aber – z. B. infolge einer inflationären Entwicklung – ein Unterschied besteht. Die Verbrauchsabweichung könnte dann teilweise eine – vom Kostenstellenleiter
  nicht zu vertretende – **Preisabweichung** sein.
  Zur Lösung dieses Problems gibt es grundsätzlich zwei Wege:
  – Man bewertet die Istkosten der Istbeschäftigung zu Planpreisen, wo-
    durch (bei Inflation) die verrechneten **Istkosten** der Istbeschäftigung
    reduziert werden, oder
  – man legt der Berechnung von Plankosten und Sollkostenkurve die Ist-
    preise zugrunde, wodurch (bei Inflation) die **Sollkostenkurve »nach
    oben« verschoben** würde.

In beiden Fällen kommt es gleichermaßen zu einer **Reduktion der Verbrauchsabweichung** um die Preisabweichung.

Gegenstand der Wirtschaftlichkeitskontrolle in der Plankostenrechnung
sind Beschäftigungs- und Verbrauchsabweichung.

Neben den Gemeinkosten unterliegen auch die Einzelkosten einer Wirtschaftlichkeitskontrolle: Die Istkosten werden den Sollkosten bei Istbeschäftigung gegenübergestellt und eventuelle Abweichungen analysiert.

Liegt die Istbeschäftigung dauerhaft »unter Plan«, sollte eine Verkleinerung der Kostenstelle ins Auge gefasst werden.

5.3 Die Teilkostenrechnung (Deckungsbeitragsrechnung)

In der Teilkostenrechnung werden – anders als in der Vollkostenrechnung – nur die **variablen Kosten** in der Kostenartenrechnung erfasst sowie über die Kostenstellenrechnung und die Kostenträgerrechnung verteilt; die Fixkosten bleiben von vornherein getrennt als Block erhalten.

Von entscheidender Bedeutung in der Teilkostenrechnung ist der **Deckungsbeitrag**. Hierbei handelt es sich um die Differenz zwischen dem **Absatzpreis** und den (verrechneten) **variablen** Einzel- und Gemeinkosten. Solange eine Produktart mit einem positiven Deckungsbeitrag zur Deckung der Fixkosten beiträgt, sollte sie im Sortiment gehalten werden; ist die Summe der Deckungsbeiträge größer als der Fixkostenblock, dann entsteht ein Betriebsgewinn. Die Ermittlung und Analyse der Deckungsbeiträge ist also sehr aufschlussreich im Hinblick auf die weitere Unternehmenspolitik.

> Als Deckungsbeitrag bezeichnet man die Differenz zwischen Absatzpreis und variablen Kosten.

Die Vorteilhaftigkeit der Deckungsbeitragsrechnung belegt auch das folgende **Beispiel:**

Ein Betrieb erzeugt zwei Produktarten A und B; mit der Produktart A erzielt er einen Gewinn von 100, mit der Produktart B einen Verlust von 20. Eine **vorübergehende** Herausnahme der Produktart B aus dem Sortiment würde den Gesamtgewinn von 80 auf 60 reduzieren, ein verblüffender Sachverhalt, der sich so erklärt:

Die Gesamtkosten von B setzen sich aus Fixkosten von 40 und variablen Kosten von 60 zusammen. Der erzielbare Erlös beträgt allerdings nur 80, woraus sich der Verlust von 20 erklärt. Eine vorübergehende Einstellung der B-Produktion könnte zwar die variablen, nicht aber die fixen Kosten abbauen, wodurch die Belastung von 20 (Verlust) auf 40 (Fixkosten) steigen würde.

Eine – die Fixkosten einbeziehende – Vollkostenrechnung kann somit zu einer Fehlentscheidung führen. Erst die – durch eine Teilkostenrechnung zu gewinnende – Einsicht, dass die Produktart B einen Deckungsbeitrag zu den Fixkosten von 80 – 60 = 20 leistet, der bei Produktionseinstellung entfiele, führt zu der richtigen Entscheidung, die B-Produktion beizubehalten. Auf **lange Sicht** muss allerdings jede Produktart ihre Fixkosten vollständig decken, weil es sonst günstiger wäre, die Produktion einzustellen und die Fixkosten – endgültig – abzubauen.

> Auf kurze Sicht sollte eine Produktart so lange im Sortiment bleiben, wie sie einen positiven Deckungsbeitrag aufweist; auf lange Sicht muss jedoch jede Produktart ihre Fixkosten vollständig decken.

Nachteilig an der Deckungsbeitragsrechnung ist, dass die **Fixkosten** in den **Kostenstellen nicht sichtbar** werden mit der Folge, dass es dort zur Verschwendung entsprechender Kostenarten kommen kann (z. B. EDV). Eine Lösung dieses Problems besteht darin, die jeweiligen (anteiligen) Fixkosten auf die Stellen zu verteilen, dort aber nicht zu verrechnen: So werden sie zumindest sichtbar gemacht.

Unter der Lupe

Vollkosten- und Teilkostenrechnung

Ein Produkt A beansprucht lediglich eine Kostenstelle; sein Verkaufspreis beträgt 3500 €. Ferner läuft die Kostenstelle in t =1 mit voller Kapazität, in t = 2 gibt es hingegen einen Beschäftigungseinbruch auf 50 %, von dem jedoch A nicht betroffen ist.

Im Einzelnen gilt:

- Periode t = 1

Einzelkosten A	1000 €
Stellengemeinkosten	
– fix	20 000 €
– variabel	30 000 €
Maschinenstunden (gesamt)	500
Maschinenstunden (Produktgruppe A)	100
A-Stückzahl	5

daraus folgt:

A-Zuschlagsatz	4 %
A-Stellengemeinkostenzuschlag	2000 €
A-Herstellungskosten	3000 €
A-Stückgewinn	500 €

- Periode t = 2 (Vollkostenrechnung)

Einzelkosten A	1000 €
Stellengemeinkosten	
– fix	20 000 €
– variabel	15 000 €
Maschinenstunden (gesamt)	250
Maschinenstunden (Produktgruppe A)	100
A-Stückzahl	5

daraus folgt:

A-Zuschlagsatz	8 %
A-Stellengemeinkostenzuschlag	2800 €
A-Herstellungskosten	3800 €
A-Stückverlust	300 €

Der Beschäftigungsrückgang in der Kostenstelle treibt die Belastung von A derart hoch, dass dieses Produkt nun Verluste einfährt, obwohl es selbst ebenso produziert und verkauft wird wie in t = 1. Insgesamt erwirtschaftet A einen Verlust von 5 × 300 € = 1500 €.

Zur Beantwortung der Frage, ob A weiterproduziert werden soll oder nicht, kann folgende Überlegung dienen:

→

Die A-Fertigung nimmt die Kostenstelle in t = 2 mit einem Anteil von 100/250 = 40 % in Anspruch.

- Bei einer Produktionseinstellung vermindern sich demnach die variablen Stellengemeinkosten um 15 000 € × 0,4 = 6000 €.
- Wird die Produktion weitergeführt, ergibt sich ein Umsatz von 5 × 3500 € = 17 500 €, von dem nach Ausgleich der Einzelkosten von 5 × 1000 € = 5000 € noch 12 500 € verbleiben. Diese decken neben den anteiligen variablen Stellengemeinkosten (6000 €) in erheblichem Umfang (6500 €) fixe Stellengemeinkosten.

Es ist folglich auf jeden Fall vorteilhaft, die A-Fertigung weiterzuführen: Sie liefert einen Deckungsbeitrag in Höhe von 6500 €.

Eine Deckungsbeitragsrechnung hätte dieses Ergebnis unmittelbar erbracht:

- Periode t = 2 (Deckungsbeitragsrechnung)

Fixkostenblock	20 000 €
Einzelkosten A	1000 €
Stellengemeinkosten (variabel)	15000 €
Maschinenstunden (gesamt)	250
Maschinenstunden (Produktgruppe A)	100
A-Stückzahl	5
daraus folgt:	
A-Zuschlagssatz	8 %
A-Stellengemeinkostenzuschlag	1200 €
A-Herstellungskosten (variabel)	2200 €
A-Stückdeckungsbeitrag	1300 €
A-Gesamtdeckungsbeitrag	6500 €

Eine analoge Deckungsbeitragsrechnung für Periode t = 1 zeigt, dass auch dort – zwangsläufig – ein A-Gesamtdeckungsbeitrag von 6500 € erwirtschaftet wurde.

6 Die sonstigen Bestandteile des internen Rechnungswesens

Zum internen Rechnungswesen gehören schließlich noch Betriebsstatistik und Planungsrechnung. Aufgabe der **Betriebsstatistik** ist es, das im Betrieb anfallende Zahlenmaterial statistisch auszuwerten und damit interpretierbar zu machen. Beispiele hierfür sind eine nach Käufergruppen und Absatzgebieten aufgeschlüsselte Umsatzstatistik sowie eine nach bestimmten Mitarbeitermerkmalen aufgegliederte Lohn- und Krankenstatistik. Die **Planungsrechnung** dient demgegenüber dazu, mit Hilfe bestimmter Prognosetechniken aus den vorhandenen Vergangenheitswerten Orientierungshilfen zur Erleichterung der weiteren – zukunftsbezogenen – Planung bereitzustellen.

> **Schlussbemerkung**
>
> In den Unternehmen dominiert oft kurzfristiges Kostendenken alle anderen Führungsaufgaben. Strategisches Denken in Forschung und Entwicklung sowie im Marketing kommt dann zu kurz, was zum Verlust von Zukunftsmärkten führt.

Arbeitsaufgaben

1) Was sind Zusatzkosten, und warum werden sie verrechnet? Nennen Sie Beispiele!

2) Beschreiben und vergleichen Sie
   a. sekundäre und primäre Kosten,
   b. Einzel- und Gemeinkosten!

3) Durch eine Kostenstellenrechnung werden Wirtschaftlichkeitskontrolle und Gemeinkostenzurechnung möglich. Begründen Sie kurz diese Aussage!

4) Beschreiben und vergleichen Sie
   a. Hilfs- und Hauptkostenstellen,
   b. Kostenstelleneinzel- und Kostenstellengemeinkosten!

5) Inwiefern stellt der gegenseitige Leistungsaustausch zwischen Kostenstellen ein besonderes Problem dar?

6) Wozu dient ein Betriebsabrechnungsbogen?

7) Skizzieren Sie das Grundprinzip der Zuschlagskalkulation! Welche Bedeutung hat die Kostenstellenrechnung für die Zuschlagskalkulation?

8) Wodurch unterscheiden sich
   a. differenzierende und summarische Zuschlagskalkulation,
   b. Zuschlags- und Divisionskalkulation?

9) Erläutern Sie Voraussetzungen und Methode der mehrstufigen Divisionskalkulation!

10) Ein Betrieb erzeugt zwei Produktarten A und B; mit der Produktart A erzielt er einen Gewinn von 100, mit der Produktart B einen Verlust von 20.
    Muss die B-Produktion eingestellt werden, wenn die Fixkosten 30 und ihr Erlös 40 betragen?
    Erläutern Sie anhand des Beispiels den Begriff des Deckungsbeitrags; macht es einen Unterschied, ob der Verlust vorübergehend eintritt oder auf Dauer erwartet wird?

11) Was sind Kuppelprodukte, und nach welchen Verfahren werden sie kalkuliert?

12) Beschreiben Sie kurz die Aufgaben der Kostenarten-, Kostenstellen- und Kostenträgerrechnung!

13) Was ist eine Beschäftigungsabweichung, und wer hat sie zu vertreten?

14) Was ist eine Verbrauchsabweichung, und wer hat sie zu vertreten?

15) Inwiefern können Preisänderungen die Verbrauchsabweichung beeinflussen, und was lässt sich dagegen tun?

16) Was ist die Besonderheit der Teilkostenrechnung, und welche Einsichten gewährt sie im Gegensatz zur Vollkostenrechnung?

17) Eine Limonadenfabrik stellt vier Getränkesorten her:

Sorte 1: 15 000 Flaschen
Sorte 2: 20 000 Flaschen
Sorte 3: 18 000 Flaschen
Sorte 4: 12 000 Flaschen

Die Äquivalenzziffern der Sorten sind:

Sorte 1: 0,6
Sorte 2: 1,0 (Richtsorte)
Sorte 3: 1,5
Sorte 4: 2,0

Die Gesamtkosten betragen 40000 €.

Berechnen Sie die Selbstkosten je Flasche für alle Sorten!

18) Ein Produkt beansprucht lediglich eine Kostenstelle; es gilt:

Stellengemeinkosten

	– fix	20 000 €
	– variabel	30 000 €
Maschinenstunden (gesamt)		500
Maschinenstunden (Produktgruppe A)		100
A-Stückzahl		5

Die Einzelkosten betragen 1000 € und der Verkaufspreis 3500 € je A-Stück.

Ermitteln Sie den A-Deckungsbeitrag!

Wie ist seine Höhe zu beurteilen?

19) Was versteht man unter Kostenstellengemeinkosten?

20) Wo sehen Sie das Einsatzfeld der Prozesskostenrechnung? Wieso ist sie dort dem »konventionellen« Vorgehen überlegen?

21) Erläutern Sie das Vorgehen der Prozesskostenrechnung; gehen Sie dabei auf die verschiedenen Prozesstypen ein!

Lösungsvorschläge für die Arbeitsaufgaben im »Übungsbuch zu Grundlagen und Probleme der Betriebswirtschaft«.

Weiterführende Literatur

Braun, S.: Die Prozesskostenrechnung, 3. Aufl., Sternenfels 1999.

Coenenberg, A. G.: Kostenrechnung und Kostenanalyse, 4. Aufl., Landsberg/ Lech 1999.

Dierkes, St.: Planung und Kontrolle von Prozeßkosten, Wiesbaden 1998.

Eilenberger, G.: Betriebliches Rechnungswesen, 7. Aufl., München 1995.

Fandel, G.; Heuft, B.; Paff, A.; Pitz, T.: Kostenrechnung, Berlin u. a. 1999.

Freidank, C.-Chr.: Kostenrechnung, 7. Aufl., München 2001.

Haberstock, L.: Kostenrechnung, 9. Aufl., Wiesbaden 1997.

Hoitsch, H.-J.; Lingnau, V.: Kosten- und Erlösrechnung, 3. Aufl., Berlin u. a. 1999.

Horvath, P.: Kostenrechnung, Wiesbaden 2002.

Horváth & Partner (Hrsg.): Prozeßkostenmanagement – Methodik, Implementierung, Erfahrungen, 2. Aufl., München 1998.

Kilger, W.: Einführung in die Kostenrechnung, 3. Aufl., Wiesbaden 1987.

Kilger, W.: Flexible Plankostenrechnung und Deckungsbeitragsrechnung, 11. Aufl., Wiesbaden 2002.

Kloock, J.; Sieben, G; Schildbach, T.: Kosten- und Leistungsrechnung, 8. Aufl., Düsseldorf 1999.

Plinke, W.: Industrielle Kostenrechnung, 5. Aufl., Berlin, Heidelberg, New York 2001.

Reckenfelderbäumer, M.: Entwicklungsstand und Perspektiven der Prozeßkostenrechnung, 2. Aufl., Wiesbaden 1998.

Schmalenbach, E.: Kostenrechnung und Preispolitik, 8. Aufl. (Bearbeitung: Bauer, R.), Köln, Opladen 1963, hier: S. 447.

Schmidt, A.: Kostenrechnung, 3. Aufl., Stuttgart 2001.

Schweitzer, M.; Küpper. H.-U.: Systeme der Kosten- und Erlösrechnung, 7. Aufl., München 1998.

Zimmermann, G.: Grundzüge der Kostenrechnung, 8. Aufl., Wiesbaden 2001.

Stichwortverzeichnis